Sommaire

De lieux en lieux

To Mum & Dad
Happy Christmas 2004.
This is for when you come and visit me in Orléans.
Love, John & Clare.

Centre

Ci-dessus : Le lavoir de Bonnevent © iconotec.com/Marc Jauneaud
Photos de couverture : Vue aérienne sur le château de Cheverny © iconotec.com
Moulin de Bazoches-en-Dunois © Association Terre de Beauce

Invitation au voyage

La région pratique

Index

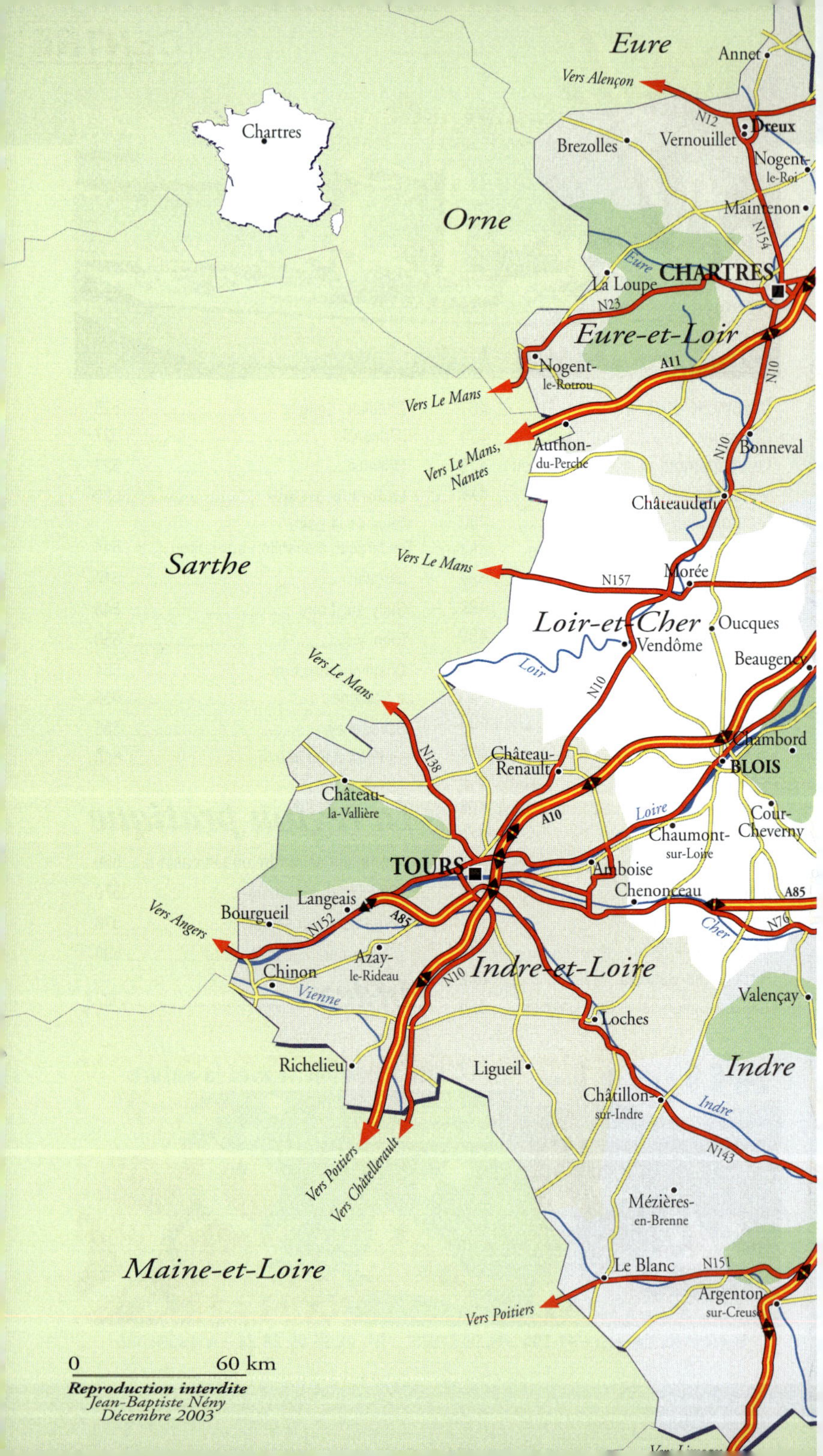

Eure
Annet
Vers Alençon
N12
Dreux
Vernouillet
Brezolles
Nogent-
le-Roi
Chartres
Maintenon
N154
Orne
Eure
La Loupe
CHARTRES
N23
Eure-et-Loir
Nogent-
le-Rotrou
A11
N10
Vers Le Mans
Vers Le Mans,
Nantes
Authon-
du-Perche
N10
Bonneval
Châteaudun
Vers Le Mans
Sarthe
N157
Morée
Loir-et-Cher
Oucques
Vendôme
Loir
N10
Beaugency
Vers Le Mans
N138
Château-
Renault
Chambord
BLOIS
Château-
la-Vallière
A10
Loire
Cour-
Cheverny
Chaumont-
sur-Loire
TOURS
Amboise
Langeais
Chenonceau
A85
Bourgueil
Vers Angers
N152
A85
Cher
N76
Azay-
le-Rideau
Chinon
N10
Indre-et-Loire
Vienne
Valençay
Loches
Richelieu
Ligueil
Indre
Châtillon-
sur-Indre
Indre
N143
Vers Poitiers
Vers Châtellerault
Mézières-
en-Brenne
Maine-et-Loire
Le Blanc
N151
Argenton
sur-Creuse
Vers Poitiers
0
60 km
Reproduction interdite
Jean-Baptiste Nény
Décembre 2003

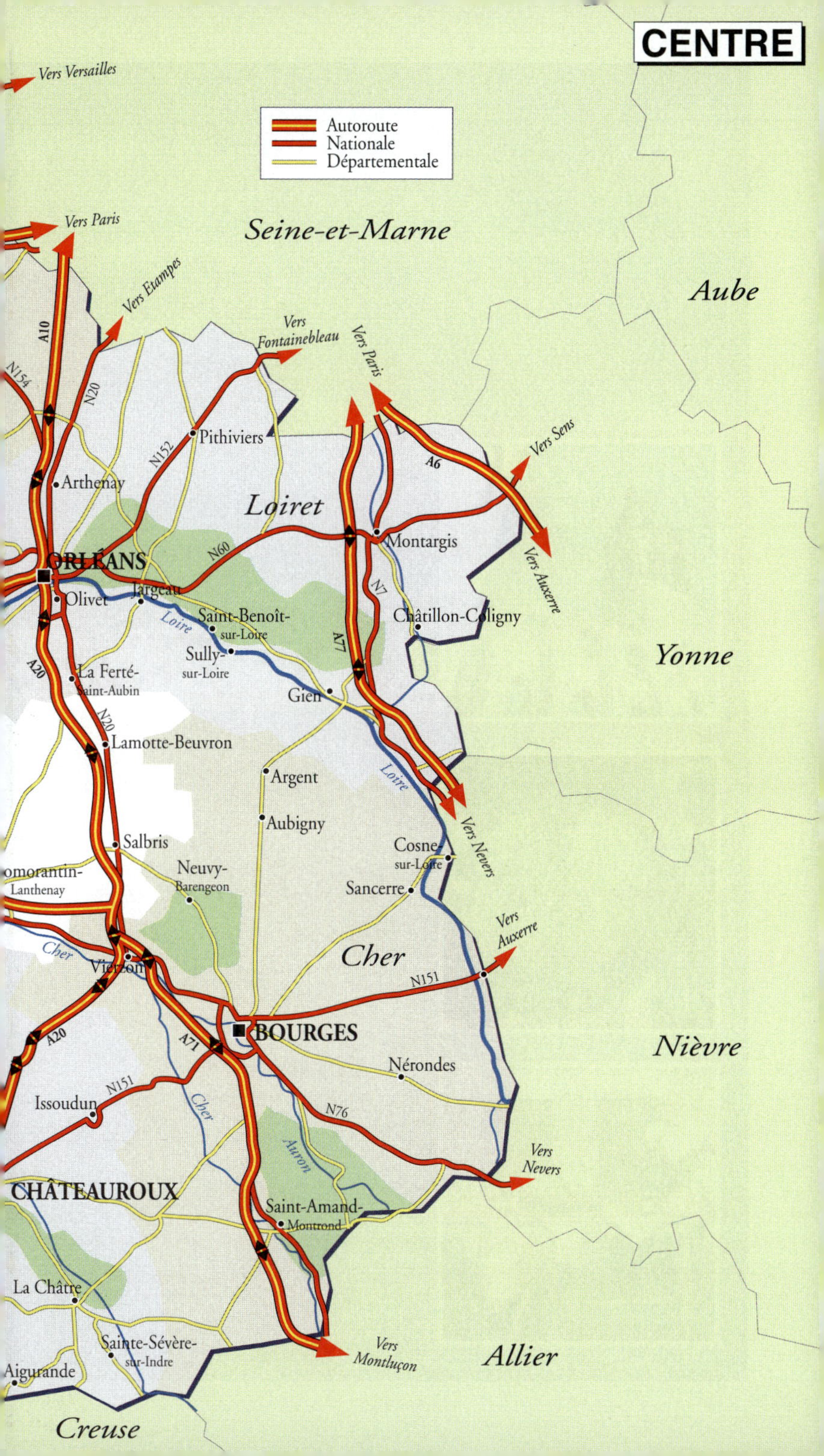
Autoroute
Nationale
Départementale
Vers Versailles
Vers Paris
Seine-et-Marne
Aube
Vers Etampes
Vers Fontainebleau
Vers Paris
A10
N154
N20
Pithiviers
N152
Arthenay
Loiret
A6
Vers Sens
Montargis
ORLÉANS
N60
Vers Auxerre
Olivet
Jargeau
Loire
Saint-Benoît-sur-Loire
N7
Châtillon-Coligny
Sully-sur-Loire
A77
Yonne
A20
La Ferté-Saint-Aubin
Gien
N20
Lamotte-Beuvron
Loire
Argent
Aubigny
Vers Nevers
Salbris
Cosne-sur-Loire
Romorantin-Lanthenay
Neuvy-Barengeon
Sancerre
Vers Auxerre
Cher
Cher
Vierzon
N151
BOURGES
A20
A71
Nièvre
Nérondes
N151
Issoudun
Cher
N76
Auron
Vers Nevers
CHÂTEAUROUX
Saint-Amand-Montrond
La Châtre
Sainte-Sévère-sur-Indre
Vers Montluçon
Allier
Aigurande
Creuse

Invitation
au voyage

Nature

Vignoble de Sancerre

GEOGRAPHIE

La région Centre Val de Loire est imposante par sa superficie, puisqu'elle compte 39 151 km², soit 7 % de notre territoire national. Ses 1 842 communes sont réparties sur 185 cantons. Cette région est composée de six départements : le Cher (18) et sa ville de Bourges, l'Eure-et-Loir (28) dont la ville principale est Chartres, l'Indre (36) avec Châteauroux, l'Indre-et-Loire (37) avec Tours, le Loir-et-Cher (41) et Blois et le Loiret (45) qui s'étend sur 6 742 km² avec pour capitale Orléans.

Historiquement, la région Centre est constituée de trois provinces : **l'Orléanais** (départements du Loiret, d'Eure-et-Loir et du Loir-et-Cher), le **Berry** (Cher et Indre) et la **Touraine** (Indre-et-Loire). Entre le Maine et l'Anjou à l'Ouest, et la Bourgogne à l'Est, la région s'étend de l'Ile-de-France au Nord jusqu'à la Marche et au Bourbonnais au sud. Ces provinces entrent dans le Royaume de France très tôt et se rendent célèbres.

Le Cher est occupé en grande partie par la Champagne berrichonne, vaste plateau à dominante céréalière. Au nord, les bocages, les bois et les étangs du Pays Fort succèdent aux collines du Sancerrois situées sur la Vallée de la Loire. Au sud, les différents paysages bocagers et les vallées verdoyantes frôlent le Massif Central.

L'Eure-et-Loir est marqué par trois vallées. Les plateaux crayeux de Beauce s'étendent à perte de vue. Les plateaux de grandes cultures et les forêts du Drouais et du Thymerais prennent le relais avec un relief plus vallonné et à l'extrémité, les collines du Perche, la région de bocages, de forêts et d'étangs. Le Perche est un lieu idéal pour les promenades ; le Parc Régional du Perche lui est rattaché. Dans cette vallée de l'Eure, de magnifiques châteaux jalonnent le paysage.

L'Indre est un département largement occupé par la Champagne berrichonne, aux paysages d'openfields piquetés de forêts. La région du Boischaut offre une région de bocages, principalement d'élevages et celle de la Brenne des paysages boisés riches en étangs. Le passé de l'Indre est riche de mémoires célèbres. Ses nombreux châteaux (Valençay, Sarsay…) font partie de ses richesses culturelles et la maison de George Sand est une invite à la visite.

Le relief de **l'Indre-et-Loire** se compose de plateaux peu élevés entrecoupés de nombreuses et vastes vallées. Le panorama arbore les couleurs du drapeau italien : le vert des vallées, le blanc des coteaux de tuffeau et le rouge du vin que produisent les vignes. Les vignobles s'étendent le long de la vallée de la Loire entre Bourgueil, Vouvray et Montlouis et dans le Chinonais, le long de la Vienne. Les vergers prospèrent sur les pentes bien exposées des vallées de l'Indre et du Cher. Loches et Chinon détiennent des forêts domaniales, anciens lieux de chasses à courre royales.

Le Loir-et-Cher doit son nom à deux rivières importantes qui le traversent, le Loir au nord-ouest et le Cher au sud. Il est coupé en son centre par la Loire. Ce qui caractérise ce département, c'est la diversité de ses paysages : bocages, plaines, vallées et forêts. Au nord, le Perche, à l'est, la Beauce, au sud, la Sologne, sans oublier la Vallée du Loir, du Cher et de la Loire.

Enfin, le **Loiret** : définitivement plates, la Beauce et la Sologne sont marquées par un relief modéré composé de bas plateaux, de collines et de vallées. Au nord-ouest, se trouvent les plateaux calcaires de la Beauce limoneuse et ses grandes exploitations agricoles qui lui valent le surnom de "grenier à blé de la France".

Climat

La région Centre est très étendue, les différences climatiques sont sensibles, la région est tempérée entre l'Ouest océanique, qu'annoncent la Touraine et l'est déjà plus continental. Les précipitations sont moyennes, l'on découvre que la Beauce protégée par les collines de Normandie est relativement peu arrosée : les précipitations ne dépassent pas les 550 millimètres/an, accolée aux collines du Perche plus élevées qui, elles, reçoivent les perturbations atlantiques et des précipitations supérieures d'environ 30 %. La Sologne bénéficie d'un climat océanique, doux, les précipitations varient de 600 à 700 millimètres. Mais soyez rassurés quant le frimas "fut venu" après une journée à la campagne, on découvre le pétillement du feu de cheminée dans les hôtels et les gîtes nichés dans les petits villages typiques solognots.

Les "anciens" disaient toujours que "passer la Loire et le temps était meilleur". La Touraine porte bien son nom de Jardin de la France. Son climat est influencé par les masses océaniques mais en pénétrant dans les terres elles s'adoucissent pour nous offrir un climat doux et tempéré (moyenne 11°C sur l'année), l'on viendrait à penser à vraie stratégie de dame nature pour préserver les vignobles qui se prélassent dans les vallées.

Démographie

La région Centre était jusqu'en 1945 un réservoir démographique de Paris, elle a vu sa population de 1954 à 1990 augmenter de 600 000 habitants. Les parisiens habitués des transports préfèrent effectuer le trajet chaque matin et ainsi faire bénéficier leurs familles d'une qualité de vie bien douce par rapport à la folie de la capitale. Certaines villes ont bénéficié de cette forte croissance et sont plus situées dans la partie Nord : Chartres, Tours et surtout Orléans. Dans la partie Sud l'augmentation a été plus modérée et la population du Berry ne cesse de diminuer. A l'exception de Tours et d'Orléans, la région offre des villes de moyenne importance : Chartres, Dreux, Blois, Montargis, Bourges, Vierzon, Châteauroux. Les petites villes rurales sont nombreuses et typiques. La région Centre est accueillante grâce à son cachet bien marqué et cet atout formidable demeure intact. Elle nous permet de goûter et de profiter d'une qualité de vie exceptionnelle.

Le dernier recensement de 1999 comptait une population de 2 440 329 habitants, soit 4 % de la population française, ce qui en fait une des régions les plus peuplées.

Paysage, bord de la Creuse

Les marais

Mille étangs

La Loire

La Loire et le château d'Amboise

Paysage forestier en Sologne

Le **Loiret** rassemble 618 126 habitants, (dont 112 576 sur Orléans), certes la population est dense, mais son charme est bien présent. **L'Indre-et-Loire**, appelé le Jardin de la France à juste titre, compte 554 003 habitants (133 194 pour la seule ville de Tours). **L'Eure-et-Loir** est réputé grâce à la Beauce, "grenier agricole" avec 407 665 habitants. Le **Loir-et-Cher** recense 315 020 habitants et **l'Indre** 231 139 habitants (les jeunes désertent le département pour des contrées plus attractives). La densité (nombre d'habitants au km^2) 62 est moyenne, rapport de 1999. Les prévisions sont à la hausse pour les années à venir. Les périphéries continuent de se développer et le prix au m^2 galope. Pour un budget correct, il convient de s'éloigner de notre capitale de région.

La région Centre ou la diversité de ses "pays"

Tout ne serait pas dit si l'on ne parlait de ces pays.

La renommée du **Val de Loire** (appelé presque toujours le Val) a été renforcée par son classement au patrimoine mondial de l'Unesco le 30 novembre 2000, même si cette renommée était déjà acquise grâce à la richesse des paysages, des sites historiques, des musées... Ses cultures spécialisées sont caractéristiques : vigne, cultures maraîchères et fruitières pépinières. Le Val de Loire se continue de Blois à Gien par le Val Orléanais, de Gien au Bec-d'Allier par le Val berrichon. Le Val de Loire, le Pays Fort et le Sancerrois sont des régions plus "ligériennes". La polyculture y est associée à l'élevage, notamment caprin, qui donne les fameux crottins de Chavignol. Mais ce qui caractérise surtout ces régions, ce sont les vergers et les vignes : arboriculture fruitière du Pays Fort, pommiers sur 2 280 hectares, poiriers et vignobles du Sancerrois sur 3 400 hectares qui marquent profondément l'économie et les paysages de cette région.

La Beauce est réputée pour ses sols fertiles et ses grandes fermes.

La Sologne, au sud de la Loire, est une alternance de bois, de clairières et d'étangs, une sorte de lieu idéal pour les chasseurs, les pêcheurs et les promeneurs. La Sologne du Loiret bénéficie de meilleures terres grâce à sa position géographique (entre le Val de Loire et la Vallée du Cosson). Vous apprécierez la qualité des crus des vignobles de l'Orléanais, ses cultures maraîchères, horticoles et pépinières.

La Champagne berrichonne est, tout comme la Beauce, réputée pour ses cultures céréalières.

N'oublions pas les "pays" périphériques (le Perche, les Gâtines tourangelles, Boischaut, la vallée de Germigny et le Puisaye) qui ont développé un système de polycultures et d'élevage. La Brenne a su tirer profit de ces terres par l'élevage de bovins allaitants, et du fameux agneau de Brenne. Le Gâtinais quant à lui se concentre largement sur ses cultures céréalières.

La Loire

La particularité la plus célèbre de la région Centre est sans aucun doute la Loire qui la traverse d'est en ouest, offrant la beauté d'un fleuve préservé et indomptable. La Loire qui figure au patrimoine mondial de l'Unesco (à partir de Sully-sur-Loire), surprend et envoûte.

Le plus long fleuve de France ne connaît pas la demi-mesure : son débit irrégulier peut provoquer des crues spectaculaires, comme celle de 1856 (8 000 m^3/seconde à Orléans). A cette époque, la crue avait été générale sur l'ensemble du bassin de la Loire. Tandis que le Cher et le Loiret réunis formaient alors un grand lac de plus de 40 kilomètres de long sur 10 de large. Ses étiages extrêmes, (5 m^3/seconde à Orléans en 1949, en 1933 on pouvait pratiquement traverser le fleuve à pied à Tours) la rendent imprévisible. Vous lirez en flânant sur les bords de Loire, les dates mémorables de ces coups de folies, gravés sur les murs de certaines demeures : à Orléans sur les quais ou à Tours au niveau du pont Wilson, par exemple. Très tôt, des levées sont construites, afin de séparer la terre des eaux, d'enrichir l'agriculture et de renforcer la partie navigable. Des barrages sont construits, afin de réguler ses eaux trop basses ou trop fortes, et des centrales s'accrochent à ses rives.

La Loire a fourmillé pendant des millénaires d'une population vivant sur ses berges : l'encombrement des quais par les mariniers (Orléans a développé son industrie du vinaigre grâce aux bateliers), les lavandières chantant au rythme de leurs battoirs, et les meuniers installés sur les ponts, à l'affût du moindre courant leur permettant ainsi d'actionner les roues de leurs moulins. Les mariniers "au long cours" supportaient mal la promiscuité avec les riverains. A l'intérieur de la cité, vivait tout un ensemble de métiers : gardiens, péagers, haleurs, transporteurs, voiliers, cordiers, charpentiers et forgerons de marine, gargotiers chez qui s'échangeaient nouvelles, commérages et bagarres.

La Loire prend sa source au mont Gerbier-de-Jonc à 1 400 mètres d'altitude, elle pose sa première énigme : source "véritable", source "authentique" où se trouve le point de départ de la vraie Loire ? Quelques kilomètres plus bas, tout rentre dans l'ordre, et la Loire entreprend sa course vertigineuse. Le plus long fleuve français (1 020 kilomètres) accueille en moins de 35 kilomètres ses trois affluents de la rive gauche : le Cher à Villandry, l'Indre à Avoine et la Vienne à Candes. Les eaux en provenance de Montluçon, de Limoges, de Poitiers et de Romorantin se rejoignent en Touraine pour se jeter dans la Loire qui est reliée par des canaux à la Seine (Briare, Nivernais), à la Saône (Centre) et au Cher (Berry).

Le confluent de la Loire et de la Vienne

Les grèves au sable fin et doré apparaissent ou disparaissent au gré de ses changements, les sables sont en mouvance perpétuelle qui crée des tourbillons (l'imprudent ne pourra sans sortir), ou des sables mouvants. Des îles jalonnent la Loire, peuplées d'arbres qui disparaissent pendant les crues et refont surface, une fois la belle calmée.

Les riverains attachés à la Loire détiennent eux l'art de la lecture du fleuve et la culture du risque. "*Il ne faudrait jamais regarder couler la Loire, c'est une chose fatale : après on ne sait plus faire que ça, et le reste est sans importance. Elle dépose son sable dans vos veines et grippe volonté, ambition, orgueil, tous les moteurs d'une virile agitation... La Loire ne sert à rien : elle met un point d'honneur à se rendre plus inutile que le moindre petit canal. Ignorant la violence, elle oppose à ceux qui veulent l'utiliser à des fins industrieuses la force inépuisable de son inertie. Ayant vaincu les vieilles gabares, elle n'accepte sur ses eaux que de petits bateaux de plaisance ou des barques de pêcheurs.*

Les griefs entre terriens et mariniers étaient fréquents et chacun baptisait l'autre, pour les terriens : les mariniers étaient des "chie-dans-l'iaux", des "fils de galerne", des "couillons rouges", des "traine-bâtons", des "chalandoux", des "traîneurs de Loire", et les mariniers s'en donnaient à cœur pour les traiter de : "bêcheux", "culs-terreux", "vire-bouses", "chassepies".

Grenier de la France : les cultures céréalières

Les régions de Beauce, de Champagne berrichonne et du Gâtinais (appelées encore "Grenier de la France") dominent largement le palmarès français par leurs grandes cultures céréalières de type beauceron : le blé tendre, le blé dur, l'orge et le maïs. Parmi les oléagineux : le colza domine, la culture du tournesol diminue et les jolies fleurs bleues du lin se font rares. Les pois protéagineux figurent au palmarès. Les betteraves à sucre, les pommes de terre, quelques légumes frais comme la carotte sont cultivés, ainsi qu'une plante inattendue : le pavot médicinal.

Sur ses rives, les plus farouches de nos rois n'ont pu construire que des châteaux de plaisance, pour aimer, boire et chanter". Alix de Saint-André, "L'ange et le réservoir de liquide à freins" - Série noire - Editions Gallimard 1994.

Au fil des saisons on découvre cette personnalité changeante : tantôt tranquille, fougueuse se parant de couleurs uniques. La Loire offre des couchers de soleil et se confond avec le ciel, pour le grand bonheur des passionnés de photos. En été, elle séduit tandis qu'en hiver, elle subjugue et inquiète ; il y a une lumière de Loire incomparable.

▸ MUSEE DE LA MARINE Ecurie du Château - CHATEAUNEUF-SUR-LOIRE ✆ 02 38 46 84 46. *Ouvert tous les jours, sauf le mardi de 10h à 18h.* Un musée de la marine en Val de Loire paraît une gageure. C'est oublier que la Loire (fleuve inscrit dorénavant au patrimoine mondial de l'Unesco) fut longtemps navigable et qu'il existe dans l'Orléanais une longue tradition de navigation fluviale. C'est cette histoire que le musée de Châteauneuf propose aux visiteurs. Il dispose d'une borne interactive en libre accès et de films en DVD sur écran géant (cet équipement est exclusif dans la spécialité du musée). Le musée accueille aussi volontiers les groupes scolaires avec des visites guidées sur réservation. Les écoliers et collégiens pratiquent des jeux de piste et participent aux ateliers pédagogiques, sur réservation également. Outre son caractère assez exceptionnel, le musée de Châteauneuf est aussi un lieu d'exposition temporaire. Pour ceux qui voudraient en savoir encore plus sur la navigation de la Loire, il dispose d'un centre de documentation ouvert à tous sur rendez-vous. Avant ou après la visite, les amateurs de bateaux et de nature pourront s'oxygéner sous les frondaisons de rhododendrons (en fleurs à la Pentecôte) du vaste parc du château.

FAUNE ET FLORE

La région Centre nous offre une nature riche en diversité : étangs, rivières, forêts, landes, bocages nous la font découvrir à la fois, secrète, sauvage, un peu hors du temps dans certains petits coins. La faune et la flore s'abritent et se cachent dans cette nature luxuriante.

Les parcs naturels nationaux : Brenne, Loire-Anjou-Touraine, Perche sans oublier la Sologne, la Forêt d'Orléans, le Val de Loire (inscrit au Patrimoine Mondial de l'Humanité par l'Unesco), nous font découvrir et apprécier ce patrimoine préservé. Les amoureux de la nature s'étourdiront de surprises et de beautés.

▸ DOMAINE DU CIRAN Conservatoire de la Faune-Sauvage-de-Sologne ✆ 02 38 76 90 93. *Ouvert tous les jours du 1er avril au 30 septembre. Fermé le mardi du 1er octobre au 31 mars. Visites guidées possibles pour les groupes sur réservation.* Ce domaine de 300 hectares n'est ni une réserve naturelle, ni un zoo ; c'est un lieu privilégié où le visiteur découvrira la richesse exceptionnelle de la faune, de la flore et des paysages de Sologne. Sur le domaine, des observatoires, un circuit d'initiation et un sentier ont été aménagés pour aller à la rencontre de la nature, sans la déranger. Un parcours ludique pour les enfants leur permet de découvrir les animaux : Tels des petits Scherlokoms le jeu consiste à reconnaître les indices, de présences d'animaux et ils seront récompensés d'un diplôme du Conservatoire de la Faune Sauvage. Cette merveilleuse enquête sera un moment inoubliable pour les enfants. A l'intérieur du château, une agréable visite nous permet d'admirer de nombreux objets de l'artisanat et de la vie domestique de la Sologne d'autrefois. Possibilité de camping (de mai à septembre), pêche et chasse à la journée, location de VTT, visite de la ferme : chèvres, vaches laitières, ventes de produits fermiers.

La forêt d'Orléans

La forêt d'Orléans s'étend de Gien à Orléans, le long de la Loire. Elle forme sur 60 kilomètres un immense arc de cercle de verdure. Elle se situe entre deux régions, les bassins de la Loire et de la Seine, à une altitude de 130 mètres. Cette incursion procure un art de vivre dans un paysage privilégié. La forêt d'Orléans est la plus vaste forêt domaniale de France, puisqu'elle s'étire sur 34 700 hectares, auxquels viennent s'ajouter environ 15 000 hectares de domaines privés.

Contrôle Technique Automobile
Notre savoir-faire à votre service
Un réseau de plus de 830 centres de contrôle sur l'ensemble du territoire.
Des professionnels à votre écoute pour vous informer et vous conseiller.
SECURITEST
CONTROLE TECHNIQUE AUTOMOBILE
Un Contrôle de pros, le Conseil en plus
Pour plus d'informations, www.securitest.fr ou N°Azur 0 810 197 119
PRIX APPEL LOCAL

PRÊT À PARTIR EN VACANCES ?

Pour partir en vacances en toute sérénité, assurez-vous d'abord de la bonne santé de votre véhicule. C'est l'occasion de faire un contrôle volontaire de votre automobile !

En vous rendant dans un centre de contrôle agréé, vous recevrez les conseils d'un professionnel et déterminerez, ensemble, les points que vous voulez faire vérifier. Sachez qu'en priorité, il faut prendre soin de contrôler l'état des pneus, du dispositif d'éclairage, des niveaux de liquide de frein, du liquide de refroidissement et de l'huile.

Respecter l'environnement. L'air constitue le premier élément nécessaire à la vie. Chaque jour, environ 14 kilos d'air transitent par nos voies respiratoires. Les effets nocifs de la pollution sur la santé et l'environnement justifient les initiatives entreprises pour la réduire dans les zones urbaines.

Un contrôle anti-pollution permet de mesurer la teneur en CO des gaz d'échappement (véhicules "essence"), de l'opacité des fumées d'échappement (véhicules "diesel"), du lambda des gaz d'échappement (véhicules "essence" catalysés).

Se mettre en conformité avec la loi. Depuis 1992, les véhicules de plus de 4 ans sont soumis à un contrôle technique régulier. La première visite est à effectuer dans les six mois qui précèdent le quatrième anniversaire de la mise en circulation du véhicule, puis tous les deux ans. En cas de vente d'un véhicule d'occasion (de plus de 4 ans), la date de contrôle doit être inférieure à six mois. Si vous oubliez votre contrôle technique, non seulement vous ne serez plus assuré de la fiabilité de votre véhicule, mais vous serez aussi dans l'illégalité et donc passible d'une amende de 135 €.

Pour plus d'informations,
www.securitest.fr ou N°Azur 0 810 197 119
PRIX APPEL LOCAL

SECURITEST
CONTROLE TECHNIQUE AUTOMOBILE
Un contrôle de pros, le conseil en plus

Un peu de son histoire

La forêt d'Orléans ne constitue plus qu'une fraction de l'immense forêt des Loges qui, jusqu'au Moyen Age recouvrait 150 000 hectares au nord de la Loire. A la fin du **Xe siècle**, la forêt devient propriété royale. Suite à de nombreuses dotations, de défrichements et d'usurpations, les bois de la couronne ne constituaient plus que 39 000 hectares à la fin du **XVIe siècle**. La forêt passe alors sous la coupe du duc d'Orléans. En **1789**, il ne reste plus que 24 000 hectares tandis que le clergé dispose de 17 000 hectares. La Révolution réunifie l'ensemble avant que la restauration de la royauté en **1815** fasse l'inverse. Au cours du **XIXe siècle** la forêt d'Orléans est devenue domaniale sous la responsabilité de l'administration des Eaux et Forêts. Tout au long de son histoire, la forêt d'Orléans a servi de lieu de refuge. Ainsi, lors des guerres de Religion, des rencontres secrètes pour les Huguenots s'y déroulaient. Et au cours de la Seconde Guerre mondiale, la forêt fut un haut lieu de résistance.

Une multitude d'essences

L'administration des Eaux et Forêts entreprend une véritable œuvre de reboisement avec des conifères. Le maître des lieux, le chêne, y occupe plus de la moitié de la surface. Le pin sylvestre recouvre environ le tiers de la forêt. On le reconnaît à son feuillage vert bleuté, aux aiguilles vrillées assez courtes et au haut de son tronc de couleur saumonée, un autre résineux, le pin Laricio de Corse est très utilisé pour le reboisement au vu de la qualité de son bois. Une grande diversité d'essences occupe la forêt : hêtre, charme, bouleau, noisetier, tilleul, pommier sauvage... On découvre des séquoias géants, dont un digne représentant encore jeune est visible au Carrefour des domaines. Ces bois font le bonheur des promeneurs qui s'adonnent à de longues promenades dans des allées ou des sentiers bien aménagés et les chasseurs sont heureux : toujours à l'affût de nombreux gibiers. Au détour d'une allée les découvertes sont riches : étangs, fontaines, arbres.

Trois massifs

La forêt d'Orléans est composée de trois massifs distincts : le massif de Lorris (à l'est) est le plus vaste des trois. Quelques beaux étangs, comme celui du Ravoir, ont permis la réimplantation du balbuzard pêcheur, un rapace migrateur piscivore. Auprès de cet étang, des tombes de résistants rappellent qu'un maquis occupa ce massif. C'est dans le massif d'Ingrannes (au centre) que se trouve le point le plus élevé de la forêt d'Orléans, la butte de Foulaubin, haute de 174 mètres. Le boisement est dominé par les chênes et semé d'une trentaine d'étangs. On notera quelques centres d'intérêt régionaux : des traces de lieux de culte gaulois, près du carrefour des Huit-Routes, ainsi qu'à proximité de Chambon-la-Forêt. Le massif d'Orléans (à l'ouest), qu'il convient de ne pas confondre avec la forêt du même nom. Le massif est agrémenté de nombreuses mares. Des sangliers et des cerfs s'y promènent aussi, même s'ils sont difficiles à observer.

Promenade en forêt d'Orléans

MASSIF D'INGRANNES Pavillon Forestier – FAY-AUX-LOGES ✆ 02 38 59 56 95 • MASSIF DE LORRIS 3, rue de l'Inspection – LORRIS ✆ 02 38 92 40 15. L'ONF organise des excursions de groupes. Pour tous renseignements, contacter l'un des numéros cités ici.

Et pour mieux connaître encore ce qu'a été et ce qui reste de cette forêt, une visite s'impose au musée présenté ci-dessous.

MUSEE DES METIERS ET DES LEGENDES DE LA FORET D'ORLEANS Loury ✆ 02 38 65 42 07. *Jusqu'au 15 avril, visites possibles sur réservations. Du 16 avril au 30 septembre ouvert tous les dimanches de 14h30 à 18h, et du mercredi au samedi sur réservations.* Cette visite permet de comprendre les liens qui unissent les hommes et la forêt. Voici quelques années, Loury possédait un musée de la ruralité, qui s'est peu à peu recentré sur la forêt. On découvre les petits métiers qui étaient liés à la forêt et disparus depuis le début du XXe siècle. L'autre partie de la visite vous transporte dans l'univers des légendes du lieu, fruit de l'imaginaire des gens fascinés par les bruits, les arbres et les animaux.

Visite étonnante au point culminant du Loiret

L'observatoire des Caillettes à Nibelle (Loiret). Dominant la forêt d'Orléans du haut de ses 30 mètres. L'observatoire des Caillettes édifié sur une butte, culmine à 170 mètres au-dessus du niveau de la mer. Depuis sa plate-forme, on aperçoit la cathédrale d'Orléans, la centrale de Dampierre-en-Burly et on admire la vue imprenable sur le département. Ce nouvel édifice est entièrement reconstruit avec des matériaux naturels provenant des essences du milieu qui l'environne (bois de chêne et de pin). Il est accessible gratuitement aux amoureux de la nature désireux de prendre de la hauteur pour mieux admirer le Loiret. Cet observatoire sert également d'observatoire pour l'ONF. A terme, une table d'orientation complétera et agrémentera votre visite.

La Résistance dans la forêt d'Orléans

Cette grande forêt fut un lieu important de la Résistance. Les maquisards trouvaient là, un endroit pour lutter et se cacher. On peut rendre un hommage à ces hommes de la dernière guerre en visitant le musée dédié à leurs mémoires.

MUSEE DEPARTEMENTAL DE LA RESISTANCE ET DE LA DEPORTATION Esplanade Charles-de-Gaulle - LORRIS ✆ 02 38 94 84 19. *Fax : 02 38 92 37 15.* En 1944, Lorris fut le siège d'un important maquis de la Résistance. Pendant toute la durée de l'occupation, le Loiret compta près d'un millier de déportés pour faits de résistance ou tombant sous le coup des lois discriminatoires de Vichy. C'est aussi dans ce département que furent construits trois camps d'internement pour juifs : Pithiviers, Beaune-la-Rolande et Jargeau. Pour que personne n'oublie, d'anciens résistants et déportés du Loiret ont donné l'impulsion à la création de ce musée d'histoire et de mémoire. Les grandes étapes de la Seconde Guerre mondiale y sont développées : les causes de la guerre, la collaboration, la vie quotidienne des Français, la Résistance, le maquis, la libération, la déportation. A visiter de génération en génération.

La somptueuse parure des forêts dans la région du Centre ne se limite pas qu'au seul Orléanais, les autres provinces sont également boisées. Les forêts de Dreux et de Senonches, en **Eure-et-Loir** celles de Russy, de Boulogne, de Blois, de Frèteval, de Marchenoir en **Loir-et-Cher**, de Loches, d'Amboise et de Chinon (forêt domaniale) en **Indre-et-Loire**, de Chateauroux et de Bommiers en **Indre**, de Vierzon, d'Allogny, Vouzeron, Saint-Palais, et les Bois de Meillant, dans le **Cher** ne sont que les principaux massifs forestiers dont la région du Centre peut s'enorgueillir.

Sur les 500 000 hectares qui couvrent la Sologne, les naturalistes dénombrent le quart des espèces de la flore française, deux cents espèces d'oiseaux, une quarantaine de mammifères, une trentaine de poissons, une dizaine de batraciens et autant de reptiles, et des milliers d'insectes. Composante majeure du paysage solognot, la forêt couvre plus de la moitié du territoire et s'accroît sans cesse. Les étangs de Sologne, créés pour la plupart au Moyen Age, sont au nombre de 3 000 et ils couvrent un large quart du Sud-ouest. C'est principalement dans la partie Est que l'on rencontre la lande Solognote composée de bruyères et de genêts. La Loire au nord et le Cher au sud la délimitent. Entre ces deux rivières, le Beuvron et le Cosson confluents en ligne droite jusqu'au fleuve, mêlant leurs eaux en aval de Blois.

Parcs et jardins

ARBORETUM ET JARDINS DES GRANDES BRUYERES Ingrannes ✆ 02 38 57 12 61. *E-mail : parcsdefrance@club-internet.fr Ouvert le dernier dimanche de mars et du 2e dimanche d'avril au 2 novembre, les dimanches et jours fériés de 10h à 18h. Sur rendez-vous pour groupes.* Au cœur de la forêt d'Orléans, la découverte des arbres exotiques.

ARBORETUM DES PRES DES CULANDS MEUNG-SUR-LOIRE La Nivelle ✆ 02 38 63 10 49. *Visites guidées et commentées par le propriétaire uniquement sur rendez-vous d'avril à septembre.* Promenade au bord de l'eau à la rencontre d'une grande variété d'espèces végétales baignées de lumière.

ARBORETUM NATIONAL DES BARRES RN7 - NOGENT-SUR-VERNISSON ✆ 02 38 97 62 21. *Ouvert du 15 mars au 15 novembre de 10h à 18h. Entrée : 5 €, tarif réduit : 4,50 €.* Entre Montargis et Gien, sur la route qui vient de Châtillon, l'Arboretum national des Barres est remarquable par la variété et la rareté de ses collections. 10 000 arbres et arbustes pour 2 700 espèces sur 35 hectares. Il fut créé par André de Vilmorin, qui acquit le domaine en 1821. Très pédagogique, il se partage en trois collections : géographique, regroupant les espèces d'après leur origine, systématique, en les classant par familles botaniques, et ornementale, avec de belles raretés. A voir bien sûr plusieurs fois dans l'année selon les saisons. On y trouve aussi un château de la fin du XIXe siècle.

BOIS DE BAMBOUS La Métairie du Puits - D965 – FAVERELLES ✆ 02 38 31 59 54. *Internet : www.multimania.com/bamboudiffusion. Ouvert du 15 mai au 15 septembre, tous les jours (sauf les lundis et mardis) de 14h à 18h. Sur rendez-vous pour groupes. Visites guidées les mercredis, samedis et dimanches à 15h30.* Dans cet environnement exotique, un petit son et lumière raconte la vie d'un panda.

MAISON DES ETANGS ✆ 02 54 88 23 00. *Ouvert toute l'année sur rendez-vous, tous les jours du 15 juin au 15 septembre de 10h à 12h et de 14h à 18h. Tarif : 3,05 €.* Pour s'initier ou parfaire ses connaissances de la Sologne : ses étangs (maquettes, schémas), ses animaux, sa géologie, ses objets typiques… S'y ajoutent trois vidéos sur la pisciculture, les oiseaux aquatiques et la construction d'une loge à toiture de roseaux. Un circuit dans la Sologne des étangs complète l'ensemble.

Les étangs solognots

Entre Marcilly-en-Gault, Neung-sur-Beuvron et Saint-Viâtre. Les étangs de Sologne abritent une grosse part de la faune solognote et ses espèces les plus originales. Les insectes y

Etang en Sologne

sont bien représentés avec plusieurs centaines d'espèces. On y trouve aussi une dizaine d'espèces de batraciens, tandis que les oiseaux ont la part la plus importante avec 100 espèces : ceci concerne principalement les palmipèdes et les échassiers. Les mammifères y jouent un rôle plus modeste et il n'est pas rare d'y rencontrer ragondins et rats musqués. Seuls les poissons et les canards colverts font l'objet d'élevages.

Etang de Malzone. Sur la route de Millançay à Neung-sur-Beuvron, cette réserve de chasse héberge de nombreux oiseaux d'eau. Son accès est strictement interdit mais on peut facilement observer les oiseaux depuis la route.

Etang de Marcilly. En hiver, il accueille des canards et à l'automne, des petits échassiers. A voir : la bonde des eaux à partir de laquelle on règle le niveau des eaux.

Etang et château de Bièvre. Le château (XXe siècle, ne se visite pas) domine l'un des plus grands étangs de la région (62 hectares) qui draine les eaux d'une quarantaine d'étangs avant d'aller se jeter dans le ruisseau baptisé le Néant. Nombreux canards et grèves huppées en hiver.

Etang des Marguilliers. Cet étang héberge au printemps une importante colonie de mouettes rieuses. On y découvre aussi différentes espèces de colverts, de sarcelles et de grèves au cou noir.

Pour d'autres promenades en Sologne

▶ SOLOGNE NATURE ENVIRONNEMENT Parc de Beauvais - 23, route de Selles-sur-Cher - ROMORANTIN-LANTHENAY ✆ 02 54 76 27 18. *Ouvert du lundi au samedi de 9h à 12h et de 14h à 18h.* Ou comment découvrir la Sologne le long de sentiers menant aux oiseaux d'eau, aux chants des mares ou bien encore aux danses des grèbes ou aux tourbières.

▶ UNION POUR LA CULTURE POPULAIRE EN SOLOGNE (UCPS) 9, avenue de Toulouse - NOUAN-LE-FUZELIER ✆ 02 54 88 71 09. *Ouvert les mardis, mercredis, jeudis et samedis de 9h à 18h, et le vendredi de 14h à 18h. Exposition : entrée libre.* Cette association invite les curieux à faire des balades dans la Sologne. Elle a édité un guide de randonnées "Sologne" comprenant 54 circuits pédestres ou cyclo/VTT. Chaque année, les thèmes varient : faune, flore, architecture, contes et légendes. Le calendrier proposé est varié et intéressant.

▶ LE PARC FLORAL DE LA SOURCE Orléans ✆ 02 38 49 30 00. *Internet : www.parc-floral-lasource.fr. Ouverture du 29 mars au 11 novembre de 9h à 18h (fermeture des caisses à 18h et des portes à 19h) tous les jours, et du 12 novembre à la fin mars de 14h à 17h tous les jours sauf le 25 décembre et le 1er janvier. Visite de la serre aux papillons de 10h à 17h.* Exposition selon calendrier annuel, parc animalier, petit train, golf miniature, boutique, aire de pique-nique, salon de thé, etc. Un toboggan unique en France ravit les enfants et le théâtre du Guignol les fera rire aux éclats. Dans un nouvel espace on retrouve nos amis les animaux pour le bonheur des petits et des grands. Visité par Voltaire, ce parc paysager a été remanié pour les Floralies internationales de 1967 qui accueillirent 2,5 millions de visiteurs en six mois. C'est le parc de tous les enchantements qui s'étend sur 35 hectares de nature. Au printemps, la floraison de 300 000 bulbes illumine les sous-bois sous des arbres centenaires.

Découverte insolite de la mystérieuse Source du Loiret dominée par la grande volière, élégante et d'une architecture novatrice. Ballet virevoltant de centaines de papillons exotiques, colorés, dans la serre du même nom (2,50 € l'entrée), unique dans la région. Commentaires d'un entomologiste et film vidéo complètent la visite. La serre est magnifique avec ses 1 000 variétés d'iris classées collection nationale et réunies dans un jardin contemporain unique en Europe. Roses mystérieuses et parfumées à découvrir, associées aux vivaces dans la Roseraie du miroir. Un potager expérimental fleuri, entouré d'un mur en osier tressé de 49 mètres de long, s'organise non loin du jardin de dahlias (180 variétés). C'est aussi la collection exceptionnelle des fuchsias qui offrent leurs délicates fleurs mêlées aux collections végétales. En novembre, on découvre les chrysanthèmes présentés et mis en valeur telles de véritables sculptures, la féerie des couleurs est sublime. Tous les après-midi, au détour des allées vous entendez le teuf-teuf du petit train qui vous embarquera pour la visite du parc. Il est grand. Les petites et grandes jambes fatiguées apprécieront parfois ce repos !

PARC NATUREL REGIONAL DE LA BRENNE MAISON DU PARC Hameau du Bouchet – ROSNAY ✆ 02 54 28 12 12. Cette région naturelle surnommée "pays des mille étangs" est située aux confins du Berry, de la Touraine et du Poitou, dans le département de l'Indre. Le Parc Naturel régional de la Brenne est né en 1989. Il s'étend sur 160 000 hectares, réunissant 47 communes au sud-ouest du département de l'Indre. Autour d'un même but, préserver et développer le patrimoine naturel et culturel de leur territoire, la région s'est mobilisé. Le Parc naturel de la Brenne est une région d'étangs parmi les plus importantes de France. La Brenne ne se livre pas facilement et aujourd'hui encore, beaucoup de personnes passent à côté de ce trésor. Ses 1 000 étangs, peut-être 1 200 ou 1 500, ses bois, ses landes et ses prairies, parfois dominées par des buttes de grès appelées localement "buttons", dont la légende attribue la paternité au géant Gargantua, héros de Rabelais. Celui-ci traversant la région aurait créé les étangs, là où il posait le pied. Il aurait donné naissance aux buttons, simplement en décrottant ses bottes pleines d'argiles. Cette vaste superficie offre une diversité de milieux naturels, colonisés par les oiseaux bien sûr, migrateurs ou sédentaires, plus ou moins 300 espèces dont 150 nicheuses, par plus de 15 000 espèces d'insectes, parmi lesquelles 63 espèces de libellules (sur les 91 répertoriées en France) ; de belles populations de cétoines et de lucanes cerf-volant, ainsi que des papillons rares (le machaon, le flambé, le grand cuivré ou le morio). Il faut compter également 32 espèces de poissons et 15 espèces françaises d'amphibiens (sur les 28 répertoriées en France). Il ne faut pas oublier la cistude d'Europe ou "tortue boueuse", qui forte de dizaines de milliers d'individus, a fait de la Brenne, la première région française pour cette espèce. On dénombre 59 espèces de mammifères parmi lesquels figurent la genette et le chat sauvage. La flore est tout aussi exceptionnelle, plus de 1 000 espèces de plantes, dont 36 espèces d'orchidées que les naturalistes locaux vous feront découvrir avec bonheur. Pour vous faciliter les découvertes "La Maison du Parc" est à la disposition des passionnés dans le magnifique hameau du Bouchet. Elle renseigne sur les étangs et les réserves accessibles (dont celle de Chérine qui est un haut lieu d'observation), sur les circuits de randonnées et les balades découvertes. N'oubliez pas les bottes et les jumelles et chut ! Si vous voulez découvrir.

La cistude d'Europe ou la tortue boueuse

Elle ne mesure guère plus de quinze centimètres de long. On la reconnaît facilement, grâce à sa carapace parsemée de points jaunes comme sa peau d'ailleurs. Attachée aux étangs, cette carnassière se nourrit d'insectes, de têtards, mais ne dédaigne pas les poissons morts. Elle ne quitte guère l'eau des étangs que pour pondre à la fin du printemps dans les prairies. Ses œufs enterrés dans le sol, éclosent après plus ou moins soixante-dix jours de nidation. Ils sont souvent pillés par les sangliers. Les bébés tortues rejoignent aussitôt l'étang. La Cistude est farouche et se laisse difficilement approcher. Mais vous pouvez les observer lorsqu'elles se chauffent au soleil, perchées sur un tronc flottant ou un amas de roseaux.

PARC NATUREL REGIONAL LOIRE-ANJOU-TOURAINE Maison du Parc - 7, rue Jeanne d'Arc – MONTSOREAU ✆ 02 41 53 66 00. Même s'il se situe dans deux régions, le Centre (Indre-et-Loire) et le Pays de Loire (Maine et Loire), il fait bien parti de notre région. Créé en 1996, le Parc Naturel Loire-Anjou-Touraine couvre une superficie de 235 000 hectares et s'étend sur 136 communes. La Loire inscrite au patrimoine mondial de l'Unesco en décembre 2000, a largement contribué à rendre les terres fertiles. Les inondations du fleuve ont façonné les vallées, les prairies, les îles tandis que l'homme dessinait les contours du bocage, des vignes et des forêts. Au sud, des plateaux ondulés parsemés de noyers et entrecoupés de petites vallées humides forment un paysage voué aux exploitations céréalières. Les massifs forestiers (Chinon, Saumur, Fontevraud et les landes) qui occupent des terres plus ingrates abritent le cerf, l'engoulevent, et le busard Saint-Martin. Grâce au savoir-faire des hommes, qui ont su tirer parti des terroirs et d'un ensoleillement exceptionnel, des crus réputés comme chinon, bourgueil et saumur font partis de ce patrimoine. Devant une telle diversité de milieux naturels que compte le Parc, les espèces végétales et animales s'épanouissent. Le castor a été réimplanté dans les années 1970 et entretient activement les saulaies, sachant ménager la présence des grands arbres qui sont autant de reposoirs pour le Grand Cormoran et le Balbuzard pêcheur. La Sterne pierregarin, la Sterne naine et le Petit Gravelot nichent également sur les îlots en été lors de la nidification. Plus de 200 espèces d'oiseaux sont inventoriées (Héron cendré, Aigrette garzette…) La grande réserve naturelle de la Grand Pierre et Vitain est située à une dizaine de kilomètres de Blois. Elle mérite le détour. Ancien pâturage à moutons, elle domine la Vallée de la Cisse, petite rivière affluente du fleuve. Plus de 400 espèces végétales y ont été recensées, parmi lesquelles l'anémone pulsatille, l'hélianthème des Apennins, le daphné lauréole ainsi que de nombreuses espèces d'orchidées. Les insectes comme la mante religieuse, les papillons tels la zygène du Panicault et certains reptiles (vipère aspic, lézard vert…) si abritent également. Dès la fin mars, dans le bocage du Véron on découvre une explosion de couleurs due à des fleurs prestigieuses comme la Fritillaire pintade, la Gratiole, le Pigamon jaune… tandis que les Puys du Chinonais, chauffés au soleil, hébergent le bruant ortolan la cigale rouge, le romarin, la sauge et la sabline à grandes fleurs. Des balades, des circuits sont organisés par le Parc et les naturalistes locaux nous emmènent à la découverte d'un patrimoine exceptionnel.

PARC NATUREL REGIONAL DU PERCHE 11, place Saint-Roch – REMALARD © 02 33 85 36 36. La région Centre présente une diversité étonnante de paysages, le Parc Naturel du Perche, situé au cœur du grand Perche se partage entre la Normandie, le Bassin parisien et la Beauce. Créé en 1998, sur les départements de l'Eure-et-Loir (région Centre) et l'Orne (région Basse-Normandie), il est composé de 118 communes et occupe une superficie de 182 000 hectares. La région Centre n'héberge qu'une partie du Perche qui se prolonge largement à l'ouest. Pour mieux situer le Perche, cette ancienne province fut partagée en 1790, en quatre parties inégales entre les départements de l'Orne, de L'Eure-et-Loir, du Loir-et-Cher et de la Sarthe. Malgré ce découpage, l'identité percheronne est omniprésente. Ses coutumes, ses manifestations locales et traditionnelles nous la font partager avec bonheur. Le cheval percheron, l'une des plus anciennes races de trait françaises, alliant sa force et sa beauté est à l'origine de l'emblème du parc. Dans cette nature attachante, on découvre ses petites vallées, ses chemins rythmés par ses haies et ses vergers. L'homme a façonné le bocage en faisant reculer la forêt qui est malgré tout très dense. De grands massifs forestiers (Ferté-Vidâme, Senonches, Champrond, Montécôt…) au nord du parc s'offrent aux balades. C'est un vrai paradis pour les amateurs de champignons. En empruntant, le GR35, on découvre les remarquables chênaies hêtraies à houx. Au printemps, les sous-bois des chênaies-charmaies se parent de jolis tapis de fleurs (aspérule odorante, petite pyrole, jacinthe des bois, myrtille…). On y observe de nombreux oiseaux pics et rapaces. Cerfs, chevreuils, sangliers et martres sont abondants, bien cachés dans ces bois. Les étangs Perruchet que l'on domine depuis le site de Froid Vent et l'Etang de Chênegué près d'Argenvilliers sont parmi les plus intéressants pour observer les oiseaux. Au printemps, les mouettes rieuses et les grèbes à cou noir y trouvent refuge. En hiver, de nombreux oiseaux d'eau s'installent : Héron cendré, grèbe huppé, canards siffleurs, sarcelle d'hiver… L'étang de la Benette, en lisière de la forêt de Senonches est, lui, surtout connu pour son intérêt botanique : Littorelle, pilulaire, faux nénuphar… Situé aux portes de l'Ile-de-France, le parc, véritable poumon vert, offre de nombreuses balades, randonnées ainsi que la découverte de son riche patrimoine.

Sentier de grande randonnée

LOISIRS ET NATURE

La région à vélo

Le Pays des Châteaux à vélo

"Les châteaux à vélo" représentent un projet ambitieux qui s'inscrit dans un projet qui ne l'est pas moins, celui de "la Loire à vélo" qui vise, à terme, à relier Sancerre à l'Océan Atlantique en 800 kilomètres de circuit cyclotouriste ! Les 300 kilomètres d'itinéraires cyclables, balisés et sécurisés, qui constituent le circuit des "châteaux à vélo" sont un tronçon du futur circuit de "la Loire à vélo".

Situés au sud de la Loire, ces 300 kilomètres de circuits permettent d'aller de château en château en quelques coups de pédales. C'est le plaisir des balades à vélo, en famille ou entre amis, dans l'environnement exceptionnel des châteaux de la Loire, mais aussi la découverte de la nature solognote. "Châteaux à vélo" sillonne le cœur de la Vallée de la Loire, classée Patrimoine Mondial par l'Unesco. Ce circuit offre une belle occasion de s'oxygéner au gré de visites exceptionnelles, comme celles des châteaux de Chambord ou de Cheverny.

Le relief de la région se révèle tout à fait adapté à ce type de tourisme. En effet, chacun, amateur occasionnel ou assidu de la petite reine, trouvera son rythme pour profiter de tout ou partie de ce bien joli circuit ! L'itinéraire est constitué de 30 kilomètres de piste cyclable totalement réservée aux cyclotouristes, de 70 kilomètres de chemins très bien aménagés et entretenus, ainsi que de 200 kilomètres de petites routes ouvertes certes à la circulation automobile mais néanmoins très peu empruntées (ce sont de petites routes de campagne où l'on dénombre moins de 300 véhicules par jour). De plus, de nombreux carrefours ont été spécialement repensés et aménagés. La sécurité est donc une préoccupation première et constante.

Ceux qui préfèrent le vélo en liberté pourront se procurer la carte touristique bilingue français/anglais créée et distribuée gratuitement par le Pays des Châteaux, et qui permet de choisir parmi 11 boucles de 10 à 40 kilomètres. Les autres se tourneront vers des balades "clé en main" proposées par l'**Office du tourisme de Blois : 02 54 90 41 42** ou par l'**agence Loire Valley Travel : 02 54 78 62 52**.

De nombreux professionnels du tourisme ont compris l'intérêt d'un tel circuit et ont d'ors et déjà mis en place des services et accueils adaptés aux cyclotouristes.

La Loire à vélo

Au fil des kilomètres, les bords de Loire révèlent des lieux insoupçonnés et des paysages d'une pure beauté : les découvrir à vélo est un moment privilégié. Au gré des avancements de ces lourds travaux, certains tronçons s'ouvrent. A chaque fois, vous découvrirez des lieux exceptionnels. Sur certains axes, des pistes spécifiques seront ouvertes, tandis qu'à d'autres endroits, les routes faiblement fréquentées seront utilisées. Ceci dans le but de vous permettre d'être au plus près de cet

Randonnée cyclotouriste en Pays des châteaux

environnement. "La Loire à Vélo" traversera les régions Centre et Pays-de-la-Loire. Jusqu'en 2006, certaines parties seront ouvertes et la fin des travaux est prévue pour 2007. Il sera alors possible de cheminer sur plus de 800 kilomètres, dans la vallée du fleuve royal.

Au cœur d'un patrimoine naturel et culturel unique, inscrit par l'Unesco au patrimoine mondial de l'Humanité, le circuit débute très exactement au pont-canal du Guétin, près du bec d'Allier et terminera sa course à Saint-Brévin-Les-Pins jusqu'à l'Océan Atlantique. Pour l'Indre-et-Loire quelques tronçons sont déjà réalisés comme à Candes-Saint-Martin, Savigny-en-Véron, Port-Boulet, Chinon. La section entre Joué-les-Tours et Villandry est en passe d'être terminée. Les chemins vers Chinon, Azay-le-Rideau et Langeais sont prévus pour 2005. Des "aires d'arrêt" seront aménagées pour faciliter la circulation et l'accueil des cyclistes. Des points relais seront également mis en place. Les promeneurs pourront au gré de leurs balades, se reposer, se restaurer, observer la faune et la flore et profiter des magnifiques paysages.

La région sur l'eau

Que vous ayez choisi de circuler à vélo ou non, vous pouvez toujours vous offrir le privilège de découvrir la Loire en navigant. Le canoë constitue une embarcation idéale pour voguer sur ce fleuve majestueux.

Ainsi, vous pouvez découvrir le château de Chambord et ses abords depuis un catamaran électrique très sécurisé dirigé par un pilote expérimenté (accueil de personnes handicapées possible).

Il est également possible de visiter Vendôme en barque : 02 54 77 05 07 et d'embarquer à bord de bateaux dédiés à la promenade au départ de Saint-Aignan : 02 54 71 40 38, de Montrichard : 02 54 75 41 33 ou 06 67 91 38 83…

En vallée du Cher, vous pourrez profiter d'une croisière de 1h30 à bord du Léonard de Vinci (58 places). Parmi les nombreuses autres opportunités de découvrir la région depuis ses cours d'eau, vous pourrez aussi opter pour une promenade en fûteau au départ du lac de Loire pour découvrir la faune, la flore et l'histoire de la Loire. Renseignements :

▸ OFFICE DE TOURISME DE BLOIS ✆ 02 54 90 41 41

▸ LOIRE NATURE DECOUVERTE Quai de Loire - SAINT-SATUR ✆ 02 48 78 00 34. *Fax : 02 48 78 00 34. Ouvert toute l'année.* Loire Nature Découverte, basée juste à côté du camping de Saint-Thibault, propose des promenades en canoë (biplace avec des pagaies simples) ou en kayak (monoplace avec des pagaies doubles), pour quelques heures, le temps d'une journée ou d'une demi-journée, d'un week-end ou d'une semaine. Le départ s'effectue depuis la Charité-sur-Loire (pour la journée), de Pouilly (pour la demi-journée), d'Apremont-sur-Allier ou de Nevers (pour le week-end), transport en bus compris. Yvan Thibaudat, guide diplômé d'Etat, a "plongé" dans la Loire tout petit ; une passion transmise de père en fils depuis trois générations. Il accompagne les descentes de Loire de 2h30 pour des groupes et possède un canoë 10 places pour emmener des handicapés moteurs ou mentaux. Toujours à la découverte de la Loire, des descentes accompagnées permettent de mieux comprendre le fleuve, sa faune et ses légendes. Après ces agréables balades sur l'eau, un Centre Pleine Nature situé en plein Pays Fort offre des possibilités de rallyes ou de randonnées VTT ou pédestres sur des thèmes variés. Suivant les différentes périodes de l'année, des sorties s'organisent autour de la nature avec pour thèmes la Loire et la forêt (cueillette des champignons, brame du cerf) ainsi que le milieu souterrain (chauve-souris). La découverte du Centre Pleine Nature est une vraie rencontre avec des passionnés de nature et de terroir.

La région depuis les airs

En hélicoptère

▸ DOMAINE DE VALAUDRAN ✆ 02 54 97 20 00. Survol des châteaux de la Loire en hélico à partir du Domaine de Valaudran. Plusieurs circuits sont possibles, notamment un survol de Cheverny, Chambord, Chaumont, Blois, etc. Les vols se déroulent en fonction de la météo.

En montgolfière

▸ AEROCOM ✆ 02 54 33 55 00. *Fax : 02 54 33 55 04. Internet : www.aerocom.fr.* De nombreux tarifs sont proposés : adultes, enfants, groupes (à partir de quatre personnes), qui comprennent un certificat de vol et du champagne à l'atterrissage. Au départ du château de Blois, du château d'Amboise ou de Cheverny (le golf ou le château).

▸ AEROSPH'AIR Château de Mézières - MEZIERES-LEZ-CLERY ✆ 02 38 45 68 27. *Fax: 02 38 45 61 11. Internet : www.aerostation.com.* Baptêmes de l'air, cadeaux, mariage avec ballon captif. Forfaits week-end. Pour prendre de l'altitude (ou de la hauteur, c'est comme on préfère), regarder les gens de haut, survoler les problèmes et prendre du recul… par rapport au sol. C'est M. Cronier qui nous fait décoller… avec ses montgolfières !

Montgolfière sur le Cher

Il nous accueille dans le parc privé du château de Mézières-Les-Cléry, préparation du ballon et nous embarquons pour une heure au-dessus de la Sologne/du Val de Loire. Le retour s'effectue en 4x4 et il est suivi d'un petit déjeuner champêtre ou de la traditionnelle coupe de champagne, selon l'horaire.

AU GRE DES VENTS ✆ 02 54 46 42 40. *Fax : 02 54 46 09 56. Internet : www.au-gre-des-vents.com.* Tarifs adultes, enfants, groupes (à partir de 3 personnes) sont proposés. Au départ des châteaux de Villesavin, Beauvais ou Valençay, ou de Cheverny (le golf ou le château).

En ULM

Les amateurs de sensations fortes apprécieront cette façon différente d'admirer les châteaux de la Loire de tout en haut. Vol d'initiation au lac de Loire. Renseignements : 02 54 20 68 51.

La région en train touristique

LE BLANC-ARGENT Compagnie du Blanc-Argent ✆ 02 54 76 02 72/02 54 76 69 96. *Internet : www.cba.fr ou www.trainstouristiques-ter.com.* Le Blanc Argent est un des derniers autorails à voie métrique de France. A partir de 1852, le projet est à l'étude : on réfléchit dès lors aux différents tracés possibles, et au financement de cette voie. Il est construit en 3 ans, de 1899 à 1902. Aujourd'hui, il circule toute l'année de Salbris à Luçay-le-Mâle, via Romorantin-Lanthenay, en faisant plusieurs étapes dans des petites gares. Il sillonne donc la Sologne pittoresque et offre des étapes intéressantes aux touristes. Cette ligne ferroviaire compte 67 kilomètres qui se parcourent en 1h20, à bord de trains récents, puisqu'un nouveau matériel équipe progressivement cette ligne depuis le printemps 2003. Vous pouvez vous renseigner sur le site des TER touristiques de la SNCF. Sachez cependant qu'un trajet entier coûte 9,50 € en plein tarif.

La région à cheval

Vous pourrez goûter aux joies des promenades en attelage en divers endroits de la région.

OFFICE DE TOURISME DE BLOIS ✆ 02 54 90 41 41. L'attelage est emmené par deux percherons. Au départ de la place du château, promenade commentée de la vieille ville.

PARC DE CHAMBORD ✆ 02 54 20 31 01. Au départ des écuries du maréchal de Saxe, sous la conduite d'un cocher, quarante-cinq minutes de promenade dans le parc du château.

PARC DU CHATEAU DE CHAUMONT ✆ 02 54 87 57 62. Promenade en calèche de vingt minutes. Les amoureux des chevaux ne feront pas l'impasse sur une visite au Pôle du cheval et de l'âne.

POLE DU CHEVAL ET DE L'ANE La Celle-Condé – LIGNIERES. A quelques kilomètres de Lignières, le Domaine des Amourettes est une vaste propriété du XVe siècle, magnifiquement restaurée. Le Pôle est aujourd'hui propriété du Département. Dès son ouverture en mars 2000, les haras nationaux de Blois transfèrent la station de monte de Lignières devenue vétuste, sur ce magnifique site. L'AFAGNB (Association Française de l'Ane Grand Noir du Berry) crée un centre de testage, permettant ainsi de voir cette race protégée et reconnue. Les chevaux et les ânes batifolent et s'adonnent à leurs "Amourettes". Afin de mieux répondre aux spécifications des haras, les éleveurs de chevaux et ânes trouvent au Pôle, un outil de développement de leurs activités ainsi que des moyens matériels et humains. Le renforcement du Pôle du Cheval et de l'Ane passe par la construction d'un hippodrome régional, qui à terme, permettra le transfert de l'activité de celui toujours en service à Lignères, ainsi que le développement de nouvelles courses. Les pistes construites au Pôle n'ouvriront qu'en 2005, compte tenu du temps de stabilisation indispensable des sols. C'est un lieu qui deviendra incontournable pour les grandes manifestations et les balades familiales du Sud-Boischaut. Le pôle propose pour l'instant, des animations événementielles dans le prolongement de l'activité équine nationale, de type journée du cheval, journée des Haras. Des concours complets d'équitation ou d'attelage sont organisés. Outre la sauvegarde de l'âne, certains participent et sont aptes à des activités de loisirs (week-end, journée, semaine) pour le plus grand plaisir des petits et des grands. Vous pouvez tout simplement les admirer. Gabriel est un des chefs, cherchez-le, il ne doit pas être loin ! Le Championnat de France de la Race Asine Grand Noir du Berry sur le Domaine des Amourettes a eu lieu les 13 et 14 septembre 2003. Que dire de plus, sinon qu'une visite s'impose.

Découverte

STATION DE RADIOASTRONOMIE - ESPACE CIEL OUVERT Nançay ✆ 02 48 51 18 18 (Informations)/02 48 51 18 16 (réservations). *Internet : www.obs-nancay.fr. A Nançay, prendre la direction de Souesmes par la D29. Ouvert de 9h à 12h et de 13h30 à 17h30 en semaine, de 10h15 à 12h30 et de 14h à 19h les samedis, dimanches, jours fériés et pendant les vacances scolaires de la zone B. Fermeture le mardi sauf en juillet et août. Fermeture annuelle : du dernier lundi avant Noël au 31 janvier.* Créée en 1953 par l'Ecole normale supérieure, cette station de radioastronomie étudie les ondes radio qui parviennent de l'univers, apportant des renseignements sur le système solaire et les galaxies lointaines. Le radiotélescope de Nançay est le deuxième du monde par sa taille. Une place confirmée en 1999 avec la mise en route d'un nouveau récepteur hyperpuissant, qui permet de capter les ondes cinq fois plus vite qu'auparavant. Son "Espace Ciel ouvert", une sorte de musée interactif de l'astronomie, a été créé spécialement pour les jeunes visiteurs. Il regroupe une exposition extérieure présentant d'anciens instruments de radioastronomie : on peut y découvrir ce que voyaient Galilée à travers sa lunette et Newton avec son télescope, quel a été l'apport de la photographie et de la spectroscopie... Le public peut piloter en direct une maquette du grand radiotélescope et voir comment fonctionnent les laboratoires de la station de radioastronomie, la visite dure 1h15. Clou de la visite, un planétarium permet de découvrir le ciel en direct comme en pleine nuit, pour un voyage de 50 minutes dans les étoiles, guidé par un animateur. Des événements à ne pas manquer : La nuit à la belle étoile ou la semaine de la Science. L'année 2003 offre un magnifique spectacle "Les Mystères du Ciel Austral" avec des images inédites sur la découverte du ciel austral, la naissance des étoiles leur vie et leur mort, les images inédites de ce spectacle sont livrées par l'ESA, Observatoire Européen Austral Des moments hors du temps, en plein espace. Les enfants adorent... et les adultes aussi !

La Route du Blé

"La Route du Blé" est une route thématique, mise en place en 2002, dans le département de l'Eure-et-Loir, par l'association Terre de Beauce. L'originalité de ce parcours touristique tient avant tout, au fait, qu'il émane du monde agricole. C'est en effet, Philippe Lirochon, agriculteur, maire de Villeau (petite commune de Beauce) et président de la Chambre d'agriculture d'Eure-et-Loir qui a été l'on peut dire l'inventeur de la "Route du Blé". Cette route s'étend pour le moment, sur environ 200 kilomètres. Cette année, elle se prolonge dans le département du Loiret à partir de Toury (Eure-et-Loir) dans le secteur d'Outarville (Loiret). Une route principale.

Au départ du village d'Auneau, qui accueille dans le parc de son château 27 espèces de félins, "La Route du Blé" sillonne la plaine d'Orgères-en-Beauce à Chateaudun, en traversant les vallées de la Conie, de l'Aigre et du Loir, en longeant le Perche jusqu'à Bonneval, la petite Venise de la Beauce et le Moulin Pelard au Bois de Feugères.

Autour de ce tracé principal, des invitations permanentes s'adressent aux visiteurs afin de les guider, dans la découverte de la Beauce. Au travers de 9 circuits thématiques qui mettent en avant, successivement, le patrimoine, l'histoire, les éléments climatiques, les paysages ou les productions de la Beauce ; on découvre cette magnifique Beauce. De l'injuste légende qui voulait que cette région soit plate, nue et monotone soit née une belle histoire qui nous attache à cette terre.

Pour tous renseignements : **Offices de tourisme et Syndicats d'initiative et à la Maison de la Beauce : 02 37 99 75 58**.

D'avril à octobre, la Route du Blé propose de nombreux événements. La fête de la Route du Blé se déroulera cette année, les 26 et 27 juin 2004, outre, les nombreuses animations proposées tout au long de la Route du Blé ; au programme : défilés de cortèges de voitures anciennes, fabrication de pain dans un authentique four, groupe folklorique, visites animées de moulins à vent...

Programme 2004 au 02 37 99 75 58.

La Maison de la Beauce, une agréable conclusion de la Route du Blé. Au cœur d'Orgères en Beauce, la Maison de la Beauce est le lieu incontournable et permanent d'expositions, d'animations pour découvrir la Beauce autour de 3 thèmes : le pays, le paysan, le paysage.

Histoire et patrimoine

La cathédrale de Chartres

HISTOIRE

Une terre de cathédrales

L'art roman date des Xe, XIe et XIIe siècles et la région Centre est marquée très tôt par cet art. La parenté est sensible, entre toutes les églises et les sanctuaires romans de cette région ligérienne (Val de Loire, Touraine, Berry). La grandiose collégiale de Saint-Martin, à Tours, est construite de 990 à 1015 et presque aussi ancien (1026), le "clocher porche" à Saint-Benoît. Dans le Bas-Berry autour de La Châtre, les églises romanes sont remarquables et recèlent des trésors d'architecture et de peinture, les plus connues : Aigurande, Briantes, Champillet, Chassignoles, Crevant, Crozon sur Vauvre. L'abbatiale de Selles-Sur-Cher (Berry) fait partie, des chefs-d'œuvre, de la sculpture romane, la Touraine possède à Beaulieu-lès-Loches, un bas-relief intéressant. Et la crypte de Saint-Aignan, à Orléans, renferme quant à elle des chapiteaux archaïques, d'interprétation assez difficile.

L'art gothique naît dans la seconde moitié du **XIIe siècle**, c'est une technique nouvelle, due à des réalisateurs très différents de l'époque romane. Les origines restent incertaines, il existe une école française née en Ile-de-France vers **1130**, mais également une école angevine, qui utilise les mêmes caractéristiques. Ainsi l'art gothique s'impose, les édifices sont le travail de laïcs et de confréries. L'art des maîtres maçons et des imagiers à lui seul n'aurait suffi. Pour construire ces édifices, la foi populaire et l'énergie collective ont permis d'avancer. Cette époque est marquée, par le bref, mais puissant, temps des croisades. Les lourdes charpentes, les pierres énormes et les échafaudages à des hauteurs incroyables nous confirment que chacun contribua à ces défis.

CATHEDRALE NOTRE-DAME DE CHARTRES
© **02 37 21 75 02.** *Cathédrale ouverte toute l'année de 8h30 à 19h30. Entrée libre. Visites de Pâques à la Toussaint à 10h30 et 15h (sauf dimanche et lundi). Visites de la Toussaint à Pâques tous les jours à 14h30 (sauf Noël et jour de l'an) ; Pas de visites pendant les célébrations religieuses. Tarifs : 6 € ; scolaires et étudiants : 3 €, plus de 60 ans : 4 € ; gratuit pour les moins de 10 ans. Pour les groupes et les visites avec un audio guide contacter le service accueil visites. Pour les visites de la crypte : 02 37 21 56 33. Pour la tour (montée à la tour nord), se renseigner sur les différents horaires.* La cathédrale de Chartres, inscrite au Patrimoine mondial par l'Unesco est la plus complète et la mieux conservée des cathédrales gothiques. Elle résume l'art gothique de la fin du XIIe et du début du XIIIe siècle. Elle est construite au sommet d'une colline au-dessus de l'Eure. **Ses dimensions** sont très importantes, parmi les plus impressionnantes des cathédrales de France : 130 mètres de long, la nef large de 16 mètres et haute de 37 mètres, le chœur et le transept (64 mètres de large). La première église a été construite sur l'emplacement d'un ancien temple druidique puis gallo-romain par Saint-Altin et Saint-Eodald au IVe siècle. Elle fut brûlée en 763, et reconstruite. En 858, les Normands incendient à nouveau l'église, elle brûle à nouveau en 862, toujours sous l'assaut des Normands. Pour la quatrième fois, le nouvel évêque Wulphard la fait reconstruire, elle est la proie des flammes le 7 septembre 1020. Ainsi, l'histoire de la cathédrale débute. L'évêque Fulbert construit une grande cathédrale romane, et fait appel aux dons des souverains et seigneurs de l'Europe entière, des sommes considérables lui furent envoyées. Le 11 septembre 1030, un incendie ravage la partie supérieure de l'église et un clocher. La reconstruction est financée par le duc de Normandie et roi d'Angleterre Henri I Beauclerc.

L'évêque Yves avec l'appui de Mathilde d'Angleterre fait réaliser les aménagements intérieurs de la cathédrale. Le 5 septembre 1134, un nouvel incendie endommage la partie ouest de l'église, l'ancienne façade et le clocher furent démolis. Il subsiste de cette époque, la crypte et ses fresques, ainsi que le vieux clocher (celui du sud) qui fut élevé vers 1170, et le portail "royal", édifié à partir de 1120, dont les sculptures se situent entre 1142 et 1150. Le clocher nord ou clocher neuf, haut de 115 mètres, est le plus ancien. Après l'incendie de 1134, un premier étage fut élevé, la construction interrompue, repris en 1145 et marqua la fin du deuxième étage. L'incendie des 9 et 10 juin 1194 fit de nombreux ravages. En 1220, grâce à de nombreux financements et à des travailleurs œuvrant sans relâche, la structure de la cathédrale est rebâtie à neuf en pierres de Berchères (village situé à une dizaine de kilomètres de Chartres). En 1260, elle verra son **achèvement** et elle sera consacrée le 24 octobre par l'évêque Pierre de Mincy. La plupart des autels seront construits de la fin du XIIIe et pendant tout le XIVe siècle. Au XVe siècle, Louis de Bourbon comte de Vendôme, après avoir été délivré de sa captivité en Angleterre, s'acquitte de son vœu en faisant construire en 1417, la chapelle Vendôme, dédiée à la Vierge. En 1506, la flèche nord, en bois recouverte de plomb, fut détruite par la foudre. La reconstruction fut confiée à Jehan de Beauce qui reconstruit la flèche en dentelle de pierre dans l'esprit de la Renaissance. Il exécuta de nombreux travaux additifs comme la clôture du cœur qui débuta dès 1514 et se termina au XVIIIe siècle, ce mur sculpté raconte du sud au nord, la vie de la Vierge, la vie du Christ. Il finit avec la mort et le couronnement de la Vierge. En 1520, le pavillon de l'horloge, au pied du clocher neuf, lui fut confié. Cette construction dans le style Renaissance permit d'abriter le mécanisme de l'horloge qui marquait le temps solaire et lunaire sur le cadran polychrome et qui commandait la sonnerie des cloches. **Dans la nef**, on foule les pierres noires, incrustées dans le sol des 261 mètres du labyrinthe. La chapelle Saint-Piat édifiée au début du XIVe siècle abrite de nos jours, dans sa partie basse les tombeaux des évêques. Dans sa partie haute est conservé le Trésor qui regroupe des parties sculptées du jubé du XIIIe siècle ainsi que des objets précieux et un coffre à vantaux de 1225. La célèbre relique dite "Voile de la Vierge" est exposée dans la chapelle du Saint Sacrement. Sous la cathédrale, la crypte, la plus vaste de France, est également ouverte à la visite. Comment parler de la cathédrale, sans être ébloui par ses vitraux, étincelants de couleur, d'une expression exceptionnelle. Ils sont 172, couvrants 2 600 m^{2}. Ils constituent la plus riche collection d'Europe par leur ancienneté et leur beauté. Des artistes anonymes ont exercé leurs talents au XIIe et XIIIe siècles. Ces vitraux sont de véritables livres d'images, et illustrent d'une façon magnifique la Bible et la vie des Saints. Ils portent également la marque de leurs donateurs, blasons pour les grandes familles ou scènes de métiers pour les corporations.

CATHEDRALE SAINT-ETIENNE A BOURGES
✆ **02 48 65 49 44.** *Cathédrale ouverte tous les jours de 8h30 à 19h15, du 1er avril au 30 septembre et jusqu'à 21h en juillet et août. Ouverte de 9h à 17h45 du 1er octobre au 31 mars. Visites libres de la tour (396 marches) de 9h30 à 11h30 et de 14h à 18h. Tarifs : 4 €, réduit 2,50 €. Tarif groupe : £3,50 €. Visites guidées de la crypte du lundi au samedi à 10h, 11h15, 14h30, 15h45 et 17h, et le dimanche à 14h30, 15h45 et 17h.* La cathédrale Saint-Etienne est inscrite au Patrimoine mondial de l'Unesco. La visite de la cathédrale, est suivie d'une visite de la cité médiévale. Sur le point le plus élevé de la cité, la cathédrale Saint-Etienne de Bourges dresse sa masse imposante : la silhouette de sa façade aux deux tours inégales et le développement de ses cinq portails imagés font de ce monument l'un des plus caractéristiques de l'architecture médiévale du XIIe siècle. L'édifice a 120 mètres de long, 40,80 mètres de large et la hauteur totale, sous les voûtes de la nef, est de 37,15 mètres. La nef principale est flanquée de doubles bas-côtés qui entourent également l'abside par un double déambulatoire, l'église est sans transept et se termine à l'ouest par cinq portails qui s'ouvrent sur chacune des cinq nefs, chaque porte s'encadre dans les profondes voussures entièrement recouvertes de sculptures, malheureusement les statues qui garnissaient les pieds droits ont disparu au moment des guerres civiles du XVIe siècle. C'est dans les environs de 1185 que l'archevêque de Bourges, Henri de Sully, et le chapitre métropolitain firent ouvrir ce chantier sur ce site consacré depuis plus de sept siècles. **Quatre églises** s'étaient déjà succédé sur cet emplacement à Bourges : la première au temps de la civilisation gallo-romaine, une deuxième au temps des Mérovingiens, la troisième fut établie sur cet emplacement par l'évêque Raoul de Turenne au temps des Carolingiens. La quatrième date de l'époque romane conçue sur un plan plus grandiose que les édifices antérieurs, son ampleur nous est connue par les anciens murs révélés grâce à des fouilles récentes : elle avait à peu de choses près la même largeur que la cathédrale actuelle. Cette dernière cathédrale avait comme promoteur l'évêque Gauzlin, abbé de Fleury de la famille des Capétiens (1014-1030). A la fin du XIIe siècle, le chapitre éprouva la nécessité de donner

plus d'importance à son église primatiale et l'évêque voulut doter son diocèse d'une cathédrale construite suivant la nouvelle formule dite "gothique" comme à Laon, Senlis, Soissons, Paris dont l'évêché était alors entre les mains de son frère Eudes de Sully. 1185-1250, telles sont les dates approximatives qui séparent le début de la construction de la mise en place des cinq portails de la façade. Si l'aspect extérieur et l'aspect intérieur se distinguent par un volume grandiose et par une distribution inusitée de la lumière qui inonde la nef et les bas-côtés, le décor sculpté et les vitraux scintillant de couleur sont harmonieusement répartis et forment un tout d'une grandeur et d'une préciosité surprenantes. Le parti architectural retenu par le maître d'œuvre inconnu de Bourges repose sur un plan sans transept et des effets plastiques d'une grande modernité pour leur époque. Aujourd'hui encore, la cathédrale est entourée des maisons à pans de bois qui témoignent de l'image de la ville médiévale. Ce sont ces principaux critères qui ont valu à la cathédrale Saint-Etienne son inscription en 1992 sur la liste du **Patrimoine mondial de l'Unesco**. C'est l'œuvre la plus étonnante qui marque la naissance de l'art gothique classique : en 1195, c'est l'archevêque Henri de Sully, assisté du chapitre des chanoines, qui prend la décision de reconstruire la cathédrale à partir du chevet, dans le nouveau style gothique. Le chœur s'élève sur une église basse établie sur le fossé du rempart gallo-romain. En 1199, le successeur d'Henri de Sully, l'archevêque Guillaume de Dangeon, ancien abbé cistercien, prend une part importante dans le développement du chantier et notamment dans le programme. La seconde campagne de construction, gros œuvre de la nef et de la façade occidentale, est achevée vers 1230 ; cinq portails sculptés complètent la façade. Les architectes qui ont succédé au premier maître de Bourges ont su préserver la cohérence du programme. La tour nord s'écroule en 1506 et est reconstruite le plus en harmonie possible avec la façade gothique, bien qu'elle comporte certains éléments décoratifs Renaissance. Le décor des vitraux a été presque entièrement conservé. Les plus beaux sont ceux qui, dans le déambulatoire et les chapelles rayonnantes de l'abside, forment à l'étage bas une ceinture de joyaux multicolores. Dans leur composition décorative et figurative, ils retracent les scènes historiques liturgiques des Saintes Ecritures. Les **vitraux du XIIIe siècle**, répartis sur les trois étages de l'élévation du chœur invitent irrésistiblement à voyager dans le temps et dans l'Histoire. On y découvre la vie quotidienne au Moyen Age à travers les métiers, les costumes, la faune, la flore… Ces livres de lumière illustrent l'enseignement de l'Eglise (Jugement dernier, Apocalypse, la Vierge et Saint-Etienne, les scènes de l'Ancien et du Nouveau Testament mises en correspondance, la vie des saints et martyrs, les archevêques de Bourges, les prophètes et les apôtres…). A la fin du XIVe siècle, la verrière du "grand Housteau", offerte par le duc Jean de Berry parachève la façade occidentale. Dans un tout autre esprit, les chapelles latérales du XVe au XVIIe siècle, sont décorées de verrières dont la plus célèbre est sans aucun doute l'Annonciation de la chapelle de Jacques Cœur.

Promenade des remparts à Bourges

La partie la plus réputée de ce décor de pierre est le **tympan de la porte centrale**, consacré au thème du Jugement dernier tout inspiré du portail de Saint-Denis que Suger avait introduit dans son abbatiale au XIIe siècle : c'est une humanité vivante qui s'incarne dans la pierre pour former, au portail central de la façade occidentale, un tableau grandiose du Jugement dernier, réaliste et intemporel à la fois, chef-d'œuvre de la sculpture gothique des années 1240. Les deux portails latéraux nord et sud sont des remplois, faits par les architectes du XIIIe siècle, de belles sculptures que les artistes romans avaient préparées pour clore la nef du XIIe siècle, et leur réutilisation heureuse est un attrait supplémentaire. Dans l'ensemble des façades latérales très allongées, la coupure des porches saillants abrite ces précieux vestiges. Après la fin des travaux, signalons au cours des siècles, le pignon occidental et la grande rosace ajoutés au XIVe siècle par le duc Jean de Berry, les chapelles latérales de la nef aux XIVe, XVe et XVIe siècles garnies de précieux vitraux qui s'échelonnent du XIIIe siècle au XVIIe siècle ; enfin au XVIe siècle la reconstruction de la tour nord après un accident qui détruisit l'ancien clocher et l'adjonction au XIVe siècle du pilier qui assure la stabilité de la tour sud restée de la construction primitive. Quelques beaux morceaux de sculptures font partie du mobilier de la cathédrale, les plus précieux proviennent de la Sainte Chapelle du palais du duc Jean, démolie au XVIIIe siècle. C'est la figure gisante du duc conservée dans l'église basse qui domine l'abside et qui est la partie la plus ancienne de la cathédrale, le groupe de Notre-Dame La Blanche avec ses statues priantes, trois figures en marbre provenant du mausolée des Laubespine dans la chapelle construite par Jacques Cœur, enfin, une belle figure agenouillée du maréchal de Montigny. Ces dernières sont des œuvres tardives du XVIIe siècle. L'horloge astronomique, dont le mécanisme d'origine (œuvre du chanoine Fusoris en 1424) est bien conservé, a bénéficié d'une réhabilitation, ainsi que le cadran représentant les figures du zodiaque, peint par Jean d'Orléans.

Les châteaux

Cette immense région regorge de trésors, de l'art gothique à la Renaissance. Devant une telle abondance, nous avons mis en avant pour vous quelques-uns des plus célèbres châteaux, mais aussi d'autres moins connus, dignes de figurer en bonne place dans vos visites. Tous sont d'un grand intérêt architectural et historique. Certes, ils ne sont pas les seuls, mais il vous faudra quelques années pour les découvrir tous.

CHATEAU NATIONAL D'AZAY-LE-RIDEAU 19, rue Balzac ✆ 02 47 45 42 04. *Ouvert tous les jours en juillet et en août de 9h30 à 19h ; du 1er octobre à 31 mars de 10h à 12h30 et de 14h à 17h30, d'avril à septembre de 9h30 à 18h. Tarifs 5,50 €, 3,50 € pour les moins de 25 ans, gratuit pour les moins de 18 ans.* Le village d'Azay-le-Rideau, au cœur de la vallée de l'Indre, doit son nom à Ridel d'Azay, seigneur du XIIe siècle. Azay-le-Rideau fut le premier château de la Renaissance. L'édification du château se fait entre 1518 et 1529 pour Gilles Berthelot, alors l'un des quatre trésoriers de France, qui devient maire de Tours en 1519. Des ennuis judiciaires le contraignent à céder le château à François Ier qui en fait don à un de ses fidèles serviteurs. Souvent comparé à Chenonceaux, Azay-le-Rideau est un parfait mélange de charme et de grâce servi par des proportions idéales. Le gothique flamboyant est ainsi parfaitement intégré dans un ensemble de style italien. La réussite architecturale des tourelles en encorbellement et des mâchicoulis est évidente, même pour le néophyte. Comme à Chambord, c'est **l'escalier** qui constitue la pièce maîtresse d'Azay-le-Rideau. Conçu selon le principe italien de l'escalier à rampe droite, c'est l'un des premiers de ce type construit en France. Les quatre niveaux de fenêtres d'étage alternent d'une manière saisissante avec les quatre niveaux de baies. Les symboles du roi et de la reine (la salamandre et l'hermine) se font face dans la grande lucarne. Le rez-de-chaussée du château abrite trois grandes pièces dont la chambre dite de "François Ier" dans laquelle il aurait séjourné de temps en temps et la salle à manger, presque entièrement rénovée et qui renferme une copie d'une cheminée de Rodin et quelques sièges, copies d'Henri II. Les cuisines possèdent de superbes voûtes ogivales. A l'étage, la salle des fêtes, avec sa très grande cheminée, est agrémentée d'une salamandre en trompe-l'œil. La chambre rouge est meublée d'un lit habillé de damas rouge et d'un superbe cabinet du XVIIe siècle en poirier noirci. La chambre verte, comme la précédente, doit son nom à la couleur du damas qui habille le lit de parade (XVIIe siècle également). Le parc a la particularité de privilégier les vastes pelouses autour du château, lieu idéal de promenade. Les communs, que l'on doit à Béringhan, sont du XVIIe siècle.

CHATEAU ROYAL DE BLOIS ✆ 02 54 90 33 32. *Tarif : 6 €. Tarif réduit : 4 €. Visite insolite : 7 €. Toutes les prestations sont gratuites pour les enfants de moins de huit ans.* Le château offre aux visiteurs un condensé de plusieurs siècles d'histoire et d'architecture ; De Jeanne d'Arc à François Ier et Gaston d'Orléans, les grandes figures se succèdent, apportant pour les souverains une touche personnelle dans l'aménagement du château. Propriété des comtes de Blois jusqu'au XIVe, il passe aux mains de la famille d'Orléans en 1392. A l'avènement de Louis XII, natif de Blois, il devient résidence royale et celui-ci voulut faire de Blois la capitale du royaume. Au début du XVIe, et après la mort de Louis XII, son gendre François Ier y prend également résidence, alternativement avec Amboise, et fait édifier une nouvelle aile avec la façade des Loges. Après avoir franchi le portail, on est émerveillé par la vaste cour intérieure où figure la statue équestre de Louis XII. On découvre un grand escalier à vis Renaissance qui servait de tribune lors de fêtes royales. Enfin, en 1626, Louis XIII souhaitant éloigner de la cour son intrigant de frère Gaston d'Orléans, en fit le titulaire du comté de Blois. Le nouvel occupant du château s'alloua les services de Mansart pour apporter un nouvel éclat à l'édifice. Pour chaque étape de construction, il reste d'importants témoignages qui confèrent à la visite un intérêt particulièrement vaste. Le château loge également **deux musées d'importance** : le Musée des beaux-arts (belles tapisseries et un original Musée de la ferronnerie du Val de Loire avec une collection de clefs) et le Musée archéologique qui recense le résultat de fouilles assidues, dans et à l'extérieur du château et portant sur des époques diverses (préhistoire, antiquité romaine, Moyen Age). Le château royal de Blois est un témoignage de l'art de la Renaissance en France. Il constitue une parfaite représentation de l'architecture française du Moyen Age jusqu'au XVIIe siècle. La galerie Charles d'Orléans, bâtie au milieu du XVe, est le premier édifice où se mêlent pierres et briques. La galerie est portée par des arcades en anse de panier surbaissées. Jadis deux fois plus longue, elle faisait communiquer les deux extrémités de la cour, jusqu'à la construction du nouveau château entreprise au XVIIe. Le pavillon Anne de Bretagne est fait de briques et de pierres, situé au milieu des jardins du château. Louis XII et Anne de Bretagne allaient faire des neuvaines dans l'oratoire adossé au pavillon pour obtenir un dauphin. De leur union naquit leur fille Claude de France. Les **jardins de Blois** furent célèbres dans toute l'Europe. Ils furent créés à l'initiative de Louis XII qui fit appel à un spécialiste napolitain, Pacello Mercogliano, auteur des jardins d'Amboise. Ces jardins s'étageaient en trois terrasses entourées de berceaux de charpentes et divisées par des allées symétriques et régulières. Ils illustrent parfaitement le style des jardins de la Renaissance et furent le théâtre de réunions poétiques et musicales, selon la tradition du XVe. La cour aimait s'y retrouver pour de longues promenades et se recueillir à l'oratoire du pavillon Anne de Bretagne.

Le château de Mehun-sur-Yèvre

Le château d'Anet

Coeur de la cité médiévale de Châteauneuf

CHATEAU DE CHAMBORD - DOMAINE NATIONAL ✆ 02 54 50 40 00. *Ouvert du 1er avril au 31 mars de 9h à 17h30 et du 1er avril au 30 septembre de 9h à 18h30. Entrée : tarif plein 7 €. 18-25 ans : 4,50 €. Gratuit pour les moins de 18 ans.* Merveille de la Renaissance, le château de Chambord est né du caprice d'un roi, au cœur d'un paysage de landes, de marécages et de forêts giboyeuses. C'est François Ier qui, en 1519, décide la construction d'une demeure autour de laquelle il trouverait du gibier à foison (le roi de France était en effet un passionné de chasse) et qui ne serait pas trop éloignée de la ville de Blois, l'une des plus importantes du royaume. La principale motivation de François Ier fut tout de même la rivalité qui l'opposait à son puissant voisin, Charles Quint. Chambord est ainsi un des rares châteaux qui ait été construit dans un but essentiellement d'apparat. Il fut d'ailleurs peu habité, essentiellement lors de fêtes somptueuses que donnèrent François Ier et Louis XIV. Après plusieurs projets non retenus, François Ier décide de confier la réalisation d'un château sur le site de Chambord à François de Pontbriant. Conçu sur le modèle des châteaux forts, Chambord aura donc une enceinte rectangulaire, des tours rondes et un donjon carré lui-même cerné de quatre tours. Le château est nettement inspiré par le style gothique, mais les maçons français et italiens qui l'ont construit y ont fait aussi souffler l'**esprit de la Renaissance** ; les toitures, merveilleuses, en sont le meilleur témoignage. De l'extérieur, la taille de l'édifice frappe immédiatement ; il forme un rectangle de 156 mètres sur 117 mètres. L'ardoise gris bleu des toits et le tuffeau blanc des façades sont superbes et tranchent avec les forêts alentours. La tour droite de la façade nord renferme la chapelle à laquelle on accède soit par la galerie qui provient du donjon, soit par l'escalier Henri II construit dans l'angle nord-ouest de la cour d'honneur. La chapelle, au premier étage de la tour, est la plus grande pièce du château. L'étage supérieur fut construit par le fils de François Ier, Henri II. La tour plus à gauche, de taille plus réduite, est celle des appartements de la reine. Son équivalent, de l'autre côté de l'entrée, abrite des appartements, un par étage. Entre ces deux tours, au premier étage, les appartements qu'occupait Louis XIV. Celui-ci, avant d'entreprendre les travaux du château de Versailles, fait réaliser d'importants travaux dans cet édifice qui n'était déjà plus à la mode et que les années avaient fait souffrir. La tour de l'extrémité nord (à gauche de la façade donc) est celle des appartements de François Ier. Tout comme pour la chapelle, on accède à cette tour soit par l'escalier dit "de François Ier" situé dans l'angle nord de la cour d'honneur, soit par la galerie de liaison entre le donjon et les ailes. La merveille de Chambord se découvre une fois la porte d'entrée ; au centre de la salle en croix trône le **merveilleux escalier** à vis et à double rampe qui aurait été inspiré de plans de Léonard de Vinci. Larges de huit mètres, ses deux montées s'enroulent autour d'un noyau central. Ainsi, deux personnes peuvent se voir sans se croiser sur le même escalier. Le parquet, les huisseries, les cheminées et les boiseries retiendront également l'attention du visiteur. Une fois la visite terminée, le parc fera un lieu de promenade idéal. Parc du château : ce plus grand parc clos d'Europe est, depuis 1970, réserve nationale cynégétique et domaine présidentiel de chasse. Le parc est connu pour ses cerfs et ses sangliers, mais on y rencontre également quelques chevreuils, mouflons, faucons hobereau, buses et pics de toutes espèces. Enfin, près d'un millier de canards, des blaireaux et des renards complètent la population du parc.

CHATEAU DE CHAMEROLLES Chilleurs-aux-Bois ✆ 02 38 39 84 66. Ce splendide château du XVIe siècle, aux tours rondes et aux toits pointus est l'un de ceux les plus visités du département. Construit par Lancelot Dulac (appelé ainsi en hommage au légendaire chevalier de la Table ronde), compagnon de Louis XII, le château devint un fief protestant par l'alliance de la famille avec Louise de Coligny, d'où la transformation de la chapelle en temple. Les derniers propriétaires léguèrent le château à la ville de Paris, qui le légua au département du Loiret en 1987. Ce dernier entreprit une restauration complète du bâtiment qui tombait en ruine en utilisant des techniques ancestrales pour lui donner l'aspect actuel. Il devient un Château - promenade des parfums qui présente l'histoire des senteurs, plantes aromatiques et autres flacons précieux du XVIe siècle à nos jours. Etonnants panneaux de senteurs où il suffit d'appuyer sur un bouton, d'approcher le nez et... parfois, il est surprenant de découvrir des parfums oubliés.

CHATEAU DE CHEVERNY ✆ 02 54 79 96 29. *Fax : 02 54 79 25 38.* Le château de Cheverny est situé à une dizaine de kilomètres au sud de Blois et à quinze kilomètres du château de Chambord. C'est à partir de Cheverny que la Sologne se développe vers le sud. Cheverny est le plus grand des châteaux privés du Val de Loire encore habité. Le palais de la bande dessinée ! Hergé s'en est inspiré (en lui rognant les ailes) pour dessiner le château de Moulinsart du capitaine Haddock. Même la marche cassée du grand escalier dans "Les bijoux de la Castafiore" vient de Cheverny !

Région Centre
L'émotion à l'état pur

Le cœur de France a des atouts majeurs

Riche de paysages naturels et culturels d'exception, le Val de Loire est inscrit depuis l'an 2000 au Patrimoine mondial de l'Unesco. Sur 800 km², depuis Sully (Loiret) jusqu'à Chalonnes-sur-Loire (Maine-et-Loire), ce site fait un écrin au fleuve royal, paresseux en été, quand les bancs de sable l'emportent sur les flots, parfois sauvage et capricieux en hiver.

Sur les rives de Loire, le site classé intègre les grandes villes et leur cœur historique, avec quelques échappées jusqu'à Chambord ou Azay-le-Rideau. Ce patrimoine ligérien ce sont aussi ses châteaux, fleurons d'un passé royal. Mais encore son patrimoine religieux, sa douce Touraine aux falaises de tuffeau qui dominent le fleuve, ses vignobles qui transforment l'eau en vin...

D'une rive à l'autre du fleuve, « la Loire à vélo » proposera 800 kilomètres d'itinéraires sécurisés en 2006. En attendant, le Pays des Châteaux, entre Chambord, Blois et Cheverny, offre déjà 300 km de pistes cyclables aménagées avec 11 boucles de 10 à 40 km mêlant nature et patrimoine. Dans les six départements du Centre, les hébergements labellisés « Vélotel-Vélocamp-Vélogîte » proposent des circuits, fournissent une assistance dépannage et préparent même des paniers pique-nique aux cyclotouristes.

Si vous préférez un « régime sans selle », la Fédération Française de Randonnée Pédestre (FFRP) a publié un guide intitulé « Les châteaux de la Loire à pied », avec 22 promenades et randonnées.

La Loire - C. LAZI - CRT Centre

Un festival de jardins

Surnommé « le jardin de la France », la région Centre compte 81 parcs et jardins, dont Villandry est le plus grandiose, avec ses mosaïques de potagers et de jardins italiens. A Orléans, le parc floral de la Source vaut le détour : 900 iris, jardins colorés, serre aux papillons et grande volière.... Chaque année, de mai à octobre, le Festival des jardins de Chaumont-sur-Loire (Loir-et-Cher) est devenu un rendez-vous incontournable de la planète verte: l'art contemporain appliqué au jardin y bourgeonne d'une verve... fertile ! A ne pas manquer non plus les jardins en terrasses du château de Valmer, en plein vignoble de Vouvray.

Festival des Jardins - P. DURIEZ - CRT Centre

Les cités ont du caractère

Retour au cœur des cités qui ont du caractère. Tours est une ville d'art et d'histoire, avec sa cathédrale Saint-Gatien, sa basilique Saint Martin et son musée du compagnonnage, unique en France. Il fait bon déambuler dans les rues médiévales du vieux Tours avec ses maisons à pan de bois ou sur le marché aux fleurs coloré et jacassant. A la nuit tombée, sur la belle place Plumereau forte de son ambiance estudiantine et touristique, Tours affiche, sans complexe sa réputation de fêtarde. Amboise, c'est plutôt l'esprit de la Renaissance, avec son château à la vue panoramique sur la vallée de la Loire. C'est encore le Clos Lucé, la maison-musée du génial Léonard de Vinci, inventeur de futuristes machines et d'un immortel sourire. Cap sur Blois. Là-haut, passés les rues pavées

Orléans - P. DURIEZ - CRT Centre

et les multiples escaliers, le parvis du château est un lieu divin l'été venu, avec ses terrasses de cafés conviviales. En face, la façade de la Maison de la magie s'anime. Puis en entrant dans la cour du château, l'escalier de l'aile François Ier nous laisse sans voix. Plus haut en Loire, Orléans, c'est la ville de Jeanne d'Arc : en témoignent les vitraux de la cathédrale, la maison de la pucelle, sa statue place du Martroi longée par le tramway, et les fêtes johanniques. Le vieil Orléans aujourd'hui rénové, et ses rues pavées font revivre le quartier Dessaux, celui des vinaigreries, né de la marine de Loire. N'oublions pas Orléans la contemporaine, avec sa médiathèque et son pont de l'Europe, une merveille d'harmonie signée Calatrava. Au nord-est, passé l'océan de céréales, l'on aperçoit les flèches de la cathédrale de Chartres classée au patrimoine mondial de l'Unesco. Ses 2. 600 m² de vitraux l'ont rendue célèbre à travers le monde. A voir aussi, la maison Picassiette, entièrement décorée de mosaïques. Dans la vielle ville, les ruelles en rangs serrés descendent en cascade vers l'Eure. Au sud de la région, Bourges est la patrie de Jacques Cœur, un grand commerçant qui a laissé à la ville son palais, un magnifique édifice gothique, Saint-Etienne, cathédrale inscrite au Patrimoine Mondial de l'Unesco, veille sur le vieux Bourges, avec ses hôtels particuliers et ses cinq musées. A découvrir au fil bleu des Nuits lumières, un itinéraire poétique estival. Un peu plus bas, les marais, ses petits canaux et ses parcelles fleuries. Bourges, c'est aussi son printemps, festival de nouveaux talents de la musique où, de scènes en trottoirs, l'on vibre sur tous les rythmes.

Les grands enfants sont rois

À Valençay (Indre), il faut résoudre des énigmes dans le grand labyrinthe de Napoléon. Au château de Sully-sur-Loire, tout est possible, de la visite costumée à celle aux chandelles qui font des ombres inquiétantes...

Cap sur la Beauce et sa Route du Blé. 200 km de circuits thématiques vous font découvrir la vie agricole du grenier de la France. En été, animations gratuites à gogo : visites de moulins à vent, fabrication de pain...

Amateurs de préhistoire, une exposition au château du Grand Pressigny (Touraine) raconte qu'en ces lieux, il y a cinq mille ans, on fabriquait puis on exportait des lames de silex dans toute l'Europe. Et pour voir nos ancêtres façon Jean-Jacques Annaud dans "La guerre du feu", Argentomagus (Indre) est un nouveau musée de la préhistoire... high-tech.

En Loir-et-Cher au château de Cheverny, dont Hergé s'est inspiré pour dessiner Moulinsard, Tintin et sa tribu attendent les tintinophiles dans les dépendances. En Touraine, au Clos Lucé, qui jouxte le château d'Amboise, hommage au génial Léonard de Vinci avec les maquettes de ses inventions prémonitoires, du parachute à l'hélicoptère.

Les nuits d'été, les châteaux de la Loire rivalisent d'imagination pour mettre leurs vieilles pierres en valeur. Chambord et ses Métamorphoses, Chinon et ses nocturnes insolites dans la forteresse, Azay-le-Rideau et ses effets lasers sur le château... À Culan en Berry, le parc et le château se visitent aux chandelles. À Bourges, un rayon bleu lumineux nous guide, la nuit tombée, dans la ville médiévale. Osons le dire, la région Centre est une véritable cour de récréation.

Château de Blois - C. MOUTON - CRT Centre

Trois parcs de princes

A une heure de la région parisienne, la région Centre offre des escapades nature à gogo, pour des sensations sauvages et des grands bols d'oxygène.

En Berry, le Parc Naturel Régional de la Brenne, avec ses mille étangs, est classé zone humide d'importance internationale pour les oiseaux d'eau. Un paradis pour les accros des jumelles. La maison du parc et la maison de la Nature marquent le point de départ d'excursions pour aller observer ses hôtes.

Grèbe huppée - P. DURIEZ - CRT Centre

A l'ouest, le PNR Loire-Anjou-Touraine est une mosaïque de paysages. Le fleuve royal et d'autres affluents ligériens comme l'Indre ou le Thouet y ont creusé les vallées, modelé les coteaux, dessiné les contours des vignes et des forêts, adopté les villes et leurs trésors architecturaux.

Fleuve sauvage, la Loire compte aussi de nombreux sites préservés dont certains ont été spécialement aménagés pour découvrir ses forêts alluviales, ses îles à sternes et autres oiseaux migrateurs, ses poissons et ses plantes dont une centaine d'espèces ont migré sur les rives depuis le siècle dernier !

En Eure-et-Loir, le PNR du Perche est une succession de vallons et de collines verdoyants. Façonné par l'homme, le bocage offre des pâturages aux chevaux de trait, les fameux percherons. La forêt du Perche compte aussi 1.100 espèces de champignons, dont certaines très rares.

Autre sortie nature prisée, la Sologne. Cerfs, chevreuils et sangliers peuplent la forêt et les landes sèches de bruyères dessinent des paysages bucoliques. En ce milieu naturel d'exception, fait de plus de 3.000 étangs, de rivières, de prairies inondables et tourbières, on compte 1.200 espèces de plantes supérieures.

Plus au nord sur près de 60 km entre Orléans et Gien (Loiret), la plus grande forêt domaniale de France, la forêt d'Orléans, abrite trois espèces d'aigles dont le public peut suivre les évolutions à l'observatoire du Ravoir.

Des palais bien soignés

Au pays de Rabelais on sait aussi soigner les palais. Ceux de ses habitants gourmets et de ses visiteurs fines gueules.

Si l'eau de la Loire est bénite par le label de l'Unesco, les saintes appellations de la région ont pour nom Vouvray, Chinon, Bourgueil, Touraine, Montlouis, Cheverny... Les « dives bouteilles » ont pignon sur Val de Loire en rouges, blancs, rosés, secs, effervescents, liquoreux et moelleux. Au total la région compte 22 crus dont 19 AOC (Appellation d'origine contrôlée) avec le Valençay, le petit dernier classé.

Et qui dit vins dit fromages... Les Berrichons ont la Pyramide de Valençay qui trône à côté des deux AOC du pays, le Pouligny Saint-Pierre et le Crottin de Chavignol. En Val de Loire, c'est à Selles-sur-Cher et à Sainte-Maure-de-Touraine que les chèvres donnent leur meilleur lait. En Beauce, la feuille de Dreux offre des nuances fruitées, bien enveloppée dans sa couette de verdure.

Au chapitre « produits du terroir », les lentilles vertes du Berry, la Belle de Fontenay, la betterave rouge de l'Orléanais, les volailles fermières du Berry et les gélines de Touraine. Sans oublier les poissons du fleuve royal comme le sandre, le gibier de Sologne et les charcuteries du Val de Loire, dont la célèbre andouillette de Jargeau.

Y. Wemaere - CRT Centre

En dessert, le Centre propose quelques unes des meilleures douceurs de France, la poire tapée, mais qui ne s'est jamais plainte - au contraire - des coups de maillet qu'on lui fait subir depuis le XIXe siècle... Le miel du Gâtinais et les pralines de Montargis, le sablé de Nançay, le célèbre feuilleté de Pithiviers. En Sologne, même la tarte « ratée » des sœurs Tatin fait parler d'elle.

Des écrivains « maisons »

La région Centre a construit au fil du temps la plus prestigieuse galerie d'écrivains... et leur maison en prime. S'il est un personnage ancré dans ce pays de traditions, c'est bien Georges Sand. Ses romans champêtres dépeignent la douceur des paysages ruraux, la vie au grand air de son cher Berry natal. Cœur du paysage sandien, le château de Nohant : Georges Sand y passe une bonne partie de sa vie en compagnie des ses hôtes et de ses amants, Flaubert, Chopin ou Balzac et autres « people » de l'époque.

Balzac d'ailleurs n'a pas résisté au charme de la région. En témoigne Le Lys dans la Vallée. C'est à Saché, au château sur les bords de l'Indre, que l'écrivain tourangeaux écrit la plupart des romans de La Comédie Humaine.

Descartes - Y. WEMAERE - CRT Centre

Au jeu de l'inspiration, la Touraine est la mieux lotie avec La Devinière chez Rabelais près de Chinon, le Manoir de la Possonnière et le Prieuré Saint-Cosme, soufflant à Ronsart ses recueils amoureux dont le fameux « mignonne, allons voir si la rose... » L'esprit cartésien laisse aussi son empreinte dans sa ville natale de La Haye renommée pour l'occasion... Descartes.

Plus près de Chartres, nous voici chez Marcel Proust dans la maison de Tante Léonie. Il a entre six et neuf ans lorsqu'il vient passer ses vacances à Illiers-Combray chez sa tante. Ses moments heureux, Proust les fera revivre au « Combray » où il situe « Du Côté de chez Swann », un village devenu célèbre dans le monde entier.

En Berry, Epineuil le Fleuriel, au pays du Grand Meaulnes, où se visite, la nostalgie au cœur, l'école d'Alain Fournier, magistralement reconstituée. En Gâtinais, le domaine familial Bignon-Mirabeau du poête La Tour du Pin. Sans oublier en Orléanais Maurice Genevoix, qui s'était offerte sa masure vigneronne de Saint-Denis-de-l'Hôtel avec les droits d'auteur du Goncourt pour Raboliot. Suivre cette route des maisons d'écrivains, c'est feuilleter les paysages, l'histoire et la culture de la région Centre.

Esclimont - C. MOUTON - CRT Centre

La vie de château

Villégiatures ou résidences principales, la Région Centre attirait déjà nos rois. Insolite, champêtre, aristocratique ou bourgeoise, les haltes de charme ne manquent pas et les produits du terroir déclinent à table leurs saveurs inoubliables.

Relais de poste ou moulins à eau reconvertis en hôtel n'ont rien perdu de leurs charmes et allient gastronomie et décor raffiné. Au cœur des villes, les manoirs et auberges séculaires constituent autant d'îlots de calme et de verdure.

Au bord d'un étang, au milieu des bois, une élégante maison solognote offre un accueil chaleureux avec ses spécialités de gibier servies au coin du feu en hiver. A moins que vous ne préfériez un hôtel de charme, tout aussi convivial, aux portes des châteaux de la Loire.

La vie de château vous tente ? Ce rêve est à portée de main, dans cette demeure seigneuriale aux allures de forteresse médiévale. Ou bien dans un authentique château Renaissance, au milieu d'un grand parc. Typique de la Touraine ligérienne, creusé à même la roche, un château-hôtel offre de surprenantes chambres troglodytiques, sans oublier une cuisine gastronomique exceptionnelle. Hors du temps, au cœur des vignobles.

Amateurs d'authenticité, gîtes ruraux et chambres d'hôtes vous permettront de vivre au plus près des habitants de la région. Pour ceux enfin qui préfèrent la vie au grand air, de multiples campings offrent tout le confort pour recharger ses batteries avant de repartir à la découverte de nos cités !

Informations touristiques :

Comité Régional de Tourisme de la région Centre - 37,avenue de Paris 45000 Orléans - Tél : 02.38.79.95.28 -

E-mail : crtlcentre@crtlcentre.com

www.visaloire.com

Heureusement pour les maîtres des lieux, tous les visiteurs ne sont pas des Séraphin Lampion. Ils savent apprécier l'un des trésors de la région à sa juste valeur. Dans le château, Hergé a un prédécesseur : Jean Mosnier. Celui-ci, au XVIIe, a reproduit dans la salle à manger l'histoire de Don Quichotte, sous la forme de trente-quatre panneaux L'ancêtre de la B.D., en somme. **A voir** : l'extraordinaire décoration sculptée du grand escalier Louis XIII, de nombreux trésors d'architecture, de peinture, de sculpture et d'ameublement... Cheverny est l'un des châteaux les mieux meublés et des plus agréables à visiter. A l'extérieur, il ne faut pas manquer l'orangerie qui est dorénavant dévolue aux congrès et réceptions fastueuses. Le parc de Cheverny occupe une superficie de 100 hectares. Face au château, l'allée principale se prolonge sur près de 6 kilomètres. La forêt, quant à elle, occupe une superficie de 2 000 hectares Un important chenil est associé au château, il abrite environ 70 chiens de chasse, une des dernières meutes existant en France. Un musée de la Vénérie, avec près de 2 000 bois de cerfs, rappelle que le château touche la Sologne, une région de France connue pour ses chasses.

▸ CHATEAU DE MEUNG-SUR-LOIRE 16, place du Martroi ✆ 02 38 44 36 47. *Fax : 02 38 44 29 37. Internet : www.chateaudemeung.com. Visite libre et guidée. Boutique souvenirs. Visite du parc. Visites guidées sur rendez-vous. Animations en saison. Ouvert tous les jours 7j/7 de 10h à 12h et de 14h à 19h, jusqu'au 30 novembre y compris les jours fériés. Ouvert du 1er décembre au 16 février, les samedis et les dimanches après-midi de 14h à 18h. Groupes toute l'année sur rendez-vous. Description des salles en français et en anglais. Historique du château en allemand, hollandais, italien, russe, espagnol. Les chiens ne sont pas admis dans le château. Accès : situé en plein centre-ville, à 18 kilomètres d'Orléans, en direction de Blois (A10 sortie Meung-sur-Loire ou RN152 axe Orléans - Blois).* Ce château, classé au patrimoine mondial et unique dans le Val de Loire, appartient à la Route historique de la Vallée des Rois. La propriétaire actuelle, Evelyne B., a fait des prodiges pour réveiller les merveilles enfouies dans ce château (le plus grand du Val de Loire après Chambord). Les félicitations de la DRAC (Direction Régionale des Affaires Culturelles) lui ont été accordées pour son impressionnant travail de restauration et de mise en valeur de l'édifice. Mais cela ne suffit pas à Evelyne qui enchaîne les combats. En ce moment, elle se bat pour que son château soit classé. La DRAC est venue prendre en photo des pièces rares pour les répertorier nous dit-elle. Si ces belles pièces sont attribuées au patrimoine national, on espère bien qu'Evelyne gagnera son pari. Toute la visite est agrémentée de superbes jeux de lumières et les visiteurs baignent dans une douce musique d'ambiance. En visitant le château de Meung-sur-Loire, on entre en quelque sorte dans l'Histoire. Au fil des salles, on marche sur les traces d'illustres personnages tels Jeanne d'Arc (qui y vécut deux mois), le poète François Villon (qui eut droit à un séjour dans les culs de basse-fosse), mais aussi François Ier, Louis XI... Ce château fut la demeure des évêques d'Orléans, le berceau des Capétiens et leur passage ont imprégné les lieux. L'originalité de ce château reste sans conteste ce fameux "Deux visages" qui le caractérise : dans ces murs, les hôtes se sont succédé et ont laissé l'empreinte architecturale de leur époque, c'est pourquoi la propriétaire des lieux a souhaité mettre en évidence cette appartenance et notamment des XIIe, XIIIe et XVIIIe siècles. **D'une pièce à l'autre**, on passe d'une époque à une autre, et l'on découvre entre autres : une partie du XIIe avec des pierres de taille, un salon Louis XIII, deux chapelles, le jardin avec sa cour et ses allées d'honneur, les souterrains avec leur cortège de salles des tortures, oubliettes et culs de basse-fosse, la cuisine des évêques... Les impressionnantes charpentes du grenier ont été réalisées en bois de châtaignier, on découvre un travail d'artiste d'une exceptionnelle qualité. C'est une des fiertés d'Evelyne et on partage avec elle cet enthousiasme. Cette année on découvre la cuisine du Pont-Levis qui a été restaurée et le potager du XIIe siècle qui à nouveau revit. La visite guidée, d'une demi-heure environ, nous conduit dans cinq pièces richement meublées et se poursuit, avec la visite libre, du Moyen Age au XVIIIe siècle. Cette année, à l'occasion des fêtes de Jeanne d'Arc, les drapeaux anglais ont fait place aux drapeaux français ; Ce sont eux, qui désormais, flottent dans la cour d'honneur. Les ateliers de Jeanne à Checy ont réalisé la confection de ces magnifiques pièces aux armoiries du château. Dans le parc boisé, des locataires très sociables se promènent. Ils raffoleront de votre pique-nique. Les enfants joueront avec le mouton "Maurice", les poneys "Scoubidou, Galopin et Gaby" et les oies, pendant que nous, perdus dans une douce rêverie, nous nous imprégnerons de tout le mystère du "château aux deux visages" perdus dans une douce rêverie. De nombreuses manifestations sont organisées tout au long de l'année. Aux dernières nouvelles, le dossier a été présenté à la Commission supérieure des Monuments historiques.

La Route de Jacques Cœur

Jacques Cœur est né en **1400** à Bourges, d'un pelletier. Dès **1432**, il entreprit de nombreux voyages en Orient. Puis, depuis ses comptoirs installés à Montpellier et Marseille, il se mit à gérer un véritable réseau commercial tout autour de la Méditerranée. La devise de Jacques Cœur "A Vaillans cueur riens impossible", il vécut ainsi, en suivant cette célèbre devise, Jacques Cœur fut également l'argentier du roi Charles VII. Sa chute fut aussi fulgurante que l'a été son ascension. Il décède en exil en **1456**.

La route touristique qui porte aujourd'hui son nom réunit 16 sites et monuments qui forment un parcours à la découverte du Berry au travers de musées, d'abbayes et de châteaux.

PALAIS DE JACQUES CŒUR 10bis, rue Jacques Cœur – BOURGES © 02 48 24 79 42. *Fermé le 1er janvier, le 1er mai, les 1er et 11 novembre et le 25 décembre. Ouvert tous les jours de 9h30 à 12h15 et de 14h à 18h30 (et jusqu'à 17h du 1er novembre au 31 mars, et de 9h à 13h et de 14h à 19h en juillet et août). Visites commentées uniquement. Tarif individuel : 6,10 €. Tarif réduit : 4,10 € Tarif groupes : 5,10 €. Horaires des visites, toutes les 45 minutes (sous réserve de modifications) du 2 mai au 30 juin : 9h45, 11h, 14h15, 15h, 15h45, 16h30 et 17h15, du 1er juillet au 31 août : la première visite débute à 9h30 et la dernière à 17h45. Renseignez-vous sur les horaires d'hiver.* Il est au centre de la "route historique Jacques Cœur" ornée de nombreux châteaux. Rare et bel exemple d'architecture civile et gothique, il fut bâti au milieu du XVe siècle par Jacques Cœur, grand argentier du roi Charles VII. Cet édifice préfigure les hôtels particuliers de la Renaissance : on découvre une demeure d'exception où chaque pièce présente une nouvelle approche du confort et de l'architecture. Les nombreuses sculptures qui ornent les cheminées, les tympans des portes, les culots témoignent aussi du goût du symbole caractéristique du Moyen Age finissant. Sa façade sur rue, récemment restaurée, est un chef-d'œuvre de raffinement que l'on ne cesse d'admirer.

CHAPELLE-D'ANGILLON © 02 48 73 41 10. Les passions du cœur. Ce château abrite le premier musée consacré à Alain-Fournier. Des personnages célèbres se sont succédé dans ses murs, tels le grand Sully qui en fit son royaume personnel. L'accueil est digne de la grande tradition hospitalière et l'on saura vous faire partager un moment hors du temps. La Princesse d'Albret et la Princesse de Clèves y régnèrent. Les passions des propriétaires animent ces lieux. Ils vous feront découvrir leurs coups de cœur, hors des sentiers battus.

CHATEAU D'AINAY-LE-VIEIL © 02 48 63 50 03. Les 9 tours du petit Carcassonne. C'est une enceinte féodale circulaire qui dissimule un bâtiment Renaissance. Cinq jardins à thèmes sont blottis à l'abri des murs. Vous découvrirez : le jardin bouquetier, le jardin médiéval, celui de la méditation, le cloître des simples et le jardin blanc. Une collection de roses anciennes, toutes répertoriées fait le bonheur des amoureux de la rose.

Cathédrale Saint-Etienne et jardins Jacques Coeur à Bourges

CHATEAU D'ARGENT-SUR-SAULDRE ✆ 02 48 81 50 60/02 48 73 33 10. L'actuel château, a succédé à celui construit en 1501 par Marie de Sully. Il abrite, aujourd'hui, le musée des Métiers. La rencontre des artisans du temps passé, les outils et les savoirs oubliés sont l'histoire de cette terre. Les souvenirs, les témoignages et les légendes nombreuses dans notre région nous entraînent dans ce monde où tout revit. Le geste devient magique.

CHATEAU D'AUBIGNY-SUR-NERE ✆ 02 48 58 40 20. L'histoire fabuleuse du pays des Ecossais, cité des Stuarts. Il abrite plusieurs collections et musées : sur Marguerite Audoux, sur l'Auld Alliance écossaise, et la Résistance dans le Cher.

CHATEAU DE BLANCAFORT ✆ 02 48 58 60 56/02 48 58 60 11. Le château aux saveurs. Cette maison forte, toute en briques roses et datant du XVe siècle, a été transformée au XVIIe. On peut y admirer des tapisseries et du mobilier des XVIIe et XVIIIe. Blancafort est un lieu où l'histoire se mêle à la découverte des odeurs qui font renaître les plaisirs de s'abandonner à une douce rêverie d'enfance.

CHATEAU DE BOUCARD ✆ 02 48 58 72 81. De l'imaginaire aux pays des granges pyramidales. Le château de Boucard, forteresse médiévale, offre au regard, une fois le pont franchi, une belle cour Renaissance. Des histoires et historiettes, des plus sérieuses aux plus coquines vous seront contées et le moment restera un souvenir amusant. Par ailleurs, alerte aux âmes sensibles ! Vous êtes sur le territoire de 22 chauves-souris. Frissons garantis.

CHATEAU DE LA BUSSIERE ✆ 02 38 35 93 35. Mme de Chasseval, prodigue beaucoup de soins au potager, composé d'une importante collection de légumes anciens, fruits, fleurs et plantes médicinales. Mille et une saveurs sont à découvrir. Ce château du XVIIe façonné de briques losangées, isolé par un lac, possède un parc dessiné par le grand Le Nôtre.

CHATEAU DE GIEN ✆ 02 38 67 69 69. Le château fut construit en 1484 par Anne de Beaujeu. C'est le plus méridional des châteaux de la Loire. La belle histoire des Dianes au Musée international de la Chasse. Depuis 1952, il accueille le Musée international de la Chasse qui abrite de belles collections et des pièces uniques. Son aménagement et ses tableaux séduiront les amateurs de nature.

CHATEAU MEILLANT ✆ 02 48 63 32 05/02 48 63 30 58. Des trésors miniatures aux trésors grandeur nature. Il offre au regard ses douves et ses tours côté parc, et une façade bâtie à l'aube de la Renaissance côté cour. Entre les joyaux d'architecture et de décoration, des objets uniques, à portée de votre regard, vous entraîneront à la rêverie aux temps de Bayard, de Madame de Montespan et de Louis XVI.

VERRERIE ✆ 02 48 81 51 60. La forêt aux merveilles. Ce château de la Renaissance où vécurent les Stuart, vaut le détour pour sa loggia à l'italienne, les fresques de la chapelle et des pleurants du tombeau du duc de Berry. Le château a pour écrin une forêt où l'auteur du Grand Meaulnes aimait s'y ressourcer. Des activités sont proposées comme la conduite d'une meute, le tir à l'arc dans la lignée des archers des Stuart. Une nuit au cœur de cette Forêt aux Merveilles, douillettement installé dans une chambre, empreinte du passé, vous pourrez être transporté aux pays des milles songes.

BOURGES ✆ 02 48 23 02 60. Les nuits lumière, ce parcours spectacle unique en Europe, révèlent les trésors d'un patrimoine, à travers l'image, le son et la lumière. La magie de ce spectacle nocturne sera un souvenir unique et inoubliable. La cathédrale Saint-Etienne, inscrite au Patrimoine Mondial de l'Unesco où Jacques Cœur a fondé une chapelle, dont la verrière constitue une œuvre exceptionnelle de la peinture sur verre au XVe siècle. Le Palais Jacques Cœur, œuvre du grand argentier du roi Charles VII, vous transportera dans un imaginaire que vous quitterez à regret.

MOROGUES ✆ 02 48 64 41 71. 300 ans d'histoire de la faïence. Le château de Maupas a été édifié au XVe siècle et remanié au XIXe. Il abrite une collection unique de faïences, avec pas moins de 887 assiettes. Elles vous feront voyager de Moustiers à Delft en passant par Rouen. C'est aussi une collection de meubles où le génie des maîtres ébénistes vous sera dévoilé. Par ailleurs, des souvenirs du comte de Chambord vous emmèneront hors du temps.

PALAIS JACQUES CŒUR ✆ 02 48 24 06 87. C'est la rencontre d'un homme d'exception qui fut le grand argentier de Charles VII. Il accomplit une carrière peu commune. Elle le mène du grand commerce maritime vers l'Orient en passant par la cour royale et à l'anoblissement. Hélas, on l'accuse d'être l'amant d'Agnès Sorel, la favorite du roi. Enfermé au château de Poitiers, il est condamné. Le roi en profite pour lui confisquer tous ses biens. Son palais de style gothique du XVe siècle, échappe à toutes classifications, tenant à la fois du logis seigneurial et de l'hôtel urbain entre cour et jardin, tel qu'il se développera en France à la Renaissance.

Maisons à pans de bois de Bourges

Cette charmante ville située dans le Cher. La rue Bourbonnoux a été urbanisée au XIIe siècle à l'extérieur du rempart gallo-romain dont elle suit le tracé. Jusqu'au début du XIXe siècle. Elle constitua une artère très importante de la ville, et de nombreux artisans et commerçants y vivaient. Les maisons en pans de bois de cette rue, pour la plupart, ont été reconstruites après l'incendie de la Madeleine (1487), qui amena un certain déclin économique. Elles étaient à pignon sur rue et souvent à deux étages (modifiées plus tard). Elles ont été construites en encorbellement sur poteau élargi, limitant la saillie de l'étage par rapport au rez-de-chaussée. Les colombages des maisons de Bourges sont en losanges ou en croix de Saint-André. Le rez-de-chaussée est généralement occupé par une boutique (ouvroir) suivi d'une pièce de service (cuisine) à l'arrière. Les pièces d'habitation sont à l'étage, et on y accède par un escalier en vis souvent établi dans le couloir latéral menant à la cour et à l'atelier. Le décor de style gothique se concentre sur les poteaux et sur les poutres. Les maisons reconstruites étaient en bois "matériau du pauvre" disait-on à l'époque et les forêts en regorgeaient, l'essence utilisée était alors : le chêne. A un moment, l'on masquera les façades par des enduits, pensant faire croire que l'on avait les moyens d'une maison en pierre. Depuis une trentaine d'années, elles réapparaissent pour le grand bonheur de cette ville typique.

Place Gordaine

DUN-SUR-AURON ✆ **02 48 59 85 26.** L'armée royale et le parcours des lys. Elle réunit de nombreux témoins de l'histoire de Jacques Cœur : un beffroi du XVIe et sa salle des Trésors, des remparts médiévaux avec le jardin Philippe Ier. Une escale au musée du Canal de Berry retrace l'épopée étonnante des éclusiers, des mariniers et charpentiers de bateaux. La pause gourmande est incontournable : Dun est la capitale gastronomique de la noix en Berry.

ABBAYE DE NOIRLAC ✆ **02 48 62 01 01.** Le secret des Cisterciens. Cette abbaye cistercienne, fondée en 1150, est l'un des sites majeurs qui existent en matière d'architecture monastique médiévale. A travers les murmures des moines, l'histoire surprend et captive.

HOTEL SAINT-VIC ✆ **02 48 96 16 86.** 100 000 ans de présence humaine au musée Saint-Vic. Cette ancienne maison de ville des abbés de Noirlac, située à Saint-Amand-Montrond, abrite une grande collection portant sur l'histoire locale.

Jeanne d'Arc et Orléans

Une fille de Lorraine délivre Orléans

Commence alors l'épopée de Jeanne d'Arc : venant de Tours par la Sologne, elle entre dans Orléans, le **29 avril 1429** à la tombée de la nuit, par la porte de Bourgogne ; elle est ovationnée par le peuple qui voit en elle son dernier espoir. Les Anglais ne lui opposent aucune résistance. Elle est hébergée dans la demeure du trésorier du duc d'Orléans. Le lendemain, après un conseil de guerre, Jeanne envoie une sommation aux Anglais, ces derniers refusent de se rendre. Le **4 mai**, l'armée française, encouragée par la présence de la jeune lorraine, prend la Bastille de Saint-Loup. Le **7 mai**, Jeanne rentre à Orléans par le pont, comme elle l'avait prédit, après avoir repris le boulevard et le fort des Tourelles. Le **8 mai**, les armées anglaises et françaises sont en présence : une messe est célébrée sur place à la demande de Jeanne d'Arc. La messe terminée, les Anglais lèvent le siège, Orléans est libre. Spontanément, les habitants entament une procession d'action de grâce vers la cathédrale : c'est le premier cortège du **8 mai** ! Pour les Anglais, c'est le début… de la fin : ils sont définitivement battus à Patay.

"Hoc vernant lilia corde". En bon latiniste que l'on est…, on traduira cette devise par "Ce cœur fait fleurir les lys." Comme c'est joliment dit ! Le duc d'Orléans, Louis XII, donna cette devise à la ville en montant sur le trône, après les sombres heures de la guerre de Cent Ans, en hommage au courage des Orléanais et de leur libératrice, Jeanne d'Arc. Le **20 décembre 1539**, Charles Quint fut en grandes pompes et on lui remit notamment un service de table en argent massif dont les érudits orléanais n'ont jamais pu retrouver la trace…

En mai, les fêtes de Jeanne d'Arc méritent le détour.

▶ **MAISON JEANNE D'ARC 3, place de Gaulle – ORLEANS ✆ 02 38 52 99 89.** *Ouvert tous les jours sauf le lundi du 2 mai au 31 octobre de 10h à 12h et de 13h30 à 18h et du 1er novembre au 30 avril de 13h30 à 18h. Tarifs : 2 €, demi-tarif (étudiants de 16 à 25 ans, 65 ans et plus), gratuité jusqu'à 16 ans, groupes scolaires et chômeurs.* Très appréciée des visiteurs pour ses nombreuses maquettes et reproductions de machines de guerre de l'époque médiévale (qui font le bonheur des enfants…). Chaque année, une nouvelle exposition temporaire occupe le rez-de-chaussée. A l'étage, un mini-spectacle son et lumière fait revivre, à l'aide de maquettes et de voix off, le siège d'Orléans. La vie de Jeanne d'Arc est retracée à travers cinq maquettes au second étage. Enfin, ne pas manquer les costumes d'époque et les bibelots inspirés par l'épopée de la jeune Lorraine.

▶ **LOCATURE DE LA STRAIZE Gy-en-Sologne ✆ 02 54 83 82 89.** *Ouvert du 1er avril au 31 octobre : le samedi, le dimanche et les jours fériés de 10h à 11h30 et de 15h à 18h. Contact : M. Jean Picard.* On découvre l'une des dernières locatures, habitat traditionnel du paysan solognot. La Locature de la Straize est une remontée dans le temps, jusqu'au XVIIIe siècle. On visite en fait deux bâtiments distincts : d'une part, l'ancienne maison du métayer, d'autre part la locature proprement dite. La première, plus aisée que la seconde, bien sûr, avec un espace plus grand, des plafonds plus hauts, des outils agricoles, des ustensiles de laiterie, des costumes d'époque… Pour la locature, une seule et unique pièce à vivre, une chaise coffre à sel, le coffre à vêtement, le saloir, le lit monumental surmonté de rideaux et la grange où se trouve tout le matériel agricole et domestique. Les ouvriers agricoles (les bricolins) qui travaillaient au château ou à la ferme étaient logés dans cette modeste maison. Transformée en écomusée, elle séduira les amateurs d'arts et de traditions populaires, c'est une visite touchante, au cœur de l'intimité des paysans d'autrefois.

TRADITIONS ET MODE DE VIE

Langue

C'est la navigation sur la Loire et l'attraction exercée par Orléans, capitale franque pendant cinq cents ans, sous Gontran, Charles-le-Chauve et les premiers capétiens, qui confèrent aux trois provinces leur relative unité linguistique. On employait des dialectes occitans en Bas-Berry, mais le Haut-Berry se rattachait plus aux langues d'oïl, de Touraine et de l'Orléanais. Beaucoup de mouvements littéraires sont apparus, tels l'art courtois du XIe siècle par le poète Baudri de Bourgueil, le triomphe de la langue vulgaire et du lyrisme à Orléans au début du XIIIe siècle, les joutes poétiques du XVe siècle, la Renaissance, l'humanisme, le classicisme, le siècle des lumières ou bien encore le romantisme. Mais il subsiste dans certains départements quelques patois.

Artisanat local

Le bijou Saint-Amandois

Situé à 44 kilomètres au sud de Bourges par l'autoroute A71 ou la N144, Saint-Amand peut constituer une étape au cours de la découverte de la Vallée du Cher.

L'industrie bijoutière de Saint-Amand est spécialisée dans la technique du creux. Dès 1830, cette technique est pratiquée dans la bijouterie. Elle utilise des plaques ou des fils d'or superposés à une épaisseur de cuivre rouge. Le bijou est fabriqué à partir de ces plaques appelées doubles face. Une fois le bijou formé, le cuivre est éliminé dans des bains d'acide nitrique, cette opération s'appelle le rongeage. Le bijou est alors totalement en or et devient plus léger, donc plus économique. Cette fabrication artisanale perdure à Saint-Amand-Montrond et lui permet de se démarquer de la bijouterie traditionnelle.

Maisons solognotes

Plusieurs villages ont su, au fil du temps, conserver leurs vieilles maisons à colombage : Souvigny-en-Sologne, Chaon, Marcilly-en-Gault, Saint-Viâtre, Fontaine-en-Sologne et bien d'autres encore… Autrefois, les murs étaient édifiés en pans de bois hourdis de torchis et les toits des maisons étaient recouverts de roseau, de chaume ou même de bruyère. A partir du XIXe siècle, les maisons sont montées en briques et les toits garnis de tuiles plates, donnant ainsi aux villages leur douce teinte rosée que l'on peut encore admirer aujourd'hui.

Patois

Dans chaque "pays" de la région Centre, les mots patois utilisés à l'époque, font sourire et étonnent aujourd'hui. Que de mots et d'expressions populaires demeurent dans notre langage, sans que nous n'y prêtions attention.

Petit détour dans le Berry

aga l'don ! : regarde donc !

cabèche : tête.

dior : dehors.

faire le dinde : faire l'idiot.

frayer : se rendre à un rendez-vous galant.

il a fré : il a froid.

le didi : le petit doigt.

mâraud : chat.

oute-toué don' ? : où es-tu donc ?

quillebuter : culbuter.

se dégèner : se mettre à l'aise.

tout flac : tout nu.

tu tombes de l'eau : tu fais pipi.

un cupa : un crachat.

En passant par la Sologne

accordailles : fiançailles.

affranchir : castrer les animaux.

affauberdir : appeler.

bertilles : petites brindilles.

coti : meurtri.

crotilleux : sale.

enruser : ennuyer.

fourbencer : chercher.

haleiner : sentir.

hourder : dérober.

savate : crapaud.

se bauger : se mettre au lit.

se calucher : se lancer des pierres.

veigne : vigne.

Petit détour en Touraine

émmardements : ennuis.

enzuter : ennuyeux.

être saf : être gourmand.

feuille : fille.

fombrage : fumier.

gréliau : grêlon.

groussier : grossir.

jabotte : gorge.

jagoin : imbécile.

proufit : profit.

quiâtre : nigaud

quibo : moustique.

trempe : averse.

volets : nénuphars.

voyette : petite fenêtre.

zieuter : regarder.

Les émaux de Briare

Synonyme de prestige et de raffinement durant l'antiquité, au XIXe siècle, à Briare, Jean-Félix Bapterosse inventa un procédé qui industrialisa les émaux et la mosaïque. La renommée des Emaux de Briare devint rapidement mondiale.

Au milieu du XIXe siècle, l'ingénieur Jean-Félix Bapterosse "le capitaine d'industrie" crée la manufacture de Briare dans une ancienne briqueterie pour concurrencer à l'origine la faïencerie de Gien (actuellement actionnaire). En 1845, il confectionne les émaux puis diversifie sa production en fabriquant les perles céramiques. A cette époque, la reconnaissance mondiale de la beauté des couleurs vaudra à Briare le surnom de Cité des Perles. Les premières productions d'émaux (céramique d'émail vitrifié et teinté dans la masse) datent de 1882. La manufacture maîtrise toutes les étapes de la confection : fabrication de leurs propres matières, production, contrôle qualité et collage final. Ceci se traduit par une perfection du produit : la **pureté des couleurs** et une résistance à toute épreuve. Les Emaux de Briare sont synonymes d'inaltérabilité et d'éléments de décor haut de gamme. Leur résistance s'explique par leur composition, 40 % de kaolinite, de 40 % de quartz et de 20 % de calcaire. L'ensemble des carreaux et mosaïques fabriqués est constitué d'émail dont la cuisson, spécifique à Briare, en assure l'entière vitrification. Ils subissent deux fois l'action du feu. Une première cuisson entre 1 200°C et 1 300°C donne le biscuit de faïence fine, celui-ci recevant alors éventuellement un décor puis dans tous les cas une glaçure. Une deuxième cuisson (cuisson émail) se fait alors à une température de l'ordre de 100°C. La variété des formes géométriques et les couleurs (plus de 10 000 coloris référencés) permettent toutes combinaisons. Certaines compositions décoratives sont entièrement exécutées à la main dans les ateliers d'art et à très peu d'exemplaires pour préserver l'originalité de l'œuvre. Leur destination est orientée vers la salle de bains, cuisine, hall d'entrée, bassin... La manufacture répond aussi aux commandes particulières du client (forme, couleur) et à la possibilité de faire de la rénovation. Depuis 1996, Jean-Claude Kergoat a repris le flambeau de ce fleuron de l'ère industrielle, avec pour ambition de reconquérir la place de leader mondial.

La faïence de Gien

Les bords de Loire furent un creuset déterminant pour le développement de cet art, avec, notamment, les fameuses faïences de Gien. De renommée internationale, avec par exemple le célèbre "bleu de Gien", elle est l'un des fleurons artistiques du département. Depuis plus de 175 ans, la faïence est reconnue pour la qualité de ses créations, fruits d'un savoir-faire traditionnel et de techniques avancées.

Depuis 1821, grâce à la perspicacité et au choix judicieux d'un Anglais Thomas Hulm dit Hall, la faïencerie de Gien est célèbre de part le monde. Au XIXe siècle, pour éviter des difficultés d'importation, il décide d'introduire en France la fabrication de la faïence fine anglaise à Gien. Il achète l'enclos et les bâtiments du couvent des Minimes situés non loin du fleuve, à l'extrémité de la ville. Il profite des canaux voisins et de la Marine de Loire pour assurer le transport des matières premières (argiles et sables) et du bois des forêts d'Orléans destiné à alimenter les fours.

Orientée au début vers des services de table de qualité, la production se diversifie à partir de 1855, avec des pièces décoratives. C'est alors qu'elle fonde sa réputation avec la reproduction de **décors raffinés** d'inspiration Renaissance italienne dont le célèbre décor aux dauphins et chimères, plus connu sous le nom de "fond bleu de Gien". Sans oublier les reproductions japonaises, chinoises, puis françaises du XVIIIe siècle (Rouen, Moustiers, Marseille, Strasbourg). Elle multiplie aussi la création de séries d'assiettes imprimées en camaïeu de bruns. A chacune des expositions universelles de la fin du XIXe siècle, la faïencerie de Gien a été couronnée par des médailles. De nombreuses expositions sont également organisées à travers le monde afin de présenter ces pièces remarquables qui suscitaient l'admiration.

De 1920 à 1938, la Manufacture de Gien Hall & Guyon prospère et compte alors plus de 2 600 clients tels que les cours royales et les maisons princières qui commandent des services sur mesure.

L'ancienne fabrique est la plus importante de France et continue aujourd'hui d'innover. En 1984, Pierre Jeufroy, certain de la notoriété de la Faïencerie de Gien, reprend l'entreprise avec 108 salariés. Depuis, l'image de la Faïencerie de Gien s'est modernisée grâce à des créateurs reconnus.

Le **musée de la faïencerie** créé en 1986, est installé dans une ancienne cave à pâte (de faïence) du XIXe siècle dont la façade est restée très pittoresque. Il accueille plusieurs dizaines de milliers de visiteurs par an s'initiant aux trésors de la faïence et découvrant des pièces de collection rééditées en tirage limité.

Que savez-vous de l'or ?

L'or est un métal ductile. Avec 1 gramme d'or, on peut obtenir un fil de 3 kilomètres de long.

L'or est un métal très malléable. Avec 1 gramme d'or, on martèle à froid une feuille de 1 m^2 dont l'épaisseur ne dépasse pas 1/15 de micron.

L'or est le seul métal qui peut s'auto-souder.

L'or fond à 1 064°C (le fer à 1 586°C et le plomb à 328°C) et bout à 2 960°C.

L'or est quasi inaltérable.

L'or est un métal lourd dont la densité s'élève à 19,3 à l'état pur. Un litre d'or pèse 19 300 grammes.

Quant au mot carat exprimant le titre de l'or, il vient du nom du caroubier dont les graines de poids constant, servaient d'unité de mesure pour les matières premières dans les bazars de l'antiquité. L'histoire raconte cependant aussi que ce mot utilisé depuis 1355 nous vient des alchimistes du Moyen Age "caratus" qui provient lui-même de l'arabe "quirat" (petits poids). Ce mot arriverait lui du mot grec "Keration" qui désignerait le tiers d'une obole, monnaie et unité de poids de la Grèce antique.

Informations fournies par la Cité de l'Or.

La route de la Porcelaine

Les porcelainiers sont présents dans la région Centre depuis le XIXe siècle. Principalement installés à Foëcy, Noirlac et Mehun-sur-Yèvre, ils n'ont cessé de transmettre leur savoir-faire, de génération en génération. Aujourd'hui encore, la réputation des porcelainiers du Cher jouit d'une réputation internationale.

La route de la Porcelaine est un circuit qui permet la découverte de l'or blanc, grâce à la visite de sites clé : des musées, des ateliers d'artisans, des boutiques et des magasins d'usines, de Salbris à Couleuvre en passant par Berry-Bouy, Vierzon…

Ne manquez pas la visite du pôle de la porcelaine à Mehun-sur-Yèvre ; il présente des objets insolites et pièces remarquables. A Föecy, vous pourrez découvrir le musée vivant de la porcelaine.

La poterie en Berry

La Borne, est située à 4 kilomètres d'Henrichemont (D22) dans le département du Cher Le village et ses environs immédiats sont le fief incontesté de la poterie en Berry. Rappelons que nous sommes en Pays Fort, région dont le nom vient justement de son sol glaiseux et caillouteux. La poterie est une activité qui remonte à l'époque gallo-romaine comme en témoignent les tessons de pots et les poteries retrouvés à Achères, une commune limitrophe. Cette poterie, de grès, était jusqu'à l'entre-deux-guerres essentiellement utilitaire : saloir, pot-à-lait, à huile, etc.

Elle était cuite au bois entre 1 280°C et 1 350°C dans des fours couchés de 20 cm^3 à 50 m^3. Cinq de ces fours si particuliers sont les seuls du département à être classés à l'Inventaire supplémentaire des Monuments historiques. Au début du siècle, les potiers désertèrent le village, mais les années 60-70 virent revenir des artistes de toutes nationalités, attirés par le fameux "retour à la terre". Aujourd'hui, la poterie bornoise a évolué vers une production de céramiques d'art décoratives, voisines de la sculpture. Le Centre céramique des Potiers de La Borne compte une cinquantaine d'artistes de neuf nationalités différentes, venus des quatre coins du monde (Corée, Nouvelle-Zélande...). Il existe un curieux totem géant à l'entrée du village, qui arbore une multitude de couleurs.

MUSEE DE LA POTERIE DE LA BORNE La Borne – HENRICHEMONT ✆ 02 48 26 98 31. *Internet : www.la-borne.com/museepot. Ouvert les samedis et dimanches de 15h à 19h de Pâques au 11 septembre. Ouvert de 15h à 19h durant les vacances scolaires. Ouvert toute l'année sur rendez-vous. Entrée : 3 €.* La Borne et ses environs furent longtemps le fief incontesté de la poterie traditionnelle. Aujourd'hui, grâce à une nouvelle génération de potiers, le village jouit d'une renommée mondiale en matière de céramique contemporaine. La chapelle, devenue musée, retrace l'histoire de la poterie locale et artisanale et présente une admirable collection de pièces anciennes.

La soie en Touraine

D'une larve naquit la soie...

A la fin du Moyen Age, Louis XI décida d'implanter la soie à Tours afin de développer le "mestier des draps de soye", ceci après le refus de Lyon de développer une production locale qui risquait de concurrencer les importations étrangères dont le commerce assurait la prospérité de la cité. L'élevage du ver à soie se déroulait dans les magnaneries, appelées en Touraine verreries ou verries. Seul le mûrier blanc est propice à la croissance de la larve du bombyx mori qui produit le fil de soie. A la fin du XVIe siècle, la soierie faisait vivre le tiers de la population active de Tours. On fabrique du taffetas, du velours ou du damas. La concurrence des manufacturiers protestants chassés par la révocation de l'édit de Nantes, installés en Angleterre et en Hollande, aura raison des fabriques locales. En 1629, seuls 120 métiers seront encore en activité. Mais au début du XVIIe siècle, l'activité reprend. Le talent des dessinateurs locaux est reconnu. Un arrêt de 1784 protège même leurs modèles pour quinze ans. Reconnaissance totale : les étoffes de Tours obtiennent les plus hautes récompenses lors des expositions universelles de 1867 et 1878. Aujourd'hui, deux entreprises de renommée subsistent : Jean Roze (fondée au XVIIe siècle) avec les soieries pour tenture et ameublement et la Manufacture Le Manach. Depuis 1829, cette dernière est dirigée par la même famille depuis 5 générations. La société suit en stock, édite ou réalise des reproductions de documents anciens de haute qualité, tissés ou imprimés, couvrant une période allant du XVIIe siècle à 1930. Conformément au blason qu'elle s'est choisi, elle est encore appelée la manufacture des Trois-Tours. Elle est située sur la rive droite de la Loire dans un endroit favorable aux voies de communication. A la manufacture on peut suivre toutes les étapes de la fabrication des étoffes de soie du dévidage jusqu'au tissage. Des milliers de modèles de soieries peuvent être fabriqués avec les méthodes et techniques d'autrefois. Elle est classée parmi les Monuments historiques en tant que conservatoire du tissage de la soie.

Traditions vivantes

La chasse à courre ou la vénerie

C'est l'art de chasser avec des chiens courant le gibier. Depuis le XIIe siècle, la chasse à courre est régulièrement pratiquée en France. Elle devient même le sport favori des rois de France au XVe siècle dans le Val de Loire. Aujourd'hui, cette tradition est perpétuée et codifiée par des siècles d'usage. La connaissance des animaux, la science du chien, s'apprennent sur le terrain au prix d'une longue expérience et se transmettent de génération en génération. Elle constitue, avec la chasse au vol et la chasse sous terre, la forme de chasse la plus naturelle : elle repose sur la mise en œuvre d'animaux dont l'instinct joue le rôle décisif. Les chasses à courre, dont certaines ont toujours lieu pendant l'automne et l'hiver, se pratiquent dans la forêt de Sologne.

La chasse en Sologne, depuis 1 000 ans

Au Xe siècle, le père d'Hugues Capet chassait déjà sur ses terres à Fontaine en Sologne. François Ier fit édifier le plus beau rendez-vous de chasse de France, Chambord. Dès 1229, les paysans du comté eurent le droit de chasser sur ces terres, eux aussi, mais ce privilège leur fut enlevé de 1523 à la Révolution. A la fin du XIXe siècle, la chasse devint la principale activité économique de Sologne et source de nombreux emplois. L'introduction imprudente de la myxomatose, détruisant une très grande partie de la

Le saviez-vous ?

Chaque équipe de chasseurs se différencie, entre autres, par les boutons qui ferment l'uniforme du veneur (gilet et tunique), d'où le surnom de "bouton" donné aux membres qui le composent.

Le patron des chasseurs est Saint-Hubert. Il eut, au VIIIe siècle, la vision d'un cerf portant une croix entre ses bois. La Saint-Hubert est célébrée le 3 novembre.

L'hallali est le cri de chasse annonçant que l'animal est aux abois.

Le défaut est la perte de la voie de l'animal chassé.

population de lapins, multiplia les élevages de gibiers (faisans et canards). La chasse en Sologne, forte de sa tradition millénaire a considérablement influencé l'histoire de la région et a fortement contribué à préserver ses milieux naturels. Le braconnage, pratique ancestrale, illustré par Maurice Genevoix dans Raboliot, était destiné à remplir la marmite mais aussi, et peut-être surtout, à faire du tort aux bourgeois !

MUSEE INTERNATIONAL DE LA CHASSE Château – GIEN © 02 38 67 69 69. *Ouvert du 2 janvier au 31 mai et du 1er octobre au 31 décembre, de 9h à 12h et de 14h à 18h ; fermé les 1er janvier et 25 décembre. Du 1er juin au 30 septembre inclus, de 9h à 18h. Visites guidées tous les jours en juillet et août à 10h, 14h30, 16h. Plein tarif : 5,35 € pour les adultes (visites individuelles et groupes de moins de 20 personnes). Tarif réduit : 3,80 €. Tarif enfant : 1,10 €. Gratuité : enfants de moins de 7 ans Visites guidées toute l'année pour les groupes qui en font la demande à l'avance. En juillet et août, visites guidées à 10h, 14h30 et 16h. Le musée est gratuit pendant les journées du Patrimoine.* Outre la représentation de sculptures animalières, le musée permet de mieux connaître ce sport.

PATRIMOINE CULTUREL

Le compagnonnage

L'émergence historique du compagnonnage se situe au cœur du Moyen Age, à l'époque des cathédrales et des pèlerinages. Face à l'immobilisme des corporations, les premières associations de compagnons, connues sous le nom de devoir, proposèrent à leurs membres de voyager en France afin de parfaire leurs connaissances et la pratique de leur métier. L'alternance, le voyage, le partage et la transmission sont des valeurs fondamentales du compagnonnage.

La France compte aujourd'hui quelque 10 000 compagnons, dont une partie travaille pour le patrimoine. L'association ouvrière des Compagnons du Devoir regroupe les corps de métier traditionnels du Compagnonnage du Devoir, nés pour certains lors de l'édification des grands édifices religieux d'Europe à partir du XIIe siècle. Le compagnonnage en France est l'un des plus anciens mouvements d'hommes de métier de notre pays.

Le métier représente pour eux une véritable passion, un moyen d'expression et d'épanouissement. En contrepartie, ils participent, par leur engagement permanent à son évolution.

Tours constitue l'une des étapes incontournables des jeunes artisans en quête de savoir-faire. Ils ont même un musée qui leur est consacré qui présente leurs plus beaux chefs-d'œuvre.

Leur histoire et leurs traditions sont évoquées par les grands chefs-d'œuvre des charpentiers, tailleurs de pierre (voûte tournante), couvreurs (tour Eiffel en ardoise découpée), maréchaux-ferrants (bouquets de Saint-Eloi), sabotiers (sabots enchaînés), serruriers (serrure à pièges et à secrets), confiseurs (pagode en sucre), cordonniers (botte aux perles multicolores).

Folklore et humour

La Bourée accompagnait dans le Berry les noceux ou autres événements importants. Cette danse à trois temps peut s'effectuer à deux, à quatre ou plus, on l'appelle aussi "bourrée croisée ou carrée". George Sand disait "La bourrée… le caractère berrichon tout entier dans cette danse". Monsieur Chopin fuyait les festivités et appréciait peu "le son pas très sûr de la cornemuse et les grincements de la vielle…". Qu'importe ! Cette danse souple, bien rythmée et très gracieuse dans sa simplicité, les quadrilles serrées ressemblant au balancier d'une horloge.

Musée de Montrichard

De temps en temps les danseurs poussent un cri particulier, et par moments frappent du pied avec force, bondissent et retombent avec une souplesse nonchalante.

Dans la région d'Issoudun, on se laissera griser par les combinaisons valsées, la plus moderne : la bourrée-valse.

LES AFFOUAGES Saint-Amand-Montrond ✆ 02 48 96 16 86 (Office de tourisme). *Le 1er week-end d'août.* A la Cité de l'Or, rencontres folkloriques internationales, soirée de gala à 21h (sur réservation), le dimanche après-midi, stages de danse, suivi d'un bal folk gratuit. Marché de produits du terroir.

ASSOCIATION "LES FORESTINS" ARTS ET TRADITIONS POPULAIRES DU BERRY 1, rue Séjourné - CHARENTON-DU-CHER ✆ 02 48 60 77 41. Depuis 1985, les Forestins et le comité des Affouages organisent à Saint-Amand-Montrond et dans les villages du Boischaut, leur festival de Folklore : les "Affouages". Ce mot vient du vieux français affouer : chauffer. Dans le pays de Saint-Amand, c'est le droit de prendre du bois de chauffage ou de participer aux produits d'exploitation du bois des forêts appartenant aux communes ou à l'Etat. Cette coutume ancienne, qui s'appelle parfois "usages", toujours présente dans la région a attiré l'attention des Forestins qui ont repris son nom pour baptiser leurs rencontres folkloriques. En 1991 naît le concours national de folklore "Chêne d'Or" organisé en alternance avec des rencontres internationales.

MUSEE D'ARTS ET TRADITIONS PAYSANNES DU BERRY Château du Plaix – LIGNIERES ✆ 02 48 60 22 14. *Ouvert tous les jours, sauf le mardi, de Pâques à la Toussaint de 14h à 19h. Tarif adulte 5 €. Groupes 3 € (10 personnes et plus). Gratuit pour les enfants de moins de 12 ans.* Le château du Plaix se dresse aux abords de l'Arnon, entouré de fossés en eaux. On découvre cette bâtisse qui offre à nos yeux un échantillonnage de styles architecturaux en touches discrètes : l'élégance gothique, rigueur classique, charme pastoral du XVIIIe siècle, dissonance néogothique dans l'esprit de Vollet-le-Duc. En 1961, la famille Goin - Berthier en fit don aux Thiaulins qui le remit en état. Ainsi le musée vit le jour. L'association des Thiaulins (fondée en 1946) regroupe aujourd'hui une centaine de personnes, de tous les âges et de tous les métiers : musiciens, danseurs, acteurs, conteurs, tous savent se rassembler pour la collecte et la restitution du geste et de la parole. Au musée, un Thiaulin nous commente avec de nombreux détails les objets et les images du patrimoine berrichon. Des thèmes sont proposés et changent régulièrement. De 2001 à 2003 : "En Berry, ne pas perdre le Boire et le Manger". En 2004, un nouveau thème est consacré à George Sand.

ENFANTS DE LA REGION

Cinéma

Fanny Ardant (1949) Ardente et inspirée avec les grands metteurs en scène qu'elle a fréquentés, Truffaut et Resnais en particulier, cette fille d'un officier du Cadre Noir, née à Saumur le 22 mars 1949, "dégage" à chacune de ses apparitions, par une présence et une voix envoûtantes : La femme d'à côté, Vivement Dimanche, l'Amour à mort, Le colonel Chabert, Pédale Douce, Callas for Ever...

Aristide Bruant (1851-1925) Arrivé sur terre à Courtenay, dans le Loiret, il est monté à Paris pour s'entourer d'une écharpe rouge, et donner vie à une époque : celle des cabarets parisiens, du Chat noir, des goualantes et du réalisme post-industriel. "Quand on l'a couchée sous la planche, elle était toute blanche", la pauvre petite de la rue Saint-Vincent a fait pleurer dans bien des chaumières.

Jean Carmet (1921-1994) Natif d'Indre-et-Loire, il est devenu naturellement grand amateur des vins de sa région natale, Saint-Nicolas-de-Bourgueil et voisins. Donnant toujours l'impression de chercher le bon sens et la vérité au plus profond d'un verre de rouge, il est toujours excellent, dans Buffet Froid comme dans le caporal épinglé. S'est envolé il y a quelque temps, sans doute en ballon...

Alain Corneau (1943) Cet éminent réalisateur est né dans le Loiret, à Meung-sur-Loire et a été élève au lycée Pothier. Réputé pour sa rigueur, il a réussi dans le genre thriller (Police Python 357) comme dans l'art et l'histoire (Tous les matins du monde).

Jean-Eugène-Robert Houdin (1805-1871) Né à Blois en 1805 ; c'est à la fois un artiste, un inventeur, un scientifique. Ce sont ses talents d'illusionniste (il fut l'un des premiers célèbres, et l'un des plus grands) qui l'on fait passer à la postérité.

Madeleine Sologne (1912-1995) De son vrai nom, Madeleine Vouillon, connue sous son seul nom d'actrice, qu'elle avait choisi en hommage à sa chère Sologne. Madeleine naquit en 1912 à La Ferté-Imbault. Sa carrière débuta par le théâtre, mais son immense succès au cinéma lui valu de s'imposer, dans "L'Eternel Retour" écrit par Jean Cocteau. Madeleine Sologne, grande dame charmante et discrète autant que populaire, fut une amie intime de Jean Marais avec qui elle avait joué. Elle s'est éteinte à Vierzon le 30 mars 1995.

Littérature et poésie

La douceur des paysages de Val de Loire, de la Sologne, du Berry et des autres contrées a toujours beaucoup d'attraits. Le mécénat des rois de France a permis l'émergence de plusieurs poètes majeurs à la Renaissance. Quelques auteurs importants ont également leur berceau familial dans la région. D'autres s'y sont réfugiés pour écrire, sans doute attirés eux aussi, par la douceur de la lumière et des paysages envoûtants.

Honoré de Balzac (1799-1850) Né à Tours le 20 mai 1799, ses origines familiales sont plus rattachées au Tarn. Enfant mal aimé de sa mère, il finit ses études à Paris et se lance dans le droit pour choisir finalement l'écriture. Sans lui nuire, l'on peut le qualifier de "grand noceur". Ses conquêtes et ses déceptions amoureuses l'inspirent, il nous a laissé un patrimoine d'œuvres littéraires : son premier succès "Les Chouans", suivront le Colonel Chabert, Eugénie Grandet, Le Médecin de campagne. En 1846, son fils meurt à la naissance, l'auteur décline, ses déceptions s'accumulent, il est refusé à l'Académie française et meurt en 1850. Un dernier hommage de Victor Hugo, (le seul avec Lamartine à l'avoir soutenu sa candidature à l'Académie) qui prononce son éloge funèbre.

Aristide Bruant (1851-1925) Né à Courtenay (Loiret), décédé à Paris. Ses talents de chansonnier et d'écrivain se sont épanouis lorsqu'il est monté à Paris pour s'entourer d'une écharpe rouge, et donner vie à une époque : celle des cabarets parisiens, du Chat noir, des goualantes et du réalisme post-industriel. "Quand on l'a couchée sous la planche, elle était toute blanche", la pauvre petite de la rue Saint-Vincent a fait pleurer dans bien des chaumières.

Paul Claudel (1868–1955) La famille Claudel possédait une maison à Lavardin. Entre 1925 et 1928, Paul Claudel écrit, sous le titre de "Conversations dans le Loir-et-Cher", des dialogues humoristiques exprimant ses points de vue, sur des sujets qui sont encore aujourd'hui tout à fait d'actualité. Le tout dit sur un ton satirique, avec des formules brillantes, un théâtre les a mis en scène en décembre 2002 à Bruxelles.

Georges Courteline (1858-1929) Ce Tourangeau a créé les ronds-de-cuir, et, quelques années avant Tati, des personnages austères rendus désopilants par leur maniaquerie, plongés dans des situations réellement courtelinesques. Boubouroche, le Commissaire est sans pitié, les Gaietés de l'escadron, et aussi le savoureux Théodore cherche des allumettes.

Henri Alban Fournier (1886-1914) Romancier est né à la Chapelle-d'Angillon (Cher) il a été appelé plus volontiers Alain-Fournier. Ce fils d'instituteur connut le succès avec son unique roman "Le Grand Meaulnes". On y reconnaît les lieux solognots et berrichons de son enfance, romancés, auxquels il fut très attaché. La bibliothèque des Quatre-Piliers abrite de nombreux documents originaux concernant l'œuvre et la vie de l'écrivain, et qui sont la donation d'Alain Rivière (neveu d'Alain Fournier). C'est loin de ses origines natales, qu'il meurt d'une balle dans la tête le 22 septembre 1914, dans un triste bois de la Meuse. Un jeune homme de talent partait dans des conditions restées inconnues.

Guillaume de Lorris (vers 1200-1240) et Jehan de Meung (vers 1240-1305) Deux auteurs pour un roman. On sait bien peu de chose sur Guillaume de Lorris, hormis le fait qu'il est né dans le Loiret et qu'il est l'auteur de la première partie de l'œuvre considérée comme l'une des meilleures de la tradition dite courtoise : Le roman de la rose qu'il écrit vers 1230 alors qu'il a 25 ans. Ce poème conte l'histoire de la conquête d'une jeune fille - représentée par une rose. Quarante ans après la mort de Guillaume de Lorris, Jean de Meung, dit aussi Jean Clopinel, un natif de Meung-sur-Loire, reprend l'œuvre dont il compose la seconde partie. Contrairement à son prédécesseur, on possède beaucoup plus d'informations sur ce personnage et on sait donc qu'il est allé faire ses études à l'université de Paris vers 1255 et qu'il a composé la seconde partie du roman vers 1277. Par la suite, il traduit plusieurs ouvrages latins en prose.

François Rabelais (1494-1553) Né à La Devinière, sans doute en 1494, dans un milieu bourgeois (son père est avocat), François Rabelais apprend le latin chez les bénédictins ou les franciscains. Vers l'âge de 25 ans, il devient moine chez les franciscains de Fontenay-le-Comte puis moine errant. En 1530, il se fixe à Montpellier et entreprend, de manière très brillante, des études de médecine. Deux ans plus tard, il est médecin à Lyon. A la fin de cette année, il publie le premier livre de son célèbre Pantagruel, sous le pseudonyme anagramme de Alcofribas Nasier. Son livre est mal accueilli par la Sorbonne et Rabelais décide de partir en Italie comme médecin du cardinal du Bellay. Il suit pendant plusieurs mois le cardinal, en profite pour étudier et, de retour à Lyon, fait paraître La vie très horrifique du Grand Gargantua père de Pantagruel. Cette œuvre, très riche, s'inspire de la politique d'alors à laquelle Rabelais participe puisqu'il suit les frères du Bellay. En 1537, Rabelais passe sa thèse de doctorat ; il est alors reconnu comme un grand médecin mais aussi comme un humaniste et un écrivain de renom. Mais les persécutions contre les réformés (dont il fait parti) reprennent et il se réfugie à Lyon. En 1545, il semble qu'il ait obtenu une faveur à la cour de François Ier. Un an plus tard il doit à nouveau fuir ; cette fois-ci c'est à Metz, ville libre, qu'il se réfugie. Il écrit le Quart Livre puis le Tiers Livre qui seront tous deux interdits par le Parlement de Paris. En janvier 1553, on lui retire sa cure de Meudon puis celle du Mans. Persécuté, ruiné et exilé, Rabelais meurt dans l'oubli.

DOMAINE DE RABELAIS 4, rue de la Devinière – SEUILLY © 02 47 95 91 18. Cette ancienne métairie du XVe siècle a vu naître Rabelais vers 1495. Elle tient son originalité d'un escalier de distribution en pierre, couvert, construit à l'extérieur de la demeure. On visitera la reconstitution de la chambre de Rabelais ainsi que celle de ses parents (le lit à quenouilles est d'époque) ; un portrait de l'écrivain par Matisse, des archives et de nombreux ouvrages sont exposés.

Pierre de Ronsard (1524-1585) Le chef de file de la Pléiade est né à Couture-sur-Loir. On lui attribue souvent le titre de prince des poètes ; il est aussi le premier poète français moderne. Pierre de Ronsard a vu le jour au château de la Possonnière, que l'on visite aujourd'hui, dans la vallée du Loir. Il fut page au service des dauphins et princesses de France et se destinait à une carrière militaire. Pour le plus grand bonheur de la langue française, il doit y renoncer après être devenu sourd. Se consolant dans des études littéraires, il suit l'enseignement du grand philologue limousin Dorat au collège de Coquelet à Paris. Il y côtoie du Bellay et crée avec lui et quelques autres La Pléiade (primitivement appelée "La Brigade"). Ronsard s'imposera comme le plus brillant du groupe comme en témoigne sa première œuvre les Quatre Premiers Livres des Odes (1550). Il ne cesse d'écrire et, parallèlement, devient prieur de Croix-Val, de Montoire en Vendômois et de Saint-Cosme-lès-Tours. Il écrit, en 1560, Institution pour l'adolescence du roi très chrétien, pour la montée sur le trône de Charles IX. Il en devient poète "officiel" jusqu'à sa mort. Il meurt à Saint-Cosme, près de Tours, le 27 décembre 1585. Son œuvre, critiquée par Malherbe, sera oubliée jusqu'à ce que Saint-Beuve la réhabilite.

Raymonde Vincent (1908-1985) Le Prix Fémina 1937 avec "Campagne" couronne un des meilleurs ouvrages sur le Berry d'autrefois, elle y allie réalisme et poésie. L'Indre du siècle passé, avec ses bouchures, ses landes secrètes, ses troupeaux emblématiques et ses paysans aux mains calleuses. Son succès lui permit de côtoyer Aragon, Giraudoux, Bernanos, familiers de son mari Albert Béguin, critique et essayiste de renom. Son œuvre reste écrasée par "Campagne" qui demeure l'une des références littéraires du XXe siècle. Raymonde Vincent a vécu essentiellement dans l'Indre, née à Villours, elle décédera à Châteauroux.

Statue de Ronsard dans le Jardin des Prébendes à Tours

Alfred de Vigny (1797-1863) Né à Loches, mais pas plus attaché que cela à sa région d'origine (il était le quatrième enfant de la famille, mais le premier qui survécut), il séjourna longtemps dans sa propriété charentaise, et écrivit quelques œuvres bien reçues dont lui-même n'était pas mécontent. On lui doit des poèmes plein de lyrisme et Servitude et grandeur militaires.

Personnages historiques

Jacques Cœur (vers 1400-1456) Grand bourgeois de la fin du Moyen Age. Fils d'un pelletier de Bourges, Jacques Cœur réussit, par son mariage avec l'héritière du maître des Monnaies de la ville (1420), à s'associer au groupe chargé de battre la monnaie de Charles VII, qui a fait de Bourges sa capitale provisoire. Il spécule sur les métaux précieux et acquiert rapidement une immense fortune qu'il investit dans le commerce levantin. Devenu le fournisseur de la cour, il met sa puissance financière au service du roi de France, qui, en contrepartie, provoque son ascension politique. Nommé, en 1435, Maître de la Monnaie de Bourges, Jacques Cœur

George Sand

Faire en quelques lignes une biographie de George Sand est une tâche bien difficile, mais combien agréable quand il s'agit de parler de cette grande dame. Des centaines d'ouvrages sur elle ont déjà été publiées. Le Petit Futé rend hommage à cette dame qui enchanta notre région. Voici un résumé des dates les plus importantes de sa vie et de son œuvre.

1er juillet 1804 : Amandine-Aurore-Lucile Dupin naît à Paris. Elle est la fille de Maurice Dupin de Francueil et de Sophie-Victoire Delaborde. Si du côté de son père, elle est l'arrière-petite-fille du Maréchal de Saxe, sa mère est la fille d'un oiseleur des quais de la capitale. La mère de Maurice s'oppose farouchement au mariage de son fils et les parents de la future George Sand se marient seulement un mois avant la naissance de leur fille.

16 septembre 1808 : au retour d'une campagne militaire en Espagne, Maurice Dupin et sa famille séjournent à Nohant. Après le décès de son frère aveugle âgé de quelques mois, la petite Aurore se voit privée de son père qui meurt à l'entrée de La Châtre, victime d'une chute de cheval. Après ce décès, Aurore va être séparée de sa mère. La grand-mère assure désormais l'éducation de la petite-fille au château de Nohant, aidée par le précepteur Deschatre. Aurore vivra une enfance paysanne : courses folles dans les prés et les chemins et fréquentation de l'école du village.

1818-1820 : Aurore est confiée au couvent des Augustines anglaises à Paris. Elle y apprend l'anglais et devient très dévote. Elle rentre à Nohant pour soigner sa grand-mère, Madame Dupin de Francueil décède le 26 décembre 1821.

Septembre 1822 : Aurore épouse Casimir Dudevant et s'installe à Nohant avec son mari.

30 juin 1823 : naissance de leur fils Maurice.

1825 : lors d'un séjour dans les Pyrénées, elle rencontre Aurélien de Sèze, les deux jeunes gens sont amoureux. Son mariage commence à lui peser.

13 septembre 1827 : naissance de Solange, fille d'Aurore et vraisemblablement d'un ami d'enfance de La Châtre, Stéphane Ajasson de Grandsagne.

1830 : elle fait la connaissance de Jules Sandeau.

1831 : elle quitte son mari et Nohant. Elle s'installe à Paris et publie avec Jules Sandeau son premier roman "Rose Blanche".

1832 : parution d'Indiana. Elle prend alors le pseudonyme de George Sand.

1833 : elle fait la connaissance de Marie Dorval et d'Alfred de Musset. Publication de Lélia.

Fin 1833-Printemps 1834 : séjour à Venise de Georges Sand et de Musset.

1835 : rupture avec Musset et retour à Nohant. Séparation judiciaire d'avec son époux Casimir.

1837 : Mauprat.

1838 : Balzac à Nohant. Début de la liaison de George Sand avec Chopin qui passera sept étés en Berry.

1842 : séjour de George Sand et de Chopin à Valdémosa raconté dans "Un hiver à Majorque, Consuelo".

1844 : Jeanne.

1845 : Le meunier d'Angibault.

1846 : La mare au Diable.

Juillet 1847 : rupture avec Chopin. Mariage de sa fille avec le sculpteur Clésinger, ils se séparent en 1852. François le Champi.

1848 : La Petite Fadette.

1849 : mort de Frédéric Chopin.

1850 : elle vit avec le graveur Alexandre Manceau.

1853 : Les Maîtres Sonneurs.

1854 : Histoire de ma vie.

1858 : début de ses séjours à Gargilesse (Indre) dans une maison achetée pour elle par son ami Manceau. Les beaux messieurs de Bois Doré.

1862 : mariage de son fils avec Lina Calamatta.

1865 : mort de Manceau à Palaiseau.

1866 : naissance d'Aurore Sand, première petite-fille de l'écrivain (fille de Maurice), puis en 1868 de sa sœur Gabrielle, séjour chez Flaubert à Croisset.

1867 : George Sand revient se fixer à Nohant.

1869 et avril 1873 : séjour de Flaubert à Nohant.

1875 : elle fait son dernier voyage à Paris.

1876 : elle meurt le 8 juin 1876 à Nohant où elle est enterrée.

▶ MAISON DE GEORGE SAND Domaine de Nohant – NOHANT ✆ 02 54 31 06 04. On ne peut pas venir dans la région, sans faire le déplacement jusqu'à Nohant. On est déjà enchantés par le charme du village, du château et de son parc. La petite église, avec son auvent, appelé ici la "guenillère", et son toit en tuiles, est consacrée à Sainte-Anne. Les grilles d'entrée de la propriété sont d'un beau bleu vert. Au fond de la cour, derrière le parterre rond et son grand arbre, la maison. Le bâtiment a plus l'allure d'une très grande maison de maître que d'un logis Renaissance. Il a été reconstruit vers 1767 sur l'emplacement d'un ancien château du XIVe siècle et acheté par la grand-mère de Georges Sand à la veille de la Révolution. Après le décès de son père, la jeune Aurore est élevée ici avec son demi-frère Hippolyte Chatiron. Elle y revient après son mariage. Elle accueille ses amis Liszt, Chopin, Balzac, Flaubert et tant d'autres. Elle meurt à Nohant en 1876. Dans la grande demeure, on visite successivement au rez-de-chaussée, la salle à manger où le couvert est toujours dressé, le salon avec les portraits de famille et la très authentique cuisine de campagne. A l'étage, le cabinet de curiosités, la chambre bleue avec sur les murs les tentures des médaillons de style Louis XVI. C'est dans cette pièce que Georges Sand a vécu ses derniers moments. La visite continue. Moment émouvant également, le coup d'œil que l'on peut jeter au petit boudoir avec son secrétaire et la harpe de sa grand-mère. La découverte du théâtre et des marionnettes ne laisse pas indifférent. Une partie des marionnettes a été réinstallée avec tous les accessoires dans une salle au-dessus des communs, une visite à ne pas rater. On peut ensuite, choisir de faire un tour dans le parc près de la façade sud. Les deux cèdres, plantés près du bassin à la naissance de ses enfants Maurice et Solange, sont toujours là, majestueux. Le jardin est parsemé des fleurs que l'écrivain aimait tant. Pour terminer, une visite au cimetière, on y accède par le parc. George Sand est enterrée avec sa famille sous les ifs, dans un carré qui jouxte le cimetière de la commune. Un caveau tout simple qui verdit régulièrement avec l'humidité des arbres. Mais cette mousse n'est-elle pas là en écho à ses dernières paroles "Laissez verdure" (interprétation non homologuée par les sandiens convaincus).

devient en 1440, argentier de France et réussit à rétablir la confiance dans la monnaie ; anobli en 1441, membre du Conseil royal en 1442, il est chargé de missions diplomatiques près des monarchies orientales et du Saint-Siège (1448). Sa puissance est alors considérable : au commerce méditerranéen, il joint l'exploitation de mines de plomb (Lyonnais) et le contrôle du commerce du sel (Languedoc). Mais, créancier du roi, jalousé par ses contemporains, il est arrêté en 1451 et ses biens sont confisqués. Il s'échappe en 1454, gagne Rome, où le pape lui confie une flotte pour combattre les Turcs. Il meurt au cours de l'expédition.

Gaspard de Coligny (1519-1572) Il a vécu la grande époque où les croyants s'étripaient pour des divergences dont l'importance, encore aujourd'hui, échappe aux profanes. Malheureusement du mauvais côté de la fourche, le protestant amiral, originaire de Châtillon-sur-Loing, aujourd'hui Châtillon-Coligny, passa par la fenêtre à la Saint-Barthélemy.

Charles VIII (1483-1498) Il aimait bien Amboise, le gentil Charles VIII, surnommé "l'Affable". Et l'Italie aussi, qu'il voulait conquérir, malgré les avis négatifs de ses conseillers. A 28 ans, il se cogna bêtement dans une porte, rapporte la chronique officielle, et mourut à Amboise, laissant sa veuve éplorée, Anne de Bretagne, dans l'obligation, pour rester reine, d'épouser son successeur Louis XII.

Jeanne de Laval Seconde épouse du roi René, elle fut une bienfaitrice adulée de tout l'Anjou, et épousa en secondes noces, après la mort de René, Bertrand du Guesclin. On peut en voir une statue aux Rosiers-sur-Loire, non loin de la célèbre auberge qui porte aussi son nom.

Louis XI (1423-1483) C'est le seul roi de France qui naquit à Bourges. Mais c'est à Tours, qu'il fit ce qui lui plaisait, plus précisément à Plessis-lès-Tours, d'où il mûrissait des plans fatals à ses ennemis. Ceux-ci, compte tenu du peu de scrupules du vilain roi de France (même sur les portraits officiels, il est monstrueusement laid), furent nombreux, mais il s'en tira plutôt bien, laissant de plus le pays dans une situation assez prospère.

Louis XII (1462-1515) Le père du peuple, Blésois d'origine, ne manquait pas d'ambition. Il se fâche avec sa cousine Anne de Beaujeu, récupère la couronne de son cousin quand celui-ci meurt, à 27 ans, épouse sa veuve, Anne de Bretagne, en faisant casser son propre mariage, puis, dans la seule année 1514, marie sa fille Claude, héritière du duché de Bretagne, au futur roi François Ier, devient veuf et, dans la foulée épouse Marie d'Angleterre. Ce beau parcours fut agrémenté de tentatives diverses d'expansion en Italie, et contre le pape qu'il essaya de renverser.

Malesherbes (1638-1715) Il s'appelait Chrétien Guillaume de Lamoignon et naquit à Paris le 6 décembre 1721. Il était néanmoins seigneur de Malesherbes, propriétaire du très beau château du bourg, et, après des études au lycée Louis Le Grand, devint ministre de Louis XVI, directeur de la censure et défenseur du même Louis XVI durant son procès. On lui doit aussi d'avoir rétabli les droits civiques des juifs et des protestants, et d'avoir encouragé et protégé les Encyclopédistes. Pour faire bonne mesure, après l'exécution de son client, on le guillotina, avec toute sa famille – sa fille et ses petits-enfants, sûrement de la mauvaise graine d'aristo – le 22 avril 1794.

Mirabeau (1749-1791) Honoré de Riquetti, comte de Mirabeau, flambeur et séducteur, naquit dans le Loiret. Avocat, il embrasa par son élocution les partisans du grand soir, parla au nom du peuple et fut élu en 1789 pour le Tiers-Etat. Pour faire bonne mesure, il aurait vite retourné sa toge en entendant les espèces sonnantes et trébuchantes frappées à l'effigie du roi. Depuis, sous son pont, la Seine a beaucoup coulé.

Agnès Sorel (vers 1422-vers 1450) On ne sait plus bien si elle était Picarde ou Tourangelle, mais on est certain qu'elle fit tourner la tête du roi de France, dès l'âge de douze ans (il n'en avait que 31 !). Elle lui donna trois beaux enfants, ce qui dut faire plaisir à Marie d'Anjou, la légitime épouse et reine, et mourut à 27 ans, ce qui permit au roi de se consoler avec sa cousine, Antoinette de Maignelais.

Sully (1560-1641) Maximilien de Béthune, duc de Sully, naquit au château de Rosny, dans les actuelles Yvelines, en 1560. D'origine calviniste, il s'engage dans l'armée de Navarre aux côtés du futur Henri IV, avec lequel il formera un des tandems les plus estimés de l'Histoire. Nommé surintendant des Finances, c'est grâce à lui que la ville de Sully, dont il acquiert le château en 1602, connaîtra la prospérité. Les petits enfants des écoles d'aujourd'hui ne l'apprennent plus systématiquement mais il n'y en a qu'un qui a dit "labourage et pâturage sont les deux mamelles de la France", et c'est lui. Il mourut le 29 décembre 1641, à 82 ans, dans l'un de ses châteaux qu'il affectionnait le plus, Villebon, en Eure-et-Loir.

Imprimeur humaniste

Etienne Dolet (1509-1546) Le parcours hors normes de cet Orléanais, le mène, tout d'abord à Paris, puis en Italie où il devient le secrétaire de l'évêque de Limoges, ambassadeur de France à Venise, dès l'âge de 21 ans. Toute sa vie, il sera pourchassé pour ses idées peu conventionnelles. De retour en France, il fait des études à l'université de Toulouse où ses opinions lui attirent quelques ennuis. Arrêté pour propos susceptibles de nuire à l'ordre public, il est très vite remis en liberté, grâce à l'intervention de protecteurs hauts placés. Risquant une nouvelle arrestation, il s'enfuit à Lyon où il devient imprimeur. Loin de s'assagir, il se fait de nombreux ennemis avec ses opinions théologiques. En 1542, arrêté à Lyon, il est accusé de propagation d'hérésie... Heureusement pour lui, le roi pardonne. Il n'aura pas toujours cette chance : le 5 août 1546, il est brûlé en place publique à Paris, après avoir été accusé de "blasphème, sédition et exposition de livres prohibés".

Journaliste

Roger Secrétain Résistant durant la guerre, il fonde à la libération le quotidien régional "La République du Centre", qui rayonne actuellement sur le Loiret et l'Eure-et-Loir. Elu maire d'Orléans en 1959, il donne un grand coup d'accélérateur à l'évolution de la ville et à son dynamisme en créant la "ville nouvelle" d'Orléans-la-Source. Puis, avec le recteur Antoine, il est à l'origine du renouveau de l'université d'Orléans qui avait connu une grande réputation durant une longue période avant de disparaître complètement. On lui doit également le renouveau du parc Floral d'Orléans-la-Source. Son empreinte sur la ville d'Orléans est considérable.

Jean Zay (1904-1944) Il naît à Orléans d'un père juif et d'une mère protestante. Brillant élève du lycée Pothier, il devient journaliste au Progrès du Loiret et mène en parallèle des études de droit. En 1928, il devient avocat et s'inscrit au barreau d'Orléans : c'est à partir de ce moment qu'il entame sa fameuse carrière politique qui le mènera au poste de ministre de l'Education nationale du Front populaire en 1936. Il quitte cette situation en 1939 pour partir sur le front : après la demande d'armistice, il s'embarque sur le Massilia aux côtés d'autres hommes politiques, décidés à lutter jusqu'au bout depuis l'Afrique du Nord. Le nouveau pouvoir français en place le fait arrêter : Jean Zay est condamné à la déportation le 4 octobre 1940. Trois miliciens du régime de Vichy viendront l'assassiner à Riom, le 20 juin 1944.

Juriste

Robert Pothier (1699-1772) Cet éminent juriste, professeur à l'université de droit d'Orléans, a inspiré le Code civil. Né à Orléans le 9 janvier 1699, il fait ses études au collège des jésuites puis à l'université d'Orléans. Il hésite entre une profession religieuse et la magistrature. Finalement, c'est vers cette dernière qu'il se tourne, il acquiert une connaissance parfaite des lois romaines et met en évidence les nombreuses faiblesses de ce système. Pothier entreprend alors de compiler toutes ces lois dans un ordre plus méthodique et rationnel, une énorme tâche qui lui demandera douze années. Le livre résultant de ce travail eut un grand succès, et aujourd'hui encore, il trône en bonne place, dans les bibliothèques de tous les jurisconsultes.

Militaire

Gaspard de Coligny (1519-1572) Il a vécu la grande époque où les croyants s'étripaient pour des divergences dont l'importance, encore aujourd'hui, échappe aux profanes. Malheureusement du mauvais côté de la fourche, le protestant amiral, originaire de Châtillon-sur-Loing, aujourd'hui Châtillon-Coligny, passa par la fenêtre à la Saint-Barthélemy.

Peintre

Eugène Delacroix (1798-1863)

Le peintre, lithographe et écrivain a fait, à partir de 1820, plusieurs longs séjours au Louroux. Entre 1820 et 1828, Eugène Delacroix séjourne plusieurs fois chez son frère Charles, à Tours, et ici où il commence son journal.

Jean Fouquet (1415 ou 1420-1477 ou 1481) Ce Tourangeau fut un maître incontesté de la peinture française du XVe siècle. Auteur d'un célèbre Charles VII, il joue sur les lumières comme une plaque sensible reflétant l'âme de ses personnages.

Roger Toulouse (1918-1994) Cet artiste né et décédé à Orléans, a été reconnu pour ses talents de peintre, de sculpteur et d'illustrateur. Pablo Picasso disait de lui "son travail est plus surréaliste que les surréalistes". Qui pouvait lui rendre un aussi bel hommage ? Ses œuvres, dont certaines sont exposées au Musée des beaux-arts font aussi le bonheur des collectionneurs. Dans la vie de Roger Toulouse, son art a été marqué de périodes différentes. Sa réflexion sur le monde moderne a permis à l'artiste d'exprimer sa philosophie et son humanisme. Roger Toulouse a été un personnage hors du commun. Certaines de ses œuvres "sculpturales" sont à découvrir au cœur d'établissements publics d'Orléans et de ses environs. Près du théâtre, dans un avenir proche, l'œuvre "Hommage à Lavoisier", sera exposée, elle est actuellement en cours de restauration. Ainsi l'emprunte de Roger Toulouse va régner au cœur même de sa ville. L'hommage est mérité.

Philosophes

René Descartes (1596-1650) Il est né à La Haye (Indre-et-Loire), à la limite de la Touraine et du Poitou, à côté du Grand Pressigny. Son village natal s'appelle désormais Descartes. Philosophe, mathématicien et physicien, René Descartes s'est essayé à divers sujets avec le même génie. A l'âge de huit ans, il est envoyé au collège de La Flèche, qui vient juste d'être fondé. Il y recevra l'enseignement des jésuites dont il gardera un souvenir excellent… ce qui ne l'empêchera pas de remettre en cause leur scolastique. Il quittera définitivement la France en 1628 pour la Hollande puis la Suède. Fondateur de la géométrie analytique, il a dégagé les lois de la réfraction de la lumière et simplifié l'écriture mathématique. Ce sont surtout ses textes philosophiques (Discours de la Méthode, 1637 ; les Passions de l'Ame, 1649...) qui lui apporteront la célébrité, d'autant qu'ils sont publiés en français et non en latin. Il fonde le cartésianisme sur la pratique systématique du doute (la fameuse table rase). Revers de ce succès, il eut à subir de vives critiques de la part de l'Eglise et de certains penseurs moins novateurs.

Charles Péguy (1873-1914) Il fut à la fois poète et philosophe. Toute sa vie, Charles Péguy revendique son ascendance modeste. Orphelin de père à un an, il est élevé à Orléans, au 52, faubourg de Bourgogne, par sa mère et sa grand-mère, toutes deux rempailleuses de chaises. Il entre en 1894 à l'Ecole normale supérieure. Licencié ès lettres, il se tourne vers le journalisme. Après avoir été libraire, il se lance dans l'édition indépendante et fonde Les cahiers de la quinzaine : 229 numéros de ce journal atypique seront publiés. Nombre de ses œuvres y seront éditées mais également des auteurs comme Tolstoï, Anatole France, etc. Engagé volontaire lors de la Première Guerre mondiale, il meurt héroïquement, face à l'ennemi, frappé d'une balle en plein front.

Politicien

Jean Zay (1904-1944) Il naît à Orléans d'un père juif et d'une mère protestante. Brillant élève du lycée Pothier, il devient journaliste au Progrès du Loiret et mène en parallèle des études de droit. En 1928, il devient avocat et s'inscrit au barreau d'Orléans : c'est à partir de ce moment qu'il entame sa fameuse carrière politique qui le mènera au poste de ministre de l'Education nationale du Front populaire en 1936. Il quitte cette situation en 1939 pour partir sur le front : après la demande d'armistice, il s'embarque sur le Massilia aux côtés d'autres hommes politiques, décidés à lutter jusqu'au bout depuis l'Afrique du Nord. Le nouveau pouvoir français en place le fait arrêter : Jean Zay est condamné à la déportation le 4 octobre 1940. Trois miliciens du régime de Vichy viendront l'assassiner à Riom, le 20 juin 1944.

Scientifiques

Denis Papin (1647-1714) Né à Chitenay, en Sologne, il n'est pas l'aïeul de Jean-Pierre Papin, et n'inventa donc pas la bicyclette ou l'aile de pigeon. Il se contenta de la machine à vapeur, qui comportait aussi quelques avantages décisifs, après avoir jeté les bases de la cocotte-minute.

Alfred Velpeau (1795-1867) Un grand chirurgien du XIXe siècle, originaire d'Indre-et-Loire, et qui, avec sa bande, accomplit quelques coups d'éclat dans le domaine clinique.

Théologien

Jean Calvin (1509-1564) Naît à Noyon (Cher) il étudie la prêtrise, et également le droit à Orléans et à Bourges, s'intéressant à la Bible grecque. Réformateur de l'Eglise française, sa doctrine chrétienne est connue sous le nom de "calvinisme". Pour lui le travail et l'industrie sont des qualités morales et la réussite professionnelle une preuve de la grâce de Dieu, le calvinisme a joué un rôle important dans le développement du capitalisme. Calvin passera quelques années à Genève, Strasbourg et reviendra à Genève jusqu'à sa mort. Les calvinistes français fondent le mouvement huguenot, interdit ensuite par l'église catholique. Pour la petite anecdote, sur la place Gordaine, une des plus belles places de Bourges, vous découvrirez au milieu du petit square "une pierre". La légende dit que "Calvin prêchait ses sermons du haut de cette pierre". On la regarde, en ayant une pensée pour ce grand homme.

Les plus beaux *villages* de la région

Aubigny-sur-Nère ▸ *Cher*

Sur la Route de Jacques Cœur, dans le Haut-Berry, Aubigny-sur-Nère petite ville gallo-romaine entre dans l'histoire de France au XIIe siècle lorsque les moines de Saint-Martin de Tours la confie à Philippe Auguste.

En l'année 1423, Charles VII la remet à John Stuart, prestigieux chef de l'armée écossaise permettant la fin de la guerre de Cent Ans. La lignée de la famille fit construire le château d'Aubigny et de la Verrerie (à Oizon). En 1512, un gigantesque incendie la ruine, elle est relevée par la famille des Stuart, sa prospérité et sa réputation grâce à l'industrie et au commerce du drap. Louise de Kéroualle, duchesse de Porsmouth reçut de Louis XIV le duché d'Aubigny. Elle transforme les châteaux et embellit les jardins. En 1841, la famille de Vogûe acquiert le château de la Verrerie, propriétaire jusqu'à ce jour. Cette ville royale bâtie sur la Nère vous incitera à la flânerie, charmée par ses jolies maisons à colombages, la douceur de son climat en fait une cité des plus fleuries. Sa cuisine de terroir, paradis gustatif est une vraie richesse, le marché chaque samedi, vitrine gourmande, tout en fait une ville plaisir pour une visite incontournable.

Châtillon-Coligny ▸ *Loiret*

Châtillon-Coligny, site de la vallée du Loing, sur le canal de Briare est un bourg rural, patrie des Coligny et des Becquerel et refuge des premiers écrits de Colette. Châtillon nous offre un panorama composé de plateaux fertiles et la présence des forêts ravit les chasseurs.

Jusqu'à un temps récent, ce bourg, fortifié dès l'origine, s'appelait Châtillon-sur-Loing. Ville moyenâgeuse, elle est appelée Châtillon-Coligny depuis 1896, nom reçu de la famille de Coligny qui fit agrandir le château. Toujours existant, il a été modifié et reconstruit à plusieurs reprises. En 1854, le dernier descendant des Montmorency-Luxembourg fit construire le château actuel. En 1359, durant la guerre de Cent Ans, Châtillon fut assiégée et détruite entièrement par les troupes anglaises. Louis de Melun décida de reconstruire la ville dans la vallée et c'est à partir de 1376 que Nicolas Bracque la fortifia de belles murailles percées de trois portes et flanquées de cinq tours dont on voit encore les vestiges. Les seigneurs de Coligny embellirent le château et le fortifièrent. Détruit après la Révolution, sauf le donjon, les terrasses et l'orangerie. Les guerres de Religion débutèrent, à Châtillon, par le pillage du tombeau de Saint-Posen et la destruction de l'église, en 1557. Dernière révélation : Châtillon-Coligny était un oppidum celtique dès la première période de l'âge de fer, ceci s'explique par les récentes découvertes de deux tombes princières à incinération (du Ve siècle avant Jésus-Christ). Au Xe siècle, une motte féodale existait, dominant la vallée du Loing rejoint par son affluent, le Milleron. De ce passé, on redécouvre les vestiges des murailles et des tours de défense du XIVe siècle, des bâtisses du XVIe siècle (le grenier à sel, l'Enfer, le Paradis), le parc historique avec le donjon et ses souterrains, l'orangerie, le puits attribué à Jean Goujon et les monuments à la mémoire de Gaspard II de Coligny. Visites individuelles suivant un calendrier fixé ou visites de groupes sur rendez-vous (s'adresser à l'Office de tourisme, seul habilité par les propriétaires). Jouxtant ce parc, se dresse la tour Becquerel sur laquelle Antoine-César avait aménagé une station de météorologie. Plus loin, l'église Saint-Pierre/Saint-Paul des XVIe et XVIIe siècles se particularise par son clocher séparé, construit sur une tour de défense de la ville. Au bout de la rue de l'Eglise (au 20), se tient la maison dite de Colette où le célèbre écrivain rendit très souvent visite à son demi-frère, le docteur Achille Robineau. Ses parents, Achille et Léopold son cadet, reposent dans le cimetière. Colette vécut également dans le village. En 1893, elle y épousa Henry Gauthier-Villard dit Willy. Pour poser un autre regard sur le village, une halte nautique (près du centre-ville) permet aux voyageurs de découvrir Châtillon-Coligny par voie fluviale.

Gargilesse-Dampierre ▸ Indre

Ce n'est pas sans raison que ce village romantique est classé parmi "les plus beaux villages de France". Situé à 13 km au sud-est d'Argenton-sur-Creuse, Gargilesse Dampierre est blotti dans la verdoyante et paisible vallée de la Creuse, comme à l'écart du temps et de l'histoire.

Georges Sand, la première, a succombé au charme d'une petite maison de village (Algira au nom de paillon) à mi-côte de l'unique rue, en a fait son refuge et sa source d'inspiration, loin des contraintes de Nohant. Le "château moderne", comme se plaisait à le qualifier Georges Sand, a été reconstruit au XVIIIe siècle. Il est dominé par une discrète église romane. Ne manquez pas de la visiter pour découvrir sa véritable collection de chapiteaux et sa crypte décorée de magnifiques fresques (là, gît un chevalier dont les Berrichonnes en mal d'enfant ont fait le fameux Saint-Greluchon !). Gargilesse fut une formidable source d'inspiration pour de nombreux peintres parmi lesquels Monet et Théodore Rousseau. Aujourd'hui encore, de nombreux artistes habitent ou séjournent dans ce lieu magique.

Lavardin ▸ Loir-et-Cher

L'histoire de cette imposante forteresse qui domine la Vallée du Loir et le village de Lavardin remonte au Ve siècle, époque à laquelle une tour mérovingienne est élevée. Au IXe siècle, le site est fortifié pour résister aux invasions vikings.

On retrouve à la fin du Xe siècle une charte dans laquelle est évoquée la forteresse de Lavardin. Un siècle plus tard, ce sont les donjons qui sont bâtis : l'un en bois et l'autre en pierre. Au XIIe siècle, la tour apparaît. Puis, au fil des siècles, le château s'agrandit. C'est en 1448, que Jean VIII de Bourbon-Vendôme y reçoit le roi Charles VII et Agnès Sorel. En 1590, le Vendômois se soulève et Henri IV envoie le prince de Conti assiéger Lavardin. La garnison, sous les ordres du capitaine du Vignau, résiste durant trois semaines. Les assiégés obtiennent de sortir avec les honneurs de la guerre. Mais, Henri IV veut absolument éviter que de tels faits se renouvellent et il juge donc utile de rendre Lavardin inutilisable comme place forte. C'est pour cette raison qu'il fait démanteler le château. Après avoir admiré son imposante architecture depuis le bas du village, remontez donc par la route de Saint-Arnoult ou par "La Rotte aux Biques" (qui n'est en fait que l'ancien passage emprunté par les chèvres) pour en découvrir davantage. Cela permet de longer des habitations troglodytiques encore occupées, de découvrir le château dans son ensemble et d'avoir un magnifique point de vue sur la Vallée du Loir. Il est également possible de suivre les pas de Ronsard, dont c'est là aussi le pays, grâce à "La Promenade du Poète", une agréable balade le long du Loir qui passe notamment par le lavoir.

Le Louroux *Indre-et-Loire*

Situé à 30 kilomètres au sud de Tours à mi-chemin entre Sainte-Maure et Loches, son chef-lieu de canton est Ligueil. Un "chevalier en armure qui pêche". L'origine du nom de ce village a deux versions : l'une convient aux historiens et l'autre séduit les enfants.

En effet, le Louroux tirerait son nom d'une légende qui relatait l'histoire d'un loup au pelage roux. La version plus académique commence vers 991, lorsque Archambault, évêque de Tours, fit don à l'abbé de Marmoutier, Bernerius, de trois églises, dont celle du Louroux : Saint-Sulpice de Oradorio. Au XIIe siècle elle sera appelée "eccleisa de Loratiorio", pour devenir, au XIVe, "Lorouer" ou "Lorreux", et, vers 1536, "Loroux", qui a donné ensuite "Le Louroux". Bien peu de prieurés restant du Moyen Age se démarquent autant que le Louroux. C'est l'un des 19 établis en Touraine par l'Abbaye de Marmoutier. Le village est très ancien et au Xe siècle il était le siège d'une viguerie (territoire de la juridiction d'un viguier, magistrat qui avait des fonctions analogues à celle d'un prévôt). Vers 1060, Geoffroy le Barbu, comte d'Anjou et de Touraine fonda le prieuré du Louroux qui relevait de l'abbaye de Marmoutier. On s'attarde sur l'ensemble médiéval qui domine le bourg constitué de corps de bâtiments fortifiés des XIIIe et XVe siècles, de terres et de prairies attenantes. Les bâtiments se dressent sur la rive sud d'un petit affluent de l'Echandon. De cette époque, il reste donc un majestueux ensemble médiéval (XVe), dont on distingue trois bâtiments principaux : l'église Saint-Sulpice (au sud), le logis seigneurial et une immense grange. On continue notre pèlerinage dans les petites rues anciennes qui nous dévoilent des constructions des XIXe et XXe siècles appuyées contre le mur d'enceinte. Après le charme médiéval, c'est l'eau de l'étang qui envoûte les passants. L'étang des Roseaux, le plus important des cinq étangs du Louroux couvre une superficie de 55 hectares. C'est un plan d'eau artificiel construit par les moines au XIe siècle pour être aménagé en pisciculture. Tous les amateurs de pêche se ruent pour titiller le goujon et apprécier sa faune et sa flore.

Montrésor *Indre-et-Loire*

Malgré sa petitesse (moins d'un kilomètre-carré de superficie), Montrésor est classé parmi les plus beaux villages de France. Ce pittoresque village perché, d'aspect médiéval, entoure la forteresse et la collégiale.

Le fief de Montrésor relevait autrefois du trésorier du chapitre de la cathédrale de Tours d'où son nom de Mons Thesauri au Xe siècle devenant Monthésour au XIIIe siècle... et enfin Montrésor. L'histoire a ici laissé son empreinte. C'est sur ce Mons Thesauri qu'au Xe siècle

Foulque Nerra, comte d'Anjou, fit construire par son capitaine Roger "le petit diable", une forteresse pour défendre les approches de la Touraine. Au pied du château, le long de l'Indrois, s'est construit au fil des siècles Montrésor. En 1493, grâce à l'influence d'Imbert de Bastarnay, "monseigneur du bouchage", confident et conseiller de quatre rois de France (Louis XI, Charles VIII, Louis XII, François Ier), le village devient un lieu distingué et séduisant. Il fit d'ailleurs construire, dans l'enceinte de la forteresse, une agréable résidence et il fonda la collégiale. Ce château est donc une demeure de plaisance entourée du système de défense du château féodal. A la mort des derniers descendants d'Imbert, en 1621, le château fut vendu à Henri de Bourdeilles, puis, à la fin du XVIIe, à Paul de Beauvilliers. Pendant plus d'un siècle, jusqu'à 1831, Montrésor restera propriété de la famille de Beauvilliers. C'est en 1849 que le comte Xavier Branicki, gentilhomme polonais qui se lia d'amitié avec Napoléon III, acquit ce château. A l'heure actuelle, le château est toujours la propriété des descendants du comte Branicki. Montrésor est l'exemple typique de ces villages où règnent encore le charme et l'harmonie. Joyau du XVIe siècle, ce village est serti de rues pittoresques. Le village se compose de maisons en tuffeau blanc longeant la rivière et de demeures des XVe et XVIe siècles. Près de la collégiale et du château, une maison Renaissance tout en bois retient toutes les attentions. Le village a su garder ses vestiges d'autrefois typiques et pleins de charme : lavoir, fontaine, halle aux grains...

Saint-Benoît-du-Sault ▸ *Indre*

Au détour d'un paysage vallonné, ce village médiéval fortifié, perché sur un éperon rocheux de 30 mètres, surplombe la vallée du Portefeuille, entouré de remparts. Situé à l'extrémité sud du département de l'Indre, à 20 kilomètres au sud d'Argenton-sur-Creuse.

Saint-Benoît-du-Sault a été fondé par les bénédictins au Xe siècle. Le prieuré situé à l'extrémité du promontoire offre une vue superbe. De son passé médiéval, une seule porte fortifiée demeure alors qu'à cette époque, elles étaient cinq à permettre de franchir les remparts. Le village possède aussi un beffroi du XIVe siècle et un ancien chemin de ronde. Du début de l'art roman, l'église à trois nefs renferme des chapiteaux et une cuve baptismale du XIe siècle. Dans le cœur du village, les rues étroites en pente raide abritent de jolies maisons des XVe et XVIe siècles : la maison de l'argentier et le logis du gouverneur, aux portes et fenêtres sculptées en sont une belle représentation et témoignent de son ancienne prospérité. Autour du village, les jardins de Fontbraux joliment dessinés s'harmonisent avec ce pittoresque village.

Souvigny-en-Sologne ▸ *Loir-et-Cher*

Souvigny est une halte incontournable, terre d'accueil et de convivialité. En venant de Sully et en gagnant Chambord, cet authentique et charmant village ne manquera pas de vous séduire. Voici, l'un des plus beaux villages de Sologne, restauré avec beaucoup d'attention.

Maisons en briques et maisons à colombages se côtoient pour le plus grand plaisir des visiteurs qui apprécieront aussi l'environnement fleuri. L'église Saint-Martin possède un très joli caquetoir du XVIe, appelée ainsi car les paroissiens s'y retrouvaient pour caqueter à la sortie de la messe. Cette jolie église couverte de tuiles et sa galerie de charpente très originale sont pittoresques. Le bâtiment à nef unique qui date du XIIe siècle se prolonge par une abside murale. A l'intérieur : peintures murales du XVIe et lutrin du XVIIIe en font un édifice incontournable. Le buste d'Eugène Labiche, situé juste en face de l'église, rappelle que cet académicien, auteur de nombreuses comédies à succès (Un chapeau de paille d'Italie, Le voyage de Monsieur Perrichon), fut le maire du village de 1868 à 1878 après qu'il eut acheté le château de Launoy. Le presbytère est situé juste derrière la statue, il date du XVIIIe et il est remarquable par sa façade à pans de bois et de torchis. Ne ratez pas la foire aux oies chaque dimanche du mois : l'animation est joyeuse et les habitants sont accueillants.

Trôo ▸ Loir-et-Cher

Vivre au XXIe siècle l'une des formes les plus anciennes de l'habitat tout en ayant accès au confort moderne ! C'est possible dans ce petit village qui a gardé tout son charme. Son coteau est traversé de rues reliées entre elles par des escaliers.

En fait, il s'étage sur trois niveaux distincts qu'il faut explorer : tout en bas, la ville bâtie dont les plus vieilles constructions appartiennent à l'époque médiévale, puis au-dessus, les habitations troglodytiques et enfin, tout en haut, la butte qui permet, par temps clair, d'avoir une vue magnifique sur la Vallée du Loir. A Trôo, les petits panneaux de bois qui flèchent les sites à ne pas manquer sont autant d'invitations à la visite : "Le Puits qui parle", "La Grotte Pétrifiante" "La Cave Yuccas", "Les Cafforts"... Et puis, à Trôo, existe aujourd'hui une nouvelle forme de troglodytisme : il est en effet tout à fait possible d'acheter et de restaurer, ne serait-ce que pour y passer les vacances, une cave spacieuse et bien éclairée, avec une vue sur la plaine du Loir. Tout le confort moderne, dans une habitation d'un autre âge, cela existe à Trôo.

Yèvre-le-Châtel ▸ Loiret

Yèvre-le-Châtel a le charme et la séduction d'un beau village chargé d'histoire. Niché au nord du département du Loiret, dans le plateau de la Beauce, à 6 kilomètres au nord-est de Pithiviers, il possède un patrimoine historique et architectural remarquable.

Vous y découvrirez les églises Saint-Gault et Saint-Lubin (les plus remarquables de la région), les remparts... Sans oublier le château et ses quatre grosses tours et murs cyclopéens qui supportent un chemin de ronde à partir duquel le panorama est éblouissant. En flânant dans les ruelles ombragées et fleuries, vous apprécierez les jolies maisons construites avec le calcaire du pays. Sur la place du Bourg, ne manquez pas l'ancien puits, ni un peu plus loin, le petit pont de Souville qui enjambe la Rimarde. Au Xe siècle, alors que Yèvre-Le-Châtel appartenait à l'abbaye de Saint-Benoît-sur-Loire, le baron Arnoul de Yèvre commit de nombreuses exactions. Son épouse fonda une abbaye dénommée Saint-Gault, sans doute pour faire oublier les excès de son mari. La chapelle est aujourd'hui l'église paroissiale. Vers 1200, après qu'elle eut connu de nombreux démantèlements, elle fut reconstruite. C'est sans doute Gilon du Tournel qui fût l'artisan de sa reconstruction, en tenant compte des perfectionnements de l'architecture militaire que Philippe Auguste rapporta des croisades.

La région gourmande

Produits du terroir

PRODUITS DU TERROIR ET SPECIALITES LOCALES

Viandes, volailles et gibiers

Parmi les produits d'élevage, les volailles du Gâtinais, les gibiers de Sologne ou de la forêt d'Orléans, sans oublier les brebis solognotes.

Les volailles de Touraine, les vaches laitières, les chèvres, beaucoup de porcelets sont élevés dans les fermes d'Indre-et-Loire. Dans le Val-de-Loir, seules les périphéries berrichonnes restent dominées par l'élevage bovin et caprin en Pays Fort, bovin en Boischaut et en Vallée de Germigny, et le succulent agneau du Berry. Dans la Vallée de l'Eure, du Thimerais et du Perche les vaches laitières sont présentes dans ces régions ainsi que les chevaux percherons.

Charcuterie

La charcuterie de Touraine est renommée : andouillettes de Vouvray et de Tours, rillons et rillettes de Tours et de Vouvray. En Orléanais, terrine de gibier, l'andouillette de Jargeau et une autre spécialité à redécouvrir : le saumon'douillette : ancienne tradition de Carême, dans le Berry : le succulent pâté berrichon, dans la Beauce : le fameux pâté de Chartes (perdreau ou canard avec truffes et foie gras).

Les confréries du Loiret

CONFRERIE DES CHEVALIERS DU GOUTE-ANDOUILLE DE JARGEAU. *Nicolas Poliakoff 02 38 57 24 10 • Claude Bruneau 02 38 59 86 20.* Produit : L'andouille.

- **CONFRERIE DES CHEVALIERS DU PATE DE FOIE DE BRIARE La Bolière – ORLEANS ✆ 02 38 63 22 53.** Produit : pâté de foie de campagne et terrine de volaille.
- **CONFRERIE DE LA FAISANDERIE Place de Gaulle - SULY-SUR-LOIRE ✆ 02 38 36 23 70.** Produit : terrine de faisan.

Les Labels Rouge

Agneau Cœur de France. L'Agneau de Touraine "Votre Favori" est une marque déposée, propriété de l'association d'éleveurs "Agneau de Touraine". Pour la première fois, les éleveurs bovins d'Indre-et-Loire lancent une marque Touraine.

Volailles

Volailles Malvoisine

C'est un poulet fermier rustique et naturel, nourri aux céréales, gorgé de nature.

Volailles de l'Orléanais

Le Poulet Noir fermier de l'Orléanais, célèbre depuis le Moyen Age, perpétue l'image des volailles de terroir dont il est directement issu.

Le Poulet Jaune fermier de l'Orléanais (Médaille d'or au Concours général Paris 2001). Il est issu des plus anciennes souches de poulets de terroir.

Le Saint-Sauveur (Médaille d'or au Concours général Paris 1999). C'est un poulet original qui perpétue l'authentique image des volailles du terroir. Il est issu du croisement d'une poule noire et d'un coq à pattes bleues. Sa finition aux produits laitiers assure le moelleux et la blancheur de sa chair. Il est un des rares poulets Label Rouge à bénéficier d'une durée d'élevage de 100 jours minimum.

Le Duc poulet fermier de l'Orléanais, poulet fermier Label Rouge est un produit de haute qualité, élevé dans le respect d'un cahier des charges homologué par les pouvoirs publics.

La Pintade fermière de l'Orléanais est une volaille originale par son goût, la qualité et la couleur de sa chair.

La Géline de Touraine est caractérisée par la finesse de sa chair. Dans les années 1900, Jean-Baptiste Martin a voulu donner ses lettres de noblesse à cette poule noire. Elle fut baptisée Géline de Touraine, et un standard fut établi en 1913. Elle a connu ses heures de gloire dans les années 1920. Aujourd'hui la dame noire est labellisée.

Le Label Rouge a été signé le 19 juillet 2001 et le lancement officiel a eu lieu le 5 novembre.

Quelques plats remarquables

Les andouillettes de Tours "comme chez soi" (aux champignons, échalotes et vouvray).

Le civet de lièvre au bourgueil.

La daube de bœuf tourangelle (au vin de chinon et champignons).

Le faisan de Sologne, rôti et accompagné de champignons des bois.

La géline de Touraine à la lochoise.

Le pâté au biquion : ce solide pâté tourangeau enferme dans un feuilletage (préparé avec du beurre malaxé avec du fromage de Valençay frais) un mélange de porc, de veau et de chevreau haché avec de l'oignon et du persil.

Le pâté de Chartres, réputé pour être le roi de la gastronomie chartraine. Cette spécialité datant du XVIe siècle était à l'origine faite avec de la chair de pluvier guignard. Aujourd'hui élaboré à base de 20 % au moins de chair de gibier ou de canard, il se déguste en croûte ou en terrine.

Le pot-au-feu du braconnier : il n'y avait que des Solognots pour inventer ce lapin de garenne mijoté en marmite avec des lardons, sous un gros tas de légumes, et servi avec le foie poché.

La poule au pot, en souvenir de Henri IV qui fut sacré à Chartres en 1594, bon nombre de restaurateurs propose "la poule au pot" à leurs menus, notamment le dernier week-end de février.

En passant de Bourges à Châteauroux via Issoudun on se régale d'un poulet en barbouille, d'une potée berrichonne au jambonneau et haricots rouges, crème de lentilles, truffiat aux pommes de terre ou les œufs pochés au Sancerre rouge, on déguste le poirat, tourte garnie de poires macérées à l'eau-de-vie et légèrement poivrée.

Conservatoire de la tomate du château de la Bourdaisière à Montlouis-sur-Loire

Jour de marché à Châteauroux

Agriculteur et sa géline

Fruits et légumes

La région est connue pour ses légumes, notamment les asperges et les pommes de terre (Belle de Fontenay). On produit également, sous Label Rouge, le champignon dit "Gros Blond", la pomme golden Delicious et la betterave rouge. Les fruits et les légumes de la région de Nantes, carottes, poireaux, salades, céleri, sont également réputés.

La région d'Orléans est également réputée pour ses vergers, en particulier sur la commune d'Olivet : fraises d'Orléans, cerises d'Olivet, pommes, poires passe-crassane et williams. Les spécialistes considèrent l'eau-de-vie de poire d'Olivet comme une des meilleures de France.

La majeure partie du département **d'Indre-et-Loire** est consacrée à la polyculture céréalière (plateaux). En Touraine, on cultive les céréales. Depuis plus de cent ans, la culture des champignons (dits de Paris) se fait dans les caves.

Le Val de Loire, le grenier à blé de la France (Beauce et Champagne berrichonne) est caractérisé par une exploitation très mécanisée dominée par le fermage. Les produits céréaliers sont le blé tendre, le blé dur, l'orge, les oléagineux ; le maïs (irrigué à partir de la nappe souterraine de Beauce) et la betterave à sucre. Les Gâtines (plateaux tourangeaux, Gâtinais, etc.) s'orientent de plus en plus vers les productions végétales, au détriment de l'élevage.

Les labels rouges

Les cultures : lentilles vertes du Berry, betteraves rouges la Ruche du Val de Loire, betteraves rouges Allaire, pommes de terre Belle de Fontenay, pommes de terre la Ruche Val de Loire, farine panifiable.

Préparations régionales

Les asperges, sauce mousseline, les petits pois à la française (au lard, laitue et petits oignons) et la soupe tourangelle : un délicieux potage avec les légumes les plus variés (blancs de poireaux, navets nouveaux, petits pois frais…) et petit salé.

Poissons

Comme dans toutes les régions que la Loire traverse, les poissons de rivière (brochet, carpe, sandre, alose, saumon) sont à la noce. En Loire-Atlantique, ce sont les poissons (bars, céteaux, sardines du Croisic) et les fruits de mer (huîtres de la baie de Bourgneuf) qui remplissent les étals.

Le trufiau

Le trufiau est une petite spécialité (elle mesure en effet 5 centimètres sur 7 centimètres et pèse environ 25 grammes) originaire du Berry et plus particulièrement de la région du Graçayais en pays de Vierzon. Née le 12 mars 1988, elle a pour père M. Desvignes, longtemps boulanger-pâtissier à Graçay. Le trufiau est un pâté feuilleté aux pommes de terre que l'on peut trouver nature mais aussi fourré avec du chèvre, du boudin, ou bien encore du pruneau. Pour les amateurs de bons vins, le trufiau, qui se mange chaud de préférence, peut être accompagné de reuilly ou de quincy. Le trufiau a été baptisé le 7 août 1998 dans le parc municipal de Saint-Outrille, mais ce qui l'a réellement confirmé fut son homologation officielle peu de temps après.

Parmi les façons d'accommoder les poissons, on peut noter la carpe à la Chambord, avec du vin rouge et des truffes, le poisson mouillé au vin blanc de cheverny, le sandre farci à la Cheverny (farce de champignons)…

Recettes de Touraine

Les aloses grillées : ce poisson, voisin de la sardine, possède une chair estimée. Il se développe dans la mer et vient pondre dans les cours d'eau douce au printemps.

Le barbeau à la tourangelle (court-bouillon, champignons, crème) est un poisson d'eau douce dont les œufs sont toxiques !

La carpe marinière : il faut choisir de préférence une carpe bien charnue, avec ses œufs ou sa laitance, c'est-à-dire entre juin et avril. Si l'on craint que la carpe ne garde un goût de vase, la faire séjourner une fois vidée et écaillée, dans un bain d'eau vinaigrée.

La matelote d'anguilles : des anguilles mitonnées avec du champigny, chinon ou bourgueil, beurre, ail, oignon, tomate, lard, champignons de Paris, citron, bouquet garni.

Produits laitiers

Fromages

La région produit essentiellement des fromages de chèvre.

Le cendré de Pannes est un fromage au lait de vache, produit à Montargis.

Le crottin de Chavignol a d'abord été conçu pour accompagner les vins de Sancerre. Ce fromage très fin est une des 25 espèces "nobles" officiellement répertoriées.

DOMAINE & CHATEAU
AUZIAS
AOC Cabardès - Cité de Carcassonne
11610 PENNAUTIER - LANGUEDOC - FRANCE
Rêve de vin, vin de rêve... A consommer avec modération...
2000
CABARDÈS
Château AUZIAS
Champion
Un client c'est sacré
Retrouvez ce vin dans le rayon spiritueu de vos magasins en Centre

MAGASINS Champion EN CENTRE

Un client c'est sacré

CHER
ROUTE D'ENNORDRES 18700 AUBIGNY S/NERE
AV MAL DE LATTRE DE TASSIGNY 18000 BOURGES
110 AVENUE MARCEL HAEGELEN 18000 BOURGES
1 RUE LOUISE MICHEL 18000 BOURGES
CROUTE DE BOURGES 18220 LES AIX D'ANGILLON
AVENUE DE VERDUN 18160 LIGNIERES
AVENUE JEAN CHATELET 18500 MEHUN S/YEVRE
RUE CREUSE 18300 SANCERRE
93 AV GAL DE GAULLE 18200 ST AMAND-MONTROND
2 RUE JEAN MOULIN 18400 ST FLORENT S/CHER
PLACE DU 8 MAI 1945 18390 ST GERMAIN-DU-PUY
ROUTE DE PARIS 18110NST MARTIN D'AUXIGNY
CC DES FORGES 18100 VIERZON
FORUM DE LA REPUBLIQUE 18100 VIERZON

EURE ET LOIR
112 ROUTE DE CHARTRES 28800 BONNEVAL
4 BIS RUE SAVONNIERE 28230 EPERNON
RUE D'EPERNON 28320 GALLARDON
RUE DES MOULINS 28260 LA CHAUSSEE D'IVRY
64 RUE DE L'EGLISE 28240 LA LOUPE
9 RUE DU PONT AUX JUIFS 28210 NOGENT LE ROI
RUE DU MOULIN 28130 PIERRES
ROUTE D'ANET 28260 SAUSSAY
ROUTE DU MANS 28170 THIMERT GATELLES
RUE LOIGNY LA BATAILLE 28150 VOVES

INDRE
PAUMULE 36200 ARGENTON S/CREUSE
ROUTE DE CHATEAUROUX 36500 BUZANCAIS
40 AVENUE D'ARGENTON 36000 CHATEAUROUX
51 RUE ROCHETTE 36000 CHATEAUROUX
59 RUE HAUTE STE PATERNE 36100 ISSOUDUN
PLACE DE LA HALLE 36400 LA CHATRE
RUE DE LA REPUBLIQUE 36300 LE BLANC
RUE DES REMPARTS 36800 ST GAULTIER
ROUTE DE CHATEAUROUX 36150 VATAN

INDRE ET LOIRE
ROUTE DE TOURS 37190 AZAY LE RIDEAU
25 RUE DE TOURS 37150 BLERE
RUE GAMBETTA 37110 CHATEAU RENAULT
ZI SUD 37130 LANGEAIS
RUE DES FOSSES BOISEES 37540 ST CYR S/LOIRE
ROUTE DE LOCHES 37800 STE MAURE DE TOURAIN
AVENUE STENDHAL 37000 TOURS
13/17 RUE DU 501EME RI 37000 TOURS
300 RUE DU GENERAL RENAULT 37000 TOURS

LOIR ET CHER
1 RUE LA QUINIERE 41000 BLOIS
1 RUE DUGAY TROUIN 41000 BLOIS
CC MONTPARNASSE 41400 FAVEROLLES S/CHER
152 RTE NATIONALE 41260 LA CHAUSSEE-ST-VICTOR
6 RUE ERNEST GAUGIRAN 41600 LAMOTTE-BEUVRON
ROUTE D'ORLEANS 41500 MER
14 BD MERMOZ 41800 MONTOIRE S/LE LOIR
RUE DU GENERAL DE GAULLE 41140 NOYERS S/CHER
20 AV DE SALBRIS 41200 ROMORANTIN LANTHENAY
AV VILLEFRANCHE 41200 ROMORANTIN-LANTHENAY
BOULEVARD DE LA REPUBLIQUE 41300 SALBRIS
110 RUE DE ROMORANTIN 41130 SELLES S/CHER
ROUTE NATIONALE 10 41100 VENDOME

LOIRET
ROUTE D'OUSSON 45250 BRIARE
17 RUE DU GAL LECLERC 45120 CHALETTE S/LOING
56 ROUTE DE BEAULIEU 45360 CHATILLON S/LOIRE
ROUTE DU BIGNON 45210 FERRIERES
CLOS DE LAMBALLE 45400 FLEURY LES AUBRAIS
CHEMIN DES ALLIX 45500 GIEN
RUE DES PRES FLEURIS 45240 LA FERTE-ST-AUBIN
AVENUE DU GENERAL PATTON 45330 MALESHERBES
43/45 RTE DE ST PRYVE 45000 ORLEANS
88 RUE DU FAUBOURG MADELEINE 45000 ORLEANS
3 BIS ROUTE D'OLIVET 45100 ORLEANS
CC LA SOURCE 45100 ORLEANS
13 AV DU MARECHAL BERTHIER 45300 PITHIVIERS
RUE DU CHALET 45560 ST DENIS EN VAL
RUE DE LA MAIRIE 45800 ST JEAN DE BRAYE
1235 RUE DE LA REPUBLIQUE 45470 TRAINOU

L'olivet est un fromage de vache des proches alentours d'Orléans. Il peut arborer une couleur bleutée (moisissures naturelles) ou s'enrober d'une croûte de cendre, confectionnée avec des sarments de vigne. Son goût rappelle celui d'un brie de Melun non affiné.

Le pouligny-saint-pierre, surnommé "tour Eiffel", offre une saveur de terroir prononcée.

Le selles-sur-cher est fondant et évoque des saveurs douces et noisetées : il a la croûte cendrée au charbon de bois, une pâte molle et offre une saveur douce.

Le valençay a quant à lui une flaveur lactique, allant de la noix fraîche aux fruits secs, nuancée d'arôme de fruits et de foin.

La région produit bien d'autres fromages, tels le lingot de Billy et le pavé de Sologne.

Fromages d'Appellation d'Origine contrôlée (A.O.C.)

Crottin de Chavignol, pouligny-saint-Pierre, selles-sur-cher, valençay et le sainte-maure de Touraine.

Le crottin de Chavignol

En 1896, c'est Moise Boulay qui fut le premier affineur de "fromages de chèvre" à Chavignol (petit village de la commune de Sancerre). Moise décède en 1922, son épouse Léontine continue le travail et son gendre Georges Dubois reprend le flambeau.

Ce délicieux petit fromage de chèvre de forme cylindrique, légèrement bombé est fabriqué au lait cru entier. La richesse de l'herbage sancerrois où pâturent les chèvres a été le premier maillon de cette grande réussite. Il est reconnu en AOC (appellation d'origine contrôlée) en février 1976.

Dégustation du crottin de Chavignol

Le crottin de Chavignol peut être dégusté de nombreuses façons : Demi-sec, il a une dizaine de jours, tout juste adulte, il sent encore le lait, souvent on le consomme chaud. Bleuté : il a vieilli petit crottin et a environ trois semaines, une croûte se forme et il devient de plus en plus bleu. Le goût du lait a disparu et laisse la place à des arômes plus subtils. Bleu : sa croûte devient de plus en plus bleue, il a de 1 à 2 mois. Le fromage reste moelleux, la pâte prend des goûts subtils et doux de chèvre, doux au départ et un peu plus tenace en fin de bouche. Vous trouverez toute la saveur des goûts emmagasinés durant son affinage. Très sec : après quelques mois, il devient très sec et cassant et offre à votre palais des petits goûts de noisette.

▸ **ASSOCIATION CHAVIGNOL DEVELOPPEMENT 9, route de Chavignol – SANCERRE** © **02 48 78 51 05.** *Fax : 02 48 78 51 06. E-mail : info@crottindechavignol.com.* Son rôle est la promotion, la défense et la qualité du crottin de Chavignol. Il regroupe environ 250 adhérents. Les noms de tous les producteurs ayant reçu le macaron Inao. (Institut National d'Appellation d'Origine) sont disponibles à l'association. On les contacte pour une visite de chèvrerie ou de fromagerie. L'accueil est aussi "bon" que le délicieux crottin de Chavignol.

Le sainte-maure de Touraine

Balzac en parlait en ces termes : "Le plus connu reste celui de Saint-Maure, de forme longue, avec une paille à l'intérieur, il est conservé dans la cendre des javelles de sarments, les boubines". Ce pur chèvre remonte aux très anciennes invasions arabes qui importèrent la tradition d'élevages caprins. Né dans l'Indre, il est le plus typique et le plus connu des fromages des pays de Loire. Il se déguste frais, sec ou très sec. Ce chèvre tronconique a une pâte onctueuse, la fine texture d'un beau blanc ivoire et est enrobé de cendre bleutée. Le sainte-maure de Touraine est un fromage de chèvre qui bénéficie d'une appellation d'origine contrôlée depuis 1990.

Douceurs

Dans le Loiret, les sucreries et malteries ont attiré de nombreuses entreprises de transformation (des P.M.E. aux grands groupes comme Masterfoods SCS (Mars), MC Key, Cargill, Roberto, Schweppes…). Cette industrie est très diversifiée, elle se complète par les laiteries, biscuiteries, confiseries, abattoirs, entreprises de charcuterie industrielle et de plats cuisinés.

Confiseries

Les amandas de Montargis C'est un goût subtil d'amandes grillées, de caramel blond roulées dans le chocolat amer de Guayaquil. Leur saveur se mélange agréablement avec un bon café, mais croquez, croquez. Quel délice.

Le cotignac d'Orléans Incontournable et délicieux, c'est une pâte molle à base de gelée de coing, moulée dans une petite boîte ronde en écorce d'épicéa qui porte sur son couvercle l'effigie de Jeanne d'Arc. A l'époque de Louis XV, l'histoire raconte que les filles du roi en raffolaient. Léchez, léchez cette délicate saveur.

Les forestines de Bourges

Ainsi commence cette savoureuse histoire, grâce à ce confiseur de talent installé à Bourges sous le Second Empire. Georges

Forest invente en 1879 le premier bonbon fourré, croquant et moelleux à la fois, qu'il baptise "forestines". En 1896, il confie à Georges Tavernier, son successeur, le précieux secret de leur fabrication. Les forestines reçoivent la médaille d'argent à l'Exposition Universelle de Paris puis la médaille d'or à l'exposition coloniale de 1931. Sous leurs fourreaux de sucre satiné aux chatoyantes couleurs, les forestines révèlent le plus onctueux des pralinés aux amandes et aux noisettes, parfumés au chocolat. Le sucre cuit, puis battu, va former un bonbon géant fourré au praliné. Le confiseur l'étire alors en un long ruban soyeux, découpé en une multitude de forestines. Un savoir-faire unique, jalousement gardé par la famille Tavernier depuis quatre générations, et parole de Petit Futé, impossible d'en savoir plus. Bien d'autres délicieuses spécialités sont à croquer, des saveurs gourmandes et de subtils arômes flottent dans cette maison dédiée à la gourmandise.

Les Mentchikoffs de Chartres Ces fins chocolats pralinés, enrobés d'une robe blanche à base de meringue suisse furent créés en 1893, au moment de l'alliance franco-russe. De nos jours, des confiseurs chartrains perpétuent la fabrication de ce délicat bonbon qui séduit les palais les plus exigeants. Gourmets et gourmands se régalent.

Les praslines de Montargis Elles sont nées, grâce à un illustre personnage, le duc Praslin ministre et pair du Royaume, cet officier aimait les dames et grâce à cette délicate attention, il offrait aux belles cette sucrerie composée d'amandes grillées enrobées de caramel. Les gourmandes le vénèrent toujours bien sûr ! La boutique à elle seule mérite le détour. Un patrimoine exceptionnel a été conservé, une visite s'impose.

Pâtisseries

Le Cochelin de Chartres C'est une pâtisserie de pâte feuilletée en forme de bonhomme qui se déguste nature ou fourré avec de la pâte d'amande, de la confiture, du chocolat. Sa fabrication remonte au Moyen Age.

Le Loiret Gourmand d'Orléans Une nouvelle merveille vient de naître grâce au savoir-faire de nos maîtres pâtissiers. Elle répond au doux nom de "Loiret Gourmand", les produits choisis avec raffinement dont certains sont issus de notre terroir comme le miel du Gâtinais, "toutes fleurs", la griotte, l'abricot, les pistaches mondées concassées, vous savez les vrais sans mélange, un zeste de cointreau, du lait frais, de la vanille en gousse, du chocolat blanc, de la crème fleurette, du beurre, de la semoule de blé dur. La recette vous imaginez la pirater ! Que nenni ! aucun professionnel ne se laissera corrompre. Vous par contre la séduction commence par l'admiration de sa présentation, vos papilles se mettent en état de frénésie ! Parole de gourmand ! Silence la cuillère s'approche et là c'est l'attaque, tout de suite calmée. La première bouchée fond doucement et sa texture délicate composée de ces subtiles saveurs vous envahit vous êtes conquis ! Le Loiret Gourmand a une base de biscuit macaron fourré d'une crème de semoule au cointreau et d'une poêlée d'abricots, recouvert d'amandes caramélisées ! Lors d'une petite fête à la maison certains le servent avec un coulis de fruits rouges accompagné d'un thé de la même saveur. Divin !

Les macarons aux fruits d'Orléans C'est à l'initiative d'une dizaine de boulangers pâtissiers orléanais que ces petits délices ont vu le jour, l'objectif était de renforcer l'identité gastronomique de la ville en créant une nouvelle spécialité locale. Les papilles gustatives des Orléanais ont vivement apprécié cette décision. Ces petits macarons d'un diamètre d'environ trois centimètres sont de couleurs pastel, rose, orange, vert, jaune... en fonction de leur parfum. Ce qui fait leur originalité est leur goût qui n'a rien d'ordinaire : fraises déglacées au vinaigre d'Orléans, compotée de poire et de gingembre, confit de pétale de rose, citron vert et cannelle et enfin crémeux noisette constituent, entre autres, ces arômes peu habituels. La recette : mélanger avec finesse les richesses du terroir avec des épices ou des arômes plus exotiques. Le résultat donne des petites douceurs moelleuses à souhait et aux goûts délicats et fleuris.

Les sablés de Nançay Qui peut croire à cette histoire et bien parole de Berrichon, elle est authentique. A la suite d'une erreur est né, ce délicieux sablé de Nançay. La tradition fête ses quarante années et sa fabrication toujours artisanale, nous garantit une saveur et une qualité exceptionnelle de ce délicieux sablé. Il est fabriqué avec de la farine, du beurre, du sucre et des œufs, que de bonnes choses, mais le petit plus, çà allez savoir ? Le sablé est envoûtant, vous commencez la dégustation et il est impossible de s'arrêter de croquer, de croquer. Parole de gourmand.

Le pithiviers C'est une spécialité portant le même nom que sa ville natale (dans le Loiret). La primitive galette Carnute, enrichie par les amandes laissées par les commerçants romains a donné naissance au "pithiviers fondant". Plus tard, au XVIIe siècle, l'invention du feuilletage permit la confection d'un "pithiviers feuilleté" recette bien connue des Maîtres Pâtissiers de France. Mais le "pithiviers fondant" glacé et décoré aux fruits est la spécialité locale qui a acquis une excellente réputation.

▶ **CONFRERIE DU PITHIVIERS 30 rue Amiral-Gourdon © 02 38 30 02 99.** Produits : pithiviers fondant et pithiviers glacé.

La tarte des demoiselles Tatin (Caroline et Stéphanie), spécialité solognote. Un petit détour à Lamotte Beuvron permet de repérer l'hôtel Terminus (face à la gare) où naquit au début du XXe siècle, ce fameux "dessert manqué". D'après les dires locaux, une des sœurs, retardée par un client bavard, dut imaginer en catastrophe un dessert. Vite, elle garnit un moule de beurre et de sucre, y jette les pommes et enfourne. Il suffisait ensuite de couvrir les pommes bien caramélisées d'une pâte pour sauver la situation. Ni véritable tarte ni pommes au four, la Tatin était née. Chaude, odorante, moelleuse. Il existe d'autres versions un peu différentes allez savoir ! Un impératif pour la réussir : couper les pommes en quartiers.

Autres douceurs

Le miel de Sologne C'est qualifié du label régional Centre Val de Loire Berry. Le miel du Gâtinais est également réputé. La région Centre compte environ 4 600 propriétaires de ruches dont 125 apiculteurs professionnels. La profession est très menacée à cause de l'utilisation intensive des engrais et des fongicides qui sont accusés de faire baisser la productivité des abeilles, menaçant aussi les cheptels.

Huile et condiments

Le safran du Gâtinais

Il est reconnu comme étant le meilleur du monde. En Gâtinais, le safran a découvert il y a fort longtemps une terre d'adoption : c'est la fameuse "terre à grouette" propice à son épanouissement. A la fin du XIVe siècle, le propriétaire des terres de Boynes, le gentilhomme Pocquain en a rapporté quelques bulbes d'un voyage, ainsi naquit son introduction. Cette noble épice à la couleur carmin rehausse délicatement la saveur des plats. Depuis 1987, la culture a été relancée, "véritable tradition locale", le safran fait l'objet d'une charte de qualité. Les filaments rouges, garants de l'arôme et de la saveur sont seuls conservés. Des chefs de cuisine renommés utilisent cette épice appelée "or rouge millénaire du Gâtinais", pour le plus grand plaisir des gourmets. La tradition évoque que le safran sevrait à la teinture des toges.

Le vinaigre d'Orléans

Si Orléans fut capitale, ce fut bien celle du vinaigre de vin. Au Moyen Age, le métier de vinaigrier reçoit ses lettres de noblesse. C'est au XIXe siècle que le vinaigre d'Orléans est reconnu grâce à la réussite de la vinaigrerie Dessaux Fils, fondée en 1824. Dès 1852, l'un des fils Ludovic va entreprendre une avancée technologique, abandonnant l'ancienne méthode d'acétification, cette nouvelle méthode les propulsera cinquante ans plus tard à la première place mondiale. L'histoire de la famille Dessaux. débute dès 1815 (date des premiers achats de bâtiments) dans le quartier Saint-Pierre-le-Puellier et jusqu'en 1984, leur histoire sera liée à ce quartier. Un petit détour entre les rues Saint-Flou et de la Tour Neuve et vous découvrirez : un grand bâtiment en briques rouges et béton armé, et un hangar situé derrière l'actuelle salle Eiffel. Des projets à l'étude, parlent de transférer la faculté de lettres au cœur de ce site dans quelques années. Dernier grand maître vinaigrier d'Orléans. La Maison Martin Pouret a pris le relais.

La moutarde d'Orléans

Pour la petite histoire, c'est en 1394, plus de trente ans avant la prise de la ville par Jeanne d'Arc, que l'on trouve les premières traces d'une corporation de vinaigriers-buffetiers-sauciers et moutardiers. Le roi validera en 1580, l'appellation "moutarde d'Orléans". Dans le XIXe siècle elle tombe dans l'oubli et pique à nouveau grâce à la Maison Martin Pouret et au grand chef parisien Alain Passard. La recette ancestrale, a été remise au goût du jour avec les ingrédients nobles : le vinaigre d'Orléans, des graines de moutarde de Sénevé, broyés à la meule de pierre, une pointe d'aromates, de sel de Guérande. Deux goûts : une moutarde fine et corsée et pour les gastronomes la moutarde au cépage chardonnay. A déguster avec viandes, poissons ou légumes.

Liqueurs

La poire d'Olivet

C'est une eau-de-vie distillée à partir de poire William ou "Bon Chrétien" qui fait la gloire et le renom d'Olivet dans le monde entier. A l'origine, les moines de Micy plantent les premiers poiriers. Dès 1933 les producteurs fruitiers fondent leur coopérative et distillent une partie de leur récolte. La méthode choisie pour mettre la poire en bouteille n'a rien de simple. Les poires distillées sont cueillies à la main à maturité (titrant 45°C ou 50°C). La récompense se découvre : Le goût et la beauté du fruit baignant dans une eau-de-vie parfumée.

LES VINS

Vins de Touraine

Les cépages Touraine

Le fleuve, critère d'unité entre des sous-régions particulières, confère au climat une douceur favorable à la vigne. Les cépages qui profitent de cette douceur sont nombreux. Le chenin en Touraine et le sauvignon autour de Sancerre et de Pouilly-sur-Loire. Les cépages rouges, surtout cultivés en Touraine, sont de type cabernet franc et cabernet sauvignon, même si le gamay est présent aujourd'hui, pour sa facilité et son bon rendement, d'un bout à l'autre du vignoble, et que le pinot noir est présent en Sancerrois.

Touraine

Encore en amont, voici la Touraine. Rouge ou blanc, le touraine, issu de terroirs plutôt calcaires, est un vin très parfumé. Il n'y a pas d'appellation touraine-villages, mais trois sous-appellations : touraine-amboise, touraine-azay-le-rideau et touraine-mesland. Trois appellations de rouge ont acquis, dans ce département d'Indre-et-Loire, une célébrité légitime : chinon, bourgueil et saint-nicolas-de-bourgueil. Ces rouges, plus ou moins charpentés et marqués par le fruit rouge, consacrent un cépage connu en Bordelais, le cabernet franc.

Les AOC de Touraine

AOC bourgueil

Un vin qui a le corsé du chinon allié au fruit du saint-nicolas. De très belles réussites suivant la situation et l'exposition. Il est issu de cabernet franc principalement.

AOC chinon

Un prince du cabernet franc (aussi appelé "breton"), racé et bouqueté. Belle variété d'arômes selon les parcelles. Ne pas manquer, si l'occasion se présente, les blancs : certains vignerons produisent, en petite quantité, un vin d'une grande finesse, à partir de chenin blanc. Le vignoble s'étend sur 1 850 hectares et 19 communes. Détail technique, employé en cuisine, le chinon a la caractéristique de ne pas se décolorer dans la préparation des sauces.

AOC saint-nicolas-de-bourgueil

Un festival de fruits rouges (cassis, framboises) dans un vin à apprécier dans sa jeunesse, mais qui connaît de beaux vieillissements.

AOC touraine-amboise

Sur 200 hectares de vignes, les blancs à partir de chenin blanc, les rouges avec le cabernet franc (breton), le gamay et le côt (ou malbec). Les vignerons d'Amboise produisent un assemblage spécial appelé cuvée François Ier.

Marinier de Loire à Tours

Vigne

Le Grand Nourrissier de la Confrérie des Bons Entonneurs Rabelaisiens à Chinon

DOMAINE & CHATEAU
AUZIAS
AOC Cabardès - Cité de Carcassonne
11610 PENNAUTIER - LANGUEDOC - FRANCE
2000
CABARDÈS
Château
AUZIAS
Casino
supermarchés
Retrouvez ce vin
dans le rayon spiritieux
de votre supermarché Casino
en Centre
Centre St-Luc 36000 CHATEAUROUX

AOC touraine-azay-le-rideau

Le blanc s'élabore en chenin blanc (ou pineau de Loire), le rosé à partir de grolleau, gamay, côt et cabernet. Sur 100 hectares autour de la vallée de l'Indre jusqu'à la Loire, et sur six communes (Azay, Cheillé, Lignières, Rivarennes, Saché et Vallères).

AOC touraine-mesland

D'Amboise à Blois (Loir-et-Cher), avec une finesse supplémentaire due à son sol et sa situation.

Autres appellations

A l'est de la Touraine, les châteaux de Cheverny et de Valençay ont donné leur nom à des appellations. Le cour-cheverny, apprécié de François Ier, a pour particularité l'exclusivité du cépage romorantin. Bien qu'excentrés par rapport au fleuve, les coteaux-du-vendômois, au nord de la Touraine, sont bien des vins de Loire, très typés notamment pour les blancs.

On parvient ensuite aux coteaux-du-giennois et aux fameux vignobles de Sancerre et de Pouilly-sur-Loire. Le premier est surtout planté de cépage sauvignon, pour produire un vin blanc réputé, avec les nuances permises par des terroirs variés. Les rouges sont généralement issus de pinot noir. Egalement blanc, le vin de Pouilly se partage entre pouilly, issu du chasselas, et pouilly fumé, issu du sauvignon. Même si le calcaire domine, la présence par endroits de silice permet d'offrir des nuances intéressantes. Eloignés de la Loire, mais inclus traditionnellement dans la région viticole, les vignobles de Quincy et Reuilly sont surtout connus pour leurs vins blancs, classiquement à base de sauvignon, mais auxquels le terroir bien particulier donne toute leur originalité.

AOC touraine

Située sur les coteaux qui bordent la Loire et ses affluents (le Cher et l'Indre), de Blois à Candes-Saint-Martin, l'aire de l'appellation touraine couvre 8 000 hectares sur 146 communes (blancs, rouges et rosés confondus). La production annuelle est en moyenne de 300 000 hectolitres, dont 45 % en blancs et 55 % en rouges et rosés. Les sols très variés : "aubuis" (argilocalcaire), "perruches" (argiles à silex), sables ou graviers légers, sables sur tuffeau ou faluns, permettent aux différents cépages de s'exprimer pleinement. Les vins obtenus sont secs en général, parfois demi-secs ou moelleux, selon l'ensoleillement. Les vins blancs de l'A.O.C. touraine proviennent aux deux tiers du sauvignon. Les touraines blancs se caractérisent par des arômes floraux intenses, qui évoluent vers des notes minérales en vieillissant, en particulier lorsqu'ils sont produits à base de chenin.

AOC touraine-azay-le-rideau

Le vignoble de l'A.O.C. touraine-azay-le-rideau s'étend sur 100 hectares et 8 communes, répartis sur les deux rives de l'Indre. La production annuelle est de 2 000 hectolitres dont les deux tiers en vins blancs et l'autre tiers en vins rosés (rendement 55 hl/hectare). La vigne est plantée sur des sols argileux (argile à silex), argilocalcaires ou des sables éoliens. Les vins blancs, issus du chenin, sont harmonieux et fruités, avec un bon équilibre rondeur/nervosité. Selon les millésimes, ce sont des vins secs ou demi-secs.

AOC vouvray

L'aire de production s'étend sur 2 000 hectares et 8 communes, situées en amont de Tours, au nord de la Loire. Le vignoble est planté sur des sols argilocalcaires ou argilosiliceux qui recouvrent la craie tuffeau. La production tourne autour de 110 000 hectolitres, dont plus de la moitié en vins tranquilles (rendement : 52 hl/hectare). Les vins mousseux sont produits selon la méthode traditionnelle de seconde fermentation en bouteille. Les vins de l'A. O. C. vouvray sont des vins blancs issus du chenin. Le vouvray tranquille peut être sec, demi-sec ou moelleux. Il présente des arômes de fruits (pêche, coing) et de fleurs blanches qui évoluent vers le miel avec l'âge.

AOC montlouis

A l'est de Tours, entre la rive gauche de la Loire et la rive droite du Cher, l'aire de production de cette appellation s'étend sur 350 hectares et 3 communes. Le vignoble repose sur un plateau de craie tuffeau sur lequel s'appuient des sols argilosiliceux ou argilocalcaires. La production est d'environ 17 000 hectolitres, dont les trois quarts en vins tranquilles (rendement : 52 hl/hectare). Les montlouis mousseux sont produits selon la méthode traditionnelle de seconde fermentation en bouteille. Les vins de l'A.O.C. montlouis sont des vins blancs issus du chenin. Le montlouis tranquille peut être sec, demi-sec ou moelleux. Il présente des arômes floraux et mellifères qui évoluent vers les fruits secs avec l'âge.

Les vins blancs liquoreux

Produits sur des sols très variés, calcaires en Touraine, les vins blancs naturellement doux du Val de Loire sont moelleux ou liquoreux en fonction des conditions climatiques propres à chaque millésime. Quelle que soit leur appellation d'origine, ils sont exclusivement issus du chenin récolté tardivement par "tries" successives, c'est-à-dire à surmaturité : les baies contiennent des taux de sucre si élevés que ceux-ci ne sont pas transformés en alcool en totalité au cours de la fermentation. Les rendements réels sont très faibles (entre 20 et 45 hl/hectare). Lorsque les conditions sont particulièrement propices (arrière-saison ensoleillée, brouillards matinaux), le champignon botritys cinerea ou "pourriture noble" se développe sur les grains, provoquant une concentration, particulièrement des sucres et du glycérol. Les vins obtenus après de très longues fermentations se caractérisent par leur richesse aromatique (dominée par des notes fruitées et mellifères) et par un excellent équilibre en bouche entre douceur et acidité qui leur assurent d'exceptionnelles capacités de vieillissement.

Touraine

AOC vouvray

Le vouvray moelleux est issu du chenin cultivé sur des sols calcaires. Des conditions climatiques favorables (automnes ensoleillés) permettent la production du vouvray moelleux, récolté par "tries" successives (rendement : 52 hl/hectare). Les vins acquièrent avec l'âge les arômes complexes des grands vins liquoreux : coing mûr, acacia et miel. Leur capacité de garde peut atteindre un siècle.

AOC montlouis

Le montlouis moelleux est issu du chenin planté sur des sols calcaires. Lorsque les conditions d'ensoleillement sont favorables, le terroir de Montlouis permet la production de vins moelleux issus de vendanges récoltées par "tries" successives (rendement : 52 hl/hectare). Les montlouis moelleux présentent des arômes très riches de verveine et de bergamote, ainsi qu'une touche d'amande caractéristique. Avec l'âge, ils évoluent vers des notes de miel, de cire et de gelée de coings.

Touraine

AOC touraine-rosé

Comme pour les autres types de vins, les sols très variés permettent aux différents cépages de s'exprimer pleinement. Les touraines-rosés sont élaborés principalement à partir de gamay, cabernet franc ou côt. Plus localement, on peut également employer plusieurs cépages assemblés dont le pineau d'aunis et le groslot (rendement : 60 hl/hectare). Ce sont des vins toujours secs, frais et fruités (fruits rouges).

AOC touraine-azay-le-rideau

Le vignoble de l'A.O.C. touraine-azay-le-rideau s'étend sur 100 hectares et 8 communes. Issue de grolleau (60 % de l'encépagement), de cabernet, de gamay ou de côt, la production en rosé est de l'ordre de 700 hectolitres. Vifs et légers, les rosés de touraine-azay-le-rideau ont une robe claire légèrement violacée et présentent des arômes à dominante fruitée.

Touraine

AOC touraine

L'aire de l'appellation Touraine couvre 8 000 hectares sur 146 communes, d'une grande variété de sols. Le touraine rouge peut être issu de gamay noir à jus blanc, de cabernet franc, de cabernet sauvignon, de côt, de pinot meunier, de pinot gris ou de pineau d'unis. Le gamay, surtout cultivé à l'est de la Touraine, assure à lui seul 60 % de la production des vins rouges. La production est de l'ordre de 165 000 hectolitres en rouges et rosés (rendement : 60 hl/hectare). Le touraine rouge se caractérise par sa légèreté et son fruité. Depuis 1977, il peut également être vinifié en primeur, uniquement à partir du gamay. Ce cépage est parfois associé au cabernet et au côt pour donner un vin de demi-garde : le touraine "tradition".

AOC touraine-amboise

Réparti de part et d'autre de la Loire, le vignoble de l'appellation touraine-amboise s'épanouit sur 200 hectares de sols caillouteux ou sableux. Il produit environ 10 000 hectolitres (rendement : 55 hl/hectare), aux trois quarts en rouge, tiré du gamay, du cabernet et du côt. Tantôt riche et corsé, très fin et aromatique, ou bien encore léger et fruité, le touraine-amboise rouge traduit l'expression de son terroir. Mariage harmonieux de ces trois cépages, la cuvée François Ier a une bonne aptitude à la garde. Les sables siliceux mêlés d'argile et de calcaire conviennent au chenin à partir duquel sont élaborés les touraine-amboise blancs, secs, demi-secs ou, exceptionnellement, moelleux (rendement : 60 hl/hectare).

AOC touraine-mesland

L'aire d'appellation couvre 350 hectares sur 6 communes et s'étend sur la rive droite de la Loire. De par sa situation, ce terroir bénéficie d'un climat semi-océanique. La production annuelle est d'environ 8 000 hectolitres de rouges et rosés et de 2 000 hectolitres de blancs. Les sables et les graviers de silex de quartz constituent un terroir de prédilection pour la production de vins rouges. Obtenu à partir de gamay, cabernet franc ou côt, le touraine-mesland rouge diffère selon le type de sol. Fruité, avec des arômes de framboise, il sera à déguster dans sa prime jeunesse ; plus charpenté, mieux vaudra le laisser vieillir. Le touraine-mesland blanc est obtenu à partir du chenin, parfois agrémenté de sauvignon et de chardonnay. L'appellation produit aussi un rosé sec issu de cabernet, de gamay ou de côt, et qui tient sa délicatesse des sables granitiques très argileux recouvrant le tuffeau.

Le gris de touraine-mesland est un rosé obtenu à partir du gamay. Une vinification spécifique (les grappes sont pressées juste après leur récolte, sans macération préalable) lui donne un bouquet minéral particulier (rendement : 55 hl/hectare pour le rouge et le rosé, 60 hl/hectare pour le blanc).

AOC chinon

Le vignoble chinonais s'épanouit sur 2 000 hectares et 19 communes répartis de part et d'autre de la Vienne, presque jusqu'à la Loire, sur des sables argilosiliceux ou argilocalcaires. Il jouit d'une exposition au sud très favorable à la culture de la vigne et produit en moyenne 100 000 hectolitres, majoritairement des vins rouges, et, en quantité limitée, des rosés (quelques centaines d'hectolitres) et des blancs (600 hectolitres).

Le chinon rouge est issu essentiellement du cabernet franc, appelé localement breton, et se caractérise par sa robe rubis et ses arômes prononcés de violette (rendement : 55 hl/hectare). La personnalité du chinon s'exprime en fonction des divers terroirs : produit sur les terrasses graveleuses le long de la Vienne, c'est un vin léger, fruité, très aromatique et agréable dès sa prime jeunesse, alors que les coteaux et plateaux argilosiliceux ou argilocalcaires donnent plutôt de grands vins de garde, qui vivent facilement vingt ans et plus, suivant les millésimes. Ce sont alors des vins corsés, charpentés, aux arômes complexes (notes empyreumatiques et animales).

AOC bourgueil

Situé au nord de la Loire, le vignoble de Bourgueil s'étend sur 1 200 hectares et 7 communes. Bien abrité des vents du nord, le vignoble jouit d'un microclimat doux et produit environ 70 000 hectolitres, essentiellement des vins rouges et, plus rarement, des rosés (rendement : 55 hl/hectare). Issu du cabernet franc, le bourgueil rouge se caractérise par une robe presque pourpre et des arômes intenses. Les fragrances de fruits rouges, de framboise surtout, dominent.

Deux familles de vins coexistent : les vins de graviers, souples et fruités, atteignent rapidement leur maturité, alors que les vins de tuffeau, corsés et tanniques, plus charpentés, peuvent se conserver de nombreuses années.

AOC saint-nicolas-de-bourgueil

Voisin de l'appellation bourgueil, ce vignoble s'étend sur 920 hectares qui épousent les contours de la commune de Saint-Nicolas-de-Bourgueil. Le vignoble, bien exposé au sud, s'étend entre les sables de la Loire et la forêt, sur des sols de graviers, ou des "aubuis" qui recouvrent le tuffeau, et produit en moyenne 50 000 hectolitres, essentiellement des vins rouges (faible production de rosés) à partir du cabernet franc (rendement : 55 hl/hectare). Comme pour le bourgueil, on distingue là des vins de "graviers", aux arômes de fruits rouges.

Vignobles de Sancerre

L'hommage est rendu par Jean-Luc Erta, meilleur sommelier de France se résume par ces mots : ces vins portent bien la marque de leur terroir sur sols siliceux. Ils sont fins, fruités et très légers. C'est le cas des rouges produits à partir du pinot noir et meunier où percent quelques notes de griotte. Le cabernet se distingue par une robe plus soutenue, un fond tannique plus charpenté avec une note végétale propre à son terroir et d'ajouter pour la bonne bouche : les produits du terroir, comme l'andouillette de Jargeau ou le sandre de Loire, les viandes en sauce légère, les volailles se marient délicatement.

Vins du Centre

Les AOC du Centre

Origine et histoire des vins de l'Orléanais

A l'origine, les premiers ceps font leur apparition dès l'époque de Clovis, la culture est signalée au Ve siècle, entre Loire et Loiret à Mincy. Leurs grandes heures de gloire, aux XIIe et XIIIe siècles leur vaudront d'être servis sur les tables de la cour royale de France. En l'an 1411, le vignoble s'étendait de Châteauneuf-sur-Loire à Tavers à l'ouest. Selon l'historien Roger Dion "le vignoble d'Orléans était comparable en puissance et en richesse, au vignoble bordelais d'aujourd'hui". Afin d'être les principaux négociants à approvisionner la ville de Paris, la qualité s'en va au profit de la quantité au XVIe siècle. Les vins du midi dans le XIXe siècle et la crise du phylloxera virent la fin de l'époque fastueuse pour les vins du Centre. Par la suite en moins d'un siècle, la superficie passe de 39 000 hectares à environ 4 000 hectares, les vignerons changent leurs modes de culture et l'agglomération orléanaise s'étale. Les champs sont alors revendus pour être bâtis.

Hommage aux irréductibles, plutôt rares

Fiers de leur terroir et de leurs racines et bien décidés à ne pas abandonner, depuis 1989 comme le rappelle Jacky Legroux, viticulteur à Mareau-aux-Près, "nous nous sommes investis, pour la reconnaissance de notre travail et d'amélioration de la qualité".

▸ LES VIGNERONS DE LA GRAND'MAISON 550, route des Muids - MAREAU-AUX-PRES ✆ 02 38 45 61 08. *Ouvert du lundi au vendredi de 9h à 12h et de 14h à 17h30, le samedi de 8h à 12h et de 14h à 17h30. Dégustation possible toute l'année.* Outre la Confrérie vigneronne des chevaliers d'Orléans-Cléry qui a vu le jour. Encore une bonne nouvelle pour les vignerons : le vignoble orléanais vient d'accéder à la dernière étape avant la sacro-sainte AOC. L'Inao lui a accordé les appellations d'origines VDQS Orléans et Orléans-Cléry. Ca s'arrose, il faut dire que c'est bien mérité. Ces passionnés sont de véritables professionnels du vin et de l'Orléanais en particulier. Les vignerons aiment bien vivre, savourer le bon vin et la vie. C'est pour cela qu'à la Grand Maison on est accueillis dans la bonne humeur. Les passionnés pourront parler de vin et les néophytes se feront conseiller, certains de repartir avec de bonnes bouteilles. L'éventail des vins de l'Orléanais vous sera proposé : rouge, blanc, rosé et Cabernet. Une journée porte ouverte sera organisée le 25 avril, l'ambiance sera à la fête : présentation des vins, des produits de terroir. Joyeux drills, venez faire la fête chez les Vignerons de la Grand'Maison.

L'étendue du vignoble orléanais se concentre sur quatre communes au Sud-ouest d'Orléans sur la rive gauche de la Loire (Saint-Hilaire-Saint-Mesmin, Mareau-aux-Prés, Cléry-Saint-André, Mezières-Les-Cléry). Il s'étend sur 189 hectares. Cinq cépages sont élevés : le pinot meunier et pinot noir, le cabernet, le chardonnay, le gamay et le sauvignon. L'orléanais rouge est issu d'un cépage pinot meunier qui pousse sur un sol silico-argileux. Il accompagne généreusement charcuteries, volailles et poissons en sauce. L'orléanais rosé est issu à 90 % de cépage pinot meunier et à 10 % de cépage pinot noir qui pousse sur un sol cailloux de silex, sur argile et ou sable. Il est l'accord parfait pour vos repas d'été. L'orléanais blanc est issu d'un cépage cabernet franc qui pousse sur un sol de cailloux de silex.

Vins de l'Orléanais "côté Sud"

VDQS orléanais blanc

Ce vin d'une grande finesse offre une bouche longue et fruitée, assortie d'une belle couleur jaune pâle est issu du cépage chardonnay, Sa saveur s'accorde avec les apéritifs, crustacés, poissons. Ses 25 hectares ne sont pas négligeables.

VDQS orléanais rosé

Ce cépage chardonnay, avec sa robe rose pâle, équilibré et de bonne longueur en bouche est composé de pinot meunier à 90 % avec un soupçon de pinot noir à 10 %, il accompagnera vos repas d'été, apéritifs et charcuteries. La superficie exploitée ne va pas au-delà des 8 hectares, sa rareté n'en sera que plus appréciée dans l'avenir.

VDQS orléanais rouge

Il détient le record de la superficie 38 hectares, avec un nez de fruit rouge, une couleur rubis, le vin est équilibré rond et prometteur. Il accompagne avec délicatesse les poissons en sauce, les volailles.

VDQS orléanais cabernet

Un cépage cabernet franc, réparti sur 35 hectares, le climat est privilégié au sud de la Loire, son nez aromatique, typé poivron confirmé par une note épicée en bouche, sans tannins excessifs lui donne une couleur intense et profonde. L'accompagnement idéal pour les gibiers, viandes rouges et les fromages. Bel avenir en perspective.

Cuvée de cabernet franc ou cuvée solognote "Brocards aux Aguet"

C'est un cabernet franc 100 %, il fournit 4 500 bouteilles par an, pour vous le décrire faisons confiance à nos vignerons. Couleur : "equinoxe". Nez : fruits rouges (cassis, framboise), poivron rouge typique du cépage, de torréfaction, de vanille, épices, réglisse. Bouche finale : droite, équilibrée, ronde, tanins fermes et mûrs. En vieillisant : ce vin s'exprimera sur des notes de sous-bois et ses tanins se fondront. ; Bu jeune : sur gibier à plume (bœuf ou volaille) sur gibier à poil (lapin lièvre). A maturité : ce vin supportera des mets plus corsés, au goût plus affirmé (sanglier, chevreuil, cerf, agneau, fromage). Ce qui est certain, c'est qu'en parcourant nos terres d'Orléans, la dégustation de ce vin sera l'évidence pour accompagner un gibier de notre terroir.

C'est pour bientôt : les AOC de l'Orléanais

Les viticulteurs des vins de l'Orléanais ne sont pas peu fiers ! Depuis plus de quinze d'années, d'un long travail pour redorer le blason de ce prestigieux vignoble, leurs efforts sont récompensés. L'Inao vient de leur décerner : les Appellations d'Origine VDQS Orléans-Cléry, et VDQS Orléans dernière étape avant la sacro-sainte AOC.

Vignobles du cœur de France

Route des vignobles du cœur de France

Cette route se prolonge sur 170 kilomètres au pays des vignes, et nous emmène à la rencontre des caves du Centre-Loire et de leurs 5 appellations d'origine contrôlée : Sancerre, Menetou-Salon, Reuilly, Quincy, les Côteaux du Giennois, et enfin le vignoble de Châteaumeillant. L'itinéraire privilégie les petites routes sympathiques et invite à se promener dans les vergers de Saint-Martin, dans les vallonnements du Pays Fort et le long des vallées de l'Yèvre et de l'Arnon avec un maximum de points de vue sur les vignobles. Une route qui se prolonge jusqu'à la Bourgogne et la route des vignobles du Val de Loire qui va de l'Atlantique à la Touraine.

Petit glossaire des mots savants

INOA : Institut National des Appellations d'Origine.

VDQS : Vins Délimités de Qualité Supérieure.

AOC : Appellation d'Origine Contrôlée.

Histoire des vignobles du cœur de France

Sur les chemins du cœur de France viennent à notre rencontre Sancerre, Menetou-Salon, Quincy, Reuilly, Coteaux du Giennois, et Châteaumeillant. Les vignobles du Centre Loire, situés en plein cœur de la France (à 200 kilomètres au sud de Paris), s'étendent sur 4 départements. 3 800 hectares de vignes sont en effet cultivés depuis des siècles dans les départements du Cher, de l'Indre, de la Nièvre et du Loiret. Trois Appellations d'Origine Contrôlée (Menetou-Salon, Reuilly et Sancerre) et deux Appellations d'Origine Vin Délimités de Qualité Supérieure (Coteaux du Giennois et Châteaumeillant) produisent près de 200 000 hectolitres par an.

L'histoire des vignobles de la région remonte aux premiers siècles de notre ère. Déjà Pline l'Ancien mentionnait l'existence de vignes au bord de la Loire. En 582, Grégoire de Tours indique l'existence du vignoble de Sancerre dans ses écrits. Mais c'est vers le XIIe siècle que les vignobles connaissent leur véritable essor, principalement grâce aux différents monastères de la région.

Vignoble de Sancerre

Moines Augustins à Sancerre, Bénédictins à Menetou-Salon et Quincy favorisent ainsi la culture de la vigne. Du XIIe au XVe siècle, les vins du Cher se retrouvent sur les tables de nombreuses cours royales. Jacques Cœur, grand argentier du roi, imprime sa marque sur la ville de Bourges et sur le vignoble de Menetou-Salon. Le duc Jean de Berry estime "le vin de Sancerre le meilleur du royaume" et fait éditer une charte relative à la vente des vins de Reuilly. Après un développement continu, la crise phylloxérique attaque et détruit la totalité des vignobles du Centre à la fin du XIXe siècle. Les vignerons replantent alors leurs parcelles avec le cépage Sauvignon (déjà présent dans certains vignobles avant le phylloxéra), cépage particulièrement bien adapté au climat semi-continental et aux sols des différents villages viticoles. Ce cépage, produisant un vin blanc sec de grande qualité, assure une notoriété grandissante aux vignobles notamment pour Quincy et Sancerre qui obtiennent l'A.O.C. dès 1936 pour les vins blancs. Suivent Reuilly en 1937, Menetou-Salon en 1953 et les Coteaux du Giennois en 1998. Châteaumeillant devient V.D.Q.S. en 1965. Le pinot noir, le gamay et le pinot gris permettent également la production de vins rouges et rosés dont la qualité sera également reconnue. Parallèlement à ces évolutions, la mécanisation des travaux de la vigne, les avancées techniques dans la conception des produits phytosanitaires et la sélection des porte-greffe permettent une amélioration constante des vins. Cette recherche de la qualité s'accentuera dans les années 80 avec les étonnants progrès dans la maîtrise des vinifications (pressurage pneumatique, thermorégulation, analyses et contrôles des fermentations).

Actuellement, les vignobles du Centre Loire représentent plus de 500 vignerons commercialisant leur vin, 35 négociants (également producteurs) et trois coopératives. La construction d'un Centre Technique des Appellations d'Origine à Sancerre a permis de regrouper un laboratoire (SICAVAC) qui, en plus des analyses courantes et officielles, assure des suivis de vinification ainsi qu'une fonction de conseil auprès de tout viticulteur le désirant (ce laboratoire a été accrédité au bout d'une année d'existence). Pour tous renseignements :

▸ BUREAU INTERPROFESSIONNEL DES VINS DU CENTRE (BIVC) 9, route de Chavignol – SANCERRE © 02 48 78 51 07. *Fax : 02 48 78 51 08. Internet : www.vins-centre-loire.com.* Le Bureau Interprofessionnel des Vins du Centre associe tous les vignobles de la région : Sancerre, Menetou-Salon, Châteaumeillant, Reuilly, Quincy et Coteaux du Giennois. Il apporte une assistance technique et logistique aux viticulteurs et s'occupe de la promotion de leurs vignobles. Les objectifs du B.I.V.C. sont : un suivi statistique de la production, une définition des conditions de marché et des conditions de paiement, une communication collective tant en France qu'à l'étranger, la promotion de la qualité. Le but étant de mettre en avant des vignobles de qualité et de tous les rassembler sous la même bannière "Vins du Centre Loire".

▸ UNION VITICOLE DE MENETOU-SALON 21, rue de la Mairie - MENETOU-SALON © 02 48 64 87 26. Une centaine de négociants se retrouvent au sein de cette union. La surface des vignes s'étend sur 450 hectares. L'appellation couvre 10 communes : Menetou-Salon, Aubinges, Morogues, Parassy, Pigny, Quantilly, Saint-Céols, Soulangis, Vignoux-sous-les-Aix et Humbligny. A 60 %, les viticulteurs proposent du sauvignon et à 40 % du pinot noir. Cela tient aux nombreuses vignes plantées sur des terrains calcaires. Le menetou blanc est frais et fruité, un rien épicé et musqué. Il est parfait à déguster avec des entrées chaudes ou des poissons en sauce. Le rouge, d'une belle couleur rubis est souple et parfumé avec une dominante en fruits rouges. Le mariage est idéal avec les gibiers à plumes, cuisinés aux fruits. Le rosé élégant et subtil aux arômes de fruits blancs et de fruits secs se savoure volontiers en été, accompagnant grillades, charcuteries ou salades.

Menetou-Salon

C'est d'abord au vin que l'on pense lorsque l'on évoque la commune de Menetou-Salon. Prolongeant vers l'ouest le vignoble de Sancerre, le Menetou-Salon a gardé sa vocation viticole, à l'inverse de nombreux autres vignobles régionaux autrefois célèbres mais aujourd'hui disparus. Les forêts de Hautebrune, de Saint-Palais et d'Henrichemont-La Borne au nord-ouest et au nord confèrent à la région un microclimat particulier bien adapté à la culture de la vigne. Il constitue un vignoble de qualité d'environ 400 hectares partagés comme son prestigieux voisin Sancerre entre sauvignon blanc et pinot noir. Le vignoble s'étend sur les communes d'Aubinges, Humbligny, Menetou-Salon, Morogues, Parassy, Saint-Céols, Soulangis et Vignoux-sous-les-Aix. En l'an 1450, le vignoble appartenait à Jacques Cœur, le grand argentier de Charles VII qui a fait de ce vin l'un des plus beaux fleurons de sa table seigneuriale. Les vins de Menetou-Salon, dont l'AOC a été créée en 1959, sont des vins blancs frais et épicés, des rosés délicats et fruités, des rouges bouquetés, à servir frais et à boire jeune. La production avoisine en moyenne 20 000 hectolitres par an. Le menetou-salon est l'un des joyaux des vins du Centre, et l'un des plus fameux vins de la Loire. Le sauvignon est utilisé pour les blancs, tandis que le pinot noir compose les rouges et les rosés. Le blanc est très parfumé, flatteur pour les charcuteries, poissons et fruits de mer, ainsi que pour les fromages du pays. Les rouges, très fins, accompagnent viandes blanches, grillades et gibiers de Sologne. Ils se boivent jeunes. Les rosés, selon la tradition, féminins et coquets.

Quincy-Reuilly

Le vignoble de Quincy se situe entre Bourges et Vierzon sur la rive gauche du Cher et n'est soudé à aucun autre vignoble. Il s'étend sur 200 hectares environ. Seul le cépage sauvignon produit le quincy. Il a un bouquet affirmé, beaucoup de finesse et un fumet particulier très agréable. Il faut le boire frais mais non glacé. Il est planté sur un plateau de graviers et de sable déposé par le Cher au début du quaternaire. Cette situation permet aux vignerons d'utiliser d'anciens porte-greffe ce qui explique la précocité de la maturation, toujours complète, même lors de conditions climatiques défavorables. Il est normal à Quincy de trouver des grappes très dorées car le soleil agit doublement : d'abord directement, puis par réverbération sur les grains de silice du sol qui sont autant de miroirs à facettes. Même par année très humide les racines de la vigne ne sont jamais dans l'humidité, ce qui explique le degré naturellement élevé du vin.

Le vignoble de Reuilly, quant à lui, s'étend sur 7 communes entre Cher et Indre. Il offre les trois couleurs avec comme base le pinot gris et noir pour les rosés (secs, puissants et fins), le sauvignon pour les blancs (secs et fruités) et le pinot noir pour les rouges (arômes fruités ou floraux, ils doivent être dégustés relativement jeunes). La grande originalité du terroir reste le pinot gris.

Découverte des vins

FERME DECOUVERTE Domaine de La Brosse – Route de Quincy – QUINCY ✆ 02 48 51 04 47. La ferme découverte de Philippe Portier est située entre Quincy et Brinay. Dans cette ancienne bergerie une salle d'accueil a été aménagée. Des rencontres s'organisent à la journée ou à la demi-journée. On vient découvrir le monde de l'agriculture et de la vigne. Autour de différents thèmes, on nous parle du métier, de sa philosophie et de son rôle dans le paysage.

LE SENTIER DU VIN Le Buisson Long - Route de Quincy – BRINAY ✆ 02 48 51 30 17. *Fax : 02 48 51 35 47. Internet : www.lesentierdu-vin.com. Parcours pédagogique.* Le Sentier du Vin est situé entre Quincy et Brinay. Le Sentier du Vin est la réunion de talents qui partagent la même passion du vin et valorisent leurs terroirs spécifiques. C'est aussi un même lieu en trois étapes pour mieux comprendre et apprécier le vin. Un parcours pédagogique extérieur et une salle de dégustation sont mis à disposition de tous ceux qui veulent en savoir plus : La Vigne. Un parcours découverte à travers les cépages, la taille et les différents travaux saisonniers. Le vin. du pressoir à la mise en bouteilles et toutes les étapes de la vinification sont présentées. Le goût. La dégustation est un art à la portée de tous. Vous viendrez enrichir votre mémoire olfactive en toute convivialité. Des domaines prestigieux nous accueillent sur ce parcours pédagogique : Domaine Jean-Michel Sorbe • Domaine Pierre Duret • Domaine Jacques Mellot • Les Berry Curiens.

Sancerre

Il existe trois terroirs pour un domaine. L'ensemble du vignoble de Sancerre bénéficie de trois grands sols typiques de la région.

Les "terres blanches" qui sont argilocalcaires, sur les hauteurs, pour des vins solides et pleins, au développement lent mais conservant arôme et caractère racé.

Les "caillottes", terrain typique de pierre et de calcaire sur les coteaux moyens, donnant la plus grande partie des vins de Sancerre, que l'on consomme généralement jeunes.

Le "caillou", sol de silex, qui produit des vins plus structurés, au fruité discret, très recherchés par les connaisseurs.

Le sancerre représente environ 2 000 hectares. Le blanc se boit à tout moment de la journée, à côté des poissons, fruits de mer et fromages de chèvre. Le rosé est très désaltérant, il trouve sa place près des entrées. Le rouge se boit entre 12°C et 14°C, il s'associe aux viandes rouges et en sauce, au gibier et à tous les fromages. Sancerre est incontestablement l'appellation la plus connue de toute la vallée de la Loire. Le travail qualitatif des vignerons a sans aucun doute sa part dans la notoriété de ces vins appréciés pour leur fruité, leur finesse, et l'expression unique du sauvignon. C'est d'un site remarquable, partagé entre les terroirs argilocalcaires et de silex, que les vins de Sancerre tirent leurs arômes subtils.

Coteaux du Giennois

Les vignobles du Giennois s'étendent sur les coteaux de la Loire, dans la Nièvre et le Loiret. Les origines des vins du Giennois sont à rechercher, en aval de la Loire, dans les dépendances viticoles de la célèbre abbaye de Saint-Benoîst-sur-Loire, et en amont, dans celle de l'abbaye de la Charité. Les nombreuses abbayes crées dans la région contribuèrent à l'expansion de ce vignoble (dernière appellation d'Origine Contrôlée de la région 1998). On peut citer l'abbaye cistercienne de Roche à Myennes et la Commanderie des Templiers. Les Coteaux du Giennois s'étendent sur 150 hectares répartis sur 14 communes : Beaulieu, Bonny, Gien, Briare, Ousson, Thou, La Celle-sur-Loire, Cosne, Cours-sur-Loire, Myennes, Neuvy, Pougny, Saint-Loup et Saint-Père. Les sols siliceux et calcaires de la région permettent la production de vins rouges et rosés (issus d'un mélange de gamay et de pinot noir) et de vins blancs.

Chinon, Bouteille Rabelais

iconotec.com / Pierre DELAGUERARD

Châteaumeillant

Le mariage entre Châteaumeillant et la vigne est une vieille histoire ! 1951, première foire aux vins de Châteaumeillant, le début d'une belle aventure... 1964, obtention de l'appellation VDQS. 1967, obtention de médailles au concours agricole de Paris. Fin du XXe siècle, restructuration du vignoble castelmeillantais. Ce vignoble s'étend sur les communes de Châteaumeillant, Saint-Maur, Reigny, Vesdun dans le Cher, Champillet, Urciers et Feusines dans le département de l'Indre. Il donne un vin rouge VDQS qui accompagne merveilleusement les rôtis, les volailles, les gibiers et tous les fromages. Il personnalise les apéritifs et s'associe avec bonheur aux sirops, de mûres et de cassis. Pour sa part, le vin "gris" VDQS a fait la gloire du terroir castelmeillantais. Il tient encore une place de choix dans la production locale, tandis que le vin blanc, en vin de pays, acquiert une réputation méritée.

Les confréries vineuses

- **Châteaumeillant - CONFRERIE DES NECTEVINS DE MEDIOLANIUM.** *Intronisation le week-end de Pâques.*
- **Menetou-Salon - CONFRERIE DES CHEVALIERS DU PAISSIAU.** *Intronisation le 15 août lors de l'opération "caves ouvertes".*
- **Quincy - CONFRERIE DES COMPAGNONS DU POINÇON.** *Plusieurs intronisations à l'occasion des grandes manifestations locales.*
- **Reuilly - LES ECHANSONS DE REUILLY-EN-BERRY.** *Intronisation le week-end de Pâques.*
- **Saint-Père - CONFRERIE DES HOTTEUX DU GIENNOIS.** *Intronisation le 2e week-end de septembre.*
- **Sancerre - CONFRERIE DES BIRETTES D'HONNEUR DE BUE.** *Intronisation le 1er dimanche d'août.*
- **Sancerre - LES CHEVALIERS DU CEP DE VERDIGNY.** *Intronisation le dernier dimanche de juillet.*
- **Sancerre - COMPAGNIE DES VIGNERONS HONNEUR DE CREZANCY.** *Intronisation en janvier à la Saint-Vincent.*

Les *grandes* tables

Les Antiquaires

2-4, rue au Lin – ORLEANS © 02 38 53 63 48. *Internet : www.restaurantlesantiquaires.com. Fermé les dimanches soir et lundis. Menus de 36 € à 58 €. Carte de 60 € à 80 €.* Des rares bonnes tables de l'Orléanais, celle-là est assurément la meilleure. En plein cœur de la belle cité chère à Jeanne d'Arc, cette bourgeoise maison, aussi cossue que feutrée, très "Vieille France", reste le repaire gourmand préféré du Tout-Orléans, toujours sûr de se régaler de la cuisine raffinée de Philippe Bardeau. Un maître cuisinier de France qui sublime les valeurs sûres de la haute gastronomie française, sur un ton classique personnalisé : "pressé de homard et ris de veau rôti, crémeux de cresson à la moutarde", "turbot sauvage aux cèpes et artichauts en cocotte lutée", "lièvre à la royale servi à la cuillère, tagliatelles à la farine de châtaignes", "poêlée de rognons de veau, gnocchi sauce diable", "lasagne chocolat, banane sous la braise ivre de cognac"... Le meilleur de la tradition, sur des tables joliment dressées et avec un service exemplaire. Sur la carte des vins, la quintessence de la Loire. Laquelle coule d'ailleurs à deux pas, parfaite pour s'oxygéner après ces agapes de province par excellence.

Auberge des Templiers

Nationale 7 - LES BEZARDS © 02 38 31 80 01. *Internet : www.lestempliers.com. Menus de 55 € à 120 €. Carte de 110 € à 130 €.* Charles Trenet aurait pu vanter les mérites de cet ancien relais de poste proche de la mythique nationale 7. Une auberge de grand renom, située au milieu de nulle part, au sud de Montargis, et depuis plus de soixante ans fief de la famille Dépée, Philippe veillant aujourd'hui d'un œil attentif sur les mille et uns détails qui font de ce prestigieux Relais & Châteaux un des repaires préférés des Parisiens en week-end. Lesquels apprécient non seulement les charmants cottages de l'apaisant parc de soixante hectares, mais aussi la table de cette maison de tradition... pour la bonne bouche, Hervé Daumy y proposant un répertoire classique au goût du jour, certes très coûteux : "foie gras de canard poêlé, rhubarbe compotée", "sandre du bassin de la Loire au verjus, artichauts aux herbes acidulées", "pigeon solognot laqué aux pralines de Montargis, navets et oignons confits, sauce salmis", "millefeuille caramélisé aux fraises"... Servie par un sommelier qui connaît sa cave sur le bout des papilles, la monumentale carte des vins contribue depuis longtemps à la renommée de cette Auberge des Templiers, dont les salons cossus invitent à prolonger cette parenthèse au-delà de l'élégante salle à manger à la gloire du bois blond. Bref, on est assurément là à bonne enseigne. Celle d'un Ordre du Temple Gourmand on ne peut plus recommandable.

Auberge du XIIe siècle

1, rue du Château - SACHE © 02 47 26 88 77. *Fermé les dimanches soir, lundis et mardis midi. Menus de 29 € à 63 €. Carte de 41 € à 65 €.* Délices dans la vallée... A Saché, nombril du monde balzacien. S'il est une table de la Vallée du Lys qu'il faille privilégier, c'est bien celle-là. Une auberge historique, quatre fois centenaire, mais dont les fondations remonteraient au XIIe siècle. Une maison de patrimoine très officiellement répertoriée parmi nos richesses nationales, puisqu'elle est l'une des quelque quarante enseignes de cafés et restaurants, protégée de l'Hexagone, au même titre que "Le Grand Véfour", "Maxim's" et autres "Café de la Paix". "This little medieval timbered house is a french national monument", lit-on ainsi dans un guide gastronomique pour "Anglais" vadrouillant dans la "Loire Valley". Une étape à Saché ? Alimentaire, mon cher Watson... Et culturel, car on est là en plein Balzac, à un jet de pierre du château où "le géant des lettres" écrivit de longs chapitres de sa "Comédie Humaine". L'illustre Honoré aimait d'ailleurs, dit-on, "baiser une fillette" de vin blanc sous les poutres de cette solide auberge à pans de bois, dont le bel escalier extérieur s'ouvre sur

une salle pleine d'atmosphère, fleurant le bon vieux temps. Mais au-delà du décor à l'ancienne, il y a l'assiette, très contemporaine. Produits bien choisis, cuissons justes, présentations pures, sauces et jus délicats, associations judicieuses : autant dire qu'on peut choisir les yeux fermés sur la carte de Thierry Jimenez et Xavier Aubrun. De "langoustines rôties aux châtaignes, déglacées au thym" en "poêlée de sandre aux écrevisses, rhubarbe, coulis de crevettes" et de "compotée de lièvre à la royale, purée de céleri" en "feuillantine aux poires rôties, sorbet pommes caramélisées", quelle fête de bouche ! Un talent dont témoigne l'exemplaire menu carte à 29 €, l'un des meilleurs rapports plaisir/prix de cette Touraine si riche en bonnes tables, avec par exemple "ravioles de foie gras, crème de lentilles, lard séché", "tajine de daurade au thym, pommes craquantes" et "terrine d'agrumes, sauce au thé, glace citronnelle". Le vin ? Aussi sagement tarifé, le frais chardonnay de Crissay-sur-Manse ne coûtant pas plus de 13 € et le touraine-azay 90, seulement 22 €. De Pétrus en Haut-Brion, la carte compte aussi de prestigieuses références et de vieux millésimes, notamment en vouvray. Et pour l'après déjeuner, rien de mieux pour digérer qu'une flânerie autour du manoir où le "galérien de plume et d'encre" demandait "des idées à la nuit et des mots au silence".

Auberge du Piet à Terre

21, rue du Château – CHATEAUMEILLANT
© 02 48 61 41 74. *E-mail : tfinet@wanadoo.fr. Menus : Au fil du marché (entrée, plat, fromage ou dessert) à 24 € (29 € avec fromage et dessert), Au fil de nos envies à 49 €, Au fil de nos inspirations à 75 € (menu à thème servi pour l'ensemble de la table), Menu enfant. Fermé dimanche soir et lundi toute la journée, ouvert tous les jours de mi-juillet à début septembre. Congés annuels : du 11 novembre à début mars.* A la table de l'Auberge du Piet à Terre, il y a une histoire que l'on ne se lasse pas de conter et encore. Il faut reconnaître que le conte est appétissant. Comme tous les contes il débute par il était une fois une rencontre, celle de Thierry Finet, jeune métallier en ferronnerie d'art et de Sylvie, fille de Pierre Piet, un crêpier de Châteaumeillant. Pour dépanner son beau-père et pour plaire à sa compagne, le jeune homme décide de reprendre la crêperie, lui qui n'a jamais mis la main à la pâte dans une cuisine. Surprise, le métier lui plaît. Il lui plaît même tellement que Thierry Finet ne se contente pas de retourner les crêpes, il s'inscrit dans un centre de formation professionnelle accélérée et passe tous ses loisirs comme apprentis dans les cuisines des étoilés. D'abord dans sa région et bientôt chez les plus grands : Roger Vergé, Marc Meneau et les Troisgros. Mais c'est à sa curiosité insatiable à sa créativité débridée et exigeante que Thierry Finet doit son ascension puis sa consécration comme cuisinier lorsqu'il décroche en 1998 une première étoile au Guide rouge. L'ancienne crêperie est devenue une table gastronomique de premier plan et un modèle pour les jeunes passionnés et persévérants. Parce qu'il se remet toujours en question, le jeune chef se pique de produits originaux. A la carte de l'Auberge, des ingrédients méconnus (shiso pourpre, pétales de fleur de cosmos…) relèvent des plats articulés autour de trois textures : le mousseux, le craquant et la fraîcheur qui mettent en valeur les volailles de M. Siboulet, les fruits et légumes de M. Lucas ou les poissons de M. Alleaume. En amuse-bouche, la crème d'artichaut, céleri et endive, chantilly à l'huile de truffe blanche et graines de pavot en dit long sur les moments savoureux qui attendent le gourmet. Côté vins, c'est à Sylvie que revient la composition de la cave, pleine de "coups de cœur" (bergerac 1999, château moulin caresse à 28 € ou un vacqueyras 2000 Domaine du sang du Caillou à 38 €), cela va de soi.

Futé : le menu enfant, baptisé Petite classe gastronomique, parce que "les enfants aussi ont droit à l'attention du chef".

Hébergement : l'Auberge offre sept chambres douillettes, au pied des vignes castelmeillantaises, à partir de 50 € la nuit en chambre double.

Le Bon Laboureur

6, rue du Docteur-Bretonneau – CHENONCEAUX ✆ 02 47 23 90 02. *Internet : www.bonlaboureur.com. Menus de 29 € à 69 €. Carte de 60 € à 74 €.* La semaine des quatre Jeudi ? A jamais une fiction ! Le siècle des quatre Jeudi ? A Chenonceaux et nulle part ailleurs... En quatre-vingts ans de "Bon Laboureur", quatre générations de Jeudi se sont en effet succédées dans cette délicieuse auberge semblant sortie d'une peinture naïve. De 1920 à 2004, ou d'Antoine à... Antoine, via Louis et Louis-Claude, toujours une référence. La maison de tradition... par excellence, autour d'un trio passionné : Fabrice Richardeau à la marée, Keizo Sugimoto à la viande et Annabelle Cottier à la pâtisserie ! La qualité des produits, la justesse des cuissons, la subtilité des alliances et le raffinement des mises en assiette : tout concourt à ce que chacun des plats soit un pur moment de bonheur, dès le petit menu "Saveurs du marché" à 29 €. De "foie gras de canard poché à la fleur de sel, caramel de banyuls" en "nage de saint-pierre à l'infusion de menthe fraîche" et de "carré d'agneau rôti, gâteau d'aubergines et crème d'ail" en "conjugaison de ris et tête de veau au présent et au passé", quelle fête de bouche ! Jusqu'aux desserts, telle cette "galette caramélisée aux fraises, crème glacée à l'huile d'olive" et ce "croquant de sucre, mousseline de badiane, melon et fruits rouges". Et les beaux vins du château pour arroser, puisque le "Château des Dames", bien que posé sur l'eau, s'est aussi fait un nom pour ses vins. Il est vrai que sur ces versants du Cher, la vigne n'a pas attendu Thomas Bohier, auquel on doit la construction du castel, pour s'acclimater, même si ce seigneur du cru est à l'origine de l'importation du plant de chenin. Fabrice Dagaut, l'excellent sommelier maître d'hôtel (qui servit Bérégovoy et Balladur à Matignon), sait aussi conseiller d'autres merveilles de Loire, la carte étant même riche de quelques enivrantes antiquités. On aura donc compris pourquoi certains touristes reviennent à Chenonceaux pour cette seule belle maison, dédaignant le château de carte postale où défilent chaque année plus de 800 000 personnes, dont près des deux tiers sont des étrangers, le guide de visite étant édité en onze langues. On est loin du temps où Jean-Jacques Rousseau se promenait en promeneur solitaire dans l'allée qui longe la rivière sous les grands arbres de la futaie : "Qu'à m'égarer dans ces bocages, /Mon cœur goûte de voluptés, /Que je me plais sous ces ombrages, /Que j'aime ces flots argentés."

Charles Barrier

101, avenue de la Tranchée – TOURS ✆ 02 47 54 20 39. *Fermé les samedis midi et dimanches. Menus de 23 € à 75 €.* De l'époque du grand Charles, ne restent guère que le superbe lustre vénitien et un nom sur la façade : Charles Barrier, qui fut dans les années soixante l'un des plus grands chefs de France. Une référence que n'a pas voulu effacer Hervé Lussault, qui a donné ces dernières années un nouvel élan à cette institution gourmande. Interprétant un répertoire classique qu'il personnalise avec justesse, cet ex-second de Senderens signe des plats qui mettent en exergue les meilleurs produits, avec raffinement, ainsi qu'en témoignent les exceptionnelles "langoustines croustillantes aux saveurs d'épices et légumes confits", le "duo de truffe et foie gras à la purée de haricots", le "pigeonneau du Pays de Racan doré au four en crapaudine" et l'indétrônable "pied de cochon farci aux ris d'agneau et truffes, purée et boudin noir". Si, à la carte, les prix s'envolent, les menus sont en revanche sagement tarifés, notamment le "Saveurs" à 36 € : "nage de coquilles Saint-Jacques à l'aneth", "filet de canette de Challans rôti au miel et aux épices", "fromages affinés" et "gratin de fraises de Bourgueil". Comment ne pas évoquer aussi cet imbattable menu "Club 101" à 23 € (sauf le vendredi soir et samedi), meilleur rapport plaisir/prix de la ville de Tours, élaboré en fonction du

marché du jour et arrosé, par exemple, d'un chinon de chez Dozon (15 €) ou d'un vouvray de chez Huet (17 €), la carte comprenant aussi des antiquités de bon goût (notamment des vouvrays de 1959 et 1921). L'élégance bourgeoise de la salle et la fraîcheur fleurie de la terrasse ajoutent à l'agrément de cette bonne maison, d'où l'on ressort le ventre apaisé et l'esprit serein. De quoi se rappeler que Curnonsky, "prince élu des gastronomiques" avait vu en la Touraine, le "pays des digestions calmes" : "C'est là, peut-être, qu'après des repas plantureux mais ordonnés et, si l'on peut dire, raisonnables, nous avons le mieux goûté la béatitude quasi céleste... que seuls connaissent les Gourmets, les Penseurs, et les Ruminants qui sont des penseurs sans le savoir, ou qui, du moins, ont l'esprit de ne pas s'en vanter."

Château d'Artigny

Route de Monts - MONTBAZON © 02 47 34 30 30. *E-mail : contact@artigny.com. Menus de 35 € à 80 €. Carte de 56 € à 78 €.* "Ah ! que j'aime la vie de château quand ce sont d'autres qui se mêlent d'entretenir la toiture..." De toutes les formules du livre d'or d'Artigny, celle de Philippe Bouvard est de loin la plus spirituelle. La plus reconnaissante aussi pour René Traversac qui, le premier, dès la fin des années cinquante, eut l'idée d'aménager en hôtels de beaux bâtiments historiques. Ce fut ainsi le cas de ce palais néo-XVIIe édifié, sur un promontoire de la vallée de l'Indre, par le richissime parfumeur Coty, et devenu il y a une trentaine d'années un des plus éclatants châteaux hôtels du Val de Loire, nombre de têtes d'affiche, d'Elisabeth II au Négus, s'étant arrêtés là. Un Versailles de l'hôtellerie dont la table, au sein d'une salle en rotonde très bonbonnière, se révèle à la hauteur du lieu, Francis Maignaut y maîtrisant à merveille l'art des mets, autour d'un répertoire d'un classique épuré, largement tourné sur les meilleurs produits de saison. De "foie gras de canard landais naturellement gascon", "coing rôti au miel de châtaignier et roquette" en "rouget barbet en filets, mosaïque de légumes et d'aromatiques à note mauresque" et de "géline de Touraine dorée sur rôtie, légumes oubliés, jus simple" en "feuilles de nougatines aux framboises, granité et crémet au caillé de brebis", on apprécie cette cuisine alerte et souvent parfumée. A l'exemple encore du "Menu Potager", à prix léger (35 €), et incluant une savoureuse "pastilla d'artichauts à l'orge et aux boutons de rose". Riche de quelque sept cents références, dont les deux tiers à la gloire de la Loire, la carte des flacons s'enorgueillit de signatures qui vous mettent d'emblée le vin à la bouche (Germain, Alliet, Huet...), le moins coûteux (24 €) étant un honnête saumur du Château de Villeneuve et le plus inaccessible (1 110 € !), un pétrus 1975. Et sitôt venue l'heure de la caféine, place aux moelleux fauteuils de l'ex-bibliothèque, reconvertie en salon bar, le plus agréable de Touraine... et le plus propice à la tentation, en l'occurrence d'un armagnac de son année de naissance, l'alcoothèque comptant il est vrai bien d'autres enivrantes vieilleries. Et une armoire à cigares parmi les mieux garnies de l'Ouest : pas moins de trente-trois références, du doux San Cristobal El Principe (à 6 €) au fondant Cohiba Esplendido (à 27 €). D'exquises volutes à l'issue desquelles ne reste qu'à se griser, dans la célèbre rotonde du premier étage, de la magistrale fresque en trompe-l'œil exécutée par un Grand Prix de Rome 1924 et représentant un bal costumé au château. Artigny d'hier ou d'aujourd'hui, ou... que votre volonté soit fête !

Château d'Esclimont

Route de Gallardon - SAINT-SYMPHORIEN-LE-CHATEAU ✆ 02 37 31 15 15. *Internet : www.esclimont.com. Menus de 45 € à 92 €. Carte de 64 € à 87 €.* "C'est mon plaisir" : toujours gravée dans la pierre qui orne le fronton de leur élégant castel, la devise des La Rochefoucauld donne le ton. Bienvenue aux hédonistes au sein de cet imposant château de contes de fées où auraient dormi François Ier, Louis XV, Louis XVI, Napoléon et Charles X. Un château aux allures Renaissance, avec ses tours et ses façades égayées de niches, de balcons ajourés et de sculptures ; pur joyau dû à un archevêque auquel on ne saurait reprocher d'avoir succombé à la tentation du beau, puisqu'il n'est plus besoin désormais d'appartenir au haut clergé pour s'abandonner aux agréments de ce site divin, devenu un fief de l'art de vivre à soixante kilomètres de la capitale. Les Parisiens constituent d'ailleurs l'essentiel de la clientèle de cette Grande Etape française dont la table justifie à elle seule qu'on y vive une parenthèse de sérénité. Elève de Robuchon, Senderens et Chapel, Olivier Dupart signe là une cuisine "classique évolutive" qui entend tirer la quintessence de produits triés sur le palais, y compris de la pomme de terre dont il est un véritable apôtre. Puisant d'un œil averti dans les multiples terroirs, l'artiste sait non seulement restituer les saveurs originelles, mais aussi les mettre en scène, jouant volontiers de la transparence sur des assiettes qui régalent déjà. Le fond et la forme, avec une certaine délicatesse pour trait d'union et, çà et là, un zeste d'audace : de "foie gras de canard cuit au torchon, rosace de carottes confites au miel d'acacia, réduction d'orange sanguine" en "pain-Poîlane d'huîtres de Marennes-Oléron en crème de caviar" et de "blanquette de Saint-Jacques de Dieppe, légumes cuits au pot" en "selle d'agneau du Limousin en croûte d'herbe mentholée, poêlée de gnocchis au parmesan, jus corsé", on y prendrait vite goût. Jusqu'à ce "plus-que" parfait glacé aux arômes d'ananas, chutney aux piments doux confits". La carte des vins est à l'unisson, d'un honorable saumur rouge à 23 € au suprême romanée conti à 5 922 €, en passant par yquem, pétrus et autres valeurs sûres du vignoble. Et pour s'oxygéner à l'issue d'un déjeuner, un parc de 60 hectares, planté de chênes vénérables et orné d'une pièce d'eau où batifolent cygnes et colverts, à moins de lézarder près de la piscine où, de mai à août, on peut bruncher chaque dimanche dans une ambiance d'un chic décontracté (45 €). Entre Rambouillet et Chartres, un domaine d'atmosphère pour ceux qui ont compris que vivre est un art.

Château de Marçay

Marçay ✆ 02 47 93 03 47. *Internet : www.chateaudemarcay.com. Fermé les lundis midi, mardis midi et jeudis midi. Menus de 43 € à 75 €. Carte de 61 € à 75 €.* La Révolution a tout de même eu du bon… Plus besoin de particule pour jouir de privilèges. Tous les roturiers peuvent aujourd'hui s'offrir le luxe de dormir dans un château et ainsi devenir, vingt-quatre heures durant, un personnage méritant toutes les attentions. Encore faut-il y mettre le prix : de 114 € à 290 €, en ce château fortifié du XVe, solidement planté à 8 kilomètres au sud de Chinon, à Marçay, là où se confondent la Touraine et le Poitou, dans un apaisant paysage agreste. De Catherine Deneuve à l'Aga Khan, nombre de têtes d'affiche se sont déjà attablées dans ce fief de l'hôtellerie de luxe dont le restaurant est l'un des plus délectables de Touraine. Produits triés sur le palais, assemblages judicieux, cuissons justes, mise en scène soignée… tout y est, Marc de Passorio mariant terroir et contemporain, certes sur des bases classiques, mais avec une audace affichée, souvent convaincante, que soulignent pour nombre de plats des assiettes de verre très esthétisantes : le fond et la forme ! Les énoncés parlent d'eux-mêmes : "Jeunes légumes de Val de Loire et bouillon de légumes parfumés au basilic, tranche de foie gras de canard à la plancha, sel et poivre", "filet de daurade royale Margaritas, croustillant au gingembre et citron vert, fumet de poisson à la fleur de sel et téquila", "filet mignon de cochon au miel et thé à la bergamote, la tête rôtie au beurre, la queue cuite vapeur, légumes du moment à la vapeur d'orange", "déclinaison de goût autour du parfait glacé à la pistache et pistache grillée, litchis et gingembre au sirop et sirop litchi, mousse légère à la banane et bébé banane". Le plein de saveurs... et du chinon sur tous les tons : pas moins de quatre-vingt-cinq références signées par les meilleurs artistes du cru, d'Alliet en Joguet, et pour qui veut ancrer sa soif sous d'autres horizons, quelque six cents autres propositions, du rustique côte du vivarais (à... 8,40 € !) au sublimissime yquem 1990 (à 450 €, seulement !), en passant par maintes appellations peu connues, de palette en fitou et d'irouléguy en côtes de toul, et par d'innombrables vins "made in ailleurs" : de la Roumanie à l'Australie et du Liban à... la Hollande, Sa Majesté François Mitterrand ayant d'ailleurs dégusté là en 1991 un riesling de Maastricht. Royale maison, donc, que ce fier château de Rabelaisie, d'autant plus enchanteur les soirs d'été, quand on peut s'attabler sur sa terrasse, la plus exquise peut-être de Touraine.

Le Choisel

36, quai Charles-Guinot - AMBOISE ✆ 02 47 30 45 45. *E-mail : contact@le-choiseul.com. Menus de 46 € à 80 €. Carte de 65 € à 82 €.* C'est au pied de l'éperon rocheux sur lequel trône la plus somptueuse des résidences royales de la vallée, que se tiennent les bâtiments de tuffeau XVe et XVIIIe de cette "Grande Etape française" dont les jardins étagés à l'italienne sont agrémentés de vases et statues, rappelant qu'Amboise fut le foyer de la Renaissance des arts. Le duc de Choiseul, qui aimait tant les fastes gourmands, aurait assurément pris ses aises dans cette maison à laquelle il a donné son nom. Une hostellerie de renom dont la table est en effet l'une des meilleures du Val de Loire, Pascal Bouvier maîtrisant son art avec une passion qui ne s'érode pas d'une année à l'autre. Les meilleurs produits, sa maîtrise du feu et sa créativité toujours en éveil aboutissent à des plats d'un raffinement et d'une subtilité auxquels on prendrait vite goût, si les prix... De "couscous fumé de petits légumes nouveaux et foie gras de canard pané au pain d'épice" en "sandre sauvage du bassin de la Loire rôti à la moutarde violette, salsifis au lard et poire pochée aux épices" et de "nage de géline tourangelle aux jeunes légumes, œufs de caille pochés, émulsion de carottes et tempura de sauge" en "millefeuille caramélisé aux marrons confits et vanille, glace Carambar", les énoncés augurent du régal au sein d'une salle élégante, avec vue sur la Loire et l'Île d'Or où, vers l'an 500, Alaric, roi des Wisigoths, et Clovis, roi des Francs, célébrèrent par un festin monstre leur éphémère entente. Une Loire qui coule aussi dans les verres, la carte étant largement vouée aux vins du val. De vouvray (Huet, Foreau…) en montlouis (Blot, Chidaine…), les beaux chenins d'alentour sont bien sûr référencés, ainsi que le touraine-amboise, dont la plaisante cuvée François Ier de chez Dutertre est quasiment donnée : 12 € ! Applaudissons aussi une "initiation à la gourmandise" réservée aux moins de 13 ans, avec un pédagogique menu gastronomique à 22 €. Et à l'issue d'un déjeuner, pourquoi ne pas demander à visiter les spectaculaires Greniers de César, au sein de l'abrupte falaise de tuffeau, ces "troglos" d'exception, mentionnés dès 1227, étant en fait des silos à grains en brique. Lesquels permirent l'autonomie alimentaire de la ville durant les guerres de Religion, alors qu'Amboise avait retrouvé un rôle militaire. Elle n'est plus aujourd'hui qu'un fief de l'art de vivre.

La Cognette

2, rue du Puits-à-Cognet – ISSOUDUN ✆ 02 54 03 59 59. *Internet : www.la-cognette.com. Fermé les dimanches soir, lundis et mardis midi. Menus de 26 € à 65 €. Carte de 53 € à 65 €.* Désert gastronomique, le Berry s'enorgueillit toutefois d'une table connue de tous les véritables gourmets de l'Hexagone. Celle d'Alain Nonnet, cet accueillant maître queux étant aujourd'hui plus que secondé par son gendre, Jean-Jacques Daumy, au sein de cette confortable et rassurante auberge bourgeoise sur laquelle plane l'ombre de Balzac, qui l'évoqua dans "La Rabouilleuse". Voilà donc bien des générations que l'on régale là les voyageurs, d'autant plus enclins à faire étape que l'on peut y dormir, à l'issue d'un de ces dîners qui vous habillent la "goule" en dimanche, et à des prix d'une grande sagesse pour une telle qualité. De "cannelloni d'huîtres et concombre jus de cresson et gingembre" en "œufs à la couille d'âne" et de "pavé de sandre à l'échalote" en "poulet fermier en barbouille", et jusqu'aux exquis "massepains d'Issoudun à la fleur d'oranger", on s'abandonne en flagrant délice aux plaisirs d'une cuisine de tradition adaptée à l'air du temps et exécutée dans les règles de l'art, avec bien sûr de beaux produits. Riche de quelque cinq cents références, la somptueuse cave atteste elle aussi qu'on est à bonne enseigne, la gentillesse de l'accueil étant un autre atout de cette fameuse Cognette, qui doit son nom aux aubergistes qui tenaient cette auberge au début du XIXe siècle. Des Cognet aux Nonnet, l'archétype même de la bonne maison de province. Indémodable.

Domaine de Beauvois

Le Pont-Clouet – LUYNES ✆ 02 47 55 50 11. *Internet : www.beauvois.com. Menus de 43 € à 68 €. Carte de 54 € à 72 €.* Tirant son nom du latin "bellum vistum" (belle vue), Beauvois mérite bien son nom. Quel panorama ! Perché à l'orée de vastes forêts riches en champignons et cervidés et s'inscrivant dans un site naturel de toute beauté, face à un étang fort apaisant, ce château hôtel de charme constitue un parfait repaire pour une cure de sérénité, version quatre étoiles. Le domaine est aussi un haut lieu gastronomique : ah ! quel délice, les beaux soirs, que de savourer sur l'élégante terrasse fleurie l'alerte cuisine de Régis Guilpain. Lequel maîtrise l'art du fourneau avec autant de passion que de brio, dans un style gastronomique "dans l'air du temps", bien évidemment accordé aux saisons et dans l'ensemble assez personnalisé, notamment dans l'accompagnement des plats, ainsi qu'en témoignent "les langoustines croustillantes aux fines épices, fenouil confit et piquillos, cappuccino d'héliantis", "le sandre en croûte de noisette et amandes, polenta croustillante, crémeux de céleri et lie de vin de chinon", "la selle d'agneau en croûte d'herbes et romarin, artichauts fumés farcis de tapenade et cromesquis de risotto", "le chocolat en moelleux coulant et parfait lacté craquant, la crème brûlée Acarigua et coulis griottines". Riche de deux cent cinquante références, la carte des vins est évidemment à la hauteur des lieux, notamment quant aux chinons. Côté prix, pas de quoi s'affoler, puisque le beau vouvray sec de Bernard Fouquet (24 € en 2001) et le solide bourgueil de Pierre Caslot (17 € en 1999) permettent de prendre bien du plaisir à bon compte. On trouve même là un honnête sauvignon de Touraine à 15 €. Le genre de vin de soif à apprécier au bord de la plus belle piscine d'hôtel de Touraine. Là où, aux beaux jours, on peut s'attabler sous un vaste parasol pour un déjeuner buffet aussi plaisant que décontracté, et à prix serré (30 €, soleil compris).

Le Domaine des Hautes-Roches

86, quai de la Loire - ROCHECORBON ✆ 02 47 52 88 88. *Internet : www.leshautesroches.com. E-mail : hautesroches@relaischateaux.com. Fermé les lundis midi, mardis midi et mercredis midi en haute saison du 15 mai 2004 au 15 octobre 2004. En basse saison, du 15 octobre 2004 au 20 janvier 2005, fermé le dimanche soir, le lundi toute la journée, et le mardi midi. Congés annuels : du 20 janvier 2004 au 20 mars 2004. Menus : "De bouche à oreille" à 36 € (entrée, plat, dessert) sauf le week-end et les jours fériés, "Au fil de la carte" à 45 € (entrée, plat, fromages, dessert), à 61 € avec un plat supplémentaire et "Les trois services de homard" à 76 € (fromages et dessert compris).* Didier Edon, le chef d'origine bretonne du restaurant des Hautes Roches, compare l'établissement à "un navire surplombant la Loire". Et c'est vrai que sur sa large terrasse avec vue sur le fleuve, le client se sent un peu comme sur le pont supérieur d'un bateau de croisière. Mais ce n'est pas parce qu'un grain arrive que l'on se précipite à l'intérieur, c'est pour succomber aux saveurs fraîches et marines que le chef affectionne particulièrement. Quotidiennement, les poissons et fruits de mer bretons arrivent en direct de la Bretagne pour composer de subtils plats iodés, mariés aux saveurs du grand jardin de la Loire. Comme ce "croustifondant" de soles aux sucs d'agrumes, mêlé de petites salades, plein d'herbes et râpé de légumes crus ou encore le consommé de tourteau au caviar de hareng, vaporeux de chou-fleur et la rôtie du corail. Le pavé de bar de ligne sur la peau, cuit au four, ravira les amateurs de saveurs préservées et les surprendra par cet accompagnement de pain perdu à l'artichaut, aux jeunes oignons et un peu d'andouille. Les plus aventureux tenteront le gigotin de lotte friture rôti sur l'os et laqué au caramel d'andouillette. Pour les variations autour du homard (le menu homard en trois services), gardons l'effet de surprise, tout en mettant l'eau à la bouche avec l'évocation de la belle pince dans une eau de tomate et à l'écume de céleri… Que les adeptes de cuisine du terroir se rassurent, la Loire remonte parfois à la surface de l'assiette avec ce marbré de lapin et foie gras en gelée d'herbes fraîches, chutney aux figues et confit de jeunes légumes. Et plus encore avec le pigeonneau du Pays de Racan au citron confit, pilaff de blé tendre et cromesquis de foie gras. Après avoir savouré l'apéritif dans le bar troglodytique, l'ancienne cuisine du monastère qui a conservé sa cheminée et son four à pain, attardez-vous sur la carte des vins, et de préférence, sur ceux de la vallée de Loire, qui recèlent non seulement d'excellentes bouteilles, mais aussi, des trouvailles à rapport qualité/prix raisonnables. Ainsi le chinon du domaine du Raifault, "Le Villy" 1995 à 32 €, le vouvray sec "Le Clos du Bourg" 1993 de chez Huet à 35,90 € ou encore le vouvray moelleux, Nectar 1990 de Marc Brédif à 36,60 € les 37,5 cl. A savourer à table dans cette pièce toute en longueur et tons jaune pâle et corail, s'ouvrant par de larges fenêtres sur les méandres de la Loire. **Futé** : Accompagner le chef, si possible, pour une initiation aux vins de Loire chez un viticulteur voisin, comme Marc Brédif, qui vous fera découvrir ses caves longues de 2 kilomètres et sans doute déguster quelques crus de vouvray, chinon ou saumur-champigny. **Hébergement** : Dans le cadre de ce manoir Renaissance situé au cœur du vignoble de Vouvray, le Domaine des Hautes-Roches offre 12 chambres troglodytiques, d'anciennes cellules de moines, creusées dans le tuffeau avec fenêtres ouvrant sur la Loire. A partir de 125 € la nuit en chambre double.

Grand Hôtel du Lion d'Or

69, rue Georges-Clemenceau - ROMORANTIN-LANTHENAY ✆ 02 54 94 15 15. *Internet : www.hotel-liondor.fr. E-mail : info@hotel-liondor.fr. 4 étoiles. Fermé le mardi midi. Congés annuels du 15 février au 26 mars 2004 et du 15 au 25 novembre 2004. Menus à 82 € et 188 € (sans les vins). A la carte, compter 120 €.* Bienheureux les voyageurs qui rescapés de la visite des châteaux de Loire, trouvent refuge au Grand Hôtel du Lion d'Or, superbe bâtiment datant de la Renaissance, que l'on rejoint par une rue dallée de pierres blanches et plantée de charmilles. C'est ici, au cœur de la discrète Sologne, que Didier Clément a choisi en 1980, de rejoindre Colette et Alain Barrat ses beaux-parents. Outre la direction conjointe de l'établissement, notre homme, qui fit son apprentissage auprès des grands chefs, s'occupe tout naturellement des plaisirs de la table. Bienheureux clients qui dans la cuisine poétique de Didier, redécouvrent leurs classiques avec cet étonnant foie gras de canard glacé, pêches blanches et verveine ou ce foie gras chaud de canard à la crème d'amande et cerises acidulées. La cuisine comme moyen d'expression, voilà ce qui pousse Didier Clément, grand amateur de littérature, à se remettre sans cesse en question et à intégrer, à la carte toujours plus de produits méconnus, voire oubliés. Comme la graine de paradis, une épice médiévale qu'il marie aux langoustines, ou encore la rocambole, cette herbe alliacée qu'on ne cultivait plus et qu'il utilise pour relever ses cuisses de grenouilles. Le chef qui avoue une légère préférence pour la tomate, le cédrat et l'artichaut en cuisine, ne délaisse pas pour autant ses petites touches parfumées que représentent les violettes (sur une tarte à l'orange sanguine), l'angélique (en sorbet sur une brioche caramélisée), le thé vert Sakura (sur un guignolet de cerise) et même le cacao (qui agrémente une surprenante cuisse de lièvre en civet) ou le tabac de cuisine... curieux assaisonnement, qui réinvente le carré d'agneau. Concepteurs de "la cuisine d'auteur", Marie-Christine et Didier Clément publient depuis 1987 de très beaux ouvrages mêlant littérature et gastronomie comme A la table de Georges Sand (1987, Flammarion), Les recettes de Colette (1997) et Colette au jardin (1998) aux éditions Albin Michel. **Futé** : Quelque 80 références de vins rouges de Loire en magnum et une jolie sélection de vins du Languedoc-Roussillon (plus de 90 références). **Hébergement** : Seize chambres sont installées dans cet ancien hôtel particulier d'époque Renaissance. Chambres doubles climatisées à partir de 125 € la nuit. Suites climatisées à partir de 230 €.

Jean Bardet - Château Belmont

57, rue Groison - TOURS ✆ 02 47 41 41 11. *Internet : www.jeanbardet.com. E-mail : sophie@jeanbardet.com. Hôtel 4 étoiles. Le restaurant est fermé le samedi midi, dimanche soir, lundi toute la journée et mardi midi, entre début janvier et le 31 mars 2004. Fermé les samedis, lundis et mardis midi, du 1er avril 2004 au 31 octobre 2004.* Bon sang ne saurait mentir. Jean Bardet, qui revendique volontiers une conception très personnelle de la gastronomie, est issu d'une famille de restaurateurs. Pour celui qui ne fût l'élève d'aucun "maître", les seules influences qu'il reconnaît sont celles de son terroir, la Touraine, de son potager (il propose d'ailleurs un menu "tous légumes") et bien sûr

du vin. "C'est l'amour du vin qui m'a amené à la cuisine", affirme le chef pour qui le vin est le complément intellectuel de la cuisine. Toute complémentaire qu'elle soit, la cuisine de Jean Bardet n'a rien d'accessoire. Elle est le reflet des saisons, de l'humeur du jour, de l'inspiration du moment et du côté poète de cet artiste des fourneaux qui se voyait bien, enfant, devenir musicien ou curé. Sa religion du bon goût risque d'en convertir plus d'un, quand on sait que les versets de sa bible gastronomique parlent de pigeon de Racan mi-parfumé à la réglisse et figues noires confites, ou encore de crème glacée de langoustines au caviar d'Aquitaine. Et si la carte est riche de références sélectionnées dans toutes les régions vinicoles de France, la clientèle se laisse convaincre de bonne grâce, de partager le goût de leur hôte pour les crus de la Loire. Sancerre, quincy, coteaux-du-layon, chinon, vouvray... Autant de vignobles que le chef parcourt régulièrement, goûtant les vins lors de la mise en barrique et réservant parfois quelques volumes dont son sommelier assurera l'élevage et la mise en bouteille, sans filtration ni adjonction de souffre. Signalons encore aux amateurs le nombre incroyable de vouvray, dont quelques millésimes centenaires, à la carte. Des millésimes d'exception mais aussi des exclusivités comme ce vouvray sec-souple 1999 de chez Huet, uniquement servi chez Jean Bardet, et proposé à 48 €. Dernier détail d'importance, les fumeurs gastronomes trouveront un espace accueillant, le restaurant est assez vaste pour cela, le chef étant grand amateur de cigares. Là encore, accordés aux vins. **Futé** : La carte des vins, véritable outil d'apprentissage, une bible en ce qui concerne les vins de Loire, pas moins de 17 pages pour cette seule région vinicole. **Hébergement** : Le Parc de Belmont, l'hôtel 4 étoiles de Jean Bardet, vous accueille à partir de 120 € la chambre double. Hôtel fermé le dimanche soir et lundi, du 1er novembre 2004 au 31 mars 2005.

La Roche - Le Roy

55, route de Saint-Avertin – TOURS ✆ 02 47 27 22 00. *Fermé les dimanches et lundis. Menus de 29 € à 61 €. Carte de 47 € à 69 €.* Routes, autoroute, H.L.M, zone d'activité… foin du "progrès" alentour et place au bien vivre ! Véritable oasis d'histoire et de douceur au milieu d'une jungle urbaine, ce gracieux manoir Renaissance à tourelles est depuis des lustres le "gastro" préféré des Tourangeaux, son malicieux maître d'œuvre, Alain Couturier, étant aussi à l'aise en salle qu'aux fourneaux. Sur des bases traditionnelles, ce "maître cuisinier de France" sait apporter à une cuisine dans l'air du temps quelques notes personnelles, jamais audacieuses mais souvent convaincantes, ainsi qu'en témoigne à merveille le menu "Affaires" du déjeuner qui, pour ce prix (29 €), en est une en effet : "marbré de bœuf au foie gras et confiture d'oignons", "tournedos de canard Apicius et Parmentier de champignons de sous-bois", "tartine tiède de Brillat-Savarin et mesclun de salades", "tarte chocolat framboises et sorbet cacao". De "rougets de roche saisis au pistou sauce vierge" en "crépinette de géline et pied de porc sauce truffes et pomme Anna" et de "millefeuille de poires au miel d'acacia, sorbet poivre de séchuan" en "demoiselles Tatin, glace aux noix", combien d'autres tentations, y compris sur la carte des vins, ou plutôt sur le tryptique des vins, en bois, dont les deux battants s'ouvrent telles les portes d'un théâtre. Pour donner la réplique à cette cuisine enjouée, de beaux bourgognes et bordeaux, mais surtout le meilleur de la Loire : Blot, Foreau, Clément, Lambert et autres Lamé Delisle Boucard du meilleur tonneau. Ajoutez à cette fête des papilles le sincère bon accueil de Marilyn et Stéphane, l'élégance de la salle à manger et, aux beaux jours, une terrasse plaisante… et vous en viendrez à penser qu'il est bon de goûter à la béatitude quand tout s'agite autour de vous.

Festivals et manifestations

Spectacle de chevalerie à Montrésor

Fêtes gourmandes

La Foire à l'Andouille de Jargeau

La Foire à l'Andouille se déroule généralement le 2e dimanche de juin sur la commune de Jargeau, située à 20 kilomètres en amont d'Orléans, sur la rive gauche de la Loire. A l'occasion de cette foire, il n'est pas rare d'entendre les charcutiers de la ville affirmer que "l'andouille est l'une des plus anciennes gloires gastronomiques françaises, d'origine gauloise sans doute" ; Depuis plus de 800 ans, les charcutiers gergoliens (c'est-à-dire de Jargeau) en assurent la célébrité en conservant jalousement le secret de son bouillon de cuisson.

Depuis 1154, on se régale donc d'une andouille composée pour 1/3 de tripes et pour 2/3 de chair (gorge de porc) hachées, incluses dans un boyau de porc. C'est non seulement pour en pérenniser la consommation mais aussi pour lui ouvrir de plus larges horizons que la Confrérie des chevaliers du goûte andouille de Jargeau, créée en 1971, organise chaque année la Foire à l'andouille ainsi que, le 2e samedi de mars, le concours international de la meilleure andouille. On distingue l'andouille de Guéméné de celle de Vire, les andouilles à la ficelle, des fumées et des sèches, les andouilles de chair et celles de campagne, des andouillettes pur porc...

Durant cette foire annuelle, des fumets appétissants s'élèvent sous la halle de Jargeau qui prend des allures de salle à manger géante. Une soixantaine de stands donnent l'occasion aux visiteurs de rencontrer artisans des métiers de bouche de la région, vignerons de différentes contrées et de découvrir leur savoir-faire, ainsi que la richesse des produits du terroir.

Les charcutiers de la confrérie ne manquent pas d'œuvrer en public et, de façon très pédagogique, ils expliquent comment est préparée l'andouille de Jargeau et comment elle doit être savourée, démonstrations et dégustations à l'appui. On goûte gratuitement à l'andouille, mais aussi à la saumon'douillette, au feuilleté d'andouillette aux pommes, à la jar'douillette, entre autres spécialités.

A partir de midi, les fins gourmets peuvent prendre place autour des tables pour déguster les différentes variétés d'andouilles, mais aussi des fruits de mer ou d'autres préparations culinaires, sans oublier les fromages très présents sur les stands.

Vers 16h30, une vingtaine de confréries en grande tenue défilent dans les rues, derrière la musique, tandis que la confrérie des chevaliers du goûte andouille clôture le cortège. Puis les charcutiers primés, lors du concours international, reçoivent leur prix, avant l'intronisation d'une quinzaine de nouveaux membres qui, après avoir dégusté l'andouille, prêtent sous serment de toujours en faire manger à leurs amis, chaque fois qu'ils se trouveront à Jargeau. L'apéritif d'honneur s'accompagne de la dégustation des produits primés. Il ne faut pas oublier, parmi le public, l'heureux gagnant de la loterie qui reçoit une andouille... de sa hauteur.

FOIRE A L'ANDOUILLE Jargeau (Loiret)
✆ 02 38 59 83 42/02 38 59 83 11

La Foire à l'Ail et au Basilic de Tours

"A l'ail, à l'ail !" est le cri joyeux que l'on entend sur la grande place de la Victoire et celle du Grand Marché à Tours, tous les 26 juillet, quand se tient la Foire à l'ail et au basilic, pour la Sainte-Anne. Les pyramides de bulbes sont là, dès le petit matin, et les pots de basilic sont alignés en ordre de bataille. Leurs saveurs se marient si bien que le basilic partage la vedette avec l'ail depuis la nuit des temps. L'origine de cette foire remonte vraisemblablement au Moyen Age. Du temps où seules les rivières permettaient de "rapides" transports et où la Loire faisait de Tours une place marchande privilégiée. Aucun texte de l'époque ne l'atteste, mais dans des écrits de 1802, on en parle comme étant d'un "antique usage".

Les chalands se pressent comme autrefois, heureux de rencontrer celui qui produit, de pouvoir l'interroger, car il hésite entre l'ail blanc et l'ail rose, l'imaginant entier dans un bon petit plat ou pilé dans l'aïoli ou encore finement haché dans une salade ou frotté sur un croûton de pain, il souhaite être conseillé. En arrivant face aux pots de basilic, les amateurs ont aussi leurs interrogations : pour l'omelette, les salades ou les pâtes, faut-il choisir celui qui est parfumé au citron, celui qui porte de petites ou de grandes feuilles ?

Autour de midi, les gourmands s'installent dans les échoppes ou à l'une des nombreuses terrasses montées pour la circonstance, afin de se restaurer tranquillement en dégustant quelque mets bien aillé ou une andouillette accompagnée d'un verre de vouvray.

La Foire à l'ail et au basilic est une véritable institution tourangelle, certains n'hésitent pas à parcourir de nombreux kilomètres, afin d'y venir chercher basilic et tresse d'ail qui, suspendue toute l'année dans la cuisine, agrémentera de bons petits plats d'un parfum d'été. Les habitués sont rejoints par les nombreux touristes attirés, eux aussi, par l'odeur et la saveur de ces deux condiments incontournables pour les gourmets.

Une histoire très ancienne en juillet, à la Sainte-Anne (26 juillet). Originaire d'Asie centrale, c'est en passant par le Proche-Orient que l'ail est arrivé en Europe, il y a plus de 3 000 ans. On l'apprécie non seulement pour sa saveur mais aussi les vertus médicinales qu'on lui reconnaît : il fluidifie le sang, active les sécrétions gastriques, assouplit les artères et fortifie les bronches.

Le basilic, dit l'oranger des cordonniers vient de l'Inde. Il a été introduit en Europe au XVIe siècle. Jusqu'au XVIIe siècle, on le considérait comme un anti-venin et la suavité de son parfum le faisait associer à des rites religieux. Au XIXe siècle, il est moins utilisé comme condiment que pour chasser les moustiques et comme porte-bonheur. Aujourd'hui, on l'aime à la fois pour ses qualités gustatives et sa faculté à éloigner les mouches et les insectes nuisibles.

▸ FOIRE A L'AIL ET AU BASILIC Tours (Indre-et-Loire) ✆ 02 47 70 37 37

Les Marchés Nocturnes de Loches

Mi-juillet et mi-août. Il y a de nombreuses années déjà qu'à Loches, on connaît la recette pour faire d'un marché nocturne une fête populaire qui attire une foule monstre. A partir de 17h, une centaine de marchands installent leur stand sur les places et un peu partout dans les rues. Nombre d'entre eux proposent de quoi se rassasier ou faire des emplettes gourmandes : foie gras, escargots, vins, pains d'épice, miels... Mais d'autres présentent aussi des faïences, de la vannerie... En quelques heures, le centre-ville est envahi par une marée humaine en goguette. Tout ce monde est venu déguster, découvrir, regarder, écouter, danser, chanter, faire la fête jusqu'à minuit.

Les commerces sédentaires ont fermé leurs portes, à l'exception de ceux des métiers de bouche et des cafés. Les uns et les autres ont même disposé des tables devant leur boutique, pour que les passants puissent s'installer, le temps de faire un dîner simple et sympa.

Les moules/frites ont la vedette, mais escargots, pizzas, chichis, arrosés de noble-joué ou de chinon (proposés par les producteurs) sont aussi de la fête. Il y a encore les classiques charcuteries et, si l'on recherche l'extrême originalité, on peut faire honneur au médaillon de kangourou ou à la terrine d'autruche.

Pour le plaisir des yeux et des oreilles, acrobates, jongleurs, clowns, comédiens, musiciens... se produisent dans les rues de la ville et plusieurs scènes ont été installées en divers endroits, pour que tout le monde puisse profiter des spectacles. Ceux-ci sont très variés : théâtre, folklore, humour se succèdent entre le parking du château La Ribambelle et la place de Verdun. Des orchestres invitent aussi à la danse.

Les promeneurs se plaisent tant à flâner un soir de juillet, allant d'un stand artisanal à un spectacle ou s'asseoir à une terrasse, pour manger sur le pouce, qu'ils se réjouissent à l'idée que la fête sera bissée le mois suivant.

▸ MARCHES NOCTURNES Loches (Indre-et-Loire) ✆ 02 47 59 07 21

Les Journées Gastronomiques de Sologne à Romorantin

Dernier week-end d'octobre. Avec ses Journées gastronomiques de Sologne, qu'elle organise depuis plus d'un quart de siècle, c'est à une véritable célébration de la gourmandise que Romorantin, chef-lieu d'arrondissement du sud du Loir-et-Cher, convie les visiteurs. Et ils viennent en foule et en liesse, puisqu'ils ne sont jamais moins de 20 000 à participer joyeusement à ces trois journées de fête et de découvertes culinaires, qui s'étalent sur un long week-end, du samedi au lundi, de la fin du mois d'octobre.

Offrez-vous le ciel
en ballon!
Vols dans les Alpes
et à 1 h de Paris!
Animations d'entreprises,
mariages, cocktails, publicité
et travail aérien partout en France
Réservez dès maintenant votre
baptême de l'air en montgolfière!
Sarl B²O passager du vent
Le Barry 05120 Les Vigneaux
Tél: 04 92 23 16 07
06 11 13 20 85
www.b2oballon.com
E-mail: b2o@tiscali.fr

Installé sous les 7 000 m² du hall François Ier, ce salon pour gourmets ouvre le lundi de 9h à 19h, le samedi de 9h30 heures à 20h, le dimanche de 9h à 20h. Ses 150 stands permettent de découvrir toutes sortes de spécialités typiques et originales, dans l'esprit terroir. Des grands chefs de la région effectuent, au cours de ces journées, de nombreuses démonstrations. Plusieurs confréries gastronomiques viennent y procéder à des intronisations.

On peut participer à des concours gourmands, notamment celui de la meilleure tarte Tatin, où l'on voit des non-professionnels réaliser le dessert fétiche de la Sologne. Par ailleurs, un concours de desserts originaux est proposé aux enfants. Un stand très sucré fait leur joie, celui où le Cedus (Centre d'études et de documentation du sucre) leur offre barbes à papa, sucettes, bonbons, caramels, pâtes de fruits. Et, dans le cadre d'une exposition, les visiteurs apprennent tout sur le sucre, sur la vergeoise, la cassonade, le sucre candi roux ou blanc et autres sucres cristallisés.

▸ JOURNEES GASTRONOMIQUES DE SOLOGNE Romorantin (Loir-et-Cher) ✆ 02 54 96 59 19.

L'entrée est à 7 € pour les adultes et gratuite pour les moins de 12 ans, tout comme les multiples dégustations.

La Fête des Potirons et des Légumes Rares à Tranzault

Dimanche de la mi-octobre. Depuis 1987, Tranzault joli village du bas Berry et ses 350 habitants fêtent, avec de nombreux visiteurs, les potirons et autres légumes oubliés, un dimanche de la mi-octobre.

Les cucurbitacées, l'artisanat des cougourdons, les compositions cucurbitales offrent un spectacle magique. Le concours de la plus grosse citrouille est suivi de la dégustation du citrouillat berrichon et d'autres spécialités régionales. La cuisine des légumes rares est elle aussi à l'honneur : de grands chefs cuisiniers de l'Indre sont invités à venir présenter les plats originaux que ces produits leur inspirent. La musique rythme toutes les animations et activités.

Au fil des ans, Tranzault est devenu le rendez-vous des jardiniers collectionneurs de légumes rares et des gourmets en quête de saveurs naturelles, traditionnelles ou nouvelles.

Pour le club Jardins d'antan qui mène les recherches et organise la manifestation, le bas Berry s'imposait comme terre d'élection pour faire revivre des espèces potagères et fruitières oubliées, ainsi que les savoir-faire culinaires qui s'y rattachent. Ici, tout n'était pas oublié. Ainsi, dans les jardins, il y a toujours du cerfeuil pour les potages et les sauces, de la cive pour agrémenter les plus savoureux civets, de l'oseille pour la farce, des rutabagas pour la soupe et du potiron jaune orangé pour le citrouillat.

On sait encore trouver dans les vignes sablonneuses le pourpier et la mâche sauvage ; on prépare toujours les pissenlits et les mousserons de Saint-Georges trouvés dans les prés ou encore d'autres savoureux champignons sauvages, comme les pleurotes corne d'abondance...

D'année en année, la gamme des produits rares présentés lors de la Foire de Tranzault est de plus en plus diversifiée. Et à partir de ces aliments retrouvés, les chefs de l'Indre ont l'imagination titillée et inventent nombre de mets nouveaux, tels le pâté indrien au potimarron ou les confitures de cheveux d'ange, préparées avec de la courge de Siam. Les nouveautés figurent en bonne place aux côtés des traditionnels gâteaux à la citrouille et de la confiture de potiron.

Aux milliers de visiteurs, la foire présente près d'une centaine de stands, dont beaucoup sont dédiés aux découvertes gourmandes, mais de nombreux étals sont d'inspiration plus artistique et artisanale. C'est là que l'on peut voir notamment : les courges amphores, les coloquintes, les potirons miniatures, les courges galeuses, les pâtissons panachés... Pour les admirer, en attendant de déguster les variétés comestibles.

▸ FETE DES POTIRONS ET DES LEGUMES RARES Tranzault (Indre) ✆ 02 54 27 52 64/02 54 30 81 05

Les animaux

La Foire aux Anes et aux Mules en Berry à Lignières

Chaque lundi de Pentecôte. L'âne Grand Noir du Berry (race oubliée) a été redécouvert grâce à l'association des Thiaulins de Lignières, groupe d'arts et de traditions populaires. Une vieille tradition datant de 1912 avec la renommée des 7 marchands d'ânes et maquignons a été remise à l'honneur. En 1986, les Thiaulins profitent de la fête du Plaix, leur traditionnelle réunion, pour organiser au château du même nom, une mini-foire avec les éleveurs et les maquignons des cantons voisins. Ainsi naît "la foire aux ânes et aux mules de Lignières". A partir de ce moment-là, un long travail de recherche s'engage avec la Direction nationale de l'élevage dépendant des Haras Nationaux. En 1994, la race est reconnue officiellement, il aura fallu huit années.

▸ LES THIAULINS DE LIGNIERES-EN -BERRY ou l'AFAGNB ✆ 02 48 60 09 11

INFO
TALK
SPORT
RMC
INFO TALK SPORT
www.rmcinfo.fr
ECOUTEZ AUSSI RMC SUR 216 AM
REAGISSEZ AU 3216*
VOTRE FREQUENCE AU 3216*
(*0,34 €/mn)
DeBonneville-Orlandini

Histoire et patrimoine

Son et Lumière dans le Château Royal de Blois

En juin, juillet et août et septembre. Depuis 1993, chaque année, à la tombée de la nuit, Blois nous livre son histoire via une représentation. Les principaux événements qui ont marqué la cité et le château revivent. Les effets spéciaux, le système d'images défilant sur les façades du château font de ce son et lumière un spectacle éblouissant, unique en Europe.

L'histoire du château de Blois est narrée par les voix de Pierre Arditi, Robert Hossein, Fabrice Luchini ou Michael Lonsdale sur un texte d'Alain Decaux.

▸ **CHÂTEAU DE BLOIS Place du Château - BLOIS (Loir-et-Cher) ✆ 02 54 90 33 32.** *Pour vos réservations : 02 54 78 72 76.*

Spectacle d'Art Equestre à Chambord

Du 1er mai au 30 septembre. Pendant la période estivale, les Ecuries offrent un superbe spectacle équestre de 45 minutes. Les tableaux et numéros en costumes retracent l'histoire du château de la Renaissance au comte de Chambord en compagnie d'un acteur plein de charme et d'élégance : le cheval. Les traditions équestres françaises et espagnoles sont représentées : en costume d'époque les écuyers vous emmèneront dans les scènes de vie de la Renaissance, du XVIIe et XVIIIe siècles, les présentations Renaissance, XVIIIe et XIXe siècles vous combleront, et notre ami le cheval vous envahira d'émotions, sa grâce naturelle : Quel magnifique enchantement dans cadre historique.

▸ **CHATEAU DE CHAMBORD Ecuries du Maréchal de Saxe - CHAMBORD (Loir-et-Cher) ✆ 02 54 20 31 01**

Chambord : Journées Nationales de la Chasse et de la Pêche

En 2004, Chambord fêtera son 23e Game Fair. Ce rendez-vous incontournable, joyeux et bon enfant, est d'abord un lieu où les chasseurs et leurs compagnons privilégiés : les chiens, sont invités à participer à des activités qui leur sont spécialement destinées. C'est aussi le rendez-vous annuel des chiens de vénerie. Tout ce petit monde de chasseurs et d'amoureux de la campagne en profite pour visiter plus de 300 stands. Le Game Fair c'est aussi des spectacles, des animations. L'année 2003 a été consacrée à la deuxième biennale de la chasse à l'Arc, démonstrations et initiations séduiront les amateurs de ce sport. Les grands classiques remportent toujours autant de succès : rassemblement de vénerie, ventes aux enchères, le ball-trap, le plus important organisé en France. Les démonstrations de chien d'arrêt, de rapport, concours, chiens de troupeaux en démonstration, concours de pêche. Le spectacle est total et grandiose. On le baptise volontiers "le plus grand salon de la nature et plein air".

▸ **GAME FAIR ✆ 05 62 68 41 94.** *Tarif plein : 13 €. Tarif pour les enfants de 7 à 14 ans : 10 €. Tarif pour les groupes de plus de 20 personnes : 10 € par personne. Gratuit pour les enfants de moins de sept ans.*

Symphonie de Brame

De mi-septembre à la mi-octobre, on peut entendre, des quatre postes d'observation disséminés dans le parc de Chambord, le brame des cerfs à la tombée de la nuit. C'est toujours très impressionnant. Accès libre.

Cheverny : Animations

L'exposition permanente “Les Secrets de Moulinsart” associe définitivement l'imaginaire d'Hergé au chef-d'œuvre architectural du XVIIe siècle. On peut également visiter le parc du château et se balader sur le canal à bord de voitures et bateaux électriques. On joue aussi à Cheverny (18 trous) et la pause au club-house dans la fermette solognote aménagée est bien agréable.

▸ **CHATEAU DE CHEVERNY ✆ 02 54 79 96 29.** *Fax : 02 54 79 25 38.*

“Cléry raconte Dunois” : son et lumière historique, spectacle vivant

A Cléry-Saint-André près d'Orléans sur la D951 en direction de Blois, en juillet et août, certains jours déterminés. Jean d'Orléans Comte de Dunois (bâtard d'Orléans, petit-fils de roi), fut un compagnon de Jeanne d'Arc et à travers son destin exceptionnel : l'épopée de Jeanne d'Arc, la fin de la guerre de Cent Ans, la reconstruction du Royaume, une page d'histoire dans un spectacle héroïque et grandiose retracera cette époque. Dunois est un de ces chevaliers qui ont permis à la France de sortir du Moyen Age dans la paix et la prospérité. Il œuvra à la reconquête de l'Île de France, de la Normandie. L'homme a eu la confiance de Charles VII, et de Louis XI, il fut un loyal et fidèle serviteur de la France. Le spectacle débute à la nuit tombée, prévoyez les petites laines ! Si vous souhaitez prolonger la soirée au cœur du Moyen Age, appréciez alors le repas médiéval.

▸ **CLERY (Loiret) ✆ 02 38 45 70 22**

Les Nuits Lumière de Bourges

Belles de jour, Belle de nuit. Entrée libre. Accès au début du parcours par le jardin de l'Archevêché, dans la rue des Hémerettes. Pour se garer : parking gratuit place Séraucourt. Du 1er juillet au 31 août : tous les soirs, et de mai à septembre : les jeudis, vendredis, samedis. Toutes les représentations des "Nuits Lumière de Bourges" commencent à la tombée de la nuit, pour une durée de deux heures environ. Les Nuits lumières de Bourges illuminent la ville tout au long de l'été.

Le principe de cette manifestation originale est simple : arpenter les rues berruyères en suivant celles où les réverbères éclairent en bleu, et découvrir alors de nombreux monuments, célèbres ou non, mis en valeur par d'habiles jeux de lumière. Ce principe a séduit nombre de personnes, touristes aussi bien que Berruyers de source. En effet, les touristes ne s'y sont pas trompés, et ils sont nombreux chaque soir à déambuler dès la nuit tombée au travers de cette cité au passé si riche. Suivant un parcours partant de la cathédrale, la visite est libre, gratuite et ne nécessite que peu de commentaires, ce qui permet à tous, touristes français et étrangers, de profiter pleinement de cette visite pas comme les autres. D'ailleurs, une proportion assez importante de visiteurs des Nuits lumières de Bourges est constituée d'habitants de Bourges ou des environs. Ils sont nombreux à apprécier leur ville sous un autre angle, découvrant des rues pourtant maintes fois empruntées avec un autre regard. L'ouverture du **cloître du couvent des Ursulines** a été tout particulièrement bienvenue. A noter que les visiteurs apprécient tout particulièrement la propreté des rues berruyères. Un magnifique parcours-spectacle qui nous fait découvrir une ville baignée de lumière, d'images et d'émotion. Dotée d'un ensemble patrimonial prestigieux, Bourges nous invite à partir à la découverte de ses plus beaux édifices, inondés de lumière, d'images, de musique... Dès la tombée de la nuit, la cathédrale Saint-Etienne s'illumine et nous révèle sa double volée d'arcs-boutants et les prodiges de son élévation ! D'une rue à l'autre, guidé par le bleu des lanternes, on flâne à son rythme et on découvre les milles et un détails de la richesse architecturale de la ville ancienne... En ces nuits privilégiées, on a plaisir à pénétrer dans l'ambiance magique des hôtels gothiques et Renaissance et dans l'intimité du Couvent des Augustins, où nous attendent de magnifiques scénographies. On apprend sans surprise que les Nuits Lumière de Bourges ont obtenu le premier prix du concours "Lumières" 2002 organisé par le SERCE (Syndicat des Entrepreneurs de Réseaux et Constructions Electriques) et "Le Moniteur".

Les Fêtes Johanniques ou Fêtes de Jeanne d'Arc

La fête orléanaise par excellence débute le 29 avril et s'achève en apothéose le 8 mai, avec un défilé de plusieurs kilomètres et un superbe feu d'artifice sur la Loire. Le 29 avril, c'est la commémoration de l'entrée de Jeanne d'Arc à Orléans. En 2003, Jeanne a fait son entrée escortée pour la première fois de son écuyer, Jean d'Aulon. C'est lui qui en 1429 portait à la place de Jeanne l'étendard, Jeanne quant à elle, portait un pennon (étendard miniature). Mais c'est bien Jeanne qui portera l'étendard le jour de la commémoration du 8 mai. Une jeune fille en armure, différente chaque année et choisie en fonction de ses qualités de cœur et de ses convictions religieuses, la personnifie. Elle est accompagnée de hérauts et d'hommes d'armes et parcourt la ville en passant par la rue de Bourgogne où, à la hauteur de la rue de la Tour neuve elle franchit la porte de la ville reconstituée (en carton-pâte et démontable).

L'autre moment important des fêtes johanniques est le 7 mai. Dans la cour de l'Hôtel Groslot a lieu la cérémonie de présentation de l'étendard à la population orléanaise avec le concours de la Musique d'Orléans et des Musiques invitées. Sur la place du Martroi a lieu un concert des musiques étrangères, les groupes sont conviés au défilé du lendemain. En soirée a lieu la remise de l'étendard à Jeanne la Pucelle. Vers 23h une mise en scène particulièrement élaborée et empreinte de messages chargés d'émotion a touché le public orléanais. Et c'est l'embrasement des tours de la cathédrale : feux de Bengale, fumigènes et projection d'images laser sur la façade de la cathédrale qui amène la clôture du spectacle. Cette année une finale exceptionnelle nous a été offerte : des milliers de confettis argentés tombant du ciel en virevoltant ont clôturé la soirée.

Le 8 mai est le grand jour. Un office religieux est célébré à la Cathédrale Sainte-Croix, Monseigneur André Fort, évêque d'Orléans a accueilli les personnalités et les fidèles. L'honneur est revenu à Monseigneur Maupu, évêque de Verdun invité pour la circonstance, a célébré la messe. Un défilé le matin avec, à sa tête, Jeanne suivie par les autorités municipales et religieuses, elles-mêmes devançant des groupes folkloriques en costume venus rendre hommage à l'héroïne de Domrémy. C'est le défilé des provinces, toujours très apprécié des Orléanais. L'après-midi a lieu la grande procession où, en plus de l'escorte médiévale, défilent toutes les autorités civiles de la ville (les juges dans leur manteau d'hermine, les élus), les élus des villes jumelées, les groupes des provinces, les musiciens venus des quatre coins d'Europe et du monde et quasiment toutes les associations sportives de la cité, les scouts de toute obédience, bref un cortège de plusieurs kilomètres de long qui occupe et paralyse toute circulation dans la ville.

Mais qui se déplace puisqu'on dit que la moitié des Orléanais regarde défiler l'autre pendant la journée du 8 mai ? La procession s'achève vers 18h avec les militaires et leur cortège de chars. En soirée, sur la place de Gaulle un échiquier à taille humaine a permis la reproduction de parties d'échecs de personnages célèbres. N'oublions pas que les hasards historiques ont fait coïncider la fête de Jeanne d'Arc et le jour de la commémoration du 8 mai 1945. Le 9 mai, le concert de clôture des Fêtes de Jeanne d'Arc a eu lieu au Carré Saint-Vincent. En parallèle de ces manifestations renommées, des nouveautés se greffent peu à peu. Elles enrichissent chaque année davantage les fêtes johanniques. Ainsi, le Campo Santo prend une teinte moyenâgeuse et devient marché médiéval, avec commerçants costumés, duels, animaux de fermes qui déambulent, musique d'ambiance, nourritures médiévales... De nombreuses expositions portant sur cet événement historique fleurissent dans les musées de la ville, des visites guidées des monuments historiques sont proposées, des représentations théâtrales ont été organisées par le Cado...

Une grande fête médiévale s'est déroulée à l'Île Charlemagne : tournoi de chevalerie, dresseurs d'ours, magiciens, bohémiens, spectacle de fauconnerie, jongleurs et musiciens, comédiens costumés, combat à la hache, jeux équestres... Les Orléanais et les touristes étaient à la fête, qui a duré toute la journée, et en ont redemandé. Suite à la prochaine édition !

Musique et danse

Festival International de Montoire

Les Folklores du Monde en août généralement à Montoire. C'est un florilège d'artistes mondiaux. Concerts, expositions, conférences, parades et spectacles sont sous le signe de l'exotisme et de l'évasion. Durant l'année 2002, des innovations ont vu le jour tel que l'ouverture officielle rénovée, un corso totalement revu et explosif, une exposition mémoire, une nouvelle structure en gradins de 1 700 places et un décor ville entièrement nouveau. En 2002, le thème était "Les plus beaux folklores du Monde" : Bolivie, Chine, Cuba, Equateur, Géorgie, Mexique, Roumanie, Russie, Trinidad, Vietnam.

▸ COMITÉ DU FESTIVAL Montoire-sur-le-Loir (Loir-et-Cher) ✆ 02 54 72 60 91

Festival International de Musique de Sully-sur-Loire (Loiret)

Festival qui a lieu au mois de Juin. Un rendez-vous pour les mélomanes où les chants et la musique résonnent dans des lieux pittoresques. Les châteaux, les abbayes (de Saint-Benoît-sur-Loire) et les églises (Fay-aux-Loges) sont alors investis et transformés en salles de concerts. Ce festival de musique classique est à la fois original grâce à une programmation toujours renouvelée et à une sélection prestigieuses d'artistes. Cet instant de musique et d'évasion se déroule durant les week-ends du mois de juin.

Festival International d'Orgue à Chartres (Loir-et-Cher)

Depuis 29 ans, ce festival débute à la fin juin jusqu'à fin août. De nombreux concerts sont donnés dans la cathédrale de Chartres, chaque année un thème est retenu "les nouveaux talents de l'orgue" ont animés la saison 2003. La manifestation s'efforce d'aider et de révéler de jeunes interprètes, souvent lauréats de concours internationaux. Les concerts ont lieu généralement les dimanches. La saison 2003 a été marquée par Emmanuel Hocde (grand prix de Chartres interprétation, prix du public en 2002). Des interprètes tels : Henry Fairs (Grande Bretagne), Vincent Dubois (France), Burkhard Just (Allemagne), Hayo Boerema (Pays Bas) et bien d'autres.

Le Printemps de Bourges (Cher)

Festival de musiques actuelles au mois d'Avril. C'est aujourd'hui le plus important festival de la chanson française et européenne. Six jours de liesse, 70 spectacles, 250 artistes, le Printemps de Bourges s'affirme depuis 27 années comme le rendez-vous incontournable de la chanson et des musiques actuelles. 100 000 spectateurs inondent la ville et se pressent aux scènes ouvertes, au stadium, au palais d'Auron, au pavillon, dans les salles de la maison de la culture rebaptisées pour l'occasion... mais aussi dans les bars, les restaurants, et partout dans la cité festivalière.

Festival de la Grange de Meslay (Indre-et-Loire)

Tous les étés depuis 1963, cette ancienne grange du monastère de Marmoutier au nord de Tours, accueille un grand festival de musique classique, de renommée nationale de haute qualité. Tout a commencé avec Sviatoslav Richter qui eut l'idée d'inviter chaque année les plus grands artistes de son temps. Si la Grange de Meslay, lieu privilégié, reste liée au souvenir de Richter disparu en 1997, d'autres lieux dans Tours ont déjà accueilli des concerts du festival plus particulièrement en 1998 et 1999. Les Fêtes musicales en Touraine se déroulent autour de trois temps forts :

- des soirées musicales, proposant des concerts courts (une heure), et une possibilité de restauration simple et conviviale entre les concerts,

- un ensemble de concerts plus traditionnels durant l'année,

- enfin une semaine de festival.

Rencontres Internationales de Luthiers et Maîtres Sonneurs de Saint-Chartier (Indre)

Rencontre en juillet. Cette manifestation accueille chaque année, (bientôt trente ans) une vingtaine de formations qui, tout en s'inscrivant dans une tradition, ont su faire évoluer ces instruments dans une approche contemporaine. Les rencontres de Saint-Chartier sont parvenues à démontrer que les vielles, les cornemuses, et les musiques à bourdon ne sont pas ringardes. Un ensemble d'animations du matin au soir est proposé : stages, concerts amateurs, concours, échanges. Le folklore international est une représentation de musiciens du monde entier. Aux sons de ses rythmes, le dépaysement est garanti dans la bonne humeur. La soirée de clôture se termine par la danse.

Les Fêtes Romantiques de Nohant et les Rencontres Internationales Frédéric Chopin (Indre)

En juin et juillet, renseignements : Office du tourisme de La Châtre - 02 54 48 22 64. L'histoire des "Fêtes Romantiques de Nohant" commence au tout début des années 60. Tout d'abord intitulé Nuits Romantiques, puis Fêtes musicales de Nohant, le festival finit par prendre son nom actuel. De grands artistes sont passés par ces fêtes : Arthur Rubinstein, Alfred Brendel, Yehudi Menuhin... Traditionnellement organisé sur les trois derniers week-ends de juin, ce festival comporte principalement des récitals de piano, des concerts de musique de chambre et des soirées littéraires et musicales, auxquels s'ajoutent des conférences données par les plus grands musicologues ou écrivains. Après le bicentenaire de Victor Hugo, c'est un autre personnage proche de George Sand qui a été célébré en 2003, Hector Berlioz.

Les 8e "Rencontres Internationales Frédéric Chopin" auront lieu dans la deuxième quinzaine de juillet 2004. Cette manifestation propose une immersion totale dans l'univers de l'artiste, au travers de concerts, de masters class et de conférences données par des spécialistes du monde entier. En 2003, le thème a été "Les couleurs de Chopin". Frédéric Chopin est pour toujours associé à George Sand et à Nohant. Il composa à Nohant la plus grande part de ses œuvres principales. Ses rencontres savent mettre en valeur la fine fleur des jeunes musiciens et comédiens de notre temps.

Nature

Festival des Jardins à Chaumont-sur-Loire

Spécialité d'origine britannique, l'amour des jardins a traversé la Manche pour amarrer en France. Les jardins ont ouvert leur écrin de verdure dans les années 1990, tel le parc du château de Chaumont-sur-Loire, qui a créé en 1993 un festival international des jardins.

Les jardins de Touraine en fête, tarification selon le site. Possibilité de visiter les jardins d'Indre-et-Loire en hauteur grâce à l'initiative du Conseil général d'Indre-et-loire, qui propose des vols captifs gratuits en montgolfière. Les vols sont sous réserve des autorisations administratives, des conditions météorologiques et dans la limite des places disponibles. Ils font l'objet d'une réservation téléphonique pour chaque site.

› FESTIVAL DES JARDINS Chaumont-sur-Loire ✆ 02 54 51 26 20. *Tarifs 2002 : individuel : 8 €, groupes et réduction : 6,50 €, enfants (8 à 12 ans) : 3,20 €. Billet festival/château/écuries : 12 €.*

Les Jardins Secrets en Berry

Ce circuit touristique nous invite à la rencontre de cinq jardins remarquables du Berry : les Jardins du Prieuré de Notre-Dame-d'Orsan à Maisonnais - 02 48 56 27 50 • le Conservatoire des Plantes Tinctoriales et Aromatiques au Prieuré de Saint-Laurent-de-Manzay à Limeux - 02 48 57 13 08 • le Jardin Romantique du Château de Villiers à Chassy - 02 48 77 53 20 • les Jardins Clos à Thèmo dans le Parc du Château d'Ainay-le-Vieil - 02 48 63 36 14 et enfin les Jardins Artistiques de Drulon à Loye-sur-Arnon - 02 48 56 65 96.

Sports

Générali Open de France de Lamotte-Beuvron

Découvrir en famille, le plus grand événement sportif équestre d'Europe. Le Générali Open de France rassemble tous les championnats de France destinés aux cavaliers à poney et aux cavaliers des clubs. Les championnats de France poney viennent de fêter leur 30e anniversaire. Chaque année au Parc Fédéral de Lamotte a lieu au mois de juillet, cet événement sportif équestre, même les plus avertis sont étonnés par la grandeur de la manifestation. C'est le rendez-vous de 4 200 cavaliers de différentes disciplines, de 6 000 chevaux et poneys et d'environ 40 000 amateurs. Le Parc Equestre Fédéral est un outil unique en Europe qui permet d'organiser toutes les disciplines à tous les niveaux, depuis le mini-hunter 3 ans, jusqu'au concours international d'attelage. Seules deux autres structures existent au monde. Elles se trouvent au Canada et aux Etats-Unis. Les trois disciplines olympiques : CSO (enchaîné un parcours d'obstacles sans fautes), le Dressage : harmonie du couple cavalier cheval (enchaînement de figures libres en équipes ou individuelles, reprises libres en musique), le Concours Complet d'Equitation (dressage, cross et sauts d'obstacles). D'autres disciplines sont au programme : pony games, attelage, voltige, horse-ball, carrousel, hunter, polo, trec. Profitez de cette fête pour déguster la tarte Tatin et visiter la région.

› GENERALI OPEN DE FRANCE Lamotte-Beuvron (Loir-et-Cher) ✆ 02 54 94 46 00. *De 14h à 18h.*

Vive les VACANCES PROPRES !

A l'heure où l'on demande au citoyen de devenir un éco-citoyen, il est important de réaliser que même en vacances il faut continuer à protéger l'environnement. Des partenaires (Ministère de l'Environnement, Fondation Nicolas Hulot, Autoroutes du Sud de la France, Vacances Propres et Handy Bag), conscients du danger que représente la pollution en tout genre, proposent dans les pages qui suivent des conseils utiles pour éviter de détruire, à long terme, notre planète. Des gestes simples mais souvent très efficaces vous permettront de profiter encore longtemps des plages, de la campagne ou de la montagne.

La rédaction du Petit Futé

NF ENVIRONNEMENT

Autoroutes du Sud de la France
FAITES LA ROUTE AVEC NOUS

FONDATION NICOLAS HULOT POUR LA NATURE ET L'HOMME

handy bag
PLUS FORT SUR LES POINTS FAIBLES

Vacances Propres

TOURISME :

Quelques gestes simples pour des vacances et des activités de plein-air "durables"

BIEN CHOISIR SON MODE DE TRANSPORT

• Avant de partir, j'étudie, selon le nombre de passagers et la distance à parcourir, la possibilité d'utiliser un autre mode de transport que la voiture. Je privilégie l'avion pour un trajet de plus de 1 000 km et le train pour un trajet de moins de 1 000 km, ce qui s'avère bien souvent moins fatiguant et plus économique. En effet, les transports routiers constituent la principale source de pollution de l'air.

• Si je me déplace en voiture, j'adopte une conduite souple, je respecte les limitations de vitesse et je fais régler le moteur, ce qui me permettra d'économiser plus d'un litre d'essence pour 100 km parcourus (pour une petite voiture) et de faire baisser de 50% les polluants et le bruit émis par mon véhicule. Les voitures particulières sont responsables de 57 % des émissions de CO2 des transports routiers, principal gaz à effet de serre.

• Si j'ai une quantité importante de bagages à transporter, j'utilise une remorque ce qui me permettra d'économiser jusqu'à plus de 15 % de consommation d'essence à 110 km/h par rapport à une galerie chargée.

• Sur place, je privilégie, lorsque cela est possible, d'autres modes de déplacement que la voiture (vélo, marche à pied…). En plus de lutter contre l'effet de serre, je pratique une activité physique et je suis en contact direct avec la nature. Si je visite une ville, j'utilise de préférence les transports en commun.

NE PAS ABANDONNER SES DÉCHETS

• Je ne jette pas mes déchets dans la nature, ni sur la plage. En effet, une canette en métal jetée par terre mettra 10 ans à se décomposer, un sac plastique, plus de cent ans. Les dépôts sauvages sont interdits depuis la loi du 15 juillet 1975. Se débarrasser de ses déchets encombrants sur un trottoir, au coin d'un bois ou dans une rivière est un comportement irresponsable mais malheureusement encore trop fréquent.

• Si je fume sur la plage, je ne cache pas mes mégots dans le sable et si je suis en forêt, je m'abstiens de fumer car je risque d'être à l'origine d'un incendie. En France, 5 000 départs de feu ont lieu chaque année, et en général, 9 feux sur 10 sont dus à l'homme et à ses activités.

RESPECTER LES ESPACES ET LES ESPÈCES PROTÉGÉES

• J'évite de pratiquer des activités motorisées bruyantes et pouvant porter atteinte à la faune et à la flore en dehors des zones réservées à cet effet (scooter des mers ou des neiges, 4x4, moto cross...).

• Je respecte les règlements spécifiques aux espaces naturels protégés et je ne sors pas des chemins balisés. En France, les parcs nationaux accueillent plus de 6 millions de visiteurs par an.

• En France comme à l'étranger, je ne piétine pas la flore et je ne cueille pas une plante qui m'est inconnue, car il peut s'agir d'une espèce protégée. La cueillette de ces espèces peut parfois entraîner leur disparition et perturber leur écosystème.

• Je ne dérange pas la faune et je ne nourris pas les animaux, je me déplace avec calme et reste à distance des animaux pour ne pas les accoutumer à la présence humaine.

• Lors d'un séjour à l'étranger, je prends garde à ne pas rapporter d'animaux sauvages protégés, ni de produits issus de ces espèces (ivoire, objets en écaille de tortue marine...). Je peux très bien devenir trafiquant sans le savoir et ces souvenirs pourraient me coûter plus cher que mes vacances lors du passage à la douane. Malgré les mesures de protection, le rythme de disparition des espèces ne cesse de s'accélérer. 34 000 espèces végétales et 5 200 espèces animales seront bientôt menacées, si rien n'est fait notamment pour stopper le trafic d'animaux.

• Je suis vigilant lorsque j'achète des objets en bois. En effet, l'utilisation de bois exotiques pour l'ameublement conduit à la désertification de certaines zones du globe. J'achète donc des bois d'essence locale ou issus d'exploitations forestières bénéficiant d'une gestion forestière durable (certification PEFC, norme FSC...).

• Si je pratique la plongée, je me renseigne auparavant auprès d'un centre spécialisé qui me donnera toutes les informations et les recommandations pour préserver les récifs coralliens sérieusement menacés par le développement du tourisme (ne pas utiliser d'ancres, maîtriser le mouvement des palmes, ne pas toucher, ni ramasser, ni marcher sur les coraux...), sachant que le moindre prélèvement ou cassure peut annuler des centaines d'années de constitution d'un récif.

PROMOUVOIR LA VIE LOCALE

• Je privilégie l'achat de produits issus du commerce équitable. Depuis quelques années, le commerce équitable est une alternative efficace pour réduire les inégalités et redonner à l'homme sa place dans les échanges commerciaux internationaux.

• J'achète de préférence les produits respectueux de l'environnement. Ils sont faciles à reconnaître puisqu'en France, ils portent le label NF Environnement et, partout en Europe, l'Ecolabel européen.

• En France comme à l'étranger, j'achète, dans la mesure du possible, des produits locaux, ce qui favorise l'insertion économique des communautés concernées et évite le recours au transport, contribuant à l'effet de serre.

FONDATION NICOLAS HULOT POUR LA NATURE ET L'HOMME

L'AVENIR de notre PLANÈTE se joue au QUOTIDIEN

▷ Petits gestes pour de GRANDS bénéfices

Un milliard de touristes annoncé pour 2010 ! Le tourisme est aujourd'hui la première industrie planétaire avec toutes les conséquences que cela entraîne pour des régions du monde qui ne sont pas préparées à cette déferlante de visiteurs. Ce qui est vrai ailleurs l'est tout autant pour l'ensemble du territoire français. Comme "il n'y a pas de mauvais voyageurs mais des voyageurs mal informés", voici quelques pistes pour inscrire vos voyages dans une perspective de développement durable.

COMMENT S'Y RENDRE ?

Privilégier le train.

- ⇨ - de gaz à effet de serre
- ⇨ - d'encombrement de l'espace
- ⇨ - de bruit et + de sécurité

OÙ LOGER ?

Choisir des hôtels soucieux de leur environnement ou penser aux gîtes et à l'accueil chez l'habitant.

- ⇨ + de développement local
- ⇨ + de convivialité

QUE MANGER ?

Favoriser les productions locales et de saison.

- ⇨ - de transport
- ⇨ - de déchets
- ⇨ + de santé
- ⇨ - d'exode rural

QUAND Y ALLER ?

Choisir la basse saison ou, en haute saison, décaler son départ d'un ou deux jours.

- ⇨ - de stress
- ⇨ - de pollution
- ⇨ - d'impact sur l'environnement

QUE FAIRE ?

Choisir des activités à faible impact sur l'environnement comme la randonnée, le VTT, l'escalade, le cheval, le kayak de mer, etc.

- ⇨ + de biodiversité
- ⇨ + d'économie
- ⇨ + de plaisir

Retrouvez les gestes pour la planète

COMMENT SE COMPORTER ?

- Je comprends que mon lieu de vacances est un espace partagé par tous et je le respecte comme si c'était chez moi.
- Je profite de la nature sans la dénaturer.
- Je laisse derrière moi un endroit aussi propre que je l'ai trouvé.
- Je respecte les plantes (aquatiques et terrestres) et ne les arrache pas de leur support.
- J'observe les animaux sans les toucher ni les déranger.
- J'emprunte les chemins balisés pour laisser vivre la nature.
- J'ai conscience que le feu est l'ennemi de la forêt.
- Je respecte l'eau, la rivière comme la mer, et n'y jette rien.
- Je limite ma pêche aux espèces et tailles autorisées.
- Je respecte ceux qui m'entourent et je fais le moins de bruit possible.

Depuis sa création en 1990, la Fondation Nicolas Hulot pour la Nature et l'Homme sensibilise le public aux richesses et à la fragilité de notre patrimoine naturel. Elle soutient les initiatives locales dans une démarche de développement durable.
Son objectif : former les jeunes et les adultes au respect de la nature et aux gestes éco-citoyens pour préserver notre planète.
C'est la seule fondation française reconnue d'utilité publique spécialisée dans l'éducation à l'environnement.

Chaque geste compte… A commencer par le vôtre.

Fondation Nicolas Hulot pour la Nature et l'Homme
52, boulevard Malesherbes - 75008 Paris
Tél. : 01 44 90 83 00 - E-mail : fnh@fnh.org
www.planete-nature.org

sur www.planete-nature.org

Rouler PROPRE pour des vacances PURES

Le bruit mat de la portière qui se ferme sur une famille pleine de sourires, puis rapidement l'automobile qui file, silencieuse, sur le ruban d'asphalte synonyme d'évasion : les vacances, le week-end...

Aujourd'hui l'autoroute est le trait d'union entre la ville et la campagne, un moment privilégié de rencontre avec les paysages variés de notre pays. Elle répond aux aspirations des citadins à la recherche de tourisme vert campagne, bleu océan ou blanc neige. Et quand on aime la nature, on la protège. Mieux rouler pour préserver l'environnement, ce souci est commun à Autoroutes du Sud de la France (ASF) et à de plus en plus d'automobilistes. Voici quelques petites histoires glanées sur une autoroute bien conçue et bien utilisée. Pour des vacances avec encore plus d'oxygène.

Autoroutes du Sud de la France

FAITES LA ROUTE AVEC NOUS

ROULER L'ESPRIT TRANQUILLE ET REPOSÉ

« Papa, pourquoi il y a moins de bouchons ? ».

Il suffit parfois de décaler son déplacement de quelques heures pour éviter les désagréments liés à une circulation dense. C'est possible avec nos prévisions de trafic heure par heure sur www.asf.fr et Autoroutel 08 92 70 70 01 (0,34€/min). Pendant le voyage, l'information continue, sur Radio Trafic 107.7 FM, sur nos 327 panneaux lumineux et dans la rubrique "trafic" des opérateurs de téléphonie mobile. De plus, pour fluidifier la circulation, nous améliorons sans cesse nos autoroutes : avec notre filiale Escota nous avons élargi 106 km depuis 1998, et nos barrières de péage proposent des paiements manuels, automatiques et le télépéage.

Quatre gestes, trois bénéfices :

environnement, sécurité, économie

Une conduite souple, respectueuse des inter-distances

=> - de consommation
=> - de gaz à effet de serre
=> - de bruit et + de sécurité

Des pneus bien gonflés

=> - de poussières sur la route
=> - d'usure
=> - de consommation
=> + de sécurité

Un usage modéré de la climatisation

=> - de consommation
=> - de pollution

Un chargement maîtrisé et équilibré

=> - de consommation
=> + de sécurité

ROULER AVEC UN VÉHICULE EN BON ÉTAT

« Je croyais que tu venais de faire vidanger la voiture, les garagistes en ont-ils profité pour gonfler les pneus ? Je ne sais pas, j'ai oublié de leur demander ».

Vérifier chaque mois la pression des pneus, sans oublier ceux de la remorque, de la caravane et la roue de secours, est un bon réflexe. Un pneu mal gonflé est synonyme de surconsommation et donc de pollution… sans oublier le risque d'éclatement. Pour les conducteurs qui auraient oublié, nous avons installé des stations de gonflage en libre-service, sur nos principaux péages.

Faire régler son allumage et sa carburation, son pot d'échappement, c'est également limiter l'émission de gaz à effet de serre.

Les milliers de véhicules qui empruntent chaque jour notre réseau y laissent des traces (poussières, hydrocarbures, huiles). Pour récupérer ces polluants charriés par la pluie, nous avons construit 1 500 bassins et fossés qui protègent nappes phréatiques et rivières.

ROULER ZEN

« Nous avons déjà doublé cette voiture trois fois… elle ne roule vraiment pas de manière régulière ».

Freiner, accélérer, conduire par à-coups, c'est consommer davantage et en conséquence augmenter le volume de gaz à effet de serre.

Pour un voyage en toute sérénité, nos 309 aires de services et de repos sont autant d'incitation à la pause.

ROULER PROPREMENT DANS UN ENVIRONNEMENT PRÉSERVÉ

« Ma chérie, veux-tu bien mettre tes miettes de biscuits dans le petit sac poubelle… Sinon, c'est toi qui passe l'aspirateur».

Penser à la propreté de sa voiture, c'est bien, penser aussi à celle de l'autoroute, c'est mieux. Chaque année 6 000 tonnes de déchets sont ramassés sur nos autoroutes ! Pensez-y : 10 000 poubelles sont disponibles sur notre réseau. Et puis fumeurs, attention à vos mégots, ils peuvent être responsables de départs de feux dévastateurs en période de sécheresse.

RÉDUIRE LES NUISANCES DE LA CIRCULATION

*« Maman, et là c'est des bouleaux ?
Non, maintenant ce sont des oliviers, tu as beaucoup dormi… ».*

14 millions d'arbres sont plantés sur tout le réseau ASF et 9 000 hectares verts bordent nos autoroutes. Ceux sont de véritables refuges où la faune et la flore peuvent se développer. Insectes, papillons, oiseaux, petits mammifères, reptiles, rapaces… tout un écosystème équilibré.

Cette ceinture végétale joue également le rôle d'un filtre qui fixe les poussières et les polluants et atténue le bruit.

Faites des économies… d'énergie

- Rouler à 110 km/h au lieu de 130 km/h, c'est « perdre » seulement 7 minutes sur 100 km, mais c'est gagner 2 euros de carburant (gain sur la consommation), une moindre usure des pièces mécaniques et moins de risque d'accident. C'est aussi moins de CO^2 rejeté dans l'atmosphère.
- Si tous les automobilistes respectaient la limitation à 130 km/h, la consommation totale de carburant sur autoroutes diminuerait de 15 %, soit un gain évalué à 900 millions de litres. L'émission de 2 millions de tonnes de CO^2 serait ainsi évitée.
- Une utilisation abusive de la climatisation entraîne une surconsommation de carburant de 10 à 15 %.

VACANCES PROPRES

l'Association VACANCES PROPRES est reconnue par le Ministère de l'Écologie et du Développement durable, l'Association des Maires de France et l'ADEME

VACANCES PROPRES, initiée dès 1971, par quelques grands chefs d'entreprises pionniers de la protection de l'environnement et soucieux, dès alors, de développement durable*, poursuit aujourd'hui plus que jamais son action d'éducation au respect de l'environnement et de soutien aux communes pour préserver les sites de loisirs de l'abandon anarchique des déchets sauvages qui souillent le plus beau des paysages...

Respecter la nature **c'est notre devoir**, c'est bien, mais en un temps ou chacun prend conscience de la nécessité du recyclage, ***« trier nos déchets en vacances comme à la maison »*** **c'est primordial.**

Mais comment concilier le respect de l'environnement et le geste civique de tri ?

Tout simplement en utilisant **les collecteurs duo « Geste Propre-Geste de Tri »** dont les premiers ont été expérimentés, dès 1998, lors des Championnats du Monde d'aviron en Savoie.

Le collecteur à couvercle bleu, équipé du sac ou de l'entourage métallique aux emblématiques rayures rouges de **VACANCES PROPRES**, reçoit les détritus et reliefs du pique-nique (peaux de bananes, trognons de pommes, emballages gras et souillés...), l'autre c'est le collecteur à couvercle jaune, équipé du sac ou de l'entourage métallique à rayures jaunes ; il est destiné aux emballages de biscuits, aux bouteilles d'eau, aux briques, aux journaux, aux canettes acier ou alu... à tous ces déchets valorisables qui grâce à notre geste de tri, un geste intelligent de citoyen responsable, connaîtront une nouvelle vie.

Plus de 1400 sites de villégiature sont, en 2004, partenaires de Vacances Propres et quelque 100 000 tonnes de déchets sont chaque année collectées, empêchant ainsi la souillure de nos stations de tourisme préférées.

Maurice de Kervenoaël
Président de Vacances Propres

**Éco-Emballages, Atofina, Coca-Cola, l'Oréal, Arcelor, Danone, Lu, Tetra Pak, Evian, Mead Emballage, Adelphe, Volvic, Brasseries Heineken, Procter & Gamble, Verre Avenir.*

73, Boulevard Haussmann - 75008 PARIS
web : www.vacancespropres.com

point recyclage
VACANCES
PROPRES
VACANCES
PROPRES
En vacances comme à la maison,
Trions nos déchets !
création jvconseil-paris

HANDY BAG vous invite à protéger L'ENVIRONNEMENT

Saviez vous que chaque français jette plus d'un kilo de déchets par jour, soit 420 kg par an et par foyer.
Parce que la terre n'est pas une poubelle, les poubelles ne doivent pas devenir des fourre-tout.
De ce raisonnement fort simple est né le principe du tri sélectif des déchets ménagers. Trier ses déchets, comme ramasser un papier par terre ou respecter les limitations de vitesse, c'est faire un geste utile pour soi et pour les autres. Alors, il n'y a plus qu'à vous y mettre !

QU'EST CE QUE LE TRI SÉLECTIF, AU JUSTE ?

Le tri des déchets ménagers, c'est une grande chaîne humaine qui commence dans votre cuisine :
Tout d'abord, vous triez vos déchets en séparant les emballages, le verre et le papier dans des containers prévus à cet effet. Les différents bacs sont ensuite collectés par votre commune. Puis, ils prennent le chemin des centres de tri dans lesquels ils sont regroupés par catégorie de matériaux (acier, plastique, cartons...) avant d'être envoyés dans leurs usines de recyclage respectives. Ces matériaux constitueront la matière première servant pour la fabrication de nouveaux produits. Ainsi les emballages que vous aurez triés connaîtront une seconde vie et vous participez à la protection de l'environnement !
A titre d'exemple, **1 bouteille en plastique sur 2 naît du recyclage, 1 tonne de verre recyclé permet d'économiser 600 Kg de sable et 1 tonne d'emballages en carton recyclé représente 2.5 tonnes de bois sauvées.**

Vos déchets organiques, quant à eux, sont compostés, c'est à dire transformés en un produit facilement destructible. Enfin, les emballages non recyclables sont dirigés vers des centrales d'incinération afin d'y être détruits.

Vous l'avez compris, le tri sélectif permet de valoriser vos déchets ménagers (flacons de parfum, magazines, packs de lait...) par leur recyclage, leur compostage ou leur incinération.
Fin 2002, on comptait déjà **49 millions de français triant leurs déchets et près de 30 000 communes adhérant au programme de tri sélectif des déchets.** L'Europe a pour objectif de valoriser 75% de ses déchets ménagers en 2003.

HANDY BAG, un partenaire incontournable

Vous êtes déjà 85% de foyers à avoir la possibilité de trier vos déchets ménagers. Mais si tout est bien organisé dans la rue, rien n'est prévu pour votre maison et votre cuisine.
Pour vous aider à changer vos habitudes et à effectuer ces gestes éco-citoyens, Handy Bag devient votre partenaire incontournable à la maison.

Handy Bag met à votre disposition une gamme de 3 sacs poubelle pour trier et stocker vos déchet ménagers dans votre cuisine et pour les transporter jusqu'aux containers.

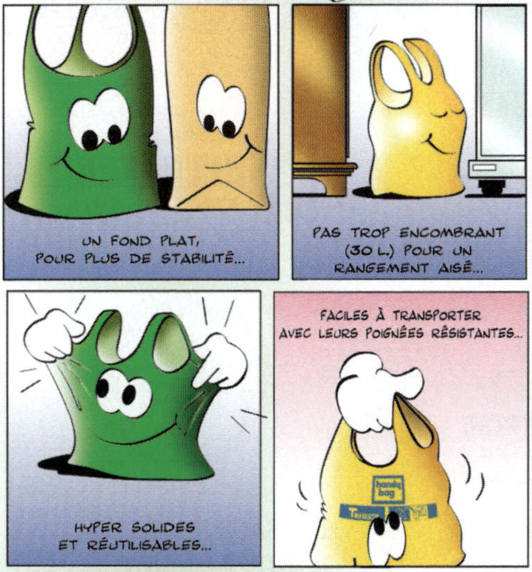

Pour le tri de vos déchets organiques, Handy Bag vous propose un sac 100% biodégradable : Biosac®. De petite taille (15L), il est adapté à la collecte des déchets organiques se décomposant rapidement. Biosac® est biodégradable en 40 jours. Vous pouvez l'utiliser pour la production de votre compost dans votre jardin. Vous pouvez le jeter dans les containers de votre commune réservés à cet effet.

Et parce que le tri sélectif des déchets ménagers a pour finalité le recyclage, Handy Bag vous propose ses sacs recyclés, fabriqués à partir de 80% de plastiques recyclés.

Préserver notre patrimoine naturel, c'est l'affaire de tous. Sans votre aide, c'est impossible. A votre échelle, vous avez maintenant les moyens de changer vos habitudes et de trier vos déchets. Alors pour le bien des générations futures, agissez !

PLUS FORT SUR LES POINTS FAIBLES

De lieux
en lieux

LEGENDE DES PICTOS

• Restauration et Hébergement

restaurants et tables d'hôte

hôtels

hôtel-restaurant

campings

autres hébergements
(auberge de jeunesse,
chambre d'hôtes, B & B...)

• Sorties

casinos

bars

discothèques

• Emplettes

caves,
domaines viticoles

emplettes alimentaires

emplettes diverses

• Loisirs

randonnée pédestre

cyclotourisme

loisirs équestres

golf

bases de loisirs
et plans d'eau

eaux vives

sports de voile
et autre navigation

trains touristiques

montagne

tennis

sports aériens

pêche

escalade

spéléologie

tir à l'arc

bowling

patinoire

Cher

Loir-et-Cher
Paris
BOURGES
Indre
N
O
E
S
Beuvron
Brinon-sur-Sauldre
Nançay
Presly
Vers Paris
Neuvy-sur-Barengeon
Vers Tours
A85
Vers Tours
N20
Forêt de Vierzon
Forêt de Vouzeron
N76
Vierzon
Allogny
Genouilly
Château de Maison-Fort
Gracay
A20
Mehun-sur-Yèvre
N76
Lury-sur-Arnon
Vers Châteauroux
A71
Cher
N151
Charost
Saint-Flore
sur-Cher
Vers Châteauroux
Rosières
Mareuil-sur-Arnon
Châteauneuf-sur-Cher
Chezal-Benoît
Lignières
Morlac
Le Châtele
Châteaumeillant
les Préveranges
0 10 km
Reproduction interdite
Jean-Baptiste Ñény
Mai 2004

CHER
Yonne
Nièvre
Allier
Vers Paris
A77
Vers Auxerre
Vers Nevers
Vers Moulins
Vers Montluçon
Vers Clermont-Ferrand
Site Remarquable
Château
Argent-sur-Sauldre
Blancafort
Aubigny-sur-Nère
Concressault
Oizon
Vailly-sur-Sauldre
Léré
Ennordres
Château de la Verrerie
Grande Sauldre
Petite Sauldre
La chapelle-d'Angillon
Château de Boucard
Sancerre
Henrichemont
Loire
Canal Latéral à la Loire
Château Maupas
Saint-Martin-d'Auxigny
Les Aix-d'Angillon
Sancergues
St-Germain-du-Puy
N151
BOURGES
Cathédrale
Beffes
Baugy
Villequiers
Savigny-en-Septaine
Avord
Torteron
Cours-les-Barres
Bengy-sur-Craon
Nérondes
La Guerche-sur-l'Auboise
Levet
A71
Apremont-sur-Allier
N76
Blet
Château Sagonne
Dun-sur-Auron
St-Loup-les-Chaumes
N144
Château de Sagonne
Sancoins
Château de Meillant
Saint-Amand-Montron
Charenton-du-Cher
Abbaye de Noirlac
Cher
Culan
Autoroute
Nationale
Départementale

LE PAYS DE BOURGES

▸ Bourges

Histoire de Bourges

La devise de Bourges : "Summa imperii penes Bituriges" (le souverain pouvoir, appartient aux Bituriges).

Introduction

Ce n'est pas par hasard que depuis vingt-cinq siècles, des hommes se sont fixés ici. Un regard suffit, pour comprendre que ce lieu ne pouvait demeurer inhabité : deux rivières, l'Yèvre et l'Auron, de part et d'autre d'un plateau dominant de trente mètres les vallées marécageuses et souvent inondées. Un site particulièrement favorable, d'une part par la présence d'un promontoire terminant le plateau, facile à fortifier, et d'autre part grâce à ces cours d'eau, la possibilité d'établir des relations commerciales lointaines, en particulier avec les pays méditerranéens. L'Avarich gauloise est née de ce site remarquable. Cité fortifiée, dont les archéologues ont découvert récemment, un fossé de défense, capitale des Bituriges. Elle occupait dans le monde gaulois une position très forte. Jules César nous dit qu'elle était une des plus belles cités de la Gaule. Avaricum gallo-romaine, et de nouveau prospère, elle se dota d'imposants monuments dont il reste la trace de quelques vestiges. Au **IVe siècle** devant la menace des invasions barbares, on en utilisa les matériaux pour construire une enceinte. Dans les caves de la préfecture, on a retrouvé une fontaine et un portique, restes d'un ensemble monumental. Dégagés et restaurés, ils témoigneront de l'importance de la cité. Bourges s'active, travaille, produit, commerce, s'enrichit, et bâtit les monuments prestigieux qui font aujourd'hui la fierté et le renom de la cité. Peu à peu, au long des siècles, des faubourgs ruraux se groupèrent autour des édifices religieux, moulins et artisans s'établirent aux abords de l'Yévrette récemment creusée. La ville elle-même franchit sa muraille et vers la fin du **XIIe siècle** une nouvelle enceinte devint nécessaire : ce fut le rempart dit de Philippe-Auguste, complété par la Grosse Tour édifiée en **1189** dont les archéologues nous ont exhumé et expliqué les bases puissantes. Nous voici aux **XIIIe, XIVe et XVe siècles**, les grands siècles de la ville qui maintenant se nomme Bourges. L'incendie de la Madeleine, le **22 juillet 1487**, lui porte un coup sévère, mais très vite la ville se relève et se reconstruit.

Pourvue d'un système défensif dès l'époque gauloise, rattachée au domaine royal en **1100**, enjeu stratégique pendant la guerre de Cent Ans, capitale à partir de laquelle Charles VII reconquiert son royaume.

L'émergence de la Cité

Au cours du premier âge du fer, période dite de Hallstatt, plusieurs indices archéologiques indiquent la place privilégiée du site de Bourges. Entre la fin du **VIe siècle**, et le **Ve siècle** avant notre ère, la construction de plusieurs habitats atteste de l'organisation de l'espace délimité par la confluence de l'Yèvre et de l'Auron. A l'emplacement du collège Littré, des bâtiments en bois de grande qualité (traces d'enduits peints) se succèdent en respectant l'alignement du parcellaire. Une telle permanence de l'occupation se retrouve à Saint-Martin-des-Champs. Les fragments d'objets mis au jour dans les niveaux de sol de ces habitats : amphores de Marseille, céramiques d'Italie du Nord, céramiques grecques à figure noire et à figure rouge, témoignent des liens commerciaux avec les régions méditerranéennes ; le savoir-faire de ces régions se retrouve dans les productions de céramiques dites "indigènes", qui utilisent les techniques de façonnage au tour et de décor. Le mobilier funéraire, notamment la vaisselle de bronze étrusco-italique, confirme l'importance de ces échanges. Le tissu de cette première agglomération du Hallstatt n'est certainement pas dense, mais l'omniprésence de tessons de céramique (Nation, Jacobins) témoigne de l'expansion de ce site à la périphérie duquel d'autres habitats ont été reconnus (Marmagne et Plaimpied). Le monde des morts fait partie du paysage de la cité : depuis le **XIXe siècle**, les nombreuses découvertes funéraires (tumulus, enclos...) confirment l'émergence de cette cité. Il semble ainsi qu'un vaste sanctuaire se structure au sud de Bourges (établissements militaires, Fonds-Gaidons, Lazenay), entre les vallées du Cher et de l'Auron.

Une Cité : l'Urbs et son territoire

Le territoire

La vallée de la Loire à l'est, les premières hauteurs du Massif central au sud, les marais de la Brenne et de la Sologne à l'ouest et au nord constituent les limites naturelles du peuple biturige. Au IIe siècle avant notre ère, plusieurs sites de hauteur, déjà connus quelques siècles auparavant, sont de nouveau occupés et fortifiés. Ces oppida, une vingtaine, et d'autres sites entourés d'une enceinte de talus de terre et de fossés, se répartissent sur une superficie qui recouvre plus de trois de nos départements. Situées le plus souvent à proximité des cours d'eau (la Sauldre, l'Auron, le Cher...), des nécropoles semblent associées à ces sites.

Avaricum ville ouverte

Après la conquête de César, la vieille cité des Bituriges Cubi est maintenue comme peuple libre. Dès le milieu du Ier siècle, urbanisme et architecture témoignent de ce statut. A la fin du IIIe siècle, la réorganisation administrative de Dioclétien fait d'Avaricum la capitale de la très vaste province d'Aquitaine Première. La ville du Haut Empire, aux constructions plus denses, occupe une superficie estimée à environ 100 hectares avec l'agglomération : de nouveaux quartiers se développent au-delà des rivières.

La vie quotidienne d'un peuple

A l'intérieur de la ville haute et dans la ville basse, les vestiges d'habitations construites en matériaux légers (bois, torchis) ou en maçonnerie côtoient de riches maisons (domus) avec hypocauste, mosaïque, péristyle. A la périphérie de l'agglomération, les nécropoles sont implantées le long des voies : "le champ des tombeaux" sur la voie d'Argentomagus (Saint-Marcel près d'Argenton-sur-Creuse), ou le "Fin Renard" sur la voie de Tinconium (Sancoins) et Lyon. Les stèles funéraires présentées au musée du Berry témoignent de la vie quotidienne et des métiers de ces Gallo-Romains.

La métropole religieuse

Biturigas s'enferme dans son rempart

Le déclin amorcé au Bas Empire romain entraîne une généralisation des abandons et des destructions d'édifices publics et d'habitats. La construction d'un système défensif, le rempart du IVe siècle est soigneusement appareillé en pierre et chaînages de briques, renforcé par une cinquantaine de tours et percé de quatre portes. Les vestiges de cette enceinte sont encore visibles sur la "promenade des remparts", derrière le nouvel hôtel de ville, et à la base de l'hôtel Jacques-Cœur. La ville se referme sur une surface de 25 hectares environ. Son enceinte marque pour toujours la topographie urbaine en délimitant une ville haute dont les rues suivent le tracé elliptique.

La capitale de l'Aquitaine première

Selon la tradition rapportée par Grégoire de Tours, l'église de Bourges aurait été fondée au IIIe siècle par Saint-Ursin. De grands évêques, Simplice élu au Ve siècle, Oûtrille et Sulpice au VIIe siècle, jouent un rôle politique et religieux important, dans cette ville encore très romaine dont les évêques garderont pour longtemps la suprématie sur l'Aquitaine.

Les fondations de basiliques funéraires et de monastères

Si l'habitat de cette période nous est inconnu, les textes attestent de nombreuses fondations de basiliques funéraires à la fin du VIe siècle et au début du VIIe siècle : Saint-Oûtrille, Saint-Sulpice, Saint-Symphorien (plus tard Saint-Ursin), Saint-Paul, Saint-Ambroix au siècle suivant sont construites hors les murs sur des zones funéraires antiques (tel l'oratoire Saint-Martin-des-Champs) ou à proximité des voies d'accès aux portes de l'enceinte. Ces sanctuaires, élevés en mémoire de saints martyrs ou évêques protecteurs de la cité, regroupent peu à peu autour d'eux sépultures et... habitations. Entre la domination des Wisigoths et la lutte des rois francs contre les ducs d'Aquitaine, des périodes plus calmes voient aussi la création de monastères, pour la plupart réservés aux femmes : Notre-Dame-de-Salles, Notre-Dame-de-Montermoyen, Saint-Pierre-le-Puellier, Saint-Laurent...

La ville royale

En 1100, le dernier vicomte de Bourges, Eudes Arpin, vend ses biens au roi de France Philippe Ier pour financer son départ en croisade. Le jour de Noël 1137, Louis VII est couronné dans la cathédrale romane de Bourges, en présence de sa jeune épouse, Aliénor d'Aquitaine. Lorsque celle-ci se remarie avec Henri II Plantagenêt, ce petit territoire du Berry devient le seul domaine royal au sud de la Loire, face aux possessions du roi d'Angleterre. Les deux constructions majeures de cette époque, la Grosse Tour et la cathédrale gothique, seront les symboles du pouvoir royal des Capétiens et de la puissance des archevêques de Bourges, primats d'Aquitaine.

A la fin du XIIe siècle, une cathédrale d'avant-garde (classée au Patrimoine mondial de l'Unesco en 1992)

Figure de proue du domaine capétien face au midi de la France, la nouvelle cathédrale Saint-Etienne se devait d'être unique dans sa conception. En 1195, l'archevêque Henri de Sully prend la décision de reconstruire la cathédrale, à partir de l'est, dans le nouveau style gothique. Le chœur s'élève sur une église basse dite à tort "crypte", établie sur le fossé du rempart gallo-romain. Les caractéristiques architecturales de l'ensemble sont déjà présentes dans le chevet : composition pyramidale, audace de la double volée d'arcs-boutants, correspondant à la recherche des effets de perspective et de fusion des volumes dans l'espace intérieur.

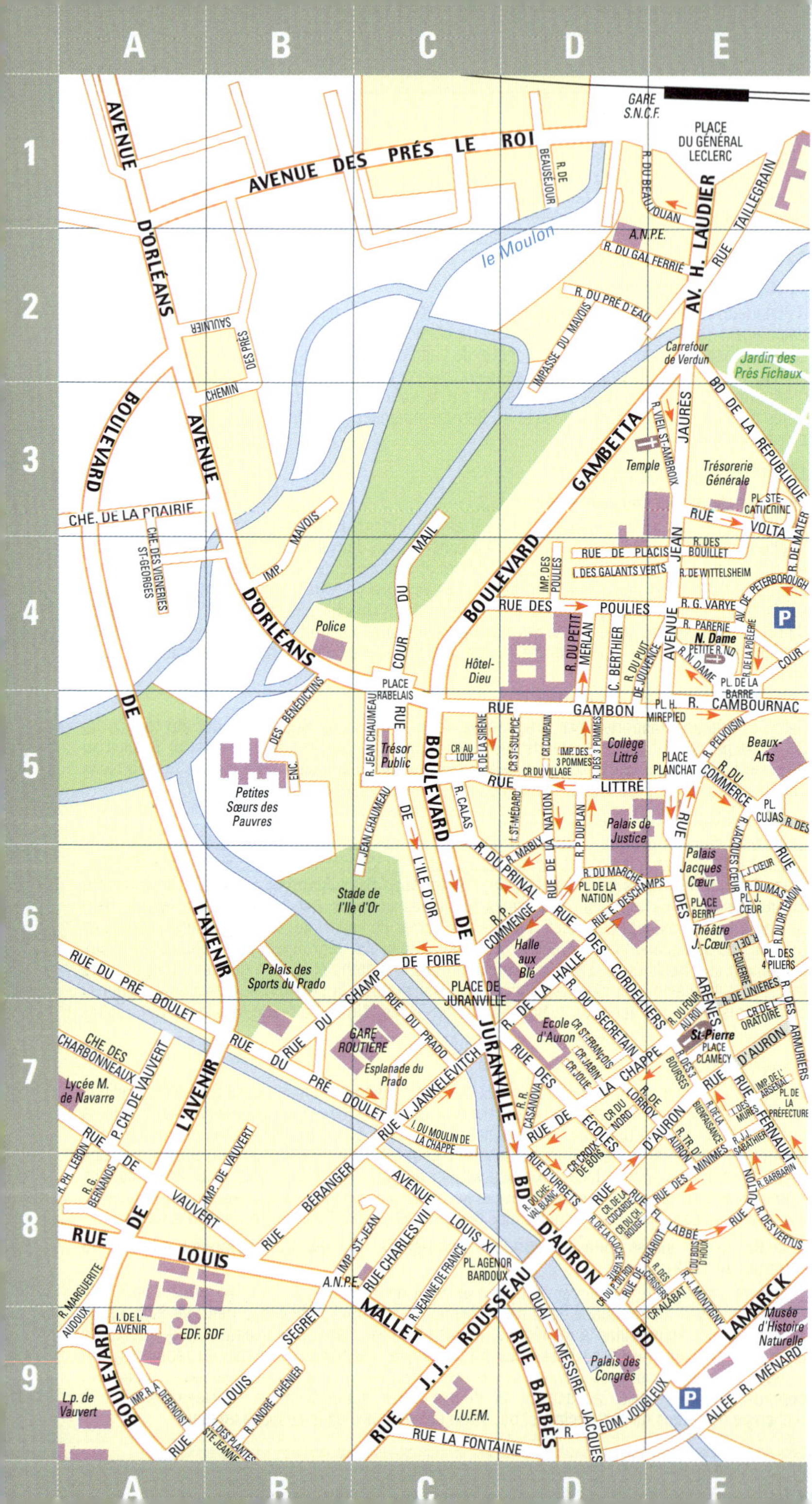
A
B
C
D
E
1
2
3
4
5
6
7
8
9
AVENUE DES PRÉS LE ROI
AVENUE D'ORLÉANS
GARE S.N.C.F.
PLACE DU GÉNÉRAL LECLERC
R. DE BEAUSÉJOUR
R. DU BEAUJOUAN
A.N.P.E.
R. DU GAL FERRIÉ
AV. H. LAUDIER
RUE TAILLEGRAIN
le Moulon
R. DU PRÉ D'EAU
IMPASSE DU MAVOIS
SAULNIER
DES PRÉS
CHEMIN
Carrefour de Verdun
Jardin des Prés Fichaux
BD DE LA RÉPUBLIQUE
BOULEVARD DE L'AVENIR
AVENUE D'ORLÉANS
BOULEVARD GAMBETTA
R. VIEIL ST-AMBROIX
JAURÈS
Temple
Trésorerie Générale
PL. STE-CATHERINE
RUE VOLTA
R. DE MATER
CHE. DE LA PRAIRIE
CHE. DES VIGNERIES ST-GEORGES
IMP. MAVOIS
COUR DU MAIL
IMP. DES POULIES
RUE DE PLACIS
I. DES GALANTS VERTS
R. DES BOUILLET
R. DE WITTELSHEIM
AVENUE JEAN JAURÈS
R. G. VARYE
AV. DE PETERBOROUGH
RUE DES POULIES
R. PARERIE
N. Dame
PETITE R. ND
R. N. DAME
R. DE LA POËLERIE
PL. DE LA BARRE
COUR
Police
Hôtel-Dieu
R. DU PETIT MERLAN
C. BERTHIER
R. DU PUIT DE JOUVENCE
PLACE RABELAIS
DES BÉNÉDICTINS
R. JEAN CHAUMEAU
RUE
Trésor Public
BOULEVARD DE JURANVILLE
CR AU LOUP
R. DE LA SIRÈNE
CR ST-SULPICE
CR COMPAIN
IMP. DES 3 POMMES
R. DES 3 POMMES
CR DU VILLAGE
RUE GAMBON
PL. H. MIREPIED
R. CAMBOURNAC
Collège Littré
PLACE PLANCHAT
R. PELVOISIN
Beaux-Arts
RUE LITTRÉ
R. DU COMMERCE
PL. CUJAS
R. DES
Petites Sœurs des Pauvres
ENC.
I. JEAN CHAUMEAU
DE L'ILE D'OR
R. CALAS
R. ST-MÉDARD
RUE DE LA NATION
R. P. DUPLAN
Palais de Justice
RUE DES ARÈNES
Palais Jacques Cœur
R. JACQUES CŒUR
I. J. CŒUR
R. DUMAS
PL. J. CŒUR
R. DU DR TEMOIN
PLACE BERRY
Stade de l'Ile d'Or
R. MABLY
R. DU PRINAL
R. DU MARCHÉ
PL. DE LA NATION
RUE E. DESCHAMPS
R. P. COMMENGE
RUE DES CORDELIERS
Halle aux Blé
Théâtre J.-Cœur
R. DE L'ÉQUERRE
PL. DES 4 PILIERS
RUE DU PRÉ DOULET
Palais des Sports du Prado
RUE DE FOIRE
RUE DU CHAMP
PLACE DE JURANVILLE
R. DE LA HALLE
R. DU SECRÉTAIN
R. DU FOUR AU ROI
R. DE LINIÈRES
CR DE L'ORATOIRE
RUE DES ARMURIERS
CHE. DES CHARBONNEAUX
RUE DU PRÉ DOULET
GARE ROUTIÈRE
RUE DU PRADO
Esplanade du Prado
Ecole d'Auron
CR ST-FRANÇOIS
CR JABIN
CR JOLIE
LA CHAPPE
St-Pierre
PLACE CLAMECY
R. DES 3 BOURSES
RUE D'AURON
IMP. DE L'ARSENAL
PL. DE LA PRÉFECTURE
Lycée M. de Navarre
P. CH. DE VAUVERT
RUE V. JANKÉLÉVITCH
I. DU MOULIN DE LA CHAPPE
R. R. CASANOVA
RUE DES ÉCOLES
CR DU NORD
R. DE LORROY
R. TR. D'AURON
R. DE LA BIENFAISANCE
I. DES MURES
R. J. SABATIER
RUE FERNAULT
RUE DE VAUVERT
R. PH. LEBON
R. G. BERNANOS
IMP. DE VAUVERT
RUE BÉRANGER
AVENUE LOUIS XI
RUE D'URBETS
CR CROIX DE BOIS
RUE DES MINIMES
R. BARBARIN
RUE FULTON
R. DES VERTUS
RUE DE LOUIS MALLET
IMP. ST-JEAN
RUE CHARLES VII
R. JEANNE DE FRANCE
PL. AGENOR BARDOUX
A.N.P.E.
BD D'AURON
R. DU CHEVAL BLANC
CR. DE LA COCARDE
CR DU CH. ROUGE
R. DE LA CLOCHE VERTE
RUE LABBÉ
R. DU BOIS D'HOUX
R. DE CHARIOT
R. DES CERISIERS
CR ALABAT
R. J. MONTIGNY
BD LAMARCK
Musée d'Histoire Naturelle
R. MARGUERITE AUDOUX
I. DE L'AVENIR
EDF GDF
SEGRET
RUE J.J. ROUSSEAU
QUAI MESSIRE JACQUES
RUE BARBÈS
Palais des Congrès
R. MÉNARD
ALLÉE R. MÉNARD
BOULEVARD DE VAUVERT
IMP. R.A. DEBENOIST
RUE LOUIS
R. ANDRÉ CHÉNIER
I. DES PLANTES STE-JEANNE
L.p. de Vauvert
I.U.F.M.
RUE LA FONTAINE
R. EDM. JOUBLEUX
P

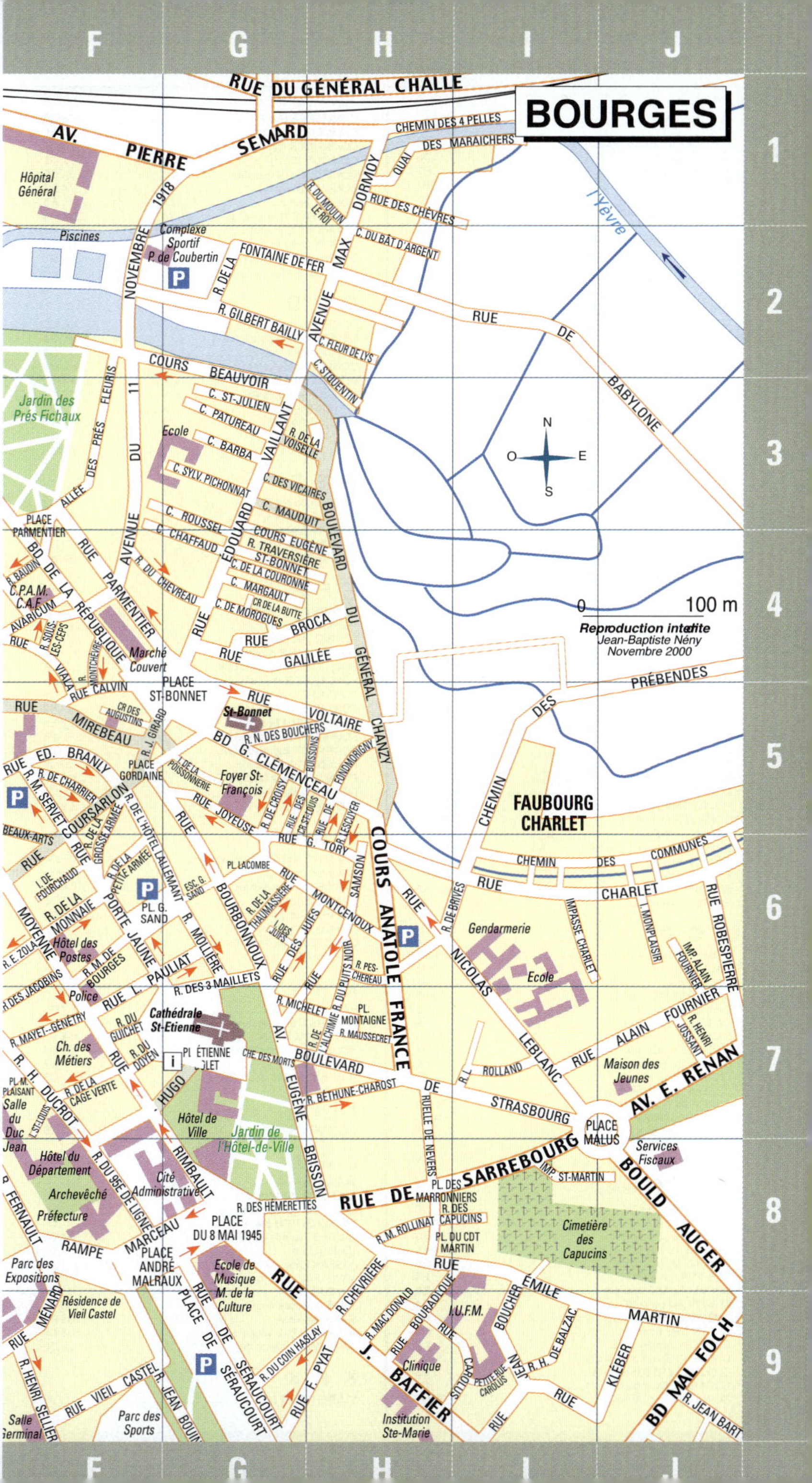
BOURGES
F G H I J
1 2 3 4 5 6 7 8 9
RUE DU GÉNÉRAL CHALLE
AV. PIERRE SEMARD
CHEMIN DES 4 PELLES
DES MARAICHERS
Hôpital Général
Piscines
Complexe Sportif P. de Coubertin
FONTAINE DE FER
R. GILBERT BAILLY
RUE DES CHÈVRES
C. DU BÂT D'ARGENT
RUE DE BABYLONE
l'Yèvre
Jardin des Prés Fichaux
ALLÉE DES PRÉS FLEURIS
COURS BEAUVOIR
C. ST-JULIEN
C. PATUREAU
C. BARBA
C. SYLV. PICHONNAT
Ecole
R. DE LA VOISELLE
C. DES VICAIRES
C. MAUDUIT
COURS EUGÈNE
R. TRAVERSIÈRE ST-BONNET
C. DE LA COURONNE
C. MARGAULT
C. DE MOROGUES
RUE BROCA
RUE GALILÉE
PLACE PARMENTIER
RUE PARMENTIER
BD DE LA RÉPUBLIQUE
C.P.A.M. C.A.F.
Marché Couvert
PLACE ST-BONNET
RUE VOLTAIRE
St-Bonnet
RUE MIREBEAU
RUE ED. BRANLY
BD G. CLEMENCEAU
Foyer St-François
RUE JOYEUSE
RUE G. TORY
BOULEVARD DU GÉNÉRAL CHANZY
COURS ANATOLE FRANCE
FAUBOURG CHARLET
CHEMIN DES COMMUNES
RUE CHARLET
DES PRÉBENDES
0 100 m
Reproduction interdite
Jean-Baptiste Nény
Novembre 2000
N S E O
Gendarmerie
Ecole
RUE NICOLAS LEBLANC
RUE ALAIN FOURNIER
RUE ROBESPIERRE
Maison des Jeunes
AV. E. RENAN
PLACE MALUS
Services Fiscaux
BOULD AUGER
RUE MONTCENOUX
RUE BOURBONNOUX
Hôtel des Postes
Police
Cathédrale St-Etienne
RUE MOYENNE
PORTE JAUNE
R. DES 3 MAILLETS
BOULEVARD DE STRASBOURG
R. BÉTHUNE-CHAROST
Hôtel de Ville
Jardin de l'Hôtel-de-Ville
RUE DE SARREBOURG
Cimetière des Capucins
Hôtel du Département
Archevêché
Préfecture
Cité Administrative
PLACE DU 8 MAI 1945
PLACE ANDRÉ MALRAUX
RAMPE MARCEAU
Parc des Expositions
Résidence de Vieil Castel
Ecole de Musique
M. de la Culture
RUE DE SÉRAUCOURT
RUE ÉMILE MARTIN
I.U.F.M.
Clinique
Institution Ste-Marie
RUE J. BAFFIER
BD MAL FOCH
RUE KLÉBER
Parc des Sports
RUE VIEIL CASTEL
Salle Germinal

A A A

B B B

C C C

D D D

E E E

F F F

G G G

H H

I I I

J J J

K K K

L L L

LABBÉ (rue FL.) D8
LACOMBE (place) G6
LAMARCK (boulevard) D8/E8
LAUDIER (avenue H.) D2/E2
LEBLANC (rue Nicolas) H6/I7
LEBON (rue PH.) A8/A7
LECLERC (place du général) D1
LESCUYER (rue) H6/H5
LINIÈRES (rue de) E6
LITTRÉ (rue) C5/D5
LORROY (rue de) D7
LOUI XI (avenue) C7/C8

M M M

MABLY (rue) C6/D5
MAC DONALD (rue) H8
MAIL (cour du) C4
MALLET (rue Louis) A8/C9
MALRAUX (place André) G8
MALUS (place) I7
MARAICHERS (quai des) H2/I1
MARCHÉ (rue du) D6
MARGAULT (C.) G4/H4
MARGUERITE AUDOUX (rue) A8
MARRONNIERS (place des) H8
MARTIN (place du commandant) H8
MARTIN (rue Emile) H8/J8
MATER (rue de) E4
MAUDUIT (C.) G4/H4
MAUSSECRET (rue) H7
MAVOIS (impasse du) D3/D2
MAVOIS (impasse) B4
MAYET-GÉNÉTRY (rue) F7
MÉNARD (allée rue) E9
MÉNARD (rue) F9/F8
MESSIRE JACQUES (quai) D8/D9
MICHELET (rue) H6/H7
MINIMES (rue des) D8/E7
MIREBEAU (rue) F5/G5
MIREPIED (place H.) D5
MOLLIÈRE (rue) G6
MONNAIE (rue de la) F6
MONPLAISIR (impasse) J6
MONTAIGNE (place) H6
MONTCENOUX (rue) H6
MONTCHÈVRE (rue) F5/F4
MONTIGNY (rue J.) D8/E8
MOROGUES (Cour de) G4
MOULIN de LA CHAPPE (impasse du) C7
MOULIN LE ROI (rue du) H2
MOYENNE (rue) E6/F6
MURES (impasse des) E7

N N N

NATION (place de la) D6
NATION (rue de la) D6/D5
NEVERS (ruelle de) H7/H8
NORD (Cour du) D7

O O O

11 NOVEMBRE 1918 (avenue du) G4/G2
ORATOIRE (CR de l') E6
ORLÉANS (avenue D') B3/B4

P P P

PARMENTIER (place) F4
PARMENTIER (rue) F4/G4
PATUREAU (C.) G3
PAULIAT (rue L.) G7/G6
PELVOISIN (rue) E5
PESCHEREAU (rue) H6
PETERBOROUGH (avenue de) E4
PETIT MERLAN (rue du) D4
PETITE ARMÉE (rue de la) G6
PICHONNAT (Cour Sylvain) G3
PLACIS (rue de) D4
PLAISANT (place M.) F7
PLANCHAT (place) D5
PLANTES STE JEANNE (impasse des) B9
POISSONNERIE (impasse de la) G5
PORTE JAUNE (rue) F6/G6
POULIES (impasse des) D4
POULIES (rue des) C4/D4
PRADO (Esplanade du) C7
PRADO (rue du) C6/C7
PRAIRIE (chemin de la) A4/B3
PRÉBENDES (chemin des) I5/J5
PRÉFECTURE (place de la) E7
PRÉS FLEURIS (allée des) F4/F3
PRÉS LE ROI (avenue des) A2/C1
PRÈS SAULNIER (chemin des) B3/B2
PRINAL (rue du) C6/D6
PUIT de JOUVENCE (rue du) D4
PUITS NOIR (rue du) H7/H6
PYAT (rue F.) H9
4 PELLES (chemin des) H1/I1
4 PILIERS (place des) E6

Q Q Q

95E de LIGNE (rue du) F7/G8

R R R

RABELAIS (place) C4
RAMPE MARCEAU F8/G8
RENAN (avenue E.) J7
RÉPUBLIQUE (boulevard de la) F4/G4
RIMBAULT (rue J.) G7/G8
ROBESPIERRE (rue) J6
ROI (CR du P. du) D8
ROLLAND (rue L.) I7
ROLLINAT (rue M.) H8
ROUGE (Cour du chemin) D8
ROUSSEAU (rue J. J.) C9/C8
ROUSSEL (C.) G4

S S S

SABATHIER (rue J. J.) E7
SAMSON (rue) H6
SAND (Escalier G.) G6
SAND (place G.) G6
SARREBOURG (rue de) H8/I7
SECRETAIN (rue du) D6/D7
SEGRET (rue Louis) B9/B8
SELLIER (rue Henri) F9
SEMARD (avenue Pierre) F1/H1
SÉRAUCOURT (place de) G8/G9
SÉRAUCOURT (rue de) G8/G9
SERVET (rue M.) F5
SIRÈNE (rue de la) C5
SOUS-LES-CEPS (rue) F4
ST-BONNET (place) G4
ST-FRANçOIS (Cour) D7
ST-JEAN (impasse) B8/C8
ST-JULIEN (C.) G3
ST-LOUIS (impasse) F7
ST-MARTIN (impasse) I7/I8
ST-MÉDARD (impasse) C5
ST-QUENTIN (Cour) H3
ST-SULPICE (Cour) C5
STE-CATHERINE (place) E3
STRASBOURG (boulevard de) H7/I7

T T T

TAILLEGRAIN (rue) D2/E2
TÉMOIN (rue du Docteur) E6
THAUMASSIÈRE (rue de la) G6/H6
TORY (rue G.) G6/H6
TRAVERSIÈRE ST-BONNET (rue) G4/H4
3 BOURSES (rue des) D7
3 MAILLETS (rue des) G6
3 POMMES (impasse des) D5
3 POMMES (rue des) D5

U U U

URBETS (rue D') D7/D8

V V V

VAILLANT (rue Edouard) G4/H3
VARYE (rue G.) D4/E4
VAUVERT (impasse de) B8/B7
VAUVERT (P. Chemin de) A7
VAUVERT (rue de) A7/B8
VERDUN (Carrefour de) D2
VERTUS (rue des) E8
VIALA (rue) F4/F5
VICAIRES (cour des) G3/H3
VIEIL CASTEL (Résidence de) F8
VIEIL CASTEL (rue) F9/G9
VIEIL ST-AMBROIX (rue) D3
VIGNERIES ST-GEORGES (chemin des) A4
VILLAGE (Cour du) C5
VOISELLE (rue de la) H3
VOLTA (rue) D4/E4
VOLTAIRE (rue) G5/H5

W W W

WITTELSHEIM (rue de) D4/E4

Z Z Z

ZOLA (rue E.) F6

Le successeur d'Henry de Sully, en 1199, l'archevêque Guillaume de Donjon, ancien abbé cistercien, prend une part importante dans le développement du chantier et dans la définition du programme iconographique dont le but est apologétique. La cathédrale dans sa totalité, son décor sculpté, ses vitraux, est une affirmation du dogme, contre les hérésies. En 1209, le décès de Guillaume interrompt le chantier pour quelques années, mais sa canonisation dès 1218 entraîne un afflux de dons de la part des fidèles et des pèlerins. Le chantier reprend alors avec la construction de la nef à doubles collatéraux, puis de la façade aux cinq portails ; le gros œuvre était sans doute terminé dans les années 1230. La tour sud, menacée d'écroulement, est consolidée par un énorme pilier butant dès le début du XIVe siècle. Les architectes qui ont succédé au premier Maître de Bourges ont su préserver la cohérence et la simplicité apparente du programme et du plan. L'absence de transept contribue à l'effet d'unité de l'espace.

La ville s'épanouit

Le cloître du chapitre se referme autour de la cathédrale et du palais de l'archevêché. D'anciennes églises sont reconstruites, de nouvelles églises sortent de terre, une quinzaine de paroisses se mettent en place pour répondre à l'accroissement démographique. Les ordres mendiants s'implantent avec les Cordeliers (franciscains), puis les Jacobins (dominicains), les Augustins, plus tard les Carmes... La grange des Dîmes et l'église gothique Saint-Pierre-le-Guillard, témoignent encore aujourd'hui de la richesse architecturale des XIIe et XIIIe siècles à Bourges. La ville est un chantier de construction, animé d'activités artisanales et de foires annuelles. Autour de la place Gordaine, se regroupent un marché, les boucheries et les changes ; les moulins se développent, favorisant notamment le long de l'Yévrette, l'installation de forges et d'ateliers de fabrication du drap et des peaux. Viticulteurs, maraîchers et jardiniers se partagent de larges espaces non bâtis, particulièrement dans le secteur Sud-est de la ville. Bourges est une riche cité dans laquelle les habitants ont acquis des privilèges et les bourgeois des responsabilités pour gérer les biens communs.

Le mécénat de Jacques Cœur

Un fils de marchand pelletier né à Bourges vers 1400 connaît une ascension sociale fulgurante : Jacques Cœur, anobli par Charles VII dont il était l'argentier, bâtisseur d'un empire commercial et maritime, protégé du pape Nicolas V, a laissé à la ville et à la cathédrale de grands exemples de son mécénat. Son hôtel est bâti sur le rempart gallo-romain comme la plupart des édifices de prestige à Bourges.

L'incendie de la Madeleine et la reconstruction de la ville

En 1487, Bourges est une "grande" ville d'au moins 15 000 habitants malgré épidémies de peste et disettes ; Louis XI l'a dotée d'une université et de deux foires par an. Les "ouvroirs" des marchands s'alignent dans les rues proches de l'ancienne enceinte, les artisans sont regroupés par quartiers dans la ville basse. Dans la "cité" (la ville haute), les demeures aristocratiques et bourgeoises, celles du haut clergé et des artistes se répartissent l'espace. Mais le plus violent des incendies de l'histoire de Bourges, "le grand feu de la Madeleine" du 22 juillet 1487, détruit plus d'un tiers de la ville et contribue fortement au déclin de l'économie berruyère. L'église Sainte-Croix, les quartiers Saint-Ambroix et Saint-Bonnet, la place Gordaine, et la superficie correspondant aux actuelles rues Mirebeau, Edouard-Branly, Edouard-Vaillant, Coursarlon, Joyeuse, et Bourbonnoux (dans le bas de la rue) constituent la zone sinistrée. Ce sont alors les quartiers les plus peuplés et les plus denses en commerce et artisanat. La reconstruction des maisons en pans de bois se fait rapidement sans modifier l'ancien parcellaire en lanières étroites. Ces maisons de Bourges, telles qu'on peut les voir encore aujourd'hui, sont caractérisées par des encorbellements réduits (sur poteau élargi pour la plupart) et des colombages en croix de Saint-André. Choux frisés et pinacles sont les motifs les plus fréquents du décor sculpté, toujours gothique. La disposition et la fonction des pièces, distribuées par un long couloir latéral et un escalier en vis, qui restent à peu près constantes au cours des siècles.

Les demeures de la Renaissance

Les frères Lallemant, de riches notables amateurs d'art, font construire un vaste hôtel dont l'ornementation sculptée introduit pour la première fois des éléments de la Renaissance italienne.

Quelques années plus tard, vers 1515, un marchand italien, Durand Salvi, fait bâtir une belle demeure en brique et pierre, habitée ensuite par le juriste Cujas, qui lui donnera son nom.

L'église de Bourges face à la Réforme et à l'Université

Le début du XVIe siècle est marqué par la reconstruction de nombreuses églises.

La capitale provinciale

Les Bourbon Condé gouverneurs du Berry et la Contre-Réforme

Lorsque les Berruyers accueillent le nouveau gouverneur et capitaine de la Grosse Tour, Henri II de Bourbon, prince de Condé, en 1616, la ville n'est plus qu'un centre administratif. Le pouvoir local sera désormais aux mains des intendants du roi.

Le grand siècle classique de Bourges

L'architecte berruyer Jean Lejuge, actif à Bourges de 1620 à 1650, répond à de nombreuses commandes religieuses et municipales. La galerie de l'hôtel des Echevins, l'hôtel du Bureau des Finances entre cour et jardin, selon le type parisien, la reconstruction des abbayes Saint-Sulpice et Saint-Ambroix, les bâtiments ajoutés à l'Hôtel-Dieu, la chapelle Saint-Roch, etc., ainsi que les hôtels qui s'inspireront ultérieurement de son œuvre, donnent à Bourges un bel ensemble d'architecture classique.

Un architecte parisien au service d'un grand prélat

Archevêque de Bourges en 1677, Michel Phélippeaux de la Vrillière fait appel à un célèbre architecte parisien, Pierre Bullet, pour reconstruire un palais archiépiscopal digne de ses ambitions.

Les tentatives manquées de relance économique

Marché agricole dépérissant, place forte dont les remparts sont ruinés, Bourges ne s'ouvre pas davantage sur les échanges extérieurs. Les intendants royaux qui se succèdent constatent l'absence d'esprit d'entreprise des Berruyers et la pauvreté de la population. Dans les dernières années du XVIIe siècle, l'intendant Dey de Séraucourt crée des ateliers de charité et emploie 600 personnes pour niveler le terrain de ce qui deviendra l'esplanade Séraucourt. Au cours du XVIIIe siècle, des manufactures de draps et d'étoffes, "d'indiennes" et de coutellerie tentent de s'implanter sans grand succès.

Après la Révolution...

La Révolution entraîne, comme ailleurs, la désaffectation des édifices religieux, la dispersion totale du mobilier cultuel et un changement momentané du nom des rues et des places. Le clergé affaibli ne jouera plus le rôle de mécène, le patrimoine immobilier religieux, si important à Bourges, se trouvera à l'abandon (sauf la cathédrale et les trois églises paroissiales). Dans une population stable de 16 000 habitants, la bourgeoisie forme la classe dirigeante et riche de ce chef-lieu départemental.

La préfecture industrielle et commerciale

Bourges retrouve son rôle institutionnel

Sous le premier Empire, les établissements d'Etat se regroupent à Bourges : académie d'université, cour de justice, commandement militaire de la région ; un vaste archevêché est rétabli. Les anciens monuments sont réutilisés : la justice s'installe dans l'hôtel Jacques-Cœur, la mairie dans l'hôtel contigu, la gendarmerie occupe l'hôtel Cujas et la caserne le grand séminaire. Bourges affirme sa volonté d'équipements modernes et assume son rôle de marché agricole en faisant construire la Halle au Blé dans les années 1832-36. Le canal de Berry était un vieux rêve : si le tracé a été défini en 1822, la mise en circulation ne date que de 1843.

Pour préparer le XXe siècle

A partir de 1878, le maire, Eugène Brisson lance un vaste programme de voirie. La ville est ceinturée de boulevards qui suivent le tracé de l'enceinte médiévale, puis de grandes voies sont ouvertes pour relier entre eux les nouveaux quartiers, militaires, industriels et ouvriers, ainsi que la gare.

Bourges Belle Epoque : la rue Moyenne

Depuis 1853, la rue Moyenne, artère principale du centre-ville, faisait l'objet de percements et d'alignements, la suppression des derniers immeubles du square Victor-Hugo vers 1898 l'ouvre enfin vers la place Séraucourt et une ligne de tramway l'emprunte alors. En 1901, Bourges compte 46 500 habitants, le commerce est florissant rue Moyenne : grands magasins, immeubles de rapport, boutique "Art nouveau" comme les Forestines, et banques.

Le XXe siècle : patrimoine et modernité

Pendant la Première Guerre mondiale, Bourges devient l'un des principaux centres de production d'armement, avec l'arrivée de travailleurs venus du monde entier (Afrique, Chine...), le chiffre de la population atteint 100 000 habitants. Henri Laudier, maire de 1919 à 1943, est confronté à la reconversion et au besoin de moderniser la ville. Il obtient en 1928 l'implantation de l'usine d'aviation Hanriot (devenue aérospatiale) et crée l'aéroport.

La vieille ville reste presque intacte, et bénéficie de mesures de protection La vie culturelle connaît un essor remarquable à partir de l'ouverture en 1963 de la Maison de la Culture inaugurée par André Malraux. A proximité, se regroupent le Palais des Congrès (1983), le Muséum d'Histoire naturelle (entièrement rénové en 1989) et la Médiathèque (1994).
(Sources : Textes de l'exposition permanente Bourges, la mémoire d'une ville exposée à l'Office de tourisme de Bourges et réalisée par le service Patrimoine de la ville de Bourges.)

Fiche pratique

COMITE DEPARTEMENTAL DU TOURISME DU CHER 5, rue de Séraucourt ✆ 02 48 48 00 10. *Internet : www.berrylecher@wanadoo.fr.*

OFFICE DE TOURISME 21, rue Victor-Hugo ✆ 02 48 23 02 60. *Fax : 02 48 23 02 69. Internet : www.ville-bourges.fr/tourisme. Ouvert du 1er avril au 30 septembre : tous les jours de 9h à 19h (19h30 en juillet/août) et le dimanche de 10h à 19h. Du 1er octobre au 31 mars : tous les jours de 9h à 18h et le dimanche de 14h à 17h. Fermé les 1er janvier et 25 décembre.* C'est à quelques pas de la cathédrale Saint-Etienne, à l'Office de tourisme de Bourges (classé 4 étoiles), que l'on peut se fournir en documentation sur les manifestations, événements ponctuels, expositions, salons, foires, les lieux à découvrir sur le Cher et les départements limitrophes. L'Office de tourisme travaille en collaboration avec le service du Patrimoine de la ville. Il propose des visites guidées animées par des guides conférenciers spécialistes de l'histoire locale. Si vous souhaitez découvrir par vous-même les richesses de la ville, de nombreux documents sont à votre disposition. Les hôtesses avenantes et compétentes œuvrent à satisfaire les attentes des touristes et habitants de Bourges. L'Office de tourisme de Bourges est aussi doté d'un service "Réservation Groupes" qui propose des circuits "découvertes" sur Bourges et ses alentours. Ce service répond à toute demande précise et élabore des séjours sur mesure. Par ailleurs, l'Office de tourisme abrite une exposition permanente : Bourges, la mémoire d'une ville. Cette dernière, créée dans le cadre de la convention "Villes et Pays d'Art et d'Histoire" par le service Patrimoine de la ville de Bourges, est très réussie et donc à découvrir absolument. Des spécialités gastronomiques berruyères sont proposées à la vente ainsi qu'une pléiade d'ouvrages sur les monuments et personnages illustres du Berry.

CLEVACANCES DU CHER ✆ 02 48 48 00 10. *Fax : 02 48 48 00 20.*

COMITE DEPARTEMENTAL DE CYCLOTOURISME 37, rue de la Sente-aux-Loups ✆ 02 48 70 65 25

HOTEL DE VILLE 11, rue Jacques-Rimbault ✆ 02 48 57 80 00

LOISIRS ACCUEIL CHER ✆ 02 48 48 00 18. *Fax : 02 48 48 00 28.*

MAISON DE LA CULTURE DE BOURGES Place André-Malraux ✆ 02 48 67 74 70. *Fax : 02 48 67 74 61.*

RELAIS DES GITES DE FRANCE DU CHER ✆ 02 48 48 00 10. *Fax : 02 48 48 00 20.*

UNION DEPARTEMENTALE DES OFFICES DE TOURISME ET SYNDICATS D'INITIATIVE 2, rue Fulton ✆ 02 48 24 94 53. *Fax : 02 48 24 81 56.*

Avion

Les aéroports internationaux de Roissy et d'Orly sont reliés à Bourges par plusieurs services de navettes routières qui fonctionnent 24h/24. Par ailleurs, Bourges disposant d'un aéroport, les entreprises et collectivités peuvent faire appel à des sociétés d'aviation d'affaires.

Compagnies effectuant des navettes vers les aéroports

AEROGARE Route d'Issoudun ✆ 02 48 50 74 77

Bus

GARE ROUTIERE - LIGNES INTERURBAINES 1, rue du Champ-de-Foire ✆ 02 48 24 36 42. Les principales liaisons assurées sont : Lunery-Bourges, Sancerre-Bourges, Vailly-sur-Sauldre-Bourges, Châteauroux-Bourges, Sancergues-Bourges.

Compagnies de transport

CARIANE CENTRE 86, rue du Village-d'en-Haut - SAINT-DOULCHARD ✆ 02 48 70 79 80

SOCETRA 88, route d'Orléans - SAINT-DOULCHARD ✆ 02 48 23 90 10

TDM Chemin Tortiot ✆ 02 48 21 05 21

Transports en commun

ESPACE NATION - RESEAU CTB BOUTIC BUS 1, place de la Nation © 02 48 27 99 99. *Point de vente et toutes informations. Pour toute correspondance : CGFTE CTB - 23, rue Théophile-Lamy - 02 48 50 82 82.* Les tickets à l'unité ou en carnets de 10 permettent de se déplacer une heure avec possibilité de correspondance et d'aller-retour sur la même ligne sur tout le réseau ou sur une commune. Les tickets de groupe sont valables à partir de personnes se déplaçant ensemble, validité 3h, de quoi se balader et flâner dans la ville et prendre des correspondances.

Trains

GARE SNCF Place du Général-Leclerc © 08 92 35 35 35 (informations et vente)/08 91 67 68 69 (horaires info-train).

Navettes Bourges-Orly/Roissy

EMBARQUEMENT IMMEDIAT - TRANSEUROCAR 35, rue Coursarlon © 02 48 70 42 38

AEROCAR 81, chemin Charbonneux - SOYE-EN-SEPTAINE © 02 48 25 53 55

Auto-stop - Partage de voiture

ALLOSTOP 1, rue Condorcet - PARIS (9e) © 01 53 20 42 42. *Minitel 3615 code Allostop.*

Mise à disposition de chauffeurs

SOS DRIVER 1, rue des Carnutes - ORLEANS © 02 38 77 91 91. *Internet : www.sosdriver.fr.* Vous pouvez consulter sur le site, le plan interactif de la ville qui vous intéresse, à ce jour six villes répertoriées : Bourges, Chartres, Orléans, Tours, Blois, Châteauroux. A bientôt pour un service efficace et accueillant.

Loueurs

Internet : www.autoescape.com. La belle part au tourisme, pour voyager et dénicher le meilleur rapport qualité/prix des grandes enseignes (Avis, Europcar, Hertz, National citer). Un avantage certain, en cas de pépin de dernière minute, vous annulez votre location, et on vous rembourse sans aucun frais. Encore un plus, les tarifs sont proposés, en kilométrages illimités.

ABS LOCATION Route de La Charité - SAINT-GERMAIN-DU-PUY © 02 48 23 44 54

ADA 130, avenue du Général-de-Gaulle © 02 48 24 75 75. *Fax : 02 48 24 93 94.* La location d'un véhicule de tourisme est proposée à partir de 9,99 € (plus 0,29 € par kilomètre) par jour. L'utilitaire est à 19,99 € (plus 0,19 € par kilomètre) par jour. **Autre adresse : 10, rue Pasteur - VIERZON 02 48 52 20 60.** *Fax : 02 48 52 06 49.*

AVIS 23, avenue Henri-Laudier © 02 48 24 38 84

BUDGET 4, place du Général-Leclerc © 02 48 70 65 52

ECOTO 74, avenue du Général-de-Gaulle © 02 48 24 88 60. *Fax : 02 48 24 88 01.* Présent sur Orléans, Blois Tours et Melun. Samuel, le responsable de l'établissement, nous renseigne sur les différents types de véhicules à louer (voitures, monospaces et utilitaires de 3 à 23 m^3). Quelques exemples de tarifs : Fiat Seicento à 30,34 € par jour, pour 100 kilomètres, utilitaire catégorie 6 m^3 à 60,83 € par jour, pour 100 kilomètres.

EUROPCAR 25, avenue des Prés-le-Roi © 02 48 24 93 03

SIXT 31, boulevard Juranville © 02 48 65 46 46

Taxis

TAXIS JACQUES-COEUR ✆ 02 48 24 60 00

TAXI LAURENT TOUPET ✆ 06 07 70 60 17/02 48 24 13 72. De la détente avec les visites de la région, aux services personnalisés tels que les transports d'enfants, les malades assis, les personnes âgées, Laurent prend en charge le moindre de vos souhaits. Il dessert sans limites de distances les gares, les aéroports ou autres lieux à votre convenance. Sur simple réservation, un service pour les trajets de nuit, le dimanche et les jours fériés est assuré. Laurent Toupet est un chauffeur pour qui çà roule !

RADIO TAXIS DE BOURGES ✆ 02 48 24 50 00

Points d'intérêt

CATHEDRALE SAINT-ETIENNE ✆ 02 48 65 49 44. *Cathédrale ouverte tous les jours de 8h30 à 19h15, du 1er avril au 30 septembre et jusqu'à 21h en juillet et août. Ouverte de 9h à 17h45 du 1er octobre au 31 mars. Visites libres de la tour (396 marches) de 9h30 à 11h30 et de 14h à 18h. Tarifs : 4 €, réduit 2,50 €. Tarif groupes : 3,50 €. Visites guidées de la crypte du lundi au samedi à 10h, 11h15, 14h30, 15h45 et 17h, et le dimanche à 14h30, 15h45 et 17h.* La cathédrale Saint-Etienne est inscrite au Patrimoine mondial de l'Unesco. La visite de la cathédrale, est suivie d'une visite de la cité médiévale. Sur le point le plus élevé de la cité, la cathédrale Saint Etienne de Bourges dresse sa masse imposante : la silhouette de sa façade aux deux tours inégales et le développement de ses cinq portails imagés font de ce monument l'un des plus caractéristiques de l'architecture médiévale du XIIe siècle. (vous trouverez l'historique de la cathédrale dans l'invitation au voyage).

LE CHATEAU D'EAU Place Séraucourt. Inauguré en 1867 et inscrit en 1975 à l'Inventaire supplémentaire des Monuments historiques, le Château d'Eau a été totalement réaménagé par la ville de Bourges en 1999, afin d'en faire un lieu dédié à la diffusion des arts plastiques. Son rez-de-chaussée de 220 m², accueille des œuvres, qu'elles soient peintes, sculptées, gravées, dessinées, projetées ou martelées. Ce lieu privilégié de découverte et d'échange accueille tout au long de l'année des expositions soigneusement sélectionnées par les 8 membres du Comité de Programmation, tous acteurs culturels de la ville de Bourges.

EXPOSITION LA MEMOIRE D'UNE VILLE - OFFICE DE TOURISME 21, rue Victor-Hugo ✆ 02 48 23 02 60. *Fax : 02 48 23 02 69. Internet : www.ville-bourges.fr/tourisme. E-mail : tourisme@ville-bourges.fr. Ouvert toute l'année. Accès libre.* Dans les locaux de l'Office de tourisme, on découvre la ville de Bourges au travers d'une exposition permanente mise en place par le service du Patrimoine et comportant plusieurs espaces : La salle des plans de la protohistoire à nos jours... De l'eau sauvage à l'eau urbanisée qui explique le rôle de l'eau, des rivières, des marais, des moulins... De fenêtres en portails, qui sont une évocation de l'architecture civile et de la demeure urbaine du XIIe au XXe siècle (le vitrail à Bourges, du XIIe au XVIIe siècle, le grand incendie de 1487 et les maisons en pans de bois, et le XIXe siècle : industrie métallurgique et armement).

GALERIE PICTURA 15, rue Littré ✆ 02 48 48 18 33. *Internet : http://perso.wanadoo.fr/galerie-pictura. Ouvert du mercredi au samedi de 14h30 à 19h.* C'est tout d'abord une association créée en 1997 par deux enseignants en arts plastiques, avec pour objectif de dépasser tous les clivages de l'art plastique. La galerie Pictura naît de cette recherche et se dédie alors aux arts graphiques (gravure, lithographie, sérigraphie, photographie et dessin). La galerie expose durant toute l'année des artistes contemporains : dix expositions par an présentent ainsi des œuvres d'artistes abstraits et figuratifs, avec un coup de projecteur sur un jeune artiste bénéficiant de l'aide de l'association. C'est la raison pour laquelle ils ont élaboré une foire régionale d'art contemporain. Cet événement réunit un grand nombre de visiteurs. Il démontre la vitalité artistique de Bourges en rassemblant les différentes structures de la ville dont l'Ecole nationale des beaux-arts, Emmetrop, l'atelier portes ouvertes qui regroupe les artistes régionaux et les lieux consacrés du patrimoine...

LE GRAND ORGUE DE LA CATHEDRALE DE BOURGES. Au début du XVe siècle, il est fait mention d'un orgue dans la cathédrale, mais un autre instrument le remplace en 1487-1488. Un petit orgue est installé au portail nord dans une arcature du triforium. En 1506, il y a deux orgues nommées les grosses orgues et les petites orgues. Le jour de Pentecôte 1599, le feu détruit la charpente des bas-côtés en même temps que le petit instrument. En juillet 1598, le charpentier Jean Pinardeau s'occupe de la tribune que nous connaissons puis rajoute les deux tourelles qui auraient dû recevoir des tuyaux de pédale de 32 pieds. La réception de cet orgue a lieu le 18 janvier 1599. En 1613, Jacques Senot installe un nouveau sommier de 10 jeux.

Cathédrale Saint-Etienne et jardins Jacques Coeur

Les cinq portails de St Etienne

Promenade des remparts

Afin d'agrandir l'orgue, le chapitre invite en 1663 le facteur Guy Joly qui remet son "devis du nombre de jeux pour faire un orgue de seize pieds". Bernard Perrait rajoute un positif sur la tribune existante. Joly décède en octobre 1664 et est remplacé par le Parisien Pierre Cauchois. Le 13 août 1665, Cauchois propose un ajout qui est accepté. Pendant la Révolution, Jean-Baptiste Balland, alors en poste, propose de tenir l'orgue pour rehausser les cérémonies civiques : ainsi il le sauve de la destruction. En 1818, le chapitre fait appel au célèbre Pierre-François Dallery pour "reconstruire à neuf" l'instrument pour Pâques 1820. Dallery termine les travaux en février 1821 ! Balland est remplacé par Salvator Daniel qui tient l'orgue de 1822 à 1843. En 1855, un jeune Berruyer dénommé A.-M. Bruneau, alors en poste, réceptionne un orgue de chœur. Un nouvel instrument est inauguré le 30 octobre 1860 par l'organiste de la cathédrale Jules Boissier-Duran. En 1924, Joseph Rickenbach installe une traction électro-pneumatique et ajoute 17 registres nouveaux. Le facteur Victor Gonzales intervient en 1934, le récital d'inauguration est donné par André Marchal le 1er novembre. En 1952-1954, le grand orgue est révisé par Robert Boisseau : le nombre de jeux passe de 51 à 60, et la mécanique devient électrique. En 1966, le nouveau titulaire, André Pagenel, fait appel à Marie-Claire Alain pour envisager des travaux cohérents, et une décision importante est alors prise : rendre à cet instrument son caractère classique. Un contrat est signé en 1985 avec la maison Alfred Kern & Fils pour la restauration de l'orgue et avec l'entreprise Fancelli pour celle du buffet. Daniel Kern dirige entièrement l'entreprise et revient à la conception initiale des facteurs Joly-Cauchois pour le grand orgue et le positif dorsal. Le 3e clavier de récit reprend les jeux de Dallery. La console est installée en fenêtre. Le tiers de la tuyauterie date du XVIIe siècle, le 4e clavier d'écho est neuf. Le buffet a été remis à sa couleur d'origine. Le nouvel instrument est inauguré le dimanche 18 mai 1986 : Monseigneur Pierre Plateau bénit l'instrument par des invocations auxquelles répond l'orgue. Depuis, l'orgue entièrement restauré retentit sous les voûtes de la cathédrale dans toute sa splendeur et pour notre émerveillement. De nos jours, l'association des Amis du Grand Orgue de la Cathédrale de Bourges fait vivre cet instrument à travers de nombreux concerts et activités. Les deux tours inégales et le développement de ses cinq portails imagés font de ce monument l'un des plus caractéristiques de l'architecture médiévale du XIIe siècle. (vous trouverez l'historique de la cathédrale dans l'invitation au voyage).

LA HALLE AU BLE. En 1986, des fouilles effectuées sur le site du collège Littré font apparaître une occupation du lieu dès l'âge du fer, à la fin du Ve siècle avant notre ère. Quelques siècles plus tard, les Gallo-Romains bâtissent des arènes dont la place de la Nation a conservé la forme. En 1536, on y joue le Monstre du mystère des saints actes des apôtres avec 500 personnages richement parés d'étoffes d'or, argent et pierreries. Ruinées et devenues un dépotoir, elles seront comblées en 1620. Au XIIIe siècle, les Cordeliers avaient établi leur couvent qui sera détruit en 1831 et remplacé dès 1836 par la halle au blé, bâtie comme une place forte pour protéger les réserves de grains d'éventuelles émeutes de la faim. Le temps vint où l'on utilisa la halle pour des manifestations susceptibles de rassembler une foule importante. Aujourd'hui, la halle est le grand et populaire marché du samedi. D'autres souvenirs : la très ancienne rue du Puits-de-Jouvence, qui n'a probablement rajeuni personne et des vestiges de l'église Saint-Médard. Très proche du centre-ville, agréable à parcourir, le quartier ne manque pas d'atouts, malgré quelques réalisations intéressantes, il semble attendre le stimulant d'un grand projet d'ensemble.

HOTEL CUJAS 4, rue des Arènes © 02 48 57 81 15. Cet hôtel particulier est construit au début du XVIe siècle pour un marchand italien installé à Bourges. Il est acheté plus tard par Jacques Cujas, régent de l'université de Droit à Bourges, qui lui a d'ailleurs laissé son nom. Malgré un plan et des dispositions habituels pour cette époque, le parement des façades de la cour en brique et pierre à treillis losangé, est des plus original pour Berry. Le décor de cet hôtel est d'inspiration gothique, seuls, les coquilles sous les lucarnes, les médaillons et surtout l'actuelle porte d'entrée font référence à la première Renaissance française. Propriété de la ville de Bourges depuis 1878, l'hôtel Cujas abrite le musée du Berry.

HOTEL DES ECHEVINS 13, rue Edouard-Branly © 02 48 24 75 38. Cet hôtel de ville, typique du nord de la France, a été construit vers la fin du XVe siècle, en prenant appui sur la muraille gallo-romaine de Bourges. Un corps de logis rectangulaire comprend au rez-de-chaussée la grande salle équipée d'une cheminée monumentale et la chambre du conseil voûtée en pierre et à l'épreuve du feu. Le décor s'inspire de celui de l'hôtel Jacques-Cœur : arcs en accolade, pinacles, choux frisés, personnages sculptés dans des fausses fenêtres... Au XVIIe siècle, une galerie latérale a été ajoutée au bâtiment principal : sa composition s'inspire des traités d'architecture de la Renaissance. L'hôtel des Echevins a été complètement restauré et aménagé en musée. Il abrite maintenant les œuvres du peintre Maurice Estève.

HOTEL-DIEU ✆ 02 48 23 02 60 (Office de tourisme). *E-mail : amis.hotel-dieu@wanadoo.fr. L'association des Amis de l'Hôtel-Dieu organise toutes les semaines du 2 mai au 31 octobre des visites gratuites et commentées, les lundis, jeudis et samedis à 15h.* Datant du XVIe siècle, l'Hôtel-Dieu de Bourges allie une architecture gothique et un style approchant déjà le style Renaissance (porte monumentale sur rue et porte Renaissance sur cour). Cet ensemble gothique est complété, au XVIIe siècle, par deux autres bâtiments signés de l'architecte Jean Lejuge, et qui reprennent les caractéristiques architecturales de l'époque : bossages, lucarnes à frontons alternés, chambranles à crossettes, chapiteaux. L'Hôtel-Dieu a été entièrement réhabilité en 1999.

HOTEL LALLEMANT 6, rue Bourbonnoux ✆ 02 48 57 81 17. Construit à partir de 1490 et achevé en 1515-1518, l'hôtel Lallemant est bâti sur le rempart gallo-romain de la ville, ce qui explique le passage incliné commandant tous les accès. C'est un superbe édifice de la première Renaissance française. Les constructeurs, les frères Lallemant, exerçaient des charges municipales et de finances. Ils étaient liés aux milieux artistiques de leur époque. Propriété de la ville de Bourges depuis 1826, l'hôtel Lallemant a été aménagé en musée des Arts décoratifs.

MAISON DE LA CULTURE DE BOURGES Place André-Malraux ✆ 02 48 67 74 70 (infos et locations). *Fax : 02 48 50 07 49. Internet : www.mcbourges.com.* Dans ses salles d'exposition, des artistes d'aujourd'hui, de renommée nationale et internationale, présentent leurs œuvres : peintures, arts graphiques, sculptures, photos, vidéos.

LES MAISONS EN PANS DE BOIS Rue Bourbonnoux. La rue Bourbonnoux est urbanisée au XIIe siècle à l'extérieur du rempart gallo-romain dont elle suit le tracé. Jusqu'au début du XIXe siècle, elle constitue une artère très importante de la ville, et de nombreux artisans et commerçants y vivent. Les maisons en pans de bois de cette rue, pour la plupart reconstruites après l'incendie de la Madeleine (1487), étaient à pignon sur rue et souvent à deux étages (modifiées plus tard). Elles sont construites en encorbellement sur poteau élargi, limitant la saillie de l'étage par rapport au rez-de-chaussée. Les colombages des maisons de Bourges sont en losanges ou en croix de Saint-André. Le rez-de-chaussée est généralement occupé par une boutique (ouvroir) suivi d'une pièce de service (cuisine) à l'arrière. Les pièces d'habitation sont à l'étage, et on y accède par un escalier en vis souvent établi dans le couloir latéral menant à la cour et à l'atelier. Le décor de style gothique se concentre sur les poteaux et sur les poutres.

MUSEE DES ARTS DECORATIFS 6, rue Bourbonnoux ✆ 02 48 57 81 17. *Ouvert tous les jours sauf le lundi et le dimanche matin, de 10h à 12h30 et de 13h30 à 18h en juillet et août, et de 10h à 12h et de 14h à 18h le reste de l'année. Fermé le 1er janvier, le 1er mai, les 1er et 11 novembre ainsi que le 25 décembre. L'accès et les visites sont gratuits. Visites commentées pour groupes sur rendez-vous. Musée municipal de première catégorie contrôlé par la Direction des Musées de France. Entrée gratuite.* L'hôtel Lallemant a été aménagé à partir de 1951 en musée des Arts décoratifs. Les collections comportent du mobilier, principalement français, dont un rare cabinet d'ébène sculpté et gravé du XVIIe siècle, des meubles en marqueterie ou en laque de Chine, un ensemble de tapisseries du XVIe et du XVIIe siècles, ainsi que des objets d'art : faïences, émaux, ivoires, verrerie, horlogerie, mobilier miniature, meubles de maîtrise. Des peintures des XVe et XVIIIe siècles (France, Italie, Pays-Bas) complètent cette présentation intimiste. On y remarque des œuvres du peintre berruyer Jean Boucher (1575-1633), un chef-d'œuvre de Simon Vouet et de Nicolas Tournier (XVIIe siècle), des natures mortes hollandaises et des portraits ainsi qu'une peinture de Lemoyne (XVIIIe siècle).

MUSEE DU BERRY 4, rue des Arènes ✆ 02 48 57 81 15. *Ouvert tous les jours sauf le mardi et le dimanche matin, de 10h à 12h30 et de 13h30 à 18h en juillet et août, et de 10h à 12h et de 14h à 18h le reste de l'année. Fermé le 1er janvier, le 1er mai, les 1er et 11 novembre ainsi que le 25 décembre. Expositions temporaires. Service éducatif des Musées de Bourges. Accueil des groupes sur rendez-vous. Bibliothèque, documentation sur rendez-vous. Visites commentées sur rendez-vous. Musée municipal de première catégorie contrôlé par la Direction des Musées de France. Entrée libre et gratuite.* Edifié vers 1515, l'hôtel Cujas, Monument historique classé, abrite depuis 1892 le musée du Berry. On y découvre d'importantes collections archéologiques, protohistoriques et surtout gallo-romaines. Une salle lapidaire regroupe plus de 250 stèles. Une remarquable expo consacrée aux arts et traditions populaires du Berry retrace la vie dans les campagnes au siècle dernier. Une salle est notamment consacrée aux œuvres de la famille Talbot, célèbres potiers du village de La Borne. C'est au rez-de-chaussée que l'on peut admirer les collections archéologiques : protohistoriques (objets en bronze étrusques de provenance locale) et surtout gallo-romaines. Bourges - Avaricum - fut la capitale de l'Aquitaine antique. Une salle lapidaire regroupe un grand nombre d'éléments funéraires (250 stèles) et des fragments d'architecture et de sculptures religieuses. Des statues de prophètes et surtout dix pleurants de marbre et d'albâtre du tombeau du duc Jean de Berry (XIVe et XVe siècles) sont présentés pour évoquer l'ancienne Sainte Chapelle de Bourges détruite au XVIIe siècle. Au 1er étage, c'est la vie quotidienne dans les campagnes berrichonnes du siècle dernier qui revit à travers des objets domestiques, du mobilier, des costumes, de l'outillage agricole et artisanal. Enfin, une salle est consacrée aux œuvres des potiers les plus célèbres du village de La Borne (Cher) : la famille Talbot au XIXe siècle. Enfin, une petite salle présente des objets funéraires égyptiens dont une momie avec son sarcophage daté du IVe siècle avant Jésus-Christ, ramenés d'Egypte par un Berruyer.

MUSEE DE L'ECOLE 2, rue de la Thaumassière ✆ 02 48 57 81 15. *Ouverture au public les mercredis de 14h à 17h et sur rendez-vous pour les classes. Fermé le 1er janvier, le 1er mai, les 1er et 11 novembre ainsi que le 25 décembre. Entrée gratuite.* Salle d'asile publique ouverte pour les enfants du quartier en 1857, l'édifice devient une école maternelle en 1882, puis est transformé en musée en 1980. Bouliers, pupitres, bureaux de maîtres, porte-plume, tableau noir, tout dans cette école centenaire sent bon la cire et l'encre. Le préau présente des vitrines thématiques, abritant des objets collectés dans les écoles du Cher. La salle de classe attenante évoque l'école de Jules Ferry.

MUSEE ESTEVE 13, rue Edouard-Branly ✆ 02 48 24 75 38. *Fax : 02 48 24 29 48. Ouvert tous les jours sauf le mardi et le dimanche matin, de 10h à 12h30 et de 13h30 à 18h en juillet et août, et de 10h à 12h et de 14h à 18h le reste de l'année. Fermé le 1er janvier, le 1er mai, les 1er et 11 novembre ainsi que le 25 décembre. Audiovisuel. Visites guidées sur rendez-vous. Département éducatif : animations pour scolaires sur rendez-vous. Jeux pour groupes ou individuels. Boutique. Accessible aux personnes handicapées. Musée municipal de première catégorie contrôlé par la Direction des Musées de France. Entrée gratuite.* L'hôtel des Echevins, construit en 1489, fut le siège de la municipalité pendant trois siècles. En 1624, un nouveau corps de galerie de style classique vint s'ajouter à l'édifice gothique. C'est aujourd'hui un cadre exceptionnel pour présenter l'évolution de l'œuvre de Maurice Estève (1904-2001), peintre remarquable de la seconde partie du XXe siècle. D''admirables dessins, d'étonnantes aquarelles et de savoureux papiers collés (présentés dans la galerie Lejuge) sont à découvrir dans ce musée établi sur trois étages qui offre un parcours chronologique de l'œuvre peinte de ce créateur français.

MUSEE DES MEILLEURS OUVRIERS DE FRANCE Place Etienne-Dolet ✆ 02 48 57 82 45. *Ouvert tous les jours sauf le lundi et le dimanche matin, de 10h à 12h30 et de 13h30 à 18h en juillet et août, et de 10h à 12h et de 14h à 18h le reste de l'année. Fermé le 1er janvier, le 1er mai, les 1er et 11 novembre ainsi que le 25 décembre. Accessible aux handicapés. Musée municipal de première catégorie contrôlé par la Direction des Musées de France. Entrée gratuite.* Le musée est installé dans l'enceinte de l'hôtel de ville, bâtiment historique construit au XVIIe siècle par l'architecte Bullet pour servir de palais à l'archevêque de Bourges. Il est situé au sud de la cathédrale Saint-Etienne. Les collections de chefs-d'œuvre primés, souvenirs et médailles évoquent l'histoire du mouvement depuis sa création en 1924 par le gouvernement, dans différentes catégories de métiers choisis parmi les 200 professions admises au concours annuel. La grande salle du rez-de-chaussée accueille chaque année une exposition temporaire consacrée à un métier ou une activité liée au travail des Meilleurs Ouvriers de France.

MUSEE DE LA RESISTANCE ET DE LA DEPORTATION Halle Saint-Bonnet - Rue Parmentier ✆ 02 48 69 02 62. *Internet : www.musee-resistance.com. Ouvert les après-midi de 14h30 à 18h tous les jours sauf le dimanche et les jours fériés. Fermé le 1er janvier, le 1er mai, les 1er et 11 novembre ainsi que le 25 décembre. Sur rendez-vous pour les groupes. Tarifs, individuel : 3 €, pour les groupes de plus de 20 personnes : 1,50 €.* C'est un lieu d'histoire et de mémoire qui nous relate un aspect de la Seconde Guerre mondiale. De juin 1940 à la Libération, une page douloureuse de l'histoire est évoquée à travers des objets, des photographies et des documents retrouvés à Bourges et dans le département du Cher. Le visiteur découvre la vie quotidienne sous l'occupation, mais également l'action de la Résistance dans le Cher. Une précieuse restitution pour faire face à l'oubli, transmettre des valeurs et maintenir les traces.

MUSEUM D'HISTOIRE NATURELLE Parc Saint-Paul ✆ 02 48 65 37 34. *Fax : 02 48 69 89 98. Internet : www.museum-bourges.net. E-mail : info@museum-bourges.net. Ouvert de 14h à 18h pendant les périodes scolaires et de 10h à 12h et de 14h à 18h pendant les vacances scolaires. Ouvert le dimanche et les jours fériés aux mêmes horaires, suivant les périodes. Fermé le 1 er janvier, le 1er mai, les 1er et 11 novembre ainsi que le 25 décembre. Plein tarif : 3,30 €. Tarif pour les groupes de plus de 20 personnes 1,20 €-. Salles de conférences. Visite des réserves sur rendez-vous. Boutique. Boissons. Salle de projection. Service éducatif. Bibliothèque scientifique : consultation sur place ou retrait au muséum (trois emprunts pour quinze jours). Accueil des groupes sur rendez-vous. Musée contrôlé sous tutelle du Ministère de la Recherche. Le Muséum accueille régulièrement des expositions temporaires.* Créé en 1927 par Monseigneur Foucher, ce muséum, étendu sur un espace de 3 000 m², est un véritable lieu de spectacle et d'étonnement : il invite petits et grands à la découverte des sciences de l'environnement, son objectif étant d'apporter à tous une information accessible et de qualité.

Lieu de recherche, banque de données scientifiques, le muséum est notamment réputé pour ses actions en faveur des chauves-souris. Quatre grands thèmes principaux rythment la visite : l'Univers du vivant situé au premier étage et qui nous emmène à la découverte de la systématique animale (vertébrés et invertébrés) ; A chacun sa place : la diversité qui nous fait découvrir la diversité existant au sein du règne animal ; Cosmos destination Berry pour partir aux confins de l'espace et du système solaire ; et enfin Musée de l'Homme, une très lente évolution qui nous entraîne à la découverte de notre avenir (Que sommes-nous devenus ? Face à notre planète, face à notre avenir...). Pour les curieux passionnés par la nature, l'abonnement au Muséum est la solution idéale : on devient alors détenteur de la carte Blaireau ! En étant abonné, on peut : visiter pendant un an, autant de fois qu'on le souhaite, l'ensemble des expositions ; être invité à chaque inauguration d'exposition ; recevoir l'annonce des conférences et autres manifestations ; et enfin recevoir l'Info Blaireau donnant des nouvelles du musée. Attention, la carte Blaireau ne comprend pas l'abonnement à la bibliothèque !

PALAIS JACQUES-COEUR 10bis, rue Jacques-Cœur ✆ 02 48 24 79 42. *Fermé le 1er janvier, le 1er mai, les 1er et 11 novembre et le 25 décembre. Ouvert tous les jours de 9h30 à 12h15 et de 14h à 18h30 (et jusqu'à 17h du 1er novembre au 31 mars, et de 9h à 13h et de 14h à 19h en juillet et août). Visites commentées uniquement. Tarif individuel : 6,10 €. Tarif réduit : 4,10 € Tarif groupes : 5,10 €. Horaires des visites, toutes les 45 minutes (sous réserve de modifications) : du 2 mai au 30 juin : 9h45, 11h, 14h15, 15h, 15h45, 16h30 et 17h15, du 1er juillet au 31 août : la première visite débute à 9h30 et la dernière à 17h45. Renseignez-vous sur les horaires d'hiver.* Il est au centre de la route historique Jacques-Cœur ornée de nombreux châteaux. Rare et bel exemple d'architecture civile et gothique, il fut bâti au milieu du XVe siècle par Jacques Cœur, grand argentier du roi Charles VII. Cet édifice préfigure les hôtels particuliers de la Renaissance. On découvre une demeure d'exception où chaque pièce présente une nouvelle approche du confort et de l'architecture. Les nombreuses sculptures qui ornent les cheminées, les tympans des portes, les culots témoignent aussi du goût du symbole caractéristique du Moyen Age finissant. Sa façade sur rue, récemment restaurée, est un chef-d'œuvre de raffinement que l'on ne cesse d'admirer.

Les "Nuits Lumière de Bourges"

Entrée libre. Accès au début du parcours par le jardin de l'Archevêché, dans la rue des Hémerettes. Pour se garer : parking gratuit place Séraucourt. Du 1er juillet au 31 août : tous les soirs, et de mai à septembre : les jeudis, vendredis, samedis. Toutes les représentations des "Nuits Lumière de Bourges" commencent à la tombée de la nuit, pour une durée de deux heures environ. Les Nuits lumières de Bourges illuminent la ville tout au long de l'été. Le principe de cette manifestation originale est simple : arpenter les rues berruyères en suivant celles où les réverbères éclairent en bleu, et découvrir alors de nombreux monuments, célèbres ou non, mis en valeur par d'habiles jeux de lumière. Ce principe a séduit nombre de personnes, touristes aussi bien que Berruyers de source. En effet, les touristes ne s'y sont pas trompés, et ils sont nombreux chaque soir à déambuler dès la nuit tombée au travers de cette cité au passé si riche. Suivant un parcours partant de la cathédrale, la visite est libre, gratuite et ne nécessite que peu de commentaires, ce qui permet à tous, touristes français et étrangers, de profiter pleinement de cette visite pas comme les autres. D'ailleurs, une proportion assez importante de visiteurs des Nuits Lumière de Bourges est constituée 'habitants de Bourges ou des environs. Ils sont nombreux à apprécier leur ville sous un autre angle, découvrant des rues pourtant maintes fois empruntées avec un autre regard. L'ouverture du cloître du couvent des Ursulines a été tout particulièrement bienvenue. A noter que les visiteurs apprécient tout particulièrement la propreté des rues berruyères. Un magnifique parcours, spectacle qui nous fait découvrir une ville baignée de lumière, d'images et d'émotion. Dotée d'un ensemble patrimonial prestigieux, Bourges nous invite à partir à la découverte de ses plus beaux édifices, inondés de lumière, d'images, de musique... Dès la tombée de la nuit, la cathédrale Saint-Etienne s'illumine et nous révèle sa double volée d'arcs-boutants et les prodiges de son élévation ! D'une rue à l'autre, guidé par le bleu des lanternes, on flâne à son rythme et on découvre les milles et un détails de la richesse architecturale de la ville ancienne... En ces nuits privilégiées, on a plaisir à pénétrer dans l'ambiance magique des hôtels gothiques et Renaissance et dans l'intimité du Couvent des Augustins, où nous attendent de magnifiques scénographies. On apprend sans surprise que les Nuits Lumière de Bourges ont obtenu le premier prix du concours "Lumières" 2002 organisé par le SERCE (Syndicat des Entrepreneurs de Réseaux et Constructions Electriques) et "Le Moniteur".

Bourges Ville Fleurie

Bourges est sans conteste l'une des villes les plus vertes de France, avec ses 140 hectares de marais, son grand nombre de jardins et son fleurissement exceptionnel (ville classée "4 fleurs" par le Comité national pour le fleurissement de la France).

Avec près de 11 000 arbres d'alignement, Bourges possède un patrimoine arboré très important. Les arbres d'alignement forment une structure végétale qui organise la ville en reliant les différents quartiers entre eux. On compte une soixantaine d'espèces différentes. Et si les platanes sont en grand nombre, on trouve également des essences originales comme les savonniers de la rue Marx-Dormoy, les noisetiers de Byzance du boulevard Joffre et de l'avenue Pompidou ou les pommiers à fleurs du boulevard Chanzy. En outre, chaque année des plantations nouvelles viennent diversifier et enrichir ce patrimoine.

LA RUE D'AURON. Elle est très ancienne, tracée toute droite. Elle est depuis toujours la voie des relations avec l'Aquitaine, par la porte Ornoise située au carrefour des actuelles rues des Arènes et Fernault. Terminus des voitures de poste, elle était la grande rue d'Auron alors que sa partie haute était la rue du Tambourin-d'Argent, au XVIIe siècle, elle comptait sept auberges, deux maréchaux-ferrants, cinq bourreliers, un charron et un marchand de chevaux. L'église Saint-Pierre-le-Guillard est du XIIe siècle, contemporaine de la cathédrale, elle n'en a pas le prestige, mais c'est une des plus vieilles églises de Bourges et chère au cœur des Berruyers. D'autres rues : la rue Joyeuse, la rue de l'hôtel Lallemant, la rue du Casse-Cou la rue Bourbonnoux et bien d'autres nous offrent de magnifiques découvertes.

SERVICE DU PATRIMOINE DE LA VILLE DE BOURGES 21, rue Victor-Hugo ✆ 02 48 57 81 46. *Internet : patrimoine@ville-bourges.fr.*

TRANSPALETTE 26, route de La Chapelle ✆ 02 48 50 38 61. *Internet : http://perso.wanadoo.fr/emmetrop. Ouvert le mercredi et le jeudi de 15h à 19h, le vendredi de 15h à 20h, et le samedi et le dimanche de 14h à 18h. En dehors de ces horaires, visite sur rendez-vous.* Cet espace, dédié à l'art contemporain, se propose de confronter les données architecturales d'un lieu, au patrimoine industriel fort, avec le travail d'artistes contemporains. Transpalette, c'est le lieu de rencontre de divers horizons, de différents points de vue, de différentes pratiques.

CONSERVATOIRE NATIONAL DU PELARGONIUM ✆ 02 48 57 82 40. *Contact : Service des Espaces verts de la ville de Bourges.* Conçu à la fin des années 80, le Conservatoire national du Pélargonium de Bourges (situé aux serres municipales) gère plus de 1 000 espèces différentes de pélargoniums, et il bénéficie du label du Conservatoire des Collections végétales spécialisées. Pour profiter au maximum des collections de ce conservatoire, la meilleure époque est sans conteste le mois de mai, sur rendez-vous. Par ailleurs, l'association Floriades organise des visites guidées des jardins de Bourges, des manifestations florales et des animations sur le fleurissement.

JARDIN CARDINAL-JOSEPH-LEFEBVRE. Ce jardin a été inauguré en mai 1999, et s'inscrit dans le projet d'aménagement des abords de la cathédrale Saint-Etienne. Ce petit jardin à la française est entouré de massifs réguliers de rosiers, et bordé de buis et de charmes taillés en rideau. On y découvre également un bassin miroir d'eau, surmonté de la statue de Corbin.

JARDIN D'EDOUARD-ANDRE. Ce jardin a été élaboré afin d'être accessible aux personnes à mobilité réduite : celles-ci peuvent ainsi admirer le fleurissement des châssis et des parterres, car ces derniers sont accessibles en fauteuil roulant. On admire également la collection unique de pivoines, d'arbres et arbustes rares.

JARDIN JEAN-DE-BERRY. Ce jardin fut dessiné dans les années 20. Il mélange divers genres tels le style géométrique et le style composite. Ce jardin de 5 700 m^{2} a été réhabilité en 1989, et constitue un agréable espace de verdure au sein d'un important complexe scolaire.

JARDIN DE L'HOTEL-DE-VILLE OU JARDIN DE L'ARCHEVECHE. Il offre une vue magnifique sur la cathédrale et s'organise autour d'un parterre de gazon encadré de somptueux massifs. Dessiné vers 1730, il comprend une partie plus récente avec un kiosque à musique très animé quand les beaux jours arrivent. C'est aussi le cadre privilégié de jeux réservé aux enfants. Le jardin de l'hôtel de ville est composé de deux parties bien distinctes : une qui prolonge l'ancien palais de l'Archevêché avec des plantes fleuries, des rideaux taillés, des boulingrins... et l'autre très riche en plantations et ordonnée en secteurs rayonnants autour du bassin. On aime le kiosque à musique, qui date de 1910, ainsi que les quatre vases monumentaux en bronze représentant les quatre saisons, créées à la fin du XIXe siècle par Louis-Léon Cugnot. D'ailleurs, ces vases ont été inscrits en 1990 à l'Inventaire supplémentaire des Monuments historiques et ont fait l'objet d'une restauration.

JARDIN DE LAZENAY. D'un concept original, cet espace naturel se compose de deux parties : un espace avec des ormes qui ont été dégagés de leur imposante masse de lierre, et un espace, où, à l'inverse, de longues lianes de lierre ont été conservées, constituant un rideau devant une grotte. Ainsi, on se promène au gré du hasard le long de chemins traversant des fourrés et des clairières, et qui ont été élargis, ou alors sur des sentiers qui ont conservé leur étroitesse avec des portes végétales, des goulets, et des franchissements diversifiés.

JARDIN DES PRES-FICHAUX. Situé sur d'anciens marais, ce jardin a été aménagé entre 1923 et 1930 dans un style Arts-déco remarquable par son art topiaire (taille des végétaux selon des formes géométriques), ses bassins et fontaines, sa roseraie et ses sculptures. Ces originalités lui ont d'ailleurs valu d'être inscrit en 1990 à l'Inventaire supplémentaire des Monuments historiques.

LES MARAIS. Ce havre de paix verdoyant s'étend sur plus de 135 hectares de jardins et de canaux, et représente, par sa situation unique au cœur d'une grande ville, un patrimoine fabuleux auquel les Berruyers restent très attachés. C'est un monde verdoyant, empli de mystère, que l'on découvre en pénétrant dans les marais. Un univers d'eaux calmes et de vertes frondaisons. Il est loin le temps où Bourges s'abritait des envahisseurs derrière le rempart naturel que constituait sa vaste ceinture de marécages. Les terrains marécageux qui entouraient Bourges ont longtemps assuré la défense de la ville. Au XVIIe siècle, les Jésuites achètent une partie de ces "marais" et les louent à des particuliers qui les transforment en parcelles cultivables. Avec la Révolution et la vente des biens nationaux, cette mise en culture ne cesse de s'intensifier : les maraîchers, surnommés aussi les "maretiers", alimentent la ville en fruits et légumes pendant trois siècles. Au milieu du XXe siècle, avec le changement des modes de production et de distribution, la profession décline pour finalement disparaître durant les années 1970. A présent, les marais sont divisés en 1 500 parcelles et sont cultivés par des particuliers propriétaires ou locataires. Aujourd'hui, les marais de Bourges constituent un véritable espace de détente et de nature au pied de la vieille ville. Avec leur abondance de légumes et de fleurs, ces hectares de parcelles joliment cultivées, fleuries et même décorées par leurs propriétaires, offrent l'image d'un lieu de convivialité et de promenade dans une nature préservée. Dès le mois de mai, la végétation recouvre rapidement le sol des marais, et les jardiniers voient leurs efforts récompensés et récoltent des fruits et des légumes de qualité en abondance. Une faune riche et variée vit dans les marais : oiseaux, insectes, poissons, petits mammifères. La flore, quant à elle, est composée notamment de plantes aquatiques.

ASSOCIATION DES MARAICHERS DE BOURGES ✆ 02 48 20 40 85

ASSOCIATION DES USAGERS DES MARAIS DE L'YEVRE ET DE LA VOISELLE ✆ 02 48 24 58 15

PARC PAYSAGER DES GIBJONCS. Un jet d'eau de 15 mètres, une pyramide gravée de la déclaration des droits de l'Homme, une vaste place bordée de gradins ainsi qu'une mer de sable et des jeux dédiés aux enfants complètent cet immense espace de 8 hectares conçu par le service municipal des Espaces verts : plus de 10 000 plantes vivaces fleurissent cet endroit aménagé de manière originale en espaces constitués de plusieurs poches fonctionnelles successives.

LE VAL-D'AURON - LA TROUEE VERTE. La "Trouée Verte" est l'ancien canal du Berry. Elle est bordée de plus de 1 000 platanes tous centenaires, et elle relie le centre-ville au Val-d'Auron. Cette surface de 84 hectares est cernée de vastes étendues engazonnées et plantée de grands arbres. Le plan d'eau du Val-d'Auron est l'endroit idéal pour se promener ou faire son jogging quotidien.

Le couvert

ABBAYE SAINT-AMBROIX Boulevard de la République ✆ 02 48 70 80 00. *Fax : 02 48 70 21 22. Internet : www.alpha-hotellerie.com. Menus de 25 € à 64 € et à la carte. Service jusqu'à 21h30. 60 couverts. Ouvert 7j/7.* Située à deux pas de la gare et du centre-ville de Bourges, en vis-à-vis du jardin des Prés-Fichaux, l'Abbaye Saint-Ambroix, grande demeure du XVIIe siècle inscrite à l'inventaire des Monuments historiques, invite ses visiteurs à un véritable voyage dans le temps. Dès le hall d'accueil aux couleurs pastel, on pénètre dans un univers feutré et magique. Un couloir bordé d'arcades, vestiges d'un cloître construit au VIIIe siècle et détruit pendant les guerres de Religion, nous emmène au restaurant. Ce dernier se découvre sous les hautes voûtes d'une ancienne chapelle parée de pourpre et d'or pour échapper à l'austérité monacale du lieu. Dans ce cadre historique, le chef a créé une cuisine contemporaine. Il excelle dans le dosage des aromates qui mettent en valeur la viande ou le poisson. Grâce aux conseils du sommelier, les vins, notamment de Loire, sont le bouquet de ce feu d'artifice de saveurs.

D'ANTAN SANCERROIS 50, rue Bourbonnoux ✆ 02 48 65 96 26. *Fax : 02 48 70 50 82. Cuisine de terroir. Vin au verre. Bistrot. Service jusqu'à 22h30. 36 couverts. Fermé le dimanche et le lundi midi. Plats à la carte.* Nous sommes accueillis dans un cadre chaleureux et rustique, paré de poutres apparentes et de vieilles pierres. On apprécie les petites tables recouvertes de carreaux de faïence et de bois. En découvrant les plats inscrits sur les tableaux noirs, la seule évocation des mets donne l'eau à la bouche. Le ton du chef est sincère et exprime avec subtilité la cuisine de notre terroir. Tous les sens sont en éveils, et le plaisir de la bouche est garanti.

L'ATRIUM 41, boulevard de Strasbourg ✆ 02 48 20 06 80. *Cuisine traditionnelle. 70 couverts. Climatisé. Fermé le dimanche soir et le lundi. Congés annuels : une semaine en février et la troisième semaine d'août. Menu affaires : 19 € (sauf week-end et jours fériés). Menu à 23,50 €. Prix moyen à la carte 40 €. Carte au choix. Situé à 200 mètres de la cathédrale.* Avant de poser ses marques à l'Atrium, Jérôme Touchard a travaillé chez Gilles Moineau à Châteauroux, au Concorde Lafayette et au concorde Saint-Lazare. Ce n'est donc point un novice qui nous charme de sa cuisine traditionnelle épicée de notes créatives. La carte et les vins ne nous font pas mentir. En voici un aperçu : demi-homard en salade crémé au vinaigre de xérès ; rouget poêlé, courgettes au chorizo, sauce au pistou ; ris de veau poêlés au citron vert ; saumon grillé, aromatisé au basilic et à l'estragon. Les desserts offrent une gourmande conclusion.

LE BEAUVOIR 1, avenue Marx-Dormoy ✆ 02 48 65 42 44. *Fax : 02 48 24 80 84. Fermé le dimanche soir. Cuisine gastronomique. Menu "Au gré du marché" (servi le midi et le soir du lundi au samedi midi, sauf les jours fériés) : 16 €. Menus de 25 € à 40 €.* Un moment incomparable au Palais des délices. Sur fond de magnifiques pièces de collection à l'emblème de notre pays, coqs en pâte de verre, faïence... dans cet endroit au cadre charmant et raffiné, les maîtres des lieux nous reçoivent. Didier Guyot et son épouse exploitent avec justesse les produits frais de saison, mettant leur imagination au service du bon goût. Des plats qui mettent l'eau à la bouche : langoustines rôties, ravioles de caviar d'aubergines, beurre de crustacés, marbré de foie gras de canard des Landes aux artichauts frais, chutney de tomates, pigeons de grains (entièrement désossé) rôti aux douces épices, pomme de ris de veau français, coulis de crustacés. Rien ne se termine sans une gourmandise savoureuse, la spécialité : soufflé au chocolat, crème anglaise au café de Colombie.

LE BISTRO GOURMAND 5, place de la Barre ✆ 02 48 70 63 37. *Fax : 02 48 70 26 82. Heures de service de 11h45 à 14h30 et de 18h45 à 22h30 et 23h en saison. Fermé le dimanche soir (sauf réservation groupes, banquets et jours fériés). Le plat du jour (le midi uniquement du lundi au samedi) : 7,20 €. La formule du jour (le midi uniquement du lundi au samedi) : 10,50 €. Menus de 13 € à 23 €. Prix moyen à la carte : 23 €. Salades : de 9 € à 11 €.* M. Brunner nous accueille dans une ambiance très conviviale. Dans ce restaurant tout est fait maison et cuisiné au beurre. On se régale : d'une salade bistro (salades mélangées, crottin de chavignol sur toast grillé, petits lardons poêlés, œuf poché, tomates, sauce berrichonne à la ciboulette) un mot pantagruélique, d'une cassolette de saint-jacques, d'un civet de magret d'oie ou d'un gras-double (appelé également Tablier de Sapeur). On termine par un dessert (toujours fait maison) : le délicieux lyonnais, la tarte Tatin et un matefin... Il est impossible de repartir avec la faim, de cette adresse devenue incontournable.

LE COLBERT 25, rue de Lazenay ✆ 02 48 67 97 97. *Fax : 02 48 20 15 13. Fermé le dimanche soir et le lundi. Accès pour les personnes handicapées. Menus de 16 € à 22,50 €.* Les clients pressés peuvent profiter de la carte express, servant viandes, grillades, poissons. Un peu excentré, mais à la pointe du plan d'eau, du golf et du centre équestre, le magnifique cadre vaut le détour. Le Colbert, nous accueille dans une demeure décorée style XVIIIe siècle. La salle offre le décor des poutres apparentes et en hiver, le crépitement de la cheminée renforce cette impression d'intimité et de bien-être. L'ambiance est sympathique. L'été, la terrasse ombragée est ornée de jolies fleurs multicolores. Ce coin champêtre accueille jusqu'à 200 personnes, c'est le lieu idéal aux beaux jours pour vos réunions de famille, les séminaires ou les groupes touristiques. Le Colbert propose sa carte avec ses plats à base de produits du terroir (volailles, viandes, poissons...) cuisinés de façon raffinée. Ainsi, on se régale d'un saumon mariné et ses petits légumes croquants, d'un déshabillé de gambas et saint-jacques au magret fumé et ses haricots blancs, d'un ris de veau au citron vert ou d'un carré d'agneau rôti au thym. On savoure pour conclure une soupe de fruits au muscat...

LA COURCILLIERE Rue de Babylone ✆ 02 48 24 41 91. *Fax : 02 48 24 98 44. Fermé le mardi soir et le mercredi, et le dimanche en basse saison. Menus de 15 € à 25 €. Carte. Service jusqu'à 21h15.* Le restaurant La Courcillière, auquel on accède par l'avenue Marx-Dormoy, nous accueille au cœur de l'un des plus beaux sites de Bourges : les marais. On découvre un cadre rustique, un décor chaleureux où il fait bon se délecter des différents plats traditionnels comme l'assiette de terrine maison, la tête de veau ravigote, le filet de canard au poivre vert, le coq au vin. En plus de la tradition, la carte est composée de mets originaux à déguster sans retenue. En été, au bord de l'eau et à l'ombre des arbres, la terrasse est un lieu privilégié.

LE PUB JACQUES-CŒUR 1, rue d'Auron ✆ 02 48 70 72 88. *Fermé le dimanche et le lundi. Heures de service de 12h à 15h et de 19h à 23h. Prix moyen à la carte : 19,50 €. Menus de 9,70 € à 12,20 €. Menu enfant 5,50 €.* Dans un cadre lumineux, éclairé par le dôme d'une large baie vitrée, nous sommes accueillis par la douce ambiance et le cosy d'une décoration à l'anglaise. En appréciant le décorum à l'anglaise, on est toujours dans le Berry, c'est dans cette illustre maison que naquit Jacques Cœur. La lecture des spécialités du chef fait saliver, ensuite, on se régale. Parmi, celles-ci : la côte de bœuf, l'assiette forestière. Une spécialité dénommée "pataterie" : de grandes assiettes, dont la base, vous vous en doutez est composée de pommes de terre. On opte pour la landaise, la danoise, la périgourdine... Un délice et quelle platée ! Sur l'ardoise, du mardi au samedi midi on découvre les suggestions du jour.

LA TAVERNE D'ALSACE Route d'Orléans - RD944 - SAINT-DOULCHARD ✆ 02 48 27 67 68. *Fax : 02 48 27 67 69. Internet : www.la-taverne-d'alsace.fr. Fermé le lundi, le samedi midi et le dimanche soir, sauf les jours fériés. Fermeture annuelle de la mi-juillet à la mi-août. Service jusqu'à 22h. 2 salles : une de 80 couverts et une de 120 couverts. Groupes et séminaires. Spécialités alsaciennes. Menus de 15,50 € à 22 €. Formules (uniquement le midi).* Les habitués aiment venir saluer M. Jean-Luc Veltz, le maître des lieux, toujours présent lors des services. Dans une ambiance rustique et chaleureuse, deux salles climatisées s'offrent à nous. Sympa à l'apéro, une flammekûeche (maison !) servie sur une palette en bois, à laquelle, on ajoute bien volontiers un bon coup de bière, histoire de se préparer le gosier à la suite... La carte est riche en propositions et l'on est submergé à la lecture par une faim intenable... On nous propose des plats alsaciens et de terroir comme un jarret sur choucroute, un foie gras de canard au gewurztraminer vendanges tardives. Bienvenue au Paradis "de la choucroute"... Toutes sortes de choucroutes nous tentent : la Strasbourgeoise au riesling (jarret, palette, saucisses, boudin noir...) ou la choucroute à l'oie (cuisse et magret de canard, foie gras poêlé...). La petite virée en Alsace se termine par un kougelhoph glacé au praliné chocolat et fraises de printemps sur coulis d'oranges. Et si on a envie de prolonger la soirée, le bowling est voisin de la Taverne !

Le gîte

AGRICULTURE HOTEL 15, rue du Prinal ✆ 02 48 70 40 84.** *Fax : 02 48 65 50 58. 13 studios et appartements, de 46 € à 69 €. Petit déjeuner : de 5,50 € à 6 €. Parking, garage, climatisation. Chiens admis.* On apprécie le confort de ce petit hôtel tranquille. L'accueil est charmant et sympathique, il est toujours bien agréable d'avoir l'impression d'être reçu comme chez les amis. L'hôtel est à 10 minutes du palais Jacques-Cœur situé eu centre-ville.

AUBERGE DE JEUNESSE JACQUES-CŒUR 22, rue Henri-Sellier ✆ 02 48 24 58 09. *Fax : 02 48 65 51 46. E-mail : bourges@fuaj.org. Il y a 86 lits mis à la disposition de la clientèle. Parking. Adhésion annuelle obligatoire : 10,70 € pour les moins de 26 ans, et 15,25 € pour les plus de 26 ans. Nuitée : 8,40 € par personne en dortoir. Drap : 2,75 €. Petit déjeuner : 3,25 €. Repas pour groupes sur réservation : 8,40 €. Fermeture annuelle du 13 décembre au 6 janvier.* Cette auberge de jeunesse est située en plein centre-ville.

BEST WESTERN HOTEL D'ANGLETERRE* 1, place des Quatre-Piliers ✆ 02 48 24 68 51.** *Fax : 02 48 65 21 41. Internet : www.bestwestern.com/fr/hoteldangleterre. 30 chambres avec bain ou douche, de 67 € à 89 €. Petit déjeuner buffet : 8,50 €. Télévision et satellite. Branchement ordinateur. Hôtel équipé d'un ascenseur. Chiens admis. Garages à la disposition de la clientèle, sur réservation avec supplément de 8,50 €. L'hôtel possède une salle pour recevoir des groupes, des séminaires de 20 et 60 personnes.* Cet hôtel est situé dans le centre historique de Bourges, juste en face du palais Jacques-Coeur, c'est bien agréable de se promener dans Bourges le soir, de pouvoir flâner et rentrer à pied en toute quiétude.

CAMPING MUNICIPAL*NN 26, boulevard de l'Industrie ✆ 02 48 20 16 85.** *Fax : 02 48 50 32 39. Prendre la sortie autoroute A71, suivre Bourges Centre. Ouvert du 15 mars au 31 mai de 8h à 21h, du 1er juin au 31 août de 7h à 22h, et du 1er septembre au 15 novembre de 8h à*

21h. Fermeture annuelle du 15 novembre au 14 mars inclus (pour tous renseignements durant cette période, contacter l'Office de tourisme). Tarifs 2003/2004 (par nuitée, sachant qu'une journée de camping est de midi à midi) : 3,10 € pour les adultes, 1,70 € pour les enfants de moins de 10 ans. Visiteurs : 2 €. Emplacement : tente véhicule 3,10 €. Caravane, véhicule et camping-car : 4,40 €. Forfait électrique : 2,60 € ou 4,10 €. Gratuit pour les animaux. Le camping de Bourges ne pratique pas de réservation (sauf pour les groupes). Le séjour est limité à 6 semaines. L'emplacement de ce camping est idéal, à 15 minutes à pied du centre-ville et du lac d'Auron, ce qui permet aux campeurs de profiter de nombreux loisirs : activités sportives, visites de la ville, détente, shopping, marchés... On y trouve une aire de jeux pour les enfants et un mini-golf, dont les accès sont gratuits. Le camping offre un grand confort à sa clientèle et offre les équipements nécessaires aux personnes handicapées.

HOTEL DE LA BECASSE 2, place du Général-Leclerc ✆ 02 48 24 20 87.** *Fax : 02 48 69 00 67. E-mail : a.e.vilpellet@wanadoo.fr. 29 chambres avec bain ou douche, de 28 € à 42 €. Petit déjeuner : 5,50 €. Fermeture annuelle du 21 décembre au 5 janvier. Parking. Climatisation. Chiens admis, supplément de 2,50 €. Télévision avec Canal satellite. Les chèques-vacances sont acceptés.* Cet hôtel est situé à proximité de la gare.

HOTEL DE BOURBON* Boulevard de la République ✆ 02 48 70 70 00.** *Fax : 02 48 70 21 22. Internet : www.alpha-hotellerie.com. 59 chambres de 78 € à 152 €. Petit déjeuner : 11,50 €. Les chiens sont admis mais avec un supplément. Ascenseur, parking privé, accès handicapés, chambres climatisées et équipées de Canal satellite.* Cet établissement, où les vedettes du Printemps de Bourges aiment à séjourner lors de leur passage, est une ancienne abbaye du XVIIe siècle. Situé à proximité du centre-ville.

HOTEL LE CHRISTINA 5, rue de la Halle ✆ 02 48 70 56 50.** *Fax : 02 48 70 58 13. Internet : www.le-christina.com. E-mail : info@le-christina.com. Accueil 24h/24. Télévision+chaînes satellites. Ascenseur. Garages. Chiens admis. Chèques-vacances acceptés. 71 chambres dont la majorité est climatisée, avec bain ou douche, de 41 € à 76 €. Petit déjeuner, formule buffet ou servis en chambre : de 6 € à 7 €. L'hôtel accueille groupes, séminaires, réceptions, mariages dans une salle jusqu'à 60 personnes.* L'hôtel Christina offre le charme et le confort de l'hôtellerie traditionnelle, ayant à cœur de choyer ses clients. Les chambres baignent dans une harmonie de couleurs. La chaleur des boiseries crée un espace de détente ou de travail. Les infinis petits détails donnent l'impression d'être reçus comme chez nos amis. Votre séjour sera un réel moment de plaisir. Toute proche du palais Jacques Cœur, de la cathédrale et des rues piétonnes, l'étape est aussi pratique. Vous serez ravi d'avoir découvert et su choisir ce havre de paix.

HOTEL LE CYGNE 10, place du Général-Leclerc ✆ 02 48 70 51 05.** *Fax : 02 48 69 09 91. E-mail : hotel.lecygne@wanadoo.fr. 20 chambres avec bain ou douche, de 30 € à 50 €. Petit déjeuner : 5,50 €. Fermeture annuelle du 24 décembre au 5 janvier. Salles pour groupes de 100 personnes. Restaurant. Ascenseur. Garages. Chèques-vacances. Chiens admis.*

HOTEL IBIS Rue Vladimir-Jankélévitch ✆ 02 48 65 89 99.** *Fax : 02 48 65 18 47. E-mail : h0819@accor-hotels.com. 86 chambres avec bain, de 45 € à 64 € Petit déjeuner : 6 €. Trois salles pour séminaires, réceptions pouvant accueillir des groupes de 10 à 50 personnes. Restaurant avec accès aux personnes handicapées. Ascenseur. Chèques-vacances acceptés. Terrasse. Chiens admis.*

HOTEL SAINT-JEAN 23, avenue Marx-Dormoy ✆ 02 48 24 13 48.** *Fax : 02 48 24 79 98. Accueil de 7h à 22h. Aucun congé annuel. 24 chambres avec bain ou douche, de 27,50 € à 50,90 € Petit déjeuner très copieux à 5 €. Ligne téléphonique directe. Ascenseurs. Télévision. Garage. Les chiens sont admis.* Vous arriverez devant une jolie façade qui donne envie d'en découvrir un peu plus. Le nouveau maître des lieux, M. Petit vous accueillera dans un décor tout en douceur. Les chambres et les communs sont aujourd'hui dans des teintes pastel de vert et de jaune, retouchées d'un petit liséré de bordeaux, telles les faïences dans les salles de bains. Grâce à cette déco, qui ne ressemble en rien à celle d'un hôtel traditionnel, on se croirait chez soi, avec ses petits plus, tout en délicatesse. Situé à 5 minutes du centre-ville, de la gare, et de nombreuses bonnes tables de Bourges, cet hôtel fait bénéficier sa clientèle d'un séjour sous le signe du confort et du plaisir. Par ailleurs, les sportifs et les amoureux de nature peuvent profiter de la proximité des marais pour aller faire leur jogging matinal ou une simple promenade.

INTER HOTEL LES TILLEULS 7, place de la Pyrotechnie ✆ 02 48 20 49 04.** *Fax : 02 48 50 61 73. Internet : www.les-tilleuls.com. E-mail : les.tilleuls@wanadoo.fr. 39 chambres insonorisées, dont 18 climatisées avec bain ou douche, de 55 € à 71 € (tarif basse saison), de 53 € à 76 € (haute saison). Les équipements sont nombreux : téléphone direct, télévision, canal plus et chaînes étrangères, mini-bar. Petit déjeuner, buffet : 6 €. Possibilité de restauration en chambre pour les clients. Salle pour les groupes et les séminaires de 40 places. Accès aux* *personnes handicapés, 2 chambres climatisées leur sont réservées. Parking privé. Nos amis à quatre pattes sont admis pour 4 €.* Cet établissement est situé dans un ancien hôtel particulier. Une ambiance de caractère, des poutres apparentes, des chambres spacieuses s'ouvrent sur un décor aux tons pastel. L'ambiance est à la sérénité et à la détente. Aux beaux jours, la terrasse et le jardin fleuri sont appréciés pour profiter des rayons du soleil. La piscine est une invite à un petit plongeon, elle est chauffée. L'hôtel offre un espace de remise en forme, avec une salle de musculation. Un coin espace enfants distrait et occupe vos chers petits ! On utilise ici vos chèques-vacances à bon escient.

LOGITEL Route de Vierzon - SAINT-DOULCHARD ✆ 02 48 70 07 26.** *Fax : 02 48 24 59 94. Internet : www.hotel-logitel.fr. 30 chambres avec bain ou douche, à partir de 42 € Petit déjeuner : 5 €. Séminaires et petits déjeuners : 50 personnes. Tennis privé. Garages. Animaux admis. Parking. Chèques-vacances acceptés.*

PREMIERE CLASSE ZAC de l'Echangeur - Direction Châteauroux - RN151, près du péage de l'autoroute A71 ✆ 02 48 20 89 52. *Fax : 02 48 50 58 85. 70 chambres avec douche, de 28 € à 34 €. Petit déjeuner : 4 € Terrasse. Salle pour groupes. Accès aux personnes handicapées. Chèques-vacances acceptés. Chiens admis. Parking.*

Le gîte et le couvert

HOTEL AURORE Route de Vierzon - RN76 - SAINT-DOULCHARD ✆ 02 48 24 41 10.** *Fax : 02 48 70 19 26. Internet : www.hotel-aurore.fr. E-mail : hotelaurore@wanadoo.fr. 40 chambres avec bain ou douche, de 45 € à 100 €. Petit déjeuner : 7 €. Ouvert 24h/24. 3 salles disponibles pour les groupes de 20, 40, à 80 personnes. Restaurant. En cas d'oubli, l'hôtel peut nous fournir des rasoirs, de la mousse à raser, des brosses à dents et du dentifrice… Photocopieur. Fax. Minitel. Cireuse à chaussure. Accès handicapés. Parking. Garages. Terrasse. Climatisation. Chiens admis. Piscine.* Bien qu'il soit installé le long de la RN76, la clientèle na pas à se plaindre des désagréments de la circulation grâce à la position très en retrait de l'hôtel par rapport à la route. Le hall est éclairé par d'agréables baies s'ouvrant sur la piscine. Il nous offre un espace de repos et de détente où il fait bon lire les nouvelles de la région. A l'unisson, des tons doux et chaleureux illuminent le décor. Au gré d'un couloir, un joli fauteuil aux tons d'ivoire offre un petit repos. Les chambres sont climatisées, confortables et spacieuses. La décoration est chaleureuse, on s'y sent bien. Aux beaux jours, on profite de son séjour en lézardant sur la terrasse. On nage, on se relaxe, le programme est très agréable.

HOTEL LE BERRY 3, place du Général-Leclerc ✆ 02 48 65 99 30.** *Fax : 02 48 24 29 17. Internet : www.le-berry.com. Gardien de nuit. 64 chambres avec douche, de 49 € à 62 € dont 4 chambres familiales (5 personnes par chambre) Petit déjeuner : 6 € Ouvert 24h/24. Les chambres ont le double vitrage, toutes climatisées, la salle de bains complète avec sèche-cheveux. Prise modem dans les chambres. Télévision et canal satellite. Pas de fermeture annuelle. Une salle de réception modulable (en fonction du nombre de convives) accueille des groupes, des réceptions, des séminaires, mariages. Ascenseur. Garages privés, à quelques minutes à pied. Chiens admis. Chèques-vacances acceptés. Accès direct au restaurant "Le Made in Café".* Cet hôtel situé près de la gare offre une situation privilégiée, tout en étant dans un lieu animé proche du centre-ville. Toutes les chambres sont rénovées, très confortables l'ambiance est dépaysante tout en délicatesse, et pour ne rien gâcher l'accueil est sympathique. Le Berry offre un moment de détente sur une terrasse fleurie, très agréable après une longue journée de découverte de la région.

HOTEL CAMPANILE ZAC Le Val-d'Auron - Avenue Robinson ✆ 02 48 50 32 78.** *Fax : 02 48 50 45 98. Internet : www.campanile.fr. Ouvert 7j/7, de 6h30 à 23h. Séminaires et groupes. Prix de la chambre 54 €. Petit déjeuner : 6,50 € Forfait étape de 72 € à 75 € Parking. Terrasse. Accès pour les handicapés et chambres à leur disposition.* Franck et Corinne Bastien nous invitent à nous reposer dans 42 chambres tout confort, avec télévision (Canal+), téléphone direct, et même un bureau pour les bourreaux du travail. L'établissement, récemment rénové en totalité, propose de nombreux tarifs adaptés à chacun : Tarif VRP, tarif sportif, tarif groupes, tarif week-end, tarif famille. Le confort est total, et on apprécie l'atmosphère douillette des chambres toutes équipées de salle de bains complète. Un véritable havre de détente, à quelques minutes du centre-ville, au cœur d'un cadre de verdure.

HOTEL CAMPANILE "Le Détour du Pavé" - RN76 - Route de Vierzon - SAINT-DOULCHARD ✆ 02 48 70 20 53.** *Fax : 02 48 70 34 97. Internet : www.campanile.fr. Ouvert 7j/7, de 6h30 à 23h en semaine, et de 8h à 23h le week-end. Service restauration jusqu'à 22h. 47 chambres de 51 € à 60 €, très confortables, équipées avec télévision (Canal+ et câble). Accessible aux handicapés et chambres à leur disposition. Les animaux sont les bienvenus. Forfaits Etape de 72 €*

à 75 €. Petit déjeuner buffet : 6,50 €. Parking. Jardin. Terrasse. Christophe et Stéphanie Blancard sont toujours heureux de vous accueillir dans leur hôtel entièrement rénové. Le moment de détente est très agréable. Dans cet hôtel, les maîtres mots sont : votre bien-être. Plusieurs forfaits sont proposés à la clientèle : VRP, famille, week-end, groupes, sportif. Bref, tout est mis en œuvre afin que l'on profite au maximum de son séjour.

HOTEL KYRIAD Le Hameau d'Icare - Route d'Issoudun ✆ 02 48 20 14 30.** *Fax : 02 48 25 54 42. Internet : www.kyriad.com. E-mail : bourges@.kyriad.fr. Ouvert 7j/7. 42 chambres (2 réservées aux handicapés) de 51 € à 57 €. Petit déjeuner buffet à volonté 6,50 €. Tarif week-end (se renseigner). Salles de bains avec douche, sèche-cheveux, prise rasoir. Télévision avec chaînes hertziennes, Canal+, eurosport, ciné cinéma. Prise Internet. Salle de séminaire de 35 m². Chiens admis. Terrasse. Restaurant.* L'hôtel a été entièrement rénové et a revu totalement la décoration. Les chambres dans les tonalités de bleu, violine et jaune sont à la fois chaleureuses et confortables. Un plateau de courtoisie est à votre disposition dans chaque chambre. Cet établissement possède sa propre personnalité, les attentions, l'accueil et le professionnalisme sont au rendez-vous. M. Desbonnet met l'accent sur la qualité du service et le confort intérieur pour assurer la réussite de toutes les manifestations, séminaires, repas d'affaires, cocktail. Dans ce cadre, une restauration traditionnelle s'articule autour de menus, de la carte et gourmandises à votre choix. Aux beaux jours, vous profiterez de l'étape en déjeunant ou en dînant sur la terrasse.

Loisirs

LES ATTELAGES JACQUES-CŒUR ✆ 02 48 23 02 61. *Balades commentées ou taxi de 10h à 12h et de 14h à 19h. Sur réservation : Soirées romantiques durée 2h, balades dans Bourges la nuit de 21h à 2h du matin.* Dans un attelage coupé de ville ou omnibus à impériale, au gré de vos envies, le cocher en tenue d'époque commente la visite ou vous laisse à vos tendres rêveries. Vous découvrez le cœur de la ville avec une flânerie poétique ou une balade romantique à la nuit étoilée.

BOURGES GOLF CLUB Rue Jacques-Becker ✆ 02 48 20 11 08. Face au lac du Val d'Auron, le golf propose deux parcours. L'un destiné à la compétition compte 9 trous pour une longueur de 3 035 mètres, et l'autre à 9 trous facilite les entraînements. Le Bourges Golf Club propose des cours municipaux pour les adultes et les enfants.

CENTRE EQUESTRE UCPA DE BOURGES Chemin de Givaudins ✆ 02 48 20 14 62. *Fax : 02 48 21 01 98. Ouvert tous les jours. Heure de fermeture 20h.* Ce centre dispense des cours d'initiation, de perfectionnement, des préparations aux examens fédéraux et aux compétitions. Les activités sont diversifiées : saut d'obstacles, dressage, cross, horse ball, poney Games, voltiges. Nos chevaux peuvent rester en pension. On peut les faire dresser. Pour les petits, l'accueil se fait à partir de 5 ans. Le centre dispose d'une école shetlands, d'une école double poneys et d'une école de chevaux permettant aux débutants, aux initiés de s'entraîner selon son niveau.

FEDERATION DU CHER POUR LA PECHE ET LA PROTECTION DU MILIEU AQUATIQUE 103, rue de Mazières ✆ 02 48 66 68 90. *Fax : 02 48 66 68 99.*

FEDERATION DEPARTEMENTALE DES CHASSEURS DU CHER 22, rue Charles-Durand ✆ 02 48 50 05 29. *Fax : 02 48 50 05 38. Fermé le samedi et le dimanche. Ouvert de 9h à 12h et de 14h à 17h.* Le but de cette Fédération est d'organiser et de structurer la chasse. Elle forme et informe les chasseurs, et représente officiellement la chasse. C'est une association agréée au titre de la protection de la nature : son rôle est également de gérer et de protéger la faune. A votre demande, la Fédération intervient dans les milieux scolaires ou dans des réunions grand public. Elle vous fera ainsi découvrir ou mieux connaître la nature. Des sorties sont également organisées.

LE PETIT TRAIN TOURISTIQUE. *D'avril au 11 novembre. Départ devant l'Office du tourisme, toutes les heures.* A travers les rues de la vieille ville, vous découvrirez Bourges et son histoire, bien assis. La balade dure 45 minutes, grâce à des commentaires très précis vous admirerez monuments, hôtels particuliers et autres curiosités.

Sorties

BIRDLAND 4, avenue Jean-Jaurès ✆ 02 48 70 66 77. *Ouvert du lundi au samedi, de 17h30 à 2h du matin. Toutes les pressions en 50 cl à 5 €. Jeu de fléchettes.* En pénétrant chez Patrick et Arletty Marchi on découvrira l'île verte, véritable petit coin enchanté qui fleure bon l'Irlande. Pour ce qui est de manier le shaker, on est bluffé par le savoir-faire et c'est bon, super bon... plus de 50 cocktails sont à déguster avec ou sans alcool. Cet établissement propose 8 bières pression (desperados, pilsner-urquell, pauwel kwak, killenny, guiness...) régulièrement renouvelées.

A l'infini, des variétés de bières, plus d'une centaine, on peut déguster notre breuvage dans des cornes (imitation, bien entendu). Les bouteilles sont toutes différentes (Queue de charrue, Fin du Monde, Karmeliet, etc.) Pour les amateurs de whiskys (de 10 à 23 ans d'âge), plus de 50 marques attendent qu'on les découvre, tels lagavulin, oban, dallas dhu, the glendronach, caol ila, etc. Plus de 10 sont à base de bières comme la potion magix (bière blanche chouchen, etc.). La parlotte est à la fois en anglais et en français accompagnée par de la musique celtique ou par d'endiablés rock en roll.

Emplettes

Panier gourmand

LA CAVE DU SOLEIL 7, rue Cambournac ✆ 02 48 68 98 72/06 62 24 12 73. *Fax : 02 48 68 98 72.* Thierry Lapoire, après ses études de sommelier, a souhaité retrouver les marques de son terroir. Depuis quatre ans, il s'est installé dans sa ville natale. Avec talent, tels les bons vins qu'il nous fait connaître, il nous raconte les vins de Loire, du Languedoc, du Roussillon et du Rhône. Des conseils sérieux et avisés permettent de faire provision de bons vins. Thierry organise pour notre plus grand plaisir des soirées dégustations. Son approvisionnement se fait en direct avec les propriétaires. Trois maîtres mots : prix, qualité et plaisir résume ce lieu. De plus Thierry est amateur de café. Il a créé un coin torréfaction qui flatte notre nez. Les amateurs du nectar noir trouvent le mélange des arômes délicatement mêlés.

CAKE THE 74bis, rue Bourbonnoux ✆ 02 48 24 94 60. *Fax : 02 48 70 14 86. Ouvert tous les jours de 15h à 19h. Pour s'y rendre : remonter la rue Bourbonnoux et prendre l'impasse faisant presque face à la "Créperie des Remparts".* L'enseigne porte bien son nom : c'est l'heure du thé, my lord ! Un lieu magique et féerique au cœur d'un lieu historique, tout environné de vieilles pierres. Le salon Cake-Thé propose de passer un moment calme et serein en toute convivialité. Les succulentes pâtisseries sont réalisées "maison" et viennent du savoir-faire des recettes familiales. Au gré des saisons, les recettes varient, mais la tarte au citron reste incontournable. Bien d'autres pâtisseries se découvrent : le cake Jacques-Cœur (une recette du Moyen Age servie avec une gelée de thé Noël), un cheese cake accompagné d'une crème anglaise à la lavande... On hume la fameuse marque Thés Mariage Frères qui offre plus de 17 saveurs différentes. La marque Hédiard trône dans ses superbes boîtes et saupoudre l'ambiance de ses délicats effluves de café "mélange maison". En été, la terrasse ombragée au cœur du vieux Bourges nous invite à la détente.

AUX DEUX TOQUES 5, rue de Sarrebourg ✆ 02 48 50 40 53. *Pâtissier chocolatier. Fermé le lundi. Ouvert de 8h à 19h30.* Surveillez les Deux Toques, elles sont présentes sur les marchés. Les Berruyers en sont complètement toqués de cette pâtisserie ! L'accueil est charmant et ça sent toujours bon le chocolat et la crème ! Depuis 1986, François Carraz et Bernard Vetele nous font fondre avec leurs spécialités comme la galette aux pommes de terre, la Toque, et leurs nombreux entremets... Ces pâtissiers chocolatiers marient avec bonheur des trésors de chocolat aux noms évocateurs : Le Crottin du pays (chocolat blanc, avec Grand Marnier et écorces d'orange), La Kaoline (chocolat noir avec un intérieur en nougatine et au chocolat noir parfumé à la cannelle), Le Jacques-Coeur (chocolat noir avec un intérieur de ganache au thé, d'épices et de bergamote). A noter, ces pâtissiers chocolatiers ont obtenu le diplôme de Maître artisan.

DOULCHARD ✆ 02 48 24 25 78. *Fermé le dimanche et le lundi matin. Ouvert de 9h à 12h et de 14h à 19h.* Si cette boutique n'est pas forcément évidente à trouver (heureusement, le Petit Futé était là pour vous guider : entre le Campanile et le bowling de Saint-Doulchard), elle vaut le détour ! C'est une véritable boutique de producteurs spécialisés dans les variétés anciennes. On salive devant les spécialités du Berry (jus de pommes artisanal, cidre de pommes de qualité restauration). Les confitures font la fête, une vraie farandole de toutes sortes, suivent les miels, gâteaux, apéritifs (calva...), et de délicieux bonbons à la pomme. On nous propose de la pâte feuilletée "François" au pur beurre des Charente-Maritime, d'accord on en convient, ce n'est pas vraiment notre région ! Mais elle est fameuse. On découvre les vins régionaux (sancerre, menetou-salon, reuilly, quincy...), des escargots cuisinés, des terrines, des confits (Mady Hanquiez), trois bières du Berry (sollier, BB et celles de Sancerre), des pâtes La Quenouille et Fabre, les grillottines, cerises confites au kirsch et à l'alcool, les liqueurs, les crèmes (mûres, myrtilles...) et plein d'autres bonnes choses. Françoise et Dominique composent selon notre souhait des corbeilles gourmandes : une idée cadeau originale qui en ravira plus d'un.

MAISON DES FORESTINES 3, place Cujas ✆ 02 48 24 00 24. *Fax : 02 48 24 00 01. E-mail : mdforestines@wanadoo.fr. Confiserie chocolaterie. Ouvert le lundi de 15h à 19h, et du mardi au samedi de 9h30 à 12h15 et de 14h à 19h15.* Noël 1884, au cœur de la vieille ville de Bourges, la Maison des Forestines voit le jour. Son magnifique et majestueux décor, orné d'un plafond en faïence de Gien et de boiseries sculptées, nous émerveille à chaque visite. Jean-François Tavernier, le propriétaire actuel de cette confiserie de grande tradition française, propose aux connaisseurs des bonbons originaux, des chocolats fins, des crèmes d'amandes, et des caramels. Des fabrications maison, toutes composées de matières naturelles : sucre, amandes, pulpes de fruits et noisettes. Les Forestines, sous leur fourreau de sucre satiné aux chatoyantes couleurs, cachent le plus onctueux des pralinés aux amandes et aux noisettes, parfumés au chocolat. Depuis quatre générations, la famille Tavernier garde jalousement son savoir-faire unique. Côté chocolat, c'est la farandole de toutes les saveurs, plus de 40 variétés s'offrent à notre gourmandise, élaborées avec des cacaos de grandes origines. Des chocolats à la réglisse, à la mandarine ou à la violette se laissent volontiers découvrir, tout en notes subtiles et raffinées. Les pralinés et les ganaches se marient aux épices rares, aux pulpes de fruits et aux alcools fins. Les spécialités du Berry sont croquantes en bouche et les truffes savoureuses. C'est une adresse exceptionnelle que l'on découvre.

BERNARD ROSSIGNON 18bis, rue Moyenne © 02 48 24 02 64. Au cœur de la rue Moyenne, une pause-thé est incontournable chez ce maître pâtissier-chocolatier-glacier. On s'y rend par gourmandise. Vous ne saurez plus à quel saint vous vouer avec toutes les pâtisseries si alléchantes. Depuis trois générations, la spécialité de la maison se nomme "les bûchettes du Berry". Petite douceur à savourer, elles sont délicieuses et joliment présentées dans un coffret. Les marrons glacés attirent dodus et appétissants. Côté chocolat, pas moins d'une trentaine de bons chocolats, fabriqués maison, sont à déguster sans modération (pralinés cacahuètes, pralican à base de noix de pécan, le diamant de par sa forme...) Si vous goûtez, vous craquez ! Mais quel délice de se perdre dans de bonnes choses ! A la belle saison, on vient lécher les délicieuses glaces maison aux multiples saveurs (en cornet, à emporter en demi-litre, litre et autres). Le vacherin-surprise, niche en son cœur de délicats parfums, c'est un vrai délice !

TORREFACTION D'AURON 88, rue d'Auron © 02 48 69 07 88. A l'entrée de la boutique, on remarque la présence d'une machine à torréfier qui ajoute un charme original au décor. Un bataillon de boîtes à café envahit les étagères. Des cafés en provenance de tous les horizons sont présentés dans des casiers transparents pour le plaisir des yeux, à faire moudre à la demande ou à emporter en grains. Les amateurs de thé hésiteront longuement devant la diversité des parfums proposés.

DU VERGER AU POTAGER 14, rue Jean-Girard © 02 48 02 18 05. *Fax : 02 48 02 18 05. Fermé le dimanche et le lundi. Ouvert de 7h30 à 12h45 et de 15h à 19h30.* Au cœur du centre-ville, on découvre une boutique de fruits et légumes, remplies de belles couleurs et de bonnes odeurs. Comment passer à côté de cette adresse qui propose des fruits et des légumes de premier choix, venant tout droit de chez les fournisseurs locaux : pommes, poires, raisins, pommes de terre, salades, choux... On hume les bonnes odeurs qui se mélangent. On a envie de tout acheter. ! M. Jouannin sillonne les marchés de la région. Les prix sont doux comme le parfum des fruits et des légumes. Mireille Jouannin n'a pas son pareil, pour transformer nos fruits, en véritables petits objets de contemplation, tant son savoir-faire, ses doigts magiques ont le goût de la mise en scène. Vous choisissez selon votre envie ou votre goût votre assortiment et Mireille le façonne, joliment présenté dans une corbeille en osier. Son mérite a été récompensé, d'une médaille d'argent au Concours National des corbeilles composées et en 2003, elle a été finaliste pour la médaille d'or.

Shopping

BOUTIQUE MORIN 10, rue Porte-Saint-Jean © 02 48 70 56 20. Dans cette charmante boutique on trouve tout ce qui peut avoir un rapport touristique avec Bourges : souvenirs, objets de décoration... On déniche le cadeau classique, rigolo. Il y en a pour tous les goûts et tous les âges. Chacun trouve son bonheur parmi ce joyeux éventail d'objets et de couleurs, le choix s'avère bien difficile.

▷ *Dans les environs*

Fussy

Au Nord de Bourges, en direction de la Chapelle d'Angillon.

MAIRIE Place du 8-Mai-1945 © 02 48 69 34 21

L'ECHALIER 30, route de Paris © 02 48 69 31 72.** *Fax : 02 48 69 44 59. Internet : www.ldf-berry.com/18/echalier. E-mail : echalier@ldf-berry.com. Logis de France. A quelques kilomètres au nord de Bourges, en direction de Paris. Fermé le dimanche et le lundi. Fermeture période de vacances : 10 jours début mai, 15 jours en août, 15 jours aux vacances de Noël. 8 chambres de 31 € à 45 €. Petit déjeuner 5 €. Les animaux sont admis.*

Accès facilité pour les personnes handicapées. Parking privé. Cuisine traditionnelle, spécialités landaises et régionales, grillades. Heures de service de 12h à 14h et de 19h30 à 21h. Menus de 10 € à 23 € (spécial Logis de France) et 23 €. Prix moyen à la carte : 20 €. L'hôtel est facile à repérer car situé en bordure de route. Une cour intérieure, protège les voyageurs fatigués du brouhaha de la circulation. Les huit chambres sont construites comme autant de petites maisons individuelles, collées les unes aux autres et comprenant une douche, des W.-C., le téléphone direct et la télévision. Séduit par la salle rustique du restaurant, le moment n'en sera que plus agréable, pour déguster les spécialités berrichonnes (tête de veau vinaigrette aux échalotes, rognons de veau à la berrichonne, matafan...). Les amateurs de bonne viande se régalent de grillades et les inconditionnels de poissons n'ont que l'embarras du choix.

MUSEE DE LA RESISTANCE DE FUSSY Place Paul-Novara ✆ 02 48 69 44 36. *Fermé le mardi. Ouvert le lundi et du mercredi au dimanche y compris les jours fériés de 14h30 à 18h30. Entrée : 3,10 € pour les adultes, 1,50 € pour les groupes de plus de 15 personnes et les jeunes de 10 à 18 ans. Gratuit pour les enfants de moins de 10 ans. Fermé le 1er janvier et les 24 et 25 décembre.* A 5 kilomètres au nord de Bourges, sur la route D940, la petite commune de Fussy abrite un musée de la Résistance, qui fait revivre en six grands volets (l'invasion, l'occupation, la Résistance, la gestapo, les maquis, la libération et un lourd tribut), la Résistance dans le Cher mais aussi la vie quotidienne sous l'occupation. Ce conservatoire de la mémoire et de l'histoire de la Seconde Guerre mondiale dans le département regroupe également un centre de documentation (comprenant notamment une photothèque de plus de 800 clichés).

Plaimpied-Givaudins

Au sud de Bourges.

AUX MARAIS 12, rue des Marais ✆ 02 48 25 54 45. *Fax : 02 48 25 59 10. Fermé le dimanche soir et le lundi, sauf les jours fériés. Service jusqu'à 20h30 (et 21h15 en été). Cuisine gastronomique. Menus à 15 € (sauf le dimanche et les jours fériés) et à 23 €. Prix moyen à la carte : 30 €. Séminaires. Repas de famille. 30 couverts. Situé à quelques kilomètres au sud de Bourges, pour s'y rendre : prendre la direction du Val d'Auron, traverser la Rocade, puis direction Plaimpied, traverser Givaudins, arrivé à Plaimpied, passer l'abbatiale et tourner 200 mètres après sur la gauche. Au bout de la rue, tourner à droite.* Ca y est, on y est ! Pauline et Rémi Dombray nous reçoivent dans un cadre rustique environné par les pierres et les poutres apparentes. Les plantes vertes et les tons rosés du décor renforcent cette impression de nature proche de nous. On mange dans une atmosphère chaleureuse et en hiver le feu de cheminée pétille dans l'âtre. Pauline et Rémy Dombray ne travaillent qu'avec des produits frais. Leur cuisine offre de nombreuses saveurs avec des plats originaux : la poêlée de foie gras au maïs et à l'orange, les saint-jacques à la nage ou à la vanille, un gigot de la mer à l'aïoli, un magret de canard aux framboises. Un menu gustatif, à prix très raisonnable nous est proposé, au choix dans l'entrée : une cassolette d'escargots au cognac (chaud), les figues rôties au porto ou la poêlée de foie gras aux pommes, on choisit parmi les plats : les rognons de veau au porto, le magret de canard aux pêches, le craquant de daurade aux petits légumes ou le filet de bœuf forestière. Le chariot de fromages apparaît pour votre grand plaisir et le bouquet final à choisir parmi les savoureux desserts. L'été, la grande terrasse ombragée, est une invite à déguster et à se prélasser. Le parking est assuré.

Saint-Georges-sur-Moulon

De Fussy, prendre la D940, sur 5 kilomètres.

C.O.S.A.M.A. LA BOUTIQUE 51, route de Bourges ✆ 02 48 66 20 11. Il faut entrer dans la boutique de cette coopérative qui regroupe une cinquantaine de producteurs locaux, ne serait-ce que pour se laisser envahir par le savoureux parfum des pommes, spécialité du cru oblige, et de tous les autres fruits proposés suivant la saison (poires, pêches, noix, châtaignes...). On peut faire ses emplettes avec divers produits, tous issus de la fabrication artisanale (confitures, miel, pain d'épice, jus de fruits). Le choix des produits régionaux s'est élargi avec les vins de Menetou-Salon, les conserves de canard, de porc et de volaille, les huiles de noix ou de colza. L'accent est mis sur les paniers garnis de produits régionaux, personnalisés à votre demande. En voici, des idées alléchantes pour les fêtes, de toute sorte ! Une spécialité les sablés forétins (biscuits à base de pommes déshydratées), qui tirent leur nom du surnom même des cultivateurs de pommes de la région.

LE SAINT-GEORGES 55, route de Bourges ✆ 02 48 64 50 14.** *Fax : 02 48 64 13 67. E-mail : st-georges@pme-fr.com. Logis de France. 10 chambres (dont 8 avec bain ou douche), de 36 € à 48,50 €. Petit déjeuner : 5,50 €. Fermeture annuelle de la mi-février à la mi-mars.*

Saint-Germain-du-Puy

MAIRIE © 02 48 30 84 18. *Fax : 02 48 30 67 52. Internet : www.saintgermaindupuy.fr.*

CTB 22, rue Thépohile-Lamy © 02 48 50 82 82. *Du lundi au vendredi de 8h30 à 12h et de 14h à 18h. Réseau autobus fonctionne de 6h30 à 20h45. Départ Place du 8-Mai-1945.*

CHAMBRES D'HOTES - DOMAINE DE JACQUELIN © 02 48 30 84 97. *Internet : monsite.wanadoo.fr/jollychambres. E-mail : chambresjolly@xwanadoo.fr. 3 épis. Ouvert toute l'année. Situé à 500 mètres sur la gauche en venant de Bourges sur la route (N151) avant Saint-Germain-du-Puy. 6 chambres doubles (2 groupes de 3). En été, accueil jusqu'à 22h. Tarif : à partir de 50 € pour 2 personnes, petit déjeuner inclus. Salle de bains et W.-C. Parking privé et abri couvert. Garage pour motos. Animaux acceptés.* Dans ce superbe domaine, Irène et Jean-Paul Jolly savent nous accueillir avec un mélange de courtoisie et de bonne humeur. Les chambres décorées de jolies tonalités sont ravissantes et offrent un grand confort. Certaines donnent directement sur la terrasse équipée d'une table et de fauteuils de jardin. Face au parc arboré, on peut déjeuner ou dîner, la détente est au rendez-vous. Une salle de petit déjeuner et kitchenette (frigo, toaster, micro-ondes...) sont communes à 3 chambres. Pour de longs séjours Irène a pensé à tout : machine à laver le linge, table et fer à repasser, sèche-cheveux. Sous les frondaisons, la vue est magnifique, le lieu est rêvé pour savourer le calme et la verdure.

PLAN D'EAU DE LA SABLETTE © 02 48 30 84 18 (mairie). A 7 kilomètres à l'est de Bourges, ce plan d'eau est idéal pour la pêche et le pique-nique. Des randonnées pédestres permettent de sillonner le coin.

Saint-Just

Au sud de Bourges, prendre la N76, sur 13 kilomètres.

LE CHEVAL BLANC 18, route de Bourges © 02 48 25 62 18. *Fax : 02 48 25 63 41. Cuisine traditionnelle. Parking, balançoires pour les enfants. Fermé le mardi. Heures de service de 12h à 14h et de 19h à 21h. Fermeture annuelle en novembre. Menus (avec fromage et dessert) de 11 € à 16,50 €. Menu enfant 4,50 €. Prix moyen à la carte 15 €. Hôtel ouvert de 7h30 à 22h30. 7 chambres. Tarif des chambres de 24 € à 30 €. Petit déjeuner 5,50 €. Parking. Chien admis.* Cette jolie maison offre à notre vue une façade typique. Un restaurant plein de charme s'y abrite et nous sommes très gentiment accueillis, dans une ambiance conviviale. Un large buffet de hors-d'œuvre nous met en appétit. On se régale de toutes sortes d'entrées : salades composées, charcuteries, salaisons, crudités, préparées maison. L'appétit vient en mangeant, c'est bien connu ! On savoure selon notre envie un magret de canard, un onglet à l'échalote, une côte de veau aux girolles... ou tout autre plat qui nous tente. Si l'on est gourmand de fromages, l'assiette fait notre bonheur, tant qu'aux friands de douceur, on a l'embarras du choix pour choisir un dessert. Cet hôtel à l'ambiance familiale offre tout le confort : douche, lavabo, W.-C., télévision. Un salon est à notre disposition. Il peut accueillir pour des séminaires (capacité 25 places).

Les-Aix-d'Aiguillon

A 28 kilomètres de Bourges (N151 - D955). Au pied des collines du Sancerrois et en bordure de la plaine de la Champagne berrichonne, cette commune possède un quartier ancien avec une vieille porte.

Point d'intérêt

EGLISE SAINT-GERMAIN. Remontant au début du XIIe siècle, l'église romane est construite sur le modèle de Cluny, avec une tour carrée au centre, et une croisée de transept encadrée d'étroites ouvertures surnommées passages berrichons et surmontée d'une coupole sur trompes. La grande église Saint-Germain oppose la vastitude de sa nef sans bas-côtés, couverte d'un berceau en charpente, à la complexité architecturale et à la richesse décorative des parties orientales : transept, couvert à la croisée d'une coupole sur trompes servant de base au clocher, chœur à trois étages d'arcades, d'arcatures et de fenêtres cintrées, flanqué d'absidioles et sanctuaire plus bas et de plan semi-circulaire. A l'extérieur, cette belle abside est rythmée par quatre contreforts colonnes séparant les fenêtres encadrées d'une belle arcature, au sommet court une arcature aveugle au décor sculpté varié, archivolte des fenêtres des chapelles ornée de billettes et d'étoiles, la corniche est soutenue par des corbeaux sculptés de petites têtes et d'objets divers et d'élégants chapiteaux.

Le gîte et le couvert

LA CHAUME "Rians" ✆ 02 48 64 41 58. *Fax : 02 48 64 29 71. Internet : domaine-lachaume.com. E-mail : proffityve@aol.com. Ouvert toute l'année. 5 chambres (dans une maison indépendante). Pour 1 personne : 31 €, pour 2 personnes : 42 €, par personne supplémentaire : 15 €, pour les enfants de moins de 10 ans 10 €. Toutes les chambres sont équipées de salle d'eau. Lit bébé gratuit. Remise de 5 % au-delà de 3 nuits. Table d'hôte : repas du midi et petit déjeuner assurés, le repas du soir, uniquement sur réservations 18 € tout compris.* La chaume est située, sur la commune de Rians, au triangle constitué des 3 communes Rians, Sainte-Solange et les Aix d'Angillon. Le domaine de la Chaume est aux champs, ce qui en fait un lieu calme et reposant. Autour de la table de ferme, on dégustera les plats faits maison, servis par Odile. A proximité, piscine et golf, mais aussi, des lieux de visite comme les vignobles, l'abbaye de Noirlac ou des balades à pied, à vélos seront des moments agréables.

▷ *Dans les environs*

Morogues

A 5 kilomètres des Aix (D46). Ce village de vignerons possède une église du XIIe siècle qui abrite un ancien banc d'œuvre de la Sainte Chapelle de Bourges, remontant probablement à la construction de cet édifice par Jean de Berry au début du XVe siècle. Il fut transporté à Morogues lors de la destruction de la Sainte Chapelle en 1757.

MAIRIE ✆ 02 48 64 41 94. *Fax : 02 48 64 41 84. Internet : www.morogues.com.*

CHATEAU DE MAUPAS ✆ 02 48 64 41 71. *A 6 kilomètres des Aix par Morogues. Etape de la route Jacques-Cœur. Ouvert à la visite, de Pâques au 1er octobre, de 14h à 19h, et également de 10h à 12h les dimanches, les jours de fête. Ouvert toute l'année sur rendez-vous.* Une belle demeure élancée, précédée d'un pigeonnier encore habité, au milieu d'un parc aux arbres séculaires. Construit au XVe siècle par Jean Dumesnil-Simon, gouverneur du Berry, à la place d'une demeure ayant appartenu entre autres aux Sully, il a été transformé aux XVIIe et XVIIIe siècles. En 1682, le château fut acquis par Antoine Agard, le fils de ce dernier fut anobli par Louis XV en 1725 et porta le titre de marquis de Maupas. Il est toujours habité. A ne pas manquer : la collection unique de 887 assiettes de faïence, ornant la cage d'escalier. Les belles tapisseries (Aubusson, Flandres, Beauvais, Gobelins) qui décorent la chambre de la duchesse de Berry. Les nombreux souvenirs du comte de Chambord et de sa mère, la duchesse de Berry. Dans les cuisines où trône une énorme table de 800 kg, toute une batterie de casseroles et d'ustensiles qui feraient pâlir plus d'un marmiton. Sur rendez-vous, après la visite, il est proposé une dégustation vente de Menetou-salon et de sauvignon.

Allogny

A 12 kilomètres de Mehun (D20), au nord-est de Saint-Eloy-de-Gy-, prendre la D60 et la D944 sur 9 kilomètres. Charmant petit village, posé à la limite de la Sologne et du Berry, au cœur des 2 345 hectares de forêt domaniale. Le bourg d'Allogny offre de jolies découvertes : l'église romane, le prieuré de Bléron, la fontaine du Verdier. A 20 kilomètres au Nord-ouest par la D944, c'est la magnifique forêt que vous découvrez. Soyez prudents à la tombée du jour, les animaux traversent la route, mais les tableaux sont magnifiques. Une jolie église romane domine le centre du village.

Fiche pratique

MAIRIE ✆ 02 48 64 00 79

Le couvert

AUBERGE LE CHABUR Départementale 20 ✆ 02 48 64 00 41. *Fax : 02 48 64 04 95. Fermé le lundi. Le midi en semaine : Formules "Rapide"à 10 €, "Chabur" et "Grillade" à 11,50 €. Menus de 14,50 € à 19 €. Le soir : Formules "Chabur" à 11,50 € et "Campagnarde" à 18,50 €. Le week-end : Menus au choix à 14,50 € et 19 € pas de carte. La carte varie, selon le déjeuner ou le dîner. Menu enfant à 6,50 €.* Au cœur de la forêt d'Allogny, Maryse et Bruno Barron vous invite à l'auberge et peut-être y découvrirez-vous l'élu (e) de votre cœur. Pourquoi, ce renard nous parle t-il de trouver l'âme sœur ? Au temps jadis, le "Chabur" était un moine marieur qui unissait les cœurs en détresse. Donc, cette gentille auberge ne peut que porter bonheur et en plus, vous allez vous y régaler de produits frais, cuisinés maison. On se décontracte entre amis pour goûter la tête de veau à l'ancienne, sauce vinaigrette, la langue de bœuf en marmite sauce piquante, le suprême de pintade aux poires, le coq au vin façon grand-mère. Une farandole de desserts la gratinée aux fraises et aux framboises, le délice aux poires façon frangipane tout a été un régal.

Le gîte

DOMAINE DE L'OREE DE SOLOGNE "Le Rabillon" ✆ **02 48 64 08 19.** *Fax : 02 48 64 00 53. Trois chambres pour 1 à 4 personnes : de 38 € à 54 €, lit supplémentaire enfant 8 €, adulte 14 €, remise de 10 % à partir de la 3e nuit et 2 chambres familiales pour 2 à 4 personnes avec cuisine, terrasse et salon de jardin privé : de 48 € à 78 €. Forfait de 3 nuits week-end : (du vendredi au dimanche) 10 % de remise. Forfait de 4 nuits semaine : (lundi, mardi, mercredi, jeudi) 15 % de remise. Forfait semaine : remise de 20 %. Petits déjeuners compris.* En arrivant sur le chemin du "Rabillon" nous découvrirons une grande maison à étage et juste en face, un parking est à notre disposition. La porte poussée, l'accueil chaleureux des propriétaires est une invite à la détente. La magie du parc de 2 hectares avec ses arbres magnifiques nous enchantera. Les amateurs de balades à cheval pourront venir avec leurs compagnons ; des paddocks et une pâture sont à leur disposition. Un espace détente est aménagé dans une partie arborée près de l'étang. Dans le parc, un artisan, graveur de verres, vous fera découvrir son métier. Une ferme propose ses produits du terroir. Avec le centre hippique, on pourra faire de superbes sorties dans la forêt, en prenant le temps de flâner. La faune nichée au détour des sentiers ne manquera pas de nous faire mettre pied à terre.

Loisirs

CLUB HIPPIQUE DE LA FORET Boursac ✆ **02 48 64 02 81.** Une belle manière de se distraire par des promenades avec des chevaux et des poneys : Leçons, initiations, randonnées, attelage. Pension et travail des chevaux. Florence, Patrick et Jeanne-Irène Germain vous accueillent dans une ambiance chaleureuse.

Charost

A 11 Kilomètres de Saint-Florent (N151), à la limite de l'Indre. Charôst est classé comme faisant partie du pays d'Issoudun. Les origines de ce bourg remontent à l'âge de bronze. Du Moyen Age, il reste les ruines du château, un bout de son enceinte et surtout son église. L'un des plus illustres possesseurs de la terre de Charost fut au XVIIe siècle Armand Joseph de Béthune-Chârost (voir Saint-Amand-Montrond).

Fiche pratique

MAIRIE ✆ **02 48 26 20 26.** *Fax : 02 48 26 20 56.*

SNCF Gare Issoudun ✆ **08 36 35 35 35.** *Internet : www.sncf.fr.*

Point d'intérêt

EGLISE SAINT-MICHEL. C'est une vaste construction du XIIe siècle, d'époque romane. Elle fut construite avec la pierre du pays de couleur rouge, appelée "roussard", utilisée au Moyen Age.

Le couvert

AU RELAIS DE CHAROST 11, avenue du 8-Mai ✆ **02 48 26 20 39.** *Fax : 02 48 26 29 46. Ouvert de 7h30 à 23h30. Service de 12h à 14h et de 19h à 21h. Fermé le dimanche soir. Fermeture annuelle : janvier. Menu Rapide (uniquement en semaine) : 14 €. Menus de 18 € à 40 €. Prix moyen à la carte 37 €.* Dans son restaurant, Edmond Guémon nous régale, avec une cuisine traditionnelle et de terroir, y ajoutant avec sincérité sa touche personnelle. Un cadre lumineux, parsemé de notes verdoyantes emmène notre regard vers le charmant jardin d'hiver, auréolé d'une douce lumière et du bruissement de la fontaine. On découvre les spécialités aux mille et une saveurs : le fondant de pied de porc aux lentilles du Berry, le filet de rouget rôti et son escalope de foie gras poêlée, l'aumônière de saint-jacques au safran, la jambonnette de canard confite en croûte de pommes de terre sur sa sauce foie gras, la noisette de filet de cailles et son ballotin des sous-bois accompagné d'une délicate sauce au vinaigre de cidre, et bien sûr l'incontournable tête de veau ravigote.

Farges-en-Septaine

Au sud de Bourges, prendre la D976, puis la D66 sur 22 kilomètres.

Le gîte

CHAMBRES D'HOTES AUGY 7, route du Vieux-Moulin ✆ 02 48 69 16 01. *Fax : 02 48 69 15 40. 3 épis. Direction Nevers par la D976, aller jusqu'à Savigny-en-Septaine. Traverser le village et après la station-service, prendre la première route à gauche, direction Farges-en-Septaine. Suivre les panneaux "chambres d'hôtes" pendant 5 kilomètres, passer une voie ferrée, et c'est à 3 kilomètres sur la droite. (panneau vert). Gîte de France sur le portail. Parking. Ouvert toute l'année. Congés du 08 au 14 septembre. Les animaux sont admis dans une seule chambre, (sous réserve de les tenir en laisse). Chèques-vacances acceptés. Au premier étage de la fermette, 1 chambre avec salon (capacité jusqu'à 6 personnes) et dans l'ancienne bergerie, 1 suite de 2 chambres (capacité d'accueil de 2 à 4 personnes). Prix de 40 € à 44 €, petit déjeuner compris. Remise de 10 % à partir de 3 nuits.* Noëlle Legoffe et Serge Rouet nous accueillent avec gentillesse et simplicité dans cette ferme du XIXe siècle restaurée dans le respect de la tradition. Le parc arboré et fleuri nous envahit d'effluves agréables, tandis que le salon de jardin invite à la détente. Si la dégustation des spécialités de la région nous tente, Noëlle et Serge font la vente des produits du Berry.

Jussy-Champagne

Au sud de Bourges.

Point d'intérêt

CHATEAU DE JUSSY-CHAMPAGNE ✆ 02 48 25 00 61. *A 13 kilomètres de Dun (D36). Ouvert du 8 juillet au 20 août inclus, tous les jours de 14h à 19h. Pour les groupes, visites sur rendez-vous toute l'année. Tarif : 4 € pour les groupes. Particulier 5 €. Enfant 2,50 €.* Un élégant château de brique et de pierre du début du XVIIe siècle que l'on découvre au détour d'un bras du Craon et au bout d'une longue allée ombragée qui s'ouvre sur un joli jardin à la française. Le château sert d'écrin à une merveilleuse collection de costumes authentiques du XIXe siècle (1810-1910) exposée dans les salons, la bibliothèque et la chapelle de mariages.

Mehun-sur-Yèvre

A 15 kilomètres de Bourges (N76). Etape de la route de la Porcelaine. Sur l'Yèvre et le canal du Berry, cette cité très ancienne s'adonne à l'industrie de la porcelaine. Petite cité médiévale dominée par le château Charles VII où Jeanne d'Arc reçut ses lettres de noblesse. Le patrimoine de Mehun est exceptionnel. De nombreux artisans viennent s'installer à Mehun, telle une calligraphe, souffleur de verre, spécialiste du point de croix…

Fiche pratique

OFFICE DE TOURISME DE MEHUN-SUR-YEVRE Place du 14-Juillet ✆ 02 48 57 35 51. *Fax : 02 48 57 13 40. E-mail : office-tourisme-mehun@wanadoo.fr.*

Points d'intérêt

CHATEAU DE MEHUN-SUR-YEVRE. *Visite libre et gratuite des ruines du château. Ouvert toute l'année.* L'une des plus belles maisons du monde, disait Froissard de ce château. Du fabuleux château construit par Jean de Berry au XVe siècle, dans le style gothique flamboyant, il ne reste que très peu de chose si ce n'est deux tours rondes. Jean de Berry a légué Mehun à son petit-neveu Charles VII, qui a accueilli ici Jeanne d'Arc (1429-1430), après quelle l'eut conduit à Reims pour être couronné. Incendié plusieurs fois, il était devenu une ruine superbe aux allures imposantes. Vendu comme bien national à la Révolution, il servit de carrière de pierres. Quelques maisons de la ville ont été bâties avec ses matériaux, mais sa démolition, bien que partielle, aida essentiellement à remblayer chemins et places publiques, prés et berges de l'Yèvre...

COLLEGIALE NOTRE-DAME. Elle est caractérisée par un plan en fer à cheval. Le chœur du XIe possède un déambulatoire roman (chose rare dans un lieu de culte) et des chapelles rayonnantes. La nef, privée de transept, se présente comme un vaste rectangle qu'éclairent de hautes fenêtres en plein centre. Elle est couverte d'un berceau de bois qui fut reconstruit après l'incen-

OT MEHUN-SUR-YEVRE
Jardin Duc de Berry

OT MEHUN-SUR-YEVRE
Collégiale Notre-Dame

Porte

OT MEHUN-SUR-YEVRE
L'église vue d'un parc

die de 1910. A ne pas manquer : l'une des œuvres majeures de Jean Boucher, peintre de Bourges (1568-1633) : le Christ en croix.

JARDINS DU DUC JEAN DE BERRY Place Jean-Manceau © 02 48 57 06 19. *Fax : 02 48 57 30 33. Contact Mairie de Mehun-sur-Yèvre. Accès libre tous les jours de l'année du lever au coucher du soleil.* Les jardins ont leur place entre les remparts du château et du canal du Berry. De nombreuses entrées disséminées dans le bourg donnent un accès facile à ce magnifique parc qui s'étend sur huit hectares. Les jardins ont conservé leur aspect naturel, de nombreux cygnes, canards, poules d'eau sont les hôtes des innombrables bras de rivières de l'Yèvre et de l'Annain qui traversent le parc.

POLE DE LA PORCELAINE - MUSEE CHARLES-VII © 02 48 57 06 19. *Internet : www.cg18.fr. Etape de la route de la Porcelaine. Ouvert tous les jours en juillet et août de 10h à 12h et de 14h à 18h. Ouvert en mai, juin et septembre, tous les après-midi de 14h à 18h sauf le lundi. Ouvert en mars, avril, octobre, tous les week-ends de 14h à 18h et sur rendez-vous pour les groupes. Possibilité de visites combinées avec le musée Charles-VII et le Centre régional des Métiers d'art. Entrée : 4,55 €. Gratuit pour les moins de 10 ans. 2,30 € groupes à partir de 20 personnes.* Ce musée à vocation médiévale est installé dans le donjon du château. Il présente les découvertes archéologiques réalisées sur le site même : des poteries, des objets utilitaires, des fragments de vitraux, des sculptures, des carreaux de pavement, des gravures, des miniatures, etc. C'est Marco Polo qui l'introduit de retour d'un voyage en Chine, sa fabrication débute au XIXe siècle à Mehun-sur-Yèvre. Un des plus beaux moments de la visite de ce Pôle de la Porcelaine reste sans conteste la galerie des pièces exceptionnelles, (fontaines, vases imposants...), en relation directe avec l'environnement extérieur du musée, autrement dit les jardins fleuris et l'Yèvre... Certaines pièces proviennent de la collection Pillivuyt, et ont été fabriquées entre 1857 et 1930. Ce musée s'articule autour d'un spectacle féerique qui a pour objectif de présenter l'origine de la porcelaine. Le reste de la visite se déroule parmi les vitrines remplies de curiosités et d'objets insolites, les expositions temporaires consacrées aux arts du feu et plusieurs bornes interactives permettant de découvrir la porcelaine de façon ludique. Quelques pièces nouvelles sont venues, cette année, enrichir cette collection déjà considérable. La porcelaine du Berry fait partie de notre patrimoine.

PROMENADE. On peut se promener dans la rue de la Gargouille, cette rue médiévale en contrebas de la ville, qui offre une promenade au bord de l'Yèvre avec vue sur le tout jeune Pôle de la Porcelaine, et qui est à nouveau ouverte au public, après des années de restauration. Les pavés datent du XIVe siècle. A voir : le guet au bout de la rue et les anciens lavoirs, eux aussi restaurés et ne manquez pas les jardins de Jean de Berry.

VISITES GUIDEES © 02 48 57 35 51 (Office du tourisme). Sur les pas de Jeanne d'Arc découvrez la cité en déambulant le long des anciens remparts. Le programme est très intéressant. Le déjeuner et la dégustation de la spécialité de Mehun la galette aux pommes de terre sont inclus dans ces magnifiques balades.

Le couvert

L'ETOILE 3, place du 14-Juillet © 02 48 57 31 31. *Fax : 02 48 57 11 15. Cuisine traditionnelle soignée. Restaurant et traiteur. Fermé le dimanche soir, le lundi et le mercredi soir. Service de 10h à 15h et de 19h à 21h. Menus à 12 € et 34 €.* Ils ne savent pas ce qu'ils manquent ceux qui passent devant cet établissement sans s'y arrêter. Peut-être sont-ils trompés par la devanture toute en simplicité… pourtant, ils devraient savoir qu'il ne faut pas se fier aux apparences ! En effet, une fois le seuil franchi, on remercie notre étoile de nous avoir guidé jusqu'ici ! Olivier Brunet est un virtuose des saveurs (il est membre de l'Académie nationale de cuisine) et, confortablement installé dans un cadre rustique, on savoure sans modération ses bons plats, tel le foie gras poché au quincy et aux agrumes. Les mets sont préparés à base de produits frais essentiellement régionaux, et la petite touche du chef cuisinier varie au fil des saisons, mettant en valeur, avec talent, les viandes et les poissons.

Le gîte

CHAMBRES D'HOTES - JEANNE COMPAGNIE-GUIDO "Les Buissons" © 02 48 57 31 22. *3 épis Gîtes de France.*

Loisirs

BASE NAUTIQUE DE MEHUN Ecluse de Reussy © 02 48 57 32 43. *Ouvert toute l'année.* Canoë-kayak. Location, randonnée, initiation.

RANDONNEES ET PROMENADES. De nombreuses promenades en forêt de Sologne et des circuits de randonnées vous sont proposés. Se renseigner à l'Office du tourisme.

Emplettes

BOUTIQUE CHENE SAINT-LOUIS 188, rue Jeanne-d'Arc © 02 48 57 14 62. *Ouvert du mardi au samedi de 9h30 à 12h et de 14h30 à 19h.*

CERAME 16, avenue Raoul-Aladenize © 02 48 57 48 05. *Ouvert du mardi au samedi de 9h30 à 12h30 et de 14h30 à 19h. Le dimanche de 10h30 à 12h30 et de 14h30 à 19h.*

MAGASIN DE VENTE PILLIVUYT Allée de la Manufacture © 02 48 67 31 00. *Magasin de vente : 02 48 67 31 63. Fermé le dimanche et le lundi. Ouvert du mardi au samedi de 10h à 12h et de 14h à 18h30.* Le magasin de vente Pillivuyt est spécialisé dans la porcelaine à feu et la porcelaine de restauration utilitaire : il n'est donc pas surprenant de retrouver leurs pièces sur les tables de nombreux restaurants et cafés de la région et même au-delà ! Ici, on ne trouve pas de services complets, on s'équipe plutôt en terrines, plats à tarte, grandes assiettes à steak ou à pizza, tasses à café, pots de confiture… le tout en porcelaine (évidemment !) blanche ou décorée. Les prix sont des prix de magasin d'usine et ils sont donc particulièrement avantageux surtout au niveau des articles vendus au poids !

PATISSERIE HUET 129, rue Jeanne-d'Arc © 02 48 57 30 59. Sacrilège de passer à côté de cette bonne adresse, la galette aux pommes de terre est un délice, on déguste, on abuse parfois, mais que c'est bon !

PORCELAINE DU GROS ORME 21, avenue Raoul-Aladenize - Route de Bourges © 02 48 57 10 04. *Ouvert du mardi au samedi de 9h30 à 12h et de 14h à 19h.*

PORCELAINE JACQUES-CŒUR 54, rue Maurice-Gosse © 02 48 57 30 56. *Ouvert du lundi au samedi de 9h à 12h et de 13h15 à 18h30. Fermé le dimanche.*

Menetou-Salon

A 10 kilomètres des Aix (D12-D59). A la limite de la Champagne berrichonne, ses alentours vallonnés annoncent déjà les reliefs plus marqués du Pays Fort et du Sancerrois. Fief d'un excellent vin, Menetou doit sa renommée aussi à son château et à ses princes, dont l'actuel, Pierre d'Arenberg, représente la branche française d'une des plus vieilles familles d'Europe. Monastellum, monastère de Sarlon, est devenu Menetou-Salon. Sarlon-le-Riche aurait été un descendant des envahisseurs normands. Menetou était divisé en deux parties : le Menetou taillable, qui dépendait du seigneur de Mehun, et le Menetou franc, dit le Fief Pot, qui appartenait à la principauté de Boisbelle. Le premier Menetou avait son centre au château actuel, qui a été modifié et embelli au cours des XIXe et XXe siècles par les princes d'Arenberg, et le second Menetou au château de la Chaintre, tombé en désuétude à la fin du XVIIIe siècle. Ces deux seigneuries furent réunies en 1590.

Fiche pratique

SYNDICAT D'INITIATIVE 23, rue de la Mairie ✆ 02 48 64 87 57. *Fax : 02 48 64 87 57.*

Point d'intérêt

CHATEAU DE MENETOU-SALON ✆ 02 48 64 80 54. Etape de la route Jacques-Cœur. Jacques Cœur acheta le domaine en 1450, sans doute attiré par la réputation de son vignoble. Endommagé pendant la Révolution, il a été reconstruit de 1884 à 1890 pour le prince Auguste d'Arenberg qui en fit une demeure princière inspirée du palais Jacques-Cœur de Bourges. L'actuel prince, Son Altesse sérénissime Pierre d'Arenberg, homme d'affaires et ambassadeur de sa commune aux quatre coins du monde, n'y passe que quelques mois par an. Vous découvrirez également, une collection de voitures hippomobiles et automobiles, une sellerie d'apparat et un jardin labyrinthe néogothique. Un verre de la cuvée du prince, qui possède 2 hectares de vignoble, est offert par les guides du château aux visiteurs.

Emplettes

CAVE ARNAUD LEJUS L'Ormée - BRECY ✆ 02 48 79 23 26/06 07 96 50 61. *Fax : 02 48 66 11 06. Cave ouverte tous les jours sur rendez-vous. Ouvert à Brécy le vendredi après-midi et à Veaugues - 1, route de Vinon, le samedi matin.* Au domaine, le respect du terroir et du vin est la priorité absolue. Les vins récoltés sont des vins de menetou-salon blanc, rouge et rosé. La vigne est cultivée sans désherbage chimique, ni produits de synthèse. M. Lejus a conservé la tradition du terroir, un héritage de son oncle. Ce producteur de menetou-salon AOC produit un vin blanc : pointe surmûre et grillée, bouche pleine généreuse et fruitée, finale avec du tonus. Il se marie volontiers avec les apéritifs et les poissons en sauce. Le rouge bouche moelleuse, nuance de framboise, fruit mûr et nuancé. Le vin est élevé en totalité en fûts de chêne. C'est un vin charpenté qui mérite d'accompagner le gibier et la volaille cuisinés en association de fruits rouges. Le rosé sera idéal pour les pâtisseries. A partir de décembre, un caveau de dégustation sera ouvert à Veaugues. En 2004, une cuvée rouget et blanc de grande qualité sera produite.

DOMAINE JEAN TEILLER 13, route de la Gare ✆ 02 48 64 80 71. *Fax : 02 48 64 86 92. E-mail : domaine-teiller@wanadoo.fr. Ouvert du lundi au samedi.* Le domaine est une exploitation familiale créée dans les années 50. Au domaine Tellier, tout se passe en famille, papa et maman nous accueillent avec cette convivialité propre aux gens du terroir, et Patricia l'œnologue de la famille nous parle des vins avec passion. La vigne s'étend sur une surface de 15 hectares, et est située sur les meilleurs coteaux des communes de Menetou-salon, Parassy, Aubinges et Vignoux : 8 hectares sont plantés en sauvignon, cépage exclusif du menetou-salon blanc, 7 hectares en pinot noir, cépage exclusif des menetou-salon rouge et rosé. L'âge moyen des vignes est de plus de 20 ans, et le fleuron du vignoble est "le Clos des Treilles" : 2 hectares de pinot noir plantés en 1965. Afin de développer et d'affiner les arômes du menetou-salon blanc, les températures de fermentation sont régulées. L'empreinte du terroir argilocalcaire associée à de longues fermentations (6 à 8 semaines) permettent l'expression optimale du sauvignon : fruité, ample et souple, avec des arômes de fleurs blanches et d'agrumes, et une grande persistance. Le menetou-salon rosé est vinifié, de la même manière que le blanc permettant ainsi d'obtenir un vin de couleur saumon, léger, fin, aux arômes de fruits rouges propres au pinot noir. Pour le menetou-salon rouge, un soin particulier est apporté aux remontages journaliers, délestages et pigeages permettant d'extraire la couleur rouge rubis, les tanins et les arômes du pinot noir. Des sols plus profonds lui donnent une structure généreuse et d'une grande finesse. L'élevage du vin et sa mise en bouteilles sont effectués sur le domaine.

Saint-Eloy-de-Gy

Au sud de Bourges à 14 kilomètres.

Le couvert

AUBERGE DES MAISONS ROUGES Route d'Orléans ✆ 02 48 25 42 04. *A quelques kilomètres du Nord de Bourges. Cuisine traditionnelle. Fermé le mardi soir et le mercredi toute la journée. Menus de 10 € à 21 €. Grand parking gratuit juste à côté du restaurant.* A côté de la forêt, l'Auberge des Maisons Rouges charme par son cadre rustique, et son ambiance conviviale. Les amateurs de bonne cuisine régionale et campagnarde apprécient. On vient déguster le savoir-faire d'un vrai chef : toutes les charcuteries (terrine de foie de volaille, rillettes...), toutes les sauces (avec un maximum de variétés) et toutes les pâtisseries sont faites maison.

On grignote de délicieuses mises en bouche : petites tartines de pâté ou de terrine. On se régale d'une omelette aux girolles, d'œufs en meurette, d'un coq en barbouille (la plus connue des spécialités berrichonne) ou d'escargots à la mode de l'abbaye. La carte des vins est bien choisie. Aux beaux jours, la grande terrasse est accueillante.

Emplettes

AUBERGE DES MAISONS ROUGES Route d'Orléans ✆ 02 48 25 42 04. *Fermé le mardi soir et le mercredi toute la journée.* M. Giraud nous propose ses confitures maison dites des "Maisons Rouges" qui naissent au fil des saisons et au gré de dame nature. Les variétés sont nombreuses. Quel délice, au gré de nos envies de déguster une classique, une surprenante, voir une insolite : abricot gousse de vanille, gelée de coing, poire et noix, potiron à l'orange et vanille, sureau, fleur de lavande... L'adresse est connue, n'en veuillez donc pas, à Petite Futé gourmande si certaines de ses bonnes confitures sont en rupture, la fabrication est artisanale.

Saint-Florent-sur-Cher

A 15 kilomètres de Bourges (N151). Cette localité sur les bords du Cher est connue pour son activité industrielle moderne.

Fiche pratique

SYNDICAT D'INITIATIVE Place de la République ✆ 02 48 55 28 22

Point d'intérêt

LE CHATEAU. Construit au XVe siècle, endommagé pendant les guerres de Religion et la Fronde, le château a été entièrement transformé au XIXe siècle à la manière d'un château de contes de fées avec clochetons, tourelles bien pointues et poivrières coiffées de girouettes. A cette époque, l'église fut construite. Le corps principal du bâtiment Louis XII est tout de briques rouges et possède un élégant escalier tournant menant à la terrasse. La tour cylindrique abrite l'été des expositions saisonnières. Au XVIIe siècle, le château a appartenu à la famille des Bourbon Condé, en 1936 il est devenu mairie. Le viaduc, offre un point de vue superbe sur la ville et la vallée du Cher.

▷ Dans les environs

Saint-Caprais

Au sud-ouest de Bourges.

LA PETITE AUBERGE Le Bourg ✆ 02 48 55 27 86. *Cuisine traditionnelle. Fermé le lundi et mardi soir et le samedi midi. Congés annuels : septembre. Heures de service de 12h à 14h et de 19h à 21h30. Menus de 15 € à 25 €. Prix moyen à la carte 15 €. Parking.* Cette sympathique auberge en séduit plus d'un et nous l'avons été conquis. D'emblée, l'accueil chaleureux nous met à l'aise et l'ambiance conviviale fait le reste. On aime venir y savourer une cuisine traditionnelle et copieuse. Au cours de nos différentes haltes, on se régale de bons plats comme un feuilleté de chavignol, un crottin rôti en croûte de lard, un filet de bœuf sauce foie gras, une andouillette du Berry. La tête de veau ravigote, l'incontournable, à la Petite Auberge est cuite à la perfection et fond dans la bouche. Aux beaux jours, on choisit volontiers la terrasse pour y déguster "La Fromagée" qui se compose d'une assiette de charcuterie, d'une omelette nature ou aux herbes et d'un grand bol de fromage blanc servi avec échalotes et ciboulettes ou pourquoi pas au sucre pour les mateurs de douceur.

Sainte-Thorette

Située à 15 kilomètres de Bourges, elle est classée dans le Pays de Vierzon. La commune est la porte d'entrée naturelle du Pays de Vierzon en suivant d'est en ouest la vallée du Cher. Celle-ci est incontestablement le premier élément de la composition du paysage et la limite naturelle de deux paysages distincts : à l'est la grande culture et à l'ouest le bocage. Le paysage économique est en pleine mutation : l'évolution de l'activité céréalière a sensiblement bouleversé le paysage traditionnel. Drainage et irrigation ont redessiné l'organisation des cultures, intensifiant le problème de la gestion de l'eau. Le lit majeur du Cher a modifié sa personnalité : prairies rivulaires remplacées par des cultures poussées au ras des rives, extraction de granulats créant de larges plans d'eau avec phénomène d'eutrophisation et d'érosion des rives. La vie associative continue à se développer autour d'espaces de loisirs en utilisant au mieux les sites naturels favorables. La valorisation des rives du Cher, permettant un accueil touristique de proximité, est l'enjeu économique lancé par la commune pour assurer son développement au cœur du pays.

Le couvert

LE MANOIR 1, chemin de Charost-Fublaine ✆ 02 48 57 34 51. *Fax : 02 48 57 10 55. Cuisine traditionnelle. Fermé le lundi soir et le mardi toute la journée. Service de 12h à 14h et de 19h30 à 21h15. Menus à 15,30 €, 22,90 € et 30 € et la carte. Banquets, soirées.* Dans un cadre rustique, on profite en hiver de la douce chaleur de la cheminée et on savoure les plats gourmands concoctés maison : l'incontournable tête de veau, un coq au sang, filet de Saint-Pierre à l'oseille, pièce de bœuf sauce morilles, le tout servi avec des sauces faites maison. Aux beaux jours, la terrasse offre un bon moment de détente, tout en savourant des gambas grillées ou un filet au roquefort. Et pour finir, une poêlée de framboises flambées ou une fromagée.

Loisirs

U.L.M. ASSOCIATION BERRICHONNE D'ULTRA-LEGER Domaine La Perrière ✆ 02 48 57 13 95

▷ *Dans les environs*

Preuilly

CANOE-KAYAK CLUB 7, chemin du Port ✆ 02 48 51 36 74. *Ouvert de juin à août.* Initiation, randonnée, location, week-end détente et même compétition.

PLAN D'EAU DE PREUILLY ✆ 02 48 51 30 08 (mairie). Face à la plage sur le Cher, à 9 kilomètres au sud de Mehun-sur-Yèvre, cette base de loisirs de 10 hectares propose voile, canoë-kayak, baignade, boules, tennis, club nautique avec école. Un camping 2 étoiles et une buvette complètent l'ensemble.

LE PAYS BERRY SAINT-AMANDOIS

Saint-Amand-Montrond

A 44 kilomètres au sud de Bourges par l'autoroute A71 ou N144. Etape de la route de la vallée du Cher. Avant d'être une sous-préfecture agréable fleurie et accueillante, la capitale du Boischaut était une petite cité développée autour d'un édifice religieux. Selon certains, cet édifice aurait été l'abbaye que fonda le moine Théodulphe vers 620, selon d'autres, c'est Saint-Amand lui-même, disciple de Saint-Colomban, qui aurait créé ici un monastère au VIIe siècle. La ville grandit plus tard sous la protection du château élevé sur la colline de Montrond. L'extension de Saint-Amand atteint son apogée lorsque Maximilien de Béthune, duc de Sully, acheta la seigneurie en 1606. Du château, il ne subsiste aujourd'hui que des ruines et un parc, joliment aménagé. C'est par ailleurs à Saint-Amand-Montrond que la célèbre imprimerie Bussière est née en 1832. Le petit-fils du fondateur, Auguste Bussière, développe l'entreprise familiale en imprimant ouvrages scientifiques et littéraires à la mode. L'imprimerie compte 90 ouvriers lorsque Robert Bussière en hérite en 1923, elle en fait travailler 800 en 1960. La SEPC, deuxième société Bussière, est créée en 1975. Aujourd'hui, la SEPC sort 30 millions de livres en format poche et les derniers prix Goncourt, Renaudot, Femina, etc.

Fiche pratique

OFFICE DE TOURISME DE POLE Place de la République ✆ 02 48 96 16 86. *Fax : 02 48 96 46 64.*

Trains

SNCF Informations vente ✆ 08 92 35 35 35. *Horaires Info-train-ligne vocable : 08 91 67 68 69. Internet : www.sncf.fr.*

Taxis

TAXI BONNIN 22, rue des Victoires ✆ 02 48 96 11 58

TAXIS SAINT-AMANDOIS Mme Joerger Claudine - Rue de la Saulzaie ✆ 02 48 96 11 62

Loueurs

ABS LOCATION Route de Bourges ✆ 02 48 96 25 07. *Fax : 02 48 96 76 95.*

Points d'intérêt

BALADES DANS LA FORET DE TRONCAIS. *Située à 15 kilomètres au Sud-est de Saint-Amand par la D925.* C'est Colbert qui créa ce chef-d'œuvre de haute futaie pour la Marine Royale. Pétain du temps de sa gloire s'employa à la protéger, elle devint la plus belle chênaie d'Europe. Ses bois sont fort prisés des vignerons du Bordelais et de Bourgogne. Les nombreux étangs disséminés dans la forêt offrent des possibilités de pêche et de loisirs.

CHATEAU DE MONTROND ✆ 02 48 96 79 64. *Ouvert tous les jours sauf le lundi, du 15 juin au 30 septembre, Visites sur rendez-vous dans les autres périodes. Pour les heures de visites de la saison 2004, renseignements près de l'Office du tourisme de Saint-Amand-Montrond : 02 48 96 16 86.* Située sur un rocher dominant le Cher et la Marmande, la forteresse occupait un emplacement stratégique quand Louis VIII au début du XIIIe siècle autorisa sa fortification. Le démantèlement des fortifications après le siège en 1652 dûs aux guerres de la Fronde, la transformation du site en carrière de pierres puis, fin XIXe en jardin public, eurent finalement raison de cette forteresse qui pourtant forçait l'admiration du temps de sa gloire. Depuis 1970, le Cercle d'histoire et d'archéologie du Saint-Amandois s'efforce de redonner vie à ce site. A admirer : depuis la tour, le panorama superbe sur la vallée de Marmande, le jardin municipal et le ravissant kiosque à musique.

LA CITE DE L'OR Rue Pelletier-Doisy ✆ 02 48 82 11 33. *Fax : 02 48 82 11 34. Internet : www.cite-or.com. Fermeture exceptionnelle le 1er janvier et le 25 décembre. Ouvert du 2 janvier au 31 mars de 9h45 à 17h30. Du 1er avril au 30 juin et du 1er septembre au 30 septembre de 9h45 à 18h30. Du 1er octobre au 31 décembre de 9h45 à 17h30, pendant ces périodes : jour de fermeture le mardi. Du 1er juillet au 31 août ouvert tous les jours de 9h45 à 18h30.* A Saint-Amand-Montrond, point de mine d'or dans les coteaux, ni d'orpailleur dans le Cher ou la Marmande. Et pourtant, cette ville située en plein centre de la France est le troisième pôle français pour la fabrication de bijoux en or. On y travaille quatre tonnes d'or par an, soit 10 % du marché national. L'histoire de l'or à Saint-Amand-Montrond est centenaire. En 1888, M. Moricault, bijoutier parisien lassé du tumulte de la capitale décide de transférer son usine en province et choisit cette ville du Cher. De ce premier atelier naîtront beaucoup d'autres et l'on compte aujourd'hui 11 entreprises employant environ 300 personnes. Afin de valoriser ce passé et plus particulièrement les savoir-faire locaux, mais également pour soutenir un secteur économique difficile, la municipalité conduite par le sénateur maire Serge Vinçon a entrepris un vaste projet de développement local, la Cité de l'Or. Créée en l'an 2000, elle symbolise pour toute une ville et sa région la volonté de s'inscrire dans le temps, d'aborder l''avenir avec sérénité et confiance, et la mise en œuvre d'un dynamisme indispensable à tout développement. La Cité de l'Or, c'est d'abord une pyramide de verre abritant des espaces à vocation économique, touristique et culturelle. On y trouve : une salle de spectacle et de visioconférence, une salle de restauration ou de commission, un salon, un espace muséographique (La Maison de l'Or), une boutique et un showroom, une cafétéria, un local postal, le service de la garantie et un bureau des douanes, les permanences des chambres consulaires. C'est aussi une zone d'aménagement concertée de 15 hectares ouverte à tout entrepreneur, créateur ou industriel souhaitant s'appuyer sur le savoir-faire local ou bénéficier des réseaux d'information et de formation mis en œuvre par la ville et ses partenaires. C'est la volonté de rassembler en un même lieu des industries complémentaires pouvant s'appuyer sur des infrastructures communes. A l'origine, le projet était tourné vers l'industrie de l'or et ses spécificités. Il touche aujourd'hui tous les secteurs d'activités par les services qu'il offre et le développement de la zone d'aménagement concertée.

L'EGLISE. Construite au XIIe siècle sur un plan bénédictin, à la place d'un ancien couvent fondé en 620 par Saint-Théodulphe, l'église paroissiale de Saint-Amand offre au regard du visiteur un superbe portail sculpté et des chapiteaux très intéressants au décor roman traditionnel. Elle dégage un fort charme médiéval, rehaussé de décorations arabo-andalouses, résultant de sa situation sur le chemin de pèlerinage à Saint-Jacques-de-Compostelle.

MUSEE SAINT-VI ✆ 02 48 96 55 20. *Tous les jours, sauf mardi, toute la journée, le samedi et le dimanche matin, le 1er janvier, le 1er mai et le 25 décembre, de 10h à 12h et de 14h à 18h.* Créé en 1920, ce musée occupe depuis 1937 l'ancienne maison de ville des abbés de Noirlac. Bâti au début du XVIe siècle, cet hôtel avec sa belle tourelle d'escalier octogonale, se compose aujourd'hui de 2 salles d'expositions temporaires et de 8 salles d'expositions permanentes. Elles présentent un panorama complet de l'histoire du Saint-Amandois du paléolithique à la Seconde Guerre mondiale, en passant par l'époque gallo-romaine, les XVe, XVIe, XVIIe siècles et les traditions populaires.

PROMENADES. Dans la ville ancienne, quelques jolies rues méritent une promenade. La rue Philibert-Audebrand avec le couvent des Carmes (de 1494) abrite actuellement la mairie et servait d'étape aux pèlerins de Saint-Jacques sur la route de Vézelay à Limoges. La rue Raoul-Rochette avec la Maison de l'Habitat offre la caractéristique des maisons du XVIe dans le Saint-Amandois. La place Fernand-Ragotin fut le cœur commerçant de la ville jusqu'à la fin du XIIe siècle. La rue Porte-Verte avec ses petites maisons de maraîchers des XVIIIe et XIXe siècles enrichies de longues lucarnes qui servaient à engranger les récoltes. Les beaux hôtels particuliers de rue Porte-Mutin méritent d'être contemplés. A voir le pont de pierre du XVIIe siècle sur la route de Charenton.

Le couvert

LE MONT ROND 86, rue de Juranville ✆ 02 48 96 42 72. *Fax : 02 48 96 33 80. Parking. Fermé le lundi soir, mardi soir et mercredi soir. Plat à emporter. Menus 16 € et 25 € et la carte.* Dans un décor nouveau, Régis en hôte attentif nous accueille avec gentillesse et convivialité. Le chef change sa carte tous les mois et demi, c'est dire que l'invite est tentante de revenir, lorsqu'on a découvert cette étape. Grâce au talent de son chef qui manie les mets et les épices en les alliant aux produits frais. On déguste des mets que nos papilles ne sont pas prêtes à oublier : pressé de légumes aux langoustines, grains de ris de veau à l'huile de noix et jeunes pousses, râble de lapin aux truffes et jeunes fèves, médaillon de lotte au gingembre, pilaf de riz sauvage et, pour conclure sur une note légère, millefeuille caramélisé à la vanille bourbon, fruits rafraîchis à l'infusion de citronnelle. Dès les beaux jours, une terrasse située au calme, permet de déjeuner ou de dîner.

LE SAINT-JEAN 1, rue Hôtel-Dieu ✆ 02 48 96 39 82. *Fax : 02 48 60 52 70. Internet : www.restaurantsaintjean.com. Fermé du lundi au jeudi inclus. Parking. Possibilité d'accueillir les groupes du lundi au dimanche à partir de 10 à 12 personnes. Menu de 16 € (sauf le samedi soir, le dimanche midi et les jours fériés) à 25 €. Menu Eveil : 10 € (réservé aux enfants). Plat du jour (avec fromage ou dessert) : 11 € (sauf le soir, le dimanche, et les jours fériés). Prix moyen à la carte : 26 €.* On pénètre dans une superbe salle aux tons pastel. La passion de Philippe et Valérie est déjà là bien vivante. Piqués, par la gaieté et le charme des magnifiques assiettes carrées, rayées, multicolores, on imagine que la cuisine aura le même accent. Philippe créé et manie à merveille le sucré, le salé, les poissons. Le bonheur gustatif existe. Nous sommes allés à sa rencontre au travers des spécialités : le sandre fumé maison, le foie gras de canard maison poêlé et en terrine, en aigre doux de pommes et vinaigre balsamique, l'agneau en croûte légère jus au cumin, fondant de courgettes au basilic, la lotte et langoustines en marinières de coques, gâteau de riz aux raisins et safran ou encore le pavé de bœuf, crème de chèvre à l'ail et aux herbes, flan forestier à l'estragon. On se laisse séduire d'une crème glacée à la lentille verte, servie avec un croquet à la lentille rose, sur une crème de lentilles à la vanille. La magnifique terrasse ombragée, située derrière le restaurant séduit.

Loisirs

L'ARTISANAT GUERIN-PEGERON ✆ 02 48 62 01 62. *Fax : 02 48 60 19 93. Fermé le lundi matin. Ouvert du 6 janvier au 20 juillet et du 20 août au 23 décembre du mardi au vendredi de 9h à 12h et de 14h30 à 17h.* Spécialisée dans la fabrication manuelle de bijoux en or et platine, cette entreprise artisanale a su pérenniser son savoir-faire hérité du XIXe siècle. Après une visite à la Cité de l'Or une visite s'impose au pied de la pyramide, pour assister au spectacle rare de l'or en fusion (le matin à 11h). De la coulée du métal précieux jaillira le fil d'or sur cuivre, destiné à façonner des mailles qui seront ensuite montées manuellement. Les bijoux ouvragés sur place sont proposés à la vente à des pris particulièrement attractifs.

RANDONNEES. Par le GR de pays (suite le GR41) on part sur un sentier de randonnées qui permet de faire le tour du pays Berry Saint-Amandois. Il se divise également en 3 boucles, de différents trajets, chacune individualisant un type de paysage bien particulier au pays.

Emplettes

AUX TROIS SEIGNEURS 35, rue Henri-Barbusse ✆ 02 48 96 13 86. *Ouvert toute l'année. Fermé le lundi matin.* Cette pâtisserie est réputée pour ses nombreuses créations associant, avec intelligence et gourmandise, gastronomie et patrimoine : les vergers de Montrond, la fleur des croisades, les demoiselles de Montrond ou encore les perles d'Adeline, véritables gourmandises du siècle de Louis XIV revisitées suivant le goût du jour. Pour les grandes occasions, le maître pâtissier réalise également des œuvres impressionnantes, comme la Tour Malakoff, dont les boulets sont devenus de petits rochers en vente libre à la pâtisserie.

▷ *Dans les environs*

Colombier

CIRCUIT INTERNATIONAL DE KARTING RN144 © 02 48 96 61 78. Le circuit du Colombier, d'une longueur de 1 045 mètres, est homologué à l'échelon international. Pour les groupes, entre amis ou pour des comités d'entreprise, il est possible de louer à la demi-journée et à la journée entière : sorte de séminaire sportif !

Orval

A 4 kilomètres de Saint-Amand-Montrond. On peut, aujourd'hui encore, y voir de nombreux vestiges préhistoriques et gallo-romains.

OFFICE DE TOURISME DE SAINT-AMAND-MONTROND © 02 48 96 16 86

MAIRIE © 02 48 96 57 10. *Fax : 02 48 96 85 90.*

DOMAINE DE LA TRALLIERE. On s'arrête au Domaine de la Trallière pour la curieuse architecture rurale de ses granges sur poteaux. Ne pas manquer : les sépultures de la civilisation des Champs d'Urne, les sites préhistoriques de surface, les ruines et le four de potier gallo-romains.

EGLISE SAINT HILAIRE. On vient volontiers admirer l'église Saint-Hilaire du XIIe siècle pour sa nef rectangulaire à voûte lambrissée, ses chapiteaux à feuillages et à crochets, et la croix reliquaire que Saint-Louis aurait offerte à Henri II de Sully.

Ainay-le-Vieil

A 11 kilomètres au sud de Saint-Amand-Montrond (N144 - D1).

Fiche pratique

MAIRIE © 02 48 63 50 96. *Fax : 02 48 63 31 14.*

Points d'intérêt

CHATEAU D'AINAY-LE-VIEIL © 02 48 63 50 03. *Internet : chateau.ainaylevieil.free.fr. Etape de la route Jacques-Cœur et de la route de la vallée du Cher. Visite tous les jours du 1er février au 30 novembre de 10h à 12h et de 14h à 19h, ou jusqu'à la tombée de la nuit en automne, en février et en mars. Ouverture continue de 10h à 19h en juillet et août. Fermé le mardi en février, mars, octobre et novembre. Fermé le matin en février.* Dans la vallée du Cher, aux confins du Berry et du Bourbonnais, cette bourgade toute en charme, qui relevait jadis du prieuré Saint-Désiré s'enorgueillit de son château surnommé Le petit Carcassonne, cette extraordinaire forteresse médiévale du XIVe siècle. Elle a conservé ses douves et son imposante enceinte octogonale flanquée de tours à meurtrières, entrée fortifiée et remparts à créneaux. En 1510, le château s'est enrichi d'une demeure gothique flamboyant avec une tour d'escalier à vis. L'intérieur magnifique rappelle qu'une partie de l'histoire de France s'est passée ici. Des souvenirs, hauts en prestige, évoquent d'illustres personnages qui ont honoré ce château : Colbert, Marie-Antoinette ou Napoléon.

EGLISE SAINT-MARTIN. Edifiée au XIIIe siècle, elle possède une tour porche voûtée sur croisée d'ogives. La chapelle seigneuriale de style gothique flamboyant a été ajoutée au XVIe siècle.

JARDINS DU CHATEAU. Les parfums d'une roseraie de fleurs anciennes, aux noms célèbres, vous enivreront, lors de votre balade dans le parc. Vous pourrez découvrir les jardins de Chartreuses avec ses fruitiers sculptés, ses plantes vivaces et ses fleurs à foison. Les frondaisons d'arbres centenaires vous inviteront à faire durer le plaisir.

Bannegon

A 11 kilomètres de Charenton-du-Cher, à 15 kilomètres de Dun (D953 - D41). Bannegon ne s'offre pas, il se découvre. Au fond d'une ruelle, derrière un grand portail de fer forgé, ses jeunes propriétaires œuvrent durement pour le restaurer. Cette enceinte médiévale dotée d'un logis du XVe siècle, se distingue par sa cuisine sarrasine, tout entière contenue à l'intérieur du foyer de la cheminée. Et puis à la mi-août, chevaliers, gueux, archers, gentes dames et damoiseaux envahissent les lieux et nous invitent à remonter le temps au cours d'une joyeuse reconstitution historique.

Fiche pratique

MAIRIE ✆ 02 48 61 83 61

Le gîte

CHEZ MADELEINE PICQ Le Pont de Sargy ✆ 02 48 61 83 17. *Ouvert du 1er mai au 31 octobre. Parking. Jeux.* Pourquoi ne pas venir planter sa toile de tente ou garer sa caravane (une caravane est aussi à louer sur place) sur la propriété de Madeleine Picq ? D'autant que les campeurs peuvent bénéficier de la piscine privée. Madeleine assure aussi à ses hôtes les repas quelle prépare elle-même avec les produits de la ferme. Vous serez accueillis dans une vieille grange aux poutres apparentes, avec dans vos assiettes un pâté aux pommes de terre ou un bon poulet qui a picoré dans la nature.

Le gîte et le couvert

AUBERGE DU MOULIN DE CHAMERON "Chameron" ✆ 02 48 61 84 48. *Fax : 02 48 61 84 92. Cuisine gastronomique. Fermé le lundi toute la journée et le mardi midi. Menu de 22 € à 44 €. Menu enfant à 10 €. Prix moyen à la carte : 33 €. 14 chambres de 60 € à 83 €, avec salle de bains, télévision, téléphone en direct. Petit déjeuner continental ou campagnard de 9 € à 13 €. Animaux admis en chambre 5 €.* Le charme bucolique de ce moulin du XVIIIe siècle siècle ne fait qu'un, avec la nature environnante. Jean Merilleau nous fait découvrir une cuisine raffinée et originale : aumônière de queue de bœuf au vin de mennetou rouge ; foie gras de canard poché au madiran, pain aux fruits secs ; caille farcie, brunoise de légumes en aigre-doux épicé ; filet de sandre poché au sancerre rouge, lentilles vertes du Berry. La carte des desserts met l'eau à la bouche : millefeuille minute crème légère à la violette sorbet aux pommes, suprême au chocolat pur caraïbe au caramel... Divin ! Après s'être régalé, on peut visiter le musée de la meunerie et sa machinerie du XVIIIe siècle toujours intacte. Les chambres coquettes sont d'un bon confort Une piste heli-surface (destinée à l'atterrissage des hélicoptères) offre aux citadins souhaitant fuir les embouteillages, une occasion de se détendre au plus vite et de profiter de la piscine et de la terrasse.

Loisirs

CHEZ MADELEINE PICQ Pont de Sargy ✆ 02 48 61 83 17. *De mai à septembre. Appeler la veille.* Pour un après-midi de détente et surtout de gourmandise, Madeleine accueille les familles dans sa vieille grange aux poutres apparentes afin de les initier au vrai goûter campagnard. Tous les produits sont évidemment faits maison. On commence par du fromage blanc, puis du fromage sec pour terminer par un gâteau riche en calories ! La piscine est aussi accessible, et les enfants pourront découvrir les joies de la ferme en rencontrant veaux, lapins, chiens... et vaches qu'ils auront même la possibilité de traire.

▷ *Dans les environs*

Bessais-le-Fromental

ETANG DE GOULE ✆ 02 48 60 82 66 (espace loisirs + camping)/02 48 60 83 46 (base nautique). *Site gratuit.* On le nomme volontiers "Etang de Goule", mais en se modernisant, il n'a rien perdu de son charme. Bien au contraire, sur son site de loisirs de nombreuses activités s'offrent à vous. Loisirs nautiques (pédalo, école de voile, toboggan, canotage…), loisirs au sol (pique-nique, plage, jeux pour enfants, VTT, tennis, mini-golf, pétanque, beach-volley, bicross, balades…) : tout pour passer un séjour sous le signe de la détente. Au bord de l'étang, le camping 3 étoiles offre un confort très apprécié, en bordure de la forêt de Tronçais. On peut aimer la campagne et son petit confort ! Ici, pour notre plaisir, tout se conjugue, les loisirs, le confort et le repos. Des bungalows seront mis en service pour l'été prochain. En voilà, une bonne idée de week-end.

Bruère-Allichamps

A 9 kilomètres de Saint-Amand-Montrond (N144). Le secteur est extraordinaire sur le plan archéologique. Cela na rien d'un hasard : l'ancien village d'Allichamps, rattaché à la commune de Bruère, est implanté sur ce qui fut un cimetière romain... puis médiéval. En fait, à cause tant du Cher que d'une voie terrestre bien antérieure à la paix romaine, des sites de toutes périodes se sont succédé ici dès le néolithique ! Enfin, ce qui ne gâte rien, cette commune, bordée par la forêt de Meillant, offre un panorama superbe sur la vallée du Cher.

Fiche pratique

MAIRIE ✆ 02 48 61 02 68

Points d'intérêt

MAISONS A TOURELLES. Elles sont du XVe et du XVIe siècle bordant la rue principale, qui conservent le souvenir de ce village médiéval dont le château fort, brûlé en 1412, na laissé que peu de traces.

PRIEURE D'ALLICHAMPS ✆ 02 48 61 03 71. *Ouvert du 5 mai au 30 octobre. Fermé le lundi et le mardi. Ouvert du mercredi au dimanche et jours de fêtes de 15h à 19h.* Construit sur l'emplacement d'une villa gallo-romaine comme en témoignent les sarcophages qui y ont été retrouvés. Plus tard, au Ve siècle, elle fut remplacée par un édifice de culte. Au XIIe siècle, c'est un véritable prieuré avec son chœur bénédictin, ses chapiteaux et ses modillons parfois stupéfiants, qui est bâti. En 1799, il est vendu et transformé en étable et grenier à foin. Aujourd'hui classé Monument historique, il est en cours de restauration. Le prieuré se classe parmi les églises romanes majeures du Cher.

▷ *Dans les environs*

La Celle

Juste à côté de Bruère-Allichamps. C'est bien évidemment à pied qu'il faut découvrir ce petit village qui a su garder son habitat traditionnel avec ses maisons de vignerons sur caves semi-enterrées des XVe et XVIe siècles et les granges étables à auvent des XVIIIe et XIXe siècles. La Celle a exploité ses carrières de pierre depuis l'Antiquité, mais c'est en fait à l'implantation du prieuré dépendant de l'abbaye de Déols (dans l'Indre) au XIIe siècle que le village doit son développement.

MAIRIE ✆ 02 48 61 00 25

EGLISE SAINT-BLAISE. Elle est l'un des plus remarquables monuments bénédictins de la région, notamment grâce à la qualité du décor sculpté exubérant de son sanctuaire (monstres qui s'affrontent ou se mordent la queue, oiseaux aux longs cous, visages monstrueux aux oreilles pointues...). A voir aussi le tombeau de Saint-Sylvain (XVe siècle).

Noirlac

Située sur la commune de Bruères-Allichamps, à 4 kilomètres au sud du bourg en direction de Saint-Amand-Montrond, à la limite du Bois de Meillant.

ABBAYE DE NOIRLAC ✆ 02 48 62 01 01. *Fax : 02 48 62 01 01. E-mail : noirlac.sem181@libertysurf.fr. A 4 kilomètres de Saint-Amand-Montrond (N144). Etape de la route Jacques-Cœur et de la route de la vallée du Cher. Ouvert d'avril à juin de 9h45 à 12h30 et de 14h à 18h30. Ouvert de juillet à août de 9h45 à 18h30. Ouvert en septembre de 9h45 à 12h30 et de 14h à 18h30. Ouvert du 1er octobre au 22 décembre tous les jours sauf le mardi de 9h45 à 12h30 et de 14h à 17h. Fermeture annuelle du 23 décembre au 31 janvier. Entrée : 5,50 €. Tarif réduit : 4, 50 €.* L'abbaye est une des étapes majeures de la route Jacques-Cœur. C'est dans un lieu marécageux et sauvage qui dépendait des moines de La Celle, qu'un groupe de moines, conduit dans les années 1130 par Robert de Clairvaux, le cousin de Saint-Bernard fondateur de l'ordre cistercien, installe une communauté. Les guerres de Religion apportent leur lot de destructions et à la Révolution il ne reste que six moines. L'abbaye est déclarée bien national et vendue pour abriter en 1820 une manufacture de porcelaine. En 1909, le département du Cher rachète les bâtiments et entreprend des travaux de restauration conduits par les Monuments historiques. Ces travaux ne sont achevés qu'en 1980. Noirlac est actuellement la seule des sept abbayes cisterciennes du Berry que le visiteur peut découvrir dans son intégralité. Plus de 40 000 personnes viennent l'admirer chaque année. On retrouve le plan type des édifices cisterciens. L'abbaye a été construite avec la pierre blanche de La Celle et conformément aux principes de sobriété et de dépouillement décrits dans la règle de Saint-Benoît.

PORCELAINE AVIGNON Route de Noirlac ✆ 02 48 62 03 77. *Ouvert tous les jours, du 1er juin au 30 septembre de 9h à 12h et de 14h30 à 18h30 (le samedi et le dimanche de 10h à 12h et de 14h30 à 18h30), et du 1er octobre au 31 mai de 9h à 12h et de 14h30 à 17h30 (le samedi et le dimanche de 14h30 à 17h30). Visite des ateliers de fabrication pour les groupes, sur rendez-vous.* Fondée en 1870 et rachetée en 1920 par M. d'Avignon qui la baptise de son nom Porcelaine Avignon. Elle permet au public d'acheter des articles déclassés à prix réduit et offre également l'histoire intéressante de la fabrication et de la production de ses célèbres porcelaines. Dans le magasin d'usine on découvre de la porcelaine décorative et utilitaire à des prix très corrects. Les motifs, (fleurs, fruits, animaux, personnages de la campagne ou simples bordures colorées) peuvent combler tous les goûts. En juillet et août, le Marché de la Porcelaine, les affaires y sont plus qu'intéressantes.

Charenton-sur-Cher

A 11 kilomètres de Saint-Amand-Montrond (D951). Traversé par le canal du Berry, bordé de nombreux étangs et entouré par la forêt d'Arfeuilles, Charenton ne manque pas d'attraits, ni pour les chasseurs, ni pour les pêcheurs, ni pour les simples touristes. Les amateurs d'histoire ne manqueront pas de retenir que l'origine de la ville remonte largement à l'époque gauloise.

Fiche pratique

MAIRIE © 02 48 60 70 44

Points d'intérêt

LE CHATEAU. Fief des Ebbes de Charenton, bienfaiteurs au XIIe siècle de l'abbaye de Noirlac, fut chef-lieu de circonscription à l'époque carolingienne ! Par ailleurs, l'abbaye de femmes de Bellevaux y fut fondée en 620 par Saint-Chalan, disciple de Saint-Colomban. A voir : l'impressionnante motte féodale du château Xe siècle, de 10 mètres de hauteur et de 30 mètres de diamètre.

EGLISE SAINT-MARTIN. Elle est datée de la fin du XIe siècle. Cet édifice est inscrit à l'inventaire des Monuments historiques depuis 1927.

LES MAISONS ANCIENNES. Rue Blanche (XVe et XVIe siècles), elles sont inscrites aux Monuments historiques.

A voir : les restes de l'abbaye de Bellevaux et ceux de l'ancienne chapelle de l'hôpital Saint-Julien du XVe siècle.

Loisirs

LES ECURIES DEUQUET Gâteau Saint-Pierre-les-Eteux © 02 48 60 75 61. *Fax : 02 48 60 73 95. Ouvert toute l'année.* Que vous soyez cavalier débutant ou confirmé avec l'équipe Deuquet vous progresserez ! Dans un cadre magnifique, Marc, le père, et Christophe et Rémy, les deux fils, (tous diplômés d'état) mettent à votre disposition leurs années d'expérience. Que ce soit, pour l'élevage des chevaux de sport et l'apport d'un enseignement sérieux, le sérieux de la maison est sans faille. Les écuries Deuquet réunissent grâce à leur savoir et dynamisme : un club, un poney-club, des stages, de la formation, la vente et la pension des chevaux et l'élevage.

Châteaumeillant

A 38 kilomètres de Saint-Amand-Montrond (D997 - D943). Porte du sud, aux confins de l'Indre, de l'Allier et de la Creuse. Nous sommes au sud du département du Cher où s'amorcent les premiers contreforts du Massif central. Nos vallées sont celles du Cher, de l'Arnon, de l'Auron, nos paysages affichent une incroyable diversité, notre art de vivre est simple et convivial, notre patrimoine est un coffre à trésors. C'est un pays au cœur d'or qui se dévoile au fil des pages. Du nord au sud, en une soixantaine de kilomètres, le pays marque la transition entre le Bassin parisien et le Massif central. Cette typicité géographique le découpe en quatre régions naturelles auxquelles correspondent des paysages particuliers : Champagne berrichonne, Boischaut, Marche et vallée de Germigny.

Au nord, la Champagne berrichonne est une plaine cultivée depuis le **XIXe siècle**. Cette zone calcaire a donné des carrières dont est issue une partie des matériaux de la cathédrale de Bourges et de l'abbaye de Noirlac. La Champagne cède le pas à un bandeau de forêt, puis à un bocage développé sur des sous-sols calcaires où alternent des affleurements d'argile ou de grès rose, puis rouge. Le Boischaut, puis la vallée de Germigny présentent un maillage d'arbres et de haies plus ou moins denses qui, vu en perspective, évoque la vallée Noire que décrivait George Sand, notre voisine. Plus au sud, sur des sols sableux et siliceux, le relief s'accentue, les rivières s'encaissent, les altitudes augmentent progressivement. Nous sommes au point culminant de la région Centre. Les vallées se creusent et, dans les gorges, on découvre un autre paysage : la profondeur et le silence habillent les lieux de mystère.

La principale originalité de l'histoire de Châteaumeillant, c'est l'ancienneté de ses origines : le plus ancien niveau d'occupation rencontré dans son sous-sol appartenant à une ville organisée, digne de ce nom, remonte à l'époque gauloise. Châteaumeillant peut donc s'enorgueillir de plus de deux mille ans d'âge, ce qui n'est pas si fréquent en Berry. L'importance des activités commerciales et des échanges qui s'effectuaient dans la ville gauloise de Châteaumeillant, bien avant la conquête de la Gaule par les Romains, est attestée par la découverte, dès le **XIXe siècle**, d'innombrables amphores vinaires. Mais c'est la trouvaille fortuite en **1956** dans le faubourg Saint-Martin, dans la propriété de M. Gallerand, d'une fosse d'amphores de 2,50 mètres sur 3 mètres, creusée dans le substrat naturel qui constitue le point de départ des recherches archéologiques à Châteaumeillant. Mais le vestige le plus impressionnant de la ville gauloise reste sans aucun doute le puissant rempart de terre qui entoure un espace urbain, d'une superficie de 18 hectares.

Fiche pratique

OFFICE DE TOURISME DE POLE 12, rue de la Victoire ✆ 02 48 61 39 89

MAIRIE ✆ 02 48 61 33 17

Points d'intérêt

EGLISE NOTRE-DAME-LA PETITE. Cette église du XIe -XIIe siècle, bâtie comme chapelle du château, est connue sous le nom de Chapitre. Jean d'Albret y fonda en effet en 1517 un collège de chanoines réguliers. Elle a été bâtie comme chapelle du château au XIe siècle et agrandie au XIIe siècle pour devenir une chapelle vicariale dépendant de l'abbaye de Déols. Du XVIe siècle, à l'installation des chanoines, le transept fut élargi pour donner plus d'espace aux croisillons transformés en chapelles. A la Révolution, le clocher fut abattu et dans l'église transformée en halle, bureaux et prison, furent établis des murs de refend, des plafonds à des hauteurs diverses et des fenêtres sans style qui trouèrent les murs latéraux. Enfin depuis le milieu du XIXe siècle, l'église abrite les services de la mairie. Dans son état actuel, on peut encore admirer la façade restée à peu près intacte, et le chevet à abside semi-circulaire flanqué de trois absidioles cintrées. Cette abside est décorée, au sommet, d'arcatures aveugles séparées alternativement par des colonnettes et par des pilastres carrés revêtus d'entrelacs, le tout surplombé de modillons sculptés. La tour carrée, réduite à son premier étage, est garnie de baies en plein cintre, flanquées de colonnettes. Elle est couverte d'un toit à quatre pans surmontés d'un lanternon abritant la cloche fondue spécialement pour l'horloge en 1832. A l'intérieur, les chapelles du XVIe siècle servant de secrétariat de mairie et de salle de conseil sont voûtées d'ogives prismatiques formant un réseau étoilé où les points de rencontre sont enrichis d'écussons portant les armoiries des seigneurs de Châteaumeillant. Les murs du sanctuaire sont décorés de fresques de la fin du Moyen Age représentant des scènes de la vie de la Vierge. De nuit, l'édifice est remarquablement mis en valeur par une illumination.

EGLISE SAINT-GENEST. Elle contribue également à faire connaître Châteaumeillant à travers la France et l'Europe. Les dimensions de Saint-Genès : 52 mètres de long et plus de 13 mètres de large en font une église importante. Bâtie vers 1150, il y a donc plus de 800 ans, en belles pierres de Saulzais, elle est parvenue à traverser le temps sans altération importante. Auprès de Fontgombault et de Neuvy-Saint-Sépulcre, elle s'inscrit au premier rang des sanctuaires romans du Berry. A l'intérieur de l'église, on remarque en premier lieu l'ensemble unique des colonnes de l'abside et des absidioles. Les chapiteaux de cet ensemble représentent la genèse, le péché et aussi des êtres légendaires, des végétaux, des palmettes. A l'intérieur, on est frappé par la hauteur de la nef romane dont une voûte en berceau ainsi que la coupole du carré du transept. On découvre un tableau de Saint-Gervais du XVIIIe siècle et des grilles en fer forgé de même époque. Des vitraux du XIXe siècle ont quelques mérites. Posés en 1994, des vitraux de Jean Mauret, maître verrier à Saint-Hilaire-en-Lignières, illuminent de leur lumière. A l'extérieur, la façade est typique du Berry. Le pignon de celle-ci a disparu et a été remplacé par un clocher en 1857. En 1989, un nouveau maître-autel a été mis en place. Il est l'œuvre de M. Sabatier et symbolise l'Arche d'Alliance. L'éclairage du chœur de l'église et, le soir, une illumination mettent en valeur ce remarquable édifice.

MUSEE ARCHEOLOGIQUE EMILE-CHENON ✆ 02 48 61 39 89. *Ouvert tous les jours du 1er juin au 30 septembre de 10h à 12h et de 15h à 18h (18h30 en août) tous les jours. Ouvert du 1er octobre au 31 mai sur rendez-vous. Entrée : 3,20 €.* Ce musée, créé en 1961 par l'archéologue Jacques Gourvest dans un logis du XIVe -XVIe siècle, présente les résultats des fouilles de sauvetage sur l'oppidum de Châteaumeillant, ville gauloise fortifiée de 18 hectares protégée par une levée de terre. Les fouilles de l'antique cité de Mediolanum ont livré un matériel céramique considérable d'un intérêt exceptionnel pour la connaissance de la civilisation gauloise et gallo-romaine dans le centre de la France : le musée conserve une collection de plus de 200 amphores italiques découvertes dans les caves à amphores gauloises dont l'une a été reconstituée ainsi qu'un ensemble très important de céramiques régionales. Les différents aspects de la vie quotidienne sont évoqués par des outils préhistoriques en silex (ateliers de taille), meules à céréales, monnaies, urnes funéraires, statues, sarcophages. Dans deux salles annexes, une exposition d'outils fait revivre les métiers anciens : sabotier, forgeron, charron, métiers de la terre. Un énorme pressoir à poutre rappelle que Châteaumeillant est un pays de vignoble. Chaque année, une exposition est organisée sur un thème particulier.

Le gîte et le couvert

AUBERGE DU PIET A TERRE 21, rue du Château © 02 48 61 41 74.** *Fax : 02 48 61 41 88. Cuisine gastronomique. Ouvert du 1er mars au 11 novembre chaque année. Fermé le dimanche soir, le lundi et mardi sauf en juillet et août tous les jours. Heures de service : 12h à 13h30 et 19h30 à 21h. Menus de : 24 € à 75 € Prix moyen à la carte : 60 €. 5 chambres. Prix des chambres de 46 €, 68 € et 72 €. Petit-déjeuner : 9,90 €. Parking.* En découvrant le "Piet à Terre", il nous semble arriver dans une maison de campagne pour le week-end. Mais ce lieu enchanteur, original est bien plus qu'un petit coin, c'est un véritable trésor de goût et d'ingéniosité. L'accueil de Sylvie, Philippe et toute l'équipe, est un hommage à l'hospitalité. Les gourmets connaissent ce "Piet à Terre" et le découvrir, c'est la porte ouverte au plaisir des saveurs. Le "Piet à Terre" offre une cuisine "traditionnelle créative". C'est une étape gustative, recherchée. La spécialité de la maison le pigeon cuit sur le foin, servi avec une purée de miettes de pommes de terre rattes à la truffe est un véritable festival de saveur pour les papilles. Côté poissons et crustacés, on soigne la qualité et la fraîcheur. A la saison prochaine, la ferme de Philippe partagera avec ses hôtes, un jardin aux mille parfums d'herbes et de légumes. Les chambres très confortables et intimes sont personnalisées par un décor contemporain.

Loisirs

ETANG MERLIN. Il est situé à proximité immédiate du stade et du terrain de camping classé 3 étoiles, ce plan d'eau de 7 hectares permet la pratique de la pêche et de la baignade. Un village vacances composé de six chalets haut de gamme accueille les touristes.

Emplettes

DOMAINE DES TANNERIES Rue des Tanneries © 02 48 61 35 16. *Fax : 02 48 61 44 27.* Viticulteurs depuis quatre générations, la famille Raffinat exploite un domaine où la tradition est conservée. Henri et Jeanine Raffinat et leurs fils travaillent sur 10 hectares de propriété. Leur vignoble de Châteaumeillant est planté en cépage gamay à 30 % et en pinot à 70 %. Le fruité de leur vin rouge s'exprime parfaitement sur des charcuteries, leur vin gris exalte la saveur des poissons et des fruits de mer, quant à leur vin blanc, il est parfait pour accompagner les cocktails. Mme Raffinat accueille avec gentillesse et convivialité, tous les visiteurs sont charmés par son accueil. Avec passion, elle prend le temps de nous expliquer le vin et on repart, enchantés de ce détour.

▷ *Dans les environs*

Beddes

MAIRIE © 02 48 61 40 66. *Fax : 02 48 61 40 66.*

LE GRAND VERNET © 02 48 56 20 31. *Fax : 02 48 56 30 23. Chez Jean-Claude Aupetit. Chambres d'hôtes et restaurant. 3 épis. Direction Saint-Amand, Le Châtelet, puis la Châtre par la D951 et suivre les panneaux. 4 chambres pour 1 à 3 personnes. 40 €, pour 2 personnes. 8 € à 12 € pour toute personne supplémentaire. Repas à 13 €. Petit salon avec télé, réservé aux hôtes. Salle d'eau et W.-C. dans toutes les chambres. Salons de jardin. Les animaux ne sont pas admis. Anglais parlé. Ouvert tous les week-ends. Les groupes en semaine sur réservation uniquement.* En arrivant, on découvre une charmante ferme entièrement restaurée, aménagée sur différents petits niveaux, ce qui permet de profiter de coins chaleureux. Pour les plus fatigués, il est possible de séjourner dans une des quatre chambres de la maison qui fait également ferme-auberge. Une piscine est réservée aux locataires de ces chambres d'hôtes.

Saint-Jeanvrin

MAIRIE ✆ **02 48 61 32 03**

DOMAINE APICOLE LE RUCHER DE PRIVET Privet ✆ **02 48 61 39 83.** *Ouvert toute l'année.* Patrick Valencier est apiculteur professionnel. Il ne compte pas moins de 300 à 400 ruches réparties dans toute la région (même dans l'Indre), chez des particuliers et des agriculteurs. Il cultive 4 à 5 sortes de miels différents, selon les saisons : fleurs de printemps en mai, acacia en juin, châtaignier et toutes fleurs en juillet, tournesol en août. A la ferme, il vend donc le fruit de ses récoltes : pots de miel bien sûr, ainsi que du pain d'épice fait maison, du pollen, et de la gelée royale, si bonne pour la santé ! Sur commande, il réalise d'alléchants coffrets cadeaux avec différents pots de miel, décorés de sujets en cire.

MUSEEE MICHEL LANGLOIS ✆ **02 48 61 32 03.** *Fax : 02 48 61 32 03. Ouvert du 1er janvier au 31 décembre. Visites sur rendez-vous. Ouvert le lundi et jeudi après-midi, mardi et samedi matin. Fermé mercredi, vendredi et dimanche. Horaires ouvertures de 9h à 12h et de 14h à 17h selon les jours.* La mairie de Saint-Jeanvrin expose au premier étage une importante collection d'outils artisanaux anciens. L'instigateur passionné, Michel Langlois, a collecté plus de 800 outils qu'il a légués à la commune. Au travers de ce patrimoine, c'est un magnifique hommage aux métiers d'autrefois qui est rendu. Balances, outils de tailleurs de pierres ou de faucheurs... sont autant de souvenirs, qui nous replongent dans le passé.

Le Chatelet

A 12 kilomètres de Châteaumeillant (D3). Deux collines s'y opposent. Sur l'une était implanté autrefois un château autour duquel s'est développée la ville qui conserve de très belles maisons du XVIIe et du XVIIIe siècle.

Fiche pratique

MAIRIE ✆ **02 48 56 21 21**

POINT D'INFORMATIONS TOURISTIQUES Grande-Rue ✆ **02 48 56 29 35**

Points d'intérêt

ABBATIALE DE PUYFERRAND. *Ouverte à la visite de Pâques à la Toussaint, les samedis, dimanches et jours fériés, de 15h à 18h.* L'abbaye de Puyferrand fut édifiée au XIIe siècle. Cette fondation de l'ordre de Saint-Augustin (ordre rare en Berry) est très représentative de l'architecture romane berrichonne. La façade apparaît comme une image réduite de celle de l'église voisine Saint-Genès-de-Châteaumeillant. Une série de stalles en bois sculptées du XVIe siècle, venues du prieuré d'Orsan sont à contempler. Elle est classée Monument historique depuis 1911.

LES ARCHERS VILLAGE POTIER. L'activité céramique au village des Archers s'est développée dès le début du XVIIe siècle. Elle connaîtra son apogée du milieu du XVIIIe jusqu'au milieu du XIXe siècle. On découvre au village des Archers, une architecture spécifique au village potier. De nombreux toits sont ornés des "épis de faîtage"et on retrouve dans plusieurs maisons la distribution en "chambre à feu" (pièce à vivre), "chambre à pots" (l'atelier) et séchoir à l'étage (accès par un escalier extérieur, en pierre, caractéristique). Au travers des artisans on découvre tout l'univers de la poterie.

LA VISITE DES ATELIERS. Depuis 1995, de nouveaux artisans potiers sont venus s'installer dans ce village typique grâce aux efforts de la commune du Châtelet et de l'Association Merlusine. En venant au village des potiers la visite aux ateliers installés au cœur du village complète formidablement notre promenade. Les ateliers attendent votre visite :

Atelier Suzanne Jensen 02 48 56 36 04 de 14h à 19h. Le matin sur rendez-vous • **Atelier Gilbert et Francine Delmotte** 02 48 56 23 58 de 9h à 12h et de 14h à 18h30 (sauf le lundi) • **Atelier L'Akoma-Bleu Marc-Michel Gabali** de 14h à 19h (fermé le samedi) • **Atelier Frédéric Huot de Saint-Albin et Maryvonne Martin dit Dupray** • **Atelier Fany G.** 02 48 56 27 28 • **Cuisson Raku**. Internet : www.fanyg.com • **Atelier Marie-France Ponet** 02 48 56 30 69. Pour plus de renseignements contacter **l'Association Merlusine - Mairie du Châtelet - 02 48 56 28 56**.

Un évènement incontournable le 20 juin

Le Marché des potiers est organisé au mois de juin, le dimanche suivant la Saint-Jean, il est incontournable pour tous les amateurs de céramique. Des potiers de la France entière rejoignent le village des Archers.

Le gîte et le couvert

LE PONT BAYARD Grande-Rue ✆ 02 48 56 20 82. *Fax : 02 48 56 34 96. Fermé le mercredi. 7 chambres de 14 € à 23 €. Demi-pension : de 27 € à 33 €. Pension : de 33 € à 39 €. Petit déjeuner : 4 €. Parking. Les animaux sont admis.* Dans le village du Châtelet, cet hôtel bien nommé (puisque jouxtant un pont) dispose de chambres coquettes à des prix sympathiques. Le restaurant à la déco claire et à la véranda bien agréable propose une cuisine traditionnelle.

▷ *Dans les environs*

Arcomps

Du Châtelet, 12 kilomètres, prendre la D951.

SCEA DE LA TOURATTE ✆ 02 48 96 19 45. *Fax : 02 48 96 94 13. Fermé le dimanche. Ouvert du lundi au samedi de 8h à 18h. Pour s'y rendre de Saint-Amand, prendre la direction de la route de Culan et ensuite la deuxième route à droite, après le pont de l'autoroute.* C'est un peu difficile pour trouver le domaine de la Touratte, une fois déniché, on est ravis de rencontrer Lysiane qui fabrique depuis 9 années du fromage de vache, production fermière à pâte cuite. Deux spécialités s'offrent à nos yeux et à nos papilles ! Comment apprécier sans goûter ? Le "ptit bonbichon" une appellation déposée et la "tomme arconnaise". Ces deux fromages sont fabriqués avec du lait chauffé dans une cuve, travaillé, passé sous presse, salage en saumure et frotté en saumure. Le ptit bonbichon est prêt à être ainsi dégusté. Quant à la tomme arconnaise, elle part à la cave pour y vieillir 1 mois et demi. Un peu de patience donc. On trouve à la ferme d'autres fromages : vache frais, demi-sec, sec, fromage blanc... Lysiane vend sur le marché de Saint-Amand le samedi matin, et dans plusieurs épiceries ou crémeries de la région notamment à la Crémerie place Gordaine à Bourges.

Rezay

A 11 kilomètres du Châtelet.

MAIRIE ✆ 02 48 56 32 60

A 13 kilomètres de Lignières (D65 - D80). Détour obligatoire par Rezay, charmante bourgade dont la renommée est inversement proportionnelle à l'étendue de son territoire. Cet endroit charmant est en effet, depuis les rives de la Sinaize jusqu'au paysage de bocage vallonné, typique du Boischaut. Est-ce la raison pour laquelle les sorciers, jadis, s'y seraient installés ? Rezay a ainsi longtemps passé pour être un village de sorciers. En principe, aujourd'hui, les birettes et autres jeux de sorts n'y résident plus, hormis au cœur des contes roses et gris du célèbre barde berrichon, Jean-Louis Boncœur, à présent décédé et qui résidait ici.

EGLISE NOTRE-DAME. Elle a été reconstruite en 1875 et ses deux statues en pierre des XVe et XVIe siècles.

Culan

A 12 kilomètres de Châteaumeillant (D943), à 26 kilomètres de Saint-Amand-Montrond (D997). Etape de la route Jacques-Cœur. Le site de Culan paraît n'avoir été occupé qu'à partir du XIe siècle : le rocher qui porte aujourd'hui l'église fut alors fortifié sommairement. Jusqu'en 1200, les seigneurs en sont les sires de Déols (Châteauroux), les maîtres du Bas-Berry, ce qui revient à dire que Culan est alors une place aquitaine, et, par voie de conséquence anglaise, dès 1154. Aussi, Philippe Auguste sen empare-t-il en 1188, œuvrant pour que Culan devienne une terre dont il recevra directement l'hommage. Douze ans plus tard, c'est chose faite. Au milieu du XIIIe siècle, la seigneurie échoit à un membre de la famille Sully (clan seigneurial et féodal appuyant d'une façon particulièrement efficace la politique royale en Berry). En deux ou trois générations, Culan quitte son axe Aquitaine (Culan, Châteauroux, Poitiers), pour une orientation politique bien française (Culan, Dun-le-Roi, Bourges, Paris), orientation définitive et annonciatrice de sa future agrégation au département du Cher. La ville de Culan s'est vite développée du XIe au XIIIe siècle, et en 1270, sa charte de franchise fait état d'un centre marchand des plus actifs : l'agglomération est alors ceinte d'un rempart, et il est vraisemblable que le premier pont sur l'Arnon date de ce temps. La guerre de Cent Ans plonge le pays dans un marasme profond. Si Culan connaît un modeste redressement à la fin du XVe siècle, c'est pour entrer brutalement, avec les guerres de Religion, dans deux longs siècles de dépression économique et démographique, ponctués par les troubles de la Ligue, les querelles de ses seigneurs, la Fronde et surtout, les effroyables difficultés du monde rural à la fin du règne de Louis XIV. Le renouveau qui marque le temps de Louis XVI n'en est que plus remarquable : ce qui le caractérise, en particulier, ce sont quelques innovations agricoles, un urbanisme intelligemment tourné vers le développement de l'économie locale et l'amélioration du cadre de vie, mais aussi et surtout, le début de grands travaux routiers. La Révolution brise net cet élan, replongeant Culan dans son isolement, et maintenant les campagnes environnantes dans la pratique d'une polyculture vivrière très archaïque, qui ne semble avoir alors pour finalité que le profit de quelques familles aisées. Certes, la croissance démographique est alors réelle, mais elle ne fait qu'aggraver la misère ambiante : dans les années 1840, le sort d'une bonne partie de la population est dramatique. La fin de la monarchie de Juillet toutefois, et surtout le second Empire, orientent Culan vers une nouvelle prospérité : avec la construction de la route de Montluçon, avec l'achèvement du bocage, avec le chemin de fer, avec aussi une véritable soif de progrès techniques, Culan connaît son âge d'or au tournant du siècle. L'Histoire du XXe siècle doit être celle d'une de ces profondes mutations de l'économie et de la société, particulièrement sensible à partir des années 1960.

Fiche pratique

OFFICE DE TOURISME Place du Champ-de-Foire ✆ 02 48 62 03 92. *Fax : 02 48 62 03 92.*

MAIRIE ✆ 02 48 56 64 41

Point d'intérêt

CHATEAU DE CULAN ✆ 02 48 56 66 66. *E-mail : info@chateau-de-culan.com. Internet : www.chateau-de-culan.com.* Perché sur son escarpement rocheux, le château domine les Gorges de l'Arnon. Son histoire du château est le reflet des différentes périodes vécues dans la région : construction d'une superbe enceinte vers 1260, modernisation des défenses par l'amiral de Culan après les destructions de 1425, édification d'un vaste corps de logis vers 1450 (les hourds et les charpentes, qui font la célébrité du monument, datent de ce temps) constituent les principales étapes de sa construction. Bientôt ruinée, la Maison de Culan doit vendre ses droits sur la seigneurie et sur le château, déjà bien délabré (1582). Désormais, le bâtiment est négligé par des maîtres qui ne l'habitent pas. Malgré l'intérêt éclairé, mais trop tardif du prince de Croy, dans les années 1770-1780, la ruine du château va s'accélérer avec la Révolution et la première moitié du XIXe siècle. Ce qui subsiste de cette forteresse est magnifiquement conservé : ses grosses tours, ses chemins de ronde et ses salles des gardes avec armures.

▷ *Dans les environs*

Préveranges

De Sidailles, 11 kilomètres, prendre la D997.

MAIRIE ✆ 02 48 56 46 77

GITE DE PREVERANGES ✆ 02 48 56 46 77 (mairie)/02 48 56 41 62. *E-mail : mairie.preveranges@wanadoo.fr. 3 épis. Situé à quelques kilomètres du plan d'eau de Sidiailles, non loin de Culan. Ouvert toute l'année. Un gîte d'étape et de séjour pour 56 personnes. Accessibilité aux handicapés.* Voilà un grand gîte situé en plein bourg. Cet ancien presbytère fait face à l'église et a été préservé dans le style ancien. Une cuisine aménagée a été prévue pour chacun des 2 étages qui composent le gîte. Dans le village, il est possible d'accéder au terrain de tennis et de boules, plus loin un étang permet de s'adonner à la pêche, et un parcours de santé est prêt à accueillir vos foulées matinales.

Sidiailles

A 18 kilomètres de Châteaumeillant par Culan (D943 - D997). Cette vaste commune (plus de 3 000 habitants) est constituée d'un éclatement de hameaux.

MAIRIE ✆ 02 48 56 63 27

L'EGLISE. Elle conserve une des plus anciennes cloches du département (XIIIe siècle).

Pèlerinage aux vestiges de l'**ABBAYE DES PIERRES**, (XIIe et XIIIe siècles) implantée dans un ravin, nommé par les moines eux-mêmes le Val Horrible.

PLAN D'EAU DE SIDIAILLES Pointe du Carroir ✆ 02 48 56 71 30/02 48 61 38 34. *De Cula, prendre la D997.* La base nautique a été installée sur la retenue artificielle de Sidiailles (90 hectares), c'est le premier réservoir d'eau de tout le sud du Cher. D'avril à octobre : Location et initiation de voile, de planches à voiles, baignade, canoë-kayak, promenades et rocher d'escalade, chemin de grande randonnée, rochers d'escalade, camping. Tout est réuni pour prendre un bon bain de sport et de nature.

Dun-sur-Auron

A 21 kilomètres de Saint-Amand-Montrond (D10). Etape de la route Jacques-Cœur. Au cœur d'une région au riche patrimoine historique qu'enchantent les rives de l'Auron et le canal du Berry, Dun (du nom celtique dunos qui signifie lieu élevé) fut un lieu fortifié gaulois et la troisième ville de Berry, même si aujourd'hui elle ne compte pas plus de 400 habitants. Dun-le-Roi était une place forte à l'époque médiévale, avec des privilèges importants. Le donjon rebâtit par Philippe Auguste à la fin du XIIe siècle a disparu, mais il reste des éléments importants de l'enceinte, avec une porte de ville surmontée d'un haut beffroi (XVe). Elle a perdu son caractère militaire aujourd'hui. Au XIXe, la ville a bénéficié du développement de la métallurgie grâce à l'extraction du minerai de fer abondant, mais l'arrêt de cette activité dans les années 1870 lui a porté un coup fatal. A partir de 1860, la ville s'est développée autour de la noix, avec l'implantation de trois huileries (il n'en subsiste qu'une aujourd'hui).

Fiche pratique

OFFICE DU TOURISME Place du Champ-de-Foire ✆ 02 48 66 64 20 (du 1er novembre au 31 mars)/02 48 59 85 26 (du 1er avril au 30 octobre).

MAIRIE ✆ 02 48 66 64 20. *Fax : 02 48 59 84 22.*

Points d'intérêt

EGLISE SAINT-ETIENNE. Tout près d'une jolie petite place plantée d'arbres on la découvre. Cette ancienne collégiale bâtie aux XIIe et XIIIe siècles, et remaniée au XVe, mérite un petit détour.

MUSEE DU CANAL DU DUC DE BERRY ✆ 02 48 59 85 26. *Fax : 02 48 59 85 26. Ouvert tous les jours du 2 avril au 14 septembre, de 10h à 12h et de 14h à 18h, du 15 septembre au 15 octobre de 10h à 12h et de 14h à 18h, sauf dimanches et jours fériés.* Jadis de 1808 à 1955, existait toute une société, vivant par et pour le canal : mariniers, éclusiers, cafetiers, charpentiers de bateaux. La voie d'eau avait en effet généré une activité intense. Le musée de Dun-sur-Auron se souvient : objets, photos, témoignages, films. A la fin de la visite, on est à l'intérieur d'une péniche : marinier du canal de Berry.

LES RUES TYPIQUES DE DUN-SUR-AURON. Quelques belles rues et beaux bâtiments contribuent à remémorer son riche passé. C'est notamment dans la Grande Rue que l'on observe un certain nombre de maisons à pans de bois et encorbellement avec quelquefois des tourelles l'escalier et des galeries de bois. Implantées dans un quartier commerçant, ces maisons avaient toutes boutique sur rue et certaines ont gardé leur devanture de bois du XIXe siècle. Voir aussi la rue Saint-Vincent bordée de maisons bourgeoises du XVIIe siècle (et l'étonnante gargouille jaillissant de l'angle du mur au numéro 18).

Le gîte

CAMPING MUNICIPAL DE L'AURON Quai du Canal ✆ 02 48 66 64 20. *Fax : 02 48 59 84 22. Ouvert du 1er avril au 30 septembre. 25 emplacements. Accès handicapés. Les animaux sont admis.* Le terrain de camping, complètement rénové et réaménagé possède désormais des sanitaires refaits à neuf, et les emplacements, toujours délimités, ont été agrandis. Les arbres permettent d'installer sa toile de tente à l'ombre. Comme il est placé entre le canal et l'Auron, il y a de quoi s'offrir quelques parties de pêche. Le terrain de tennis n'est pas loin, la piscine est juste en face et des chemins de randonnée parcourent la campagne environnante. Pour le ravitaillement, le centre-ville n'est qu'à 500 mètres.

Emplettes

HUILERIE CARRIE Quai du Canal ✆ 02 48 59 50 10. *Ouvert du lundi au vendredi de 8h à 12h et de 13h30 à 17h. Vente directe.* Pensez à vos salades et venez ici choisir l'huile qui glorifiera la moindre vinaigrette. M. Carrié fabrique toujours de façon artisanale de l'huile de noix et de noisettes. Apportés par les particuliers, les cerneaux de noix et de noisettes sont passés sous une meule de 800 kg qui écrase 20 kg à 25 kg de cerneaux. La pâte obtenue est cuite et pressée, et l'huile recueillie. On peut assister à la fabrication en direct et repartir avec sa bouteille. C'est l'une des trois dernières huileries du Cher et donc une curiosité en soi.

▷ Dans les environs

Bois-sur-Ame

CHATEAU DE BOIS-SUR-AME. *A 8 kilomètres de Dun (D34). Château privé à voir de la D34.* C'est ici que Charles VII qui n'était encore que roi de Bourges rencontre sa belle maîtresse Agnès Sorel. On dit que dans cette région peu vallonnée, des feux permettaient à la nuit tombante de communiquer rapidement avec le château de Mehun-sur-Yèvre, résidence de Charles VII, distant de 30 kilomètres.

Chalivoy-Milon

A 14,5 kilomètres de Dun (D953 - D6).

L'EGLISE. C'est tout ce qui reste de l'ancien prieuré de Chalivoy-Milon, dépendant de l'abbaye bénédictine de Saint-Sulpice depuis le XIe siècle. A découvrir, l'ensemble des fresques du XIIe siècle, entièrement restaurées et couvrant le chœur et l'abside.

Epineuil-le-Fleuriel

De Saulzais-le-Potier, prendre vers le Nord-est sur 10 kilomètres, la D4. A à 24 kilomètres de Saint-Amand-Montrond (N144 - D4). Situé à la limite du Bourbonnais, ce village est mondialement connu. C'est le village où Alain-Fournier a passé son enfance. Il le décrit sous le nom de Sainte-Agathe dans son livre "Le Grand Meaulnes". Le musée école avec sa cour, la classe de M. Seurel, la mansarde au milieu des greniers du premier étage, et la ferme des Marins, permettent de mieux découvrir l'auteur et ses sources d'inspiration.

Fiche pratique

MAIRIE ✆ 02 48 63 02 18

Point d'intérêt

ECOLE DU GRAND-MEAULNES ✆ 02 48 63 04 82. *Ouvert du 1er avril au 30 juin et du 1er septembre au 27 octobre de 10h à 12h et de 14h à 18h, sauf le mardi. Ouvert du 1er juillet au 31 août de 10h à 19h tous les jours. Ouvert du 27 octobre au 15 novembre de 10h à 12h et de 14h à 17h sauf le mardi. Entrée : 5,40 € à 7 €.* A l'extrémité du bourg, une longue maison rouge avec cinq portes vitrées, sous des vignes vierges et une cour immense avec préaux et buanderie, qui ouvrait en avant sur le village par un grand portail. Tel est le plan sommaire de cette demeure où s'écoulèrent les jours les plus tourmentés et les plus chers de ma vie Alain Fournier, "Le Grand Meaulnes". Depuis, rien n'a changé. Les meubles, les peintures, les papiers peints, les pupitres d'écoliers et les tableaux noirs sont comme en 1891, quand ils constituaient le quotidien du petit Alain Fournier.

Farges-Allichamps

A 2 kilomètres de Bruère-Allichamps. Blottie dans une superbe vallée boisée et environnée d'étangs, Farges abrita jadis une commanderie de Templiers, dont subsistent le bâtiment central et les anciennes écuries du XIe siècle.

Fiche pratique

BUREAU DU TOURISME DU CDT 18, Aire Autoroutière du Centre-de-la-France ✆ 02 48 61 39 43. *Fax : 02 48 61 36 41.*

Points d'intérêt

Une stèle funéraire romaine à personnage, la grotte de la Fontonnière, l'église Saint-Jean qui fut la chapelle de la Commanderie et qui date aussi du XIe siècle, ainsi que le château de la Brosse, daté du XIIIe siècle, mais reconstruit au XIXe, qui reçoit aujourd'hui classes vertes et colonies de vacances.

PARC DU CHATEAU DE LA BROSSE ✆ **02 48 61 06 93.** *Ouvert du 1er juillet au 31 juillet et du 1er septembre au 19 septembre du lundi au samedi de 9h à 12h et de 16h à 19h.* Sur les bords du Cher, le magnifique parc romantique de 80 hectares ceinturant le château fut dessiné par le comte de Coulot, célèbre paysagiste qui exécuta grand nombre de jardins tant en France qu'à l'étranger. Cet écrin de verdure est un émerveillement pour les promeneurs. Sa conception d'origine, fidèle à son concepteur, s'intègre au paysage environnant. Elle demeure un témoignage précieux de l'art paysager du XIXe siècle. Avant de partir flâner dans les allées cavalières, découvrez l'île de l'étang, boisée de cyprès chauves centenaires et la grotte parée de son buis symbolique.

Le couvert

CHATEAU DE LA BROSSE ✆ **02 48 61 06 93.** *Visite pour location sur rendez-vous.* Le Château de la Brosse, Monument historique, dont l'origine remonte au XIIIe siècle, vous propose d'accueillir votre réception. Vous pourrez profiter soit à l'intérieur du Château, pour une réception jusqu'à 200 personnes assises, de l'agrément des salons avec cheminées monumentales, parquet à la française, plafonds à caissons... soit, pour un plus grand nombre de convives, à l'extérieur sous barnum, du magnifique environnement arboré et verdoyant ; mais toujours avec parking dans l'enceinte du parc cette illumination nocturne du château. Pour votre sérénité, une seule réception est organisée à la fois.

Loisirs

CENTRE DE RANDONNEE LE RIO JAVAR Route de Vallenay ✆ **02 48 61 00 16/06 87 30 48 15.** *Ouvert toute l'année.* Toutes les activités équestres peuvent être pratiquées ici. C'est le royaume du cheval. Plusieurs formules de balades et randonnées sont proposées, toujours avec un accompagnateur. Il n'y a pas mieux pour découvrir les paysages de la région. Pour les cavaliers confirmés, il y a les randonnées à thème (forêt de Tronçais, ronde des châteaux...) sur plusieurs jours. Dans ce cas, l'hébergement se fait à la façon bivouac (surtout chez les jeunes) ou en gîte (avec un budget plus important).

▷ *Dans les environs*

Chambon

Direction Lignères D925 et la D73.

ESCARGOTS JACQUIN Domaine de la Madeleine ✆ **02 48 60 45 30.** *Ouvert tous les jours sur rendez-vous pour des visites dégustations.* Au sud du Cher, nous découvrons un élevage original : l'escargot, la référence du gourmet. Ici, on ne manque jamais de faire découvrir aux visiteurs, les principales phases de l'élevage d'escargots (ou héliciculture, pour faire savant...), de l'hibernation à la croissance en parc en passant par la reproduction et la naissance des naissins (nom donné aux petits). Mais si le luma (comme on dit en berrichon...) est si bien élevé, c'est pour mieux le déguster. Maryse Jacquin, en plus des escargots prêts à consommer, vous propose d'excellentes préparations.

Morlac

Direction de Lignères par la D925 et la D3.

ULM PULSION La Foreterie ✆ **02 48 56 26 52/06 11 12 43 23**

Meillant

A 8 kilomètres de Saint-Amand-Montrond (D10). Etape de la route Jacques-Cœur et de la route de la vallée du Cher. D'un côté des douves, des pierres nues et des tours austères. De l'autre, une façade de style gothique flamboyant où l'on sent poindre l'influence de la Renaissance italienne. Preuve en est, sa tour dite "du Lion" qui est l'œuvre d'un certain Jocondo, collaborateur de Michel-Ange dans la construction de Saint-Pierre de Rome. Exposition de miniatures.

Fiche pratique

OFFICE DE TOURISME DE SAINT-AMAND-MONTROND ✆ **02 48 96 16 86**

MAIRIE ✆ **02 48 63 30 05**

Point d'intérêt

CHATEAU DE MEILLANT ✆ 02 48 63 32 05. *Parcours découverte en miniature. Ouvert tous les jours de 9h15 à 11h45 et de 14h à 18h45.* Le château de Meillant révèle sa splendide dualité au cœur d'un très beau parc aux arbres centenaires. Construit au XVe siècle par Charles 1er d'Amboise, chambellan de Louis XII, le château marque la fin de la Renaissance rayonnante. Dans le cellier du château de Meillant (bâtiments de la Renaissance), visite à travers les siècles : les habitations miniaturisées du Moyen Age à nos jours.

Saulzais-le-Potier

Fiche pratique

MAIRIE ✆ 02 48 63 02 10

Au cœur du Boischaut, à la pointe Sud-est du département. Située à 25 kilomètres de Châteaumeillant (D943 - D997 - D62), à 23 kilomètres de Saint-Amand-Montrond (N144 - D1). Saulzais-le-Potier tient l'origine de son nom à l'activité potière qui fut présente dès le XIIe siècle. La couleur du grès rose issu de nombreuses carrières locales, à marbrure ferrugineuse, donne un aspect particulier à l'architecture. Cette roche a servi majoritairement à la construction des voies romaines ou à la fabrication des meules à grains. L'essor de Saulzais et du grès rose remonte au début du XIXe siècle. La gare de Néris-les-Bains est un magnifique spécimen de construction en grès rose, elle est considérée comme l'une des trois plus belles gares de France. En 1936 l'exploitation de la carrière fut abandonnée devenue peu rentable à cause de la concurrence du béton.

Loisirs

LA ROUTE DU GRES ROSE. Circuit de 15 kilomètres permet ainsi de découvrir les principales constructions en grès du pays ainsi que les vestiges du passé.

PLAN D'EAU DE L'AUBIER. Ce plan d'eau est ouvert à la pêche.

Le gîte

LA TRUFFIERE Route de Faverdines ✆ 02 48 63 04 59. *Chez Jacques Hammes et Dominique Leprat. 3 épis. Les animaux sont admis. Anglais et italien parlés. 2 chambres de 2 personnes avec coin salon, salle d'eau, W.-C. et télévision à l'étage. Tarif de 45 € à 55 €. Personne supplémentaire 15 €. Repas de 16 € à 20 €. Possibilité d'hébergement de deux chevaux. Piscine. Salon de télévision à la disposition des hôtes. Ouvert de Pâques au 15 septembre.* Sur la route de Faverdines, La Truffière dispose de superbes chambres, aménagées à l'étage d'une maison berrichonne restaurée, où le rose constitue la tonalité dominante. Elles bénéficient du calme des bois, de la beauté des chênes séculaires environnants et du grand parc peuplé d'animaux... La piscine est mise à la disposition des hôtes.

Touchay

A 7 kilomètres de Lignières (D65 - D69). Situé au sud du canton de Lignières, Touchay, posé sur son éperon rocheux avancé, domine joliment la vallée de l'Arnon et de sa compagne la Sinaize. Mais le fait qu'Utrillo l'ait peint et le superbe panorama n'expliquent pas à eux seuls l'attrait tout particulier qu'exerce cette bourgade de charme sur visiteurs et touristes. Dynamique, Touchay, loin des grandes villes, des océans et des sommets, réussit à faire de son isolement un atout majeur. Pas moins de 12 associations s'activent sur la commune. Edition d'un magazine local l'été qui recense toutes les animations en cours ou à venir, foire à la brocante et Salon des antiquaires (le 4e dimanche de juillet), concours de pêche (le 2e week-end d'août), feux d'artifice (le 13 juillet), ball-trap (le 1er week-end d'août), journée verte en mars avec randonnée à cheval, à pied ou en VTT, dénotent la remarquable vitalité de cette commune !

Fiche pratique

MAIRIE ✆ 02 48 60 06 59. *Fax : 02 48 60 09 22.*

Points d'intérêt

CHAPELLE SAINT-JEAN. Elle est aujourd'hui une... habitation ! La mairie, elle, a été prieuré, puis presbytère, avant d'être rachetée en 1796 par un député du Cher.

EGLISE SAINT-MARTIN. Elle domine dans le lointain la vallée de l'Arnon. Elle possède deux chapelles, celle de gauche, voûtée fut construite au XVe siècle ; celle de droite, voûtée en berceau, a gardé des traces d'anciennes peintures. La porte à accolade porte les armoiries des Dumas de Lisles. La cure existe toujours.

CHATEAU DE LISLE-SUR-ARNON. Construite au XIIe et XIIIe siècles, cette ancienne place forte fut jadis entourée de douves en eau. Le seigneur de Lisles a conservé presque intacte une imposante forteresse construite au XVe siècle. Le bâtiment le plus ancien est flanqué d'une énorme tour ronde saillante et, sur la cour, d'une tour escalier prismatique. Le pavillon d'entrée et la chapelle sont d'aspect plus récent et d'une construction plus raffinée. Deux grosses tours carrées sont surmontées d'un chemin de ronde avec mâchicoulis.

Le gîte et le couvert

HOSTELLERIE DES 7 SŒURS Le Bourg © 02 48 60 06 77. *Fax : 02 48 60 06 77. E-mail : Hostel.7soeurs@free.fr. Cuisine gastronomique. Ouvert du mardi au dimanche midi. Fermé le dimanche soir et lundi toute la journée. Congés annuels : février. Service traiteur (tous les plats sur commande). Service de 12h à 13h30 et de 19h15 à 21h. Menus de 14,50 € à 34,50 €. Prix moyen à la carte : 34 €. Parking fermé. 7 chambres. Chambre double avec douche et W.-C. : 33 €. Chambre double avec salle de bains et W.-C. séparés : 45 €. Une chambre enfant. Minibar, télévision grand écran, sèche-cheveux, radio, téléphone. Parking fermé. Petit déjeuner : 5 € en salle et 6 € en chambre. Accès pour les personnes handicapées. Les animaux sont admis sans supplément.* Une sympathique et coquette hostellerie située sur la place du village, face à l'église classée. La famille Coursault a posé les marques gustatives de son Sud-ouest natal, où l'art du bien manger règne en maître. Le chef Emmanuel, influencé par cette région, concocte une divine spécialité maison : l'assiette aux deux foies gras (chaud, froid). A chaque changement de saison, Emmanuel a l'art de nous faire découvrir une nouvelle carte alliant les traditions régionales et le magistral de ses nouvelles créations. Voici, la farandole du moment, les recettes à base de poissons : filets de soles farcis, truffés, rosace de homard au curaçao bleu, la poêlée de saint-jacques aux girolles (en saison). La note de raffinement passe par les vins de la région conseillés pour un mariage réussi avec ces mets de choix. On savoure une pâtisserie à l'ancienne ou le croquant de chocolat blanc à la crème de framboises et son coulis de fruits rouges. Chaque chambre avec sa décoration personnalisée est un vrai raffinement et offre un grand confort. De la terrasse, vous admirerez la vue imprenable de la vallée de l'Arnon et le château de l'Isle (la vue, la plus jolie de la région). Le parc est une invite au repos et la rivière donne envie de taquiner le poisson (ventes de cartes de pêche à la journée)...

Vesdun

A 18,5 kilomètres de Châteaumeillant par Culan (D943 - D4). Le Peu (Puy) de Vesdun est un des points culminants du département du Cher. Ce vieux village et son église sont inscrits à l'inventaire des sites pittoresques du département. Le village est fier de posséder l'un des trois centres de la France. A l'entrée du bourg une immense carte de France en émaux de Briare d'où émerge la BORNE-CENTRE, le rappelle aux visiteurs.

Fiche pratique

OFFICE DU TOURISME - MAISON DU PATRIMOINE © 02 48 63 18 69. *Fax : 02 48 63 18 69.*

MAIRIE © 02 48 63 03 07. *Fax : 02 48 63 12 62.*

Points d'intérêt

EGLISE SAINT-CYR. Elle est d'époque romane. Des fresques des XIIe et XIIIe siècles, dont une fort rare : la Vierge en gésine, récemment mises à jour, ont été restaurées.

LES JARDINS DE VESDUN © 02 48 63 03 07. *Fax : 02 48 63 12 62. Accès libre de mars à octobre.* En 1988, M. Pierre Joyaux réalisa une reproduction de différents types de jardins en miniature. C'est à la fois un jardin éducatif, touristique et ornemental qui est créé autour de la mairie. Le jardin de Vesdun est en fait composé de quatre jardins différents dans le même enclos : le jardin à la française, le jardin bouquetier, le jardin des simples aux herbes condimentaires, officinales et médicinales, et enfin le jardin de Bacchus, dieu du vin.

LA "MAISON DU FOR". Située à côté de l'église datant des XVIIe et XVIIIe siècle est la plus vieille maison du bourg. Pendant l'été, elle accueille des expositions.

Le gîte

GITE DU CENTRE DE LA FRANCE & GITE DU MANOIR Route de Culan © 02 48 63 06 94. *Fax : 02 48 63 06 95. E-mail : gitevesdun@.free.fr. 3 épis Gîtes de France. Ouvert toute l'année. Le Gîte du Manoir est situé à 100 mètres du Gîte du Centre de la France. Ces 2 gîtes sont réunis et offrent un hébergement de 52 places en chambres individuelles (de 1, 2 et 3 personnes) toutes équipées de salle de bains et de toilettes. 17 chambres, 39 lits (dont 4 chambres pour personnes à mobilité réduite). Salon, cheminée (avec télévision). Veilleur de nuit. Parking. Téléphone et télévision sur demande. Tarif de 19,50 € à 29 € (haute saison). A partir de 10 personnes (haute saison) : 13,75 €, enfant (jusqu'à 13 ans) : 7,50 €, scolaire : 10 €. Petit déjeuner 4 €. Des tarifs basse saison sont appliqués du 1er octobre jusqu'au 31 mars.*

LE PAYS SANCERRE SOLOGNE

Argent-sur-Sauldre

A 10 kilomètres d'Aubigny (D940), à 20 kilomètres de Gien. Ville étape de la route Jacques-Cœur. **A voir** notamment : son église Saint-André qui date du XIIe et du XIIIe siècle, avec son drôle l'escalier dans un des piliers du chœur, conduisant à un jubé. Lors du dégagement de cet escalier, on a retrouvé une curieuse statue représentant la sainte Trinité (XVIe siècle). Cette statue a été restaurée, on peut la voir aujourd'hui près des fonts baptismaux. Le parc municipal d'Argent-sur-Sauldre est attenant à l'église et au château auquel il était rattaché. Ce parc offre ses reposantes allées ombragées qui descendent jusqu'à la Sauldre pour suivre son cours tranquille que l'on traverse par des passerelles judicieusement placées d'une rive à l'autre. Le canal latéral de la Sauldre a été creusé au XIXe siècle. Ce canal sans queue ni tête de 46 kilomètres n'est relié à aucun cours d'eau. Il a été construit et mis en service dans les années 1870 pour assainir et fertiliser la Sologne (bassin terminal à La Motte-Beuvron) à l'aide des marnes extraites des carrières près de Blancafort (origine en amont) en Pays Fort. Très vite privé de navigation (1925), le canal recouvre une jeunesse oubliée grâce à de grands travaux de dé-envasement. Ses berges éclaircies et aménagées s'offrent désormais aux randonneurs de tout poil qui veilleront à ne pas perturber l'attente placide des pêcheurs.

Fiche pratique

SYNDICAT D'INITIATIVE La Marine © 02 48 73 33 17

Points d'intérêt

LE CHATEAU D'ARGENT-SUR-SAULDRE © 02 48 81 50 60/02 48 73 33 10. Dupré de Saint-Maur, intendant du Berry vers 1765-1775, a remanié l'ancien château du XVe siècle. L'édifice abrite le musée des Métiers et Traditions de France, qui présente, par le biais d'objets et d'outils, les activités locales de maçonnerie, briqueterie et poterie. L'occasion aussi d'admirer une belle collection de faïences de Gien et de Langeais. A saluer en passant : la mémoire d'un natif d'Argent : l'abbé Moreux, astronome fondateur de l'Observatoire de Bourges (1867-1954). A l'étage du château, on en découvre une curieuse biographie.

MUSEE DES METIERS © 02 48 73 33 10. *Ouvert de Pâques à la mi-mai : ouvert le samedi, le dimanche et les jours fériés de 10h à 12h. De la mi-mai à la mi-septembre : ouvert le lundi et le mercredi de 14h à 18h30, fermé le mardi, ouvert le jeudi, vendredi, samedi, dimanche et jours fériés de 10h à 12h et de 14h à 18h30. De la mi-septembre à la mi-octobre : fermé le mardi et le mercredi, ouvert le lundi, jeudi et vendredi de 14h30 à 18h, samedi, dimanche et jours fériés de 10h à 12h et de 14h30 à 18h. Entrée : 4 € pour les adultes et 3,10 € pour les groupes de plus de 20 personnes.* Des métiers qui reprennent vie. Pour reconstituer avec le plus grand réalisme des scènes de la vie quotidienne au XIXe siècle, ce musée a choisi le cadre privilégié du château d'Argent, au cœur de la Sologne. Sabotier, forgeron, charron... ces métiers qui appartiennent désormais à notre passé, reprennent vie au milieu de ces multiples outils, objets et meubles. Une visite enrichissante, qu'il est bon de terminer par une agréable promenade au gré des allées du parc.

Le gîte et le couvert

AUBERGE DU RELAIS DE LA POSTE © 02 48 81 53 90. *Fax : 02 48 73 30 62. Cuisine traditionnelle et de terroir. 3 épis Logis de France. Jour de fermeture : dimanche soir, lundi midi et lundi* *soir. 10 chambres de 36 € à 58 €. Petit déjeuner : 6 €. Menus de 15 € à 39 €. Carte. Salon pour séminaires.* Dans un ancien relais de poste du XVe siècle, cette auberge agréable et fleurie offre le gîte et le couvert. On pénètre dans un décor de boiseries, de meubles anciens, de tapisseries. Le chef nous régale d'une cuisine aux accents du terroir : assiette solognote forestière (terrine de faisan, jambon de marcassin, magret fumé), faisan de Sologne, rôti sur canapé, petit chou vert confit. Un gratin de clémentines et kiwi ou une poire pochée au caramel de miel, corolle glacée au caramel terminent délicatement notre repas. Les chambres offrent le même raffinement. Elles sont toutes confortables et équipées de salle de bains, télévision, téléphone direct. Les animaux sont acceptés.

Loisirs

ETANG DU PUITS © 02 48 81 50 60 (mairie). L'étang du Puits n'a pas eu d'activité pour cause de travaux pendant la saison 2003. Espérons, que la saison touristique 2004 reprendra pour cet agréable site.

Emplettes

POTERIE RENAULT Route de Bourges © 02 48 73 63 71. *Fax : 02 48 73 32 32. Fermé le samedi et le dimanche. Ouvert de 8h à 11h45 et de 13h30 à 17h.* En 1847 Louis Stanislas Renault, fabricant de poteries à Orléans installe son atelier au château d'Argent-sur-Sauldre. En 1865, les Poteries Renault s'installent sur leur site actuel et étendent leurs fabrications. Forte de son expérience, l'entreprise réalise toujours elle-même ses propres mélanges d'argiles en fonction des objectifs recherchés. Son savoir-faire artisanal est toujours conservé, sur certains postes de production on trouve encore des tourneurs à la main. De nombreux modèles sont proposés tant aux particuliers, qu'aux professionnels. Les produits s'inscrivent dans la tendance actuelle, alliant naturel et sobriété. Ils passent volontiers du four ou du micro-onde à la table. On découvre dans la gamme des articles culinaires du quotidien : marmites, pots au feu, terrines à pâté, vinaigriers, pots à lait, pichets, bols, différents modèles de plats ou tourtières… Les tons utilisés sont des couleurs qui s'adaptent à toutes les ambiances de décor aussi bien de table que de cuisine, allant du bleu clair, bleu foncé, blanc cassé, grès brun... Entre grès et poteries vous trouverez un choix étonnant !

▷ *Dans les environs*

Blancafort

SYNDICAT D'INITIATIVE 3, rue du 8-Mai © 02 48 81 58 15. *Fax : 02 48 81 58 16. Internet : www.blancafort-euro.com.*

CHATEAU DE BLANCAFORT © 02 48 58 60 56. *Internet : www.chateaublancafort.com. A 14 kilomètres de Vailly (D8). Etape de la route Jacques-Cœur. Ouvert du 1er avril au 31 mai de 10h à 12h et de 14h à 18h30. Ouvert du 1er juin au 30 septembre de 10h à 19h. Ouvert du 1er octobre au 31 octobre de 10h à 12h et de 14h à 18h30. Fermé le mardi, en avril, mai et octobre. Entrée : 7 € et 5 € pour les groupes de plus de 20 personnes.* Le château en pierre et brique a été reconstruit à son emplacement actuel pour François de Boucard à la fin du XVe siècle. Cette demeure est entièrement meublée d'un mobilier d'époque. Les tapisseries des XVIIe et XVIIIe siècles offrent à nos yeux, un moment éblouissant. C'est le donjon qui représente l'ornement principal du château de l'époque, avec ses grandes ouvertures et son décor polychrome. En 1620, Claude de Faucon ouvre le château en démolissant une des ailes et en aménageant le corps de logis. La partie gauche, une partie des tours, et la façade sur la Sauldre du corps de logis, ont été reconstruites au XIXe. Le portail d'entrée néogothique semble être une invention du XIXe. Les jardins à la française sont joliment entretenus et régulièrement remis en valeur, ce qui donne beaucoup de cachet à l'ensemble.

Aubigny-sur-Nère

A 37 kilomètres de Bourges, D940. Cette jolie bourgade installée entre la Sologne et le Pays Berrichon est bien pittoresque. Son patrimoine historique, architectural, culturel et économique la rend fort attrayante. Autrefois Aubigny dénommée aussi Aubigny les Cardeux en référence au cardage de la laine des moutons solognots et berrichons qui s'effectuait dans la cité.

A ne pas rater

Les Fêtes franco-écossaises des 13 et 14 juillet 2004, vous passerez un moment inoubliable avec les gens du pays et les Ecossais. Folklore, ambiance, la fête est magnifique.

Parlons un peu d'histoire

Aubigny est le lieu de mémoire de l'extraordinaire épopée écrite par ces chevaliers et hommes d'armes écossais qui vinrent par milliers, aux jours les plus sombres de l'histoire de France et de la guerre de Réfugiés à Bourges. Avec le maigre parti qui lui est fidèle (les Armagnacs) le dauphin Charles, futur roi Charles VII, ne résista à l'envahisseur anglais que grâce au courage et à l'abnégation de plus de 10 000 soldats anglais. Pour remercier Jean Stuart, connétable de l'armée écossaise, du soutien qu'il lui apportait, Charles VII lui fit don de la seigneurie d'Aubigny en **1423**. Hommes de culture, les Stuart d'Aubigny furent aussi des bâtisseurs : on leur doit les deux châteaux d'Aubigny et de La Verrerie, mais aussi l'exceptionnel ensemble architectural que constituent les maisons à pans de bois qui ornent les places et les rues de la ville (maisons François Ier, du Bailly, Saint-Jean, etc.). Sous le règne de Louis XIV, la ville est érigée en duché-pairie au bénéfice d'une femme, Louise de Keroualle. Favorisés par les Stuart puis par Colbert, le commerce et surtout l'industrie du drap sont florissants à partir du **XVe siècle**. Les ouvriers employés dans les manufactures habitent dans les faubourgs d'Argent et d'Oizon, tandis que les moulins de la Nère foulent les draps. Cette tradition textile s'est perpétuée jusqu'au **XIXe siècle**. Depuis quelques années, une campagne de mise en valeur systématique du patrimoine, et notamment des maisons à pans de bois, a su redonner du cachet à la ville et attirer de nombreux touristes.

Fiche pratique

OFFICE DE TOURISME DE POLE 1, rue de l'Eglise ✆ 02 48 58 40 20; *Fax : 02 48 58 40 20.Internet : www.aubigny.org.*

Points d'intérêt

LES ANCIENNES FORTIFICATIONS. Trois tours subsistent de l'enceinte qui autrefois cernait Aubigny.

COUVENT DES AUGUSTINS NOIRS. Situé près de l'hospice, ce cloître du XVIIe est typique de l'architecture régionale, construit à base de briques.

EGLISE SAINT-MARTIN. De style gothique elle fut construite au XIIe siècle et restaurée au XVIe siècle après l'incendie qui ravagea la ville au début du XVIe siècle. Elle a conservé des vestiges romans du début du XIIe siècle. A l'intérieur, la nef à six travers date du XIIIe siècle. Un retable du XVIe siècle et des stalles du XVIIIe siècle sont à voir également.

LES GRANDS JARDINS DE LA DUCHESSE DE PORSMOUTH Place du Château ✆ 02 48 81 50 07. *Fax : 02 48 81 01 90. Ouvert tous les jours du lever au coucher du soleil. Visites guidées sur demande à l'Office de tourisme.* Les jardins furent dessinés au XVIIe siècle. La Duchesse de Porsmouth apporta de grands soins à ce jardin qui jadis était le parc du château. De magnifiques haies de charmes structurent le jardin en quatre carrés ainsi que d'autres arbres magnifiques.

MUSEES AU CHATEAU DES STUARTS ✆ 02 48 81 50 07. *Fax : 02 48 81 50 98. Musées ouverts de Pâques au 30 juin et du 16 septembre au 30 octobre les samedis, dimanches et jours fériés de 14h30 à 18h. Du 1er juillet au 15 septembre tous les jours de 14h30 à 19h. Etape de la route Jacques-Cœur.* Le château actuel a été reconstruit sur un autre site que le château primitif après l'incendie de 1512 qui l'a entièrement ravagé. Il a été élevé par Robert Stuart, premier capitaine de la garde écossaise qui s'est largement illustré pendant les campagnes d'Italie, et seigneur d'Aubigny de 1508 à 1540. Aujourd'hui il abrite l'hôtel de ville, le musée Marguerite Audoux et la salle Pierre Rateau.

MUSEE MARGUERITE AUDOUX. Il évoque le souvenir de cette femme, écrivain de la région (1863-1937) qui retraça son enfance de bergère dans son ouvrage Marie-Claire (Prix Fémina 1910), trois salles restaurées lui sont dédiées. La Salle Pierre Rateau consacrée à la Seconde Guerre mondiale lève le voile sur ce que fut la résistance dans le nord du Cher. Elle fait connaître Pierre Rateau, compagnon de la Libération.

VISITE GUIDEE DES MAISONS A COLOMBAGES ✆ 02 48 58 40 20. En choisissant ce circuit vous flânerez dans le Vieil Aubigny afin de découvrir les quelque 200 maisons à colombages du XVIe siècle dont la Maison du Pont des Foulons (seule maison ayant échappé à l'incendie de 1512), la Maison dite du Bailli, la Maison dite de Saint-Jean, la Maison dite de François 1er... Cette balade est une vraie merveille.

Loisirs

CIRCUITS DES ECRIVAINS ✆ 02 48 58 40 20. *En visite libre.* Une invitation à découvrir les nombreux écrivains ayant marqué la région.

CIRCUIT DES EGLISES ✆ 02 48 58 40 20

CIRCUITS VTT ET PEDESTRES. Autour d'Aubigny, se renseigner à l'Office du tourisme.

CYCLO-DRAISINE ✆ 02 48 81 50 07/02 48 58 35 81. Départ au lieu-dit "Gorgeot" ancienne usine Dombergern sur la D923 en direction d'Olemont. Pour découvrir ou s'approcher de la faune et de la flore, la cyclo draisine, (engins fonctionnant sur des rails) vous transporte (4 ou 5 personnes) à la vitesse d'un marcheur sur un itinéraire qui va d'Aubigny à l'Etang du Puits en passant par la forêt solognote.

Le gîte

CAMPING DES ETANGS* Route d'Oizon ✆ 02 48 58 02 37.** *Ouvert de Pâques au 31 octobre. 100 emplacements.*

Le gîte et le couvert

LA CHAUMIERE 2, rue Paul-Lasnier ✆ 02 48 58 04 01. *Fax : 02 48 58 10 31. Menus de 18 € à 39 €. 20 chambres avec bain ou douche, télévision, téléphone. Tarifs de 38 € à 52 €. Animaux acceptés. Parking privé.* Fabienne et Philippe Arnault vous accueillent avec beaucoup de gentillesse dans cette charmante chaumière. La cuisine classique de bon goût suit le fil des saisons. Les chambres sont douillettes et spacieuses.

LE CUTTY SARK 29, rue du Prieuré ✆ 02 48 81 03 96. *Fax : 02 48 58 38 20. Logis de France 2 cheminées. Menus à partir de 13,95 €. Soirée Etape affaire : 55 €. 9 chambres. Tarif à partir de 43 €. Bain ou douche, télévision, téléphone direct.* Cet hôtel a pour cadre celui d'un pub hôtel typiquement écossais. Ses boiseries en acajou, ses moquettes en tissu écossais et ses vitraux richement gravés nous offrent une ambiance chaleureuse et intime.

LA FONTAINE 2, avenue du Général-Leclerc ✆ 02 48 58 02 59. *Fax : 02 48 58 36 80. Logis de France 2 cheminées. Cuisine traditionnelle et gastronomique. Spécialités du terroir à base de produits frais. Fermeture pour le restaurant : vendredi soir et dimanche soir toute l'année. L'hôtel est ouvert 7j/7. Menus de 17 € à 34 €. Carte. 16 chambres avec tout le confort. Tarif à partir de 42 €.*

Emplettes

PATISSERIE BARON JEAN-LUC 38, rue du Prieuré ✆ 02 48 58 00 24. Pâtissier, chocolatier, glacier. Une pâtisserie haut de gamme, située en plein centre-ville, où tous les gâteaux sont particulièrement inventifs et délicieux. Souvenir du passé historique de la ville, la spécialité porte le nom de Stuart. Cette pâtisserie offre un service à la carte très appréciable pour les cocktails et les gâteaux de fête. Les confiseries maison (chocolats, pâtes de fruits, pâtes d'amandes) valent également le détour.

▷ *Dans les environs*

Ennordres

Au départ d'Aubigny, suivre la D30 en direction de Neuvy-sur-Barangeon.

CAMPING MUNICIPAL Route de Presly ✆ 02 48 58 06 82.** *Ouvert du 1er avril au 30 septembre. 20 emplacements.*

LE SAINT-HUBERT 2, route de La Chapelle ✆ 02 48 58 06 36. *Cuisine gastronomique et traditionnelle. Bar restaurant. Ouvert tous les jours à midi, de 12h à 14h. Ouvert le vendredi soir et le samedi soir sur réservation. Menu du jour à 10 € (uniquement le midi). Menus de 15,50 € à 26 €. Prix moyen à la carte : 17 €. Plats à emporter sur commande.* Ludovic Dupuis nous reçoit dans son authentique établissement niché au cœur d'un petit bourg tranquille, typiquement solognot. Le chef mitonne selon les saisons, de délicieux plats de terroir : une terrine "maison" aux échalotes confites, une cristalline d'escargots au crottin de Chavignol, un sandre au beurre blanc, une tête de veau ou un dos de saumon marmelade d'épinards à la crème de chèvre. Tout est bon et on se régale de cette cuisine traditionnelle et gastronomique. La salle est bien adaptée pour y organiser des banquets ou autres soirées.

LES TROIS GITES Le Grand-Lieu ✆ 02 48 58 32 02. *Fax : 02 48 58 32 42. Contact : Jean-Claude et Marie-Madeleine Laurent. 3 épis. Les Trois Gîtes sont fermés du 1er février au 15 mars de chaque année.* Ce n'est pas un, mais trois gîtes, au confort irréprochable, que l'on nous propose. Nichées au cœur de la Sologne, au cœur de la verdure, trois maisons du XVIIIe siècle nous hébergent durant notre séjour dans la région. Les Hortensias, une gentilhommière (4 à 6 personnes). Les Lavandes (4 à 6 personnes) et Les Pommiers (groupe jusqu'à 14 personnes). Autre contact : Loisirs Accueil du Cher 02 48 48 00 18.

Oizon

ETANG DE NOHANT Route de Concressault ✆ 02 48 58 07 05 (mairie). Sur la D213 en venant de Concressault, on découvre autour de cet étang de 1 hectare beaucoup d'activités : boulodrome, pêche à la ligne et au lancer, deux courts de tennis, barque, randonnées pédestres. Un restaurant complète l'ensemble...

Bannay

A 9 kilomètres de Sancerre, prendre la D955. On a retrouvé dans les vestiges de Bannay des haches de pierre qui peuvent faire dire que la présence humaine date au moins de 35 000 ans. Au début de notre ère, les Romains s'installent tout au long de la Loire qui longe à cette époque le bourg actuel. Nos romains aimant les ablutions, Bannay devient un lieu de plaisance, d'où son nom de Balneacum (cité balnéaire). Il faut dire que le commerce doit y être prospère car Balneacum se situe entre deux ports très actifs Condate (Cosne s/loire) et Gordiona (Saint-Thibault) à Saint-Satur. Au XVIIe siècle, le nom de Bannay apparaît.

Fiche pratique

MAIRIE ✆ 02 48 72 41 69

Point d'intérêt

EGLISE SAINT-JULIEN. Elle possède en son cœur, une très belle voûte. Les moines de Saint-Martin de Tours sont à l'origine de la reconstruction de son cœur. Les guerres l'ont souvent endommagée, à chaque fois des travaux lui permettront de renaître. En 1781 deux tours en poivrière sont construites et terminent l'église, telle que nous la voyons aujourd'hui.

Le gîte et le couvert

LA BUISSONNIERE ✆ 02 48 72 42 07. *Fax : 02 48 72 35 90. Internet : Fermé le dimanche soir, sauf jours fériés. Congés annuels : janvier et février. Heures de service de 12h à 13h30 et de 19h30 à 21h. Menu Buissonnière : 11,50 € (le midi du lundi au vendredi). Menus de 17,50 € à*

28,50 €. Hôtel ouvert de 8h à 22h30. 8 chambres. Tarifs de 35 € à 68 €. Petit déjeuner 5 €. Formule week-end gastronomique découverte du Sancerrois à 75 €. Télévision. Terrasse d'été, véranda, jardin clos pour les enfants. Animaux bienvenus. Située au bord de l'eau, la Buissonnière nous invite dans un cadre de verdure à la détente, environné par le jardin fleuri face au canal et au Val de Loire. Dans ce cadre chaleureux, on apprécie la cuisine gastronomique élaborée par le chef, Jean Emmanuel Rat. Les saveurs du terroir s'expriment dans des plats raffinés : nems de chèvres aux 3 épices, tomate farcie d'escargots sur une compotée de pieds de cochon, bugnes de Chavignol, petits panés de cuisses de grenouilles, friture de la Loire, fricassée de cèpes (en saison)... Les chambres confortables et bien équipées ont la vue sur le jardin fleuri, face au canal et au Val de Loire.

Le gîte

CAMPING DE L'ILE* Site Ile-de-Cosne ✆ 03 86 28 27 92.** *Fax : 03 86 28 18 10. Internet : www.camping-de-l-ile.com. 180 emplacements.*

Belleville-sur-Loire

Fiche pratique

SYNDICAT D'INITIATIVE Route de Sancerre ✆ 02 48 72 54 96

Point d'intérêt

MAISON DE LOIRE DU CHER ✆ 02 48 72 57 32. *Fax : 02 48 72 43 93. Ouvert tous les jours du 3 janvier au 21 décembre de 9h à 12h et de 14h à 18h. Groupes sur rendez-vous.* Créée en 1991, La Maison du Loire occupe une ferme restaurée sur les rives de la Balance. Une présentation muséographique permet de découvrir le fleuve. Elle vise également à promouvoir, à préserver le patrimoine naturel et historique ligérien. Des expositions permanentes, des conférences, des animations contribuent à sensibiliser nos amis les voyageurs au respect de l'environnement.

La Chapelle-d'Angillon

A 14 kilomètres d'Aubigny-sur-Nère par la D940. A l'origine du village, un ermite venu de Grèce au IXe siècle : Saint-Jacques de Saxeau. Au siècle suivant, les Normands pénètrent dans le Berry. L'un deux, Gillon de Seuly, fortifie le château et le bourg, et leur donne son nom. La belle forêt de Saint-Palais, de chênes et de hêtres est connue pour avoir abrité les promenades de l'écrivain Alban Fournier pendant son enfance.

Fiche pratique

SYNDICAT D'INITIATIVE Rue de la Fontaine-Saint-Jacques ✆ 02 48 73 43 41

Points d'intérêt

CHATEAU DE LA CHAPELLE-D'ANGILLON (DIT DE BETHUNE) ✆ 02 48 73 41 10. *Etape de la route Jacques-Cœur. Ouvert toute l'année, tous les jours de 9h30 à 19h du 1er juillet au 30 septembre. De 9h30 à 12h et de 14h à 18h, du 1er octobre au 30 juin. Fermé le dimanche matin.* Un château féodal de la fin du XIe siècle, bordé de douves, entouré de tours rondes, d'un donjon et dominant un étang. Il a accueilli bon nombre de hauts personnages dont les princesses d'Albret, la princesse de Clèves, Gonzague prince de Boisbelle ou encore le duc de Nevers. Au XVIIe siècle, il a appartenu à Maximilien de Béthune, duc de Sully et ministre d'Henri IV, qui a créé la très belle terrasse. A l'intérieur, la visite permet de voir toutes les pièces, distribuées par des escaliers étroits. A l'extérieur : la belle terrasse donnant sur l'étang et la chapelle du XVe siècle contenant une belle céramique émaillée, la Madone à l'Enfant de Andrea Della Robbia. Le musée qui porte son nom à l'entrée du château retrace la vie et l'œuvre de l'écrivain par de nombreux documents : livres, lettres, photos, reconstitutions, hologrammes, maquettes, mannequins et photos du film "Le Grand Meaulnes".

EGLISE SAINT-JACQUES L'ERMITE. Un monument important de cette ville est l'église Saint-Jacques l'Ermite avec sa façade à grande baie flamboyante. Sur le mur de droite, dans la nef, se trouve le buste reliquaire de Saint-Jacques de Saxau qui est à l'origine du village.

MAISON NATALE D'ALBAN FOURNIER. Impossible de parler de La Chapelle-d'Angillon sans s'attarder sur l'un des plus célèbres auteurs de la région, Alain-Fournier, qui est né ici en 1886. L'auteur du Grand Meaulnes (1913), de son vrai nom, Henri-Alban Fournier, est largement honoré avec sa maison située légèrement en retrait (sur la D940) et une avenue qui porte son nom. On découvre la maison natale (remaniée, autrefois l'étage n'existait pas) de l'écrivain et de sa sœur Isabelle, l'église paroissiale où il fut baptisé et le petit cimetière où les membres de sa famille sont enterrés.

Loisirs

ETANG DES BARRES ✆ 02 48 73 40 12 (mairie). *Ouvert 1er juin au 15 septembre.* 17 hectares pour pratiquer la planche à voile ou la pêche. Au cœur d'un espace verdoyant et ombragé, le camping vous accueille. Les amateurs de pêche en rivière pourront se faire plaisir, tout près elle les attend.

▷ *Dans les environs*

Ivoy-le-Pré

CHAMBRE D'HOTES LA VERRERIE ✆ 02 48 58 90 86. *Fax : 02 48 58 92 79. Chez Etienne et Marie de Saporta. 4 épis. Anglais et allemand parlés. Les chiens sont acceptés au chenil, et les chevaux dans un pré ou un box. Une suite de deux chambres avec salon, cheminée et salle de bains : pour une personne 90 €, pour deux personnes 99 €, pour trois personnes 122 € pour 4 personnes 145 €. Chambre double avec douche et W.-C. pour une personne : 70 €, pour deux personnes 75 € petit déjeuner inclus. Longs séjours : tarifs dégressifs à partir de trois nuits. Table d'hôte de 18 € à 28 €.* En lisière de la forêt d'Ivoy-le-Pré, Marie et Etienne de Saporta accueillent dans une ambiance authentique d'une ancienne maison de maître et d'un ancien rendez-vous de chasse, tous les vacanciers amoureux de belles pierres, de meubles d'époque et de nature. Et si ce douillet havre de paix en plein Pays Fort est très sollicité, le sourire de Marie n'y est sans doute pas étranger ! Un accès indépendant, une cuisine équipée, un salon, une salle à manger et un garage vous sont réservés. L'environnement de trois pièces d'eau offre la possibilité d'activités comme la pêche à la truite ou à la carpe au réservoir du Fourneau et à l'étang de La Verrerie.

CHATEAU DE LA VERRERIE ✆ 02 48 81 51 60. *Internet : www.chateauxcountry/châteaux/verrerie. Ouvert du 15 mars au 15 novembre de 10h à 18h30 ou à la tombée de la nuit. A 180 kilomètres de Paris et à 14 kilomètres de Vailly (D926 - D89). Etape de la route Jacques-Cœur. Boutique et visite de mars à novembre.* Un site superbe pour ce château en bordure de la forêt d'Ivoy. C'est l'un des plus beaux de la route Jacques-Cœur. Comme issu d'une histoire qui commencerait par il était une fois... le bâtiment se reflète dans l'étang formé par un élargissement de la Nère. On dit qu'il aurait inspiré à Alain Fournier celui de la fête au château dans Le Grand Meaulnes. Les bâtiments sont disposés autour d'une cour centrale, carrée et ouverte sur l'étang. La partie la plus ancienne fut construite par Charles VII, qui en fit don à Jean Stuart en même temps qu'il lui donna Aubigny-sur-Nère. L'ensemble architectural a d'ailleurs la même allure. A la fin du XIXe siècle, d'importants travaux de restauration sont entrepris par Louis de Vogüé. A ne pas manquer : l'élégante et gracieuse galerie Renaissance élevée en 1525 par Robert Stuart. La chapelle du XVe décorée de fresques. Les beaux meubles de l'aile ajoutée au XIVe, ainsi que dans cette même aile, la salle à manger avec deux tapisseries de Beauvais datant du XVIIIe siècle ; les quatre pleurants d'albâtre (XVe siècle) provenant du tombeau de Jean de Berry, cachés dans une armoire Renaissance ; la bibliothèque et les salons d'apparat.

SALON DE THE Sophie et Gérard Philippe ✆ 02 48 58 85 55. De bonnes confitures fines, des saveurs exquises et des couleurs garanties, tout est préparé bio.

Chavignol

Le Sancerrois compte une production fromagère AOC : le crottin de Chavignol, le plus connu des fromages du Berry. Le crottin de Chavignol : le village a donné son nom à un des plus fameux fromages de chèvre. Selon la tradition, c'est depuis le XVIe siècle que les vignerons du pays ont généralisé l'élevage de chèvres comme appoint pour leur économie. Mais ce n'est qu'en 1829 que ces délicieux fromages au lait cru, à croûte blanche ou fleurie ont pris le nom de crottin de Chavignol. Leur forme rappelle celle d'une ancienne lampe à huile cylindrique en terre cuite, appelée crottin. Le 13 février 1976, le crottin de Chavignol a été admis dans le cercle très fermé des fromages de France AOC : 25 fromages ont cette appellation sur les plus de 300 répertoriés. Il représente à lui seul, avec ses 22 millions d'unités, 72 % de la vente des fromages de chèvre d'appellation au niveau national. Il se déguste frais en fromagé, bleuté (onctueux), sec, très sec (au moins 20 jours), ou repassé (conservé en pot de grès et redevenu moelleux). Il se marie parfaitement avec le vin de Sancerre. Les spécialités gourmandes de Sancerre sont le croquet aux amandes, les pessiaux (feuilletés aux raisins), les crottins (pâte d'amandes à l'orange enrobée de chocolat blanc) et le fameux lichou à la pâte d'amandes.

ASSOCIATION CHAVIGNOL DEVELOPPEMENT 9, route de Chavignol - SANCERRE ✆ 02 48 78 51 05. *Fax : 02 48 78 51 06. E-mail : info@crottindechavignol.com.* Son rôle est la promotion, la défense et la qualité du crottin de Chavignol. Il regroupe environ 250 adhérents. Les noms de tous les producteurs ayant reçu le macaron I.N.A.O. (Institut National d'Appellation d'Origine) sont disponibles à l'association. On les contacte pour une visite de chèvrerie ou de fromagerie. L'accueil est aussi "bon" que le délicieux crottin de Chavignol.

Emplettes

DOMAINE HENRI BOURGEOIS Route de Menetou ✆ 02 48 78 53 20. *Internet : www.henri-bourgeois.com. E-mail : domaine@henribourgeois.com.* Cette famille de viticulteurs, cultive la vigne au cœur du Sancerrois, depuis dix générations. Elle a implanté son domaine dans le célèbre village de Chavignol, réputé pour ses vins (issus de coteaux pentus et bien exposés) et bien sûr pour son fromage de chèvre. En 1950, le domaine ne comptait que 2 hectares. Au fil des années, Henri Bourgeois, ses fils et ses petits-fils, ont constitué un vignoble de 67 hectares, judicieusement répartis sur les coteaux de Sancerre et Pouilly-Fumé. La typicité de leurs vins est due à trois types de terroirs complètement distincts. Les argilocalcaires donnent des vins fruités aux nuances minérales bien typiques du Sancerrois. Les marnes kimméridgiens de la célèbre Cote des monts Damnés est une expression de pureté, c'est un vin tout en ampleur et en structure, qu'il faut savoir attendre quelques mois. En bordure de Loire, les silex marquent les vins d'une manière particulière, ils sont beaucoup plus puissants et épicés (pierre à fusil). Le Petit Futé a dégusté le sancerre blanc d'Antan : ce vin, très généreusement aromatique, s'exprime par des nuances minérales (origine du terroir) fondues aux fruits frais, qu'offre la bonne maturité des raisins. Concentré, plein, et s'affirmant en finesse, ce vin très agréable jeune se distingue à une garde de 6 à 8 ans. Le Petit Futé vous conseille de le servir avec quelques poissons en sauce, ou mieux encore, avec un rôti de veau braisé, piqué à la vanille sur un lit de "chutney aux poires". Incontestablement une adresse à retenir.

FROMAGERIE DUBOIS-BOULAY Le Bourg ✆ 02 48 54 15 69. *Fermé les week-ends de la Toussaint à Pâques. Le reste de l'année, ouvert tous les jours.* Cela fait plus d'un siècle que les Dubois sélectionnent les crottins de Chavignol et les affinent avec le plus grand soin. Gilles Dubois continue avec art et passion ce métier de fromager auquel il redonne ses lettres de noblesse et vend ses produits dans toute la France. Dans le magasin, de la fromagerie, on peut acheter les crottins suivant l'évolution souhaitée, du très frais au demi-sec, en passant par le bleu moelleux et sec ou encore le repassé. Histoire de bien compléter son plateau, on peut également se procurer de nombreux autres fromages de terroir français. A l'occasion du centenaire de la fromagerie, un mini-musée a été installé à l'étage. Encore visible aujourd'hui, il permet de retracer l'histoire du crottin (avec des expositions de vieilles photos, de moules anciens, de pots à lait, des lampes à huile qui ont donné son nom au fromage, de faisselles de toutes sortes...), mais aussi de la famille Dubois-Boulay depuis 1896, par le biais d'un arbre généalogique. Une vidéo et des photos présentent également le Sancerrois et la fabrication du crottin.

▷ *Dans les environs*

Verdigny

MAIRIE ✆ 02 48 79 35 01

Située tout près de Chavignol, Verdigny charmante commune du Haut-Berry se distingue pour ses excellents terroirs.

DOMAINE PIERRE RIFFAULT Les Chaudoux ✆ 02 48 79 31 03. *Fax : 02 48 79 35 68. Ouvert toute l'année. E-mail : pierre.riffault@9online.fr.* Viticulteur de père en fils depuis de nombreuses générations, Pierre Riffault cultive les 10 hectares de l'exploitation familiale. Dans la grande cave, les vins blancs et rosés fermentent à des températures de 15°C à 20°C. Après soutirage, ils sont filtrés et mis en bouteilles. C'est seulement après un an d'élevage en fût que les vins rouges sont commercialisés. Le sancerre blanc donne un vin alerte, très fruité, vigoureux et plein de finesse. Il accompagne à merveille les fruits de mer, poissons, viandes blanches et les crottins de Chavignol. Le sancerre rouge est apprécié pour l'élégance de son arôme et se marie avec les viandes rouges et les fromages. Le rosé est idéal avec les charcuteries et les menus exotiques.

MUSEE ✆ **02 48 79 35 01/02 48 79 31 03.** *Visites sur rendez-vous.* Le musée est installé dans une "vinée" au cœur du village. Les vignerons de Verdigny exposent différents objets et outils du XIXe et début du XXe siècle en rapport avec la vigne et le vin.

RANDONNEES - CIRCUIT DES CONTRASTES. Circuit de 26 kilomètres, traverse Verdigny, Saint-Satur, Bannay et Sury-en-Vaux. Départ du stade de Verdigny pour sept heures à pied ou trois heures à VTT.

Crezancy-en-Sancerre

Le gîte

CAMPING MUNICIPAL* Route de Veaugues ✆ **06 14 09 68 60.** 12 emplacements.

Emplettes

MILLET GILLES ET ROSE MARIE "Sacy" ✆ **02 48 79 00 48.** *Fax : 02 48 79 09 23.* A la ferme, Gilles et Rose-Marie accueillent leurs clients, dans une agréable salle où sont exposés leurs bons produits. Ils sont gaveurs de foie gras et de ce fait, également producteurs de foie gras, rillettes, terrines, confits, plats cuisinés... Chez eux, tout tourne autour du canard et d'autres bonnes choses bien sûr ! Leur élevage de bovins permet de repartir avec les caissettes de viande fraîche (sous vide) et de remplir sa cave de vins du sancerre, produit sur leurs terres. A chaque printemps, une nouvelle gamme gourmande de spécialités à base de canard et un grand choix d'épicerie fine s'étalent sous nos yeux. Pour les fêtes de fin d'année, on vient faire son marché, le régal est garanti.

▷ *Dans les environs*

Neuilly-en-Sancerre

Au départ de la Borne, prendre la D22, vous découvrirez la préparation de l'argile destinée aux potiers de la Borne. Production de grès décoré et fourniture de matériel ; Sur rendez-vous : 02 48 26 92 74.

LA MIELLERIE DES PETITS Les Petits ✆ **02 48 79 00 99.** *Vente de miel. Pour les visites et les achats : renseignez-vous au préalable. Groupes sur réservation.* Yolande et Marc Jeanjean possèdent 600 ruches qu'ils déplacent régulièrement dans différents coins de la région, selon la saison, pour récolter le miel de plusieurs sortes de fleurs. On peut ainsi se procurer du miel de pommier, colza, acacia, forêt, châtaignier, bruyère et toutes fleurs, mais aussi du pain d'épice maison, des bonbons ou encore des bougies. Le voyage au pays des abeilles est plus apporté par l'endroit : les ruches sont ouvertes devant les visiteurs, protégés par un filet, et la vie des abeilles est commentée en direct. On peut aussi venir observer l'extraction du miel.

Neuvy-Deux-Clochers

A 10 kilomètres de Sancerre (D955 - D49).

LA TOUR DE VEVRE. Du solide donjon carré et de ses bâtiments construits au XIIe siècle, il ne reste que l'orgueilleuse et solitaire tour défensive de 21 mètres sur 16 mètres de 4 étages. Un conduit acoustique, ménagé dans la muraille, permettait aux guetteurs du sommet de converser avec leurs camarades restés en bas. C'est l'une des rares constructions normandes du Berry, visible pour l'instant de l'extérieur uniquement.

Sens-Beaujeu

MAIRIE ✆ **02 48 79 04 29**

CHEVRERIE DE LA MOTTE La Motte ✆ **02 48 79 08 99.** *Ouvert toute l'année, tous les jours.* Les chèvres de Mme Maurice donnent un très bon crottin de Chavignol d'Appellation d'Origine Contrôlée, sec, demi-sec ou frais. Des visites (accompagnées bien sûr de dégustations) sont possibles sur rendez-vous.

LA FERME DU PAYS FORT "Le Crotet" ✆ **02 48 79 46 19.** *Fax : 02 48 79 46 19.* Un Centre Pleine Nature situé en plein Pays Fort, niché dans une ferme nous offre des multiples activités. Randonnées pédestres et VTT (avec ou sans accompagnant) sur différents parcours en Pays Fort/Sancerrois/Val de Loire. Des activités "pleine nature"offrent différents thèmes selon les périodes de l'année : La Loire, la forêt (brame du cerf, cueillette des champignons), le milieu souterrain (chauve-souris). Autour de journées gourmandes, organisation de week-end à la carte avec découverte du patrimoine local. Des activités liées au cheval sont proposées telles les balades ou des entraînements spécifiques (avec un professeur diplômé d'état - Ecole Nationale d'Equitation de Saumur). La ferme accueille les randonneurs équestres, prend les chevaux en pension... Et encore un atout, Karine Boucher accueillante est toujours à votre écoute. Ce n'est que du bonheur dans cette ferme. La découverte du Centre Pleine Nature est une vraie rencontre avec des passionnés de nature et de terroir. Un projet de gîte était en cours, peut-être aurez-vous la surprise d'en profiter aux prochaines vacances.

MERIDIENNE CREATIONS CERAMIQUES Magali Pigeon - 4, route de Boucard ✆ 02 48 73 71 23. On peut aussi l'appeler La Provence en Berry. Elle nous compose de magnifiques créations et le détour est très appréciable.

Veaugues

MAIRIE ✆ 02 48 79 24 20

En venant de Sancerre, suivre la D955, en direction Les Aix d'Angillon, à une dizaine de kilomètres, prendre à gauche la D49.

CIRCUITS VTT. Pour découvrir le pays Sancerrois de façon sportive et culturelle, le Centre National de VTT propose de nombreux circuits balisés. Se renseigner à l'Office du tourisme de Sancerre 02 48 54 08 21.

GAY JEAN MARIE 15, route de Vinon ✆ 02 48 50 22 23. *Fax : 02 48 21 24 95. Ouvert toute l'année. Possibilité de louer les week-ends. Ce gîte fait partie des "gîtes de France". 3 épis, capacité d'accueil de 8 à 10 personnes. Création d'une 5e chambre. Parking fermé.* Situé dans un petit bourg du Sancerrois, ce grand gîte confortable et décoré avec goût, aménagé dans une maison bourgeoise indépendante vous accueille sur un terrain arboré de 3 000 m². Dans cette charmante demeure, au rez-de-chaussée : salon avec cheminée, télévision, salle à manger, cuisine aménagée avec lave-vaisselle, frigo et compartiment congélateur, W.-C., buanderie avec lave-linge, chauffage compris. Une chambre avec 2 lits (1 de 140 et 1 de 90). Au 1er étage : 3 chambres (dont 1 avec terrasse) comprenant 1 lit de 140 et 3 lits de 120, deux salles de bains, W.-C. A votre disposition, le mobilier de jardin et le barbecue. Les activités de proximité sont variées : pêche, plan d'eau, piscine, équitation, tennis, voile, canoë-kayak, golf, randonnées à pied ou en VTT, les balades : le village des potiers de la Borne, le château de Menetou-Salon...

Henrichemont

A 30 kilomètres de Bourges (D11), à 26 kilomètres à l'ouest de Sancerre (D955 - D22). En 1608, Sully, ministre de Henri IV, décide de créer dans sa petite principauté de Boisbelle, acquise en 1605, une capitale digne de son rang et de son ambition. Il nomme sa cité Henricimons, le mont Henri (devenu Henrichemont), en l'honneur de son roi. Mais l'assassinat du roi en 1610 ne lui permet pas de terminer les travaux grandioses, prévus initialement. Le plan d'urbanisme d'Henrichemont fait partie des trois premières villes européennes de conception nouvelle (avec Charleville-Mézières et Richelieu, qui ont, elles, pu être achevées). La ville, au plan carré dessiné par l'architecte Salomon de la Brosse, est bâtie à partir d'un point central, la place Henri IV de 80 mètres de côté, dont 8 avenues, sûrement à usage défensif, s'échappent en étoile. Quatre petites places carrées sont disposées aux coins de la place centrale. L'architecte Salomon de la Brosse réalise aussi la terrasse du château de La Chapelle-d'Angillon. Il faut savoir que, jusqu'en 1866, la principauté de Boisbelle jouissait de privilèges uniques, comme ceux de ne pas payer d'impôts au roi de France, d'être exempté de la gabelle et du service militaire.

Fiche pratique

SYNDICAT D'INITIATIVE 3, place de l'Hôtel-de-Ville ✆ 02 48 26 74 13

MAIRIE ✆ 02 48 27 70 04. *Fax : 02 48 26 96 12.*

Points d'intérêt

LA FONTAINE A SEL. Sur la place Henri IV se trouve la fontaine dite "à sel" en raison des échanges commerciaux qui s'y déroulaient, le puits qu'aucun artilleur ne pouvait atteindre en raison de son décalage par rapport à l'axe des rues, la porte de l'Hôtel de la Monnaie et le porche de l'Hôtel du Bœuf (tous deux du XVIIe siècle), et enfin l'ancienne maison du procureur fiscal dans la rue Victor-Hugo (monument classé), aux remarquables cintres et triangles ornant le dessus des portes.

Le gîte

CAMPING DU PETIT-BOIS Route des Aix ✆ 02 48 26 94 71/02 48 26 70 04 (mairie).** *Fax : 02 48 26 96 12 (mairie). 38 emplacements.*

Loisirs

ETANG DU PETIT-BOIS ✆ 02 48 26 70 04 (mairie). *Ouvert du 1er mai au 31 octobre.* A la sortie d'Henrichemont, en direction des Aix-d'Angillon, ce charmant petit étang naturel, entouré d'arbres, bénéficie de deux plages de sable. Les pêcheurs peuvent s'adonner à leur loisir préféré.

▷ *Dans les environs*

Achères

A 8,5 kilomètres d'Henrichemont (D20).

L'EGLISE. Sa jolie petite église est une ancienne chapelle d'ermites qui vécurent en cet endroit aux Xe et XIe siècles. Son abside est percée de trois fenêtres de plein cintre.

La Borne

A 4 kilomètres d'Henrichemont (D22). Le village et ses environs immédiats sont le fief incontesté de la poterie en Berry. Rappelons que nous sommes en Pays Fort, région dont le nom vient justement de son sol glaiseux et caillouteux. La poterie est une activité qui remonte à l'époque gallo-romaine comme en témoignent les tessons de pots et les poteries retrouvés à Achères, une commune limitrophe. Cette poterie, de grès, était jusqu'à l'entre-deux-guerres essentiellement utilitaire : saloir, pot à lait, à huile, etc. Elle était cuite au bois entre 1 280°C et 1 350°C dans des fours couchés de 20 cm^3 à 50 m^3. Cinq de ces fours si particuliers sont les seuls du département à être classés à l'Inventaire supplémentaire des Monuments historiques. Au début du siècle, les potiers désertèrent le village, mais les années 60-70 virent revenir des artistes de toutes nationalités, attirés par le fameux retour à la terre. Aujourd'hui, la poterie bornoise a évolué vers une production de céramiques d'art décoratives, voisines de la sculpture. Il existe un curieux totem géant à l'entrée du village, qui arbore une multitude de couleurs.

SYNDICAT D'INITIATIVE 3, place de l'Hôtel-de-Ville ✆ 02 48 26 74 13

MAIRIE ✆ 02 48 27 70 04. *Fax 02 48 26 96 12.*

CENTRE DE CREATION CERAMIQUE ✆ 02 48 26 96 21. *Ouvert tous les jours de 15h à 19h.* Le Centre de Création Céramique des Potiers de La Borne situé à côté du Musée de la Poterie compte une cinquantaine d'artistes de neuf nationalités différentes, venus des quatre coins du monde (Corée, Nouvelle-Zélande...).

EPICERIE DE LA BORNE/COIN RESTO La Borne-d'en-Bas ✆ 02 48 26 90 80. *Fermé le dimanche après-midi et le lundi.* Dans cette charmante maison bleue aux extérieurs fleuris, Pascal et son équipe nous accueillent dans la bonne humeur. On découvre un commerce vraiment original ! Epicerie, salon de thé et coin restaurant, voilà tout ce que l'on vous propose ici, pas moins. La boutique est une véritable caverne d'Ali Baba. Un festival de produits en tous genres s'étale sous nos yeux : des épices, des thés, des fruits et des légumes et bien plus encore. On peut s'installer et déguster un thé, la carte séduira tous les amateurs de ce breuvage aux mille saveurs. Côté restaurant, le jour de son passage, le petit Futé s'est régalé d'un gâteau d'omelette, de poulet au curry, de fromage et dessert. Derrière la maison, le coin jardin est tout aussi rigolo et étonnant que le reste de la boutique. On n'est nullement dépaysé et il est agréable de flâner dans cette maisonnette.

MUSEE DE LA POTERIE DE LA BORNE ✆ 02 48 26 98 31. *Internet : www.la-borne.com/musee-pot. Ouvert les samedis et dimanches de 15h à 19h de Pâques au 11 septembre. Ouvert de 15h à 19h durant les vacances scolaires. Ouvert toute l'année sur rendez-vous. Entrée : 3 €.* La Borne et ses environs furent longtemps le fief incontesté de la poterie traditionnelle. Aujourd'hui, grâce à une nouvelle génération de potiers, le village jouit d'une renommée mondiale en matière de céramique contemporaine. La chapelle, devenue musée, retrace l'histoire de la poterie locale et artisanale et présente une admirable collection de pièces anciennes.

MUSEE VASSIL IVANOFF ✆ 02 48 26 96 24. *Ouvert du 1er avril au 30 avril : le samedi, le dimanche et les jours fériés de 14h à 18h, du 1er mai au 30 septembre de 14h à 19h, tous les jours sauf le mardi. Visites sur rendez-vous toute l'année.* Céramiste, Ivanoff (1897-1973) est arrivé en France dans les années 20. Passionné par le grès et pionnier de la céramique plastique, il s'installe en 1946 à La Borne et y poursuit ses travaux pendant 30 ans.

Léré

Fiche pratique

OFFICE DU TOURISME Le Lavoir Saint-Germain ✆ 02 48 72 54 32. *Fax : 02 48 72 17 48.*

MAIRIE ✆ 02 48 72 60 01

Point d'intérêt

LA COLLEGIALE SAINT-MARTIN. Au cœur du village, la grande Collégiale Saint-Martin a servi de refuge aux reliques de Saint-Martin, lorsque celles-ci ont été chassées de Tours par les Normands à la fin du Ve siècle. A ne pas manquer : le tympan du portail décoré d'une sculpture en bas-relief, très abîmée, représentant Saint-Martin partageant son manteau. A voir : l'oratoire du VIIIe siècle et la crypte du IXe.

Le gîte

LE PORT. En bordure de l'ancienne Gare d'eau, un vaste port aménagé est réservé à la halte nautique sur le canal latéral à la Loire. Il offre l'amarrage avec tout le confort aux touristes en bateaux pour profiter d'une pause agréable.

Loisirs

RANDONNEES OU CIRCUITS VTT. Leré a conservé et entretient un beau réseau de chemins ruraux issus des anciennes "traînes" berrichonnes qui jadis reliaient lieux-dits, parcelles, champs et bois. Dans la partie Val de Loire on a tout loisir de cheminer le long du canal latéral à la Loire, jusqu'au pittoresque méandre du fleuve à "La Bouelle" appelé aussi "lengueulure", c'est un point de rencontre pour le pique-nique, la pêche et le farniente.

SENTIER DES VIKINGS. 2 circuits de 11 et 13 kilomètres offrent balade pédestre ou VTT.

Ménétréol-sous-Sancerre

A 2 kilomètres de Sancerre. Bourg important au Moyen Age, Ménétréol est un des villages les plus typiques du Sancerrois grâce à ses maisons aux toitures de tuiles et son aspect général très traditionnel.

Fiche pratique

MAIRIE ✆ 02 48 54 27 34

Points d'intérêt

EGLISE SAINT-HILAIRE. Cette église, du XIIe ou XIIIe siècle, vaste mais non voûtée est de plan crucial avec un chevet pentagonal, corniche à modillons. La nef rectangulaire est accostée de deux chapelles probablement reconstruites au XVIIe siècle.

VESTIGES DU CHATEAU DES AUBELLES. Construit dans une ancienne île de la Loire à la fin du XIIe siècle pour un comte de Sancerre. Les Aubelles type de château peu construit au Moyen Age car mal protégé des invasions fut abandonné au moment de la guerre de Cent Ans. Il fut transformé en exploitation agricole.

Loisirs

LES ILES DE LA GARGAUDE. Elles constituent un espace caractéristique de "La Loire des Iles", elles offrent une mosaïque de milieux naturels construits de pelouses sèches, d'espaces d'eau libre et de forêts alluviales permettant d'accueillir une faune remarquable depuis le Pic Noir, le Pic Mar, la Mésange boréale et le héron bihoreau.

RANDONNEES - LE SENTIER DE LA LOIRE. Circuit 21 kilomètres. Depuis Ménétrol jusqu'à Sancerre en passant par Thauvenay et Couargues : découverte des vieilles maisons des XVe et XVIe siècles, des ruines des Aubelles du XIIe siècle.

Emplettes

GITTON PERE ET FILS Chemin de Lavaud ✆ 02 48 54 38 84. *Fax : 02 48 54 09 59. Internet : www.gitton.fr. E-mail : gittonvin@wanadoo.fr. Ouvert du lundi au vendredi de 8h30 à 12h et de 13h30 à 18h.* Cette entreprise viticole familiale, Gillon Père et Fils produit ses propres vins sur une étendue de 37 hectares, et ne commercialise que les vins produits sur son terroir. Le respect, du fruit, de la vigne, de sa personnalité sont les motivations premières de cette famille de traditions. Les vignobles Gitton sont situés sur des coteaux variés, la récolte de chacune des parcelles est vinifiée séparément et la mise en bouteilles s'effectue selon les mêmes principes, ainsi toutes les finesses subtiles apportées par le terroir sont respectées. Les vinifications sont faites soit en fûts de chêne, pour une grande partie, ce qui leur apporte la rondeur, soit en cuves inoxydables qui conservent le fruité et la fraîcheur des vins. Le domaine produit des vins de sancerre blanc plantés en sauvignon blanc, la moyenne d'âge des vignes est de 30 ans, le pinot noir est vinifié en rouge et en rosé ; tous issus de sols différents (silex, calcaires). Le pouilly-fumé s'épanouit sur des sols calcaires ou sols calcaires marneux plantés en sauvignon et en chasselas. Les coteaux du Giennois sont cultivés sur 2 hectares de sauvignon et 0,5 hectare de pinot noir. Une seconde exploitation de 12 hectares, dans le Sud-ouest "Château Lafon" est située au point culminant de la région dans les Côtes de Duras. Après des vendanges manuelles, les cépages blancs (sauvignon, sémillon, muscadelle) tout comme les rouges (merlot, cabernet franc, cabernet sauvignon, malbec) sont vinifiés séparément, puis assemblés ou non selon les années. Elle complète la gamme de vins avec ses cépages typiques du Bordelais, exclusivement.

▷ *Dans les environs*

Thauvenay

CHATEAU DE THAUVENAY ✆ 02 48 79 90 33. *Fax : 02 48 79 95 67. Internet : www.chateau-de-thauvenay.com. E-mail : contact@chateau-de-thauvenay.com. Fermé le dimanche. Ouvert tous les jours, le samedi sur rendez-vous.* La longue histoire de ce vignoble a débuté en 1819, il fut créé par le comte Jean-Pierre de Montalivet alors Ministre de l'intérieur de Napoléon. Actuellement, Georges et Anne de Choulot exploitent le domaine. C'est donc la 5e génération de la même famille qui perpétue la tradition. Le vignoble est situé sur les coteaux qui dominent la rive gauche de la Loire, au sud de Sancerre et s'étend sur 14 hectares ; où se mêlent jeunes et vieilles vignes plantées sur des coteaux argilocalcaires issus de deux failles méridiennes jurassiques, dites de Sancerre et de Thauvenay. Le sol propre au vignoble est constitué de caillottes pierreuses et calcaires, donnant ainsi un vin blanc Sancerre AOC. Le vin est élevé dans des caves anciennes et voûtées, creusées sous la chapelle romane du XIIe siècle appartenant au château. Issu du cépage 100 % sauvignon, le "château de Thauvenay" est un vin blanc sec et élégant, plein et long en bouche, aux arômes vifs et subtils d'agrumes et de fleurs blanches, à l'arrière-goût framboisé. Ce blanc est le compagnon idéal des viandes blanches, poissons, crustacés, salades et "crottin de Chavignol". Lors d'une visite, on découvre avec plaisir le charme des caves voûtées. Pour des visites en groupe, il est souhaitable de prévenir à l'avance (40 à 50 personnes).

Ménétréol-sur-Sauldre

A 11 kilomètres d'Aubigny (D940). Ménétréol-sur-Sauldre mériterait de figurer au livre des records des communes : depuis quelle ne dépend plus, comme en 1020, au doux vocable de Monasteriorium, cette petite commune a changé de nom pas moins de 19 fois. Cette jolie bourgade du nord du département, sur les rives boisées de la Petite Sauldre est une station verte idéale pour les vacances.

Fiche pratique

MAIRIE ✆ 02 48 58 04 30

Points d'intérêt

EGLISE SAINT-MARTIN. Du XIXe siècle, remarquable surtout pour ses statues (en pierre polychrome du XVIe siècle) qui représentent sainte Marthe et sainte Madeleine.

LA MOTTE DU CHATEAU DE LA FAYE. Du XVIe siècle elle mérite votre attention.

Le gîte

CAMPING MUNICIPAL* Route de Souesmes ✆ 02 48 58 04 30 (mairie). *Ouvert de Pâques au 30 septembre. 49 emplacements.*

Nançay

A 36 kilomètres de Bourges (D944). C'est d'après Alain Fournier, une bourgade mystérieuse aux confins de la terre. C'est en effet ici que l'écrivain enfant venait rendre visite à son oncle. Le domaine des Sablonnières du Grand Meaulnes se situerait par ailleurs dans les environs. Le village minuscule de Nançay doit sa renommée à la fois à la littérature, à la gourmandise (les fameux sablés) et à l'astronomie (la station de radioastronomie). Il abrite également de nombreux ateliers d'artistes et de charmantes petites boutiques (salon de thé, cadeaux, produits du terroir...).

Points d'intérêt

LA GALERIE CAPAZZA ✆ 02 48 51 80 22. *Ouvert le samedi, le dimanche et les jours fériés de 9h30 à 12h30 et de 14h30 à 19h30. Entrée : 5 €.* G pour goûter, E pour entendre, S pour sentir, T pour toucher et E pour explorer. Cinq verbes selon lesquels se déclinent les événements artistiques insufflés par Gérard et Sophie Capazza, dans le cadre prestigieux du grenier de Villâtre. Cette galerie d'art contemporain rend également hommage à Alain Fournier, à travers le musée imaginaire du Grand Meaulnes, où l'œuvre de l'écrivain devient source d'inspiration pour les artistes. Un lieu magique et un concept novateur pour la diffusion des arts plastiques.

STATION DE RADIOASTRONOMIE - ESPACE CIEL OUVERT ✆ 02 48 51 18 18 (informations)/02 48 51 18 16 (réservations). *Internet : www.obs-nançay.fr. A Nançay, prendre la direction de Souesmes par la D29. Ouvert de 9h à 12h et de 13h30 à 17h30 en semaine, et de 10h15 à 12h30 à 14h à 19h les samedis, dimanches, jours fériés et pendant les vacances scolaires de la zone B. Fermeture le mardi sauf en juillet et août. Fermeture annuelle : du dernier lundi avant Noël au 31 janvier.* Créée en 1953 par l'Ecole normale supérieure, cette station de radioastronomie étudie les ondes radio qui parviennent de l'univers, apportant des renseignements sur le système solaire et les galaxies lointaines. Le radiotélescope de Nançay est le deuxième du monde par sa taille. Une place confirmée en 1999 avec la mise en route d'un nouveau récepteur hyperpuissant, qui permet de capter les ondes cinq fois plus vite qu'auparavant. Son Espace Ciel ouvert, une sorte de musée interactif de l'astronomie, a été créé spécialement pour les jeunes visiteurs. Il regroupe une exposition extérieure présentant d'anciens instruments de radioastronomie : on peut y découvrir ce que voyait Galilée à travers sa lunette et Newton avec son télescope, quel a été l'apport de la photographie et de la spectroscopie... Le public peut piloter en direct une maquette du grand radiotélescope et voir comment fonctionnent les laboratoires de la station de radioastronomie, la visite dure 1h15. Clou de la visite, un planétarium permet de découvrir le ciel en direct comme en pleine nuit, pour un voyage de 50 minutes dans les étoiles, guidé par un animateur. Des événements à ne pas manquer : La nuit à la belle étoile ou la semaine de la Science.

Le gîte

CAMPING MUNICIPAL DES PINS Route de Salbris ✆ 02 48 51 81 80.** *Fax : 02 48 51 80 60. 100 emplacements. Ouvert toute l'année.*

Le couvert

PUB RESTAURANT LE CHRISTIES 36, route de Salbris ✆ 02 48 51 84 88. *Fax : 02 48 51 84 89. Fermé le lundi et le mardi.* Dans le joli village de Nançay, après s'être baladé dans les galeries d'art et avoir flâné dans les boutiques des antiquaires, le Renard a fait une halte dans ce pub. En pénétrant en ces lieux, on a l'impression d'être transporté instantanément de l'autre côté de la Manche. Michael et Edward Christy nous donnent le choix entre une quarantaine de bières et plus d'une quarantaine de whiskys. Un cidre fermier anglais nous désaltère après notre longue promenade dans les belles forêts solognotes. Passons à table pour découvrir des spécialités anglo-saxonnes (et faire fi de nos préjugés en matière de cuisine anglaise), indiennes et également du terroir solognot. Ici, on aime la variété ! Le chef na pas son pareil pour nous cuisiner les poissons, les viandes et le gibier. On se régale d'un gratin de chèvre avec des pommes de terre et de la salade, d'une assiette écossaise (saumon fumé, gravadlaix sauce aneth et salade composée), sans oublier l'Angus d'Irlande cœur de rumsteck accompagné de pommes de terre sautées et de salade. Pour les amateurs de sucré, il ne faut surtout pas partir avant d'avoir goûté un crumble tiède aux pommes ou l'incontournable tarte Tatin. En complément de la carte, les menus à thème renouvelés chaque quinzaine sont inspirés par le calendrier. : Noël, Saint-Patrick, Pâques, Halloween, etc. Le pub Christies, c'est aussi l'atelier abat-jour et Teddy Bear. Ici, c'est le domaine de Mme Christy qui nous présente ses abat-jour personnalisés, pour chaque pied de lampe, à laide d'une sélection de formes, de carcasses, de tissus et de passementeries. Il existe aussi la boutique du pub où l'on peut acheter plein de cadeaux pour ses amis (whiskys, bières, marmelades, objets en cuirs, etc.).

LA TAVERNE 2, rue de Salbris © 02 48 51 82 26. *Fermé le soir du lundi au jeudi. Ouvert les autres jours midi et soir. Heures de service de 12h à 14h et de 19h15 à 22h. Menu "en-cas du jour" : 12 € (servi du lundi au vendredi midi). Menu "plaisir" : 28 €. Menu "junior" : 8 €. Carte restaurant et terrasse.* Au centre de Nançay, la Taverne a rouvert ses volets dans la bonne humeur. Sur les murs, les couleurs jaune et rouge s'harmonisent avec le charme du bois. Une confortable terrasse été, hiver s'ajoute à notre plaisir. Bruno Morillon en bon solognot, attaché à ses racines, nous fait goûter aux vraies saveurs de son terroir en nous offrant son talent. Avec ce goût de l'authenticité, sa cuisine reflète sa joie de vivre et sa passion des bonnes choses. La convivialité est à l'honneur, aussi naturelle que les bons plats présentés : terrine de faisan aux girolles, galettes de pommes de terre (savoureux), andouillette de Touraine sauce moutarde, cuisses de grenouilles en persillade.

Loisirs

AVENTURE PARC Route de Bourges © 02 48 51 15 98. *Fax : 02 48 51 19 16. Internet : www.aventure-parc.com.* Aventure Parc ne représente pas moins de 14 sites en France. Son maître mot : se déplacer dans les arbres. Plus de 60 jeux sont répartis en 4 parcours de difficultés croissantes adaptés à tout public à partir de 8 ans. Pour les bouts de chou, il existe une aire de jeu (de 2 à 7 ans) : La Citadelle. On s'amuse, on se défie, on rigole, et toujours en toute sécurité. Quelques exemples de vos futurs défis : échelle suspendue, pont de singe, tyrolienne, saut de Tarzan, etc. Ce parc dispose également d'un Bar restaurant.

COUNTRY GOLF CLUB Route de Bourges © 02 48 51 86 55. *A 15 kilomètres au nord de Vierzon. Ouvert toute l'année de 9h à 18h.* Situé à la lisière de la forêt domaniale de Vierzon, il est bordé par d'agréables pièces d'eau. Parcours de 9 trous d'une longueur de 3 035 mètres.

RANDONNEES. De nombreux parcours pédestres s'offrent à vous : En allant du Haut Boulay aux Chassignolles vous découvrirez une belle maison près de l'étang des Aubiers et, après la route aux lièvres, d'anciennes fermes solognotes (5,4 kilomètres). De la Radioastronomie dont vous verrez les installations, jusqu'à Gijoint vous passerez la Rère à gué et longerez la propriété des Varennes (3,7 kilomètres). Belle promenade ombragée autour du Bourg avec la possibilité de revenir vers le centre par divers chemins (4,7 kilomètres). Près de l'Espace Ciel Ouvert, le chemin des craies vous fera longer la rivière Rère. Au-delà de la route de Salbris, prenez le chemin de la fringale (5,2 kilomètres + 11 kilomètres si vous rejoignez par la N20 en continuant par le chemin communal n°32). D'autres balades restent à explorer.

Emplettes

LES SABLES DE NANÇAY 3, place de l'Eglise © 02 48 51 81 19. Qui ne connaît pas les sablés de Nançay ? Allez-y, levez la main ! C'est en 1953, donc si l'on compte bien, les Sablés de Nançay fêtent leurs 50 ans, bel âge pour ce fameux petit délice, comme quoi, les bonnes choses n'ont pas de "faim". A la suite d'une erreur de recette naît dans ce petit village de Sologne ce succulent biscuit sablé. Fabriqué avec de la farine, du beurre, et du sucre, on le baptise du nom du lieu qui la vu naître : Le sablé de Nançay. La tradition de sa fabrication artisanale est tenue secrète, afin de garantir la qualité du produit (celle-ci étant d'ailleurs protégée par un brevet garantissant l'exclusivité de la fabrication), dommage ! Inutile de rêver Futé, tu n'aurais de toute façon pas le tour de main, alors, fait confiance aux artisans qui te garantissent la qualité du produit et la recette d'origine. Son succès est tel, qu'il vaut d'être à présent produit à raison de 2 tonnes par semaine (recette d'origine oblige). Notre goupil, par l'odeur alléchée a testé les sablés au chocolat, c'est fameux !

▷ *Dans les environs*

Neuvy-sur-Barangeon

De Nançay, prendre vers la D944, puis la D30 sur 6 kilomètres.

SYNDICAT D'INITIATIVE Villages de la Forêt Le Moulin-Gentil © 02 48 51 51 18. *Fax : 02 48 51 69 89.*

CAMPING "LA NOUE A L'EAU"* **Route de Bourges © 02 48 52 95 20.** *Fax : 02 48 52 95 21. 50 emplacements.*

LE HAMEAU DES AUTOMATES **La Petite-Garenne - Route de Bourges © 02 48 51 63 00.** *Fax : 02 48 51 63 09. Ouvert du mardi au dimanche de 14h à 19h, sauf en juillet et août (ouvert tous les jours de 14h à 19h). Pour les groupes : des horaires sont adaptés, prendre contact avec le musée.* Les amateurs de poésie, de spectacles et surtout de rêve, adoreront cet endroit magique pour passer un agréable moment avec les bambins. Il vous appartient alors, d'admirer une des nombreuses animations d'automates : le robot... lapin de garenne, la serre magique, les cygnes télécommandés, les peintures historiques animées, la reconstitution d'un bal à la Renaissance avec ses automates anciens. De nombreuses animations variées : reconstitution d'un village de Sologne dans une salle aménagée de 200 m², démonstration aérienne de pigeons cascadeurs, féerie de lumières et de fontaines ou visite de la nursery, moment attendrissant de l'élevage des pigeonneaux. Une exposition de maquettes de théâtres et une salle vidéo où se projette un film sur la fabrication des automates offrent un aspect ludique à la fin de cette promenade originale. Nouveautés cette année : la reconstitution d'un village de Sologne où les pigeons deviennent acteurs (c'est un spectacle unique en Europe), et la délicatesse et les charmes de la comtesse du Barry qui font rentrer les automates dans l'Histoire de France. Vous découvrez le train humoristique et son jeu interactif, quel bon moment de rigolade.

LA MAISON DE L'EAU **Le Moulin-Gentil © 02 48 51 66 65.** *Visite sur réservation pour les groupes. Fermé le mardi. Ouvert en avril, mai et octobre, les week-ends, les jours fériés et les vacances scolaires de la zone B de 14h à 18h, en juin et septembre tous les jours de 14h à 18h, en juillet et août tous les jours de 10h à 12h et de 14h à 18h (dernier départ de visite à 17h). Tarifs : 4 € adultes et plus de 14 ans, enfants de 5 à 14 ans : tarif réduit.* Catherine Devienne accueille les visiteurs dans un vieux moulin à eau du XVIe siècle. A l'intérieur on découvre : des animations sur le cycle de l'eau (avec le printemps en Auvergne, l'été en Val de Loire, l'automne en Sologne, et l'hiver dans les Alpes), les anciens mécanismes des moulins (grâce à une grande maquette hydraulique), une reconstitution du village de Neuvy en 1918 (qui nous fait découvrir la vie des meuniers), une salle entièrement décorée qui nous mène à la rencontre de la faune et la flore aquatique de la Sologne. Dans un parc paysager, situé à côté du moulin, on peut pique-niquer au milieu de nombreux jets d'eau, de petits ponts de bois et de bassins, puis ensuite aller se promener en profitant du décor. Depuis peu, il existe également une école de pêche pour les enfants, et les visiteurs peuvent désormais visiter une tourbière avec un guide.

Sainte-Montaine

A 10 kilomètres d'Aubigny sur la D13. La commune tranquille de Sainte-Montaine possède une fontaine miraculeuse, dont l'eau soulagerait les maux. Les vertus de la source de la Boute-Vive seraient dues à Montaine, la sainte qui a donné son nom au village. Chaque lundi de Pentecôte, un pèlerinage réunit des centaines de personnes qui, après la messe, portant la tête en bois sculpté de la sainte et son reliquaire, vont en procession se désaltérer à la fontaine.

Le gîte et le couvert

LE CHEVAL BLANC © 02 48 58 06 92. *Cuisine solognote. Menus de 15 € à 36 €. Carte. Pension. 3 salles de restaurant. Restaurant : fermé le mercredi. Hôtel ouvert 7j/7. 10 chambres tout confort : douche ou bain, téléphone direct, télévision…*

Sancerre

A 45 kilomètres de Bourges (D955). Perchée sur une butte rocheuse dominant la Loire, cette adorable petite cité est bien la capitale d'un pays de vignes et de fromages de chèvre (le crottin de Chavignol). De ses hauteurs, on domine le fleuve, le Nivernais à l'est et le Berry à l'ouest. L'époque gallo-romaine donne à l'endroit une belle prospérité en tant qu'oppidum défenseur de la ligne de la Loire. La ville elle-même construite autour d'un premier château fort, a été érigée au point culminant de la butte vers le VIIIe ou le IXe siècle. Pendant toute la guerre de Cent Ans, Sancerre résiste à la pression des Anglo-Bourguignons et a constitué un des derniers remparts du royaume dérisoire de Charles VII, le roi de Bourges. Au XVIe siècle, devenue huguenote, la ville subit en 1573 un siège mémorable. Aujourd'hui site protégé, Sancerre vit au rythme des vendanges au milieu de la renommée de ses vins. Les vignerons et les artisans sont nombreux.

Fiche pratique

OFFICE DE TOURISME DE POLE Rue de la Croix-de-Bois ✆ 02 48 78 03 58. *Fax : 02 48 78 03 58.*

Points d'intérêt

LE BEFFROI. Datant de 1509, il sert de clocher à l'église Notre-Dame de Sancerre. C'est l'un des rares beffrois de la région.

L'ESPLANADE PORTE-CESAR. Vue panoramique à 180° sur la vallée de la Loire, dominée de quelque 150 mètres. Au pied de la butte l'agglomération de Saint-Satur, plus loin la Loire avec ses paresseux méandres, et dans le lointain la ligne bleue des bois de la Puisaye. Par ailleurs, un petit train touristique fait visiter le vignoble en été.

LA NOUVELLE PLACE. La halle construite sur cette place en 1456 avait été remplacée en 1883 par un lourd bâtiment peut esthétique. Devenu inutile, il a été supprimé en 1981. C'est sur cette place qu'on trouve le plus d'artisans (poterie surtout et galeries d'art) et de lieux de dégustation.

LA PLACE DE LA PANNETERIE. L'hôtel de ville a été construit sur l'emplacement du premier hôpital. Quelques jolies maisons anciennes dont notamment le logis des Clément (XVe siècle).

LA TOUR DES FIEFS. Vestige du château des comtes de Sancerre, c'est la seule tour épargnée lors de la destruction de la forteresse en 1621. On grimpe les 195 marches pour découvrir une vue unique sur les toits de la vieille ville et sur les collines du Sancerrois. Allez soyez courageux.

Le couvert

AUBERGE JOSEPH MELLOT 16, nouvelle Place ✆ 02 48 54 20 53. *Fax : 02 48 54 20 53. Internet : www.joseph-mellot.fr. Cuisine traditionnelle et terroir. Fermé pendant la saison le mardi soir, et hors saison le mardi soir, le mercredi et le dimanche soir. Congés annuels vacances de février zone B et mi-décembre. Menus de 9,50 € à 22 €. Prix moyen à la carte : 23 €. Menu enfant : 6,30 €.* Dans la famille Mellot, on est vigneron de père en fils. Le bien manger est un art, c'est entendu ! Et se laisser glisser le long du gosier les vins de la propriété de Joseph Mellot en est un autre. Marie-Josephe Mellot-Bach nous reçoit dans cette demeure sancerroise typique devenue au fil du temps un véritable musée. Un décor chaleureux nous enveloppe, fidèle à une tradition qu'évoquent les cuivres, les meubles patinés, les outils du vigneron... Une grande cheminée nous projette au temps jadis. Le savoir-faire du chef Denis Imbert est à la hauteur du cadre et rend hommage aux produits régionaux : Œufs pochés façon meurette aux deux vins du Val de Loire, terrine du vigneron, jambon de sancerre fumé aux sarments de vigne au beurre. Vous pouvez vous repaître des assiettes de pays délicieuses et servies avec un verre de sancerre… et la note sucrée : grappe au chocolat et lait d'amandes, lichou de sancerre sur coulis de fruits rouges. On fait la fête à l'Auberge, tout en nuance, passant de la soirée cabaret au dîner littéraire.

Le gîte

LE PANORAMIC Rempart des Augustins ✆ 02 48 54 22 44.** *Fax : 02 48 54 39 55. Internet : panoramicotel@wanadoo.fr. Ouvert tous les jours. Fermeture annuelle du restaurant au mois de janvier. 57 chambres de 45,50 € à 87 €. Pension : 72 €. Petit déjeuner : 7,20 €. Télévision (satellite). Accès pour les personnes handicapées. Les animaux sont admis.* Cet hôtel moderne offre la plus belle des vues sur le vignoble sancerrois. Les chambres, de style moderne, disposent de salle de bains, télévision et téléphone en direct. Un plongeon dans la piscine chauffée avec vue sur le vignoble, agrémentera votre séjour. A la disposition des clients, le parking est situé juste devant l'hôtel.

Emplettes

Panier gourmand

LE LICHOU 7, place du Beffroi-Saint-Jean ✆ 02 48 54 00 32. *Fermé le lundi.* Impossible de repartir de Sancerre sans son sachet de croquets ou son lichou ! Les spécialités ont en effet fait la réputation de ce pâtissier célèbre dans la région : le lichou (gâteau moelleux à base de pâte d'amandes dont la marque est déposée depuis 1933), le croquet (biscuit sec aux amandes), les palettes sancerroises (une nougatine aux écorces d'orange enrobée de chocolat), les pessiaux (des feuilletés aux raisins) ou encore les crottins à la pâte d'amandes à l'orange, enrobés de chocolat blanc et présentés dans des cagettes à fromage. Arnaud a élaboré une spécialité de chocolats de dégustation à base d'épices. Le goût est surprenant en bouche. C'est un chocolat

Vignoble de Sancerre

AM STROCK NATURE

Vignoble de Sancerre

que l'on savoure en toute convivialité autour d'un verre de champagne ou de banyuls, mais également autour de la cheminée avec un thé ou un café.

JOSEPH MELLOT Route de Ménétréol © 02 48 78 54 54. *Fax : 02 48 78 54 55. Internet : www.josephmellot.com. E-mail : josephmellot@josephmellot.com.* Chez les Mellot, on est vigneron de père en fils, depuis 1513. Aujourd'hui, c'est Alexandre, fils de Joseph Mellot, qui gère l'exploitation et produit, avec compétence et exigence, ces vins au goût irréprochable. Les vins de ce viticulteur sont à la fois charpentés et d'une grande finesse. Ils sont nés sur les meilleurs coteaux du Sancerrois et bénéficient des trois grands types de terroirs de la région : les "terres blanches", argilocalcaires sur les hauteurs, les "caillottes" des terrains de pierre et de calcaire sur les coteaux moyens, qui fournissent la plus grande partie des vins de Sancerre, et le "caillou", un sol de silex, très riche sur lequel le domaine de Joseph Mellot s'étend sur 10 hectares de collines. Joseph Mellot fait parti des quelques vignerons ayant le privilège de posséder ce terroir, qui offre des vins d'une grande finesse, d'une richesse aromatique et d'un bon potentiel de garde. Ce cru est très apprécié des connaisseurs. La production va du sancerre rosé (issu du pinot noir, tendre et délicat, à coup sûr l'un des meilleurs de France), du sancerre rouge (un vin souple, 100 % pinot noir, enveloppé sans excès, marqué par des arômes de fruits rouges), et le sancerre blanc (le triomphe du cru, imprégné de grande finesse, d'une richesse aromatique, un vin généreux, fruité, 100 % sauvignon, dont chaque cuvée traduit bien les subtilités de chaque terroir). La cuvée "Les Vignes du Rocher 2002", offre un vin très puissant, très aromatique, ses senteurs minérales expriment bien la force du terroir à silex, sur laquelle elle a été élevée. Alexandre Mellot et Catherine Corbeau vous emmèneront à la découverte de leur collection des vins de terroirs, de la région et partageront avec vous leur passion.

Shopping

GALERIE PIERRE DE VIGNE 27, nouvelle-Place © 02 48 78 04 14. *Ouvert tous les jours, sauf week-end et vacances scolaires. Fermé de janvier à mars.* Peter West et Catherine Philippe nous reçoivent depuis dix ans à Sancerre. L'adresse est appréciée par tous. On découvre l'art contemporain, l'art textile : peintures, sculptures, livres d'artistes, objets. Une belle collection de vêtements d'artistes s'offre à nos yeux. Galerie Pierre de Vigne est une agréable halte dépaysante.

LA VIGNE ET LE VIN 5, rue Porte-César © 02 48 54 00 90. Dans cette boutique, Mme Mellot Mère (la maman des viticulteurs bien connus du même nom). L'espace est dédié aux vins et tout ce qui tourne autour, verrerie, stop gouttes, carafe à décanter, tire-bouchons… En revenant des caves Mellot avec de bonnes bouteilles, la halte dans la boutique est incontournable et complétera agréablement nos achats par quelques cadeaux qui s'harmonisent avec le délicieux breuvage. Mme Mellot est une bonne conseillère, généreuse de sa longue expérience, elle nous en fait agréablement profiter.

Saint-Satur

A 2 kilomètres de Sancerre. Initialement baptisé Château-Gordon, ce village reçut les reliques du martyr africain Satyrus et fut, à cause de cela, appelé Saint-Satur.

Fiche pratique

OFFICE DE TOURISME Place de la République © 02 48 54 01 30. *Fax : 02 48 54 01 30.*

MAIRIE © 02 48 54 02 61

Point d'intérêt

EGLISE ABBATIALE © 02 48 54 01 30. L'église du XIIe au XIVe siècles est ouverte de 9h à 18h, jusqu'à fin septembre. En 1034, un monastère fut établi ici, confié aux chanoines de Saint-Augustin. Seuls le chœur et l'abside ont été achevés, mais ils donnent une belle idée de l'ampleur du projet mis en œuvre par les chanoines.

Le gîte et le couvert

LE VERGER FLEURI 22, rue Basse-des-Moulins © 02 48 54 31 82. *Fax : 02 48 54 38 42. E-mail : le.verger.fleuri@wanadoo.fr. Cuisine traditionnelle et de terroir. Fermé le dimanche soir, lundi et mardi midi. Congés annuels du 20 décembre au 15 janvier. Heures de services de 12h15 à 14h et de 19h30 à 21h30. Menu : 12,50 € (en semaine). Menus de 16 € à 33 €. 2 étoiles au Logis de France. Etape VRP. Demi-pension. En saison, ouvert tous les jours jusqu'à 22h. Hors saison, fermé le lundi. 11 chambres de 29 € à 44 €. Petit déjeuner : 6 €. Téléphone. Télévision, douche ou bains. W.-C. (dans toutes les chambres). Les chiens sont admis.*

Parking privé, fermé le soir. Dans cette ancienne maison bourgeoise transformée en hôtel-restaurant, nous sommes accueillis avec gentillesse et courtoisie. La situation exceptionnelle du "Verger Fleuri" permet de déjeuner ou de dîner face au parc fleuri et arboré. Le savoir-faire du chef est à la hauteur du cadre et rend hommage aux produits régionaux : Œufs en meurette, cuisse de canard aux lentilles du Berry, suprême de poulet au vin rouge, magret de canard, sauce au miel, pruneaux au sancerre rouge et sa glace à la vanille, dessert du Verger Fleuri (salade de fruits rouges au sancerre). En été, la terrasse prolonge notre enchantement. Les chambres sont confortables et agréables. Les plus prévoyants peuvent réserver leur chambre avec vue sur le parc fleuri.

Emplettes

DOMAINE LAPORTE Cave de la Cresle ✆ 02 48 78 54 20. *Fax : 02 48 54 34 33. E-mail : laporte.sancerre@wanadoo.fr.* Ce vignoble a été créé en 1850 et jouit d'une grande notoriété. La propriété s'étend sur une vingtaine d'hectares, plantés à 80 % de sauvignon pour les vins blancs et 20 % de pinot noir destiné à l'élaboration des vins rouges et rosés. Situé face au domaine Laporte se trouve une vallée appelée "La Cassure de Sancerre" qui sépare d'un côté les sols calcaires et de l'autre les sols silex. Le domaine offre toute la diversité de ses terroirs, grâce à ses différentes parcelles. Chaque cuvée est vinifiée en fonction du terroir dont elle est issue, lui conférant ainsi son expression et sa personnalité. La grande fierté de Laporte est sans contexte le Domaine du Rochoy. Ce coteau unique de 10 hectares planté en cépage sauvignon offre un terroir de type "silex", sols caillouteux riches en silex, la maturation des raisins y est rapide et donne un sancerre blanc d'exception. Les vieilles vignes Le Grand Rochoy couvrent 2,5 hectares du domaine, le terroir silex, le faible rendement et la vinification en fûts de chêne donnent un grand vin de Loire complexe, riche et raffiné. Les sancerres rouges sont plantés sur deux parcelles une de type "silex" et l'autre de type "caillottes". La cuvée Les Royaux bénéficie d'un terroir "silex" exceptionnel et offre un vin qui développe des parfums de fruits confits et de cuir. En bouche, sa structure est ronde et supportée par des tannins bien présents, c'est un vin de bonne garde. La seconde parcelle donne un sancerre que l'on aime savourer pour sa jeunesse et son fruit. Les pouilly-fumé plantés sur des parcelles type argilocalcaire "Les Duchesses" et de type silex "La Vigne de Beaussoppet" ont développé leur propre personnalité. Le menetou-salon-blanc le grand argentier est frais et fruité, ses arômes de buis se marient avec les senteurs d'agrumes. Le quincy-les-niorles s'apprécie pour sa jeunesse, il accompagne les asperges, les fruits de mer. C'est aussi un excellent vin.

Loisirs

LOIRE NATURE DECOUVERTE Quai de Loire ✆ 02 48 78 00 34. *Fax : 02 48 78 00 34. Ouvert toute l'année.* Loire Nature Découverte, basée juste à côté du camping de Saint-Thibault, propose des promenades en canoë (biplace avec des pagaies simples) ou en kayak (monoplace avec des pagaies doubles), le temps de quelques heures, d'une journée ou d'une demi-journée, d'un week-end ou d'une semaine. Une navette est prévue pour vous emmener au départ du parcours choisi avec arrivée à Saint-Satur. Yvan Thibaudat, guide diplômé d'Etat, a plongé dans la Loire, tout petit, une passion transmise de père en fils depuis trois générations. Il accompagne les descentes de Loire de 2h30 pour des groupes et possède un canoë 10 places pour emmener des handicapés moteurs ou mentaux. Au programme également : des randonnées nocturnes avec observation de la faune à la tombée de la nuit, repas au feu de bois (possibilité bivouac), des initiations au canoë-kayak (à partir de 7 ans), évolution en différents lieux en fonction du niveau des pratiquants. Après ces agréables balades sur l'eau, un Centre Pleine Nature situé en plein Pays Fort, niché dans une ferme nous offre des possibilités de randonnées, de circuits VTT sur des thèmes variés. Des activités liées au cheval sont proposées telles les balades ou des entraînements spécifiques (avec un professeur diplômé d'Etat). La découverte du Centre Pleine Nature est une vraie rencontre avec des passionnés de nature et de terroir. Lire à Sens-Beaujeu "La ferme du Pays Fort" 02 48 79 46 19.

Saint-Thibault

Saint-Thibault organise le 15 août "La Fête Nautique des Mariniers de Loire", avec joutes. L'équipe locale est championne de France.

Saint-Thibault sera au cours des siècles un village de mariniers, son église en garde le symbole sous forme d'un bateau suspendu dans une jolie chapelle du XIIe siècle.

Le gîte

CAMPING RENE FOLTZER* Chemin des Godibolles ✆ 02 48 54 04 67.** *Fax : 02 48 54 01 30. Internet : www.sancerre.net/saintsatur. 85 emplacements.*

Le couvert

AU PTIT BERRY 6, rue de Ponts ✆ 02 48 78 08 43. *Fermé le lundi, fermeture annuelle du 1er février au 15 février. Menus 13 € (le midi, sauf week-end et jours fériés). Menus de 16 € à 30 €. Menu enfant : 8 €. Prix moyen à la carte : 35 €. Cuisine traditionnelle et de terroir.* Les pierres apparentes et les poutres donnent un aspect typique au restaurant. La carte offre l'abondance du choix. Les menus sont incroyables : pas moins de 7 entrées et 8 plats au choix (pour un prix très étudié). Le chef nous mitonne avec authenticité des plats régionaux : foie gras maison, gambas grillées, lotte à l'égyptienne, ris de veau au porto, tête de veau et ses petits légumes, filet de canard à l'ancienne, sandre sauce champagne... En toute simplicité, on peut savourer une omelette Ptit Berry (crottin, crème fraîche, lardons), une moule/frites, une friture d'éperlans et clôturer le festin par l'assiette du berger ou un délicieux dessert maison. En été, la terrasse dans le style paillote dépayse et offre le calme. En hiver, le Ptit Berry nous invite à partager des concerts de musiques traditionnelles.

Loisirs

GOLF DU SANCERROIS Quai de Loire ✆ 02 48 54 11 22. *Fax : 02 48 54 28 03. E-mail : golf-sancerre@wanadoo.fr. Ouvert toute l'année.* A proximité du vignoble, ce parcours de 18 trous offre un bel espace aux golfeurs. Un petit parcours de 6 trous est ouvert à tout public, les débutants sont les bienvenus. Le practice est idéal pour les entraînements ou le perfectionnement. Des stages sont proposés, ainsi que des cours individuels ou collectifs. On peut y louer son matériel. Le repos du club-house est empreint de la réalité du terroir.

LES RANDONNEES "L'HISTOIRE DE SANCERRE". Circuit de 12 kilomètres. Prévoir 1h30 en VTT ou 3h à pied. Un circuit pour voyager dans le temps, aux détours de Saint-Satur, Ménétrol et Sancerre. Départ Quai Hervé Mhun en bord de Loire à Saint-Thibault.

Sury-en-Vaux

Emplettes

DOMAINE MICHEL THOMAS "Les Egrots" ✆ 02 48 79 35 46. *Fax : 02 48 79 37 60.* Aux Egrots, dans ce charmant petit village à 4 kilomètres de Sancerre, Michel et Laurent Thomas exploitent un domaine de 17 hectares de vignes AOC sancerre blanc, rouge et rosé. Dans la famille Thomas, la vigne est une tradition et la passion est passée du père à ses fils. La production est récoltée et vinifiée par leurs soins à la propriété. Le vignoble est planté sur plusieurs types de sols : "Les Caillotes" : sol calcaire et pierreux donnant des vins fins et fruités, très agréables à boire jeune "Les Terres Blanches" : sol argilocalcaire, donnant des vins corsés et de plus longue garde. "Les Silex" : roche sédimentaire siliceuse très dure, donnant des arômes fumés, une saveur très minérale qui se développe en quelques années. Le sancerre blanc sec, fruité et délicat se boit jeune et frais, il accompagne les fruits de mer, poissons et le crottin de Chavignol. Le sancerre rouge issu du cépage pinot noir est un vin rond, léger, aux arômes de fruits rouges, il est élevé en cuves. Il se marie avec les viandes rouges et les volailles. Les vieilles vignes, âgées de plus de 40 ans sont issues du cépage pinot noir, le vin est élevé en fûts de chêne environ 12 mois, cette cuvée atteint sa pleine expression en vieillissant quelques années. C'est un vin de choix pour les gibiers, les viandes rouges et tous les fromages. Le sancerre rosé issu du même pinot noir est pressé immédiatement après la vendange, ce vin à peine teinté, d'une belle couleur saumonée est très apprécié en été.

CHRISTIAN LAUVERJAT Moulin des Vrillères ✆ 02 48 79 38 28. *Fax : 02 48 79 39 49. Fermé le dimanche après-midi. Le soir fermeture à 18h. Prendre rendez-vous le week-end de préférence.* Blotti dans le callon de la Belaine, le domaine est un ancien moulin à eau. La famille Lauverjat élève dans le respect de la tradition ses vins en y associant des techniques nouvelles. Au travers de notes tantôt fruitées, tantôt acidulées la richesse du terroir s'exprime apportant un équilibre parfait où se mêlent force et harmonie. Le sancerre blanc est un assemblage de sauvignon qui est élevé sur des terres blanches et argileuses nommées "caillottes" âgées de 10 à 40 ans, il exprime son terroir, la tourbe les sous-bois, la "pierre à fusil", alliant finesse et complexité, bien fruité, bien équilibré, de très bonne évolution, de bouche fraîche et persistante.

La cuvée spéciale "Perle Blanche" est plus dense, plus intense car issue de très vieilles vignes âgées de plus de 50 ans. En nouveauté, un vin de pays 100 % sauvignon, issu de vignes âgées d'une vingtaine d'années plantées sur des coteaux pierreux offre une belle couleur jaune et nous flatte tant au nez épanoui sur une perspective minérale que dans une bouche structurée et fraîche. Les sancerres rouge et rosé sont issus du cépage pinot noir et sont élevés sur les bas de cotes bénéficiant ainsi d'un terrain plus argileux, d'une terre plus épaisse qui lui donne son goût de terroir plus prononcé avec plus de couleur, le vin est ainsi plus charpenté. Il doit sa singularité à un séjour dans des fûts de chêne. Ce sancerre rouge est toujours à la tête de son appellation, aux notes d'humus et de fruits mûrs, un beau vin charnu et coloré, qui séduit dans sa jeunesse mais se plaît à posséder un réel potentiel d'évolution, qui permet alors de l'apprécier sur des mets épicés tout comme le sancerre rosé, de belle teinte, tout en fruit. En venant au Domaine on peut regarder avec plaisir une mini-exposition d'outils viticoles anciens.

Vailly-sur-Sauldre

A 30 kilomètres de Sancerre (D955 - D923). Très agréablement située sur la rivière d'où elle tire son nom, Vailly-sur-Sauldre est la capitale du Pays Fort.

Fiche pratique

OFFICE DE TOURISME 6, grande-Rue ✆ 02 48 73 87 57. *Fax : 02 48 73 88 33.*

Point d'intérêt

EGLISE ROMANE. Du XIIe siècle, sur son fronton on peut encore lire la devise Liberté, Egalité, Fraternité peinte en 1880. Elle a été construite avec du grès de la région de couleur rouille, matériau généralisé au XVIIe siècle pour la construction des maisons rurales.

Le couvert

LE LIEVRE GOURMAND 14, grande-Rue ✆ 02 48 73 80 23. C'est une étape délicieuse que ce Lièvre Gourmand, réputée des lieux à la ronde. Son étoile au guide Michelin est une juste reconnaissance. La cuisine est subtile, étonnante. On se souvient avec délice des mets dégustés et il nous prend une folle envie d'y revenir très vite.

▷ *Dans les environs*

Assigny

De Vailly, prendre vers le sud sur 11 kilomètres, la D57 et la D47.

CHATEAU DE LA VALLEE ✆ 02 48 73 84 88. *Chez Ivan et Elisabeth de Fumichon. 3 épis. Relais équestre pour 29 personnes. Accueil de chevaux. Plan d'eau. Pas de cuisine à disposition.* Le gîte est aménagé dans les anciens communs d'une superbe ferme fortifiée de la fin du XVIe siècle, situés au pied du château. Les dortoirs sont idéaux pour les groupes et les chambres d'hôtes très confortables. L'ancienne ferme abrite aussi un poney-club. Pour les randonnées à cheval, une vingtaine de box sont mis à disposition. Ivan de Fumichon, accompagnateur de tourisme équestre diplômé, organise des promenades pour les passionnés de chevaux. Par ailleurs, sur la centaine d'hectares qui composent la propriété, trois étangs font le bonheur des pêcheurs.

LES COLLINES D'ASSIGNY Route d'Assigny - LE BEAUFOL ✆ 02 48 81 54 24. *Internet : www.les-collines-dassigny.com. La maison, une ancienne longère, comprends 4 chambres avec salle de bains, 1 chambre pour 3 personnes (1 petit lit + 1 grand lit), 3 chambres pour 2 personnes (salle de bains et W.-C.).* Les chambres sont toutes de décoration différente et portent des noms de châteaux des environs, le petit déjeuner est compris dans le prix des chambres. Pas de table d'hôte. Superbe piscine. Le jardin est clos avec une petite allée privée pour accéder à la propriété.

Concressault

A 7,5 kilomètres de Vailly (D8). Ancien siège d'un bailliage secondaire, on y trouve les ruines d'un château fort que fit construire Jean de Berry, et l'église Saint-Pierre avec ses stalles du XVe siècle dans le chœur. Chacune d'entre elles est sculptée d'un symbole héraldique, d'une scène biblique ou d'un motif humoristique.

MAIRIE ✆ 02 48 73 74 33

MUSEE DE LA SORCELLERIE ✆ 02 48 73 86 11. *Fax : 02 48 73 77 90. Internet : www.musee-sorcellerie.fr. Ouvert tous les jours de Pâques à fin octobre. Ouvert en avril, mai et octobre de 10h à 18h. Ouvert de juin à septembre de 10h à 19h. Accès pour les personnes handicapées.* Etonnante histoire que l'idée de ce musée de la sorcellerie créé dans le Berry au cœur de la France ! Situé dans le Cher, entre Aubigny et Sancerre, ce musée propose à ses visiteurs de découvrir l'univers imaginaire et historique des sorcières, au sein d'un bâtiment de 1836, d'une surface de 1 200 m². Les granges de la Jonchère ont été aménagées avec un grand souci de clarté et les mises en scène sont très cadencées. Les constantes sont mises en évidence, de la mythologie grecque aux superstitions paysannes. Outils, potions, mandragores... font également partie de l'univers du musée, et les visiteurs sont assaillis de couleurs, d'odeurs et de sensations ! De la préhistoire jusqu'au milieu du XIXe en passant par le Moyen Age, les scènes reconstituées se déroulent sous nos yeux de la cave au grenier de cet établissement enchanteur. Les visiteurs sont précipités dans un monde de rêve grâce au son et lumière et aux mille et une perspectives proposées au cours de la visite. Par ailleurs, depuis cette année, une salle entière est consacrée aux légendes et aux croyances ainsi qu'aux grands procès qui ont eu lieu dans le Berry. Le musée s'est donné pour objectif d'être le support d'une découverte intelligente et sensorielle de l'histoire de la sorcellerie en Europe, en proposant une immersion dans l'atmosphère, le langage, l'image, les sensations et la compréhension de ce monde. Un voyage au cœur du fantastique que l'on n'est pas près d'oublier ! Une sorcière est à votre disposition en personne, mais oui ! Parole de Berrichon. Grâce à l'exposition "la cuisine de la sorcière" elle vous livrera ses recettes et ses petits secrets, attention, ne pas en abuser ! Mais les bonnes fées sont toujours les plus fortes et le "point contes", vous transporte pour quelques instants dans la magie de votre enfance. Le musée 'est jamais à cours d'idées nouvelles, ainsi chaque année, vous découvrez des expositions temporaires. Renseignez-vous auprès d'une gentille sorcière. Vous ne pouvez pas la rater !

Jars

Au sud de Vailly, à 8 kilomètres, et à 15 kilomètres de Sancerre (D923). Un gros bourg, dominé par un manoir, et qui possède une église du XVe et XVIe siècle, en grès rose et calcaire blanc, précédée par une tour porche. On dit de cette église quelle est la cathédrale du Sancerrois.

CAMPING DE LA BALANCE Jars/le Noyer ✆ 02 48 58 74 50/02 48 58 70 99.** *Fax : 02 48 58 70 19. 25 emplacements.*

CHAMBRES D'HOTES Philippe et Madeleine Jay - "La Brissauderie" ✆ 02 48 58 74 94. 5 chambres. Gîtes de France 3 épis. Rendez-vous entre chèvres et forêt. Ambiance paisible et confortable.

CROTTIN DE CHAVIGNOL "La Brissauderie" - Magali Guillot ✆ 02 48 58 70 89. *A côté du hameau de Jarsot (3 kilomètres avant Jars sur la D923).* En pleine nature au milieu des bois, allez donc chez Magali pour goûter les saveurs du Crottin de Chavignol, le meilleur. On peut goûter et parole, ensuite impossible de résister à l'achat de quelques jolis et appétissants crottins. En fin de journée, vous pouvez assister à la traite des chèvres.

PLAN D'EAU DE LA BALANCE Jars/Le Noyer ✆ 02 48 58 70 15 (mairie). Dépendant de Jars et de Le Noyer, ce plan d'eau de 7 hectares possède un camping, une plage aménagée, un tennis, un gîte d'étape et un mini-golf. On peut y pratiquer la pêche, le canotage, la planche à voile et la baignade.

Le Noyer

A 3 kilomètres de Jars.

CHATEAU DE BOUCARD ✆ 02 48 58 72 81. *A 15 kilomètres de Sancerre (D923 - D85). Etape de la route Jacques-Cœur. Ouvert de Pâques à la Toussaint de 10h à 12h et de 14h à 19h. Fermé le jeudi.* Sans doute, l'un des plus curieux châteaux du Haut-Berry. L'ensemble date des XIVe et XVe siècles, du temps où cette petite forteresse défendait le passage de la Sauldre. Il est entouré de douves alimentées par la Grande Sauldre qui le borde. On croit voir un château médiéval avec ses quatre tours d'angle et son donjon avec échauguettes en encorbellement. En fait, une fois franchi le pont, on découvre une magnifique cour Renaissance du XVIe. Une visite dans les appartements du Maréchal de Navailles, qui y fut exilé au XVIIe siècle complétera la découverte de ce château. Chaque année, en juillet, la grange accueille "le festival de Boucard", avec de nombreuses expositions, concerts, récitals, et folklores.

La Guerche-sur-l'Aubois

A 48 kilomètres de Bourges (D976). Sis à l'est du département du Cher, le canton de La Guerche-sur-l'Aubois, encore trop méconnu, règne sur neuf communes formant le Val d'Aubois. De tout temps importante zone industrielle en milieu rural, ce canton présente encore de nos jours un potentiel industriel non négligeable, tout en étant par ailleurs en matière agricole, une composante de la vallée de Germigny, renommée pour ses prés d'embouche de bovins de race charolaise. Du nord au sud, le canton est parallèle à la N7, à la Loire et à l'Allier et il est traversé par un pittoresque petit affluent : l'Aubois. Le canal latéral à la Loire, voie navigable, pénètre le canton dans cette dernière commune et franchit l'Allier au célèbre pont-canal du Guetin. De nombreux bateaux de plaisance y évoluent chaque été. Carrefour des axes routiers Est-ouest, Suisse-Océan, et Nord-sud, Paris-Clermont-Ferrand, proche de l'A71, le canton est également bien desservi en matière ferroviaire au départ de La Guerche ou des villes proches. Le canton de La Guerche est bien pourvu en matière d'hébergement : hôtels et chambres d'hôtes, un camping (3 étoiles) sont de nature à retenir le visiteur.

Existant depuis la plus haute antiquité, la cité apparaît vraiment au **XIe siècle**. Une forteresse bâtie sur un tertre, dans ce qui est aujourd'hui le centre-ville, entouré de profonds fossés, a totalement disparu. Rattachée au duché de Nevers jusqu'à la Révolution, La Guerche fut la possession de plusieurs seigneuries successives. Cité industrielle depuis le **XIVe siècle**, elle recèle parmi ses vestiges les restes de son haut-fourneau, gloire du pays aux **XVIIIe** et **XIXe siècles**. La Guerche s'est aussi développée grâce à l'arrivée du chemin de fer en **1847**. Située presque au centre de la France. Dans un parc arboré et fleuri, où il fait bon flâner, l'hôtel de ville logé dans un élégant manoir du **XIXe siècle**, rappelle que La Guerche est un chef-lieu de canton. Rivières, étangs nombreux et canal convient les pêcheurs à pratiquer leur sport favori. Forêts et chemins vicinaux ouvrent circuits pédestres, VTT et équestres aux randonneurs.

Fiche pratique

OFFICE DE TOURISME DE POLE 1, place Auguste-Fournier © 02 48 74 25 60. *Fax : 02 48 74 25 60.*

Points d'intérêt

EGLISE SAINT-ETIENNE-DU-GRAVIER © 02 48 74 00 12. *Visite sur demande à la mairie.* Le monument le plus ancien que l'on puisse admirer de nos jours est cette très belle église romane, entièrement classée depuis 1962. Chaque saison estivale, concerts et expositions mettent en valeur ce bel édifice du XIe siècle qui fait partie du circuit du Berry roman. Elle fut agrandie au XVe siècle. Les quatre colonnes du portail présentent des chapiteaux historiés très intéressants. A l'intérieur un beau bénitier en pierres du XVe siècle mettant en scène la crucifixion. La nef conserve une voûte en berceau, en bois de châtaignier.

LA FONDERIE DU HAUT FOURNEAU. Cette fonderie qui existait au XVIe siècle a laissé un bâtiment encore visible. Le haut-fourneau de la Guerche n'élaborait que la fonte. L'étang fournissait, par une conduite en bois, l'alimentation de la roue hydraulique dont on voit encore l'emplacement.

Loisirs

PLAN D'EAU DE ROBINSON © 02 48 77 53 53 (mairie)/02 48 74 25 60 (office de tourisme). *Ouvert du 15 juin au 31 août.* Ce plan d'eau de 6 hectares offre les loisirs nautiques (canoë-kayak, pédalo, baignade, pêche). Il dispose d'un restaurant-grill-crêperie et d'une aire de pique-nique. On peut parfois venir danser le week-end. Des animations ponctuelles ont lieu le 13 juillet et le 15 août.

▷ *Dans les environs*

La Chapelle-Hugon

Située à 5 kilomètres de La Guerche, sur la D920. La Chapelle-Hugon est traversée par la rivière l'Aubois. Essentiellement agricole, elle privilégie l'élevage des bovins et des moutons. L'agglomération est assez étendue avec deux gros hameaux éloignés du centre : le Boisseau de Noix et les Auvergnats, ce dernier jouxtant La Guerche.

L'EGLISE. Du XIIe siècle elle offre une abside ronde précédée d'une portion rectiligne, d'un chœur et d'une nef. Tous les grands arcs sont aigus. Le portail surtout est remarquable. A 2 kilomètres de Sancoins, subsistent les vestiges d'une ancienne forge : les forges de Trezy, du XIVe siècle, témoins d'une vocation industrielle aujourd'hui révolue.

Germigny-l'Exempt

Germigny-l'Exempt est distant de La Guerche de 5 kilomètres au Sud-ouest du canton. On s'y rend par la D15, après avoir quitté la D920 en direction de Sancoins, au Moulin de Faguin. La commune de Germigny-l'Exempt occupe une place importante au sein de la célèbre vallée de Germigny. C'est une commune typiquement agricole où l'élevage de Charolais est roi. Le village est assez regroupé et agréable à vivre, il est traversé par une petite rivière, le Luisant.

L'EGLISE. Par sa belle et haute tour de quatre étages, par son narthex du XIIIe siècle elle est une des plus remarquables de la région. Elle mérite une visite particulière tant la richesse de ses détails est impressionnante. Cette église fait partie du circuit Berry roman.

LE LAVOIR. Typique, on le découvre à gauche en arrivant de La Guerche, représente pour les Germinois la construction fétiche d'un village.

Neuilly-en-Dun

De Sagonne, 7 kilomètres, prendre le Sud-ouest par la D76, à Givaudon la D4, reprendre la D76. A 20 kilomètres de Dun (D34 - D91).

CHATEAU DE LIENESSE. A voir le château de Liénesse (XVIe) et son corps de logis en angle avec galerie et pigeonnier.

L'EGLISE. Ce village entouré de murets de pierres, possède une jolie église : l'église Saint-Roch du XIIe siècle, qui doit sa réputation à ses chapiteaux allégoriques magnifiquement sculptés soutenant la coupole du clocher central.

Sagonne

De Vereaux, prendre vers le sud la D43 sur 7 kilomètres.

CHATEAU DE SAGONNE © 02 48 80 01 27. *A 23 kilomètres de La Guerche (D920 - N76), à 7 kilomètres à l'ouest de Sancoins. Visites du 1er juin au 30 septembre, de 10h à 12h et de 14h à 18h.* Au cœur de la vallée de Germigny, le donjon du château de Sagonne, bien entouré par ses douves profondes, dresse sa fière silhouette au-dessus de la campagne environnante... et du village enroulé autour de lui comme un escargot. Cette ancienne forteresse du XIVe siècle est partiellement remeublée. Pendant plus de 20 ans, des chantiers de bénévoles s'activent pour enfin permettre de sauver le donjon et les bâtiments classés de la ruine. Aujourd'hui, le château de Sagonne sert de cadre à des concerts, des expositions, des conférences et même à des fêtes médiévales en costumes (en juillet, avec combats de chevalerie, parades à cheval, tirs d'arquebuse, camps avec tentes, musique, danses, troubadours, cracheurs de feu, etc.). A noter que les week-ends, des visites du château sont organisées avec des personnages costumés.

Vereaux

MAIRIE © 02 48 74 01 05
A 10,5 kilomètres de La Guerche (D920 - D15 - D43). Son nom, d'origine celte, désignait la source ou l'étendue d'eau proche de ce lieu sur la route de Jouy à Baugy connue sous les Romains. Voir, en venant de Sancoins, le lavoir abreuvoir de la fin du XIXe et sa belle église romane, dont le portail est richement décoré.

Apremont-sur-Allier

Situé à 14 kilomètres de La Guerche (D920 - D100). Il mérite son titre de plus beau village de France. Ce village, construit au pied du château dans les mêmes tons d'ocre rose, s'allonge au bord de l'Allier. Ancien village de carriers et de mariniers, il a été presque complètement reconstruit en 1930 dans le style médiéval berrichon. La plus vieille des maisons, dite des "mariniers", date du XVe siècle.

Points d'intérêt

CHATEAU D'APREMONT-SUR-ALLIER © 02 48 80 41 41. Il ne reste pas grand-chose de cette forteresse anglo-bourguignonne quand Eugène Schneider l'achète à la fin du XIXe siècle. Son nouveau propriétaire consacrera sa vie à la restauration et à l'aménagement de cette demeure, qui deviendra l'une des plus belles de la région. Le musée des Calèches, installé dans les écuries du château, renferme une très belle collection de calèches familiales du XIXe siècle. On y trouve aussi une exposition de dessins de Caran d'Ache. Le château ne se visite plus, pour autant, vous pourrez l'admirer en vous baladant dans le parc.

OT GUERCHE-SUR-L'AUBOIS

Belvédère du Parc Floral à Apremont-sur-Allier

OT GUERCHE-SUR-L'AUBOIS

Village médiéval d' Apremont-sur-Allier

PARC FLORAL D'APREMONT-SUR-ALLIER ✆ **02 48 77 55 00.** *Internet : www.apremont-sur-allier.com. Ouvert tous les jours de Pâques à fin septembre, de 10h30 à 12h30 et de 14h30 à 18h30.* Beauté et sérénité président dans ce lieu qui est l'un des plus beaux jardins de France. Créé en 1970, inspiré des jardins anglais, plus de 800 espèces les essences les plus rares y sont représentées. Inspirée du jardin blanc de Sissinghurst en Angleterre, une bordure d'arbustes et de plantes blanches et argent s'étend devant un groupe de maisons médiévales très pittoresques. Un pavillon turc est venu compléter la cascade et le pont chinois existants. Monté sur pilotis et entièrement construit en bois exotiques, il contient quatre toiles peintes qui symbolisent à travers les saisons les différents âges de la vie. Un belvédère qui domine le village et le jardin a également été ajouté aux autres fabriques.

▷ *Dans les environs*

Neuvy-le-Barrois

LA DEMEURE DES SEIGNEURS. *A 5 kilomètres d'Apremont.* De la route (la D45), on aperçoit l'ancienne demeure des seigneurs de Neuvy-le-Barrois (propriété privée) avec son grand logis du XVe siècle, son haut pigeonnier carré et son moulin à eau.

A voir aussi : l'église Saint-Marais (XIIe et XVe siècles) et la maison natale de Jean Baffier, sculpteur berrichon (1851-1920).

Sancoins

SYNDICAT D'INITIATIVE 23, rue Maurice-Lucas ✆ **02 48 74 65 85**

MAIRIE. *Fax : 02 48 74 63 62.*

A 10 kilomètres de Neuvy, prendre vers l'ouest la D41, puis la N76 et la D951.

MARCHE AUX BESTIAUX. *A 15 kilomètres de La Guerche (D920).* Sancoins est devenue un centre européen du marché des bestiaux. Ici, la tradition marchande existe depuis Philippe Auguste.

A voir également : les remparts du XVe siècle, les tours Sainte-Catherine, du Colombier et Jeanne-d'Arc. Les vieux quartiers de la ville méritent aussi une petite promenade.

LE BEC-D'ALLIER et CUFFY sont intimement liés. *A 11 kilomètres de La Guerche (D976).* C'est là que l'Allier se jette dans les bras de la Loire, c'est là aussi que castors, oiseaux et saumons se fréquentent. C'est un endroit mythique pour tous les amoureux du fleuve, pêcheurs, ornithologues ou randonneurs en canoë qui savent apprécier le site.

Cuffy

Ce village de près de 1 000 habitants, est au cœur d'un site pittoresque dominant la confluence de la Loire et de l'Allier. Construit sur les dernières terrasses de la Loire, le bourg est dominé par les ruines d'un donjon du XIIe siècle. Il comporte quelques maisons anciennes datant des XVe et XVIe siècles. Le Bec d'Allier, ancien port à la confluence conserve de son passé marinier des maisons à l'architecture typique, des girouettes historiées, des inscriptions de crues, des tourets... Il est aujourd'hui un atout naturel et environnemental important de la commune.

Fiche pratique

MAIRIE ✆ **02 48 80 40 54**

Points d'intérêt

L'EGLISE. Romane, elle est dédiée à Saint-Maurice, a été bâtie à la fin du XIe siècle. Elle conserve de cette époque un portail à six colonnettes monolithes supportant des arcs en plein cintre. L'abside, finement ornementée de modillons en corniche abrite une voûte en cul-de-four. Une fresque, représentant un christ en majesté, a été mise au jour sur cette voûte. Outre des statues de bois peint, la nef abrite un ex-voto représentant un navire. Cet ex-voto était conduit en procession par les mariniers de Loire et d'Allier jusqu'au hameau du Bec d'Allier.

LE PONT CANAL DE GUETIN. Conduisant au Bec-au-Guétin, le déversoir des crues, construit en 1870, est un des rares de la région. Le hameau du Guétin doit son existence au canal latéral à la Loire. Celui-ci enjambe l'Allier par un pont-canal unique de 343 mètres, 18 arches, 2 écluses totalisant un dénivelé de 9,50 mètres de chute d'eau ! Le Guétin et la Grenouille sont aujourd'hui le cœur économique de Cuffy. Pour renseignements 02 48 80 40 54.

Chautay

Le village du Chautay sur le circuit Berry roman, est situé à 3 kilomètres au nord de La Guerche sur la D920. Comme la plupart des villages du Val d'Aubois, il est arrosé par cette pittoresque rivière qu'est l'Aubois. Durant quatre siècles, cette commune eut une vocation industrielle, puisque l'on trouve dans son histoire les traces d'un fourneau à fondre le fer dès 1560. La production du métal continuera jusqu'en 1869. De nos jours, ce charmant village est une bourgade agricole (culture, élevage, vergers de pommes et poires).

Fiche pratique

MAIRIE ✆ **02 48 74 01 57**

Points d'intérêt

EGLISE SAINT-SATURNIN. Eglise romane du XIIe siècle, petite, à abside circulaire est percée de trois fenêtres avec colonnettes. La nef est voûtée, en bois, avec entraits apparents et quatre hautes fenêtres à cintre rond. Illumination de l'édifice chaque soir.

GENTILHOMMIERE DU XVE SIECLE : LA MAISON TYPIQUE "CROCHET". Il faut admirer ses portes à accolades avec écussons vides, la tour carrée située dans la cour de la ferme et à sa droite la petite tour ronde. Ces bâtiments bénéficient d'une illumination.

MOULIN DE CHAUTAY. Il existait depuis fort longtemps comme le prouve une carte de la fin du XVIIIe siècle. Le pont sur l'Aubois a été construit en 1846, en aval du moulin. Ce dernier se composait alors de deux corps de bâtiment ayant chacun une roue, donnant en fait deux moulins reliés entre eux. Pour des raisons techniques, la meilleure utilisation des travaux fut réalisée autour de 1860. Puis on trouve trace en 1909 de plaintes du voisinage pour inondation des terres en période de hautes eaux, les vannes des moulins ayant été rehaussées à l'occasion de divers entretiens. Tout rentre dans l'ordre en 1910 et le moulin continue son activité jusqu'en 1963. Aujourd'hui, on peut flâner sur les berges et regarder la magnifique roue à aubes plonger dans un paysage bucolique.

Cours-les-Barres

De Cuffy, prendre vers le nord la D45, puis la D920 sur 8 kilomètres.

Fiche pratique

POINT D'INFORMATIONS TOURISTIQUES Agence postale - Grande-Rue ✆ **02 48 76 03 59**

Dans la partie septentrionale du canton, posté sur le rebord d'un plateau vallonné, le village de Cours-les-Barres regarde la Loire, menace permanente dans les temps reculés. Il a forgé son identité à travers les âges : Curtis en 881, Cortz ou Curtz au XIIe siècle, ont précédé le patronyme actuel, apparu en 1386. Nostalgique de ses racines demeurées obscures faute de vestiges des premiers siècles, il contemple, au pied du coteau, La Motte, empreinte de la féodalité. Deux secteurs topographiques contrastés et d'égale étendue se partagent les 2 115 hectares du terroir. Les cultures à haut rendement du Val (plaine alluviale fertile) à vocation agricole ont supplanté l'élevage des bovins naguère florissant. Le plateau, au sol de qualité médiocre a conservé sa couverture forestière sur la moitié de sa superficie, bois privés parcourus de chemins ruraux.

▷ *Dans les environs*

Jouet-sur-Aubois

De Cours-les-Barres, prendre vers le nord la D920, puis la D45 et la D26 sur 7 kilomètres.

MAIRIE ✆ **02 48 76 43 26**

Dans le paysage, se dressent les vestiges d'anciennes usines (fours à chaux). L'Histoire industrielle de Jouet-sur-l'Aubois remonte à plusieurs siècles et a ainsi forgé le passé de ce village d'une superficie de 1 732 hectares dont 622 hectares de bois. C'est dans la période, fin **XIXe siècle-début XXe** que le développement et l'activité des fours à chaux et cimenteries furent à leur apogée. Actuellement l'activité économique repose essentiellement sur l'imprimerie et la fabrication de moteurs Diesel qui emploient près de 300 personnes.

Sa forêt magnifique aux essences variées, ses commerces nombreux et dynamiques, les activités développées par ses associations (randonnées pédestres et cyclo, football, karaté, judo, tennis, danse, pétanque...) font de Jouet-sur-l'Aubois un endroit où il est agréable de séjourner.

AU POIDS DE FER. Face au fleuve majestueux, une sympathique auberge nous accueille. Construite en 1698, auberge elle fut, auberge elle demeure.

PECHE. *Au nord du canton, à 15 kilomètres de La Guerche, sur la D920.* Jouet-sur-l'Aubois est traversée par la rivière l'Aubois qui offre aux amateurs de pêche des sites attrayants. Traversée par le canal latéral à la Loire, autre lieu de prédilection des pêcheurs, Jouet-sur-l'Aubois est également bordée à l'est par la Loire.

PROMENADE. Aménagée sur la cuvette du canal de Berry, la promenade de Berry longe la rivière et entraîne le promeneur du Petit Moulin reconstruit au XIXe siècle jusqu'au Moulin de Prunier du XIIe siècle.

Torteron

De Jouet-sur-l'Aubois, prendre vers le Sud-ouest la D26 sur 4 kilomètres. A 7 kilomètres au nord de La Guerche. Torteron, ville conçue lors de l'essor de la métallurgie, a conservé de larges rues rectilignes, une ancienne mairie surmontée d'une Marianne, un arbre de la Liberté qui a succédé à celui qui fut planté en 1790. Voici un siècle, il y avait ici 2 500 habitants, des usines en pleine activité et des commerces florissants. Les usines métallurgiques s'étaient, en particulier, spécialisées dans la fabrication de fontes. De nombreux tuyaux d'eau et de gaz des villes de Paris et Madrid sont sortis des usines de Torteron. Il reste les vestiges des anciens hauts-fourneaux, le long du canal de Berry, que la commune maintient en eau sur son territoire, les ruines des fours à chaux, autre prospérité passée, et enfin l'église qui date de l'expansion du village. Elle a des grilles en fonte ouvragées qui furent fondues. Ici, au cimetière, des pierres tombales en fonte témoignent de cette industrie.

Menetou-Couture

De Torteron, prendre la D26, puis la D189 et la D12 sur 6 kilomètres.

Fiche pratique

MAIRIE © 02 48 80 23 40

Points d'intérêt

ABBAYE NOTRE-DAME DE FONTMORIGNY © 02 48 76 12 33. *A 12 kilomètres de La Guerche (D50).* Nichée dans la vallée, l'abbaye de Fontmorigny est créée en 1149 sur les instances de Saint-Bernard. 1789 chasse les moines de l'abbaye qui est vendue comme bien national. Sont encore visibles l'église cistercienne du XIIe siècle, un cloître du XVIIIe, le réfectoire des convers du XIIe, un vivier. A la belle saison, l'abbaye accueille de nombreux concerts et expositions. A l'arrière du bâtiment, un jardin étonnant est aménagé sur les bases des anciennes traces des allées. Ce jardin se compose de quatre séquences, avec une partie correspondant au cimetière des moines, une deuxième à l'infirmerie, une troisième à l'ancien potager, et enfin une quatrième composée de roses.

CHATEAU DE MENETOU-COUTURE © 02 48 80 25 08. *Fax : 02 48 80 25 08. Ouvert tous les jours de 1er juillet au 31 août, pendant les week-ends de Pâques, Pentecôte et septembre. Heures d'ouverture de 14h à 19h en été, et de 14h à 17h30 en automne. Hors saison sur rendez-vous.* Un exemple rare de l'architecture de la fin du Moyen Age. Au cœur du village, dans un parc aux arbres centenaires, l'imposant donjon du XVe siècle domine la vallée de Germigny. Habitation seigneuriale militaire miraculeusement épargnée par les transformations de la Renaissance, elle aurait été (selon la légende !) habitée quelques jours par le roi Henri IV. Ce Monument historique, classé en 1917, a été édifié selon des plans couramment utilisés en Bourbonnais. Le donjon et le parc du château, s'offrent au visiteur, au rythme d'une passionnante visite guidée par la propriétaire des lieux. A la fin de votre promenade, la dame vous aura charmé, car son cœur parle du château.

▷ Dans les environs

Chassy

De Mornay-Berry, prendre vers l'ouest la D12 sur 3 kilomètres. A 15 kilomètres de La Guerche (D48). A voir, après avoir enjambé un petit pont noyé sous des géraniums, le moulin à vent du XVIe siècle de l'autre côté d'un étang de 12 hectares.

CALVAIRE. Chassy présente un calvaire très curieux, plus breton que berrichon, datant de 1683, derrière l'église.

CIRCUIT DECOUVREZ NOS VILLAGES. Dans le cadre du circuit, en été, les laveuses font une démonstration.

LAVOIR. Dans le village, ne pas manquer le lavoir restauré.

Le **PONT GALLO-ROMAIN** sur une ancienne voie qui reliait Bourges à Nevers.

Mornay-Berry

De Saint-Hilaire-de-Gondilly, prendre vers l'ouest la D12, puis la D6 sur 1,2 kilomètre.

CHATEAU DE LA COUR DE MORNAY-BERRY. *A 4 kilomètres de Menetou-Couture (D12).* Une ancienne place forte du XIIIe siècle, conçue par Pierre de Mornay. Elle se distingue par un superbe jardin médiéval, composé de trois parties : un jardin clos (où une petite pièce d'eau centrale permet d'admirer le reflet de la tour de garde), un jardin de douves (très axé sur les fruits et légumes) et un jardin de plantes médicinales (situé sur la motte féodale).

Saint-Hilaire-de-Gondilly

De Menetou, prendre vers le nord la D12 sur 3 kilomètres.

MAIRIE Le Bourg © 02 48 80 23 57

L'EGLISE. Cette église du XIIe siècle fait partie du circuit des églises romanes. Elle comporte une nef couverte d'un berceau en bois sur laquelle s'élèvent un clocher à flèche et un chœur revêtu d'une abside demi-circulaire.

GOLF CLUB DE LA VALLEE DE GERMIGNY Domaine de Villefranche © 02 48 80 23 43. *Fax : 02 48 76 89 57. Ouvert toute l'année.* Situé au cœur de la campagne berrichonne, dans un cadre propice à la détente avec un parcours de 9 trous (d'une longueur de 5 660 mètres) parsemé de longs fairways, de greens en pentes... Assez technique, il présente un grand intérêt. Une ferme du XVIe siècle abrite le club-house.

Nérondes

De Chassy, prendre vers le Sud-est la D6 sur 7 kilomètres.

Fiche pratique

POINT D'INFORMATIONS TOURISTIQUES Place de la Mairie © 02 48 74 80 16

MAIRIE © 02 48 74 80 16. *Fax : 02 48 77 61 91.*

Situé à l'est du département le canton de Nérondes est composé de treize communes : neuf en vallée de Germigny et quatre en Champagne bérichonne.

Point d'intérêt

EGLISE SAINT-ETIENNE. L'église, édifiée au XIe siècle est de plan crucial. De son origine romane il ne subsiste que quelques éléments. L'abside ronde, voûtée en quart de sphère, est éclairée par trois fenêtres flanquées de colonnades. La nef en berceau et la porte pleine cintre date sans doute du XIIe siècle. Les chapelles, plus tardives, sont d'origine seigneuriale.

Loisirs

PLAN D'EAU DE LA GARENNE. L'étang de deux hectares aux bords ombragés est alimenté par une source. Au programme : jeux de plein air, baignade, pêche. Des aires de pique-nique sont aménagées.

restaurants et tables d'hôte — hôtels

hôtel-restaurant — campings

autres hébergements (auberge de jeunesse, chambre d'hôtes, B & B...)

LE PAYS DE VIERZON

Vierzon

A 36 kilomètres de Bourges par l'autoroute A71 ou par la N76 (Mehun). Etape de la route de la Porcelaine. La ville, telle que nous la connaissons aujourd'hui, est née en **1937**, du rassemblement de 4 communes : Vierzon-Ville, Vierzon-Villages, Vierzon-Bourgneuf et Vierzon-Forges. C'est à Vierzon-Forges, que le comte d'Artois, frère de Louis XVI et futur Charles X, a créé en **1779** des forges, en utilisant les arbres de la forêt de Vierzon. Ces forges, qui comptaient parmi les plus belles de France, furent transformées en **1864** en tréfilerie-pointerie qui, elle, dura jusqu'en **1976**.

En même temps se sont développées à Vierzon d'autres industries : la céramique et plus particulièrement la porcelaine, la construction mécanique, la verrerie et la lingerie. En **1816**, la première manufacture de porcelaine est créée. Au début du siècle, la ville compte une dizaine d'usines qui la placent en deuxième position, après Limoges, pour la production de porcelaine. La construction mécanique, l'autre spécialité vierzonnaise, naît avec la fondation au milieu du **XIXe siècle** de la Société française de Matériel agricole, qui sort la première batteuse mobile. Les établissements Brouhot sont créés en **1860** et produisent même des véhicules automobiles, suivis par les établissements Merlin et la Société Vierzonnaise de Construction. De ce passé industriel subsiste le Grand Magasin de la Société française à l'architecture de fer, et le canal de Berry, qui, aujourd'hui privé de circulation, constitue un lieu de promenade très agréable dans le prolongement des jardins bordant l'Yèvre. C'est en **1847** que Célestin Gérard arrive à Vierzon. Son petit atelier en face de la gare deviendra la Société française de Matériel agricole et industriel. Une synergie se met en place et la réputation de la Française attire les capitaines d'industrie. Au début du **XXe siècle**, la capitale du machinisme agricole compte plusieurs firmes de batteuses et locomobiles dont Brouhot, Merlin, La Vierzonnaise et La Française. Leurs machines se vendent partout dans le monde. En **1959**, la société américaine Case rachète la S.F.M.A.I. et la production de matériel de travaux publics remplace progressivement celle de matériel agricole. Une collection de machines agricoles est constituée par les associations Mémoire Industrielle et Agricole du Pays de Vierzon, Les Amis du Vieux Vierzon et la Ville. Locomobiles, tracteurs ou batteuses forment ainsi un témoignage de la production de l'époque. Des stagiaires en formation restaurent certaines de ces pièces dans le cadre d'un partenariat avec le GRETA et le lycée Henri-Brisson.

Heureuse alliance entre charme secret, et chaleureuse discrétion, Vierzon est une ville harmonieuse, ouverte naturellement aux grands espaces et à un environnement de sites réputés. Aux portes de deux régions bien typiques, Vierzon se tourne vers la Sologne, ses forêts, ses landes et ses étangs et s'ouvre vers le Berry, ses vallons et vignobles parcourus de paisibles cours d'eau. Sa position privilégiée en fait un lieu de halte où se ressourcer et redécouvrir l'essentiel. Au nord (D926), on peut se promener dans la forêt de Vierzon, l'une des plus grandes forêts françaises. La partie vierzonnaise représente 5 000 hectares, et, avec la forêt de Vouzeron qui la jouxte, elle couvre au total une superficie de 7 500 hectares. Le chêne et le pin en sont sa principale composante. Le chêne de la forêt de Vierzon est recherché pour la fabrication de tonneaux destinés aux vins de grands crus. Plus de 110 kilomètres de sentiers forestiers ont été balisés pour la randonnée. Un parcours santé a aussi été aménagé.

Ville vivante, Vierzon bouge et le montre ! 360 associations différentes animent les secteurs les plus variés tels le tourisme, l'artisanat d'art, le sport, l'action sociale... Au-delà de leurs différents visages, elles témoignent du même dynamisme et d'une égale disponibilité, illustrés chaque année lors du Forum des associations. La culture se vit intensément par les actions orchestrées par la ville de Vierzon, heureuse d'offrir à ses résidents comme à ses hôtes des manifestations et des attractions de qualité, certaines de renommée nationale et internationale : concours national d'accordéon, foire-exposition, expositions permanentes et temporaires, show motonautique, concours international des sonates. Au hasard de la promenade, on est séduit par un patrimoine historique architectural original et varié nous permettant de passer de la vieille ville médiévale à une ville fière de son riche passé industriel et artisanal. Le voyage à Vierzon passe aussi par le bonheur de la table car la région est riche de gourmandises. Produits de la chasse et de la pêche, variétés de fromages se mariant aux vins de nos coteaux, friandises locales. La gastronomie met en valeur les saveurs et les couleurs du terroir.

Fiche pratique

OFFICE DE TOURISME DE POLE 26, place Vaillant-Couturier ✆ 02 48 53 06 14. *Fax : 02 48 53 00 79.*

Bus

TRANSPORT BUS VALLEE 2, rue Gay-Lussac

ALLOBUS ✆ 02 48 75 37 21

Trains

GARE SNCF ✆ **02 48 52 41 63.** *Internet : www.sncf.fr.*

Taxis

ARTISANS TAXIS GARE VIERZONNAIS (ATGV) ✆ **02 48 75 23 23**

TAXI GENDRIER 30bis, avenue Henri-Brisson ✆ **02 48 75 18 66**

Loueurs

ADA 10, rue Pasteur ✆ **02 48 52 20 60**

CARGO Route de Bourges ✆ **02 48 53 08 08**

EUROPCAR 79, route de Tours ✆ **02 48 52 00 50**

HERTZ 78, avenue du 14-Juillet ✆ **02 48 53 36 30**

Points d'intérêt

ANCIENNE ABBAYE SAINT-PIERRE-DE-VIERZON. Construite au Xe siècle, elle occupait l'emplacement de l'actuelle mairie et la place de l'Hôtel-de-Ville.

MAISONS A PANS DE BOIS. Elles se découvrent au gré de nos balades, au cœur de la vieille ville (rue Maréchal Joffre, rue de la Monnaie, rue des Changes). La Maison des Vicaires datant du XVe siècle située rue Armand Brunet est un bel exemple de ce patrimoine.

LE BEFFROI. Le beffroi fut construit au XIIe siècle et il représentait la porte d'entrée du château féodal. Cette ancienne tour de guet servit d'asile de nuit pour les voyageurs de passage (jusqu'en 1939) et aussi de prison (jusqu'à la Seconde Guerre mondiale). L'extérieur vient d'être restauré tandis que l'intérieur est encore en travaux. Le beffroi ne se visite qu'à l'occasion des journées du patrimoine, en septembre.

LE CANAL DU BERRY. Ouvrage d'art datant du début du XIXe siècle (de 1808 à 1830), permettait de relier le cours supérieur de la Loire à Nevers. Il fut déclassé en 1955. Il est rouvert partiellement à la navigation de loisir entre Vierzon-Ville et Vierzon-Forges.

EGLISE NOTRE-DAME. Elle a été édifiée du XIIe au XVe siècles et elle a subi de nombreuses modifications au cours des siècles. Le clocher porche du XIIIe siècle abrite cinq cloches et l'orgue. L'église renferme un bénitier sculpté du XIIe siècle, plusieurs chapelles dédiées à divers saints du haut Moyen Age (Saint-Jean-Baptiste...), ainsi que celle consacrée à sainte Perpétue, patronne de Vierzon. N'oublions pas d'admirer le vitrail de la Crucifixion du XVe siècle, le tableau du peintre berruyer Jean Boucher, représentant Saint-Jean-Baptiste (1604), la chaire à prêcher et le banc d'œuvre du XVIIIe siècle.

JARDINS DE VIERZON. Côté balades, on apprécie de pouvoir profiter de plusieurs squares ou jardins.

SQUARE LUCIEN-BEAUFRERE ou JARDIN DE L'ABBAYE. Entouré par l'Yèvre et le canal de Berry, il est classé Monument historique depuis le 9 août 1966. Il a été conçu en pleine période Arts-déco (1925-1935) par l'architecte statuaire angevin Eugène-Henry Karcher. Ce jardin, premier à être éclairé à l'électricité, fait la fierté de la ville. Il nous permet de découvrir tout au long de notre promenade, dans un ensemble paysager, le monument aux morts, inauguré en 1933, autour duquel s'organisent : le bassin, entouré des grilles de la Paix et le coin repos. Ce lieu paisible s'impose comme un véritable hommage au savoir-faire vierzonnais (fer forgé, carreaux Denbac...). Inauguré en 1935, à l'entrée du square se trouve l'auditorium, ou kiosque lavoir, composé d'une scène, d'une fosse à orchestre, d'une loge d'artistes et d'un lavoir en dessous. Notre visite nous mène ensuite au jardin romantique constitué d'essences arborées variées.

SQUARE EMILE-PERAUDIN. Il a été construit en 1905 à l'emplacement du cimetière des Capucins. On peut notamment admirer la statue du paysan de Dalou qui est un don de l'Etat.

SQUARE DES REMPARTS. Situé rue Armand-Brunet, il met en valeur les vestiges des remparts qui entouraient la ville au Moyen Age.

JARDINS DE LA FRANCAISE. Ils ont été aménagés en hommage à Célestin Gérard, fondateur de la Société française. En y flânant on découvre le buste de cet illustre personnage.

MUSEE DU FIL DE SOIE 11, rue de la Société-Française ✆ 02 48 52 06 10. *Fax : 02 48 52 06 10. Internet : www.ville-vierzon.fr. Fermeture exceptionnelle le 1er janvier, le 1er mai et le 25 décembre. Ouvert tous les jours toute l'année, du 2 janvier au 31 mai et du 1er octobre au 31 décembre de 14h à 18h. Du 1er juin au 30 septembre de 10h à 12h et de 14h à 19h. Entrée : 5 €.* Ce musée fait renaître un savoir-faire et une tradition berrichonne qui avaient disparu depuis plus de 100 ans : la sériciculture et le tissage. Sur un plan historique, technologique et pédagogique, du cocon au métier à tisser, il nous permet de suivre concrètement tous les stades de fabrication d'un fil à soie. Vivant, le musée du Fil de Soie préfère la démonstration à la théorie, à travers sa magnanerie d'environ 2 000 chenilles et ses machines de dévidage et tissage. Beau et instructif !

MUSEE LAUMONIER DE LA LOCOMOTIVE A VAPEUR 15, rue de la Société-Française ✆ 02 48 71 10 94. *Ouvert du mercredi au dimanche de 14h à 18h. Entrée : 3 €.* Le chemin de fer a relié Vierzon à Paris le 20 juillet 1847. La ligne Tours-Nevers réalisée en 1871 a fait de Vierzon un carrefour ferroviaire. La locomotive à vapeur qui fut l'une des ambassadrices du développement de son patrimoine industriel est donc mise à l'honneur. Grâce à la passion d'un ancien chef de dépôt de Vierzon, le musée est né et il s'attache à nous retracer l'épopée de ces fabuleuses machines. C'est au travers d'une collection unique de pièces, de maquettes, de dessins, d'affiches et de poèmes que l'on revit plus de 150 ans d'histoire du chemin de fer.

MUSEE MUNICIPAL "LES FOURS BANAUX" 7, rue du Câteau ✆ 02 48 52 65 15. Du XIVe siècle à la Révolution, les fours banaux de Vierzon furent le passage obligé de tous les Vierzonnais. C'est là qu'ils venaient cuire le pain pétri en famille, élément de base de l'alimentation sous l'ancienne France. Le musée est installé au pied du beffroi et s'organise autour de deux fours du XVe siècle, uniques en leur genre dans la région. Dans une cour intérieure bordée de remparts, à proximité immédiate des vestiges du château de Vierzon, ces deux fours sont les seuls qui subsistent dans toute la région Centre. Une maquette nous transporte au cœur du Moyen Age. On découvre l'horloge du Beffroi datant de 1436, les statues des saints Evangélistes et de nombreux vestiges mis à jour lors de fouilles.

Le couvert

LE CHAMPETRE 89, route de Tours ✆ 02 48 75 87 18. *Fax : 02 48 71 67 04. Fermé lundi et mercredi soir et mardi la journée. Ouvert le dimanche. Menu de 17 € à 42 €.* Dans un cadre agréable on est accueillis avec gentillesse et convivialité. L'ambiance douce et intimiste, les tons de bordeaux et de paille du décor finissent d'apporter leurs notes personnelles. On apprécie en hiver, le pétillement des bûches dans la cheminée. Un bon air de vivre flotte au Champêtre ; la carte ne nous fera pas mentir. En voici un aperçu : cromesquis de pied de cochon écrevisses aiguillettes de canard juste poêlées, médaillon de lotte en habit de choux jus d'huîtres, demi pigeonneau de Sologne aux raisins blonds et sa cuisse confite en pastilla, escalope de ris de veau et son jus de pamplemousse… L'assiette de "chieuve" est délicieuse, et les desserts offrent une conclusion savoureuse : gratin à la pulpe d'orange et son colis Grand Marnier, soufflé aux pruneaux et sa crème au thé, macaron au café et ses truffes glacées. Cette étape raffinée a été sans contexte, une bonne table.

LA MAISON DE CELESTIN 20, avenue Pierre-Sémard ✆ 02 48 83 01 63. *Fax : 02 48 71 63 41. Fermé le samedi midi, le dimanche soir et le lundi. Menus 22 € à 58 €. Accès pour les personnes handicapées.* Face à la gare, la Maison de Célestin s'érige de toute sa splendeur ! C'est Pascal Chaupitre qui officie en ces lieux où tout est mis en œuvre pour nous accueillir au mieux. Dans un décor sobre et convivial, on découvre une cuisine simple mais raffinée qui satisfait les palais les plus fins. Pascal, ancien élève de Bernard Loiseau vient de rendre un hommage à son maître, en dédiant à son nom, un salon de sa maison, sous l'attention de Mme Loiseau présente à l'inauguration.

Le gîte

AUBERGE DE JEUNESSE Rue François-Mitterrand ✆ 02 48 75 30 62. *Fax : 02 48 71 19 03. Ouverte toute l'année, sauf du 15 février au 1er mars. Accès par la gare de Vierzon (5 minutes à pied). 84 places en 11 dortoirs. Possibilité de faire sa cuisine. Repas servis aux groupes unique-*

ment sur réservation. C'est la deuxième auberge du département, avec celle de Bourges. Les chambres ne sont pas individuelles. Il y a une petite cuisine à disposition pour y préparer un petit déjeuner le matin et son dîner le soir. L'auberge prête la couverture, mais il faut apporter ses draps ou son duvet. Vous pouvez louer des draps sur place.

CAMPING MUNICIPAL DE VIERZON Route de Bellon © 02 48 75 49 10. *Ouvert du 1er mai au 30 septembre. Animaux admis sur présentation du carnet de vaccination. Anglais parlé.* D'accès aisé, à 1h30 de Paris, ce camping semi-ombragé au bord du Cher dispose de 95 emplacements disséminés sur 1,80 hectare. Situé à proximité d'une forêt domaniale de 5 000 hectares, il offre le tout confort aux voyageurs de passage ou venus s'installer pour un plus long séjour : branchements électriques pour les caravanes, équipements sanitaires, équipements pour les personnes handicapées, bar, point phone, jeux pour enfants, terrain de boules, commerces à proximité...

Le gîte et le couvert

LA MAISON D'HOTES ET D'ART 8, rue Pierre-Debournou © 02 48 71 75 13/06 74 49 32 46. *Fax : 02 48 71 01 21. Internet : lamh@wanadoo.fr. Parking assuré. Spécialités de fruits de mer, et produits du terroir. Produits frais. Spécialiste des séminaires, groupes, repas d'affaires, de 2 à 150 personnes. Sur réservation. Formules séminaires de 32 € à 100 €. Tarif des chambres de 60 € à 90 €. Formule "Cléopâtre" de 130 € à 320 € : un cadeau coquin, le champagne et les petits-fours, chambre pour deux personnes, petit déjeuner copieux, décor personnalisé (fleurs, pétales de roses, dragées...). Formule VIP de 100 € à 170 € : un chauffeur à disposition pour nous accueillir, une corbeille de produits régionaux, un peignoir, le repassage d'une chemise, le bar à volonté etc. Petit-déjeuner complet 8 € ou "vite pris" 4,50 €. Grand jardin privé et clos avec jeux pour les enfants. A disposition gracieusement : matériel bébé (tables à langer, chaise haute...).* La maison d'hôte, c'est l'arrivée dans un cocoon empreint du grand large, le dépaysement est magique. On pénètre dans l'univers de la mer, séduit et étonné par une mezzanine en forme de goutte d'eau. Natercia est la magicienne des lieux. Elle accueille avec convivialité, mais surtout ce je-ne-sais-quoi, inné, qui rendra notre séjour inoubliable. Au fil des saisons, les plats varient, seuls les produits frais sont admis dans la cuisine. On marie avec délicatesse les poissons et les viandes. C'est l'accord, tout en nuance qui enchante les palais avec des produits nobles : le homard flambé au whisky sur lit de salicornes, l'escalope de foie gras et de saint-jacques poêlés au marsala, le sandre ou le loup de mer au beurre blanc et ses petits légumes ou un tournedos aux morilles. En fonction de l'événement, Natercia adapte nos menus, que ce soit pour un mariage, un séminaire... Son goût du décorum fait naître des soirées personnalisées (à la demande) et uniques. Le jardin est une invite à une soirée campagnarde ou une soirée aux chandelles. En allant à la découverte des chambres, il s'agit d'avoir le pied marin. Dans les couloirs, les murs en forment de vagues, dans des dégradés de bleu, sont décorés de tableaux en forme de phare. L'enchantement se prolonge avec : la chambre glamour illuminée de petites lumières et de voilages, la chambre bleu océan spacieuse et raffinée. Pour notre bonheur, Natercia nous fait découvrir les différentes chambres de ce lieu magique. La suite Atlantique a une capacité d'accueil de 6 personnes (pratique pour les familles nombreuses). Elle comporte une très grande salle de bains en marbre, et des hublots qui nous apportent la luminosité de l'extérieur. Décoration épurée, pour la suite des jeunes mariés, c'est le rendez-vous des amoureux : pour leur nuit de noces, un anniversaire de mariage, la Saint-Valentin ou tout simplement faire plaisir à l'élu (e) de votre cœur. On se prélasse dans un bain au lait, on dîne aux chandelles, tout nous parle de volupté dans cet univers. Quand on aime la mer, désormais, on peut la trouver à Vierzon. Soyez attentifs "vous entendrez les mouettes".

Loisirs

ANIMATIONS NAUTIQUES Office du tourisme © 02 48 53 06 14. Balades sur le Canal du Berry avec les bateaux électriques Location de juin à septembre les mercredis, vendredis, samedis et dimanches. Des balades sont proposées entre le bassin du centre-ville et la gare d'eau de Vierzon-Forges. Le voyage dure 1h30 aller-retour. Deux écluses sont franchies pendant le parcours. Barques, pédalos sont également à l'honneur.

GOLF DE LA PICARDIERE © 02 48 75 21 43. A 3 kilomètres au Nord-est du centre-ville, situé au cœur de 60 hectares de verdure avec de vieux chênes au travers desquels le parcours de 18 trous s'est fait une place, l'endroit est très agréable. Les joueurs débutants et les confirmés tous y trouvent de quoi taper la balle sans s'ennuyer.

RANDONNEES Office du tourisme © 02 48 53 06 14. Les circuits de promenades sont nombreux au milieu de la richesse des paysages naturels : Circuit Saint-Priest (9,6 kilomètres) • Circuit du Bois d'Yèvre (5,5 kilomètres) • Circuit de la Forêt (18,55 kilomètres) • Circuit de Lunery (22,5 kilomètres) • Circuit de Vèves (10,5 kilomètres) • Circuit des Crêles (9,9 kilomètres).

▷ Dans les environs

Saint-Hilaire-de-Court

Au nord-ouest de Vierzon sur 8 kilomètres.

CHATEAU DE LA BEUVRIERE ✆ 02 48 75 14 63. *Fax : 02 48 75 47 62. Prendre la direction de Châteauroux, puis Saint-Hilaire-de-Court, arrivé à Saint-Hilaire, rentrer dans le village, prendre la direction de Saint-Georges (D90) et suivre les panneaux. Salles de réception, mariages, séminaires.* Chantal De Brach nous accueille dans ce magnifique château entièrement restauré. Construit au XIe siècle, ce fief protestant fut en grande partie détruit au cours des guerres de Religion. Acquis et restauré en 1655 par Jacques de La Fond, conseiller du roi Louis XIV, il revint en 1827 au marquis de Monspey, ancêtre de l'actuel propriétaire. En pénétrant dans ce château, l'histoire et l'ambiance vous charmeront. La découverte de superbes chambres et appartements décorés de meubles anciens, tous avec vue sur le parc finiront de nous séduire. Quelques chambres sont disponibles pour cuisiner soi-même. Les hôtes du château de la Beuvrière profitent de nombreuses activités : tennis, piscine pour les sportifs, promenade bucolique dans le parc pour les autres... La gentillesse, la courtoisie de Chantal de Brach laissent un agréable souvenir. Les hôtes du château partent à la fin du séjour, avec une pointe de nostalgie et reviennent pour se détendre dans ce lieu magique. N'est ce pas-là, la belle preuve d'un séjour parfait et attachant ?

Vignoux-sur-Barangeon

Au Sud-est de Vierzon, prendre la N76 sur 9 kilomètres.

LE PRIEURE 2, route de Saint-Laurent ✆ 02 48 51 58 80.** *Fax : 02 48 51 56 01. Internet : www.leprieurehotel.com. E-mail : prieurehotel@wanadoo.fr. Cuisine gastronomique. Parking privé. Fermé le mardi et le mercredi. Heures de service de 12h à 14h et de 19h45 à 21h. Menus de 25,50 € à 64 €. 7 chambres équipées de tout le confort. Tarifs des chambres de 49 € à 65,50 €. Petit déjeuner : 6,50 €.* Au cœur du Berry, à la frontière de la Sologne, cette magnifique demeure du XIXe siècle, a su conserver tout son cachet. Bien loin en arrière, Le Prieuré abritait le presbytère du village de Barengeon. L'accueil des frères Ribail Manuel et Manfred et de leurs épouses, est à la hauteur du charme du lieu. La cuisine quant à elle, offre le même accent de fraîcheur et de tradition, véritable tourbillon de saveurs délicates, dont on ne se lasse pas : terrine de canard colvert de Sologne et sa confiture de nectarine au montbazillac "maison" ; filet se saint-pierre rôti aux gousses d'ail en chemise, pommes de terre boulangères au fumet de bouillabaisse ; rouget barbet entier sans arête, farci de son intérieur sur un croustillant de rizotto d'épautre à peine saucé d'un jus corsé. On revient sur terre avec le pigeon rôti entier puis désossé, toasts de foie gras de canard poêlé accompagné de champignons, châtaignes et oignons grelots. C'est grandiose. Plus le repas avance, plus on se sent bien. Le croustillant de camembert rôti au caramel poivré ou le millefeuille de clémentines à la mousse de vanille, jus de fruit caramélisé et son sorbet ne nous feront pas mentir. L'hôtellerie de charme avec ses chambres aux noms de fleurs et ses décors aux tons pastel offre confort et sérénité. Les maîtresses de maison veillent à notre bien-être, ce sont elles, le matin, qui nous servent le petit-déjeuner sur la terrasse au bord de la piscine quand le temps le permet, bien sûr.

Brinay

A 10 kilomètres de Mehun (D20 - D27), 5,5 kilomètres de Quincy par la D27. Etape de la route de la vallée du Cher. Ce charmant village de la Champagne berrichonne est enraciné sur un territoire partagé entre forêts, terres céréalières et viticoles ou l'aire A.O.C. Quincy s'étend jusqu'au bourg. Le Cher, affluent de la Loire, se déroule en une succession de méandres sur près de 11 kilomètres qui délimitent la frontière Nord-est de Brinay. Un ruban végétal accompagne ce parcours et lui confère le caractère de milieu sauvage. Certains se promènent au long de ses rives ombragées, d'autres préfèrent s'adonner à la pêche à la ligne tout en profitant de ce cadre agréable et reposant. On trouve blotti au fond d'un petit val, l'ancien lavoir restauré où, rires et cris des lavandières d'antan résonnent encore ! Les produits du terroir des bonnes adresses du Berry nous sont présentés à l'occasion du fameux marché à la ferme. Et à travers sous-bois et vignobles, environ 80 kilomètres de chemins communaux s'offrent à nos désirs de randonnées pédestres ou promenades à bicyclette.

Fiche pratique

MAIRIE ✆ 02 48 51 09 20

Points d'intérêt

LA CAVE ROMANE. Brinay, ce sont aussi les arômes du quincy, qui séduit par son caractère vif et frais au bouquet affiné et aux rondeurs fruitées, dans la cave de l'ancienne ferme du château. A l'étage de la cave, dans un cadre exceptionnel, se succèdent tout au long de l'année des expositions : peintres, sculpteurs, potiers et artisans éveillent notre curiosité et suscitent notre admiration.

EGLISE SAINT-AIGNAN. C'est dans un havre de paix, que nous apparaît l'église Saint-Aignan (XIe siècle) qui protège des fresques romanes classées du XIIe siècle. Cet ensemble d'une douceur et d'une noblesse remarquables, est l'un des plus importants de l'art roman en France. Ces fresques, admirées par des touristes de tous les continents, illustrent la vie du Christ de l'Annonciation aux noces de Cana.

Emplettes

DOMAINE DE LA BROSSE Philippe-Portier ✆ 02 48 51 04 47. *Fermé le dimanche. Ouvert de 8h à 12h et de 14h à 18h.* Les lointaines origines du Domaine de la Brosse remontent au XVe siècle, il était alors un fief de bois, de métairies et de hameaux. Philippe Portier possède 10 hectares de Quincy AOC sur ce domaine. Le cépage exclusif "sauvignon" est élevé sur des sols graveleux, ce qui offre un vin expressif, fruité avec de la fraîcheur et de l'élégance. Ce vin de bonne conservation s'allie avec l'apéritif ("c'est le vin de la convivialité") mais également avec les poissons d'eau douce (sandre, brochet), les fromages de chèvre. Au sein d'un espace de verdure avec vue sur la forêt de Bourran, Philippe Portier nous invite à la "ferme découverte", située sur le domaine. Dans une ancienne bergerie du XVIIe siècle restaurée, une salle d'accueil permet de recevoir jusqu'à 100 personnes. Des rencontres sont organisées à la mi-journée ou à la journée. Ainsi, on découvre au gré des thèmes, le patrimoine de la terre et du vin magnifiquement raconté par Philippe.

DOMAINE JEAN-MICHEL SORBE Le Buisson Long - Route de Quincy ✆ 02 48 51 30 17. *Fax : 02 48 51 35 47. Internet : www.jeanmichelsorbe.com. E-mail : jeanmichelsorbe@jeanmichelsorbe.com. Ouvert du lundi au samedi.* Le domaine s'étend sur 11 hectares. Les vignes sont principalement situées sur la commune de Preuilly (8 hectares en AOC Reuilly) les alluvions sableuses et graveleuses ayant été érodées par la rivière le Cher, les sauvignons et les pinots noirs sont donc élevés sur des argiles recouvertes par des limons superficiels. La petite partie qui se situe sur la commune de Reuilly au lieu-dit "Chatillons" est plantée sur des terrasses de sable, gravillons et sables rouges sur des mamelons très accentués. Le quincy AOC couvre 2,5 hectares, situés sur la commune de Quincy, lieu-dit "Le Clos de la Victoire et les Gravoches", exclusivement planté en cépage sauvignon. Les deux parcelles sont recouvertes d'alluvions, de sables et de gravillon, mais la partie supérieure du Clos de la Victoire est plus argileuse avec la présence en surface de calcaire lacustre. Le reuilly offre des vins blancs, rouges et rosés. Le blanc (cépage sauvignon) offre des arômes végétaux et floraux, il accompagne agréablement la dégustation de fruits de mer et de croustades. La cuvée reuilly 2002 (pinot noir) présente une robe rubis, cerise burlat, profonde avec des arômes de fruits rouges, c'est un vin qui possède un bon équilibre acidité tannins. Le quincy, vin harmonieux s'alliera avec une nage de homard, une salade de cailles et foie gras sur roquette et fromage de chèvre frais.

▷ *Dans les environs*

Foëcy

De Brinay, 4 kilomètres, prendre la D27 et la D30.

MAIRIE ✆ 02 48 53 01 80

PHILIPPE DESHOULIERES (Magasin d'Usine) 39, rue Louis-Grandjean ✆ 02 48 53 04 55. *Ouvert tous les jours du lundi au samedi de 10h à 18h30. Entrée libre.* La porcelaine Philippe Deshoulières est cuite à 1 400°C : la plus haute température utilisée pour les porcelaines domestiques. De ce fait, elle bénéficie d'une très grande résistance à la rayabilité. Elle ne s'écaille pas et ne se craquelle pas, ce qui lui confère une grande qualité d'hygiène. La porcelaine Philippe Deshoulières est produite à partir de minéraux, sans additifs chimiques, et elle est cuite dans des fours alimentés en gaz naturel : c'est une porcelaine écologique ! Inclus dans le musée vivant de la porcelaine, qui présente de façon ludique l'historique de la fabrication de la porcelaine, le magasin d'usine permet de s'offrir ou d'offrir à moindre coût de nombreux services et articles de porcelaine, choisis parmi une multitude de formes et de décors différents. Partout, des promotions régulières permettent de faire de vraies affaires sur de très belles collections.

MUSEE VIVANT DE LA PORCELAINE - PHILIPPE DESHOULIERES Rue Louis-Grandjean ✆ 02 48 53 04 55. *Fax : 02 48 53 04 58. Etape de la route de la Porcelaine. Internet : www.ph-deshoulieres.com. Fermé le mardi matin, ouvert du lundi au samedi de 10h à 17h. Entrée : 4,60 € (adultes) 2,30 € (étudiants, lycéens) 3,05 € (groupe à partir de 10). Visite guidée et interprète sur demande.* Entièrement conçu et réalisé par la fameuse entreprise de porcelaine Philippe Deshoulières, ce musée nous convie à un véritable voyage au pays de la porcelaine. Il se compose de différents espaces : histoire de la porcelaine, muséographie, salle vidéo, atelier de décor, arts de la table, exposition temporaire, espace jeune, et enfin boutique. Tout d'abord, les visiteurs découvrent l'histoire de la porcelaine sous forme d'une bande dessinée (créée par Michel Janvier) composée de 34 panneaux, et 3 panneaux consacrés à l'histoire des arts de la table (cette bande dessinée est en vente au magasin d'usine). Ensuite, vient la visite de l'usine Philippe Deshoulières permettant de retracer l'historique de la technologie de la porcelaine par la découverte des différents ateliers et de leurs machines anciennes et récentes et enfin le décor, avec notamment la démonstration de techniques de décoration. Pour plus d'informations, un film de 15 minutes est projeté toutes les demi-heures en salle vidéo. L'interactivité est très présente au cours de la visite et spécialement à la fin pour les enfants, accréditant ainsi sans peine le terme vivant utilisé pour qualifier ce musée original. Et pour emporter des souvenirs de la visite ou tout simplement se faire plaisir, pas de problèmes, le grand magasin d'usine jouxte le musée !

Graçay

A 25 kilomètres de Vierzon (D63). Sortie A20. Au Moyen Age, Graçay était une importante seigneurie qui fut donnée en dot à Blanche de Castille. La cité était alors fortifiée par des remparts autour de la ville haute et de la ville basse, et fermée par cinq portes. Quelques témoins de cette époque sont encore visibles : les remparts moyenâgeux, la motte seigneuriale (**XIIIe siècle**). Sur la droite de la RN20, après la ferme du Rocher, qui est un ancien relais de poste où l'on changeait les chevaux tirant les diligences effectuant le trajet Paris/Toulouse, on remarquait, il y a plus d'un siècle, sept ou huit pierres énormes posées verticalement sur deux rangs et recouvertes d'une autre pierre plus considérable et plus longue que large. Les habitants appelaient ce monument la chambrée. A une quinzaine de mètres, s'élevait un autre monument composé de trois pierres énormes : deux pierres posées verticalement qui en supportaient une autre plus longue et plus large. L'ensemble de ces pierres était appelé les pierres folles, selon les uns parce qu'elles étaient consacrées aux fées, selon les autres parce quelles dansaient à certaines époques de l'année. Aujourd'hui, seul le nom de l'endroit a été conservé, les pierres ayant été brisées et utilisées à la construction de maisons et de routes.

Fiche pratique

OFFICE DE TOURISME Abside Saint-Martin - 4, place du Marché ✆ 02 48 51 22 83. *Fax : 02 48 51 78 99*

MAIRIE Place du Marché ✆ 02 48 51 42 07

SYNDICAT D'INITIATIVE CANTONAL 4, place du Marché ✆ 02 48 51 22 83

Points d'intérêt

ABSIDE SAINT-MARTIN. De la fin du XIe siècle, elle est inscrite à l'inventaire des Monuments historiques et représente le mieux cette époque. Au Moyen Age, Graçay possédait six églises, dont Saint-Martin. Comme la collégiale de Saint-Outrille, elle fut construite à la fin du XIe siècle. C'était un prieuré dépendant de l'abbaye de Massay. Pillée au moment des guerres de Religion, elle servit de club, puis de salpêtrière pendant la Révolution. A la fin du XVIIIe siècle, la nef et le clocher s'écroulèrent. On vendit l'ensemble et l'abside restée intacte à un particulier qui, à la

Spécialités

Le trufiau est une petite spécialité (elle mesure en effet 5 centimètres sur 7 centimètres et pèse environ 25 g) originaire du Berry et plus particulièrement de la région du Graçayais en pays de Vierzon. Née le 12 mars 1988, elle a pour père M. Desvignes, longtemps boulanger-pâtissier à Graçay. Le trufiau est un pâté feuilleté aux pommes de terre que l'on peut trouver nature mais aussi fourré avec du chèvre, du boudin, ou bien encore du pruneau. Pour les amateurs de bons vins, le trufiau, qui se mange chaud de préférence, peut être accompagné de reuilly ou de quincy. Le trufiau a été baptisé le 7 août 1998 dans le parc municipal de Saint-Outrille, mais ce qui l'a réellement confirmé fut son homologation officielle peu de temps après.

place des ruines fit construire une maison. Plus tard, ce fut un café, un hôtel, puis un entrepôt pour les commerces voisins jusqu'en 1986 où la municipalité s'inquiéta de voir ce bel édifice livré aux orties. Elle acheta les maisons qui l'occultaient, les fit démolir et, dès lors, fit élaborer un programme de restructuration : avec une première tranche de travaux, un chantier de fouilles mit au jour des sépultures et permit de définir exactement le plan de l'église. Ses dimensions étaient à peu près les mêmes que celles de Saint-Outrille. Contrairement à la plupart des églises, elle est orientée Nord-est et non Est-ouest. Le 10 septembre 1991, on a procédé à la mise en place de sa cloche. Les vitraux de Saint-Martin sont l'œuvre de Michel Caron, lauréat du concours international de Chartres. Ils ont été posés en janvier 1994. Le maître verrier a voulu exprimer la spiritualité inhérente au lieu. Son thème est la Création.

MUSEE DE LA PHOTO 2, place du Marché ✆ 02 48 51 41 80. *Fax : 02 48 51 41 84. Internet : www.museephoto.com. De juin à septembre, ouvert du mardi aux dimanches et jours fériés de 10h à 12h et de 15h à 18h. D'octobre à décembre et de février à mai, ouvert le samedi, dimanche, les jours de fête (sauf 1er mai, Noël et nouvel an) et sur rendez-vous, de 10h à 12h et de 15h à 18h. Janvier fermeture annuelle. Entrée : 3 €. Tarif enfants, étudiants, groupes : 1,50 €.* Un musée qui réjouira tous les amateurs du "ptit oiseau" et qui a pu voir le jour grâce à la passion de Rémy Duroir, collectionneur d'appareils depuis l'âge de 15 ans. A proximité de l'abside Saint-Martin et de la bibliothèque, dans une maison aux volets bleus, le musée de la Photo se compose, au rez-de-chaussée, d'une salle d'expositions, (des photographes exposent toute l'année) de projections de vidéos et parfois de conférences (entrée libre) et, à l'étage, de salles (entrée payante) où une collection impressionnante d'appareils photo et d'objets rares (plus de 2 000 pièces au total) est présentée. Un laboratoire fictif avec explications sonores et un atelier de retouche, façon début de siècle, ont par ailleurs été reconstitués.

Le gîte

CAMPING "SAINT-PHALIER" 2, chemin Trompe-Souris ✆ 02 48 51 24 14/02 48 51 42 07 (mairie)**

Loisirs

CIRCUITS. De nombreuses promenades ou activités sont proposées à Graçay, mais on apprécie LE CIRCUIT DES LAVOIRS, tous datés : Le Lavoir du Bas du Mail (1879) • Le Lavoir du Marais avec un abreuvoir (1880) • Le Lavoir de la Galaterie (1882) situé près du Village aux Pois • Le Lavoir de Méron (1896) • Le Lavoir de Rinciou (1897) et le Lavoir des Petits-Fossés.

▷ *Dans les environs*

Nohant-en-Graçay

A 7 kilomètres du Graçay, sur la D68 et à 18 kilomètres de Vierzon.

MAIRIE ✆ 02 48 51 40 65

L'église de campagne, avec à l'intérieur, quatre chapiteaux romans. Nohant-en-Graçay est une commune du canton de Graçay qui étend ses 2 378 hectares pour moitié en Champagne berrichonne et moitié en Boischaut nord. Le Fouzon prend sa source près de la ferme de la Roche. Le Verger naît à la fontaine de Boisfort et après avoir traversé le Bourg, rejoint le Fouzon, sur la commune de Graçay, passé le lieu-dit Pont de Bourges. Aux lieux-dits Moulin Neuf, Villiers, la métairie du Bourg, des carrières exploitées en galeries, aujourd'hui fermées, ont fourni la pierre de taille pour la construction de bâtiments et d'édifices religieux. Commune essentiellement rurale, elle produit blé, colza, tournesol. Un seul troupeau laitier et deux importants élevages caprins où nous pouvons nous procurer d'excellents fromages et apéri-chèvres.

A 500 mètres du Graçay et à 23 kilomètres de Vierzon.

MAIRIE Rue de l'Eglise ✆ 02 48 51 40 41

EGLISE DE SAINT-OUTRILLE. C'est une collégiale romane du XIe siècle, entièrement classée, elle fut fondée par le chapitre de Saint-Austrégésile (évêque de Bourges au VIIe siècle qui évangélisa le Berry). L'édifice a été entièrement restauré. Il présente un chevet remarquable et bien visible depuis le large espace vert qui s'étend à l'est. L'église est surmontée d'un curieux clocher tors, de la même époque et couvert de bardeaux. Ce mouvement de torsade présente une grande rareté, il n'existe en France que quarante-deux clochers tors. L'empreinte des chanoines subsiste aussi dans le village, où non loin de l'église, se trouve l'ancienne grange aux dîmes.

Quincy

A 4 kilomètres de Mehun (D20). Connue pour son vignoble d'Appellation d'Origine Contrôlée, spécialisé dans le cépage sauvignon (200 hectares, 3 500 hectolitres). Il a obtenu l'A.O.C. en 1936, ce qui en fait l'un des plus anciens de France.

Fiche pratique

MAIRIE ✆ 02 48 51 30 12

Le couvert

LE FIRMAMENT Route de Vierzon ✆ 02 48 51 30 35. *Fax : 02 48 51 35 11. Cuisine traditionnelle campagnarde. Fermé le mardi et le mercredi. Service de 12h15 à 14h et de 19h à 21h30. Menu à 10 € (non servi le samedi soir et le dimanche midi). Menus à 15 €, 20 € et 25 €. Menu enfant : 7 €. Les chiens sont acceptés.* C'est de la bonne cuisine campagnarde et traditionnelle que nous dégustons au Firmament. Le restaurant niché dans un écrin de verdure trône sur une petite butte, dominant un étang. Le chef nous propose des mets traditionnels cuisinés maison : fricassée de volaille aux écrevisses, foie gras frais maison, confits de canard, poissons, grillades, et viandes en sauce au quincy (truite braisée au quincy)En saison on se régale de gibiers et d'huîtres. Les desserts sont faits maison, l'incontournable qui gagne tous les suffrages : le croustillant de pommes et pruneaux, ou le vacherin maison aux deux parfums.

Loisirs

FERME DECOUVERTE Domaine de La Brosse - Route de Quincy ✆ 02 48 51 04 47. La ferme découverte de Philippe Portier est située entre Quincy et Brinay. Dans cette ancienne bergerie une salle d'accueil a été aménagée. Des rencontres s'organisent à la journée ou à la demi-journée. On vient découvrir le monde de l'agriculture et de la vigne. Autour de différents thèmes, on nous parle du métier, de sa philosophie et de son rôle dans le paysage.

LE SENTIER DU VIN Le Buisson Long - Route de Quincy - BRINAY ✆ 02 48 51 30 17. *Fax : 02 48 51 35 47. Internet : www.lesentierduvin.com. Parcours pédagogique.* Le Sentier du Vin est situé entre Quincy et Brinay. Le Sentier du Vin est la réunion de talents qui partagent la même passion du vin et valorisent leurs terroirs spécifiques. C'est aussi un même lieu en trois étapes pour mieux comprendre et apprécier le vin. Un parcours pédagogique extérieur et une salle de dégustation sont mis à disposition de tous ceux qui veulent en savoir plus : La Vigne. Un parcours découverte à travers les cépages, la taille et les différents travaux saisonniers. Le Vin. Du pressoir à la mise en bouteilles et toutes les étapes de la vinification sont présentées. Le Goût. La dégustation est un art à la portée de tous. Vous viendrez enrichir votre mémoire olfactive en toute convivialité. Des domaines prestigieux nous accueillent sur ce parcours pédagogique : Domaine Jean-Michel Sorbe • Domaine Pierre Duret • Domaine Joseph Mellot • Les Berry Curiens.

Emplettes

DOMAINE DES BRUMIERS - JEROME DE LA CHAISE Domaine des Brumiers ✆ 02 48 51 34 10. *Fax : 02 48 51 34 10. Internet : www.delachaise-vin-quincy.fr.st. E-mail : j.delachaise@wanadoo.fr.* Ce viticulteur, qui produit du quincy, atteint sa quinzième année d'exploitation. Le Petit Futé a goûté le millésime 2001, ce vin à la finale assez minérale, est également aromatique. Il se marie avec les poissons et fruits de mer dans sa prime jeunesse. Jérôme de la Chaise est récompensé chaque année dans différents guides et a reçu des distinctions au Concours Général Agricole. Son vin, après 2 à 5 ans, devient une merveille à l'apéritif. Le Petit Futé l'a également souvent retrouvé sur les tables des restaurants de la région (une preuve de plus s'il en faut). Cette année, pour améliorer sa qualité, la cave s'est agrandie.

DOMAINE PIERRE DURET Route de Lury ✆ 02 48 51 30 17. *Fax : 02 48 51 35 47.* La superficie du domaine est de 10 hectares plantés et exposés sur des terrasses de sable et de graves reposant sur des calcaires et argiles de la rive gauche du Cher. Ces terrains permettent au Sauvignon d'atteindre très tôt leur maturité, les vignes de 35 à 40 ans produisent de jolies réussites très représentatives du cépage sauvignon. Le quincy 2001 en est un exemple remarquable, il offre une robe or pâle avec des reflets verts, un beau nez de fruits mûrs et d'agrumes, une attaque en bouche vive et fraîche. C'est un vin très plaisant dont la finesse et la persistance aromatique le distinguent. Ce vin de charme mérite d'être découvert dès le début du repas sur des fruits de mer bien sûr, mais aussi avec des poissons en sauce ou grillés, avec des tourtes au fromage, des asperges, et bien évidemment le fromage de chèvre.

DOMAINE JACQUES ROUZE Chemin des Vignes ✆ 02 48 51 35 61. *Fax : 02 48 51 05 00. Ouvert du lundi au samedi de 9h à 12h et de 14h à 18h. Le dimanche et les jours fériés (il est préférable d'appeler).* C'est la troisième génération qui travaille dans cette exploitation familiale. Le domaine s'étend sur environ 17 hectares de vignobles plantés en cépages sauvignon, producteur en vins de Quincy et de Reuilly, rouge et gris. Le sol sableux et sablo-limoneux sur sables argileux et siliceux pour le quincy offre 2 cuvées. La première "Cuvée Tradition" fruitée, flatteuse est idéale pour accompagner l'apéritif ou les coquillages. La seconde "Cuvée Vignes d'Antan" moins fruitée, offre plus de matière et de structure en bouche, elle se sert volontiers avec un plat cuisiné. Cette cuvée provient de vignes qui ont environ 70 ans d'âge ; ce qui offre un équilibre intéressant. La méthode de taille pratiquée dite Guyot constitue une phase importante, elle est le premier maillon de la maîtrise de la qualité. A la vendange, les parcelles sont triées et les cuvées vinifiées séparément. Une partie des vins issus de vieilles vignes est vinifiée et élevée en barrique. Les jus sont débourbés à froid sous 24h puis élevés en cuves inox. Les fermentations se font en cuves thermo-régulées permettant ainsi aux arômes de s'exprimer dans les meilleures conditions. Récemment, l'exploitation s'est étendue sur l'appellation Reuilly avec ses 2 hectares de pinot noir et 0,5 hectare de pinot gris, vignes situées sur les coteaux de l'Arnon en terrain argilocalcaires. Sur ce type de sol, le pinot noir produit des vins élégants, gouleyants et enveloppés au fruité affirmé.

DOMAINE DE VILLALIN Le Grand-Villalin ✆ 02 48 51 34 98. *Fax : 02 48 51 09 74. Internet : domaine-de-villalin.com. E-mail : vquincy@club-internet.fr.* Ce vignoble situé sur les rives du Cher s'étend sur un peu plus de 200 hectares. Son territoire s'étale sur la commune de Quincy et d'une partie de celle de Brinay. La nature des terrains silico-argileux, très favorable au sauvignon, lui donne sa renommée qui vient de son sol et de son cépage. Au Domaine de Villalin, les vignes se taillent à la main, garantissant la sélection des raisins à la cueillette. Les propriétaires ont à cœur de développer le travail de la vigne, dans un esprit et une démarche traditionnelle, avec un respect de la nature. Ces vignerons sont membres de la Confrérie "Equusvinage" dont la vocation est la réintroduction et la réutilisation de la traction animale (chevaux de traits, ânes et mulets) dans le travail des vignes. C'est aussi un hommage à cette confrérie et aux gens de la terre qui redonnent des vraies valeurs à leur métier tant aussi bien technique que festif.

JEAN CLAUDE ROUX "Puy-Ferrand" - ARCAY ✆ 02 48 64 76 10. Jean-Claude Roux, propriétaire récoltant possède 3 parcelles réparties pour : 1,50 hectare, chemin des Condereaux au lieu-dit"La Pointe" ; 0,50 hectare, route de Lury/Arnon au lieu-dit les "Victoires" ; 2 hectares, au lieu-dit "Les Victoires Bel Air". Le cépage 100 % sauvignon Quincy AOC est élevé sur des terres sablo-graveleuuses. L'âge moyen des vignes se situe à une quinzaine d'années et l'encépage du vignoble est de 6 000 pieds à l'hectare. Ce vin blanc se conserve deux ou trois ans. On déguste un vin tranquille, blanc sec, vif et frais offrant une belle persistance en bouche. Le quincy se marie avec les fruits de mer, le poisson et les fromages de chèvre. Dans une cave voûtée, entièrement aménagée, Jean Claude nous accueille pour la dégustation et la restauration. Vous avez la possibilité de déjeuner et d'organiser vos réunions ou séminaires.

Saint-Georges-sur-la-Prée

Au Nord-ouest à 15 kilomètres de Vierzon. La redécouverte des anciennes ocreries à Saint-Georges-sur-la-Prée, qui existaient déjà au haut Moyen Age et ont fermé vers 1860, est à l'origine de la création du musée de l'Ocre et de la mise en place de tout un itinéraire autour du village. L'ocre est un colorant minéral jaune ou rouge utilisé notamment, depuis des siècles, en peinture.

Fiche pratique

MAIRIE ✆ 02 48 52 00 20

Point d'intérêt

MUSEE DE L'OCRE ✆ **02 48 51 41 05.** *Ouvert du 1er mars au 22 décembre de 15h à 19h le vendredi, le samedi, le dimanche et les jours fériés. Ouvert de 15h à 19h le lundi, du jeudi au dimanche et les jours fériés, en juillet et en août. Entrée : 2 €.* L'histoire des ocreries, et parallèlement celle du village de Saint-Georges-sur-la-Prée, ainsi que la manière d'exploiter l'ocre sont retracées à laide de maquettes, dessins et documents d'archives (avec notamment un livre sur l'exploitation de l'ocre de 1851 à 1864 retrouvé dans un grenier de Saint-Georges). Il est possible de ramener son petit sac d'ocre, jaune comme celui que l'on trouve à Saint-Georges, ou rouge. Le musée présente aussi d'autres expositions permanentes, toutes axées sur la mémoire de ce petit village et entièrement constituées grâce aux dons des habitants : des objets de l'agriculture d'avant la mécanisation, de la vie artisanale d'antan (notamment une collection complète d'outils de tonnelier). A l'étage, une salle d'écomusée reconstitue une ancienne chambre. A voir : les photos de classe de gens du village exposées au-dessus du grand banc d'école, la plus vieille date de 1873 ! A faire : le chemin de l'ocre de 2,2 kilomètres, à l'extérieur du musée, aux alentours du village. Il passe par les lieux-dits les Hautes Ocreries et les Basses Ocreries, anciens sites ocriers. Aucun puits d'époque ne subsiste, mais on peut en voir un reconstruit, ainsi qu'une loge, sorte de cabane où les ouvriers rangeaient leurs outils. Toucher la terre là où elle est jaune orangé : l'ocre affleure à plusieurs endroits. Ne pas hésiter à dériver du chemin pour une balade un peu plus longue, qui permet d'admirer le château de Rozay (interdit à la visite) et ses douves, et qui descend sur le Cher, d'où des bateaux partaient pour acheminer l'ocre en Hollande. Le musée de l'Ocre est également une galerie d'art, qui présente chaque été des expositions d'artistes contemporains internationaux.

Loisirs

CIRCUIT DE RANDONNEE de 32 kilomètres.

SUR LES BORDS DU CHER : promenades et pêche.

Vouzeron

De Vignoux-sur-Barangeon prendre la D30 sur 8 kilomètres.

Fiche pratique

MAIRIE ✆ **02 48 51 62 09**

Points d'intérêt

L'EGLISE. Après un incendie, le Baron Roger, riche propriétaire et possesseur du château fera reconstruire l'église. Le détail le plus remarquable à la suite de cette construction reste le clocher et sa flèche, la plus haute de toute la région, qui domine du haut de ses 37 mètres la place du village. Elle s'aperçoit depuis plusieurs kilomètres en venant de Nançay ou de Neuvy. Les stalles en bois, à la droite et à la gauche du chœur, servaient au Baron et à son épouse ainsi qu'à sa suite.

MUSEE DE LA NATURE ET DE LA CHASSE La Feuillarderie ✆ **02 48 51 12 15.** *Ouvert le week-end et les jours fériés de 14h à 17h. Entrée : 4 €. Visite guidée de la maison pour les groupes toute l'année sur rendez-vous.* Au sein d'une ancienne ferme solognote du XVIIIe siècle, un parcours initiatique nous entraîne au pays des mythes de la vénerie (l'art de la chasse) jusqu'au plus profond de la forêt, à la rencontre de ses habitants les plus inhabituels.

Le couvert

AUBERGE DU FEUILLAGE Le Feuillage ✆ **02 48 51 62 60.** *Fax : 02 48 51 18 76. Fermé le lundi et le mardi. Service de 12h à 14h et de 19h à 21h. Le menu de la semaine à 13 € (servi le midi, du mercredi au vendredi sauf les jours fériés). Prix moyen à la carte 18 €. Cuisine traditionnelle. Plats à emporter (sur commande).* Pour découvrir l'auberge, prendre la route de Neuvy-sur-Barangeon à la sortie de Vierzon. Au cœur de la forêt de Sologne, on découvre nichée au lieu-dit "Le Feuillage" cette agréable et authentique maison solognote. M. et Mme Guyon, en hôtes attentifs nous accueillent dans leur demeure. Le chef mitonne les bons petits plats et le régal est assuré. Les spécialités maisons se dégustent : la salade de rougets au noilly prat, la tête de veau sauce gribiche, très demandée ! En saison, on savoure les gibiers de la forêt, finement préparés : une terrine de canard sauvage, un faisan aux choux, un civet de sanglier, un perdreau rôti, les côtes de sanglier grillées... Bien évidemment, la cuisine est toujours faite avec des produits frais. L'été, on profite de la grande terrasse.

Le gîte

MAISON DE LA CHASSE ET DE LA NATURE La Feuillarderie ✆ 02 48 51 12 15. Mme Guillon et M. Louyot nous accueillent dans une ancienne ferme solognote du XVIIIe siècle, qu'ils ont aménagée de façon à accueillir un musée (sur la vénerie et la vie dans les forêts) et un gîte.

Le gîte et le couvert

LE RELAIS DE VOUZERON 2, place de l'Eglise ✆ 02 48 51 61 38. *Fax : 02 48 51 63 71. Cuisine gastronomique. Congés annuels du 14 décembre au 14 janvier. Fermé le lundi. Menu à 14 € (servi du mardi midi au samedi midi, sauf les jours fériés). Menus de 14 € à 33 €. Menu des Petits : 9,15 €. Soirée étape 60 € à partir d'octobre (repas du soir, chambre et petit-déjeuner), la formule est réservée aux VRP, hommes d'affaires. Tarifs des chambres de 42 € à 65 €. Petit-déjeuner 7 €. Chaîne TPS. Les compagnons à quatre pattes sont les bienvenus. 5 €.* Nichée au cœur de la forêt solognote, dans un coquet village typique du terroir, cette auberge nous ouvre ses portes sur un décor raffiné. Dans une ambiance feutrée et conviviale, elle nous offre l'espace d'un repas, un dépaysement total. Francis Perrin, le chef cuisinier et propriétaire des lieux manie avec subtilité et délicatesse les épices, qui donneront ce raffinement à la saveur des plats. Nous dégustons la bonne cuisine traditionnelle, agrémentée de son savoir-faire. On se délecte de mets dont la seule évocation des noms nous fait saliver : terrine de chevreuil aux réglisse et mirabelles et ses saveurs de poires et griottes, feuilleté d'escargots, feuilleté de crevettes et noix de pétoncles flambées au cognac, suivi d'un civet de sanglier, cailles braisées aux mûres et porto ou encore filet de bar au sabayon à l'estragon, filet de flétan aux délices d'agrume et menthe pour ceux qui préfèrent le poisson. La carte des vins est fidèle aux crus de la région. Elle ne néglige pas non plus les autres crus renommés. Dans un décor raffiné, les chambres sont agréables et chacune à son style. L'été, une terrasse ombragée accueille les amateurs de soleil. Sur la place, devant le restaurant, tous les mercredis soir, les sonneurs de trompes de Vouzeron viennent donner un échantillon de leur talent.

▷ *Dans les environs*

Neuvy-sur-Barangeon

De Vouzeron, prendre la D30 sur 7 kilomètres.

PLAN D'EAU DE LA BOULASSE Route de Vouzeron ✆ 02 48 52 95 20 (mairie). *Ouvert en juillet et août. Barbecue interdit. Animaux non admis. Blocs sanitaires, douches.* Au cœur d'un site boisé, ce plan d'eau de 5 hectares atteint jusqu'à 4 mètres de profondeur. A partir de la plage, de sable fin, on n'aperçoit qu'une petite partie de la vaste étendue d'eau. On se baigne tout en respectant les consignes de sécurité, et après la tasse, le réconfort, on va trinquer à la buvette. Le cadre se prête à la randonnée et à la pêche.

Eure-et-Loir

Le Pont Bouju à Chartres

Eure
Paris
CHARTRES
Vers Alençon
Forêt de Dreux
Saint-Lubin-des-Joncherets
N12
Dreux
Laons
Garnay
N154
Brezolles
La Ferté-Vidame
Forêt de Senonches
Senonches
Châteauneuf-en-Thymerais
Chêne-Chenu
N
O
E
S
Digny
Dangers
Orne
Eure
Pontgouin
La Loupe
Courville-sur-Eure
Forêt de Champrond
Eure
N23
Champrond-en-Gâtines
Nogent-le-Rotrou
Thirons-Gardais
Illiers-Combrais
A11
Vers le Mans
Beaumont-les-Autels
N10
Loir
A11
Brou
Dangeau
Vers le Mans, Nantes
Authon-du-Perche
Bonneval
Gohory
Flacey
La Bazoche-Gouet
Dolmen de Baignon
Arrou
Sarthe
Châteaudun
Langey
Loir
Loir-et-Cher
Cloyes-sur-le-Loir
0
10 km
Chapelle d'Yron
la Ferté-Villeneuil
Reproduction interdite
Jean-Baptiste Nény
Mai 2004

EURE-ET-LOIR

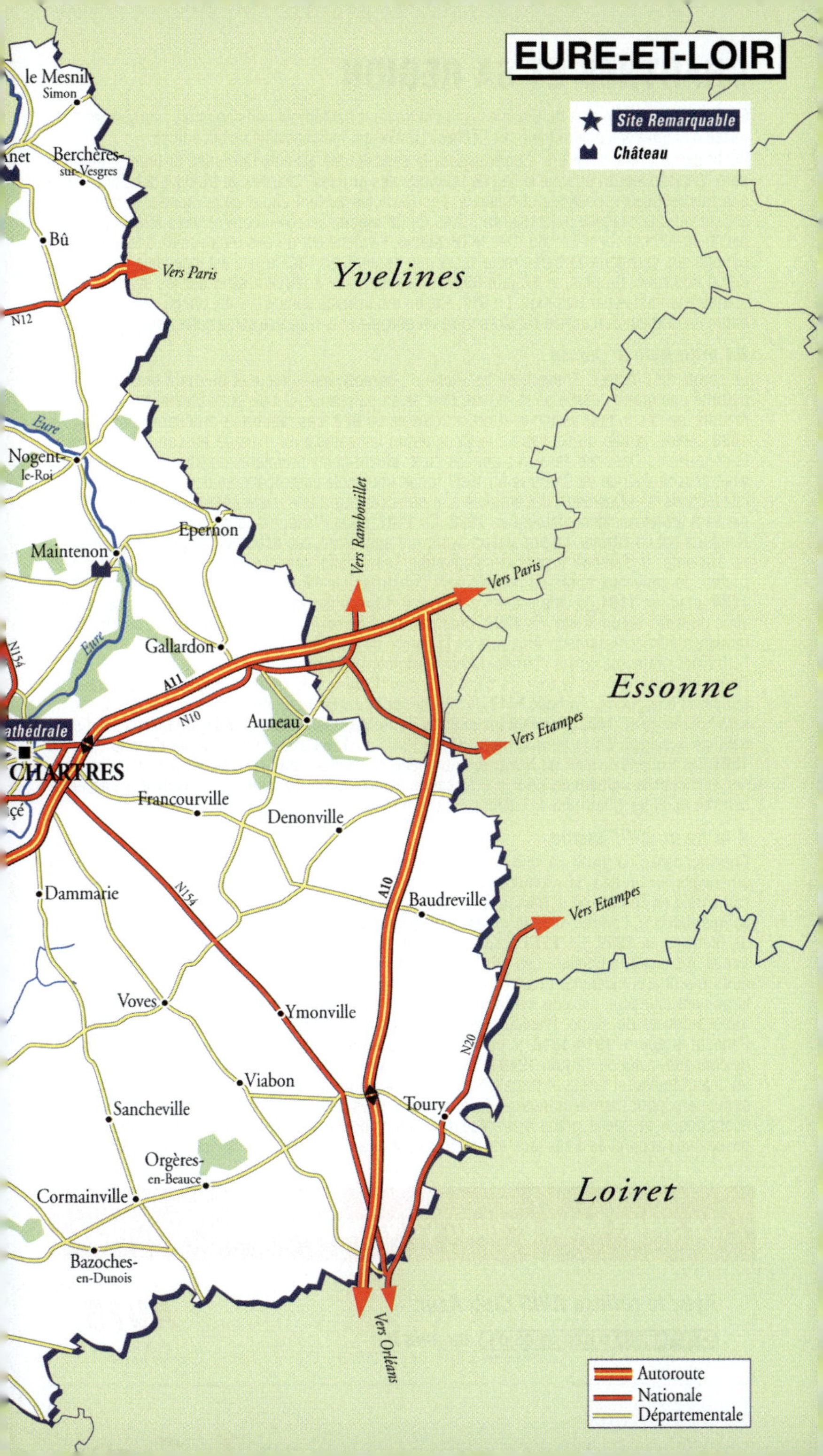

Site Remarquable
Château
le Mesnil-Simon
Bercheres-sur-Vesgres
Bû
Vers Paris
N12
Yvelines
Eure
Nogent-le-Roi
Epernon
Maintenon
Vers Rambouillet
Vers Paris
Gallardon
N154
Eure
A11
N10
Auneau
Essonne
Vers Etampes
athédrale
CHARTRES
Francourville
Denonville
Dammarie
N154
A10
Baudreville
Vers Etampes
Voves
Ymonville
N20
Viabon
Toury
Sancheville
Orgères-en-Beauce
Cormainville
Loiret
Bazoches-en-Dunois
Vers Orléans
Autoroute
Nationale
Départementale

CHARTRES ET SA REGION

Sur l'horizon de la plaine de Beauce la silhouette de la cathédrale nous apparaît ; surgissant de la Vallée de l'Eure elle pointe haut ses flèches. La ville est indissociable de cet édifice.

Au IIe siècle avant notre ère, Chartres sera la capitale des Gaulois Carnutes, et tirera d'eux son nom. Chartres est à l'époque le lieu de réunions des druides. Chartres se trouvait donc la capitale à la fois religieuse, politique et militaire. Les Carnutes avaient choisi cette hauteur parce qu'elle constituait une citadelle naturelle. Au milieu du **IIIe siècle**, la région commence à être évangélisée par Saint-Altin et Saint-Eodald. Dès le **IVe siècle**, l'évêché est un des plus vastes des Gaules. La période des invasions barbares reste assez peu connue. En **743**, la ville est incendiée par Hunald, duc d'Aquitaine. De plus, le **12 juin 858**, la ville est mise à feu et à sang par les invasions normandes conduites par Hastings. En **911**, Rollon mit le siège devant la ville, obligé de le lever et de battre en retraite. Son armée fut alors mise en déroute et le désastre solda cette intrusion.

Au milieu du Xe siècle

Le comte de Chartres, Thibault dit "le Tricheur", personnage influent et puissant tenait sous son autorité une grande partie de la région. Fort de sa puissance, il s'en prit à Richard, duc de Normandie, qui à son tour assiégea et brûla Chartres en **962**. Les rapports s'amélioreront puisqu'en **1080,** Adèle, la fille de Guillaume le Conquérant est remise en mariage au comte de Chartres Etienne-Henri. Dans les dernières années du **Xe siècle** et les premières du **XIe siècle**, Fulbert qui allait devenir évêque de Chartres en **1007** fonde une école épiscopale qui devient l'un des foyers intellectuels de l'Occident. Il s'emploie à la construction d'une vaste église à la gloire de Marie qui sera brûlée accidentellement en **1020**. En **1181**, sous Philippe Auguste une nouvelle ligne de remparts est construite. La population ayant fort augmenté, elle débordait largement de l'ancienne enceinte. Il devenait urgent de s'agrandir. Dans cette nouvelle enceinte s'ouvrirent douze portes, de nouveaux ponts de pierre furent construits sur l'Eure. Son dernier incendie datait de **1134**, mais en **1194**, la ville brûlera à nouveau. Malgré ces grandes catastrophes la cathédrale est à nouveau reconstruite. En **1297**, Chartres reçut du roi Philippe VI de Valois sa chartre communale d'affranchissement. Au cours de la guerre de Cent Ans, Chartres dû peut-être son salut à l'effrayant orage qui arrêta l'armée du roi d'Angleterre Edouard III à Brétigny. Il promit à Notre-Dame qu'il accorderait la paix. Et c'est le **8 mai 1360** que le traité fut signé, mettant pour un temps fin à la guerre. En **août 1417**, la ville se rend aux Bourguignons alliés des Anglais, elle ne sera libérée qu'en **1432**. Pendant les guerres de Religion, en **1568** et **1591**, Chartres devait soutenir deux sièges. Entre-temps, Henri III fuit Paris en **1588** et vient se réfugier dans la ville. En **1591**, les troupes d'Henri de Navarre, futur Henri IV investissent Chartres. Pour se faire pardonner il choisit la cathédrale pour y être sacré. Bon nombre de gens se refusaient à l'accepter comme roi et les Chartrains faisaient parti de ceux-là.

A la fin du XVIIe siècle

Chartres cesse de jouer un rôle de place forte. Les abrupts talus du rempart de l'ouest furent aménagés en un lieu de promenade. Après la Révolution française, et la transformation de la cathédrale en Temple de la Raison (proposition d'Antoine-François Sergent-Marceau pour éviter sa destruction), l'entrée dans le monde contemporain est marqué par l'inauguration de la gare de Chartres en **1849**. En **1870** éclate la guerre. Des batailles eurent lieu en Beauce, à Patay, à Varize, à Loigny-la-Bataille. Les généraux Senlis et de Sonis s'y illustreront. Châteaudun sera aux trois quarts incendié. Chartres occupé par les Prussiens, verra ses intérêts pris à cœur et largement défendus par son maire, Delacroix. En **1909**, l'aérodrome voit le jour, il fut parmi les touts premiers du siècle. Plusieurs pilotes y acquirent la célébrité, comme Farman et Latham. Pendant la guerre **1914-1918**, la ville subit son premier bombardement le **15 août 1918**, avant de connaître celui du **17 juin 1940** et du **26 mai 1944**. C'est au soir du **17 juin**, que le jeune préfet Jean Moulin fut arrêté et brutalisé parce qu'il avait osé refuser de signer un texte mensonger et injurieux pour l'armée française. A partir des années **1950**, Chartres connaît un véritable essor économique et social grâce à la décentralisation industrielle. Terre de tradition, fidèle à son passé, bien accrochée à ses racines, la région est une véritable terre d'accueil et d'avenir.

Chartres

Fiche pratique

OFFICE DU TOURISME Place de la Cathédrale © 02 37 18 26 26. *E-mail : info@otchartres.fr. Ouvert tous les jours toute l'année.*

COMITÉ DÉPARTEMENTAL DU TOURISME EURE-ET-LOIR 10, rue du Docteur-Maunoury © 02 37 84 01 00. *Fax : 02 37 36 36 39. Internet : www.tourisme28.com. E-mail : infos@tourisme28.com. Ouvert du lundi au vendredi de 9h à 12h et de 14h à 18h.*

LOISIRS ACCUEIL EURE-ET-LOIR - ASSOCIATION DEPARTEMENTALE DES HOTELS-LOGIS DE FRANCE Réservation CDT © 02 37 84 01 00

ASSOCIATION DEPARTEMENTALE DU TOURISME VERT © 02 37 24 45 45. *Internet : www.gites-de-france-eure-et-loir.com.*

CIRCUITS ET SEJOURS POUR GROUPES © 02 37 84 01 17. *E-mail : reservation@ tourisme28.com.*

RESERVATIONS DE GITES RURAUX ET MEUBLES CLEVACANCES © 02 37 84 01 02

RESERVATION WEEK-ENDS ET COURTS SEJOURS, ACTIVITES DE LOISIRS © 02 37 84 01 01

VILLE DE CHARTRES. *Internet : www.chartres.fr./ www.ville-chartres.fr.*

Transports

GARE ROUTIERE © 02 37 18 59 00

SNCF/GARE DE CHARTRES © 08 92 35 35 35. *Internet : www.sncf.com.* 33 liaisons quotidiennes au départ de Paris-Montparnasse. 12 liaisons quotidiennes avec Le Mans. Liaisons régulières avec la Bretagne. Réservations groupes : 02 37 84 61 66.

TAXI 2000 Place Pierre-Sémard © 02 37 36 00 00. 26 véhicules toutes distances ou sur commandes : hôpitaux, cliniques, rééducation, TGV, gares, aéroports.

TRANSBEAUCE 10, place Pierre-Sémard © 02 37 18 59 00. Service de cars sur Chartres et Orléans.

TRANSPORTS URBAINS FILIBUS "LE KIOSQUE" Place des Epars - Bus Infos © 02 37 36 26 98. *Du lundi de 14h30 à 19h, du mardi au vendredi de 9h à 12h30 et de 14h30 à 19h, et le samedi de 10h à 12h30 et de 14h30 à 18h.*

Loueurs de voitures

ADA 28ter, boulevard Chasles © 02 37 36 78 64. Conditions de location : 23 ans minimum, un permis B depuis plus de 2 ans. Caution carte bleue.

AVIS Gare SNCF © 02 37 28 37 37 • 9, rue Charles-Coulombs 02 37 28 37 37. Conditions de location : 25 ans minimum, 1 an de permis B, se munir d'une carte bleue et d'un justificatif de domicile. Caution par empreinte de carte bancaire.

BUDGET 46, avenue d'Orléans © 02 37 88 18 18

Points d'intérêt

CATHEDRALE NOTRE-DAME © 02 37 21 59 08. *Fax : 02 37 21 99 95. Internet : www.cathedrale-chartres.com. E-mail : ndchartres@ifrance.com. Horaires d'ouverture : de Pâques à la Toussaint de 8h à 20h. De la Toussaint à Pâques de 8h30 à 19h30. Durant les offices, visites extérieures uniquement.* Triple chef-d'œuvre de l'architecture, de la statuaire et du vitrail des XIIe et XIIIe siècles. Classée Patrimoine Mondial de l'Unesco. De nombreux concerts, festivals et concours internationaux d'orgue ont lieu au sein de la cathédrale. Dans l'invitation au voyage, l'histoire de la cathédrale vous est racontée plus en détail. Mais l'admirer reste la plus belle des histoires.

CENTRE INTERNATIONAL DU VITRAIL 5, rue du Cardinal-Pie © 02 37 21 65 72. *Fax : 02 37 36 15 34. Internet : www.centre-vitrail.org. Ouvert du lundi au vendredi de 9h30 à 12h30 et de 13h30 à 18h, le samedi, le dimanche et les jours fériés de 10h à 12h30 et de 14h30 à 18h. Fermé le 1er janvier et le 25 décembre.* Atelier découverte du vitrail. Visites commentées des vitraux de la cathédrale. Démonstrations, circuits historiques et artistiques. Stages d'initiation aux techniques du vitrail. Expositions.

JARDIN DE L'EVECHE. Ce magnifique jardin public descendant en trois ensembles de terrasses depuis le chevet de la cathédrale jusqu'à l'Eure offre une des plus belles vues de la ville basse. En faisant cette halte, ne manquez pas l'ancien évêché qui a été transformé en Musée. Le bâtiment abrite des œuvres remarquables.

MAISON DE L'ARCHEOLOGIE 16, rue Saint-Pierre © 02 37 30 99 38. *Fax : 02 37 30 21 20. Ouvert du 11 janvier au 31 mai et du 1er octobre au 31 décembre : les mercredis et dimanches de 14h à 17h. Du 1er juin au 30 septembre : tous les jours de 14h à 18h, sauf le mardi. Fermé les jours fériés.* Centre de conservation des documents et des collections provenant des fouilles de Chartres. Des expositions temporaires et des stages pour adultes et étudiants sont organisés.

MAISON ET JARDIN PICASSIETTE 22, rue du Repos © 02 37 34 10 78. *Ouvert du 1er avril au 31 octobre de 10h à 12h et de 14h à 18h. Fermé le mardi et le dimanche matin. Fermé les 1er janvier, 1er mai, 8 mai, 1er novembre, 11 novembre, 24 et 25 décembre.* La Maison Picassiette est le témoignage exceptionnel d'art populaire naïf du XXe siècle, le lieu est aussi insolite qu'original. Œuvre de Raymond Isidore dit "Picassiette" qui décora l'intérieur et l'extérieur de sa maison avec des morceaux de vaisselle brisée et de verres multicolores issus de ventes publiques ou de décharges. Tous les murs, intérieurs comme extérieurs ainsi que les sols sont parés de personnages, de paysages et de représentations de monuments religieux dont 44 cathédrales européennes sur le mur de la cour. De même, le mobilier et le jardin sont ornés de petites sculptures et d'une tour Eiffel à l'ombre des pommiers. Les mosaïques et les peintures murales mettent en évidence la personnalité et l'attachement que Raymond Isidore a eu pour sa ville.

MUSEE DES BEAUX-ARTS 29, cloître Notre-Dame © 02 37 36 41 39. *Fax : 02 37 36 14 69. Ouvert du 2 mai au 31 octobre : tous les jours, de 10h à 12h et de 14h à 18h, sauf mardi et dimanche matin et du 2 novembre au 30 avril de 10h à 12h et de 14h à 17h. Fermé les jours fériés.* Situé dans l'ancien palais épiscopal, le musée mérite une visite, tant pour le bâtiment que pour ses œuvres. Le musée expose toute l'année de riches collections d'art ancien et moderne comportant des œuvres de Zurbaran, Chardin, Vlaminck, Soutine. Des collections permanentes telles sculptures, tapisseries, clavecins, bois polychromes, émaux Renaissance sont également à admirer. Des expositions temporaires et des concerts sont organisés.

MUSEE DEPARTEMENTAL DE L'ECOLE 1, rue du 14-Juillet © 02 37 30 07 69. *Fax : 02 37 33 68 20. Ouvert du lundi au vendredi de 10h à 12h et de 14h à 18h. Fermé les jours fériés. Visites en anglais et en français.* On est replongé au début du XXe siècle dans une classe reconstituée au travers d'animations pédagogiques.

MUSEUM DES SCIENCES NATURELLES ET DE PREHISTOIRE 5bis, boulevard de la Courtille © 02 37 28 36 09. *Fax : 02 37 23 41 99. Ouvert du 1er juillet au 15 septembre et vacances scolaires : tous les jours de 14h à 18h sauf le samedi. Hors saison le mercredi et le dimanche de 14h à 17h. Fermé les jours fériés.* Collection paléontologique de Saint-Prest (découverte au XIXe siècle), de géologie, de préhistoire, d'ornithologie et d'insectes. Une bibliothèque scientifique est à votre disposition sur rendez-vous.

VISITE AUDIO-GUIDEE DE LA CATHEDRALE © 02 37 21 56 33. *Fax : 02 37 21 21 49. Vous pouvez opter pour la visite de votre choix. Visite de 25 minutes (tour du chœur). Visite de 45 minutes (cathédrale). Visite de 70 minutes (cathédrale et tour du chœur). L'audio guide est disponible en français, anglais, allemand, espagnol, néerlandais, italien.*

VISITE GUIDEE DE LA CATHEDRALE ET DE LA CRYPTE 24, cloître Notre-Dame © 02 37 21 75 02. *Fax : 02 37 36 51 43. Internet : www.cathedrale-chartres.com. Horaires du 1er avril au 31 octobre : tous les jours à 10h30 (sauf dimanche et lundi) et 15h. Du 1er novembre au 31 mars : à 14h30 tous les jours. Sauf pendant les célébrations religieuses. Visites pour groupes et individuels. La visite dure 1h30 (en français).*

VISITE GUIDEE DE LA CRYPTE DE LA CATHEDRALE 16, cloître Notre-Dame © 02 37 21 56 33. *Fax : 02 37 21 21 49. Ouvert toute l'année du lundi au samedi à 11h. Du 1er avril au 31 octobre : du lundi au dimanche à 14h15, 15h30 et 16h30. Du 22 juin au 22 septembre : tous les jours à 17h15. Fermé les 25 décembre et 1er janvier. La visite guidée de la crypte est en français. Des notices en anglais, en allemand, en italien et en espagnol sont disponibles pour les visiteurs.*

VISITE GUIDEE DES QUARTIERS HISTORIQUES © 02 37 18 26 26. *Fax : 02 37 21 51 91. E-mail : info@otchartres.fr. Horaires du 1er juillet au 31 août les mardis, jeudis et samedis à 14h30. La visite se fait en français.* Vous découvrirez la basse ville au bord de l'Eure avec ses vieux ponts de pierre, ses lavoirs, ses maisons à pans de bois et ses ruelles capricieuses aux noms savoureux.

Une Première en Eure & Loir
Découvrez la Route du Blé en Beauce sur votre mobile !
Du Gué-de-Longroi à Nottonville
Le plus simple des audioguides immédiatement sur votre mobile.
"Une véritable visite guidée à chaque étape".
1. Composez le N° 3·2·2·3 dites "Allovisit"
2. Au premier appel seulement composez le code suivant :
028 010
7 réécouter / down
9 avancer / Up
✱ audio+
8 pause
Circuit de 3 à 4 min par étape
CHARTRES
A10 Sortie Ablis depuis Paris
0 Auneau
Le château
1 Béville le Comte
La ferme beauceronne
2 Ouarville
Le moulin à vent
3 Moutiers en Beauce
Un village beauceron
A11 Sortie Allaines
Orgères en Beauce
La Maison de la Beauce
6 Villeprévost
La bande d'Orgères
Les brigands du XVIIIème siècle
60 Nottonville
L'abbaye et la vallée de la Conie
4 5 Loigny la Bataille
Mémorial de la bataille du 2 décembre 1870
AlloVisit
La Route du Blé
Avec le partenariat de
Eure & Loir
Comité départemental du tourisme
Pays de Beauce
multimédia
radiofrance.fr
Landscape 04 78 69 46 06 - Crédit Photo : P. Forget - A. Lombard
Ne pas jeter sur la voie publique / Allovisit® est une marque déposée de VOXINZEBOX SA +33 (0) 495 0495 32
155963A

G. Tharel

La ville basse

CDT Eure-et-Loir

Le pré catelan

VISITE LIBRE DE LA TOUR NORD DE LA CATHEDRALE ✆ **02 37 21 22 07.** *Fax : 02 37 36 08 80. Ouvert du 1er janvier au 25 avril de 9h30 à 12h et de 14h à 16h30. Du 26 avril au 31 août de 9h30 à 12h et de 14h à 17h30. Du 1er septembre au 31 décembre de 14h à 16h. Fermé le dimanche matin toute l'année, les 1er janvier, 1er mai, 25 décembre, et le lundi après-midi de Pentecôte.* Du haut des 60 mètres de la tour dite "Jehan de Beauce" on admire le panorama unique sur la cathédrale, la ville et la Beauce.

Les vitraux historiques

Centre International du Vitrail du 20 mars 2004 au 10 janvier 2005 ✆ **02 37 21 65 72.** Un nouveau travail de décryptage de l'iconographie médiévale permettra aux visiteurs de mieux comprendre le sens des vitraux anciens, d'apporter un regard neuf sur cette époque et sur l'art du vitrail à ses origines.

CONSERVATOIRE DE L'AGRICULTURE - LE COMPA Pont de Mainvilliers (à proximité de la gare de Chartres) ✆ **02 37 84 15 00.** *Fax : 02 37 36 55 58. Internet : www.lecompa.com. Boutique. Parking gratuit pour les voitures et les autocars de tourisme. Ouvert du mardi au vendredi de 9h à 12h30 et de 13h30 à 18h. Les samedis, dimanches et jours fériés de 10h à 12h30 et de 13h30 à 19h. Fermé le lundi.* L'ancienne rotonde à machines à vapeurs de Chartres (1905) abrite, le plus grand musée français consacré à l'agriculture. Sur 3 000 m^2 est exposé une importante collection de machines agricoles et d'outils de 1800 à 1950 (tracteurs, charrues, moissonneuses, locomobile à vapeur) De nombreuses gravures, photographies, affiches, documentation, sculptures évoquent les grands moments de transformation ou d'évolution de la vie rurale. Des expositions temporaires traitent sur les questions actuelles en rapport avec l'environnement et l'agriculture. La muséographie interactive fait appel au jeu et à la manipulation. Un espace multimédia est dédié aux technologies de l'information et de la communication (20 ordinateurs sont à la disposition du public). Le conservatoire propose également des colloques, conférences, démonstrations, spectacles.

Le couvert

LE SAINT-HILAIRE 11, rue du Pont-Saint-Hilaire ✆ **02 37 30 97 57.** *Fax : 02 37 30 97 57. Service jusqu'à 21h. Fermé le samedi, lundi à déjeuner, dimanche. Congés fin juillet à mi-août, vacances scolaires et Noël. Menus de 15 € à 38 €. Prix moyen à la carte 37 €. 28 couverts.* Chez Isabelle et Benoît Pasquier, propriétaires du Saint-Hilaire on vient savourer une bonne cuisine élaborée avec l'amour des bons produits. Mais les Pasquier, qui ont plusieurs cordes à leur arc, ont relancé en 1999 "La bière de Chartres", ils sauront vous parler avec enthousiasme de ce fameux breuvage élaboré à base de blé de Beauce "Le Courtot", un blé barbu sélectionné à Bonneval qui donne à cette bière de Chartres une véritable origine beauceronne.

Le gîte

LA BONNE ETOILE* Avenue Marcel-Proust - Sortie Chartres-Est ✆ **02 37 34 74. 74.** *Fax : 02 37 35 77 89. 53 chambres. Soirée étape.* L'hôtel est confortable et économique. C'est votre bonne étoile qui vous guide jusqu'à lui, pour passer un séjour agréable sans trop grever votre budget.

CAMPING MUNICIPAL BORDS DE L'EURE* 9, rue de Launay** ✆ **02 37 28 79 43.** *Fax : 02 37 23 41 99. Responsable M. Roussel-Montigny. Ouverture du 10 avril au 15 novembre. Tarifs pour 2 personnes de 8,50 € à 11,50 € la nuit. Animaux : 1 € la nuit.* 96 emplacements. Le camping est situé près de la promenade des bords de l'Eure, à 3 kilomètres de la cathédrale.

CHAMBRES D'HOTES MADAME FLEURY 38, rue Pasteur - LUISANT ✆ **02 37 34 74 88.** *Gîtes de France 3 épis. 2 chambres - 4 personnes. Tarifs de 35 € à 45 €. Personne supplémentaire : 12 €.*

CHAMBRES D'HOTES M. & MME MENARD 10, rue du Pot-Vert ✆ **02 37 90 88 62.** Clévacances. 2 chambres - 4 personnes.

CHAMBRES D'HOTES M. & MME SOYER-DUVIVIER 9, rue de l'Arsenal-Seresville - MAINVILLIERS ✆ **02 37 21 54 70.** *Gîtes de France 3 épis. 2 chambres - 4 personnes. Tarifs de 30 € à 70 €. Sur réservation table d'hôte : 28 €.*

LE CHATELET* 6-8, avenue Jehan-de-Beauce** ✆ **02 37 21 78 00.** *Fax : 02 37 36 23 01. 48 chambres de 55 € à 83 €. Petit déjeuner 8,40 €. Parking privé et gardé 6 €. Fermeture annuelle du 14 décembre au 5 janvier.* Situé au centre-ville, à deux pas de la cathédrale, le Châtelet offre le calme. Le bien-être, voilà ce qu'on ressent en pénétrant dans cet établissement. Les chambres sont confortables et décorées avec soin et harmonie.

Le gîte et le couvert

LE GRAND MONARQUE* 22, place des Epars ✆ 02 37 18 15 15.** *Fax : 02 37 36 34 18. Restaurant gastronomique. Brasserie. Service jusqu'à 22h. Fermé le 25 décembre. Parking. Menus de 27,50 € à 53,50 €. 49 chambres de 79 € à 162 €. 5 appartements de 180 € à 220 €.* La bâtisse, un ancien relais de poste en impose et on l'admire avant d'y pénétrer. Ce monument, on peut l'appeler ainsi est à la gloire du pays chartrain depuis trois siècles et demi. Dans cette fameuse maison la cuisine mêle tradition et créativité. Le pâté de Chartres, la côte de veau Curnonsky nous régalent… les desserts sont de petits chefs-d'œuvre, la carte rend hommage aux grands crus. Des soirées autour du vin sont régulièrement organisées, amateurs ou initiés, l'invite ne se manque pas. Les chambres sont d'un grand confort et la décoration passe par un raffinement qui séduit.

HOTEL MARMOTTE Route de Sours - Rocade Est-de-Chartres ✆ 02 37 34 58 02.** *Fax : 02 37 35 49 93. Restaurant. Accès handicapés. 38 chambres à partir de 34,50 €. Soirée étape 46 €. Menu Etape 11,90 €. Petit déjeuner 5 €.* L'accueil est convivial, les chambres sont confortables et les prix doux. Plein de bonnes raisons d'aller faire la Marmotte dans ce charmant hôtel.

HOTEL DE LA POSTE 3, rue du Général-Koenig ✆ 02 37 21 04 27.** *Fax : 02 37 36 42 17. 57 chambres de 47 € à 67,50 €. Parking. Animaux acceptés. Restaurant.* Au cœur de la ville vos balades n'en seront que plus agréables, si vous avez su choisir cet hôtel. Les chambres sont confortables et calmes et offrent la vue sur la cathédrale. Les petits déjeuners à eux seuls valent déjà le détour.

IBIS CENTRE 14, place Drouaise ✆ 02 37 36 06 36.** *Fax : 02 37 36 17 20. Parking. Animaux acceptés. Restaurant. 79 chambres de 62 € à 68 €.* Situé idéalement au centre-ville, l'hôtel nous offre le confort auquel la chaîne nous a habitués.

Le Pâté de Chartres

Chartres nous séduit par son histoire, mais aussi avec de bonnes choses à déguster. Le Pâté de Chartres fait partie de son patrimoine, depuis 300 ans, cette spécialité règne sur la cité. A l'origine le pâté de Chartres était préparé avec du guignard, oiseau de passage dont la Beauce était le rendez-vous favori. Aujourd'hui encore réputé pour sa saveur, il mêle perdreau ou canard avec foie gras et truffes relevés d'épices subtiles. Il se déguste en croûte ou en terrine.

Les bonnes adresses pour le déguster : **Le Grand Monarque** - 22, place des Epars - 02 37 18 15 15 • **La Vieille Maison** - 5, rue au Lait - 02 37 34 10 67 • **Le Saint-Hilaire** - 11, rue du Pont-Saint-Hilaire - 02 37 30 97 57.

La confrérie des fins gourmets euréliens

C'est la petite dernière des confréries, mais elle est grande par les bonnes choses qu'elle sait mettre en valeur. Les produits du terroir et les spécialités des quatre coins d'Eure-et-Loir ont trouvé là des amateurs de bonne chère qui s'emploient à mieux nous les faire connaître. Renseignements : **Benoît Pasquier** (Président) - 02 37 30 97 57.

JEHAN DE BEAUCE 19, avenue Jehan-de-Beauce ✆ 02 37 21 01 41.** *Fax : 02 37 21 59 10. Brasserie. 46 chambres de 39,50 € à 60 €. Anglais, espagnol, portugais parlé. Animaux acceptés.* Avec un nom aussi prestigieux, cet hôtel ne pouvait se situer que dans ce magnifique immeuble bâti au XIXe siècle et classé au patrimoine. Sa situation au centre-ville, son confort et la qualité de son service sont autant d'atouts qui nous le font apprécier.

MAISON SAINT-YVES - HOTELLERIE DU DIOCESE DE CHARTRES 1, rue Saint-Eman. *50 chambres à partir de 36,50 €. Restaurant. Traiteur. Séminaires.* Inspiré par sa splendide voisine la cathédrale de Chartres, la Maison Saint-Yves est construite sur l'ancien emplacement du prieuré Saint-Etienne qui s'y élevait au Moyen Age, elle nous offre un magnifique cadre. Trois jardinets, écrins de verdure, inspirent au calme et à la sérénité. On y séjourne. Si on a besoin de se ressourcer, le lieu est privilégié.

MERCURE Rue des Pierres-Missigault - BARJOUVILLE ✆ 02 37 35 35 55.** *Fax : 02 37 34 72 12. Restaurant. 72 chambres dont 22 climatisées. Tarifs de 40 € à 81 €. Accueil pour les personnes handicapées. Salles pour réunions et séminaires. Salon/bar. Animaux acceptés. Parking privé.* Dans cet établissement récemment réaménagé et agrandi vous apprécierez le confort et l'accueil de cette chaîne de renom. Le cadre moderne et fonctionnel offre un site idéal pour vos réunions et séminaires.

NOVOTEL CHARTRES* Avenue Marcel-Proust (sortie Chartres-Est) ✆ 02 37 88 13 50.** *Fax : 02 37 30 29 56. 78 chambres de 72 € à 86 €. Restaurant. Salles pour réunions et séminaires. Piscine. Jardin. Parking clos. Animaux* *acceptés.* Cet hôtel proche de la cathédrale nous offre un confort moderne qui ne laisse rien au hasard. La décoration contemporaine est agréable. Une superbe terrasse de 200 m² permet de déjeuner au bord de la piscine, quand le temps le permet bien sûr. Pour vos loisirs ou vos affaires, cet hôtel est une valeur sûre.

Loisirs

AERO-CLUB DE CHARTRES © 02 37 34 43 48. *Fax : 02 37 30 01 75. Internet : www.acel.fr.st.* Une école de pilotage qui vous prend en charge de l'initiation au brevet. L'école de Voltige "centre aviation passion" est animée par Catherine Maunoury (championne du monde de voltige en 1988 et championne de France en titre) 02 37 36 89 33. L'aéroclub vous invite à passer un moment de détente au club-house.

CANOE KAYAK DES VAUROUX © 02 37 21 57 25. *Ouvert d'avril à septembre. E-mail : canoe-kayak.vauroux@libertysurf.fr.*

CENTRE DE VOL A VOILE © 02 37 34 14 27. *Fax : 02 37 30 01 87. Internet : www.planeur-chartres.org.* Le vol à voile de Chartres est bien représenté dans ce centre, depuis l'initiation jusqu'à la compétition vous êtes pris en charge. L'hébergement est possible sur place pour les stagiaires.

LOCATIONS DE VELOS CYCLES BLAIZE © 02 37 21 73 04. *Fax : 02 37 21 64 94. Ouvert du mardi au samedi de 9h à 12h et de 14h à 19h.*

LE PETIT CHART-TRAIN © 02 37 25 88 50/06 80 73 10 05. *Fax : 02 37 25 88 70. Départ place de la Cathédrale.* Vous prendrez place à bord du petit train et vous laisserez conter l'histoire de la vieille ville. Vous déambulerez dans des rues pittoresques et typiques qui portent les noms des métiers qui se pratiquaient le long de la rivière. Sans fatigue, vous admirerez les joyaux de l'architecture religieuse. Durée de la visite 35 minutes. Visite en français, anglais et espagnol. Bande sonore sur demande en allemand et italien.

LA PETITE VENISE © 02 37 91 03 65. *Fax : 02 37 91 03 65. Canotage.* A la Petite Venise on vient en famille ou entre amis pour profiter des barques, des pédalos, des jeux pour les enfants et du mini-golf.

Emplettes

Panier gourmand

LES COQUELICOTS DE VAUVENTRIERS Ferme de Vauventriers - CHAMPHOL © 02 37 21 47 00. *Fax : 02 37 36 18 09. E-mail : vauventriers@wanadoo.fr. Ouvert le mercredi de 15h à 19h, les jeudis et vendredis de 10h à 12h30 et de 15h à 19h et le samedi de 10h à 19h.* Pour s'y rendre, emprunter la RD823, la ferme se situe entre le rond-point des Propylées et le Super U de Champhol. Dans cette boutique au nom évocateur de la campagne, "Les Coquelicots", on vient faire ses emplettes de produits fermiers bio : viandes, volailles, légumes, pain... et aussi d'épicerie et de vins bio. Grâce à l'idée de sept agriculteurs du cru, qui se sont regroupés vous trouvez ainsi toutes ses bonnes choses réunies au même endroit et toutes produites dans les fermes alentours.

ELEVAGE DE CERFS - EMMANUEL DE MAUPEOU Ferme de Vauventriers - CHAMPHOL © 02 37 21 47 00. *Fax : 02 37 36 18 09. E-mail : vauventriers@wanadoo.fr.* Toute l'année vente de viande et de conserves de cerfs (saucisson, rillettes...). Au même endroit "Les Coquelicots de Vauventriers" (voir horaires et direction).

PATRICK MIGEON 2bis, rue du Soleil-d'Or © 02 37 21 41 14. En faisant le détour, chez ces pâtissiers les amateurs de friandises se régaleront des fameux Mentchikoffs. Ce délicieux noyau de chocolat praliné est enrobé d'une fine enveloppe de meringue suisse. Les Mentchikoffs sont roulés à la main (il ne faut pas moins de sept manipulations pour réaliser dans un premier temps la pâte de chocolat). Ils sont emballés dans de jolies boîtes à l'effigie de la cathédrale. Les gourmands et les gourmets se régaleront de ces douceurs et apprécieront le savoir-faire de ces trois pâtissiers - chocolatiers.

Les événements à ne pas manquer

Du 10 au 12 septembre 2004. Sous la direction artistique d'Eve Ruggieri, un parcours musical dans des lieux chargés d'histoire à travers le département. Renseignements : 02 37 84 01 00.

En octobre 2004, Chartres en plein chant. Un événement majeur de découverte de la voix dans toutes ses dimensions et dans tous ses registres. Renseignements : 02 37 36 07 08.

Du 8 au 11 octobre 2004, les artisanales de Chartres. Ce salon est un hommage à l'artisanat et regroupe ses différents métiers en plusieurs familles : alimentation, bâtiments, bois, métiers d'art, décoration.

Les Cochelins

Association des Cochelins d'Angerville - Contacter Mme Pierrette Dumenoir. La tradition de ces délicieux petits gâteaux est en train de renaître grâce à l'initiative des maîtres-patissiers de Chartres qui les fabriquent en période de Noël. Au Moyen Age, ces petits gâteaux à base de pâte feuilletée et découpés en forme de bonhomme, de chien, de coq étaient fabriqués par La Confrérie des boulangers qui les vendaient le soir du 31 décembre. Le jour du 1er janvier, ils étaient offerts aux parents et amis qui venaient souhaiter la bonne année. Le parrain et la marraine donnaient un Cochelin à leurs filleuls qui se mariaient.

▷ Dans les environs

Bailleau L'Evêque

CHAMBRES D'HOTES M. & MME VASSEUR Avenue du Château-de-Levesville ✆ 02 37 22 97 02. *Gîtes de France 3 épis. 3 chambres - 8 personnes. Tarifs de 40 € à 55 €. Personne supplémentaire : 15 €. Sur réservation table d'hôte : 17,50 €.*

Lèves

EGLISE SAINT-LAZARE. On y admire un "mur de lumière" ; superbe vitrail de Gabriel Loire qui raconte mille ans de l'histoire de Lèves.

LE GRENIER DE L'HISTOIRE 1bis, rue des Grands-Prés - Face à la Mairie ✆ 02 37 21 77 77. *Fax : 02 37 21 13 10. Ouvert du 1er juin au 21 septembre du mercredi au dimanche de 14h30 à 18h ou sur rendez-vous pour les groupes. Notices en anglais et en italien.* Dans un cadre rustique, quelques pages de l'histoire de France, de Saint-Louis à nos jours, représentées par des scènes comportant 30 mannequins, documents, armes, objets authentiques, l'école en 1900.

RANDONNEES DE LÈVES Saint-Prest. Vallée de la Roguenette (19,5 kilomètres). Circuit n°1. Départ place de l'église à Lèves. A découvrir Lèves, au départ de ce circuit, Saint-Prest et la vallée de la Roguenette, petit affluent qui se jette dans l'Eure à Saint-Prest, au Moulin des Graviers. Malgré son air tranquille, ce ruisseau a beaucoup fait parler de lui par le passé, ses crues ont été meurtrières. Aujourd'hui le courant y est toujours assez fort, même l'été.

Saint-Aubin-des-Bois

CHAMBRES D'HOTES M. & MME GUINARD 38, rue Jean-Moulin - "Chazay" ✆ 02 37 32 80 53. *Gîtes de France 3 épis. 3 chambres - 6 personnes. Tarifs de 30 € à 42 €. Personne supplémentaire : 12 €.*

Saint-Prest

Le nom de Saint-Prest est rattaché à un passé ancien. C'est vers **1850**, sur une carrière à flanc de coteau que fut mis à jour un important gisement de fossiles, en particuliers de nombreux ossements d'éléphants, de rhinocéros, d'hippopotames. Les études ont permis de dater le gisement d'environ d'un million d'années. Un nombre important de ces ossements est exposé au Muséum d'Histoire Naturelle de Chartres.

Le gîte

CHAMBRES D'HOTES MME BROSSOLLET 49, rue des Fontaines ✆ 02 37 22 25 31. Fleurs de Soleil. 2 chambres - 9 personnes.

CHAMBRES D'HOTES M. & MME RAGU 28, rue de la Pierre-Percée ✆ 02 37 22 30 38. *Gîtes de France 2 épis. 2 chambres - 4 personnes. Tarifs de 32 € à 38 €. Sur réservation table d'hôte : 16 €.*

Le gîte et le couvert

LE MANOIR DES PRES DU ROY* Allée du Pré-du-Roy ✆ 02 37 22 27 27.** *Fax : 02 37 22 24 92. 18 chambres. Restaurant. Salles de séminaires.* A 5 kilomètres de Chartres, dans un parc de 12 hectares en bordure de l'Eure, ce joli manoir du XVIe siècle accueillant et chaleureux comblera les amoureux de nature. Les chambres très confortables sont superbement équipées et donnent sur le parc ou le jardin du manoir. Celles du rez-de-chaussée bénéficient d'une terrasse privative. Si l'envie d'un survol de la vallée de l'Eure vous tente, possibilité d'un envol en montgolfière. Au programme : tennis, practice de golf, billard, jogging, promenade dans le parc…

Loisirs

PROMENADES EN BARQUE A SAINT-PREST. En se promenant sur le cours de l'Eure, on admire un très joli moulin à eau, la nature et les fleurs le long des berges. C'est bucolique et enchanteur.

▷ Dans les environs

Jouy

MUSEE DES TRADITIONS ET ARTS POPULAIRES ✆ 02 37 22 21 41. *Ouvert de la mi-mars à la mi-décembre les dimanches, sauf Pâques et Pentecôte de 14h30 à 17h30.* Ce charmant musée nous montre les objets anciens de la vie quotidienne et du passé des vignerons du village.

Nogent-le-Phaye

CHAMBRES D'HOTES MME LEBOUCQ 1, rue de la Boissière ✆ 06 09 39 54 60. *Gîtes de France 3 épis. 5 chambres - 9 personnes. Tarifs de 46 € à 83 €.*

LA VALLEE DE L'EURE THIMERAIS

L'Eure prend sa source à l'étang Rumieu dans le Perche près de Longny-au-Perche. Ses eaux descendent vers l'est, au creux des collines boisées et des bocages puis se dirigent vers le Nord en traversant la Beauce. C'est au Nord de Chartres qu'elle devient une véritable rivière avec des îles, des faux bras et de larges versants. Après son passage à Chartres, trois affluents la rejoignent : la Balise l'Avre et l'Iton. Sa vallée creusée dans les plateaux crayeux de la Beauce a pris assez d'ampleur pour accueillir les coteaux autrefois plantés de vignobles et où la prospérité des villageois connut un formidable essor. Mais ne perdons pas de vue que cette jolie vallée attira les favorites de certains rois et des familles puissantes. Ils contribuèrent à lui donner son magnifique patrimoine architectural.

Maintenon

Au cœur de la vallée de l'Eure, Maintenon est une ville verdoyante dont les paysages alentours sont formés de coteaux, de vallons, de bois et de plaines. Le bourg de Maintenon doit sa renommée à Françoise d'Aubigné - Madame de Maintenon - qui allait devenir l'épouse de Louis XIV.

Fiche pratique

SYNDICAT D'INITIATIVE Place Aristide-Briand ✆ 02 37 23 05 04

Points d'intérêt

LA CHATEAU DE MAINTENON ✆ 02 37 23 00 09. *Fax : 02 37 23 00 79. E-mail : maintenon.fon@wanadoo.fr. Ouvert du 1er février au 31 mars et du 1er novembre au 23 décembre les samedis, dimanches et jours fériés de 14h à 17h. Du 1er avril au 30 juin et du 1er septembre au 31 octobre : tous les jours de 14h à 18h sauf le mardi et le dimanche. Du 1er juillet au 31 août tous les jours de 10h à 12h et de 14h à 18h, sauf le mardi de 14h à 18h. Notice en français, anglais et allemand.* Au XIIe siècle, le château, défendu par un donjon carré était la propriété des seigneurs de Maintenon. Cette tour carrée est toujours existante. Jean II de Cottereau intendant des Finances, en devint propriétaire en 1509. Il fit construire la chapelle Saint-Nicolas et au sud, l'aile Renaissance. Louis XIV embellira le château pour Madame de Maintenon, c'est à ce moment-là qu'il prendra sa forme en U, d'inspiration classique. En 1676, Le Nôtre redessina les jardins. Hardouin-Mansart construisit la nouvelle aile qui allait abriter les appartements privés de Madame de Maintenon. Une galerie fut construite en amont du château, elle permettait de relier les appartements de la marquise à la Chapelle Saint-Nicolas, sans sortir du château. Sous le Second Empire, transmis aux ducs de Noailles de nouveaux aménagements furent entrepris. L'architecte Clément Parent ajouta à la façade de nombreuses baies, lucarnes et pinacles de style gothique. Un parcours de golf de 18 trous est venu s'inscrire dans les jardins avec en toile de fonds, les ruines de l'aqueduc de Vauban.

▷ Dans les environs

Challet

CHAMBRES D'HOTES MME DE SAINT-BLANQUAT 3, rue de Dreux ✆ 02 37 23 90 48. Fleurs de soleil. 2 chambres - 6 personnes.

Pierres

JARDIN MEDIEVAL DE BOIS-RICHEUX © **06 11 88 20 20.** *Fax : 01 46 24 56 00. Internet : www.bois-richeux.com. Accès par Maintenon, direction mairie de Pierres. Ouvert en mai et du 1er juillet au 14 juillet et en septembre : du mardi au vendredi. En juin : du mardi au dimanche midi. Du 15 juillet au 31 août tous les jours sauf le lundi de 10h à 12h et de 14h à 18h.* Autour de la ferme seigneuriale privée du XIIe siècle et XIVe siècle est reconstitué un jardin où se mêlent aromates, condiments…

CHAMBRES D'HOTES MME VOYENNE 1, rue du Bassin - "Le Vieux Logis" © **02 37 27 69 63.** *Gîtes de France***. 2 chambres - 5 personnes. Tarifs de 45 € à 88 €. Personne supplémentaire 12 €. Sur réservation table d'hôte 25 €.*

GOLF DU CHATEAU DE MAINTENON
© **02 37 27 18 09.** *Fax : 02 37 27 10 12.*

MAINTENON-PIERRE. Bois et Vallées (15 kilomètres). Circuit n°18. Départ parking du Pont Cipière à Maintenon. Cette randonnée vous amènera à découvrir l'Aqueduc de Maintenon et le château, la ferme de Boisricheux et Vacheresse-les-Basses où un manoir abrite une collection privée de couronnes de mariées.

Saint-Piat

L'EGLISE. Construite au XVIe siècle, elle abrite un magnifique sarcophage en marbre blanc qui a contenu le corps du martyr local. Elle possède également un portail du XVIIe siècle en bois finement sculpté, classé Monument historique, ainsi qu'une charpente remarquable par les sculptures qui ornent les poutres. A l'extrémité de l'une d'elles, au-dessus de la chaire, on peut reconnaître le profil de François 1er.

Saint-Piat - Changé

SITE ARCHEOLOGIQUE DES DOLMENS DE CHANGE © **02 37 23 06 49.** *Fax : 02 37 23 04 48. Ouvert toute l'année sur rendez-vous. E-mail : dominique.jagu@wanadoo.fr.* Sur le site mégalithique trois dolmens et deux menhirs nous rappellent que l'endroit fut la nécropole des premiers habitants de la vallée.

Anet

Fiche pratique

SYNDICAT D'INITIATIVE 8, rue Delacroix © **02 37 41 49 09**

Point d'intérêt

LE CHATEAU © **02 37 41 90 07.** *Fax : 02 37 41 96 43. Ouvert du 1er février au 30 mars et du 1er novembre au 30 novembre les samedis et dimanches de 14h à 17h30. Du 1er avril au 31 octobre tous les jours de 14h à 18h, sauf le mardi. Visites guidées. Notices en anglais, italien, et japonais. Boutique.* Le château d'Anet fut bâti de 1547 à 1555, Diane de Poitiers, favorite du roi Henri II le reçut en cadeau. L'architecte Philibert de l'Orme influencé par les œuvres de Michel-Ange fut appelé à sa construction. Le château fait partie des édifices majeurs de la Renaissance française. Aux XVIIe et XVIIIe siècles, il subit des remaniements comme l'élévation de l'aile gauche et la construction de deux pavillons. Le Nôtre remania les jardins et les cerna de canaux. Le prestigieux portail d'entrée est surplombé par un grand cerf et des chiens de bronze articulés, tant qu'à la chapelle à dôme, Saint-Thomas, elle est aussi l'œuvre de Philibert de l'Orme qui associera pour sa construction l'influence italienne et l'antique. En 1840, elle se vit doter d'une nouvelle façade de style néoclassique.

Le couvert

LE MANOIR D'ANET 3, place du Château © **02 37 41 91 05.** *Fax : 02 37 41 91 04.*

Le gîte

CAMPING MUNICIPAL Route des Cordeliers** © **02 37 41 42 67.** *Fax : 02 37 62 20 99.* 181 emplacements sont à votre disposition.

HOTEL LA DOUSSEINE Route de Sorel** © **02 37 41 49 93.** *Fax : 02 37 41 90 54.* 20 chambres.

L'entrée du château

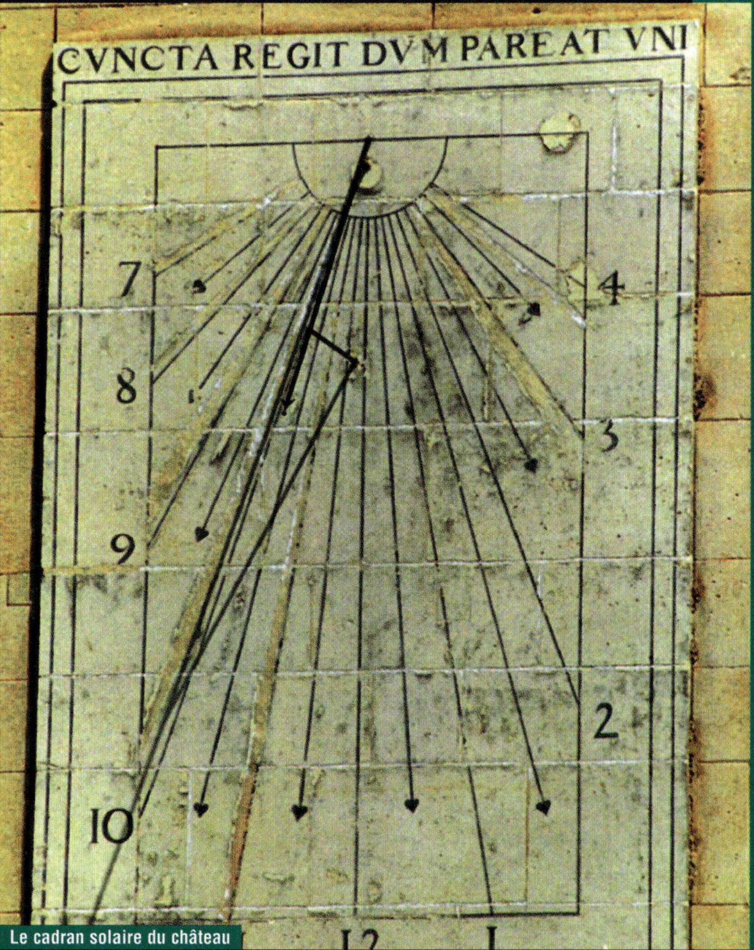

Le cadran solaire du château

Le gîte et le couvert

AUBERGE DE LA ROSE* 6, rue C.-Lechevrel ✆ 02 37 41 90 64. *Fax : 02 37 41 47 88.* 8 chambres. Restaurant gastronomique.

HOTEL DU CHATEAU 9, rue Diane-de-Poitiers ✆ 02 37 41 92 50. 5 chambres. Brasserie.

▷ *Dans les environs*

Berchères-sur-Vesgre

MAIRIE ✆ 02 37 82 08 28. *Fax : 02 37 65 91 21.*

LE CHATEAU DE BERCHERES* 18, route du Château ✆ 02 37 82 28 22.** *Fax : 02 37 82 28 23. 30 chambres. Tarifs de 125 € à 255 €. Petit déjeuner : 15 €. 7 salles de réception ouvertes sur le parc. Capacité d'accueil jusqu'à 700 personnes. Gentils animaux acceptés.* Havre de paix et de quiétude, cet élégant château du XVIIIe siècle est situé sur un domaine de 24 hectares avec étang et rivière. Dans un décor raffiné, les chambres récemment rénovées ont pour thème les fruits et les légumes. Vous ferez de beaux rêves au travers des couleurs et des saveurs du monde avec "Les Olives", "Les Noisettes", "Les Aubergines" "Les Piments"… Sur place, de nombreuses activités : VTT, tennis, parcours de santé, pêche dans la rivière du parc.

Sorel-Moussel

MAIRIE ✆ 02 37 41 80 32

LE CHATEAU ✆ 01 44 59 20 22. *Fax : 01 44 59 20 23. Internet : www.chateauxcountry.com. Situé à 5 kilomètres d'Anet. Ouvert du 1er juillet au 30 septembre le samedi et le dimanche de 8h à 12h. Visite du parc du château. Jardins à la française.* Au Xe siècle, une forteresse occupait ses terres, tenue par le seigneur de Thymerais. C'est à l'époque de Louis XIII qu'il prit son aspect actuel. Il appartenait alors à la famille Séguier, puis il devint la propriété de la princesse de Condé, de la duchesse du Maine, du roi Louis-Philippe et du comte Olivier de Bazelaire, son actuel propriétaire.

Brezolles

Brezolles située en zone rurale au Nord-ouest du département fait encore partie de la Beauce, cependant on y ressent l'influence du Perche.

Fiche pratique

MAIRIE ✆ 02 37 48 20 45. *Fax : 02 37 62 42 22. Internet : www.brezolles.fr.st.*

Point d'intérêt

L'EGLISE. Près de l'ancien étang (côté église) un coin pique-nique ombragé propose une agréable halte. Le nouvel étang en amont du pont au milieu de la verdure complète votre repos. La passerelle franchissant le déversoir de l'ancien étang, puis un escalier permet d'accéder à l'église dont la tour du XVe siècle présente des sculptures méritant d'être regardées de près. Dans les rues avoisinantes de pittoresques maisons anciennes retiendront également votre attention.

Le gîte

LE RELAIS DE BREZOLLES 4, rue Berg-Op-Zoom © 02 37 48 20 84.** *Fax : 02 37 48 28 46. Au départ de Dreux, suivre la D4 en direction de Brézolles (route de Chartres et Dreux). Logis de France 3 cheminées. 25 chambres. Tarifs de 40 € à 54,50 €. Cuisine traditionnelle et régionale. 3 salles avec grande capacité d'accueil.* A l'orée des grandes forêts de la vallée d'Avre, à quelques hectares de blés de Dreux, les propriétaires vous accueillent en toute convivialité dans cette chaleureuse étape. Une agréable salle de restaurant, des chambres et des salles de bains rénovées offrent confort et intimité. Pour compléter votre bien-être : un petit salon, un bar, un service de blanchisserie et un parking privé et fermé.

▷ *Dans les environs*

Crucey-Villages

MAIRIE © 02 37 48 21 72

PARC ANIMALIER DE VERANVILLIERS © 02 37 48 02 03. *Fax : 02 37 48 00 37. Ouvert de début avril à la mi-novembre, tous les jours de 11h à 18h, sauf le mardi.*

Maillebois

En partant de Dreux, prendre la D323 puis la D939.

MAIRIE © 02 37 48 01 17

CHAMBRES D'HOTES M. & MME PARMENTIER 2, rue des Champarts - "Blévy" © 02 37 48 01 21. Gîtes de France 3 épis. 2 chambres - 4 personnes.

LE CHATEAU DE MAILLEBOIS © 02 37 48 17 01. *Ce château privé est ouvert aux visiteurs sur rendez-vous par groupes de 10 personnes environ.* Au début du XVIe siècle Jean d'O en assura la construction, la particularité du château est d'avoir été construit en briques. A l'origine six tours et une chapelle furent érigés, mais au fil du temps il subit de nombreuses modifications.

Vitray-sous-Brezolles

FOIES GRAS/VOLAILLES Joël MOHIER © 02 37 38 10 70. Elevage de canards gras. A la ferme, un grand choix est proposé : foie gras de canards, magret, confits, rillettes, terrines.

Chateauneuf-en-Thymerais

De Chartres, prendre la D939 vers l'ouest.

Fiche pratique

MAIRIE © 02 37 51 08 18. *Fax : 02 37 51 83 93.*

Le gîte

CHAMBRES D'HOTES MME BREARD 8, résidence de Chêne-de-Lorette © 02 37 51 80 59. *Gîtes de France 2 épis. 1 chambre - 2 personnes. Tarifs de 30 € à 36 €.*

Le gîte et le couvert

L'ECRITOIRE 43, rue Emile-Vivier © 02 37 51 85 80.** *Fax : 02 37 51 86 87. 5 chambres. Restaurant.*

Loisirs

GOLF MINIATURE © 02 37 51 61 76

PISCINE MUNICIPALE © 02 37 51 61 76. *Ouverte du 1er juin au 31 août.*

▷ Dans les environs

Dampierre-sur-Blévy

FORGES ✆ **01 47 63 02 54.** *A la sortie de Dampierre-sur-Blévy prendre la direction de Louvilliers-lès-Perche (D146). Visites guidées les dimanches 18 juillet et 15 août à 15h ainsi qu'aux journées du patrimoine de 10h à 12h et de 14h à 19h.* Ce vestige exceptionnel de l'industrie sidérurgique du XVIIe siècle nous permet un retour dans le passé des hauts-fourneaux. De l'époque, il subsiste la chaussée de l'étang (large de 17 mètres), la halle à charbon, les hauts fourneaux, la maison du maître des forges qui sont classés Monuments historiques.

Saint-Maxime-Hauterive

MAIRIE ✆ **02 37 51 68 06**

CHAMBRES D'HOTES M. & MME GOURCI "Le Bois d'O" ✆ **02 37 51 68 68.** *Gîtes de France 3 épis. 1 chambre - 3 personnes. Tarifs de 34 € à 46 €. Sur réservation table d'hôte : 13 €.*

CHAMBRES D'HOTES M. & MME LANGLOIS "La Rondelière" - 11, rue de la Mairie ✆ **02 37 51 68 26.** *Gîtes de France 3 épis. 4 chambres - 8 personnes. Tarifs de 31 € à 38 €. Personne supplémentaire : 9 €. Sur réservation table d'hôte : 13 €.*

LE TIR A L'ARC EN CAMPAGNE ✆ **02 37 51 68 68.** *Fax : 02 37 51 68 68. Ouvert tous les jours toute l'année.* En lisière de la forêt domaniale de Châteauneuf-en-Thymerais, une promenade vivifiante en famille vous emmènera à la découverte du parcours de tir à l'arc de 24 cibles. Dans un corps de ferme, sur place, des chambres coquettes et confortables sont proposées.

Cherisy

Depuis fort longtemps, Cherisy attire de part sa position, située aux confins de la vallée de l'Eure et de ses bocages normands, des plaines de Beauce et aux frontières des Yvelines ; à la fois ville et campagne elle offre une certaine douceur de vivre. Un peu de son histoire. Son existence remonte aux premiers temps de la domination gauloise. Au début de cette domination, c'est surtout Fermaincourt, (aujourd'hui hameau de Cherisy) de part sa position à l'orée de la forêt de Dreux qui intéressera un important culte druidique. Sous la dynastie Mérovingienne les rois établiront leur palais à Fermaincourt. Le **Xe siècle** verra la construction d'une église et d'un important château fort. Les invasions normandes sont à craindre dans cette région. Au **XVIIIe** siècle, la Révolution asséna un coup fatal à la cité. C'est à partir de cette époque que Cherisy acquiert une importance. C'est le lieu de passage de Paris à Dreux et la Basse-Normandie par la voie royale (ancienne voie romaine). En **1870**, le village fut incendié par les Prussiens, malgré sa reconstruction immédiate la population ne cessa de décroître. A partir de **1954**, Cherisy retrouvera un nouvel essor.

Fiche pratique

MAIRIE. *Internet : www.mairie-cherisy.fr*

Le couvert

LE VALLON DE CHERISY 12, route de Paris ✆ **02 37 43 70 08.** *Fax : 02 37 43 86 00. 83 couverts.*

Le gîte

CHAMBRES D'HOTES M. SARRUT "L'Etang du Pont-de-Bois" - 6, route de Paris ✆ **02 37 43 81 67.** *Gîtes de France 4 épis. 1 chambre - 2 personnes. Tarifs de 75 € à 80 €.*

DOMAINE DE LA REPOSEE* 1, rue du Prieuré - "Fermaincourt"** ✆ **02 37 43 86 04.** *Fax : 02 37 43 83 51. 7 chambres.*

Courville-sur-Eure

Courville est située entre Beauce et Perche, elle offre beaucoup de loisirs : randonnées, vélo, VTT, ski nautique, pêche.

Fiche pratique

SYNDICAT D'INITIATIVE La Chapelle Saint-Gilles - 2, rue de l'Arsenal ✆ **02 37 23 22 22/02 37 23 20 33.** *Fax : 02 37 23 26 85.*

Point d'intérêt

EGLISE SAINT-PIERRE ✆ 02 37 18 07 90. *Fax : 02 37 18 07 99. E-mail : mairie-courville-sur-eure@wanadoo.fr.* Cette église du XVIe siècle a été classée Monument historique en 1907, son clocher a été restauré en 2001. Illuminations.

Le gîte

CAMPING MUNICIPAL Avenue Thiers ✆ 02 37 23 76 38.** *Fax : 02 37 23 26 85. A votre disposition 114 emplacements.*

Loisirs

BASE DE LOISIRS DES CANAUX ✆ 02 37 23 74 59. *Pêche, pédalo. Ouvert du 1er mai au 30 septembre.*

CIRCUIT VTT. En vallée de l'Eure (23 kilomètres + 17 kilomètres). Circuit n°6. Départ devant le Syndicat d'Initiative de Courville.

CYCLES GENDRON Rue Pannard ✆ 02 37 23 22 62. 10 VTT à disposition.

CYCLO-SPORT Place de l'Eglise ✆ 02 37 21 54 50. 5 VTT à disposition.

PISCINE MUNICIPALE ✆ 02 37 23 71 08. *Ouvert du 1er juillet au 31 août, tous les jours de 11h à 13h et de 15h à 20h.*

▷ *Dans les environs*

Chauffours

PRODUCTION DE JUS DE POMMES - SCEA DES GEMEAUX - M. & MME HASQUENOPH 3, rue des Gémeaux ✆ 02 37 26 89 15. Dans la ferme on cueille les pommes et toute l'élaboration du jus est faite sur place. En téléphonant vous pourrez assister au pressage (certains mois de l'année). La grande spécialité le jus de pomme bien sûr.

Fontenay-sur-Eure

MAIRIE ✆ 02 37 25 87 49. *Fax : 02 37 25 82 56.*

HOTEL MON IDEE RD921 - Direction Illiers ✆ 02 37 25 10 40. 6 chambres.

Landelles

MAIRIE ✆ 02 37 23 36 13. *Fax : 02 37 23 35 21.*

CHAMBRES D'HOTES MME ELEAUME 5, rue de la Rivière-Neuve ✆ 02 37 23 34 61. *Gîtes de France 3 épis. 1 chambre - 2 personnes (possibilité jusqu'à 4 personnes). Tarifs de 36 € à 80 €.*

LE MOULIN DU PREY ✆ 02 37 23 28 70. *Fax : 02 37 21 03 03. Site Internet ; www.moulinsdu-prey.com. Ouvert tous les jours du 1er avril au 31 octobre de 9h à 20h.* Ski nautique.

Pontgouin

MAIRIE ✆ 02 37 37 40 19. *Fax : 02 37 37 42 07.*

CHAMBRES D'HOTES M. KAPPS 34, la Grange-aux-Boix ✆ 02 37 37 44 00. Fleurs de soleil. 3 chambres - 6 personnes.

Saint-Georges-sur-Eure

MAIRIE ✆ 02 37 26 74 16. *Fax : 02 37 26 77 40.*

CENTRE NAUTIQUE BAUCERON - VOILE ✆ 02 37 26 71 24. *Ouvert les week-ends de mars à octobre de 14h à 18h, en juillet et août tous les jours de 14h à 18h.*

Saint-Luperce

MAIRIE ✆ 02 37 26 78 37

CHAMBRES D'HOTES M. & MME PERRIN "Le Mousseau" ✆ 02 37 26 85 01. *Gîtes de France 3 épis. 3 chambres - 7 personnes. Tarifs de 40 € à 66 €.*

Crécy-Couvé

Fiche pratique

MAIRIE ✆ 02 37 43 68 65
En partant de Dreux prendre la D20 en direction de Vernouillet/Les Corvées, puis la D311 et la D310. Crécy-Couvé est un lieu ou les passionnés d'histoire d'amour auront envie de connaître. C'est là que Jeanne-Antoinette Poisson, anoblie marquise de Pompadour par Louis XV aura son château ; le domaine devint alors résidence royale. Crécy fut l'un des plus beaux domaines du royaume. En 1796, il devient propriété d'un spéculateur américain qui fit fortune en vendant le château par morceaux. A part, les maisons du village et la mairie il ne reste pas grand-chose pour se souvenir que la marquise de Pompadour a vécu des jours heureux à Crécy.

▷ *Dans les environs*

Saulnières - Morvillette

CAMPING LA MARE SUCREE 2bis, route de Torcay ✆ 02 37 43 67 87. *Point accueil jeunes. Ouvert du 1er mai au 30 septembre. 40 emplacements.*

Dreux

En **911**, Dreux lors de la création du duché de Normandie devient une cité frontière chargée de défendre la France des incursions normandes. Hugues Capet fit construire une forteresse, qu'il donna à son frère cadet Robert. Démantelée par Henry IV, elle fut remplacée par une collégiale, puis en **1816**, par la chapelle royale Saint-Louis. Elle réunira les sépultures de la famille d'Orléans. Construit au **XVIe siècle**, le beffroi, symbole des nouvelles libertés de la cité est un magnifique mélange des styles gothique flamboyant et Renaissance. Les combles abritent la grosse cloche de la ville, le Bourdon où figure en frise l'antique procession des flambarts dont la commémoration donne lieu au "carnaval des Flambarts" célébré au mois de décembre.

Fiche pratique

OFFICE DU TOURISME 6, rue des Embûches ✆ 02 37 46 01 73. *Fax : 02 37 46 02 19. Internet : www.ot-dreux.fr. Ouvert tous les jours du 1er avril au 30 septembre de 9h à 12h30 et de 13h45 à 18h30. Du 1er octobre au 30 mars de 9h à 12h et de 13h45 à 18h. Fermé le dimanche. A partir du 1er juin : ouvert le dimanche de 9h à 13h.*

VILLE DE DREUX. *Internet : www.drouais.com.*

Bus

BOUTIQUE BUS ✆ 02 37 42 10 10

TRANSBEAUCE Gare Routière - Place FFI ✆ 02 37 65 85 00. Liaisons entre Dreux-Chartres-Orléans-Tours.

TRANSEURE ✆ 02 37 65 85 00. Liaisons entre Dreux-Evreux-Nonancourt-Anet.

Trains

SNCF. *Liaisons directes tous les jours Paris-Montparnasse/Dreux. Information/Réservation : 08 36 35 35 35. Horaires/info train ligne : 08 36 67 68 69. Internet : www.sncf.fr.*

Taxis

TAXI (appels station gare) ✆ 02 37 50 08 14

TAXI (appel stations ville) ✆ 02 37 42 13 22

Loueurs de voitures

AVIS SNCF Gare ✆ 02 37 28 37 37

AVIS 3, rue Livraindières - ZI Nord ✆ 02 37 46 23 58. *Fax : 02 37 46 08 02.*

Points d'intérêt

LE BEFFROI ✆ 02 37 46 01 73. Situé dans la Grande-Rue, c'est le symbole des libertés communales acquises par les bourgeois drouais dès le règne de Louis VI au XIIe siècle. Il fut érigé de 1512 à 1537.

LA CHAPELLE ROYALE SAINT-LOUIS 2, square d'Aumale ✆ 02 37 46 07 06. *Fax : 02 37 42 60 20. Ouvert du 1er juillet au 31 août : tous les jours de 9h30 à 12h et de 13h30 à 18h, sauf le mardi. Du 1er septembre au 30 septembre : tous les jours de 9h30 à 12h et de 14h à 18h, sauf le mardi. Notices en anglais, allemand, néerlandais, italien et espagnol.* La Chapelle Royale Saint-Louis est le témoin prestigieux de l'architecture du XIXe siècle. Les plus grands artistes - Viollet Le Duc, Ingres, Delacroix, Millet, Pradier - ont apporté leur contribution à la construction de l'édifice. Elle abrite un ensemble de gisants, œuvres des meilleurs sculpteurs de leur temps. De remarquables vitraux réalisés par la Manufacture de Sèvres décorent la chapelle primitive. Dans le parc, si l'on découvre les vestiges du château des comtes de Dreux, on peut aussi voir la maison où naquit F.A. Danican Philidor (1726-1795), auteur d'opéras comiques et théoricien du jeu d'échecs.

EGLISE SAINT-PIERRE. *Ouverte tous les jours de 9h à 12h et de 14h à 19h.* L'église Saint-Pierre fut édifiée au début du XIIIe siècle dans le style ogival. Les nombreux remaniements qu'elle subira au cours des siècles font qu'elle offre aujourd'hui aux regards un ensemble assez composite. Aux XVe et XVIe siècles le déambulatoire, les chapelles de l'abside et la nef seront rebâtis dans le style gothique flamboyant. A l'intérieur, l'église a conservé de très beaux vitraux et un remarquable buffet d'orgue polychrome (1614).

MUSEE MARCEL DESSAL 7, place du Musée ✆ 02 37 50 18 61. *Fax : 02 37 46 72 07. Ouvert tous les jours, sauf le mardi de 14h à 18h, les samedis et dimanches de 10h à 12h et de 14h à 18h. Fermé le mardi, le 25 décembre et le 1er janvier.* Le musée est installé dans une chapelle néoromane aménagée en 1950. De riches collections archéologiques allant de la période de la préhistoire à l'époque mérovingienne sont présentées. Des archives, des gravures et des monnaies retracent l'histoire du Moyen Age jusqu'au siècle dernier. L'architecture et les arts décoratifs sont évoqués grâce à des vestiges de Saint-Etienne, des peintures, du mobilier, des objets provenant des châteaux d'Anet, de Crécy et d'Abondant.

MUSEE RETRO-MOBILE DROUAIS 95, rue du Commandant-de-Beaurepaire ✆ 02 37 43 01 15. *Fax : 02 37 43 01 15. Ouvert du 2 janvier au 31 décembre, le 1er dimanche de chaque mois de 10h à 12h et de 14h à 16h. Visites de groupes toute l'année sur rendez-vous.* Un patrimoine automobile et industriel rassemblant tout ce qui est roulant est présenté dans ce musée. Les passionnés découvrent les véhicules automobiles sous toutes leurs formes de carrosseries de 1910 à 1965, les cycles de 1885 à 1940 et le coin vieux garage qui séduira plus d'un amoureux de la mécanique.

MUSEE DU VIGNOBLE DROUAIS Flora Gallica - 68, rue Saint-Thibault ✆ 02 37 42 62 81. *Internet : www.flora-gallica.com. Ouvert du 2 janvier au 30 décembre du lundi au samedi de 10h à 12h et de 14h à 18h, le dimanche de 14h30 à 17h30. Visites guidées des caves, chai et musée. Notice en anglais.* La tradition vigneronne éteinte au XIIe siècle revit grâce au Musée qui se consacre également aux arts et traditions populaires. Vous découvrirez des milliers d'outils et d'ustensiles de nos aïeux. Les caves gothiques voûtées du Prieuré Saint-Thibault (XIIe siècle) creusées à même la falaise complètent la découverte. Petit détour par le chai du musée, là s'étalent sous nos yeux 900 ceps de chardonnay replantés en 1989 qui donnent un délicieux petit vin élaboré dans le chai. Les amateurs de vin pourront déguster un vin blanc de pays, fameux ! A boire avec modération, cela va de soi.

VISITE GUIDEE DE LA VILLE ✆ 02 37 46 01 73. *Fax : 02 37 46 02 19. Internet : www.ot-dreux.fr. Visites tous les jours sauf le dimanche à 15h sur inscription.* Cette magnifique visite vous emmènera à la découverte du centre historique et de ses abords immédiats. Ceinturé par la Blaise et quelques vestiges de fortifications, un large panorama de l'architecture du XVe siècle à nos jours est ainsi présenté : Maisons à pans de bois de la rue Illiers (XVe siècle) et de la rue Saint-Pierre, hôtels particuliers des rues Rotrou, Parisis et Saint-Jean (XVIIe et XVIIIe siècles), tourelle Hennequin de la Porte-Chartraine.

VISITE GUIDEE ✆ 02 37 46 01 73. *Fax : 02 37 46 02 19. Internet : www.ot-dreux.fr. Visite le 4e samedi du mois à 10h30 sur inscription.* Cette balade privilégiée vous entraînera dans les bâtiments de la Caisse d'Epargne, de l'ancienne salle des mariages de l'hôtel de ville, de la salle d'état civil et de sa charpente.

Le couvert

LE SAINT-PIERRE 19, rue de Senarmont (derrière l'église) ✆ 02 37 46 47 00. *Fax : 02 37 64 26 37. 40 couverts. Service de 12h à 14h et de 19h30 à 21h15. Fermé le dimanche soir, lundi et jeudi soir. Menus 18,50 € et 24 €. Carte.*

La Fête des Vendanges

Le 3e samedi d'octobre, animée par la Confrérie de Saint-Vincent elle est une sympathique invite à partager dans la gaieté le savoir-faire des vignerons.

Le gîte

HOTEL LE BEFFROI 12, place Métézeau ✆ 02 37 50 02 03.** *Fax : 02 37 42 07 69. Ouvert tous les jours. Place piétonne. Parking souterrain. Anglais parlé. 16 chambres. Tarifs de 51 € à 55 €.*

Le gîte et le couvert

AUBERGE DE LA VALLEE VERTE 6, rue Lucien-Dupuis - DREUX-VERNOUILLET ✆ 02 37 46 04 04.** *Fax : 02 37 42 91 17. Ouvert tous les jours. 11 chambres. Parking privé. Tarif à partir de 53,40 €. Restaurant.*

CAMPANILE Avenue Winston-Churchill ✆ 02 37 42 64 84.** *Fax : 02 37 42 86 99. Ouvert tous les jours. Parking privé. Salle de séminaire. Accès handicapés. 49 chambres. Tarifs de 49 € à 61 €. Restaurant.*

FORMULE I 7, rue des Livraindières ✆ 02 37 46 28 41. 64 chambres.

HOTEL STARS* Rue du Bas-Buisson ✆ 02 37 42 77 80. *Fax : 02 37 46 38 14. 36 chambres.*

PREMIERE CLASSE 40-46, avenue Winston-Churchill ✆ 02 37 64 42 47. *Fax : 02 37 64 42 50. 71 chambres.*

Loisirs

AERO CLUB DE DREUX-VERNOUILLET ✆ 02 37 46 26 49. *Fax : 02 37 46 26 49. Internet : www.aero-club-dreux.com. Ouvert tous les jours de 9h à 12h et de 14h à 18h sauf le mercredi.*

CIRCUIT VELO EN VALLEE DE L'AVRE Les Trois-Vallées-Dreux - BREZOLLES (57 kilomètres et 88 kilomètres) Circuit n°3. Départ place Mésirard.

KARTING LOISIRS ✆ 02 37 46 05 56/01 39 75 89 45. *Fax : 02 37 46 03 72. Ouvert toute l'année de 10h à 12h30 et de 14h30 à 19h. Fermé le lundi.*

RANDONNEE EN VALLEE DE L'EURE Forêt de Dreux. Bastions en Forêt (13,5 kilomètres balisés). Circuit n°22. Départ au pavillon de chasse sur la D928.

STAGE PORSCHE PROPULSION ✆ 02 37 62 50 00. *Internet : www.pro-pulsion.com. Ouvert toute l'année.*

ULM PARIS-OUEST ✆ 02 37 42 72 47. *Internet : www.ulmparisouest.com. Ouvert tous les jours de 9h à 18h.*

▷ *Dans les environs*

Broue

MAIRIE ✆ 02 37 43 20 12

FERME DE BADONVILLE Marie-Odile et Joël de Smet ✆ 02 37 43 20 01. *Fax : 02 37 43 20 01. E-mail : joel.de-smet@wanadoo.fr. Ouvert sur rendez-vous.* La visite promet d'être riche en découvertes : la ferme et tout ce qui la compose mais aussi l'élevage des porcs, des moutons, la basse-cour et toutes les cultures pratiquées dans les terres de la ferme.

Goussainville

GITES D'ENFANTS LA FORET Mme Brigitte Cozzo ✆ 01 30 59 76 29. Le gîte peut accueillir 11 enfants de 4 à 11 ans. La découverte et les soins donnés aux animaux (vaches laitières, moutons, chèvres, poneys et ânes, cochons, basse-cour, lapins nains et chevaux américains) les enchanteront, mais le dur travail à la ferme, c'est aussi les jeux d'extérieurs et d'intérieur. Il est certain que les petits ont beaucoup du mal à repartir de chez Lucien et Brigitte qui les séduiront avec toutes ces découvertes extraordinaires.

Bienvenue à la Ferme

Destinées aux enfants et aux adolescents, les fermes pédagogiques proposent des activités visant à expliquer la réalité du monde agricole de façon ludique. Six agriculteurs de l'association "Bienvenue à la ferme" ouvrent leurs portes à Broué, Marchezais, Escorpain et également à Montigny-sur-Avre, Unverre.

Marchezais

MAIRIE ✆ 02 37 43 16 32. *Fax : 02 37 43 17 87.*

FERME DES PONEYS Hélène et Michel Maisons ✆ 02 37 43 20 86. Les passionnés de poneys ou de chevaux ne verront pas le temps passer et s'en donneront à cœur joie. Dans la ferme, on découvre le poney autrement : approche par le jeu ; les 5 sens : de l'enfant au poney ; le travail à la ferme autrefois : le cheval de trait.

Epernon

Adossée au flanc d'un coteau, Epernon domine la vallée de la Drouette, affluent de l'Eure. Jadis, elle fut une cité réputée pour l'exploitation des carrières de grès, elles ont fourni la majeure partie des matériaux destinés à la construction de l'aqueduc de Louis XIV. Au **XXe siècle**, la production meulière est très importante, Epernon fut rattachée à d'autres localités, leur production allait jusqu'à 4 millions de meules qui partaient dans le monde entier. Aujourd'hui, en se promenant, on aperçoit entre les arbres quelques traces des anciennes carrières.

Fiche pratique

MAIRIE ✆ 02 37 83 40 67. *Fax : 02 37 83 70 48.*

VILLE EPERNON. *Internet : www.ville-epernon.fr.*

Point d'intérêt

LES PRESSOIRS. Bâtie au début du XIIIe siècle, cette ancienne grange dîmière pour le sel et le vin a appartenu aux religieuses des Hautes-Bruyères. Ce cellier semi-enterré est composé de trois nefs gothiques en pierres. Les habitants l'utilisèrent pour presser le vin contre des droits appelés : "septième seau" (pour sept seaux tirés, un seau était restitué pour servir de redevance). Les sœurs, quant à elles, y entreposaient le blé. Renseignements au Syndicat d'Initiative.

Le gîte et le couvert

HOTEL LA MADELEINE 24, rue de la Madeleine ✆ 02 37 83 42 06. *Fax : 02 37 83 57 34. 7 chambres. Restaurant.*

Loisirs

PISCINE MUNICIPALE ✆ 02 37 83 61 75. *Fax : 02 37 83 66 60. Internet : http://ville-epernon.fr*

Gallardon

Fiche pratique

SYNDICAT D'INITIATIVE Mairie ✆ 02 37 31 11 11. *Fax : 02 37 90 90 06. Internet : www.deroyer.fr/sigallardon*

Points d'intérêt

EGLISE SAINT-PIERRE SAINT-PAUL. Fondée au XIe siècle, elle verra son achèvement au XVIe siècle sous l'égide des moines qui s'employèrent à la construction d'un vaste chœur à déambulatoire et chapelles rayonnantes. On admire, la nef couverte d'une voûte en bois peinte d'un décor polychrome.

L'EPAULE - RUINES ET VESTIGES. Dominant autrefois la cité, le château fort, dont la construction remontait au XIIe siècle, il reste du donjon féodal, un pan dit "l'Epaule".

Dans le **centre historique** de jolies maisons à pans de bois comme celle dite "Fief des Marmousets" située au 5, rue de Porte-Mouton, nous invite à la promenade. Sa façade classée Monument historique remonte au début du XVIe siècle. Elle compte parmi les plus belles maisons sculptées de la région.

VISITE AUDIO-GUIDEE DE LA VILLE ✆ 02 37 31 11 11. *Fax : 02 37 90 90 06. Internet : www.deroyer/fr/sigallardon. Horaires du 1er avril au 31 octobre : les mercredis, samedis et dimanches de 15h à 18h.* Vous découvrirez le vestige du donjon, l'église, les rues médiévales.

Loisirs

RANDONNEE DE LA VALLEE DE LA VOISE (3 circuits de 6 kilomètres, 7 kilomètres, et 8,5 kilomètres). Circuit n°33. Départ place Saint-Luc. Sachez écouter et regarder, cette vallée est un livre ouvert, riche également par sa flore et sa faune : le promeneur attentif y verra les poules d'eau cachées dans les roseaux et peut-être quelques bécasses, grue cendrée ou héron lors de leur migration. Vous rejoindrez Baglainval, puis Bailleau ; Ymeray aux noms de rues pittoresques avec son église, dédiée à Saint-Georges qui comporte une nef romane du XIIe et des fresques du XVe ; Montlouet avec ses champs de pommiers, son clocher à tour carrée typique, et vous arriverez à Gaillardon, fière de ses vestiges malgré des siècles passés en interminables guerres, au travers des rues médiévales aux noms évocateurs d'anciennes maisons sont à découvrir, en particulier la Maison de Bois ou "Fief des Marmousets" datant du XVIe siècle.

▷ *Dans les environs*

Bailleau-Armenonville

MAIRIE ✆ 02 37 31 43 54. *Fax : 02 37 31 46 79.*

AIR PEGASUS MONTGOLFIERES ✆ 02 37 31 01 96. *Fax : 01 37 90 90 47. Internet : www.aire-pegasus.com.* Une équipe de professionnels vous propose un divertissement sain et facile. Le temps fort : les montgolfières. Du transport de passagers, aux spectacles aéronautiques, aux vols passagers avec dîner aux chandelles à l'atterrissage, tout tourne autour de l'enchantement. Depuis quelques années, Air Pegasus organise également des activités de plein air : 4X4 trial, quads, tir à l'arc, VTT, tests olfactifs.

CENTRE VELIVOLE DE VAL DE L'EURE ✆ 02 37 31 43 74. *Fax : 02 37 31 54 20. Internet : www.cvve.org.*

MONTGOLFIERES-AIR MAGIC "Houx" - SAINT-PIAT ✆ 06 11 48 78 43. *Fax : 02 37 27 10 20. Internet : www.air-magic.com.* Offrez ou organisez un moment inoubliable et glissez, tel cette montgolfière dans le ciel, les paysages et les sensations vous laisseront des souvenirs inoubliables. Vous pouvez survoler la vallée de l'Eure, l'aqueduc et le château de Maintenon ou un autre lieu de votre choix. De nombreuses activités liées au vol sont proposées, il faut vraiment faire une halte à Air-Magic, c'est magique !

Mézières-Ecluzelles

Fiche pratique

MAIRIE ✆ 02 37 43 80 73. *Fax : 02 37 43 41 54.*

Point d'intérêt

LE LAC D'ECLUZELLES. C'est une réserve bien connue des ornithologues. Le héron bihoreau, oiseau d'Afrique y niche, tandis que d'autres espèces de migrateurs y font escale. Avec une étendue de 110 hectares, le lac est la plus grande étendue d'eau d'Eure-et-Loir. Un nombre important de palmipèdes, passereaux, échassiers y a élu domicile. En hiver, sur les presqu'îles et marais on observe le tadorne de belon, la grande aigrette... Avec de la patience, on peut découvrir le timide et minuscule crapaud sonneur à ventre jaune, originaire de la forêt d'Evreux. Depuis une trentaine d'années, cette espèce très rare s'est installée dans les mares. Depuis 1985, il bénéficie d'une attention toute particulière, protégé, par le premier arrêté français pour la sauvegarde d'un amphibien.

Loisirs

CENTRE NAUTIQUE DROUAIS ✆ 02 37 43 82 71. *Fax : 02 37 43 72 31. Internet : http://perso.wanadoo.fr/cnd.evasion. Ouvert tous les jours de 9h à 19h. Ecole française de voile agrée Jeunesse et Sports.* Sur ce magnifique plan d'eau de 110 hectares, le centre nautique propose des stages de voile, des locations de catamarans, planches à voile, canoë-kayak, VTT, permis bateaux... Au programme également, promenades en bateau à voile avec skippeur, le plan d'eau abrite une réserve ornithologique d'oiseaux nicheurs.

LOCATION DE VELOS - EVASION 28 ✆ 02 37 43 82 71. *Internet : http://perso.wanadoo.fr/cnd.evasion.*

PLAN D'EAU DE MEZIERES-ECLUZELLES ✆ 02 37 43 71 39. *Syndicat Intercommunal du Plan d'Eau : 02 37 43 85 39.* Sur ce magnifique plan d'eau, les pêcheurs s'adonneront en toute tranquillité à leur passion.

▷ Dans les environs

Mézières-en-Drouais

FROMAGERIE DELAUNAY Rue Hez-Marsauceux © 02 37 43 71 09. Ce fromage d'origine fermière d'Ile de France et de Beauce est élaboré au lait de vache, produit de base d'antan des fins de repas et casse-croûte des fermes. Pâte molle fabriquée au lait demi-écrémé à croûte fleurie, son mode de fabrication artisanal consiste à laisser maturer le lait avec un emprésurage faible et une coagulation lente, le moulage se fait à la louche. Une fois bien égouttée, les fromages sont pétris et salés au sel sec et mis en repos pendant environ trois semaines. Tous les deux jours ils subiront le retournement et sont ainsi sélectionnés pour obtenir un produit parfait avant l'affinage. La feuille de Dreux artisanale est restée un produit local naturel. On le reconnaît facilement car il est entouré de feuilles de châtaigniers.

FROMAGES - ELEVAGE DE CHEVRES Martine et Jean-Louis Milhiet - Le Bois de Louvière © 02 37 43 80 86. *Fax : 02 37 43 85 62.* Toute l'année, production de fromages de chèvre, spécialité de la maison.

Sainte-Gemme-Moronval

MAIRIE © 02 37 43 72 15. *Fax : 02 37 43 81 74.*

CIRCUIT AUTOMOBILE DE L'OUEST PARISIEN. *Stages de pilotage : 01 48 70 84 84.* Des animations se déroulent chaque week-end sur ce circuit, contact : 02 37 62 50 00.

EQUITATION. Sur simple demande, l'Office du tourisme met à votre disposition des fiches de randonnées équestres.

LA FORET DOMANIALE DE DREUX. A quelques kilomètres de la ville, la forêt offre ses 3 300 hectares. L'ONF assure la protection des nombreuses essences telles les chênes séculaires, rouvres ou pédonculés, charmes, futaies, taillis... Le pavillon de chasse du XVIIIe siècle est un point de stratégique pour le départ de balades, de nombreuses allées s'offrent à vous. Près du pavillon, l'arboretum offre à nos yeux les principales essences répertoriées sur le massif.

GOLF-PARC DE NANTILLY La Chaussée d'Ivry © 02 37 63 06 30. *Fax : 02 37 64 59 40. Internet : www.legolfparc.com. Ouvert tous les jours de 9h à 18h en saison.*

LE MOULIN XII** 1, chemin de l'Eglise © 02 37 43 47 10.** *Fax : 02 37 43 04 64. Situé à 4 kilomètres de Dreux. Cuisine gastronomique et traditionnelle. Salles de réception. Grande capacité d'accueil. 16 chambres et 4 suites.* Nichés au cœur du site classé de la vallée de l'Eure, deux anciens moulins à eau des XIIe et XIVe offrent calme et sérénité au milieu d'un parc de 21 hectares traversé par plusieurs bras de rivière. On succombe au charme, à l'élégance et au raffinement du Moulin XII. Ce lieu de prestige sans luxe ostentatoire offre un séjour inoubliable tant par l'accueil que les services proposés. L'équipe mérite des éloges. La cuisine ne varie pas du registre, fine, variée on se régale. Les chambres et les suites spacieuses décorées de mobilier ancien sont pour la plupart équipées de salles de bains en marbre ou en teck avec Jacuzzi et/ou balnéo-douche. Le bar offre une vue panoramique sur le parc. Les loisirs sur place laissent l'embarras du choix : 3 piscines extérieures chauffées dont une couverte, 3 courts de tennis, sauna, hammam, billard français et américain, pédalos, canoë, pêche, VTT... C'est sur, on revient au Moulin !

Morancez

MAIRIE © 02 37 82 10 27

Le gîte

CAMPING MUNICIPAL Base de Plein-Air - Chemin de Desserte © 02 37 28 49 71.** *Fax : 02 37 33 05 25.* 50 emplacements.

CHAMBRES D'HOTES M. & MME HUET 139bis, rue de Chartres © 02 37 34 57 04. *Gîtes de France 2 épis. 1 chambre - 2 personnes. Tarifs de 28 € à 39 €.*

▷ *Dans les environs*

Meslay-le-Grenet

Situé à 15 kilomètres au Sud-ouest de Chartres.

MAIRIE 2, rue Champart © 02 37 25 37 63

EGLISE SAINT-ORIEN - DANSE MACABRE © 02 37 25 37 70. *Ouvert tous les jours de 9h à 19h. Son et lumière le samedi 18 septembre à 21h30.* Découvertes en 1864, ces peintures murales datent du XVe siècle. La misère causée par la guerre de Cent Ans et par la grande peste fut telle qu'au XVe siècle un poème édifiant et ses illustrations ornaient le charnier des Saints Innocents à Paris ainsi que les murs d'une église de campagne.

Sours

MAIRIE © 02 37 25 70 28. *Fax : 02 37 25 76 82.*

CHAMBRES D'HOTES M. & MME PERCHET 11, rue de la Fontaine-Generville © 02 37 25 97 26. *Gîtes de France 3 épis. 2 chambres - 5 personnes. Tarifs de 45 € à 60 €. Personne supplémentaire : 12 €.*

Ver-les-Chartres

MAIRIE © 02 37 26 40 21. *Fax : 02 37 26 33 40.*

CHAMBRES D'HOTES M. & MME PICAULT 20, rue de Tachainville - "La Varenne" © 02 37 26 45 32. *Gîtes de France 3 épis. 3 chambres - 7 personnes. Tarifs de 40 € à 70 €.*

Nogent-le-Roi

Fiche pratique

SYNDICAT D'INITIATIVE Mairie © 02 37 51 23 20/02 37 51 42 88 (poste 51). *Internet : www.nogent-le-roi.com*

Points d'intérêt

EGLISE SAINT-SULPICE. L'église fut reconstruite en 1495 par Louis de Brézé, futur époux de Diane de Poitiers. Au XV et XVIe siècles, un cœur et une nef la parèrent, une intéressante collection de vitraux est à admirer. En 1671, une imposante tour carrée fut ajoutée.

VISITE DE NOGENT-LE-ROI © 02 37 51 36 99. *Fax : 02 37 51 13 15.* L'Eure et le Roubelois s'y rencontrent et la présence des ponts et des passerelles ajoute un charme romantique aux quartiers pittoresques avec ses maisons à pans de bois datant des XVe et XVIe siècles. L'agréable ville de Nogent-le-Roi s'est façonnée pendant un millénaire comme en attestent les parchemins faisant état de ses forteresses successives où séjournèrent plusieurs rois capétiens et où naquit Jeanne de France, fille de Louis VI. Dans cette ancienne ville fortifiée, le château fort fut remplacé en 1860 par une construction de style Louis XIII. Le parc de 90 hectares, transformé en jardin anglais, abrite aujourd'hui près de 100 daims.

Le couvert

LE CAPUCIN GOURMAND 1, rue de la Volaille © 02 37 51 96 00. *Fax : 02 37 82 67 19. 32 couverts.*

LE RELAIS DES REMPARTS 2, rue du Marché-aux-Légumes © 02 37 51 40 47. *Fax : 02 37 51 40 47. 65 couverts.*

Le gîte

CHAMBRES D'HOTES LE MOULIN DU ROI - M. & MME FAURE Rue du Pont-des-Demoiselles © 02 37 51 32 39. *Gîtes de France 3 épis. 2 chambres - 5 personnes. Tarifs de 50 € à 65 €.*

▷ Dans les environs

Le Boullay-Mivoye

CHAMBRES D'HOTES M. & MME HEBERT 5, rue de la Chapelle - FONVILLE. *Gîtes de France 3 épis. 2 chambres - 7 personnes. Tarifs de 39 € à 55 €.*

Le Boullay-Thierry

MAIRIE © 02 37 38 32 71

CHAMBRES D'HOTES MME BIGOT 5, grande-Rue © 02 37 38 32 09. Fleurs de soleil. 2 chambres - 5 personnes.

CHAMBRES D'HOTES MME DESSART 8, rue Neuve © 02 37 38 37 15. *Gîtes de France 3 épis. 2 chambres - 4 personnes. Tarif : 46 €.*

CHAMBRES D'HOTES M. & MME POINCELET 7, rue du Marché © 02 37 38 32 72. *Gîtes de France 3 épis. 2 chambres - 4 personnes. Tarifs 2 personnes de 53 € à 58 €.*

Boutigny-sur-Opton/Prouais

MAIRIE © 02 37 43 00 43. *Fax : 02 37 65 11 81.*

CHAMBRES D'HOTES M. & MME MARECHAL 11, rue des Tourelles - "Hameau de La Musse" © 02 37 65 18 74. *Gîtes de France 2 épis. 2 chambres - 6 personnes. Tarifs de 37 € à 59 €. Sur réservation table d'hôte : 18 €.*

Saint-Laurent-la-Gatine

CHAMBRES D'HOTES M. & MME JAMES "Clos Saint-Laurent" - Bourg © 02 37 38 24 02. *Gîtes de France 3 épis. 3 chambres - 6 personnes. Tarifs de 50 € à 60 €.*

Vacheresse-Les-Basses

LE MANOIR DE VACHERESSES-LES-BASSES - COLLECTION DE COURONNES DE MARIEES © 02 37 82 71 46. *Fax : 01 43 20 10 04. Internet : www.chateaux-france.com/-vacheresses. Ouvert de juillet à septembre, les samedis, dimanches et jours fériés de 12h à 18h. En août : tous les jours de 12h à 18h.* Le manoir a été fondé en 1393. Il abrite une collection privée de couronnes de mariées. Les propriétaires, collectionneurs passionnés, ont rassemblé au fil des années une magnifique collection de "couronnes de mariées". De 1820 à 1920, cet art populaire connut un grand engouement et tomba ensuite dans l'oubli. Sous leurs globes, des guirlandes et des montages savants et raffinés nous plongent dans le souvenir des mariages du temps jadis. Chaque famille honorait ainsi sa reine d'un jour.

Villiers-le-Morhier

MAIRIE © 02 37 82 50 60. *Fax : 02 37 82 54 12.*

CAMPING DES ILOTS DE SAINT-VAL* © 02 37 82 71 30.** *Fax : 02 37 82 77 67. Loisirs.* Le camping offre 153 emplacements et tout le confort.

CHAMBRES D'HOTES MME LAVAUX-MERLE 2, rue de Gobienne - "Le Moulin de la Tournachère" © 02 37 82 52 51. *Gîtes de France 3 épis. 2 chambres - 5 personnes. Tarifs : 65 € à 75 €. Personne supplémentaire : 15 €.*

CHAMBRES D'HOTES M. & MME SIMONS 19, rue des Sablons - "Chandelles" © 02 37 82 71 59. *Gîtes de France 3 épis. 5 chambres - 13 personnes. Tarif : 58 €.*

Saint-Rémi-sur-Avre

Fiche pratique

SYNDICAT D'INITIATIVE Espace Rémois ✆ 02 37 62 52. *Fax : 02 37 48 80 15.*
Au départ de Dreux, prendre la N12. L'Avre, affluent de l'Eure a été par le passé, la frontière entre les possessions anglaises de Normandie et le Royaume de France. Ses paysages ont été influencés par la Normandie. La vallée de l'Avre fut jadis un centre économique actif. C'est en 1792, sur l'emplacement d'un ancien moulin que fut construite l'une des premières filatures de coton. Par la suite, le gendre, William Waddington fit progresser l'exploitation qui devint un groupe économique puissant. Dominant l'ancienne usine, on aperçoit les vestiges du château ayant appartenu à la famille, un incendie le ravagea en 1984.

Le gîte

CAMPING MUNICIPAL DU PRE DE L'EGLISE* ✆ 02 37 48 93 87.** *Fax : 02 37 48 80 15. 45 emplacements.*

▷ Dans les environs

Bu

MAIRIE ✆ 02 37 82 10 27

CHAMBRES D'HOTES MME BASUYAUX 7, rue de l'Eglise ✆ 02 37 82 16 68. *Gîtes de France 3 épis. 1 chambre - 2 personnes. Tarifs de 34 € à 58 €. Possibilité de personne supplémentaire.*

Dampierre-sur-Avre

MAIRIE ✆ 02 32 58 11 75

LE CIDRE DU PERCHE - M. DEBACKER Godeneval ✆ 02 37 58 18 86. Le cidre artisanal est aujourd'hui fabriqué dans la région du Perche où l'on peut apprécier son goût suave et délicat.

Escorpain

MAIRIE ✆ 02 37 38 11 64

LA FERME DE CHAMPILLON Marie-Noëlle et Paul-Debacker ✆ 02 37 38 15 04. *Fax : 02 37 38 15 04. Ouvert sur rendez-vous.* Après un moment passé à Champillon, les cultures au fil des saisons, l'ambiance et la vie à la ferme, la basse-cour et les vaches allaitantes n'auront plus de secret pour vous, enfin presque ! Des moments précieux que les jeunes et les adolescents partageront avec beaucoup de joie et d'intérêt.

Saint-Lubin-des-Joncherets

MAIRIE ✆ 02 32 58 01 23. *Fax : 02 32 58 38 07.*

LE CHATEAU ✆ 02 32 58 04 42. *Fax : 02 32 60 01 52. Ouvert du 15 juillet au 31 août tous les jours sauf le dimanche et les jours fériés de 10h à 13h et de 15h à 18h.* Château du XVIIe et XVIIIe siècles. Visite des extérieurs.

Saint-Symphorien-le-Château

Aux confins de la Beauce et du Hurepoix, Saint-Symphorien-le-Château est située à 22 kilomètres de Chartres. Le château d'Esclimont a largement contribué à son histoire, mais le passé du village a croisé en **1944**, la personne du Général Patton, commandant de la troisième armée américaine qui a libéré le village. Le colonel Guy de la Vasselais qui deviendra maire du village en **1948** a accompagné Patton tout au long de sa campagne de libération en Europe. A l'entrée du village, la première borne datant de **1948** a été restaurée à l'occasion du 50e anniversaire de "la voie de la liberté". Cette voie va de Saint-Lô, en Normandie, à Bastogne (Belgique), tout au long de ce trajet des bornes kilométriques ont été érigées à l'effigie de cette voie. Dans le jardin de la mairie un buste de Patton a été inauguré en **1961** en présence de son fils.

Fiche pratique

MAIRIE ✆ 02 37 31 58 14. *Fax : 02 37 31 18 21.*

VILLE DE SAINT-SYMPHORIEN. *Internet : www.info28.com/saint-symphorien-le-château.*

Le gîte et le couvert

LE CHATEAU D'ESCLIMONT** ✆ 02 37 31 15 15.** *Fax : 02 37 31 57 91. Internet : www.esclimont.com. Cuisine gastronomique. Salles de réceptions, séminaires. Menus de 60 € à 89 €. 54 chambres. Tarifs à partir de 170 €.* Les origines du château d'Esclimont remontent au XIe siècle. A la suite des guerres, le château en partie détruit fut reconstruit au XVIe siècle. Au XIXe siècle, le vicomte de la Rochefoucault, duc de Bisaccia en fera un joyau de l'architecture Renaissance. Depuis 1980, le Château d'Esclimont fait partie des "Grandes Etapes françaises". Au cœur d'un magnifique parc de 60 hectares classé aux essences rares, le château se mire dans une belle pièce d'eau où glissent cygnes et canards. Dans le restaurant de style XVIIIe, un savoureux dîner aux chandelles comblera vos papilles et vous portera au romantisme. Hélisurface au château, base d'envol de montgolfières mais aussi tennis, espace golf, piscine, promenade en barque, parcours de santé… A Esclimont, on adopte à juste titre, la devise de François de la Rochefoucauld devenue célèbre "c'est mon plaisir".

Vert-en-Drouais

De Dreux, à 11 kilomètres, prendre vers le Nord-est la D828, puis la N12.

Fiche pratique

MAIRIE ✆ 02 37 82 91 01. *Fax : 02 37 82 83 75.*

Le gîte

CAMPING DES ETANGS DE MARSALIN 3, place du Général-de-Gaulle ✆ 02 37 82 92 23.** *Fax : 02 37 82 85 47. Responsable : Mme Maryse Soyer. Ouvert toute l'année. Location au week-end, au mois et à l'année.* Sa capacité d'accueil de 65 emplacements en fait un endroit agréable et convivial. Parcelles disponibles pour caravanes et mobile homes. Pêche en étang et rivière à proximité.

Loisirs

LE P'TIT ETANG - LAC DU CHATEAU ✆ 02 37 82 95 13. *Fax : 02 37 82 82 50. Internet : www.streamer.fr. Ouvert du 2 janvier au 15 février et du 16 novembre au 31 décembre de 9h à 17h. Du 16 février au 15 novembre de 8h à 20h. Fermé le mercredi et le jeudi.* Dans un domaine de 22 hectares, un magnifique plan d'eau accueille les amateurs de la pêche. Créé en 1983, le Lac du Château est le premier plan d'eau du territoire qui fût consacré à la pêche à la mouche. Le Lac est un des endroits préférés de ceux qui aiment se mesurer à de vraies truites et à eux-mêmes. La qualité des eaux, la beauté du site et le savoir-faire de M. Günter Klein garantissent une pêche de qualité et un grand moment de plaisir. Une partie du lac est réservée à la pêche et l'autre partie accessible à tous permet de se retrouver autour de tables de pique-nique ou de déjeuner sur l'herbe.

LE PERCHE D'EURE-ET-LOIR

Situé par moitié en Eure-et-Loir et l'autre dans l'Orne, le Perche se parcourt, se pénètre. On apprend à le connaître et il devient comme un ami fidèle que l'on a plaisir à retrouver pour se ressourcer.

Le Perche est une ancienne province née en **1114** de la fusion du comté de Mortagne et des seigneuries de Nogent-le-Rotrou et de Bellême. En **1790**, malgré son éclatement entre plusieurs départements, l'identité percheronne est toujours présente dans les esprits et au travers de manifestations qui mettent en valeur son patrimoine. Ces festivités traditionnelles sont le lieu rêvé pour déguster les produits locaux, issus des traditions ou de la créativité percheronne : volailles élevées à la ferme, foie gras, crème fraîche, truites et brochets, pommeau, calvados…

En pensant au Perche, notre imagination se dirige vers la nature. Mais c'est aussi un pays de manoirs, modestes ou altiers, expression de la Renaissance ils nous content de belles pages d'histoire. Campés sur les collines ou blottis dans les vallées, les fermes isolées, les maisons fortes, les villages autour de leur charmante église, les petites villes au long passé agrémentent le paysage de leurs couleurs tirées du sol, d'une gamme de brun, de blanc, d'ocre et de roux.

Pour découvrir les routes tranquilles du Perche

De nombreux itinéraires sont proposés : Forêts et abbayes au départ de Mortagne-au-Perche. Châteaux et étangs au départ de Longny-au-Perche. Vallées et moulins au départ de Rémalard. Manoirs et traditions au départ de Nocé. Sites et panoramas au départ de Bellême. Forêt et belles demeures au départ de Senonches. Vallées et fermes fortifiées au départ de La Loupe. Sites et abbayes au départ de Nogent-le-Rotrou. Châteaux du Perche-Gouet au départ de Brou. Pour obtenir toutes les informations touristiques sur le Perche et sur le Parc Naturel du Perche.

SIAP (Syndicat Intercommunal pour l'Aménagement et le Développement du Perche d'Eure-et-Loir) Mairie - LA LOUPE ✆ 02 37 81 07 02. *Fax : 02 37 81 33 93.*

Et aussi le **SIDTP (Syndicat Intercommunal pour le Développement du Tourisme dans le Perche) Mortagne-au-Perche ✆ 02 33 25 69 31.** *Fax : 02 33 25 69 31.*

LOISIRS ACCUEIL EURE-ET-LOIR ✆ 02 37 84 01 01

Le cheval percheron, emblème de la région

Au détour d'un chemin sur fond de prairie on s'arrête pour l'admirer. Présent lors des fêtes traditionnelles, il conduit également les attelages des promeneurs. Un étalon, Jean Le Blanc, né en 1823 à Mauves, est considéré comme le premier des meilleurs percherons. Des Américains s'intéressent aux qualités du percheron, seul capable de tirer de lourdes charges lors des conquêtes du Far-West. Des milliers de chevaux partiront chaque année pour l'Amérique du Nord faisant la fortune des éleveurs. Jusqu'au début des années 1950, il fut utilisé comme cheval de trait, mais l'arrivée des machines le transforma peu à peu en animal de boucherie. Depuis une quinzaine d'années, le percheron a retrouvé ses lettres de noblesse pour des usages ludiques et touristiques et même économique (débardage). Certains vignerons les utilisent également pour l'entretien des vignobles. La Société Hippique Percheronne fédère les éleveurs et travaille l'évolution de la morphologie de l'animal afin qu'il retrouve son aspect originel plus grand et plus léger, puis à la promotion et à la valorisation de la race.

Montigny-sur-Avre

Fiche pratique

MAIRIE ✆ 02 37 48 28 89

Point d'intérêt

LE CHATEAU ✆ 02 37 48 28 25. *Internet : www.montignysuravre.com. Ouvert toute l'année sur rendez-vous.* Gabriel, Marquis de Laval commença la construction du château au XVIIe siècle. C'est entre 1728 et 1753 que Joseph Durey de Sauroy lui fit apporter ses dimensions actuelles. Au XIXe siècle, le parc "à la française" fut remanié en parc "romantique". Cet imposant château est classé Monument historique. L'harmonie de ses drainages de briques, la courbure de ses lucarnes et son parc parsemés de pièces d'eau, de cascades invite à venir admirer les extérieurs, le parc ainsi que la cuisine à l'ancienne.

Le gîte

CHAMBRES D'HOTES MME DE LA BOURDONNAYE Le Petit-Sault ✆ 02 37 48 26 67. *Gîte de France 3 épis. 3 chambres - 6 personnes. Tarifs de 30 € à 40 €, petit déjeuner compris. Possibilité de dîner sur réservation : 13 €.* Situées dans une ferme traditionnelle, les chambres sont confortables, le site verdoyant et fleuri tout vous promet un moment de détente agréable.

Le couvert

LE MOULIN DES PLANCHES ✆ 02 37 48 25 97. *Fax : 02 37 48 35 63. 70 couverts et salle 200 couverts.*

Loisirs

Destinées aux enfants et aux adolescents, les fermes pédagogiques proposent des activités visant à expliquer la réalité du monde agricole de façon ludique. Six agriculteurs de l'association "Bienvenue à la ferme" ouvrent leurs portes à Montigny-sur-Avre, Unverre, Broué, Marchezais, Escorpain.

FERME EQUESTRE DE MONTIGNY-SUR-AVRE - MME DE LA BOURDONNAYE ✆ 02 37 48 26 27. *Internet : www.montignysuravre.com. Ouvert toute l'année : mercredi, samedi, dimanche de 10h à 12h et de 14h à 17h30. Les autres jours sur rendez-vous.* Découverte de la ferme équestre, contact avec le poney (pansage) et en selle pour une balade ou une randonnée à cheval ou à poney dans une magnifique forêt privée de 150 hectares, avec de nombreux chemins de promenade. Tous les niveaux sont accueillis.

▷ Dans les environs

Rueil-la-Guadelière

MAIRIE © 02 37 62 40 35

CHATEAU DE LA GADELIERE © 02 37 62 40 11. *Fax : 02 37 62 40 11. Visites guidées du 1er août au 19 septembre, tous les jours de 14h à 18h. Notices en anglais.* Maison forte, défendant le village de la Gadelère pendant la guerre de Cent Ans, proche de la vallée de l'Avre, frontière naturelle entre le Duché de Normandie et le Thymerais, allié au royaume de France. Visite de l'église et du four à pain du château de La Gadelière.

Authon-du-Perche

Située à 17 kilomètres au Sud-est de Nogent-le-Rotrou par les D955 et D9. Authon-du-Perche formait l'une des cinq baronnies du Perche-Gouet. Surnommée "La Gueuse", elle connut pourtant la prospérité grâce à la fabrication des étamines. Au XVIe siècle, elle fut une place forte protestante.

Fiche pratique

MAIRIE © 02 37 49 02 48

Le gîte

CAMPING MUNICIPAL LA GOGUERIE La Goguerie © 02 37 49 03 41. *Fax : 02 37 49 07 06. 50 emplacements.*

Loisirs

PHIL'A BOIS © 02 37 49 08 89. *Fax : 02 37 49 08 89. Pour visiter la salle d'exposition et l'atelier prendre rendez-vous.* Un retour magique aux sources de la vie et une belle reconnaissance pour les jouets en bois.

▷ Dans les environs

Bethonvilliers

MAIRIE © 02 37 49 00 01

CAMPING A LA FERME Le Challoy © 02 37 49 11 12

Charbonnières

A l'origine, Charbonnières entourée de bois fut baptisée par les bûcherons qui exploitèrent les forêts alentours pour fabriquer le charbon de bois.

MAIRIE © 02 37 49 03 59

GITE LA BLOTTIERE Route d'Authon © 02 37 49 03 37. *Possibilité de location 24h, week-end, à la quinzaine ou au mois. Tarif spécial fêtes, forfait groupes.*

MUSEE PERCHE, ART ET HISTOIRE © 02 37 49 07 52. *Ouvert du 1er juin au 30 septembre les samedis et dimanches de 15h à 19h et du 1er octobre au 30 mai de 15h à 18h.* Le musée a reconstitué un intérieur percheron de la fin du siècle, les amateurs de tradition populaire seront comblés, la richesse du patrimoine est ainsi bien représentée.

Soize

MAIRIE © 02 37 49 04 92

FROMAGES DE VACHE Jackie-Dagonneau - La Guillotière © 02 37 37 02 58. *Ouvert toute l'année.* Les amateurs de bons fromages viendront chez Jackie pour faire de savoureuses emplettes. La spécialité : le fromage de vache décliné sous toutes ses formes, en faisselle, fromage préparé à la ciboulette, au poivre, cendré, fromage sec, pâte pressée façon camembert. Un seul mot : délicieux.

La Bazoche-Gouet

La Bazoche-Gouet située dans le Parc Naturel du Perche est la seule des cinq baronnies qui ait conservé le nom de ces seigneurs du Petit Perche vers **1050**. Au **XVIe siècle**, elle fut surnommée "La Pouilleuse". Sur la rive de l'Yèvre se visite le Grand Moulin à eau érigé au **XVIIe siècle** qui a sans doute remplacé un moulin seigneurial du **XIIIe siècle**. Transformé en écomusée, il comprend trois niveaux et son mécanisme hydraulique a été conservé en parfait état de marche.

Fiche pratique

SYNDICAT D'INITIATIVE Place de l'Eglise ✆ 02 37 49 23 45. *Fax mairie : 02 37 49 20 25.*

Points d'intérêt

ANCIEN HOTEL DU LION D'OR ✆ 02 37 49 23 45. *Visites sur demande au Syndicat d'Initiative en juillet et août.* Sa façade Louis XVIII, ses trois cours intérieures situées dans les fossés qui, avec la rivière l'Yèvre, encerclaient la ville ancienne mérite une halte. Documentation sur place.

EGLISE SAINT-JEAN-BAPTISTE ✆ 02 37 49 23 45. *Ouverte tous les jours de 9h à 17h.* Le portail latéral de l'église est de style gothique flamboyant, c'est un style très rare dans la région. Les reliques de Saint-Gourgon sont conservées dans une des chapelles : la chapelle des Bois XVe et XVIe siècles, ses reliques sont visibles à l'occasion du pèlerinage qui a lieu chaque année le 9 septembre.

Le gîte

CAMPING MUNICIPAL LA RIVIERE ✆ 02 37 49 20 25.** *Fax : 02 37 49 27 16. 30 emplacements.*

GITES DU GRAND MOULIN - GITE DU BUCHER - CHAMBRE D'HOTES 3, rue du Moulin ✆ 02 37 49 26 76. Plusieurs gîtes vous accueillent dans une propriété de 2 hectares. Le gîte du Moulin (2 épis) 5/7 personnes : Cour fermée et jardin privatif de 200 m². Le gîte de l'Ecurie 4/5 personnes : Cour fermée, jardin et terrasse privative. Le gîte du Bûcher et la chambre d'hôtes 3 épis pour 2 personnes : Cour fermée, salon de jardin sur la terrasse. Possibilité de table d'hôte de 2 à 14 personnes sur réservation (24h à l'avance). Menus de terroir. Un espace pêche (en rivière ou à l'étang) est réservé en priorité aux personnes qui séjournent au moulin.

Loisirs

CIRCUIT VTT. La Vallée de l'Yèvre (2 circuits de 16 et 24 kilomètres). Circuit n°10. Départ place de la Mairie.

LOCATIONS DE VELOS - CAMPING DE LA RIVIERE ✆ 02 37 49 36 49

RANDONNEES. Le Moulin d'Orsay (4 boucles de 4 à 10 kilomètres). Circuit n°9. Départ place de l'Eglise.

Emplettes

MARIE-CHANTAL ET CHRISTIAN-DESHAYES Beauregard ✆ 02 37 49 33 10. A la ferme de la bonne viande de veau et d'agneau qui sont élevés sur le domaine. Tous les achats sont possibles : En caissettes : demi-agneau ou entier, découpé ; au détail : gigots, côtelettes, saucisses, brochettes…

▷ *Dans les environs*

Les Autels-Villevillon

MAIRIE ✆ 02 37 49 20 70

EGLISE DE VILLEVILLON ✆ 02 37 49 20 70. *Au départ de La Bazoche Gouet prendre la D927 en direction d'Arrou, puis à gauche prendre la D13/1 direction Les Autels Villevillon.* Cette église romane du XIe siècle, fut construite en 1059 par l'abbaye Saint-Père de Chartres, sur les ruines d'un édifice plus ancien. Dans les murs épais en maçonnerie de silex on peut encore observer les fenêtres romanes primitives bordées de grisons. Au XVe siècle, l'édifice a été l'objet d'importantes transformations.

Brou

Fiche pratique

OFFICE DU TOURISME Chapelle Saint-Marc ✆ 02 37 47 01 12. *Fax : 02 37 47 01 12.*

VILLE DE BROU. *Site Internet www.brou28.com.*

Ancienne baronnie du Perche-Göuët, Brou fut appelée "la noble" dès le Moyen Age. Elle conserve quelques vestiges de l'enceinte fortifiée des **XVe** et **XVIe siècles**.

EGLISE SAINT-LUBIN. Située dans la ville semble dater du XIIe siècle, elle possède un chevet romain. A diverses époques elle fut embellie ainsi un large transept XVe et XVIe siècles l'agrandira, ainsi qu'une immense peinture du XIXe siècle située dans le chœur.

L'ancienne **CHAPELLE SAINT-MARTIN** construite au XIVe possède les vestiges d'une abside qui fut restaurée au XVIIe et XIXe siècles, elle abrite l'Office du tourisme.

La **HALLE** fut édifiée en 1846, on attribue sa construction à Florimont Robert.

De nombreuses **MAISONS A PAN DE BOIS** sculptées furent édifiées, il en reste deux : une sur la place des Halles a été classée Monument historique, sa construction sur ordre du roi Louis XII date de 1498 à 1506 ; on remarque la porte gothique et les piliers sculptés et l'autre se situe rue des Changes.

Le couvert

L'ASCALIER 9, place Dauphin ✆ 02 37 96 05 52. *Fax : 02 37 96 05 52. 80 couverts.*

LE GOURMET 1, rue du Mail ✆ 02 37 47 01 39. *55 couverts.*

Le gîte

CAMPING DU PARC DE LOISIRS Route des Moulins ✆ 02 37 47 02 17.** *Fax : 02 37 47 86 77.* Situé à 200 mètres du centre aquatique, le camping propose 226 emplacements + 10 emplacements pour 100 personnes - chalets. Sur place toutes les commodités (machine à laver, cabines téléphoniques...), jeux pour enfants, terrains de boules.

CHAMBRES D'HOTES MME RAIMBERT 6, avenue du Général-Leclerc ✆ 02 37 47 16 40. *Gîtes de France 2 épis. 1 chambre - 2 personnes. Tarifs de 39 € à 64 €.*

Le gîte et le couvert

LE PLAT D'ETAIN 15, place des Halles ✆ 02 37 96 05 65.** *Fax : 02 37 96 09 29. Hôtel-Restaurant. 21 chambres.*

Loisirs

CIRCUIT VTT. De Brou à Frazé, (50 kilomètres divisés en 3 boucles). Circuit n°7. Départ place des Halles. Hormis, les églises, les jolis sites, votre promenade vous entraînera sur les rives de l'Ozanne et de ses pittoresques lavoirs. A Brou, chaque mercredi matin, le marché aux volailles mérite de faire partie du programme.

LOCATION DE VTT Cycles Bourienne - 8, avenue du Général-de-Gaulle ✆ 02 37 47 01 49

PARC DE LOISIRS DE BROU Route des Moulins ✆ 02 37 47 02 17. *Fax : 02 37 47 86 77.* Situé un peu avant l'entrée du bourg, le parc de loisirs de 36 hectares est aménagé au bord d'un plan d'eau. Au programme : voile, canoë-kayak, pédalos, planches à voile... Plage de sable et piscine, solarium, jeux aquatiques, aquafooting, mini-golf, tennis sont fort appréciés aux beaux jours. La rivière permet d'aller pêcher les sandres, brochets... et on peut également opter pour le parcours carpe nocturne.

RANDONNEES. Circuit A sur les Bords de l'Ozanne (5 kilomètres). Circuit n°6. Départ place des Halles. Circuit B sur les Bords de l'Ozanne en passant par Yèvres (12 kilomètres). Circuit n°6. Départ place des Halles.

LES ROUTES TRANQUILLES DU PERCHE Châteaux du Perche-Gouet. Ce circuit est fléché au départ de Brou. Malgré des paysages diversifiés, le Perche-Gouet présente une unité particulièrement forte dans son architecture et sa culture. Son territoire est identifié comme étant celui des cinq baronnies : Brou, La Bazoche-Gouet, Authon-du-Perche, Alluyes et Montmirail. L'itinéraire conduit à la découverte des nobles demeures d'un pays où charmants manoirs et majestueux châteaux côtoient un habitat rural traditionnel de maisons à pans de bois. De nombreux marchés hebdomadaires vous permettront de savourer les produits du terroir percheron ou d'apprécier des fêtes et des foires du Perche-Gouet.

LE SWIN-GOLF ET LE GOLF ✆ 02 37 96 01 08. *Fax : 02 37 47 86 77. Ouvert de mars à novembre tous les jours de 10h à 12h et de 14h à 18h.* Le swin-golf (18 trous) qui permet de découvrir les joies d'une activité golfique en famille ou entre amis. Il trouve son originalité par le fait qu'il se joue avec une canne unique à trois faces et une balle souple. Golf, le plaisir sur 9 trous, des greens anglais pour un parcours en par 3 et par 4.

▷ *Dans les environs*

Dangeau

MAIRIE ✆ 02 37 96 77 10

Sur la place du village, les deux belles **MAISONS A PAN DE BOIS** sculptées du XVIe siècle ont fière allure.

La grande **EGLISE** de la paroisse construite au XIIe siècle est décorée d'un superbe triptyque en pierre du XVIe siècle et de statues en bois des XVe et XVIe siècles.

CAMPING MUNICIPAL DE L'OZANNE 10, rue de la Mairie ✆ 02 37 96 77 10.** *Fax : 02 37 96 72 71. 48 emplacements.*

CHAMBRES D'HOTES MME AYMARD La Chesnaye. *Gîtes de France 3 épis. 3 chambres - 10 personnes. Tarifs de 38 € à 60 €.*

Unverre

Au départ de Brou, prendre la D13 en direction d'Authon-du-Perche. Unverre est la deuxième commune la plus étendue d'Eure-et-Loir.

MAIRIE ✆ 02 37 97 20 01. *Fax : 02 37 97 33 15.*

CHAMBRES D'HOTES M. & MME RICHOU Le Petit-Plessis ✆ 02 37 97 24 06. *Gîtes de France 3 épis. 1 chambre - 5 personnes. Tarifs de 43 € à 58 €. Personne supplémentaire : 12 €.*

LES ECURIES DES NAUDS ✆ 02 37 97 34 34. *Fax : 02 37 97 34 34.*

LA FERME DU GRAND BOULAY Isabelle et Nicolas Ligneau ✆ 02 37 97 24 05. Dans cette ferme qui ouvre ses portes avec un accueil digne du Pays percheron, on découvre l'élevage des vaches charolaises : la vie du bovin et le métier d'éleveur, les porcs, les cultures : de la graine à son utilisation et la basse-cour.

LOCATION DE VELOS Restaurant "Au Bon Moissonneur" ✆ 02 37 97 30 95

MUSEE DE L'ECOLE ✆ 02 37 97 23 37. *Ouvert d'avril à septembre, le 2e dimanche de chaque mois de 15h à 18h.* Dans la ville, le Musée de l'Ecole reconstitue une classe du début du siècle. Des documents scolaires et des témoignages écrits d'anciens élèves complètent un historique de l'école en France.

Vieuvicq

Au départ de Brou, prendre la Direction de Illiers-Combray par la D921.

MAIRIE ✆ 02 37 47 06 04

L'ATELIER DE JOELLE DE ROUBAIX 2, jutigny-le-Petit ✆ 02 37 97 32 48. *Internet : www.joellederoubaix.com. Visite de son atelier sur rendez-vous.* Cette artiste sculpte les femmes et elle les rend belles et sereines à l'image des déesses, telle "Mimir" divinité gauloise qui accueille les visiteurs à l'entrée de son atelier. Joëlle de Roubaix travaille la terre cuite, le raku et le grès pour donner toute la magnificence à ses œuvres qui respirent la vie et les femmes. Possibilité de faire des bronzes sur demande. Au fil des années, de nombreuses récompenses lui sont attribuées, juste retour pour cette artiste, qu'il ne faut pas manquer de découvrir.

Yèvres

MAIRIE ✆ 02 37 47 01 13. *Fax : 02 37 47 07 18.*

EGLISE NOTRE-DAME ✆ 02 37 47 01 13. *Fax : 02 37 47 07 18. Ouvert toute l'année.* D'origine romane, l'église fut transformée aux XVe et XVIe siècles. On admire la belle voûte lambrissée typique. La porte chef-d'œuvre de la Renaissance s'ouvre sur une riche décoration intérieure qui fut mise en place et réalisée sous la direction d'un sculpteur breton Charles Roscoët. Le mobilier et l'architecture sont remarquables.

La Ferté-Vidame

Entre les plaines de Beauce et le bocage normand, la Ferté Vidame vous accueille dans un cadre naturel privilégié au cœur du Parc Naturel Régional du Perche. Au cours du **Xe siècle** pour empêcher les invasions normandes (la frontière étant située sur l'Avre) la cité se transforma en une place fortifiée, mais c'est à partir de **1632** que la place acquit toute sa grandeur lorsque le duc de Saint-Simon s'y installa. Acheté en **1764** par le marquis de Laborde, celui-ci y fit édifier un véritable palais dont les ruines grandioses nous rappellent la magnificence de la construction.

Fiche pratique

SYNDICAT D'INITIATIVE - MAIRIE © 02 37 37 68 59. *Fax : 02 37 37 68 59.*

Points d'intérêt

LA CHAPELLE DE REVEILLON © 02 37 37 68 59. *Fax : 02 37 37 53 00. Internet : www.cc-la-ferte-vidame.fr. Prendre la D24.* Dans un écrin de verdure, au bord d'un ruisseau, la chapelle Réveillon fut construite aux XIIe, XIIIe et XVe siècles. Classée Monument historique elle a conservé un ensemble de peintures murales du XVIe siècle d'une exceptionnelle richesse. On remarque au registre supérieur une frise d'arabesques où se mêlent fleurs, fruits et oiseaux ; au registre médian, "le dit des morts et des trois vifs", "le récit de la passion du Christ", "la tentation à l'Ascension" ; et au registre inférieur "la vie des Saints et des Martyrs".

MUSEE SAINT-SIMON © 02 37 37 64 09. *Ouvert en mai, juin et septembre, ouvert le dimanche. En juillet, ouvert les week-ends et les jours fériés. En août, du mercredi au dimanche de 14h30 à 19h. Expositions temporaires en mai, juin, juillet.* Le musée abrite de nombreux documents relatifs à la vie et à l'œuvre du célèbre mémorialiste Louis de Rouvroy duc de Saint-Simon (1675-1755), l'histoire de Louis XIV, ainsi que de précieux témoignages de l'histoire locale.

LE PARC DU CHATEAU © 02 37 37 68 59. *E-mail : si.ferté-vidame@wanadoo.fr. Ouvert du 1er avril au 31 octobre, tous les jours de 9h à 19h. Du 1er janvier au 31 mars tous les jours de 9h à 17h30. Visite guidée le 2e dimanche de chaque mois du 1er mai au 31 octobre, rendez-vous à 14h45 devant la grille d'honneur.* Histoire du domaine de la Ferté-Vidame et de ses hôtes illustres (duc de Saint-Simon, marquis de Laborde, roi Louis Philippe) vous sera racontée. Conférence avec projection d'images de synthèse suivie d'une visite guidée. Durée 90 minutes. Cet imposant domaine de 60 hectares renferme les vestiges monumentaux du château du marquis de Laborde, construit au XVIIIe siècle et le petit château rénové par Louis Philippe. Superbe massif forestier, planté de beaux arbres, parsemés de pièces d'eau et de canaux, (XVIIIe siècle), le parc mérite une promenade et permet d'admirer les ruines du château. A l'entrée du château, à gauche de la grille d'honneur, le Pavillon Saint-Dominique construit au milieu du XIXe siècle abrite :

VISITE DE LA VILLE © 02 37 37 68 59. *Fax : 02 37 37 53 00. Internet : www.cc-la-ferte-visame.fr.* C'est mille ans d'histoire que vous traverserez dans cette cité où vécurent des hôtes illustres tels que Saint-Simon, le marquis de Laborde et Louis-Philippe. Située en lisière de forêt, elle offre à la fois une remarquable unité urbanistique et architecturale.

EGLISE SAINT-NICOLAS. Ouverte au public, elle fut édifiée en 1659 par le père du duc de Saint-Simon. C'est un beau spécimen de style baroque. A l'intérieur, on découvre un orgue du XIIIe siècle, magnifiquement restauré, plusieurs tableaux et un retable en bois doré. Selon le souhait du duc, il fut enterré avec son épouse dans l'église de la Ferté-Vidame. A la Révolution, le caveau fut profané et leurs ossements jetés dans la fosse commune.

ARBORETUM © 02 37 37 68 59. Crée en 1990, cet arboretum est composé d'environ 150 espèces ou variétés, il a une vocation pédagogique, distractive et touristique.

Le gîte

CAMPING MUNICIPAL Route de la Lande © 02 37 37 64 00.** *Fax : 02 37 37 53 00.* 50 emplacements - Chalets. Un cadre verdoyant avec terrain de tennis.

Le gîte et le couvert

L'OREE DU PERCHE 16, rue Laborde © 02 37 37 61 97. *Chambres de 28 € à 54 €. Petit déjeuner 5 €. Cuisine gastronomique. Restaurant. Menus de 10 € à 24 €.*

Emplettes

FOIE GRAS DE REVEILLON - CHRISTIAN BUSNEL Les Champs du Bois - REVEILLON ✆ 02 37 37 53 78. Vente à la ferme de produits crus et cuisinés en oies et canards.

▷ *Dans les environs*

Boissy-les-Perche

MAIRIE ✆ 02 37 37 65 53

CHAMBRES D'HOTES M. & MME FRENCH Ferme de Philmain ✆ 02 37 37 65 38. Gîtes de France. 2 chambres - 5 personnes.

EGLISE SAINT-PIERRE. Elle remonte sans doute à la fin du Xe siècle, mais l'édifice actuel est beaucoup plus récent. Le portail date de 1770 et le collatéral de 1556. On observe une riche statuaire de la première moitié du XVIe siècle ainsi que deux vitraux des XIVe et XVIe siècles et une balustrade en bois sculpté du XVIIe siècle offerte par le duc Louis de Saint-Simon.

FERME DECOUVERTE - MONIQUE BOISNARD Le Bois-Josse ✆ 02 37 37 66 55. *Fax : 02 37 37 66 55.* Pendant cette visite qui dure environ une heure trente, vous découvrirez au sein d'une ferme céréalière l'élevage de lapins angoras. Monique est incollable sur ses petites bêtes. Elle vous expliquera : l'épilation et la transformation des poils en laine (réalisé par la filature). Vous repartirez avec vos belles pelotes de laine où pourquoi pas avec un pull tout tricoté.

La Chapelle Fortin

MAIRIE ✆ 02 37 37 61 08

Des monuments druidiques épars laissent à penser que la Chapelle-Fortin avait, dans une haute antiquité, une importance qu'elle a perdue. L'industrie de la commune consistait encore au **XIXe siècle**, en un moulin à farine, une fabrique de tuiles, des filatures de lin et de chanvre. De plus, on y extrayait la marne et on y exploitait le bois et le charbon, l'église Saint-Pierre présente une tour clocher de brique édifiée entre **1890** et **1898**.

Lamblore

Aux portes de la Ferté-Vidame.

MAIRIE ✆ 02 37 37 62 54

ÉGLISE SAINT-MARTIN. Probablement datant des XIIe et XVe siècles. Au-dessus du porche sur la façade de l'église, une sculpture en bois représentant Saint-Martin à cheval, restaurée en 1981 mérite une visite. Proche de l'église, un petit édifice polygonal encadre la source Saint-Martin. Son eau très réputée était servie à la table du marquis de Laborde.

AUBERGE DE LA TRIGALLE Place de la Gare ✆ 06 12 97 82 00. *Fax : 02 37 37 51 75. Cuisine gastronomique et traditionnelle. Service jusqu'à 21h. Fermé lundi, mardi. Congés annuels de janvier à la mi-février. Ouvert tous les jours, sauf le lundi. 45 couverts. Menus de 15 € à 23 €. Prix moyen à la carte : 29 €.* Située dans un cadre unique, l'auberge nous offre une cuisine raffinée et copieuse. On débute par les escargots poêlés à l'huile de coriandre et pointes d'orties sauvages, suivi d'un lard paysan croustillant aux truffes et confit de charlotte au sel de Guérande, rien ne peut se conclure sans une douceur : pain d'épice et sorbet au fenouil, sauce safran. Le menu Découverte est délicieux, les prix sont étudiés. Elle vaut le détour cette charmante auberge, d'autant que le chef sait vous accueillir. On y vient assurément pour savourer la générosité du Perche. Sous le tilleul, la terrasse est agréable avec quelques rayons de soleil.

CHAMBRES D'HOTES LE MANOIR DE LA MOTTE Route de Verneuil - Mme Jallot ✆ 02 37 37 51 69. *Gîtes de France 4 épis. Situé sur la D941 au départ de la Ferté-Vidame, prendre la direction de Verneuil-sur-Avre. Ouvert toute l'année. 2 chambres - 7 personnes. Tarifs 85 € pour 2 personnes (petit déjeuner - brunch compris). Suite 95 € pour 2 personnes et 140 € pour 4 personnes.* Au cœur d'un parc de 5 hectares orné d'arbres centenaires, cette superbe demeure vous comblera. Deux chambres formant suite, délicieusement aménagées avec ciel de lit et draps brodés s'ouvrent sur le parc. Les hôtes sont accueillis par Anne Jallot, la propriétaire, qui prépare personnellement des petits déjeuners exquis servis avec des gâteaux et de délicieuses confitures maison. L'apéritif est le moment privilégié où Anne Jallot livre tous ses secrets pour découvrir le Perche hors des sentiers battus. Un jardin d'hiver et une bibliothèque nous invitent à la détente. Le golf (1 trou) d'entraînement permet de s'initier en toute liberté.

La Mancelière

CHAMBRES D'HOTES LA MUSARDIERE Mme Schaffner ✆ 02 37 48 39 09. *De la Ferté-Vidame, prendre la D4 direction Brézolles/Dreux. 5 chambres - 12 personnes. Agréé par Fleurs du Soleil. Tarifs appartement : de 80 € à 143 €. Chambres : de 58 € à 7 €.* Dans cette demeure percheronne, de très jolies chambres et studios sont aménagés dans un cadre rustique. Dans ce havre de paix, toute est douceur et harmonie. Piscine couverte.

La Puisaye

MAIRIE ✆ 02 37 37 60 55

EGLISE SAINT-JEAN-BAPTISTE. Elle a été fortement remaniée au XIXe siècle. Le clocher, antérieurement au centre de la toiture, a été reconstruit en pignon au XIXe siècle. A cette époque les onze fenêtres furent élargies. Près de la Meuvette, au Nord-est du bourg, se trouvent les ruines d'un ancien château fort détruit en 1793.

MOULIN DE ROUGE M. & Mme Fialeix ✆ 02 37 37 67 38. *Fax : 02 37 37 55 90. Internet : fnp.halios.com. Ouvert du 1er avril au 30 septembre de 9h à 12h et de 14h à 19h.* Au programme : pêche à la truite (matériel fourni), pêche sportive sur un étang de 7 hectares (carpes et silures), jeux pour enfants, buvette.

Les Ressuintes

MAIRIE ✆ 02 37 37 60 79

EGLISE NOTRE-DAME. Le clocher s'élève sur une tour bâtie en pierres grossièrement taillées et en grison (pierres locales). Sa voûte de bois, à l'acoustique remarquable abrite deux trésors classés : une statue de la Vierge en pierre polychrome et un confessionnal de style baroque.

NATURE EVASION GAEL RENAUDIN Le Bourg ✆ 02 37 37 64 06. Découverte de la faune, de la flore et du patrimoine historique du Perche. Des stages, des visites et des conférences sont régulièrement organisés.

Frazé

Tapi au creux du vallon de la Foussarde, Frazé offre l'architecture de son château, de son église et de ses maisons de caractère. Son environnement boisé et verdoyant nous invite à une halte très agréable.

Fiche pratique

MAIRIE ✆ 02 37 29 50 52

Point d'intérêt

LE CHATEAU ✆ 02 37 29 56 76. *Fax : 02 37 29 56 76. Visites guidées des extérieurs et du parc du château.* Sa construction débuta au XVe pour se terminer au XVIe siècle. Plusieurs fois remanié, il offre le mariage de la pierre, de l'ardoise et de la brique. Le joli parc à la française souligne l'architecture variée des bâtiments. Les massifs de fleurs bordés de buis, agrémentés d'ifs et de houx taillés diffusent un charme certain.

La Loupe

A proximité de la vallée de l'Eure, La Loupe est une halte vivifiante aux portes du Parc Naturel Régional du Perche.

Fiche pratique

SYNDICAT D'INITIATIVE 1, place Vauban ✆ 02 37 81 24 00

MAIRIE ✆ 02 37 81 10 20

Point d'intérêt

LE CHATEAU. Entouré de murs il fut construit en 1665 sur des plans de Vauban. Il reste de l'époque un grand corps de logis avec fossés et balustrades qui a été récemment restauré.

Le gîte et le couvert

LE CHENE DORE 12, place de l'Hôtel-de-Ville ✆ 02 37 81 06 71.** *Fax : 02 37 81 32 90. 12 chambres. Restaurant.*

Loisirs

LES ROUTES TRANQUILLES DU PERCHE - VALLÉES ET FERMES FORTIFIÉES. Au départ de la Loupe, le Circuit des Vallées et Fermes Fortifiées est un trait d'union entre le Perche et la Beauce. Il invite à la détente au fil de l'Eure et des fermes fortifiées. Quelques-unes de ces fermes constituent le fleuron architectural du Perche. Ainsi, nombre de maisons fortes portent la trace de grandes familles dont la plus illustre est celle d'Etienne d'Aligre. Anoblis par Louis XIII dès le début du XVIe siècle, ils achetèrent les plus beaux domaines de la région. Etienne IV fut pour cette raison dénommé Seigneur de la Rivière, la Forêt, Le Favril, Bois-Landry, Frétigny... Si on y ajoute le château de Vaux, la famille d'Aligre posséda et transforma une grande partie des propriétés du secteur jusqu'à la dispersion du domaine en 1926.

▷ *Dans les environs*

Champrond-en-Gatine

MAIRIE ✆ 02 37 49 80 20

CAP 28 ✆ 02 37 49 14 24. *Internet : www.ulmfrance.com. Ouvert toute l'année. Au départ de La Loupe, prendre la D941, arrivée à Champrond-en-Gâtine prendre à droite la direction de Nogent-le-Rotrou.* Des passionnés de vols nous font découvrir l'ULM : stages, formations, vols... Pour ajouter à notre plaisir, un accueil chaleureux et convivial nous est réservé.

CHAMBRES D'HOTES M. & MME MICHEL 10, rue des Rosiers ✆ 02 37 49 80 36. *Gîtes de France 2 épis. 3 chambres - 6 personnes. Tarifs de 27 € à 47 €. Sur réservation table d'hôte : 15 €.*

Fontaine Saint-Simon

MAIRIE ✆ 02 37 81 83 02

CAMPING MUNICIPAL Rue de la Ferrière ✆ 02 37 81 88 11. *Fax : 02 37 81 83 47. 115 emplacements.*

PARC AQUA-RECREATIF DU PERCHE ✆ 02 37 81 88 70. *Fax : 02 37 81 86 70. Ouvert en juillet et août : lundi, mardi, jeudi, samedi et dimanche de 10h à 12h30 et de 14h à 19h30, le mercredi de 10h30 à 12h30 et de 14h à 20h30, le vendredi de 10h à 12h30 et de 14h à 22h. Téléphoner pour d'autres périodes.* Au sein de cet espace aqua-récréatif couvert, avec natation à contre-courant, espace jeux pour les enfants, geyser, toboggan, cascade, bains à remous, espace de remise en forme (sauna, hammam) on passe de bons moments de détente dans la bonne humeur. Les petits et les grands y trouvent tous leur bonheur.

PERCHE AERONAUTIQUE CULTURE ✆ 02 37 81 87 14. *Fax : 02 37 81 82 97. Ouvert toute l'année sur rendez-vous.*

Montlandon

MAIRIE ✆ 02 37 49 82 78

CHAMBRES D'HOTES M. & MME GALLET 7, rue de la Tour ✆ 02 37 49 81 06. *Gîtes de France 2 épis. 2 chambres - 4 personnes. Tarifs de 33 € à 37 €. Supplément par personne : 13 €.*

Saint-Eliph

MAIRIE ✆ 02 37 81 18 23

CHAMBRES D'HOTES M. & MME BOUDET L'Auberdière ✆ 02 37 81 10 46. *Gîtes de France 3 épis. 3 chambres - 6 personnes. Tarifs de 27 € à 30 €.*

CHAMBRES D'HOTES MME DROUET Les Chipoteries ✆ 02 37 81 19 28. Clévacances**. 1 chambre - 2 personnes.

Saint-Maurice-Saint-Germain

MAIRIE ✆ 02 37 37 02 17

CHAMBRES D'HOTES M. & MME GOUPIL 22, rue de la Couronne ✆ 02 37 37 00 47. *Gîtes de France 3 épis. 2 chambres - 5 personnes. Tarifs de 34 € à 49 €.*

CHATEAU DES VAUX ✆ 02 37 53 70 70. *Fax : 02 37 53 70 90. Visite libre du parc.* Un château impressionnant de style Louis XV qui fut construit au milieu du XIXe siècle pour le marquis d'Aligre. Le domaine occupé depuis 1946 par les étudiants apprentis orphelins d'Auteuil se visite occasionnellement. Jardins à la française et à l'anglaise.

L'OIE ET SES DELICES - HÉLÉNE PELAEZ 8, rue de la Cour-Forière ✆ 02 37 49 55 93. Elevage d'oies grasses. A la ferme vous pouvez visiter le laboratoire de transformation et emporter : foie gras, confits, rillettes ou pourquoi pas une oie prête à rôtir.

Nogent-le-Rotrou

Nogent-le-Rotrou, capitale du Perche, est au cœur d'un pays de collines sillonné de rivières, de forêts parsemées d'étangs. Sur ordre du comte de Chartres, Rotrou fait construire pour protéger la frontière contre les Normands, le château qui fut sans doute d'abord en bois, puis le donjon de Pierre au **Xe siècle**. La dynastie des Rotrou s'éteindra en **1217**. Le nouveau comte du Perche se nomme Thibault, comte Palatin de Brie et de Champagne. C'est lui qui fit construire le pont de bois sur l'Huisne. Aux **XIVe** et **XVe siècles**, pendant la guerre de Cent Ans, Nogent-le-Rotrou fut occupé à plusieurs reprises par les Anglais. En **1447**, les Anglais se retirent du Perche où la misère est partout. On attribue la construction des 155 "Marches Saint-Jean" aux demoiselles d'Armagnac. En **1527**, naissance de Rémy Belleau (Poète de la Pléïade). Au **XVIe siècle** le prince de Condé se déclare officiellement chef du parti des Huguenots et s'installe au château quelques années plus tard. Au **XVIIe siècle**, le duc de Sully achète au prince de Condé la seigneurie de Nogent. Il meurt en **1641** au château de Villebon. A la fin du **XVIIe siècle**, Nogent est une ville qui a fortement développé son industrie La fabrication d'étamines et de tissus a contribué à ce développement. C'est au **XIXe siècle** qu'a lieu l'inauguration de la ligne de Chemin de Fer Paris/Brest, l'installation du gaz pour l'éclairage public et l'aménagement d'un important service d'eau. Pendant la guerre de **1940**, Nogent-le-Rotrou fut occupé, sa libération aura lieu le **11 août 1944**.

Fiche pratique

OFFICE DU TOURISME 44, rue Villette-Gâté ✆ 02 37 29 68 86. *Fax : 02 37 29 68 86.*

VILLE DE NOGENT LE ROTROU. *Internet : www.ville-nogent-le-rotrou.fr.*

Bus

NOBUS 4, rue Thibault-Meyniel ✆ 02 37 52 46 92. Transbeauce assure des liaisons de cars avec Nogent-le-Rotrou-Chateaudun-Orléans (ligne 10), avec Nogent-le-Rotrou-Authon-du-Perche-La Bazoche-Gouët (ligne 19). S.T.A.O. assure les liaisons (ligne 14) de Nogent-le-Rotrou-Mamers-Alençon. (Ligne 15) Nogent-le-Rotrou-Mortagne-au-Perche-Alençon.

Train

GARE SNCF ✆ 02 37 84 61 46 (Chartres). *Internet : www.sncf.com.*

Taxis

BOUVIER GUY 3, rue du Bois-de-l'Aumône ✆ 02 37 52 27 31

DAIGNEAU SERGE Avenue de la Messessell ✆ 02 37 52 65 45

MARTIN DIDIER 22, rue Albert-Camus ✆ 02 37 52 00 36

Loueurs de voitures

ADA COEURET **Route du Mans - RN23 ✆ 02 37 52 21 97.** *Fax : 02 37 52 12 70.*

AVIS **Gare SNCF ✆ 02 37 28 37 37**

EUROPCAR **Route du Mans - RN23 ✆ 02 37 52 63 16.** *Fax : 02 37 53 90 72.*

Points d'intérêt

CHATEAU SAINT-JEAN/MUSEE DES ARTS ET DES TRADITIONS DU PERCHE ✆ 02 37 52 18 02. *Fax : 02 37 29 68 69. Internet : www.ville-nogent-le-rotrou.fr. Ouvert tous les jours de 10h à 12h et de 14h à 18h, sauf le mardi. Fermé les 25 décembre, 1er janvier et 1er novembre. Diaporamas, visites guidées, expositions...* Le château érigé sur le point culminant de la Vallée de l'Huisme domine la ville de Nogent. Le donjon du XIe siècle après dix siècles d'histoire reste un des rares exemples de l'architecture militaire du début du Moyen Age. Les "demoiselles d'Armagnac", filles du duc de Nemours reçurent le château en héritage et lui apportèrent son aspect actuel. Les "marches de Saint-Jean" reliant le château au quartier du Pâty datent de cette époque. Le château abrite le Musée des Arts et des Traditions Populaires du Perche. Tout au long de l'année, de nombreuses expositions sont organisées.

L'EGLISE - CRECHE NOTRE-DAME ✆ 02 37 29 68 86. *Fax : 02 37 29 68 86.* Ancienne chapelle du XIIIe siècle, elle fut agrandie en 1802. A l'intérieur, le mobilier provient de l'ancienne église Notre-Dame des Marais, en particulier le groupe de la Nativité.

TOMBEAU DU DUC DE SULLY ET DE SON EPOUSE RACHEL DE COCHEFILET ✆ 02 37 29 68 86. *Fax : 02 37 29 68 86. Ouvert toute l'année de 9h à 16h30.* Mausolée construit en 1641 en l'église Notre-Dame.

VISITE DE LA VILLE ✆ 02 37 29 68 86. *Internet : www.ville-nogent-le-rotrou.fr.* Partez pour une agréable visite de la ville. La capitale des Comtes du Perche, dominée par le château Saint-Jean et son superbe donjon, construits sur un éperon rocheux à 50 mètres au-dessus de la large vallée de l'Huisne possède de nobles demeures aux toits de tuiles rousses, de belles églises : Notre-Dame, groupe de la nativité (XVIe siècle) ; dans une chapelle attenante, le tombeau de Sully et de son épouse, seigneurs de Nogent ; l'église Saint-Laurent.

Le couvert

LA PAPOTIERE **3, rue Boug-le-Comte ✆ 02 37 52 18 41.** *Fax : 02 37 52 94 71. 50 couverts.*

LE VAL D'HUISNE **RN23 ✆ 02 37 52 16 45.** *45 couverts.*

Le gîte

CAMPING MUNICIPAL DES VIENNES** **Rue des Viennes ✆ 02 37 52 80 51.** *Ouvert du 1er mai au 29 septembre. Hors saison sur réservation.* Situé à 5 minutes du centre-ville, dans un endroit ombragé bordé par une rivière 30 emplacements vous sont proposés équipés en eau, électricité. Proximité de la piscine et du mini-golf.

L'EDEN HOTEL** **2, place du 11-Août ✆ 02 37 52 45 30.** *Fax : 023 7 53 06 42. 14 chambres.*

Le gîte et le couvert

HOTEL AU LION D'OR Citotel** **28, place Saint-Pol ✆ 02 37 52 01 60.** *Fax : 02 37 52 23 82. Internet : www.hotel-chartres-le-mans.com. Ouvert toute l'année. 14 chambres. Tarif de 46 € à 69 €. Petit déjeuner 6 €. Restaurant. Etape VRP. Anglais parlé. Parking fermé, garage, accueil de groupes (28 personnes). Télévision, téléphone, mini-bar, Canal+.* Dans cet hôtel de charme, l'accueil est chaleureux et en y séjournant vous découvrirez une page d'histoire de la région.

HOTEL DE LA GARE* **6, place de la Gare ✆ 02 37 52 39 96.** *Fax : 02 37 52 90 16. Restaurant. 15 chambres.*

INTER HOTEL SULLY*** **51, rue des Viennes ✆ 02 37 52 15 14.** *Fax : 02 37 52 15 20. Ouvert tous les jours. Tarifs de 44 € à 54 €. Petit déjeuner : 6 €. Restaurant. Etape VRP. 42 chambres. Accueil de groupes. Anglais parlé. Animaux acceptés.* Cet hôtel offre le confort de ses chambres et des services qui s'y rattachent : parking, ascenseur, bar, télévision, Canal, téléphone.

Loisirs

AQUAVAL ✆ 02 37 29 68 68. *Fax : 02 37 29 68 69.* L'ouverture de ce centre aquatique récréatif intérieur et extérieur avec espace de remise en forme et bowling est prévue en juin 2004.

CANOE-KAYAK PERCHERON **2, rue de la Touche ✆ 02 37 52 78 82.** *Ouvert toute l'année.* Location de canoës. Descente de l'Huisne (11 et 23 kilomètres).

CIRCUIT VTT. Vallée de la Ronne et de la Jambette. (2 circuits 18 kilomètres et 21 kilomètres). Au départ du Château Saint-Jean.

PISCICULTURE DU MOULIN DES SOURCES ✆ 02 37 52 75 17. *Fax : 02 37 52 75 17. Ouvert du 1er mars au 11 novembre, tous les jours de 8h à 12h et de 14h à 18h, sauf le jeudi.*

LES ROUTES TRANQUILLES DU PERCHE - SITES ET ABBAYES. Ce circuit fléché au départ de Nogent-le-Rotrou est une agréable promenade pour les amoureux de sites et d'abbayes mais aussi de nature. L'itinéraire emprunte de petites routes sinueuses et pittoresques au cœur des paysages les plus typiques du Perche. Passant tour à tour des vertes vallées encaissées de la Cloche, de la Ronne et de la Berthe, aux célèbres collines du Perche dont le point culminant d'Eure-et-Loir est la butte de Rougemont, la cité des Rotrou (Nogent-le-Rotrou), capitales des Comtes du Perche ouvre ses portes.

Emplettes

LE CIDRE DU PERCHE - FRANCIS VALLEE Le Baguet ✆ 02 37 52 55 71. Le cidre artisanal est aujourd'hui fabriqué dans la région du Perche où l'on peut apprécier son goût suave et délicat.

▷ *Dans les environs*

Brunelles

MAIRIE ✆ 02 37 52 01 04

CAMPING LE BOIS JAHAN Le Bois-Jahan ✆ 02 37 52 14 73.** *Fax : 02 37 52 14 73. Loisirs. 60 emplacements.*

Margon

MAIRIE ✆ 02 37 52 02 70. *Fax : 02 37 52 96 10.*

L'EGLISE. Du XIe siècle agrandie au XVIe siècle, elle domine le vieux bourg sur son éperon rocheux ; elle a gardé son portail roman. A l'intérieur se trouvent deux statues provenant de l'abbaye d'Arcisses, Saint-Benoît et Sainte-Scolastique. En sortant du village, la vallée de la Cloche voit le cours d'eau sinueux baigner de nombreux pâturages où paissent bovins et chevaux, souvent de race percheronne.

L'ALAMBIC 20, avenue de Paris ✆ 02 37 52 19 03. *80 couverts.*

CIRCUIT DE LA VALLEE DE LA CLOCHE (3 boucles de 4,5 kilomètres, 5,5 kilomètres et 17 kilomètres). Circuit n°34. Allez un peu de courage, il ne faut surtout pas rater la vallée de la Cloche, la grande boucle vaut les efforts.

PLAN D'EAU DE LA BORDE ✆ 02 37 29 68 68. *Fax : 02 37 29 68 89.* Répartis sur 15 hectares : pêche, canotage, voile, activités nautiques, parcours de santé, jeux pour les enfants, pique-nique.

Saint-Jean-Pierre-Fixte

MAIRIE ✆ 02 37 52 09 82

L'origine **PETRA FIXA** ("pierre fichée") indique une ancienne pierre levée : un atelier préhistorique a d'ailleurs été découvert près de l'ancien moulin de Chéneau. Le village traversé par la Ronne et la Jambette a une singulière particularité : la fontaine du village dédiée à Saint-Jean avait la réputation de posséder des vertus curatives. Un pèlerinage amenait une foule de parents qui y plongeaient leurs enfants, lisaient un évangile et déposaient une offrande. Au XIIe siècle, l'église romane dépendait de l'abbaye Saint-Denis. Elle fut restaurée au XIXe siècle. A cette époque, la tour clocher fut aménagée en presbytère et la mairie y installa ses bureaux jusqu'en 1956.

Trizay-Coutretot-Saint-Serge

MAIRIE ✆ 02 37 52 16 55

C'est au **XIXe siècle**, que le village a été formé par la réunion des trois paroisses. Au cœur de la vallée de la Berthe, les paysages ne manquent pas de charme lorsque le printemps arrive. Les petites routes offrent des tableaux pittoresques où manoirs et maisons basses se côtoient. L'église de Trizay, agrandie au **XIXe siècle** nous montre de jolis vitraux retraçant la vie de Saint-Martin ; à Coutretôt, il subsiste les ruines d'une église de style roman (**VIIIe** au **Xe siècle**).

Remalard

Dans l'Orne.

Fiche pratique

SYNDICAT D'INITIATIVE ✆ 02 33 73 71 94

PARC NATUREL REGIONAL DU PERCHE ✆ 02 33 85 36 36. *Fax : 02 33 85 36 37. Internet : www.le-perche.org.* Le Parc Naturel Régional du Perche fut créé en 1998. Il couvre 182 000 hectares autour de Mortagne au Perche, Bellême et Nogent-le-Rotrou avec les célèbres forêts domaniales de Senonches, du Perche et de la Trappe. Le Parc a fédéré cent dix-huit communes des départements de l'Orne et d'Eure-et-Loir qui ont adhéré à la charte de protection et de développement. Les magnifiques collines du Perche, ses vastes massifs forestiers et son bocage ne sont que des aspects les plus visibles de sa forte identité. On dénombre plus de 1 200 espèces végétales dont 13 % de la flore française avec 14 espèces protégées.

▷ *Dans les environs*

Noce

Dans l'Orne.

MANOIR DE COURBOYER ✆ 02 33 25 70 10. *Fax : 02 33 85 36 37. Internet : www.parc-naturel-perche.fr. Ouvert du 2 janvier au 2 avril de 10h30 à 18h. Du 3 avril au 31 octobre de 10h30 à 19h. Du 1er novembre au 30 décembre de 10h30 à 18h.* Situé dans un domaine de 65 hectares où vivent en saison des chevaux percherons, le Manoir de Courboyer (XVe siècle) accueille la maison du Parc Naturel Régional du Perche. Visite du manoir, expositions.

Saint-Denis-d'Authou

Fiche pratique

MAIRIE ✆ 02 37 49 40 43

Points d'intérêt

LA CHAPELLE SAINT-HILAIRE-DES-NOYERS ✆ 02 37 49 53 37. *Ouvert toute l'année. Visite libre.* L'église romane du XIIe siècle est un des rares exemplaires de ce type en France : sa charpente dite à "chevrons formant fermes" en est un témoin précieux. Selon la tradition, le jour de l'Ascension a lieu la procession de la délivrance à Saint-Hilaire des Noyers, elle est suivie d'une messe dans le pré de la chapelle avec chorale.

EGLISE SAINT-DENIS ✆ 02 37 49 53 37. Statuaire intéressante, l'église Saint-Denis renferme un baptistère polychrome classé, daté de 1556, il fut restauré en 1999.

MUSEE D'HISTOIRE LOCALE ✆ 02 37 49 53 37. *Ouvert le samedi de 15h à 18h. Fermé les jours fériés.*

Loisirs

PERCH'ANE ✆ 02 37 49 40 12. *Internet : www.ane-et-rando.com. Ouvert toute l'année du vendredi au dimanche. Randonnées libres, préparées ou accompagnées sur réservation d'une demi-journée à 7 jours.* On ne vous laissera pas partir à l'aventure, les sentiers sont repérés et les parcours rodés. Gourmand, câlin, curieux et cabotin votre compagnon est docile et facile à conduire. L'âne imprime son rythme et permet d'apprécier le paysage, il facilite la rencontre avec les habitants de nos campagnes. Il accueille sur son dos les enfants fatigués. Tout à la joie de retrouver son village vous ne pourrez l'empêcher de hennir joyeusement à son retour. Vous aurez bien du mal à le quitter après une randonnée. Au fil des saisons, des randonnées à thème sont organisées : ramassage des tisanes, de fruits sauvages, de châtaignes, de champignons, fabrication de cidre et de jus de pommes. C'est le bonheur de se promener avec nos gentils "bourricots".

▷ *Dans les environs*

Frétigny

MAIRIE ✆ 02 37 52 28 42

CAMPING - AIRE NATURELLE DE FRETIGNY ✆ 02 37 52 28 42. Disponibilité pour 30 personnes.

CAPRI-PERCHE Jean-Pierre Moreau ✆ 02 37 49 53 66. A la ferme de Jean-Pierre Moreau, la spécialité l'élevage de chèvres et cela donne de savoureux fromages. On n'hésite pas à faire des kilomètres pour se ravitailler car ils sont fameux.

EGLISE SAINT-ANDRE ✆ 02 37 52 28 42. *Fax : 02 37 29 21 23. Ouvert toute l'année de 9h à 18h.* Fresques du XIIe et XIIIe siècles ornant l'abside romane d'un grand intérêt iconographique, qui représentent la vie de Saint-André et le Christ en majesté. Classé depuis 1906, le retable de style baroque était bleu et rouge à l'origine, il fut repeint au XIXe siècle couleur faux bois et or. Les fonds baptismaux du XVIIe siècle sont monumentaux.

MUR D'ESCALADE DE FRETIGNY ✆ 02 37 52 28 42 (mairie). *Ouvert les week-ends par beau temps. Possibilité de réservation à la journée à la demi-journée, pour groupes, comité, écoles.* Les amateurs de sensations viennent gravir les paris de l'ancien château d'eau. Journées d'initiation, stage découverte.

Marolles-Les-Buis

MAIRIE ✆ 02 37 29 23 74. *Fax : 02 37 29 21 74.*

RANDONNEE. Autour du maquis de Plainville (3 boucles de 6 kilomètres, 8 kilomètres et 12 kilomètres). Circuit n°7. Départ à l'église.

Senonches

Senonches est situé au cœur du Parc Naturel Régional du Perche en lisière de la forêt domaniale. Les environs offrent un cadre naturel privilégié comme les étangs de la Bénette sur la route de la Ferté-Vidame.

Fiche pratique

SYNDICAT D'INITIATIVE 2, rue Louis-Peuret ✆ 02 37 37 80 11

MAIRIE ✆ 02 37 37 76 76

LA FORET DOMANIALE DE SENONCHES. Elle couvre 4 287 hectares, c'est la plus importante du département et l'une des plus vastes de France. Sa conservation et sa protection sont assurées par l'ONF. Elle est divisée en deux parties. La haute forêt, au nord, encadre les étangs de Tardais, de la Benette et plus loin les étangs d'Haron et des Bauchiots. La basse forêt, au sud, abrite des arbres remarquables : les trois frères et le chêne fauteuil. En nous promenant, n'oublions pas de respecter cet environnement.

Point d'intérêt

CHATEAU DE SENONCHES ✆ 02 37 37 80 11/02 37 37 84 27. *Ouvert du 1er mai aux journées du patrimoine les samedis et dimanches de 15h à 16h30.* L'austère architecture en grison, (pierre locale de couleur sombre composée de pierre et de minerai de fer) XIIe et XVIIe siècles, abrite un musée des arts et traditions locales. Sciences naturelles, archéologie, art sacré, musée du bois.

Le gîte

CAMPING MUNICIPAL Allée de la Tourbière ✆ 02 37 37 94 63.** *Fax : 02 37 37 92 92. 50 emplacements.*

Le gîte et le couvert

AUBERGE DE LA POMME DE PIN 15, rue Michel-Cauty ✆ 02 37 37 76 62.** *Fax : 02 37 37 86 61. Logis de France 3 cheminées. Cuisine traditionnelle et de terroir. Salles de réunions. Grande capacité d'accueil. 11 chambres.* Cette auberge de campagne, chaleureuse et confortable est aménagée dans un ancien relais de poste du XVIIe siècle. Monique et Guy Bauer nous offrent un accueil personnalisé et nous proposent une cuisine percheronne traditionnelle. Les chambres personnalisées, toutes bien équipées, offrent un parfait confort. Pour vous détendre, le parc boisé vous invite à la promenade ou pourquoi pas une partie de ping-pong ou de pétanque.

Loisirs

CENTRE EQUESTRE DE SENONCHES ✆ 02 37 37 74 04

ETANG DE LA BENETTE. Il fait parti de votre balade, il ne faut pas le manquer, ses 12 hectares en font l'un des plus grands étangs du Perche. Pour l'histoire, l'étang a été créé au Moyen Age par des moines pour qui le souci était de nourrir la population les jours de jeûne. A la fin du XVIIe siècle, il devint le point de départ d'un canal de flottage. En effet, le ruisseau de Gervaine fut aménagé pour acheminer le bois de la forêt sur Rouen par l'Avre, l'Eure puis la Seine. La Révolution et le coût de cet aménagement provoquèrent un grand mécontentement, le projet fut donc abandonné. Le site de la Benette est aménagé pour permettre aux automobilistes de s'arrêter et de découvrir la faune et la flore environnantes.

PISCINE MUNICIPALE ✆ 02 37 37 76 76. *Fax : 02 37 37 92 92. Ouvert du 1er juillet au 31 août.*

RANDONNEES. La promenade des 7 étangs, point de départ d'un itinéraire pédestre qui vous entraînera à découvrir quelques beaux étangs de la région. Ce circuit est fléché au départ de Senonches. L'itinéraire mène de la forêt domaniale de Senonches aux charmants petits bois du haut du Perche en passant par le domaine de la Ferté Vidame. Ce circuit suit à peu près le GR35.

LES ROUTES TRANQUILLES DU PERCHE - FORÊTS ET BELLES DEMEURES. Ce circuit est fléché au départ de Senonches. L'itinéraire mène de la forêt domaniale de Senonches aux charmants petits bois du haut du Perche en passant par le domaine de la Ferté-Vidame. Cette cité doit son passé prestigieux à des hôtes illustres parmi lesquels le duc de Saint-Simon, le marquis de Laborde, le duc de Penthièvre et le roi Louis-Philippe. Entre bois et étangs de magnifiques bâtisses se distinguent. Anciennes forteresses du Moyen Age, demeures des XVIIIe et XIXe siècles reflètent la prospérité des activités de l'époque. Ce circuit vous donne envie de promenades en forêts et permet de découvrir les producteurs locaux qui vous ouvrent leurs portes pour des visites originales.

Emplettes

LES GRISONS SENONCHOIX. Cette spécialité créée par Guy Bauer, à l'Auberge de la Pomme de Pin est une friandise qui fait apparaître des contrastes de couleurs sombres et claires grâce au chocolat et à la nougatine en référence à l'amalgame de silex, minerai de fer et argile, qui s'est transformé au fil du temps et que l'on trouve encore dans certains champs ou forêts percheronnes. Au Moyen Age il a servi à la construction de nombreuses maisons et édifices de la région : château de Senonches, église…

▷ *Dans les environs*

Digny

MAIRIE ✆ 02 37 29 00 18. *Fax : 02 37 29 06 48.*

CHATEAU DE LA HALLIERE ✆ 02 37 29 03 09. *Ouvert du 1er juillet au 11 août tous les jours à 14h, 15h, 16h et 17h. Visite commentée des extérieurs.*

Tardais

LE MOULIN DE TARDAIS ✆ 02 37 37 97 25. *Ouvert toute l'année.* Le long de la route de Senonches à la Ferté-Vidame, au cœur de la forêt de Senonches, vous découvrirez ce charmant village avec son église du XIIe siècle, son moulin et son château bordé par un bel étang.

Souance-au-Perche

Les seigneurs de Montdoucet et de la Chaise, vassaux des Rotrou possédaient un domaine à Souancé-au-Perche. Ce village établi sur les rives de la Ronne est typique du Perche avec ses lavoirs, son bocage et ses sources (fontaine Saint-Marc et Saint-Georges). L'église Saint-Georges date du **XVIe siècle**, son portail flamboyant surbaissé est surmonté d'une accolade et de pinacles. Ses vitraux retracent la vie du saint Patron auquel elle est dédiée.

Fiche pratique

MAIRIE ✆ **02 37 29 15 62**

Le gîte

CAMPING MUNICIPAL DE LA RHONE** ✆ **02 37 29 15 62.** Loisirs. 40 emplacements.

Le couvert

FERME-AUBERGE La Haie-Godefroy ✆ **02 37 52 91 59.** Cuisine de terroir. Jean Sineau mitonne de fameux petits plats avec les produits de la ferme. On déguste les spécialités : salades percheronnes, foie gras et tartes faits maison, mais on ne peut résister aux terrines, c'est succulent !

Loisirs

ACTEON PERCHE La Haie-Godefroy ✆ **02 37 52 95 80.** *Fax : 02 37 52 95 80.* Les amateurs de chasse, de pêche et de tourisme vert peuvent se réjouir, les activités sont nombreuses. Un accueil personnalisé et chaleureux vous permettra de découvrir les richesses touristiques de la région et de savourer les spécialités locales.

GOLF DU PERCHE La Vallée-des-Aulnes ✆ **02 37 29 17 33.** *Fax : 02 37 29 12 88. Ouvert du 15 mars au 15 novembre tous les jours, sauf le mardi de 8h à 18h.* Parcours de 18 trous - 6 050 mètres par 72, greens de 450 à 550 m². Practice putting green + 3 trous d'entraînement.

WEEK-END DE CHASSE - ACTEON PERCHE. *Renseignements et réservation : Loisirs-Accueil Eure-et-Loir 02 37 84 01 01.* En plein cœur du Parc Naturel du Perche, le domaine ouvre plaines et bois, marais ou étangs pour une journée de chasse ou une battue (faisans, lapins, pigeons, bécasses, perdrix, canards ou sangliers). La journée comprend un déjeuner à la Ferme-Auberge de la Haie-Godefroy à Souancé au Perche. Tarif 195 € par personne.

▷ *Dans les environs*

Coudray-au-Perche

MAIRIE ✆ **02 37 29 10 16**

GITE LE MANOIR DE COURCELLES Mme Auge ✆ **02 37 29 15 92.** *Tarifs : 800 € la semaine pour 10 personnes - 500 € le week-end. Possibilité de location en formule "Bed & Breakfast".* Aménagé dans le manoir de Courcelles, véritable manoir percheron du XVIᵉ siècle, ce vaste gîte (11 personnes), de style rustique est décoré avec beaucoup de goût. Il offre un vaste séjour avec cheminée, une grande cuisine, 4 belles chambres, 3 salles de bains. Le service de la femme de ménage et les petits déjeuners sont inclus. Un jardin clos avec terrasse, salon de jardin et barbecue invite à se détendre et à profiter de la nature. Les enfants s'occupent agréablement en faisant des promenades en poney.

Thiron-Gardais

Thiron-Gardais doit sa renommée à sa célèbre abbaye fondée en **1114** par Saint-Bernard d'Abbeville. Abbaye célèbre mais aussi l'un des 11 collèges militaires les plus réputés de France au point que Napoléon Bonaparte y fut admis comme élève bien qu'il n'y vînt jamais, son père ayant préféré Brienne pour des raisons de commodité personnelle. Le village doit son nom à la Thironne, petite rivière qui y prend sa source, traverse une partie du Cantion et va se jeter dans le Loir.

Fiche pratique

SYNDICAT D'INITIATIVE 11, rue du Commerce ✆ **02 37 49 49 01.** *Fax : 02 37 49 49 07.*

MAIRIE ✆ **02 37 49 42 50**

VILLE DE THIRON-GARDAIS. *Internet : www.mairie-thiron-gardais.fr*

Points d'intérêt

L'EGLISE ✆ **02 37 49 49 01.** *Fax : 02 37 49 49 07. Internet : www.mairie-thiron-gardais.fr.* Construite en grès noir et en moellons, l'église se présente comme une vaste nef de 64 mètres de long et 12 mètres de large, le magnifique chœur gothique flamboyant élevé au XVe siècle, s'étant effondré en 1817. Ella a été classée Monument historique.

PARC DE L'ABBAYE ✆ **02 37 49 42 62.** *Fax : 02 37 49 42 62. Internet : www.canton-thiron-gardais.fr. Ouvert les week-ends du 1er mai au 30 juin de 10h à 12h et de 14h à 17h30. Les week-ends du 1er juillet au 31 août de 10h30 à 12h30 et de 14h30 à 18h. Les week-ends du 1er septembre au 30 septembre de 10h à 12h et de 14h30 à 17h30.* Ce très beau parc médiéval de 4 hectares est composé d'un vivier et de différents jardins situés dans un site prestigieux du XIIe et du XVIIe siècles.

Le couvert

LA FORGE 1, rue Alfred-Chasseriaud ✆ **02 37 49 42 30.** *Menu du jour : 9,50 €. Prix moyen à la carte : 30 €. Le week-end : menu à la carte et suggestions.* Selon l'humeur du chef, la carte change et pour nous prouver qu'il est toujours de bonne humeur, les suggestions varient tous les trois mois. A La Forge, l'accueil et la convivialité sont toujours au rendez-vous. On ne se lasse pas de faire un détour pour savourer les spécialités comme le croustillant de pieds de porc au jus de veau réduit, le riz crémeux aux cuisses de grenouilles désossées, émulsion à la carotte. Pour une douce conclusion le millefeuille de blinis sucrés et ananas rôtis au sirop d'érable, et sa glace vanille enchante votre palais. La carte des vins nous laisse l'embarras du choix.

Le gîte

LES BUNGALOWS 1, rue de Gardais ✆ **02 37 49 42 50 (mairie).** Location week-end ou location à la semaine.

CAMP DE LOISIRS - ETANG DE L'ABBAYE Rue de l'Etang ✆ **02 37 49 42 50.** *Fax : 02 37 49 53 67. 7 chalets en pin.*

GITE DE L'ETANG DE L'ABBAYE Rue de l'Etang ✆ **02 37 49 42 50.** 7 gîtes pour 5-6 personnes. Location toute l'année, le week-end, la semaine, le mois.

GITE LOISIRS ACCUEIL. *Pour réserver un gîte Loisirs Accueil : 02 37 84 01 02. Fax : 02 37 36 36 39. Internet : www.resinfrance.com ou Union des Associations du canton.*

THIRON-GARDAIS 9, rue des Tilleuls - SAINT-DENIS-D'AUTHOU ✆ **02 37 49 42 62.** *Fax : 02 37 49 42 62.*

Le gîte et le couvert

AUBERGE DE L'ABBAYE* 15, rue du Commerce ✆ **02 37 49 54 18.** *Fax : 02 37 49 49 17. Fermé le dimanche soir. Anglais parlé. 9 chambres. Tarifs de 28 € à 54 €. Restaurant. Soirée étape 1 ou 2 personnes 47 € et 77 €. Pension. Petit déjeuner 6 €. Parking, bar, télévision, téléphone, accueil de groupes. Animaux acceptés.*

Loisirs

ETANG DE L'ABBAYE ✆ **02 37 49 42 50.** *Fax : 02 37 49 53 67. Ouvert toute l'année, tous les jours sur rendez-vous.*

PISCINE MUNICIPALE ✆ **02 37 49 42 50.** *Ouvert juillet et août tous les jours de 14h30 à 19h30.*

Emplettes

FOIES-GRAS (ELEVEUR GAVEUR) Jean-Grégoire Stefanica ✆ **02 37 49 55 93.** Un grand choix de qualité pour les amateurs de canards entiers, foies gras, magrets et également une diversité d'entrée et de plats cuisinés dans le respect des traditions.

▷ *Dans les environs*

Combres

MAIRIE ✆ **02 37 29 57 96**

EGLISE NOTRE-DAME. Fondée au XIIe siècle par les religieux de Thiron, elle renferme un bas-relief de la Dormition de la Vierge enchâssé dans le retable et la crosse-potence au sommet du retable cache une poulie qui permet de faire descendre la colombe au moment de l'eucharistie.

Happonvilliers

MAIRIE ✆ 02 37 29 58 17

JARDIN DE LA FEUILLERAIE Lieu-dit "la Cirotterie" ✆ 02 37 29 59 20. *Internet : www.chateaux-france.com/feuilleraie. Ouvert du 15 avril au 2 novembre le mardi, samedi, dimanche et jours fériés de 15h à 19h. Autres périodes sur réservation.* Des mosaïques à profusion ornent terrasses, bassins, murets, piliers, jardinières parmi les fleurs et la nature. "C'est Pompeï au Perche", selon l'expression d'un visiteur. Deux jardins sur ce site vous transporteront dans des tableaux prenant pour thèmes la nature et l'eau.

Nonvilliers-Grand'houx

MAIRIE ✆ 02 37 24 50 42

CHAMBRES D'HOTES M. & MME ALLEGRE "Le Théneray" ✆ 02 37 24 53 41. *Gîtes de France 2 épis. 2 chambres - 7 personnes. Tarifs de 30 € à 50 €.*

Vichères

Fiche pratique

MAIRIE ✆ 02 37 29 43 64

Ce village, parmi les plus beaux d'Eure-et-Loir, est situé au pied de la colline de Rougemont, point culminant du département d'Eure-et-Loir (285 mètres). Il faut absolument faire le détour la vue est splendide sur la vallée de la Berthe et des environs.

Point d'intérêt

L'EGLISE NOTRE-DAME. Du XVIe siècle elle ne manque pas d'attrait, curieusement à mi-pente, on la découvre. Elle est composée de deux nefs accolées, une belle porte renaissance (murée) donne sur la travée centrale, c'était à l'époque la porte réservée aux seigneurs du lieu. Elle est classée aux Monuments historiques.

Le gîte et le couvert

AUBERGE DES VALLEES DU PERCHE L'Ambition ✆ 02 37 29 47 58.** *Fax : 02 37 29 91 55. 7 chambres. Restaurant.*

Le gîte

CHAMBRES D'HOTES MME HEBERT 1, rue de la Résistance ✆ 02 37 29 40 37. Gîtes de France 3 épis. 1 chambre - 2 personnes.

▷ *Dans les environs*

Argenvilliers

Son nom témoigne de la tradition du travail des métaux dans les temps écoulés.

MAIRIE ✆ 02 37 29 43 24

L'ESSENTIEL SUR LA COMMUNE. *Internet : www.villages-perche.com/argenvilliers.htm*

CHATEAU D'OURSIERES. *Prendre la direction de Vischères.* En contrebas de l'église on l'aperçoit de la route. Cette belle demeure du XVIIe siècle fut construite par la famille de Mauduisson.

EGLISE SAINT-PIERRE. Sa partie la plus ancienne date du XIIe siècle, elle dépendait alors de l'abbaye de Thiron-Gardais. Ses magnifiques retables restaurés et classés du XVIe siècle méritent d'être admirés.

LA FORGE DU RICHER Forge Artistique ✆ 02 37 49 40 01. *Fax : 02 37 49 40 01. Ouvert du 1er avril au 31 octobre, tous les week-ends et les jours fériés de 14h à 18h.* Depuis trois générations, François Gibierge perpétue la tradition de la forge. En quelques minutes il saura vous faire partager sa passion pour le travail du fer. Comme par magie, le simple morceau de fer prend entre ses mains des formes extraordinaires. Apparaît alors un objet d'art décoratif ou utile : bougeoirs, lustres, rampes, garde fenêtres. De nombreux travaux de restauration d'art ne font que confirmer sa réputation de grand maître. Pour vous en citer un exemple : les grilles intérieures de l'église Saint Georges de Paris lui ont valu une Médaille d'Argent de l'Académie d'Architecture.

RANDONNEE PEDESTRE DANS LE PERCHE. Argenvilliers/Beaumont/Miermaigne (3 circuits balisés de 8,4 kilomètres, 12,4 kilomètres, 15,1 kilomètres). Circuit n°42. Coup de cœur pour cette randonnée, on y découvre les lavoirs, au début du XXe siècle ils constituaient un lieu de rencontre où s'échangeaient les nouvelles du village. Bien souvent bâtis sur le bord des cours d'eau ou des fontaines, d'un point de vue architectural on distingue les lavoirs clos, aux dalles inclinées qui entourent une retenue d'eau, couverts totalement ou en partie et les lavoirs ouverts sur la berge et protégés par un auvent. Passant par Miermaigne : le verger conservatoire a été créé dans le but de préserver les variétés locales et anciennes. Chaque année le conservatoire s'enrichit de nouvelles variétés. L'église Saint-Pierre datant des XIIe, XVe et XVIe siècles, a conservé un chœur salon d'un exceptionnel raffinement et le pavillon (domaine privé) du XVIIIe siècle transformé au début du XXe siècle en maison de style "cottage anglo-normand" est visible de la D372/1. Passant par Argenvilliers, Beaumont-les-Autels, Vichères (ces villages sont expliqués dans le guide) on découvre tout au long de ces randonnées des endroits privilégiés et charmants, ces petits coins-là se méritent.

Beaumont-les-Autels

MAIRIE ✆ 02 37 29 44 95

Le château de Beaumont fut édifié à partir du **XVIe siècle** par Jean II de Blosset, à la fin du **XIXe siècle** il subira d'importants remaniements. Le parc est planté de magnifiques essences. La route de Nogent-le-Rotrou passe au pied du château, mais la meilleure perspective est celle sur la route d'Authon-du-Perche. Au **XIXe siècle**, une nouvelle route arrivant de Brou au travers des bois fut tracée dans l'alignement du château. Dans ces bois s'abrita la fabrique de faïence de Beaumont, dont l'un des contremaîtres, célèbre peintre en faïence fut Jean-Charles Avisseau, venu de Tours. Il retrouva les secrets de Bernard Palissy et créa des pièces aujourd'hui présentes dans les musées. Ainsi naquit l'école des céramiques de Tours.

CHAMBRES D'HOTES MME HEBERT 1, rue de la Résistance ✆ 02 37 29 40 37. *Gîtes de France 3 épis. 1 chambre - 2 personnes. Tarifs de 38 € à 43 €.*

LA HAUTE VALLEE DU LOIR

Le Loir naît, comme l'Eure, dans le Perche mais se jette dans la Loire tandis que L'Eure rejoint la Seine. La haute vallée du Loir peut être définie comme une frontière naturelle mais mal définie entre la Beauce dunoise et le Perche-Gouët. Par l'ouest le Loir venu du Perche des affluents tels la Thironne, la Foussarde et l'Ozanne, par l'est seule la Conie vient le rejoindre.

Chateaudun

Située entre Perche et Beauce, Châteaudun, capitale du Dunois se dresse sur un éperon rocheux dominant le Loir, La Conie et les riches terres de Beauce font partie de ses paysages. De part sa position géographique, elle fut l'objet au cours des siècles à de nombreuses convoitises. Au **Xe siècle**, Thibault le Tricheur, déjà comte de Tours-Blois-Chartres devient le premier comte fieffé de Châteaudun. Il œuvra à la reconstruction de la ville qui avait subi de nombreux dégâts lors des invasions normandes. Au **XIVe siècle**, le comté de Dunois fut vendu à Louis, duc d'Orléans et frère de Charles VI. Son fils aîné, le poète Charles d'Orléans en fit don à son demi-frère Jehan de Dunois en remerciement de ces actes de bravoure pendant lesquels il s'illustra aux côtés de Jeanne d'Arc. Au **XVIIIe siècle**, la ville est détruite par un incendie accidentel. Les "Vieux Quartiers" ont conservé des témoignages et la ville fut reconstruite selon les plans de Hardouin, architecte de Louis XV. Pendant la Seconde Guerre mondiale, Châteaudun fut sévèrement bombardée mais toujours fidèle à sa devise "Extincta revivisco" : je renais de mes cendres, elle émergera à nouveau. Sa place centrale, rebaptisée "Place du 18 octobre" est ornée d'une fontaine monumentale surmontée d'un phénix, symbole de cette renaissance.

Fiche pratique

OFFICE DU TOURISME 1, rue de Luynes ✆ 02 37 45 22 46. *Fax : 02 37 66 00 16.*

COMITE DEPARTEMENTAL DU TOURISME Chartres © 02 37 84 01 00. *Fax : 02 37 36 36 39.*

Bus

TRANSBEAUCE - GARE ROUTIERE Rue du Champdé (face à la piscine) et place Armand-Lhuillery. Lignes Chateaudun-Chartres/Chateaudun-Orléans. Horaires : Dunois Voyages - 108, rue de la République - 02 37 45 46 70.

GARE ROUTIERE Rue du Champdé et place Armand-Lhuillery

Trains

GARE SNCF Place Armand-Lhuillery. *Renseignements Voyageurs : 02 37 45 00 54. Internet : www.sncf.fr.* Liaisons avec le TER-Centre : Ligne Paris-Tours. Liaisons autocars TER-Centre : Chateaudun-Chartres.

Taxis

PESENTI ROSSI 3, rue Loyseau © 02 37 45 10 64

SAMSON 70, rue de la République © 02 37 45 30 75

TAXI DUNOIS 17, rue Georges-Bizet © 02 37 96 66 54

Loueurs

AVIS Garage Renon-Agent - 24, rue du Val-Saint-Aignan © 02 37 45 21 21. *Fax : 02 37 66 00 39.*

CAR'GO CAMILLE POLLET 1, rue de la Brouaze © 02 37 45 16 36. *Fax : 02 37 45 98 97.*

EUROPCAR Garage SNVRA - Boulevard du 8-Mai © 02 37 94 04 40. *Fax : 02 37 94 04 44.*

Points d'intérêt

LE CHATEAU © 02 37 94 02 90. *Fax : 02 37 94 02 94. Internet : www.monum.fr. Ouvert tous les jours de l'année, sauf le 1er janvier, le 1er mai et le 25 décembre. Du 2 janvier au 30 avril et du 1er septembre au 31 décembre de 10h à 12h30 et de 14h à 17h. Du 2 mai au 30 juin et du 1er juillet au 31 août de 10h à 13h et de 14h à 18h.* Surplombant la vallée du Loir, le château occupait une position stratégique à l'époque des invasions normandes. Au XIIe siècle un donjon est ajouté. C'est au XVe siècle que Jean, bâtard d'Orléans, devenu comte de Dunois, compagnon de Jeanne d'Arc fait construire une Sainte-Chapelle et un nouveau corps de logis, travaux qui débutèrent en 1450 pour s'achever vers 1450. Bien qu'il ne fût pas le premier bâtisseur du château de Châteaudun, Jean de Dunois est celui qui a le plus contribué à la beauté et au prestige de ce Monument historique. Bien souvent il est à juste titre surnommé "le premier château de la Loire" sur la route de Paris. D'architecture féodale, gothique et Renaissance, jusqu'en 1694 il restera la propriété des descendants de Jean de Dunois, la famille de Longueville. La Sainte-Chapelle conserve 15 statues des ateliers de la Loire (collection de tapisseries) cheminées monumentales des XIIe, XVe et XVIe siècles.

LES GROTTES DE FOULON © 02 37 45 19 60. *Fax : 02 37 45 80 02. Ouvert du 1er janvier au 31 mars et du 1er octobre au 31 décembre, les week-ends de 14h à 18h. Du 1er avril au 31 mai du mardi au dimanche de 14h à 18h. Du 1er juin au 30 septembre tous les jours de 10h à 12h et de 14h à 18h. Visite en anglais, néerlandais et espagnol. Notice en allemand et italien. Boutique.* Ces grottes naturelles, affouillées par le Loir, offrent une promenade géologique sous le cœur même de la ville.

MUSEE DES BEAUX-ARTS ET D'HISTOIRE NATURELLE © 02 37 45 55 36. *Fax : 02 37 45 54 46. Internet : www.ville-chateaudun.com. Ouvert du 1er janvier au 31 mars de 9h30 à 12h et de 13h30 à 17h. ; du 1er avril au 30 juin et du 1er septembre au 30 septembre tous les jours de 9h30 à 12h et de 13h30 à 18h, sauf le*

Nouveau : une exposition permanente

Le château de Châteaudun accueille une exposition dans plusieurs salles de l'aile Dunois autour du personnage de Jean de Dunois, compagnon de Jeanne d'Arc. Chaque salle est attribuée tour à tour à sa personnalité et à sa carrière. Dans la première, de nombreuses vitrines exposent objets et documents sur Dunois, homme de guerre. Dans la seconde sont projetés en vidéo sur les murs des portraits d'hommes et de femmes de la lignée de Jean Dunois. Sur fond de tribunal de l'ancien régime et musique médiévale on est emporté dans un voyage au travers du temps passé. Dans la troisième, cinq panneaux suspendus, avec textes et images, présentent l'éducation littéraire de Dunois et sa passion pour les ouvrages. Homme de lettre et de culture, Jean de Dunois possédait l'une des plus importantes bibliothèques princières après celle du roi et celle de Chartres d'Orléans.

La cuisine, art de vivre au Moyen Age

Animation permanente, chaque été autour de la cuisine du Moyen Age. Consacré à la gastronomie du Moyen Age, le parcours découverte que vous allez découvrir est installé dans les cuisines gothiques de l'aile XVe siècle du château de Châteaudun (aile Dunois). Plongé dans l'évocation de cette histoire du passé, traitée dans un langage présent la mise en scène fait appel aux images, aux sons, aux odeurs. Elle perpétue le souvenir et elle représente magnifiquement le reflet des aspects festifs, esthétiques, politiques et métaphysiques des modes de vie très anciens dont nous sommes les héritiers. On pénètre dans les cuisines et ses offices, lieux de toutes les préparations, la grande salle d'apparat, la table princière. Dans un formidable tourbillon d'évocations passionnantes, on découvre : l'organisation d'une cuisine, les sources d'approvisionnement des victuailles, les vins, les épices, les saveurs, la fabrication du pain, les recettes. Des passionnés nous offrent une bibliographie très riche, lors de votre visite, la documentation vous permettra de les découvrir.

mardi. Du 1er juillet au 31 août tous les jours de 9h30 à 18h30. Visite libre, notice en anglais et en allemand. A quelques pas du château, près de la promenade du Mail, le Musée abrite une remarquable collection d'ornithologie (environ 2 500 oiseaux du monde entier). Elle rassemble une importante section d'égyptologie (momies, sarcophages...), des collections d'œuvres d'art et d'armes d'Extrême-Orient, porcelaines de la Compagnie des Indes ainsi qu'une section d'ethnologie et d'histoire locale. Des salles s'ouvrent sur la guerre de 1870 et l'archéologie locale du paléolithique à l'époque mérovingienne.

VISITE DE LA VILLE © 02 37 45 22 46. *Fax : 02 37 66 00 16.* Sur un éperon rocheux dominant le Loir, la ville est construite à l'abri du puissant château et de l'église de la Madeleine dont les origines les plus anciennes remontent au XIe siècle, qui présente encore une architecture romane du XIIe siècle. Les quartiers médiévaux encerclent le château. "Les vieux quartiers" comme on les nomme volontiers sont les vestiges du Châteaudun de la Renaissance, épargnés par l'incendie qui détruisit la majeure partie de la ville en 1723. Au travers des ruelles et des rues, on découvre un bel éventail de maisons à colombages aux portes richement sculptées. Un urbanisme classique s'ordonne autour de la place du 18 octobre 1870.

Le gîte

CAMPING LE GUE VASLIN* Chemin le Gué-Vaslin © 02 37 45 08 16.** *Fax : 02 37 66 10 26. 50 emplacements.*

CAMPING MUNICIPAL DU MOULIN A TAN Rue de Chollet © 02 37 45 05 34.** *Fax : 02 37 45 54 46. 121 emplacements.*

CHAMBRES D'HOTES M. & MME ALLEZY 8, rue de l'Etoile - "Crépainville" © 02 37 45 37 44. *Gîtes de France 2 épis. 2 chambres - 7 personnes. Tarifs de 25 € à 48 €. Sur réservation. Table d'hôte : 10 €.*

HOTEL L'ARMORIAL* 59, rue Gambetta © 02 37 45 19 57. *Fax : 02 37 45 04 05. 19 chambres.*

Le couvert

L'ARNAUDIERE 4, rue Saint-Lubin © 02 37 45 98 98. *Fax : 02 37 45 96 48. 60 couverts.*

AUX TROIS PASTOUREAUX 31, rue André-Gillet © 02 37 45 74 40. *Fax : 02 37 66 00 32. 50 couverts.*

LE CAVEAU 31, rue des Fouleries © 02 37 66 20 00. *Fax : 02 37 66 20 01.*

LA LICORNE 6, place du 18-Octobre © 02 37 45 32 32. *45 couverts.*

Le gîte et le couvert

LE SAINT-LOUIS 41, rue de la République © 02 37 45 00 01.** *Fax : 02 37 45 16 09. Restaurant. 38 chambres.*

SAINT-MICHEL CITOTEL 28, place du 18-Octobre © 02 37 45 15 70.** *Fax : 02 37 45 83 39. Restaurant. 19 chambres. Tarifs de 32 € à 48 €. Petit-déjeuner : 6 €. Fermeture du 15 août au 23 août inclus et du 20 décembre au 4 janvier inclus. Animaux acceptés. Parking.* En plein cœur de la vieille ville, cet ancien relais de poste vous charmera d'autant plus qu'un jardin couvert, fleuri toute l'année vous conduit vers votre chambre. Bénéficiant de tout le confort, les chambres sont confortables et agréables.

Loisirs

AERO-CLUB JEAN FOURNIER © 02 37 45 43 43. *Internet : www.ac-chateaudun.com. Ouvert du lundi au dimanche sur réservation.*

CANOE-KAYAK DUNOIS © **02 37 45 53 36.** *Internet : http://kayak.CTW.net/rando.htm. Ouvert du 2 janvier au 30 juin et du 1er septembre au 31 décembre sur rendez-vous. Du 1er juillet au 31 août du lundi au dimanche de 9h à 12h30 et de 13h30 à 18h.*

CENTRE EQUESTRE © **02 37 66 00 00.** *Fax : 02 37 66 28 91. Ouvert tous les jours de 9h à 12h et de 14h à 18h.*

CIRCUIT VTT - LA VALLEE DU LOIR (45 kilomètres). Circuit n°5. Départ à la Mairie de Chateaudun. Vous découvrez Chateaudun mais aussi Montigny-le-Gannelon : le château privé et le parc animalier (ouvert à la visite) ; Cloyes-sur-le-Loir ; le Moulin à eau de Courgain en état de fonctionnement peut se visiter ; le château d'Ancise.

FEDERATION D'EURE-ET-LOIR POUR LA PECHE ET LA PROTECTION DU MILIEU AQUATIQUE © **02 37 52 06 20.** *Fax : 02 37 52 89 56. Internet : www.unpf.fr/28.* Découverte de la pêche et de ses techniques. L'école de pêche de la Fédération accueille les enfants, à partir de 8 ans, tous les mercredis après-midi. Ils découvriront la pêche au coup, à l'anglaise, des carnassiers, de la carpe et de la truite. Sur demande, il est possible d'organiser des stages sur une technique. La Fédération d'Eure-et-Loir vous renseignera sur les différentes techniques de pêche et les nombreux plans d'eau de la région. Quelques-uns sont recensés dans ce guide, mais il en existe bien d'autres.

PISCINE MUNICIPALE © **02 37 24 24 95**

Découverte de la Conie, en canoë

Au départ de Châteaudun ou de Bonneval, des circuits de deux jours (environ 15 kilomètres par jour) permettent de découvrir la surprenante vallée de La Conie à celle de la vallée du Loir. Résurgence de la nappe phréatique de Beauce, à la fois rivière et marais, la Conie abrite une faune et une flore riches et diverses. Au fil de l'eau les roseaux de Conie ou "La Rouche" sont présents sur les berges pour nous rappeler qu'à une certaine époque les toits des maisons en étaient recouverts. La cité fortifiée de Bonneval, l'abbaye de Saint-Florentin (datant de 857), les moulins à eau, les maisons à toit de rouche nous présentent tout au long de notre promenade leur riche patrimoine et enrichissent notre itinéraire nautique. Des rivières telles l'Eure, le Loir et l'Huisne sont également navigables. Pour des renseignements plus précis : 02 37 84 01 17. Loisirs-Accueil Eure-et-Loir.

▷ *Dans les environs*

Flacey

MAIRIE © **02 37 47 26 10**

DOMAINE DE MORESVILLE* Route de Brou-Moresville** © **02 37 47 33 94.** *Fax : 02 37 47 56 40. Internet : www.domaine-moresville.com. 9 chambres.* De magnifiques arbres centenaires offrent un moment de détente privilégié. Dans le château édifié en 1716, 4 salons peuvent accueillir des petits groupes, une autre salle prévue pour 250 personnes a été aménagée dans l'Orangerie du château. Les chambres offrent un décor raffiné et un confort unique, certaines avec vue sur le plan d'eau et la forêt contribueront à ajouter à votre bien-être. Vous pouvez opter, le temps d'un week-end ou d'un séjour plus long pour l'espace balnéothérapie (sauna, Jacuzzi, relaxation, yoga…). Terrain de tennis.

Lanneray

MAIRIE © **02 37 96 14 03.** *Fax : 02 37 96 14 50.*

RANDONNEE. Lanneray (19 kilomètres). Circuit n°36. Départ derrière le chevet de l'église.

Lutz-en-Dunois

KARTING Dunois-Kart © **02 37 66 31 66.** *Fax : 02 37 66 31 65. Ouvert toute l'année sauf le lundi.*

Marboué

MAIRIE © **02 37 45 01 04.** *Fax : 02 37 45 86 15.*

BASE DE LOISIRS DE MARBOUE © **02 37 45 43 44/06 07 68 27 96.** *Ouvert du 1er juin au 15 juin le week-end de 14h30 à 20h. Du 15 juin au 1er septembre tous les jours de 14h30 à 20h.* Base de loisirs avec piscine extérieure.

LA TOQUE BLANCHE **17, avenue du 15-Août-1944 © 02 37 45 12 14.** *Fax : 02 37 45 12 14. 50 couverts.*

Saint-Christophe

LA TABLE DE SAINT-CHRISTOPHE **3, place Saint-Ouen © 02 37 66 30 26.** *Fax : 02 37 45 37 21. 50 couverts.*

Saint-Denis-les-Ponts

MAIRIE © 02 37 45 19 04. *Fax : 02 37 66 02 13.*

CHAMBRES D'HOTES M. & MME MICHAU **Moulin de Vouvray © 02 37 45 22 07.** *Gîtes de France 3 épis. 1 chambre - 5 personnes. Tarifs de 31 € à 61 €.*

GITE © 02 37 84 01 02/02 37 84 01 01. *Loisirs-accueil Eure-et-Loir (renseignements et réservations). A partir de 500 € le week-end pour 12 à 14 personnes.* Dans un magnifique parc de 5 hectares avec une rivière en contrebas, cette maison bourgeoise de 300 m² est idéale pour recevoir les grandes familles, pas moins de neuf chambres vous accueillent. Une très grande cuisine, trois grands séjours sont à votre disposition. N'oubliez pas les raquettes, une partie de tennis vous mettra en jambes avant la randonnée.

GITES D'ENFANTS **Le Moulin-de-Segland - Mme Prévost © 02 37 45 22 02.** Accueil 3 enfants de 4 à 12 ans. Situé dans un espace clos, cet ancien moulin en bordure de rivière permet aux petits de découvrir la nature et les animaux de la ferme. Le programme est varié : piscine, balançoire, promenade, kayak et barque, pêche, poneys attelés et montés. Le temps passe bien vite avec touts ces distractions.

Arrou

Niché aux portes du Perche-Gouët, Arrou, agréable petit village de la haute vallée du Loir arrosé par l'Yerre vous offre le calme et la détente. Son cadre naturel est un terrain de choix pour les loisirs de plein air : randonnées, équitation, pêche, baignade…

Fiche pratique

MAIRIE © 02 37 97 02 13. *Fax : 02 37 97 10 28.*

Points d'intérêt

CHATEAU FEODAL DE BOIS RUFFIN © 02 37 97 02 13. En pleine campagne, ce château fort du XIIe siècle est l'un des ouvrages défensifs du haut Moyen Age en Eure-et-Loir.

EGLISE SAINT-LUBIN D'ARROU. En partie romane, elle offre à votre regard une belle collection de vitraux du XIXe siècle.

Le couvert

LA FERME-AUBERGE DE LA MARMITE **Le Coureil © 02 37 49 25 13.** *50 couverts.* Avec les délicieux produits récoltés à la ferme vous vous régalerez de recettes de terroirs dans la pure tradition de la région. L'accueil est chaleureux, convivial on privilégie l'authenticité. Il est souhaitable de réserver.

Foire aux laines

Les 3 et 4 juillet 2004. Au programme : 300 moutons dans les rues du centre-ville, parades costumées, musique et démonstration de savoir-faire traditionnels : tonte, tissage de la laine... Le soir, un spectacle son et lumière dans la cour de l'Hôtel-Dieu clôture ces belles journées.

Le gîte

CAMPING MUNICIPAL DU PONT DE PIERRE © 02 37 97 02 13.** *Fax : 02 37 97 10 28. 75 emplacements. Ouvert du 1er mai au 30 septembre.*

CHAMBRES D'HOTES MME RAYMOND **Le Coureil © 02 37 49 25 13.** *Gîtes de France 2 épis. 2 chambres - 4 personnes. Tarifs de 22 € à 53 €. Sur réservation table d'hôte 10 €.*

Loisirs

LES ATTELAGES DU PERCHE © 02 37 97 05 10

Vue générale de Châteaudun

Tour du château à Châteaudun

BAIGNADE COMMUNALE © **02 37 97 02 13.** *Fax : 02 37 97 10 28. Ouvert du 1er juillet au 31 août du lundi au vendredi de 14h à 19h, le samedi, dimanche et jours fériés de 14h à 19h30.*

LOCATION DE VELOS Camping © **02 37 97 02 13.** *Fax : 02 37 97 10 28. Ouvert du 1er mai au 30 septembre.*

RANDONNEE. Circuit de Bois-Ruffin. (23,5 kilomètres). Circuit n°31. Départ sur la place de l'Eglise. La plaine d'Arrou entre la vallée du Loir et le Perche-Gouët conserve quelques beaux spécimens de haies et de bois typiques du bocage percheron. Dans ce site, le promeneur appréciera la variété de la végétation et de la faune au milieu des champs. Des fermes percheronnes, en hameaux isolés, présentent leurs constructions typiques caractérisées par des bois au pignon bardé de planches. La balade permet de visiter Arrou ; le Bois Ruffin ; le château fort (Tours de Bois Ruffin). Situés en pleine campagne, le donjon et la tour carrée datant du XIIe siècle, particulièrement bien conservés, sont l'un des plus intéressants ouvrages défensifs du haut Moyen Age en Eure-et-Loir.

Emplettes

JOUETS EN BOIS JEAN-CLAUDE GOUTHIER - ART ET MINIATURE © **02 37 97 01 32.** Petit détour obligé chez Jean-Claude, les souvenirs et le présent se mêlent agréablement avec les jouets en bois.

Bonneval

Bonne vallée, vallée fertile, ces mots sont semble-t-il l'origine du nom de Bonneval. Au cœur de la haute vallée du Loir, entre Beauce et Perche cette cité médiévale est aussi appelée "Venise de la Beauce". C'est au **IX**e siècle que débuta l'histoire de Bonneval appelée alors "Bona Vallis".

Fiche pratique

OFFICE DE TOURISME 2, square Westerham © **02 37 47 55 89.** *Fax : 02 37 96 28 62. Internet : www.bonnevaltourisme.com.*

VILLE DE BONNEVAL. *Internet : www.ville-bonneval.fr.*

Points d'intérêt

VISITE DE LA VILLE © **02 37 47 55 89.** *Fax : 02 37 96 28 62. Internet : www.bonnevaltourisme.com.* De cette cité fortifiée sur le Loir, il reste quelques tours et deux portes : celle de Boisville qui date du XIIIe siècle et celle de Saint-Roch qui date du XVe siècle. Visitez l'intéressante église Notre-Dame du XIIIe, le clocher, quant à lui date du début du XVIe siècle. L'abbaye Saint-Florentin fut fondée en 857 par un chevalier nommé Foulques et Charles Roi de Provence, arrière-petit-fils de Charlemagne. En 911, elle sera incendiée par les Normands. La porte de l'abbaye date du XIIe siècle, l'église attenante à l'abbaye fut en partie détruite en 1793.

Le gîte

CAMPING MUNICIPAL LE BOIS CHIEVRE* Route de Vouvray-Saint-Maurice** © **02 37 47 54 01.** *Fax : 02 37 96 26 79. 130 emplacements.*

Le couvert

LA HERSE 2, place Leroux © **02 37 47 21 01.** *Fax : 02 37 47 59 14. 240 couverts.*

Le gîte et le couvert

HOSTELLERIE DU BOIS GUIBERT* N10 - Hameau du Bois-Guibert** © **02 37 47 22 33.** *Fax : 02 37 47 50 69. Logis de France 3 cheminées. Fermé mi-février à début mars. Cuisine gastronomique. 30 couverts. Salon particulier. Parking privé fermé. Service de 12h à 13h30 et de 19h à 21h. Menus de 25 € à 58 €. 14 chambres. Tarifs de 65 € à 150 €.* Murielle et Eric Leluc nous reçoivent dans une gentilhommière du XVIIIe siècle dans un cadre enchanteur. La cuisine du chef, Jérôme Lebreton a des accents de terroir mêlés de distinction. Elle se révèle dans des notes subtiles, à travers la raviole de cuisses de grenouilles à l'ail fumé et au coulis de persil plat ; le filet de sandre poêlé à l'andouille de Gueméné aux et lentilles de Beauce... Aux beaux jours, la terrasse offre aux amoureux de la nature, la magnifique vue sur les pelouses, bosquets.

HOTEL DE FRANCE 3, place du Marché © **02 37 47 20 53.** *Fax : 02 37 47 20 53. Restaurant fermé le dimanche et le lundi (pour pensionnaires). Logis de France 2 cheminées. Hôtel ouvert tous les jours sur réservation. 6 chambres. Garage fermé.* Dans cette bâtisse du Moyen Age, Christian Morel vous accueille dans une chaleureuse ambiance. Les chambres sont confortables.

Loisirs

BONNEVAL LOISIRS DECOUVERTE - BARQUES ELECTRIQUES © 06 89 54 21 88. *Internet : www.ville-bonneval.fr. Ouvert tous les week-ends d'avril à juin et septembre de 14h à 20h. En juillet et août ouvert tous les jours de 14h à 20h, sauf le mardi.* Cité fortifiée au bord du Loir, Bonneval est aussi appelée "La Venise Verte de la Beauce". Une promenade agréable et rafraîchissante permet de contourner les vestiges des fortifications à bord d'un bateau électrique. Emotions garanties pour petits et grands sur ces embarcations qui sillonnent les douves pour découvrir lavoirs et ponts bossus parfois juste assez larges pour le passage des barques ! N'ayez pas de crainte, tout a été calculé.

CANOE-KAYAK BONNEVALAIS Route de Trizay © 02 37 96 26 78. *Fax : 02 37 96 27 04. Ouvert du 2 janvier au 31 mars et du 1er septembre au 31 décembre tous les jours de 9h à 12h et de 13h30 à 1730 sauf le lundi. Du 1er avril au 31 août tous les jours de 9h à 12h et de 13h30 à 17h30. Fermé certains jours fériés.* Toute l'année, en toute tranquillité vous effectuerez des balades en toute liberté en profitant d'agréables embarcations. Des stages, initiations et des randonnées permettent de vous initier à la technique du kayak et du canoë. Différentes formules sont proposées.

PISCINE MUNICIPALE © 02 37 47 21 39. Toboggans, matériel aquatique en location, espace sauna.

▷ *Dans les environs*

Dancy

LE PAIN A L'ANCIENNE - GERVAIS ARRONDEAU 5, rue de la Métairie - Massuères © 02 37 47 34 07. Fabrication de pain bio à l'ancienne et légumes secs bios (lentilles, flageolets, lingots, haricots rouges) mais aussi ventes de volailles (poulets, pintades, canards). Contactez M. Arrondeau il vend les produits de sa ferme aussi sur différents marchés de la région.

Pré-Saint-Martin

CHAMBRES D'HOTES M. & MME VIOLETTE 8, rue Saint-Martin - Le Carcotage-Beauceron © 02 37 47 27 21. *Gîtes de France 3 épis. 4 chambres - 9 personnes. Tarifs de 38 € à 52 €. Personne supplémentaire : 11 €.*

Saint-Maur-sur-le-Loir

MAIRIE © 02 37 47 28 54

CHATEAU DE MEMILLON © 02 37 47 28 57. *Visite libre des extérieurs.*

PONEY CLUB L'HIPPOCAMPE DU LOIR © 02 37 47 23 46

Trizay-lès-Bonneval

MAIRIE © 02 37 47 31 59. *Fax : 02 37 96 24 70.*

LES CRINS FLEURIS DE L'OZANNE © 02 37 96 20 69. *Ouvert toute l'année de 10h à 18h.* Les Crins Fleuris vous accueillent sur 17 hectares, votre compagnon pourra séjourner en pension (box et pré). Au programme toutes les activités équestres : carrière, manège, perfectionnement, stages, dressage, voltige…

Cloyes-sur-le-Loir

Cloyes-sur-le-Loir est située aux confins de deux vallées : La vallée de l'Yerre et la vallée de l'Aigre.

Fiche pratique

OFFICE DE TOURISME 11, place Gambetta © 02 37 98 55 27. *Fax : 02 37 98 55 27.*

VILLE DE CLOYES-SUR-LE-LOIR. *Internet : www.cloyes-sur-le-loir.com*

Points d'intérêt

CHAPELLE NOTRE-DAME D'YRON ✆ **02 37 98 53 18.** *Fax : 02 37 98 43 02. Ouvert toute l'année.* La chapelle fut fondée au début du XIIe siècle par les seigneurs de Montigny. C'est de là que parti en 1212, la Croisade des Enfants qui mena des milliers d'adolescents délivrer la Terre Sainte. Des fresques des XIIe et XIIIe siècles décorent l'ensemble.

EGLISE SAINT-GEORGES. Elle a été construite aux environs de l'an 1000 : édifice roman avec une seule nef de modeste proportion. Aux environs de 1400, une nef gothique prolonge et rehausse la première. Le clocher du XVe siècle est classé depuis 1927 à l'inventaire des Monuments historiques. Notre regard s'arrête sur une très belle statue en pierre de Saint-Jacques datant du XIIe siècle, un christ en bois du XVIe siècle et une pieta du XVIIe siècle.

Le gîte

CAMPING DU PARC DE LOISIRS** Route de Montigny** ✆ **02 37 98 50 53.** *Fax : 02 37 98 33 84. 196 emplacements.*

CHAMBRES D'HOTES M. & MME CLICHY Ferme du Carrefour ✆ **02 37 98 53 10.** *Gîtes de France 3 épis. 3 chambres - 8 personnes. Tarifs de 30 € à 45 €.*

Le gîte et le couvert

LE SAINT-JACQUES* Place du Marché-aux-Rufs** ✆ **02 37 98 40 08.** *Restaurant-bistrot. 20 chambres.*

Loisirs

CANOE-KAYAK DE CLOYES Route de Montigny ✆ **02 37 98 52 32.** Cette structure fait partie des cinq clubs d'Eure-et-Loir affiliés à la Fédération de canoë-kayak.

LOCATION DE VELOS - MELODI'Z CAFE ✆ **02 37 98 44 81.** *Ouvert toute l'année.*

PARC DE LOISIRS DE CLOYES ✆ **02 37 98 50 53.** *Fax : 02 37 98 33 84. Internet : www.parc-de-loisirs.com. Ouvert du 1er mai au 10 septembre de 11h à 18h.* Sur un même site, la distraction, le sport et le farniente sont rassemblés, petits et grands, chacun y trouve un motif de s'amuser : balades en petit train Far-West, pédalos, barques, canoës, bateaux à moteur, poneys, mini-golf, château gonflable, jeux, aire de trampolines.

PLAN D'EAU DE CLOYES ✆ **02 37 98 55 27.** Le plan d'eau est situé à la fois sur la commune de Cloyes-sur-le-Loir et Montigny-le-Gannelon en bordure de la RN10, à 15 kilomètres de Châteaudun. En saison : navigation en horaires libres. Le samedi encadrement de 14h30 à 17h. Planche à voile, jet-ski. Sur la partie réservée au jet-ski de nombreuses manifestations sont organisées pendant la saison.

▷ *Dans les environs*

Romilly-sur-Aigre

Au départ de Cloyes-sur-le-Loir emprunter la RN10, puis la D8 sur 5 kilomètres. C'est cette région ou plus exactement la ferme de la Touche (privé) située sur la route d'Ouzouer-le-Doyen (D8/3) qui inspira Emile Zola en **1886** pour situer l'action de son roman "La Terre".

MAIRIE ✆ **02 37 98 01 36.** *Fax : 002 37 98 01 36.*

CHAMBRES D'HOTES M. & MME BOURDON La Touche ✆ **02 37 98 30 48.** *Gîtes de France 2 épis. 1 chambre - 2 personnes. Tarifs de 28 € à 39 €.*

L'EGLISE. Fortifiée elle ressemble plus à un manoir qu'à une église, en effet, sa façade est rehaussée d'une paire de fausses lucarnes, tandis que deux tourelles coiffées en poivrières la complètent.

RANDONNEE. Romilly-sur-Aigre/La Ferté-Villeneuil. (24 kilomètres). Circuit n°5. Départ sur la place, sous l'église de Romilly. Sur les pas de Zola, vous découvrirez la vallée de l'Aigre : marais aux gouffres secrets et sources multiples drainés par une petite rivière où s'égrainent de nombreux moulins. Romilly-sur-Aigre - Rognes : dans "La Terre" de Emile Zola qui séjourna en 1887 dans le Dunois, dont (dit-on) il tira l'inspiration à la ferme de la Touche. L'église fortifiée du Xe siècle à l'époque servait de grenier à dîme. Sur votre chemin, ne manquez pas Charray et la Ferté-Villeneuil, où il fait bon flâner dans cette charmante ancienne cité fortifiée.

Courtalain

Prendre la D927.

Fiche pratique

MAIRIE 12, grande-Rue ✆ 02 37 97 02 13

Point d'intérêt

CHATEAU DE COURTALAIN ✆ 02 37 98 80 25. *Fax : 02 37 98 84 64. Ouvert du 4 juillet au 17 août de 10h à 12h et de 14h à 17h. Visites guidées de l'escalier d'honneur, des extérieurs du château, des dépendances et de l'Orangerie. Notices en anglais.* A l'origine, le château dépendait du comté de Chartres. On peut penser qu'il fut reconstruit dans les années 1530-1550 à la place d'une forteresse médiévale, pour Jacques d'Avaugour. Par la suite, les Montmorency en furent les propriétaires. Courtalain a été transmis par héritage en 1862 à la famille Gontaut Biron qui en sont toujours les propriétaires. Dans ce cadre exceptionnel, une belle orangerie du XVIIIe siècle accueille un espace de réceptions et de réunions ainsi qu'une hôtellerie dotée de 29 chambres. L'atmosphère est authentique et conviviale.

▷ *Dans les environs*

Chatillon-en-Dunois

MAIRIE ✆ 02 37 97 03 03. *Fax : 02 37 97 13 55.*

LES FROMAGES PATRICK MOULIN Le Tremblay ✆ 02 37 97 05 11. *Dégustation gratuite.* De bons fromages de vache du terroir de Beauce et du Perche (le fromage blanc, le bleu, le cendré, la fromagée au poivre : délicieuse spécialité, la Tomme) sont proposés dans la ferme de Patrick Moulin.

La Ferté-Villeneuil

Point d'intérêt

ECO-MUSEE DE LA VALLEE DE L'AIGRE ✆ 02 37 44 15 58. *Fax : 02 37 44 15 58. Ouvert les samedis et dimanches de 15h à 18h.* L'écomusée de la vallée de l'Aigre est installé dans l'ancien presbytère.

Loisirs

PISICULTURE - AU PARADIS DES PECHEURS ✆ 02 37 44 16 04. *Fax : 02 37 44 10 93. Internet : www.paradisdespecheurs.com. Ouvert du 1er février au 30 septembre tous les jours de 8h à 12h et de 14h à 18h.*

▷ *Dans les environs*

Le Mée

CHAMBRES D'HOTES - Mme VIDICAN 20, rue Pierre-Genet ✆ 02 37 44 10 63. *Gîtes de France 3 épis. 2 chambres - 5 personnes. Tarifs de 55 € à 70 €.*

Illiers-Combray

Illiers-Combray, situé à 25 kilomètres au Sud-ouest de Chartres présente un compromis entre le charme de la campagne et les atouts d'un bourg actif et dynamique. Sa position géographique privilégiée offre des paysages variés et le Loir renforce cette impression de douceur de vivre.

La commune est un haut lieu d'escapade littéraire pour les visiteurs du monde entier. Elle conserve les plus émouvants souvenirs de l'auteur de "A la Recherche du Temps Perdu".

Partons à la recherche des souvenirs

A l'occasion du centenaire de Marcel Proust (**1871-1922**) en **1971**, Illiers lia son nom à celui de Combray. Hommage à Marcel Proust qui décrit dans son œuvre "A La Recherche du Temps Perdu" la cité de son enfance sous le nom de "Combray". Marcel vit avec ses parents à la capitale, mais leurs séjours seront fréquents à Illiers, jusqu'à environ ses dix ans. La gare inaugurée en **1876** facilite les visites chez Elizabeth la sœur du papa d'Adrien, mariée à Jules Amiot, qui habite au n°4, rue du Saint-Esprit. Les grands-parents de Marcel ont tenu une épicerie dans le village. Leurs attaches sont donc fortes pour la région. La petite-fille d'Elizabeth, la "tante Léonie" du roman, a fait don de la maison à la Société des Amis de Marcel Proust et des amis de Combray. Dans cette demeure, un musée est dédié à l'écrivain. C'est au Pré Catelan que la famille va profiter de la nature au bord du Loir, jardin créé par Jules Amiot. Dans la campagne alentour les châteaux de Tansonville et de Villebon mis en scène sous la plume de Marcel méritent un détour.

Fiche pratique

OFFICE DU TOURISME 5, rue Henri-Germond © 02 37 24 24 00. *Fax : 02 37 24 21 79. E-mail : officetourismeilliers@wanadoo.fr. Ouvert toute l'année.*

Points d'intérêt

MAISON DE TANTE LEONIE MUSEE DE MARCEL PROUST 4, rue du Docteur-Proust © 02 37 24 30 97. *Fax : 02 37 24 13 78. Internet : perso.wanadoo.fr/marcelproust. Ouvert du 15 janvier au 30 juin et du 1er septembre au 15 décembre : tous les jours, visite guidée à 14h30 et 16h, sauf le lundi. Du 1er juillet au 31 août ouvert tous les jours : visite guidée à 11h, 14h30 et 16h, sauf le lundi.* C'est dans cette maison familiale entièrement meublée que Marcel Proust venait passer ses vacances. A la fois charme provincial et exotique, ce sera le berceau de l'œuvre de Proust. On s'imprègne des souvenirs, on en vient presque à humer "La petite Madeleine" de "Combray" si joliment décrite "Du côté de chez Swann".

LE PRE CATELAN Route de Tansonville. *Fax : 02 37 24 16 21.* Près du Loir, jardin romantique classé, créé en 1850 par l'oncle de Marcel Proust, Jules Amiot qui deviendra le parc de Swann de "Combray" en mémoire de l'œuvre littéraire de l'écrivain.

VISITE DE LA VILLE Illiers-sur-le-Loir - le Combray de Marcel Proust © 02 37 24 24 00. *Fax : 02 37 24 16 21.* La ville dominée par l'imposante église Saint-Jacques construite au XVe siècle par Florent d'Illiers, compagnon de Jean de Dunois, est ornée d'une large nef lambrissée en bois polychrome peinte au XIXe siècle et d'intéressants vitraux. Les souvenirs de Marcel Proust se découvrent en parcourant la ville. Par l'itinéraire de la promenade de la citadelle et les bords du Loir, le Pré Catalan est incontournable.

Le couvert

LE FLORENT 13, place de l'Eglise © 02 37 24 10 43. *Fax : 02 37 24 11 78. 86 couverts.*

Le gîte

CAMPING MUNICIPAL DE MONTJOUVIN Route de Brou © 02 37 24 03 04. *Fax : 02 37 24 16 21. Ouvert du 1er avril au 31 octobre. 89 emplacements.*

Le gîte et le couvert

LE GUERMANTES 17, avenue Georges-Clemenceau © 02 37 24 14 94. *Fax : 02 37 24 14 94. Restaurant. 8 chambres*

Loisirs

CIRCUIT VELO. Entre Beauce et Perche (44 kilomètres et 48 kilomètres). Circuit n°4. Départ sur la place Maunoury. Suivant que vous choisissiez, l'un ou l'autre circuit vous découvrirez Illiers-Combray, à La Croix du Perche une démonstration de forge au Moulin du Richet est très intéressante, Frazé avec son château du XVe siècle, joyau de l'architecture civile conservé par le Perche-Gouët, Tansonville, Mirougrain, Saint-Eman, Villebon, château ou Sully mourut. Villebon serait également le château de Guermantes de "La recherche du Temps perdu".

LOCATION DE VELOS Camping © 02 37 24 03 04

PISCINE MUNICIPALE © 02 37 24 24 95

RANDONNEE. Circuit des Sources du Loir - Circuit Proustien. (30 kilomètres et 3 kilomètres). Circuit n°28. Départ place Maunoury, devant le Syndicat d'Initiative. Le circuit proustien de 3 kilomètres est en partie signalé et favorise la découverte des plus émouvants souvenirs de Marcel Proust.

Emplettes

LES MADELEINES DE PROUST. A Illiers, c'est bien sûr au travers du souvenir de Marcel Proust et de sa tante Léonie que s'est créée la spécialité locale. En souvenir du passage des pèlerins vers Compostelle, elles ont pris la forme d'une coquille saint-jacques. Deux bonnes adresses pour remplir votre panier :

BOULANGERIE BROSSIER 19, place du Marché ✆ 02 37 24 03 96

PATISSERIE VEDIE 8, rue Léon-Ferré ✆ 02 37 24 02 27

▷ *Dans les environs*

Méréglise

Le village de Méréglise correspond dans l'œuvre de Proust à Méréglise-la-Vineuse, le fameux côté de chez Swann.

CHATEAU DE MEREGLISE. *Visite des extérieurs tous les jours de juillet et les deux premières semaines de septembre de 10h à 16h.* Le château fut construit en 1729 sur un emplacement plus ancien.

Montigny-le-Gannelon

Points d'intérêt

CHATEAU DE MONTIGNY-LE-GANNELON ✆ 02 37 98 30 03. *Fax 02 37 98 45 91. Internet : www.chateauxandcountry.com. Ouvert du 1er avril au 15 juin et du 1er octobre au 2 novembre les week-ends et les jours fériés de 14h30 et 17h. Du 30 juin au 30 septembre ouvert tous les jours de 10h à 12h et de 14h30 à 17h. Notice en néerlandais, italien, espagnol. Visite en braille et accessibilité handicapés.* Dominant la vallée du Loir, le château Renaissance, domaine historique du prince-duc de Montmorency-Laval, ambassadeur de France sous Louis XVIII et Charles X a conservé toute la chaleur des demeures habitées et meublées XIIe, XVe, XIXe siècles. La façade ouest, d'époque Renaissance, date de la fin du XVe siècle, tandis que la façade ouest a totalement été reprise par l'architecte Clément Parent, élève de Violet-le-duc. Dans le salon des Dames sont accrochés les portraits des femmes de la famille, tandis que dans la salle à manger sont à l'honneur les portraits en pied des rois dont Adrien de Montmorency fut l'ambassadeur. Dans le parc de 15 hectares, un parc animalier et un musée de machines agricoles anciennes sont accessibles aux visites.

EGLISE de MONTIGNY. Cette église mérite une visite. Dans une châsse du XIXe siècles sont gardées les reliques d'une sainte appelée Félicité, reliques qui furent confiées à la famille par le Pape Léon XII.

Le couvert

CHATEAU DE MONTIGNY-LE-GANNELON ✆ 02 37 98 30 03. *Fax 02 37 98 45 91. 12 à 500 couverts. 3 salles.* Dans ce magnifique château, de nombreuses prestations sont offertes pour organiser vos réceptions, séminaires… Des activités originales sont proposées : feu d'artifice - fond musical (trompe de chasse ou classique), montgolfière captive, promenade en calèche, chiens de traîneaux... Si vous souhaitez arriver au plus vite sur les lieux de votre escapade, une piste pour hélicoptère permet d'atterrir sur la pelouse du château.

▷ *Dans les environs*

Douy

MAIRIE ✆ 02 37 96 80 97. *Fax : 02 37 96 82 08.*

MOULIN A EAU DE COURGAIN ✆ 02 37 96 84 80. A saint-Hilaire-sur-Yerre, prendre la direction de Douy. Après l'église, la route en lacet descend vers le Loir. Avant le pont, une petite route pénètre dans les bois. En bordure du Loir, le Moulin resté intact et toujours en fonctionnement.

Ozoir-le-Breuil

Fiche pratique

MAIRIE ✆ **02 37 98 72 68.** *Fax : 02 37 98 75 08.*

Points d'intérêt

Situé sur la Route du Blé, au Sud-est de Châteaudun, à la limite du Loir-et-Cher, il se trouve un peu éloigné des autres moulins de la région, mais il n'a pas moins de charme.

MOULIN DE FROUVILLE-PENSIER ✆ **02 37 98 70 03.** *Fax : 02 37 98 70 27. Ouvert de Pâques au 30 septembre le dimanche de 14h30 à 18h30.* L'histoire du moulin de Frouville-Pensier remonte à 1926. Ce moulin-tour fut construit sur l'emplacement d'un moulin-pivot qui brûla en 1822. Le site était propice aux moulins, puisqu'il existait déjà un moulin à cet endroit à la fin du XIIIe siècle. De 1982 à 1991, il fut l'objet d'un énorme travail de restauration grâce à l'ARAM Beauce et à l'Association de Sauvegarde du Moulin de Frouville. Dominant de ses 15 mètres les blés alentours, il possède une particularité intéressante car équipé d'une queue (guivre) extérieure qui permet d'orienter la calotte montée sur galets.

Villebon

Prendre la direction de Courville-sur-Eure.

Point d'intérêt

CHATEAU DE VILLEBON ✆ **02 37 37 35 63.** *Ouvert du 1er avril au 30 septembre : le 1er dimanche de chaque mois à 15h30.* Le château devint en 1607, la demeure de Maximilien de Béthune, duc de Sully et Ministre de Henri IV. Villebon est un des châteaux les plus admirés de la région, ses volumes architecturaux sont imposants : cas unique de forteresse du XIVe siècle, pont-levis sur douves en eau fonctionnant quotidiennement, huit tours dont six crénelées. Chapelle et cour du XVIe siècle.

LA BEAUCE

Grenier à blé de la France, la Beauce d'Eure-et-Loir, vaste plaine qui s'étend jusqu'à l'horizon nous offre la blondeur des champs de blé, les étendues de céréales et les jachères qui ponctuent de leurs couleurs le paysage. Délimitée par Chartres, Auneau, Toury et Chateaudun cette terre fertile génère les plus hauts rendements agricoles du pays. La Beauce doit sa fertilité à l'assèchement d'un immense lac qui a laissé place à une dalle calcaire qu'est venue recouvrir une épaisse couche de limon. Au Moyen Age, l'installation des fermes fut encouragée. A l'origine elles étaient proches d'un château, d'une abbaye dont elles dépendaient, alors que de nos jours elles sont la propriété des agriculteurs qui les exploitent.

Auneau

Fiche pratique

SYNDICAT D'INITIATIVE 10, place du Champ-de-Foire ✆ **02 37 31 30 65.** *Fax : 02 37 31 27 11.*

VILLE D'AUNEAU. *Internet : www.info28.com/auneau*

Points d'intérêt

LES FELINS D'AUNEAU ✆ **02 37 31 20 20.** *Fax : 02 37 31 26 28. Internet : www.felinsdauneau.com. Ouvert tous les jours toute l'année (sauf le lundi du 1er novembre au 31 janvier). En été de 9h30 à 18h30. En hiver de 10h à 16h/17h selon la saison. Fermetures des caisses 1h30 avant la clôture du parc.* Dans le parc d'un des plus vieux châteaux de France datant du XIVe siècle, vous découvrirez le paradis des félins : 25 espèces dont les jaguars, panthères, lions, caracals, chats, tigres... évoluent dans le seul parc naturel thématique sur les félins existant en Europe. Une promenade pédestre sillonne le parc de 8 hectares arboré et propose des points d'observation sur la merveilleuse diversité de la famille des félins.

LES GRAND MARAIS © 02 38 77 02 72. *Fax : 02 38 77 02 08. Internet : www.enf-conservatoire.org.* Le long de la Voise, le site des Grands Marais est géré par le Conservatoire, outil novateur, partenarial et consensuel de protection de la nature. Tout au long de la rivière, le marais permet de protéger plantes et animaux aimant les prairies humides. Gageons que cette initiative citoyenne permettra de transmettre aux générations futures un environnement naturel dans toute sa diversité et sa beauté.

SITE ARCHEOLOGIQUE D'AUNEAU © 02 38 78 85 41. *Fax : 02 38 78 85 98. Ouvert en août de 9h à 18h, sauf le dimanche matin.* Situé à la sortie d'Auneau, direction Orsonville. Le site fut découvert par hasard par des chasseurs en 1978 qui mirent à jour un squelette. A partir de là, le chantier de fouilles préhistoriques débuta.

Loisirs

PISCINE MUNICIPALE © 02 37 31 70 84. *Fax : 02 37 31 29 47.*

▷ *Dans les environs*

Houville-la-Branche

MAIRIE © 02 37 25 78 88

ULM SERVICES © 02 37 25 75 43

Oinville-sous-Auneau

MAIRIE © 02 37 31 71 98

CHAMBRES D'HOTES M. & MME LETHUILLIER 2, rue des Prunus - "Cherville" © 02 37 31 72 80. *Gîtes de France 3 épis. 4 chambres - 8 personnes. Tarifs de 43 € à 54 €. Personne supplémentaire : 12 €.* Dans une dépendance, au cœur d'une ferme beauceronne à cour carrée en activité, vous apprécierez le cadre rustique très chaleureux des jolies chambres récemment aménagées. En toute convivialité, on apprécie ces moments de détente privilégiés.

Saint-Chéron-du-Chemin

MAIRIE DE TREMBLAY-LES-VILLAGES © 02 37 65 28 18. *Fax : 02 37 65 30 66.*

ANNICK ET MICHEL GAUTHIER 2, rue Nationale 10 © 02 37 31 42 14. Vente de pommes du verger (pommes à couteau) et production de jus de pommes.

Bouville

Situé au sud de Chartres, non loin de Bonneval, il est dans la Beauce un peu éloigné des autres moulins.

Fiche pratique

MAIRIE © 02 37 96 33 16

Point d'intérêt

MOULIN DU BOIS DE FEUGERES © 02 37 96 31 08. *Fax : 02 37 96 31 41. Ouvert du 1er avril au 31 octobre le week-end et les jours de fêtes de 14h30 à 18h30. Fermé le 14 juillet.* On l'appelle aussi "Moulin Pelard" : quatre générations de Pelard y ont travaillé pendant cent cinquante ans. Le patriarche de la famille l'avait légué à la commune. L'ARAM Beauce décide de le

Ebly

Parmi les cultures de céréales, un nouveau produit a fait son entrée "Ebly", fruit de recherches de la Coopérative Agricole Dunois. Le produit a conquis les tables françaises et poursuit sa conquête sur le marché international. Ce grain de blé précuit se cuisine comme les pâtes ou le riz. De savoureuses recettes bien à lui sont nées de ce délicieux produit.

restaurer, en 1976 l'association du Moulin de Pelard est créée. Les premiers travaux sont détruits par une tempête, il a donc été entièrement restauré après sa destruction.

Denonville

Fiche pratique

MAIRIE © 02 37 99 62 19

Point d'intérêt

CHATEAU DE DENONVILLE © 02 37 99 63 07. *Fax : 02 37 99 63 06. Internet : chateau-denonville.ifrance.com.* Ce château des XVe, XVIIe et XVIIIe siècles, classé Monument historique a fière allure avec ses façades en briques roses flanquées de tours rondes. Un parc de verdure de 40 hectares ajoute à son charme.

Loisirs

PISCINE MUNICIPALE © 02 37 99 62 19. *Fax : 02 37 99 62 19. Ouvert du 1er juillet au 31 août.*

Levesville-la-Chenard

Au Sud-est de Chartres.

Fiche pratique

MAIRIE © 02 37 22 13 13

Point d'intérêt

MOULIN FERNAND BARBIER © 02 37 22 13 01. *Ouvert du 1er juin au 30 septembre le dimanche de 14h30 à 18h.* Le moulin Barbier, du nom de son dernier meunier, a fière allure sur son piédestal. C'est un moulin pivot des plus beaux du département. Fernand Barbier en fit don à la commune, pour qu'il soit restauré, cependant il en garda la jouissance jusqu'à sa mort. L'ARAM Beauce (Association Régionale des Amis des Moulins) et l'association de Levesville ont œuvré à le remettre en état.

Allovisit

Retirez une carte Allovisit en distribution gratuite à la Maison de la Beauce, dans les Offices de tourisme et Syndicats d'Initiative à Chartres et sur la Route du Blé. Allo 3223, taper le code Allovisit. Décrochez, c'est parti pour une découverte inédite de la Route du Blé à partir de votre téléphone portable.

Allovisit est un guide inédit, pratique, vous permettant des haltes en toute liberté, vivantes, sans horaires imposés pour découvrir et écouter l'Histoire... des histoires : des commentaires dits par des comédiens, des reconstitutions, des interviews, des musiques. Allovist propose un parcours audio guidé pour vous rendre d'une étape à une autre. Vous sélectionnez votre commentaire, selon l'étape choisie : Auneau le Château, Béville Le Comte, la ferme beauceronne, Ouarville, le moulin à vent, Moutiers le village beauceron, Orgères, la Maison de la Beauce, Loigny-la-Bataille, le mémorial, Villeprévost, la bande d'Orgères et Nottonville, l'abbaye et la vallée de la Conie.

Pour plus de renseignements : **Comité Départemental du Tourisme © 02 37 84 01 00.**

Loigny-la-Bataille

Fiche pratique

MAIRIE © 02 37 99 74 96

Points d'intérêt

CHATEAU DE GOURY © 02 37 99 73 95. *Fax : 02 37 99 73 95. Ouvert du 14 juillet au 15 août et du 8 septembre au 16 septembre de 10h à 12h et de 14h30 à 17h.* Le château de Goury devint l'acquisition d'un conseiller d'état et maître d'hôtel du roi vers 1650. L'ensemble s'ordonne autour d'un grand rectangle entouré de bâtiments avec quatre pavillons à chaque angle, les douves sèches sont en partie comblées. Lors de la bataille de Loigny contre l'armée prussienne en 1870, le château recueillit bon nombre de blessés et d'habitants.

MUSEE DE LA BATAILLE 1870 © 02 37 99 74 96. *Ouvert du 1er mars au 30 novembre le dimanche de 14h30 à 17h30. Fermé les jours fériés.* Eglise votive, crypte romaine, ossuaire et musée de la bataille de 1870. Dans l'église reconstruite dans les années 1872 à 1877 un touchant tableau met en évidence le général de Sonis blessé sur un champ de bataille. A l'intérieur, la Chapelle du Sacré-Cœur surmonte la crypte où les ossements qui gisaient dans la plaine ont été réunis ainsi que les tombeaux des généraux français de Sonis et de Charrette. Le Musée évoque la bataille de 1870 au travers de présentations d'armes, d'uniformes et d'objets.

Le gîte

CHAMBRES D'HOTES M. & MME NIVET 8, rue Chanzy ✆ 02 37 99 70 71. Gîtes de France***. 4 chambres - 8 personnes.

▷ *Dans les environs*

Terminiers

MAIRIE ✆ 02 37 32 10 11

CHATEAU DE VILLEPION. *Ouvert du 1er juillet au 10 août de 13h à 19h.*

Tillay-le-Péneux

MAIRIE ✆ 02 37 99 45 09

CHATEAU DE VILLEPREVOST ✆ 02 37 99 45 17. *Visites guidées de mai à octobre, les week-ends et les jours fériés de 14h à 18h. Visites en français. Bandes sonores en anglais et en allemand.* Après Tillay-le-Péneux, prendre la D118. Placée dans un magnifique parc à la française, cette gentilhommière beauceronne du XVIIIe siècle évoque la bande des Chauffeurs d'Orgères qui sévirent au lendemain de la Révolution en commettant de terribles exactions en Beauce. En 1798, grand nombre de ces bandits arrêtés, furent conduits au Domaine de Villeprévost. C'est là que Armand François Fougeron juge de paix d'Orgères et propriétaire du domaine les entendit. Certains furent guillotinés ou emprisonnés. Le parc, les caves, le grand salon, la chapelle et le colombier se visitent. Dans ce dernier : les têtes des bandits de la bande des chauffeurs d'Orgères en moulage de plâtre nous rappellent cette triste période.

LE DOMAINE DE VOISIN Benoît Pommier - 7, rue de Voisin ✆ 02 37 99 44 28. Elevage de canards gras. Prévoyez de grands paniers, à la ferme on ne résiste pas au grand choix proposé. On fait provision de produits frais (foie gras, canard, magret, cuisse, saucisses) ou de produits transformés (foie gras mi-cuit, terrine à l'orange, au poivre vert, à l'armagnac, confits, rillettes, cassoulets, cous farcis, sauté de canard au vin de Loire), et parole de gourmet : on se régale.

Moutiers-en-Beauce

Au Sud-est de Chartres, à 18 kilomètres de Janville.

Fiche pratique

MAIRIE ✆ 02 37 22 12 36

Point d'intérêt

MOULIN DU CHESNAY ✆ 02 37 99 93 25. Le moulin-pivot de Moutiers-en-Beauce aurait été édifié en 1770. Aux environs de 1850, il fut déplacé, tout d'une pièce sur son emplacement actuel. Le Moulin de Chesnay était célèbre des lieux à la ronde, grâce à Marcel Barbier, son meunier était aussi poète et chansonnier. Sa remise en état date de 1990.

La Route du Blé en 2004

Comme son nom l'indique, "La Route du Blé" est, avant tout, une route thématique, qui s'étend sur près de 200 kilomètres. A partir de cette année, elle se prolonge dans le département du Loiret à partir de Toury (Eure-et-Loir) dans le secteur d'Outarville (Loiret).

Une route principale : au départ du village d'Auneau, "La Route du Blé" sillonne la plaine, d'Orgères-en-Beauce à Chateaudun, en traversant les vallées de la Conie, de l'Aigre et du Loir, en longeant le Perche jusqu'à Bonneval "la Petite Venise de la Beauce" et le Moulin Pelard au Bois de Feugères...

Des circuits thématiques : autour de ce tracé principal, des invitations permanentes vous permettent de découvrir la Beauce. Au travers des 9 circuits thématiques vous apprécierez et connaîtrez mieux toute la richesse et la diversité de la région.

La grande Fête de la Route du Blé les 26 et 27 juin 2004

Cette grande fête inaugure le programme des animations qui se dérouleront tout au long de la saison sur la Route du Blé ; Au programme : cortèges de voitures anciennes, fabrication de pain à l'ancienne, groupes folkloriques, visites animées de moulins à vent.

Programme disponible dans les **Offices de Tourisme et Syndicats d'Initiative et à la Maison de la Beauce : 02 37 99 75 58.**

▷ Dans les environs

Baudreville

A 11 kilomètres de Moutiers.

LE RELAIS D'OC 3, rue de la Revanche ✆ 02 37 99 57 60. *Fax : 02 37 99 56 50. Hôtel-Restaurant. 10 chambres.*

Mérouville

A 12 kilomètres de Moutiers.

GITE. Dans une maison indépendante du village datant du XVIIIe siècle est aménagé un gîte pouvant accueillir jusqu'à 10 personnes. Une superficie de 150 m^2 entièrement rénovée, meublée de façon rustique offre : 5 chambres, grand séjour avec cheminée, terrasse, jardin. C'est un lieu idéal pour les week-ends et vacances entre amis ou en famille. Tarif : 290 € le week-end pour 10 personnes. Renseignements : Loisirs-Accueil Eure-et-Loir, service de réservation 02 37 84 01 02/02 37 84 01 01.

Nottonville

Point d'intérêt

ABBAYE DU BOIS DE NOTTONVILLE ✆ 02 37 96 91 64/02 37 99 75 58. *Fax : 02 37 96 91 50/02 37 99 75 13. Ouvert du 1er mai au 30 juin et du 1er septembre au 31 décembre les week-ends et les jours fériés de 14h30 à 18h30. En juillet et août ouvert tous les jours de 14h30 à 18h30. Fermé les jours fériés d'hiver.* Prieuré en limite du plateau de Beauce et de la Vallée de la Conie, l'abbaye est impressionnante. Derrière d'immenses murs percés d'un portail fortifié surgissent les quarante mètres de la grange aux moines. Poterne, logis abbatial, grange aux moines, colombier, cellier souterrain, visite guidée. Des manifestations culturelles sont organisées par l'Association des Amis de l'Abbaye qui a redonné vie au domaine.

Le gîte

AIRE D'HEBERGEMENT ET DE LOISIRS - ASSOCIATION DE SECOURAY 9, rue des Bourgeries ✆ 02 37 96 91 60. *Fax : 02 37 96 91 60. 6 mobil-homes.*

▷ *Dans les environs*

Bazoches-en-Dunois

MAIRIE © 02 37 22 08 01

GITE POUR LES ENFANTS Chez Mme Monique Pasquet - Le Perthuiset © 02 37 22 07 34. Dans cet agréable hameau de la Vallée de la Conie, un accueil familial, pour une cure de santé et de plein air est destiné aux enfants de 6 à 12 ans. Dans une ambiance sympathique, ils sont accueillis pour découvrir la nature et la vie rurale. Au programme : promenades à pieds et à bicyclettes, visites d'élevages, châteaux, jeux de société et de plein air...

Varize

MAIRIE © 02 37 96 90 85

FERME CHATEAU DE VARIZE © 02 37 96 26 97. *Fax : 02 37 96 90 97.* Dans la vallée de la Conie, cette ferme fortifiée en partie XVI et XVIIe siècles forme un ensemble de plusieurs époques et d'architectures différentes, elle est encore en partie entourée de douves.

Orgères-en-Beauce

Fiche pratique

SYNDICAT D'INITIATIVE Maison de la Beauce - Place de Beauce © 02 37 99 75 58. *Fax : 02 37 99 75 13.*

Points d'intérêt

LA MAISON DE LA BEAUCE © 02 37 99 75 58. *Fax : 02 37 99 75 13. Internet : www.terre-de-beauce.com. E-mail : terres-de-beauce@wanadoo.fr. Ouvert du 2 janvier au 31 mars les samedis et dimanches de 14h30 à 18h. Du 1er avril au 14 juin de 14h30 à 18h, sauf le lundi. Du 15 juin au 15 septembre de 10h à 12h et de 14h à 18h du lundi au vendredi. Du 15 juin au 15 septembre de 14h30 à 18h30 les samedis et les dimanches. Du 16 septembre au 31 décembre de 14h30 à 18h les samedis et les dimanches.* Dans le cœur du village, la Maison de la Beauce a élu domicile dans une ancienne ferme beauceronne restaurée. Le Syndicat d'Initiative est installé au même endroit. C'est une vision originale et dynamique de la Beauce qu'on vous propose de découvrir à travers des collections, des témoignages audiovisuels, des photographies et des maquettes. Un clin d'œil au passé avec quelques objets traditionnels tandis que des bornes interactives familiarisent le visiteur avec l'agriculture d'aujourd'hui et à l'environnement (flore, faune, paysages, vallée de la Conie...), également : expositions temporaires sur des thèmes variés, conférences et animations diverses, centre de documentation sur la Beauce, banque de données touristiques.

Loisirs

FERME PEDAGOGIQUE LA CABRIOLE © 02 37 99 73 88. *Ouvert du 1er avril au 30 novembre les mercredis et samedis de 14h à 18h.* Les enfants et les adolescents dans cette découverte pédagogique, tactile et visuelle des animaux de la ferme sont passionnés et conquis. La visite guidée avec un animateur permet de découvrir et de faire connaissance avec les animaux. Par ailleurs, un espace est aménagé afin que les enfants puissent être en contact avec les animaux.

Emplettes

VOLAILLES-FOIE GRAS - DIDIER GRANDVILLAIN 1, rue du Stade © 02 37 99 77 93. Les graines ne manquent pas en Beauce, à la ferme de Didier toutes les volailles sont fameuses, élevées avec de bons produits. Au choix : poulets, pintades, canards, canettes, pigeons et pour les fêtes de fin d'année : dindes, chapons et oies.

Ouarville

Au Sud-est de Chartres, à proximité de Ouarville.

Fiche pratique

MAIRIE © 02 37 22 14 18. *Fax : 02 37 22 14 33.*

Point d'intérêt

LE GRAND MOULIN © **02 37 22 13 87.** *Fax : 02 37 22 14 04. Ouvert de Pâques à la Toussaint les dimanches et les jours fériés de 14h à 18h.* Le Grand Moulin est un moulin-pivot aux ailes à dix planches (système Berton). Trapu, sa silhouette est imposante dans le paysage. En 1941, il fut classé Monument historique. Parlons un peu du dernier meunier, Robert Ferron, (disparu en 1976) figure emblématique, pleine d'humour : aux dires de ces concitoyens, il aimait bien, perché dans son moulin, observer les moulins des alentours à l'aide d'une lunette de cuivre.

Sancheville

Situé à l'est de Bonneval.

Fiche pratique

MAIRIE © **02 37 44 00 23**

Point d'intérêt

MOULIN DU PARADIS © **02 37 44 01 40.** *Fax : 02 37 44 01 40. Ouvert du 1er avril au 1er octobre le samedi, le dimanche et les jours fériés de 14h30 à 18h.* Le moulin-pivot de Sancheville fut construit au XVIIe siècle, sans doute en 1625 comme l'indique la gravure sur le bourdon. Le dernier meunier Henri Daniel décéda et sa veuve le céda à un meunier de moulin à eau. Un beau jour, notre meunier laissa les ailes s'emballer qui se brisèrent. Depuis il a retrouvé des ailes et sa restauration est parfaite.

Le gîte

CHAMBRES D'HOTES M. & MME VANNEAU 10, Baigneux © **02 37 44 02 26.** *Gîtes de France***. 3 chambres - 6 personnes. Tarifs de 30 € à 45 €. Personne supplémentaire : 8/12 €.*

▷ Dans les environs

Courbehaye

CHAMBRES D'HOTES M. & MME HURBAULT 2, Moronville © **02 37 99 70 03.** *3 chambres 3 épis - 2 chambres. Tarifs de 38 € à 63 €.* A proximité de la vallée de la Conie, dans une ferme beauceronne sont aménagées d'agréables chambres d'hôtes. Les paysages insolites : rivière-marais résurgence de la nappe phréatique de Beauce ne manqueront pas de vous donner envie de faire de belles balades.

Neuvy-en-Dunois

MAIRIE © **02 37 44 01 08**

LA PETITE FERME DE MORSANS © **02 37 44 01 21.** *Fax : 02 37 44 01 21.* Cette ferme élevage spécialisée dans les laines rares propose de découvrir sur 3 hectares : chèvres et lapins angoras, alpagas, chèvres cachemires, lamas et tous les animaux traditionnels de la ferme.

Toury

Fiche pratique

MAIRIE © **02 37 90 50 60.** *Fax : 02 37 90 58 61.*

Points d'intérêt

Le dolmen nommé **PIERRE-DE-GARGANTUA**, situé square Henri-Monteil a probablement plus de 5 000 ans.

On visite l'**EGLISE SAINT-DENIS** précédée d'un porche sur toute la largeur de sa façade.

Derrière la mairie, les **RUINES DU CHATEAU DE SUGER**, ami du roi Louis VI.

Place Blériot se dresse le monument commémoratif du premier voyage en avion de Louis Blériot effectué le 31 octobre 1908. Ce vol d'essai relia Toury et Artenay en un aller et retour.

L'**USINE DE TOURY** assure la transformation des betteraves en sucre, betteraves récoltées dans les environs.

Le gîte

CAMPING MUNICIPAL** **Rue de Boissay ✆ 02 37 90 50 60.** *Fax : 02 37 90 58 61. 10 emplacements.*

▷ *Dans les environs*

Barmainville

MAIRIE ✆ 02 37 22 78 01

LA PANETIERE La Poste de Boisseaux - RN20 ✆ 02 38 39 58 26. *Fax : 02 38 39 53 40. 200 couverts.*

Janville

MAIRIE ✆ 02 37 90 00 53. *Fax : 02 37 90 09 08.*

LES SABOTS D'OR Place de l'Eglise ✆ 02 37 90 00 11. *Fax : 02 37 90 00 11. Hôtel-Restaurant. 8 chambres.*

Oinville-Saint-Liphard

MAIRIE ✆ 02 37 90 08 06. *Fax : 02 37 90 09 32.*

CHAMBRES D'HOTES MME MAILLAUX 1-3, rue du Moulin ✆ 02 37 90 28 76. *Gîtes de France 3 épis. 5 chambres - 14 personnes. Tarifs de 31 € à 61 €. Personne supplémentaire : 15 €. Table d'hôte : 22 €.*

Santilly

CHAMBRES D'HOTES MME VILLETTE 12, rue Charles-Péguy - "Château Gaillard" ✆ 02 37 90 01 52. *Gîtes de France***. 3 chambres - 6 personnes. Tarifs de 31 € à 46 €. Personne supplémentaire : 12 €. Sur réservation table d'hôte : 11/14 €.*

Voves

Départ d'Auneau, direction Bonneval.

Fiche pratique

VILLE DE VOVES. *Internet : www.ville-voves.fr*

Point d'intérêt

EGLISE SAINT-LUBIN. Située au cœur de Voves, elle constitue un édifice majeur de la ville. A la fin du XIIe siècle, la tour, le clocher et la grande nef sont érigés, au XVe siècle se seront le cœur et le bas-côté. La tour est particulièrement admirée, son aspect laisse à penser qu'il était initialement prévu la construction d'une flèche de pierre. En entrant par la petite porte, vous serez surpris de l'épaisseur des murs (1,30 mètre), et attirés par la couleur grise de ses pierres qui se remarque surtout sur les piliers. Sur la place, côté sud, en admirant la tour, à la base du clocher vous découvrez le magnifique cadran solaire récemment restauré. A l'intérieur, le chemin de croix fut réalisé par les ateliers Gabriel Loire entre 1944 et 1947.

Le gîte

CAMPING A LA FERME DE VOVES "Lhopiteau" ✆ 02 37 99 05 42. *Fax : 02 37 99 25 56. 25 emplacements.*

Le gîte et le couvert

AU QUAI FLEURI 15, rue Texier-Gallas ✆ 02 37 99 15 15. *Fax : 02 37 99 11 20. Logis de France 3 cheminées. Fermé le dimanche soir et les soirs fériés. Fermeture annuelle du 22 décembre au 14 janvier. Cuisine gastronomique. Menus de 27,50 € à 42 €. Prix moyen à la carte : 37,50 €. 17 chambres équipées de tout le confort. 2 suites dont 1 avec balnéothérapie.*

Salle de remise en forme. Tarif de 57 € à 81 €. Soirée étape : 58 €. Avec son grand parc boisé, ses terrasses fleuries, c'est un havre de verdure au cœur de la Beauce qui vous séduit. Elise et François Chadorge nous accueillent dans une ambiance familiale et conviviale ce qui renforce encore le charme de l'étape. La table propose les spécialités locales que le chef nous concocte : Rata Beauceron (poitrine de porc, tomates, oignons accompagnés de pommes de terre) et pain perdu aux pommes caramélisées. Le gourmet choisira : le filet de truite de mer soufflée, une jambonnette de canard à l'orange suivie d'un muscadin café crème anglaise à la chicorée. L'adresse du Quai Fleuri est une vraie référence de la bonne cuisine.

Loisirs

LA FERME DANS LE VENT ✆ 02 37 99 05 42. *Fax : 02 37 99 25 56. Internet : www.fermedans-vent.com. Ouvert du 1er mars au 30 novembre, tous les jours de 10h à 12h30 et de 14h à 18h sur rendez-vous. Ouvert les dimanches et lundis de Pâques à la Pentecôte et le 1er novembre.* Char à voile, cerf-volant, boomerang… C'est insolite et grisant d'apprivoiser le vent sur des chars à voile multicolores ou sur des speed-sail et oui çà se passe à la Ferme dans le Vent. Au cœur de la Beauce, sur le Route du Blé, Damien Leroy, exploitant agricole a eu l'idée originale de diversifier son activité en proposant des loisirs utilisant la force du vent : char à voile, speed-sail, cerf-volant ou boomerang, des loisirs pour les petits et les grands. Un grand bol d'air, à couper le souffle.

PISCINE MUNICIPALE ✆ 02 37 99 10 56. *Fax : 02 37 99 01 90 (Mairie). Internet : www.ville-voves.com.* Piscine couverte chauffée avec toit ouvrant plein ciel. Parc avec tables de pique-nique.

VOVES KARTING INDOOR ✆ 02 37 99 07 49. *Ouvert toute l'année.*

▷ *Dans les environs*

Pré-Saint-Martin

De Voves, prendre la direction de Bonneval.

AIR-V ULM ✆ 02 37 47 22 94

Viabon

ULM - B.E.F.S.A.R.C. ✆ 02 37 99 17 17. *Fax 02 37 99 12 64. Ouvert tous les jours sur rendez-vous.*

Villeneuve-Saint-Nicolas

MAIRIE ✆ 02 37 99 16 74

ATELIER 2010 M. Lereau ✆ 02 37 99 27 83. Jouets en bois.

Ymonville

Situé entre Chartres et Artenay.

Point d'intérêt

MOULIN DE LA GARENNE ✆ 02 37 32 29 16. *Fax : 02 37 32 22 87. Ouvert du 1er mai au 31 octobre, le 3e dimanche de chaque mois sur rendez-vous.* Le moulin-pivot à vent de la Garenne est classé Monument historique depuis 1988. A juste titre, il est considéré comme l'un des plus beaux de la région. Dans les années trente, il cessa de fonctionner, sa remise en état en 1940, lui permit de fabriquer clandestinement de la farine, pendant l'occupation allemande. En 1961, sa propriétaire le remet à l'Association des Meuniers d'Ymonville qui le restaure. Ce grand travail sera récompensé quelques années plus tard par le Prix des Chef-d'œuvre en Péril.

Le gîte et le couvert

L'ETOILE 31, rue du Haut-Chemin ✆ 02 37 32 25 67. *Fax : 02 37 32 21 72. Hôtel-Restaurant. 10 chambres.*

Loisirs

PISCINE MUNICIPALE ✆ 02 37 32 29 16. *Fax : 02 37 32 22 87. Ouvert en juillet et août.*

Indre

Loir-et-Cher
Indre-et-Loire
Vienne
Haute-Vienne
Fontguenand
Villentrois
Forêt de Gâtine
Luçay-le-Mâle
Ecueillé
Vers Orléans, Paris
Pellevoisin
Châtillon-sur-Indre
Château de l'Isle-Savary
Palluau-sur-Indre
Clion-sur-Indre
Argy
N143
Buzançais
Saulnay
Azay-le-Ferron
Paulnay
Ste-Gemme
Indre
Villedieu-sur-Indre
Mézières-en-Brenne
Martizay
Vendœuvres
Parc Naturel Régional de de Brenne
Tournon-Saint-Martin
Migné
la Varenne
Château du Bouchet
Rosnay
Abbaye de Fontgombault
Le Blanc
Ruffec
N151
Saint-Gaultier
A20
Creuse
Château de Romefort
Oulches
Ingrandes
Château de Forges
Argenton-sur-Creuse
Vers Poitiers
Bélâbre
Prissac
Château de Prune-au-Pot
Château Guillaume
Saint-Benoît-du-Sault
Tilly
0 10 km
Reproduction interdite
ean-Baptiste Nény
Mai 2004
Vers Limoges

INDRE
N
O
E
S
Paris
CHÂTEAUROUX
Chabris
Varennes-sur-Fouzon
St-Christophe-en-Bazelle
Valençay
Poulaines
Château de Valençay
Vers Orléans, Paris
Vatan
A20
Reuilly
Château de Bouges
Diou
Ste-Lizaigne
Vers Bourges
Levroux
Brion
la Champenoise
Issoudun
Château de Villegongis
Neuvy-Pailloux
N151
Ségry
Cher
CHÂTEAUROUX
Vouillon
Forêt de Bommiers
Pruniers
Ambrault
le Poinçonnet
Forêt de Châteauroux
Ardentes
St-Août
Site Remarquable
Château
Arthon
Indre
St-Chartier
Donjon
Thevet-sur-Indre
Bouesse
Château de Sarzay
Neuvy-St-Sépulchre
La Châtre
Abbaye de Varennes
Cluis
Château de la Motte Feuilly
Crevant
Sainte-Sévère
Donjon
Eguzon
Aigurande
Creuse
Autoroute
Nationale
Départementale

LE PAYS DE VALENCAY

Pour découvrir ce pays, il faut savoir profiter des journées "découverte" des villages qui se déroulent de juin en septembre en pays de Valençay. Parfaitement organisées, souvent à thème, elles savent allier richesses patrimoniales et dégustation de produits locaux. Partez donc avec les habitants à la découverte des moulins, châteaux privés, entreprises artisanales et exploitations agricoles.

VALENCAY ET LE BOISCHAUT-NORD

Regroupées sous le nom de Pays de Valençay, les communes du nord du département forment un vaste pays. Cette appellation un peu réductrice, tant sur le plan des caractéristiques naturelles que sur le plan des richesses patrimoniales, est souvent complétée par la dénomination du pays d'accueil : Boischaut-Nord, Berry-Touraine. Il ne faut pas que Valençay occulte seul son grand pays. Riche de monuments dignes d'intérêt, de traditions culinaires, c'est un pays où les loisirs sont nombreux et les promenades faciles le long des itinéraires de randonnées verdoyants. Dans cette région, d'autres villes auraient mérité de représenter ce pays. Levroux, dont la collégiale émerge au-dessus des champs de céréales, Châtillon-sur-Indre dans sa blondeur tourangelle dominée par sa tour de César, ou Chabris, cité dynamique avec sa plage au bord du Cher.

L'origine du Valençay est ancienne, même si son A.O.C. a été conquise de haute lutte récemment. Talleyrand, l'hôte du château en modifie la forme, la pyramide pointue à l'origine devient tronquée. En ambassadeur de qualité, il impose également ce fromage sur les tables aristocratiques de Paris. Fabriqué à partir de lait mis à cailler avec de la présure naturelle, le fromage est moulé à la louche, affiné et salé au sel cendré. Si la ville de Valençay est située au Nord du département, le terroir de ce fromage est beaucoup plus étendu. De la Châtre à la Champagne berrichonne, on produit du Valençay.

Valençay

A 50 kilomètres, au Nord-ouest de Châteauroux. Au Nord-ouest du département, sur l'axe Châteauroux-Blois, la ville de Valençay n'a plus à se faire un nom tant la renommée de son château, monument phare du département, est grande. On pense généralement qu'une villa gallo-romaine, propriété d'un certain Vlens, établie dans la vallée riante du Nahon au pied des coteaux ensoleillés, est à l'origine de la ville. Vers les **III**e et **IV**e **siècles**, des bâtiments et ateliers se regroupèrent autour de cette villa. Un donjon massif en pierre est construit sur le coteau fin **X**e **début XI**e, puis une véritable forteresse médiévale est édifiée au **XIII**e.

Fiche pratique

OFFICE DE TOURISME 2, avenue de la Résistance © 02 54 00 04 42. *Internet : www.pays-de-valencay.com.*

LOISIRS ACCUEIL INDRE 7bis, rue Bourdillon - CHATEAUROUX © 02 54 27 70 49. *Fax : 02 54 27 60 00. E-mail : commercial.sla36@wanadoo.fr.*

Points d'intérêt

CHATEAU DE VALENÇAY © 02 54 00 10 66/02 54 00 15 69. *Internet : www.cc-valencay.fr. De pâques à la Toussaint : 9h30-18h sauf du 1er juillet au 31 août : 9h30-19h30. Tarifs : 8,50 €/adultes. 6,50 €/étudiants, demandeurs d'emploi, handicapés, 4,50 €/7-17 ans. Gratuit/moins de 7 ans, 3e enfant et au-delà. 25 €/2 adultes et 2 enfants. 6,50 €/adultes en groupe de plus de 20 personnes, 4 €/groupes scolaires. Spectacles tous les jours en juillet/août, week-ends et jours fériés de Pâques à la Toussaint.* Au XIIIe siècle se construit un premier château féodal sur le plateau qui surplombe la vallée du Nahon. Il n'en reste aujourd'hui qu'une salle voûtée sous la cour d'honneur. En 1451, la seigneurie de Valençay entre dans le patrimoine de la famille d'Etampes, elle le conservera pendant cinq générations. Robert II d'Etampes, conseiller et chambellan de Charles VII épouse Marie Hurault, riche héritière, fille d'un trésorier du royaume, seigneur de Cheverny. Les transformations du château féodal vont commencer par la construction de la grosse tour Nord-ouest élevée sur la fortification dont le plafond à caisson du rez-de-chaussée porte les chiffres et les armes du couple. Leur petit-fils, Jacques, poursuit les travaux avec l'édification du pavillon d'entrée, aux allures de donjon. Un donjon tout symbolique avec quatre tourelles d'angle, des pilastres aux chapiteaux sculptés et une frise mêlant décors floraux et figures allégoriques. Une galerie Renaissance d'un étage prolonge le pavillon. Le château actuel commence à se dessiner. Dominique d'Etampes poursuit la construction à partir de 1650 avec l'aile ouest, et l'aile est réservée aux communs. En 1770, le nouveau propriétaire Charles Legendre de Villemorien fait construire la tour Neuve ou tour sud et transforme l'aile ouest. Il lui ajoute des toits à la Mansart et une façade classique, il fait également raser l'aile est pour dégager la vue sur la ville. Talleyrand fera construire l'Orangerie et les communs.

LES JARDINS DU CHATEAU © 02 54 00 15 69. Autour du château un jardin à la française vous accueille face à la porte d'entrée avec pelouses, parterres fleuris, topiaires de buis, bassins, sculptures et vases. Un parc à l'anglaise, d'environ 70 hectares avec quelques animaux vous donne envie d'une belle promenade.

LES JOURNEES DECOUVERTES © 02 54 00 04 42 (office du tourisme). *Fax : 02 54 00 04 42. De juin à septembre.* Le charmant pays de Valençay s'offre à vous : visites en voitures particulières et commentées par les habitants de villages du pays de Valençay le temps d'un aprèsmidi. Vous découvrirez des lieux insolites (fours à pain, lavoirs...), des lieux oubliés plein de charme (fermes, petits châteaux...), des vieux métiers (forgeron, tailleur de pierre, maréchal-ferrant...). Après une aussi sympathique promenade un pot de l'amitié est offert.

MUSEE DE L'AUTOMOBILE 12, avenue de la Résistance © 02 54 00 07 74. *Tous les jours de mars à fin octobre et durant les vacances scolaires de novembre à fin février. Tarifs : 4 €/adultes, 3,50 €/réduit.* Avec un charme tout à fait rétro, ce musée voyage dans la campagne berrichonne. Sur un espace de 1 200 m², il vient d'être redistribué à l'entrée de Valençay sur la route de Blois. Cette superbe collection familiale constituée par les frères Guignard à Vatan présente une soixantaine de véhicules dont une très vieille Panhard-Levassor de 1898. Une importante collection d'affiches et d'enseignes de garage se découvre lors de votre visite. Des expositions temporaires sur les grandes épopées automobiles font régulièrement parti du programme.

MUSEE DU SUCRE D'ART 21, rue du Château © 02 54 00 12 13. *Visite de Pâques à septembre : 15h, 16h et 17h sauf le lundi. Pâtisserie ouverte du mardi au dimanche.* Jacky Chichery est un artiste, vous pourrez lui acheter ses fameuses pyramides au chocolat, à la cerise ou au Grand Marnier, de délicieux macarons, un pain d'épice traditionnel et des galettes aux pommes de terre. Vous pourrez aussi aller admirer son musée du sucre d'art. Il réalise de véritables chefs-d'œuvre en sucre comme son château de Valençay, un moulin à eau qui fonctionne comme celui dont il est propriétaire, ou des personnages de B.D.

VISITE DE LA VILLE © 02 54 00 04 42. *Du 30 mars au 3 novembre tous les jours et du 4 novembre au 29 mars du lundi au samedi. Fermé les 1er janvier, 11 novembre, 2 et 25 décembre. Tarif adulte : 2,30 €. Tarif groupe : 1,60 €.* Découverte "Sur les pas de Talleyrand" dans la ville de Valençay (hôtel d'Espagne, halle, hôtel de ville, maison de la Charité, église Saint-Martin, tombeau de Talleyrand, la Garenne, la Filature...).

Le gîte

CAMPING MUNICIPAL "LES CHENES"* 40, route de Loches © 02 54 00 03 92.** *Du 26 avril au 28 septembre. 50 emplacements : 6 €.* Un camping de taille moyenne mais très agréable avec sa piscine. Possibilité de locations de vélos. (participant à la charte de qualité Vélotel).

Loisirs

CENTRE EQUESTRE - LES AMIS DU CHEVAL M. Mercier © 02 54 00 05 22. Au programme : balades avec les poneys et les chevaux, attelages et randonnées.

PISCINE DE VALENÇAY Route de Luçay-le-Mâle © 02 54 05 12 05. *Du 1er juillet au 31 août. Tous les jours : 15h-19h. Tarifs : 2 €/adulte, de 0,70 € à 1,30 €/enfant.* Piscine découverte.

RANDONNEE DES VENDANGES © 02 54 00 04 42. *Fax : 02 54 00 04 42. Cette randonnée a lieu début octobre.* A partir de Valençay on découvre le temps d'un week-end le vignoble de Valençay et ses produits du terroir (vins, fromage de chèvre "pyramide AOC" et galette aux pommes de terre).

SPELEO-CLUB DE VALENÇAY © 02 54 00 13 39/02 54 27 34 19. Si les profondeurs de la terre vous tentent, le club est fait pour vous et même si les activités sont discrètes, elles existent et le monde souterrain du bas Berry ne manque pas d'intérêt.

Le fromage de Valençay

La fameuse pyramide tronquée, autrefois bien pointue, a été décapitée sur ordre de Talleyrand pour ne pas rappeler à Bonaparte les souvenirs malheureux de la campagne d'Egypte. L'origine du valençay est ancienne, même si son A.O.C. a seulement été conquise en juillet 1999.

Fabriqué à partir de lait mis à cailler avec de la présure naturelle, le fromage est moulé à la louche, affiné et salé au sel cendré. Valençay est situé au nord du département, le terroir de ce fromage est beaucoup plus étendu.

Renseignements : **Comité Interprofessionnel de la Pyramide "Valençay A.O.C." 7, rue des Templiers © 02 54 00 13 98.**

CIRCUITS DE DÉCOUVERTE. L'Office de tourisme de Valençay propose, après la visite de son château prestigieux, plusieurs circuits de découverte : de la campagne environnante, de la gastronomie berrichonne, des produits du terroir, pour une journée ou un après-midi. Se renseigner auprès de l'Office pour les prix et les programmes.

Emplettes

GALERIE DU CHATEAU 6, rue du Château © 02 54 00 19 00. *Ouvert du 11 mars au 14 janvier du mardi au dimanche de 10h30 à 12h30 et de 15h à 19h.* Après la visite du château, petit détour par la galerie, il est très agréable de faire des folies, un grand choix est proposé de meubles, objets de décoration en terre cuite et cristal de Bohême, tableaux...

▷ *Dans les environs*

Fontguenand

A 8 kilomètres de Valençay sur la D956, par le nord.

D.-P. CHESNE "L'Argenterie" © 02 54 00 10 09. Ce producteur de valençay rouge, rosé et blanc propose un produit original, le confit de vin, une délicieuse gelée entièrement élaborée à partir des vins de l'exploitation. Essayez ses vertus énergétiques, il est sans alcool et l'on peut le déguster sans modération. Il accompagne aussi bien les crêpes que le foie gras.

LE VIGNOBLE DE VALENCAY. Il est classé VDQS et s'étend sur presque 150 hectares, principalement sur les communes de Valençay (en dessous du château) mais surtout sur les communes de Lye et de Fontguenand.

CAVE DES VIGNERONS REUNIS DE VALENÇAY © 02 54 00 16 11. *Internet : www.cave-valencay.com. A 5 minutes de Valençay. Ouvert du lundi après-midi au samedi de 8h à 12h et de 14h à 18h. Fermé les jours fériés. Sur rendez-vous pour les groupes.* Au programme : visite commentée des chais et des salles d'exposition "Terroir de Valençay". La cave coopérative des vignerons réunis peut vous accueillir pour des dégustations ventes.

Bouges-le-Château

A 20 kilomètres de Valençay, prendre la D956, puis la D34 et la D37.

Fiche pratique

MAIRIE © 02 54 35 88 17

Point d'intérêt

CHATEAU DE BOUGES © 02 54 35 88 26. *Internet : www.monum.fr. En mars et novembre : samedi et dimanche : 10h-12h et 14h-17h. En avril, mai, septembre et octobre : tous les jours sauf le mardi : 10h-12h et 14h-18h. En juin : tous les jours sauf le mardi : 10h-12h et 14h-18h. En juillet/août : 7j/7 : 10h-13h et 14h-19h. Vacances scolaires en hiver : pour les groupes sur réservation. Tarifs château, parc et communs : 6,10 €/adulte, 4,10 €/réduit, 5,10 €/groupes. Tarifs parc, jardins et communs : 4,60 €/adulte, 3,10 €/réduit. Gratuit/moins de 18 ans. Visites insolites : supplément de 1,50 €. Visites nocturnes et en costume : dernier vendredi de juillet et les 3 premiers vendredis d'août.* Cet édifice est un incontestable chef-d'œuvre de l'architecture classique locale. Sa parenté avec le petit Trianon a fait attribuer ses plans à Jacques Ange Gabriel mais aucune preuve ne confirme cette hypothèse. Le château a deux niveaux surmontés d'une balustrade qui masque la toiture aplatie et une verrière éclairant le vestibule central sur deux niveaux. De hautes fenêtres éclairent les façades. Chaque façade est composée symétriquement autour d'un avant-corps sur trois travées surmontées d'un fronton triangulaire. Son ameublement fait de ce monument un véritable joyau. Ses derniers propriétaires M. et Mme Henri Viguier ont redonné tout son luxe à Bouges en faisant l'acquisition d'un mobilier extraordinaire. Ce n'est pas le mobilier d'origine puisque celui-ci a été dispersé, mais une collection rarissime de sièges, tables, lits, armoires et commodes portant les plus prestigieuses estampilles du XVIIIe siècle. Un nombre important de tableaux de peintres de renom complète cet ameublement. Ces propriétaires d'exception ont aussi restauré le parc recréé à l'anglaise avec ses très beaux arbres dont un grand nombre d'essences rares. Rétabli aussi le jardin à la française proche du château avec ses buis taillés, ses bassins et ses ifs. Un jardin bouquetier près des communs fournit en fleurs fraîches toutes les pièces du château. Dans les communs voir les selleries et une belle collection de voitures hippomobiles. Pour combler ses visiteurs, des visites insolites, certaines de nuit, ont lieu tout l'été. On a pour guides, des personnages en habit d'époque, qui racontent des anecdotes et font découvrir des pièces hors du circuit habituel comme les cuisines et salles de bains. Le château est propriété de la Caisse des Monuments historiques. Une adorable boutique blanche qui sert aussi de billetterie, présente à la vente un certain nombre d'ouvrages, en particulier sur le jardin et des objets qui feront de souvenirs de bon goût.

Le couvert

LA PETITE AUBERGE 14, rue du Château © 02 54 35 68 73. *Fermé le mardi. Menus : 6 € (enfant), 16 €, 20 €. A la carte environ 21 €.* Le restaurant est idéalement situé en face de l'entrée du magnifique château de Bouges. Une jolie salle à l'ancienne arrangée avec beaucoup de goût dans une dominante de tons bleus. Une grande cheminée, des poutres, des chaises en paille, le cadre est très agréable. Nombreuses salades composées, poissons du marché selon arrivage, gambas grillées, pièce de bœuf grillé, choix de desserts maison comme une tarte à l'orange, une île flottante, une Tatin, un bavarois... C'est frais, c'est bon.

▷ *Dans les environs*

Aize

Au Nord-est de Bouges, prendre la D34 et la D56 sur 9 kilomètres.

REMI MAILLARD "La Chipauderie" © 02 54 49 80 87. Maître laqueur, un métier de passion, de passionné. La patience, le goût, la technique des anciens mise au service de la beauté et de la perfection. Rémi Maillard montre ses merveilles, panneaux, paravents et boîtes, sur rendez-vous.

Villegongis

A 11 kilomètres de Levroux, prendre la D956, puis la D27 et la D7. Un village minuscule à l'ombre de son château.

MAIRIE © 02 54 36 63 50

CHATEAU DE VILLEGONGIS © 02 54 36 60 51. Le château a été racheté par un industriel belge et les visites extérieures ne sont plus autorisées. On espère que cette mesure est temporaire car il serait vraiment dommage que ce petit joyau échappe à l'admiration des amoureux du patrimoine. Le premier château a été établi là au Moyen Age dans cette zone de marais qui entouraient la petite rivière de Trégonce. Reconstruit à partir de 1531 par Avoye de Chabannes et son troisième époux le fortuné Jacques de Brizay. C'est un magnifique ensemble qui se reflète dans les eaux des larges douves alimentées par la Trégonce. Sa filiation avec les châteaux de Chambord et d'Azay-le-Rideau est assez évidente. Il se présente aujourd'hui sous la forme d'un corps de logis principal flanqué de deux grosses tours rondes dont l'appareil militaire est tout symbolique. Un escalier intérieur, rampe sur rampe, lui-même classé Monument historique rappelle celui d'Azay. Les cheminées à colonnes, les coquilles des corniches et la profusion des incrustations d'ardoises découpées en losange, en cercle, demi-cercle évoquent le château de Chambord.

L'EGLISE. A voir dans la chapelle de l'église du XVIIe les sépultures de la famille de Barbançois.

Chabris

De Valençay, 13 kilomètres, prendre vers le nord-est, suivre la D4 route de Chabris. Une des portes du bas Berry puisque son pont sur le Cher marque la limite entre les départements du Loir-et-Cher et de l'Indre. Cette petite ville s'est ouverte au tourisme, elle offre aux visiteurs de nombreux sentiers pédestres et sa plage aménagée au bord du Cher. La grande minoterie désaffectée à l'architecture intéressante, a conservé l'armature de son immense roue. Sur le chevet de son église dédiée à Saint Phalier, il faut remarquer des sculptures d'animaux fantastiques. On dit que Louis XI y vint en pèlerinage et fit la procession jusqu'à la fontaine miraculeuse réputée pour guérir les fièvres. Un oratoire perpétue cette visite royale.

Fiche pratique

SYNDICAT D'INITIATIVE Place Albert-Boivin © 02 54 40 10 16. *Fax : 02 54 40 01 22 (mairie).*

Le gîte et le couvert

HOTEL DE LA PLAGE **42, rue du Pont ✆ 02 54 40 02 24.** *Fermé dimanche soir et lundi hors saison. Hôtel**. 8 chambres à 40 €. Télévision. Parking privé. Petit déjeuner 6,25 €. Demi-pension : 40 €. Menus : 9 € (enfant), 16 € à 32 €. A la carte environ 30 €.* Il faut bien se rendre à l'évidence, toutes les plages ne sont pas au bord de la mer et à Chabris, il y a une plage sur le Cher et par conséquent un hôtel de la Plage. Une grande bâtisse aux auvents, vert pomme, une grande entrée et une salle de restaurant partagée en deux. On a un coin rustique avec cheminée et poutres et un coin plus salon de jardin avec des tables rondes et des fauteuils en rotin. La cuisine met l'accent sur le poisson et le gibier (la Sologne est proche). Trio de poissons grillés, lasagnes au haddock, rillettes de lapin, foie gras maison, agneau au jus d'ail et tomates séchées, petits rognons de veau au porto, une bonne salade de poireaux et fromage de chèvre. Côté desserts, on peut essayer le pommiau berrichon. Une prestation honnête mais on aimerait en semaine y trouver un petit menu. Jardin terrasse.

Loisirs

PISCINE DE CHABRIS ✆ 02 54 40 02 57. *Toutes vacances scolaires. Du lundi au samedi de 15h à 19h, mercredi, jeudi et samedi de 11h à 13h, dimanche de 10h30 à 13h30. Tarifs : 2 €/adulte, 1,30 €/enfant.* Une piscine "tournesol" qui se découvre aux beaux jours l'été.

PLAGE DE CHABRIS. Sur les bords du Cher en aval du pont entre Berry et Sologne. La plage de Chabris offre un bel espace de baignade, des jeux pour enfants, la location de canoës, sans oublier un petit tour à la guinguette qui offre le week-end ses après-midi dansants.

PONEY CLUB DES PETITES ALLURES ✆ 02 54 40 06 92. *Toute l'année. Tarifs : 12,20 €/adulte et 9,15 €/enfant.* L'association du Poney Club des Petites Allures, affiliée au Poney Club de France, peut accueillir adultes et enfants pour l'initiation et les promenades. Des stages sont proposés pendant les vacances scolaires avec hébergement.

▷ *Dans les environs*

Anjouin

A 20 kilomètres, au Nord-est de Valençay.

EQUITATION - CENTRE DE LOISIRS **Château de la Roche ✆ 02 54 40 63 85.** *Toutes vacances scolaires.* Ce centre de loisirs pour enfants propose des promenades et randonnées en poneys et chevaux mais aussi de la voltige et l'attelage. Accueil en séjours et stages.

GITE A LA FERME - JEAN-CLAUDE BARDET **"Prinçay" ✆ 02 54 40 67 30.** *Toute l'année. 3 épis. 6 emplacements : 8 €. Location d'une caravane.* Dans un élevage de laitières, vue panoramique sur la vallée du Fouzon et découverte de la ferme. Table d'hôte : 8,40 € et 10,70 €.

Parpeçay

A 10 kilomètres de Valençay, prendre la D960 puis la D13.

FAIENCERIE HERVE SABASSIER **Le Bourg ✆ 02 54 41 15 46.** *Visites possibles toute l'année de 9h à 12h et de 14h à 19h. Sauf le dimanche de 10h à 12h et de 15h à 18h.* Depuis 1989, Hervé est faïencier et fabrique une large gamme de produits, lampes de tailles diverses, vases aux décors fleuris le plus souvent. Ils sont vendus dans le magasin près de l'atelier.

LES GATEAUX D'ARMOIRE **Le Bourg ✆ 02 54 41 14 17.** *Visite possible de la structure de fabrication toute la semaine. Vente aussi le samedi au marché de Châteauroux, place de la République.* Difficile de faire un choix parmi les 14 variétés de cakes salés et les 34 de cakes sucrés fabriqués par Francine Boulanger. Tous sont produits de façon traditionnelle et se conservent longtemps. Cake à l'andouille ou cake aux olives, lardons et noisettes, au bleu, au lard, aux noix, aux pruneaux/lardons ou encore truffé d'andouille pour l'apéritif ou un petit creux. Avec le thé on peut essayer le cake aux fruits confits comme celui au pamplemousse, orange, citron, le cake clémentine, et les variétés de cakes alcoolisés au whisky ou un très original à l'alcool de menthe et chocolat. Sans oublier les cakes aux fruits frais en particulier aux fruits rouges. Pourquoi pas pour les fêtes un Christmas cake ou un cake œufs de Pâques et pour les amoureux un cake antillais en forme.

Varennes-sur-Fouzon

A 8 kilomètres de Valençay, prendre la D4, route de Chabris.

CAMPING MUNICIPAL "LE FOUZON"** © **02 54 41 15 38.** *Du 1er mai au 30 septembre. 30 emplacements : 4,60 €. Tarifs : forfait journalier en haute saison pour un emplacement 2 personnes et voiture.*

MOTO CROSS © **02 54 41 13 26.** On peut s'y entraîner le 3e dimanche de chaque mois.

Châtillon-sur-Indre

Au sud-ouest de Valençay à 42 kilomètres. La ville de Châtillon est mentionnée dès **931** dans une charte. Elle s'est formée au pied du château mais à l'abri de la rivière. Elle doit son nom à la tour, dite tour de César, élevée par Foulques Nerra. La ville s'est enfermée dans une enceinte dans la seconde moitié du **XII**e siècle.

Fiche pratique

SYNDICAT D'INITIATIVE Place du Champ-de-Foire © **02 54 38 74 19/02 54 38 75 44 (hors saison).**

Points d'intérêt

COLLEGIALE SAINT-OUTRILLE. Construite hors les murs au XIe, elle se retrouve un siècle plus tard intégrée dans l'enceinte. Le rempart est flanqué alors de 12 tours carrées. Lors de la transformation du vieux château fort en donjon résidentiel, on va raser une partie de l'enceinte de la ville. Cet édifice remarquable des XIe et XIIe siècles, témoigne à la fois des débuts de l'art roman mais aussi de l'épanouissement gothique. Un décor sculpté exceptionnel, sur les chapiteaux de la croisée et de la nef et sur le portail, mais aussi des stalles et sculptures.

LA TOUR DE CESAR © **02 54 38 75 44.** *Toute l'année. Du 1er octobre au 31 mai : pour la visite prendre les clés à la mairie : 9h-12h et 14h-17h. Du 1er juin au 30 septembre : visites du lundi au dimanche : 9h-12h et 15h-18h. Tarif : 0,70 €.* Ce donjon circulaire en pierre édifié sur une motte date du milieu du XIIe. Il est entouré par une partie de sa chemise en pierre édifiée au XIIe, et d'une seconde enceinte de la même époque. Après avoir comporté quatre niveaux il fait aujourd'hui 18 mètres de haut. Cette tour a servi de château d'eau à partir de 1930. Une lunette panoramique est installée au sommet du donjon et permet d'admirer la campagne châtillonnaise sur plusieurs kilomètres alentour. Point de vue imprenable !

Le gîte

CAMPING MUNICIPAL "LA MENETERIE"*** © **02 54 38 75 44/06 78 27 16 39.** *Du 15 mai au 15 septembre. 55 emplacements : 6 €.* Le camping de Châtillon est très apprécié. Il faut dire que cette région est idéalement placée au carrefour du Berry et de la Touraine et permet de rayonner facilement pour découvrir les richesses du patrimoine. De nouveaux aménagements ont apporté un supplément de confort.

Le gîte et le couvert

AUBERGE DE LA TOUR 2, route du Blanc © **02 54 38 72 17.** *Ouvert 7j/7. Hôtel*. 11 chambres de 26 € à 36 €. Télévision. Parking et garage privés. Petit déjeuner 4 €. Menus : 8 € (enfant), 10 € (midi en semaine), 14 € à 34 €. A la carte environ 29 €.* Une bâtisse au carrefour des routes du Blanc et de Châteauroux à l'entrée sud de la ville. Une grande salle rustique avec le bar en fond et un décor surchargé de fleurs en tissu pas toujours du meilleur goût. Le service est agréable et rapide. La maison a été une très bonne adresse il y a longtemps, mais si sa réputation subsiste, l'ensemble des prestations n'est plus vraiment exceptionnel. Si on est amateur de gibier on peut encore trouver ici son bonheur, on a apprécié la terrine de gibier maison, la côte de cerf au chinon.

Loisirs

LOCATION VTT, VELOS Boulevard du Général-Leclerc © **02 54 38 74 19.** *Tarifs, adulte : 3,80 €/journée, 7,60 €/week-end, 15,20 €/semaine et enfant : 3,05 €/journée, 6,10 €/week-end, 12,20 €/semaine.* Mieux vaut réserver son VTT, il n'y en a que quatre à votre disposition pour rouler dans ce pays qui a déjà un air de Touraine.

PISCINE DE CHATILLON-SUR-INDRE © **02 54 38 76 22.** *Toute l'année. Du lundi au vendredi de 10h à 12h et de 15h à 20h sauf samedi, dimanche : 10h-12h et 15h-19h. Tarifs : 2,60 €/adulte, 1,70 €/enfant.* Une piscine récréative couverte, avec toboggan et Jacuzzi.

▷ Dans les environs

Cléré-du-Bois

Au Sud-ouest de Châtillon, à 10 kilomètres, pendre la D21.

FERME EQUESTRE DE LA SARAZINIERE © 02 54 38 72 09. *Toute l'année. Cheval : 10 €/heure, 23 € la demi-journée, poney entre 3 €/15 minutes et 7 €/heure.* 20 poneys et chevaux pour la promenade en groupe de 6 personnes maximum sur réservation. Séjours possibles en location (chalet ou maisonnette) et possibilité table d'hôte.

Clion-sur-Indre

Au Sud-est à 8 kilomètres de Châtillon, prendre la D975 et la N143.

MAIRIE © 02 54 38 64 27

CHATEAU DE L'ISLE-SAVARY © 02 54 38 61 71. *Du 1er avril au 30 septembre 7j/7 : 9h à 12h et de 14h30-17h. Tarifs : 4 €/adulte (minimum 5 personnes), 3 €/réduit (minimum 20 personnes).* Ses nouveaux propriétaires ont presque réussi à sauver le château de la ruine. Il faut dire que pour remettre en état un bâtiment de cette ampleur, il fallait un certain courage. Le château au bord de l'Indre a été construit à partir de 1462 par Guillaume de Varye, ami de Jacques Cœur. Ses descendants le conserveront jusqu'en 1624. A cette date, il entre dans la famille Buade de Frontenac. Louis de Frontenac, comte de Palluau, futur gouverneur du Canada y fit de fréquents séjours. Le château construit en une seule campagne est un bel exemple d'une architecture qui allie l'aspect défensif et l'aspect d'une demeure de plaisance. Construit en belles pierres de taille, il a un plan carré avec quatre tours d'angle également carrées. La plus haute fait office de donjon, et un chemin de ronde relie l'ensemble des bâtiments. Orangerie du XVIIIe.

HUILERIE VIGEAN "Les Varennes" © 02 54 38 64 49. On fait vraiment des kilomètres pour venir faire ses provisions d'huile de noix à Clion. La troisième génération de Vigean a les choses bien en main. Héritière d'une longue tradition, elle a su survivre à la multiplication des huileries industrielles dans les années 60. Elle récolte, depuis la récompense de son savoir-faire, une clientèle fidèle qui de nationale, est devenue internationale. Une vingtaine de variétés d'huiles : tournesol, colza mais surtout huile de noix et de noisette, extra. Elles sont toutes garanties "Vierges Biologiques de Première Pression à Froid". Ces huiles gastronomiques de noix et de noisette sont produites avec des fruits rigoureusement sélectionnés et au moyen des installations d'origine.

Fléré-la-Rivière

Au Nord-ouest de Châtillon, à 7 kilomètres, prendre la N143.

CHAMBRES D'HOTES - DANIELE AUMERCIER Le Moulin du Bourg © 02 54 39 34 41. *Ouvert toute l'année. 3 épis. 3 chambres : 40 €/couple. Repas : 19 €.* Les chambres sont dans un ancien moulin situé au cœur du village. La rivière coule dans le pré et le site ne manque pas de charme. Le mécanisme avec rouages et engrenages a été conservé dans le salon et la salle à manger. Les chambres sont coquettes. De plus le village est situé de façon exceptionnelle entre Brenne et châteaux de la Loire (Loches à 16 kilomètres), ce qui permet de rayonner avec bonheur.

Préaux

A 11 kilomètres, à l'est de Châtillon, prendre la D975 et la D13.

PONEY CLUB DE LA BODELLERIE © 02 54 38 88 74. *Toute l'année du mardi au vendredi. 10 chevaux et poneys. Cotisation annuelle 38,11 €. Heure de monte poney : 10 €, ou 13 € sans cotisation. Heure de monte cheval : 12 € ou 15 € (sans cotisation). Journée : 30 €/poney, 45 €/cheval. Pension cheval : 180 €.* Promenades à poney ou à cheval à partir de 12 ans accompagnées.

Ecueille

A 21 kilomètres au Sud-ouest de Valençay, prendre la D960 et ensuite la D13. La Touraine est vraiment tout près de ce village construit sur les rives de la Tourmente.

Fiche pratique

OFFICE DE TOURISME 2, avenue de la Gare © 02 54 40 26 37/02 54 40 21 10 (hors saison)

Points d'intérêt

ANCIENNE EGLISE NOTRE-DAME. Des XIIe, XIIIe, XVe siècles, abandonnée début XXe, elle fait l'objet d'une importante restauration. Classée Monument historique en 1987, c'est un chef-d'œuvre remarquable avec sa nef à cinq travées, son portail roman XIIe sculpté et son clocher porche massif couronné de la belle flèche de pierre, restaurée dernièrement.

Le couvert

AUBERGE DU RELAY 2, route de Tours © 02 54 40 23 93. *Fermé dimanche soir. Menus : 10 € (sauf week-end), 14 € à 20 €.* Linoléum, spots, tableaux de canevas, fleurs en tissu et papier à fleurs, rien n'a bougé dans la déco depuis des lustres et les carafes d'eau affichent le logo du Pastis 51. Même avec un bon appétit, on aura de la peine à faire face : poireaux avec une vinaigrette extra, œufs durs, radis beurre, tomates, céleri rémoulade et carottes râpées, jambon blanc, saucisson et rillettes, on nous rapporte un morceau de pâté de Pâques au cas où ! Il vous reste sûrement un creux, en avant pour le bœuf braisé, le rosbif ou le gratin de morue, ce dernier est particulièrement bien cuisiné. Pour faire couler, de la salade avant de passer au fromage, une très belle assiette avec du chèvre, du camembert et du brie. Il faut tenir jusqu'au dessert car il est vraiment à la hauteur. Tout est fait maison, on hésite entre les fraises au vin rouge, les îles flottantes, les mousses au chocolat ou les gâteaux de riz. On ressort époustouflé par la quantité bien sûr mais aussi par la qualité de la cuisine, par l'accueil bon enfant, par le service rapide et par le prix de la prestation.

Loisirs

LOCATION DE VELOS - SYNDICAT D'INITIATIVE 2, avenue de la Gare © 02 54 40 26 37. *Journée : 3,81 €/adulte, 3,05 €/enfant. Week-end : 7,65 €/adulte, 6,10 €/enfant. Semaine : 15,24 €/adulte, 12,19 €/enfant.* A louer 5 VTT et un vélo enfant pour un prix défiant toute concurrence.

▷ *Dans les environs*

Gehée

A 14 kilomètres, au Sud-est d'Ecueillé, prendre la D8, puis la D34 et la D15F.

CHAMBRES D'HOTES - JACQUES DE CLERCK Château de la Touchenoire © 02 54 40 87 34. *Toute l'année. 3 épis. 6 chambres : 61 €/personne et 76 €/couple. Repas : 15 €.* Cinq chambres pour 2 personnes et une suite, histoire de passer quelques nuits dans un château XIXe. Doté de proportions imposantes, il a conservé un petit air riant avec ses volets bleus. Le cadre boisé est exceptionnel et un étang de 2 hectares complète le décor.

Heugnes

A 12 kilomètres d'Ecueillé vers le Sud-est, prendre la D17.

AUBERGE D'HEUGNES 7, place Saint-Martin © 02 54 39 06 43. *Fermé dimanche soir et lundi. Menus : 6,10 € (assiette de pays en été), 9 € (midi), de 11 € à 23,50 €.* Sur la grande place du village, cette auberge est aussi le café des Sports. Cela se voit ! Des petits fanions sont accrochés tout le tour du café, quelques coupes, des photos et même un grand drapeau sur le mur célébrant la victoire française de la coupe du monde. C'est vraiment le lieu de rendez-vous des footeux du village. Deux salles de restaurant, une pour les habitués de midi, une autre plus intime pour des dîners améliorés. On est vraiment bien accueilli et l'on peut faire honneur à la cuisine traditionnelle du patron, Thierry Chauveau. Terrine en entrée, poisson en sauce (les sauces de la maison sont réputées) ou jambon de campagne, pièce de bœuf avec des pommes de terre sautées, du fromage, une glace et un fruit. Tout cela pour le prix vraiment incroyable. Pendant la belle saison, l'auberge souscrit à l'opération assiette de pays. Elle propose une assiette pyramide avec salade et fromage de Valençay et une assiette gourmande avec tarte aux pommes chaudes, glace vanille et un verre de jus de pomme. Des adresses comme celle-là, on en redemande.

LES JARDINS DU NAHON 11, place Saint-Martin ✆ 02 54 39 01 23. Une excellente production de plants de fleurs, de légumes et de potirons en tout genre. A acheter au domicile ou sur le marché de Châteauroux le samedi.

Pellevoisin

A 14 kilomètres d'Ecueillé vers le Sud-est, prendre la D17 et la D33.

MAIRIE ✆ 02 54 39 00 68

Dans le bourg un tumulus qui a livré sarcophages de pierre et ossements atteste de l'ancienneté de cette bourgade dont la première mention date de **1235**. L'église du XIIIe a été remaniée. Ce village a une petite place dans l'histoire littéraire française. Jean Giraudoux dont le père était ici percepteur, vécut à Pellevoisin une partie de son enfance "dans une campagne sans secret et sans pittoresque où s'étendent à perte de vue les mêmes champs de blé, de pommes de terre et de topinambours".

Dans le cimetière, on trouve facilement la tombe de l'écrivain Georges Bernanos qui avait des attaches familiales dans ce bourg où il passait ses vacances d'enfant. Celle d'Estelle Faguette est proche, cette héroïne très religieuse fut miraculeusement guérie suite à des apparitions de la Vierge en **1876**.

Cette religiosité imprègne tout le village qui recèle un sanctuaire sur l'emplacement de la chambre d'Estelle et un monastère construit en **1893**. Le grand hôtel Notre-Dame destiné à abriter les pèlerins, fut réquisitionné en **1940** et servit de prison d'Etat pour Vincent Auriol, Paul Raynaud, Georges Mandel, Marx Dormoy et Marcel Bloch Dassault.

LOCATION DE VELOS ✆ 02 54 39 00 68. *S'adresser à la Mairie. Ouvert du 15 juin au 15 septembre.* A votre disposition à la location cinq VTT.

LA MAISON MENOU ✆ 02 54 39 00 68. *Du 15 juin au 1er septembre : tous les jours : 10h-12h et 14h-18h.* Elle conserve des souvenirs de l'héroïne du pays, Estelle Faguette, mais aussi des évocations de Bernanos et de Jean Giraudoux, les gloires du village.

Levroux

A 21 kilomètres de Valençay, par la D956, direction sud. La ville de Levroux s'est installée sur la limite de deux régions naturelles, la Champagne berrichonne et le Boischaut-Nord. Elle est un point de rencontre entre les océans blonds de céréales et une agriculture marquée par l'élevage (en particulier caprin), les forêts et le vignoble de Valençay. C'est une cité qui se découvre au fil de ses ruelles moyenâgeuses, de ses vestiges de fortifications et du haut de son château sur la colline qui la domine. Le cuir est toujours une activité importante de la ville de Levroux. On travaille les peaux brutes d'agneau et, avec pas moins de 20 opérations, on produit un cuir très souple utilisé par les grands couturiers.

Fiche pratique

MAIRIE. *Internet : www.mairie-de-levroux.org.*

OFFICE DE TOURISME 3, rue Gambetta ✆ 02 54 35 63 39. *Fax : 02 54 35 75 74. Internet : www.levroux.com.* L'Office de tourisme est installé dans un ancien hospice à pans de bois du XVe siècle.

Points d'intérêt

LE CHATEAU. Les ruines du château des seigneurs de Levroux dominent la ville au nord. Un châtelet du XVe avec les deux tours formidables qui encadraient le pont-levis et l'entrée de la forteresse. Le site est remarquable par la vue panoramique qu'il offre sur la Champagne.

COLLEGIALE SAINT-SYLVAIN ✆ 02 54 35 70 54/02 54 35 63 39. *Visite gratuite. Ouvert du 1er mars au 31 octobre de 8h à 19h, tous les jours. Le reste de l'année tous les jours de 8h à 17h.* La collégiale de Levroux classée Monument historique en 1840 est une des plus belles du bas Berry. Elle ne laisse pas indifférent, avec ses dimensions imposantes, 55 mètres de long sur 12 mètres de large et avec 18 mètres de hauteur de voûte. Affirmant un style d'influence angevine elle dresse ses trois clochers et dévoile la richesse de ses sculptures malheureusement en grande partie mutilées au XVIe siècle. Il faut admirer à l'extérieur : le portail sud aménagé pour l'entrée des lépreux avec un ensemble de 21 figurines, le portail occidental où sont représentés le Jugement dernier et un second ensemble avec le Christ entouré de Marie et Jean, deux anges et onze apôtres. A l'intérieur c'est une magnifique nef gothique, des voûtes à six parties d'inspiration angevine et une abside à dix ogives dont quatre d'entre elles se terminent par des statues colonnes et des colonnes élancées de type corinthien. Des statues de qualité en bois polychrome : sainte Trinité (XVIe) et Saint-Jacques (fin XVIe), des tableaux (en particulier ceux que la municipalité a fait récemment restaurer) de Saint-Crépin et Saint-Crépinien du XVIIIe et XIXe. Tout cela forme, avec l'ensemble des 52 stalles aux sculptures représentant vices et vertus, un très intéressant mobilier.

LA MAISON DE BOIS, DITE MAISON DE SAINT-JACQUES. A deux pas de la collégiale, cette superbe maison à pans de bois a été datée de la fin XVe siècle avec la présence conjointe des écussons de France, de Bretagne et du Dauphiné. Elle est en assez bon état de conservation avec son premier étage à encorbellement et ses personnages de style gothique, les colonnes aux fûts ouvragés et annelés qui encadrent la porte présagent la Renaissance. Elle abrite l'Office de tourisme.

MUSEE DU CUIR ET DU PARCHEMIN 3, rue Gambetta ✆ 02 54 35 63 69. *Ouvert du 1er juillet au 31 août du lundi au dimanche de 10h à 12h30 et de 14h30 à 18h. Fermé les jours fériés, sauf le 14 juillet et le 15 août.* Ce petit musée présente l'activité qui a fait le renom de la ville, le travail des peaux. Il retrace l'évolution des techniques et expose maquettes et reconstitutions. Un peu délaissé par les touristes, il est en attente d'une restructuration ou d'un déménagement dans une tannerie.

LES ORGUES DE LA COLLEGIALE. Elles sont un Monument historique à elles seules et classées comme telles depuis 1962. Offertes par le duc Jean de Berry, les orgues ont été installées dans la collégiale en 1502 et refaites en 1608. C'est vraisemblablement le plus ancien des rares exemplaires de buffet d'orgue gothique. Les tuyaux changés au XIXe siècle lui donnaient une tonalité peu satisfaisante, tout est rentré dans l'ordre avec une magnifique restauration. Après 12 années de silence, l'orgue de la collégiale a récupéré sa voix pour son 500e anniversaire en juin 2000. C'est maintenant un orgue de sonorité baroque de très grande qualité à admirer et à écouter.

LA PORTE DE CHAMPAGNE. Deux tours austères, au caractère fortement défensif, cylindriques, percées de meurtrières à mi-hauteur, forment cette porte de Champagne. Comme son nom l'indique, elle ouvrait la voie vers les vastes étendues de la Champagne berrichonne. Elle fait partie des derniers vestiges des fortifications. Elles sont construites avec un impôt spécifique prélevé avec l'autorisation du roi Charles VII en janvier 1436.

VISITE DU QUARTIER MEDIEVAL ✆ 02 54 35 63 39. *Ouvert toute l'année sur demande pour groupe uniquement. Fermé tous les jours fériés, sauf le 14 juillet et le 15 août. Tarif groupe : 3 €.*

Le couvert

RELAIS SAINT-JEAN 34, rue Nationale ✆ 02 54 35 81 56. *Fermé dimanche soir et mercredi. Menus : 11 € (menu jeune gourmet jusqu'à 12 ans), 14,50 € (sauf week-end et jours fériés), 20 € à 36 €. A la carte environ 34 €.* De la belle cuisine qui sort des sentiers battus, des plats qui pourraient n'être que traditionnels mais qui deviennent tout à fait originaux avec des petites touches insolites dans l'assaisonnement et l'utilisation de légumes oubliés : mousseline de brochet aux queues d'écrevisse sauce Valencay, tournedos de bœuf, escalopine de foie gras de canard sauce poivre, la lasagne de thon fenouillette ou le pressé de sardines en escabèche. Si vous aimez les découvertes essayez en dessert le lentillon à la crème jaune : des lentilles sucrées caramélisées, pressées, arrosées de crème anglaise avec un soupçon de framboise, un pur délice si on aime les lentilles. A signaler deux initiatives intéressantes : une formule plateau-repas à emporter à 9 €, et un menu jeune gourmet d'une très grande qualité qui fera oublier aux enfants steak ou poulet/frites. Jardin terrasse.

Loisirs

PISCINE DE LEVROUX ✆ 02 54 35 70 54. *Week-ends en juin et 7j/7 en juillet/août. Tous les jours : 10h-13h et 15h-19h. Tarifs : 1,10 €/adulte, 0,65 €/enfant.* Une piscine découverte pour la belle saison.

ULM-AVION - LES AILES MOTORISEES Grange-Dieu ✆ 02 54 35 70 66. Un site réputé qui a même accueilli l'an passé les championnats de Franc d'ULM. Baptême de l'air, école de pilotage et parachute ascensionnel.

Emplettes

JEAN-PIERRE BAVOUZET Rue des Parcheminiers ✆ 02 54 35 17 15. *Visites et expo-vente.* Il faut vraiment rendre visite à Jean-Pierre Bavouzet dans son atelier, c'est un des derniers parcheminiers travaillant de façon artisanale. On découvre un métier devenu bien rare. Cet artisan parcheminier s'attache à préserver la beauté de son métier. Il travaille ses peaux de mouton avec soin et produit un parchemin d'une blancheur inégalée. Les Basques l'utilisent pour envelopper leur balle de pelote, les Archives nationales restaurent avec le parchemin de Jean-Pierre leurs précieux documents. Ce parchemin est utilisé pour la reliure, la calligraphie. Une visite à ce parcheminier d'exception est vraiment très intéressante car Jean-Pierre Bavouzet sait faire partager son enthousiasme et expliquer les différentes phases de son travail d'artisan artiste.

DIDIER LAVAL 7, avenue du Général-de-Gaulle ✆ 02 54 35 65 30. Une très belle boutique où sont présentées avec goût des pièces de valeur. Des grands comme des petits meubles, des bibelots et des tableaux, un assez large choix pour satisfaire ses envies.

▷ *Dans les environs*

Moulins-sur-Céphons

A 6 kilomètres, au Nord-ouest de Levroux, prendre la 956, puis la D8. Le cœur du village de Moulin est remarquable avec sa vieille église XIIe et XVe, une belle demeure en pierre et pans de bois, une tour XIVe, quelques maisons XVIIIe et sa motte féodale.

AU SOLEIL LEVANT 15, rue Pascal-Réchaussat ✆ 02 54 35 13 56. *Fermé dimanche soir. Menus : 11 € (midi en semaine, vin compris), 20 € et 23,50 € (en semaine sur réservation ou le dimanche).* Pas de confusion, le Soleil Levant n'est pas un établissement asiatique égaré dans un village berrichon. C'est un établissement de campagne tout à fait charmant à deux pas de l'église et juste devant le tumulus (Monument historique). On entre par le bar qui ressemble plutôt à un grand salon avec ses bouquets de fleurs fraîches même en décembre et ses meubles anciens. La salle de restaurant aux murs clairs est ensoleillée par des rideaux, jaune d'or et les nappes changent de couleur suivant les saisons. En semaine à midi, pas de souci à se faire, le menu est unique et le service rapide : une charcuterie, une viande bien cuisinée, une tranche de fromage et un dessert. Le pichet de vin est servi dans une faïence blanche. Pour les repas plus gastronomiques, il faut venir le soir et le week-end. Un restaurant chaleureux et donc assidûment fréquenté.

VILLAGE GAULOIS EN BERRY Les Châteliers ✆ 02 54 35 80 55/02 54 35 61 39. *Ouvert 7j/7 en juillet et août + jours fériés et vacances scolaires : 14h-18h. Le reste de l'année sur rendez-vous. Tarifs : 3,50 €/adulte, 1,75 €/de 7 à 15 ans et adultes en groupe.* Après une vingtaine d'années de fouilles, sur le site du village gaulois de Levroux, on a reconstitué à l'échelle, presque les 2/3 d'un village entre les IIe et Ier siècles avant Jésus-Christ. Cette exposition permanente a été réalisée par des archéologues du CNRS. On y pénètre par la porte monumentale d'un rempart, deux constructions de bois et de chaume et une maison avec son grenier à grain donnent une idée de l'architecture villageoise. A l'intérieur même du musée, on découvre une maison d'habitation et des ateliers d'artisans. Une bonne façon de vérifier si tout ce qu'on apprend dans les albums d'Astérix a une valeur historique. Alimentation, inventions, ateliers de potiers, de métallurgistes, de tisserands, tout y est exposé comme une "loge gauloise" aux murs de torchis à la charpente de châtaignier recouverte de fagots de bruyères.

Saint-Pierre-de-Lamps

A 8 kilomètres, à l'ouest de Levroux, prendre la D28.

FANNY DUMANOIR Le Marchais ✆ 02 54 35 84 21. *Toute l'année. 3 épis. 8 chambres pour 18 personnes : 11 € par personne.* Un gîte qui accueille beaucoup de cavaliers, et la location de monture est prévue.

Luçay-le-Mâle

Au Sud-ouest de Valençay à 12 kilomètres, prendre la D15, puis la D960.

Fiche pratique

MAIRIE ✆ 02 54 40 43 31

VILLE DE LUCAY-LE-MALE. *Internet : www.ville-lucaylemale.fr.*

Points d'intérêt

CHATEAU DU DOMAINE D'OUBLAISE © **02 54 40 27 36.** *Du 1er mai au 30 septembre : 15h-19h. Tarifs : 3 €/adulte, 2,50 €/adulte en groupe, 2 €/de 6 à 15 ans, gratuit/moins de 6 ans.* Dépaysement garanti dans ce village, depuis l'installation dans le château d'une communauté Krishna (religion indoue). Cette belle construction de la fin du XIXe, est située sur 80 hectares de forêt, champs, jardins et parterres. Les formes architecturales variées sur chaque côté du bâtiment ainsi que sur la toiture, composent un ensemble harmonieux.

EGLISE SAINT-MAURICE. Datant des XIe et XIIIe siècles, elle présente de beaux chapiteaux historiés.

MUSEE DE LA PIERRE A FUSIL 4, rue Roger-Ménars © **02 54 40 25 57/02 54 40 43 31.** *Du 1er avril au 30 septembre : 7j/7 : 10h-12h et 14h-18h30. Du 1/10 au 31 octobre : samedi et dimanche : 10h-12h et 14h-18h30. Pour les autres périodes de l'année, sur rendez-vous. Tarifs : 2,50 €/adulte, 2 €/réduit, 1,50 €/8-12 ans, gratuit/- de 8 ans.* Ce petit musée unique en France a vu le jour en 1962 grâce à la passion de Jean Emy. Il retrace trois siècles d'histoire (du XVIe au XIXe siècle) de ce petit silex indispensable pour produire l'étincelle qui mettait le feu à la poudre pour envoyer des projectiles. La pierre à fusil connut son apogée durant les guerres napoléoniennes. A cette époque, plus de 100 millions de pierres à fusil y furent fabriqués. Il faut compter une bonne heure de visite pour découvrir, à côté d'une importante collection de pierres à fusil, de nombreux souvenirs de cette activité disparue, mais aussi les évocations des forges de Luçay et des champignonnières, autres activités du village.

Le gîte

CAMPING MUNICIPAL "LA FOULQUETIERE"*** © **02 54 40 43 31.** *Ouvert du 1er avril au 15 octobre. 30 emplacements : 6,50 €. Location de 3 chalets pour 6 à 8 personnes : 02 54 27 58 61.* Un camping idéal pour la pêche puisqu'il est situé à proximité de l'étang de la Foulquetière.

Loisirs

ETANG DE LA FOULQUETIERE © **02 54 40 50 60.** *A partir du 31 mars. Pêche : 5 €/journée, 3 €/demi-journée.* Pour la pêche mais aussi pour la baignade, le pédalo, la planche à voile. Un très bel étang de 10 hectares bien aménagé avec des jeux pour enfants, un tennis et un minigolf. Empoissonnements réguliers en carpes.

LOCATION VTT VELOS - BASE DE LOISIRS LA FOULQUETIERE © **02 54 40 50 60.** *Journée : 4 €/adulte et enfant. Semaine : 15 €/adulte et enfant.* 3 VTT enfant et 2 VTT adulte pour faire le tour de l'étang et les sentiers des environs. Ce superbe plan d'eau de 10 hectares près de Valençay propose de nombreuses activités : plage, pédalos, canoës kayaks, vélos nautiques, minigolf, pétanque, ping-pong. Pêche de nuit le dernier week-end de chaque mois. Aire de jeux pour les enfants, deux tennis et mini-tennis. Aire de pique-nique.

UNE PROMENADE EN BA © **02 54 76 02 72/02 54 76 69 96.** *Pour les groupes sur réservation. Fax : 02 54 76 78 75.* Pour traverser un paysage vallonné et boisé entre la pittoresque Sologne et le verdoyant Boischaut, on peut grimper dans le BA, le Blanc Argent. Cette ligne ferroviaire de 191 kilomètres a été mise en service en 1902. Un autorail vous promène entre Luçay-le-Mâle et Salbris pour un voyage touristique de 67 kilomètres ponctué de 15 haltes qui vous permettent de visiter Romorantin "capitale" de la Sologne, ou Valencay et son château...

Emplettes

ATELIER DE BIJOUX 25, rue de la Gare © **02 54 40 48 90.** Chez Stéphane Landureau, on peut se choisir des broches, boucles d'oreilles ou des bagues en argent surtout. Il fait aussi des créations et des réparations sur commande.

Palluau-sur-Indre

Au départ de Clion, prendre vers le Sud-est la N143, puis la D63 et la D28 (8 kilomètres). Dominant la vallée de l'Indre, les constructions en pierre de Touraine se pressent à l'assaut du château. Malheureusement, ce village qui pourrait avoir une réelle vocation touristique, voit cette activité complètement inexploitée. Son château dont la mention est faite en **1073** est non seulement fermé mais dans un état de complet abandon. Pourtant c'est un magnifique édifice avec son enceinte médiévale flanquée de tours, son double corps de logis avec ses croisées gothiques et sa chapelle aux peintures murales datées de **1634**. Mais Louis Buade de Frontenac doit se retourner dans sa tombe en voyant l'état de délabrement, en particulier intérieur, du château de son enfance et de ses ancêtres. C'est autour de ce bourg que va s'organiser ce qui reste connu dans l'histoire sous le nom de "Vendée de Palluau". Sous la conduite d'aristocrates, de prêtres réfractaires et de quelques bourgeois, le petit peuple va se soulever contre la République en **1796**.

Fiche pratique

OFFICE DE TOURISME 19, place Frontenac ✆ 02 54 38 53 03

Point d'intérêt

EGLISE SAINT-LAURENT ✆ 02 54 38 53 03. *Visite gratuite. Ouvert tous les jours de 10h à 18h. Fermé le 25 décembre et le 1er janvier.* Heureusement la ténacité de propriétaires privés a sauvé le seul monument qu'il soit possible de visiter à Palluau : l'église Saint-Laurent qui fut longtemps transformée en habitation. C'est une crypte du XIe siècle avec une nef unique, un chœur d'une travée voûtée en berceau et une abside en cul-de-four. Les fresques du XIIe et XVe siècle sont reconnues. Une magnifique Vierge en Majesté présentant l'Enfant Jésus, un Christ sur le décor de la voûte et le supplice de Saint-Laurent.

Loisirs

GITES D'ENFANTS - ANDRE DEQUENNE "Braconneau" ✆ 02 54 38 52 83. *Ouvert toutes les vacances scolaires sauf Noël. 3 chambres pour 8 enfants de 6 à 12 ans : 32 € par jour.* On accueille les enfants sur une exploitation agricole où ils auront une parfaite découverte de la vie à la ferme au milieu des chèvres et des volailles. Les promenades en carriole, tirée par un poney sont des moments de grande joie.

LOCATIONS DE VELOS Place Frontenac ✆ 02 54 38 53 03 (office du tourisme). *Demi-journée : 4 €/adulte, 3 €/enfant, journée : 8 €/adulte, 6 €/enfant. Week-end : 12 €/adulte, 10 €/enfant. Semaine : 30 €/adulte, 23 €/enfant.* Un parc de 2 vélos route adultes et de 2 VTT adultes et 2 VTT enfants pour redécouvrir les environs.

Veuil

De Valençay, prendre vers le Sud-ouest la D956, puis la D15 et ensuite la D15A. Ce petit village a du charme, outre les ruines romantiques de son château Renaissance dominant le village, l'église romane, la fontaine/lavoir, c'est un joli détour fleuri à ne pas manquer.

Points d'intérêt

CHATEAU DE VEUIL. Le château va peut-être revivre grâce à l'acharnement de Jean-Claude Guyot, le benjamin d'une famille où l'on s'attache entre frères à faire revivre des monuments oubliés, mais le travail est colossal. Tours en ruine, toitures crevées, végétation envahissante, un programme ambitieux mais la galerie à l'italienne et le reste des bâtiments ont bien besoin de ces fous de châteaux.

Le couvert

AUBERGE SAINT-FIACRE Le Bourg ✆ 02 54 40 32 78. *Fermé dimanche soir et lundi. Fermeture annuelle du 1er au 15 septembre et les trois dernières semaines de janvier. Menus : 21 €, 29 € et 35 €.* Un cadre et une cuisine si typiques que l'accent du Berry vient naturellement. M. Gauthier et Mlle Durand accueillent dans une auberge du XVIIe siècle. En été, la terrasse fleurie est ombragée par des marronniers centenaires et délicieusement rafraîchie par le ruisseau, et en hiver, la grande cheminée crépite dans la salle à manger. Les plats respirent l'authentique : escalope de foie gras de canard poêlée et confiture d'oignons, pavé de beurre écrasée de pommes de terre à l'huile d'olive, une déclinaison d'agneau truffé à l'ail au jus de fruit de l'olivier, un croustillant de chèvre chaud au miel aux noisettes… Un appel à la gourmandise.

Le gîte

GILLES COLIN Les Rôtis ✆ 02 54 40 35 04. *Ouvert toute l'année. 3 épis. 3 chambres pour 12 personnes. Un joli bâtiment bien aménagé à proximité du bourg fleuri de Veuil.*

Vicq-sur-Nahon

Au Sud-ouest de Valençay, prendre la D15 sur 6 kilomètres.

Point d'intérêt

CHATEAU DE LA MOUSTIERE ✆ 02 54 40 31 90. *Ouvert du 1er juillet au 10 août tous les jours de 13h à 19h. Hors saison sur rendez-vous. Tarif adulte : 7 €. Enfant (moins de 15 ans) : 5 €. Tarif groupe : 5 €.*

Le gîte

CHAMBRES D'HOTES - HELMUT MOSZKOWICZ "L'Echalier" © **02 54 40 35 98.** *Toute l'année. 2 épis. 3 chambres : 42 €/couple. Repas : de 11 € à 23 €.* Trois chambres dans la ferme restaurée d'une exploitation agricole. Ce n'est pas un hasard si ces chambres ont des noms d'as de l'aviation, le propriétaire des lieux pratique ce sport. Il peut convier ses hôtes dans un survol des châteaux avoisinants. Sur cette exploitation a été aménagé un aérodrome privé qui sert aussi de base ULM. On peut préférer avoir les pieds sur terre et louer les VTT de la ferme. De toute façon le pays est des plus attachants, avec la vallée du Nahon qui ne manque pas de pittoresque.

Loisirs

ULM-AVION - CENTRE AERONAUTIQUE DE L'ECHALIER © **02 54 40 35 98.** *Fax : 02 54 40 36 00. Internet : www.nav2000.com/lf3625. Ouvert toute l'année, en fonction de la météo.* A Vicq-sur-Nahon, à 6 kilomètres au sud de Valençay (direction Châteauroux). Baptême survol découverte du château de Valencay. Survol promenade des châteaux de la Loire ou itinéraire à la carte. Mais aussi école de pilotage : initiation et brevet pilote ; photo vidéo. Dans cet agréable cadre champêtre vous pouvez également dormir : trois chambres d'hôtes, gîte de groupe de 16 personnes et profiter du club-house avec bar, billard et piano, salle de réunion (80 personnes). Voiture et VTT à la disposition des hôtes.

Emplettes

FROMAGES DE CHEVRES - BRUNO LOJON "Mosnay" © **02 54 40 36 20**

Villentrois

De Valençay, 11 kilomètres, au Nord-ouest, prendre la D956, puis la D37 et la D33. Ce village sur les bords du Modon, aux confins du Berry, de la Touraine et du Blésois, était déjà un îlot de peuplement mérovingien. Le château privé domine la petite rivière dans un paysage très pittoresque. L'église des XIIIe et XVe siècles, mérite un arrêt. Aux environs on découvre le charme des maisons troglodytes.

Fiche pratique

MAIRIE © **02 54 41 03 70**

Loisirs

ETANGS DE LA PLANCHE BARON. Sur la route de Luçay-le-Mâle, l'aire de loisirs de la Planche Baron offre une aire de jeux pour les enfants.

▷ *Dans les environs*

Lye

A 4 kilomètres de Villentrois sur la D33.

GITE MUNICIPAL 1, route de Saint-Aignan © **02 54 41 05 13.** *Toute l'année. 3 épis. 2 chambres pour 19 personnes : de 5,35 € à 6,90 € par personne.* Aménagé dans une partie de la salle des fêtes du village.

restaurants et tables d'hôte — hôtels

hôtel-restaurant — campings

autres hébergements (auberge de jeunesse, chambre d'hôtes,B & B...)

LE PAYS D'ISSOUDUN ET DE LA CHAMPAGNE BERRICHONNE

Issoudun

Un peu d'histoire

Située sur les bords de la rivière Théols, Issoudun doit son nom à un terme celte "Exoldunum" : lieu élevé et boisé. C'est probablement le monticule qui lui valu son nom et qui quelques années plus tard servi à l'édification de la tour Blanche. Au Moyen Age, Issoudun est la deuxième ville du Berry, sa position stratégique et ses remparts en font une place fortifiée très importante. A la fin du **XIIe siècle**, Issoudun, située entre le Royaume de France et le royaume d'Angleterre subit plusieurs assauts. Richard Cœur de Lion et Philippe Auguste se disputent cette place forte. Au **XIVe siècle**, elle n'échappera pas à la guerre de Cent Ans, le Prince Noir fit une razzia sur Issoudun. Au **XIIIe siècle**, Issoudun devient la propriété de Saint-Louis, ville royale elle saura profiter des privilèges royaux. Elle prospère avec de vastes foires et marchés et ses productions sont très recherchées. Le travail du cuir lui apporta également une grande renommée. Mais sa tranquillité est mise à mal pendant les guerres de Religion et au **XVIIe siècle**, un grand incendie ravagea la cité. C'est à Issoudun, dans la riche demeure de Frapesle, que Balzac, accueilli par son amie Zulma Carraud, trouva l'inspiration de son roman "La Rabouilleuse" dans lequel il déclare "N'en déplaise à Paris, Issoudun est une des plus vieilles villes de France". Balzac utilisa le nom de Frapesle dans "Le Lys dans la vallée", pour rebaptiser le château de Valesne, près de Saché.

Fiche pratique

OFFICE MUNICIPAL DE TOURISME DU PAYS D'ISSOUDUN Place Saint-Cyr ✆ 02 54 21 74 02. *Fax : 02 54 03 03 36. Internet : www.issoudun.fr. E-mail : tourisme@issoudun.fr. Ouvert du 1er octobre au 30 mai du lundi au samedi de 10h à 12h et de 15h à 18h. Du 1er juin au 30 septembre, tous les jours de 9h30 à 12h et de 14h à 19h.* La remarquable maison à colombages qui abrite l'Office de tourisme ne manquera pas de vous interpeller.

MAIRIE Place des Droits-de-L'Homme ✆ 02 54 03 36 36. *Fax : 02 54 03 17 13.*

Bus

TRANSPORTS DEPARTEMENTAUX DE L'INDRE Rue Haute-Saint-Paterne ✆ 02 54 03 16 06. *Fax : 02 54 03 16 06.*

T.I.G - TRANSPORT ISSOUDUN GRATUIT. *Allo Bus/informations : 02 54 22 13 22. du lundi au samedi de 9h à 19h. Services assurés : mercredi et jeudi après-midi, vendredi matin et samedi toute la journée, sauf les jours fériés.* 4 parcours identifiés par 4 couleurs : boucle rose, jaune, bleue, boucle verte "Avail" : à la demande (au moins 2h avant le départ) numéro vert gratuit : 08 00 77 88 21. Service accessible de 9h à 19h du lundi au samedi.

Train

SNCF 4, boulevard Pierre-Favreau ✆ 02 54 03 60 56. *Ventes billets voyageurs - Standard tous services 02 54 03 60 50. Fax : 02 54 03 60 68. Internet : www.sncf.fr.*

Taxis

ANSELME Hervé 64, rue Varennes ✆ 02 54 03 11 23

DUMOT Daniel 17, avenue Alsace-Lorraine ✆ 02 54 03 11 23

TAXI LEBRETON 46, rue Porrentruy ✆ 02 54 03 13 92

Points d'intérêt

BASILIQUE DU SACRE-CŒUR Place du Sacré-Cœur. Le père Jules Chevalier est le fondateur de deux congrégations religieuses : les Missionnaires du Sacré-Cœur en 1854 et quelques années plus tard les Filles de Notre-Dame du Sacré-Cœur. Aujourd'hui, plus de 5 000 religieux et religieuses continuent son œuvre. Ils sont au service de l'évangélisation, répartis sur les cinq continents dans 37 pays du monde. La basilique a été construite en 1859, comme point de ralliement de ces missionnaires. Consacrée à la dévotion de Notre-Dame du Sacré-Cœur, elle rassemble les fidèles du monde entier pour un pèlerinage début septembre. Lors de cette cérémonie, on présente à l'assemblée les pères qui partent en mission, perpétuant ainsi l'œuvre du père Jules Chevalier.

LE BEFFROI Rue de l'Horloge. Cette haute tour du XIIe siècle était la porte principale de la forteresse, qui comptait alors sept portes. La façade côté Nord-est est particulièrement intéressante. On remarque sa belle baie au-dessus de la voûte, sa treille de bois et sa corniche soutenue par deux modillons. Démantelé pendant les guerres de Religion, il a été restauré dans un style Renaissance. Des prisons "sûres et saines" y avaient été aménagées, elles ont servi jusqu'en 1914.

CHATEAU DE FRAPESLE. Balzac l'apprécia ce château. Cette belle demeure privée a été récemment rénovée. L'allée de Frapesle et sa belle perspective de peupliers sont un lieu de balade, apprécié des Issoldunois, pas très connue des touristes, pourtant elle vaut la découvre.

EGLISE SAINT-CYR Rue de la République. Sa fondation remonte au IXe siècle, mais l'église a été partiellement reconstruite en 1876 en style gothique. Le clocher lui ne date que de 1934. Il faut admirer la très belle verrière du XVe siècle, qui met en scène la vie du saint patron et de sa mère Juliette ; verrière qui aurait vraiment besoin d'une consolidation. Louis XIV a fait don de six grands flambeaux en bois doré et sculpté, ils sont toujours sur l'autel. On peut voir également une Vierge XVIIe et même les bâtons des confréries des Jardiniers de Saint-Fiacre et des Vignerons de Saint-Vincent.

HOTEL SENECHAL. Construit vers 1710 sur l'emplacement de l'ancien château royal, il est de facture classique. C'est un beau bâtiment en pierre blonde derrière ses grilles de 1793, au jardin taillé de buis et d'ifs. Sa terrasse domine la vallée de la Théols et le boulevard Champion. Il abrite aujourd'hui l'hôtel de ville avec un admirable prolongement contemporain qui s'ouvre sur la Fontaine aux Miroirs de l'artiste Marin Kasimir.

LES LEGENDAIRES D'ISSOUDUN © 02 54 21 74 02/02 54 03 22 15. *Spectacle nocturne de mai à septembre : les samedis à partir de 21h30 et en juillet et août du mercredi au samedi à partir de 22h. Tarifs : gratuit/moins de 12 ans. De 12 à 18 ans : 2 €/visite le jour, 4 €/spectacle de nuit. Adultes : 3 € de jour, 8 € spectacle de nuit. Groupes (12 personnes minimum) : 2 €/jour, 4 €/nuit, 10 €/ combiné jour et nuit.* "Les Légendaires d'Issoudun" vous invitent à la nuit tombée à une féerie sur le thème des chevaliers. Musique et lumières, spectacles intérieur et extérieur dans "la tour Blanche", le beffroi et la cour d'honneur de l'hôtel de ville. Pour ce spectacle nocturne, vous arriverez à l'heure qui vous convient, la durée du parcours est d'environ une heure.

MUSEE DE L'HOSPICE SAINT-ROCH 23, rue de l'Hospice-Saint-Roch © 02 54 21 01 76. *Fax : 02 54 21 88 56. Internet : www.issoudun.fr. Ouvert du 2 novembre au 31 mars : mercredi, jeudi, vendredi : 14h à 18h, samedi, dimanche : 10h à 12h et 14h à 18h. Fermé le lundi et le mardi. Du 1er avril au 31 octobre : lundi, mardi : 14h à 19h, du mercredi au dimanche : 10h à 12h et 14h à 19h. Visite libre et gratuite. Visites commentées sur rendez-vous : 40 € pour groupes de 25 personnes maximum. Gratuit pour les groupes de scolaires. Fermeture le 1er novembre, le 11 novembre, le 1er mai. Fermeture annuelle du 24 décembre au 26 décembre et du 31 décembre au 31 janvier.* Cette visite est incontournable et ne se rate pas. Dans une muséographie soignée, on y découvre les Arbres de Jessé, monument unique en Europe, taillés à même la pierre de la chapelle du XIIe siècle ; des ensembles lapidaires, des bijoux mérovingiens, une splendide apothicairerie aux faïences de Nevers du XVIIe ainsi que de nombreux objets, mobiliers et tableaux, qui témoignent des richesses du patrimoine de la cité, comme ce clavecin signé Jean-Denis, le plus ancien de France, magnifiquement restauré. Depuis son extension, le musée présente également des collections d'art océanien et africain de toute beauté, objets qui sont issus de deux donations : celle de la Congrégation des Missionnaires du Sacré-Cœur, et celle du couple d'artistes Fred et Cécile Deux. Enfin, le musée consacre sa grande salle à des expositions temporaires d'art contemporain. Ce musée d'une grande qualité a reçu le label "Musées de France". Depuis là, on peut facilement rejoindre la tour Blanche, pour voir la ville et les campagnes environnantes d'en haut, en empruntant un charmant parc qui longe la rivière Théols. La boutique du musée vend des ouvrages sur les plantes médicinales et quelques objets, tisanières, tasses, en rapport avec la vocation de l'édifice. Dans chaque salle, des compléments d'information sont à votre disposition. Un centre de documentation est accessible sur rendez-vous.

PARC FRANCOIS-MITTERRAND. Situé au cœur de la ville, c'est le lieu de rendez-vous de tous les promeneurs. En toute saison on aime venir se promener sur les berges de la Téols dans ce magnifique parc de 2 hectares offrant un cadre paysager qui évolue au fil des saisons. Des jeux pour les enfants, des bancs s'y ajoutent, ce qui n'est pas pour nous déplaire, bien au contraire.

LES PAYSAGES DE LUMIERE © 02 54 21 74 02/02 54 03 22 15. *De début juillet à fin août ; du mardi au samedi à la tombée de la nuit.* Ce n'est pas un monument mais tout le paysage mis en lumière qui suit un itinéraire précis. Le visiteur est guidé par la lumière suivant un circuit qui part du boulevard Champion au bas des remparts et se poursuit par l'impasse Champion, le parc Mitterrand et le pont Saint-Paterne.

PONT SAINT-PATERNE Rue de l'Hospice-Saint-Roch. Un très joli pont du XVIe dont les deux arches enjambent le cours de la Théols.

PROMENADE DES REMPARTS. Cette agréable promenade au pied des remparts, le long du boulevard Champion offre un point de vue remarquable sur le quartier du château, de l'hôtel de ville et de la tour Blanche. C'est le chemin idéal pour rejoindre le Musée de l'Hospice Saint-Roch en empruntant le parc de François-Mitterrand.

LA RIVIERE FORCEE. Elle fait partie du patrimoine de la ville. Elle a été creusée au XVIIIe siècle pour les besoins des industries travaillant le cuir. C'est en 1999 qu'elle a été remise en eau. A la sortie de la ville, vers l'est un petit sentier de balade longe le cours d'eau.

LE QUARTIER DU CHATEAU. Ainsi dénommé il constituait à l'époque la place forte de la ville. Ce quartier situé entre le Beffroi, les remparts de l'hôtel de ville et la tour Saint-Jacques abrite de majestueuses demeures souvent cachées derrière des portails. Tout le charme de l'époque médiéval se retrouve dans ces rues étroites nous plongeant avec délice dans le passé. L'évocation pittoresque des noms (rue de la Gargolle, rue du Puits-y-Tasse, rue de la Grande-Narrette, c'est-à-dire en forte pente...)est le témoignage de son ancienne puissance.

LA TOUR BLANCHE © 02 54 03 22 15. *Fax : 02 54 03 17 13. (ou Office de tourisme 02 54 21 74 02). Du 1er avril au 30 septembre du lundi au samedi : 14h à 18h. Dimanche et jours fériés : 10h-12h et 14h à 19h.* Bâtie en haut d'une motte féodale, la tour Blanche était, il y a 800 ans, l'un des éléments du système défensif de la ville. En 1195, les routiers à la solde de Richard Cœur de Lion s'emparent du château d'Issoudun, le fortifient et entreprennent les travaux du donjon. Ce dernier est terminé en 1202 lorsque Philippe Auguste en prend possession. D'une hauteur de 28 mètres, pour un diamètre de 15 mètres, avec des murs de 4 mètres d'épaisseur, il comportait 5 salles (4 aujourd'hui). Un angle saillant vers l'est lui donne la forme d'un cœur. Ce donjon était situé à l'angle Sud-est d'une enceinte quadrangulaire flanquée de 10 tours, de tout cela il ne reste que quelques vestiges. La tour a été sauvée de la destruction au XIXe siècle par l'archéologue Armand Péremé. Revivez cette époque, grâce à la création d'un univers médiéval et onirique ainsi qu'une évocation historique. A voir la maquette de la ville et bien sûr le panorama extraordinaire sur Issoudun et la Champagne environnante. Dans l'ancienne conciergerie est installé un pavillon d'accueil où sont proposés des documents et des produits divers.

VISITE AUDIO-GUIDEE D'ISSOUDUN "Ecoutez parler les murs d'Issoudun" © 02 54 21 74 02. *Fax : 02 54 03 03 36. Internet : www.issoudun.fr. E-mail : tourisme@issoudun.fr. Commentaires en anglais et en français. L'audio guide est à votre disposition gracieusement. Du 1er juillet au 31 août du lundi au dimanche sur rendez-vous. Le reste de l'année du mardi au samedi sur rendez-vous. Fermé le 1er janvier, dimanche et lundi de Pâques, 1er mai, 1er et 11 novembre et le 25 décembre.* Partez à la découverte d'Issoudun "la pittoresque" : son majestueux beffroi, sa tour Blanche et ses remparts, ses magnifiques demeures et autres édifices. L'audio guide vous facilite bien la promenade en le suivant rien ne vous échappe du patrimoine d'Issoudun. Au fil des rues, au gré de vos envies l'histoire vous est contée, le temps aussi de côtoyer Agnès Sorel ou Balzac et d'entendre de charmantes anecdotes.

VISITE GUIDEE DE LA VIEILLE VILLE, BALZAC ET ISSOUNDUN © 02 54 21 74 02. *Fax : 02 54 03 03 36. Internet : www.issoudun.fr. E-mail : tourisme@issoudun.fr. Visites guidées à la carte et sur rendez-vous (2 semaines avant). Durée de la visite 1h30. Tarif : 40 € pour un groupe de 10 à 50 personnes. Du 1er juillet au 31 août du lundi au dimanche sur rendez-vous. Le reste de l'année du mardi au samedi sur rendez-vous. Fermé le 1er janvier, dimanche et lundi de Pâques, 1er mai, 1er et 11 novembre et le 25 décembre.* Visite de la vieille ville, de ses principaux monuments - sur les pas de Balzac en insistant sur des passages de "La Rabouilleuse".

Le couvert

PILE OU FACE 11, rue Danièle-Casanova © 02 54 03 14 91. *Fermé dimanche soir et lundi. Menus : 13 € (sauf week-end), 20 €. A la carte environ 39 €.* Dans la rue piétonne Danièle-Casanova, ce restaurant se fait discret, mais l'adresse est bien connue d'une clientèle fidèle. Il y a une salle au rez-de-chaussée toute rouge, une autre à l'étage dans des tons plus dorés. Une ambiance feutrée pour déguster une bonne cuisine traditionnelle : terrine de gibier, une cassolette berrichonne (escargots, cuisses de grenouille, crème d'ail), un filet de sole aux langoustines, un rognon de veau au pineau gris de Reuilly, et une belle côte de bœuf charolaise pour deux personnes. On vous sert rapidement, avec gentillesse et discrétion et les assiettes sont bien remplies. Pour les desserts, les plus alléchants, comme le biscuit.

Le gîte

CAMPING MUNICIPAL LES TAUPEAUX 31, route de Reuilly ✆ 02 54 03 13 46/02 54 21 74 02.** *Ouvert du 1er juin au 31 août. 50 emplacements. Tarif pour une nuit : 6 € comprenant un emplacement, une voiture, deux personnes.*

HOTEL SAINTE-CATHERINE 1, rue Saint-Martin ✆ 02 54 21 01 65. *5 chambres de 17 € à 28 €. Fermé le lundi. Parking. Accès handicapés. Animaux acceptés.*

Le gîte et le couvert

HOTEL DE FRANCE ET DU COMMERCE 3, rue Pierre-Brossolette ✆ 02 54 21 00 65.** *Fax : 02 54 21 50 61. 17 chambres de 32 € à 49 €. Parking fermé. Télévision. Petit déjeuner 6,10 €. Restaurant fermé dimanche soir et lundi. Menus de 14 € à 24 €. A la carte environ 38 €.* En centre-ville une maison de caractère réputée pour son confort. Restaurant traditionnel.

LA COGNETTE* 6, boulevard Stalingrad ✆ 02 54 03 59 59.** *Fax : 02 53 03 13 03. Internet : www.la-cognette.com. Cuisine gastronomique. Hôtel ouvert toute l'année. 14 chambres de 56 € à 120 € et 3 appartements. Garage fermé. Télévision câblée. Petit-déjeuner 10 €. Salles de réunion jusqu'à 40 personnes. Restaurant fermé dimanche soir, lundi et mardi midi hors saison. Fermeture annuelle 3 semaines en janvier. Menus de 24 € à 53 €. A la carte environ 61 €.* Les amateurs de grande cuisine trouveront là deux facettes d'un grand art. Les recettes traditionnelles chères à Alain Nonnet sont toujours là, comme le fameux poulet en barbouille et les fritures de goujon. Le plus jeune chef a concocté de nouveaux plats, des trouvailles qui affichent une touche d'audace et de modernité. Il faut goûter la jambonnette de pintadeau farcie au pied de porc sauce tilleul, les cannellonis d'huîtres au concombre, coulis de cresson et gingembre ou encore le cappuccino de langoustines à la poudre de cèpes. Turbot en valse d'échalotes, effiloché de bœuf aux poireaux confits aux truffes, gibier en saison. A essayer aussi les desserts, légers et souvent renouvelés, comme les raviolis de pomme mais aussi le massepain d'Issoudun. Le sommelier veille et conseille, la cave est véritablement fabuleuse, le simple fait de la parcourir nous fait tourner la tête, crus et millésimes prestigieux, mais aussi vins plus abordables rigoureusement choisis. Le portrait de Zulma Carraud est en bonne place, il faut dire que c'est chez elle que Balzac venait passer quelques jours à Issoudun. La profusion de tentures rouges, de bouquets, de miroirs, de lampes, de bibelots de la salle à manger Empire, ajoute encore au décorum. C'est vraiment à une belle fête que nous sommes conviés en venant ici. Avec en prime une atmosphère toute balzacienne. A deux pas, au 26, rue des Minimes, vous dormirez dans des chambres spacieuses et meublées avec goût.

HOTEL DE LA GARE 7, boulevard Pierre-Favreau ✆ 02 54 21 11 59.** *Fax : 02 54 21 73 01. Fermé le dimanche et du 22 décembre au 15 janvier. 16 chambres de 25 € à 44 €. Télévision. Petit déjeuner 4,90 €. Petite salle de réunion 10 personnes. Menus : de 12,80 € à 24,50 €. A la carte environ 17 €.* En face de la gare, des chambres confortables et calmes, un bon rapport qualité/prix.

HOTEL RELAIS ISSOLDUNOIS 8, route de Bourges ✆ 02 54 03 04 05. *Cuisine traditionnelle. Restaurant fermé le dimanche. 16 chambres de 29 € à 43 €. Télévision. Parking privé. Petit déjeuner : 5 €. Menus : 6,50 € (enfant) et de 13 € à 28 €. A la carte environ 24 €.* La construction moderne s'accommode du style motel. Les tables ont des nappes à carreaux rouges, les cartes routières recouvrent une partie des murs et la compagnie est joyeuse. L'ambiance de cette salle et le menu qui va avec ne manquent pas d'intérêt. On sert des nourritures simples et en quantité. Soupe, salades composées, terrine de campagne, petit salé aux lentilles et boudin noir.

Loisirs

LA BANDA D'ISSOUDUN 4, rue Fontaine-Saint-Paterne ✆ 02 54 03 13 16. Fondée par André Chuat, la Banda d'Issoudun a une réputation à la mesure de son succès énorme. Forte de 35 musiciens (mais elle engage ceux qui ont plus de trois ans de pratique musicale), elle entretient ce succès par ses répétitions musicales et chorégraphiques puisque tous les déplacements se font en mesure.

PARC DE LOISIRS DES CHAMPS D'AMOUR ✆ 02 54 21 55 99. *Fax : 02 54 21 74 37 (se renseigner sur les horaires).* Cet ensemble de loisirs propose : piscine récréative à vagues avec ses trois bassins, pataugeoire, deux toboggans de 30 et 70 mètres, cascade, salles de squash, pistes de bowling, solarium ; un espace idéal de sport, de loisirs et de détente pour tous. Après le sport, moment agréable à la cafétéria où une grande terrasse d'été nous accueille. On mange une glace, on se désaltère ou on fait un petit repas.

PATINOIRE Avenue du Père-Noir ✆ 02 54 21 78 77. Cette patinoire est la seule du département et même à 120 kilomètres à la ronde. Inaugurée en 1995, elle connaît depuis un beau succès, la glisse à Issoudun ce n'est pas un vain mot. Patinage de loisir entre amis, patinage artistique, hockey, initiation au curling, cours de patinage. Deux clubs pour se perfectionner, le club du patin à glace et le club de hockey. Animations toute l'année et cafétéria.

LA PLONGEE - CLUB SUBAQUATIQUE ISSOLDUNOIS ✆ 02 54 21 55 99. Entraînement dans l'enceinte de la piscine à vagues. Ce club organise chaque année une épreuve unique en France, un slalom en eaux vives avec palmes qui attire les sportifs de toute la France.

LA RABOUILLEUSE 43, route de Bourges ✆ 02 54 03 20 04. Cette association est incontournable sur Issoudun. Elle anime régulièrement la ville et programme chaque année des fêtes qui sont des temps forts en rapport avec les traditions populaires. Elle se définit sous le titre de "Maintenance et Expression des Arts et Traditions du Berry" et comme un groupe ethno-folklorique. Son ancienneté est un gage de sérieux, elle ne compte pas moins de 80 adhérents sous la houlette d'un tout jeune président. Elle organise plusieurs repas dans l'année toujours pour rappeler le bon vieux temps, comme le dîner du "Beu Gras" qui fait suite à la promenade dans la ville du "bœuf villé" pour le carnaval. Elle a relancé la gastronomie du casse-croûte et un marché régional de la confiture.

RANDONNEE "LA RIVIERE FORCEE" (circuit aller-retour de 6,5 kilomètres, durée 2 ou 3 heures selon les arrêts). Le chemin qui longe la rivière nous entraîne pour une balade dans la nature : botanique, faune et flore. Si vous aimez le chant des oiseaux, il faut la faire le matin, mais l'après-midi on y fait aussi d'autres découvertes.

Pour connaître tous les lieux de balade, consultez la rubrique "balades nature" du site : http.cahiersnaturalistes.free.fr.

LE ROLLER A ISSOUDUN. La piste de roller et skate, installée juste derrière la MELI, remporte un beau succès. Dès que le temps le permet, les pratiquants apprécient, les passants aussi, surpris par les prouesses.

Emplettes

ARTS ET LOISIRS 17-19, rue de la République ✆ 02 54 21 29 10. Tout près de l'église Saint-Cyr, cette librairie propose des rayons bien fournis. Les livres pour enfants, les beaux livres... sont tous là. Mais cette librairie a une singularité, elle s'intéresse aux livres de la région et surtout ici, on a décidé de rééditer les livres devenus introuvables sur l'histoire d'Issoudun et des alentours : "Issoudun des origines à 1850", "Personnages et monuments d'Issoudun" et "Vatan des origines", tous de Romain Guignard.

PATISSERIE DANIEL LAVENU 9, rue Danièle-Casanova ✆ 02 54 21 02 69. D'oncle en neveu et de beaux-pères en gendres, la pâtisserie est dans la famille depuis 1920. Il ne faut pas moins de 8 pâtissiers chocolatiers et de 4 vendeuses pour faire tourner la boutique. Une véritable équipe. Les spécialités nombreuses mettent l'eau à la bouche : le "Balzac" inévitable, est devenu une génoise avec compote d'ananas, kirsch, amandes grillées, recouverte de meringue, le "Casanova" un massepain avec parfait au praliné et "Agnès Sorel" se dévore déguisée en crème brûlée avec cerises à l'eau-de-vie et coulis d'abricot. Un petit nouveau à la mousse de fraise des bois et citron vert et les délicieux petits pains au chocolat mais surtout fourrés en exclusivité au praliné. On peut essayer encore un délice framboise, le "Riau" (feuillantine et mousse au chocolat), sans oublier le "Cœur de Saint-Valentin", proximité du village des amoureux oblige, à la gelée de pomme et praliné. Un vrai chocolatier aussi avec 50 variétés à des prix raisonnables. A vos petites cuillères.

▷ *Dans les environs*

Saint-Aoustrille

A 6 kilomètres à l'est de Issoudun, sur la D8.

MAIRIE ✆ 02 54 21 25 66

CENTRE EQUESTRE PONEY-CLUB Les Grands-Champs-Forts ✆ 02 54 03 07 83. Cours d'équitation, promenade, manège et approche du poney.

Ambrault

Au sud d'Issoudun, prendre la D 918, sur 20 kilomètres.

Fiche pratique

MAIRIE ✆ **02 54 49 00 24**

Point d'intérêt

SOURCE DE LA THEOLS. La Théols, rivière qui arrose la ville d'Issoudun, sort de terre sur la commune d'Ambrault (route de Bommiers). C'est la résurgence d'un cours d'eau venu de beaucoup plus loin. Une eau très claire et froide et un débit constant.

Loisirs

BOISRAMIERS ET LES CARRIERES MAIS AUSSI SITE D'ESCALADE. Ambrault est renommé pour la qualité de sa pierre calcaire. De nombreux monuments du département ont été construits en pierre d'Ambrault depuis l'époque gallo-romaine. Beaucoup de ces carrières aujourd'hui inexploitées subsistent en l'état. Une des plus importantes a été réaménagée en site d'escalade. Les maisons de Boisramiers ont été construites en belles pierres, par les ouvriers carriers du village, pour leur famille.

▷ *Dans les environs*

Bommiers

Au sud d'Issoudun, prendre la D19C jusqu'à Brives, puis la D918, et ensuite la D925 (20 kilomètres).

CHATEAU DES MINIMES. *Dans Bommiers route à gauche.* Triste sort que celui subi par l'ancienne forteresse. Situé au village des Minimes ce formidable château était constitué de trois enceintes et d'un donjon cylindrique sur motte du XIIe. On longe ce qu'il reste de la première enceinte, mais la disparition complète du site est bien entamée. Pour contempler ce désastre et apercevoir les restes du donjon, on peut prendre la route de la forêt, à droite à la sortie du village.

EGLISE SAINT-PIERRE. *Ouverte tous les jours de 10h à 18h.* Monument historique depuis 1921, cette église du XIIe, de plan simple mais typique de l'architecture romane du bas Berry, présente une nef à vaisseau unique couverte en charpente, une absidiole et des passages berrichons. Le charme de cette église se déploie avant tout sur les chapiteaux de la croisée du transept où l'on reconnaît notamment le sacrifice d'Abraham (représentant l'ancienne Loi) et le Christ remettant à Saint-Pierre les clefs, symbole de son autorité comme pontife, et à Saint-Paul le phylactère, exprimant le ministère de la parole (représentant la nouvelle Loi) : ces deux scènes se font face. L'église des Bommiers possède 48 stalles magnifiques du début XVIe siècle, provenant de l'ancien couvent des Minimes.

LA FORET DOMANIALE DE BOMMIERS. Un massif forestier de 4 500 hectares, à la frontière des départements de l'Indre et du Cher magnifiquement préservé. De nombreux sentiers balisés comprenant des espaces aménagés pour les promeneurs invitent à de longues promenades sous le couvert des chênes rouvres ou au milieu des landes. Un endroit idéal pour apprécier le brame des cerfs, à l'automne. L'ONF (Office Nationale des Forêts) édite une carte de la forêt, disponible dans les Offices de tourisme.

Saint-Aubin

Au sud d'Issoudun, prendre la D918, puis la D68 sur 12 kilomètres. Dans ce village, une petite église XIIIe abrite la pierre tombale XIVe du seigneur de Gizay.

MAIRIE ✆ **02 54 21 20 74**

CHAMBRES D'HOTES - BERTRAND ROCHETON La Planche-à-l'Ouaille ✆ **02 54 21 05 93.** *2 épis. 4 chambres : 39 €/couple. Repas de 13 € à 17 €. A 10 kilomètres d'Issoudun.* Sur une exploitation céréalière mais à deux pas de la belle forêt de Bommiers. Pour profiter des attraits d'Issoudun, des concerts de l'abbaye de La Prée et du calme de la campagne.

AEROCLUB D'ISSOUDUN Aérodrome de Fay © 02 54 21 05 38. *Fax : 02 54 21 60 51. Internet : www.planeur.com/issoudun.* Le planeur c'est le meilleur moyen de surfer sur les courants d'air. Il n'y a pas d'âge pour débuter, dès 15 ans c'est possible. Le planeur décolle quelques mètres avant l'avion qui va le lâcher à 500 mètres d'altitude. Il ne reste plus qu'à rechercher les courants ascendants pour voler le plus longtemps possible, et la Champagne berrichonne est belle, vue de là-haut. Le club organise des journées portes ouvertes pour découvrir ce sport, des stages de printemps et d'été. L'hiver apprentissage du pilotage sur moto planeur.

NICOLE ET JEAN-MARIE CARRAND "Ferme de Ponfichard" © 02 54 21 23 35. Nicole qui revendique l'appellation de gastronome fermière s'est lancée sur l'exploitation céréalière familiale dans une production qui ne manque pas d'originalité. Elle cultive, de manière toute traditionnelle, légumes et fruits qu'elle décline ensuite en sirops, confits, compotes, confitures et soupes un peu insolites mais délicieuses. On a le choix entre le sirop de menthe ou de sureau sauvage, des confits d'oignons rouges à la crème de cassis ou d'échalotes, des compotes à l'ancienne, des vinaigres de vin aromatisés aux fruits, des coulis de fruits et de légumes. Les orties sont à l'honneur en tarte mais aussi en soupe à ne pas rater.

Chouday

Au Sud-est d'Issoudun, suivre la D9 sur 8 kilomètres.

Fiche pratique

MAIRIE © 02 54 21 18 13

Point d'intérêt

MAISON DE LA LENTILLE © 02 54 21 18 13. *Fax : 02 54 21 27 27. Du 1er janvier au 31 décembre, du lundi au dimanche : 9h à 17h. Visite gratuite.* Ce n'est pas un musée mais plus simplement une maison de la lentille installée sous le préau vitré de l'ancienne école du village. Savez-vous que 70 % de la production de la lentille nationale dite lentille verte est cultivée autour d'Issoudun dans la Champagne berrichonne. Il était normal que cette culture soit mise à l'honneur. Culture, récolte, différentes variétés, des panneaux, des photos, des recettes, tout ce qu'on peut dire et savoir sur cette légumineuse. Tout vous saurez tout sur la lentille ! Et qui sait, peut-être vous donnera-t-elle envie de vous faire introniser.

▷ Dans les environs

Mareuil-sur-Arnon

A Chouday prendre la D9, puis continuer sur la D14 (10 kilomètres).

PLAN D'EAU DE MAREUIL-SUR-ARNON © 02 48 69 92 93/02 48 69 91 06. Location de planches à voile ou toppers. Cette surface de 33 hectares est faite pour séduire les amateurs de planche à voile, mais on peut aussi faire du pédalo, c'est plus tranquille. Les abords du plan d'eau sont aménagés : aires de pique-nique et jeux. On se restaure sur place et on part pour des randonnées pédestres. Ceux qui veulent en profiter quelques jours iront s'installer au camping qui est équipé de bungalows.

Saint-Georges-sur-Arnon

A Chouday, prendre vers le Nord-est, la D9A sur 11 kilomètres.

RANDONNEES. C'est le lieu idéal pour les randonnées. 80 hectares et 38 kilomètres de sentiers banalisés viennent d'être mis en valeur autour du plan d'eau et du marais, dans le cadre du sauvetage du patrimoine naturel. Un coin de verdure, au milieu des cultures de la Champagne berrichonne. Des sentiers balisés : 4 kilomètres autour de la rivière et de l'étang du Marias, 8 kilomètres au départ de l'église reliant les espaces sensibles de la commune, 26 kilomètres plus sportifs.

Neuvy-Pailloux

Au Sud-ouest d'Issoudun, suivre la D12 sur 12 kilomètres.

Point d'intérêt

L'EGLISE. Cette église du village (classée Monument historique) était au XII^{e}IIe siècle l'église d'un prieuré dépendant de l'abbaye de Déols. Elle a été construite sur un site gallo-romain, occupé ensuite par un édifice paléochrétien. Des fouilles et restaurations récentes ont révélé son histoire et surtout un magnifique décor peint.

Le gîte

MME HERVE CATHERINE "Les Barreaux" ✆ 02 54 49 52 48. *Langues parlées anglaise et néerlandaise. 2 chambres. Tarif à la semaine de 120 € à 260 € en fonction de la saison.* Entouré de champs à perte de vue, le calme est garant dans cette maison aménagée très confortablement. Barbecue, jardin. Si le soir l'envie d'une petite flambée vous tente, la cheminée est là (bois payant).

Emplettes

CROQUET DE CHAROST ZA des Quatre-Routes ✆ 02 54 49 58 75. *Durée de la visite 90 minutes. Ouvert du 6 juin au 8 août et du 1er septembre au 31 décembre du lundi au vendredi de 9h à 12h et de 14h à 17h. Sur rendez-vous pour les groupes. Fermé les jours fériés.* Le fameux croquet de Charost, mis au point en 1848, est un biscuit sec aux amandes entières, originaire du Cher. Jean-Claude Denis le détenteur de l'appellation de "Croquet de Charost" le fabrique dans le plus pur respect de la tradition artisanale. Il a ajouté à sa production un tout nouveau délice, "le sablé berrichon". S'inspirant des gâteaux à la crème de lait que lui confectionnait sa grand-mère le dimanche, il en a renouvelé la recette en utilisant un beurre de très grande qualité. Visite possible de l'entreprise et possibilité d'acheter directement sur le lieu de production dans un hall d'exposition-vente. Parking pour les cars.

▷ *Dans les environs*

Sainte-Fauste

A 4 kilomètres de Neuvy, prendre la D12.

GOLF DES SARRAYS "Les Sarrays" ✆ 02 54 49 54 49. *Fax : 02 54 49 53 97.* Un golf avec cinq kilomètres de parcours, neuf trous par 70 et deux plans d'eau. Practice. Un agréable parcours serti de forêts avec des trouées à perte de vue sur les champs de tournesols et de céréales. Le parcours ne manque pas d'intérêt. Dans une ancienne étable rénovée, le club-house vous accueille dans une ambiance campagnarde et chaleureuse.

Paudy

Au Nord-ouest d'Issoudun, prendre la D65, puis la D16 et ensuite la D27 (15 kilomètres).

Fiche pratique

MAIRIE ✆ 02 54 49 41 75

Point d'intérêt

DONJON DE PAUDY. De la vaste enceinte flanquée de quatre tours d'angle ne subsiste plus que la tour porte, épais massif rectangulaire. Ce formidable vestige vaut encore le détour. A sa base deux portes, charretière et cochère, et l'emplacement des deux ponts-levis qui les défendaient. A son sommet les corbeaux d'une couronne de mâchicoulis et une terrasse surmontée d'une toiture à deux pans. Cette tour porte est flanquée d'une tourelle cylindrique. Ce monument parfaitement visible de l'extérieur se visite lors des Journées du patrimoine.

Loisirs

ETANG COMMUNAL "Vœu" ✆ 02 54 49 41 75. *Tarifs : 4,60 €/journée, enfant de 10-12 ans 2,30 €/journée, 45,75 €/à l'année pour les habitants de la commune, 76,25 € pour les autres. Cartes à la mairie et à l'hôtel du Lion d'Or.* D'une superficie de 3 hectares en eau sur 6 hectares de terrain, il a été créé spécialement pour les pêcheurs qui ne disposent pas de rivière sur la commune. Il dispose d'une guinguette en rondins avec sanitaires en attendant des plantations autour de cet ensemble encore un peu nu.

Reuilly

Au départ d'Issoudun, suivre la D918 au nord sur 20 kilomètres.

Un peu d'histoire

Depuis l'époque de Bronze, Reuilly existe au bord de l'Arnon, affluent du Cher. Reuilly aurait été donné en **638** par le roi Dagobert à l'abbaye royale de Saint-Denis et depuis cette date, une seigneurie religieuse dominera jusqu'à la Révolution. Sa crypte et son église témoignent de l'activité religieuse. De par sa situation, non loin de Bourges, elle subira l'occupation des Normands en **902**, puis celle des Anglais pendant la guerre de Cent Ans. La population fière de son terroir a toujours lutté pour protéger son patrimoine.

Fiche pratique

OFFICE DE TOURISME 5, rue Rabelais ✆ 02 54 49 24 94. *Fax : 02 54 49 39 26. Internet : www.ot-reuilly.fr. Ouvert de 9h à 12h et de 14h à 18h.*

MAIRIE ✆ 02 54 03 49 00

Points d'intérêt

Reuilly est un joli village construit sur un amphithéâtre naturel entre les rivières la Théols et l'Arnon. Ses petites rues bordées de maisons de la fin de la Renaissance nous charment tout autant les unes que les autres. Reuilly doit presque toute sa célébrité à son vignoble AOC : noblesse et fruité du sauvignon, fraîcheur et charme du pinot gris, souplesse du pinot noir. Son histoire mérite beaucoup plus que ces quelques lignes, mais en le découvrant avec les "Reuillois" d'aujourd'hui, attablés autour d'un verre de vin et des spécialités culinaires vous célébrerez le passé et le présent. Rien ne vous échappera de son histoire, si vous êtes prudent : certains nectars se consomment avec modération.

CELLIER DIEU OU GRANDE MAISON. Situé tout près de l'église, la grande maison domine les toits du bourg. Avant le XVIIIe siècle il abritait un hospice et recevait des vieillards malades. Le pignon sud du bâtiment présente un bel ensemble de fenêtres à meneaux du XVe siècle.

CHATEAU DE LA FERTE. *Visites extérieures en juillet et août, tous les jours, sauf dans la cour du château.* Construit au XVIIe siècle, par François Mansard, cousin du grand architecte, c'est le seul château de l'Indre édifié sous le règne de Louis XIV. C'est l'une des plus belles promenades de Reuilly.

COMMANDERIE DE L'ORMETEAU ✆ 02 54 49 32 38. *Ouvert du 1er juillet au 31 juillet et du 15 août au 31 août tous les jours de 10h à 16h. Fermé les 14 juillet et 15 août. Entrée gratuite.* A l'emplacement d'une ancienne commanderie de Templiers, maison templière créée au XIIe siècle puis reprise par les hospitaliers de Saint-Jean de Jérusalem. Le site a été conquis par les troupes de Maurice de La Châtre, pendant les guerres de Religion en 1589. Un corps de logis flanqué de quatre tours d'angle, tour carrée au sud, façade à meneaux.

EGLISE SAINT-DENIS. L'église Saint-Denis, une des églises les plus intéressantes du Berry, est à visiter absolument. Elle est de style roman primitif XIe siècle et elle a été construite sur une crypte ; citée comme le monument le plus ancien du Berry. Elle se compose d'une nef unique, d'un transept à deux absidioles semi-circulaires, un beau portail. Une coupole à huit pans coiffe la croisée. Les importants bâtiments de l'ancien prieuré XVe jouxtent l'édifice.

MUSEE DE LA VIGNE ET DU VIN - MUSEE PAUL-SURTEL 5, rue Rabelais ✆ 02 54 49 24 94/02 54 49 26 32. *Internet : www.ot-reuilly.fr. E-mail : otsireuilly@yahoo.fr. Entrée gratuite. Ouvert du 1er janvier au 14 mars du mardi au samedi de 10h à 12h et de 14h à 18h, le dimanche de 14h à 18h. Du 15 mars au 14 juin et du 16 septembre au 31 décembre ouvert du mardi au dimanche de 10h à 12h et de 14h à 18h. Du 15 juin au 15 septembre ouvert du mardi au dimanche de 10h à 12h et de 15h à 19h. Le vendredi de 9h à 12h et de 15h à 19h. Fermé le lundi, le 1er janvier, le 1er mai, le 14 juillet, le 11 novembre, les 24 et 25 décembre.* En pénétrant dans cette demeure c'est toute l'histoire du vignoble de Reuilly qui est évoquée. Situé au premier étage d'une maison du XIXe siècle, on y accède par un vieil escalier en pierre, situé à l'extérieur, non loin de la vigne des Seigneurs. Cette belle demeure présente du mobilier et des objets de la vie quotidienne provenant des maisons de vignerons. Au milieu de photos, de matériel de vigne, sont exposées vingt-six toiles du peintre Paul Surtel, enfant du pays né en 1893, peintre de l'école provençale (fin de l'impressionnisme). Le bâtiment voisin, ancien presbytère du XVe siècle abrite le Musée de la Vigne et du Vin qui raconte l'histoire de son vin et expose dans deux caves de nombreux outils de vignerons.

Le gîte

CAMPING MUNICIPAL Rue des Ponts ✆ 02 54 03 49 00.** *Du 15 mai au 15 septembre. 33 emplacements : 7 €.*

CHAMBRES D'HOTES - M. & Mme MULLER "Le Bouchaud" ✆ 02 54 49 25 17. *Fax : 02 54 49 25 17. 3 chambres. Tarif pour 2 personnes : 44 €.* Martine et Michel nous accueillent dans une longère berrichonne entièrement restaurée. Les chambres harmonieuses et confortables sont joliment agrémentées de meubles anciens. Le calme est assuré. A disposition salon de jardin.

Emplettes

CHARCUTERIE LAVEZARD 24, rue de la République ✆ 02 54 49 23 97. Nous sommes chez le roi du boudin noir, il n'a pas été primé pour rien "Grand prix d'excellence 2001 International du boudin noir", et sa tourte au sauvignon est un bel hommage au terroir vigneron. Délicieux bien sûr !

DOMAINE CHASSIOT "La Ferté" - 24, route du Bas-Berry ✆ 02 54 49 20 70. *Fax : 02 54 49 29 36.* Depuis quelques années, ce domaine s'est donné les moyens d'investir dans du matériel adapté afin d'assurer de la qualité sur tous les niveaux, que ce soit au niveau du travail de la vigne ou pour la mise en bouteille en passant par la récolte. Ici, on est viticulteur de père en fils depuis plusieurs générations : les Chassiot ont ça dans le sang ! Ils produisent des vins de Reuilly AOC (Appellation d'Origine Contrôlée), blancs, rosés et rouges. Leur projet d'avenir passe par l'arrachage et la replantation de certaines parcelles afin de valoriser au mieux le terroir et le cépage. Tout ceci dans le souci constant d'optimiser la qualité de leur production.

GERARD CORDIER "La Ferté" ✆ 02 54 49 25 47. *Fax : 02 54 49 29 34. Ouvert de 8h à 19h et sur rendez-vous.* Le Petit Futé aime faire une halte dans ce domaine. C'est aujourd'hui la neuvième génération qui gère le domaine, et la qualité de ses vins est toujours suivie et régulière. Gérard Cordier produit du blanc (qui se marie à merveille avec les fruits de mer et le poisson), du rouge (un incontournable pour les viandes), et enfin le pinot gris "La curiosité de Reuilly". Au final, une adresse à retenir absolument pour tous les amateurs de bons vins.

Un grand vin de terroir : le reuilly

Le vignoble de Reuilly s'étend des rives de l'Arnon au bord du Cher sur près de 130 hectares. Ce vin est connu dès le Moyen Age, une charte du duc de Berry relative à la vente du reuilly est datée de 1365. Après une diminution des superficies dans les années 80, le vignoble a reconquis ses surfaces, les jeunes vignerons ont relancé la production. La valeur du reuilly est aujourd'hui bien reconnue, un vin de qualité, souple et léger. Sa zone d'appellation se situe sur sept communes : deux dans l'Indre (Reuilly et Diou) et cinq dans le Cher (Lazenay, Chery, Lury, Cerbois et Preuilly). Sa production annuelle est de 8 000 hectolitres et ses cépages sont des sauvignons, des pinots noirs et des pinots gris. Les plantations les plus importantes se regroupent, de nouveau, sur les coteaux de la commune de Reuilly entre 100 et 150 mètres d'altitude. Les vignes ont été plantées sur des coteaux de marne calcaire et sur de hautes terrasses de sable et de grave. Le vignoble produit des blancs frais et fruités dont l'A.O.C. est reconnue depuis 1937, des rouges légers et des rosés à la couleur très claire. L'A.O.C. de ces deux derniers a été accordée en 1961.

MALBETE GUY & ARNAUD "Bois-Saint-Denis" ✆ 02 54 49 25 09. Voici bien longtemps, les anciens de la famille sont tombés dans la potion magique. C'est en effet, aux environs de 1900 que le grand-père Malbête a planté ses vignes. Les générations se sont succédé, et toujours avec le même enthousiasme elles ont su garder l'authenticité de leur terroir et l'amour de la vigne. Guy sait parler du vin en termes simples et le moins averti comprend la vigne. C'est un vigneron qui nous accueille avec des "fûts" de gentillesse. La propriété couvre 10 hectares dans le Reuilly qui sont répartis pour 3 hectares en sauvignon, élevés sur des sols sableux, graviers. Ce blanc léger et fruité accompagne les poissons, les asperges et le fromage de chèvre. Le cépage pinot noir sur 4 hectares est planté sur des sols graviers et argilocalcaires. Les deux récoltes sont assemblées et offrent ainsi un vin charpenté avec des tanins bien présents. Il se marie volontiers avec un poulet en barbouille, un gibier, un canard ou un navarin. Les 2 hectares de pinot gris élevés sur des sols sableux sont peu productifs et fragiles car ils sont liés à la maturité précoce du cépage. Le pinot gris offre un rosé au goût très léger, riche en sucres et peu acide, c'est le compagnon idéal des grillades. Sur 1 hectare, de jeunes plants sont élevés, afin que la vigne donne le meilleur d'elle-même sans se fatiguer, il faudra attendre sa 4e ou 5e feuille pour la récolter. La récolte est vinifiée à la propriété, un nouveau chai a été récemment mis en service

▷ Dans les environs

Diou

A 6 kilomètres de Reuilly par la D918.

MAIRIE ✆ 02 54 49 23 58

L'AUBERGEADE Route d'Issoudun ✆ 02 54 49 22 28. *Fermé dimanche soir et mercredi soir. Réservation conseillée. Menus : 10 € (enfant), 15 € à 32 €. A la carte environ 38 €.* Une maison longue sans cachet particulier, sur le bord de la route d'Issoudun à Reuilly. La salle climatisée avec son buffet Henri II et son petit bar dans un coin est assez quelconque et c'est un peu dommage car on mange fort bien ici. Terrine de saumon à l'oseille, queues d'écrevisse sur salade gourmande, soupière de petits escargots en julienne de légumes, dos de sandre rôti en écailles de pommes de terre, quenelles de brochet au beurre blanc et au basilic, andouillette de pigeon fermier tiède au chou vert et aux truffes. Au menu, les légumes du pays, des lentilles déclinées en crème légère. Le gâteau vanille noisette praliné est délicieux. Un excellent repas arrosé d'un très bon reuilly, un pinot gris de chez Cordier dont les caves sont voisines. Terrasse.

Un poète parle du vin de Reuilly

Hugues Laparie, poète berrichon bien connu, ne craignait pas d'affirmer : "je m'incline devant ce vin "honnête". Regarde-le ce vin ! Reniflez-le, c'est lui qui nous donne notre malice, notre esprit, notre flamme, notre humeur".

LAVOIR DE DIOU Le Bourg ✆ 02 54 49 23 58. *Ouvert du 1er juillet au 31 août du mardi au dimanche de 15h à 19h.* Au lavoir on découvre des tas de jolies choses du pays et des très bonnes aussi ! Les productions de plusieurs artistes et artisans locaux et régionaux sont exposées : objets en bois, terre cuite, verre, tableaux et dessins, photographies. Et n'oublions pas les produits de bouches du pays. On se régale les yeux et le ventre. Les emplettes sont fructueuses.

JACQUES RENAUDAT "Serennes" ✆ 02 54 49 21 44. *Tous les jours : 8h-12h et 13h30-19h, dimanche et jours fériés sur rendez-vous. Visites commentées de la cave pour les groupes.* Blanc, rosé ou rouge à vous de choisir, de toute façon ces vins-là s'habituent aux médailles.

Sainte-Lizaigne

A 10 kilomètres de Reuilly par la D918. Si l'on en croit la légende, le nom du village serait lié à Charlemagne qui, légende oblige venait souvent dans la contrée. L'empereur aurait fait construire à cet endroit un monastère de femmes dont sa fille Licinia aurait assuré la bonne marche. C'est au fil du temps que le nom de la sainte abbesse se transforma en Lizaigne. Des travaux ont mis aux jours, rue du Bas Bourg, les vestiges d'une importante villa gallo-romaine attestant de l'antiquité de Sainte-Lizaigne.

MAIRIE ✆ 02 54 04 00 16

L'ANCIENNE EGLISE. Cette église a subi des dégradations irréversibles et une grande partie de ses fresques situées dans l'abside a disparu. Les travaux de restauration se poursuivent actuellement. Le sauvetage in extremis du bâtiment à la nef unique permet d'admirer encore son chœur roman voûté, ses modillons extérieurs et son portail. Son classement tardif au Monument historique en 1970, l'a malgré tout sauvée !

Saint-Valentin

A 10 kilomètres d'Issoudun, 25 kilomètres de Châteauroux. Voici la seule commune de France qui porte le nom de ce martyr romain devenu le patron des amoureux. Ce village n'a pas un patrimoine particulier, mais il s'enorgueillit d'être le seul de France à porter le nom du saint protecteur des amoureux. Depuis 1965, il a mis sur pied une grande fête qui se déroule le week-end le plus proche du 14 février. Les fiancés, mariés et amoureux de tous âges se retrouvent nombreux sur le thème "tu seras mon Valentin, je serai ta Valentine" dans le village qui croule sous les fleurs en papier un peu kitsch. Peynet a, pendant plusieurs années, réalisé un dessin pour le village à cette occasion. Saint-Valentin vous propose de laisser à jamais la trace de votre visite : faites graver votre message sur l'une des feuilles en forme de cœur du Saule au cœur, véritable œuvre d'art, situé dans le Jardin des Amoureux.

Fiche pratique

MAIRIE Service Tourisme ✆ 02 54 21 41 77. *Fax : 02 54 21 80 58. E-mail : info@village-saint-valentin.com.*

Segry

Pour s'y rendre, prendre à Issoudun la D9 en direction de Chouday, puis la D16 (8 kilomètres).

Fiche pratique

MAIRIE ✆ 02 54 21 21 47

Points d'intérêt

ABBAYE DE LA PREE ✆ 02 54 03 44 44. *En suivant la D70 en direction de Saint-Ambroise, on découvre l'abbaye. Ouvert lors des concerts et pour les Journées du patrimoine.* Située au bord de l'Arnon, au cœur d'un domaine de 40 hectares avec un parc à l'anglaise de 7 hectares, cette ancienne abbaye cistercienne fondée en 1128 est un magnifique ensemble ; haut lieu cistercien. L'abbaye a subi d'importantes destructions en 1818 mais elle a été admirablement restaurée. L'ensemble appartient à la Communauté des Petits Frères des Pauvres qui le conserve en parfait état. L'abbaye se compose d'une belle maison abbatiale restructurée au XVIIIe siècle qui incorpore une partie du cloître XIIe. Elle a conservé une salle capitulaire du XIVe siècle, le dortoir des moines, l'hôtellerie et une grange et deux pigeonniers du XVIIIe.

MOULIN DE NOUAN ET TOUR DE LA CROISETTE ✆ 02 54 03 18 72. *Tarif adulte 2,50 €. Internet : www.moulindenouan.fr.* Comme autrefois, le moulin continue à moudre le grain. En venant à Segry sa visite est incontournable, il ne faut pas non plus oublier l'ancienne Tour de la Croisette.

Le gîte

ANNE LABE "L'HERMITAGE DE GOUERS" ✆ 02 54 21 07 46. Deux gîtes indépendants pour 3 et 6 personnes. L'Arnon, belle rivière de Champagne est au bout du jardin et la barque attend les pêcheurs.

Loisirs

ABBAYE DE LA PREE ✆ 02 54 03 44 44. Cette ancienne abbaye cistercienne est un magnifique ensemble parfaitement entretenu et propriété des Petits Frères des Pauvres. Le logis abbatial a été mis à la disposition d'une association, créée par le fondateur des Petits Frères des Pauvres, Armand Marquiset : "Pour que l'esprit vive". Cette association, à son origine, venait en aide aux artistes, musiciens, sculpteurs éprouvant des difficultés économiques, leur offre plutôt aujourd'hui un lieu de résidence de toute beauté au calme, en pleine nature, qui leur permet de faire une pause dans leur carrière. Musiciens, compositeurs, photographes, sculpteurs se retrouvent ainsi entre eux. Ils rencontrent également le public lors des concerts qui ont lieu régulièrement presque toute l'année, le samedi soir et le dimanche après-midi à prix très modéré. Nicolas Bacri, Dominique de Williencourt sont quelques noms célèbres venus se ressourcer à La Prée. Des rencontres musicales ont lieu fin mai, début juin pendant quatre jours.

Vouillon

Au Sud-ouest d'Issoudun, prendre la D19 sur 16 kilomètres.

Point d'intérêt

L'EGLISE. Une très belle église en partie XI (classée Monument historique) avec une façade à deux niveaux, un portail en plein cintre entouré de colonnettes et des chapiteaux XIe. A proximité une maison forte du XVe et sur la route qui rejoint Meunet-Planches une lanterne des morts.

Le couvert

RESTAURANT DE L'ECU 1, rue du Château ✆ 02 54 49 06 48. *Fermé dimanche soir et lundi. Menus : 10 € et 15 € (midi), 20 € et 25 € sur réservation.* A deux pas de la très belle église du village, ce restaurant accueille dans une grande bâtisse carrée beaucoup de monde chaque semaine. C'est une chaude ambiance à midi dans la grande salle, le service est rapide et souriant. Le menu ouvrier servi chaque jour à midi est copieux et fort bien cuisiné. Il ne faut pas se laisser abattre : ramequin de brandade de morue et une tranche de pâté de tête pour l'entrée, cuisse de lapin ou rôti de veau avec des légumes bien préparés, assiette de fromages et une crème brûlée. Pour un repas plus complexe, il faut réserver. François Moreau a une excellente réputation, il propose un large éventail de préparations : feuilleté de saumon à l'oseille, salade de queues d'écrevisses aux asperges, ragoût de lotte aux saint-jacques, tête de veau à la sauce gribiche, incontournable croustade d'escargots aux pleurotes, filet de sanglier au vinaigre de framboise ou à la crème de morille, petit salé aux lentilles vertes, charlottes ou tartes aux fruits et bien d'autres choses encore.

Vatan

A Issoudun, prendre vers le Nord-ouest, suivre la D96 puis la D136, sur 21 kilomètres. Elle doit figurer sur votre itinéraire : Vatan est la seule ville en France à posséder un Musée du Cirque. Porte ouverte sur le département de l'Indre et du Berry, la ville de Vatan est située à égale distance de Châteauroux, Vierzon et Valençay. Entre Champagne et Gâtines, Vatan s'est construit sur les rives du Pozon. Elle a su rendre son pays agréable et chacun est le bienvenu dans cette sympathique ville. Des ruelles pittoresques bordées de maisons des **XVIIe** et **XVIIIe siècles** invitent à la flânerie. Si en flânant vous apercevez un magasin à l'enseigne "Au Canal de Suez", c'est le souvenir de Ferdinand de Lesseps qui est lié à la ville. A deux pas du bourg, sur la commune de Guilly, le créateur du canal de Suez avait acquis le château de la Chesnaye, lieu où il décéda en **1894**. Ce château a été détruit en **1950**.

Fiche pratique

OFFICE DE TOURISME Place de la République ✆ 02 54 49 71 69. *Fax : 02 54 49 71 69. Internet : www.vatan-en-berry.com.*

MAIRIE ✆ 02 54 49 76 31

Points d'intérêt

Le bourg a conservé la **HALLE AU BLE** datée de 1749, qui abrite aujourd'hui l'Office de tourisme ; la **GRANGE AUX DIMES** du XVIIe est conservée dans un parfait état. Jadis on y amassait la "dîme" ou la dixième partie de la récolte de grain ou de vin destinée à l'Eglise ; quelques maisons anciennes et la **COLLEGIALE SAINT-LAURIAN** qui possède de beaux vitraux datés des XVe et XVIe siècles.

MUSEE DU CIRQUE 1, place de la Liberté ✆ 02 54 49 77 78. *Internet : www.musee-du-cirque.com. Ouvert du 2 janvier au 31 décembre du mardi au dimanche de 10h à 12h et de 14h à 18h. Fermé le lundi et le mardi matin et les jours fériés suivants : 1er janvier, 1er mai, 1er novembre, 25 décembre. Tarifs : 3,80 €/adulte et 1,50 €/enfant.* C'est en 1994 que le cirque a trouvé sa place d'honneur à Vatan ? Il a été installé dans une ancienne école entièrement transformée. C'est Achille Zavatta (sa statue en pied bien évidemment) qui vous accueille dans le hall avec sa valise. Le musée a six salles et fait partager aux visiteurs le monde magique du cirque. Il présente une rapide évocation de son histoire avec les plus grands noms européens ou américains comme Barnum mais aussi français : Pinder, Fratellini, Amar, Zavatta. Des salles ont été aménagées par des spécialistes sur les différents acteurs du cirque, écuyers, clowns, magiciens, trapézistes, équilibristes. Une grande collection d'affiches est rassemblée (collection du Dr Alain Frère), ainsi que des costumes et en particulier ceux des grands clowns aux couleurs vives : Zavatta ou Fratellini. Une maquette de cirque à l'échelle avec des fiches explicatives permet de découvrir ce monde fascinant. Pour finir la visite, des évocations du cirque d'hier et d'aujourd'hui sont projetées dans une salle vidéo. M. Frère considéré comme l'un des plus grands collectionneurs d'Europe d'objets ayant rapport au cirque apporte son soutien à "l'Association des Amis du Musée du Canton de Vatan" en 1995. En prêtant de nombreuses pièces de sa propre collection au musée, il enrichit la collection et contribue à asseoir le succès de ce merveilleux musée.

La Fête de la Lentille Verte

Les 11 et 12 septembre 2004 - 02 54 49 99 11. C'est un moment grandiose que cette fête à la lentille verte, elles sont servies à toutes les sauces, dans les assiettes d'abord, de nombreuses dégustations au travers d'un marché fermier sont proposées. Des animations complètent la fête dont le très prisé, défilé de chars... Cette petite graine verte fait partie du patrimoine berrichon et a été remise à l'honneur grâce à une poignée (de lentilles, non) de personnes dynamiques qui ont fait revivre cette délicieuse herbacée. Cultivée dans quarante communes de l'Indre et cinq du Cher, elle a obtenu à Paris en 1996, son "Label Rouge". "La Confrérie des Mangeux de Lentilles" est à l'honneur bien sûr ce jour-là. C'est vivant, convivial, c'est un véritable accueil dans ce chaleureux pays Berrichon.

Le couvert

LE TOURNESOL 26, place de la République ✆ 02 54 49 97 43. *Fermé dimanche soir et lundi et vacances de février. Menus : 6 € (enfant), 10,50 € (midi sauf week-end), 15,50 €, 22,50 €. A la carte environ 25 €.* C'est une adresse qui tient parfaitement la route et même plutôt l'autoroute puisqu'elle est située dans le village étape de Vatan, bien desservi par une bretelle sur l'A20. Le décor de la très grande salle n'est pas vraiment génial, le plafond est très moche, des tableaux de tournesols, des imitations de ces grandes fleurs trônent dans un vase. Le service est vraiment efficace tout est servi très rapidement. Un peu de traditionnel berrichon comme les œufs à la couille d'âne, du classique avec le gigot d'agneau ou une terrine de campagne aux pruneaux et des poissons : filets de perche, cassolette de pétoncles au gingembre, matelote de saumonette au valençay, salade de queues d'écrevisse poêlées aux fines herbes. En dessert, un gâteau aux trois chocolats ou un entremet poire caramel.

Le gîte

CAMPING MUNICIPAL "La Ruelle-au-Loup" ✆ 02 54 49 91 37.** *Fax : 02 54 49 93 72. Du 17 avril au 12 septembre. 56 emplacements : 8 €.* Un camping très prisé dans ce village étape, carrefour vers des lieux touristiques entre Valençay, Bouges, Issoudun et Reuilly. Sa fréquentation est en augmentation constante.

Emplettes

JEAN-CLAUDE MORIN "La Chaleresse ✆ 02 54 49 83 53 *(téléphonez avant de venir). Ouvert tous les jours.* Au choix, du miel de printemps, d'acacia, de chêne, de tournesol, de forêt, et de bruyère. Pollen, gelée royale et tous les produits dérivés de la ruche.

▷ *Dans les environs*

La Chapelle-Saint-Laurian

De Vatan, prendre la D2 sur 3 kilomètres.

CAMPING NATURISTE "LE MOULIN DE LA RONDE" ✆ 02 54 49 83 28. *Du 1er avril au 30 septembre. 35 emplacements.* Le centre créé en 1975 accueille l'été un nombre grandissant de naturistes. Sur 5 hectares, on dénombre 35 emplacements, une piscine, de beaux arbres et surtout une situation privilégiée sur la route des vacances. Un relais pour les amateurs hollandais, un camping à l'ambiance familiale.

MONIQUE RIVIERE La Pallue ✆ 02 54 49 92 54. La qualité des fromages de chèvre de Monique est reconnue. De belles pyramides fabriquées avec le lait des chèvres élevées comme au bon vieux temps de façon parfaitement naturelle. Ici les chèvres sont encore normales, elles ne donnent pas du lait toute l'année !

Fontenay

De Vatan, 5 kilomètres, prendre la D2 en direction de la Chapelle Saint-Laurian, puis la D31.

FERME DE LA BISQUINERIE "La Bisquinerie" ✆ 02 54 49 80 58. *Ouvert du 1er janvier au 31 décembre du lundi au dimanche sur rendez-vous.* Depuis 1985, la famille Chauveau produit sur une douzaine d'hectares de la lentille rose et verte qu'elle vend conditionnée en sachet sur les marchés. En 1993, Marie-Thérèse, Hubert et leur fils Hervé, se sont lancés dans l'élevage de canard. Les canards achetés à un jour sont élevés en plein air avec les céréales produites sur la ferme ("agriculture raisonnée" comme la qualifie Hervé).

Ces 800 canards par an sont transformés sur place, ils se déclinent en rôtis farcis au foie, en rillettes, magrets frais, fumés ou confits. Le marché fermier de Noël, organisé depuis plusieurs années, rencontre un vif succès. Mais pour être certain d'avoir son foie gras pour les fêtes, il est préférable de le commander un mois à l'avance. Vente sur l'exploitation, mais on trouve aussi ces produits sur le marché de Châteauroux.

2004, année George Sand, bicentenaire de sa naissance

Femme de lettres, femme d'écriture, vêtue en homme, fumant la pipe, affichant ses convictions républicaines, elle choque au XIXe siècle bourgeois et conservateur, qui tient les femmes à l'écart. Mais Balzac, Flaubert, Delacroix, Tourgueniev, Liszt, Hugo, Chopin, la considèrent comme leur égale. Deux siècles plus tard, le département de l'Indre rend hommage à cette femme d'exception. Théâtre, concerts, spectacles, conférences, rencontres, fêtes populaires et même randonnées et sorties nature lui seront dédiées tout au long de l'année.

Pour des informations et des dates précises, contactez le **Comité Départemental du Tourisme de l'Indre © 02 54 07 36 36.** *Fax : 02 54 22 31 21. Internet : www.tourisme.cyberindre.org. E-mail : tourisme@cyberindre.org.*

"RENCONTRES INTERNATIONALES GEORGE SAND" du 3 au 9 septembre, à Paris et en Berry ; une journée à Paris sur les pas de George Sand avec un hommage de la Pologne à l'écrivain suivie de six jours de festivités en Berry sur le thème "GEORGE SAND ET LES ARTS" au Château d'Ars, à La Châtre, à Nohant et autour des sites "sandiens" : musique, théâtre, cinéma, spectacles de marionnettes, scènes nocturnes, conférences, animations.

LE PAYS DE LA CHATRE EN BERRY

Dans ce paysage vallonné dont les champs sont entrecoupés de haies et de bois, le pays offre une grande diversité de sites et de richesses architecturales. Les hameaux et les locatures aux toitures de tuiles rouges envoient des touches colorées dans le bocage et les petits villages méritent votre visite. Georges Sand "La Bonne Dame de Nohant" fut la marraine de la région, c'est elle qui la baptisa "La Vallée Noire" : "toutes les hauteurs sont boisées, c'est ce qui donne à nos lointains cette belle couleur bleue, qui devient violette et quasi noir dans les jours orageux...". L'esprit du romantisme souffle depuis le **XIXe siècle** sur ce paisible pays de bocage.

La Châtre

A 36 kilomètres, au Sud-est de Châteauroux par la D943. Située au cœur de la vallée Noire, La Châtre est une jolie ville qui fut construite sur un coteau dominant la riante vallée de l'Indre. Une architecture variée, de beaux hôtels particuliers du XVIIIe, des maisons médiévales XVe avec leur bois apparent, beaucoup de toits de tuiles qui donnent à la ville une couleur chaude, des petites rues pleines de charme. Bordant la rivière d'anciennes tanneries à auvents et balcons en bois valent d'être admirées. Une belle place du marché, un théâtre refait à l'italienne, des squares fleuris, tout donne envie de s'arrêter. La Châtre a aussi un commerce dynamique avec beaucoup de petites boutiques sympathiques. George Sand est, à elle seule, un atout considérable. La ville est le point de départ de toutes les balades sur les lieux "sandiens" et surtout vers le château de Nohant, demeure familiale de l'écrivain.

Un peu d'histoire

Plusieurs versions sont données, quant à l'origine de l'histoire de La Châtre. La plus ancienne l'attribue à un camp romain qui se serait établi sur les bords de l'Indre. César y aurait fait bâtir une tour, au pied de laquelle, de misérables huttes se seraient regroupées. La seconde l'attribue à la fondation d'une abbaye vers **624** ; Saint-Sulpice le Pieux, archevêque de Bourges, parcourant le pays s'arrêta sur le plateau d'une colline qui borde l'Indre et entreprit la construction d'un monastère qu'il plaça sous la protection de Saint-Vincent. Les moines y accueillirent un grand nombre de gens de toute espèce. Les habitants comparèrent ce refuge à une prison et le baptisèrent "La Chartre" qui se prononçait "La Châtre". Par la suite, elle devient "Castra" et on finit par l'écrire la "Chastre".

Au **XIIe siècle**, La Châtre fut brûlée par Louis VII. Au **XIVe siècle**, c'est la peste qui la marqua. Au **XVe siècle**, la famille de Chauvigny fit édifier le château qui restera la seule construction, il ne reste aujourd'hui que le donjon, actuel Musée. A la fin du **XIXe**, début du **XXe siècle**, elle prospéra autour des tanneries et des moulins.

Sa belle histoire avec la famille de George Sand débute au **XIXe siècle**, au cœur du romantisme. Née à Paris, la fillette fut élevée dans le Berry, marquée par le monde paysan, elle l'évoquera dans ses romans les plus célèbres tels "Le Champi", ""La Mare au Diable" ou la "Petite Fadette"...

Fiche pratique

OFFICE DE TOURISME 134, rue Nationale ✆ 02 54 48 22 64. *Fax : 02 54 06 09 15. Internet : www.la-chatre.com. E-mail : ot.la-chatre@wanadoo.fr. Ouvert toute l'année du lundi au samedi de 9h30 à 12h30 et de 14h à 18h30. Pendant les mois de juillet et d'août ouvert les jours fériés et les dimanches de 10h à 12h30.*

MAIRIE Place de l'Hôtel-de-Ville ✆ 02 54 48 51 20

Points d'intérêt

EGLISE SAINT-GERMAIN Place Maget. L'ancienne église avait été construite du XIIe au XIVe siècle. Elle avait perdu son clocher après quelques coups de foudre et de révolution. Au XIXe siècle, un beffroi en bois abrite les cloches. En 1895, on décide de rebâtir le fameux clocher suite à un don providentiel. Le clocher s'élève, mais on a omis de vérifier la solidité de la construction préexistante. Le 8 décembre dans un immense fracas, la nouvelle construction tombe en poussière et sur quelques maisons voisines. La vieille église est condamnée et l'on reconstruit une église neuve entre 1902 et 1904. Dans une des chapelles, on peut toujours admirer la pietà de 1387, provenant du couvent des Carmes.

LES MAISONS DE BOIS ✆ 02 54 48 53 42. *Visite libre.*

LA MAISON POINTUE. Située rue des trois marchands, récemment restaurée et la Maison de Bois, rue du Marché, méritent une visite.

MUSEE GEORGE-SAND ET DE LA VALLEE NOIRE 71, rue Venôse ✆ 02 54 48 36 79. *Ouvert tous les jours. Fermé le 25 décembre et en janvier. Du 1er février au 31 mars et du 1er octobre au 31 décembre : 9h-12h et 14h-17h. Du 1er avril au 30 juin et du 1er juillet au 30 septembre : 9h-12h et 14h-19h. Du 1er juillet au 31 août : 9h-19h. Tarif adulte : 3,90 €.* On oublie trop souvent qu'il existe un musée à La Châtre. Il est établi dans le cadre prestigieux de l'ancien donjon du XVe, en surplomb de la vallée de l'Indre. La vieille prison a été reconvertie et présente sur trois niveaux des collections variées. La collection ornithologique, léguée par le général de Beaufort, présente 3 000 oiseaux naturalisés du monde entier. Coiffes, témoignages du folklore mais aussi de nombreux tableaux de peintres locaux constituent le fonds de la salle Art et Traditions Populaires. Dans une autre salle sont installées des maquettes en bois, représentant des scènes champêtres. Le musée de La Châtre est incontournable par sa complémentarité avec Nohant. Dans cet endroit, sont rassemblés beaucoup de documents ayant appartenu à l'écrivain, lettres, photos, petits objets. Ils permettent d'évoquer sa famille, en particulier son demi-frère Hippolyte Chatiron, ses amis et sa petite-fille Aurore.

VISITE GUIDEE DE LA VILLE ✆ 02 54 48 22 64. *Fax : 02 54 06 09 15. E-mail : ot.la-chatre@wanadoo.fr.* Cette dynamique capitale du Boischaut sud vous invite à découvrir le pays si cher à George Sand. Balades dans les rues tout en montées et en descentes de sa vieille cité. Empruntez le circuit pédestre ! Vous y apercevrez les anciennes maisons de bois, le donjon qui accueille aujourd'hui le musée de George Sand ou encore les quartiers pleins de caractère et de charme du P'tit Mur et des Tanneries.

Le couvert

AUBERGE A L'ESCARGOT Place du Marché ✆ 02 54 48 03 85. *Fermé lundi et mardi, et de mi-janvier à mi-février. Menus : 16 € à 35 €. A la carte environ 36 €.* L'auberge de la Tête Noire où se retrouvaient les futurs parents de George Sand est devenue "l'Escargot" depuis fort longtemps. Une petite façade basse et discrète tout au fond de la grande place. Des fleurs fraîches, des bougeoirs, de beaux couverts et des nappes roses un décor bien agréable. On est accueilli avec le sourire, et au milieu des liserons de l'assiette, on vous sert des escargots farcis dans les coquilles, une bonne salade de lentilles vertes du Berry et ses lardons, une généreuse terrine de foies de volailles maison, des brochettes d'agneau grillées, du jambon d'York sauce aux cèpes, un filet de bœuf grillé. Sur le plateau de fromages bien garni, on trouve un excellent mi-chèvre mi-vache fait à Saint-Chartier. Une bonne cuisine traditionnelle.

Le gîte

CAMPING "LE VAL VERT"* "Le Vavre" ✆ 02 54 48 32 42.** *Du 1er juin au 12 septembre. 77 emplacements : 7,62 € en haute saison pour un emplacement 2 personnes et une voiture.* Dans la verdure et au grand calme.

HOTEL DU COMMERCE 9, place du Marché ✆ 02 54 48 00 25.** *Fax : 02 54 48 43 31. Fermé le lundi. Fermeture annuelle 3e semaine de février. 11 chambres de 40 € à 44 €. Télévision.*

Petit déjeuner 5 €. Vous êtes en plein cœur de la ville de La Châtre, sur la place du Marché. Des chambres simples et confortables et des jeunes patrons très aimables qui n'ont aucune difficulté en anglais et en espagnol.

HOTEL NOTRE-DAME Place Notre-Dame © 02 54 48 01 14.** *Fax : 02 54 48 31 14. Toute l'année. 19 chambres de 39 € à 47 €. Garage fermé. Télévision. Petit déjeuner 5,90 €.* Chambres très calmes, elles donnent sur la toute petite place Notre-Dame. Elles sont aussi spacieuses. Une très bonne adresse.

Le gîte et le couvert

HOTEL DU LION D'ARGENT - LES TANNERIES 2, avenue du Lion-d'Argent © 02 54 48 11 69.** *Fax : 02 54 06 02 24. Toute l'année. 34 chambres de 41 € à 44 € (1 personne) et de 46 € à 54 € (2 personnes). 2 parkings dont un fermé. Canal+ et Canal Satellite au Lion d'Argent, télévision aux Tanneries. Petit déjeuner : 5,80 €. Menus : 6,10 € (enfant), 17 €, 23 €. A la carte environ 27 €.* Bien que situé sur un lieu de grand passage, au milieu d'un carrefour, on oublie l'environnement car l'insonorisation est parfaite. Avec une véranda et deux très grandes salles, le restaurant accueille une clientèle importante. L'affluence est grande, mais le service est très rapide et les cuisiniers assurent. Une série de plats traditionnels bien réussis figurent dans les menus comme les "œufs à la couille d'âne" bien connus des Berrichons et des poissons bien cuisinés. Le patron de l'hôtel-restaurant s'implique dans la vie de la cité en proposant des produits touristiques avec la visite des sites "sandiens". Sa capacité en chambres et en couverts (100 couverts) lui permet d'accueillir les groupes. "Le Lion d'Argent" est également agréé Vélotel et met ces services à la disposition de ceux qui veulent découvrir la "Vallée Noire" à bicyclette. De belles chambres donnent précisément sur ces vieilles tanneries au bord de l'Indre. Une bonne adresse.

Emplettes

Panier gourmand

CONFISERIE SAINT-YVES 2, place Laisnel-de-la-Salle © 02 54 48 24 21. Depuis 20 ans, cette confiserie a investi une des plus belles maisons de la ville, la maison de bois du XVe. Dans la vitrine, les bocaux à l'ancienne sont remplis de petits bonbons aux couleurs vives. La maison ne fabrique pas ses chocolats, mais travaille depuis son installation avec les meilleurs chocolatiers de France. On y trouve également les thés "Mariage Frères" de grande réputation.

PATISSERIE GEORGE SAND 13, place du Marché © 02 54 48 01 24. Dans cette boutique de la place du Marché où le pâtissier travaille depuis plus de 38 ans, l'hommage à George Sand est évident. L'écrivain sponsorise la crème des gâteaux, mais puisque le résultat est bel et bon, on ne boude pas son plaisir. On dégustera le "Cœur de Nohant", la "Petite Fadette" (caissette de chocolat, mousse chocolat framboise et cognac), le "Nohant" (biscuit ganache chocolat crème pralinée) et bien sûr le "George Sand" (génoise crème vanille et morceaux de nougat). Plus exotique, le "Tonkinois" (ganache recouvert de tuiles d'amandes), et un gâteau spécifique pour la fête des Mères à base d'alcool de rose. La maison fait aussi d'excellents feuilletés chèvre pomme de terre ou simplement pomme de terre dans la meilleure tradition berrichonne.

Produits locaux

LES ANTIQUITES - JOUR D'OCCASE 19, rue de Beaufort © 02 54 48 34 29. *Du mardi au dimanche : 14h-19h.* Devant cette toute petite boutique, les objets s'entassent sur le trottoir. La vitrine est très encombrée mais à l'intérieur c'est encore plus impressionnant. On se faufile entre meubles et bibelots pour dénicher un trésor à petit prix, et ce trésor modeste qui fait le bonheur du chineur, on le trouve souvent.

LA MUSARDIERE 83, rue Nationale © 02 54 48 20 76. Un grand magasin d'antiquités brocante où l'on est très bien reçu. Des carafes, beaucoup de vases de toutes les couleurs, du linge ancien, des tableaux mais aussi des meubles. De quoi se faire quelques cadeaux !

L'ART ET L'ARTISANAT - BERNARD KERBRUF 12, rue Lucet © 02 54 48 34 34. Bernard Kerb-Suf, le Breton parfaitement intégré dans le milieu bas berrichon s'est installé dans le vieux La Châtre. Il fabrique des vielles magnifiques et de qualité reconnue dans toute la France.

Shopping

LIBRAIRIE DU BERRY 141, rue Nationale © 02 54 48 08 38. George Sand est dans la vitrine, normal, il faut bien que dans la ville qui l'a adoptée, on puisse acheter tous ses romans mais aussi toutes les publications qui la concernent. Cette grande librairie comblera parfaitement votre soif de découverte à propos de la "dame". Mais c'est aussi une librairie aux rayons bien fournis sur tous les sujets. Un endroit agréable pour venir satisfaire ses envies de lecture.

▷ Dans les environs

Briantes

Au Sud-est à 5 kilomètres de La Châtre, suivre la D943, puis la D83. Briantes est érigé sur les coteaux ensoleillés environnants La Châtre.

MAIRIE 4, place Jean-Moulin ✆ 02 54 48 09 06

CHATEAU DE BRIANTES. George Sand fait du château de Briantes (privé) la résidence de son héros des "Beaux Messieurs de Bois Doré" Silvain de Bois-Doré. Le château fut détruit pendant la guerre de Cent Ans, reconstruit, il subira de nombreuses vicissitudes.

EGLISE SAINT-AIGNAN. Romane du XIIe, placée sous le vocable de Saint-Aignan elle se distingue avec son clocher carré terminé par un beffroi recouvert d'ardoises.

Ne passez pas à côté de **LA CHAPELLE NOTRE-DAME DE VAUDOUAN** aux murs couverts d'ex-voto, reconstruite en 1868.

Lacs

A l'est 5 kilomètres de La Châtre sur la D943.

LES POUTRES 44, rue Henri-Prieuré ✆ 02 54 06 49 98. *Fermé mardi soir et mercredi et samedi midi hors saison. 7j/7 sauf samedi midi en juillet/août. Menus : 10,50 € (midi en semaine), 12 € à 30 €. A la carte environ 25 €.* La grande salle bleue et jaune, désormais scindée en deux espaces, est vraiment agréable et le service se fait dans la bonne humeur. Marc, le jeune cuisinier néerlandais maintient le cap de la qualité, il concocte une cuisine raffinée, servie très largement. Foie gras de canard maison au pineau des Charentes, soupière de pétoncles à l'ail et persil, tête de veau sauce ravigote, filet de bœuf sauce Périgueux, saucisson de sandre aux courgettes sauce vin blanc. En dessert, essayez une tarte cassis et son coulis ou la très fameuse crème brûlée aux zestes d'orange confits. Le bar a gardé son grand comptoir rouge des années 50. En toute fraternité européenne, on y croise à la fois les compatriotes du cuisinier hollandais et les gens du cru avec une louche d'accent berrichon. Terrasse.

Le Magny

Au Sud-ouest à 3 kilomètres de La Châtre, sur la D73.

MAIRIE 15, rue Principale ✆ 02 54 62 10 00

L'EGLISE SAINT-MICHEL. Du XIIe, fortifiée au XVe siècle elle fait partie d'un classement aux Monuments historiques. Le chœur s'orne de fresques romanes.

Confrérie des "Culs d'ours "et Cabinets de Vignes en Pays de George Sand

Renseignements : Gilbert Guitard 02 54 48 06 41 ou Office de tourisme de La Châtre - 02 54 48 22 64. Cette confrérie rend hommage aux anciens vignerons du pays de La Châtre que l'on voyait courbés sur les vignes des environs, avec leurs vieux pantalons de velours marron. Voilà pour l'"appellation "culs d'ours". La confrérie se donne également pour but de favoriser la restauration des plus beaux cabinets ou loges de vignes et de les faire connaître, créant ainsi un produit touristique. Le chapitre de la Saint-Vincent a lieu le dernier samedi de janvier, celui des vendanges le 3e samedi d'octobre. On fait aussi la vendange de la vigne pédagogique et patrimoniale de Beauregard en septembre.

FERME-AUBERGE - GERARD YVES JOUHANNEAU "Poumoué" ✆ 02 54 48 22 95. *Sur réservation. Du 1er mai au 30 septembre : fermé le lundi. Du 1er octobre au 30 avril : les soirs des jeudis, vendredis et samedis, le dimanche midi. Capacité 50 personnes. Menus de 18,50 € à 23,20 €. A la carte environ 20 €.* L'activité essentielle de l'exploitation c'est l'élevage de chèvres. Elles sont toutes blanches et dans le pré juste à côté. Sans elles, pas d'auberge puisqu'elles dispensent leur lait pour les fromages qui entrent dans la composition des menus, comme aussi leur viande. La salle c'est l'ancienne étable, elle est très agréable et aménagée avec beaucoup de goût. Fonds de coiffes encadrées, vieux outils et dans la cheminée, un vrai feu de bois. On conseille le douillon, un fromage de chèvre avec un enrobage de pâte feuilletée, la salade de la Couarde avec une truite. Le caprissoulet est un mets original (en fait un cassoulet de chèvre), il y a aussi de belles salades bien garnies avec toujours du fromage de chèvre. Pour terminer essayez les desserts de nos campagnes : tarte au fromage blanc (de chèvre), gâteau aux poires et même un sorbet au fromage blanc, de chèvre bien entendu.

GERARD YVES JOUHANNEAU "Poumoué" ✆ **02 54 48 00 24.** *Ouvert tous les jours sauf le lundi.* Du fromage de chèvre appellation Valençay "Le Poumoué", du crottin du Berry, du crottin au poivre, des fromages à apéritif aromatisés... A noter que l'on peut aussi aller déguster les produits Jouhanneau dans leur ferme-auberge.

LE PRIEURE. Du XIIe elle conserve des fenêtres romanes et un toit pentu recouvert de tuiles. On peut y admirer la chambre du prieur datée du XVe conservée dans un état exceptionnel.

Montgivray

Au nord, à 3 kilomètres de La Châtre, suivre la D49 et la D72. Ce bourg jouxte la ville de La Châtre et profite du charme des rives de l'Indre. On peut y faire de belles promenades à la découverte des moulins nombreux, une grande source d'activité dans les siècles passés.

MAIRIE Rue du Pont ✆ **02 54 06 10 36**

Sur les pas de George Sand

Les villages de cette région ont développé des initiatives pour faire découvrir leurs richesses, c'est l'opération "Promenade autour d'un village". Une quinzaine de communes y participent. Ce sont les habitants, le maire souvent, qui s'improvisent guides pour un après-midi. Les visites sont gratuites, elles attirent les amateurs d'authenticité, elles permettent de discerner un patrimoine plus intime (souvent des propriétés privées ouvertes à cette occasion seulement), et elles favorisent les rencontres avec les artisans, les exploitants agricoles. Les promenades se déroulent dans un grand esprit de convivialité et se terminent toujours par un pot de l'amitié. Nous les recommandons chaudement. Certaines vous sont détaillées dans le guide.

CAMPING MUNICIPAL - SOLANGE SAND 2, rue du Pont** ✆ **02 54 06 10 34.** *Fax : 02 54 06 10 36. Ouvert du 15 mars au 15 octobre. 72 emplacements. Tarif de base pour une nuit, 2 adultes, un emplacement, une voiture : 6,50 €.* Le camping est situé dans un espace ombragé.

LES CAVES DU LION D'ARGENT 6, avenue du Lion-d'Argent ✆ **02 54 48 01 13.** Une excellente adresse pour monter sa cave. Eric Raffault est de bon conseil et propose une large gamme qui doit satisfaire même les plus exigeants. Il vient de constituer au sein de son établissement, un club du whisky pour faire découvrir les nombreuses facettes de cette boisson. Même avec cinq soirées annuelles accompagnées de dégustation explication, vous n'êtes pas près d'épuiser les réserves puisque Eric propose 200 marques de ce précieux breuvage.

CHATEAU DE MONTGIVRAY ✆ **02 54 06 10 36.** Abritant aujourd'hui la Mairie, jadis le château a appartenu à Hippolyte Chatiron, le demi-frère de George Sand. C'est à partir de 1875 que Solange Sand (la sœur de George) et son mari, le sculpteur Jean-Baptiste Clésinger s'y installèrent. A cette époque il sera restauré, seules, deux tours encadrant le porche subsistent de l'ancien château, qui fut détruit pendant la guerre de Cent Ans.

ECOLE DE PILOTAGE/KARTING - EUROFORMULA Circuit de Chavy ✆ **02 54 06 05 24.** En 1978, c'est la création d'une école de pilotage sur la piste de 2,325 kilomètres. Cette piste sera le banc d'essai de nombreux pilotes et des plus célèbres, Stewart, Beltoise, Laffite, Alesi et Prost. Sur le circuit de Chavy va se courir pendant de longues années la manche française du championnat d'Europe. Les compétitions officielles ont pris fin en 1995 mais l'école de pilotage continue ses activités et les amoureux de courses automobiles rêvent toujours d'un retour des grands champions. On peut faire des stages d'initiation et perfectionnement de 1 à 2 jours ou plus simplement faire du kart sur le circuit très court mais très technique de l'Ecole de pilotage F3.

GITE DE SEJOUR "Chavigner" ✆ **06 81 97 51 54/02 54 48 43 47.** *Toute l'année sur réservation. 2 épis. 2 dortoirs de 8 personnes, 2 chambres de 3 personnes, 1 chambre de 4 personnes et 1 logement pour 3 à 5 personnes, soit un total de 30 personnes : de 9 € à 11 €/personne. Draps fournis.* Dans une ferme rénovée dans un hameau proche de Nohant.

AGNES ROBIN "Le Pont" ✆ **02 54 06 05 76.** Du fromage de vache mais aussi du lait et des œufs.

Aigurande

Au départ de la Châtre prendre la D72/D41 en direction de Chassignolles ensuite la D72 direction Crozon-sur-Vauvre, puis la D19 et continuer sur la D990 (26 kilomètres). A l'extrême sud, Aigurande est à la frontière du Berry et du Limousin. Elle a été construite en amphithéâtre non loin des sources de la Bouzanne et de la Vauvre, du reste, son nom signifie limite des eaux. Aigurande, ville fortifiée, se trouva impliquée dans les conflits franco-anglais, elle passa de la domination anglaise au royaume de France au XIIIe siècle. Les alentours offrent de magnifiques ouvertures vers les monts de La Marche et sur la campagne vallonnée aux champs clos de haies vives.

Fiche pratique

OFFICE DE TOURISME 1, avenue de la République © 02 54 06 38 07. *Fax : 02 54 06 41 00.*

MAIRIE 1, place de la Promenade © 02 54 06 30 56

Points d'intérêt

LA FONTAINE NOTRE-DAME DE LA BOUZANNE. Source de la Bouzanne, elle est située à deux kilomètres d'Aigurande. Dans un petit édifice construit en 1895 veille la statue de Notre-Dame ; au sommet se dresse la Vierge tenant l'Enfant.

L'EGLISE NOTRE-DAME. Fortifiée dont la première mention qui est aussi celle de la ville date de 1087. Elle abrite des tabernacles et un retable de bois doré.

LES MAISONS ANCIENNES DES XVIIIe ET XIXe SIÈCLES. Elles subsistent, rue Grande, rue de la Marche, rue du Faubourg-Gayet et autour de la "Grand-Place" (ancienne place de la vieille ville) et témoignent de l'importance du rôle de "partage des eaux" de l'origine. Ces anciens puits en pierres XVIIIe siècles entourés de belles grilles et couronnés de plomb méritent une visite.

Loisirs

RANDONNEE © 02 54 06 30 56 (mairie). Au départ d'Aigurande un petit chemin bucolique permet de découvrir un ancien lavoir, une pêcherie, des haies "plessées", des "gorces", un petit patrimoine rustique jalonne ce parcours de 3 kilomètres.

Cluis

A 9 kilomètres de Neuvy-Saint-Sépulchre, suivre la D927, puis à gauche la D990. Au cœur du Boischaut sud, le bourg de Cluis s'est installé entre les vallées de l'Auzon et de la Bouzanne, seigneurie connue dès l'an 100, elle fut définitivement formée au XIXe siècle par la réunion de deux anciennes communes : Cluis-Dessous et Cluis-Dessus.

Fiche pratique

SYNDICAT D'INITIATIVE 9, place du Marché-au-Blé © 02 54 31 22 13

MAIRIE 12, rue du Château © 02 54 31 21 06. *Internet : www.www.cluis.fr.*

Points d'intérêt

EGLISE SAINT-PAXENT. Un bel édifice en granit, grès et schiste d'aspect cistercien. La modeste nef couverte d'un berceau de bois est celle de l'édifice primitif, au-dehors, on voit encore une fenêtre très archaïque remontant peut-être au XIe siècle. Le mur sépare la nef du chœur. Le chœur est une œuvre du XIIIe siècle, conçue avec beaucoup d'élégance. Il est surmonté d'une voûte d'ogives toriques. A la suite vient le chevet, pareillement voûté et éclairé de longues et étroites fenêtres brisées.

FORTERESSE DE CLUIS-DESSOUS. Elle a été construite sur un éperon rocheux bordé par la Bouzanne. Une seigneurie et une première construction sur ce site sont connues dès 1001. De cette belle forteresse ne subsistent que des ruines imposantes. Le donjon rond sur motte au nord de l'enceinte est devenu une carcasse vide. L'enceinte a conservé cinq tours saillantes semi-circulaires et une tour circulaire, sur les huit qui la protégeaient à l'origine. Les vestiges du logis seigneurial sont toujours visibles comme ceux du châtelet d'entrée ainsi qu'une tour de trois étages avec sa herse et son pont-levis.

LES HALLES A POTEAUX DU XVIIE SIÈCLES. Situées sur la place du Champ de Foire elles sont remarquables par leur charpente et nous laisse imaginer l'importance des activités commerciales qui s'y sont déroulées dans le passé.

MANOIR DU XVe SIÈCLE (actuelle mairie). Il héberge de magnifiques collections de tapisseries d'Aubusson, classé Monument historique.

VIADUC DE CLUIS. Si au Blanc le viaduc enjambe une rivière importante, la Creuse, celui de Cluis se contente de franchir la vallée d'un modeste cours d'eau, l'Auzon. Construit de 1897 à 1899, il permettait de relier en train Argenton sur Creuse et La Châtre, portion de la ligne Poitiers-Montluçon. Le trafic s'est arrêté en 1952 mais ce véritable monument du patrimoine ferroviaire du département a été conservé. Il a été restauré par "l'association de sauvegarde des sites de Cluis". Il est impressionnant avec, sur une longueur de 499 mètres, 20 arches d'une ouverture de 20 mètres et d'une hauteur au point culminant de 42,70 mètres. Les amateurs de sensations fortes pourront au cours de l'été 2004 se faire quelques petits ou plutôt grands sauts à l'élastique. Déconseillé à ceux qui ont peur du vide !

VISITE DU VILLAGE ✆ 02 54 31 21 06/02 54 31 22 13. Cluis vous invite à faire le tour du village : le Manoir avec ses tapisseries, l'imposante église, les halles animées par des marchés campagnards tous les 15 jours ou encore les ruines du château. Au 1er mai, c'est la Grande Fête du Luma (escargot) qui a lieu tous les ans depuis cinquante ans.

Crevant

A 14 kilomètres au Sud-ouest de La Châtre, suivre la D940, puis à droite la D951. Quelques caractéristiques de ce village méritent un détour. A admirer les granges à portaux de ses fermes sous lesquelles on battait le grain et où l'on tuait le cochon. Une très belle église des XIIIe et XIVe siècles, les quarante-deux croix de ses chemins et carroirs.

Fiche pratique

MAIRIE 4, route de la Châtre ✆ 02 54 30 20 77

Points d'intérêt

EGLISE SAINT-AUBIN ✆ 02 54 30 20 77. Cette église des XIIIe et XIVe siècles, mérite une visite.

PARC DES PARELLES "Le Petit-Pommier" ✆ 02 54 30 17 17. *Ouvert toute l'année du lundi au dimanche.* A la sortie de Crevant, en direction d'Aigurande, on découvre un site sauvage et bucolique s'étendant sur 13 hectares de bois de chênes, hêtres, châtaigniers, bouleaux... traversés par des rus, des ruisseaux... Site d'anciennes carrières de granit, çà et là elles émergent et créent dans ce décor une atmosphère de mystère qui a tant inspiré Georges Sand pour ses ouvrages "Les Légendes Rustiques" et "Nanon". Des sentiers de découverte sont aménagés : "Les Tailleurs de pierres" (40 minutes), "Le Dordorin" (50 minutes) et "La Falaise" (20 minutes). La faune et la flore bien protégées offrent dépaysement et enchantement.

Le couvert

AUBERGE LE BOISCHAUT 2, rue du Presbytère ✆ 02 54 30 29 12. *Fermé lundi et mardi. Ouvert 7j/7 en juillet et août. Fermé environ du 10 janvier au 20 février. Menus : 8,40 € (enfant), 12 € (midi en semaine), 14,50 € à 37 €. A la carte environ 26 €.* "Le Boischaut" est une halte bien agréable à quelques kilomètres de La Châtre. A la belle saison, les déjeuners et dîners sont servis sur la terrasse, tout près de la piscine dont on peut profiter sans restriction. Cette table à la campagne offre un large choix de plats gourmands. Pour commencer, citons les profiteroles d'escargots aux duxelles de champignons. Puis un émincé de mignon de porc au cidre ou un filet de sandre au coulis d'écrevisse ou encore une cassolette de saint-jacques et queues d'écrevisses au Noilly. Le chef soigne aussi ses desserts qui sont vraiment délicieux, comme le fondant aux deux chocolats ou une vraie tarte Tatin et sa crème glacée à la vanille ancienne. Terrasse, piscine et tennis.

Emplettes

LES ESCARGOTS DU DANJON - CLAUDE LORIOT "Danjon" ✆ 02 54 30 29 18. *Visites sur rendez-vous de mai à septembre.* Pour parfaire sa connaissance de la gastronomie berrichonne, il faut goûter aux spécialités d'escargots de Patricia et Claude Loriot. En coquilles ou en galettes, c'est un régal. Ces gastéropodes sont vendus également à la douzaine, frais ou surgelés et au court-bouillon en bocaux (marché de Châteauroux).

DENIS ET LAURENCE JEAUMOT "Les Bergères" ✆ 02 54 30 22 36. C'est déjà une jolie promenade que la découverte du pittoresque village des Bergères. Le granit y est partout, sur les maisons, les murets mais aussi à fleur de terre. L'huilerie du Berry est une entreprise artisanale strictement familiale fondée en 1920, elle a vu trois générations se succéder.

Fougerolles

Au Sud-ouest de La Châtre, prendre la D19, sur 11 kilomètres.

Fiche pratique

MAIRIE Le Bourg ✆ 02 54 31 30 55

Point d'intérêt

ABBAYE DE VARENNES ✆ 02 54 31 30 59. *Du 1er juillet au 3 septembre. Lundi, mardi, jeudi, vendredi, samedi : 13h30-19h30 et dimanche : 10h-12h et 13h30-18h. Visite gratuite, guidée sur demande pour les groupes.* Cette ancienne abbaye cistercienne des XIIIe, XVIIe et XVIIIe siècles, a connu bien des vicissitudes. Fondée en 1155, elle est actuellement partagée en deux propriétés. Les logements des convers et le cloître XIIIe avec ses arcades ne se visitent plus. Après les restaurations et les fouilles abusives des derniers propriétaires, cette partie du monument vient d'être rachetée par une famille américaine. La partie église et logement de l'abbé sont toujours visibles. Leurs propriétaires, après une très longue restauration exemplaire, ont donné une touche finale l'an passé en ornant l'abbatiale de vitraux modernes mais parfaitement en accord avec le style de ce beau monument.

Le couvert

LE CAMPAGNARD Le Bourg ✆ 02 54 31 33 40. *7j/7. Menus : 13 € assiette du pays, 9,80 € et 11 € le midi en semaine. 11 € et 13 € samedi soir et dimanche soir. 15 € et 18 € dimanche midi.* Ici pas de manières, le restaurant mérite bien son nom, on vient pour se restaurer et non pas pour "chipoter" dans son assiette. Une cuisine traditionnelle, la même entrée pour tous, ensuite bœuf ou andouillette et des garnitures de légumes très bien cuisinés. Le week-end, le restaurant offre des menus plus festifs. Le service est rapide et efficace, l'ambiance joyeuse, c'est sans manières, à la bonne franquette ! Service traiteur et plats à emporter.

Lys-Saint-Georges

Au nord-ouest, à 19 kilomètres de La Châtre, suivre la D19 et la D69. De Mers-sur-Indre, prendre la D69 sur 5 kilomètres. Il faut faire une halte près de son vieux château avec ses douves où flottent les lentilles d'eau et son donjon majestueux. La belle Eglise Saint-Léger XIIe siècle, les maisons préservées et sa situation exceptionnelle qui permet de découvrir les paysages du Boischaut à perte de vue.

Fiche pratique

MAIRIE Le Bourg ✆ 02 54 30 81 52

Points d'intérêt

LE CHATEAU ET LE DONJON ✆ 02 54 30 81 51. *Visite libre et gratuite. Du 1er janvier au 31 décembre toute l'année. Extérieurs accessibles jusqu'à la poterne.* Le château a été construit sur un éperon rocheux dominant la vallée du Gourdon. A la fois médiéval et Renaissance, l'édifice été restauré et modifié au XIXe par l'architecte Dauvergne. Une enceinte médiévale, un donjon massif du XIVe siècle que l'on peut admirer de l'extérieur, un logis Renaissance, une poterne à colombage compose le monument. Sur ordre de Louis XII, Ludovic Sforza, duc de Milan dit Ludovic le More, restera captif cinq ans dans ce château à la garde de Gilbert Bertrand, seigneur du lieu, avant d'être transféré à Loches où il mourra en 1508. Les jardins du château, potagers et fleuris sont exceptionnels, on peut les admirer en allant jusqu'à la poterne.

MAISON DU JARDINIER "Le Bourg" ✆ 02 54 30 81 55. *Ouvert du 1er avril au 30 septembre (groupes). Du 1er juin au 30 septembre (individuels) : du mercredi au dimanche de 14h30 à 18h.* Cette maison, construite au XVIIIe siècle était habitée par le jardinier du château de Lys-Saint-Georges. Passé la porte, on se trouve dans une authentique maison berrichonne, tout à fait typique : lit à rouleaux, four encastré dans l'âtre, maie… C'est un véritable musée d'art et de traditions populaires que font vivre les habitants du village avec notamment des expositions d'artistes et d'artisans locaux.

PROMENADES AUTOUR D'UN VILLAGE ✆ 02 54 31 07 37/02 54 48 22 64. *En juillet et août, visites gratuites s'effectuant en voitures particulières.* Découverte conviviale du patrimoine des villages de la vallée Noire. Visite de l'église, promenade dans le parc du château jusqu'au pont-levis, découverte du village avec le travail à ferrer les bœufs, la maison du jardinier renfermant la reconstitution d'un ancien intérieur berrichon. Puis visite de l'hôpital ou ancienne léproserie, accueil chez J.-P. Grégoire, artisan potier. La Motte-Feuilly : visite de l'église où se trouve le tombeau Renaissance de Charlotte d'Albret, duchesse de Valentinois et épouse de César Borgia, puis extérieurs de son château avec son if séculaire.

Le couvert

AUBERGE LA FORGE Le Bourg ✆ 02 54 30 81 68. *Fermé dimanche soir, lundi et mardi. Fermé lundi en juillet/août. Menus : 10 € (enfant), 16 € à 39 €. A la carte environ 40 €.* Dans ce village, l'un des plus beaux du département, ce restaurant s'intègre parfaitement avec une façade discrète dans une enfilade de maisons basses aux toits de tuiles du pays. On s'installe dans une grande salle au carrelage ancien avec de vraies poutres. Des murs jaunes et de grands rideaux madras éclairent un cadre rustique. Sur les tables, des nappes blanches, de la porcelaine et des couverts en argent. Le velouté de lentilles vertes du Berry avec une tranche de foie gras maison est une excellente surprise. Excellentes aussi les huîtres gratinées aux zestes d'agrumes et les ravioles maison aux escargots. Essayez le tournedos de saumon à la fondue de poireaux, le pigeonneau braisé aux pleurotes ou le pavé de biche rôti au saint-Nicolas-de-Bourgueil et échalotes confites. Le fromage de chèvre de Gournay est acheté sur le marché d'Ardentes. On termine par un gâteau au chocolat, avec sa crème à la menthe ou encore un gâteau aux poires.

▷ *Dans les environs*

Tranzault

De Lys-Saint-Georges, prendre la D19, sur 3 kilomètres.

MAIRIE Le Bourg ✆ 02 54 30 81 05

Ce village bien calme en apparence a su se faire un nom en créant la première foire aux potirons de France. Cette foire se déroule au mois d'octobre. Elle rassemble à la fois les petits producteurs locaux mais aussi tous les professionnels qui ont à cœur de remettre à l'honneur les variétés de potirons et potimarrons mais aussi les légumes oubliés. Même si la formule a été imitée dans d'autres régions, cette manifestation attire toujours une foule considérable. On peut y déguster ou emporter une tourte au potiron, plus de 200 étant fabriquées chaque année. Le concours de la plus grosse citrouille est un moment important. Les expositions, toutes réalisées avec le légume roi, sont magnifiques et les animations ne manquent pas. Un exceptionnel musée sur pied de la vigne locale été reconstitué à la sortie du village sur un coteau bien exposé. Cette vigne conservatoire est gérée par la Société pomologique du Berry de Neuvy-Saint-Sépulchre. L'association organise chaque année la fête des vendanges. L'entrée est libre et on peut vendanger en famille, déguster le jus de raisin frais et prendre son repas de midi sous chapiteaux.

Mers-sur-Indre

Au départ de La Châtre, prendre vers le Nord-ouest, sur 16 kilomètres, suivre la D943 puis la D69.

Fiche pratique

MAIRIE 1, place Saint-Martin ✆ 02 54 31 06 52

Points d'intérêt

CHATEAU DU MAGNET ✆ 02 54 31 01 01. *Internet : www.chateaudumagnet.info. Ouvert du 2 avril au 31 octobre. Visite sur rendez-vous uniquement. Ouvert mercredi, samedi et dimanche : 14h-18h. Visites guidées sur réservation : 6 €/adulte, 3 €/enfant.* Un mélange de styles XIIe, XVe, XVIIIe, le tout remanié et augmenté au XIXe. La partie médiévale est composée de deux grosses tours avec des salles voûtées. Beau paysage sur la vallée de l'Indre.

LA MARE AU DIABLE. *Accès par la D38 de Mers-sur-Indre à Saint-Août, à gauche après le château de Magnet.* George Sand situe "La Mare au diable" dans les bois de Chanteloube. La mare que l'on peut voir aujourd'hui dans ces mêmes bois a été creusée, tourisme oblige, il y a quelques années, afin de recréer un site éminemment "sandien". Le lieu n'est tout de même pas sans intérêt, "La Mare au diable" version contemporaine a bien un petit côté mystérieux sous ses grands arbres. Un seau avec des cailloux permet de se mettre dans la peau de Germain lançant dans les eaux quelques pierres, mais la présence du diable n'est pas vraiment garantie. Les visites y sont libres, à éviter tout de même les jours de chasse au gros gibier.

PROMENADE AUTOUR D'UN VILLAGE ✆ **02 54 31 07 07/02 54 48 22 64.** *Fax : 02 54 06 09 15. En juillet et août, visites gratuites s'effectuant en voitures particulières.* Découverte conviviale du patrimoine des villages de la vallée Noire. Arrêt au square Suzanne Darbans, ancienne artiste de l'opéra de Paris. Presles : tumulus ou motte féodale ? Histoire de la seigneurie, lieu de légendes, visite du parc du château du Magnet, puis de la Mare au Diable.

Le gîte

GITE DE SEJOUR 12bis, rue George-Sand ✆ **02 54 31 06 52.** *Toute l'année. 3 épis. 4 chambres pour 12 personnes : 101 €/1 nuit. 190 €/2 nuits, 290 €/3 nuits. Draps : 3 €/personne. Chauffage : 2 €/nuit/chambre.* Gîte communal attenant à la salle des fêtes dans un village agréable pour être prêt à randonner le matin dans la campagne.

▷ *Dans les environs*

Montipouret

De Mers-sur-Indre, prendre la D69 sur 2 kilomètres.

MAIRIE 14, rue de la République ✆ **02 54 31 03 27**

LE MOULIN D'ANGIBAULT ✆ **02 54 31 04 88/02 54 31 11 46.** *Fermé le lundi sauf lundi de Pâques, Pentecôte et 14 juillet. Ouvert du 20 avril au 31 mai de 14h à 18h. Du 1er juin au 31 août de 11h à 19h. Du 1er septembre au 30 septembre de 12h à 18h. Du 1er octobre au 31 octobre de 14h à 17h. Tarifs : 3,00 €/adulte, gratuit pour les enfants de moins de 12 ans.* Un lieu très "sandien" que ce moulin de campagne établi sur la Vauvre. L'écrivain y situe une grande partie de son roman "le Meunier d'Angibault". Les premières blancheurs de la lune éclairèrent le toit couvert de pampre du moulin et les bords argentés de la rivière. Le moulin a été restauré et on peut y voir son mécanisme complet en état de fonctionnement. La visite ne manque pas d'intérêt, d'autant qu'un parc arboré de 7 hectares traversé par l'allée des chênes invite à la promenade.

La Motte-Feuilly

Au sud-ouest à 11 kilomètres de La Châtre, prendre la D940, puis la D943 (direction La Châtre), et à droite suivre la D36.

Fiche pratique

MAIRIE Le Bourg ✆ **02 54 31 41 87**

C'est le plus petit village du département avec sa quarantaine d'habitants pourtant il ne manque pas d'atouts avec sa chapelle, son château et son if remarquable.

Points d'intérêt

CHATEAU DE LA MOTTE-FEUILLY ✆ **02 54 31 41 23.** *Ouvert toute l'année. Pour les visites seulement extérieures.* Ce château a été construit au XVe siècle par Drouin II de Vaudenay. Charlotte d'Albret épouse délaissée de César Borgia l'achète en 1504 et y meurt en 1514. Remarquables, le donjon circulaire flanqué d'une tour d'escalier qui dessert cinq niveaux et, à l'est, la tour surmontée d'une charpente hourdée en bois. L'entrée du château se fait par une porterie de forme hexagonale située dans un coin de l'enceinte. Un très beau monument remarqué par George Sand qui l'utilise pour ses "Beaux Messieurs de Bois Doré". Dans le parc, un if haut de 20 mètres serait vieux de 150 ans.

L'EGLISE. Il faut faire un détour jusqu'à la petite église du village, ancienne chapelle seigneuriale. Elle abrite le mausolée de Charlotte d'Albret, œuvre en albâtre de Martin Claustre XVIe, une œuvre remarquable malgré les dégradations révolutionnaires.

Le gîte

CAMPING DU CHATEAU** ✆ **02 54 31 41 87.** *Du 1er mai au 15 octobre. 23 emplacements : 4,80 €.* Un joli petit camping dans ce village à proximité du très beau château médiéval du village. Calme, idéal pour des promenades dans la campagne.

▷ *Dans les environs*

Champillet

A 11 kilomètres de La Châtre, suivre la D26A.

HELENE SAGET 5, rue de l'Etang ✆ 02 54 48 33 25. De bons gros poulets élevés bio. On se régale en les savourant.

Neuvy-Saint-Sépulcre

A l'ouest, au départ de La Châtre suivre la D927 (16 kilomètres). Cet agréable village, aux maisons fleuries, surplombe les vallées du Gourdon et de la Bouzanne. Ici, les contreforts du Massif central se font sentir.

Fiche pratique

MAIRIE 1, place Clemenceau ✆ 02 54 30 80 27

Points d'intérêt

LA BASILIQUE. Neuvy-Saint-Sépulcre doit son nom à sa basilique. Sa construction commence au retour de pèlerinage d'Eudes de Déols en Terre Sainte, à partir de 1042 et sur le modèle du Saint-Sépulcre de Jérusalem. Elle est aussi située sur le chemin de Saint-Jacques-de-Compostelle. Cet édifice typiquement roman, dont une partie est de plan circulaire, est unique en France. Le monument se compose d'une nef centrale avec collatéraux et chevet plat et d'une rotonde. Cette rotonde, avec son déambulatoire circulaire et ses trois niveaux d'arcades, évoque le Saint-Sépulcre de Jérusalem. Il faut admirer les onze colonnes qui délimitent les travées et le décor sculpté de la rotonde, acanthe et bestiaire symbolique de lions, chats, centaures, serpents, etc. En 1257, un autre Eudes de Déols, cardinal et légat du pape à la septième croisade, fit don au chapitre d'un fragment du tombeau du Christ et de "trois gouttes de son sang". Cette relique est à l'origine du pèlerinage du Précieux Sang qui a toujours lieu le lundi de Pâques. Ce jour-là, la ville se pare des couleurs sacrées, sang et or.

LA PECHE - PLAN D'EAU COMMUNAL ✆ 02 54 30 80 27. *Du 10 mars au 16 septembre.* Traversé par la Bouzanne et réservé à la pêche.

SOCIETE POMOLOGIQUE DU BERRY Rue Emile-Forichon (mairie) ✆ 02 54 30 94 35. Fondée en 1984, la Société Pomologique s'est donnée pour but de sauvegarder les anciennes variétés fruitières locales. L'association a créé un verger expérimental et des vergers conservatoires. Un nouveau contenant 80 variétés de fruits à pépins vient d'ailleurs d'être constitué. Dans ces vergers poussent, entre pruniers, cerisiers et autres variétés locales, les pommes "Belles Filles de l'Indre" et les poires "Cuisse Madame". La société continue à prospecter pour retrouver ces fruits d'antan mais elle forme également à l'arboriculture fruitière en initiant à la taille et au greffage. Elle organise tous les ans au mois de septembre "Les journées de la pomme et des fruits de pays", une grande fête des saveurs d'automne qui attire un très large public.

Emplettes

PAUL DESNOYERS ET FRANÇOISE RAVEAU Route de La Châtre ✆ 02 54 30 80 97. Miel bio et pain d'épice.

▷ *Dans les environs*

Gournay

A 7 kilomètres de Neuvy-Saint-Sépulcre, suivre la D42B puis la D42.

MAIRIE Le Bourg ✆ 02 54 30 84 11

FRANCIS CHAUMETTE "Preugneronde" ✆ 02 54 30 83 10. *Ouvert tous les jours à toute heure.* Chez Francis on arrive au royaume du fromage de chèvre décliné sous toutes ses formes : AOC Valençay, rond, crottin, fromages à apéritif, fromage blanc. Un mot : savoureux.

CLUB HIPPIQUE DE BOISCOURAUD "Le Boiscouraud" ✆ 02 54 30 95 95. *Toute l'année. Cotisation annuelle : 80 €/adultes, 70 €/4-18 ans. Tarifs adhérents : cheval : 12,40 €/heure, 124 €/dix heures. Sans cotisation : cheval : 16 €/heure. Pension : 16 €/jour et de 161 € à 356 €/mois.* 35 chevaux et poneys, deux carrières, manège. A la fois écurie de propriétaires et école d'équitation. Enseignement et promenades.

LA MAISON DU VILLAGE ET DU SABOTIER ✆ **02 54 30 84 11.** *Ouvert du 15 juin au 15 septembre, les samedis, dimanches et lundis de 14h à 18h. Visite gratuite.* L'atelier fleure bon le peuplier et le hêtre, témoin d'un savoir-faire au service du terroir. L'ombre de Fernand Chaise, le sabotier du village est bien présente dans son authentique maison restaurée. Aux murs, les outils ont trouvé leur place : là, les hachettes les cuillers ou gouge ; sur un autre panneau, à portée de main du sabotier, se trouvent les outillages destinés aux finitions et surtout à la décoration du bois ou des garnitures de cuir qui ornaient "les sabots du dimanche". Une autre pièce est consacrée à la mémoire du village. Un travail d'artistes, mis en forme par Laurence Fraudet et Yves Morin. Quatre volumes s'ouvrent sur des documents de la commune au fil d'un siècle depuis 1820 et bien d'autres documents ou correspondances tout aussi riches d'intérêt.

Nohant-Vic

A 6 kilomètres au nord de La Châtre par la D943. Une délicieuse placette devant la vieille église dédiée à sainte Anne avec son toit de tuiles rousses et sa guenillère. Un village bien préservé des outrages du temps, entoure la demeure du célèbre écrivain.

Fiche pratique

BUREAU DE TOURISME Place du Château ✆ **02 54 31 07 37.** *Fax : 02 54 31 07 37. Ouvert tous les jours d'avril à octobre.* En allant vous renseigner, prenez le temps d'admirer l'exposition permanente du Peintre Raoul Adam (1881-1948), œuvres impressionnistes datées de 1939 à 1947, deuxième période de sa vie. Ses œuvres antérieures font parti d'un patrimoine familial et ne sont pas exposées. L'Office du tourisme est en fait, l'ancienne maison du peintre, maison où il aimait venir se ressourcer et peindre ; il enseignait à Châteauroux.

MAIRIE Le Bourg ✆ **02 54 31 01 07**

Points d'intérêt

EGLISE SAINT-MARTIN-DE-VIC ✆ **02 54 48 02 28.** *Visites gratuites toute l'année. A partir de 9h.* Un monument, cette église romane des XIe et XIIe siècles, est recouverte de tuiles rousses. George Sand avait bien compris l'intérêt de cet édifice transformé en grange pendant la Révolution. Elle avait sollicité son ami Prosper Mérimée pour accélérer son sauvetage. Ce modeste édifice, abrite des fresques qui ont fait sa réputation internationale. Le fac-similé de ses peintures figure au musée des Monuments historiques et elles ont été reproduites au Japon. On est subjugué par la qualité de ces peintures, par les regards étonnants des personnages, par les couleurs et le mouvement qui s'en dégage. Elles sont datées du début du XIIe siècle et ont été peintes par les moines de l'abbaye de Déols.

MAISON DE GEORGE SAND Domaine de George-Sand ✆ **02 54 31 06 04.** *Ouvert tous les jours. Du 1er avril au 30 avril et du 1er septembre au 30 septembre : 10h à 12h30 et 14h à 18h. Du 1er octobre au 31 mars : 10h à 12h30 et de 13h30 à 17h. Du 2 mai au 30 juin : 9h30 à 12h et 14h à 19h. Du 1er juillet au A Nohant, des festivités exceptionnelles en hommage à George Sand*

- *5 et 6 juin*, au domaine de George Sand, le "Rendez-vous au jardin" accueillera le Salon Internationale de l'Edition et de la Revue de Poésie avec la compagnie "Textes et rêves"

- *3-4 juillet*, date anniversaire de sa naissance, commémoration officielle avec 200 femmes françaises célèbres réunies à Nohant ce jour-là.

- *23, 24, 25, 26 juillet puis 29, 30, 31 juillet et 1er août*, spectacle nocturne dans le village et le parc du château sur la vie quotidienne de George Sand - complété par le côté convivial d'un banquet et d'un bal folk dans la cour du château.

- *31 août : 9h30 à 19h. Fermé les 1er janvier, 1er mai, 1er novembre, 11 novembre, et 25 décembre. Tarifs : 5,50 €/adulte, réduit : 3,50 €.* Gentilhommière entièrement reconstruite au XVIIIe siècle sur les fondations d'un manoir du XIVe siècle, George Sand en fit tout au long de sa vie son lieu privilégié d'inspiration et de création. Les grilles d'entrée de la propriété sont d'un beau bleu-vert. Au fond de la cour derrière le parterre rond et son grand arbre, la maison. Dans la grande demeure, le charme opère dès le seuil franchi. On visite successivement au rez-de-chaussée, la salle à manger où le couvert est toujours dressé, le salon avec les portraits de famille et la très belle cuisine de campagne. A l'étage, le cabinet de curiosités, la chambre bleue avec sur les murs et les tentures des médaillons de style Louis XVI. C'est dans cette pièce que

George Sand a vécu ses derniers moments. Une autre chambre vient d'être restaurée et on a retrouvé un très beau papier. On peut ensuite choisir de faire un tour dans le parc près de la façade sud. Les deux cèdres, plantés près du bassin à la naissance de ses enfants Maurice et Solange, sont toujours là, majestueux. Pour terminer, une visite au cimetière. On y accède par le parc, mais George Sand est enterrée avec sa famille, sous les ifs, dans un carré qui jouxte le cimetière de la commune. Un caveau tout simple de couleur foncé qui verdit régulièrement avec l'humidité des arbres.

PARC DU DOMAINE DE GEORGE SAND. Il est incontournable. Installé sur 6 hectares autour de la maison de George Sand il a fait l'objet d'une restauration minutieuse, avec jardins, verger, potager et bois.

PROMENADE AUTOUR D'UN VILLAGE ✆ 02 54 31 07 37. *Fax : 02 54 31 07 37. En juillet et août, visites gratuites s'effectuant en voitures particulières.* Découverte conviviale du patrimoine des villages de la vallée Noire. Visite de l'église Saint-Martin-de-Vic, exposition sur les fouilles archéologiques effectuées et visite de la place de Nohant.

Le gîte

CHAMBRES D'HOTES - MARTINE COLOMB "Ripoton" ✆ 02 54 31 06 10. *Du 1er février au 30 novembre. 3 épis. 4 chambres : 35 €/couple. Repas : 14 €.* Une adresse qui a beaucoup de succès, à retenir très tôt. Sur la commune de Nohant, une résidence pour se lancer dans de belles promenades autour de Nohant comme George Sand. On peut aussi se prélasser dans le jardin au bord de la rivière.

Le gîte et le couvert

AUBERGE DE LA PETITE FADETTE* Le Bourg ✆ 02 54 31 01 48.** *7j/7. 9 chambres de 58 € à 100 €, une petite suite à 120 €. Parking privé. Chaînes câblées. Petit déjeuner : 10 €. Soirée étape : de 58 € à 110 €. Salle de réunion. Menus : 10 € (enfant), de 16 € à 45 €. Prix moyen à la carte : 40 €.* Ici l'art de la table est particulièrement à l'honneur avec une très belle vaisselle, des verres en cristal de Bohême, sans oublier des fleurs fraîches en toutes saisons. Le contenu des assiettes comme le décor est un savant mélange des deux genres. Une gamme de plats fleure bon le rustique berrichon comme le célèbre poulet en barbouille, la terrine de l'auberge ou le coffret d'escargots à la crème d'ail. Un choix de plats beaucoup plus raffinés est également inscrit au menu comme la queue de lotte aux olives sauce caramélisée et craquant de poivron, ou un tournedos de daim aux saveurs caramel. Les desserts sont délicieux : tourte aux poires et sorbet au gingembre, croustillant aux deux chocolats, soufflé glacé au cointreau. D'autre part, il est conseillé de renouer ici avec la tradition du thé de l'après-midi. Le meilleur spécialiste français fournit le grand choix de thés de la maison et les pâtisseries sont à l'image des desserts du restaurant. L'hôtel a vraiment un charme fou, pas une faute de goût dans les différents décors des chambres qui sont précédées d'une petite entrée et pour certaines d'un salon. Le mobilier est magnifique, armoires anciennes partout et dans une chambre, un lit à baldaquin. Les salles de bains sont luxueuses, certaines sont équipées de balnéothérapie.

Emplettes

PAULETTE AUBAILLY Ferme de La Beauce ✆ 02 54 31 03 21. Du fromage de chèvre dans cette ferme chère à George Sand.

NOHANT FERMIER. Dans un bâtiment appartenant à la commune sur le parking nord et à deux pas de la maison de George Sand, on peut venir s'approvisionner en produits fermiers. Une douzaine de producteurs de cette région présentent dans ces lieux le meilleur de leur fabrication. Fromages de chèvre et de vache, volailles, confitures, charcuterie, fleurs séchées, jus de pomme, pain d'épice, laine angora, de tout et de qualité.

A l'occasion du Bicentenaire

Marché le 31 octobre "Sur les Pas de George Sand" à partir de Nohant.

Marché le 20 novembre animé à pied pour inaugurer "Le Chemin du Bicentenaire" d'Ars à Nohant avec plantation d'arbres du bicentenaire.

"Randonnée au Pays de George Sand". Autour de Nohant, du 20 au 22 août, 3 jours de randonnées à thème, rythmées par les romans de la dame, sont organisés. Découvrir le pays de Nohant à pied (réservations : 02 54 07 36 36 au Comité Départemental de Tourisme de l'Indre à Châteauroux).

▷ Dans les environs

Lourouer-Saint-Laurent

A 6 kilomètres au départ de La Châtre suivre la D943 et la D72 en direction de Verneuil. De Nohant, prendre la D72, sur 4 kilomètres.

MAIRIE Le Bourg © 02 54 48 06 53

CHATEAU D'ARS © 02 54 48 22 64. *Ouvert lors des expositions ou des manifestations.* A deux pas de La Châtre juste un peu à l'écart de la grande route et dans un parc magnifique, le château d'Ars est bien entendu un lieu romantique. Du début XIVe au début XVIe, il est la propriété des seigneurs d'Ars qui lui donnent son nom. Il passe ensuite en 1560 dans la famille de Chamborant qui achève la façade et plus tard dans la famille de Béthune. Il est ensuite acheté en 1755 par le receveur des gabelles à La Châtre, Jean Bardon qui crée le parc. Au XIXe le château est la propriété de Gustave Papet, médecin et ami de George Sand. L'écrivain y placera plusieurs scènes des "Beaux Messieurs de Bois-Doré". En 1980, le château d'Ars devient la propriété de la ville de La Châtre qui régulièrement organise des expositions temporaires d'un grand intérêt. L'Association du Centre International du Romantisme fait revivre ce lieu symbolique avec de nombreuses manifestations. A l'occasion du bicentenaire, le château sera à l'honneur autour de festivités importantes.

L'EGLISE. C'est une toute petite église de village mais quelle merveille. Elle a une guenillère, ce nom est donné en Berry, à la partie couverte à l'entrée du monument où s'abritaient les mendiants. Elle est vraiment à découvrir avec sa toiture en petites tuiles et ses fresques. C'est seulement à partir de 1989 que ces dernières ont été dégagées. Elles sont datées du XIIe et XVIe et elles sont superbes. Les fresques recouvrent les murs de la nef et du chœur de cet édifice qui vient de bénéficier d'importantes restaurations.

Orsennes

A 11 kilomètres au départ de Cluis, prendre le Sud-ouest par la D38, D75 puis la D21.

Fiche pratique

MAIRIE Le Bourg © 02 54 47 23 21

Points d'intérêt

CHATEAU DU BREUIL-YVAIN © 01 47 05 11 08. *Visite libre et gratuite des extérieurs seulement. Ouvert tous les jours du 21 avril au 10 novembre. Fermé dimanche et lundi de Pâques.* Un très joli petit château dans la campagne, des XVe et XVIIIe, avec son châtelet d'entrée, sa porte charretière flanquée de deux tours rondes, ses doubles douves et son étang.

MAISON DU CINEMA ET DE LA PHOTOGRAPHIE "Le Rigolet" © 02 54 47 32 62. *Fermé le lundi. Ouvert du 15 juin au 31 août les après-midi de 16h à 18h. Hors saison sur rendez-vous.* Ce musée du cinéma présente une collection privée de lanternes magiques datant de 1870, d'appareils de cinéma, de cabines de projection, de photos et d'affiches. Dans une salle rétro sont projetés des dessins animés des années 50. Cette présentation est complétée par une exposition de flippers rétro et d'autres en état de marche mise à la disposition des visiteurs.

Le gîte

CHALET M. & MME LANSADE "Le Rigolet" © 02 54 47 28 39. *Fax : 02 54 47 28 39. 4 personnes. Location à la semaine de 183 € à 244 €, le week-end 115 €, mid-week 90 €.*

Loisirs

PARCAPUCES © 02 54 47 32 61. *Ouvert de mai à septembre.* Près du lac d'Eguzon, un parc de 6 hectares égayé de quelques animaux avec un étang pour le canoë, une piscine de plein air avec double toboggan aquatique et une pataugeoire, une aire de jeux avec trampoline. On passe d'agréables moments sur ce site à dimension humaine, ce qui en fait un lieu convivial.

▷ Dans les environs

Saint-Plantaire

Au départ d'Orsennes, prendre la D72 puis direction Saint-Plantaire, à 2,5 kilomètres.

MAIRIE Le Bourg © 02 54 47 21 18

BALADE A LA VISITE DES DOLMENS. *Visite libre.* La localité de Saint-Plantaire s'orne de nombreux dolmens, notamment le Dolmen de la Pierre qui figure sur le parcours jaune de 13 kilomètres. Le village de "Saint-Jallet" offre un champ tumulaire important où se trouve la Pierre Folie, la Pierre Chaput où a été découverte une hache en bronze.

BALADE SUR LE SENTIER DES ARTS. Cinq sculpteurs ont installé en pleine nature, sur un sentier, des œuvres en harmonie avec le milieu végétal et minéral. Elles jalonnent le chemin, du camping de Fougères jusqu'au pont de Crozant et forment "le sentier des arts". A fréquenter pour une balade bucolique et culturelle sous les châtaigniers et les chênes, au milieu des bruyères.

CAMPING MUNICIPAL* Plage de Fougères © 02 54 47 20 01.** *Fax : 02 54 47 34 41. Internet : www.berrysud.com. Ouvert du 1er avril au 31 octobre. Tarifs : forfait journalier en haute saison pour un emplacement 2 personnes et voiture. 150 emplacements : 5,70 € à 7,80 €. Location ouverte toute l'année pour : 13 chalets, 3 mobil-homes, 2 caravanes, 5 bungalows en toile.* Un très agréable camping situé au bord du lac d'Eguzon rive droite, idéal pour profiter de la baignade et de toutes les autres activités.

EGLISE SAINT-PANTALEON DES XIIe-XIXe SIÈCLES. Elle présente un intéressant mobilier inscrit à l'inventaire des Monuments historiques : toile peinte figurant la Décollation de Saint-Pantaléon (XVIIe) et retable de la même époque en bois peint et doré. Elle renferme également deux statues en bois de Saint-Jean-Baptiste et de Saint-Fiacre.

ESCALADE sur un site naturel au "Rocher des Fileuses".

LA VEDETTE DU LAC Hôtel du Lac "Crozant" © 05 55 89 81 96. *En service du 1er avril à fin octobre. Départs : 14h45 et 16h et 17h (sous réserve d'un minimum de 20 personnes). Tarifs : 7,50 €/adulte, 6 €/enfant.* D'accord il faut embarquer dans la Creuse, mais la promenade se déroule en grande partie dans notre département. Une magnifique balade au pied des ruines de Crozant, sous le rocher des Fileuses et jusqu'au barrage d'Eguzon. La vedette peut embarquer 65 personnes.

Pouligny-Notre-Dame

Au Sud-est, à 12 kilomètres au départ de La Châtre suivre la D940 et ensuite la D54.

Fiche pratique

MAIRIE 2, rue du Golf © 02 54 30 21 15

Le gîte et le couvert

DOMAINE DES DRYADES** 28, rue du Golf © 02 54 06 60 60.** *Fax : 02 54 30 10 24. Toute l'année. 80 chambres de 75 € à 95 € suivant saison (1 personne) et de 90 € à 115 € selon saison (2 personnes) et 5 suites de 140 € à 190 € (selon saison). Demi-pension, pension et formules séjours pour golfeurs et cures de balnéo. Canal Plus, Canal Satellite. Parking privé. Petit déjeuner : 10 €. Menus : 35 € à 70 €. A la carte environ 70 €.* Cet établissement est situé dans un cadre magnifique, à 450 mètres d'altitude et à quelques kilomètres du point le plus élevé du département : la colline de Fragne. Son restaurant bénéficie d'un panorama exceptionnel sur le Boischaut alentour et sur le golf de 18 trous, propriété de l'hôtel. Dans cet établissement au luxe feutré, la salle de restaurant est très agréable avec un pianiste pour l'ambiance et des tables qui se répartissent au milieu d'une profusion de plantes vertes ou fleuries. La cuisine est à la hauteur de l'ensemble : saumon mariné et sa vinaigrette de coques, râble de lapin farci à la sauge, tronçons de lotte avec des pannequets de fèves aux blettes et jus d'ail ou dos de cabillaud à l'huile d'olive et chips de betterave. Cette adresse offre le confort de ses chambres panoramiques et résolument modernes.

Loisirs

CENTRE DE BALNEOTHERAPIE LES DRYADES 28, rue du Golf © 02 54 06 60 60. Le centre propose des formules de soins adaptées aux besoins de chacun, sous la forme de forfaits avec ou sans hébergement. Avec deux piscines, un Jacuzzi, un solarium, ses saunas, un bassin d'eau de mer et une salle de musculation, le complexe des Dryades permet remise en forme et relaxation. Pour votre beauté, des soins du corps, des enveloppements, épilation et massages. On a accès au bain bouillonnant avec huiles essentielles mais aussi avec la douche à jet, au bassin d'eau de mer reconstituée. Des forfaits sont possibles : forfait balnéo, cycle court de remise en forme ou cycle tonique sur une journée avec deux soins et un repas diététique. Une bonne adresse pour se faire chouchouter dans un cadre exceptionnel.

ETANG COMMUNAL © **02 54 30 21 15.** *Du 1er mai au 30 septembre. Situé à 12 kilomètres de Pouligny.* Une journée au grand air avec : promenades sur le chemin piétonnier, coin pique-nique, point d'eau, parcours de santé.

EQUITATION - LA PALOUSE Le Bourg © **02 54 30 25 05.** *Toute l'année. Promenades : 13 €/heure, 57,50 €/cinq heures, 99 €/dix heures. Randonnées : 40 €/demi-journée, 75 €/journée, 343 €/5 jours. Pension cheval : 191 €/mois. Débourrage : 321 € résultat garanti.* Elevage d'appaloosas. Promenades et randonnées (21 chevaux) dans les alentours de Pouligny, sentiers de randonnée et sous-bois.

GOLF DU DOMAINE DES DRYADES 28, rue du Golf © **02 54 06 60 60.** *Fax : 02 54 30 10 24. E-mail : hôtel.desdryades@worldonline.fr. Tarifs, haute saison : 31 €/jour en semaine, 39 €/jour le week-end. 26 € et 31 € en basse saison. -25 à 30 % aux résidents de l'hôtel.* Le golf des Dryades bénéficie d'un cadre exceptionnel dans cette région du Boischaut. Il est situé juste en dessous de l'hôtel dont il est la propriété. Son parcours est classé parmi les plus beaux de France. Il offre ses 18 trous par 72 au milieu des grands chênes, semé de 16 plans d'eau et de 51 bunkers. 1 practice et 1 putting-green, un parcours d'entraînement. Après l'effort, un petit tour au club-house ou dans la piscine privée est recommandé. Un contrat signé avec la ville de La Châtre va permettre d'intensifier la pratique de ce sport par les scolaires avec la création d'une école pour les 7-15 ans.

Emplettes

AGNES BERRY KASTEEL "Les Sets" © **02 54 30 11 34.** Fromages de chèvre à choisir en rouleau ou crottin rond. Du fromage blanc nature ou à l'huile d'olive avec ail et fines herbes, du fromage apéritif et des crottins à l'huile de noix.

SERGE BOURSAULT Rue du Golf © **02 54 30 11 27.** Ici on élève des porcs et on les transforme en saucissons, jambons de campagne et autres charcuteries fermières maison.

DENIS JAMBUT "Préjolais" © **02 54 30 20 96.** Des volailles fermières, des œufs mais aussi du jus de pomme.

Saint-Chartier

De Nohant, suivre la D943 puis la D918 sur 3 kilomètres. Dans le château et le village de Saint-Chartier, la dame de Nohant a situé une partie de l'action de son roman "Les Maîtres sonneurs". Depuis 1976, pour lui rendre hommage se déroule "Les Rencontres Internationales des Luthiers et Maîtres Sonneurs" dans l'enceinte du parc du château. Ces rencontres, qui ont lieu tous les ans le week-end du 14 juillet, ont eu un succès croissant. Elles attirent des milliers de personnes. Luthiers, musiciens ou passionnés de musique traditionnelle envahissent les rues et jouent dans les cafés, des campings s'improvisent dans tous les prés du village. George Sand n'aurait pas renié ce grand moment de la vie musicale en bas Berry.

Fiche pratique

MAIRIE Le Bourg © **02 54 31 02 51**

Point d'intérêt

CHATEAU DES MAITRES SONNEURS Le Bourg © **02 54 31 10 17.** *Parc ouvert toute l'année en visite libre documentée. Château ouvert du 1er juin à fin août. Pas de visites du parc et du château du 1er juillet au 20 juillet, (préparation et fêtes des Maîtres Sonneurs). Visites guidées du parc et du château de 9h à 12h et de 14h à 18h. Tarifs : parc 2 €, château 3 €, enfants gratuit, groupe 3 €.* Cette forteresse construite au XIIe a été propriété des princes de Déols et des seigneurs de Châteauroux. Une partie de l'édifice a été reconstruite au XVe siècle, en 1810, le comte de Chabrillan fit enlever les toitures pour ne pas avoir à donner l'asile à des prisonniers atteints du typhus. Le château est en ruine lorsque George Sand s'y promène, il ne sera restauré qu'à la fin du XIXe siècle. Des parties plus anciennes ont été sauvegardées, les murs d'enceinte avec les vestiges intéressants d'un corps de galerie du XVe et les communs qui donnent sur la place du village.

Le gîte

CAMPING MUNICIPAL* "Villeneuve" © **02 54 31 10 04.** *Du 1er avril au 15 octobre. Tarifs : forfait journalier en haute saison pour un emplacement 2 personnes et voiture. 15 emplacements : 5,50 €.* Ce modeste camping ne suffit pas, bien entendu, à loger les milliers de festivaliers qui déferlent ici pour les "Rencontres des Luthiers et Maîtres Sonneurs" en juillet, mais pas d'inquiétude, des campings temporaires sont installés dans les champs du voisinage et tout le monde trouve une place.

Le gîte et le couvert

CHATEAU DE LA VALLEE BLEUE*   Route de Verneuil ✆ 02 54 31 01 91.** *Internet : www.chateauvalleebleue.com. Fermeture de début novembre à fin mars. Fermé dimanche soir et lundi en avril et octobre. 13 chambres de 85 € à 125 € et deux appartements à 165 €. Restaurant fermé à midi en semaine sauf groupes. Menus : 12 € (enfant), 27 €, 37 €. A la carte environ 48 €.* Ce restaurant est installé dans le cadre prestigieux d'un petit château construit par Henri Dauvergne pour le docteur Pestel qui soigna George Sand. On traverse une partie du parc pour accéder à un magnifique accueil avec buffet bas ancien et feu de cheminée. Les deux salles donnent sur la grande pelouse qui descend en pente douce. Les tables sont disposées de façon à pouvoir profiter de la vue sur le village avec ses toits de tuiles rousses et avec la haute silhouette du château des "Maîtres Sonneurs". Un décor très raffiné, doubles rideaux, miroir, bougies sur les tables et fleurs fraîches, salle Chopin ou George Sand au choix. On n'est pas déçu par le contenu de son assiette : feuilleté de moules au curcuma et sa tombée de poireaux, suprême de pintade aux baies roses. Dans les menus haut de gamme, le choix du fromage se fait avec un superbe chariot et le client peut hésiter pour son dessert entre, par exemple, un croustillant aux poires épicées et sa crème vanillée, ou une assiette de sorbets aux herbes. C'est une belle adresse, appréciée des amateurs de châteaux hôtels.

Emplettes

ATELIER ECOFLORE COLETTE AUDEBERT   Route de la Roche ✆ 02 54 31 07 29. *Ouvert toute l'année de 10h à 19h.* On peut venir visiter les champs de fleurs, à la sortie du bourg de Saint-Chartier, en direction de Saint-Août et repartir avec des bouquets secs (toute l'année suivant les stocks), des compositions florales fraîches, des fleurs à manger, des potirons et autres cucurbitacées. Sur demande, vous pouvez visiter le champ de production.

ISABELLE BODART   Domaine de la Porte ✆ 02 54 31 03 38. Juste en face du château de Saint-Chartier, dans le bourg. Du fromage de chèvre et de vache, crottins, bûches, pyramides, du beurre et de la crème.

Saint-Denis-de-Jouhet

A 13 kilomètres de La Châtre, prendre la D41 Direction Chassignolles, puis la D72.

Fiche pratique

MAIRIE   4, place de l'Eglise ✆ 02 54 30 70 19. *Internet : www.saintdenisdejouhet.fr*

Aux confins du Berry et de la Marche, arpentant déjà les premiers contreforts du Massif central, Saint-Denis-de-Jouhet se situe sur un affluent du Gourdon. Dans un environnement naturel propice à la détente, Saint-Denis-de-Jouhet est un bourg agréable et tranquille doté d'activités artisanales et commerciales (sans excès) permettant à tous de se sentir détendu au cœur de la bourgade.

Points d'intérêt

L'EGLISE. C'est l'ancien prieuré d'une abbaye limousine, un splendide édifice des XIIe et XIIIe siècles, en granit avec ses vitraux de la même période. Elle témoigne des origines anciennes de la commune.

Loisirs

LE FAIRE A CHEVAL   "Le Plessioux" ✆ 02 54 30 76 30. Cette association de cavaliers organise des randonnées dans toute la région. Si vous amenez votre cheval 12 €/jour, si vous n'avez pas de cheval 30 € + 12 €/jour. Ensuite les prix varient selon la durée et les lieux de randonnée.

Emplettes

ELEVAGE D'AUTRUCHES - PAULUS HENDRICK   "La Nicauderie" ✆ 02 54 30 78 92. Ce n'est pas l'Afrique et pourtant sur le domaine de la Nicauderie, le troupeau est bien étonnant. De grands volatiles à l'air revêche pourraient bien vous étonner, vous ne rêvez pas, les grandes autruches se sont acclimatées en Boischaut-Sud. C'est vraiment un élevage à visiter et l'on vous propose sur commande quelques bons rôtis. La viande est parfaite, pas de risque, les grands oiseaux sont nourris à la luzerne, aux céréales, petits pois, carottes et pommes. On peut faire provision de plumeaux inusables, de tableaux de plumes mais aussi d'articles en cuir, sacs à main, ceintures et portefeuilles, sans oublier les œufs décorés.

Sainte-Sévère-sur-Indre

Au départ de La Châtre, prendre vers le Sud-est la D943, puis la D917, sur 15 kilomètres. Située aux confins des départements de l'Indre, du Cher et de la Creuse, elle vous attend accueillante pour vous faire découvrir son patrimoine.

Un peu d'histoire

Sainte-Sévère doit son nom à la présence dans ses murs des reliques d'une abbesse mérovingienne, nommée Sévère, qui, vers **1630** fonda un petit monastère sur les bords de l'Indre. En souvenir de son emplacement a été érigé une croix de fer "la croix Sainte-Gemme". A la Guerre de Cent Ans, les Anglais prirent la ville et ce sera du Guesclin, connétable de France, qui la libéra, après un siège mémorable. Au **XVIIIe siècle**, la ville entourée de remparts constituait une citadelle avancée du Berry, à la frontière du Limousin.

Un événement, en **1947**, le tournage du film de Jacques Tati "Jour de Fête" entraîna dans l'effervescence de l'après-guerre une sorte de séisme dont les ondes persistent encore aujourd'hui. C'est incontestablement ce film qui fit connaître la ville au monde entier.

Fiche pratique

SYNDICAT D'INITIATIVE - MAIRIE 23, avenue d'Auvergne ✆ 02 54 30 50 28. *Fax : 02 54 30 63 39.*

Points d'intérêt

Dans le village les **VIEILLES MAISONS** du XVe siècle sont intéressantes. A voir plus particulièrement la **PORTE DE VILLE** du XVe siècle, porte fortifiée qui fut édifiée pour protéger la ville nouvelle.

CHATEAU DE SAINT-SEVERE. *Entrée libre dans le parc.* Sur une imposante motte médiévale, se dressent au cœur du village, les ruines du formidable donjon cylindrique. Ultime vestige de cette place forte reprise aux Anglais par Du Guesclin en 1372. Un nouveau château a été reconstruit au XVIIIe à proximité du donjon. Du parc qui les entoure et qui borde de falaise, on peut contempler, le panorama sur la vallée de l'Indre.

Loisirs

PECHE - ETANG DE RONGERES ✆ 02 54 48 27 56. *Ouvert du 1er juillet au 15 septembre : les vendredis, samedis, dimanches et jours fériés.*

▷ Dans les environs

Lignerolles

A 7 kilomètres de Sainte-Sévère, prendre la D54, puis la D84, en direction de Perassay.

ERIC HERLEMONT "Dardines" ✆ 02 54 30 54 51. *Ouvert tous les jours sauf l'après-midi des dimanches et jours fériés.* Du fromage de vache et plus particulièrement du fromage blanc moulé à la louche, du fromage frais salé, du fromage affiné et de la crème.

Vigoulant

De Sainte-Sévère, prendre la D917, puis la D71H et la D71L, sur 7 kilomètres.

MAIRIE Le Bourg ✆ 02 54 30 51 40

CHAMBRES D'HOTES ANNE-MARIE HYZARD "Les Pouges" ✆ 02 54 30 60 60. *E-mail : almichmartin@wanadoo.fr. Toute l'année. 2 épis. 3 chambres : 34 €/couple. Repas : 11 €.* Dans l'extrême Boischaut-Sud tout près du département de la Creuse. Les environs du gîte offrent ainsi de nombreuses possibilités de promenade. Dans une ancienne ferme restaurée des chambres avec salle d'eau attenante, grande salle à manger commune. Jardin et accès à la piscine du propriétaire et à deux pas de très bons coins de pêche. A ne pas manquer un excellent pain maison.

CHAMBRES D'HOTES ALAIN ET MICHÈLE MARTIN "Le Moulin Vieux" ✆ 02 54 30 55 16. *Fax : 02 54 30 55 16. Internet : www.lemoulinvieux.co. Toute l'année. 4 épis. 5 chambres : 50 €/couple, 10 % de remise au-delà de 3 nuitées sur l'ensemble du séjour. Repas sur réservation : 16 €.* Cinq chambres dont une suite, aménagées dans un moulin à eau et ses dépendances (rivière, pièce d'eau), au pays de la Châtre en Berry, à 2 kilomètres de Sainte-Sévère.

LA PECHE - ETANG COMMUNAL ✆ 02 54 30 51 40. *En juillet/août : tous les jours. Du 1er mai au 31 octobre : week-ends et jours fériés.*

Sarzay

Au Nord-ouest à 8 kilomètres, au départ de La Châtre suivre la D41.

Fiche pratique

MAIRIE Le Bourg © 02 54 31 31 02

Point d'intérêt

CHATEAU DE SARZAY © 02 54 31 32 25. *Tous les jours de 10h à 12h et de 14h à 18h. Tarifs : 5 €/adulte, 3 €/enfant.* Le château de Sarzay est un donjon logis de forme architecturale connue, assez courante aux XIVᵉ et XVᵉ siècles. Cet imposant édifice à son origine était composé de 38 tours et de 3 ponts-levis. Le château est sorti intact de la guerre de Cent Ans, des guerres de Religion, de la Fronde et de la Révolution française ! A l'origine de la première enceinte, il ne subsistait que deux tours dont une qui abritait la chapelle seigneuriale, l'actuel propriétaire en a reconstruit trois autres. Ce magnifique donjon domine la vallée Noire et offre un splendide panorama. La beauté de ce site, admiré par George Sand qui y avait situé une partie de son roman "Le meunier d'Angibault" perdure jusque dans ses profondes douves, sa chapelle et ses salles intérieures majoritairement meublées. Dans la basse-cour, les bâtiments en angle du XVIIIᵉ ont été très remaniés.

Le gîte

CHAMBRES D'HOTES MICHEL LABAURIE "Montgarni" © 02 54 31 31 05. *Toute l'année. 3 épis. 3 chambres : 38 €/couple. Repas : de 9 € à 14 €.* En pays sandien à proximité de Nohant et du château de Sarzay. Trois chambres, avec salle de bains attenante, installées dans une maison de Maître XIXᵉ, entourée de son parc, à disposition des hôtes une grande salle commune bien agréable avec sa cheminée, espace bibliothèque et musique.

Emplettes

EVELYNE PLIQUE "Le Grand Chenil" © 02 54 31 31 80. Entre condiments et confitures il y a le choix : pâtissons, courges, piments ou cornichons, le tout au vinaigre. Pour les confitures, de la sucrine du Berry, des cheveux d'ange, de la courge de Siam et en sus, le cake au potimarron.

Thevet-Saint-Julien

Au Nord-ouest, à 9 kilomètres, au départ de La Châtre suivre la D940.

Fiche pratique

MAIRIE 14, place de la Mairie © 02 54 30 00 09

Points d'intérêt

MUSEE DES RACINES © 02 54 30 05 91. *Du 1ᵉʳ juillet au 31 août, ouvert tous les jours sauf le mardi : 10h30-12h et 13h-18h30. Hors saison, ouvert : lundi, mardi, jeudi, vendredi, dimanche de 13h à 18h.* Une curiosité ce musée des Racines qui vient d'être entièrement réinstallé et relooké. C'est l'œuvre du curé du village, l'abbé Aymon, resté 41 ans à Thevet. Il a ramassé dans ses promenades, des racines, des souches, des branches et il leur a donné vie en leur ajoutant de simples billes ou du fil de fer. Les 300 pièces rassemblées sont exposées par roulement.

Emplettes

CHRISTINE CONDY La Pouzerie © 02 54 30 04 70. Les lapins élevés ici, 4 mois minimum, à la luzerne et aux céréales, sont transformés en terrine de lapin à l'ancienne, en terrine de foie de lapin au porto, en rillettes au vin de Valençay sans oublier de succulentes galettes feuilletées de lapin, et même du lapin aux pruneaux.

▷ *Dans les environs*

La Berthenoux

De Thevet-Saint-Julien, prendre vers le nord la D68.

GITE D'ETAPE 1, rue des Maîtres Sonneurs © 02 54 30 01 85. *Toute l'année sur réservation. 3 épis. 7 chambres pour 36 personnes + 2 chambres pour 4 personnes en annexe : 9,10 €/personne.* Gîte d'étape communal aménagé dans l'ancien presbytère du village. Jardin avec jeux.

Vic-Exemplet

A Thevet-Saint-Julien pendre à l'est la D940, puis 2e à droite la D951B.

MAIRIE Le Bourg ✆ 02 54 30 02 11

FERME DES TROIS-CHENES ✆ 02 54 30 03 54. Toute l'année : volailles fermières, poulets, pintades et canards mais aussi des œufs, du foie gras, des rillettes, du confit d'oie et même du mouton.

Verneuil-sur-Igneraie

De Thevet-Saint-Julien, prendre vers le Nord-ouest, la D69 sur 5 kilomètres.

Fiche pratique

MAIRIE Le Bourg ✆ 02 54 31 02 19

Le village s'étire en longueur, tout en dominant "la Vallée Noire" chère à George Sand. C'est au château du Coudray, à la sortie du bourg qu'elle rencontre son premier amant Jules Sandeau. Verneuil est un village de potiers et beaucoup reposent depuis longtemps dans le cimetière. Cette activité perdure toutefois avec une entreprise "les Poteries de la Vallée Noire".

Point d'intérêt

CHATEAU DU COUDRAY "Le Petit-Coudray" ✆ 02 54 31 08 64. *Ouvert du 14 juin au 21 septembre du lundi au dimanche de 14h à 18h. Tarif : adulte 2 €, enfant (12 ans et plus) 1,50 €, groupe 1,60 €.* C'est davantage une grande demeure bourgeoise qu'un château. Propriété de Charles Duvernet, ami de George Sand, c'est en lui rendant visite qu'elle rencontre le 20 juillet 1830 pour la première fois Jules Sandeau. Elle l'accompagnera à Paris en quittant son mari et avec lui elle rédigera son premier roman : Rose et Blanche.

Le gîte et le couvert

HOTEL RESTAURANT DU COMMERCE - MAISON PREVAUTEL "Les Tuileries" ✆ 02 54 31 01 35. *Fax : 02 54 31 12 92. Toute l'année sauf entre le 20 décembre et le 1er janvier. Hôtel de tourisme. 10 chambres de 30 € à 40 €. Possibilité télévision (supplément 2 €). Soirée étape : 40 €. Parking et garage privés. Petit-déjeuner 6 €. Menus : 10 € à 15 €.* Les plats et les assiettes sont bien entendu en poterie grise, fabrication toujours actuelle de la poterie à deux pas. La cuisine est traditionnelle, servie promptement, en abondance et avec simplicité. De bonnes odeurs arrivent de la cuisine, les entrées sont copieuses, tranche de jambon de campagne, assiette de crudités et terrine de poisson, des viandes du pays, du bœuf en sauce, trois tranches devraient vous suffire, mais on vous en proposera encore un petit peu, une purée maison, une assiette de fromages et un dessert de crêpes (c'est la Chandeleur) ou tartes maison. Vous apprécierez le pain béni, dit le radillat, fait par le frère de la patronne, dans la boulangerie juste à côté. Le soir, une seconde salle est réservée aux menus plus élaborés. Terrasse, chambres agréables tout comme l'accueil.

Emplettes

LES POTERIES DE LA VALLEE NOIRE ✆ 02 54 31 01 27. *Ouvert du lundi au vendredi : du 1er janvier au 30 juin et du 1er octobre au 31 décembre de 8h-12h et 14h-18h, le week-end et les jours fériés : 14h30 à 18h. Du 1er juillet au 30 septembre de 8h à 12h et de 14h à 18h, le week-end et les jours fériés de 14h30 à 19h. Visite gratuite et commentée.* Depuis bien longtemps le village de Verneuil est un village de potiers. Beaucoup de ses entreprises ont disparu petit à petit, mais "Les poteries de la Vallée Noire" continuent à produire une jolie poterie à la fois utilitaire et décorative. Ceux sont les derniers ateliers de fabrication artisanale du grès en Berry. On peut visiter les ateliers et faire ses emplettes. Un vase rempli de jonquilles, un pichet ou des assiettes. Avec un indéniable caractère rustique, ces poteries grises figurent avec bonheur dans nos intérieurs berrichons.

▷ *Dans les environs*

Saint-Août

De Saint-Chartier, prendre la D14, sur 9 kilomètres.

MAIRIE 21, route d'Issoudun ✆ 02 54 36 28 19

Un peu à l'écart du pays de George Sand, c'est un village coincé entre Champagne et Boischaut-Sud. On doit prendre le temps d'y faire une halte car il a su conserver deux choses essentielles : un authentique et important marché, le mardi matin, et le baldaquin monumental autrefois fleuron du patrimoine castelroussin, maintenant installé dans la petite église du village.

LES ATTELAGES DE LA VALLEE NOIRE La Grande-Braudière © 02 54 36 67 29. *Internet : www.multimania.com/locattelage. 187 €/semaine en juillet et août.* Sur la commune de Saint-Août, on peut louer des roulottes et des chariots type western, à l'heure, à la semaine et le week-end. Les roulottes sont conçues pour quatre personnes, elles sont parfaitement équipées et l'on peut découvrir la campagne au pas tranquille d'une placide jument. Aucune expérience n'est requise, tout le monde peut arriver sans encombre d'étape en étape.

CHAMBRES D'HOTES - KARIN VERBURGH Château La Villette © 02 54 36 28 46. *Toute l'année. 3 épis. 2 chambres : 54 €/couple. Repas : 19 €.* Dans cette grande demeure bourgeoise du XIXe, deux chambres ont été aménagées à l'étage avec salle de bains attenante. La grande salle de chasse est à la disposition des hôtes tout comme le parc ombragé et les barques sur l'étang (7 hectares).

FREDERIQUE ET GUY DAUMAIN-LECOINTRE "Les Piverts" © 02 54 36 37 95. *Ouvert tous les jours. E-mail : guy.daumain@wanadoo.fr.* Ces fromages de chèvres bénéficient d'une AOC. On peut les acheter sur l'exploitation tous les jours et sur les marchés de la région. Frédérique et Guy sont des agriculteurs entreprenants, ils développent une production de charcuterie de porc traditionnelle mais aussi de la charcuterie de chèvre et des volailles. Visite possible de l'exploitation sur demande.

L'EGLISE ET SON BALDAQUIN © 02 54 36 28 51. Dans cette petite église, en partie du XIIIe siècle, a été réinstallé dans les années 80, le grand baldaquin de l'ancien couvent des Cordeliers de Châteauroux. Ce magnifique monument d'art religieux baroque n'avait pas quitté son église avant d'être démonté en 1979. Il peut paraître un peu démesuré dans l'édifice modeste de Saint-Août, mais son sauvetage a été mené à bien, il est magnifiquement restauré et parfaitement entretenu. L'abondance et la qualité de ses décors charment ceux qui font l'effort de venir le découvrir dans sa campagne.

A ne pas manquer également la célébration de la **fête de Saint-Blaise**, patron des paysans qui est célébrée à Saint-Août avec beaucoup d'éclat au mois de février. A noter également "**Les Berryades**", fête populaire qui se déroule fin juin dans le parc du château (privé) du village.

LE PAYS VAL DE CREUSE VAL D'ANGLIN

Argenton-sur-Creuse

Un peu d'histoire

Argenton a succédé à la cité gallo-romaine d'Argentomagus à Saint-Marcel. Pendant le Moyen Age, sa situation sur la colline en fera une place fortifiée. A partir du **XIIe siècle** et jusqu'au **XVe siècle**, la ville haute se formera au pied de la forteresse sur la rive gauche de la Creuse. La ville basse quant à elle s'étendra dès le **XVe siècle** sur la rive droite, reliée à la ville haute par le "Vieux Pont". Durant ce siècle de nombreux édifices et de belles demeures s'édifieront.

Fiche pratique

OFFICE DE TOURISME 13, place de la République © 02 54 24 05 30. *Fax : 02 54 24 28 13. Internet : www.ot-argenton-sur-creuse.fr. E-mail : accueil@ot-argenton-sur-creuse.fr.*

Bus

TRANSPORTS DEPARTEMENTAUX DE L'INDRE Cour Gare © 02 54 24 02 63. *Fax : 02 54 24 02 63.*

ATM 2, rue du Gaz © 02 54 24 37 92. Minibus 9 places, tous transports à la demande. Liaison aéroport domicile.

Train

SNCF Voyageurs, infos, ventes © 02 54 01 40 40. *Horaires, infos, trains (ligne vocable) : 08 91 67 68 69. Internet : www.sncf.fr.*

Taxis

TAXI AUGER 33, route de Vaux ✆ 02 54 01 19 44

TAXIS MICHEL 2, rue du Gaz ✆ 02 54 24 37 92

Points d'intérêt

La ville d'Argenton a la chance d'être établie sur les deux rives de la Creuse et de voir ainsi toute sa traversée animée par la rivière. Elle doit au cours d'eau une grande partie de son charme, avec ses ponts, ses moulins, ses écluses et ses vieilles maisons à galeries. Du moulin de Bord, admirez le point de vue sur le Vieux Pont, les maisons anciennes et l'église Saint-Benoît. Tout ce paysage est dominé par les quartiers de la ville haute et par la Bonne Dame dorée.

La promenade au bord de la rivière peut se prolonger jusqu'au troisième moulin du centre-ville, le moulin du Rabois avec sa grande écluse en biais.

De retour sur le Vieux Pont, on a un autre aperçu sur la rivière en amont, avec les deux moulins à chaque extrémité de leur écluse en éperon. Coup d'œil aussi en aval, sur de nouvelles maisons à galeries, le clocher de l'église Saint-Sauveur, le musée de la Chemiserie et le second pont de la ville, le Pont Neuf.

Sur la rive droite, on peut flâner dans le quartier des "Vieilles Boucheries". Ce quartier est bien restauré avec des rues pavées, des jardinets, un éclairage et un mobilier adapté, il fera un but de promenade très agréable. Remarquez une maison à la façade XVe, sa croisée gothique et une porte au décor ogival et colonnettes fleuries.

D'ici on entreprend un périple qui demande un peu de souffle. Dans la rue Raspail qui commence à grimper, deux monuments sont à voir : l'église Saint-Benoît, presque en face, le collège ou Vieille Prison sur la place du Marché-au-Blé. La montée est très rude dans la rue de la Coursière et le plus dur reste à faire. On grimpe maintenant vers la Bonne Dame. On imagine la difficulté qu'a pu représenter, en 1899, la montée de la statue dorée et de sa caisse, d'un poids de 3 390 kg, avec 5 paires de bœufs et treize chevaux. La chapelle est en vue, au choix les rampes ou l'escalier pour arriver jusqu'à l'esplanade.

LES AMENAGEMENTS DES BORDS DE CREUSE. Des embellissements ont rendu plus agréables les quartiers des Vieilles Boucheries, du Marché au Blé et les bords de Creuse, à proximité du moulin de Bord. La rue de la Tour a reçu dernièrement un traitement particulier. Elle a été embellie avec des pavés et la restauration marque au bord de la Creuse, l'emplacement de la tour qui servait autrefois de prison. Ces petites rues qui descendent jusqu'à la rivière sont appelées communément à Argenton des "aribouts". De cet endroit, on a une vue renouvelée et moins connue sur les maisons à galeries et sur l'église Saint-Sauveur.

CHAPELLE DE LA BONNE-DAME Esplanade de la Bonne-Dame. La chapelle qui domine toute la ville avec sa statue dorée est à l'origine la chapelle du château médiéval. Détruite, reconstruite, diminuée, elle est réhabilitée fin XIXe siècle pour donner à la Sainte Vierge, objet d'un pèlerinage depuis l'épidémie de peste de 1630, un cadre à sa mesure. La reconstruction de la façade commence en 1898 et pour parachever cette rénovation, on place, après un périlleux transport par les rues étroites de la ville, une statue de la Vierge de 6 mètres de haut en cuivre rouge martelé, recouverte de feuilles d'or. Elle étend toujours son bras droit sur la cité, le bras gauche soutenant l'Enfant Jésus.

EGLISE SAINT-BENOIT Rue Raspail. La gracieuse chapelle Saint-Benoît est du début XVe. En façade une belle porte formée d'arcs qui partent de colonnettes en torsade et s'amortissent en une tige fleuronnée, un clocher refait en bardeau. Elle a une silhouette qui marque le paysage de la ville, au-dessus des maisons à galeries. Pendant la Révolution, l'église sert de dépôt de grain, elle a été restaurée en 1873. Désaffectée, elle est utilisée aujourd'hui pour des expositions et des concerts.

EGLISE SAINT-SAUVEUR Rue Grande. Du début XVe, la nef de l'église forme un hexagone qui a été restauré au XIXe en même temps que les voûtes. Le clocher date de 1863. On peut remarquer les consoles des chapiteaux où figurent des angelots musiciens jouant de la harpe, de la viole, de la cornemuse et de la flûte. Le 10 novembre 2000, l'église a malheureusement perdu dans un incendie la presque totalité de ses vitraux XIXe, vivement colorés.

HOTEL DE SCEVOLE Rue Grande et Jardin de Scévole. La maison de Robin de Scévole, avocat, échevin de la ville au XVIIIe, est encore une belle bâtisse. Dans la cour, un vieux puits classique avec poulie, une girouette au-dessus de la porte et surmontant la grille en fer forgé qui ouvre sur le jardin, un médaillon aux armes des Scévole.

LE MOULIN DE BORD. A admirer du pont mais aussi en prenant la promenade des bords de Creuse. Un bien vieux bâtiment agrandi plusieurs fois, comme en témoignent les ajouts de bâtiments et de toitures qui sont à voir de la rue Victor-Hugo. Le moulin a perdu ses roues, mais conserve un charme certain et il est à juste titre un sujet de choix pour les peintres et les photographes.

MUSEE DE LA CHEMISERIE ET DE L'ELEGANCE MASCULINE Rue Charles-Brillaud © 02 54 24 34 69. *Internet : www.cc-chemiserie.fr. Ouvert du 11 février au 30 juin et du 1er septembre au 23 décembre du mardi au dimanche de 9h30 à 12h et de 14h à 18h. Du 1er juillet au 31 août du lundi après-midi au dimanche de 9h30 à 12h30 et de 14h à 18h. Fermé lundi de Pâques et de Pentecôte. Tarifs : 3 €/personne, 2,50 €/personne en groupe.* Ce musée est à la fois un musée de la mode mais aussi des techniques de fabrication. Dans le cadre historique d'un des premiers grands ateliers de confection de la ville, il nous retrace l'histoire de la chemise du Moyen Age à nos jours. Il expose aussi les accessoires qui l'accompagnent, cravates, gilets, costumes. Une autre salle évoque la fonction sociale de la chemise (travail, militaire, sport) et présente les chemises des stars et les symboliques de couleurs. Les créations contemporaines ne sont pas oubliées. L'atelier de confection a retrouvé son cadre, tout est là : tables de coupe, machines à coudre, fer à repasser, boutons. C'est un musée très vivant, ludique, et l'on a souvent l'impression que la chemisière vient de quitter sa place. Une "tissuthèque" est en cours de constitution, avec des échantillons de chemises et de cravates. Une cabine offre la possibilité de se vêtir virtuellement de bien des façons, une borne interactive permet de visualiser et de rechercher les anciens ateliers de confection de la ville et leurs ouvrières. **Vie du musée**. Toute l'année, des animations ont lieu au musée de la Chemiserie, des conférences un mardi par mois et des petites expositions. Les chemises et autres vêtements sont des pièces fragiles, elles ne peuvent pas être exposées trop longtemps. Aussi chaque hiver, on puise dans les réserves pour renouveler le contenu des vitrines. L'été de grandes expositions temporaires sont mises en place et connaissent un succès : "Les Rayures en long, en large et en travers", "Culottes courtes et bilboquets", "Bijoux d'hommes", "Monsieur ou un siècle d'élégance dans la presse masculine".

LA VIEILLE PRISON Rue Raspail. Le collège a été fondé au XVIe. A remarquer une tourelle semi-hexagonale et une porte ogivale avec arc ornementé de fleurs et de pinacles, ainsi que 2 anges sculptés. Le bâtiment devenu prison en 1782, a été longtemps abandonné, il a servi plus récemment à stocker les découvertes d'Argentomagus. La Vieille Prison a trouvé une destination plus riante puisqu'elle abrite maintenant l'Ecole municipale de Musique.

LE VIEUX PONT. Le Vieux Pont existe dès les débuts de la construction de la ville, au pied de la forteresse. Au XVIIIe siècle, des maisons et des boutiques d'un ou plusieurs étages, étaient installées sur le pont lui-même. Ce pont en très mauvais état, a été reconstruit en 1872.

Le couvert

LA SOURCE 9, rue Ledru-Rollin © 02 54 24 30 21. *Fermé mardi soir et mercredi, mercredi seulement en juillet/août. Menus : 8 € (enfant), Menu du midi : 10 € (sauf dimanche et jours fériés) Menus de 19 € à 34 €. A la carte environ 28 €.* Talent oblige, il n'aura pas fallu longtemps à Didier Touzet, ancien cuisinier des Dryades pour asseoir la renommée de cette maison. L'accueil est très courtois, il y a deux salles, une très rustique sert aussi pour les repas de groupes (40 personnes), l'autre est contemporaine. La cuisine allie tradition et finesse et la qualité est toujours au rendez-vous. Quelques exemples pris sur une carte qui varie qui selon les saisons : tarte fine de saumon frais au minestrone de légumes et sa vinaigrette de tapenade ; fricassée de saint-jacques au beurre de truffe ; printanière de magret fumé et cou d'oie farci ; tournedos de râble de lapin façon Rossini ou filet de bœuf poêlé aux morilles. Les desserts ne sont pas en reste : soufflé glacé au cointreau ou encore méli-mélo aux fruits rouges et sa glace vanille. Un excellent repas, un service aimable et si la carte des vins est restreinte, la sélection est bonne, avec une prédominance des vins de Loire.

Le gîte

CAMPING MUNICIPAL - LES CHAMBONS* © 02 54 24 15 26/02 54 22 26 61 (hors saison).** *Du 15 mai au 15 septembre. Tarifs : forfait journalier en haute saison pour un emplacement 2 personnes et voiture. 60 emplacements : 11,50 €.* Situé en bordure de la Creuse, en aval de la ville, dans le quartier de Chambons, à 10 minutes du centre juste avant le pont de fer. A l'ombre d'immenses platanes, 60 emplacements et un gardiennage de jour comme de nuit. L'accueil est parfait, dans ce camping particulièrement apprécié des Hollandais.

HOTEL MANOIR DE BOISVILLERS* 11, rue du Moulin-de-Bord ✆ 02 54 24 13 88.** *Fax : 02 54 24 27 83. Internet : www.manoir-de-boisvilliers.cim. Ouvert tous les jours. Fermé du 20 décembre au 6 janvier. 15 chambres de 42 € à 98 € de juin à septembre et de 42 € à 90 € hors saison. Télévision. Parking fermé. Piscine. Petit déjeuner : 7 €.* L'hôtel vient de changer de propriétaires, ceux-ci vous accueillent en amis dans un "trois étoiles" refait à neuf. C'est un très bel hôtel installé dans une demeure du XVIIIe, au milieu d'un petit parc avec piscine. Il est situé à deux pas d'un des sites les plus plaisants de la ville près des bords de la Creuse dans le vieil Argenton. Pas de déception, les chambres sont très agréables.

Loisirs

CANOE-KAYAK - L'HERMITAGE Route de Thenay ✆ 02 54 24 30 44. Locations de canoës, kayaks. Quatre parcours d'une demi-journée à trois jours sont proposés. Des canoës pour une balade et randonnées sur la Creuse, en aval d'Argenton.

CENTRE AQUATIQUE DU PAYS D'ARGENTON Rue de la Piscine ✆ 02 54 01 02 06. *Tarifs : 4 €/adulte, 3,50 €/enfant, carte de 10 entrées : 35 €/adulte et 30 €/enfant. Forfait 10 heures de bain : 30 €. Abonnement semestriel : 90 €, groupe enfants (30) : 70 €. Aquagym, bébés nageurs, école de natation enfant et adulte et des animations sur les bassins une fois par mois. Tous les bassins sont accessibles aux handicapés. Horaires hiver : lundi et mardi 16h30-19h30, le mercredi 15h-18h30, le jeudi 12h-14h, le vendredi 16h30-20h30, le samedi 10h-12h30 et 15h-18h30 et le dimanche 10h-12h30. Horaires été : tous les jours du lundi au dimanche et même les jours fériés 10h-13h et 15h-20h.* Trois bassins couverts, un de 25 mètres sur 5 couloirs, un bassin ludique de 17 mètres de long avec nage à contre-courant, rivière de courant, une banquette hydromassante. Un toboggan de 50 mètres, un bassin pataugeoire. A l'extérieur, le bassin de 250 m² avec une rivière ludique et un geyser, sans oublier une autre pataugeoire, des canons à eau et une lagune à bulles. Il y a 5 000 m² d'espaces verts avec des terrains de volley et des tables de ping-pong.

EQUITATION - LE TRAIT BLANC ✆ 02 54 24 29 72. *Tous les jours sauf le dimanche. Tarif à l'heure : 13 €.* Un établissement pour les loisirs et la compétition. Accueil possible de quarante chevaux et poneys.

LOCATION VTT/VELOS - L'HERMITAGE Route de Thenay ✆ 02 54 24 30 44. *Location toute l'année. 5 VTT et 10 vélos de route. 10 €/demi-journée, 14 €/journée, 23 €/2 jours, 11 €/jour à partir de la 3e journée.* Au retour pour se réconforter, un arrêt glace ou crêpe sur place est recommandé.

RANDONNEES L'HERMITAGE - GERARD COYAT Route de Thenay ✆ 02 54 24 30 44. *Internet : www.berry-randonnes.com. Tarifs : 39 €/journée, 69 €/2 jours, 28 € par jour supplémentaire. Randonnées en compagnie d'ânes bâtés.* Pour parcourir les chemins de campagne dans la vallée de la Creuse, un bien sympathique compagnon vous accompagne. L'âne porte vos bagages ou (et) un jeune enfant, pas les deux à la fois bien sûr ! Pauvre petit âne.

Emplettes

Panier gourmand

EPICERIE BRIGAND 4, rue Gambetta ✆ 02 54 24 48 54. De l'épicerie fine, une grande variété de thé, des épices, des produits du terroir (miel, pain d'épice et vinaigre de provenance locale), des alcools haut de gamme. Les fruits et légumes traditionnels sont d'une qualité irréprochable en provenance comme en fraîcheur, un bon choix de fruits plus exotiques.

PATISSERIE LE FOLL BERNARD 16, rue Gambetta ✆ 02 54 24 10 57. Cette pâtisserie est une fête pour les gourmets. Depuis 1898, les Argentonnais font honneur aux croquettes argentonnaises, la spécialité de la boutique, de la crème pralinée au milieu de deux fins biscuits secs aux amandes, le tout enveloppé dans un papier argenté. C'est une idée cadeau utilisée par beaucoup. Le "Vladimir" est l'autre spécialité ancestrale de cette pâtisserie. L'enseigne à grande réputation, la qualité et l'originalité de ses produits sont exceptionnels : "l'Enveloppé" : aumônière chocolat, macaron aux amandes et mousse chocolat noir, le moka Grand Marnier à l'ancienne avec des copeaux de chocolat à l'orange ou le "Tambourin" : une génoise aux fruits frais et coulis de fruits rouges. Les chocolats maison sont à la hauteur de sa réputation.

PATISSERIE DU VIEUX PONT 18, rue d'Orjon ✆ 02 54 24 11 23. Malgré son nom, elle n'est pas tellement tout près du Vieux Pont, mais plutôt sur le chemin de l'école. Cette petite pâtisserie de la rue d'Orjon est une très vieille maison tenue par un jeune et sympathique couple qui continue à fabriquer les spécialités de l'établissement. On choisit : la "Noisettine" (fond de meringue, noisettes, blanc d'œuf) bien connue et appréciée, mais aussi le "Président" (macaron amandes crème pralinée ou Grand Marnier). Tant qu'aux délicieux chocolats maison (pas moins de 25 sortes à Noël et à Pâques) ils valent le détour. Ici on aime la qualité et on utilise des produits AOC pour réaliser les confiseries.

Shopping

L'ARTISANAT - L'ASSIETTE BLEUE 17, rue Grande © 02 54 24 30 95. Une superbe boutique bleue ! Rien que la découverte de cette vraie vitrine à l'ancienne est un régal et fait naître des envies. Assise à sa table, Clotilde termine, le pinceau à la main, la décoration d'un pied de lampe, sous les yeux des passants. La porcelaine blanche s'orne bientôt de fins motifs de feuilles et de fleurs. Des lampes, des plats, des tasses à café, des théières, des vide-poches, des bonbonnières, des carreaux pour la cuisine et bien sûr des assiettes. La peinture est sans plomb, résiste au lave-vaisselle. L'artiste privilégie les teintes bleues ou vertes. La délicatesse du travail force l'admiration. De plus, ce très bel ouvrage peut-être personnalisé, et s'harmoniser en fonction de votre goût.

BOUTIQUE DU MUSEE DE LA CHEMISERIE Rue Charles-Brillaud © 02 54 24 34 69. Une adresse à ne pas manquer car nombre d'objets sont vraiment des œuvres d'art. Pour monsieur, la boutique du musée propose des cravates peintes à la main par Guillemette Lhoir. Il peut aussi se choisir des boutons de manchettes fantaisie. Pour toute la famille, les tee-shirts décorés d'une gravure de mode des années 1920, un souvenir original de la visite du musée. Plus particulièrement pour les enfants, des jouets en tissu, des livres, des maisons et Sam le lapin qui change de tenue comme de chemise. Les expositions donnent presque toujours lieu à des publications, que l'on trouve en vente dans l'espace librairie avec également d'autres ouvrages sur la mode, la confection, le patchwork et un grand choix de cartes postales.

GALERIE DU CADRE 44, rue Grande © 02 54 01 02 62. Cet encadreur installé dans une jolie boutique, mettra en valeur les broderies, aquarelles ou les dernières trouvailles chinées. L'endroit sert aussi de galerie d'exposition et de vente pour les œuvres de peintres contemporains. On peut y acheter aussi des tableaux plus anciens de peintres régionaux que des particuliers lui ont confiés.

MAGASIN D'USINE ROUSSEAU 9, route d'Eguzon © 02 54 24 36 58. *Du mardi au samedi : 9h30-12h et 14h-19h, le jeudi 9h-12h et 14h-18h.* L'usine Rousseau est une des dernières de l'agglomération à maintenir l'industrie de la chemiserie. Elle est facile à trouver, dans le quartier des Baignettes, sur la route d'Eguzon. Un magasin est ouvert au sein même de l'usine. Les hommes pourront venir s'y approvisionner pour le jour en belles chemises et chemisettes fabriquées sur place (Pierre Clarence, Pierre Cardin, Dior), mais aussi en gilets, tee-shirts, pulls (Rodier) et même cravates. Ils pourront aussi choisir des tenues de nuit chic, pyjamas et robes de chambre.

Azay-le-Ferron

A 26 kilomètres du Blanc, prendre vers le nord, la D975.

Fiche pratique

SYNDICAT D'INITIATIVE 9, place de Verdun © 02 54 39 21 91

Azay-le-Ferron est situé aux confins du Berry et de la Touraine, mais la Touraine supplante largement le Berry. Les maisons du bourg sont en calcaire blond typique de la région tourangelle.

Points d'intérêt

CHATEAU, PARC ET JARDIN D'AZAY-LE-FERRON © 02 54 39 20 06. *Ouverture du parc : du 18 avril à fin septembre : fermé le mardi : 10h-18h. D'octobre à mars : du mercredi au dimanche : 10h-17h. Fermé en janvier, les 11 novembre et 25 décembre. Visites gratuites.* Un magnifique ensemble de bâtiments. Il ne reste rien de l'ancien château médiéval d'origine. Une tour ronde, dite tour Frottier, avec des courtines sur mâchicoulis a été construite en 1496. Celle dite de François Ier est du XVIe avec trois salamandres. L'aile d'Humière est du XVIIe et l'élégant pavillon classique de Breteuil a été achevé en 1714. Le château abrite une remarquable collection de meubles et tableaux. Le parc paysager a été créé au XVIIIe et restauré au XIXe. Devant la façade sud du monument on peut admirer un jardin à la française avec ses parterres compartimentés de broderies de buis, œuvre d'Achille Duchêne et ses topiaires d'ifs. Il s'ouvre sur un parc paysager remarquable pour ses essences rares et aboutit à une terrasse dominant un buffet d'eau et un bassin qu'encadrent des escaliers en cascade. On peut découvrir dans les jardins un verger conservatoire des espèces fruitières locales.

Le gîte

CAMPING DU CHATEAU Le Bourg ✆ 02 54 39 21 91.** *Du 15 avril au 15 octobre au 15 octobre. Tarifs : forfait journalier en haute saison pour un emplacement 2 personnes et voiture. 50 emplacements : 6 €.* Dans un village plus proche de la Touraine que des capitales berrichonnes, ce camping permettra de faire une halte pour un tour du château et une visite approfondie du parc de la haute Touche.

GITE - CPIE 35, rue Hersent-Luzarche ✆ 02 54 39 23 43. *Ouvert toute l'année.* 26 chambres rénovées vous attendent dans les communs du merveilleux château d'Azay-le-Ferron. Accès privilégié au parc.

▷ *Dans les environs*

Lureuil

A 13 kilomètres d'Azay-le-Ferron, suivre la D975.

MAIRIE ✆ 02 54 28 00 95

UN COLOMBIER daté de 1692, dernier vestige d'une commanderie de l'ordre de Malte, acquis par la commune, a été restauré. Il est ouvert au public. Pour tous renseignements s'adresser à la mairie.

Martizay

A 6 kilomètres d'Azay-le-Ferron par la D975.

MAIRIE ✆ 02 54 28 01 32

Martizay offre l'attrait de son petit musée archéologique situé au centre du bourg. Pour l'anecdote Blanche d'Antigny, actrice et demi-mondaine sous le second empire est née à Martizay. Emile Zola s'est inspiré de certains moments de sa vie pour écrire son roman "Nana".

MUSEE ARCHEOLOGIQUE Place de l'Eglise ✆ 02 54 28 01 96. *Ouvert du 11 mars au 30 juin et du 1er septembre au 31 octobre le dimanche de 15h à 18h. Du 1er juillet au 31 août, fermé le mardi, ouvert les autres jours de 15h à 18h. Tarifs : 2,50 €/adulte, 1 €/groupe, gratuit pour les enfants de moins de 12 ans.* Ce musée est le résultat du travail de l'association des "Amis du vieux Martizay". Il rassemble des collections préhistoriques gallo-romaines et mérovingiennes provenant de découvertes locales fortuites et de fouilles effectuées sur le site de Saint-Romain. On peut y voir des enduits peints gallo-romains.

Bélâbre

Le bourg est situé dans la partie méridionale du Parc Naturel de la Brenne, la petite Brenne. Le bourg de Bélâbre aligne ses maisons aux tuiles rousses sur la rive droite de la rivière, à proximité de l'emplacement de l'ancien château. La forteresse féodale est connue dès le **XIVe** mais en **1650** la châtellenie devient propriété de l'entreprenante famille Lecoigneux qui va l'agrandir et la faire prospérer, en particulier avec l'exploitation de forges. Le château féodal est remplacé au **XVII**e, par une élégante construction de style Mansart, sur commande de la marquise de Bélâbre, Eléonore de Chaumont. Ce qu'une femme fit construire sera détruit par une autre femme. En **1930**, la dernière marquise de Bélâbre, devenue veuve sans héritier, décide de vendre le château à la condition expresse qu'il soit démoli pierre par pierre. On raconte qu'elle se vengeait ainsi des habitants du bourg qui avaient témoigné contre elle dans le procès en divorce qui l'opposait à son mari. De cette belle construction, il ne reste plus que le bâtiment des écuries également du **XVII**e.

Fiche pratique

Au Sud-est du Blanc, prendre la D10 et la D927 sur 14 kilomètres.

OFFICE DE TOURISME "La Quintaine" ✆ 02 54 37 22 21. *Fax : 02 54 37 60 72.*

Possibilité de tremper sa ligne et de faire trempette dans un plan d'eau aménagé à cet effet.

Le couvert

AUBERGE LE BERRY 8, place de la République ✆ 02 54 37 59 82. *Fermeture 15 jours en février et 15 en septembre. Fermé le vendredi soir. Menus : 10 € (sauf midi des dimanches et jours fériés), de 15 € à 27 €. A la carte environ 19 €.* On s'installe dans deux grandes salles avec parquet. Sur les murs, des moulures au décor de fleurs ont été repeintes en orange et en vert, à ne pas rater. Les jours de la foire aux Hérolles, l'auberge ne désemplit pas, mais on est capable de faire face à la confection et au service de 200 têtes de veau. Serveuses et cuisinier sont à la hauteur et tout s'organise au mieux. On sert à l'auberge des mets traditionnels solides, joue de bœuf, bavette échalotes. Seuls les desserts sont un peu décevants et plutôt préfabriqués. A essayer, ambiance garantie.

Le gîte

CAMPING MUNICIPAL La Quintaine ✆ 02 54 37 22 21.** *Du 1er mai au 30 septembre. Tarifs : forfait journalier en haute saison pour un emplacement 2 personnes et voiture. 26 emplacements (dont 16 pour caravanes) : 6,50 €. Cinq chalets de 140 € à 260 € la semaine.* En bordure de la très belle rivière d'Anglin, avec jeux pour enfants. Possibilité de tremper sa ligne et de faire trempette dans un plan d'eau aménagé à cet effet.

Loisirs

BASE DE LOISIRS DE BELABRE. Tout près du camping, un plan d'eau a été créé à proximité de la rivière, un site nautique de 3 000 m² accueille les campeurs et les visiteurs. La tranquillité des pêcheurs installés au bord de l'Anglin est ainsi sauvegardée. Cette baignade est surveillée pendant la saison estivale.

Emplettes

DOMINIQUE LESTRADE 17, rue Victor-Hugo ✆ 02 54 37 62 84. Le spécialiste de l'andouille à la ficelle. Elle lui a valu un premier prix national en 1994. Le boudin blanc est aussi fameux. On peut déguster ces produits au marché de Noël de Jovard et bien entendu à la boutique tout le reste du temps.

▷ *Dans les environs*

Chalais

De Bélâbre, sur 6 kilomètres, prendre la D927, puis la D10 et la D61. Un site à découvrir. Un charmant village au bord de l'Anglin, quelques maisons nichées à deux pas du remarquable manoir de Rocheblond et de son moulin. Un ensemble restauré avec soin par des propriétaires amoureux et respectueux de patrimoine architectural.

RESTAURANT LA LUZERAISE D10 ✆ 02 54 37 61 38. *Fermé le mardi. Menus : 14 € (pour la foire des Hérolles le 29 du mois : tête de veau, coq au vin, fromage, dessert), 14 € à 50 € sur réservation.* Nous sommes dans l'enclos d'une ancienne tuilerie de Brenne exploitée jusqu'en 1978. Ne vous attachez pas au décor des deux salles, et prenez place sous la tête de chevreuil en toute confiance. Les entrées sont variées et en saison on déguste une remarquable terrine de sanglier maison. A midi, on a le choix d'un plat du jour, un sauté d'agneau au miel et aux épices ou une fricassée de poulet déglacée au vinaigre et servie avec des champignons au beurre. Un bel assortiment de fromages, à goûter, le pouligny de la ferme des Ages, il est fait presque sur mesure pour le restaurant. Une merveille de dessert : un sauté de poire coupée en dés, délicatement cuite dans le miel de Brenne, accompagné de grosses noisettes un peu caramélisées dans le même miel et d'une boule de glace à la vanille pour atténuer le trop sucré, un délice. L'accueil de cette maison est discret au premier abord, mais il devient très chaleureux lorsque l'on discute un peu. A recommander pour une grande réunion d'amis amateurs de très bons produits dans une ambiance décontractée. Terrasse.

MARIE-CHRISTINE TORTIGET Ferme de Laleuf ✆ 02 54 37 61 37. Vente par correspondance, produits vendus dans les épiceries fines, à la maison du parc à Rosnay et de l'apiculture à Ingrandes. Marie-Christine, l'apicultrice, installe ses ruches dans les bois proches de son domicile. Avec ses récoltes de miel, elle confectionne aussi du pain d'épice, 12 variétés différentes qu'il faut vraiment goûter. Un choix difficile, entre le pain d'épice au confit d'orange, au miel et aux pruneaux ou au confit de noisettes au miel, du vinaigre de cidre au miel et aux échalotes. Elle vous vendra aussi d'excellentes confitures à l'ancienne au miel, des gelées de plantes et fleurs au miel, des compotes rares comme celle au genièvre et miel, et même de madeleines. Une artiste du miel.

Lignac

De Bélâbre, prendre la D53 sur 14 kilomètres.

MAIRIE ✆ 02 54 25 74 75

CHATEAU GUILLAUME ✆ 02 54 25 72 02. *Ouvert tous les jours du 1er juin au 30 septembre de 14h30 à 18h. Sur demande pour les groupes. Tarifs : 5 €/adulte, 4 € parc seulement, 2,50 €/enfant de 7-12 ans, 4 €/personne en groupe de 20 minimum.* Le château a été construit dans ce pays fertile situé dans la vallée du ruisseau de l'Allemette entre 1087 et 1112 par Guillaume IX, duc d'Aquitaine, comte de Poitou, père d'Aliénor d'Aquitaine. Il est entouré par une vaste prairie qui a remplacé les eaux d'un étang. A l'origine, c'est un donjon carré roman à contreforts plats, une enceinte trapézoïdale flanquée d'une tour ronde à chaque angle. Il a été restauré entre 1878 et 1880. Le hameau qui l'entoure a conservé tout son cachet, avec son humble chapelle du XIIe et un "travail" utilisé pour le ferrage des bœufs.

Luzeret

A 14 kilomètres de Bélâbre, prendre vers le nord, la D927, puis la D10 et la D29, sur 14 kilomètres.

CHATEAU DE LA COMMANDERIE Le Bourg ✆ 02 54 25 00 23/01 45 99 06 25. *Ouvert tous les jours du 15 avril au 15 septembre de 13h30-19h30, sur rendez-vous le matin et hors saison. Gratuit.* La restauration de cet édifice médiéval XIIe et XVe est exemplaire. Son pavillon d'entrée est particulièrement intéressant avec les traces du pont-levis, ses deux portes, une charretière, une piétonne. Grand mur d'enceinte flanqué de tours rondes aux angles.

Prissac

A 13 kilomètres de Bélâbre, prendre la 927 et la D10.

MAIRIE ✆ 02 54 25 09 48

Trois musées, trois châteaux et une très belle église pour ce petit village avec un porche du XIIe et une nef de quatre travées du XVe. La chapelle seigneuriale a conservé depuis le XVe, une litre, large bande noire tracée sur les murs à l'occasion d'un deuil. A voir également les fresques dans la nef et le chœur.

CHATEAU DE LA GARDE-GIRON ✆ 02 54 25 62 81. *Ouvert sur demande. Tarifs de 2,28 € à 4,57 €.* A 3 kilomètres au nord de Prissac, un très joli manoir entouré d'une vaste prairie se compose de trois ailes de bâtiments qui renferment une cour carrée.

MUSEE DU MACHINISME AGRICOLE, DU FACTEUR RURAL, ESPACE GUTENBERG Route de Bélâbre ✆ 02 54 25 06 85/02 5 37 22 21. *Ouvert tous les jours. Du 1er avril au 30 juin : 14h-19h. Du 1er juillet au 1er octobre : 10h à 12h et de 14h à 19h. Du 2 octobre au 11 novembre de 14h à 17h. Tarifs : 4 €/adulte, 2,50 €/enfant, 2 € à 3 €, groupe.* Le musée du Machinisme agricole a été installé à Prissac sur l'initiative d'un collectionneur acharné, Pierre Cotinat. Depuis 1948, il a amassé un ensemble exceptionnel de machines agricoles que le progrès avait fait délaisser dans les cours de ferme. Ce matériel a été identifié, restauré et présente les principaux travaux agricoles de la moisson à la fenaison en passant par la viticulture. La Direction départementale de la Poste de l'Indre a fait don d'objets, tenues et matériel, glanés dans ses bureaux de poste, créant ainsi à Prissac un musée de la Poste rurale. La poste du facteur de "Jour de fête" immortalisée par Jacques Tati, 150 ans d'histoire postale. Un troisième espace présente cinq siècles d'imprimerie, les machines ont été soigneusement restaurées et fonctionnent. On peut suivre toute l'évolution des techniques dans l'Espace Gutenberg.

Tilly

Au Sud-est de Bélâbre, à 19 kilomètres, prendre la D15, la D123, la D121 et la D36. Une commune qui commence à être reconnue par les amoureux de patrimoine rural et architectural. Elle conserve sur son territoire au Peu-de-Tilly et au hameau du Gué-Martin, de très exceptionnelles et très rares constructions en terre crue.

Le Blanc

A la frontière du Berry et du Poitou, le Blanc offre les charmes d'une ville "double". Le cours de la Creuse partage la commune qui s'étage sur les deux rives du fleuve. La première, sur la rive gauche de la Creuse s'est développée autour de ses deux châteaux, de son donjon et du château de Naillac. La ville basse, quant à elle s'est édifiée autour du prieuré Saint-Génitour.

Si au mois de février, la ville du Blanc joue la belle endormie, il suffit des premiers beaux jours pour que cette sous-préfecture se réveille. Elle voit alors les premières migrations de touristes en transit vers le Parc Régional, vers les étangs et les oiseaux de Brenne. Le Blanc est la ville la plus importante du parc régional de la Brenne.

Fiche pratique

A 60 kilomètres de Châteauroux, à l'ouest.

OFFICE DE TOURISME **Place de la Libération © 02 54 37 05 13.** *E-mail : tourisme.leblanc@wanadoo.fr. Juillet août : tous les jours 9h-12h30 et 14h-19h. Juin et septembre : tous les jours 9h-12h30 et 14h-19h, sauf le dimanche après-midi. Du 1er octobre au 1 mai : du lundi au samedi 9h-12h15 et 14h-18h, dimanche 10h-12h15.* Dans ce beau local en plein centre, on trouve une mine de renseignements et de dépliants. Une visite indispensable pour tout savoir sur les activités et visites possibles en ville, mais aussi sur toute la Brenne.

Points d'intérêt

CHATEAU NAILLAC. Les seigneurs de Naillac s'installent au Blanc au XIIe siècle, le premier, Hugues, est également seigneur de Gargilesse. Le château se compose d'un bâtiment central entouré de deux pavillons rectangulaires. Ces deux pavillons sont des donjons du XIIe siècle. Le bâtiment qui les relie a été construit dans la première moitié du XVIIIe siècle. Les prisonniers qui séjournaient dans le donjon ont gravé dans la pierre, des graffitis. Le château est propriété municipale depuis 1851. Il abrite aujourd'hui l'écomusée de la Brenne.

ECOMUSEE DE LA BRENNE **Château-Naillac © 02 54 37 25 20.** *Ouvert du 1er octobre au 30 avril du mardi au dimanche de 10h à 12h et de 14h à 17h. Du 1er mai au 30 juin et du 1er septembre au 30 septembre du mardi au dimanche de 9h30 à 12h30 et de 14h à 18h. Du 1er juillet au 31 août du lundi au dimanche de 9h30 à 19h. Fermé le 1er janvier, le 11 novembre et le 25 décembre. Tarifs : 3,20 €/adulte, 2,30 €/réduit, 1,60 €/enfant de 8 à 15 ans.* L'écomusée se décline en huit salles très différentes. La première rend hommage à deux naturalistes : René Martin, un peu oublié, a été avoué au Blanc. C'est "le savant aux libellules", ses collections sont au Muséum d'histoire naturelle de Paris. Mercier-Génetoux, notaire, a rassemblé la collection d'oiseaux exposée dans les salles suivantes. Dans la seconde salle, on a la reconstitution d'un cabinet d'ornithologie du XIXe siècle et le collectionneur prend la parole pour raconter un peu de son passé. La salle aux oiseaux n'abrite pas moins de 800 volatiles de toutes tailles. Des petits et même des minuscules alors que d'autres sont vraiment énormes, tous sont dans un parfait état de conservation. La salle suivante donne un aperçu du passé géologique de la région et présente une toute petite partie des collections d'Olivier Charbonnier, instituteur mais surtout excellent préhistorien. Il a fouillé le premier le site des Roches, à Pouligny-Saint-Pierre. La salle qui suit est plus historique. Elle évoque les difficultés de vie des Brennous d'autrefois, fièvres, maladies, famines. Dans la salle 5 c'est l'activité industrielle de la Brenne qui est mise en scène. L'activité métallurgique de l'époque gauloise jusqu'à celle florissante des grandes forges. Celle de la Gastevine à Belabre est reconstituée sous la forme d'une maquette animée qui reproduit les moindres détails. Dans la salle suivante, la vie agricole est présentée sous la forme d'un calendrier permettant de relier les dates des fêtes, des foires et la périodicité des travaux des champs. Ce sujet est mis en valeur par les photos de Brenne prises par René Mialon et datant des années 50, un témoignage précieux. Après c'est la salle où trône la très grande maquette du château Naillac, tel qu'il devait être au XVe siècle. On termine la visite par une petite pièce où l'on peut écouter les témoignages des Brennous d'aujourd'hui.

EGLISE SAINT-CYRAN. Ancienne possession de l'abbaye de Déols, elle abrite jusqu'en 1269 les reliques de Saint-Cyran fondateur des abbayes de Brenne, Méobec et de Saint-Cyran. Bien que construite à la même période que le château Naillac, elle n'en est pas la chapelle. C'est l'église paroissiale de la ville haute depuis 1115. Sa situation perchée sur le coteau calcaire donne l'impression d'une grande église mais avec 21 mètres de long sur 7 de large, elle est moins vaste qu'elle en a l'air. Elle a toute la pureté et la simplicité des églises romanes, une nef rectangulaire, un chœur droit, un clocher carré et une couverture de tuiles. Cette église désaffectée sert aujourd'hui pour des expositions et des concerts.

EGLISE SAINT-ETIENNE. C'est l'ancienne église du couvent des Récollets, construite ici à partir de 1623. Une simplicité toute franciscaine avec un clocher carré. Le chevet a été reconstruit après un effondrement en 1762. Son mobilier est particulièrement remarquable, une chaire et un retable XVIIIe, un autre retable du XVIIe et les châsses contenant les reliques des "Bons Saints".

EGLISE SAINT-GENITOUR. Le prieuré Saint-Génitour est construit dès la fin du XIe, par la puissante abbaye de Déols. C'est autour de cet édifice que commence à se développer la ville basse.

Au XIIIe siècle, la chapelle du prieuré, prolongée d'une nef, devient l'église paroissiale. L'église s'agrandit ensuite avec des adjonctions de chapelles, une au XVe, deux au XVIIe et une au XIXe en même temps qu'un auvent. Il faut admirer le chœur roman et les masques grimaçants qui terminent les colonnettes tronquées, les chapelles gothiques, les reliques de Saint-Génitour. Un très grand tableau restauré récemment, "le Denier de César", est accroché dans le transept nord, c'est une copie ancienne d'une œuvre de Petrus Paulus Rubens.

MAISON DES AMIS DU BLANC 11, Grande-Rue © 02 54 37 25 20/02 54 37 05 13. *Ouvert : 6 avril, 24 et 25 mai, 3 et 17 août, 7 et 21 septembre de 15h à 18h. Du 1er juillet au 31 août du mardi au samedi de 15h à 18h. Tarif : 2 € adulte, gratuit pour les enfants de moins de 16 ans, 2 € tarif groupe.* Comme la plupart des maisons de la Grande-Rue dans la ville haute, la maison des Amis du Blanc a été construite au XVe siècle. Dans plusieurs salles, des collections sont installées. On retrouve les costumes régionaux, les ustensiles de cuisine, les outils de l'artisan et de l'agriculteur. Les anciennes activités sont mises en scène, comme les laveuses des bords de Creuse, les cordonniers, sabotiers, tisserands, fileurs et dentellières. Cette association organise chaque année des soirées conférences et participe par ses expositions aux fêtes des "Bons Saints", le premier dimanche de septembre.

VISITE DU BLANC © 02 54 37 05 13. *Fax : 02 54 37 31 93.* Découverte du Blanc à travers la ville basse et la ville haute en évoquant le couvent des Augustins, l'église Saint-Génitour (extérieur), le château Naillac et ses maisons du XVe siècle.

Le couvert

LE CYGNE 8, avenue Gambetta © 02 54 28 71 63. *Fermé lundi et mardi toute l'année, et le dimanche soir sauf juillet, août. Fermeture annuelle : 12 jours début janvier, du 15 au 30 juin et 12 jours fin août. Menus : 10 € (enfant), 15 € à 45 €. A la carte environ 30 €.* Dans ce restaurant, poissons et autres produits de la mer sont particulièrement mis à l'honneur et parfaitement valorisés. Les plats varient en fonction de l'arrivage du jour. Le chef se fait magicien en arrangeant quelques mariages insolites mais délicieux comme le méli-mélo de rouget, de saint-jacques et pied de porc au jus iodé ou encore le medley d'huîtres chaudes, foie gras poêlé et petits légumes frits. Il travaille aussi les produits du terroir avec ses quenelles soufflées au brochet de Brenne, ses brochettes de pigeonneau au jus de kirsch du Blanc ou sa géline de Touraine braisée à la crème fraîche. Pour le cadre, on a le choix entre une salle au rez-de-chaussée dans des tons pastel, rose, vert et deux salles à l'étage dans un style plus rustique. La cave propose des vins bien sélectionnés, mais surtout elle offre un choix de 30 références en demi-bouteilles.

Le gîte et le couvert

LE DOMAINE DE L'ETAPE* Route de Bélâbre © 02 54 37 18 02.** *Fax : 02 54 37 75 59. 7j/7. 35 chambres de 39 € à 102 € (1 ou 2 personnes). Télévision. Parking privé. Soirée étape à partir de 60 €. Petit déjeuner 9 €. Menus : 11 € (enfant), 20 € à 55 €. A la carte environ 49 €.* Sur un domaine de 200 hectares de landes, de bois, de prairies, agrémenté par un étang, la grande demeure du XIXe siècle à la façade blanche et rouge et ses dépendances ont été aménagées pour recevoir avec classe et confort les clients. Une belle salle de restaurant au décor classique. Aux fourneaux un "maître cuisinier" Daniel Cotard qui concocte des feuilletés d'huîtres chaudes, une trilogie de langoustines, homard et saint-jacques, un filet de bœuf au chinon ou un poitrail de pigeonneau à l'aigre-doux et sa cuisse en chausson. Pour terminer, pourquoi pas une assiette gourmande de pâtisseries maison ou une poire pochée au coulis de caramel et sa glace. L'été, les repas sont servis sur la terrasse. Les chambres sont toutes différentes et refaites récemment. On peut loger au premier ou au second étage de cette demeure XIXe mais aussi dans un petit pavillon près du château ou dans la ferme attenante.

Loisirs

ACCRO-BRANCHE - MARIE-JOSEE FRANCHAUD 2, quai André-Liesse © 02 54 37 19 21. *7j/7 en juillet, août sur réservation. Tarifs : 20 €/personne.* Trois heures de parcours dans une forêt de chênes.

BASE DE PLEIN AIR DU VIADUC Les Landelles - Route de Belâbre © 02 54 37 36 85. *Ouvert toute l'année.* Pour un jour, une semaine ou un mois, elle accueille les associations, les comités d'entreprises comme les groupes de retraités. Le point canoë-kayak propose des descentes de rivière uniquement avec accompagnement (la demi-journée 12,20 €/personne, pour des groupes d'au moins 7 personnes). On peut y pratiquer l'escalade sur rocher ou structure artificielle, le tir à l'arc, la spéléologie, la randonnée ou le golf. Elle est particulièrement performante en vélo, puisqu'elle est centre de VTT de la Fédération française de Cyclisme. On peut y louer un VTT, passer des tests et se promener sur plus de 400 kilomètres.

CANOE-KAYAK - MARIE-JOSEE FRANCHAUD 2, quai André-Liesse © 02 54 37 19 21. *7j/7 en juillet, août sur réservation. Tarifs : de 4 € à 30 €/personne.* Balades en canoë à la journée ou 1/2 journée pour découvrir la vallée de la Creuse et de l'Anglin.

CANOE-KAYAK DU VAL DE CREUSE 29, rue Saint-Lazare © 02 54 37 77 99. *Du 1er juillet au 3 septembre tous les jours : 10h-12h et 14h-18h. Sur réservation en dehors de cette période.* L'école française de canoë-kayak est installée sur la nationale 151, à la sortie du Blanc, en direction de Châteauroux et à proximité de l'ensemble piscine et camping. Elle propose des matinées d'initiation du lundi au vendredi : 5 pour 56 € et des cours d'une heure pour 14 €. On peut vous faire partager le plaisir d'une descente de Creuse 5 €/1h, de 8 €/trois heures et de 12,50 €/journée (10h-18h). Possible aussi une journée sur la Creuse ou l'Anglin. Avec accompagnement : 22,50 €/personne.

CLUB D'ESCALADE DE LA REGION BLANCOISE Maison des Sports - 8, rue Jean-Giraudoux © 02 54 37 17 61. *Adhésion annuelle : 61 €/adultes, 53,35 €/-18 ans.* Ce club très actif, affilié à la Fédération française de la Montagne et de l'Escalade, propose des sorties sur tous les rochers à proximité de la ville.

LOCATION VTT/VELO - BASE DE PLEIN AIR DU BLANC Les Landelles - Route de Belâbre © 02 54 37 36 85. *5,33 €/demi-journée, 7,62 €/journée, 34,29 €/semaine de 5 jours.* Un parc important de VTT, 20 pour adultes et 15 pour enfants. Une bonne façon de parcourir la Brenne au départ de la base, sur 150 kilomètres de chemins balisés.

LOCATION VTT - MARIE-JOSEE FRANCHAUD 2, quai André-Liesse © 02 54 37 19 21. *11 €/journée, 31 €/semaine.* De quoi équiper tous les invités d'une noce pour une balade digestive avec 20 VTC.

PARACHUTISME - CERPCO Aérodrome © 02 54 37 05 90. Le Centre Ecole Régional de Parachutisme du Centre Ouest propose toujours le grand saut dans ses nouveaux locaux à l'aérodrome. Son rayonnement s'est accru depuis quelques années. On vient maintenant s'élancer dans les airs de toute la région et le centre est reconnu au plan national. Les Parisiens frustrés par les contraintes viennent maintenant nombreux jusqu'ici, 13 000 sauts ont lieu en moyenne chaque année. Le centre accueille régulièrement des compétitions nationales, des championnats et il organise une porte ouverte annuelle.

PISCINE D'ETE 60, avenue Pierre-Mendès-France © 02 54 37 02 21. *Fermée à partir du 1er septembre. Les mardis, mercredis, vendredis, samedis et dimanches : 10h-12h45 et 15h-19h45 ; le lundi et le jeudi : 12h-19h45. Tarifs : 1,55 €/adulte, 1,25 €/adolescent, 0,90 €/enfant.*

PISCINE LES MENIGOUTTES Rue Pierre-de-Coubertin © 02 54 37 29 63. *Piscine ouverte à partir de fin octobre jusqu'au début novembre.*

Emplettes

RAYMOND DEMIOT Les Vigneaux © 02 54 37 09 77. Des cerises pour la table, pour les conserves ou pour faire votre kirsch, à cueillir vous-même si vous le désirez chez les derniers producteurs du kirsch du Blanc.

FERME DES AGES © 02 54 37 23 43. Vente à la ferme de ce pouligny-saint-pierre AOC que l'on retrouve sur les tables de très bons restaurants.

SAVEUR CACAO 10, rue Saint-Lazare © 02 54 28 62 41. Dans son magasin laboratoire, Yves Bonneau met au point régulièrement des douceurs nouvelles. Spécialité la plus en vogue de ce pâtissier - chocolatier, les palets à l'orange méritent que l'on fasse le trajet jusqu'au Blanc. Cette tranche d'orange confite trempée à la main dans le chocolat noir pur cacao est une merveille. Pour un cadeau de prix, vous pouvez l'offrir dans un des jolis coffrets en merisier verni. La maison propose aussi du broyé à l'orange, une délicieuse confiture maison, en attendant la mise au point d'une nouvelle au pamplemousse. Vous pouvez aussi choisir parmi une trentaine de thés et faire moudre votre café acheté dans cinq pays producteurs.

Ceaulmont-les-Granges

A 10 kilomètres d'Issoudun, vers le Sud-est, prendre la D913, puis à gauche le D5B, continuer sur la D5. Ceaulmont-les-Granges doit son nom à sa position culminante au sommet d'un coteau dominant la Creuse. Il ne faut pas oublier d'aller admirer la **BOUCLE DU PIN** et le village du même nom en se rendant sur la rive gauche au village de Ceaulmont. Suivre le petit chemin, à droite de la chapelle, le site qu'on y découvre est plus grandiose encore que celui de la rive droite.

A quelques kilomètres, toujours sur la commune de Ceaulmont-les-Granges on peut faire un détour jusqu'aux ruines romantiques du **CHATEAU DE LA PRUNE AU POT**.

Le gîte

CHAMBRES D'HOTES - JACQUELINE ET MARC HEMBERT 8, rue Saint-Vincent - "Villarnoux" © 02 54 47 75 56. *3 chambres.* Dans ce charmant village on déniche ces chambres très agréables et l'accueil est fort sympathique.

Loisirs

BAIGNADE DU MOULIN DE CHENET. A 6 kilomètres du centre-ville d'Argenton, juste le temps d'une petite balade en vélo. On peut profiter de cette plage ombragée pour une baignade dans la Creuse, mais attention aux pieds, il y a tout de même quelques cailloux. Le site est charmant à l'ombre du moulin qui fait encore de temps en temps tourner sa roue juste pour le plaisir. Une buvette, des tables de pique-nique, un terrain de boules et des jeux pour les enfants. Location de canoës-kayaks pour descendre la rivière.

Chaillac

De Saint-Benoît-du-Sault, prendre vers le sud la D1 et la D36 sur 8 kilomètres.

Fiche pratique

MAIRIE © 02 54 25 74 26

Points d'intérêt

BARYTINE DE CHAILLAC © 02 54 25 74 81. *Ouvert du 1er janvier au 31 décembre les lundis, mardis, jeudis et vendredis uniquement sur rendez-vous. Fermé les jours fériés.* L'entreprise qui appartient au groupe belge Solvay, joue la carte du tourisme industriel en organisant des visites de son site et de son usine. Les visites partent du musée de la Minéralogie. On est étonné de l'ampleur du site, la carrière est une des plus grandes exploitées à ciel ouvert, et la seule exploitée en France. Des guides accompagnateurs vous donnent toutes les explications. La visite de l'usine est très intéressante. On vous prête un casque et des gants, mais il est recommandé de se munir de bottes et de vêtements ne craignant pas la poussière (rouge), partout présente. On suit toutes les phases de la transformation de la barytine en sulfate de baryum. Ce produit est employé dans l'industrie chimique mais aussi dans celle de l'automobile, du verre, des plastiques et également dans la fabrication des écrans de télévision.

CHATEAU DE BROSSE. Le château de Brosse était le berceau familial de Jean de Brosse, maréchal de France, chambellan de Charles VII et fidèle compagnon de Jeanne d'Arc. Il suffit de contempler les ruines grandioses pour prendre la mesure de la grandeur des seigneurs du Limousin. L'enceinte de la forteresse avait la forme d'un pentagone irrégulier, de 125 mètres de long sur 112, divisé en deux cours. Le donjon était entouré de six tours groupées par trois sur la façade la plus vulnérable, trois autres tours étaient réparties aux angles du pentagone. Le donjon avait une élévation totale de 33 mètres et 21 mètres de diamètre, quant aux petites tours, pas moins de 8 mètres de diamètre sur 15 mètres de haut. Ce formidable ensemble a beaucoup souffert et subi des destructions. Aujourd'hui il ne reste que les ruines de l'enceinte et la moitié du donjon. L'accès intérieur n'est pas possible, mais on peut longer l'enceinte sur une partie et contempler un magnifique panorama.

MUSEE DE LA MINERALOGIE 2, rue de la Touche © 02 54 25 67 25/02 54 25 74 26. *Du 1er mai au 1er octobre tous les jours sauf le mardi : 10h à 12h30 et de 15h à 18h30. Sur rendez-vous le reste de l'année. Tarifs : 3,50 €/adulte, 1,50 €/groupe, 1,50 €/enfant.* La mine du Rossignol exploitée pour la barytine a fourni par le passé des pièces exceptionnelles. Fluorite, barytine, pyromorphite sont aujourd'hui exposées avec une grande intelligence dans ce musée qui a ouvert ses portes en 1996. Les collections locales ont été complétées par des dons de minéraux du monde entier, elles rassemblent plus de 500 échantillons et les pièces à découvrir sont remarquables.

Loisirs

BAIGNADE DE LA ROCHEGAUDON. Un plan d'eau d'une douzaine d'hectares. Bateaux à rames, baignade, pédalos, un ensemble de jeux pour les enfants et un toboggan aquatique.

LES ECURIES DE LA GRANGE-MISSEE "La Grange-Missée" © 02 54 25 69 89. *Toute l'année. Cotisation club : 15,50 €/moins de 12 ans, 23 €/plus de 12 ans. Promenade (1h30) : 10 €/moins de 12 ans (membres), 11,50 €/plus de 12 ans (membres). Pension chevaux et poneys de 122 € à 305 € (selon prestations). 30 chevaux et poneys. 2 carrières.* Un nouvel établissement dans ce coin du Boischaut très au sud. Philippe et Sabine vous accueillent pour des cours d'équitation (tous niveaux) et d'initiation (à partir de 2 ans et demi). Promenades, randonnées et stages (à la journée et demi-journée) dans un très bel environnement.

PROMENADE. La vallée du Bel-Rio et la vallée de l'Anglin en particulier au site du pont et du vieux moulin de Seillant, un havre de charme dans une nature préservée, où pousse encore la précieuse fougère aigle.

RANDONNEE - LA GRANDE VADROUILLE. Une randonnée de quatre jours, fin mai, très appréciée dans ce coin de Boischaut-Sud. Plus de 150 participants et un parcours renouvelé dans des paysages vraiment magnifiques. Pour marcheurs, vététistes, attelages et cavaliers.

Ciron

De Ruffec, prendre vers l'est la N151, puis la D44, sur 6 kilomètres.

Fiche pratique

MAIRIE © 02 54 37 95 92

Ce village, au bord de la Creuse est remarquable pour son église XIIe, pour son château de Romefort, pour son monument commémorant l'accident du ballon, le Zénith, et pour sa Lanterne des morts XIIe. Cette dernière avait été élevée dans l'enceinte de l'ancien cimetière près de l'église.

Points d'intérêt

CHATEAU DE ROMEFORT. Le château de Romefort est une propriété privée, mais il domine si superbement la vallée de la Creuse qu'il est parfaitement visible de l'extérieur. Le monument édifié au XIIe siècle a été largement reconstruit au XIXe en suivant les principes de restauration chers à Viollet-le-Duc. Le donjon carré a été doté d'une galerie néoromane. Heureusement avec la patine des ans, les parties récentes s'harmonisent parfaitement avec le reste des bâtiments. Ce donjon d'une hauteur de 30 mètres est flanqué de quatre tours rondes. Le corps de logis qui fait face à la Creuse a subi lui aussi des transformations, mais il a beaucoup de charme avec ses toits de petites tuiles brunes.

EGLISE SAINT-GEORGES. Elle est datée des XIe et XIIIe siècles. Elle a été construite avec une nef unique, deux beaux chapiteaux et un portail en arc avec des chapiteaux ornés d'oiseaux, de feuillage et de fruits.

Le gîte

GITE D'ETAPE MUNICIPAL 51, route Nationale © 02 54 37 95 92. *Toute l'année. 1 épi. 3 chambres pour 14 personnes : 5,50 €/personne en été, 7 € l'hiver.*

Le gîte et le couvert

HOSTELLERIE DES RIVES DE LA CREUSE Scoury © 02 54 37 98 01. *7j/7 du 1er juillet au 1er octobre. Fermé dimanche soir et lundi le reste de l'année. Fermeture annuelle aux vacances de février et dernière semaine de novembre. Hôtel**. 8 chambres de 30 € à 38 €. Télévision. Parking privé. Petit déjeuner : 6 €. Soirée étape : 44 €. Menus : 7 € (enfant), 11 € à 26 €. A la carte environ 32 €.* La terrasse est étagée en plusieurs espaces ombragés par de superbes bananiers, environ une centaine, c'est fantastique. La cuisine, d'excellente tradition et copieusement servie, mérite elle aussi, le détour. La carte est fréquemment renouvelée, nous avons apprécié les escargots et les pleurotes à la crème d'ail vert, le médaillon de daim avec forestière et gratin d'endives. On peut aussi essayer dans le menu de printemps, les filets de pigeonneau (du pays) aux griottes kirsch du Blanc et miel de Brenne, un dos de sandre amandine au beurre nantais. En dessert, le Petit Futé conseille les figues rôties ou la crème brûlée aux fruits de saison à déguster sans restriction. La carte des vins se partage entre une majorité de bordeaux millésimés et d'un excellent reuilly.

Emplettes

JEAN-RENE COLANÇON La Ménagerie ✆ **02 54 37 45 88.** Du vrai pain bio vendu au fournil le mardi et le vendredi à partir de 14h et sur les marchés du Blanc le mercredi et de Châteauroux le samedi. Un grain, issu de l'agriculture biologique et écrasé sur une meule en pierre.

▷ *Dans les environs*

Oulches

De Ciron, 6 kilomètres, prendre vers le Sud-est la N151, puis la D32 et ensuite suivre la D3.

ATELIER METALLURGIQUE GALLO-ROMAIN DU LATTE ✆ **02 54 37 95 10.** *Ouvert du 1er juillet au 31 août du mercredi au dimanche de 15h à 19h. Fermé le 14 juillet. Entrée gratuite.* La découverte et la fouille d'un atelier de métallurgie datant de l'époque gallo-romaine ont permis la constitution d'une exposition permanente. Elle présente les techniques de production et de transformation du fer à cette époque.

Cuzion

De Gargilesse, prendre vers l'est la D40, puis à droite le D45, sur 5 kilomètres.

Points d'intérêt

LES TOURS BRUNES DE CHATEAUBRUN qui surplombent la Creuse ont fière allure lorsqu'on les découvre de la rive opposée ou de la plage de Montcocu (commune de Baraize). Cet ensemble est une propriété privée, elle est ouverte au public chaque année lors des Journées du patrimoine. Le château a été construit avec la pierre du pays, à la fin du XIIe siècle. Cette roche amphibolite noire et schisteuse se débite en feuillets minces d'un beau noir qui donnent à tout le monument sa couleur très foncée. Le donjon cylindrique du XIIIe, les tours et en particulier la tour carrée à l'angle nord-ouest, décrite par George Sand dans "Mauprat", ont été conservées. Des statues monumentales ont investi la place comme autant de sentinelles, elles sont l'œuvre de l'actuel propriétaire. L'écrivain s'est largement inspiré de ce site pour camper le décor du vieux château décrit dans "le Péché de Monsieur Antoine".

Sur la même commune, au **HAMEAU DE BONNU**, un autre château privé, petite forteresse du XIIIe et XIVe restaurée et la chapelle de Saint-Luc. Bonnu a associé, depuis plusieurs années son pèlerinage de Saint-Luc, fin octobre avec une grande fête de la sorcellerie.

Le gîte

MOULIN DE CHATEAUBRUN ✆ **02 54 47 47 20.** *Toute l'année. 3 épis. 6 chambres pour 28 personnes : 10,50 €/nuit et par personne.* Cadre exceptionnel pour ce gîte installé dans l'ancienne maison du meunier, tout au bord de la Creuse. Nombreuses activités possibles sur place, barque, canoë-kayak, tir à l'arc. Mur d'escalade à 1,5 kilomètre au site de loisirs du pont des piles (en accès libre) et activités nautiques sur le lac d'Eguzon à 3 kilomètres.

La fête du lac

Un rendez-vous incontournable de la saison touristique. Fin juillet, les trois communes qui bordent le lac, Cuzion, Eguzon et Saint-Plantaire, organisent le triathlon des trois plages. 1 500 mètres à la nage, 40 kilomètres en vélo, 10 kilomètres de course à pied. Mais aussi et en vrac, un concours de pêche à Bonnu, une randonnée pédestre à Fougères, une parade des bateaux du club nautique, des animations, des initiations gratuites au ski nautique, des concours de toboggans aquatiques, l'élection de Miss Plage, une course de garçons de café, la fabrication de sculptures en ballons, des repas champêtres, du ski nautique aux torches à la nuit tombée. Un défilé de bateaux illuminés, prélude au feu d'artifice sur l'eau, un bal gratuit et un karaoké géant sur la plage de Chambon.

Loisirs

CANOE-KAYAK - MOULIN DE CHATEAUBRUN ✆ **02 54 47 46 40.** *Location toute l'année.* Pour naviguer sur la retenue du barrage de la Roche-au-Moine.

LOCATION VTT/VELOS - SYNDICAT MIXTE D'EGUZON Site de Loisirs du Pont-des-Piles ✆ **02 54 47 37 10.** *Location toute l'année.* 5 VTT adultes, et 2 VTT enfants. 7 €/demi-journée, 13 €/journée. Juste en dessous du barrage d'Eguzon.

PLAGE DE BONNU ✆ **02 54 47 43 72.** Une belle plage sur la rive droite du lac d'Eguzon. Un aménagement de qualité avec un toboggan aquatique, des pédalos, des canoës. Terrain de boules, jeux pour enfants. Pour tous, une baignade surveillée.

PROMENADE "LE ROCHER DES FILEUSES". Un des plus beaux sites naturels du département. Du rocher des Fileuses situé sur la rive droite de la Creuse, on découvre le site admirable que forment les ruines du château de Crozant (Creuse) sur leur éperon rocheux cerné par deux rivières, la Creuse et la Cédelle. On accède à ce paysage après une promenade agréable, dans les petits sentiers bordés de murets de pierres sèches. Pour expliquer le nom de ce rocher, on raconte que tous les ans, un concours réunissait les jeunes filles de la contrée. Elles devaient filer la laine du haut du fameux rocher. Une légende affirme que la jeune fille dont le fuseau touchait l'eau le premier, sans que le fil se casse, avait la chance d'épouser le fils du seigneur ou un de ses compagnons et d'être richement dotée. Aujourd'hui, les jeunes filles utilisent des fils beaucoup plus solides car le rocher des Fileuses a vocation d'école d'escalade.

Eguzon-Chantôme

De Cuzion, prendre vers le sud la D45, puis à gauche la D45C et à droite le D36, sur 8 kilomètres. Au cœur de la France et de la vallée de la Creuse, entre Berry et Limousin, aux confins des Langues d'Oc et d'Oïl, Eguzon a le privilège de nous offrir un environnement naturel exceptionnel. En flânant dans les chemins de randonnées, en s'arrêtant près de ses rivières, en découvrant les eaux plus calmes de ses lacs, tout nous plonge dans cette formidable nature si bien préservée.

Fiche pratique

OFFICE DE TOURISME 2, rue Jules-Ferry © 02 54 47 43 69. *Fax : 02 54 47 35 60. Internet : www.eguzonlacreuse.com. E-mail : otsi.eguzon@wanadoo.fr.*

Déjà réputée comme station verte de vacances, Eguzon a su parfaire son accueil et cette station touristique est une des toutes premières du département. Le lac d'Eguzon tout proche est le plus grand de la région Centre. Il s'étend derrière le barrage sur 350 hectares. C'est un atout considérable avec sa base de loisirs et la possibilité de se livrer à des sports nautiques : voile, ski nautique, planche à voile, canoë-kayak et aussi l'escalade. Eguzon est le point de départ de nombreux chemins de randonnée qui parcourent les bords de la Creuse.

Points d'intérêt

BARRAGE D'EGUZON 4, rue des Petites-Cotes © 02 54 47 43 06/02 54 47 41 00. *Pour les visites, uniquement sur rendez-vous : Office de tourisme d'Eguzon 02 54 47 43 69. Ouvert du 1er janvier au 31 décembre du lundi au jeudi de 9h à 12h et de 14h à 17h.* En juin 1926, 500 personnes viennent assister à l'inauguration du barrage le plus puissant d'Europe. Edifié à partir de 1922, il est né d'une idée du maire d'Eguzon, Désiré Dauthy, puis de son fils Raymond qui lui succède, également député. En 1926, la capacité de production du barrage est de 40 000 kilowatts mais ironie du sort, Eguzon bénéficiera de l'électricité de son barrage seulement en mai 1927. Avec une hauteur de 58,27 mètres, une longueur à la crête de 300 mètres et une épaisseur à sa base de 54 mètres, il contient une formidable masse d'eau de 312 hectares qui forme un lac de 16 kilomètres de long. Chaque année le site du barrage reçoit un nombre grandissant de visiteurs attirés par cette nouvelle forme de tourisme industriel.

MUSEE DE LA VALLEE DE LA CREUSE 2, rue de la Gare © 02 54 47 41 98. *Ouvert tous les jours, du 1er mars au 31 mars et du 1er novembre au 30 novembre de 14h à 18h, les samedis, dimanches et jours fériés de 14h à 18h. Du 1er avril au 31 octobre, ouvert tous les jours sauf le mardi de 10h à 12h et de 14h à 18h, les samedis, dimanches et jours fériés de 14h à 18h. Tarifs : 3 € adulte, 1,50 € (moins de 18 ans), 2,30 €.* Le musée a été créé dans les années 80 par l'ASPHARED une association dynamique attachée à préserver le patrimoine de la région, mais qui s'attache à produire aussi des ouvrages de référence. C'est toute la vie quotidienne des gens des campagnes de 1880 à 1930 qui est mise en scène à partir des objets, plus de 3 000 sont rassemblés là. Une chambre, une cuisine, le coin lessive mais aussi une salle de classe, sans oublier les vêtements d'autrefois, très spectaculaire une des plus belles collections de vanneries anciennes, donation du vannier Guy Barbier.

Le gîte

CAMPING MUNICIPAL "LES NUGIRAS"* Route de Messant - Chantôme © 02 54 47 45 22.** *Toute l'année. Tarifs : forfait journalier en haute saison pour un emplacement 2 personnes et voiture. 180 emplacements : 7 €. Location de 5 bungalows pour 4 personnes et de 7 chalets pour 4 et 5 personnes.* Le camping domine tout le lac d'Eguzon. Un très beau cadre et une foule d'activités à la disposition des campeurs : jeux pour enfants, baignade, voile, randonnées et même escalade.

CHAMBRES D'HOTES - PHILIPPE ET JOSY HENRY "La Bergerie à Bousset" - Chantôme ✆ 02 54 47 37 91. *3 épis. 5 chambres : 50 €/couple. Repas : 23 €.* Ce lieu de séjour a été installé à 500 mètres du centre du bourg, dans une magnifique demeure ancienne parfaitement restaurée. Les chambres sont dotées d'un ameublement de qualité. Les hôtes peuvent profiter pleinement du parc (5 000 m²) arboré et de la piscine, mais ils peuvent également choisir de rallier, avec le lac d'Eguzon à 2 kilomètres pour les sports nautiques, la baignade et la pêche. Cuisine régionale.

LE GITE A LA BASE DE PLEIN AIR DU LAC Lac de Chambon ✆ 02 54 47 46 13. *De mars à novembre. 3 chambres pour 15 personnes : de 6,30 €à 15 €/nuit par personne + de 0,50 € à 1,50 € adhésion par personne.* Juste au-dessus du lac et situé dans l'école de voile d'Eguzon, c'est un endroit idéal pour pratiquer les sports nautiques, le tir à l'arc, le VTT mais c'est aussi un bon point de départ pour des randonnées magnifiques.

HOTEL DE FRANCE 6, place de la République ✆ 02 54 47 46 88.** *Fax : 02 54 47 29 42. Fermé du 1er janvier au 15 mars. 33 chambres de 28 € à 30 € (1 ou 2 personnes). Télévision (10 chambres). Petit déjeuner : 4 €. Menus : 7 € à 29 €. A la carte environ 20 €.* Au cœur du village, un hôtel agréable, café, une salle de jeux avec billard. Service restauration traditionnelle.

VVF GITE CLAIR DE CHAMBON ✆ 02 54 47 43 28. *Du 10 avril au 3 novembre. 194 lits. Pour 4, 5 et 6 personnes : 287 € à 588 €, 7 personnes : 287 € à 735 €, week-end : de 90 € à 200 €.* Cet ensemble important a été construit au-dessus du lac, la vue est imprenable. La baignade est toute proche comme toutes les activités sur le lac. C'est le point de départ de randonnées variées tout à fait exceptionnelles.

Loisirs

BAIGNADE DE CHAMBON. La plage est aménagée, la baignade y est surveillée tous les jours pendant la saison touristique de 14h à 19h, et réglementée par des drapeaux. La profondeur de la zone surveillée varie de 0 à 6 mètres, plongeoir à l'intérieur des bouées.

BASE DEPARTEMENTALE DE PLEIN AIR D'EGUZON Lac de Chambon ✆ 02 54 47 46 13. *Fax : 02 54 47 42 04.* Cette antenne de l'Indre du Centre régional Jeunesse et Sports dépend du conseil général qui l'a rachetée en 1988. Avec les bateaux et les planches à voile, elle permet toutes les activités nautiques. On peut aussi pratiquer l'escalade, la randonnée, le tir à l'arc, l'équitation, la pêche sportive et du VTT… Elle forme les bénévoles et les cadres du mouvement sportif. La base reçoit les classes mais aussi les familles avec un encadrement d'éducateurs sportifs et de moniteurs diplômés. Elle offre un hébergement de qualité (85 lits) et un restaurant (90 couverts).

CLUB NAUTIQUE D'EGUZON 27, route du Pont-Noye ✆ 02 54 47 43 86. *Activités sur le lac du 15 avril au 15 octobre.* Pour avoir le plaisir de faire un jour de la glisse sur le lac d'Eguzon et ailleurs, on peut s'adresser à ce club dynamique, créé il y a 50 ans. Il vient de recruter un professeur de ski nautique pour encadrer les stagiaires. Après une semaine d'initiation les plus tenaces seront à l'aise en monoski et découvriront le plaisir de glisser, sur le lac. Le club a délégation pour gérer le plan d'eau.

LA NAVETTE DU LAC D'EGUZON "L'EMOUCHET" Club Nautique d'Eguzon - 27, route du Pont-Noyé - "Chambon" ✆ 02 54 47 43 86. *Fax : 02 54 47 35 37. Départ toutes les heures d'avril à fin septembre de 9h à 12h et de 14h à 18h. A la demande hors saison.* Ce bateau de 12 places assure gratuitement la liaison entre la plage de Chambon et celle de Saint-Plantaire. La traversée dure trois minutes, donc aucun risque de mal de "mer". Les vélos peuvent être embarqués, c'est bien pratique pour aller faire des balades de l'autre côté.

LES RANDONNEES DE LA CHATAIGNE Syndicat Mixte du Site du Lac-d'Eguzon ✆ 02 54 47 47 20. *Fax : 02 54 47 35 63 Ces randonnées se déroulent sur trois jours au moment de la fête de la Châtaigne, du 1er au 3 novembre.* Les circuits renouvelés empruntent les chemins creux, ceux qui longent les lacs d'Eguzon et de la Roche-au-Moine et les sentiers que suivaient George Sand et ses amis. On découvre la vallée de la Creuse à pied, à VTT, à cheval, en canoë ou en kayak dans les belles couleurs de l'automne.

LES RANDONNEES 4X4 Association 4X4 36 ✆ 02 54 47 44 33. Cette association propose deux randonnées par an : "l'Argentomus" (début février) du célèbre site archéologique de Saint-Marcel et tout autour de la vallée de la Creuse - et "la Piste des Sorciers" (en juillet), le long du val de Creuse jusqu'au lac de Vassière, en Limousin.

Fontgombault

Au Nord-est de Mérigny à 7 kilomètres sur la D43.

Fiche pratique

SYNDICAT D'INITIATIVE 4, rue du Châtelet ✆ 02 54 37 99 44. *Fax : 02 54 37 10 45.*

Ce charmant village situé sur les bords de la Creuse est célèbre pour son abbaye. Cet édifice magnifique a pour origine l'installation de l'ermite Gombault dans une grotte préhistorique, sur la rive gauche de la rivière.

Point d'intérêt

ABBAYE DE FONTGOMBAULT. *Toute l'année, 7j/7 : 8h30-13h et 13h45-19h15. Grand-messe chantée à 10h. Vêpres à 18h, sauf le jeudi (15h30 en été ou 17h30 en hiver), dimanche et jours fériés : 17h.* Seule l'abbatiale est accessible aux visiteurs. On peut admirer la façade de 25 mètres de haut et surtout son portail en plein cintre qui dénote l'influence du sud-ouest aquitain, mais il est sans tympan comme en Berry. On est surpris par l'ampleur de la basilique, avec ses 80 mètres de long pour près de 18 mètres de large. Le transept, le chœur et les murs latéraux sont du XIIe ou du XIIIe, la nef actuelle et la voûte doivent tout à la restauration XIXe. Retrouvé en 1954, le tombeau du fondateur Pierre de l'Etoile (mort en 1114) a été installé en haut de l'allée centrale. L'église ne se visite qu'en partie et en dehors des offices. Ces offices en latin sont ouverts au public et constituent des moments très particuliers avec une belle découverte du chant grégorien. Les religieux ont développé une activité économique avec le succès de l'hôtellerie monastique.

Le gîte

SOLANGE BESCOMBES Les Grichonniers ✆ 02 54 37 20 55. Deux gîtes pour 2 et 4 personnes. Dans un hameau à proximité de la Creuse.

Loisirs

SWIN-GOLF FONTGOMBAULT ✆ 02 54 37 29 24. *Week-end, lundi, jours de vacances (zone B) et jours fériés de Pâques à la Toussaint. 7j/7 en juillet/août. Tarifs : 5,50 €/adultes (6,50 € en juillet/août), 3 €/16-18 ans et étudiants (4 € en juillet/août), 1,50 €/moins de 16 ans. Prêt du matériel inclus.* 9 trous de 1 270 mètres, Par 33. C'est comme le golf mais l'approche est beaucoup plus facile, c'est bien moins cher et pas snob du tout.

Emplettes

BOUTIQUE NICOLE SANDOR 40, rue de l'Abbaye ✆ 02 54 37 38 43. *Ouvert d'avril à septembre.* Pour tous ceux qui cherchent un grand souvenir du pays de Brenne c'est ici qu'il faut venir acheter des aquarelles. Installée dans la région depuis 1973, Nicole Sandor travaille dans son atelier de Fontgombault où vous pouvez lui rendre visite. Elle tient également boutique tous les samedis au Blanc et en semaine sur rendez-vous. Elle a su s'imprégner des paysages secrets de la région, qu'elle interprète de façon magistrale. Un magnifique cadeau que l'on peut faire encadrer par son ami Jean-Luc Laizet. **Autre adresse : 3, rue du Général-Leclerc - LE BLANC 02 54 28 68 84.**

PRODUITS DE L'ABBAYE DE FONTGOMBAULT ✆ 02 54 37 12 03. A la sortie des vêpres ou de l'office, un peu de nourriture n'est pas péché mortel. Légumes et fruits, sablés, pâtes de fruits, confitures, noix fourrées... Bon, vous "me ferez 3 Ave et 6 Pater".

Gargilesse-Dampierre

Situé au sud du département de l'Indre à 13 kilomètres d'Argenton-sur-Creuse.

Fiche pratique

OFFICE DE TOURISME "Le Pigeonnier" ✆ 02 54 47 85 06/02 54 47 83 11 (hors saison)

Par ses paroles, elle nous résume Gargilesse : "C'est une petite Suisse qui se révèle au sein d'une contrée où rien n'annonce les beautés de la montagne.... Les maisons se groupent autour de l'église plantée sur le rocher central, et s'en vont en pente, par des ruelles étroites, jusque vers le lit d'un délicieux petit torrent dont, à peu de distance, les eaux se perdent encore plus bas dans la Creuse". C'est ainsi que George Sand a décrit Gargilesse, petite cité classée parmi les "plus beaux villages de France". Les lieux sont imprégnés de souvenirs de l'écrivain. La jolie petite maison où elle aimait se ressourcer et s'isoler en est une bien agréable preuve.

Points d'intérêt

CHATEAU DE GARGILESSE Place du Château ✆ 02 54 47 76 16. *Internet : www.chateaudegargilesse.com. Ouvert du 26 avril au 30 juin et du 1er septembre au 14 septembre, tous les jours sauf le mardi de 14h30 à 19h. Du 1er juillet au 31 août tous les jours de 14h30 à 18h. Hors périodes sur rendez-vous. Tarifs : 2,50 € adulte, 2 € groupe, gratuit pour les enfants de moins de 12 ans.* Propriété privée le château de Gargilesse a retrouvé dernièrement une animation oubliée grâce à Annick Thévenin sa nouvelle propriétaire. De juillet au mois d'octobre, elle accueille dans ses salons, des expositions d'œuvres d'artistes contemporains, peintres, sculpteurs ou céramistes ainsi que ses propres œuvres. Visite recommandée aussi des jardins au bord de la Gargilesse. En été, des expositions se déroulent dans la ferme du château et dans un local attenant, le Colombier. Ce dernier lieu abrite le bureau provisoire du tourisme pendant la belle saison.

EGLISE ROMANE NOTRE-DAME DE GARGILESSE ✆ 02 54 47 85 06/02 54 47 83 11. *Ouvert du 1er mai au 30 septembre : tous les jours : 10h à 12h et de 15h à 18h. Du 1er avril au 30 avril et du 1er octobre au 31 octobre : tous les jours : 15h-18h. Le reste de l'année sur rendez-vous. Visite commentée de la crypte en été : 1 €.* On ne peut pas faire halte à Gargilesse sans découvrir son église construite au XIIe siècle en pierre calcaire. Elle a pris au fil du temps une jolie couleur rosée qui tranche sur les tons foncés des roches et bois qui l'entourent. Sa très grande valeur architecturale est reconnue avec ses fresques des XIIe, XIIIe, XVe et XVIe siècles et ses 120 chapiteaux historiés. Ils représentent entre autres les 24 vieillards de l'Apocalypse selon Saint-Jean. Dans le chœur, un célèbre gisant celui de Guillaume de Naillac, détérioré (à force de grattage) par les femmes en mal d'enfant.

MAISON DE GEORGE SAND "VILLA ALGIRA" ✆ 02 54 47 84 14/02 54 47 70 46. *Tous les jours du 2 avril au 30 septembre de 9h30 à 12h30 et de 14h30 à 19h. Tarifs : 4 €/adulte, 3 €/personne en groupe.* Au cœur du village, cette maison modeste a été acquise par le graveur Manceau pour George Sand avec qui il vécut de 1849 à 1865. L'écrivain y fera douze séjours au printemps et en été à partir de 1857. Dans son minuscule logis sont conservés des souvenirs et des objets qui témoignent des activités qu'elle avait ici. La résidence campagnarde de George Sand porte le nom d'un papillon rarissime en Berry, découvert au cours d'une promenade : Algira, George Sand était une passionnée de la chasse aux papillons. Sa parfaite connaissance du village et de ses alentours et en particulier Châteaubrun lui a fait choisir cette région comme cadre de son roman "le Péché de Monsieur Antoine". Au décès de Manceau, la villa Algira reviendra à Maurice Sand.

Le couvert

CHEZ BERNADETTE "Dampierre" ✆ 02 54 47 84 16. *Ouvert tous les jours à midi. Menus : 10 € (avec vin et café), 14 € le dimanche.* Bernadette à Dampierre c'est une adresse qu'on se repasse entre amis. Une chaude ambiance règne dans la grande salle qui fait aussi café. Une cheminée encombrée, des affiches de toutes les expositions, concerts et spectacles, témoignages de la vie artistique du pays, sont punaisées sur les murs recouverts d'une moquette vieux rose. La moitié d'un pain de deux livres vous attend à votre place, on passe aux choses sérieuses et là on n'est pas déçu. Une vraie cuisine de mère de famille, traditionnelle, abondante et savoureuse : terrine maison, salade de lentilles et jambon de campagne, friand maison à la viande, une assiette de fromages laissée sur la table et une superbe tarte aux pêches un peu dorée comme on les aime. On est bien, on sympathise, Bernadette s'assied à une table pour manger avec ses clients, mais elle ne vous oubliera pas pour autant. Sur réservation, Bernadette peut vous faire la cuisine le soir. Elle peut aussi vous accueillir en nombre. Pour les touristes égarés sur l'autoroute A20, sortie n°17. A Argenton, suivre ensuite Gargilesse, qui mérite un arrêt. Pour Dampierre, première route à gauche direction Cuzion.

Le gîte

CAMPING MUNICIPAL "LA CHAUMERETTE" ✆ 02 54 47 73 44.** *Du 1er avril au 31 octobre. Tarifs : forfait journalier en haute saison pour un emplacement 2 personnes et voiture. 65 emplacements : 9 €.* Un très joli camping tout près de la Creuse en dessous du barrage de la Roche-au-Moine. Ombragé, dans un cadre magnifique très prisé par les pêcheurs, sur les chemins de promenade de George Sand. Jeux pour enfants, restauration possible.

Le gîte et le couvert

HOTEL DES ARTISTES Le Bourg ✆ 02 54 47 84 05. *Fax : 02 54 47 72 41. Tous les jours. Fermeture annuelle en janvier. 12 chambres de 26 € à 34 € (1 ou 2 personnes). Petit déjeuner 5,40 €. Restaurant fermé hors saison le dimanche soir. Menus de 12 € à 26,70 €. A la carte environ 25 €.* Cet hôtel-restaurant est une institution, un lieu incontournable depuis qu'une certaine George Sand, fuyant un Nohant par trop encombré, vint goûter dans ce village, une "solitude en commun" avec un de ses derniers amants, Manceau. C'est un établissement plein de charme et de simplicité qui participe à sa façon à la vie culturelle et artistique de l'endroit. Il suffit d'admirer la fresque dessinée presque grandeur nature sur le mur du bureau ou les toiles qui s'accrochent aux murs pour retrouver cette histoire. La cuisine, fait honneur à la fois aux produits locaux et à la tradition de simplicité de la vieille auberge : terrine aux foies de volaille, chèvre chaud de Gargilesse, feuilleté de crottin de chèvre, escargots maison, canette braisée et tarte maison. Une adresse simple sans artifice mais de qualité, sans oublier une carte des vins à des prix plus qu'étudiés. Il est bien agréable aussi de venir y prendre le thé avec un morceau de tarte, les dimanches après-midi d'hiver devant la cheminée.

Loisirs

GALERIE D'ART "Château" ✆ 02 54 47 16 16. *Ouvert du 27 avril au 30 juin et du 1er septembre au 15 septembre tous les jours, sauf le mardi de 14h30 à 19h. Du 1er juillet au 31 août ouvert tous les jours de 14h30 à 19h. Visites groupes possible le matin sur rendez-vous (10 personnes maximum). Tarif à 2,50 €.* Dans le château, exposition temporaire de peintures, sculptures, verreries, céramiques.

HARAS DES CHERAUDS "Dampierre" ✆ 02 54 47 32 29. *Tarif à l'heure : 14 €, licenciés 11 €. 16 poneys et une dizaine de chevaux.* Un centre équestre qui offre un grand éventail de possibilités. Promenades, randonnées mais aussi pratique de l'attelage, de la voltige. Hébergement possible pour des stages. Possibilité de faire monter vos petits bouts à partir de 2 ans.

PROMENADE AU MOULIN GARAT. Après la visite du village, prenez le chemin qui suit la rivière la Gargilesse (route de Cuzion juste avant le pont), et suivez-le jusqu'aux ruines du moulin Garat. La meunière n'est plus là comme au temps de George Sand pour vous offrir une tasse de lait de chèvre. Mais vous serez enchanté par le ruisseau charmant (un excellent ruisseau à truites) qui serpente sous le sous-bois abondamment fleuri au printemps.

Emplettes

GAEC DE LA GRAND-LANDE ✆ 02 54 47 86 56. *Internet : www.terroir-de-France.com/gargilesse. Vente à la ferme tous les jours du lundi au samedi de 9h30 à 13h et de 15h à 19h30. Fermé les jours fériés, sauf le 8 mai, le 14 juillet et le 15 août.* Gargilesse n'est pas seulement un village célébré par George Sand, c'est aussi une marque déposée de fromages de chèvre. Ici on produit des mini-crottins spéciaux pour la recette des chèvres chauds, mais aussi des cœurs de l'Indre, des petits chèvres pour l'apéritif "l'apérobique" nature ou ciboulette et des pyramides non cendrées : quéops.

▷ *Dans les environs*

Baraize

De Gargilesse, prendre vers le Sud-est la D39, direction Baraize, sur 5 kilomètres.

MAIRIE ✆ 02 54 25 42 83

BAIGNADE DE MONTCOCU. Un site plein de charme que cette baignade, dans un cadre sauvage entre les rives escarpées de la Creuse, juste en face du moulin de Châteaubrun et dominée par le château du même nom. On est ici dans un lieu très encaissé (pente à 12 %), aménagé par le syndicat mixte du lac d'Eguzon. Baignade non surveillée, jeux pour les enfants. Camping et bungalows à proximité.

Pommiers

De Gargilesse, prendre vers l'ouest la D40, puis à gauche le D38 et à droite la D48, sur 8 kilomètres.

CHATEAU DU CHATELIER ✆ 02 54 47 85 95. *Ouvert du 1er janvier au 7 février, du 24 février au 4 avril, du 22 avril au 29 juin, du 1er septembre au 19 décembre du lundi au jeudi de 10h à 12h et de 14h à 17h. Du 8 février au 23 février, du 5 avril au 21 avril, du 30 juin au 31 août, du 21 décembre au 31 décembre, tous les jours (fériés compris) de 10h à 12h et de 14h à 17h.* De l'imposante forteresse du XIIe siècle, il ne reste que quelques vestiges. On admire les profondes douves primitives et deux corps de bâtiments bien séparés par une cour : le château et le donjon. Pour accéder au château on emprunte un pont à deux arches datant de l'époque Louis XIII avec une partie centrale percée d'un porche voûté, de deux ailes et deux avant-corps. La façade, côté cour est flanquée d'une tour ronde du XIIe siècle, vestige de l'édifice primitif. Le donjon quadrangulaire à trois étages, avec ses poivrières d'angle et ses fenêtres à meneaux, supporte, au milieu de sa façade, une tour ronde coiffée d'un clocheton.

Ingrandes

Au départ du Blanc, prendre vers le Sud-est la N151 sur 9 kilomètres.

Fiche pratique

MAIRIE ✆ 02 54 28 67 96

Points d'intérêt

CHATEAU D'INGRANDES Place de l'Eglise ✆ 02 54 37 46 01. *Fermé le mardi et le 14 juillet. Ouvert du 15 juillet au 31 août, visites extérieures : 10h-12h, visites guidées : 15h-18h. Gratuit.* Sur les bords de l'Anglin, ce château construit entre 1465 et 1470, a été transformé au XIXe. Il présente trois tours d'angle tronquées et couvertes de tuiles tout comme le puissant donjon, caves voûtées. Très bien restauré, il accueille aujourd'hui des hôtes dans ses chambres magnifiques. (voir Chambres d'hôtes).

MAISON DE L'APICULTURE DE LA BRENNE La Vallée ✆ 02 54 28 55 72/02 54 37 42 63. *Ouvert tous les jours sauf le mardi du 1er avril au 31 octobre de 14h30 à 18h. Du 1er novembre au 31 mars : dimanche de 14h à 17h. Tarifs : 2,50 €/adulte, 1,10 € pour les enfants de 7 à 15 ans, 0,80 € à 2 € groupe.* Des expositions, des animations, des vidéos, des ruches anciennes, du matériel divers, tout ce que vous avez voulu savoir sur la petite travailleuse. Cet espace est doté d'un système audio pour écouter les abeilles installées dans le patio derrière une baie vitrée. Le fonctionnement de cette maison repose sur l'action des bénévoles du syndicat de défense des abeilles. Boutique avec les produits de la ruche et des produits régionaux.

MUSEE HENRY DE MONFREID 1, rue Henry-de-Monfreid ✆ 02 54 37 65 25. *Ouvert du 31 mars au 30 septembre : lundi, mercredi, jeudi, vendredi de 15h à 18h. Le samedi et le dimanche et les jours fériés de 15h à 19h. Groupes sur rendez-vous le matin. Tarifs : 2,30 €/adulte, 1,55 €/groupe, gratuit pour les enfants de moins de 12 ans.* Dans l'ancien presbytère, juste à côté de la maison où s'est éteint le grand aventurier et où il a vécu pendant 27 ans, a été installé un musée. Cet homme d'action intrépide a écrit plus de 70 romans qui nous relatent ses épopées. Au milieu des ruses, des rivalités, cet intrépide nous offre dans ces récits, sa véritable nature empreinte de chaleur humaine mais aussi son écriture, digne de lui, flamboyante et colorée.

Le gîte

CHAMBRES D'HOTES - JACQUELINE DROUART Château d'Ingrandes ✆ 02 54 37 46 01. *De Pâques à fin septembre. 4 épis. 4 chambres : 55 € à 70 €/couple.* Au cœur du village d'Ingrandes, entre Berry et Poitou, Jaqueline Drouart offre le confort de ses chambres installées dans le vieux château médiéval du XIe et XVe. La salle à manger et le grand salon sont eux aussi XVe. Même modifié le bâtiment conserve tout son charme avec son donjon et les trois tours restantes de son enceinte au bord de l'Anglin. Une halte de charme pour amateurs de vieilles pierres et de vallée paisible. Des chambres magnifiques meublées avec un goût très sûr.

▷ *Dans les environs*

Concremiers

D'Ingrandes, à 4,5 kilomètres, prendre vers l'est la N151, puis la D54. Un très joli village à l'extrême limite du département. Son moulin a conservé sa roue, la rivière d'Anglin s'y fait belle et le château de Forges, privé mais bien visible de l'extérieur, a tout d'une petite forteresse.

ESPACE ART BRENNE "Prigny". Sur presque 1 000 m^2, ce centre d'art, créé en 1989 présente chaque été des expositions.

Le Menoux

A Issoudun, prendre vers le Sud-est la D913, puis la D54, sur 8 kilomètres. Cet ancien village de vignerons a gardé des maisons à l'architecture typique, avec ses entrées de cave au rez-de-chaussée. Sur le coteau, le vignoble produisait un petit-gris bien rafraîchissant. Il a presque complètement disparu, mais aujourd'hui des vignerons se réunissent pour replanter des vignes.

Point d'intérêt

L'EGLISE entièrement décorée de fresques colorées, œuvre de l'artiste d'origine bolivienne, Jorge Carrasco, qui a ici son atelier. Ces fresques commencées en 1968 ont été achevées en 1976.

Le couvert

LE PETIT ROY 6, le Bourgoin © 02 54 47 87 09. *Fermé le mardi. Menus : 8 € (enfant), 13 € à 24,50 €. 70 couverts. Ventes à emporter.* Alexandra et Yann Chauvin nous accueillent dans une maison agréable et calme type auberge. Dans la salle rustique sont exposées les peintures de Marc-Yves Hembert, artiste régional. Durant les beaux jours on apprécie la terrasse ombragée dans le jardin. Alexandra, la chef, a pour spécialité les poissons de mer, les crustacés et les desserts, mais l'on trouve aussi des poissons d'eau douce, volailles et d'autres bonnes choses car la carte change environ deux fois par semaine. Terrine de foie gras aux épices, terrine de canard maison, salade de homard, queues de langoustines et écrevisses à l'orange, carry de dinde, filets de rascasse, filets de sardines cuites au sel, sans oublier un excellent fondant au chocolat... Tradition et originalité caractérisent cette cuisine mêlant les saveurs.

▷ *Dans les environs*

Badecon-le-Pin

Du Menoux, prendre la D54, puis la D48, sur 4,4 kilomètres. Ce village doit sa célébrité à la Boucle du Pin, un méandre naturel formé par la Creuse. La rivière coule ici, encaissée entre les escarpements rocheux.

PROMENADES. Les barrages de la Roche-Bat-l'Aigue et de la Roche-au-Moine ont quelque peu modifié l'aspect de la rivière. Ils lui ont fait perdre un peu de son caractère sauvage, mais le site reste encore majestueux. Cette boucle naturelle fait encore rêver et la promenade que l'on peut faire sur les bords de la rivière assagie, est très agréable. On peut même encore avoir un peu l'impression de se promener dans un tableau des peintres de la Creuse. Pour cela il faut se rendre jusqu'au Village du Pin, descendre jusqu'au creux de la vallée, dominée par le clocher du village de Ceaulmont et suivre le bord de la rivière.

Chavin

Du Menoux, prendre la D54, sur 3,7 kilomètres. **L'EGLISE** de ce petit village mérite un arrêt. Elle présente un ensemble de fresques des XIIe, XIVe et XVe siècles. Un détour également pour la brocante traditionnelle d'été qui se déroule sur la place même de l'Eglise le premier dimanche d'août.

Mérigny

A 5 kilomètres d'Ingrandes, prendre la D50, puis la D27 et la D43.

Fiche pratique

MAIRIE © 02 54 28 50 60

Un village à découvrir à proximité de sites réputés pour l'escalade au bord de l'Anglin.

Point d'intérêt

CHAPELLE DE PLAINCOURAULT. *Visite sur demande à la Maison du Parc 02 54 28 12 13.* Cette chapelle, témoignage de l'art roman au XIIIe, classée Monument historique en 1994 a été rachetée par le PNR en 1995. Elle vient d'être sauvée et magnifiquement restaurée. Portail brisé au décor géométrique et végétal. Nef de trois travées et surtout un ensemble exceptionnel de fresques : Vierge à l'Enfant, Adam et Eve tentés par le serpent, une crucifixion, une flagellation, un Christ en Majesté, légende de Saint-Eloi, le roman de Renard, etc.

Le gîte

CAMPING MUNICIPAL "LE CHAMP DE LA CURE" ✆ 02 54 37 42 71.** *Du 1er avril au 30 septembre. Tarifs : forfait journalier en haute saison pour un emplacement 2 personnes et voiture. 30 emplacements : 4 €.* Dans une très jolie région, un camping idéal pour se lancer dans les découvertes en canoë-kayak sur l'Anglin ou dans la pratique de l'escalade.

CHAMBRES D'HOTES - SERGE ET MARYSE GUZA Le Bois-d'Haut ✆ 02 54 37 36 52. *Toute l'année. 2 épis. Une chambre : 29 €/couple. Repas : 10 €.* Dans ces temps troublés d'interrogations alimentaires, il fait bon venir ici se ressourcer sur cette exploitation agricole qui a fait le choix à la fois du biologique mais aussi d'une production originale. Serge Guza cultive 2 hectares de plantes médicinales et aromatiques. Les petits déjeuners, dans la cuisine familiale, permettront des échanges fructueux.

Emplettes

SERGE GUZA Le Bois-d'Haut ✆ 02 54 37 36 52. *Toute l'année.* Serge Guza cultive ses plantes avec la rigueur bio, il les commercialise sous la marque Phytobrenne. Il reçoit pour une visite, une porte ouverte, un stage de découverte botanique, vous pourrez y loger en chambre d'hôte.

▷ *Dans les environs*

Sauzelles

De Mérigny, prendre vers le Nord-est la D43 sur 7 kilomètres. Un monument à découvrir sur le site de Mijault après une promenade pédestre. Un monument votif gallo-romain, un bas-relief de 3 mètres de haut sculpté dans le rocher, trois personnages et un chien qui ont traversé les siècles.

Mézières-en-Brenne

A l'est de Rosnay, à 15 kilomètres, prendre la D17, puis la D15.

Fiche pratique

OFFICE DE TOURISME 1, rue Nord - "Le Moulin" ✆ 02 54 38 12 24. *Fax : 02 54 38 13 76.* L'ancien moulin a trouvé une nouvelle vocation. Transformé, aménagé, c'est maintenant un Office de tourisme très performant. Il est reconnu pour accueillir des expositions de grande qualité toute l'année, sans oublier le MEBAC salon d'art contemporain. Pendant l'été de nombreux artistes sont accueillis.

On entre dans la capitale historique de la Brenne aux mille étangs bâtie sur les bords de la Claize. Son nom latin qui vient de Macéria (vieilles pierres), accrédite la présence d'une villa gallo-romaine. Mézières est la station verte de vacances par excellence.

Points d'intérêt

EGLISE SAINTE-MARIE-MADELEINE. C'est la petite-nièce de Saint-Louis, Alice de Brabant qui fait construire l'église en 1333. C'est un magnifique édifice, une église ogivale remarquable dans le département avec une nef unique à berceau brisé.

MAISON DE LA PISCICULTURE ET MUSEE D'HISTOIRE LOCALE Place Jean-Moulin ✆ 02 54 38 12 99/02 54 38 12 24. *Ouvert du 1er novembre au 14 mars du mardi au samedi de 14h à 17h. Du 15 mars au 31 octobre tous les jours sauf le mardi de 14h à 18h. Fermé le 1er janvier, le 1er mai, le 1er novembre, le 11 novembre et le 25 décembre. Tarifs : 2 €/adulte, 1 €/enfant, groupes de 0,80 € à 1,60 €.* Il était normal que dans ce "Pays des mille étangs", on rende hommage à ceux qui en ont fait leur outil de travail : les pisciculteurs. Cette maison est installée dans l'ancienne salle des archives du château féodal datant du XIe siècle. Au rez-de-chaussée, on découvre notamment les huit espèces les plus courantes des poissons de la Brenne : poisson-chat, carpe, gardon, rotengle, brème, perche commune, perche soleil et silure. Présentation d'une chaîne d'étang, des mécanismes de vidange. Des photos, une vidéo de la pêche de la mer Rouge mais aussi la reproduction, l'élevage, en particulier de la carpe, les techniques de pêche, la formation et l'entretien des étangs. Des équipements de pêcheurs, en particulier la filanche, épuisette sans manche utilisée en Brenne. Sans supplément, accès libre au musée d'histoire locale installé dans la tour du château. Autre curiosité de la Maison, la visite du cachot et la reconstitution des forges de Corbancon et de l'hippodrome du XIe siècle qui vous transportent au Moyen Age.

Le gîte

CHAMBRES D'HOTES - ERIC APHATIE Domaine Sainte-Marie © 02 54 38 01 18. *Du 1er avril au 30 octobre. 3 épis. 4 chambres : 48,80 €/couple. Repas sur réservation : 24 €.* Chambres confortables dans une vaste propriété du XVIIIe siècle. Les 100 hectares sont parsemés de 5 étangs ou la faune et la flore ont été préservées. Sur place pêche, découverte de la pisciculture et de la Brenne en attelage. A table on sert des produits maison : poissons et charcuteries de l'exploitation, légumes du jardin.

GITE - BASE DE LOISIRS DE BELLEBOUCHE © 02 54 38 28 28. *Fax : 02 54 38 28 29. Toute l'année, sauf le 1er janvier et le 31 décembre. 32 gîtes pour 172 lits.* Ce village de vacances est situé au bord d'un étang. Bien pratique pour toutes les activités nautiques comme la voile et la planche à voile, le pédalo ou encore le mini-golf et les balades. La baignade est autorisée mais pas surveillée.

GITE D'ETAPE 1, rue du Nord © 02 54 38 12 24. *Toute l'année. 2 gîtes 3 épis. 6 chambres pour 24 personnes : 9,15 €/personne. 4 chambres pour 12 personnes. 11 €/personne.*

Le gîte et le couvert

AU BŒUF COURONNE 9, place Charles-de-Gaulle © 02 54 38 04 39. *Fermé dimanche soir et lundi sauf jours fériés. Fermeture du 20 novembre au 31 janvier. Hôtel**. 8 chambres 29 € (1 personne), 38 € (2 personnes). Petit déjeuner : 6 €. Menus : 9 € (enfant), 13,50 € (sauf week-end), 19 € à 40 €. A la carte environ 31 €.* Ce "Bœuf Couronné", cette auberge ou encore cet ancien relais de poste comme en témoigne le grand porche d'entrée, a vu se succéder bien des voyageurs. Une carte postale de 1910, agrandie et accrochée au mur, témoigne de son intense activité lorsque ce relais assurait à la fois la restauration mais aussi le service de location de voitures. Dans les menus, on retrouve le poisson roi du pays, la carpe. On vous la servira en terrine avec des lentilles et en paupiette à l'oseille. On peut préférer le filet de sandre rôti à la fleur de sel et jus balsamique, les aiguillettes de canard aux morilles ou le confit et suprême de pigeonneau à l'écorce confite et Grand Marnier. Pour le fromage, vous avez le choix entre un beau plateau de fromages traditionnels et une salade avec du chèvre chaud. Excellents desserts, en particulier le croustillant noisettes et chocolat lait gingembre, crème caramel à la fleur de sel.

Loisirs

ETANG DE BELLEBOUCHE © 02 54 38 32 36. *Fax : 02 54 38 32 96. Accès par la D925 entre Mézières-en-Brenne et Vendœuvres. Ouvert toute l'année.* Ce site s'étend sur 247 hectares dont 100 hectares en eau d'une exceptionnelle richesse écologique. C'est l'une des plus belles étendues d'eau du Parc de la Brenne. On peut y pratiquer la baignade bien sûr, mais aussi essayer le mini-golf, le pédalo, le kayak et la planche à voile. Des circuits VTT, pédestres sont aménagés pour découvrir plus intimement le patrimoine naturel du lieu. Les trois observatoires existants ont été déplacés dans des sites plus intéressants et trois nouveaux ont été installés, deux petits et un grand. Ce dernier peut accueillir 45 personnes et il est plus particulièrement destiné à l'observation des cervidés et des sangliers, nombreux ici. Sur le site de l'étang : camping trois étoiles, gîtes spacieux, restaurant...

ETANG RICOT. *Sur le D17 à gauche (route de la Gabrière).* On peut observer le Parc Naturel de la Brenne le matin et en fin d'après-midi. Des permanences gratuites sont assurées du 30 mars au 31 mai par un guide naturaliste.

KARTING DE MEZIERES-EN-BRENNE "Domaine des Grandes-Salles" © 02 54 38 10 27. *Ouvert tous les jours de 15h à 20h en juillet et août, les week-ends le reste de l'année.* A 1 kilomètre de la base de loisirs de Bellebouche, les émotions sont garanties. En famille, on vient faire une course de quads et les plus grands (plus de 14 ans et adultes) peuvent s'essayer au quad breeze (250 cm^3). Un parcours de franchissement de 15 hectares permet de bien s'amuser.

La Grande Randonnée de la Brenne

Dans le Parc Naturel Régional de la Brenne se déroule tous les *1er* week-ends d'août une randonnée d'ampleur nationale, organisée par l'association de la "Randonnée de la Brenne", en partenariat avec l'Office de tourisme de Mezières-en-Brenne. La randonnée se déroule sur trois jours. On a le choix de sa pratique : à pied, à cheval, à VTT ou en attelage. Toutes les disciplines se confondent sur un même parcours d'environ 35 kilomètres par jour. Les pauses café ou les encas sont servis en pleine nature. Du bonheur, du vrai bonheur ! L'animation, l'ambiance et la bonne humeur sont au rendez-vous. Les amateurs de randonnées ont le plaisir de découvrir ce véritable havre de paix et d'évasion en tous genres.

LOCATION VTT VELOS - OFFICE DE TOURISME "LE MOULIN" 1, rue du Nord ✆ 02 54 38 12 24. En plein cœur du Parc de Brenne de quoi randonner en famille, 19 VTT, 6 vélos route dont deux avec siège pour enfant et 5 VTT enfants.

LOCATION VTT VELOS Station Touristique de Bellebouche ✆ 02 54 38 32 36. Seulement 5 VTT, mais ils peuvent rendre des services à ceux qui ont choisi ce coin pour les vacances.

PISCICULTURE - ERIC APHATIE Domaine Sainte-Marie ✆ 02 54 38 01 18. *Sur rendez-vous sauf en juillet, août : tous les lundis : 11h-12h. Tarifs : 3 €/personne.* A la ferme de Sainte-Marie, Eric Aphatie fait découvrir sa pisciculture (tous poissons d'étangs et écrevisses). Il fournit des explications très détaillées sur la vie du poisson et sa transformation. Un bon moyen pour découvrir les charmes de la Brenne aux environs de Mézières. Sur place rillettes de carpe et de brochet, carpe à l'huile d'olive de l'exploitation, promenades en véhicules hippomobiles (voir plus haut : équitation), chambres et table d'hôtes.

SPORTS EQUESTRES BRENNOUS "Domaine Sainte-Marie" ✆ 02 54 38 01 18. *Sur rendez-vous sauf en juillet, août. Visite de la pisciculture seule : 3 €/personne.* A la ferme de Sainte-Marie, Eric Aphatie s'est fait une spécialité dans les promenades en véhicules hippomobiles. Il loue 2 chariots pour 30 et 20 personnes et un break de chasse pour 4 personnes (possibilité location pour mariages). Ces véhicules sont surélevés pour une meilleure observation et tirés par de solides percherons. Il commente le parcours, et notamment sa pisciculture (tous poissons d'étangs et écrevisses). Il fournit des explications détaillées sur la vie du poisson et sa transformation. Un bon moyen pour découvrir les charmes de la Brenne aux environs de Mézières. Sur place rillettes de carpe et de brochet, carpe à l'huile d'olive de l'exploitation. Chambres et table d'hôtes.

▷ *Dans les environs*

Sainte-Gemme

De Mézières-en-Brenne, prendre vers le Nord-est la D925 et la D926 sur 11 kilomètres.

CHEVAUCHEES EN BRENNE "La Girauderie" ✆ 02 54 38 42 26. Promenades, randonnées, attelages. Accueil pour des séjours en chambres et table d'hôtes.

Saint-Michel-en-Brenne

De Mézières-en-Brenne, prendre la D15, puis la D6 sur 4 kilomètres. Ce village a longtemps vécu à l'ombre de son abbaye, toujours visible extérieurement (communauté religieuse féminine). Belle petite église du XIVe.

MAISON DE LA NATURE Réserve Naturelle de Chérine ✆ 02 54 28 11 00. *Fax : 02 54 38 03 71.* Cette nouvelle Maison de la Nature située au bord de l'étang Cistude est une belle structure, semi-enterrée elle s'intègre et se confond dans le paysage. De charmantes hôtesses nous orientent sur les chemins de découverte et nous situent les observatoires. Au travers des grandes baies vitrées, les chasseurs ici sont armés de jumelles et de longues vues. Une librairie nature et des expositions temporaires agrémentent notre halte.

RESERVE NATURELLE DE CHERINE ✆ 02 54 28 11 02. La Réserve Naturelle de Chérine s'étend sur 145 hectares. Deux observatoires permettent de découvrir les milieux naturels et caractéristiques à la Brenne. C'est une des dernières grandes roselières de la Brenne. Elle abrite ainsi des oiseaux devenus plus rares comme le grand butor ou le blongios nain et, bien entendu, les fameuses cistudes, tortues fétiches et mascottes du PNR.

Vendœuvres

De Mezières-en-Brenne, prendre vers le Sud-est, suivre la 15 et la D925 sur 12 kilomètres.

MAIRIE ✆ 02 54 38 31 01

CENTRE EQUESTRE PONEY-CLUB DE BREVES ✆ 02 54 38 34 75. Enseignement et promenades à poneys (25) et chevaux (20) tous les après-midi (16 € pour 1h30) sur réservation. Séjours pour stages en chambres et table d'hôtes. Chasse à courre.

CHAPELLE SAINT-SULPICE. Une belle promenade à faire jusqu'à la chapelle, construite dans une clairière de la forêt de Lancosme, à proximité de la source du même nom. Le bâtiment XVIe est d'une architecture toute simple, en grès de Brenne et couvert d'une toiture en petites tuiles. Cette source est réputée pour soigner les convulsions des enfants et les rhumatismes. Il suffit de jeter dans l'eau très claire quelque menue monnaie. Il paraît que tous les vœux peuvent être exaucés. A essayer avec ou sans prière. Le pèlerinage a lieu le dimanche qui suit le 25 août. Après la messe en plein air, on peut s'attabler sous les chênes pour déguster la traditionnelle galette ou un repas champêtre.

GITE D'ETAPE Moulin des Chézeaux ✆ **02 54 38 34 14.** *Toute l'année. 3 épis. 4 chambres pour 18 personnes : 9 € à 10 €/personne.* Gîte aménagé dans les dépendances d'un grand moulin.

Obterre

D'Azay-le-Ferron, prendre vers le nord sur 8 kilomètres la D14.

Fiche pratique

MAIRIE ✆ **02 54 39 21 66**

Loisirs

LOCATION VTT/VELOS - PARC DE LA HAUTE TOUCHE ✆ **02 54 39 23 80.** Une bonne idée pour découvrir les animaux et parcourir tout le parc sans trop se fatiguer. A signaler pour les jeunes parents, 2 tandems avec remorques pour enfants, sièges bébé et 15 vélos route.

PARC ANIMALIER DE LA HAUTE TOUCHE ✆ **02 54 02 20 40.** *Ouvert de 10h à 18h. Du 6 avril au 15 septembre, tous les jours. Du 16 septembre à la Toussaint, les mercredis, samedis, dimanches et jours fériés. Tarifs : 8 €/adulte, 5 €/enfant, de 2,50 € à 5 €/groupes. Accès par la D975 entre Châtillon et Azay-le-Ferron.* Aux confins de la Touraine et du Berry de vastes enclos ont été aménagés sur une centaine d'hectares au cœur d'une belle forêt de feuillus de 500 hectares. Véritable arche de Noé du IIIe millénaire, le parc abrite plus de 600 mammifères (75 espèces) et quelque 400 oiseaux (une trentaine d'espèces). On commence le parcours par un safari voiture de 4 kilomètres parmi des espèces rares d'Europe, comme le bison ou le loup, jalonné de panneaux pédagogiques ludiques et attractifs. La visite peut se poursuivre à pied ou à vélo (location sur place). Le parc a pour objectif la sauvegarde des espaces menacées, tout en nous offrant un concept unique en France : en une journée et à un prix familial, on découvre plus de 1 000 animaux dont l'insolite collection unique au monde de cervidés (21 espèces). Dans les beaux bâtiments de tuffeaux d'une ancienne ferme brennouse on se restaure et on fait des emplettes savoureuses. Jeux pour enfants, aires de pique-nique, la journée est à la fois distrayante et instructive.

Parnac

De Saint-Benoît-du-Sault, suivre la D1, puis la D113 sur 5 kilomètres.

Fiche pratique

MAIRIE ✆ **02 54 47 52 06**

Points d'intérêt

CHATEAU DU MONTGARNAUD ✆ **02 54 47 67 43.** *Visite gratuite.* A l'origine de ce bel ensemble de bâtiments, une simple métairie surplombait la vallée du Portefeuille, avec en vis-à-vis le village de Saint-Benoît-du-Sault. Le château a conservé de ses constructions de l'extrême fin XVIe (restaurées et modifiées au XIXe), une tour ronde, une tour carrée à trois étages, deux pavillons et un pigeonnier.

LE DOLMEN DES GORCES situé sur la commune au lieu-dit de la Pierre-Levée mérite une visite.

SITE NATUREL DE LA CASCADE DE MONTGARNAUD. A découvrir : dans une ravine où le ruisseau coule entre des roches aux formes tourmentées. Les fées ici appelées martes ont établi leur palais, "l'aire aux martes", sous les arceaux de la cascade.

Le couvert

AU BON VIVRE Le Bourg ✆ **02 54 24 83 31.** *Cuisine traditionnelle. Fermé le lundi soir et mardi. Menus : 10 €, café et vin compris, à midi en semaine, 11,50 € à 28 €. A la carte environ 21 €.* Un sympathique restaurant de campagne qui propose une bonne et généreuse cuisine. La salle pour le petit menu fait aussi bistrot, on s'installe sous une tête de chevreuil encadrée de deux magnifiques faisans. Ce menu dit "ouvrier" est déjà un excellent avant-goût des talents du chef.

Dans une autre salle, plus chic, on savoure une cuisine plus élaborée : salade de gésiers aux copeaux de foie gras ; mosaïque de ris de veau et foie gras ; noix de saint-jacques à la provençale ; magret de canard au miel ou un authentique tournedos de bœuf du Limousin. Les plats varient au rythme des saisons et leurs accompagnements de légumes sont particulièrement soignés. Les gâteaux, tous faits maison, sont dignes d'un excellent pâtissier : la griottine ou le moelleux au chocolat, savoureux.

Le Pont-Chrétien-Chabenet

A 8 kilomètres au nord d'Argenton-sur-Creuse, prendre la D927.

Fiche pratique

MAIRIE ✆ 02 54 25 81 40

Ce village ne manque pas d'intérêt, il a pour mairie le petit **CHATEAU DE BROUTET** (XVe) et de beaux châteaux dans ses alentours.

Points d'intérêt

L'EGLISE paroissiale, ancienne chapelle des seigneurs de Chabenet, construite au XIVe siècle renferme les tombeaux de Joséphine d'Andigné de la Chasse, comtesse de Poix et de Louis Benjamin de Poix.

PONT DE BOIS COUVERT ✆ 02 54 25 81 40 (mairie). *Visites toute l'année.* Cet étrange pont qui enjambe la Bouzanne est unique en France. Si l'on suit la légende, il aurait été construit au XIXe siècle pour permettre aux ouvriers travaillant au percement du tunnel de la voie ferrée Paris/Toulouse de franchir la rivière pour regagner leur campement. Le Pont peut aussi être le point de départ d'une belle promenade, sur les bords de la Bouzanne. Cette rivière qui prend sa source sur la commune d'Aigurande est particulièrement pittoresque dans ses derniers kilomètres, avant son confluent avec la Creuse. Cette portion de son cours a été particulièrement prisée pendant la période médiévale, par les seigneurs qui ont fait construire ici, châteaux et forteresses.

RANDONNEE EN REMONTANT LA VALLEE DE LA BOUZANNE. Partez à la découverte du patrimoine, la vallée lieu de promenade agréable, constituait à l'époque une ancienne limite. Plusieurs châteaux furent édifiés sur ce parcours.

LA FORTERESSE DE CHABENET, sur la rive droite, domine de son bel ensemble de tours la vallée. Le fief est signalé dès le XIIIe siècle, mais c'est à partir de 1471 que Josselin du Bois fait construire Chabenet. Huit des quatorze tours sont toujours là, même si la construction a été fortement remaniée au XIXe siècle. Le château restera propriété de la famille de Pierre Buffière et de ses descendants qui le conserveront jusqu'au décès de la dernière héritière, Mlle Joséphine Boisé de Courcenay en 1924. Ce château est une propriété privée, mais il est parfaitement visible du hameau de Chabenet et de la vallée.

LE CHATEAU DE ROCHEROLLES qui le suit en remontant le cours de la rivière, également propriété privée, se dresse dans un écrin d'arbres non loin de l'autoroute. Cette jolie petite forteresse du XVe aura à partir du XVIIe les mêmes propriétaires que Chabenet et son autre voisin, Prunget.

Sur la rive gauche de la rivière, **PRUNGET** dresse fièrement son donjon, dernier vestige de la forteresse à double enceinte et qui avait de nombreuses tours. Ce bâtiment imposant a conservé 7 étages, sur une base rectangulaire de 14 mètres sur 11, des murailles garnies de mâchicoulis et une échauguette à chaque angle. C'est une propriété privée.

LE CHATEAU DE MAZIERES, au milieu des prés qui bordent la Bouzanne, est aussi une propriété privée mais il est parfaitement visible de la route. Ce château a été construit à la fin du XIVe siècle, sur un site déjà occupé par les Gallo-Romains. Un donjon carré de six étages, une tourelle isolée et un corps de bâtiments avec une tour sont les derniers témoins de la forteresse médiévale.

Le gîte

CHAMBRES D'HOTES - LAURENT GAUTIER La Baronne ✆ 02 54 25 82 09. *2 épis. 3 chambres : 37 €/couple. Repas : 12 €.* A deux pas de la riante vallée de la Bouzanne, pour les promenades de proximité mais aussi à 3 kilomètres d'Argenton et de la vallée de la Creuse. Vous séjournerez au calme dans la maisonnette aménagée dans la cour d'exploitation, ou au premier étage de la ferme. Vous pourrez profiter du jardin et du salon réservé aux hôtes.

Emplettes

LA VANNERIE - LES BRINS D'OSIER 3, route de Chasseneuil ✆ 02 54 25 86 67. Le vannier Guy Barbier a été très médiatisé en accomplissant une performance en 1999 : reconstituer pour le musée d'Argentomagus, 40 pièces sur le modèle des vanneries gallo-romaines. Cet artisan était déjà très connu pour la qualité de ses productions depuis de longues années. Il réalise à la demande le panier à légumes ou à fleur de vos rêves, la corbeille à linge sur mesure, rien que des fabrications et des techniques traditionnelles, des paniers tellement beaux que l'on ose à peine les utiliser.

Pouligny-Saint-Pierre

A 6 kilomètres du Blanc, prendre vers le nord la D975.

Fiche pratique

MAIRIE ✆ 02 54 37 10 01

Le terroir du Pouligny est concentré sur 22 communes situées dans la partie occidentale du Berry, sur le pourtour de la Brenne, près des vallées de la Creuse et de l'Anglin. Dans cette région, les chèvres bénéficient d'une flore particulière et donnent un lait riche et parfumé. Fabriqué à partir de lait faiblement emprésuré, moulé à la louche dans des moules en forme de pyramide haute et étroite, c'est un fromage à croûte fine et aux saveurs de terroir prononcées. Au choix, deux étiquettes : la verte, fabrication des producteurs fermiers et la rouge, production issue des collectes et fabriqué par les laiteries. Un grand fromage. Renseignements :

SYNDICAT DES PRODUCTEURS DE POULIGNY SAINT-PIERRE A.O.C. Maison de l'Agriculture - 65, avenue Gambetta - LE BLANC ✆ 02 54 37 52 13.

Emplettes

ETABLISSEMENT COURTUIAL 5, rue Cabouins ✆ 02 54 37 62 61. Spécialisé dans l'affinage du produit AOC. 250 000 fromages affinés chaque année.

Rosnay

A 16 kilomètres du Blanc, vers le Nord-est, prendre la D27 et la D15.

Points d'intérêt

CHATEAU DU BOUCHET Hameau du Bouchet ✆ 02 54 37 80 14. *Ouvert du 1er mai au 31 août les dimanches et jours fériés de 12h30 à 18h30. Tarifs : 5 €/adulte et 2,50 €/enfant.* On raconte que le château du Bouchet fut construit en une nuit par les fées, il domine l'étang de la Mer Rouge. Cette forteresse construite au cours des XIIIe, XVe et XIVe, occupe le plus haut des "buttons" de la Brenne. Elle se compose d'une enceinte en forme de polygone, trois tours rondes et une tour carrée, un donjon rectangulaire reconstruit au XVe, une galerie construite au XVIIe et surmontée d'une terrasse. De cette terrasse, on a une vue extraordinaire sur l'étang de la Mer Rouge tout proche mais aussi dans les environs sur une très longue distance. Madame de Montespan, célèbre maîtresse de Louis XIV mais aussi fille du seigneur du lieu Gabriel de Rochechouart, vint s'y réfugier après sa disgrâce.

CENTRE DE TRANSMISSIONS DE LA MARINE. Ces immenses installations formidablement surveillées, éclairées et devant lesquelles on n'a même pas le droit de faire un arrêt, ne manquent pas d'étonner les touristes. Les 13 hauts pylônes gâchent vraiment le paysage. Mais que fait donc la marine ici ? Il y aurait donc des marins d'eau douce dans les étangs de la Brenne ? En fait, ils surveillent notre potentiel de sous-marins qui évoluent dans les mers du globe. Ne vous étonnez donc pas de rencontrer un amiral ou des marins à pompon rouge, en goguette, au milieu de ces étendues sauvages.

Le couvert

LE CENDRILLE 1, place de la Mairie ✆ 02 54 28 64 94. *Fermé mardi et mercredi sauf en été : mardi soir et mercredi. Fermeture annuelle première quinzaine de janvier. Menus : 8 € (enfant), 10 € (midi sauf week-end), de 15 € à 27 €. A la carte environ : 23 €.* Un très joli restaurant tenu par Florence et Luc Jeanneau, sur la place du village dans une grande bâtisse aux volets bleu vif. Une grande salle moderne mais conviviale avec beaucoup de plantes vertes.

Des tableaux contemporains, une cheminée moderne et des nappes jaune d'or sur les tables, réchauffent l'atmosphère. De bons produits de la région, travaillés avec délicatesse. L'assiette berrichonne est une affaire, pour 10 € on a dans une assiette géante : carpe fumée, lentilles du Berry et autres légumes, pouligny rôti au miel, galette berrichonne. Sinon les menus et la carte proposent d'autres spécialités également axées terroir. Marguerite de carpe et son fromage de chèvre, terrine de lapin, pintade farcie aux rognons de veau sur un lit de lentilles et champignons, sandre, chèvre chaud au miel de Brenne et salade. Un beau plateau de fromages avec du pouligny bien sûr, mais aussi du boulet berrichon, fromage tout rond au lait de vache. En dessert, pourquoi pas une aumônière du Cendrille, crêpe avec pommes crème saupoudrée de pralines.

ESPACE DEGUSTATION DE LA MAISON DU PARC Hameau du Bouchet © 02 54 28 53 02. *Ouvert à midi toute l'année. Crêpes : 1,50 € à 3,50 €.* Ce magnifique ensemble immobilier du hameau du Bouchet a été restauré avec les égards dus à un patrimoine architectural de valeur. Son espace dégustation a bénéficié de la même attention. La salle est vraiment très belle avec ses murs de pierres apparentes, sa grande cheminée et son carrelage ancien. On se régalera des fameuses tartines brennouses. Le Petit Futé conseille les tartines à la carpe fumée avec sa sauce échalotes, celle au fromage de chèvre (du pouligny-saint-pierre c'est évident) et les tartines aux rillettes de pigeon. On peut préférer une salade du pêcheur Brennou, avec lentilles et carpe, avant de continuer avec un ramequin Brennou, fromage blanc de chèvre à la ciboulette. Le grand choix de crêpes invite à une halte sucrée par tous les temps, la crêpe "des étangs" n'est pas à la carpe fumée mais aux pommes caramélisées, celle des "Cinq bondes" fourrée de pêches et de framboises, un délice. Et pour toutes ces douceurs, un prix bien doux. Ne pas rater les animations musicales de qualité, programmées régulièrement en soirée.

MAISON DU PARC DE LA BRENNE Hameau du Bouchet © 02 54 28 12 13. *Fax : 02 54 37 56 96. Internet : www.parc-naturel-brenne.fr. E-mail : info@parc-naturel-brenne.fr.* Dans ce hameau aux maisons de grès rouge admirablement restaurées, a été installée la Maison du Parc, c'est un endroit incontournable pour tous. Pour faciliter les découvertes au cœur de la nature, "La maison du Parc" est à la disposition des passionnés dans le magnifique hameau du Bouchet. Avec sourire et compétence, les hôtesses distribuent les informations et ne manquent pas de les commenter. Vous saurez tout sur les étangs et les réserves accessibles (Chérine), sur les circuits de randonnées, sur les après-midi de découvertes avec l'association Indre Nature. Une borne interactive vous familiarise avec les oiseaux de Brenne. Un espace d'expositions temporaires, un diaporama permet de découvrir les mille et un visages du Parc... La boutique invite à déguster et à acheter les produits locaux. Prenez vos bottes, vos jumelles et allez observer en restant le plus discret possible, le grèbe à cou noir, les guifettes moustac, les hérons pourprés et les canards milouins entre autres et bien sûr les fameuses cistudes.

PARC NATUREL REGIONAL DE LA BRENNE. Le parc est un émerveillement grâce à la richesse de ses paysages, de sa faune et de sa flore. Avec ses 160 000 hectares, ses 2 000 étangs, ses "buttons", ses brandes, ses prairies sont autant de milieux naturels colonisés par les oiseaux bien sûr, migrateurs ou sédentaires mais aussi par les fameuses cistudes de la Brenne. Ces placides tortues ont gagné la gloire en figurant sur de nombreuses affiches et dépliants. Sa flore est tout aussi exceptionnelle. Il ne faut pas oublier un patrimoine bâti un peu méconnu malgré sa très grande valeur, dolmens, églises romanes, abbayes, châteaux (Bouchet), et plus modestement les fermes construites en grès rouge. Le PNR poursuit une action de recensement du petit patrimoine existant sur son périmètre, du pigeonnier à la croix, du four à pain au puits et organise des sorties découvertes sur ce thème. Le parc propose de nombreuses découvertes nature en liberté à partir des observatoires publics des réserves et sites protégés, lieux spécialement aménagés d'où l'on peut observer la faune sans la déranger. Les sentiers de découverte, eux, mêlent balade et découverte grâce à la présence, le long de l'itinéraire, de bornes informatives et ludiques.

Le gîte

CAMPING MUNICIPAL LES MILLOTS © 02 54 37 80 17.** *Ouvert toute l'année. 18 emplacements. Tarif : 6,10 €.*

Loisirs

LES ETANGS FOUCAULT. *Renseignements Maison du Parc : 02 54 28 12 13. Ils sont la propriété du Parc Naturel Régional de Brenne.* Sur 110 hectares, on accède à quatre étangs. Le site est réputé pour la variété de ses oiseaux d'eau. Deux observatoires : au grand observatoire, accessible aux handicapés et aux groupes, un guide naturaliste assure une permanence de fin mars à fin septembre. L'observatoire ouest est d'accès libre.

LES ESSARTS. Prendre le chemin communal reliant la D44 à la D6a de Rosnay à Saint-Michel-en-Brenne (aire de stationnement sur la droite). Accès libre. Observation du Parc Naturel de la Brenne recommandée en fin d'après-midi.

ETANG DE LA MER ROUGE. C'est le plus grand étang de Brenne (160 hectares). Son nom qui évoque les contrées lointaines lui a été donné par un seigneur du Bouchet, de retour de croisade. Il est assez amusant de penser que peut-être le vieil aventurier Henri de Monfreid établi à Ingrandes, pour ses dernières années, ait pu venir y goûter un parfum d'aventure. C'est aussi l'étang le plus romantique avec ses vieux chênes plantés tout le long de la chaussée, dominée par la silhouette imposante du château du Bouchet.

Emplettes

FERME DU BLIZON © 02 54 37 80 35. Un excellent fromage AOC fermier vendu à la ferme le matin et à la maison du Parc. Du pouligny-saint-ierre de grande qualité. Fameux ce pouligny-saint-pierre. Ce fromage de chèvre à la croûte fine aux saveurs de terroir est fabriqué dans 70 exploitations sur les 22 communes de l'ouest Brenne. Une pyramide fine et non tronquée, piquée de bleu, surnommée la tour Eiffel. A manger sans restriction blanc et frais, en petits cubes dans la salade, en tranches chaudes sur des toasts ou sur un plateau de fromages. Une recette qui a fait ses preuves, 410 tonnes par an d'un pouligny qui cultive son AOC depuis 29 ans.

▷ *Dans les environs*

Douadic

A l'ouest de Rosnay, prendre la D20 puis la D17 sur 9 kilomètres.

MAIRIE © 02 54 37 60 50

CENTRE EQUESTRE DE LA VIREVOLTE "Le Fresne" © 02 54 37 10 28. En Brenne, à 5 minutes du Blanc. Promenades pour débutants et confirmés, sur réservation. Un centre équestre qui pratique le dressage, l'initiation à poney puis à cheval et enfin le perfectionnement. Une bonne adresse.

CHAMBRES D'HOTES - ELISABETH ZACHARIE Château du Pin © 02 54 37 40 55. *Toute l'année. 3 épis. 2 chambres : 55 €/couple. Repas : 19 €.* En plein cœur de la Brenne dans une belle demeure du XVIIe siècle on vous accueillera dans la chambre ou dans la suite pour 3 personnes. La bibliothèque, le salon et la salle à manger sont à la disposition des hôtes. Le parc créé par les Pinault de Bonnefond au XVIIIe renferme 28 essences d'arbres. Cette demeure a une situation idéale pour découvrir le P.N.R. de Brenne puisqu'elle est située au cœur du pays des étangs. Pour partir à la découverte des oiseaux ou des fleurs un panier pique-nique peut être fourni moyennant 7 €.

LE CHEMIN DE BEAUREGARD © 02 54 28 12 13. Accès toute l'année par la D43 de Douadic à Saint-Michel-en-Brenne. Sentier de découverte de 4 kilomètres aller-retour au cœur des plus beaux paysages de Brenne. Un des plus beaux itinéraires sur le thème du lapin (de garenne) et de la tortue (d'eau douce).

Lingé

Au nord du Blanc, à 16 kilomètres, prendre la D975 puis la D6.

MAIRIE © 02 54 28 02 07

AUBERGE DE LA GABRIERE 2, la Gabrière © 02 54 37 80 97.** *Fermeture annuelle dernière semaine de septembre. Ouvert 7j/7. 9 chambres à 29 € à 32,50 €. Petit déjeuner : 5 €. Télévision. Restaurant fermé mardi soir et mercredi. Menus : 8 € (enfant), 10,90 € à, 25 €. A la carte environ 20 €.* Cet établissement est installé dans une grande bâtisse juste en face de l'étang de la Gabrière. Les menus mettent en valeur les produits du terroir et en particulier la carpe qui règne dans les étangs de Brenne, carpe fumée en entrée à la paysanne, carpe grillée ensuite servie avec une persillade. Attention la carpe est un poisson qui n'est pas dépourvu d'arêtes. Filet de sandre aux saveurs de chêne, rognons de veau, et en saison, filet de biche ou de sanglier, foie de chevreau... Rien que du très solide et du copieux. Beau plateau de fromages avec du pouligny-saint-pierre. L'été, la terrasse est bien agréable mais elle le serait encore plus si la route ne passait pas entre le restaurant et l'étang.

ETANG DE LA GABRIERE. Le plus civilisé des étangs (120 hectares) puisque le hameau de la Gabrière et son auberge sont établis sur ses bords. Il s'anime chaque été au mois d'août avec une grande fête.

Méobecq

A 17 kilomètres de Rosnay, prendre la D27, puis la D15.

MAIRIE ✆ 02 54 39 43 15

EGLISE ABBATIALE SAINT-PIERRE. Au milieu de ce village se dresse l'imposante église abbatiale, dernier témoin de la très grande abbaye, fondée ici par Saint-Cyran dans la première moitié du VIIe siècle. De ce grand monument, il ne reste aujourd'hui qu'une travée de nef, le transept et le chevet à une abside et quatre absidioles. Ses fresques découvertes en 1859, méritent, à elles seules, la visite. Elles représentent le Christ en Majesté repeint au XVe, de la même époque une litre funéraire (large bande noire peinte sur les murs) aux armes d'un ancien abbé de Méobec datée de 1467. A l'étage, des fenêtres, une succession de saints : Saint-Loyau, 2e abbé de Méobec, Saint-Cyran, Saint-Martial, Saint-Pierre, Saint-Benoît, un cavalier galopant et tirant à l'arc et deux anges en robe verte. Verts aussi malheureusement les murs de l'édifice, car l'humidité a envahi le monument.

La Pérouille

A 10 kilomètres de Méobec, au Sud-est, prendre la D14 et la D1.

GITE DE PECHE ELISABETH ET LUC LEFRANC La Pérouille ✆ 02 54 36 18 67. Un hameau de 5 gîtes de pêche, géré avec dynamisme par Elisabeth et Luc dans le parc de Brenne. Tout est prévu pour le bonheur des pêcheurs. Les gîtes tout au bord de l'étang, sont tous construits dans le même style architectural et parfaitement intégrés dans le paysage avec leurs toits de tuiles. Un grand souci de confort mais aussi beaucoup de goût dans la décoration. Une très bonne adresse pour des séjours de pêche en toute quiétude.

Ruffec

A l'est du Blanc, prendre la N151 sur 9 kilomètres.

Points d'intérêt

L'EGLISE ROMANE de ce village est l'église du prieuré qui dépendait de l'abbaye bénédictine de Saint-Martial de Limoges. En bordure de Creuse, l'ensemble ne manque pas d'intérêt mais il n'est pas accessible au public. Il est la propriété d'une communauté de religieuses installée dans le prieuré, élégant bâtiment du XVIIIe remanié au XIXe. Du pont, la vue est très belle sur la rivière et sur le vieux Moulin, un des plus photographiés de la région. Il présente aux flots, comme beaucoup de moulins de la Creuse, une façade en proue de bateau.

TUILERIE DE LA LORNE ✆ 02 54 37 70 19. A la sortie du bourg, sur la grande route du Blanc à Argenton et en bordure de Creuse. C'est la dernière tuilerie de Brenne et on y fabrique toujours une merveille de petite tuile de pays.

Le gîte

CAMPING MUNICIPAL DE L'ILE DE CREUSE ✆ 02 54 37 79 68.** *Ouvert du 1er juin au 30 septembre. 23 emplacements. Tarifs : forfait journalier en haute saison pour un emplacement 2 personnes et voiture. Tarif : 6 €.*

Loisirs

CENTRE EQUESTRE DE L'EPINEAU Château du Grand-Tremble ✆ 02 54 37 72 63. *Toute l'année. Tarifs de 5 € à 14 € suivant âge et formules. Pension cheval : 270 €/mois. 40 chevaux et poneys.* Une très bonne réputation pour ce club très bien tenu par Philippe et Brigitte Macé, un jeune couple dynamique. Les installations sont de premier ordre : manège olympique, carrière sablée, club-house, parcours de cross. Les enfants sont accueillis à partir de 3 ans pour une heure ou un après-midi et pendant toutes les vacances, en stage, les poneys sont dociles. Le horse-ball est particulièrement à l'honneur avec 62 adeptes, certains participant même aux compétitions nationales. A l'Epineau, on organise 3 à 4 rencontres sur un superbe terrain de 1 200 m^2. Concours d'attelage, démonstration de horse-ball et possibilité de baptême à poney et à cheval. Possibilité aussi de stage pluridisciplinaire d'une semaine : jeux, horse-ball, obstacle, promenade, voltige et hippologie. Hébergement pour 30 personnes.

GOLF DES ROSIERS "Le Grand Tremble" ✆ 02 54 37 72 87. En plein cœur du Parc Naturel de la Brenne sur un agréable terrain agrémenté de deux petits plans d'eau parfaitement irrigués on vient s'initier ou se perfectionner. Mini parcours 3 trous et 5 départs. Pratice de 250 mètres pour 14 places. Tous les après-midi sauf mardi et jeudi, de 14h30 à 18h30 du 15 mai au 15 septembre.

Saint-Benoît-du-Sault

A 21 kilomètres d'Argenton-sur-Creuse, prendre le Sud-est.

Fiche pratique

OFFICE DE TOURISME Place des Augustins © 02 54 47 67 95. *Fax : 02 54 47 59 19. Hors saison 02 54 47 51 44.*

Saint-Benoît-du-Sault ne peut renier ses origines médiévales qui la déterminent si bien. C'est par le sud, un peu à rebrousse-poil, qu'il faut découvrir l'ensemble de cette cité, frontière entre les deux terroirs de La Marche et du Berry. Elle se détache sur son piton rocheux avec son église, dominant le village aux tuiles rousses, étagé au-dessus du vaste étang formé par une retenue du petit ruisseau du Portefeuille. Saint-Benoît-du-Sault est inscrit parmi les "plus beaux villages de France" et il mérite une promenade attentive. Pour pénétrer ses secrets, il faut suivre les petites ruelles qui parcourent le bourg et en particulier faire le tour de l'**ANCIEN CHEMIN DE RONDE** surplombant les jardins qui vous conduira vers l'église.

Points d'intérêt

L'EGLISE. Classée Monument historique, l'église du prieuré est un magnifique monument roman en granit, remanié aux XIVe et XVIIIe. L'édifice de 45 mètres de long sur 22 mètres de large, a été récemment restauré. Il est pourvu d'une nef de 7 travées et de 2 collatéraux, décorée de chapiteaux à la facture archaïque et d'une cuve baptismale du Xe. Il est entouré des bâtiments XVe et XVIIe de l'ancien prieuré.

PROMENADE. Par de multiples petites rues escarpées et pavées tout droit sorti du Moyen Age on se dirige vers le PORTAIL pour atteindre la rue baptisée "Sous le Mur" ainsi que la rue de la Demi-Lune, puis la ruelle du Four-Banal. On admire de nombreuses maisons avec des portes à clous et des poignées décorées de figurines. C'est aussi au long de cette promenade qu'on découvre : la porte de l'Horloge, la Maison de l'Argentier édifiée au XVe siècle, la maison dite Logis du Gouverneur et la tour du Beffroi. Allons aussi rêver sur le vieux pont Filloux.

Le gîte

CHAMBRES D'HOTES "LE JARDIN DES MERVEILLES" © 02 54 47 56 63. *3 épis. Gîtes de France. 11 personnes - chambres de 1 à 7 personnes. Ouvert toute l'année.* Dans un cadre écologique, on profite de la nature et des bonnes confitures (maison) d'Anne-Marie au petit déjeuner.

Loisirs

JARDIN DES MERVEILLES DE LA GARGOUILLE Route du Blanc © 02 54 47 56 63. *Internet : www.jardindesmerveilles.net. Ouvert du Pâques au 30 septembre de 14h à 17h. Fermé le mardi hors vacances scolaires. Tarif : 2 € à 5 €.* C'est une étape insolite qui nous attend aux confins du Berry et de l'Occitanie. Jean Rémo et son épouse nous font découvrir : le jardin botanique, le potager à l'ancienne... Les allées ombragées nous entraînent dans un cadre de nature plein de surprises et de fantaisies où s'épanouissent librement plus de 4 000 variétés de plantes. Ce jardin des Merveilles est aussi un lieu d'exposition, Jean Rémo passionné de peinture, expose plus de 5 000 aquarelles des Maisons et Sites de France. Cette superbe collection lui a valu "la grande médaille d'Or de l'enseignement social". De nombreux artistes qui exposent peintures, sculptures, dessins, photos sont accueillis chez Jean. Dans ce lieu enchanteur, le musée de toutes les collections nous emmène pour de longues heures au milieu d'une magnifique exposition où se côtoient, minéraux, fossiles, outils et jeux anciens amassés au fil du temps.

Emplettes

LE JARDIN DES MERVEILLES © 02 54 47 56 63. Il serait bien dommage de passer à côté de ce "Jardin des Merveilles". On peut prévoir un grand panier tellement on est tenté par les savoureuses préparations (confitures, soupes aux orties...) ainsi que d'autres spécialités locales (foie gras, miel...). Il ne s'agit pas d'oublier les cartes postales et les aquarelles.

JEAN-PIERRE MONTANE Place de la Mairie - VERSIGNY. Chez Jean-Pierre Montané, portraitiste passionné, on découvre une collection de portraits d'arbres du Boischaut-Sud en séries très limitées.

Manifestations

La Fête de la Peinture au mois de juin, pendant laquelle amateurs et professionnels (une centaine de participants) envahissent les rues du village avec chevalets, couleurs et pinceaux. Les expositions de photos de l'été accueillent les plus grands artistes.

Des rencontres art et paysages se déroulent au mois d'octobre. Ces rencontres ont été lancées par la petite imprimerie d'art, les Editions Tarabuste qui produisent dans le village des ouvrages originaux. Poètes, artistes et éditeurs se retrouvent en faisant la part belle à l'environnement, aux paysages.

▷ Dans les environs

Roussines

De Saint-Benoît-du-Sault, prendre vers l'est le D10, puis la D46, sur 4 kilomètres.

MAIRIE ✆ 02 54 47 56 03

L'EGLISE. Dans ce très petit village, il faut faire un détour par l'église. Ce modeste sanctuaire de campagne présente la particularité d'avoir conservé un ensemble de fresques datées de 1372. Elles ont pour thème les sept péchés capitaux, sujet qui ne manque pas d'intérêt. Il faut demander la clé de l'édifice à la mairie du village.

Saint-Gaultier

Au Nord-ouest d'Argenton-sur-Creuse à 11 kilomètres, prendre la D927. A 5 kilomètres de Pont-Chretien-Chabenet.

Fiche pratique

OFFICE DE TOURISME 31, rue Grande ✆ 02 54 47 14 36. *Fax : 02 54 24 31 99. E-mail : tourisme.st-gaultier@wanadoo.fr*

MAIRIE ✆ 02 54 01 66 00

Points d'intérêt

LES PRIEURES. Des religieux, originaires de l'abbaye de Lesterps en Charentes, viennent fonder sur les bords de la Creuse, deux prieurés. Le premier, Saint-Denis, s'établit à Rivarennes. Le second, Saint-Hilaire, près d'un gué sur la rivière, élément essentiel de développement. C'est ce second prieuré qui est à l'origine de la ville. La chapelle primitive, agrandie est consacrée à Gaultier, abbé de l'abbaye mère, mort en 1070 et canonisé en 1075. Le prieuré et son enclos et bientôt le territoire qui en dépend prend le nom de Saint-Gaultier et forme l'embryon de la ville actuelle. Le statut particulier des habitants, hommes libres, ne dépendant que de l'abbé de Lesterps et de la papauté, a permis à la ville d'échapper aux querelles seigneuriales, à la guerre de Cent Ans et plus tard aux guerres de Religion. En 1734, le prieuré est cédé à l'archevêché de Bourges. En 1740, c'est la fondation d'un collège par Robert d'Argy. Trente ans plus tard, ce collège devient un petit séminaire.

Le pont, déjà mentionné dans un acte de 1284, sera un facteur important de prospérité, mais il disparaîtra comme tous les ponts d'Argenton à Nantes, lors de la terrible crue de 1530. Il est reconstruit une première fois en 1654, une nouvelle fois fin XVIIIe et en 1878.

Une promenade sur la rive opposée fait découvrir la ville où domine l'architecture imposante de l'ancien séminaire avec sa chapelle (aujourd'hui collège de la ville). On y reconnaît aussi le clocher de l'église romane et des constructions plus récentes mais parfaitement intégrées dans l'ensemble. On peut remarquer, en flânant dans Saint-Gaultier, quelques maisons anciennes restaurées, avec leurs tours, vestiges des anciens châteaux de Lignac et de Condé. Dans la rue du Cheval-Blanc, une belle porte datée de l'année 1621 et bien sûr l'église romane.

EGLISE ROMANE DE SAINT-GAULTIER. A l'origine église du prieuré, elle est datée de la fin du XIe, début XIIe. Son portail sans tympan est particulièrement remarquable. Avec ses voussures ornées de billettes et fleurettes, sa frise d'entrelacs et de damiers, ce portail affiche son style, pur produit du roman poitevin. L'intérieur du monument fait preuve d'une grande sobriété et dégage une grande harmonie. Ses voûtes en berceau reposent sur des piliers surmontés de chapiteaux enrichis de figures allégoriques fort curieuses, souvent grotesques et variées.

SALLE D'EXPOSITION D'OBJETS ANCIENS 6, rue du Marché ✆ 02 54 47 96 17. *Renseignements à la mairie : 02 54 01 66 00. Du 15 juin au 16 septembre : le vendredi : 10h-12h30, le samedi : 10h-12h30 et 15h-18h30, le dimanche : 15h-18h30. Les jours fériés et les week-ends de vacances de la zone C : samedi : 10h-12h30 et 15h-18h30, le dimanche : 15h-18h30. Visite sur demande en dehors de ces périodes. Entrée libre.* La collection privée de Jean-Bernard et Michelle Chevalier est à l'origine de cette exposition. Coiffes typiques de Saint-Gaultier, faïences, mais aussi objets du quotidien des premières années du XXe siècle.

Le gîte

CAMPING "L'OASIS DU BERRY"** ✆ 02 54 47 17 04.** *Ouvert toute l'année. Tarifs : forfait journalier en haute saison pour un emplacement 2 personnes et voiture. 54 emplacements : 12 € (tente) ; 15 € (caravane). Location de 10 bungalows toilés et de 17 chalets.* Un camping de luxe avec piscine, jeux pour enfants, mini-golf, restaurant. Nombreuses activités possibles à proximité, randonnées, équitation.

▷ *Dans les environs*

Chasseneuil

De Saint-Gaultier, prendre la N151 puis la D129 sur 8 kilomètres.

MAIRIE ✆ 02 54 25 80 20

GITE D'ENFANTS - ISABELLE ET BENJAMIN MATHON Ferme de Montusson ✆ 02 54 47 09 39. *Vacances scolaires sauf Noël. 4 chambres pour 16 enfants (de 6 à 14 ans) : 265 €/semaine.* On occupera les gamins avec des activités de plein air mais aussi des activités très ciblées comme les arts du spectacle avec intervention de professionnels : magie, marionnettes, clowns et théâtre. Des vacances qu'on n'oublie pas.

Mosnay

De Tendu, prendre la D30 et la D30A sur 7 kilomètres.

PARC NATUREL REGIONAL DE LA BRENNE

PISCICULTURE Château de la Chaize ✆ 02 54 25 12 45. Etang de 4 hectares et un parcours sur la Bouzanne, un très beau site pour la pêche à la journée, on peut prendre une action à l'année. On peut également y pratiquer la pêche de nuit à la carpe sur réservation.

Tendu

De Chasseneuil, prendre la D129 et la D1A sur 6 kilomètres.

GAEC RICHARD Les Bellonnes ✆ 02 54 24 29 26. Vente à la ferme et sur le marché d'Argenton. Un bon fromage de chèvre en AOC Valençay.

Thenay

A 1,7 kilomètre de Saint-Gaultier vers le sud.

MAIRIE ✆ 02 54 47 16 41

AUBERGE DE THENAY 23, rue René-d'Helbingue ✆ 02 54 47 99 00. *Fermé dimanche soir et lundi, fermé aux vacances de février. Chambre : 50 €, petit déjeuner traditionnel 10 € et léger 6 €. Menus : 7,30 € (enfant), 10,50 € (midi sauf week-end), 19 € à 29,50 €.* Cette auberge bien restaurée et fleurie est à la fois un restaurant mais aussi une boutique (épicerie fine et dépannage). On est installé dans une grande et belle salle séparée en deux par l'imposante cheminée avec son grand feu et son sensationnel tournebroche. On apprécie pleinement un fond de musique celtique et la gentillesse de Marie-Jeanne et Pascal Orain. Ce dernier a longtemps officié outre-Manche, il en est revenu avec dans ses bagages une grande connaissance des produits british. Avec environ 70 whiskys uniquement single malt, et en majorité très rares, il organise des soirées dégustations commentées. A midi, l'unique menu offre : petit consommé aux légumes, entrée, plat, fromage, dessert et vin compris. C'est vraiment copieux et de qualité, si bien que l'on a rarement vu meilleure offre. Le soir est plus gourmet : excellentes terrines maison, feuilleté de queues d'écrevisse, canard au miel de pays, poulet fermier aux échalotes, sandre au beurre blanc. Les fromages de chèvre viennent en voisins de Rivarennes et de Saint-Gaultier, nous avons aussi aimé un crumble pommes-framboises. Cave attrayante, seconds vins de crus classés du Bordelais, sélection du terroir berrichon et nombreux vins du monde (tokay de Hongrie, xérès rares...). Dans la boutique, on pourra s'approvisionner en whiskys rares, marmelade et en thé typiquement british A noter le charmant jardin/terrasse d'été et la superbe chambre avec son décor en trompe l'œil.

Saint-Marcel

A 2,5 kilomètres d'Argenton-sur-Creuse.

Fiche pratique

MAIRIE 2, rue du Point-du-Jour © 02 54 24 15 07. *Fax : 02 54 24 46 93. Internet : www.saint-marcel36.com*

Le musée d'Argentomagus construit sur le site de la ville gallo-romaine et par conséquent sur la commune de Saint-Marcel, est bien connu. Mais il éclipse souvent la ville elle-même qui mérite vraiment une visite. Le peuplement du site dans la grotte de la Garenne est connu dès la fin du paléolithique supérieur, il y a 14 000 ans, puis les Gallo-Romains y bâtirent une ville. Le Saint-Marcel médiéval, moins connu, ne manque pas d'attrait. On en croise les traces visibles avec l'ancienne enceinte dans la rue Hors-les-Murs et les vestiges des portes de la ville : celle de Lorette et du cimetière. Les maisons anciennes ont conservé des tours ou des éléments architecturaux des dessus de portes ou de fenêtres, à découvrir en flânant. Sur la commune de Saint-Marcel (rive gauche de la Creuse direction de Saint-Gaultier D48) se déroule chaque année un pèlerinage bien pittoresque : le pèlerinage des "rechignoux".

Ce terme désigne en Berry les enfants qui pleurent ou plutôt "pleurnichent" plus que de raison. L'existence d'un pèlerinage est attestée depuis le XIIIe siècle. Les parents avec les enfants à "guérir" font encore aujourd'hui le chemin jusqu'à Saint-Marin, une très jolie chapelle communale située sur un terrain privé mais ouverte ce jour-là.

Après la célébration de la messe, ils reviennent avec des enfants sages. On buvait autrefois l'eau du puits, mais elle est aujourd'hui impropre à la consommation.

Points d'intérêt

EGLISE MEDIEVALE © 02 54 24 15 07. *Ouvert tous les jours de 9h à 17h30. Visite gratuite.* Le monument majeur de Saint-Marcel est son église, une des plus remarquables du bas Berry. Fondée au XIe siècle, elle a été transformée par la suite, mais elle a conservé sa grande porte d'entrée XIIe qui présente une double archivolte ornée de rosaces, d'entrelacs et d'animaux fantastiques. Elle présente aujourd'hui une nef, un double transept, une abside et deux absidioles, une crypte et un clocher fortifié du XIVe, tandis que ses chapelles sont du XVe. A voir une fresque du XVIe au-dessus de la porte latérale sur laquelle figurent Saint-Louis et l'Enfant Jésus sur les genoux de la Vierge. Les chapiteaux de la nef sont intéressants. A voir aussi l'ensemble de stalles du XVIe, avec ses trois sièges de dignitaires. Ne pas oublier le trésor de l'église : châsse en bois XIIe, reliquaire en émaux de Limoges, chef et bras reliquaires et croix de procession.

MUSEE ET SITE ARCHEOLOGIQUES D'ARGENTOMAGUS "Les Mersans" © 02 54 24 47 31. *Internet : www.argentomagus.com. Ouvert du 20 janvier au 30 juin et du 1er septembre au 23 décembre tous les jours, sauf le mardi de 6h30 à 12h et de 14h à 18h. Du 1er juillet au 31 août ouvert tous les jours de 9h30 à 12h et de 14h à 18h. Tarifs : adulte 3 €, demi-tarif 1,50 € pour les enfants de plus de 7 ans, groupes 2,50 €. Visites guidées sur réservation.* Pour ce musée de 2 400 m² établi sur les vestiges de la ville gallo-romaine, une architecture très contemporaine a été choisie. Des rampes hélicoïdales qui constituent des espaces d'exposition s'articulent sur trois niveaux autour du noyau central, la crypte. L'espace préhistorique se présente de façon chronologique sur la rampe du premier étage. Cette partie du musée présente le résultat de fouilles effectuées dans le département, sur tout le parcours de la vallée de la Creuse, d'Eguzon à Pouligny-Saint-Pierre. Un campement paléolithique a été reconstitué avec un sol empierré et une charpente de branchages. Important outillage du solutréen supérieur, présentation des fouilles de la grotte de la Garenne, lampes, bois de rennes sculptés, bâton percé figurant un visage humain, etc. On y trouve également la localisation des dolmens et menhirs de la région. La période gallo-romaine. C'est la partie la plus importante du musée en nombre de salles et en superficie. On a tout d'abord une salle de présentation du site et des monuments. Dans les pièces suivantes, c'est une mise en scène de la vie quotidienne avec la cuisine, la parure, le chauffage, l'écriture, les voyages, le commerce. Moment émouvant avec la découverte de la reconstitution du "Cimetière du Champ de l'Image" avec ses urnes funéraires en verre, ses poteries sigillées et ses sépultures d'enfants. Après la présentation des dieux, on descend dans la crypte. Sur 800 mètres, c'est une promenade parmi les vestiges et les murs gallo-romains. Tout est resté en place comme le petit autel domestique du IIe-IIIe siècle avec ses deux statues séparées par un phallus en pierre et une petite table circulaire. **La vie du musée**. Depuis l'ouverture, des expositions se sont succédé pendant l'été, ajoutant encore à l'intérêt de la visite : "L'enfant en Gaule romaine", "la Perse antique", "la vannerie gallo-romaine", etc. L'accent est mis aujourd'hui sur les collections préhistoriques. Pendant longtemps le premier musée et le site d'Argentomagus ont eu comme ambassadeur une statuette de Mercure assis sur un rocher et coiffé d'un drôle de petit chapeau (un pétase). Cette œuvre délicate en bronze, haute de 12 centimètres, datée du Ier ou IIe siècle, a été trouvée dans les années 60 sur la zone des temples. Elle s'est fait voler la vedette photographique et médiatique par les deux statues en calcaire, découvertes en 1986 qui sont toujours à leur place dans le petit autel domestique.

VISITE DU SITE D'ARGENTOMAGUS ✆ 02 54 24 47 31. *Ouvert du 1er février au 24 décembre. Tarifs : 3 € adulte, 1,50 € (enfant à partir de 7 ans), 2,50 € groupe. Possibilité de visites guidées pour groupes ou individuels (sur réservation 40 €).* Après quinze siècles d'effacement, l'ancien oppidum biturige, le deuxième par la taille des villes antiques du Berry, a resurgi. Avec 27 hectares, le site d'Argentomagus est un ensemble archéologique de premier plan. Un aménagement piétonnier et paysager sur le plateau des Mersans permet de cheminer entre les vestiges et les zones de fouilles toujours en activité. Toutes les visites des monuments en extérieur sont gratuites.

L'ENSEMBLE CULTUEL. Il est situé au cœur de la ville antique et trois temples sont connus. Ils remontent au début du Ier siècle après Jésus-Christ. De plan carré, ces temples étaient constitués d'une cella entourée d'une galerie de circulation, ils avaient des murs en petit appareil et un toit en tuiles.

LA FONTAINE. Datée du troisième tiers du Ier siècle, la fontaine est un élément majeur du site. Elle est longue de 21,50 mètres sur 12,60 mètres de large avec un bassin presque carré de 4,49 mètres sur 4,43 mètres et 1,20 mètre de haut. Cette fontaine pouvait contenir 24 m^3 d'eau. A chaque angle du bassin se dressaient quatre piliers qui supportaient vraisemblablement une toiture. Deux rangées de larges dalles entouraient la partie centrale, et sur deux côtés il y avait un escalier de quatorze marches.

LA MAISON DE QUINTUS n'est pas vraiment spectaculaire, mais on a ici les vestiges d'une habitation privée dont on a pu délimiter quatre pièces. Un chauffage par le sol (hypocauste) était installé dans l'une d'entre elles.

LE THEATRE a été construit 400 mètres à l'ouest de la ville qu'il domine. Deux théâtres se sont succédé en fait à cet emplacement, le premier au milieu du Ier siècle après Jésus-Christ, le second dans les années 150-170. Ce dernier, d'un diamètre de 83 mètres, restauré, est aujourd'hui accessible à la visite.

LE PONT. On peut voir, en été, les derniers vestiges du pont de 110 mètres qui traversait la Creuse, il avait alors 5 piles et a été utilisé pendant tout le Moyen Age. Il était situé entre Saint-Marcel et Argenton en continuité de la ligne droite de la route. Pendant l'été 2000, deux piles du pont ont été restaurées. Le remontage de trois rangs de parement permet maintenant aux visiteurs d'identifier parfaitement le pont disparu. Un gué était également aménagé à une cinquantaine de mètres en aval. Argentomagus a été classé au début des années 70 parmi les dix sites archéologiques majeurs de France.

ASSAAM. Active depuis 1962 et rouage essentiel pour l'installation du musée d'aujourd'hui, cette association organise des sorties archéologiques.

Loisirs

GALERIE ART ET CULTURE 4, place de l'Eglise ✆ 02 54 01 11 93. *Ouvert toute l'année le week-end et tous les jours en juillet et août. Entrée gratuite.* Cette galerie accueille peintures et sculptures d'artistes contemporains choisis par son animateur Gérard Alexeef.

TANEL ET LORDSON ZAC de Saint-Marcel ✆ 02 54 24 00 60. *Internet : www.lordson.fr. Ouvert du lundi au vendredi de 8h à 17h. Fermé les jours fériés et les trois premières semaines d'août. Visite pour les groupes sur demande.* Cette unité de confection située sur la commune de Saint-Marcel ouvre son magasin d'usine aux particuliers. Pour les hommes, pas moins de 4 000 chemises très chics et de grande qualité, signées Lordson, ainsi qu'une nouvelle ligne plus tendance. Les messieurs peuvent aussi bénéficier d'un service sur mesure, avec véritable fabrication à l'ancienne après choix du tissu et du modèle. Quant aux femmes, elles trouveront toute la gamme de prêt-à-porter signée Jean-Luc Amsler, un jeune créateur qui réalise des modèles très actuels. Matières extensibles, cuirs aux couleurs vives et métal dans des lignes très près du corps. Les affaires sont intéressantes.

▷ Dans les environs

Le Pêchereau

A 2,6 kilomètres d'Argenton-sur-Creuse.

MAIRIE ✆ 02 54 24 04 97

BAIGNADE DU MOULIN ROUGE. Baignade non surveillée sur la Creuse aménagée par la commune. Sur une grande prairie, de quoi se garer, une vraie plage, des jeux pour les enfants, un terrain de boules.

BAIGNADE DU VIVIER. Juste à l'entrée d'Argenton, c'est un site agréable, réaménagé récemment pour plonger dans la Creuse. Aménagement de la prairie de Paumule, aire de promenade, espace jeux, parcours sportif, bâtiments sanitaires.

CAMPING A LA FERME - ROLLAND BAZIN "Les Néraux" ✆ 02 54 24 15 11. *Toute l'année. 6 emplacements.* Au calme mais tout près d'Argenton, un agréable lieu de séjour. On peut s'y approvisionner en produits fermiers et louer des caravanes.

CHATEAU DU COURBAT ✆ 02 54 24 04 97. *Toute l'année. 3 épis. 5 chambres pour 15 personnes : 9 €/nuit et par personne, 7,50 €/moins de 14 ans.* Dans les dépendances du château du Courbat, mairie du Pêchereau. Un joli cadre et à disposition toutes les nombreuses activités de la ville d'Argenton, de la piscine couverte à la visite des musées.

LAURENT LUGNOT La Forêt-Chauve ✆ 02 54 24 27 86. Vente sur le marché d'Argenton. Un fromage de chèvre que les restaurateurs n'hésitent pas à mettre sur leur plateau. Une bonne tradition familiale.

Tournon-Saint-Martin

Au Nord-ouest, de Fontgombault, prendre la D950 sur 8 kilomètres.

Fiche pratique

SYNDICAT D'INITIATIVE Place du Champ-de-Foire ✆ 02 54 28 65 88. *Fax : 02 54 37 53 38.*

Au Moyen Age, Tournon-Saint-Martin, de par sa position géographique fut une porte frontière, lors des affrontements entre troupes anglaises et françaises. Tournon-Saint-Martin, c'est la dernière commune traversée par la Creuse dans le département. Depuis quelques années son moulin a été restauré, cette mise en valeur a été accompagnée par la création d'un stade nautique dont l'animation est assurée par la base nautique du Blanc. Passé Tournon, on quitte le Berry pour entrer en Touraine.

Le gîte

CAMPING "LES GRANDES ILES" Rue du Pont-Neuf ✆ 02 54 37 88 86.** *Du 15 juin au 15 septembre. Tarifs : forfait journalier en haute saison pour un emplacement 2 personnes et voiture. 24 emplacements : 4,55 €.* Aux confins du Berry et de la Touraine dans un petit village qui vient de se doter d'un stade nautique pour la pratique du canoë-kayak.

Le gîte et le couvert

LE CAPUCIN GOURMAND 7bis, route du Blanc ✆ 02 54 37 66 85.** *Fermé dimanche soir et lundi hors saison. Fermeture 2e semaine de février et du 15 novembre au 5 décembre. 7 chambres de 27 € à 49 € (1 ou 2 personnes). Télévision. Parking privé. Petit déjeuner : 6,80 €. Menus : 10 € (enfant), 18 € à 40 €. A la carte environ 36 €.* En lisière de Berry et de Touraine dans un village qui joue la carte des loisirs nautiques, ce restaurant est installé dans une vieille demeure du XIXe bien aménagée. L'hiver on s'installe dans des salles assez petites, l'été sur la terrasse, on peut apprécier avec plus de plaisir la cuisine face au jardin très fleuri et au vaste parc. En entrée pourquoi pas une salade de caille ou l'incontournable omelette à la piarde (cuisses de grenouilles). On a vraiment aimé les noisettes de marcassin servies avec des pommes, des figues et avec une tartine aillée, grillée, recouverte de miel du pays. Les escargots frais du millefeuille de petits-gris ou de la brochette d'escargots panée, viennent d'un élevage berrichon. Le trou normand est un trou bien du pays avec un granité de cerises au kirsch du Blanc. Chambres style cosy très calmes.

▷ Dans les environs

Lurais

De Tournon, à 4 kilomètres, prendre vers l'est la D950.

CAMPING NATURISTE "LA PETITE BRENNE" La Grande Métairie ✆ 02 54 25 05 78. *Du 28 avril au 30 septembre. 70 emplacements : 20 €.* Une très bonne adresse que ce camping très prisé par les naturistes.

GITE DE PECHE - MAURICE LAMY Fournioux ✆ 02 54 37 52 61. Pour 4 personnes. Une maison indépendante entre les vallées de la Creuse et de l'Anglin.

GITE DE PECHE - ANNICK PRUDHOMME Le Monmonnet ✆ 02 54 37 58 70. Pour 9 personnes. Les bords de la Creuse sont tout près, il ne reste plus qu'à sortir les cannes.

GITE DE SEJOUR Place des Tilleuls ✆ 02 54 37 36 85. *Toute l'année. 2 épis. 9 chambres pour 28 personnes : 7,50 €/personne.*

MICHEL SASSIER Rives ✆ 02 54 37 34 09. Pour 6 personnes. Dans un joli hameau au bord de l'Anglin.

Près du pont dans le joli village de Lurais on peut se baigner tout l'été dans la Creuse. Soyez prudents.

LE PAYS CASTELROUSSIN VAL DE L'INDRE

Châteauroux

Châteauroux est située au cœur de trois régions naturelles : la Champagne berrichonne, où dominent les grandes exploitations céréalières, la Brenne, pays des Mille Etangs et le Boischaut, bocage consacré à l'élevage. Traversée par l'Indre, nichée contre sa forêt de 5 200 hectares de chênes, la ville offre 450 hectares d'espaces verts : jardins, places, parcs, squares ; les massifs colorés de Châteauroux lui ont valu "Quatre fleurs" au Grand prix des villes fleuries.

Un peu d'histoire

Châteauroux est la contraction de Castrum Radulphi, "Château Raoul" qui figure pour la première fois dans un acte en **1112**. Le futur emplacement de l'agglomération Châteauroux-Déols est fréquenté par les hommes depuis la plus haute antiquité. Les objets découverts dans les fouilles, datés du paléolithique moyen, période moustérienne en sont le témoignage.

La ville fut rattachée à la Couronne en **1736** et elle devient chef-lieu du département en **1790**. Le développement économique de Châteauroux a pris naissance à la Restauration grâce à l'industrie traditionnelle de draps (Balsan) et à sa manufacture nationale des tabacs, auxquelles sont venues récemment s'ajouter d'autres industries qui contribuent à son dynamisme et à sa prospérité. Le château actuel n'est plus la forteresse qui fut assiégée par Philippe Auguste. Il fut rebâti au **XV**e **siècle**, et remis en état au **XIX**e **siècle**. Des promenades furent créées (actuelles places Gambetta et Lafayette) et de belles demeures furent édifiées.

Le château Raoul

En 937, le seigneur Raoul, dit le Large, quitta son palais de Déols, trop sujet aux invasions pour s'installer sur la rive gauche de l'Indre. A partir du XIIe siècle, il y construisit une forteresse qui sera nommée de son nom. Depuis sa naissance en 1112, le château Raoul fut l'objet de toutes les convoitises. Après plusieurs tentatives, Philippe Auguste réussit à s'en emparer en 1188 et en 1200 un traité reconnaît au roi la suzeraineté de la terre de Déols. Châteauroux fut incendiée pendant la guerre de Cent Ans. En 1498, c'est la création du comté de Châteauroux après de nombreux pillages et incendies. La seigneurie passa en 1612 au prince de Condé, pour qui elle fut érigée en duché-pairie.

Fiche pratique

MAIRIE ✆ 02 54 08 33 00. *Internet : www.ville-chateauroux.fr.*

COMITE DEPARTEMENTAL DU TOURISME 1, rue Saint-Martin ✆ 02 54 07 36 36. *Fax : 02 54 22 31 21. Internet : www.berrylindre.com. E-mail : tourisme@cyberindre.org. Ouvert : lundi, mardi, jeudi de 9h à 12h et de 14h à 18h, mercredi, vendredi de 9h à 12h et de 14h à 18h30.*

Jean-Paul Labourdette

Place de l'Hôtel de Ville

OT Bourges

Châteauroux

OFFICE DE TOURISME 1, place de la Gare ✆ 02 54 34 10 74. *Horaires d'hiver : du lundi au samedi : 9h-12h30 et 14h-18h15. Juin, juillet, août, septembre : 9h-19h et le dimanche : 10h-15h30.* Idéalement situé en face de la gare SNCF, c'est la première adresse à fréquenter au sortir du train pour découvrir la ville et le département. Des locaux bien aménagés et des hôtesses agréables vous donneront tous les renseignements que vous souhaitez. Vous repartirez avec une abondante moisson de plans et de dépliants et avec un guide pratique. A noter la parution d'une feuille hebdomadaire sur les activités et les spectacles dans la ville, et pour les amateurs, un guide départemental donne les dates et lieux de toutes les brocantes du département. En été, des visites guidées de la ville sont organisées à partir de l'Office comme pour le musée Bertrand (départ à partir de 14h30 à l'Office de tourisme).

GITES DE FRANCE Antenne de l'Indre - 7, rue Bourdillon ✆ 02 54 22 91 20. *Internet : www.gitesdefrance36.com. Service réservation des gîtes : 02 54 27 58 61.*

Bus

CENTRALE DE RESERVATION DES TRANSPORTS DEPARTEMENTAUX DE L'INDRE ✆ 08 00 77 86 21 (appel gratuit). *Du lundi au samedi de 9h à 19h.* Service à la demande en mini-cars de 8 places, sur réservation au moins deux heures avant le départ. De nombreuses destinations : Vatan/Varennes-sur-Fouzon - Valançay - Argenton-sur-Creuse "Gargilesse"...

GARE ROUTIERE Rue Bourdillon ✆ 02 54 22 13 22. *Fax : 02 54 22 14 71. Du lundi au vendredi : 8h30h-12h30 et 13h30-19h30, samedi : 9h-12h30 et 14h-18h30. Consignes.* Destinations à travers l'Indre et au-delà (Blois, Bourges, Guéret, Poitiers, Tours...).

HORIZON, LES BUS DE LA COMMUNAUTE 30, place Voltaire ✆ 02 54 60 11 00. Grâce au réseau de transport public urbain "Horizon", les usagers gagnent en mobilité et voyagent gratuitement parmi les six communes qui composent l'agglomération. Pour se rendre au centre-ville de Voltaire à la médiathèque, on emprunte la navette, un minibus confortable (toutes les 15 minutes). Elle dessert tous les parkings du centre. Pour connaître toutes les lignes desservies et les horaires, consulter le guide bus Horizon.

LIBERTY BUS, "UN SERVICE A LA DEMANDE" ✆ 02 54 60 11 00. *Réservation du lundi au vendredi 10h-12h et 14h-17h.* On réserve en téléphonant au minimum une demi-journée avant le déplacement désiré. Une fois la réservation enregistrée le bus desservira l'arrêt à l'horaire indiqué. Lignes desservies : Saint-Maur centrale • Châteauroux, Saint-Maur • Cap Sud, Cité de Cré • Centre-ville et Vaugirard • Centre Leclerc.

SERVICE HANDIBUS ✆ 02 54 60 11 00. *Réservation du lundi au vendredi 10h-12h et 14h.*

Train

GARE SNCF 14, rue Bourdillon ✆ 02 54 60 30 84. *Fermée de 23h30 à 5h.* Aujourd'hui Paris est à deux heures (en fait 1h53 minutes si tout va bien). La SNCF effectue 11 allers-retours quotidiens sur cette ligne. SNCF Renseignements 08 36 35 35 35. Internet : www.sncf.fr.

Taxis

ABEILLE TAXIS ✆ 02 54 27 30 30. Une quinzaine de voitures stationnent devant la gare. Elles effectuent tous trajets, gare, aéroport, circuits touristiques, hôpitaux...

Loueurs

AVIS 60, avenue de La Châtre ✆ 02 54 27 45 46. *Fax : 02 54 07 49 43.* Forfait week-end : 500 kilomètres pour 88,98 €. Caution : pré-autorisation si le paiement est effectué par carte de crédit, ou prix de la location + 25 % + un plein si paiement effectué par chèque (Les 25 % et le plein sont remboursés dans les 15 jours qui suivent la fermeture du contrat). Franchise dommages : 500 €. Franchise vol : 700 €. Franchises supprimées avec supplément de 9,70 €/jour. Age minimum : 23 ans (21 ans pour possesseurs de cartes accréditives). Renseignements donnés rapidement et gentiment, rachat de franchises avantageux. **Autre adresse : Gare SNCF 02 54 27 45 46.**

BUDGET 12, avenue Marcel-Lemoine ✆ 02 54 08 04 04. *Fax : 02 48 24 63 61.* Forfait week-end : 500 kilomètres pour 91 €. Caution : à partir de 800 € par carte bancaire. Franchise : 500 € pour les dommages ou le vol. Age minimum : 25 ans.

EUROPCAR 6bis, rue Saint-Luc ✆ 02 54 22 29 62. *Fax : 02 54 07 86 49.* Forfait week-end : 500 kilomètres pour 100,32 €. Caution : le montant de la franchise dommages + le montant de la location. Franchise dommages : 475 €. Franchise vol : 625 €. Age minimum : 21 ans. Supplément de 19,23 €/jour pour les conducteurs âgés entre 21 et 25 ans. Carte de fidélité. Accueil aimable.

Pour découvrir la ville, suivez les totems

Pas besoin d'arc et de flèches, vous ne serez pas sur la piste des Indiens mais sur celle des Castelroussins célèbres. 40 panneaux de couleur bordeaux racontent la petite et la grande histoire de Châteauroux au fil de ses rues. Afin de vous faciliter la visite, nous vous proposons différents thèmes : "le vieux Châteauroux", "Le circuit Dauvergne", "Sur les traces du sculpteur Nivet" et "Le Châteauroux vert".

Points d'intérêt

Le vieux Châteauroux

CHATEAU RAOUL Place de la Victoire-et-des-Alliés. *Ouvert pendant les journées du patrimoine ou lors d'expositions.* Au XIIe siècle c'est une des places fortes les plus importantes d'Aquitaine, avec un donjon et deux ailes de bâtiments qui se rejoignent en équerre. En 1778 Claude Dupin, grand-père de George Sand et collecteur d'impôts, est installé au château Raoul. Il reçoit une société élégante dans ses salons et mène un train de vie de prince avec ses troupes de musiciens, ses laquais, ses chevaux et ses chiens. Le château Raoul devenu hôtel de la préfecture sous le Consulat, sert de demeure aux préfets jusqu'en 1826. A partir de 1821 on commence la construction d'un nouvel hôtel de préfecture à côté du vieux château. En 1880, débute la restauration du château Raoul sous la direction de l'architecte Dauvergne.

LES CORDELIERS Rue Alain-Fournier ✆ 02 54 08 34 54. *Ouvert toute l'année. Du 1er octobre au 31 mai du mardi au dimanche de 14h à 18h. Du 1er juin au 30 septembre du mardi au vendredi de 10h à 12h et de 14h à 18h, les samedis et dimanches de 10h à 12h et de 14h à 19h. Fermé les jours fériés sauf le jeudi de l'Ascension et le 15 août.* La tradition veut que Guillaume Ier de Chauvigny, de retour de croisade, ait décidé de la construction de ce couvent vers 1214. Cette thèse est remise en question et il semble bien que sa fondation soit postérieure. Il n'est pas non plus certain que l'établissement ait été fondé par le moine Filponti dit Bonencontre, compagnon de Saint-François d'Assise.

Toutefois on peut affirmer que le couvent des Cordeliers est un des couvents de ville parmi les plus anciens de France et un des mieux conservés. Il a le plan type des bâtiments de l'ordre franciscain et il est caractérisé par un extrême dépouillement. L'église de 50 mètres de long par 9,70 mètres de large, est une halle à prêcher sous une charpente en bois de 18 mètres de haut. Un vaisseau unique sans transept, au chevet plat, sans déambulatoire ni collatéraux, précédé d'un porche XVIIe, puis d'un beau portail XIIIe. Une partie des vitraux déposés en 1876 s'est "égarée" et il ne reste plus à admirer que la "Rose du Jugement dernier", datée du XIIIe siècle, et qui elle a repris sa place dans le chœur. Une aile est également conservée avec le chapitre au rez-de-chaussée et le dortoir des moines à l'étage. Le couvent des Cordeliers a acquis une réputation nationale et même internationale comme lieu d'exposition d'art contemporain. Les œuvres trouvent ici, dans l'église et le dortoir des moines, un cadre à leur mesure et parfaitement adapté, au point de vue éclairage et sécurité.

EGLISE SAINT-MARTIAL Rue Grande. Cette église a été tout d'abord une annexe du prieuré de Saint-Denis. C'est une nef unique d'origine romane couverte d'un berceau de bois. Si les baies tréflées semblent être du XIVe siècle, le clocher porche a été construit à la fin du XVe siècle avec l'offrande d'un riche bourgeois de la ville.

MUSEE DE CHATEAUROUX - HOTEL BERTRAND 2, rue Descente-des-Cordeliers ✆ 02 54 61 12 30. *Ouvert du 1er octobre au 31 mai du mardi au dimanche 14h-18h et de juin à septembre du mardi au dimanche 10h-12h et 14h-18h (jusqu'à 19h le week-end). Fermé les jours fériés sauf le 15 août.* Le musée est installé dans l'ancien hôtel particulier du général Henri-Gatien Bertrand, Grand Maréchal du Palais et fidèle compagnon de Napoléon. Les deux salles d'archéologie gauloise et gallo-romaine présentent quelques pièces remarquables, tel un ensemble exceptionnel de 21 stèles funéraires gallo-romaines, découvertes en 1908 à Saint-Ambroix (Cher). Ces œuvres de calcaire figent pour l'éternité, les hommes et les femmes de l'Antiquité dans des attitudes de leur vie quotidienne. La période médiévale est représentée par des fragments de sculptures et de chapiteaux provenant de l'abbaye de Déols.

On découvre aussi un ensemble de peintures du XVe au XVIIIe, du mobilier et des éléments décoratifs. Dans les collections du XIXe on relève la présence des œuvres d'Auguste Borget, ami de Balzac, qui a rapporté de ses voyages des esquisses pittoresques d'Inde, d'Amérique du Sud et de Chine. Deux œuvres de Camille Claudel sont en bonne place aujourd'hui dans le musée Bertrand. Le buste en bronze de son frère Paul, dont elle fait don en 1895, ainsi qu'un de ses premiers grands plâtres "Sakountala". Les tableaux d'artistes régionaux et en particulier de ceux qui s'illustrèrent plus particulièrement sous l'appellation Ecole de Crozant sont bien représentés avec les œuvres de Madeline, Guillaumin, Fernand Maillaud et Raoul Adam. Des œuvres de peintres contemporains, de Zao Wou-Ki à Hartung en passant par Adami et Mathieu illuminent par leurs couleurs, la grande salle des collections du XXe siècle.

LA PORTE SAINT-MARTIN OU DE LA VIEILLE PRISON. Elle est vraisemblablement le modèle des armoiries de la ville avec son arcade en plein cintre et sa tour. Restaurée au XVIe siècle, elle a ensuite servi de prison jusqu'en 1742.

STATUES DU GENERAL BERTRAND. Dans la ville trônent deux statues du fameux général, une sur la place Sainte-Hélène la bien nommée, l'autre dans la cour de l'hôtel Bertrand, œuvre du sculpteur Marochetti. La seconde fut en fait la première réalisée, mais à soleil frisant, l'uniforme du général ne cachait pas suffisamment une "partie" de son anatomie qui fit scandale. Et la statue se retrouva exilée dans le parc de Touvent, propriété de Bertrand Boislarge, son frère. C'est François Rude auteur de la "Marseillaise" de l'Arc de Triomphe qui se chargea de l'exécution de la seconde œuvre, plus sage, celle que l'on peut voir maintenant sur la place Sainte-Hélène. Mais l'histoire du général "indécent" aura une fin joyeuse, puisqu'il est revenu aujourd'hui dans la cour de son hôtel musée.

LE CIRCUIT DAUVERGNE. *Dauvergne, le Viollet-le-Duc berrichon.* De nombreux édifices publics, industriels ou religieux sont l'œuvre des architectes Dauvergne père et fils. Cette famille a marqué de sa très forte empreinte le paysage bâti de la ville. En admirant ces édifices qui ont été construits dans la deuxième moitié du XIXe siècle, on peut suivre la carrière des bâtisseurs.

ANCIENNE MANUFACTURE DES TABACS Avenue de La Châtre. *Visible seulement de l'extérieur.* La manufacture est un important témoignage du patrimoine industriel de Châteauroux. D'une superficie de 30 000 m^2, elle a été construite entre 1858 et 1862. Le plan adopté ici par F. Rolland et Dauvergne servira de modèle aux autres constructions de manufactures pendant plus d'un demi-siècle. Après avoir fabriqué cigares, poudre à priser et scaferlati, ce sont en 1922, les premières cigarettes. La manufacture produit ensuite Gauloises et Gitanes. En 1998, la manufacture ferme ses portes. On admire la façade qui abritait l'administration avenue de La Châtre et dans la rue Fosse-Belo, la belle vue sur les bâtiments longeant la voie ferrée.

LE CHATEAU BALSAN ET LE PARC Avenue François-Mitterrand. Pour la même famille d'industriels, Alfred Dauvergne construit dans le parc de la manufacture, le "château Balsan". En 1873, l'architecte relie à la construction nouvelle, la tour médiévale, dernier vestige du château que fit construire en 1503, Jean d'Aumont. Il rajoute ensuite une façade sur l'Indre avec deux tours à la décoration toute gothique. Le cadre magnifique du parc Balsan avec ses grands arbres, ses pelouses, est un lieu de promenade très appréciable à deux pas du centre-ville.

EGLISE NOTRE-DAME Place Roger-Brac. De style roman, cette église a été édifiée sur les plans de Dauvergne, inspirés par l'église d'Issoire, et a été terminée en 1882. Une Vierge dorée de 6 mètres de haut est perchée sur la coupole et son clocher s'élève à 50 mètres. A l'intérieur, à voir une série de chapiteaux de Girault Dupin et les colonnes du chœur en granit veiné. Une pietà du XVIe siècle, longtemps dans le jardin attenant, a été restaurée et réinstallée dans une chapelle.

EGLISE SAINT-ANDRE Place Voltaire. Consacrée en 1876, cette église construite sur des plans d'Henri Dauvergne est de style ogival. Les Castelroussins aiment bien que les touristes prennent leur église Saint-André pour une cathédrale. Avec ses deux clochers de 60 mètres de haut et une longueur de 87 mètres, elle a fière allure, mais ce n'est tout de même pas la cathédrale de Bourges.

MAISON DES ARTS ET TRADITIONS POPULAIRES Parc Balsan - 44, avenue François-Mitterrand © 02 54 61 12 30. *Visite sur rendez-vous. Fermé lundi et jours fériés.* Ce musée est installé dans les anciennes écuries de la manufacture du parc Balsan, restaurées de façon exemplaire. Il a été remis à neuf dernièrement, peintures et crépis refaits et ouverture de deux pièces supplémentaires. Il abrite les collections d'objets, de tableaux et costumes traditionnels qui retracent la vie rurale des Berrichons de 1850 à 1930. Les tableaux des peintres locaux comme Maillaud, Adam, Paul Rue, Charodeau, les sculptures de Nivet illustrent tous les aspects de cette vie paysanne. Véritable trésor régional, ces collections prêtées ou provenant des réserves du musée Bertrand, ont le charme d'autrefois et l'on rêve devant les coiffes, les couronnes de mariée et le mobilier rustique.

MANUFACTURE DE DRAPS - MANUFACTURE BALSAN Avenue François-Mitterrand. C'est toujours Dauvergne qui va être chargé par Pierre Balsan, industriel audacieux, de reconstruire la vieille usine à draps du Parc et lui donner une importance considérable. Couvrant 8 hectares de bâtiments, le chantier de la manufacture de draps débute en 1862 et s'achève en 1869. Aujourd'hui les bâtiments restants souffrent de l'état d'abandon qui est le leur depuis le déménagement de l'industrie. Il faut aller admirer "la cathédrale" qui est le bâtiment principal, classé patrimoine industriel, avec un pignon triomphant, des portes à arcs en plein cintre, un lanterneau, sa cloche et sa pendule.

Sur les traces du sculpteur Nivet

Ernest Nivet est né le 7 octobre 1871 à Gourd, commune de Levroux, dans une famille de journaliers modestes. La tradition familiale affirme que la vue d'une statue gothique, dans une niche sur une maison des faubourgs de Châteauroux, déclencha chez l'enfant sa vocation de sculpteur. Devenu apprenti tailleur de pierre, il suit les cours de l'école de dessin de la ville et commence à sculpter, à ses moments libres. En 1887 il réalise sa première œuvre (buste de vieille femme). Il monte à Paris rencontre Camille Claudel, François Pompon, et travaille dans l'atelier de Rodin. Lassé de l'agitation parisienne, il revient en Berry, se marie et pour subvenir aux besoins de sa famille, donne des cours de modelage à l'école de dessin de Châteauroux. Il construit son atelier rue Fontaine Saint-Germain et commence ses premiers grands monuments. Il décède à Châteauroux en février 1948.

LE BERGER COUCHE SUR LE DOS Place Saint-Cyran. Souvenir de son enfance paysanne, la version en plâtre d'Ernest Nivet date de 1912. Il a été coulé, en métal sur commande de la ville en 1997.

LES PLEUREUSES Place de la Victoire-et-des-Alliés. C'est le groupe monumental le plus connu et le plus photographié. Il est assez remarquable pour les visages et attitudes des deux femmes : la mère et l'épouse du soldat mort à la guerre 14-18. Mais on peut également jeter un coup d'œil sur les deux paysannes qui nourrissent un agneau au fronton de l'ancien immeuble de l'Association des Eleveurs rue de la Poste au n°8 et sur le retour du soldat mutilé, monument de la guerre 14-18 sur la place Lafayette.

Le Châteauroux vert

JARDIN DES CORDELIERS Rue Alain-Fournier © 02 54 08 33 03. *Ouvert tous les jours toute l'année.* Sur trois niveaux, ce jardin fait le lien entre l'ancien couvent des Cordeliers, le jardin public et les rives de l'Indre. C'est un jardin découverte de 6 800 m^2, avec quelques collections botaniques. Il a été inauguré en 1980 par le célèbre Castelroussin Gérard Depardieu.

LE JARDIN PUBLIC Avenue Marcel-Lemoine © 02 54 08 33 03. Ce jardin a d'abord été celui du couvent des Religieuses alors situé à l'emplacement de l'actuel lycée Jean-Giraudoux. Cet emplacement sert ensuite de champ de foire. Le jardin actuel est réalisé en 1882 à l'occasion d'une exposition horticole et forestière par l'architecte Arveuf. Le jardin a beaucoup de charme avec sa pièce d'eau, ses cygnes et canards, il reçoit même par quelques calmes matinées de printemps la visite d'un héron cendré peu sauvage. Les massifs de fleurs sont toujours remarquables et il fait bon s'y reposer quelques moments.

PARC BALSAN Avenue François-Mitterrand. C'est le parc historique des anciennes usines Balsan. Il se situe sur quatre hectares et demi entre l'avenue François-Mitterrand, ancienne avenue de la Manufacture, et le cours de l'Indre. Des arbres magnifiques, cèdres centenaires et séquoias rappellent son ancienneté. Dans le parc, on admire le château Balsan et la tour du château du Parc, ainsi que la stèle de granit rappelant les exploits de Jacques.

PARC GEDEON. Il fait suite au jardin public et a été créé en 1976 avec surtout des massifs floraux et des arbustes, une pièce d'eau, des jeux pour enfants et un même un pont japonais. Il porte le prénom d'un personnage célèbre à Châteauroux, Gédéon Duchâteau, qui a hanté les souvenirs de bien des lycéens, du début d^e siècle. Avec son haut-de-forme et son éternelle redingote noire, il était le surveillant général du Lycée impérial, en particulier pendant la scolarité de Jean Giraudoux.

VISITE DE LA VILLE © 02 54 34 10 74. *Du 1er juillet au 30 septembre, lundi et samedi à 14h30 (départ à l'Office du tourisme). Tarif : 3 € adulte, 1,50 € enfant.* C'est bien sympathique de découvrir la ville en compagnie d'un professionnel. On visite : la Maison de l'Image, la Vieille Ville avec la rue Grande, le Musée Bertrand, le Couvent des Cordeliers, la rue de l'Indre ; ainsi que la ville plus moderne avec la place de la République, Equinoxe…

Le couvert

LA CIBOULETTE 42, rue Grande © 02 54 27 66 28. *Fermé dimanche, lundi et jours fériés. Fermeture annuelle : mois d'août et vacances de Noël. Formules (2 plats) : 14 et 18 €. Menus : 9 € (enfant), 15 € à 45 €. A la carte environ 30 €.* On prend plaisir à s'installer sous les tableaux de potirons rebondis, de rhubarbes géantes et autres tournesols en fleur, œuvres d'Alain Bellanger. La carte renouvelée au rythme des saisons, est un mariage harmonieux de cuisine traditionnelle berrichonne et de spécialités subtiles. Le service est courtois et attentionné, les tables joliment nappées. A essayer la terrine de lentilles vertes du Berry au foie gras ou les œufs "couilles d'âne", puis des filets de maquereau grillés à la moutarde et à l'anis ou encore le magret de canard au caramel d'épices. On aime les desserts raffinés comme la ganache aux pruneaux et à l'orange confite ou le feuilleté aux fruits de saison et sa crème anglaise. Des vins sélectionnés sont servis au verre dans les deux menus supérieurs. La cave présente une sélection judicieuse de vins de propriétaires.

Le gîte

LE BOISCHAUT 135, avenue de La Châtre ✆ 02 54 22 22 34. *Fax : 02 54 22 64 89. 7j/7. Fermeture annuelle du 26 décembre au 7 janvier. 27 chambres de 34,50 € à 39,50 € (1 ou 2 personnes). Télévision par Satellite. Parking privé (30 places). Garage fermé 3 places (5 €), gratuit pour les deux-roues. Petit déjeuner 5 €.* Un petit hôtel calme et bien tenu dans un petit immeuble sur l'avenue de La Châtre. Une étape à prix modéré. Des chambres modernes. Pas de restaurant mais des plateaux télé à 12 €. Prix possibles pour les groupes à partir de 6 chambres et jusqu'à 22. Si vous ne pouvez pas loger tous les invités de votre mariage ou du baptême du petit dernier, vous pouvez les installer ici en toute confiance.

CAMPING MUNICIPAL "LE ROCHAT" Belle-Isle ✆ 02 54 34 26 56. *4 étoiles. Du 1er avril au 30 janvier. 159 emplacements : 8,80 €.* Un magnifique camping dans un parc de 3 hectares au bord de l'Indre. Des équipements de qualité et la proximité de la piscine du Rochat, de celle à vagues du lac de Belle-Isle et de sa plage. Supermarché à proximité et tous les équipements culturels de la ville de Châteauroux.

ELYSEE HOTEL 2, rue de la République ✆ 02 54 22 33 66. *Fax : 02 54 07 34 34. Ouvert tous les jours. E-mail : elysee36@wanadoo.fr. Fermeture annuelle du 24 décembre au 2 janvier. 18 chambres de 45 € à 59 €. Petit déjeuner : 7,50 €. Canal Plus, Canal Satellite. Deux places de parking gratuites à la station en face de l'hôtel. Animaux acceptés.* En plein centre-ville, à deux pas de la grande scène d'Equinoxe et des cinémas, c'est un joli hôtel à la façade 1900. Paul Amar dans le creux de la vague avait choisi d'y poser ses valises, le temps d'un livre sur le Castelroussin moyen. Cette bonbonnière bleue a reçu de nombreux artistes tels que Johnny Hallyday, Nathalie Baye ou Jacques Higelin. L'élégance et la chaleur de l'hôtel séduisent. On se sent chez soi, les chambres sont confortables et un grand lit nous tend les bras. Les étages ont été entièrement rénovés et c'est un camaïeu de bleu qui domine. Des plateaux-repas peuvent être servis dans les chambres le soir jusqu'à 23h.

HOTEL DE LA GARE 5, place de la Gare ✆ 02 54 22 77 80.** *Fax : 02 54 22 77 80. 7j/7. 40 chambres de 20 € à 50 €. Soirée étape : 52 €. Petit déjeuner 5,50 €. Canal Plus. Parking privé. Deux salles de réunion de 20 et 40 places. Piscine d'été.* Un grand hôtel juste en face de la gare. George Sand venait s'y réchauffer en attendant la patache pour Nohant. On a le choix entre la chambre la plus simple avec lavabo à la presque suite avec salon. Restauration classique au Relais d'Alsace.

Le gîte et le couvert

LE CONTINENTAL 17, rue du Palais-de-Justice ✆ 02 54 34 36 12. *Fax : 02 54 27 37 10. Internet : www.hotel-continental36.com. Hôtel 2 étoiles ouvert 7j/7. Fermeture du 25/12 au 1/01 et du 1/08 au 15/08. 22 chambres de 32 € à 39 € (1 personne) et de 38 € à 42 € (2 personnes). Soirée étape 50 € (avec douche), 52 € (avec baignoire). 30 chaînes TPS, câble. Petit-déjeuner : 5 €. Restaurant fermé vendredi soir, samedi et dimanche. Menus : 7,50 € (enfant), 8,50 € (formule midi), 14 €, 15 €, 18 € et 22 €. A la carte environ 21 €.* C'est un hôtel très apprécié des commerciaux mais aussi des formateurs et stagiaires qui font là une agréable soirée étape. Sylvie et Jacky ont repris les rênes de l'établissement, l'équipe n'a pas changé et s'est même étoffée. Des chambres ont été refaites, d'autres sont en cours de réaménagement. Le restaurant possède une salle pour la formule à 8,50 € et une autre, plus confortable, pour la carte et les menus. Cœur du Berry sur toast et sa crème au reuilly, magret de canard à l'orange, fricassée de Saint-Jacques aux morilles, assiette gourmande (farandole de desserts). Une cuisine agréable, axée terroir et un service aimable, une situation centrale et des prix raisonnables.

HOTEL MERCURE* 16, rue Victor-Hugo © 02 54 34 61 61.** *Fax : 02 54 27 69 51. E-mail : H1080@accor-hotels.com. Ouvert toute l'année. Parking couvert. 60 chambres de 66 € à 76 €. Canal Plus. Petit déjeuner buffet : 9 €. Soirée étape : 80 €. 3 salles de réunion de 20 à 35 places assises.* Sur l'emplacement du célèbre hôtel de France qui avait vu passer dans ses murs Orson Welles et Marcel Cerdan, le Mercure est un hôtel moderne en plein centre-ville à deux minutes de la mairie. Les vedettes sont maintenant des joueurs de foot de Marseille ou de Monaco et les uniformes que l'on croise sont ceux des pilotes en entraînement au-dessus de l'aéroport. Des chambres modernes toutes équipées de bain-douche et de téléphone direct. Elles sont très confortables, agréables, une couleur différente par étage et un service Mercure.

HOTEL VOLTAIRE 42, place Voltaire © 02 54 34 17 44. *Fax : 02 54 07 01 90. 7j/7. 33 chambres de 25 € à 40 €. Télévision. Petit déjeuner buffet : 5,50 €.* Cet hôtel est à deux pas de la gare lorsqu'on arrive par le train et tout près également du parking Voltaire. Pour justifier le nom, la statue du philosophe trône dans la vitrine et accueille les clients. Refaites, les chambres sont vraiment très belles. Spacieuses et très calmes, elles sont agrémentées de tons clairs et provençaux. Une clientèle de commerciaux mais aussi les musiciens qui se produisent sur la ville font halte ici avant de reprendre leur train. On apprécie particulièrement le buffet très copieux des petits déjeuners et la cuisine de Sylvie qui officie au restaurant. Bon rapport qualité/prix.

Loisirs

AERO-CLUB DE CHATEAUROUX-VILLERS © 02 54 36 68 13. A l'aéro-club naissent quelques vocations de pilote mais l'association gère avant tout une activité de loisirs sportifs. Pour découvrir la campagne du haut des airs, 4 appareils de 65 à 180 CV, biplaces ou quadriplaces sont à la disposition des pratiquants. Une école de pilotage pour les jeunes fonctionne le dimanche matin. Un brevet d'initiation à l'aéronautique a été mis en place, il donne droit à des bourses pour accéder au brevet de pilote. L'aéro-club partage le terrain avec l'ULM-Club de Châteauroux 02 54 36 68 81 qui a une dizaine d'années d'existence et de nombreux adeptes. Portes ouvertes en fin d'été, avec baptêmes de l'air.

CHANTS ET DANSES DU BERRY 44, avenue François-Mitterrand © 02 54 07 49 58. Ces passionnés de danses et de chants bien de chez nous se rencontrent là régulièrement pour transmettre et faire connaître ce patrimoine culturel. Ils organisent régulièrement dans leurs locaux des animations, des spectacles et même des bals folk. Un festival de folklore a lieu chaque année au mois de juin au parc Balsan. **Autre adresse : Maison des Arts et Traditions Populaires - Parc Balsan.**

CHASSE - DOMAINE DU PLESSIS MIGNE © 02 54 28 51 60. Ce domaine a été acheté par la Fédération départementale des chasseurs avec l'Office national de la Chasse et par la fondation pour la Protection des Habitats français de la faune sauvage. De ces 200 hectares, dont 17 en quatre étangs, il a été décidé de faire un espace privilégié, vitrine d'un paysage type de Brenne. On y dispense la formation pratique au permis de chasse, mais on peut aussi observer la faune sauvage du haut des observatoires accessibles à tous. Fusils et jumelles sur le même terrain. Une cohabitation exemplaire.

CLUB DES AMIS CYCLOS - JEAN PATREAU 54, rue Raimu © 02 54 34 26 14. Pour les amateurs de balades en vélos, voici la bonne adresse.

COMITE DEPARTEMENTAL DE RANDONNEE PEDESTRE DE L'INDRE Luant © 02 07 32 46 55. Pour tout savoir sur les randonnées possibles dans le département et avoir des informations sur les parcours.

CONVERGENCES La Brande - MONTIPOURET © 02 54 60 95 01. Cette association rassemble des musiciens qui sont les piliers de la musique traditionnelle sur le département. Ils se retrouvent dans les groupes comme "Les Cornemuseux de la brande", "Point du jour" et le petit dernier "Sonnez Bourdons". On retrouve ces groupes en concerts, ils accompagnent des promenades et sont présents, bien entendu, à Saint-Chartier. Cette association gère et anime le festival des "Pierres qui chantent" qui se déroule dans les églises romanes de la région de La Châtre pendant les mois d'été, concerts gratuits.

CYBERBOWLING 13, avenue du Parc-des-Loisirs ✆ 02 54 60 00 90. *Du dimanche au jeudi : 11h-2h, vendredi, samedi : 14h-4h. Tarifs : 3,20 € (avant 20h), 4 € (après), 1,20 € (location de chaussures).* C'est un lieu bien agréable ouvert dans le parc de Belle-Isle depuis 97. Ici on peut conjuguer entre amis la détente sportive, le temps d'une partie de bowling (8 pistes). On peut aussi faire une partie de billard ou se caler devant les écrans des jeux vidéo. Au snack-bar on casse une graine où l'on prend un verre que l'on dégustera enfoncé dans les grands fauteuils. De toute façon on y passe un bon moment.

FEDERATION DE L'INDRE DES ASSOCIATIONS POUR LA PECHE ET LA PROTECTION DU MILIEU AQUATIQUE 19, rue des Etats-Unis ✆ 02 54 34 59 69. *Fax : 02 54 27 19 01. E-mail : federation.peche36@free.fr.* La Fédération édite chaque année un guide d'une cinquantaine de pages très explicatif. Il donne tous les renseignements utiles pour la pratique de ce sport loisir, les meilleurs parcours, les poissons dominants par rivière... Le guide détaille également les dépositaires de cartes de pêche, les lieux de pêche.

FEDERATION DEPARTEMENTALE DES CHASSEURS DE L'INDRE 46, boulevard du Moulin-Neuf ✆ 02 54 22 15 98

L'INDRE CYCLOTOURISTE. Une randonnée de 443 kilomètres à son rythme ; le départ et le sens sont au choix du participant. De Châteauroux, en passant par Valençay, Azay-le-Ferron ou bien de Saint-Sévère à Nohant... toutes les balades sont permises.

INDRE NATURE Parc Balsan - 44, avenue François-Mitterrand ✆ 02 54 22 60 20. Cette association est reconnue pour ses actions en faveur de l'environnement. Elle est sur tous les fronts : inventaire, étude, protection, préservation. En plus de ses missions d'information l'association propose un calendrier bien fourni d'animations que les passionnés de nature suivent avec intérêt. Sorties découverte et à thème, on peut ainsi découvrir les plantes, les reptiles, les oiseaux ou les batraciens sur l'ensemble des régions naturelles du département (Brenne, Boischault et Champagne). Indre Nature organise aussi des sorties de proximité pour les Castelroussins dans la prairie Saint-Gildas presque en pleine ville ou en forêt du Poinçonnet.

PISCINE RECREATIVE BELLE-ISLE Rue du Rochat ✆ 02 54 35 00 00. Située à l'entrée de la prairie de Belle-Isle, poumon vert de la ville, la "piscine à vagues" offre un espace aquatique de 500 m² avec trois bassins et son succès ne se dément pas. Un de compétition avec 6 lignes d'eau, le second pour les vagues et le dernier pour les enfants. Un bain bouillonnant et trois toboggans complètent cet ensemble ludique. L'été on peut installer sa serviette sur les pelouses alentour dans un cadre verdoyant.

LA PRAIRIE DE BELLE-ISLE Avenue du Parc-de-Belle-Isle ✆ 02 54 08 33 03. Sur 21 hectares le parc de Belle-Isle offre un espace de promenade autour du lac (8 hectares). Aménagé pour la détente, il permet aussi quelques activités nautiques, baignade et pêche. On a plaisir à flâner sur les pelouses ou à la buvette de la guinguette les soirs d'été.

LA PRAIRIE SAINT-GILDAS Rue du Pont-Neuf. *Visites commentées (contact : 02 54 08 33 05/02 54 34 10 74. Renseignements et réservation au Service des Espaces Verts de la Mairie).* Située sur les bords de l'Indre, à quelques minutes du centre-ville, la prairie Saint-Gildas est une zone humide de 25 hectares. Une faune et une flore très diversifiées colonisent l'espace. Une frayère à brochet a été aménagée, recréant ainsi artificiellement les conditions naturelles nécessaires à la reproduction de ce poisson. Le site est également un conservatoire pour de nombreux oiseaux : hérons, martins-pêcheurs, faucons crécelles... Des panneaux d'informations sont installés et des allées tracées permettent de faire de cet espace au cœur de la ville, un lieu remarquable pour les promenades, les découvertes pédagogiques et la pêche.

Sorties

LE LOCH-NESS 17, rue de la Fuie ✆ 02 54 27 66 80. *Du mardi au samedi : 9h30-15h et 18h-1h.* Ce pub situé dans un quartier classé Monument historique dispose de deux salles, l'une centrale attachée au bar et l'autre est un salon intimiste. On apprécie le salon rouge pour son aspect authentique et ses annotations au passé illustrées par des pièces de brocante. Des fantômes mythiques y ont même laissé leurs traces en déposant leur costume d'époque (pianiste, lieutenant de la garde républicaine). C'est dans cette atmosphère feutrée et distinguée que l'on déguste soit des whiskys comme le loch-ness, des bourbons, des cocktails comme l'irish coffee ou bien encore le kilt ! Et si il y a peu de chances de croiser Nessie au Loch, Thierry organise des soirées contes et légendes du Berry. Un vendredi par mois, d'octobre à février une conteuse anime une soirée souvent suivie de débats.

Emplettes

Panier gourmand

LE CALENDOS Les Halles - 98, rue Grande ✆ 02 54 27 63 54. Fidèle aux halles, Mme Maugin présente avec patience et toutes les explications requises, ses spécialités : fromages locaux uniquement avec AOC : pouligny-saint-pierre étiquette verte, sainte-maure de Touraine, quelques chèvres fermiers biologiques et tous les fromages de saison.

LA RONDE DES FROMAGES 68, rue Grande ✆ 02 54 61 06 16. *Du mardi soir au samedi soir.* Chèvres du Centre (Pouligny, Valençay, Gargilesse), roquefort (Carles), pélardon (Cigalois), maroilles, camembert, livarot, pont-l'évêque (Réaux). Vacherin du haut Doubs, bannon, chaource...et tous les AOC de France en fonction des saisons.

VOLAILLES FERMIERES DE VILLEMONT Place Monestier ✆ 02 54 07 07 82. Nourries avec les produits de l'exploitation et élevées en parc, ces volailles ont mené la belle vie. Poulet, pintade, canette mulard, canard croisé, oie et dinde, les prix sont donc ceux d'une qualité certaine, le tout "prêt à cuire" évidemment. A côté des classiques, notez une grande spécialité, le canard gras entier vendu avec le foie. Il se décline aussi en foies, magrets, aiguillettes, ailes, cuisses, cous ou en rillettes et rillonnées.

LE COMPTOIR DE MARCO POLO 43, cours Saint-Luc ✆ 02 54 07 05 55. *Du mardi au samedi : 10h-19h.* Un salon de thé installé fort à propos dans les bâtiments de l'îlot Saint-Luc. Thé (mariage frères), café, chocolat mais aussi épicerie fine, friandises et confiseries artisanales. A midi on pourra déguster les tartes salées et sucrées et aux beaux jours sur la terrasse.

Produits locaux

L'ATELIER 60, rue Grande ✆ 02 54 22 21 96. François Lapierre nous fait découvrir les peintures d'une bonne dizaine d'artistes pour la plupart régionaux. Galeriste mais aussi artiste peintre, il réalise des portraits et des paysages sur des thèmes libres ou imposés.

ATELIER OCRE D'ART - ECOLE MUNICIPALE DES BEAUX-ARTS 51, rue de l'Indre ✆ 02 54 22 19 55. *Entrée libre. Ouvert en période d'exposition du lundi au vendredi de 14h à 17h et sur rendez-vous.* Ses expositions à thème comme "Les Grandes Buées" et "Chercheurs d'ocre" ont eu un grand succès. La galerie Ocre d'Art a été bien souvent à l'avant-garde. Aujourd'hui elle a rejoint l'école municipale des Beaux-Arts, mais continue en toute indépendance d'esprit de nous faire découvrir l'art contemporain.

Shopping

ATELIER DE LA ROSE 5, rue Saint-Luc ✆ 02 54 61 59 87. Des roses, des roses et des roses dans ce magasin tout simple et sans excès de décoration. Un choix important à l'unité, en bouquet rond ou en composition. Ces fleurs à piquants sont cultivées en Sologne par les Touchain père & fils. Ces producteurs vendeurs vous proposent aussi la botte (de roses gros boutons et au tarif demi-gros) en 40, 50, 60, 70 et 80 centimètres suivant la production. Les prix sont au ras des pâquerettes.

LA BOUTIQUE DES MUSEES DE CHATEAUROUX 26, rue Grande ✆ 02 54 61 12 37. *Ouvert tous les jours de 10h à 12h et de 14h à 18h et le dimanche de 14h à 19h. Fermé le lundi.* A la nouvelle boutique des Musées de Châteauroux, on peut se choisir quelques cadeaux vraiment berrichons : deux broches inspirées des objets conservés au musée Bertrand. La première est une reproduction d'une monnaie biturige d'époque gauloise ornée d'un cheval, la seconde représente une abeille impériale figurant sur le bâton du grand maréchal Bertrand.

▷ *Dans les environs*

Déols

A 2 kilomètres, au nord de Châteauroux.

OFFICE DE TOURISME 7, rue de l'Abbaye ✆ 02 54 07 58 87

Passé le pont sur l'Indre ça y est, on est à Déols. Des vestiges gallo-romains confirment l'ancienneté du bourg. C'est au Moyen Age que Déols acquiert sa puissance avec les familles princières de Déols et de Chauvigny. Au **Xe siècle** est fondée une abbaye bénédictine qui deviendra la plus riche du Berry.

ABBAYE NOTRE-DAME © **02 54 07 58 87.** *Fax : 02 54 34 54 19.* Sur la droite, le grand clocher roman (42 mètres de haut) avec sa flèche conique en pierre, est l'un des derniers vestiges de la superbe abbaye bénédictine, une des plus importantes du Moyen Age (113 mètres de long). Il est bien difficile de ne pas regretter ce monument aux sept clochers avec sa chapelle Notre-Dame-des-Miracles, sa nef longue de huit travées, et son chœur s'ouvrant sur sept chapelles rayonnantes. Aujourd'hui il ne reste plus, hormis le clocher, que le mur du narthex qui a conservé de belles sculptures romanes, une partie du collatéral nord et des arcades gothiques. A proximité, deux salles voûtées accueillent des expositions temporaires.

AEROPORT MARCEL-DASSAULT RN20 © **02 54 60 53 53.** *Visite gratuite d'environ 60 minutes. Ouvert tous les jours de 8h à 12h et de 14h à 18h. Sur rendez-vous. Fermé les jours fériés.* L'aéroport de Châteauroux-Déols est un aéroport industriel, principalement dédié au fret, à la formation de pilotes et à la maintenance aéronautique.

CLOCHER DE L'ABBAYE NOTRE-DAME © **02 54 34 63 46.** *Ouvert du 15 juin au 15 septembre du lundi au dimanche de 9h à 12h et de 14h à 18h. Du 15 septembre au 15 juin du lundi au samedi de 9h à 12h et de 14h à 17h. Fermé les 1er janvier, 1er novembre, 11 novembre, 24 et 25 décembre. 1,53 €/adulte, 0,76 €/enfant, interdit aux moins de 10 ans.* Si vous aimez dominer la situation, cette visite est faite pour vous. Après la dure montée des marches, le panorama permet de contempler les villes de Déols et de Châteauroux.

EGLISE SAINT-ETIENNE. Avec sa façade romane et son clocher XVIe elle mérite votre passage. La crypte abrite deux sarcophages gallo-romains : celui en pierre du sénateur Saint-Léocade, décoré de frises, de volutes et de macarons alternés. Le deuxième est en marbre blanc, décoré de scènes de chasse au sanglier, au lion et au cerf. Ce serait celui de son fils, Saint-Ludre.

PROMENADES. On va jusqu'à la Porte du Pont-Perrin Perrin par la petite rue du même nom. Cette ancienne voie romaine, puis route royale de Paris à Toulouse, conserve quelques vestiges moyenâgeux, fenêtres à meneaux. Remonter la rue de l'Horloge jusqu'à la porte du même nom, avec ses deux tours rondes XVe, et ses mâchicoulis. Pour une promenade nature, le tour de l'Eco-Parc de Chenevières est l'endroit idéal. Ce parc est situé à la confluence de la rivière Indre et du ruisseau de la Ringoire. Sur 22 hectares, il donne accès aux prairies des rives de l'Indre. A l'entrée du parc, on découvre le Jardin des Plantes Médicinales et le Jardin d'Odeurs qui offrent une soixantaine de variétés. Propriété de la ville de Déols et du conservatoire naturel de la région Centre qui en assure un suivi scientifique.

LE RELAIS SAINT-JACQUES Autoroute A20 - Sortie 12 © **02 54 60 44 44.** *Fax : 02 54 60 44 00. Internet : www.relais-st-jacques.com. Ouvert toute l'année. 46 chambres de 53,50 € à 58,70 €. Soirée étape 63 €. Canal Plus et Canal Satellite. Grand parking. Petit déjeuner : 6,80 € ou 7,60 € (en chambre). Salles de réunion équipées de matériel sono et audiovisuel pour séminaires.* Presque à la campagne mais facile à trouver puisqu'il est très bien indiqué sur l'autoroute, cet hôtel est tout de même aux portes de Châteauroux et tout près de l'aéroport Châteauroux-Déols. Dans une grande construction moderne, il offre des chambres au confort moderne. Vous passerez une nuit agréable dans un décor de tons pastel et unis. Les petits déjeuners laissent deviner la qualité de la cuisine gastronomique servie au restaurant.

VISITE DE LA VIEILLE VILLE © **02 54 07 58 87.** A Déols on ne s'ennuie pas, mais si vous êtes un peu limité par le temps, choisissez une visite qui vous montrera l'essentiel. On découvre : les Vestiges de l'Abbaye, la porte de l'Horloge et du Pont Perrin (XVe siècle), le sarcophage de marbre blanc (début IVe siècle), la maquette de l'Abbaye dans l'église Saint-Etienne.

Montierchaume

A l'est de Châteauroux, prendre la N151 et la D96, sur 9 kilomètres.

LES AJONCS RN151 - Rosiers © **02 54 26 93 93.** *Fax : 02 54 26 93 85. Ouvert toute l'année. 50 chambres : 28 € à 50 €. Télévision : Canal+. Parking privé : 60 places. Petit déjeuner : 5 €. Soirée étape de 41 € à 56 €. Une salle de réunion pour une trentaine de personnes, équipée de matériel audiovisuel. Possibilité tarifs séminaires.* Cette grande construction pimpante amarrée au bord des plaines de la Champagne berrichonne dispose de chambres plaisantes. Une étape agréable à la campagne tout en restant aux portes de Châteauroux. Toute l'année c'est aussi un lieu d'expositions (peintures, sculptures...) d'artistes régionaux et de toute la France. Le restaurant est des plus conseillables. L'équipe motivée fait le service dans la bonne humeur.

Ardentes

A 14 kilomètres au sud-est de Châteauroux, suivre la D943.

Fiche pratique

MAIRIE ✆ 02 54 36 21 33

Sur les bords de l'Indre, le bourg d'Ardentes est un bourg très vivant. Située à proximité de la forêt de Châteauroux, ses activités sont très largement axées sur la filière bois avec des scieries importantes et la Parqueterie berrichonne qui emploie plus de 300 salariés.

Points d'intérêt

EGLISE SAINT-MARTIN. Classée Monument historique, cette église du XIIe siècle dépendait de l'abbaye de Déols. Elle présente un ensemble de chapiteaux ornés de monstres sur la façade ouest et un portail remarquable par ses sculptures et par sa triple voussure ornée de vers latins et d'un agneau. Son cœur est également orné de chapiteaux et des vestiges de fresques ont été dégagés lors de la dernière restauration.

ETABLISSEMENTS ROBERT ET CIE Route de Tranzault ✆ 02 54 08 12 80. *Visite gratuite, sur rendez-vous uniquement (durée 45 minutes). Ouvert toute l'année du lundi au jeudi de 8h à 12h et de 14h à 17h. Fermé en août et les jours fériés.* On apprend tout ou presque sur l'exploitation forestière, la scierie et le négoce. Fondée en 1934, à l'origine, elle effectuait seulement le sciage du bois. On découvre aujourd'hui les différents secteurs d'activités pour lesquels l'entreprise produit : le tranchage (grumes commercialisées dans le monde entier), la tonnellerie (fabrication des tonneaux), l'ébénisterie, la menuiserie, la parqueterie... Les exploitations sont situées dans les forêts de Tronçais, Châteauroux et Jupille. Des bois exotiques sont également commercialisés. Une bonne odeur de bois flotte dans l'air.

▷ *Dans les environs*

Arthon

D'Ardentes, prendre vers l'ouest par la D14 sur 12 kilomètres.

FERME EQUESTRE DU BREUIL ✆ 02 54 36 14 25. *Toute l'année.* Pour des promenades, des randonnées à cheval, en attelage (école d'attelage). Accueil en gîte d'étape ou en chalets loisirs pour des séjours et des stages.

GITE D'ETAPE "LE BREUIL" ✆ 02 54 36 14 25. *Toute l'année. 2 épis. 4 chambres pour 18 personnes : 8,50 €/personne, forfait gîte complet : 120 €/nuit.* Dans une ferme équestre un gîte bien agréable pour passer un week-end entre amis, avec la possibilité de louer des chevaux et des attelages.

KARTING ARTHONNAIS "La Petite-Vau" ✆ 02 54 36 16 67. *Ouvert juillet/août 7j/7 : 15h-20h, le reste de l'année le week-end et en semaine sur rendez-vous. Tarifs : 8 €/10 minutes sur Honda et 10 €/8 minutes sur Briggs. Forfait challenge Honda (30 minutes d'essais et 1 0 minutes de course) : 30,50 €. Pour groupe location à l'heure de 122 €/3 Honda à 214 €/ 6 Honda.* On ne se perd pas, le parcours est fléché à partir du centre bourg, à 15 kilomètres de Châteauroux. Après c'est comme vous le sentez : pépère ou plus téméraire. En fait les circuits sont assez techniques et les débutants pourraient bien avoir quelques frayeurs, mais quel pied. Même si votre engin vous fait penser à une tondeuse à gazon, vous ferez des vitesses honorables. Deux types de karts Honda et Briggs et une piste chronométrée de 350 mètres.

LA PECHE - PLAN D'EAU COMMUNAL MOULIN SAULT ✆ 02 54 36 14 09. Pêche à la journée. A la sortie du village sur la route d'Ardentes une surface de 4 hectares. Carte chez le boulanger.

Buxieres-d'Aillac

A 8 kilomètres d'Arthon, prendre le Sud-ouest, puis la première à gauche D42, et à droite la D990.

PHILIPPE GUENIN La Chaume-au-Gendre ✆ 02 54 36 25 05. Ce producteur bio bien connu depuis longtemps vend des produits laitiers irréprochables (certification AB). Lait, fromage blanc maigre ou entier, yaourts nature, aux fruits et même vanille et café, de la crème et un beurre comme on n'en trouve plus beaucoup, quelques fruits et en saison des potimarrons et des noix. Emplettes à faire sur le marché de Châteauroux.

Jeu-Les-Bois

Au départ d'Arthon, vers l'est, prendre la D14, puis à droite la D990, à gauche, la D74 sur 10 kilomètres.

FERME-DECOUVERTE - GUY ELIANE MANCEAU Le Pressoir © 02 54 36 25 34. La famille Manceau qui élève des chèvres angoras a eu à cœur de développer une magnifique production artisanale réalisée en laine angora et mohair. On peut acheter sur l'exploitation des gants 30 % soie, des écharpes et des étoles, des plaids et des couvertures 100 % mohair et même des chaussettes. On peut aussi venir faire des provisions de fil à tricoter et de laine. Visite de l'élevage possible, mais téléphoner impérativement au moment des repas.

GITE D'ETAPE 13, place Bellevue © 02 54 36 21 65. *Toute l'année. 3 épis. 4 chambres pour 19 personnes : 8,50 €/personne, forfait gîte complet : 170 €/nuit, 335 €/week-end.* Dans un agréable village et un gîte très intéressant pour les grandes réunions puisque la grande salle au rez-de-chaussée peut accueillir 130 personnes.

Velles

Au Sud-ouest d'Arthon, suivre la D14 sur 5 kilomètres.

CENTRE EQUESTRE DE LA CROIX DIAMANT "Mortaigues" - Route de Châteauroux © 02 54 36 20 21. *Promenades cheval et poney : 16 €/1h30. Nombre de chevaux et poneys : 33.* Un club très sérieux installé en bordure de forêt. Outre les leçons, il prépare très bien aux compétitions et organise lui-même un concours de saut d'obstacles. Ecole d'équitation, attelage, balades en forêt de Châteauroux.

MANOIR DE VILLEDOUIN © 02 54 25 12 06. *2 épis. 2 chambres pour 4 personnes. Location à la semaine : 350 €.* Dans une belle propriété près du manoir qui propose aussi des chambres d'hôtes et un autre gîte rural. Le gîte de pêche est installé dans un ancien moulin sur la Bouzanne, une très jolie rivière. Une situation idéale pour la pêche et toutes les commodités.

Buzançais

De Villedieu, prendre au Nord-ouest la N143, puis la D138 sur 11 kilomètres.

Fiche pratique

MAIRIE © 02 54 84 19 33

C'est la ville aux sept ponts sur l'Indre, ancienne cité fortifiée construite autour d'une motte féodale au **XI**e, "le château vieux", sur la rive droite de l'Indre. Un château neuf sera construit à partir de **1531** par Philippe Chabot, grand amiral de France et ami de François Ier. De ses deux châteaux, il reste peu de chose, le château neuf a été incendié le **30 août 1944** par les Allemands. Quelques vestiges de son passé sont encore visibles comme le pavillon des Ducs qui ne se visite pas, l'église du Prieuré Sainte-Croix XVe en cours de restauration, la chapelle Saint-Lazare XIIe, ancienne léproserie (direction d'Argy) et l'église du Sacré-Cœur de pur style néogothique XIXe. L'hôpital est réputé pour ses jardins à la française, admirablement entretenus.

Le gîte

CAMPING MUNICIPAL "LA TETE NOIRE"* © 02 54 84 17 27.** *Du 1er mai au 30 septembre. Tarifs : forfait journalier en haute saison pour un emplacement 2 personnes et voiture. 134 emplacements : 7,20 €. Location de bungalows.* Un site exceptionnel au bord de l'Indre, à proximité du centre-ville et des commerces mais aussi de l'espace multisport et de la piscine municipale (gratuite pour les campeurs). Le camping a un accès direct sur trois chemins de randonnée.

Le gîte et le couvert

L'HERMITAGE 1, chemin Vilaine - Route d'Argy © 02 54 84 03 90. *Fax : 02 54 02 13 19. E-mail : csureau@aol.com. Ouvert 7j/7 en juillet/août, fermé dimanche soir et lundi le reste de l'année. Fermeture annuelle première quinzaine de janvier et 2e semaine de septembre. Hôtel** 14 chambres de 41 € à 60 €. Menus : 9,15 € (enfant), 15,50 € (sauf dimanche et jours fériés) et de 21 € à 48 €. A la carte environ 39 €.* A l'écart de la ville, c'est une grande demeure bourgeoise au milieu d'un parc qui descend jusqu'à l'Indre. Un agréable salon précède la salle de restaurant au décor fastueux. Une grande cheminée en pierre où brûle un bon feu, de jolis meubles anciens, des sièges confortables et des fleurs fraîches sur les tables roses.

Un service élégant et stylé avec les garçons en blanc et un sommelier. Une bonne cuisine traditionnelle où les produits du terroir sont bien mis en valeur. Terrine de carpes aux lentilles du Berry, ris d'agneau à la crème, turbot grillé aux tagliatelles de légumes, entrecôte grillée aux légumes de saison, aiguillettes de canard. Les meilleurs desserts sont réservés aux menus supérieurs, mais la tarte aux pommes, glace vanille et sauce caramel et aux noix était bonne. On peut aussi savourer un gratiné de framboise ou une surprise au chocolat. Chambres toutes au calme avec vue côté jardin.

Loisirs

LA PECHE Etang Baron ✆ 02 54 36 14 09. Pêche à la journée. Il est situé à 2 kilomètres sur la commune de Saint-Genou tout en étant la propriété de celle de Buzançais. Six hectares d'eau pour un domaine de 15 hectares. Ouvert à partir du 1er mai. Pour une pêche en toute tranquillité.

▷ *Dans les environs*

Argy

A 5 kilomètres de Buzançais, sur la D11 vers le nord.

CHATEAU D'ARGY ✆ 02 54 84 21 55. *E-mail : chateaudargy@wanadoo.fr. Visites extérieures. Ouvert du 12 avril au 3 juillet et du 30 août au 1er novembre du lundi au vendredi avec deux visites par jour : 14h30 et 16h, départ grille du château. Ouvert du 5 juillet au 27 août, tous les jours de 10h à 12h et de 14h à 18h(visites libres et guidées).* Un magnifique monument restauré à partir de 1970 date à laquelle il devient propriété du "Club du Vieux Manoir". Ce château du XVe a été construit par Charles de Brillac écuyer puis maître d'hôtel de Louis XII. Cette famille de Brillac avait succédé aux seigneurs d'Argy qui donnent dès le XIIe leur nom à cette terre. La construction est importante avec trois tours, donjon et une galerie. Dans les communs du XVIIe, il faut absolument voir une partie des rayonnages et cartonniers dit "colombarium" avec escaliers et balustrades provenant des Archives nationales. Ils ont été réinstallés là et sauvés de la destruction lors du déménagement des archives.

Saint-Genou

A 10 kilomètres de Buzançais, au Nord-est.

MAIRIE ✆ 02 54 38 45 95

Saint-Genou fut le siège d'une importante abbaye bénédictine dont il subsiste la magnifique église et une tour d'enceinte. Il faut voir aussi la lanterne des morts du XIIe, de 9 mètres de haut à l'emplacement de l'ancien cimetière.

L'EGLISE. Un magnifique édifice roman renommé pour la qualité de ses sculptures. Un véritable bestiaire d'oiseaux et de lions, des acanthes, sans oublier Daniel dans la fosse aux lions et la légende de Saint-Genou.

MUSEE DE LA PORCELAINE ✆ 02 54 38 45 95. *Ouvert de Pâques au deuxième week-end d'octobre. Samedi, dimanche et jours fériés : 14h30-18h30. Tarifs : 3 €/adulte, 1,50 €/réduit.* Le village a été un important centre porcelainier comptant jusqu'à 7 usines en 1945. Pour conserver le souvenir de cette activité disparue seulement il y a quelques mois, un petit musée a été créé par une équipe de bénévoles. Ils ont récupéré des machines mais aussi beaucoup de pièces de porcelaine fabriquées dans le village. Un montage vidéo explique les différentes phases de la fabrication actuelle de la porcelaine. Dépôt-vente de porcelaine et vente sur commande de plats décorés par une ancienne ouvrière à la retraite.

Le Poinçonnet

A 9 kilomètres de Châteauroux, au Sud-est, suivre la D943 et la D67.

Fiche pratique

MAIRIE ✆ 02 54 60 55 35

La commune d'origine était Lourouer-les-Bois, à cette époque Le Poinçonnet n'était qu'un hameau. Mais sur la grande route de Châteauroux, cet hameau était bien mieux placé que le bourg. Pendant tout le début du **XIXe** sa population n'a cessé de s'accroître pendant que celle de Lourouer était en constante diminution.

Le gîte

CHAMBRES D'HOTES - LIONEL DROUIN "LES DIVERS" Allée Paul-Rue ✆ 02 54 35 40 23. *3 épis. 3 chambres. Deux suites et une chambre : 40 € et 43 €/couple.* Dans l'ancienne maison de maître du XVIIIe plane peut-être encore l'ombre de Céleste Vénard plus connue sous le nom de La Mogador, artiste lyrique et demi-mondaine qui fut l'épouse du comte de Chabrillant. Le couple résida plusieurs années aux Divers, dans cette demeure, ancien rendez-vous de chasse. Entourée d'un parc de 15 hectares elle offre le calme à quelques kilomètres de Châteauroux. La vocation de chasse reste affirmée dans ce lieu, possibilité d'y loger avec sa monture, de participer à un week-end de chasse à courre, la forêt domaniale est au bout du parc avec ses allées cavalières.

Le couvert

LE FIN GOURMET 73, avenue de la Forêt ✆ 02 54 35 40 17. *Fermé le samedi midi sauf pour les groupes, dimanche soir et lundi. Fermeture annuelle : du 2 au 10-janvier, du 1er au 10 mai et du 3 au 18 août. Menus : 16 € (sauf week-end), 25 € à 72 €. A la carte environ 48 €.* Dans la rue principale, en lieu et place de l'ancienne Promenade, ce restaurant possède une déco sobre et agréable digne des enseignes les plus chics. Murs ocre et bleu marine, sièges confortables, tables rondes nappées de blanc et agrémentées de petits bouquets, expos permanentes d'artistes de renommée internationale. Tout a été mis en œuvre pour donner à cette étape, un cadre à la hauteur de la cuisine de Frank Gatefin et de la cave sélectionnée par Christophe Boissy. Millefeuilles de foie gras aux poires caramélisées au miel. Pavé de sandre en croustillant de lard, quintessence de pinot noir. Gigot d'agneau confit aux épices d'Afrique du Nord. Grand choix de fromages fermiers et affinés. Fruit du mendiant, glace aux figues sèches et caramel à la fleur de sel. La cave est peu commune, plus de 400 vins de toutes régions avec des petites merveilles et de grands crus. Une cuisine recherchée voire subtile et un service attentif.

LA FORGE DE L'ISLE Route de Montluçon ✆ 02 54 22 57 23. *Internet : www.la-forge-de-lisle.fr. Fermé lundi, mercredi soir et dimanche soir. Menus : 10 € (enfant), 12,50 € (midi sauf week-end et jours fériés), 15,50 € (sauf jours fériés) et de 21 à 36 €. A la carte environ 22 €. Service traiteur de 50 à 350 personnes. Parking assuré.* La Forge a bénéficié d'un joli lifting bien mérité. La façade a été rafraîchie, très actuelle et sobre la déco des salles a été refaite. Le confort est bien présent et en ce jour de grosse chaleur nous bénissons la clim. Le contenu des assiettes est toujours aussi agréable. Foie gras maison, sauté d'escargots au sauvignon, filet de perche sauce balsamique, escalope de veau gratinée à la sicilienne. Le plateau de fromages met à l'honneur les produits du terroir : fromages de chèvre du domaine de Marie à Eugnes ou de la Grande Lande à Gargilesse. La cave fait la part belle aux vins régionaux et malgré l'affluence le service est à la fois rapide et aimable.

Loisirs

CABALLUS 17, allée Lourouer - VARENNES ✆ 02 54 35 31 31. *Ouvert 7j/7. Tarifs à l'heure : poney : 13 € et cheval : 15 €. Nombre de chevaux : 5 et 7 poneys. Réservation pour les promenades.* Près de la forêt, pour des promenades accompagnées par moniteur. Maniabilité, voltige, saut d'obstacles, jeux équestres, école d'équitation et attelage.

CANOE-KAYAK CLUB DE CHATEAUROUX 29, rue de Cantinier ✆ 02 02 54 22 80. Les passionnés ont à leur disposition un parcours très agréable sur l'Indre, dans la prairie de Belle-Isle. Initiation et entraînement pour les amateurs, mais aussi pour la compétition en eaux vives.

Saint-Maur

A l'ouest, à 6 kilomètres de Châteauroux, suivre la D81.

Fiche pratique

MAIRIE ✆ 02 54 08 26 30

Le bourg de Saint-Maur est né autour d'un établissement monastique déjà établi là au **XIIe siècle** non loin des bords de l'Indre. Saint-Maur est entouré d'une campagne agréable et de prairies verdoyantes près de la rivière dont la force motrice a longtemps fait tourner moulins et filatures. Un cadre de choix qui a vu se construire un nombre important de maisons de maître et de châteaux dès le **XIVe** et le **XVe siècle**, comme le Colombier et Gireugne et au **XIXe**, les Planches, Parçay ou la Martinique.

Le couvert

FERME AUBERGE DE LALEUF - CHRISTIAN BLANLRIL ✆ 02 54 27 19 69. *Toute l'année (sauf lundi et mercredi hors saison). Capacité : 55 couverts. Menus : 9 € à 19 €.* Dans une belle salle rustique, Christian Blanlril et sa famille proposent une cuisine de terroir. Ils utilisent en priorité les produits de l'exploitation qu'ils complètent avec ceux de leurs voisins et amis. Sur la ferme, les agneaux sont élevés dans la meilleure tradition et on les retrouve bien entendu dans son assiette à côté du poulet au sang aux légumes de saison, de la carpe fumée, des escargots, des terrines maison et du jambon de campagne. Une bonne fromagée et un dessert maison termineront cette halte bien agréable. Vous pouvez venir très nombreux, cette entreprise familiale fait face. Une adresse à retenir si vous avez envie d'un méchoui. Vous pouvez terminer la journée par une balade en roulotte, Christian et Frédéric en louent pour des promenades en Brenne.

Loisirs

LA CHASSE - DOMAINE DE LA REZIERE - DIDIER AINE Route de Luant ✆ 02 54 38 32 48. *Fax : 02 54 38 32 48.* Diverses possibilités de chasse sont proposées : chasse au sanglier aux chiens courants, à tir ou à courre, ou en battue ; chasse au gibier d'eau.

PAINT-BALL - FERME AUBERGE DE LALEUF ✆ 02 54 27 19 69. *Ouvert de 9h à 22h. Tarifs : 16 € (forfait de 100 billes + 8 € les 200 billes). Location de vêtements de protection 3 €.* On peut y jouer en forêt (outdoor) sur 40 000 m^2. Une dizaine de scénarios sont soumis tels que la Présidentielle, le Drapeau ou le Terminator. La session est encadrée. Le paint-ball loisir adopte juste les règles de sécurité du paint-ball sportif. On peut donc élaborer des trames de jeu plus poussées que dans le paint-ball sportif, les objectifs du jeu peuvent être plus variés. En location sont proposés des marqueurs semi-automatiques. Les semi-automatiques tirent une bille à chaque pression sur la gâchette.

PROMENADE-FERME AUBERGE DE LALEUF ✆ 02 54 27 19 69. Pour des promenades en roulotte en Brenne à la journée ou à la semaine sur réservation. Location calèche 7,62 €/heure.

LA TOUR DE GIREUGNE 3, avenue de la Forêt ✆ 02 54 22 03 11. Deux manèges couverts et une carrière olympique pour ce club d'équitation très adapté à l'initiation des enfants sur poneys ou chevaux. Ecole d'équitation, voltige, promenades et randonnées.

ULM CLUB CASTELROUSSIN Aérodrome de Châteauroux-Villers ✆ 02 54 36 68 81. *Toute l'année selon la météo. Vol de découverte en avion : 18,29 €, 30,48 €/30 minutes, vol de découverte en ULM : 15,24 €, 22,87 €/initiation 30 minutes, 53,36 €/heure en école.* Trois avions quadriplaces et un biplace plus un ULM pendulaire. On peut faire ici à la fois un petit tour en avion ou en ULM pour découvrir les cieux berrichons.

Villedieu-sur-Indre

Au Nord-ouest de Châteauroux, à 13 kilomètres, suivre la N143.

Fiche pratique

MAIRIE ✆ 02 54 26 50 27

Villedieu doit son nom au prieuré fondé au **Xe siècle** par les moines de Saint-Gildas. L'église du **X**IIe a été largement reconstruite au **XIXe**, à remarquer l'inscription "République française" au-dessus de la porte. Le château est complètement ruiné, il dresse sa façade aux ouvertures béantes en plein cœur du bourg et attend une hypothétique reconstruction.

Le couvert

LA TABLE DU GOLFEUR - RESTAURANT DES EAUX VIVES 85, rue du Général-de-Gaulle - Golf du Val-de-l'Indre ✆ 02 54 26 50 93. *7j/7 en saison. Fermé le mardi du 1er octobre au 31 mars. Menus : 13 €, 20 €, 29 €. A la carte environ 20 €.* Pas besoin d'être un accro du green pour venir ici, tout le monde est le bienvenu. On peut y manger des crêpes (au sarrasin et au froment) à toute heure. Mais aussi, midi et soir, une cuisine assez classique. Lobe de foie gras poché au merlot. Tomates farcies aux escargots. Ficelle des eaux vives (crêpe au jambon, foie gras, crème fraîche et gratinée au four). Filet de perche sauce crustacée ou un magret de canard au miel de coriandre. On apprécie toujours l'originalité des légumes servis en accompagnement comme ces queues d'asperges très tendres avec les tomates aux escargots. Terrasse avec sa vue sur le golf.

Loisirs

GOLF DU VAL DE L'INDRE 85, rue Général-de-Gaulle - TREGONCE ✆ 02 54 26 59 44. Le golf du Val de l'Indre déroule son parcours sur les 60 hectares qui entourent le château de Villedieu (en ruine). Il est agréable de pratiquer ce sport, au bord de la Trégonce, dans un paysage de cèdres et de chênes centenaires. C'est un 18 trous par 72, tour à tour ascendant, descendant, fait d'inclinaisons et de contre-inclinaisons. Il demande un jeu tout en finesse, en intelligence mais aussi en puissance. Un practice 20 postes dont 10 couverts, un putting-green, et un 3 trous compact, complètent cet ensemble. Plusieurs formules d'enseignement sont proposées : stages tous niveaux, leçons individuelles ou forfait découverte.

▷ *Dans les environs*

Chezelles

De Villedieu, prendre la D27 sur 5 kilomètres.

CHAMBRES D'HOTES - MICHELLE ET GEORGES BABLIN 4, rue du Priouzé ✆ 02 54 36 66 28. *3 épis. 3 chambres : 43 € et 49 €/couple. Repas 16 €.* Dans une grande propriété familiale fleurie, entourée d'un parc et bordée par une petite rivière, c'est une résidence au calme à quelques kilomètres de Châteauroux. Des chambres simples mais agréables, un accueil convivial. De plus, Georges est un passionné de brocante, il ne manquera pas de vous faire profiter de son expérience.

DOMAINE APICOLE DE CHEZELLES 26, rue du Lavoir ✆ 02 54 36 66 01. Le must en matière de miel pour cette maison centenaire bien connue et à la grande réputation. Elle accueille les visiteurs toute l'année, propose des visites guidées très ludiques de groupes, sur rendez-vous. Après avoir testé pas moins de dix-huit crus de miel, vous pourrez repartir avec celui de votre choix sans oublier la gelée royale ou le pollen.

JEAN-CLAUDE, MICHELINE ET ETIENNE TAUPIN Moulin de Crespeau ✆ 02 54 36 66 15. Sur leur exploitation, Jean-Claude, son épouse et leur fils produisent, avec leurs 150 chèvres alpines chamoisées, un assortiment de fromages parmi les meilleurs de la contrée. Ces derniers se déclinent en AOC Valençay, en Sainte-Maure de Touraine, mais aussi en mini-biques sèches ou à l'huile de noix berrichonne pour l'apéritif, en crottins, en petites pyramides et aussi en fromage blanc d'été. La rencontre avec cette famille est toujours un grand moment de convivialité, ils vendent leur production à la ferme tous les jours sauf les après-midi des dimanches et des jours fériés. Leur exploitation est magnifique et ils ont conservé en état le très joli moulin à eau près de leur demeure.

Niherne

De Villedieu-sur-Indre, prendre la N143 et la D80 sur 3,5 kilomètres.

CENTRE EQUESTRE DU CASTEL La Saura - Route de Saint-Maur ✆ 02 54 29 81 41. *Ouvert tous les jours sauf le dimanche de 8h30 à 19h.* Une pédagogie adaptée pour l'enfant comme pour l'adulte, le centre est réputé pour son sérieux. Ecole d'équitation et d'attelage, promenades et randonnées à cheval et en attelage.

Indre-et-Loire

Le château d'Amboise, sculpture de Léonard De Vinci

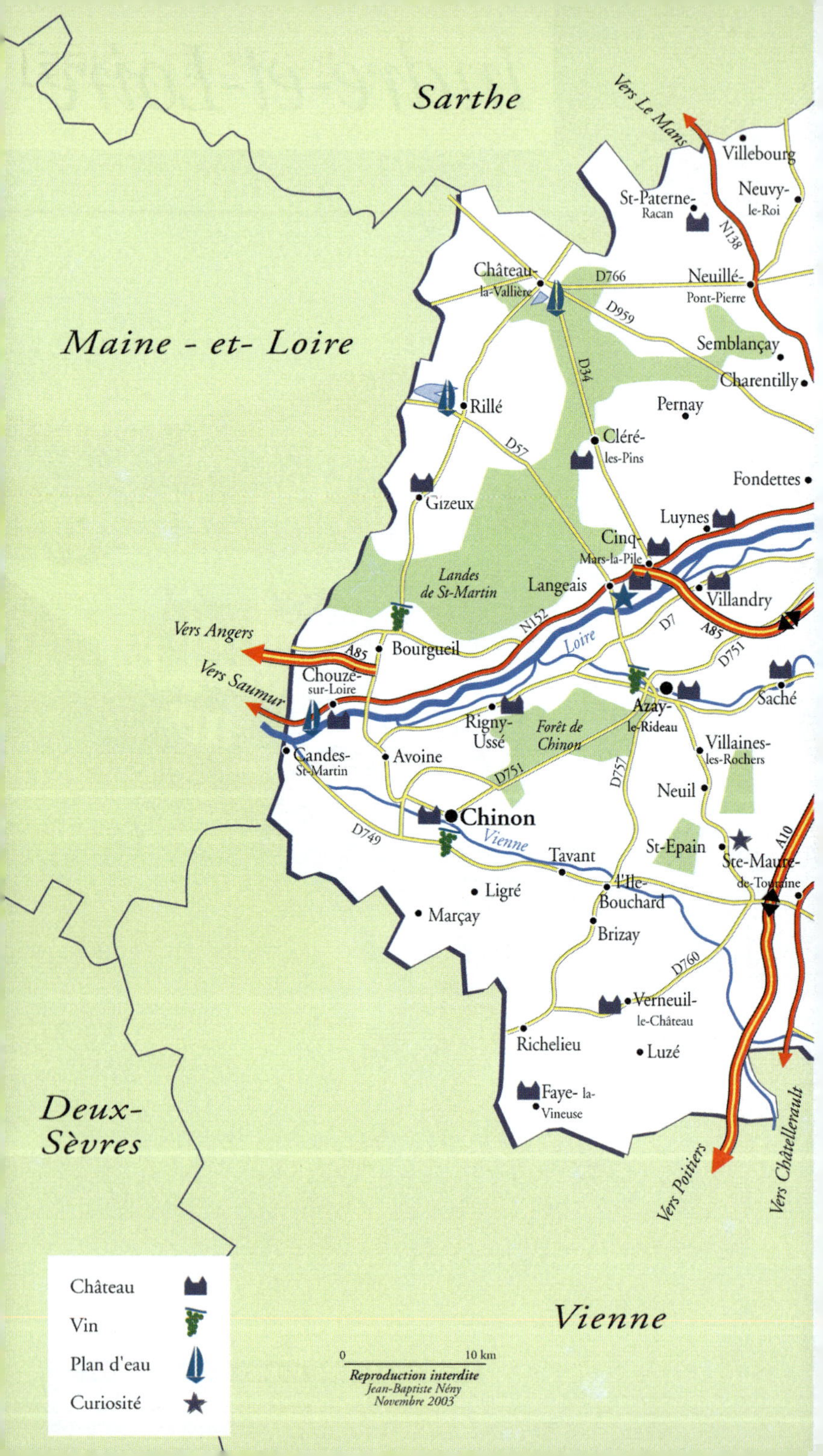

Sarthe
Maine - et- Loire
Deux-Sèvres
Vienne
Vers Le Mans
Vers Angers
Vers Saumur
Vers Poitiers
Vers Châtellerault
Villebourg
Neuvy-le-Roi
St-Paterne-Racan
N138
Château-la-Vallière
D766
Neuillé-Pont-Pierre
D959
Semblançay
Charentilly
D34
Rillé
Pernay
D57
Cléré-les-Pins
Fondettes
Gizeux
Luynes
Cinq-Mars-la-Pile
Landes de St-Martin
Langeais
Villandry
N152
D7
A85
Loire
Bourgueil
D751
Chouzé-sur-Loire
Rigny-Ussé
Forêt de Chinon
Azay-le-Rideau
Saché
Candes-St-Martin
Avoine
Villaines-les-Rochers
D757
Neuil
Chinon
D749
Vienne
Tavant
St-Epain
A10
Ste-Maure-de-Touraine
Ligré
l'Ile-Bouchard
Marçay
Brizay
D760
Verneuil-le-Château
Richelieu
Luzé
Faye-la-Vineuse
Château
Vin
Plan d'eau
Curiosité
0
10 km
Reproduction interdite
Jean-Baptiste Nény
Novembre 2003

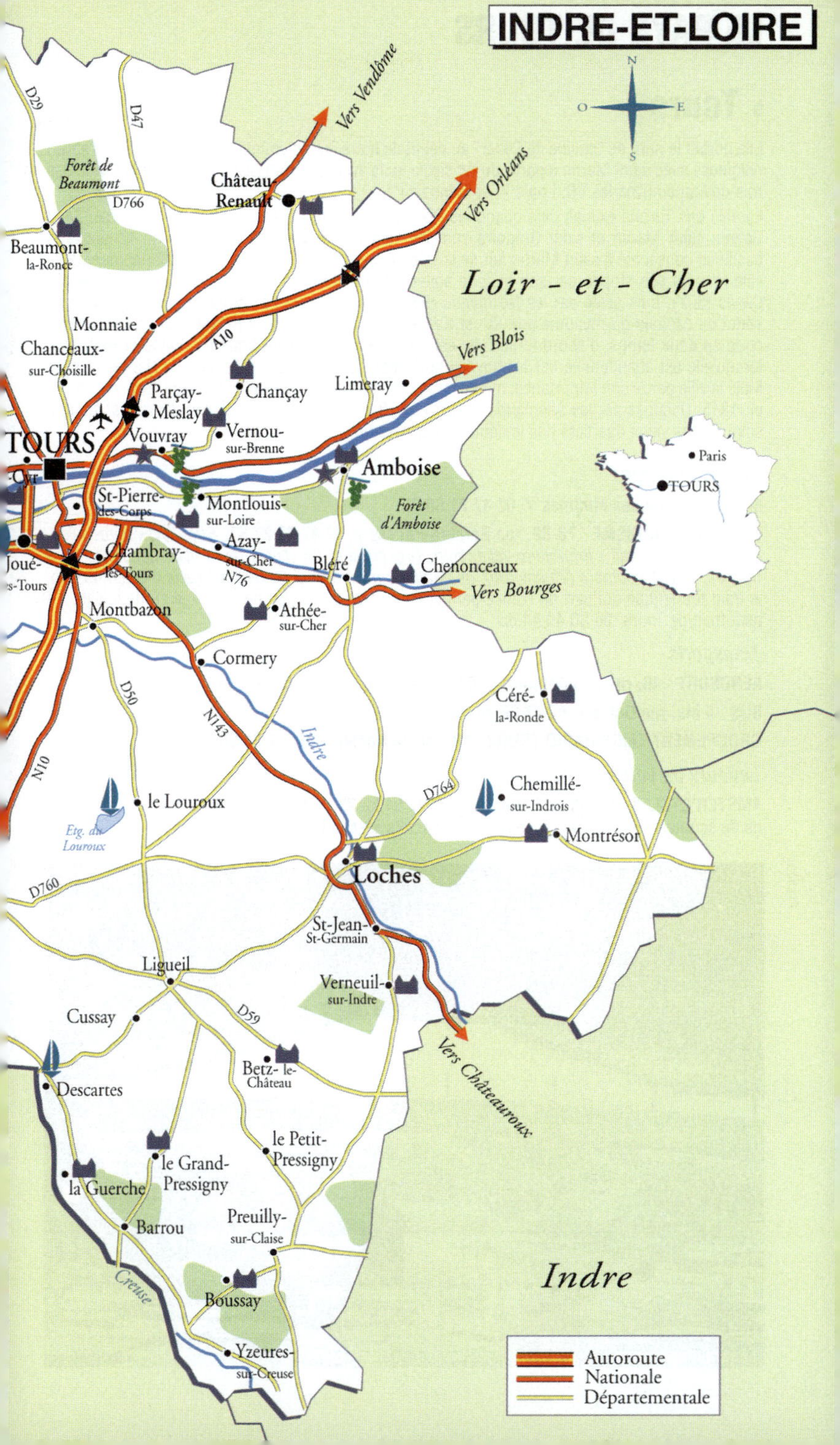
INDRE-ET-LOIRE
N
O
E
S
Loir - et - Cher
Indre
Vers Vendôme
Vers Orléans
Vers Blois
Vers Bourges
Vers Châteauroux
Château-Renault
Forêt de Beaumont
Beaumont-la-Ronce
Monnaie
Chanceaux-sur-Choisille
Parçay-Meslay
Chançay
Limeray
Vouvray
Vernou-sur-Brenne
TOURS
Amboise
St-Pierre-des-Corps
Montlouis-sur-Loire
Forêt d'Amboise
Azay-sur-Cher
Joué-les-Tours
Chambray-les-Tours
Bléré
Chenonceaux
Montbazon
Athée-sur-Cher
Cormery
Céré-la-Ronde
Indre
le Louroux
Etg. du Louroux
Chemillé-sur-Indrois
Montrésor
Loches
St-Jean-St-Germain
Ligueil
Verneuil-sur-Indre
Cussay
Betz-le-Château
Descartes
le Petit-Pressigny
le Grand-Pressigny
la Guerche
Barrou
Preuilly-sur-Claise
Creuse
Boussay
Yzeures-sur-Creuse
D29
D47
D766
A10
N76
D50
N143
N10
D764
D760
D59
Paris
TOURS
Autoroute
Nationale
Départementale

LE PAYS DE TOURS

Tours

Elle portait le nom de "colline de César" au début de notre ère, et connut vite la prospérité, d'abord religieuse avec saint Martin à partir du IVe siècle, puis avec le commerce de la soie et la venue des rois de France (Charles VII, Louis XI et François Ier).

La ville des Turons existait déjà quand les Romains en firent Caesarodunum, au IVe siècle. Saint Gatien, saint Martin et saint Grégoire sont les saints turons les plus connus. Au Ve siècle, la basilique consacrée à saint Martin fait de la ville un important pèlerinage. Le développement de la ville ne sera pas stoppé par son histoire agitée : Tours est prise par les Wisigoths (473) et par Clovis (507), puis pillée par les Normands (853-903). Tout cela ne l'empêche pas d'accéder au statut de capitale du royaume aux XVe et XVIe siècles. Les guerres de Religion lui portent un dur coup en deux temps, d'abord lorsqu'elle est dévastée par les protestants de Condé (1562), puis lorsqu'elle est abandonnée par les soyeux huguenots à la révocation de l'édit de Nantes (1685). Mais la ville garde son importance, même lorsque la municipalité refuse le passage de la voie ferrée en 1845. Occupée par les Allemands en 1871 et 1940-44, la ville a fait l'objet d'une restauration soignée des vieux quartiers dès le début des années 60.

Fiche pratique

MAIRIE 3, rue des Minimes ✆ 02 47 21 60 00

OFFICE DE TOURISME 78-82, rue Bernard-Palissy ✆ 02 47 70 37 37. *Site : www.loire-valley-online.com - E-mail : info@loire-valley.com. Organisation de visites de la ville, générales ou à thèmes, d'avril à octobre (2h environ), de Pâques à novembre 5 €, de 6 à 15 ans 4 €.* En 45 min, le train touristique qui part de l'office permet également d'avoir un premier aperçu de la ville. Le petit train de Tours 06 80 40 44 85.

Transports

AEROPORT 40, rue de l'Aéroport ✆ 02 47 49 37 00. *Fax 02 47 42 59 45.*

BUS 5 bis, rue Dolve ✆ 02 47 66 70 00

GROUPEMENT TAXIS-RADIO TOURS 13, rue de Nantes ✆ 02 47 20 30 40

Loueurs de vélos

AMSTER'CYCLES 5, rue du Rempart ✆ 02 47 61 22 23. Locations de vélos classiques, de VTT ou de scooters, mais aussi organisation de circuits avec guide.

Péchinot

Le jardin botanique

UN VELO POUR TOUS 17, rue Maryse-Bastié © 02 47 39 31 31

Loueurs de voitures

AVIS 64, rue de Douets © 02 47 49 21 49

Points d'interêt

BASILIQUE SAINT-MARTIN 7, rue Baleschoux © 02 47 05 63 87. *Ouverte du 1er janvier au 31 décembre, de 9h à 19h, messe tous les jours à 11h.* Près de la place de Châteauneuf, une basilique d'inspiration byzantine édifiée à la fin du XIXe siècle par l'architecte tourangeau Victor Laloux, construite sur le tombeau de saint Martin.

CATHEDRALE SAINT-GATIEN. *Ouverte du 1er janvier au 31 décembre de 9h à 19h. Messe dimanche à 10h et 18h30, en semaine à 19h.* Celle que l'on appelle aussi la Gatienne renferme les tombeaux des enfants de Charles VIII et d'Anne de Bretagne. Elle est en fait la cinquième église construite sur le site. Elevée entre 1170 et 1547, elle était dédiée à saint Maurice jusqu'au XVe siècle. La reconstruction (377 ans) faisait dire aux Tourangeaux : "Interminable comme l'œuvre de saint Maurice !". Sa tour nord (terminée en 1507) mesure 70 m et sa tour sud (en 1547) 69 m. La différence voulue vient de ce que la tour nord symbolise le pouvoir spirituel ! Le gros bourdon ("Christus") vient de Cormery et pèse 1 850 kg. La cathédrale mesure 97 m sur 28 m (46 au transept), sa voûte s'élève à 29 m et elle porte 800 m² de verrières hautes.

CLOITRE DE LA PSALETTE Place de la Cathédrale © 02 47 47 05 19. *Ouvert tous les jours sauf le dimanche matin, du 1er avril au 30 septembre de 9h30 à 12h30 et de 14h à 18h, du 1er octobre au 31 mars du mercredi au dimanche, sauf dimanche matin, de 9h30 à 12h30 et de 14h à 17h. Adulte 2,50 €, gratuit pour les moins de 18 ans.* Collé contre le flanc nord de la cathédrale, c'est une sorte d'enclos qui protégeait les maisons des chanoines. La Psalette, c'était l'école où les enfants apprenaient autrefois le chant pour les grands offices. La première aile fut commencée vers 1460, avec au premier étage le chauffoir. Les deux autres galeries furent construites au XVIe siècle. Ce fut une maison d'habitation jusqu'à sa restauration en 1950. C'est la maison de Mlle Gamard dans Le Curé de Tours, de Balzac. On trouve des allusions à ces deux monuments dans d'autres ouvrages du même auteur, comme Maître Cornélius et Le Prêtre catholique.

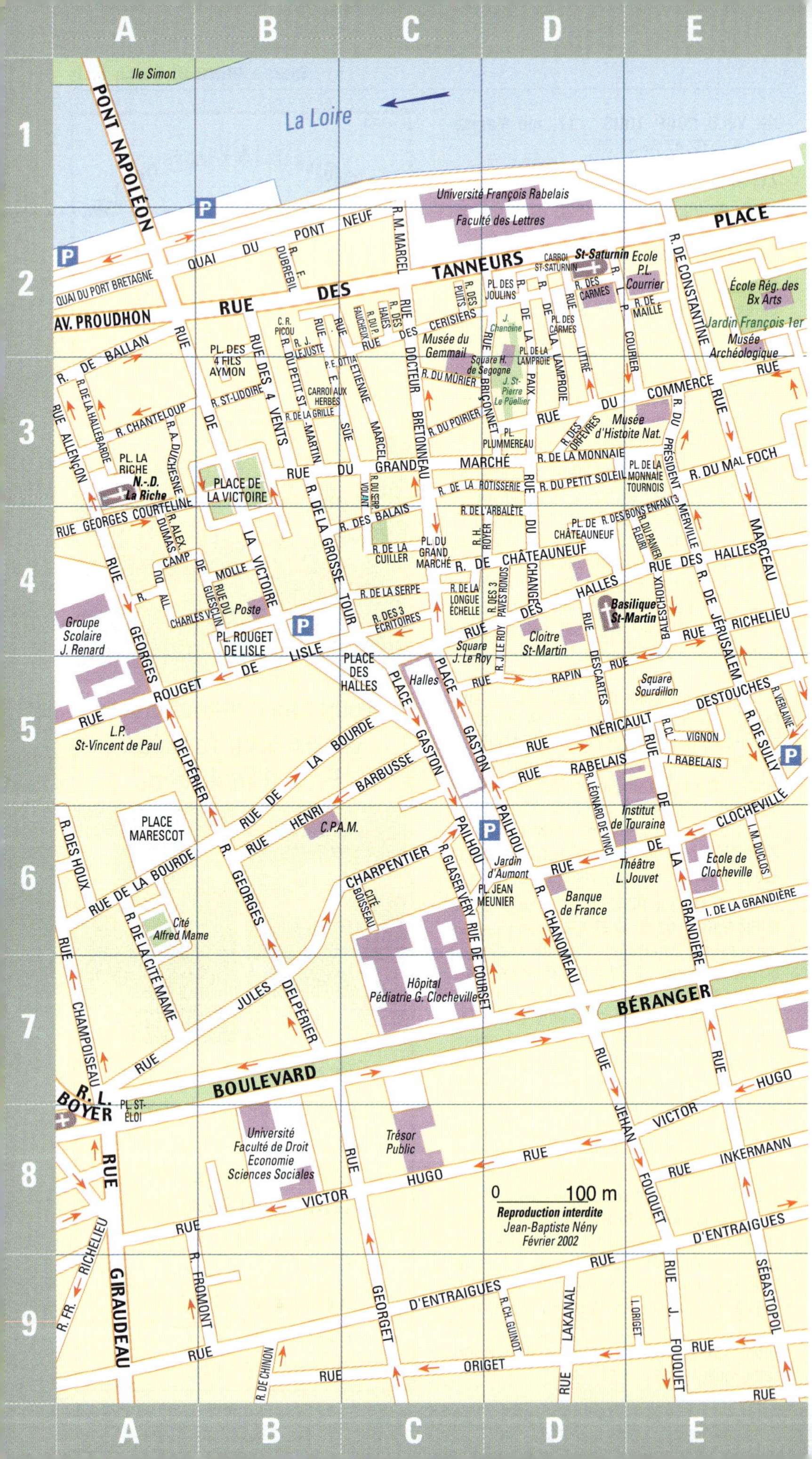

A
B
C
D
E
1
2
3
4
5
6
7
8
9
Ile Simon
La Loire
PONT NAPOLÉON
Université François Rabelais
Faculté des Lettres
PLACE
QUAI DU PONT NEUF
QUAI DU PORT BRETAGNE
AV. PROUDHON
RUE DES TANNEURS
R. F. DUBREUIL
R. M. MARCEL
CARROI ST-SATURNIN
St-Saturnin
Ecole P.L. Courrier
R. DE CONSTANTINE
École Rég. des Bx Arts
Jardin François 1er
Musée Archéologique
R. DE BALLAN
R. DE LA HALLEBARDE
RUE ALLENÇON
R. CHANTELOUP
R. A. DUCHESNE
PL. DES 4 FILS AYMON
RUE DES 4 VENTS
R. ST-LIDOIRE
C.R. PICOU
R. J. LEJUSTE
R. DU PETIT ST-MARTIN
CARROI AUX HERBES
R. DE LA GRILLE
P.E. OTTIA
RUE ETIENNE MARCEL
R. DU P. FAUCHEUX
R. DES HAIES
RUE DES CERISIERS
Musée du Gemmail
RUE DU DOCTEUR BRETONNEAU
R. DES PUITS
PL. DES JOULINS
J. Chanoine
Square H. de Segogne
J. St-Pierre Le Puellier
RUE BRIÇONNET
R. DU MURIER
R. DU POIRIER
PL. DE LA LAMPROIE
RUE DE LA LAMPROIE
RUE DE LA PAIX
PL. DES CARMES
R. DES CARMES
RUE LITTRÉ
R. DE MAILLÉ
COURIER
RUE DU COMMERCE
R. DES ORFÈVRES
Musée d'Histoite Nat.
R. DU PRÉSIDENT MERVILLE
R. DU MAL FOCH
PL. PLUMMEREAU
R. DE LA MONNAIE
PL. LA RICHE
N.-D. La Riche
PLACE DE LA VICTOIRE
RUE DU GRAND MARCHÉ
R. DU SERP. VOLANT
R. DE LA ROTISSERIE
R. DU PETIT SOLEIL
PL. DE LA MONNAIE TOURNOIS
RUE GEORGES COURTELINE
R. ALEX. DUMAS
CAMP DE MOLLE
RUE DE LA VICTOIRE
R. DE LA GROSSE TOUR
R. DES BALAIS
R. DE L'ARBALÈTE
R. H. ROYER
RUE DU CHANGE
PL. DE CHÂTEAUNEUF
R. DES BONS ENFANTS
R. DU PANIER FLEURI
R. DE LA CUILLER
PL. DU GRAND MARCHÉ
R. DE CHÂTEAUNEUF
RUE DES HALLES
RUE MARCEAU
R. DE JÉRUSALEM
RUE GEORGES DELPÉRIER
R. DU ALL
RUE DU GUESCLIN
CHARLES V
Poste
R. DE LA SERPE
R. DE LA LONGUE ÉCHELLE
R. DES 3 PAVÉS RONDS
R. DES 3 ÉCRITOIRES
R. BALESCHOUX
Basilique St-Martin
Groupe Scolaire J. Renard
PL. ROUGET DE LISLE
RUE ROUGET DE LISLE
PLACE DES HALLES
Square J. Le Roy
R. J. LE ROY
Cloître St-Martin
RUE DESCARTES
RUE RICHELIEU
Halles
PLACE GASTON PAILHOU
RUE RAPIN
Square Sourdillon
RUE DESTOUCHES
R. VERLAINE
R. DE SULLY
L.P. St-Vincent de Paul
RUE DE LA BOURDE
RUE NÉRICAULT
R. CL. VIGNON
I. RABELAIS
RUE RABELAIS
RUE HENRI BARBUSSE
RUE DE CLOCHEVILLE
R. LÉONARD DE VINCI
Institut de Touraine
RUE DE LA GRANDIÈRE
I. M. DUCLOS
PLACE MARESCOT
C.P.A.M.
R. DES HOUX
RUE DE LA BOURDE
R. GEORGES DELPÉRIER
RUE CHARPENTIER
R. GLASER VÉRY
Jardin d'Aumont
PL. JEAN MEUNIER
RUE CHANOMEAU
Théâtre L. Jouvet
Ecole de Clocheville
Banque de France
I. DE LA GRANDIÈRE
R. DE LA CITÉ MAME
Cité Alfred Mame
CITÉ BOISSEAU
RUE DE COURSET
Hôpital Pédiatrie G. Clocheville
RUE JULES DELPÉRIER
RUE CHAMPOISEAU
BÉRANGER
BOULEVARD
R. L. BOYER
PL. ST-ELOI
RUE JEHAN FOUQUET
RUE VICTOR HUGO
Université Faculté de Droit Economie Sciences Sociales
Trésor Public
RUE INKERMANN
RUE GIRAUDEAU
0 100 m
Reproduction interdite
Jean-Baptiste Nény
Février 2002
RUE D'ENTRAIGUES
R. FR. RICHELIEU
R. FROMONT
RUE GEORGET
R. CH. GUINOT
RUE LAKANAL
I. ORIGET
RUE J. FOUQUET
RUE SÉBASTOPOL
R. DE CHINON
RUE ORIGET

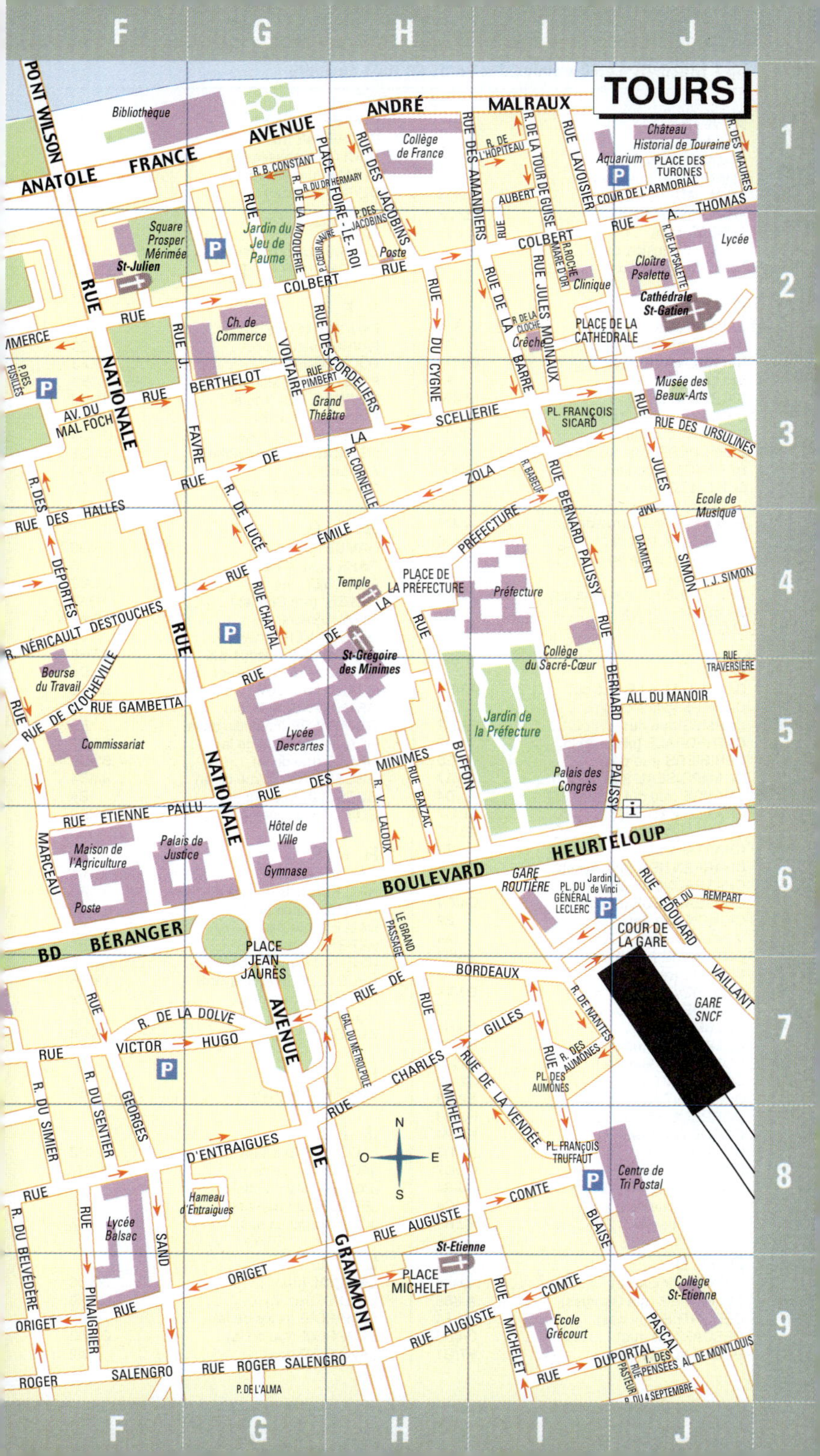
TOURS
F G H I J
1 2 3 4 5 6 7 8 9
PONT WILSON
Bibliothèque
AVENUE ANDRÉ MALRAUX
ANATOLE FRANCE AVENUE
Collège de France
Château Historial de Touraine
Aquarium
PLACE DES TURONES
COUR DE L'ARMORIAL
R. DES MAURES
RUE DES AMANDIERS
R. DE L'HÔPITAU
R. DE LA TOUR DE GUISE
RUE LAVOISIER
AUBERT
RUE DES JACOBINS
PLACE FOIRE-LE-ROI
R. B. CONSTANT
R. DU DR HERMARY
R. DE LA MOQUERIE
P. DES JACOBINS
Square Prosper Mérimée
St-Julien
Jardin du Jeu de Paume
Poste
RUE COLBERT
RUE A. THOMAS
Lycée
Cloître Psalette
R. DE LA PSALETTE
Cathédrale St-Gatien
PLACE DE LA CATHÉDRALE
Clinique
Crèche
RUE JULES MOINAUX
RUE DE LA BARRE
RUE DU CYGNE
RUE DES CORDELIERS
Ch. de Commerce
RUE NATIONALE
RUE J. FAVRE
BERTHELOT
VOLTAIRE
RUE PIMBERT
Grand Théâtre
SCELLERIE
PL. FRANÇOIS SICARD
Musée des Beaux-Arts
RUE DES URSULINES
COMMERCE
P. DES FUSILLÉS
AV. DU MAL FOCH
R. DES HALLES
RUE DES HALLES
RUE DE LA SCELLERIE
LA R. CORNEILLE
ZOLA
RUE ÉMILE ZOLA
R. DE LUCÉ
R. BABEUF
RUE BERNARD PALISSY
JULES SIMON
IMP. DAMIEN
Ecole de Musique
I. J. SIMON
DÉPORTÉS
PRÉFECTURE
PLACE DE LA PRÉFECTURE
Temple
Préfecture
RUE CHAPTAL
RUE DE LA PRÉFECTURE
R. NÉRICAULT DESTOUCHES
St-Grégoire des Minimes
Collège du Sacré-Cœur
RUE TRAVERSIÈRE
Bourse du Travail
RUE DE CLOCHEVILLE
RUE GAMBETTA
ALL. DU MANOIR
Jardin de la Préfecture
Commissariat
Lycée Descartes
BUFFON
RUE DES MINIMES
R. V. LALOUX
RUE BALZAC
Palais des Congrès
RUE ETIENNE PALLU
MARCEAU
Maison de l'Agriculture
Palais de Justice
Hôtel de Ville
Gymnase
Poste
BOULEVARD HEURTELOUP
GARE ROUTIÈRE
PL. DU GÉNÉRAL LECLERC
Jardin L. de Vinci
RUE EDOUARD VAILLANT
R. DU REMPART
COUR DE LA GARE
BD BÉRANGER
PLACE JEAN JAURÈS
LE GRAND PASSAGE
RUE DE BORDEAUX
GARE SNCF
R. DE NANTES
RUE GILLES
R. DE LA DOLVE
RUE VICTOR HUGO
AVENUE DE GRAMMONT
GAL DU MÉTROPOLE
CHARLES
R. DES AUMÔNES
PL. DES AUMÔNES
RUE MICHELET
RUE DE LA VENDÉE
R. DU SIMIER
R. DU SENTIER
GEORGES SAND
D'ENTRAIGUES
Hameau d'Entraigues
PL. FRANÇOIS TRUFFAUT
Centre de Tri Postal
RUE COMTE
BLAISE PASCAL
Lycée Balsac
RUE AUGUSTE
St-Etienne
R. DU BELVÉDÈRE
PINAIGRIER
ORIGET
PLACE MICHELET
Collège St-Etienne
Ecole Grécourt
RUE DUPORTAL
I. DES PENSÉES
RUE PASTEUR
AL. DE MONTLOUIS
R. DU 4 SEPTEMBRE
ROGER SALENGRO
RUE ROGER SALENGRO
P. DE L'ALMA
N O E S

Cathédrale Saint-Gatien

MUSEE DES BEAUX-ARTS **18, place François-Sicard © 02 47 05 68 73.** *Ouvert tous les jours sauf le mardi, du 2 janvier au 31 décembre de 9h à 12h45 et de 14h à 18h. Fermé les 1er mai, 14 juillet, 1er et 11 novembre, 25 décembre. Plein tarif 4 €, tarif réduit 2 €, moins de 13 ans, demandeur d'emploi, étudiant d'art : gratuit.* N'est-ce pas une superbe idée que d'avoir installé le musée des beaux-arts dans ce magistral palais de l'archevêché que prolonge la sérénité d'un jardin à la française ? Rembrandt, Rubens, Boucher, Mantegna et Delacroix, dans de magnifiques salons de réception richement meublés. Suivent de petites pièces plus intimes, présentant avec bonheur des céramiques et des peintures des XIXe et XXe siècles.

MUSEE DU COMPAGNONNAGE **8, rue Nationale © 02 47 61 07 93.** *Ouvert tous les jours sauf mardi du 16 septembre au 15 juin de 9h à 12h00 et de 14h à 18h, du 16 juin au 15 septembre, tous les jours de 9h à 12h30 et de 14h à 18h. Fermé le 1er janvier, 1er mai, 14 juillet, 1er et 11 novembre, 25 décembre. Plein tarif : 4 €, tarif réduit : 2,60 €.* Un musée unique au monde, regroupant les chefs-d'œuvre des compagnons du Tour de France mais aussi leurs techniques et leurs coutumes. Il reste une étape importante de l'itinéraire des compagnons d'aujourd'hui, ainsi qu'un véritable hommage à l'exceptionnelle dextérité des artisans d'art.

MUSEE DU GEMMAIL ET CHAPELLE SOUTERRAINE **7, rue du Mûrier © 02 47 61 01 19.** *Ouvert tous les jours sauf le lundi, du 1er avril au 15 novembre, de 10h à 12h et de 14h à 18h30, en hiver : samedi et dimanche. Plein tarif 4,60 €, tarif réduit 3,05 €.* Le Gemmail, de gemme (pierre précieuse) et d'émail, est une forme moderne du vitrail obtenu par le collage de morceaux de verre de couleur, juxtaposés et éclairés par l'arrière. Des sujets profanes et non figuratifs éclaboussent de lumière aux côtés de reproductions plus classiques d'œuvres célèbres. Vous aurez également accès à un petit atelier de démonstration et à la chapelle souterraine du XIIe siècle, dont les vitraux sont les œuvres de gemmistes.

MUSEUM D'HISTOIRE NATURELLE **3, rue du Président-Merville © 02 47 64 13 31.** *Ouvert du 2 janvier au 31 décembre du mardi au vendredi de 10h à 12h et de 14h à 18h, le samedi et le dimanche de 14h à 19h. Fermé le 1er mai, 14 juillet et 25 décembre. Plein tarif 2 €, tarif réduit 1 €.* La Touraine au fil du temps et de l'eau. Fossiles, poissons, plantes aquatiques et animaux aquaphiles y sont réunis pour vous parler de l'eau, de son impérieuse nécessité, et vous ramenent aux lois de la nature. On s'envole pour un bol d'air au cœur même de la ville ! Des rétrospectives et une bibliothèque thématique complètent l'exposition permanente.

MUSEE DE L'HOTEL GOIN **25, rue du Commerce © 02 47 66 22 32.** *Ouvert d'avril à fin septembre de 9h30 à 12h30 et de 13h15 à 18h30, du 1er octobre à fin mars de 9h30 à 12h30 et de 14h à 17h30. Plein tarif 4,50 €, 3 € pour les enfants de 12 à 18 ans, les étudiants, handicapés enseignants, groupes de plus de 10 personnes, forfait famille.* L'hôtel Renaissance contient le musée de la Société archéologique de Touraine, avec des collections préhistoriques et gallo-romaines, beaux-arts depuis le Moyen Age (sculptures religieuses), faïences, mobilier, ainsi qu'un très intéressant ensemble d'instruments de physique du XVIIIe siècle, dont de nombreuses pièces proviennent du cabinet de physique de Jean-Jacques Rousseau à Chenonceau.

péchinot

Façade de la gare

Portail de l'abbaye de Marmoutier, fondée par Saint-Martin

MUSEE SAINT-MARTIN 3, rue Rapin © 02 47 64 48 87/02 47 05 68 73. *Ouvert du 15 mars au 15 novembre, du mercredi au dimanche, de 9h30 à 12h30 et de 14h à 17h30. Fermé le 1er mai et le 14 juillet. Plein tarif : 2 €, étudiants, moins de 65 ans 1 €, moins de 13 ans accompagné gratuit.* Un des récents musées de la ville pour le premier évêque de Tours. Au cœur de la chapelle Saint-Jean, qui était un important lieu de pèlerinage, sont retracés les principaux épisodes de la vie et le rayonnement du saint qui partagea son manteau avec un pauvre. Peintures murales romanes, bas-reliefs et marbres sculptés illustrent cette sainte exploration.

MUSEE DES VINS DE TOURAINE 16, rue Nationale © 02 47 61 07 93. *Fermé le mardi. Ouvert toute l'année de 9h à 12h et de 14h à 18h. Fermé le 1er janvier, 1er mai, 14 juillet, 1er et 11 novembre, 25 décembre. Entrée : 2,60 €, étudiants, moins de 65 ans 2 €, moins de 12 ans, demandeurs d'emploi gratuit.* Une superbe voûte si sympathique. On y découvre les vignobles de Touraine et leurs petits secrets, mais aussi l'histoire des techniques de vinification et les confréries diverses.

Le couvert

CHARLES BARRIER 101, avenue de la Tranchée © 02 47 54 20 39. *Fermé le samedi midi et dimanche. Menus de 25 € à 75 €. Carte 48,80 €.* Au temps de sa splendeur, cette élégante salle bourgeoise et son chef emblématique, Charles Barrier, attirait la France gastronome, comptant parmi les dix plus réputés du pays. Aujourd'hui, c'est une adresse de classe, très constante, et où le chef Hervé Lussault n'a pas à rougir de l'illustre passé. Le cadre est chaleureux pour goûter les grosses langoustines aux saveurs d'épices, le pied de cochon farci aux ris d'agneau et truffes, le lièvre à la royale d'après Antoine Carême. En annexe, l'excellent bistrot de la Tranchée, avec son menu du jour à 11,90 €, est une excellente affaire.

LE CHIEN JAUNE 74, rue Bernard-Palissy © 02 47 05 10 17. *Fermé le dimanche et lundi en juillet et août. Menus de 12,95 € à 28 € le midi. Carte 25 €.* Parmi les plats du jour marqués sur l'ardoise : escargots et champignons à la moelle, brochette de Saint-Jacques au curry, terrine d'adouillette, tartare maison… figurent en vedette sur la carte de cet établissement bien connu des Tourangeaux. Bonne humeur, bons produits fabriqués maison et tarifs sérieux font du Chien jaune une adresse à ne pas manquer.

JEAN BARDET 57, rue Groison © 02 47 41 41 11. *Voir à la rubrique "Grandes Tables" de l'Invitation au voyage page 86.*

LE PETIT PATRIMOINE 58, rue Colbert © 02 47 66 05 81. *Fermé le dimanche midi. Menus du soir de 12 € à 26 €, plat du jour le midi à 6,50 €.* Dans un cadre tourangeau, pierre de tuffeau et poutres, un bistrot solide et animé, où l'on goûte de bonnes viandes dans une atmosphère conviviale, la tourte tourangelle (rillons, fromage de chèvre), la matelote de veau des tonneliers, les poires tapées de Rivarennes.

LA ROCHE LE ROY 55, route de Saint-Avertin © 02 47 27 22 00. *Voir à la rubrique "Grandes Tables" de l'Invitation au voyage page 87.*

LA ROTISSERIE TOURANGELLE **23, rue du Commerce ✆ 02 47 05 71 21.** *Fermé le dimanche soir et lundi. Menus de 16 € à 45 €.* Une adresse sûre, non loin du vieux Tours et des bords de la Loire. Quelques plats de la maison : Beuchelle tourangelle aux girolles, terrine de foie gras de canard et marmelade de poires au vin rouge, tartelette banane au chocolat avec sorbet banane et sauce au whisky.

AU SINGE VERT **5, rue Marceau ✆ 02 47 20 02 76.** *Fermé le dimanche. Menus 12,95 € à 34 €. Carte 22,50 €, terrasse, climatisé.* De la même trempe que le Chien jaune, ce drôle de singe est situé à l'entrée du vieux Tours. Derrière ces deux enseignes, se cache M. Marcillac. Dans un décor des années 30, on apprécie une cuisine de bistrot enthousiasmante : os à moelle au sel de Guérande, côte de bœuf aux girolles, Beuchelle, tête de veau sauce gribiche et coquilles Saint-Jacques à la provençale. La carte des vins est parfaitement adaptée aux assiettes (12 € en moyenne).

Le gîte

CENTRAL HOTEL - BEST WESTERN **21 rue Berthelot ✆ 02 47 05 46 44.** *Fax 02 47 66 10 26. Site : www.bestwesterncentralhoteltous.com. Ouvert toute l'année, 24h/24. Chambres de 66 € à 230 €, petit déjeuner à 11 €.* Luxe et calme pour cet établissement qui reçoit des hôtes depuis 1928. Madame Tremouilles vous renseignera avec autant de compétence que de gentillesse sur la vie tourangelle, les meilleures propositions pour un séjour agréable. Une place de parking par chambre. La nouveauté de ce printemps 2004 est l'ouverture d'une salle de séminaire pour 50 personnes et de 10 chambres supplémentaires climatisées.

LE GRAND HOTEL **9, place du Maréchal-Leclerc ✆ 02 47 05 35 31.** *Fermeture de la mi-décembre au début janvier. Chambres de 68 € à 100 €, jusqu'à 5 personnes, gratuit pour les enfants jusqu'à 12 ans accompagnés. Petit déjeuner 7 €, buffet 11 €. Le restaurant fonctionne pour les groupes et les séminaires.* Cet hôtel de caractère, dont la belle façade fait face à la gare et au Vinci, est pourvu de magnifiques vitraux. M. Lubin et son équipe connaissent parfaitement la région et ne ménagent pas leurs conseils éclairés aux vacanciers.

HOTEL EDEN 24, rue de Boisdenier © 02 47 05 30 64. *Fax 02 47 05 30 64. 8 chambres de 27 € à 32 €. Petit déjeuner 5 €.* Un hôtel familial situé en centre-ville dans le quartier des Prébendes. Des chambres d'un bon niveau de confort (douche, toilettes, téléphone, télévision), pour un prix tout à fait raisonnable. Les chambres donnant sur la rue sont équipées de double vitrage.

HOTEL ITALIA 19, rue de Vildé - TOURS NORD © 02 47 54 43 01. *Fax 02 47 54 87 43. 20 chambres de 35 € à 55 €. Petit déjeuner 5 € en chambre, 7 € en salle.* Au cœur de la ville, un hôtel calme et traditionnel. Les chambres sont confortables, certaines donnent sur la cour et le jardin, les autres donnent sur la rue pavillonnaire. Petit déjeuner servi dans une véranda. Parking privé devant l'hôtel.

HOTEL KYRIAD 65, avenue de Grammont © 02 47 64 71 78. *Fax 02 47 05 84 62. 50 chambres de 61 € à 67 € en single, 67 € à 77 € en double. Petit déjeuner 7,50 €. Parking payant.* Au cœur du célèbre circuit touristique des châteaux de la Loire, au centre-ville de Tours, cet hôtel offre les prestations habituelles de la chaîne : chambres bien équipées, bain, toilettes, télévision, téléphone direct, veilleur de nuit… Le petit plus pouvant faire la différence : un parking privatif de deux sous-sols.

HOTEL MONDIAL 3, place de la Résistance © 02 47 05 62 68. *Fax 02 47 61 85 31. Site : www.hotelmondialtours.com. Ouvert tous les jours jusqu'à 21h en hiver, 22h en été. 19 chambres de 34 € à 62 €, petit déjeuner buffet 6 €. Confort 2 étoiles pour ces chambres personnalisées.* Une halte de caractère qui cumule les atouts : sa situation, en bord de Loire, au cœur du vieux-Tours, et l'accueil très chaleureux de Françoise Thomas. Parking 7 €.

HOTEL DU MANOIR Rue Traversière © 02 47 05 37 37. *Fax 02 47 05 16 00. Fermeture une semaine en février. 19 chambres de 44 € à 65 €. Petit déjeuner buffet aux saveurs de Touraine 7 €. Télévision câblée.* En centre-ville, près de la gare et du centre des congrès, une halte plaisante.

HOTEL MIRABEAU 89 bis, boulevard Heurteloup © 02 47 05 24 60. *Fax 02 47 05 31 09. Fermeture annuelle du 24 décembre au 2 janvier. 25 chambres de 38 € à 50 €. Petit déjeuner 6 €.* Ancien hôtel particulier du début du XXe siècle, l'établissement a du cachet et un charme bourgeois sans être luxueux (cheminée dans les chambres, mobilier de style d'époque). Apprécié des hommes d'affaires pour sa situation centrale et un intéressant aménagement informatique, il l'est aussi des nombreux touristes faisant une halte sur la route des châteaux de la Loire.

HOTEL MODERNE **1-3, rue Victor-Laloux ✆ 02 47 05 32 81.** *Fax 02 47 05 71 50. 23 chambres de 30 € à 47 € avec douche, 49 € à 62 € avec bain, accès Internet dans chacune.* Il est possible de séjourner en demi-pension et de savourer les spécialités traditionnelles dans l'ambiance familiale assurée par le maître des lieux, M. Said.

HOTEL VENDOME **24, rue Roger-Salengro ✆ 02 47 64 33 54.** *Fax 02 47 64 33 54. 12 chambres de 25 € à 35 €, petit déjeuner 5 €.* Bonne situation pour cette maison tourangelle classique : au calme, près du parc des Prébendes et à 10 min de la gare. Chambres correctement équipées (certaines avec télévision et sèche-cheveux). Jardin semi-ombragé et fleuri, ambiance agréable.

Loisirs

CANOE-KAYAK CLUB DE TOURS **Quai G.-Vallerey ✆ 02 47 44 92 66.** Différents modes de location sont proposés : à l'heure, pour une promenade d'une journée, ou pour une randonnée de plusieurs jours. Il est également possible de prendre des cours d'initiation ou de perfectionnement.

FEDERATION FRANÇAISE DE RANDONNEE PEDESTRE **Office de tourisme - 78 rue Bernard-Palissy ✆ 02 47 70 37 35.** *Permanence en hiver lundi, mercredi et samedi de 9h à 12h et de 14h à 17h, en été fermeture à 18h et ouverture également le mardi, jeudi et vendredi de 14h à 18h.* De nombreux renseignements, dépliants et topo-guides pour explorer les possibilités de la région. La Fédération organise également des randonnées avec accompagnateur. La brochure Loisirs et Randonnées du CDT de Touraine propose par ailleurs quelques itinéraires, avec un extrait de carte topographique pour se repérer.

TOURAINE SURF VOILE **Lac des Peupleraies ✆ 02 47 44 41 33.** *Ouvert du 29 novembre au 2 mars, tous les jours.* Stages de planche à voile, initiation ou perfectionnement, organisés de mi-juin à mi-septembre. Ils sont accessibles aux enfants à partir de 7 ans.

Emplettes

LES DOUCEURS TOURANGELLES **104, rue du Commerce ✆ 02 47 64 60 30.** Comme Mme Crocheton connaît bien les produits de notre région ! Ici le bon goût est de rigueur, et l'on apprécie la sélection des produits fins qui redonnent vie aux palais délicats et rassasient les plus gourmands. Les douceurs se déclinent en sucré et salé : macarons, confitures de fruits et de vin, poires tapées, rillons, pâtés, confit et foie gras de canard. Les breuvages ne sont pas en reste, et viennent des producteurs locaux.

LA LIVRE TOURNOIS - MAISON POIRAULT 6, rue Nationale © 02 47 66 99 99. *Ouvert du lundi au samedi de 9h à 19h, le dimanche de 9h à 13h.* Derrière cette confiserie, se cache une grande maison : Poirault Soignier. On vient ici pour découvrir la fabrication des sucres d'orge et les spécialités de la maison, comme les célèbres pruneaux farcis, les muscadines, le nougat de Tours ou la nouveauté : le "secret du compagnon", l'été uniquement. La visite du laboratoire (comptez 1h) est d'autant plus gratifiante qu'elle ne se termine pas sans une dégustation. Sur réservation, par groupe de deux.

LA MONTAGNE AUX FROMAGES Halles centrales © 02 47 38 64 07. *Ouvert de 7h à 13h et de 15h à 19h, le vendredi et le samedi de 7h à 19h. Fermé le lundi.* Difficile de changer de crémerie quand on connaît celle-ci. Thierry Cartereau sélectionne des produits fermiers qui révèlent les terroirs, tels le rocquefort, 100% artisanal, le salers, complètement à base de lait cru de salers, une grande diversité en fromages de brebis au lait cru.

AU VIEUX FOUR 7, place des Petites-Boucheries © 02 47 66 62 33. Jacques Mahou pétrit sa bonne pâte à la farine bio, fier de ses deux appellations conjointes : fabrication à l'ancienne et cuisson au bois des quelques 70 sortes de pains maison. Cet artisan pas comme les autres a aussi une casquette pédagogique : il organise des visites, éventuellement avec goûter ou petit déjeuner, pour les petits et les grands où l'on découvre les étapes de fabrication du pain.

▷ Dans les environs

Azay-sur-Cher

LEMOINE-TASSI Château du Coteau © 02 47 50 47 47. *Fax 02 47 50 49 60. 5 chambres de 69 € à 85 €. Petit déjeuner 7,65 €.* Chopin séjourna dans cette belle demeure entourée de prairie et de bois. Les dépendances de la propriété abritent 5 chambres coquettes dotées de meubles anciens et depuis peu une très belle piscine. Le petit parc animalier ravit toujours les enfants. Un appartement est également proposé, de 110 € à 180 € selon le nombre de personnes. Tours est à 15 km.

CHEVAL ET NATURE Le Temple - MANTHELAN © 02 47 92 84 38. Cette association de cavaliers organise régulièrement des randonnées et peut donc vous conseiller à tout niveau (hébergement, circuits, etc) pour réussir la vôtre.

ECURIES DE LA VALLEE DES ROIS Ferme du Coteau – AZAY-SUR-CHER © 02 47 50 47 07. Manège couvert, carrières de dressage et d'obstacles, rond de longe, parcours de cross d'entraînement et club house, le cheval est décidément à l'honneur. L'école d'equitation propose également des circuits touristiques à cheval et la pension de chevaux. L'enseignement est assuré par un moniteur diplômé d'état, et les randonnées encadrées par un accompagnateur de tourisme equestre diplômé d'état. Les écuries font aussi passer les examens fédéraux et préparent aux concours d'entraînement. Durant les vacances scolaires, des stages sont organisés pour les 7-18 ans.

Ballan-Miré

CHATEAU DU VAU © 02 47 67 84 04. *Fax 02 47 67 55 77. Bruno et Nancy Clément. 5 chambres de 92 € à 137 €. Menus de 24 € à 39 €. Carte bancaire non acceptée.* A moins d'une heure des châteaux de la Loire, cette imposante bâtisse datant du XVIIIe siècle bénéficie d'un cadre somptueux. D'harmonieuses chambres meublées d'époque dans un style raffiné, donnent sur le vaste parc. La table y est de qualité et la piscine magnifie le décor.

Chanceaux-sur-Choisille

LA PLANCHETTE La Ducquerie © 02 47 41 43 41. *Fermeture annuelle quelques jours à Noël. Menus de 11,50 € à 18 €.*

Carte 16 €. Dans une ancienne grange, une maison avenante, aux propositions toutes simples à petits prix. Grillades au feu de bois, dessert maison. Agréable terrasse arborée. Les enfants apprécieront un coin jeux aménagé pour eux à l'intérieur comme à l'extérieur.

CHATEAU DE BEAULIEU 67, rue Beaulieu ✆ 02 47 53 20 26. *Fax 02 47 53 84 20. 19 chambres de 90 € à 135 €. Menus de 37 € à 69 €, menu affaires à 27 € le midi hors week-end. Petit déjeuner 11,50 €.* A 5 km au sud-ouest de Tours, une étape reposante et gastronomique dans une gentilhommière du XVIIIe siècle. Des chambres très joliment décorées. Jardins à la française, parc et sous-bois, terrasse fleurie. A table, dans un cadre sobre et élégant, découvrez la salade d'écrevisses et haricots verts frais avec sa petite vinaigrette aux crustacés, le pigeonneau rôti aux 4 épices et sa tombée de choux verts et fèves.

Joué-les-Tours

DWJ Avenue des Mignardières ✆ 02 47 53 28 10. Sur le lac des Bretonnières, stage de dériveurs ou de planches, organisés entre avril et octobre et accessible dès 8 ans.

Larçay

LES CHANDELLES GOURMANDES 44, rue Nationale – LARÇAY ✆ 02 47 50 50 02. *Site : www.chandelles-gourmandes.fr. Menus : de 29 € à 65 €. Menu enfant : 11 €.* Bernard et Dominique Charret font de leur cuisine une véritable philosophie : les produits sont frais et de saison, le pain est pétri et cuit avec une farine biologique à la meule de pierre. Le restaurant travaille avec des agriculteurs et éleveurs qui produisent de manière traditionnelle. Et pour prouver qu'ils sont habituellement associés à la cuisine des Chandelles gourmandes, leurs noms et adresses sont indiqués sur la carte. La décoration est tout aussi originale. On entre par un salon cosy et dont la bibliothèque est en libre accès. La salle de restaurant est décorée de bleu et de beige. La cheminée centrale sert aussi à rôtir les volailles et gibiers qui garniront les assiettes. La petite touche en plus : le poisson d'agrément posé sur la table qui accompagne vos repas.

LA PLANCHETTE 46, rue Nationale ✆ 02 47 50 54 73. *Fax 02 47 50 50 02. Fermeture annuelle quelques jours à Noël. Menus de 11,50 € à 18 €.* Dans la bonne humeur, grillades à la cheminée, desserts maison, service en terrasse aux beaux jours, le cadre avenant d'une ancienne grange pour se sustenter entre amis ou en famille.

La Membrolle

HOSTELLERIE DU CHATEAU DE L'AUBRIERE Route de Fondettes © 02 47 51 50 35. *Fax 02 47 51 34 69. Fermeture annuelle fin septembre à fin mars. 13 chambres de 70 € à 190 €. Dîner surprise aux chandelles à 40 €, vin compris. Petit déjeuner continental 10 €.* Au cœur des châteaux de la Loire, à 5 km de Tours, cette chambre d'hôtes est elle-même un château Napoléon III, construit au milieu du XIXe siècle. Georges Feydeau y écrivit La Dame de chez Maxim. Les chambres, à la décoration classique, ont vue sur un parc de 15 ha aménagé à l'anglaise. Pour une détente maximale, la piscine est chauffée. L'unique menu proposé s'articule autour du canard (médaillon de magret, foie gras, cuisse confite), et du poisson (saumon fumé maison, sandre au beurre blanc).

PLAN D'EAU DE LA MEMBROLLE-SUR-CHOISILLE © 02 47 41 21 28 (Mairie). Modeste par la taille (2,5 ha), il n'en est pas moins agréable, avec les activités attendues pour la détente : pédalos, pêche, baignade, mais aussi balade en mini-bateaux électriques, ainsi qu'un parcours santé.

Montlouis-sur-Loire

CHATEAU DE LA BOURDAISIERE © 02 47 45 16 31. *Ouvert du 1er avril au 30 avril et du 1er au 15 novembre, de 10h à 12h et de 14h à 18h. Du 1er mai au 30 septembre de 10h à 19h. Plein tarif 6,50 €, tarif réduit 5,50 €. Gratuit pour les enfants de moins de 8 ans.* Ce billet comprend : le spectacle des oiseaux dressés, la visite guidée du château et des jardins, et la découverte libre du parc et du potager. C'est ici même, dans ce château construit au XVIe siècle, que Gabrielle d'Estrées, favorite d'Henri IV, vit le jour. A noter que l'aile sud ne date pas de la même époque puisqu'elle fut reconstruite au XIXe siècle. A voir également pour son parc magnifique : allée italienne, cèdres de toute beauté, roseraie et jardin potager. Ce dernier accueille un conservatoire de la tomate, avec plus de 400 variétés. Le site a accueilli le tournage de La Princesse de Clèves, avec Jean Marais et Marina Vlady.

LOIRE ET TERROIRS 73, quai Albert-Baillet © 02 47 50 89 79. *Ouvert tous les jours (sauf Noël et nouvel an), du 1er juin au 31 août, de 9h30 à 20h30, du 1er septembre au 31 mai de 10h à 19h.* Un vaste espace (200 m^2) entièrement consacré à la promotion du terroir, avec une large gamme de produits : vins, fromages, charcuterie, mais aussi faïences, etc.

MAISON DE LA LOIRE 60, quai Albert-Baillet © 02 47 50 97 52. *Ouvert toute l'année du mardi au dimanche de 14h à 18h (et le matin pour les groupes), sauf les jours fériés. Plein tarif 3 €, de 12 à 18 ans : 2,50 €, gratuit pour les moins de 12 ans.* Il expose la flore et la faune ligériennes, mais aussi les activités liées au fleuve. Diaporama, vidéos, bibliothèque.

CAVE DES PRODUCTEURS 2, route de Saint-Aignan. *Ouvert tous les jours de 8h à 12h et de 14h à 18h, le dimanche à partir de 9h, de mi-juin à mi-septembre jusqu'à 19h.* Située à mi-parcours de la cité des Turons et d'Amboise, une étape pour s'initier à la découverte de l'AOC Montlouis, qui s'étend sur 350 ha, son cépage unique, le chenin blanc, produit toute une gamme de vins blancs tranquilles (secs, tendres, moelleux, liquoreux de 4,60 € à 7,48 €), et effervescents (à partir de 4,92 €). Une nouveauté courant 2004 : la boutique proposera des compositions gourmandes de produits locaux.

PETIT GRIS DE MONTLOUIS Rue de la Frelonnerie © 02 47 50 72 73. *Pour tout savoir sur le monde des escargots, de leur élevage jusqu'à leur préparation. Visite des serres et dégustation. Sur rendez-vous, à partir d'un minimum de 10 adultes (5 €).* Et si l'on est convaincu, on peut emporter des produits cuisinés.

iconotec.com / Marc JAUNEAUD

Paysage d'Indre-et-Loire

Noizay

CHATEAU DE NOIZAY Route de Chançay ✆ **02 47 52 11 01.** *Fermeture annuelle de la mi-janvier à la mi-mars. Restaurant fermé le lundi et mardi. 19 chambres de 135 € à 265 €. Menus de 45 € à 65 €. Petit déjeuner 17 €.* Séjour des plus agréables, au cœur des vignobles du Vouvray, dans ce château du XVIe siècle. Les chambres, très bien équipées, sont dotées de meubles d'époque et de salles de bains en marbre. Elles ont vue sur le parc et la campagne tourangelle. Piscine et tennis privés. Cuisine gastronomique et régionale : trilogie de foie gras, en crème glacée sur paille de pomme verte, confit sur un chutney aux coings, poêlée en chapelure de pain d'épices de crème de lentilles, géline de racan suprême fondant dans son jus de rôti, haut de cuisse émietté, girolles à l'émulsion de pommes de terre.

Parçay-Meslay

GRANGE DE MESLAY ✆ **02 47 29 19 29.** *Ouvert de Pâques à la Toussaint les samedis, dimanches et jours fériés de 15h à 18h30. Tarif : 4 €.* Située au nord de Tours, cette ferme fortifiée du XIIIe siècle dépendait de l'abbaye de Marmoutier, et à laquelle on accède par un porche monumental. La Grange se divise en cinq nefs soutenues par des rangées de piliers de près de 20 m de hauteur. Il est possible d'assister à des spectacles audiovisuels sur écran géant.

La Riche

PRIEURE DE SAINT-COSME ✆ **02 47 37 32 70.** *Ouvert du 2 janvier au 31 mars et du 1er octobre au 31 décembre de 9h à 12h30 et de 14h à 17h, du 1er avril au 30 septembre de 9h à 19h. Fermé le 25 décembre. Plein tarif 3,80 €, tarif réduit 2,70 €.* Il y flotte comme un parfum de rose : Ronsard en fut le prieur de 1565 à 1585, et y écrivit la plupart de ses œuvres. A voir notamment, le réfectoire des moines et sa chaire du XIIe siècle, les jardins et le tombeau du poète.

Rochecorbon

CHAPELLE SAINT-GEORGES. *Ouvert de mi-juin à mi-septembre de 14h30 à 18h. Visite gratuite.* Un édifice du XIe siècle d'une grande sobriété. A voir pour les peintures murales des XIIe, XIIIe et XIVe siècles.

AUBERGES DES BELLES RIVES 76, quai de la Loire © 02 47 52 52 97. *Fermée le lundi soir et mardi, dimanche soir hors saison. Menus de 13,50 € à 30,50 €. Carte 40 €.* Installée face à la Loire, cette charmante auberge tourangelle, reprise récemment, s'abrite dans un bâtiment du début du XXe siècle. Le chef aime puiser dans les saveurs d'autrefois, qu'il revisite de brillante façon : matelote d'anguille au vouvray à l'ancienne, magret de canard à la Diane, fougasse feuilletée aux saveurs d'été.

HOSTELLERIE DE LA LANTERNE 48, quai de la Loire © 02 47 52 50 02. *Fermeture annuelle de la mi-janvier à la mi-février. Fermé le dimanche soir, lundi, mardi soir hors saison. Menus de 21,30 € à 44 €.* Bâtisse typiquement tourangelle, cadre élégant et accueil agréable pour ce restaurant qui propose une cuisine classique de qualité.

LULU PARC Quai de la Loire © 02 47 52 58 40. *Ouvert de Pâques à fin septembre de 10h30 à 19h30.* Sur 3 ha, une multitude d'activités est proposée et des installations multicolores : piscine à boule, château gonflable, jeux aquatiques, circuits moto, bateaux à manivelle, et la nouveauté : la luge d'été. Guinguette au bord de l'eau.

LE SAINT-MARTIN DE TOURS Ligérienne de Navigation © 02 47 52 68 88. *Georges Marchand. Fonctionne de mars à novembre.* 50 min de promenade commentée sur la Loire pour contempler les richesses naturelles des berges du fleuve royal et l'habitat troglodytique des falaises calcaires.

Saint-Martin-le-Beau

LA TREILLE 2, rue d'Amboise © 02 47 50 67 17. *Fermeture annuelle du 11 janvier au 5 février. Fermé le dimanche soir et mercredi hors saison. 9 chambres de 41 € à 52 € hors saison, 43 € à 54 €. Menus de 12 € à 40 € en semaine, de 15 € à 40 € le week-end.* Dans le vignoble, une vraie belle auberge régionale, dans une demeure tourangelle à colombages et pierre de taille. Les chambres, à la déco personnalisée, sont toutes confortables et climatisées. La cuisine, créative, joue la carte des produits frais : nougat de foie gras au pain d'épices, matelote de sandre au chinon, pain perdu de madeleine au miel. Ambiance conviviale, jolie table, présentation soignée.

Vouvray

Vouvray est réputé pour son vin blanc pétillant, on y trouve donc de nombreux propriétaires. Pour vous aider, voici quelques adresses testées et approuvées par le Petit Futé des Vins.

LA CLOSERAIE 6, rue du Commerce © 02 47 52 77 48. *Chambres de 60 € à 90 €, petit déjeuner compris.* Cette ravissante maison semi-troglodytique a été entièrement restaurée en 2002 pour le confort et le plaisir de ses hôtes. Chaque chambre a été décorée pour conférer au lieu une atmosphère unique et chaleureuse. Le salon, avec cheminée, accueille le repos après l'excursion d'hiver, la cour arborée l'été.

DOMAINE DES BIDAUDIERES Rue du Peu-Morier © 02 47 52 66 85. *Fax 02 47 52 62 17. M. et Mme Suzanne. 6 chambres de 110 € à 130 €, petit déjeuner inclus. Carte bancaire non acceptée.* Au cœur de la vallée de la Loire, l'endroit ne manque pas de charme et de confort (ascenseur). Ancienne propriété viticole du XVIIIe siècle, l'établissement, entièrement restauré en 1996, est bordé d'un parc de 14 ha et possède une piscine et un étang. Les chambres sont dotées d'un bon niveau de confort : télévision, air conditionné... Une serre a été aménagée pour prendre les petits déjeuners.

DOMAINE DU CLOS DE L'EPINAY. *Site : www.vinvouvray.com. 2 Chambres grand confort à partir de 58 € pour 2 personnes, petit déjeuner compris.* Le domaine était déjà connu des amateurs de Vouvray A.O.C. Ils seront comblés par l'aménagement de ces chambres d'hôtes qui méritent leurs 3 épis et le label "Bienvenue à la ferme". Les épicuriens ne bouderont pas cette étape sur la route des vins et l'accueil exceptionnel de Marie-Claire et Luc Dumange qui présentent tous les après-midi leur production en français, anglais, allemand et néerlandais.

CAVE DES PRODUCTEURS DE VOUVRAY 38, vallée Coquette © 02 47 52 75 03. *Fax 02 47 52 66 41. Site : www.vouvray-cp.com. Ouvert tous les jours, 7j/7 de 9h à 12h et de 13h45 à 19h, la visite est à 1,50 € par adulte pour les groupes au-dessus de 15 personnes.* La nouvelle salle panoramique, s'ouvrant sur l'espace de dégorgement et d'habillage donne le ton de la visite. 46 producteurs regroupés ici ouvrent leurs caves pour présenter la production de leurs célèbres vins, tranquilles et pétillants, issus du chenin. A cette production maison, s'ajoute courant mai 2004 une nouvelle gamme, "les Lieux-dits et le Val de Loire" élargie à quelques producteurs locaux. Deux boutiques : l'une associée à la cave, l'autre sur la RN52.

CLOS DU PETIT MONT 106, rue de la Vallée-Coquette © 02 47 52 74 95. *Fax 02 47 52 66 38. Site : www.domaine.allias@wanadoo.fr. Ouvert tous les jours, sauf le dimanche, jusqu'à 19h.* La maison produit depuis cinq générations sur ses 13 ha ses vins de Vouvray. Les cuvées de la récolte 2003 témoignent du label culture biologique qui souligne le savoir-faire traditionnel du vigneron. La visite des caves, taillées dans le roc, et des vignes, tout autour, permet de mieux comprendre cette option.

JEAN-PIERRE LAISEMENT 22, rue la Vallée-Coquette © 02 47 52 74 47. 13 ha de vignes cultivées sur sol argilo-calcaire, planté du cépage unique chenin pour le vouvray.

MAISON MIRAULT 15, avenue-Léon Brulé © 02 47 52 71 62. *Fax 02 47 52 60 90.* Cette entreprise familiale ne possède pas de vigne et travaille comme négociant éleveur, à partir de vin acheté en moût au moment des vendanges. Elle propose en Vouvray des vins tranquilles, des effervescents, mais également des touraine rouge et rosé, saint-nicolas et bourgueil.

CHARCUTERIE HARDOUIN L'Etang Vignon © 02 47 40 40 40. Une institution qui maintient envers et contre tout (notamment la Sarthe) la tradition de la véritable rillette de Tours, moins grasse que sa voisine. Petite entorse à la recette d'origine, la maison propose des rillettes au vin de Vouvray, comme ses rillons et son andouillette tirée à la corde. Deux magasins à Vouvray et un sous les halles de Tours.

D'AMBOISE A CHENONCEAUX

Amboise

Le site fut sans doute primitivement occupé par les Turons, cette tribu celte qui donna son nom à la Touraine, environ cinq siècles avant notre ère, puis utilisé pour sa situation fluviale par les Romains, qui établirent un pont à bateaux sur la Loire. Amboise se développe, avec un premier château construit dès le IIIe siècle. Les aléas de l'histoire le feront détruire et reconstruire, la région prenant une importance considérable quand la guerre de Cent Ans y prend ses quartiers et y pend ses huguenots ! Partie de Blois, et en route vers Orléans, Jeanne d'Arc fit étape à Amboise le 24 avril 1429. Une plaque commémore cet événement. Charles VII libère Amboise en 1434, et la tradition royale s'installe durablement jusqu'à François Ier qui lui donne l'éclat que la ville garde aujourd'hui, capitale de la Renaissance, centre historique et artistique, Léonard de Vinci y passant les trois dernières années de sa vie. Les guerres de Religion lui feront vivre un de ses épisodes meurtriers, avec l'échec de la Conjuration d'Amboise, à la suite de laquelle les partisans protestants de Condé seront mis à mort sous la pression de Catherine de Médicis. Les grandes figures font les grands desseins. Après François Ier, Henri III y établit le premier collège, Choiseul, victime de la disgrâce royale et éloigné au château de Chanteloup y fait élever la pagode.

Fiche pratique

OFFICE DE TOURISME Quai du Général-De-Gaulle ✆ 02 47 57 09 28

MAIRIE 60, rue Concorde ✆ 02 47 23 47 23

Transports

AGENCE AMBOISIENNE TAXIS GEROME (AATG) 12, quai Général-De-Gaulle ✆ 02 47 57 01 54

BORDIER TAXI 10, rue Descartes ✆ 02 47 57 30 39

ALLO TAXI JOVENIN TAXI Allée du Pont-Moulin - 65, place Michel-Debré ✆ 02 47 57 13 53

Points d'intérêt

CHATEAU DU CLOS-LUCE 2, rue Clos-Lucé ✆ 02 47 57 00 73. *Ouvert du 2 au 31 janvier toute l'année de 10h à 17h, du 1er février au 22 mas et du 1er novembre au 31 décembre de 9h à 18h, du 23 mars au 30 avril de 9h à 19h, du 1er juillet au 31 août de 9h à 20h. Fermé le 25 décembre. Tarif plein de mai à octobre : 11 €, de novembre à avril : 9,50 €, tarif réduit : 9 € et enfant de 6 à 15 ans : 7,50 €.* A 500 m du château, vous découvrirez la demeure où Léonard de Vinci passa ses dernières années, jusqu'à sa mort en 1519. On y trouve, non seulement les pièces et le mobilier, mais aussi les fabuleuses machines conçues par le maître, et reconstituées pour parfaire le musée. La visite de l'hôtel particulier vous permet d'imaginer le mode de vie des gens aisés de l'époque et de connaître l'historique de la vie du génie italien. Les quatre salles des machines, où vous vous attardez devant quelques-unes de ces superbes maquettes, ont de quoi faire rêver encore aujourd'hui : le char d'assaut, la pompe à eau (géniale), les bombardes, l'hélicoptère... Si vous avez plus de temps, vous pouvez poursuivre par une rêverie dans un parc d'une grande tranquillité ou regarder des vidéos sur l'artiste, sur un grand écran dans l'une des dépendances du château.

CHATEAU ROYAL ✆ 02 47 57 00 98. *Ouvert du 2 au 31 janvier et du 16 au 11 novembre au 31 décembre de 9h à 12h et de 14h à 16h45, du 1er février au 14 mars de 9h à 12h et de 13h30 à 17h30, du 15 au 31 mars et du 1er septembre au 1er novembre de 9h à 18h, du 1er avril au 30 juin de 9h à 18h30, du 1er juillet au 31 août de 9h à 19h et du 2 au 15 novembre de 9h à 17h30. Fermé le 25 décembre. Tarifs : 7,50 €, étudiants : 6,50 €, de 7 à 14 ans : 4,20 €.* C'est un véritable joyau de la Renaissance qui surplombe la Loire et la ville (très beau panorama), symbolisé par ses grosses tours (une rampe sans marches permettait l'accès aux terrasses pour les cavaliers). C'est principalement Charles VIII, qui y naît et y meurt, qui donnera au château son allure et son faste actuel. C'est François Ier qui l'achèvera, avec l'aile Renaissance où aura lieu l'entrevue avec Charles Quint. Les collections de mobilier sont particulièrement riches. Spectacles les après-midi de juillet-août. L'élégante chapelle Saint-Hubert accueille le tombeau de Léonard de Vinci. Un spectacle son et lumières, "A la cour du roy François" le met en valeur l'été, avec plus de 400 personnages en costumes d'époque, mettant en scène notamment François Ier et Léonard de Vinci, qui concevait pour le roi les spectacles de l'époque. Abd-el-Kader fut retenu prisonnier au château de 1848 à 1852.

EGLISE COLLEGIALE SAINT-DENIS. Une "vitrine" historique de la ville qui date du XIIe siècle. On y admire, en particulier, les frises du porche, les chapiteaux sculptés, les vitraux et une Mise au Tombeau en pierre polychrome.

Le beffroi (tour de l'horloge), restauré en 1976, fut élevé aux frais des habitants au XVe siècle. A l'entrée de la ville, Saint-Florentin, une vieille église au charme intact, que Louis XI fit bâtir pour que les habitants n'aient plus besoin de venir à la collégiale du château répandre leurs microbes : une épidémie de peste faisait alors de nombreuses victimes, et le roi craignait pour son fils, le futur Charles VIII.

MUSEE DE L'HOTEL-DE-VILLE ✆ 02 47 23 47 23. *Ouvert du 1er juillet au31 août du dimanche au vendredi, de 14h à 18h. La visite est gratuite.* Il retrace l'histoire de la ville au moyen de différents documents. Le bâtiment, construit au XVIe siècle, abrite également une collection d'œuvres d'art, dont une partie consacrée à Léonard de Vinci, de mobilier et de tapisseries (Aubusson).

PAGODE DE CHANTELOUP ✆ 02 47 57 20 97. *Sur la D31, à 2 km au sud d'Amboise. Ouvert tous les jours du 1er au 30 avril de 10h à 12h et de 14h à 18h, les week-end de 10h à 18h ; du 1er au 31 mai et du 1er au 30 septembre de 10h à 18h30, du 1er au 30 juin de 10h à 19h, du 1er juillet au 31 août de 9h30 à 19h30, du 1er octobre au 11 novembre, week-end et jours fériés + vacances scolaires de Toussaint de 10h à 17h. Tarif 6,30 €, étudiants, VVF 5,30 €, de 7 à 15 ans 4,30 €.* Construite par le duc de Choiseul en 1775, elle s'élève à 44 m au-dessus du sol sur 7 étages. Magnifique point de vue sur Amboise et la Loire. Le pavillon de la Pagode montre, en un musée, ce que fut le château de Chanteloup, détruit en 1823. La Pagode donne sur une magnifique pièce d'eau (promenades en barque) et de larges jardins.

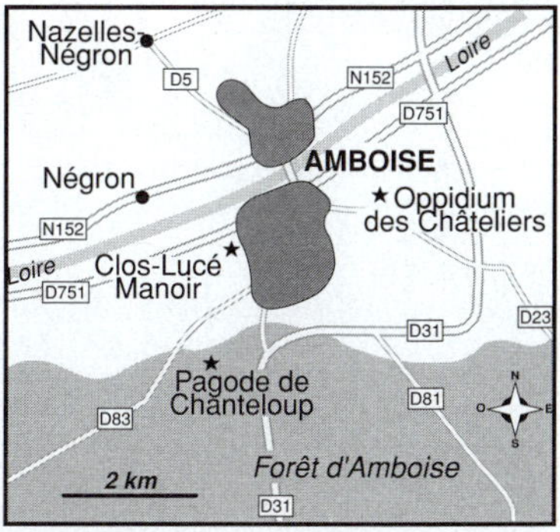

La Loire et le château d'Amboise

iconotec.com / Pierre DELAGUERARD

Balade

Quelques rues animées, mais, au-delà, règne, dans les anciennes ruelles et sur les places, un très grand calme, même en saison. Partir, sous la tour de l'horloge, et pratiquement aux pieds du château, par la rue Nationale qui concentre l'animation commerciale de la ville. Au bout, on se retrouve petit devant l'immense église Saint-Denis, un brin austère, mais impressionnante. On revient ensuite sur les bords de Loire. Les quais sont abordables et on y prend des moments de fraîcheur et de recueillement. Détour par l'office de tourisme, où l'accueil est tout à fait charmant, compétent, et impeccablement polyglotte, même si le nombre de brochures à disposition est un peu mince. On suit la Loire jusqu'au château pour se retrouver au point de départ et prendre cette fois la rue Victor-Hugo, qui monte vers le clos Lucé. On rend donc visite à Léonard de Vinci, avant de revenir pour descendre la rue de la Tour (une jolie maison ancienne, qui abrite la recette locale des perceptions indirectes), et atterrir sur la vaste et calme place Richelieu, pour y trouver la statue de Jehan Fouquet. On revient par la rue Rabelais, en passant devant une maison ancienne, devenue aujourd'hui une crêperie, et portant la plaque d'un philosophe inconnu, saint Martin, justement nommé "le philosophe inconnu". De retour sur les quais, on passe, par le pont, un bras de Loire pour venir dans la pittoresque "île d'Or" et ses maisons anciennes. C'est sur l'île d'Or qu'eut lieu une rencontre historique entre Clovis, roi des Francs, et Alaric, roi des Wisigoths.

Le couvert

L'ECU 7, rue Corneille ✆ 02 47 30 58 95. *Fermé le lundi sauf jours fériés et le dimanche soir, pas de fermeture en 2004 en raison d'un changement de propriétaire ! Menus de 7 € à 9 €.* Une demeure classée, avec poutres et colombages abrite ce restaurant avec terrasse et cheminée en activité l'hiver. Vous y goûterez bien évidemment galettes au sarrasin et crêpes bretonnes, mais aussi salades et omelettes. Pour le dessert, de jolies glaces vous attendent.

L'EPICERIE 46, place Michel-Debré ✆ 02 47 57 08 94. *Fermeture annuelle du 1er novembre au 15 décembre. Fermé le lundi, mardi, sauf juillet, août et septembre. Menus de 10,50 € à 35,50 €. Carte 23 €.* La terrasse du restaurant se trouve au pied du château d'Amboise (demeure du XIVe siècle à colombages). Pour ce qui est de la table, la variété et la diversité des menus sont de mise : foie gras de canard aux baies poivrées et son confit de vin de Chinon.

BRASSERIE DE L'HOTEL DE VILLE CHEZ HIPPEAU 3, rue François-Ier ✆ 02 47 57 26 30. *Menus à 10,50 € et 30 €.* Cette brasserie-restaurant est située à un carrefour incontournable, entre les bords de Loire et le centre-ville, au pied du château. Pourtant elle n'abuse pas de ce privilège. Pas de tricherie avec la qualité, et les prix demeurent sages au fil des ans. Se mêlent agréablement spécialités tourangelles et cuisine du Sud, et toujours les grandes salades, de 15 € à 16 €.

Le gîte

CAMPING MUNICIPAL DE L'ILE D'OR ✆ 02 47 23 47 23/02 47 57 23 37 (en saison).** *Ouvert de Pâques à septembre. 420 emplacements.* Un cadre agréable sur cette île entre deux bras de Loire (4 ha), juste en face du château. Belle palette d'équipements.

CHATEAU DES ORMEAUX Route de Noizay ✆ 02 47 23 26 51. *Fax 02 47 23 19 31. M. Merle. 6 chambres au château, 2 dans un logis XVIIIe, de 107 € à 115 €. Carte bancaire non acceptée.* Cadre raffiné pour une des meilleures adresses de la région. Ce château construit sous Charles X possède une terrasse à l'italienne qui offre une vue imprenable sur la vallée, un parc boisé de 25 ha ainsi que des vignes et une piscine. Les chambres sont spacieuses et décorées avec le raffinement qui sied à l'endroit : meubles d'époque, boiseries, tentures... Salon avec cheminée, livres et télévision satellite. Au cœur des châteaux de la Loire et des vignobles de Touraine, l'établissement est de choix.

MANOIR SAINT-THOMAS 1, mail Saint Thomas ✆ 02 47 23 21 82. *Fax 02 47 23 24 96. Ouvert de 8h à 23h tous les jours. Chambres de 90 € à 270 € en haute saison, de 75 € à 230 € hors saison. Petit-déjeuner à 10 €.* Cet ancien prieuré du XIIe siècle propose des prestations raffinées dignes de son passé toujours inscrit dans le décor. Il fait bon, aux beaux jours, flâner dans ce jardin de caractère sous les ombrages et pourquoi pas, piquer une tête dans le bassin.

Loisirs

CANOE-KAYAK CLUB D'AMBOISE L'île d'Or ✆ 02 47 23 26 52. *Location de canoës et de kayaks tous les jours en juillet et en août, à la demande en mai, juin et septembre.* Organisation de descentes de la Loire et du Cher, et de raids de plusieurs jours, encadrés ou non par des moniteurs de la Fédération française de canoë-kayak pour adultes et enfants.

PARC MINI-CHATEAUX © **0 825 082 522.** *Ouvert du 30 mars au 11 novembre de 10h à 18h, et en juillet et août de 10h à 19h. Plein tarif 12 €, 8 € pour les moins de 16 ans.* Une découverte “autrement” des châteaux de la Loire puisque leur représentation se fait à l'échelle 1/25e. Plus de 40 sites remarquables sont ainsi reproduits, permettant de découvrir, ou redécouvrir les merveilles architecturales de la région en une demi-journée de visite ! Sur le site de 2 ha, un joli parcours paysager de 1,5 km vous invite à ce voyage particulier…

Emplettes

CHARCUTERIE MICHEL BUDTS 26, place Michel-Debré © **02 47 57 23 71.** Charcutier référence pour les rillettes et autres produits régionaux. De nombreuses récompenses attestent de la qualité des produits.

LOIRE ET TERROIRS - LE RELAIS DES SAVEURS 1 bis, quai des Violettes © **02 47 23 41 52.** *Ouvert 7 jours sur 7 en saison, fermé dimanche et lundi en janvier, février, mars, fermé du 19 janvier au 29 février.* Les produits locaux sont rois : charcuterie, confitures, biscuiterie, confiserie, quelques objets déco, mais surtout les vins, de Loire et de France, mis en valeur dans une cave en tuffeau.

PATISSERIE BIGOT 2, rue Nationale © **02 47 57 04 46.** Située au pied du château, cette maison fut fondée en 1913. Depuis quatre générations le chocolat et les gâteaux restent une affaire de femmes. La vitrine évoque les saveurs sucrées, et le chocolat y est à l'honneur. Notre futé a craqué pour les macarons, qui sont divins. Ici pas de mauvaise surprise, la pâtisserie est haut de gamme et on succombe vite au péché de gourmandise !

SAVEURS DE FRANCE 40, place Michel-Debré © **02 47 57 73 49.** Une boutique pour œnophiles avertis, avec de nombreux vins de Loire, de Bordeaux, du champagne et des alcools fins. Dégustation l'été en terrasse, avec une assiette de cochonnailles ou de fromages. Ceux qui préfèrent la sobriété se régaleront de cidre et de jus de fruits artisanaux. La vue sur la chapelle Saint-Hubert ne gâche rien au plaisir des papilles.

▷ *Dans les environs*

Athée-sur-Cher

CHATEAU DE NITRAY © **02 47 50 29 74.** *Ouvert du 15 juin au 15 septembre de 10h à 13h et de 14h à 19h. Tarifs : adultes 7 €, moins de 12 ans 4 €, inclus le vélo pour découvrir les alentours. Visite guidée du bel ensemble Renaissance ainsi que des chais et du musée de la Vigne et du Vin. A découvrir également la roseraie et le parc.*

Autrèche

EGLISE ROMANE © **02 47 56 22 03.** *Ouverte lundi, mardi, vendredi de 15h à 18h. Gratuit.* Un édifice roman dans lequel différentes époques se rencontrent : cuve baptismale du XIIe, statues de la Renaissance, Pietà du XVIe siècle.

Civray-de-Touraine

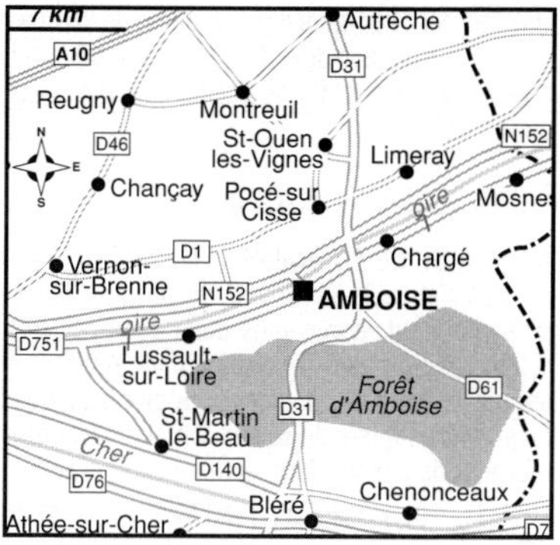

HOSTELLERIE DU CHATEAU Château de l'Isle ✆ 02 47 23 63 60. *Fax 02 47 23 63 62. Fermeture annuelle du 15 novembre au 12 février. 11 chambres de 53 € à 105 €. Petit déjeuner 8 €. Menus de 31 € à 43 €.* Dans une demeure tourangelle du XVIIIe siècle, un accueil et une ambiance bon enfant, à une roue de vélo de Chenonceau.

Chançay

CHATEAU DE VALMER ✆ 02 47 52 93 12. *Ouvert du 1er mai au 30 juin et du 16 au 30 septembre 14h à 19h les samedis, dimanches et jours fériés, du 1er juillet au 15 septembre tous les jours sauf le lundi de 10h à 19h. Plein tarif 7,50 €, tarif réduit 6,50 €, gratuit pour les moins de 16 ans accompagnés. Possibilité de dégustation et d'achats des vins de la propriété.* A voir pour ses magnifiques jardins en terrasse parsemés de statues, balustrades et autres vases. Belle vue sur les vignes et la vallée de la Brenne. Voir également une chapelle du XVIe siècle à même le rocher.

FERME DE LAUNAY ✆ 02 47 52 28 21. *Fax 02 47 52 28 21. M. Jean-Pierre Schweizer. 3 chambres de 65 € à 80 €. Carte bancaire non acceptée.* Dans les vignobles du Vouvray, une ferme du XIVe siècle avec maison principale du XVIIe siècle. Saule, Vigne, Rose, tels sont les noms des 3 chambres confortables. Salon à la disposition des hôtes avec grande cheminée tourangelle. La propriété, de 2 ha, comprend jardin et paddocks pour chevaux. Les chiens ne sont pas admis.

Chargé

MUSEE DE LA RESISTANCE 2 bis, rue du Général-De-Gaulle ✆ 02 47 57 04 01 (Mairie). *Ouvert toute l'année sur rendez-vous. La visite est gratuite.* On y expose l'histoire de la Seconde Guerre mondiale dans la région, avec la bataille de la Loire, la Résistance (ici et dans tout le pays), et la déportation. A voir aussi le château de La Roche, qui appartint à la veuve d'Alphonse Daudet et où Proust séjourna, le château de Pray, aujourd'hui aménagé en hôtel, et l'église XIe-XVIe siècle aux cloches classées.

Chisseaux

LA BELANDRE ✆ 02 47 23 98 64. *Du 20 avril au 31 octobre, sur réservation.* Découvrez le Cher à bord de la Bélandre, soit en promenade simple d'une heure quinze (9 €, 4 ans à 12 ans 5,80 €), soit agrémenté d'un goûter (15 €), d'un déjeuner (33,50 €) ou d'un dîner (37,50 €). Le bateau vous emmènera jusqu'aux arches du château de Chenonceau.

Limeray

De nombreux édifices du Moyen Age et antérieurs : parties d'une abbaye du début du XIIIe siècle, église Saint-Saturnin (des XIe-XIIe-XVIe siècles), avec son clocher carré et de beaux vitraux, pittoresque village de mariniers, le Haut-Chantier. Le site est très ancien : on y battait monnaie à l'époque mérovingienne.

LES GRILLONS ✆ 02 47 30 11 76. *Famille Guichard. Fermeture annuelle du 15 décembre au 15 janvier. 4 chambres de 43 € à 49 €. Menu à 18 €.* L'auberge accueille en semaine les clients de l'hôtel, les extérieurs le samedi soir et samedi midi, dimanche midi et jours fériés. Des chambres mansardées et confortables dans les anciens greniers à foin de cette ferme. Côté cuisine, on vous servira des plats régionaux à base de produits frais : terrine de volailles de la ferme, cuisine aux vins de Touraine… Possibilité de visiter l'élevage de volailles en plein air et les caves de la propriété.

AUBERGE DE LAUNAY RN152 ✆ 02 47 30 16 82. *Fermeture annuelle du 19 décembre au 3 janvier. Restaurant Fermé le samedi midi, dimanche soir et lundi hors saison. 15 chambres de 52 € à 75 €. Menus de 9,50 € à 20 €. Petit déjeuner continental 8 €, anglais 12 €.* Ancienne ferme du XVIIIe siècle, l'auberge du Launay a gardé tous les charmes rustiques d'une maison de campagne (poutres apparentes et cheminée dans le salon), tout en proposant des chambres à la décoration plus moderne. Spacieuses et lumineuses, elles donnent sur un jardin où sont servis les repas l'été. Aux fourneaux, on décline les plats typiques du Val de Loire.

Lussault-sur-Loire

AQUARIUM DE TOURAINE © **0 825 082 522.** *Ouvert tous les jours de 10h à 18h et de 10h à 19h en juillet et août. Fermeture du 20 au 30 novembre. Tarif 12 €, pour les enfants 8 €.* 10 000 poissons sont représentés dans des bassins géants, le tout sur une superficie de pas moins de 4 000 m². Les bassins s'appliquent autant à présenter les poissons d'Europe (carpes, saumons, anguilles, etc.) que des espèces plus exotiques : reconstitution d'une mangrove, espace tropical, fosse à crocodiles du Brésil. Un spectacle qui prend des proportions magiques, par exemple, au moment de passer dans le tunnel aux requins.

CHATEAU DE PINTRAY © **02 47 23 22 84.** *Fax 02 47 57 64 27. M. et Mme Rault. 5 chambres à 95 €.* Un beau cadre pour ce charmant château des XVIIe et XIXe siècles, alliant confort moderne et décoration raffinée. Les 3 chambres et les 2 suites familiales sont classées 4 épis. Il est possible de faire une dégustation des vins produits sur la propriété et de visiter des vignes.

Luzillé

MINI RACING TEAM Brosse Moulin © **02 47 30 20 07.** *Ouvert de 10h à 19h, tous les jours sur réservation.* Location de quads pour la piste, le trial ou la randonnée, mais aussi de crosscars et même d'aéroglisseurs, pour des sensations originales (attention, la bête est difficile à maintenir en ligne). Egalement la possibilité de faire du paintball, du jet-ski, du VTT, ou encore du 4 x 4.

Mosnes

Le plus oriental des villages d'Indre-et-Loire sur le fleuve, à la limite avec le Loir-et-Cher. Des vestiges préhistoriques attestent d'une occupation fort ancienne, tandis que l'église Saint-Martin, de construction romane au départ, s'est enrichie de différents styles au cours des siècles. Voir aussi le château et les maisons anciennes.

CHATEAU DE LA BARRE 3, rue de la Barre © **02 47 57 33 40.** *5 chambres de 56 € à 135 €, petit déjeuner compris, avec pain de campagne et brioche maison. Menu à 24 €.* Une belle demeure du XIXe siècle, de style napoléonien, située au cœur des châteaux de la Loire. Les chambres, spacieuses et confortables, sont décorées avec soin (meubles rustiques). Une table d'hôtes, où règne une cuisine régionale, vous attend également en fonction des approvisionnements du marché : pintade fermière au cabernet, marmiton aux asperges, confit de canard aux fruits exotiques ou filets mignons à l'épine noire.

DOMAINE FRISSANT 1, chemin Neuf © **02 47 57 23 18.** *Ouvert de 8h à 12h30 et de 14h à 19h30. Le dimanche et groupes sur rendez-vous, éventuellement autour d'une dégustation de produits locaux.* Xavier Frissant vous accueillera au cœur de son domaine et vous pourrez apprécier en particulier les vins de l'appellation touraine-amboise, touraine et crémant de Loire. Sélectionné dans le Guide des Vins du Petit Futé.

Pocé-sur-Cisse

Le beau château (XVe siècle), propriété privée, est à voir de l'extérieur. Cependant, on peut admirer son parc, très richement arboré, pour une vraie découverte botanique de tous les coins du globe.

Saint-Ouen-les-Vignes

Un très agréable village, belle architecture, atmosphère de douceur et de bien-être. Témoignages anciens, promenades sous les tilleuls (le site est classé), château du XVIIe siècle. L'église est également classée.

AU JARDIN DE POCE 22, route d'Amboise © **02 47 30 56 92.** *Visite de l'atelier et exposition-vente, pour admirer des poteries de grès, surtout dans les bleus, avec notamment pour inspiration les animaux. Ouvert toute la semaine, il est préférable de téléphoner pour une visite le week-end.*

Chenonceaux

Moins de 400 Chenoncellois voient chaque année passer près d'un million de touristes venus visiter le château.

Précision orthographique, le village porte un "x", non le château.

CHATEAU DE CHENONCEAU ✆ 0 820 20 90 90. *Ouvert du 1er au 15 février et du 1er au 11 novembre, de 9h à 17h, du 16 au 28 février et du 16 au 31 octobre de 9h à 17h30, du 1er au 15 mars et du 1er au 15 octobre de 9h à 18h, du 16 mars au 15 septembre de 9h à 19h, du 16 septembre au 30 septembre de 9h à 18h30, du 16 novembre au 31 janvier de 9h à 16h30. Tarifs 8 €, tarif réduit 6,50 €.* Un des plus fameux châteaux de Touraine, et de France, édifié en 1513 par Thomas Bohier, intendant des finances de François Ier, et son épouse Catherine Briçonnet. En 1535, il est acquis par Henri II qui l'offre à sa favorite Diane de Poitiers. C'est elle qui fait aménager les jardins, et construire le pont qui enjambe le Cher. A la mort du roi, Catherine de Médicis l'expulse et garde le château jusqu'à sa mort. On lui doit la construction de la galerie à étage sur le pont. Le château, meublé, renferme un mobilier d'époque et des œuvres d'art. La visite est impressionnante avec la succession de salles et de salons luxueux, l'architecture intérieure et les matériaux utilisés (marbre de Carrare dans la chapelle) ainsi que le mobilier. Si l'on dispose de très peu de temps, ou que l'asphyxie guette, ne pas manquer le "cabinet vert" de Catherine de Médicis et, à l'étage le vestibule de Catherine Briçonnet et la chambre des Cinq reines. Les jardins (jardin de Diane, jardin de Catherine) sont assez spectaculaires. On les apprécie en perspective depuis le premier étage.

Un musée de cire retrace quatre cents ans de sa vie, et un son et lumière, l'été, les Dames de Chenonceau, racontent les épisodes de son histoire.

Curiosité historique et clin d'œil de l'Histoire, le château se retrouva à cheval sur la ligne de démarcation pendant la Seconde Guerre mondiale : l'entrée du château se situait en zone occupée, alors que la porte sud de la longue galerie débouchait sur la zone libre…

Animation de nuit tous les soirs, du 1er juillet au 31 août, de 21h30 à 23h30. Tarif : 5 €, gratuit pour les moins de 7 ans. Promenade romantique aux accents de Corelli, jeux d'ombres et de lumières.

Le gîte

LA BAISERIE ✆ 02 47 23 90 26. *Fax 02 47 23 81 26. Claude Guyomard. 3 chambres de 50 € à 65 €. Carte bancaire non acceptée.* Cette ancienne ferme du XIIIe siècle ayant appartenu au château de Chenonceau sous le règne de

Péchinot

le château de Chenonceau

François Ier, est un véritable refuge de calme et de détente. Le jardin y est abondamment fleuri, l'accueil chaleureux et le cadre intérieur raffiné (meubles d'époque, chambres mansardées).

Le gîte et le couvert

HOTEL DU BON LABOUREUR ET DU CHATEAU 6, rue du Docteur-Bretonneau © 02 47 23 90 02. *Fax 02 47 23 82 01. Fermeture annuelle du 15 novembre au 15 décembre. Fermé mercredi soir et jeudi (hors saison). 23 chambres et 4 appartements de 75 € à 140 €. Menus de 29 € à 69 €. Carte 60 €. Petit déjeuner 10 €.* Etre en harmonie avec les lieux et ses hôtes, telle est la conception de cet établissement. Depuis le début du siècle, la famille Jeudi a su conserver au fil des générations une atmosphère familiale et conviviale. Le salon permet de prendre un verre avant le dîner. Après avoir profité de la piscine, il est agréable de passer à table dans le jardin ombragé et de se laisser séduire par la carte : crème onctueuse d'écrevisses, concassée de tomates au basilic, conjugaison de ris de veau au présent et au passé, mille-feuille de chocolat au piment de la Jamaïque. Ici on prend le temps de vivre, et souvent on retrouve une clientèle sympathique et cosmopolite venue d'un peu partout.

HOSTEL DU ROY 9, rue Docteur-Bretonneau © 02 47 23 90 17. *Fax 02 47 23 89 81. Fermeture annuelle complète du 5 au 24 janvier et du 11 novembre au 10 février pour le restaurant, le soir le soir. 32 chambres de 40 € à 58 €. Menus de 12,50 € à 35 €. Petit déjeuner 7 € en buffet.* C'est au sein d'une bâtisse du XVIe siècle que se loge l'Hostel du Roy. On appréciera l'agréable terrasse et le jardin arboré. Les chambres sont simples, mais bien équipées (télévision satellite…). A la table, on goûtera une cuisine traditionnelle : civet de sanglier, sandre au beurre blanc.

RELAIS CHENONCEAUX 10, rue du Docteur-Bretonneau © 02 47 23 98 11. *Fax 02 47 23 84 07. Fermeture annuelle du 11 novembre au 2 février. Fermé le mercredi hors saison. 24 chambres de 40 € à 65 €. Menus de 14 € à 23 €. Petit déjeuner 6 €.* Situé au cœur du village, cet ancien relais de poste aux poutres apparentes et à la terrasse fleurie, dispose de chambres de caractère dans un style rustique et personnalisé. Côté cuisine, les plaisirs sont variés : feuilleté de Sainte-Maure, sandre au beurre blanc, la crêperie accueille les gourmands.

▷ *Dans les environs*

Bléré

Sur la vallée du Cher

Eglise (XIIe-XVe siècle), chapelle Renaissance, et Grand Logis (XVe siècle).

BASE D'AVIRON DE BLERE © 02 47 30 30 55. *Ou en mairie au 02 47 30 81 81. Fonctionne le samedi après-midi et le dimanche matin.* Dès les beaux jours, location de canoë et de pédalo.

Francueil

LE MOULIN 28, rue Moulin-Neuf © 02 47 23 93 44. *Fax 02 47 23 94 67. 6 chambres de 58 € à 130 €.* Dans un cadre superbe, à 3 km de Chenonceaux, un ancien moulin du XIXe siècle avec piscine chauffée. Jolies chambres claires et confortables. Parc paysager, bordé par une rivière, avec étang, cascade au pied d'un jardin d'hiver. Les animaux ne sont pas acceptés

DE LANGEAIS A AZAY-LE-RIDEAU

Langeais

Fiche pratique

OFFICE DE TOURISME Place du 14-Juillet ✆ 02 47 96 58 22

MAIRIE 2, place du 14-Juillet ✆ 02 47 96 12 50

GARE SNCF 6, place Joseph-Martin ✆ 02 47 96 82 19

Transports

SAVIGNY JANINE 14, rue Anne-de-Bretagne ✆ 02 47 96 82 41

TAXI MAUREL 23, place Léon-Boyer ✆ 02 47 96 71 63

Points d'intérêt

La station verte compte 4 000 Langeaisiens. Elle est dominée par son orgueilleux château féodal.

Langeais a aussi ses spécialités : les macarons et les muscadins, à la crème de marron, cerise confite et kirsch, ou les noisetons, un praliné noisette enrobé de meringue au café.

CHATEAU DE LANGEAIS ✆ 02 47 96 72 60. *Ouvert du 16 octobre au 31 mars de 10h à 17h30 ; du 1er avril au 14 juillet et du 21 août au 15 octobre de 9h30 à 18h30, du 15 juillet au 20 août de 9h30 à 20h00, fermé le 25 décembre. Plein tarif 6,50 €, 3e âge 5,50 € et 4 € pour les enfants.* Le château vit se dérouler le mariage de Charles VIII et d'Anne de Bretagne en 1491. La scène est reconstituée avec des personnages de cire aux physionomies réalistes. On y admire aussi une importante collection de tapisseries et un exceptionnel ensemble de meubles gothiques. Dans la cour du château, le donjon du Xe siècle est le dernier vestige du château primitif. Dans l'église Saint-Laurent (XIIe siècle) toute proche, un curieux musée de l'artisanat met en scène, sous la forme d'un village du XIXe siècle, les métiers d'autrefois.

Le gîte et le couvert

M. ERRARD HOSTEN 2, rue Gambetta ✆ 02 47 96 82 12. *Fax 02 47 96 56 72. Fermeture annuelle du 19 février au 25 mars. Fermé le dimanche soir, lundi et mardi midi. 10 chambres de 61 €. à 71 €. Menus de 28 €. à 47 €. Carte 40 €. Petit déjeuner 10 €.* Style et tradition dans cette maison accueillante, ancien relais de poste couvert de vignes vierges, à proximité du château. Les chambres sont plaisantes et spacieuses, toutes différentes, au confort bourgeois. La table est gastronomique et traditionnelle, intéressante et variée, citons pour exemple le pigeonneau de Touraine au miel et au gingembre, le sandre au beurre blanc.

▷ *Dans les environs*

Bourgueil

Le nom de la ville, souriant et évocateur, qui était cher à Jean Carmet, est intimement lié à la vigne, et aux excellents crus de la région, Bourgueil et Saint-Nicolas, tout proches.

ABBAYE BENEDICTINE. *Ouvert d'avril à octobre inclus les samedis, dimanches et jours fériés de 14h à 18h, en juillet et en août, du mercredi au lundi. Les visites sont guidées. Tarifs : 5 €, moins de 15 ans, étudiants 3,50 €.* L'escalier et le réfectoire de l'infirmerie, lambrissé de remarquables boiseries, datent du XVIIIe siècle. Le château (XVIIe siècle) abrite aujourd'hui une communauté religieuse, tandis que le cellier est du XIIIe siècle.

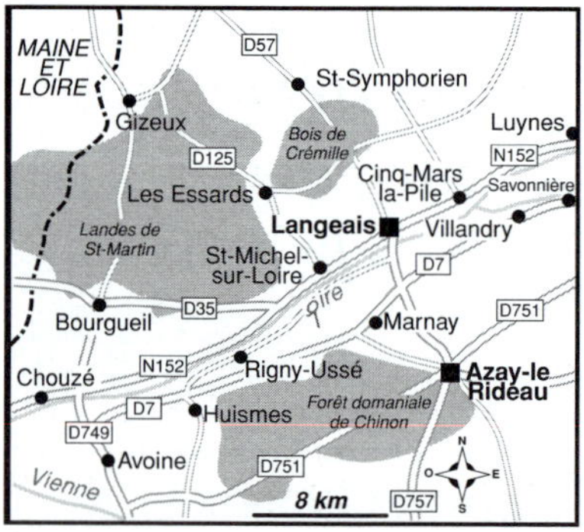

MUSEE VAN OEVEREN RUUD Château des Sablons ✆ 02 47 97 98 99. *Château du XVIIIe siècle, ouvert en juillet et août tous les jours sauf le lundi de 14h à 18h, et toute l'année sur rendez-vous. Tarif 6,50 € adulte, 4,50 € pour les moins de 15 ans.* Le propriétaire vous fera pénétrer dans le monde de l'escrime et des duels et vous fera profiter de sa riche collection d'armes et ses pièces uniques, peintures, statuettes.

L'ECU DE FRANCE 9, rue de Tours ✆ 02 47 97 70 18. *Fax 02 47 97 72 93. Fermé le dimanche soir et lundi du 1er septembre au 30 juin et dimanche soir en juillet et août. 9 chambres de 27,50 à 44 €. Menus de 15 à 30 €, formule du mardi au vendredi à 10 €. Petit déjeuner 5,50 €.* Un ancien relais de poste à proximité d'une abbaye millénaire. Les chambres sont bien équipées (télévision dans chacune) et correctement entretenues. Jolie salle de restaurant où l'on se sent bien pour découvrir une cuisine qui, sans tambours ni trompettes, fait très bien son travail : duo de foie gras maison, filet de sandre au beurre rouge, pain perdu avec pomme rôtie à la confiture de vin de Bourgueil.

LE THOUARSAIS 10, place Hublin ✆ 02 47 97 72 05. *Fermeture annuelle première quinzaine d'octobre. Fermé le dimanche soir (d'octobre à Pâques). 23 chambres de 25 € à 48 €. Petit déjeuner 5,50 €.* Cet hôtel a la particularité d'offrir, dans trois bâtiments, différents choix de chambres. Calme assuré. Les animaux sont interdits.

PARC CAPITAINE ✆ 02 47 97 91 39 (Office de Tourisme). Un plan d'eau avec de nombreuses activités, sur l'eau (dont pédalo, baignade surveillée en été, de 13h à 19h, canoë, pêche) comme sur les pelouses : mini-golf, aires de pique-nique, bar, restauration rapide, terrains de pétanque et de basket.

DOMAINE HUBERT La Hurolaie ✆ 02 47 97 30 59. *Fax 02 47 97 45 46. Ouvert de 9h30 à 11h30 et de 14h30 à 19h.* Le domaine se situe au cœur de l'appellation bourgueil et vous pourrez apprécier en toute sérénité les différents vins du domaine. Visite de la cave et dégustation sur demande. A conseiller : le bourgueil vieilles vignes rouge 93, sélectionné dans le Guide des Vins du Petit Futé.

MAISON DES VINS DE BOURGUEIL 18, place de l'Eglise ✆ 02 47 97 92 20. *Ouverte du 15 mai au 15 septembre du mardi au samedi de 10h à 12h30 et de 14h30 à 19h, du 15 septembre au 15 mai le vendredi de 14h à 18h et le samedi de 10h à 12h et de 14h à 18h.* La maison des vins se propose d'initier à la dégustation toute personne intéressée. La séance, faite par un professionnel, se déroule sous forme de jeux et de tests sensoriels et se termine, bien entendu, par une découverte des vins de Bourgueil. Sur réservation.

Chouzé-sur-Loire

Un ancien port important sur la Loire.

MUSEE DES MARINIERS 4, rue Saint-Pierre ✆ 02 47 95 18 47. *Fax (mairie) 02 47 95 02 79. Ouvert du 15 juin au 15 septembre vendredi, samedi, dimanche et jours fériés de 15h à 18h. tarif 2 €.* Pour mieux connaître les activités de batellerie sur la Loire.

CHATEAU DES REAUX 51, rue Réaux - LE PORT BOULET ✆ 02 47 95 14 40. *Fax 02 47 95 18 34. Fermeture annuelle du 24 au 26 décembre. Chambres de 115 € à 250 € au château, 80 € au cottage. Table d'hôtes pour les groupes au-dessus de 10 personnes, sur réservation (menu à 46 €). Petit déjeuner 12 €.* Un lieu chargé d'histoire, puisque le château, modèle architectural de la première Renaissance, a été bâti au XVe siècle. Entouré de douves, d'un parc de 4 ha et de jardins paysagers, il se trouve en plein cœur de la fameuse vallée des rois (Chinon, Fontevreau, Saumur…). Les chambres allient confort et une élégance qui sied à l'endroit. Sur réservation, une table d'hôtes vous permet de profiter de toute la richesse de la gastronomie locale. Un tennis privé est à disposition, des vélos, une barque pour naviger dans les douves.

Cinq-Mars-la-Pile

Comme son nom l'indique, l'endroit est célèbre par sa pile et par le marquis de Cinq-Mars, conspirateur qui voulait bien du mal à Richelieu, et vice-versa. Son château féodal et natal en fit les frais. Monument historique, on visite ce que le cardinal a bien voulu en laisser. La pile est un monument gallo-romain (IIe siècle) qui domine le coteau de ses 30 m de briques.

Luynes

Un bourg très ancien, dont on contemple encore quelques arches de l'aqueduc romain, 44 exactement par rapport aux 99 d'origine.

CHATEAU ✆ **02 47 55 67 55.** *Ouvert d'avril à fin septembre tous les jours de 10h à 18h. Plein tarif 8 €, étudiants avec carte 6 € et 4 € pour les moins de 15 ans.* Au Xe siècle, une forteresse est élevée, puis détruite et reconstruite par Hardouin Ier. Au XIIe siècle, la famille de Luynes en prend le contrôle, et le bourg, appelé alors Maillé, prend le nom de son seigneur. De nobles personnages, tels Louis XI et Louis XIII firent halte au château. Le château est habité, et l'on pourra apprécier meubles, portraits et autres tapisseries avant de profiter des jardins et de la vue sur la Loire. Dans le village, la halle (XVe siècle), et l'ancienne hostellerie, aux belles sculptures sur bois, datent de l'époque de la famille de Maillé.

LE MOULIN HODOUX ✆ **02 47 55 76 27.** *Agnès Vidal. 4 chambres à 59 €, petit déjeuner compris. Carte bancaire non acceptée.* Au cœur des châteaux de la Loire et des vignobles, un ancien moulin à eau des XVIIIe et XIXe siècles. Les chambres sont décorées avec beaucoup de charme. Le jardin est traversé par la rivière qui servait autrefois au fonctionnement du moulin. Une piscine se tient au milieu du parc. Les animaux ne sont pas les bienvenus.

Rigny-Ussé

CHATEAU D'USSE ✆ **02 47 95 54 05.** *Ouvert du 8 février au 31 mars et du 1er janvier au 11 novembre de 10h à 12h et de 14h à 17h30 et d'avril à septembre de 9h30 à 18h30. Plein tarif 9,80 €, 3 € pour les moins de 16 ans.* Le château (XVe-XVIe siècle) est surnommé château de la Belle au Bois Dormant pour avoir inspiré Perrault. Il fut transformé et enrichi par ses propriétaires successifs pour former aujourd'hui un très bel ensemble, avec ses jardins en terrasse et sa collégiale. Beaucoup d'allure, avec ses tours et toits pointus à profusion. Quant à l'intérieur, il est remarquablement mis en valeur par son mobilier, ses tapisseries et autres objets d'art.

Savonnières

GROTTES PETRIFIANTES ✆ **02 47 50 00 09.** *Ouvert tous les jours, du 5 février au 31 mars et du 1er octobre au 11 novembre de 9h30 à 12h et de 14h à 18h, d'avril à septembre inclus, tous les jours de 9h à 18h30, du 12 novembre au 15 décembre du vendredi au mercredi de 9h30 à 12h et de 14h à 18h. Entrée : 5,20 €, 3,70 € pour les 6/12 ans, 4,20 € pour les 13/15 ans.* Un ensemble de grottes dont la première fut découverte par Bernard Palissy en 1547. Stalactites et autres concrétions, cascades pétrifiantes, cimetière gallo-romain, et un musée de la Pétrification où on découvre stalactites et stalagmites, mais aussi les apparitions dantesques d'un cimetière romain et, plus ancien encore, de diplodocus, tilausorus et autres dimétrodons pétrifiés. Un Jurassic Park à la tourangelle avec l'ambiance magique que crée le goutte à goutte des eaux calcaires ruisselantes.

Villandry

CHATEAU ✆ **02 47 50 02 09.** *Jardins : du 1er janvier au 28 février et du 14 octobre au 31 décembre de 9h à 17h30, du 1er au 30 mars de 9h à 18h, du 31 mars au 30 avril et du 16 septembre au 13 octobre de 9h à 19h, du 1er mai au 15 septembre de 9h à 19h30. Tarifs : adultes 5 €, étudiants avec cartes, 8 ans à 18 ans, famille nombreuse avec carte : 3,50 €. Château : du 2 au 28 février de 9h30 à 17h, du 1er au 30 mars de 9h à 17h30, du 31 mars au 30 juin et du 1er septembre au 13 octobre de 9h à 18h, du 14 octobre au 11 novembre de 9h à 17h, du 1er juillet au 31 août de 9hà18h30.* On y vient pour le château Renaissance, remarquable pour son architecture, mais plus encore pour ses jardins exceptionnels, sur trois niveaux : un potager, un jardin d'agrément en rez-de-chaussée, et un jardin d'eau.

ETAPE GOURMANDE A LA FERME La Giraudiere ✆ **02 47 50 08 60.** *Fax 02 47 50 06 60. Fermeture annuelle du 12 novembre au 12 mars. Menus de 13,80 € à 27,20 €, menu du petit fermier 9 €.* A proximité du château de Villandry (à 1,5 km), dans une ferme du XVIIe siècle, vous goûterez une cuisine du terroir et des spécialités à base de fromages de chèvre : foie gras poêlé, cochon de lait grillé, terrine de viande de chèvre, glace de fromage frais de chèvre. Salles d'époque et ambiance conviviale.

AUBERGE LE COLOMBIEN 2, rue de la Mairie ✆ **02 47 50 07 27.** *Fax 02 47 5 04 69. Fermeture le mercredi en saison et le mardi soir et dimanche soir l'hiver.* Les menus, de 16 € à 35 €, déclinent une cuisine traditionnelle et familiale élaborée dans la tradition rabelaisienne. 10 chambres de 30 à 48 €, possibilité d'une grande chambre familiale avec 2 salles de bains.

L'ALEZANE Bel Ebat © 02 47 50 16 41/06 82 59 92 21. *Catherine Philippon.* Vous aurez la possibilité de choisir entre balades à l'heure ou à la journée, et vous serez encadré par de véritables professionnels.

DOMAINE DE LA GIRAUDIERE © 02 47 50 08 60. *J. et B. de Montferrier. Ouvert tous les jours de mi-mars à mi-novembre de 12h à 15h et de 19h30 à 21h.* Une étape gourmande dans une ferme du XVIIe siècle où vous pourrez découvrir et déguster les produits du domaine : cochon de lait, chevreau, canard, glace au fromage de chèvre. L'exploitation est parfaitement transparente : on peut s'y promener en toute liberté.

Azay-le-Rideau

La cité s'est appelée Asiacus au Xe siècle, Azaium Ridelli au XIIIe et Azé-le-Brûlé au XVe siècle.

Fiche pratique

MAIRIE © 02 47 45 42 11

OFFICE DU TOURISME Place de l'Europe © 02 47 45 44 00

Points d'intérêt

CHATEAU © 02 47 45 42 04. *Ouvert tous les jours du 1er avril au 30 juin et du 1er au 30 septembre de 9h30 à 18h, du 1er juillet au 31 août de 9h30 à 19h, du 1er octobre au 31 mars de 10h à 12h30 et de 14h à 17h30. Fermé le 1er janvier, 1er mai et 25 décembre. Tarif : 6,10 €, 4,10 € pour les moins de 25 ans, gratuit pour les moins de 18 ans.* Bâti sur pilotis dans une île de l'Indre, le château fut édifié de 1518 à 1527, à la place d'une ancienne maison forte (la précédente construction avait été incendiée par le futur Charles VII en 1417). Sur un îlot de l'Indre, il constitue un ensemble d'une grande harmonie. A l'origine, demeure du trésorier de France, Gilles Berthelot, il est parvenu jusqu'à nous, sans transformations majeures. Son histoire discrète contraste avec une architecture brillante, qui résume le nouvel idéal de la Renaissance. Ponctuées de tours et de tourelles, les deux ailes en équerre présentent une alliance parfaite d'éléments traditionnels et de traits empruntés à l'art italien. Appartements meublés, belles collections de tapisseries flamandes et françaises des XVe et XVIIe siècles.

MUSEE MAURICE DUFRESNE Marnay © 02 47 45 36 18. *A 5 km à l'ouest d'Azay-le-Rideau. Ouvert du 1er février au 30 novembre, en basse saison, de 9h15 à 18h, jusqu'à 19h en haute saison. Tarifs : 10 €, 6 ans à 15 ans, étudiants avec carte.* Un passionné qui a collectionné en une quarantaine d'années près de 3 000 machines anciennes, sur le site d'une ancienne papeterie. Le vaste domaine contient un parc de 6 ha et un ensemble de 10 000 m^2 de bâtiments permettant une aussi grande exposition. Avion Blériot 1909, métiers à tisser, machinisme agricole, automobiles anciennes, motos, pompe à incendie, et l'atelier de maréchal-ferrant du propriétaire, ancien compagnon du Devoir.

Le village garde le souvenir de Calder, et bien sûr de Balzac, installés, à des époques différentes, au proche village de Saché.

LA VALLEE TROGLODYTIQUE DES GOUPILLIERES © 02 47 96 60 84. *Fax 02 47 96 50 25. Visites guidées du lundi au vendredi, de 10h à 19h, samedi, dimanche et jours fériés de 14h à 19h.*

De château en château à cheval

Les amoureux de la nature plébiscitent ce mode insolite de découverte, qui donne leur pleine mesure aux paysages traversés. En bordure du Cher, dans un cadre verdoyant, Jean-Paul Bonétat accueille les cavaliers, débutants ou confirmés, pour des circuits alliant terroir et patrimoine. Quelques exemples : de Chenonceau à Amboise en une journée, de Montpoupon à Chaumont, avec pause dans les caves troglodytiques de Bourré en 2 jours, grands et petits châteaux, sur 7 jours, avec dégustations de spécialités locales, visites...

Une ferme du XVIIIe siècle offre son cadre à ces écuries qui proposent, dans des installations équestres récentes telles que le manège couvert, les carrières, des activités dès 3 ans ; parmi elles le saut d'obstacles, le dressage, le poney-game, le TREC, le horse-ball, les promenades et randonnées...

Bottes et bombes sont prêtées aux équitants amateurs dépourvus d'équipement.

Nouveau : le gîte d'étape qui retient les cavaliers au milieu de ses chênes centenaires dans des chambres de 4 lits ; chambre occupée par une personne : 32 €, 2 personnes : 22 €, 3 : 18,50 €, 4 : 17 €.

LES ECURIES DE LA VALLEE DES ROIS Ferme du coteau - RN76 - 37270 AZAY-SUR-CHER © 02 47 50 47 07. *Fax 02 47 50 77 67. Site : www.franceridingtours.com.*

Ce centre équestre s'est installé autour d'une belle ferme du XIXe siècle. Afin de conserver intact l'environnement de choix, les propriétaires ont veillé à construire des installations équestres en harmonie avec les bâtiments d'origine... Dans ces écuries-là, sont logés une trentaine de poneys et double-poneys, autant de chevaux, ainsi que quelques pensionnaires... Les montures voués à la clientèle sont tout à fait bien dressés et très dociles. Vous pourrez vous en rendre compte et en profiter pleinement, que ce soit pour une balade d'une heure ou plus, ou carrément pour une randonnée d'une semaine. le programme 2004 est disponible !

Tarifs : 4 €, groupes de plus de 20 personnes 3,50 €, enfants 3 €. Dans un cadre naturel exceptionnel, un ensemble de fermes troglodytiques qui témoigne d'un habitat paysan tourangeau creusé dans le tuffeau : puits, fours à pain, étables, sillo à grains, souterrain refuge.

A proximité, le château de l'Islette (privé) accueillit Rodin et Camille Claudel.

Le couvert

LE FOURNIL 22, rue du Val-de-Loire - VALLERES © 02 47 45 43 06. *Fermé le dimanche soir et mercredi. Menus de 21 € à 35 €.* L'étape sympa avant la visite des châteaux d'Azay et Villandry. Chez Christian et Manuela, c'est la sincérité qui domine, cadre campagnard soigné, jolie terrasse et cuisine très affûtée à partir des produits régionaux : croustillant de rillons au confit d'oignons, dos de cabillaud rôti au thym, noisette d'agneau en croûte d'herbes.

LES GROTTES 23 ter, rue Pineau © 02 47 45 21 04. *Fermeture annuelle du 21 décembre au 30 janvier, 1re semaine de juillet. Du 1er mai au 30 août fermé le jeudi. Menus de 20,80 € à 36,10 €.* Entre Tours et Chinon (chacune de ces 2 villes est à 20 km), un restaurant au cadre troglodytique qui fut autrefois une habitation puis une cave à vin. Messieurs Busqué et Finard sauront vous accueillir. Cuisine créative élaborée à partir de produits du terroir.

Le gîte

HOTEL DE BIENCOURT 7, rue Balzac © 02 47 45 20 75. *Fax 02 47 45 91 73. Fermeture annuelle du 15 novembre au 1er mars. 17 chambres de 37 € à 52 €, possibilité de chambres familiales. Petit déjeuner buffet : 7 €, gratuit pour les moins de 12 ans.* Un hôtel de charme aménagé dans une demeure du XVIIIe siècle, et une école donnant sur un patio fleuri, dans une rue semi-piétonne menant au château.

CHATEAU DE GERFAULT © 02 47 45 40 16. *Mme Salles et Mme de Chénerilles. Fermeture annuelle de la Toussaint à Pâques. 7 chambres de 75 € à 100 €.* Au cœur des châteaux de la Loire, un château familial construit en 1910 comme rendez-vous de chasse. La propriété comprend également un parc boisé de 10 ha au bord de la forêt de Villandry. Les chambres sont lumineuses, spacieuses et bien équipées. La décoration, traditionnelle, sied parfaitement au lieu. Un appartement peut être loué.

HOTEL VAL DE LOIRE 50-52, rue Nationale © 02 47 45 28 29. *Fax 02 47 45 91 19. Fermeture annuelle du 15 novembre au 15 mars. 27 chambres de 50 € à 70 €. Petit déjeuner 7,50 €.* A 200 m du château, en centre-ville, cet établissement de construction récente propose 27 chambres confortables et soigneusement décorées. Certaines d'entre elles sont climatisées. Ambiance conviviale. 2 parkings privés (l'un d'eux est fermé).

Sympathique halte pour résider sans souci au milieu des châteaux et des vignobles.

Emplettes

PIBALEAU - LURE 68, route de Langeais © 02 47 45 27 58. *Ouvert de 8h à 12h30 et de 13h30 à 19h, du lundi au samedi. Fermé le dimanche.* M. Pibaleau vous reçoit dans son domaine et saura vous faire découvrir les qualités de ses touraine blancs, rosés, rouges, et son crémant de Loire. La visite du vignoble est commentée par l'exploitant lui-même.

▷ *Dans les environs*

Montbazon

Site préhistorique (on y a découvert des silex taillés), Montbazon prendra son essor sous Foulques Nerra qui fait construire le château dont le donjon subsiste encore, surmonté d'une statue monumentale de la Vierge, haute de 9 m, posée en 1866. C'est l'axe espagnol qui donnera un fort développement touristique au village à partir du XIXe siècle.

Montbazon est aujourd'hui un lieu de villégiature privilégié pour les Tourangeaux mais aussi pour les Parisiens, qui viennent prendre leurs aises au bord de l'Indre. Pour celui qui fait la chasse aux maisons luxueuses, aux châteaux que l'on visite et ceux où l'on dîne et où l'on dort, la région de Montbazon est particulièrement giboyeuse.

LA CHANCELIERE - LE JEU DE CARTES 1, place des Marronniers © 02 47 26 00 67. *Fermeture annuelle vacances solaires de février. Fermé le dimanche et lundi. Menus carte de 29 € à 37 €.* Table distinguée dans une maison ancienne du XVIIe où une très bonne équipe a décidé de mettre son talent, naguère gastronomique, au service d'une cuisine de bistrot du meilleur goût, avec des tarifs franchement accessibles. Le résultat est très convaincant, et le cadre charmant, la cuisine inventine : coquetier surprise de morilles à la crème de foie gras, tarte Tatin de queue de bœuf au beurre d'ail.

DOMAINE DE LA TORTINIERE 10, route Ballan - LES GUES DE VEIGNE © 02 47 34 35 00. *Fax 02 47 65 95 70. Fermeture annuelle du 21 décembre au 1er mars. Fermé le dimanche soir pour le restaurant, du 1er novembre au 1er mars. 30 chambres de 98 € à 280 €. Menus de 39 € à 69 €. Petit déjeuner 14 €.* Une demeure de tradition, symbole depuis des lustres du luxe hôtelier en Touraine. Beaucoup de cachet dans ce château Second Empire, remarquablement aménagé pour apporter un grand confort, tout en préservant le charme. Chambres très raffinées, certaines climatisées, se partageant entre le château et les pavillons anciens. Table également de qualité, avec une cuisine actuelle à base classique : huitres chaudes en habit d'épinards glacés au sabayon d'estragon, liévres à la royale mitonné au vin de Touraine et poire aigre-douce, soufflé chaud à la liqueur de truffe fraîche et son verre de liqueur.

Monts

LA RECREATION Le Petit Nétilly © 02 47 26 16 72. Entre la découverte des animaux de la ferme et les nombreuses activités ludiques, les enfants sont ici à l'honneur : voltige, vélo, vélo-taxi depuis l'été 2003, "gliss'mouille", etc. 6 € à partir de 4 ans.

Neuil

MUSEE GEOLOGIQUE 15, rue du Marron © 02 47 65 87 71. *Ouvert du 15 juin au 15 septembre de 14h à 18h30. Visite gratuite.* On y trouve une collection de 6 000 fossiles datant de l'ère primaire ainsi que des outils préhistoriques.

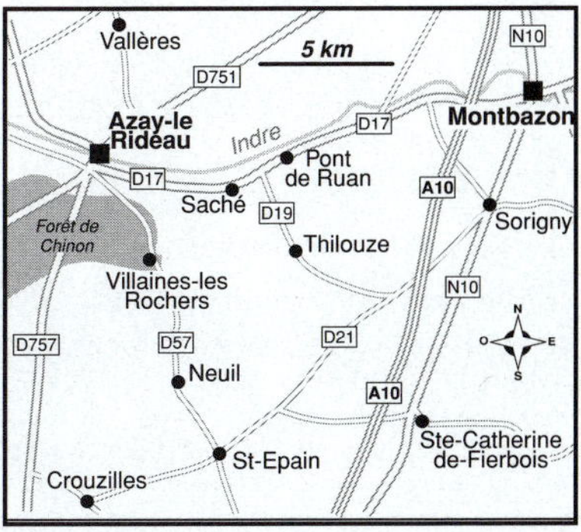

iconotec.com / Pierre DELAGUERARD

Le château d'Azay-le-Rideau

Saché

Saché, c'est Balzac, avec le château qui fut sa demeure et son lieu de villégiature favori. Il y écrivit Le Père Goriot et Le Lys dans la vallée. Les flèches ne peuvent vous tromper, et vous arriverez facilement jusqu'au château du Saint-Honoré.

MUSEE BALZAC Rue Château ✆ 02 47 26 86 50. *Ouvert du 2 janvier au 3 mars et du 1er octobre au 31 décembre de 9h30 à 12h30 et de 14h à 17h30, du 1er avril au 30 septembre de 9h à 19h. Fermé le 25 décembre. Plein tarif 3,80 €, tarif réduit 2,70 €.* Le musée se consacre à l'écrivain, sa vie, son œuvre et ses objets familiers. On visite ce bel intérieur 1830, avec des pièces et des documents concernant l'écrivain, la chambre dans laquelle il trouvait sa prolifique inspiration.

A voir aussi, de l'extérieur, le château de Valesne et, dans le village, le Totem signé Calder, qui rappelle les fréquents séjours du sculpteur dans la région, puisqu'il installa son atelier au lieu-dit Le Carroi, dans une maison située à côté du château de la Chevrière. L'atelier est encore actuellement à disposition d'artistes étrangers venant travailler en France.

Le village lui-même ne manque pas de charme, avec une vieille église XIIe siècle et quelques autres vieilles pierres, comme celles de l'auberge du XVIe siècle.

Thilouze

Son châtelet, reconstruit à l'identique sur les plans de l'édifice (XVe siècle), l'église Saint-Antoine (XIIIe siècle) au clocher classé, et le château du Plessis (XVe siècle).

Villaines-les-Rochers

MUSEE DE L'OSIER ET DE LA VANNERIE 22, rue des Caves-fortes ✆ 02 47 45 23 19. *Ouvert de mai à septembre inclus de 14h30 à 18h30. Fermé le lundi. Plein tarif 2,50 €, 1,50 € pour les moins de 18 ans.* Fabrication et culture de la plante sont au programme de cette exposition qui permet de mieux cerner une tradition ancestrale dans la région. La coopérative rassemble près d'une centaine d'artisans vanniers. L'activité est évoquée par Balzac dans Le Lys dans la vallée.

LE NORD DE LA TOURAINE

Saint-Paterne

Points d'intérêt

Avant d'arriver à Saint-Paterne-Racan, deux curiosités : la charmante petite rivière que l'on suit, l'Escotais et sa vallée, et le très beau château de la Roche-Racan, qui fut édifié par le poète au XVIIe siècle (la construction initiale datait du XIVe siècle), qui domine un paysage verdoyant. C'est un ancêtre du fameux Jacques Gabriel, l'architecte, qui édifia le pont de Blois et l'évêché au début du XVIIIe siècle, qui dirigea la construction.

CHATEAU DE LA ROCHE-RACAN ✆ 02 47 29 20 02. *Ouvert du 5 mai au 15 septembre, de 10h à 12h et de 15h à 17h. Tarif : 5 €, gratuit pour les moins de 12 ans.* Construit au XVIe siècle, il ne reste plus du corps de logis prolongé de deux pavillons, que l'aile ouest et une partie du bâtiment central. Le château est entièrement meublé.

EGLISE SAINT-PATERNE. *Ouverte du 1er janvier au 31 décembre de 8h à 18h, visite gratuite.* L'édifice est du XVIIIe siècle, à l'exception de la façade et du clocher (XVe siècle). Ne pas manquer les différentes statues (du XVIe au XVIIIe siècle) et le retable.

Loisirs

LES ARGUILLONNIERES ✆ 02 47 29 71 71. A la sortie de la ville, une petite aire de loisirs avec emplacement pour pique-nique, sanitaires, plage et jeux pour enfants.

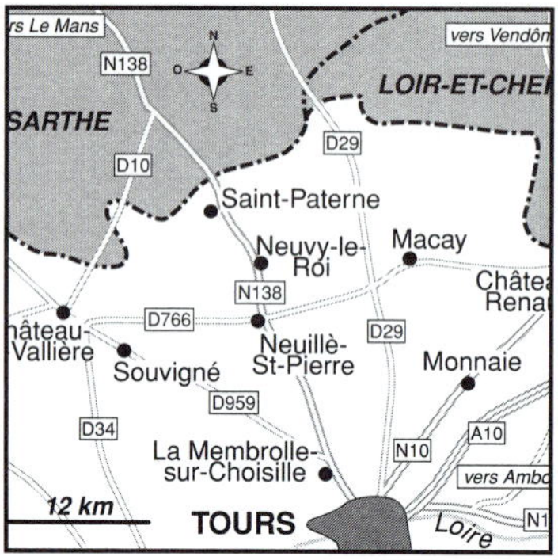

▷ Dans les environs

Ambillou

Au milieu des bois d'Ambillou, de Tivoli et de la Motte, entre étangs et forêts, un village charmant avec son église (XIe siècle), et une chapelle qui fut longtemps un lieu de pèlerinage.

Brèches

Un charmant petit village avec son église Saint-Martin et la maison natale d'Alfred Velpeau, le grand chirurgien inventeur de la bande salvatrice, son ancienne voie romaine et son étang. A proximité, l'ancienne abbaye de la Clarté-Dieu, un ancien couvent cistercien aujourd'hui privé.

Channay-sur-Lathan

Un joli site, à trois kilomètres du lac de Pincemaille, entre les vallées de la Maulne et du Lathan. Eglise (XIIe-XVIIe), manoirs du Mesnil et de la Barrée. Une idée originale pour les amateurs de géologie, une ancienne carrière de falun a été intelligemment reconvertie en carrière-musée, avec de nombreux panneaux d'explication qui permettent de détailler, d'une strate à l'autre, l'histoire de la pierre.

Château-la-Vallière

Le nom vient de Louise de La Baume Le Blanc, duchesse de La Vallière, dont le château familial se trouve à Reugny, et qui fut une favorite de Louis XIV, dont elle eut deux enfants avant d'entrer au carmel. Auparavant, elle reçut de son bien aimé Roi-Soleil ce modeste domaine, le château de Vaujours. Voir l'église Notre-Dame, la chapelle Saint-Nicolas et la Grand-Maison, un logis du XVIIIe siècle, qui abrite maintenant la mairie.

LAC DU VAL-JOYEUX © **02 47 24 00 21 (Mairie).** Balades et pique-nique autour de ce lac de grandes dimensions, qui se prête à la plupart des loisirs nautiques. La baignade est surveillée et on trouve même une plage de sable. Un chemin pédestre longe par ailleurs le lac. Autre promenade à pied, avec un tour très agréable jusqu'à Brèches.

Château-Renault

5 811 Castelrenaudins. Napoléon III séjourna deux jours dans cette ancienne capitale du cuir, qui compte, entre autres célébrités, un maréchal de France (François-Louis de Rousselet), et un journaliste de télévision (Philippe Harrouard).

MUSEE DU CUIR ET DE LA TANNERIE 105, rue de la République © **02 47 56 03 59.** *Ouvert de mi-mai au 30 juin et du 1er au 15 septembre, du mardi au dimanche, de 14h à 18h, du 1er juillet au 31 août de 10h à 12h et de 14h à 18h. Tarif : 3,20 €.* Installé dans une ancienne tannerie du XVIe siècle, il rappelle l'importance de cette industrie dans la région au cours des siècles passés (une vingtaine de tanneries au XIXe siècle). Outils, procédés de fabrication, expositions. Voir aussi l'église Saint-André, ses vitraux et son orgue, le château et le donjon.

LA GRANGE 103 bis, rue de la République © **02 47 29 62 39.** Une brocante intéressante où l'on trouvera de nombreux objets rares et des meubles anciens. Il est préférable de téléphoner avant de se déplacer.

Cléré-les-Pins

L'église possède un chœur du XIIe siècle. A remarquer, l'architecture de la mairie et du groupe scolaire.

CHATEAU DE CHAMPCHEVRIER © **02 47 24 93 93.** *Ouvert tous les jours du 15 juin au 15 septembre de 10h à 18h. Tarif 7 €.* L'édifice date des XVIe et XVIIIe siècles, et est habité par la même famille depuis 1728. A l'intérêt que suscitent douves et fossés s'ajoute celui des belles tapisseries que renferme le château. D'une pièce à l'autre, on apprécie les riches décors et le beau mobilier. On y trouve, pour la chasse à courre, un équipage fondé en 1804.

Continvoir

LA BUTTE DE L'EPINE © **02 47 96 62 25.** *M. et Mme Bodet Michel. Fermé le 24 décembre et 2 janvier. 3 chambres à 53 €. Carte bancaire non acceptée.* Au calme, en lisière de forêt, une charmante demeure, d'inspiration XVIIe siècle, construite avec des matériaux anciens. 3 chambres spacieuses et classées 3 épis. Dans la propriété, vous trouverez un grand jardin à l'anglaise, des arbres variés et un petit bois. Vignobles à proximité, Chinon est à 30 km.

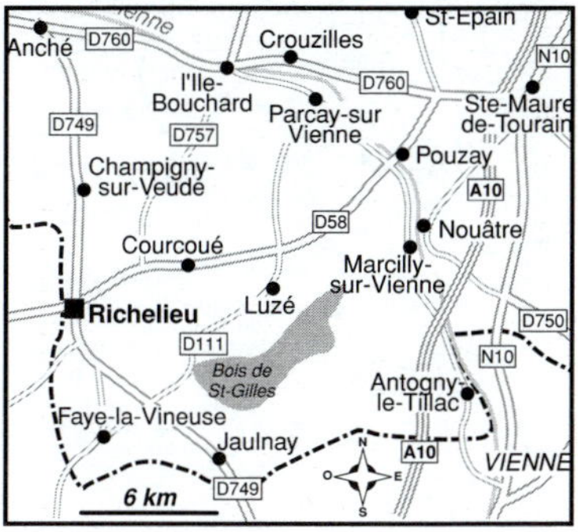

Courcelles-de-Touraine

Eglise XIe-XVe siècle, manoir, château et détente à l'étang Bouchard, à l'étang Neuf, ou au golf situé entre les deux.

CHATEAU DES SEPT TOURS Le Vivier des Landes © **02 47 24 69 75.** *Fax 02 47 24 23 74. Fermeture annuelle février. Le restaurant gastronomique est fermé le dimanche soir et lundi de novembre à mars. 46 chambres de 145 € à 290 €. Menus de 35 € à 50 €. Petit déjeuner buffet 15 €.* La vie de château dans un cadre tranquille et champêtre. Les chambres (dont 2 suites) sont très bien équipées et décorées avec raffinement. Cuisine aux saveurs authentiques : pressé de foie gras poêlé, dos de sandre poêlé au miroir de Chinon sur sa compotée d'oignons, croustillants de cailles en fondue de légumes et son jus truffé, croquant coulant à la pistache. Un havre de tranquillité s'ouvrant sur un golf de 18 trous plat et boisé.

Gizeux

CHATEAU DE GIZEUX © **02 47 96 50 92.** *Ouvert de mai à septembre inclus, du lundi au samedi de 10h à 18h, le dimanche de 14h à 18h. Tarif 6 €, enfants 3 €, gratuit pour les moins de 10 ans.* Un domaine des XIVe et XVIe siècles qui fut habité durant trois-cent cinquante ans par la famille Du Bellay. On peut y admirer une galerie de peinture Renaissance et des fresques du XVIIe sur 400 m^2.

Hommes

Eglise néo-gothique. Ruines du château, et, à la Briche (2 km à l'ouest par la D64), une ancienne ferme modèle édifiée en même temps (1870) qu'un château, par un industriel aux idées généreuses et révolutionnaires, Jean-François Cail.

Lublé

L'église (XIe siècle) et ses fresques, les vestiges de l'hôpital fondé par Louise de la Vallière. Anciens moulins, à eau et à vent. Plan d'eau et coin pique-nique.

Marcilly-sur-Maulne

En arrivant de Braye, on distingue un beau château entre les arbres. Il faut s'approcher un peu plus du village, particulièrement depuis le pont sur la Maulne pour le voir dans toute sa splendeur : c'est un noble bâtiment (XVe-XVIIe siècle), dans le style Renaissance, témoin de l'importance passée du village, qui compte également un châtelet (XVe siècle) et une église (XIIe-XVIe siècle).

Marray

EGLISE. Il s'agit de la seule église de Touraine construite en roussard, ce grès rouge fréquent dans le Sud-Ouest. Elle date du XIe siècle et sa chapelle du XVe.

Neuillé-le-Lierre

AUBERGE DE LA BRENNE 19, rue de la République © **02 47 52 95 05.** *Fermeture annuelle du 4 février au 10 mars. Fermé le mardi soir et mercredi toute l'année, le dimanche soir d'octobre à mai. 5 chambres, de 57 € à 72 €. Menus de 17 € à 41 €. Carte 30 €. Petit déjeuner 8 €.* Une bonne auberge régionale dans un joli cadre tourangeau, au centre du bourg. Les menus changent régulièrement, selon les saisons, mais les rillettes sont toujours au feu de bois et les produits sont impeccables, traités avec égards : quenelles de brochet sauce Nantua, civet de biche au chinon, chèvre chaud rôti.

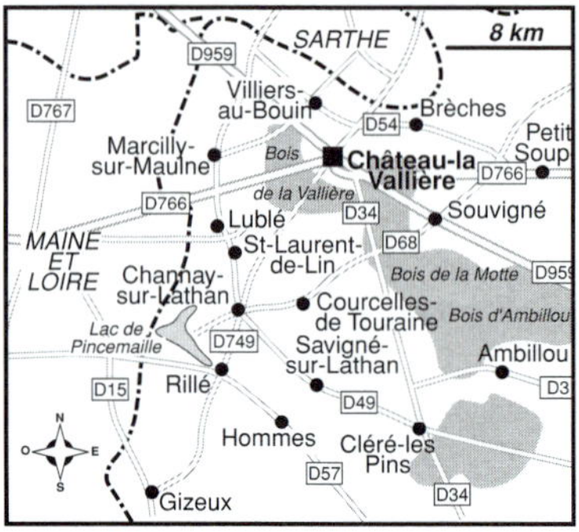

Neuvy-le-Roi

Le village mérite un détour pour son église des XIIe, XIIIe et XVIe siècles, avec voûtes angevines.

FERME DU CHATEAU DES BOIS Le Château du Bois ✆ 02 47 24 44 76. *4 chambres de 31 € à 48 €. Menu à 11 €. Carte bancaire non acceptée.* Chambres tout confort dans une ferme en activité, spécialisée dans la production bovine. Kitchenette à disposition, jardin équipé de salons. Produits de l'exploitation et produits de la ferme alimentent la table d'hôtes. De là, la ville de Tours est à 20 km.

Rillé

A la pointe est du lac de Pincemaille, un ancien village fortifié, dont les seuls témoignages sont une des portes de la ville et une église (XIe-XVIe siècle). A voir aussi les alignements mégalithiques appelés les Trois Chiens.

TRAIN HISTORIQUE DE RILLE Gare ✆ 02 47 96 42 91. *Du 25 avril au dernier dimanche de septembre, les dimanches et jours de fêtes, les samedis après-midi du 14 juillet au 15 août et tous les après-midi de la première semaine d'août. Tarifs : 3,80 €, de 4 ans à 16 ans 3 €, groupes à partir de 5,3 € par personne.* Ce train historique est une chance unique de redécouvrir les petites lignes départementales à vitesse réduite avec le charme supplémentaire d'être tracté par une locomotive à vapeur.

Saint-Christophe-sur-le-Nais

Un village à voir pour son église, issue de la réunion d'une église bénédictine du XIe siècle et d'une église paroissiale plus récente. A voir également l'impressionnante statue de Saint-Christophe du XVIIIe siècle.

Saint-Laurent-de-Lin

Sur les bords de la Maulne, un rendez-vous des pêcheurs, mais aussi des paysans pour sa Fête des Battages (11 au 13 août). Eglise (XIe-XVe siècle), manoir.

Savigné-sur-Lathan

Un ancien village fortifié où l'on pourra aller voir l'église (XVe-XIXe siècle) avec son clocher en bois.

MUSEE DES TRAINS ET DES TRANSPORTS 1, chemin Pont-de-la-Forge ✆ 02 47 24 60 19. *Tarif plein : 9 €, pour les enfants 6 €.* Exposition de maquettes de trains sur 350 m², reconstitution de la ligne Savigné-Tours et d'une gare régionale.

MUSEE DU SAVIGNEEN 10, rue du Faubourg ✆ 02 47 24 94 15. *Ouvert du 15 mars au 30 juin et du 16 septembre au 15 novembre samedi, dimanche et jours fériés, du 1er juillet au 15 septembre du mercredi au lundi de 14h30 à 18h. Tarif 4 €.* Ce musée regroupe des fossiles exceptionnels retrouvés ici même, dans cette mer des faluns qu'était le bassin savignéen il y a quinze millions d'années. S'y est adjointe aujourd'hui une évocation de l'art régional et de la vie domestique de ces deux derniers siècles. Des expositions temporaires ajoutent des éclairages nouveaux.

LA SABOTERIE DU LATHAN La Meslaye ✆ 02 47 24 27 32/02 47 24 27 32. *Alain Huet. Ouvert du mardi au samedi de 8h à 12h et de 14h à 19h, sauf du 15 août à début septembre. Tarifs de la visite : 5 €, groupes 4 € à partir de 5 personnes, enfants 3 €.* Probablement le dernier sabotier de la région encore en exercice. Il vous fera profiter de son savoir-faire, en matière de sabots, décoratifs, sculptés, gravés ou tout simplement utilitaires au cours d'une visite d'une heure dans son atelier : démonstration complète sur les machines, les différents bois, avant la présentation en magasin des produits finis.

Semblançay

HOSTELLERIE DE LA MERE HAMARD 2, rue du Petit-Bercy ✆ 02 47 56 62 04. *Fax 02 47 56 53 61. Fermeture annuelle du 15 février au 15 mars. 10 chambres de 45 à 80 €. Menus à partir de 16 €.* Deux belles maisons rénovées au fil des ans, cuisine gastronomique de qualité.

Sonzay

AUBERGE DU CHEVAL BLANC 5, place de la Mairie ✆ 02 47 24 70 14. *Fax 02 47 24 54 30. Fermeture annuelle du 16 au 29 février. Fermé le dimanche soir. 9 chambres de 41 € à 46 €. Menus de 10 € à 38 €. Petit déjeuner 6 €. Parking privé et fermé.* A la campagne, à une vingtaine de minutes de Tours, des chambres confortables (4 avec toilettes, bains et télévision, 5 avec douche et toilettes), toutes dotées de poutres. Grande cour intérieure et grand jardin. Au restaurant, une cuisine simple mais bien faite vous attend (viande de boucherie, charcuterie...). L'hiver, il fait bon s'attarder au salon, autour de la cheminée.

Souvigné

Eglise (XIIe-XVIe siècle), château et kiosque.

Vaujours

Tout près de Château-La-Vallière en descendant vers Langeais, les ruines d'un château du XIVe siècle, celui offert par Louis XIV à Louise de la Vallière.

Villiers-au-Bouin

L'église (XIe-XVIIIe siècle) contient des fresques remarquables. Voir la chapelle de Plein-Chêne et le dolmen.

LOCHES ET LA VALLEE DE L'INDRE

Loches

Loches, dominée par son château, précieuse cité historique sur l'Indre, où l'on appréciera les ruelles pavées et les maisons anciennes. Les habitants de longue date se souviennent d'une ville encore plus dynamique qu'aujourd'hui, tenant une place prépondérante dans la vie, notamment agricole, du département. On dit aussi que, suite à la défection de Loches, et au choix de Chinon pour accueillir la centrale nucléaire, l'équilibre entre les deux chefs-lieux d'arrondissement bascula en faveur de la deuxième nommée. Il reste pourtant une qualité de vie rare, une beauté naturelle des pierres, et une animation que l'on mesure d'autant mieux chaque mercredi, ou samedi, jours du marché qui envahit les places médiévales.

Fiche pratique

OFFICE DE TOURISME Place Marne ✆ 02 47 91 82 82. *Site : www.lochesentouraine.com.*

MAIRIE Place de l'Hôtel-de-Ville ✆ 02 47 91 19 50

Transports

TAXIS BERTHIER 1, place du 8-Mai ✆ 02 47 92 60 26

Points d'intérêt

CARRIERE TROGLODYTIQUE DE VIGNEMONT 52 ter, rue des Roches ✆ 02 47 91 54 54. *Ouvert tous les jours de Pâques à la Toussaint et pendant les vacances d'hiver, de 10h à 12h et de 14h à 18h. Entrée 6,50 €, visite guidée 7,50 € pour les adultes, 5 € et 5,75 € pour les moins de 16 ans.* Pour tout savoir du tuffeau, de sa formation à son utilisation en passant par l'extraction.

COLLEGIALE SAINT-OURS. *Ouvert toute l'année de 9h à 19h.* Un édifice roman du XIIe siècle, remarquable par son clocher-porche et ses étranges pyramides creuses appelées dubes, qui surmontent la nef.

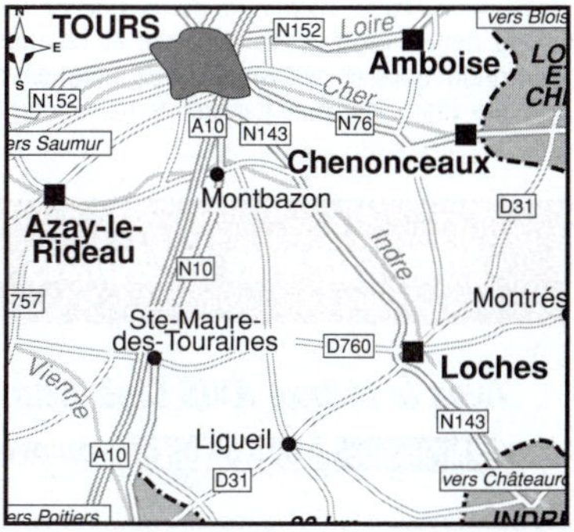

DONJON ✆ **02 47 59 07 86.** *Ouvert du 2 janvier au 31 mars et du 1er octobre au 31 décembre de 9h30 à 17h et du 1er avril au 30 septembre de 9h à 19 h. Fermé le 25 décembre. Plein tarif 3,80 €, tarif réduit 2 €. Billet commun avec le Logis Royal 5,10 €, de 7 ans à 18 ans 2,60 €.* Cet édifice roman (XIe-XVe siècle) est l'un des plus grands de France : il protégeait la partie faible et basse du promontoire. Ses tours massives et ses souterrains ont longtemps été utilisés comme prison. A voir, près du donjon, la galerie du Champignon qui montre les techniques de production. Depuis 1998, on peut également parcourir les allées d'un vaste jardin médiéval (700 m^2) qui s'étale au pied du château.

HOTEL DE VILLE. Un beau pavillon Renaissance construit sous le règne de François Ier.

LOGIS ROYAL ✆ **02 47 59 01 32.** *Ouvert du 2 janvier au 31 mars et du 1er octobre au 31 décembre de 9h30 à 17h et du 1er avril au 30 septembre de 9h à 19 h. Fermé le 25 décembre. Plein tarif 3,80 €, tarif réduit 2,70 €, enfant de 7 ans à 18 ans : 2 €. Billet commun avec le donjon 5,10 €.* C'est là que Jeanne d'Arc rencontra Charles VII après la victoire d'Orléans. Ce bel ensemble des XIIIe et XVIe siècles abrite le tombeau d'Agnès Sorel (gisant) et l'oratoire d'Anne de Bretagne. Voir également les tapisseries flamandes des XVIe et XVIIe siècles.

MAISON LANSYER Rue Lansyer ✆ **02 47 59 05 45.** *Ouvert tous les jours sauf le mardi toute l'année. Du 2 janvier au 31 mars et du 1er octobre au 31 décembre du lundi au samedi de 10h à 13h et de 14h à 17 h, du 1er avril au 30 septembre de 10h à 12h30 et de 14h à 18h30. Plein tarif 4,30 €, moins de 12 ans, Lochois : gratuit.* C'est dans la maison familiale du peintre vendéen (1835-1893) que sont exposées une centaine d'œuvres de cette élève de Courbet ainsi que quelques œuvres extérieures (esquisses de Delacroix). Egalement une étonnante collection d'objets japonais, parmi lesquels une saisissante armure de samouraï du XVIIIe siècle, et une partie consacrée aux traditions populaires (reconstitution d'un habitat tourangeau au siècle dernier, avec mobilier et costumes d'époque).

TOUR SAINT-ANTOINE. Cet édifice du XVIe siècle se distingue par son dôme que surmonte un lanternon.

Voir aussi la chancellerie (XVIe siècle), et ses colonnades à l'Antique. Au hasard de la promenade, admirer les anciennes portes (Picois, des Cordeliers), et de belles maisons Renaissance dont certaines comportent d'intéressants bas-reliefs.

Le gîte et le couvert

HOTEL LA FONTAINE RESTAURANT LE CHENIN Rue des Buissons ✆ **02 47 91 47 47.** *Fax 02 47 91 68 88. Fermeture annuelle du 21 février au 8 mars. Fermé le lundi. 27 chambres de 32 € à 45 €. Menus de 10 € à 35 €. Petit déjeuner 5 €. Parking, garage à vélo. Espace fitness et remise en forme.* Des chambres spacieuses, confortables et lumineuses. Vue sur l'Indre, jardin en terrasse et terrain de pétanque. Quelques plats caractéristiques du restaurant : salade de rillons à la crème de Sainte-Maure, carré d'agneau rôti au thym, pain perdu caramélisé aux pommes et glace vanille.

HOTEL DE FRANCE 6, rue Picois ✆ **02 47 59 00 32.** *Fax 02 47 59 28 66. Fermeture annuelle du 8 février au 14 mars. Fermé dimanche soir, lundi et mardi. 17 chambres de 50 € à 57 €. Menus de 15 € à 43 €. Carte 30 €. Petit déjeuner 6,50 €.* C'est un ancien relais de poste, situé en centre-ville, au pied des remparts. Il est agrémenté d'une cour intérieure fleurie. Le confort des chambres est de bon niveau et la cuisine bien réalisée. Carte des vins bien structurée.

HOTEL GEORGE SAND 39, rue Quintefol ✆ **02 47 59 39 74.** *Fax 02 47 91 55 75. 20 chambres de 48 € à 110 €. Menus de 17 € à 63 €. Carte 55 €. Petit déjeuner 8 €.* Une jolie vue sur la rivière depuis la terrasse couverte et chauffée de ce relais de poste du XVe siècle. Saveurs gastronomiques et raffinement vous attendent au restaurant : terrine de foie gras au naturel, pavé de Saint-Pierre poêlé au jambon de Serrano et coques, gratin d'ananas au coriandre.

Loisirs

NATURE'AILES Base ULM des Jolletières ✆ 02 47 59 05 01. Les classiques VTT sont toujours demandés pour la balade, mais d'autres sports, plus aventureux, ont la plus grosse cote : les randonnées quads avec guide, organisées à partir de 3 personnes, et les baptèmes d'ULM, de durée variable, autour de Loches ou au-dessus des châteaux de la Loire.

▷ *Dans les environs*

Betz-le-Château

MAISON GALLAND Les Bournaichères ✆ 02 47 92 30 85. *(Laissez un message).* Cette ferme-auberge propose, outre la possibilité de prendre un repas sur place, de repartir avec quelques produits fabriqués directement sur l'exploitation à partir des porcs de l'élevage.

Beaulieu-lès-Loches

La cité rayonna quatre siècles avec son abbaye, fondée par Foulques Nerra, comte d'Anjou, en 1007. Il subsiste les vestiges de l'abbatiale (des XIe-XIIe-XVe siècles) restaurée au XXe siècle (visites du lundi au vendredi de 10h à 18h30), et de nombreuses curiosités anciennes : la léproserie (XIIe siècle), la maison du Pilori et la maison des Templiers (XIIe siècle), ainsi que l'église Saint-Pierre (XIIIe siècle). L'église romane Saint-Laurent est aujourd'hui utilisée comme centre artistique.

HOTEL DE BEAULIEU 3, rue Foulques-Nerra ✆ 02 47 91 60 80. *Fermeture annuelle du 1er octobre au 31 mars. 9 chambres de 35 € à 52 €. Petit déjeuner 5 €. Carte bancaire non acceptée.* Le cadre de cet hôtel est enchanteur : vous logez dans un ancien bâtiment conventuel du XVIe siècle situé dans la cour de l'abbaye bénédictine datant, elle, du XIIe siècle ! Dans cette cité médiévale, les chambres sont pourtant résolument modernes.

Bridoré

CHATEAU ✆ 02 47 94 72 63. *Ouvert de juin à septembre inclus, de 13h à 19h. Tarif 5 €, moins de 12 ans 3 €.* Une véritable forteresse du XIVe siècle avec ses douves, donjon et pont-levis mais aussi ses latrines et autres oubliettes.

Céré-la-Ronde

CHATEAU DE MONTPOUPON Musée du Veneur ✆ 02 47 94 21 15. *Fax 02 47 94 30 84. Ouvert du 1er avril au 30 juin, et du 1er au 30 septembre de 10h à 12h et de 14h à 18h, du 1er juillet au 31 août de 10h à 18h, du 1er février au 30 mars et du 1er octobre au 31 décembre de 10h à 12h et de 14h à 16h. Tarif adulte 7 €, étudiants et retraités 5,50 €, de 8 ans à 15 ans 4,50 €.* Rondouillard comme son nom le laisse supposer, avec ses grosses tours circulaires, c'est une belle demeure Renaissance, encore habitée, à l'emplacement d'une forteresse féodale, qui abrite aujourd'hui un musée du Veneur, ainsi que des objets anciens, de cuisine et de lingerie, évoquant l'histoire du château. Ne pas manquer le fabuleux ensemble de cuivres dans les cuisines du XIXe siècle, et la dégustation sucrée qui l'accompagne. La route le contourne, on la prend dans tous les sens pour voir ce château sous toutes les coutures. On compte ainsi les différentes époques de construction et de remaniements, qui lui donnent un aspect assez hétéroclite.

LA CHAPELLE BLANCHE. Elle porte le nom de saint Martin, dont la chronique rapporte que les reliques, déposées une nuit dans l'église, firent guérir deux infirmes. On fait encore pèlerinage jusqu'à la fontaine Saint-Martin.

L'église, également dédiée au saint, est à voir pour son mobilier et ses vitraux. A proximité, un château du XVe siècle joliment restauré, le château de Grillemont, campé dans la plaine, assez harmonieux, et dont on a conservé les tours originelles.

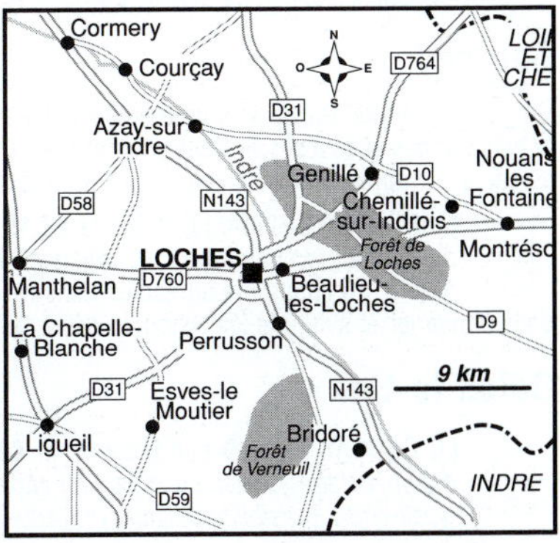

AUBERGE DU CHATEAU MONTPOUPON ✆ **02 47 94 25 53.** *Ouvert toute l'année, sauf en janvier. Menus groupes à partir de 14,50 € comprenant une entrée, un plat, un dessert, café et vin compris.*

Au pied du château, une restauration de terroir dans un ancien moulin du XVIIe siècle, au décor élégant et raffiné.

CHATEAU DE RAZAY ✆ **02 47 94 38 33.** *Fax 02 47 94 35 70. Ouvert toute l'année. 44 chambres à partir de 77 €, déjeuner compris.* Situé à 2 km du château de Montpoupon, cette propriété de 35 ha, qui dispose d'un parc animalier, d'un relais équestre avec piscine chauffére, tennis, hand-ball, basket, vous permettra de vous initier à la vie de château dans des lits à baldaquin.

Chédigny

ATELIER D'ART 3, rue Flandres-Dunkerque ✆ **02 47 92 51 77.** Vous trouverez en ce lieu des dessins, peintures, céramiques traditionnelles et de collection, mais aussi des gravures, et, sur commande, des faïences.

Chemillé-sur-Indrois

Pour la détente, un plan d'eau aménagé sur 35 ha. Pour la culture, l'église romane (chœur, tour, d'origine), et sa chapelle du XVIe siècle.

ALAIN MARY Le Puits Ferrand - LA RENARDIERE ✆ **02 47 92 63 80.** *(Laissez un message).* Cet élevage de volailles fait partie des ardents défenseurs de la géline de Touraine, une race de poule reconnaissable à sa robe uniformément noire et quasiment disparue après la Seconde Guerre mondiale.

BOURNIGAL ✆ **02 47 92 64 30.** *Mme Geneviève Auvray.* Elle pratique l'élevage de chèvres angora pour confectionner et vendre toutes sortes de produits dérivés : laine, couvertures, étoles, écharpes et gants, peluches, etc. Visite et achats Stéphane.

Cormery

Une cité très ancienne qui remonte aux Carolingiens.

ABBAYE DE CORMERY ✆ **02 47 43 30 84 (Office de tourisme).** *Sur rendez-vous. Tarif 3,50 €, moins de 10 ans gratuit.* Cette abbaye bénédictine a été fondée au IXe siècle.

AUBERGE DU MAIL 2, place du Mail ✆ **02 47 43 40 32.** *Fermeture annuelle du 20 décembre au 7 janvier. Fermé le jeudi et le samedi midi. Menus de 16 € à 46 €. Carte 35 €.* C'est une étape sûre et accueillante, dans un calme village. Jean-Jack Giraudon propose une cuisine soucieuse de qualité, axée sur les poissons, les sauces et les desserts maison. Géline de Touraine grâtinée au fromage de Sainte-Maure. Cave intéressante, très bon accueil, agréable terrasse sous les tilleuls.

PETIT 8, rue Nationale ✆ **02 47 43 40 53.** Ce pâtissier est le digne héritier du savoir-faire des moines de l'abbaye pour la fabrication des macarons de Cormery, reconnaissables à leur forme particulière (ils sont percés d'un trou).

Courçay

On y passe l'Indre pour aller voir la petite église. Sur les rives de l'Indre, une très jolie promenade et bien sûr des sites à pique-nique. Remarquer, en revenant sur la D17, la belle maison bourgeoise au carrefour après le pont, enjolivée par un début de jardin à la française.

MANOIR DE CHEMALLE ✆ **02 47 94 10 48.** *18 chambres de 36 € à 41 €. Table d'hôte à 13,50 €, vin compris. Petit déjeuner 4 €. Carte bancaire non acceptée.* Au cœur de la nature, 18 chambres agréables dans ce beau manoir du XIIe siècle et dans ses annexes. Salle à manger et salon de télévision au décor rustique, de plain-pied.

Dolus-le-Sec

LE CADRAS La Grand'Maison ✆ **02 47 59 48 18.** *Un gîte rural dit "de fête, ou d'anniversaire", puisqu'il offre une capacité d'accueil de 30 personnes (440 € pour le week-end). Possibilité de louer individuellement chacune des 8 chambres en semaine. La* *nuité en juillet et août est à 12 €.* La maison propose la pension complète, la demi-pension ou la gestion libre des lieux.

Genillé

Une jolie bourgade qui ne manque pas de souvenirs : l'église (XIIe-XVIe siècle), mais aussi le château (XVe siècle). Des sentiers balisés pour faire des balades pédestres alentour (renseignements à la mairie).

A proximité, à 3 km vers Orbigny, un château peu connu qui vaut le détour, le château de Coinay, au milieu des champs.

On suit l'Indrois pour découvrir les habitations troglodytiques, et parvenir à la chartreuse du Liget, en atteignant la D760. Elle fut fondée au XIIe siècle par Henri Plantagenêt pour se racheter du meurtre de Thomas Beckett, on y admire la porte (XIIIe siècle), les vestiges des fortifications et de l'église (la galerie préservée). A proximité, la chapelle Saint-Jean-Baptiste et ses fresques renommées.

Ligueil

Voir la chancellerie (XVe siècle), la seigneurie (XVe siècle) qui abrite la mairie, et l'église Saint-Martin (XIIe siècle). A Vou (6 km au nord-est par la D95), l'église (XIIe siècle), et alentour, le château du Verger et le manoir de La Roche de Gennes sont à visiter.

LE MOULIN DE LA TOUCHE Le Moulin de la Touche ✆ 02 47 92 06 84. *Fax 02 47 59 96 38. 5 chambres de 61 € à 72 € petit déjeuner compris. Menu de la table d'hôte est à 25 €, à partir de 4 personnes.* Dans un cadre reposant, un ancien moulin à eau comprenant des chambres agréables (douche et toilettes privées, décoration de style anglais). Piscine privée. L'été, vous pourrez également profiter du jardin anglais. Les repas de la table d'hôtes sont de qualité et comprennent tout ce qu'il faut depuis l'apéritif jusqu'au café ou thé. Les animaux ne sont pas acceptés.

Montrésor

Un superbe village médiéval classé dans les plus beaux villages de France, avec une forteresse édifiée par Foulques Nerra, renforcée de tours au XIIIe siècle. Voir le château Renaissance, dont il subsiste l'aile principale, élevée à l'intérieur de la forteresse primitive, et riche de belles œuvres picturales.

La collégiale Renaissance abrite le tombeau des Bastarnay, la famille qui régna sur le château à partir de la fin du XVe siècle. Hormis les trois gisants, remarquer les vitraux et les tableaux de maître.

Parcourir le village à la rencontre du passé, la maison du chancelier ou la pittoresque halle aux Laines, ou halle des Cardeux (XVIIe siècle), avec son toit à la Mansart.

Nouans-les-Fontaines

A la frontière est du département.

Voir l'église (XVIIe siècle) et la Pietà (XVe siècle) de Jehan Fouquet.

PYRAMIDE DE SAINT-QUENTIN. Sorte d'obélisque de pierre élevé au XVIIIe siècle qui fait partie d'un groupe de quatre dans la région.

Saint-Bauld

LE MOULIN DE COUDRAY ✆ 02 47 92 82 64. *Fax 02 47 92 82 64. Mme Sylvie Péria. 4 chambres à 54 €. Menu à 20 €. Carte bancaire non acceptée.* La vallée de la Loire et ses châteaux offrent une belle étape de charme à ses visiteurs. Le cadre est magnifique : les chambres se trouvent dans un moulin du XVIe siècle restauré, au milieu d'un parc de 3 ha avec étang et rivière. Sur réservation, la table d'hôtes est également à votre disposition. La cuisine fait la part belle aux produits locaux : feuilleté de chèvre, pintade au sauvignon, grenadins de veau… Chiens acceptés.

VALLEES DE LA VIENNE ET DE LA CREUSE

Chinon

Sous-préfecture de l'Indre-et-Loire, Chinon est une ville riche, et pas seulement de ses vignes et de sa centrale nucléaire. La ville est forte de nombreux souvenirs historiques, et son grand homme s'appelle François Rabelais, présent sous diverses manières, par exemple, un espace culturel qui porte son nom.

Fiche pratique

MAIRIE Place Général-De-Gaulle ✆ 02 47 93 53 00

OFFICE DE TOURISME Place Hofheim ✆ 02 47 93 17 85

Transports

GARE SNCF Place des Droits-de-l'Homme ✆ 02 47 93 11 04

HOTEL AGNES SOREL 4, quai Pasteur ✆ 02 47 93 04 37. L'hôtel loue (et pas seulement à ses clients) des VTT, mais aussi des VTC, mieux adaptés à la route ou la ville, et même des vélos pour enfant, afin que toute la famille puisse partir en balade.

Points d'intérêt

CAVES PAINCTES ✆ 02 47 93 30 44. *Fax 02 47 93 36 36. Ouvertes du 1er juillet au 15 septembre le dimanche. Les visites se font à 11h, 15h, 16h30, 18h. Tarif 3 €, dégustation comprise.* Où il est question de Rabelais et de Bacchus.

CHAPELLE SAINTE-RADEGONDE ✆ 02 47 93 17 85. *Ouvert de 10h à 19h, sur demande à l'office du tourisme pendant les vacances scolaires. Tarif 2 €, étudiant 1 €.* Une belle chapelle troglodytique des VIe et VIIe siècles, creusée dans le coteau, sous le château. A proximité se trouve le musée des Arts et Traditions populaires présentant outils et ustensiles domestiques anciens.

CHATEAU ✆ 02 47 93 13 45. *Ouvert du 2 janvier au 31 mars et du 1er octobre au 31 décembre de 9h à 17h, du 1er avril au 30 septembre de 9h à 19h. Fermé le 25 décembre. Plein tarif 4,60 €, de 7 ans à 18 ans 2,45 €.* De grandes pages de l'histoire s'y sont écrites : reconnaissance du dauphin par Jeanne d'Arc en 1429, dont l'aboutissement fut le couronnement de Charles VII et le début de la reconstruction du royaume de France. La scène se déroula dans la grande salle des Logis royaux, au château du Milieu, l'un des trois châteaux qui constituaient la forteresse, les deux autres étant le fort Saint-Georges qui ne se visite pas, et le fort du Coudray, où Jeanne d'Arc logea, et où furent incarcérés les Templiers, qui gravèrent d'énigmatiques graffitis sur les parois. Ne pas manquer le bel ensemble de tapisseries, le musée Jeanne-d'Arc dans la tour de l'horloge ainsi que la vue sur les alentours.

JARDIN ROSES ET PARFUMS 5, route de Huismes ✆ 02 47 98 07 58. *Fax 02 47 93 36 71. Ouvert du 2 mai au 24 octobre, du vendredi au dimanche de 11h à 16h et, pour des groupes de 8 personnes minimum, sur rendez-vous.*

MAISON DES ETATS-GENERAUX 44, rue Haute-Sainte-Maurice ✆ 02 47 93 18 12. *Ouvert du 15 avril au 30 septembre du lundi au vendredi de 14h à 19h, les week-ends et jours fériés de 10h30 à 12h30 et de 14h à 19h. Tarif 2,50 €.* C'est dans ce bâtiment du XVe siècle que se réunirent les états généraux en 1427 et 1428. Il abrite aujourd'hui un musée du Vieux-Chinon et de la Batellerie : selon les pièces et l'étage, maquettes et charpentes de bateaux fluviaux, collections de faïences, de mobilier, musée lapidaire et beaux-arts (voir La Vierge à l'Enfant, et le Rabelais de Delacroix).

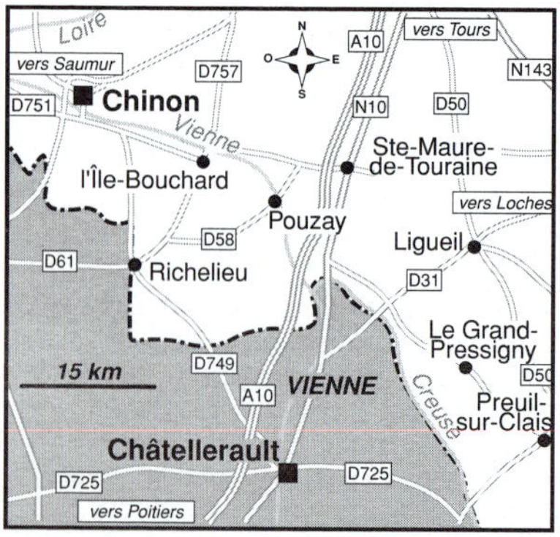

MAISON DE LA RIVIERE 12, quai Pasteur ✆ 02 47 93 21 34. *Ouvert du 1er avril au 30 juin et du 1er septembre au 31 octobre, sauf le lundi de 10h à 12h30 et de 14h à 17h30, samedi et dimanche de 14h à 17h30, du 1er juillet au 31 août du mardi au vendredi de 10h à 12h30 et de 14h à 18h30, samedi et dimanche de 15h à 18h30. Fermé le 1er mai. Gratuit.* Dans un beau bâtiment, voici l'occasion de découvrir l'histoire de la marine de Loire, notamment grâce à de très belles maquettes. Promenades en bateau.

MUSEE ANIME DU VIN ET DE LA TONNELLERIE 12, rue Voltaire ✆ 02 47 93 25 63. *Ouvert d'avril à septembre inclus de 10h30 à 12h30 et de 14h à 18h30. Tarif 4 € dégustation comprise, moins de 12 ans 3,20 €.* La vigne est bien l'une des fiertés de la région : ses vins sont présentés ici sous forme de scènes animées par des automates. Dégustation possible.

Balade

On attaque illico par les rues piétonnes, rue Rabelais en tête, à tout seigneur tout honneur. Les amateurs se rendent à la maison des Vins, impasse des Caves Painctes. C'est là le lieu originel chanté par Rabelais, et c'est là que se réunissent les membres de la confrérie des Bons Entonneurs rabelaisiens.

La confrérie des Bons Entonneurs rabelaisiens, tient, à la suite de maître François, la tradition de ceux qui lèvent le coude pour un verre de Chinon, avec ferveur et bonne humeur. Les membres, chevaliers et grands dignitaires, en costume d'apparat, rouge et or, se réunissent quatre fois par an sous les voûtes historiques des Caves Painctes, décrites par Rabelais, pour introniser et boire un petit coup. Les nouveaux chevaliers reçoivent un diplôme et le cordon rouge et or soutenant la médaille à l'effigie du père de Pantagruel.

Face à la rue Rabelais, la rue du Commerce balise l'espace piétonnier. Le cœur médiéval est assez vite parcouru, on peut songer aux balades extérieures, par exemple, jusqu'à la Devinière, dans le village tout proche de Seuilly.

L'office du tourisme propose des visites de ville accompagnées d'un guide conférencier du 1er mai au 30 septembre : 4,60 €, tarif réduit 2,30 €, gratuit pour les moins de 12 ans.

Le couvert

AU PLAISIR GOURMAND 2, rue Parmentier ✆ 02 47 93 20 48. *Voir à la rubrique Grandes tables de l'Invitation au voyage.*

Le gîte

AGNES SOREL 4, quai Pasteur ✆ 02 47 93 04 37. *Fax 02 47 93 06 37. 10 chambres de 46 € à 114 €.* Un bel ensemble de deux bâtiments installés sur les bords de la Vienne. Les chambres sont personnalisées, certaines avec balcon ou terrasse. Parking public gratuit à proximité.

GAR HOTEL 14, avenue Gambetta ✆ 02 47 93 00 86. *Fax 02 47 93 36 38. Fermeture annuelle de la mi-décembre au 4 janvier 2005. Fermé le dimanche soir, hors saison. 11 chambres tout confort à 40 € pour une personne, 47 € pour 2 et 62 € pour 4. Petit déjeuner à 6,30 €, en terrasse éventuellement dès les premiers rayons de soleil.* A 500 mètres du centre ville, dans une ancienne maison bourgeoise entièrement restaurée, le confort d'un 2 étoiles et l'accueil de madame Bois. Parking privé fermé.

HOTEL DIDEROT 4, rue Buffon ✆ 02 47 93 18 87. *Fax 02 47 93 37 10. 27 chambres de 50 € à 69 €.* Une maison de caractère du XVIIIe siècle toute proche de la place Jeanne-d'Arc. Dans une ambiance familiale, on y remarque les colombages intérieurs et la cheminée du XVe siècle dans la salle à manger. Les chambres sont confortables et le petit déjeuner sublime : 52 confitures maison à découvrir ! Jardin avec terrasse, parking privé (limité) fermé la nuit.

Le gîte et le couvert

HOSTELLERIE GARGANTUA 73, rue Voltaire ✆ 02 47 93 04 71. *Fax 02 47 93 08 02. 8 chambres de 45 € à 90 €, soirée étape à 60,50 €, pension complète 2 nuits à 120 €. Menus à partir de 23 €.* Au pied du château, cet ancien palais du Bailliage du XVe siècle où plaida le père de Rabelais invite à découvrir, dans un décors raffiné, de magnifiques chambres et une cuisine rabelaisienne : feuilleté tourangeau, sandre au confit de vin de Chinon, gargantua meringué. Séjour chaleureux dans les huit chambres à thème dont la décoration est particulièrement soignée.

HOTEL DE FRANCE - RESTAURANT AU CHAPEAU ROUGE 47-49, place du Général-

De-Gaulle ✆ 02 47 93 33 91/02 47 93 33 91. *Fax 02 47 98 37 03. Fermeture annuelle du 11 au 5 décembre et du 15 février au 1er mars. Fermé le dimanche soir et lundi pour le restaurant, dimanche soir hors saison pour l'hôtel. 31 chambres de 58 € à 170 €. Menus de 24 € à 54 €. Carte 50 €.* Un élégant classique au cœur du quartier médiéval, belle demeure XVIe confortable et accueillante. Chambres de caractère, contemporaines, avec tissu mural (une suite créée l'an passé), table de bon niveau, cuisine recherchée sur des produits de la mer comme de l'élevage : escalope de foie gras poêlée aux pommes, jus déglacé au calvados, noix de Saint-Jacques poêlées émulsionnées au champagne, omelette norvégienne.

LE MENESTREL 102, quai Jeanne d'Arc ✆ 02 47 93 07 20. *Fax 02 47 93 48 75. Site : www.lemenestrel.com. Fermé dimanche et lundi, réservations pour l'hôtel 7j/7. 12 chambres de 26 € à 31 € pour 2 personnes, de 49 € à 51 € pour 4, toutes équipées de TV et douche.* Une brasserie est proposée le midi, du mardi au vendredi pour une restauration rapide : grillades pour 10 €, salades composées 6 €, plat du jour. Les branchés internet surferont librement à l'espace cyber café.

Emplettes

CAVES PLOUZEAU 94, rue Haute-Saint-Maurice ✆ 02 47 93 16 34. *Fax 02 47 98 48 23. Ouvert de Pâques à fin septembre de 11h à 13h et de 15h à 19h.* Un producteur de qualité pour un lieu historique de Chinon, puisque cette cave a été creusée entre le Xe et le XIIe siècle. La culture biologique caractérise la production du domaine. L'amateur de vins de Loire y trouvera du chinon, du touraine, du saint-nicolas et du bourgueil. Sélectionné dans le Guide des Vins du Petit Futé.

▷ *Dans les environs*

Avoine

On visite la première centrale nucléaire française, "Chinon A1", désaffectée en 1973, et abritant aujourd'hui le musée de l'Atome.

Beaumont-en-Véron

MANOIR DE LA GIRAUDIERE La Giraudière ✆ 02 47 58 40 36. *Fax 02 47 58 46 06. 25 chambres de 40 € à 115 €. Menus de 20 € à 35 €. Carte 27 €. Petit déjeuner 6,50 €.* Ancien manoir du XVIIe siècle avec pigeonnier, situé au cœur des châteaux de la Loire (5 km de Chinon), et de la route des vignobles. Les chambres ont un charme rustique indéniable mais possèdent tout du confort moderne (télévision satellite, connexion Internet...). Derrière ses fourneaux, le chef déborde d'imagination (la carte change à chaque saison), et fait la part belle aux produits du terroir : gratin d'escargots servi en coque de pommes de terre et sa crème d'ail, osso bucco de lotte piqué au chorizo et sa sauce mandarine, grillé d'amande à la poire tapée et sa glace aux 5 épices et son coulis d'abricot.

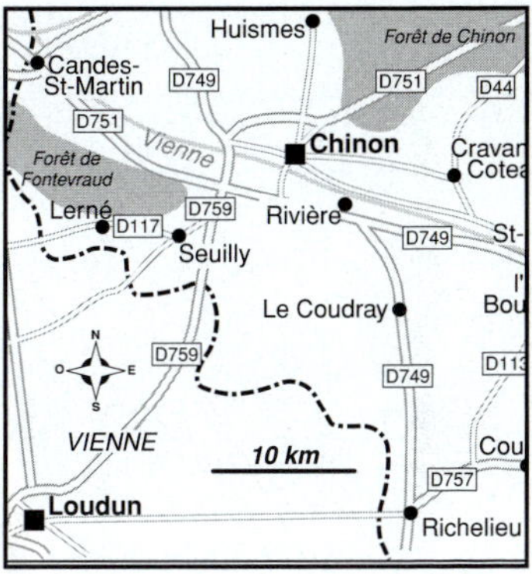

Candes-Saint-Martin

COLLEGIALE © 02 47 93 03 87. *Ouvert toute l'année, tous les jours sauf le dimanche matin, de 9h à 19h.* C'est sur le site de l'église (chapelle romane), que mourut le patron de Tours, saint Martin, en 397. La collégiale, fortifiée au XVe siècle, comporte de nombreuses sculptures intéressantes (bas-relief dans le narthex).

Cravant-les-Coteaux

Renseignements auprès du conservateur © 06 07 04 43 34. *Ouvert tous les jours, de 9h à 19h. Tarif 2,50 €.* Son église du IXe siècle, un sanctuaire carolingien en très bon état de conservation, abrite aujourd'hui un intéressant musée lapidaire (sculpture carolingienne, silex, couvercles de sarcophages).

Crouzilles

DOMAINE COTON La Perrière © 02 47 58 55 10. *Fax 02 47 58 55 69. Ouvert de 8h à 12h et de 14h à 19h sur rendez-vous. Fermé le dimanche et pendant les vendanges, qui se font encore à la main.* M. Métivier produit des chinon rouges et rosés de qualité et n'hésite pas à faire partager aux amateurs sa passion.

L'île Bouchard

MUSEE DU BOUCHARDAIS. *Ouvert les mardi, vendredi et dimanche en juillet et en août de 15h à 18h. Entrée gratuite.* Situé dans l'ancienne gare, on y trouve une belle collection de pièces évoquant la vie quotidienne du passé : outils, costumes, objets. Diaporama.

Voir aussi le prieuré Saint-Léonard et ses chapiteaux du XIe siècle.

Panzoult

DOMAINE DE BEAUSEJOUR © 02 47 58 64 64. *Fax 02 47 95 27 13. Mme Marie-Claude Chauveau. 3 chambres de 66 € à 108 €.* Sur la rive droite de la vallée de la Vienne, à 10 km de Chinon, on trouve ce domaine de 93 ha comprenant vignes et bois. 3 chambres d'hôtes (classées 4 épis) et un gîte, meublés en style ancien, sont proposés. Belle vue sur la plaine et les vignes en contrebas. Piscine et terrasse à disposition.

Rivière

EGLISE NOTRE-DAME. *Ouvert tous les jours de 10h à 12h et de 14h à 18h. Gratuit.* L'édifice remonte aux Xe et XIe siècles. Peut-être aurait-il été fondé sur une première construction, bâtie à l'instigation de saint Martin lui-même. A voir pour le chœur, la crypte et les gisants du XVIe.

Seuilly

ABBAYE DE SEUILLY © 02 47 95 93 15. *Fax 02 47 95 84 06. Ouvert du 1er janvier au 31 décembre, visite gratuite.* Un simple prieuré précéda l'abbaye, qui fut détruite à plusieurs reprises. Ne subsistent que certaines parties du XVe siècle, un bâtiment du XIIe siècle et une petite chapelle du XVIIe. Rabelais y étudia, avant d'y situer certaines scènes de la guerre picrocholine. C'est aujourd'hui un centre culturel très vivant. On visite également la grange dimière et les jardins.

MUSEE RABELAIS La Devinière © 02 47 95 91 18. *Fax 02 47 95 89 37. Ouvert du 2 janvier au 31 mars et du 1er octobre au 31 décembre de 9h30 à 12h30 et de 14h à 17h et du 1er avril au 30 septembre de 9h30 à 19h. Fermé le 25 décembre. Plein tarif 3,80 €, tarif réduit 2 €.* Il s'agit de la maison natale de François Rabelais, qui appartenait à son père Antoine, avocat à Chinon. Elle se trouve sur la commune de Seuilly, un peu au sud de Chinon, en partant vers Loudun. Un musée y évoque sa vie et son œuvre avec la truculence qui convient. Au-dessus de la grande salle, on accède, par un escalier de pierre, aux chambres : belle cheminée dans la chambre des parents, graffiti dans la chambre des enfants, et que l'on attribue volontiers, pour le plaisir, au jeune François.

Une gabare

Toutes les pièces sont meublées d'époque et comportent de nombreux souvenirs et documents évoquant la vie de Rabelais.

La Petite Devinière qui la jouxte est constituée de caves à vin où se trouve reconstitué le cadre de vie d'un vigneron, sous la forme d'un petit musée des métiers d'autrefois.

Richelieu

MAIRIE 1, place du Marché ✆ 02 47 58 10 13

OFFICE DE TOURISME 7, place Louis-XIII ✆ 02 47 58 13 62. *(Adresse provisoire). L'office propose des visites de la ville, sur réservation, pour les groupes, et pour les individuels en juillet et août.* Il met à la disposition du public, pour 3 €, des brochures recensant les nombreuses randonnées pédestres ou cyclistes à faire depuis Richelieu (au moins 23 !)

Points d'intérêt

La ville, fondée par le cardinal du même nom, présente une rigoureuse architecture à voies perpendiculaires. Du château qu'il y fit édifier ne subsistent que le dôme et l'orangerie, dans un joli parc. Voir la place du marché, avec les halles, l'hôtel de ville et l'église, et l'alignement rigoureux des hôtels particuliers de la Grande-Rue. La Fontaine trouvait que Richelieu était tout simplement "le plus beau village du monde". Il y écrivit le poème Et la Loire est un fleuve, en septembre 1663. La ville est entièrement classée. Au musée, dans l'hôtel de ville, voir la grande toile de Simon Vouet Le Baiser de la Justice et de la Paix (XVIIe siècle) et la tapisserie monumentale classée, où figurent les armes de Richelieu.

Le couvert

LA GUEULARDIERE 67 bis, avenue du Général-De-Gaulle - SAINTE-MAURE-DE-TOURAINE ✆ 02 47 65 40 71. *Fermeture annuelle du 6 au 29 janvier. 16 chambres de 45,30 € à 56 €. Menus de 12 € à 18 €. Petit déjeuner 6,40 €.* Un établissement bien situé, au cœur de la Touraine, à mi-chemin des châteaux de la Loire et du Futuroscope. Les chambres sont agréables et bien équipées. Dans une belle salle de restaurant, côté tradition, une cuisine donnant la priorité aux produits régionaux vous est servie, avec une carte des vins bien fournie, tandis qu'une cuisine chinoise vous emporte dans les saveurs de l'Orient.

Le gîte

LES RELIGIEUSES 24, place des Religieuses ✆ 02 47 58 10 42. *Fax 02 47 58 10 42. Mme Le Platre-Arnould. Fermeture annuelle du 1er au 31 janvier. 4 chambres de 47 € à 62 €. Carte bancaire non acceptée.* Une maison du XVIIe siècle faisant partie de l'ensemble architectural de la ville. A l'intérieur, des chambres de style (dont une suite) bénéficiant du confort nécessaire. Le petit déjeuner est copieux. Jardin d'hiver, jardins à la française. Tennis à 500 m.

Loisirs

TRAIN A VAPEUR DE TOURAINE 13, avenue de la Gare ✆ 02 47 58 12 97. *Il roule les week-ends, du 3 juillet au 5 septembre.* Une balade jusqu'à Champigny-sur-Veude, avec dégustation de spécialités locales.

▷ *Dans les environs*

Antogny-le-Tillac

A l'extrême sud du département, un bourg dont l'occupation est attestée depuis l'époque mérovingienne, mais qui a sans doute une origine gallo-romaine (vestiges découverts à Séligny). Du charme autour de l'église à clocher octogonal (XIe-XIIe siècle), et de jolies balades aux alentours, en suivant la rivière, par exemple. A proximité, Pussigny (3 km au nord) et sa jolie petite place, le panorama depuis les ruines du château d'Amirette, une église (XIe siècle) et un dolmen.

Champigny-sur-Veude

Ce petit bourg rural possède deux attractions architecturales intéressantes : la chapelle Saint-Louis, dont les vitraux Renaissance font venir les amateurs de toute l'Europe, et un château aux vastes proportions, classique, en U avec son corps de logis et deux longues ailes, qui appartint successivement au frère de Louis XIII, Gaston d'Orléans, puis à Richelieu, et enfin à Mme de Montpensier, la Grande Mademoiselle.

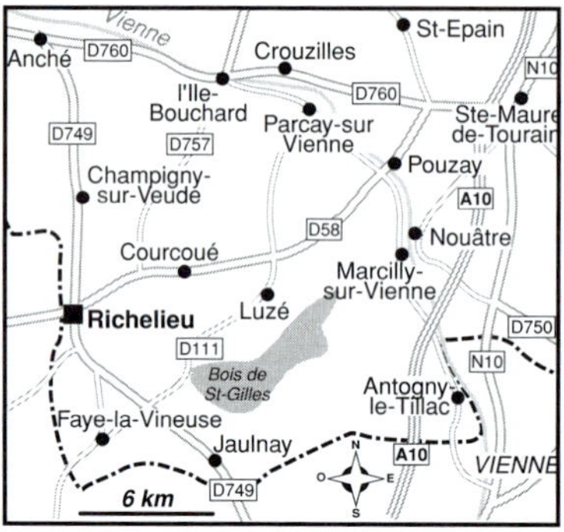

ÇA ROULE POUR VOUS - LE PANNIER SYMPA Place du Château ✆ 02 47 95 79 27. La superette du village est vraiment sympathique : vous y trouverez à louer des VTT, VTC, tandems, remorques pour enfants, et des conseils éclairés pour organiser vos circuits. Le patron vous transportera même à votre point de départ pour une meilleure découverte de la région.

Chaveignes

LA VARENNE ✆ 02 47 58 26 31. *Fax 02 47 58 27 47. Joëlle et Gérard Dru-Sauer. 3 chambres de 80 € à 100 €. Carte bancaire non acceptée.* Un établissement de grande qualité. Des chambres spacieuses (40 m² minimum) et décorées avec raffinement, dans une demeure de la fin du XVIIe siècle située au centre d'un domaine consacré à la production de noix et de miel. Le piano du salon attend ses interprètes. Passionnée de littérature et de poésie, l'hôtesse met sa bibliothèque à la disposition de ses invités. Aux plaisirs d'une sieste sous les arbres centenaires, vous préférerez peut-être ceux de la piscine miroir chauffée de mai à septembre. Des vélos et des solex sont mis à la disposition des hôtes, promenades pédestres à volonté !

Faye-la-Vineuse

Aux confins du département, un joli village aux maisons anciennes et typiques de l'architecture poitevine. La colline sur laquelle s'étale le village était entièrement ceinte de fortifications au Moyen Age, qui furent détruites au XVIe siècle.

COLLEGIALE SAINT-GEORGES. *Renseignements au 02 47 95 66 00/02 47 95 63 29.* Le chœur et l'abside sont du XIIe siècle, le transept fortifié du XVIe siècle. Il est également possible de visiter la crypte.

Luzé

ABBAYE DE BOIS Aubry ✆ 02 47 58 34 48. *Visite gratuite tous les jours, toute l'année, de 8h à 17h.* Une belle église abbatiale du XIIe siècle avec sa salle capitulaire et son jubé du XVe siècle. Elle est actuellement en cours de restauration.

Marigny-Marmande

PONEY CLUB CENTRE EQUESTRE DE LA GOURONNIERE ✆ 02 47 58 37 95. *Fermeture une semaine début septembre.* A connaître si l'on veut goûter au tourisme équestre dans la région, que l'on souhaite faire des promenades en poney ou à cheval ou randonner, pour une demi-journée ou plusieurs jours, en bivouac ou en gîte. On peut même résider sur place, car le centre propose également un camping à la ferme.

Parçay-sur-Vienne

L'église Saint-Pierre remonte au XIIe siècle. A voir pour son portail roman et pour la façade en écailles de poisson.

Sainte-Maure de Touraine

C'est au VIe siècle qu'un laboureur découvrit, sur ce site, les corps de deux saintes. L'une d'elles était Sainte Maure. Voir le château de Rohan (XIVe-XVe siècle), où Louis XIV séjourna, de retour de son mariage à Saint-Jean-de-Luz avec Marie-Thérèse, et qui abrite aujourd'hui le musée de la Ville, consacré à l'histoire, la géologie et le folklore (reconstitutions de scènes historiques, outils anciens, documents). Les belles halles datent de 1672 et ont été aménagées en salle des fêtes. Voir aussi la crypte (XIe-XIIe siècle) et son petit musée lapidaire, et le couvent Notre-Dame des Vertus, dont le bâtiment principal date de 1635. A découvrir, les façades médiévales, le vieux pont, le lavoir et autres souvenirs. Pour les gourmets, Sainte-Maure est surtout un fameux fromage de chèvre frais, traversé par une paille, et recouvert de sel cendré avant l'affinage. Il bénéficie aujourd'hui, pour mieux le protéger des contrefaçons, de l'Appellation d'Origine Contrôlée. Par chance, le musée du château se complète d'une exposition sur le fromage de chèvre, avec des personnages costumés, et une dégustation après la visite.

Le gîte et le couvert

HOSTELLERIE DES HAUTS-DE-SAINTE-MAURE 2, avenue Charles-De-Gaulle © 02 47 65 50 65. *Fax 02 47 65 60 24. Fermeture annuelle janvier. Fermé le dimanche et lundi midi du 1er octobre au 30 avril. 30 chambres de 74 € à 150 €. Menus de 22 € à 55 €. Petit déjeuner 10 €.* Dans la Touraine au savoir-vivre et bien vivre ancestral, une demeure accueillante, ancien relais de poste du XVIe siècle, d'un cachet certain, dont les chambres, certaines nouvelles et de grand confort contemporain, sont joliment entretenues, avec poutres d'époque. Au restaurant, la cuisine actuelle s'épanouit dans un cadre agréable.

▷ *Dans les environs*

Le Louroux

ETANG DU LOUROUX © 02 47 92 82 41. Cet étang de 57 ha (le second du département en terme de superficie) est classé espace naturel sensible, ce qui n'interdit pas d'y pratiquer le canotage, la pêche ou la planche à voile. Un sentier de randonnée permet également de profiter du site.

Marcilly-sur-Vienne

Sur la rive gauche, en face de Nouâtre, son nom vient d'une déformation d'un nom latin signifiant "marais". Vestiges anciens, comme la tour carrée et, à proximité, le château de la Motte, plus récent, mais dont la tour date d'une construction antérieure.

EGLISE SAINT-BLAISE. Un édifice du XVe siècle à la façade intéressante.

Nouâtre

Joli bourg sur les bords de la Vienne, et site ancien. La première forteresse fut sans doute édifiée au Xe siècle, puis une autre en 1464, dont il reste quelques vestiges d'enceinte. L'église date de cette époque (triptyque, peintures murales), comme certaines maisons anciennes que le visiteur ne manquera pas de découvrir.

A proximité, Noyers (2 km au sud) et les ruines d'une abbaye bénédictine du XIe siècle.

Pouzay

L'église Saint-Maurice conserve un clocher carré du XIIe siècle. A Soulangé (3 km au sud-est), on a découvert des vestiges gallo-romains témoignant d'une occupation très ancienne.

LA BELLE ETRIVIERE Marnaize © 02 47 65 32 99. Pour pratiquer son sport favori tout en visitant la région, la Belle Etrivière propose des balades le long de la Vienne et des randonnées sur un ou plusieurs jours. Moniteur diplômé d'Etat.

Sepmes

FERME DES BERTHIERS Les Berthiers © 02 47 65 50 61. *Fax 02 47 65 50 61. 6 chambres de 43 € à 48 €, petit déjeuner compris. Menu en table d'hôtes à 20 €. Carte bancaire non acceptée.* Le lieu est idéal pour une halte en pleine campagne. Une maison de maître du XIXe siècle en pierres côtoie des dépendances du XVIIIe dans cette ferme en activité. Les animaux font évidemment partie du décor (vaches, poules, oies, lapins). Les chambres ont un charme rustique indéniable (poutres, carrelage ancien...). A table, on vous sert une belle cuisine de campagne inspirée des produits de la ferme : veau de lait, canards, géline, bœuf. Les animaux ne sont pas acceptés.

LA VALLEE DE LA CLAISE

Le Grand-Pressigny

MAIRIE Place des Halles ✆ 02 47 94 90 37

OFFICE DE TOURISME Place Savoie-Villars ✆ 02 47 94 96 82

Transports

OFFICE DE TOURISME ✆ 02 47 94 96 82. Location de bicyclettes classiques ou de VTT, au format adulte ou enfant.

Points d'intérêt

Il y a 500 000 ans, les habitants de la vallée de la Claise taillaient le silex et la tradition s'est perpétuée jusqu'à 4000 ans avant J.-C., ainsi que le commerce des outils façonnés. Au XIIe siècle fut construit un donjon carré, qui fut entouré à la Renaissance d'un grandiose château dont on peut encore admirer le corps de bâtiment qui repose sur la galerie à arcades ouvertes, la tour Vironne, et un magnifique puits couvert.

MUSEE DE LA PREHISTOIRE ✆ 02 47 94 90 20. *Ouvert du 1er février au 31 mars et du 1er octobre au 31 décembre de 9h30 à 12h30 et de 14h à 17h, du 1er avril au 30 septembre de 9h30 à 19h. Fermé le 25 décembre. Plein tarif 3,80 €, tarif réduit 2 €.* Le logis renferme une collection unique de plus de 10 000 pièces, silex, armes, outils. Le musée de paléontologie, au rez-de-chaussée, possède une pièce rarissime : un morceau d'arbre fossilisé qui contient un cocon d'insecte.

Le couvert

LA PROMENADE 11, rue du Savoureulx ✆ 02 47 94 93 52. *Fermeture annuelle du 2 au 4 février et du 24 septembre au 9 octobre. Fermé le dimanche soir, lundi et mardi midi. Menus de 23 € à 69 €.* Une table connue dans la France entière, autant pour la qualité de la cuisine que pour la cave éblouissante, qui visite au meilleur prix la plupart des régions, et donne un inventaire très complet en loire. La cuisine est à la fois rustique et raffinée, bien étudiée dans de passionnants et performants menus : rouget barbet consommé froid de fenouil et tartine de foie de rouget, morue fraîche aux haricots michelet et jambon cru, géline de Touraine rôtie au citron, beurre d'écrevisses et royale de foie blond, Tatin aux coings sorbet pamplemousse.

AUBERGE SAVOIE-VILLARS 10, place du Maréchal-Savoie-Villars ✆ 02 47 94 96 86. *Fax 02 47 91 07 81. Fermeture annuelle en novembre, fermé le dimanche soir et le lundi sauf en juillet et août. 10 chambres de 33 € à 45 €. Menus de 11 € à 22 €. Carte 18 €. Petit déjeuner 4,88 € en basse saison, 5,55 € en saison.* Le Grand Pressigny, commune mondialement connue pour son site préhistorique, représente un point de chute idéal pour qui veut visiter la Touraine. La Savoie-Villars est alors un bon choix d'hébergement (chambres coquettes et bien entretenues) et de restauration dans un style résolument vieille auberge, avec des mijotés, mais aussi des brochettes ou des salades géantes.

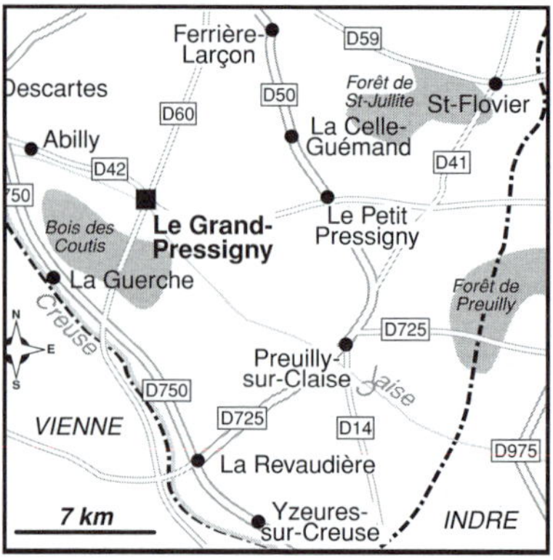

Loisirs

LES ECURIES DE LA BERGAUDERIE ✆ 02 47 94 90 49. Les cavaliers pourront pratiquer leur activité favorite à poney ou à cheval, voire même envisager des randonnées (pour les groupes), sur demande.

▷ *Dans les environs*

Abilly

ARCHEOLAB ✆ 02 47 59 80 82/02 47 91 07 48. *Accès par la D42, entre Descartes et le Grand-Pressigny. Ouvert tous les jours du 15 juin au 15 septembre, sur rendez-vous du 16 septembre au 14 juin. De 14h30 à 18h30.*

Plein tarif 2 €, de 10 ans à 16 ans 1 €. Cet important lieu de fouilles abrite un très moderne et très passionnant musée de site préhistorique. On peut y découvrir les méthodes de fouilles, d'analyses et d'interprétation qui permettent de reconstituer les conditions de vie à l'ère néolithique.

LE RELAIS DE TOURAINE 1, rue Rabelais © 02 47 59 78 16. *Fermé le dimanche soir. 9 chambres de 27 € à 29,50 €. Menus de 9,50 € à 20 €. Petit déjeuner 4 €.* Dans une maison tourangelle de caractère, 9 chambres aux poutres anciennes. Salle de bains dans les chambres et toilettes sur le palier. A table, produits de saison, magrets de canard au vinaigre et au miel, salade gourmande de lapereau aux pruneaux. Plats à emporter. Descartes et Grand-Pressigny (site préhistorique avec musée) sont à 5 km.

Descartes

La ville, qui s'appelait primitivement La Haye, a pris en 1802 le nom de son enfant le plus célèbre, le philosophe René Descartes, qui y vit le jour en 1596. On visite sa maison natale, aménagée en musée. Renseignements au 02 47 59 79 19. Ouvert du 1er juin au 30 septembre, tous les jours sauf le mardi de 14h à 18h. Tarif 3,80 €.

Un autre écrivain, René Boylesve (1867-1926) est né à Descartes. Académicien, il a consacré un ouvrage, L'enfant à la balustrade, à son prestigieux prédécesseur. Une salle du musée Descartes lui est consacrée.

Voir aussi les églises Saint-Georges (XIIe siècle) et Notre-Dame (XIIe siècle), et un musée archéologique, la maison Chabrier.

Dans le jardin public de Descartes, vous trouverez deux bustes, l'un de Boylesve, l'autre de Buxeuil, compositeur aveugle né à Buxeuil en 1881. Ce jardin abonde en essences rares et exotiques (kakis, ginkgos, séquoias), dans une plantation des XVIIIe et XIXe siècles.

HOTEL MODERNE 15, rue Descartes © 02 47 59 72 11. *Fax 02 47 92 44 90. Fermeture annuelle en mars 2004, une semaine fin novembre et début décembre. Fermé le dimanche soir, le vendredi et le samedi matin hors saison, le samedi matin l'été. 11 chambres de 44 € à 51 €. Menus de 13 € à 33 €. Carte 30 €. Petit déjeuner 6,50 €.* Un établissement classique au cœur de la ville. Les chambres, propres et lumineuses, sont bien équipées. Cuisine de saison.

PARC DE LOISIRS DE DESCARTES © 02 47 59 70 03. *Fermeture l'hiver.* Une belle base nautique avec de nombreux espaces aquatiques (toboggans, rivière), un coin aquagym et un jardin aquatique pour les 3/6 ans.

La Celle-Guénand

MUSEE DE L'OUTIL ET DES VIEUX METIERS © 02 47 88 05 26/02 47 94 45 27. *Ouvert du 1er mars au 14 juin et du 15 septembre au 15 novembre de 14h à 18h, du 15 juin au 14 septembre du mercredi au lundi de 14h à 18h30. Plein tarif 4 €.* Il rassemble plus de 6 500 outils et machines anciennes évoquant trois siècles d'histoire des métiers. Voir également le château Renaissance et une belle église romane.

La Guerche

CHATEAU DE LA GUERCHE © 02 47 91 02 39. *Ouvert du 23 juin au 22 septembre du lundi au samedi de 10h à 13h et de 14h à 19h (le dimanche, de 13h à 19h uniquement). Plein tarif 4 €, 2 € pour les moins de 12 ans.* Cet édifice du XVe siècle fut un temps la démarcation entre les domaines français et anglais, passage entre Touraine et Poitou. Il a encore fière allure, avec ses murs de 4 m d'épaisseur.

A voir également dans le bourg une église romane Saint-Marcelin (XIe siècle).

Preuilly-sur-Claise

Points d'intérêt

MUSEE DE LA POTERNE. *Ouvert en juillet et en août tous les jours sauf le lundi et les week-ends de septembre, de 14h30 à 18h30. Tarif 1,52 €.* Installé dans le châtelet, au Carroir des Prisons, le musée retrace la longue histoire de la région, démarrant à la Préhistoire (silex taillés), en passant par l'Antiquité (bronzes, céramiques) et le Moyen Age. Admirer notamment le coffre funéraire romain qui était destiné à recevoir les cendres d'un couple.

EGLISE ABBATIALE SAINT-PIERRE (XIIe siècle). *Ouverte tous les jours jusqu'à 18h, visite gratuite.* Restauré aux XIXe et XXe siècles, c'est un très bel édifice roman.

Voyez également l'église Saint-Mélaine, du nom d'un apôtre évangélisateur du Ve siècle, enterré à Preuilly : l'église a beaucoup souffert durant les guerres de Religion, avant d'être restaurée au XVIIIe siècle. L'hôtel de la Raillère est un des plus beaux édifices de la ville : il date de 1630. On trouve d'autres maisons anciennes en se baladant place des Halles, rue de l'Horloge, rue Saint-Pierre et rue Saint-Mélaine. L'ancien château féodal du Lion (Xe siècle) accueille aujourd'hui les voyageurs en chambres d'hôte.

La rue la plus amusante est sans conteste l'impasse du Ah Ah, qui n'est pas là pour marquer la surprise, mais porte le nom d'un ouvrage de maçonnerie dans une enceinte de fortification.

Le gîte et le couvert

HOTEL DE L'IMAGE 13, place des Halles ✆ 02 47 94 50 07. *Fermeture annuelle une semaine en octobre, une semaine en février. Fermé le mardi soir et mercredi d'octobre à mars. 4 chambres à partir de 30 €. Menus de 10 € à 25 €. Carte 25 €. Petit déjeuner 4,50 €.* Un ancien relais de pèlerins sur la route de Saint-Jacques-de-Compostelle, au cœur de la plus ancienne baronnie de Touraine. Les quatre chambres sont idéales pour un petit séjour. Au restaurant, simplicité et qualité sont au rendez-vous (magret de canard aux épices et confiture de vin, filet de saumon poêlé beurre safrané aux agrumes).

▷ *Dans les environs*

Le Petit-Pressigny

A voir l'église Saint-Pierre, dont les parties les plus anciennes, chœur et abside, sont du XIIe siècle. La fontaine-lavoir, le château des Bordes, à la sortie vers Charnizay et le château médiéval de Ré, sur la route du Grand-Pressigny. A proximité, mégalithes à Charnizay, notamment le "palet de Gargantua".

Yzeures-sur-Creuse

MUSEE DE MINERVE Place François-Mitterrand ✆ 02 47 94 55 01. *Ouvert du 1er juillet au 31 août de 9h à 17h, du 1er septembre au 30 juin, s'adresser à la mairie. La visite est gratuite.* On a découvert, dans les soubassements de l'église du village, 80 blocs de pierre sculptés au début de notre ère, aux effigies de Jupiter, Minerve, Leda, entre autres, et qui devaient faire partie d'un temple ou d'un pilier votif. On évoque Minerve, d'où le nom du musée de Minerve, rassemblant les résultats des fouilles.

MUSEE MADO-ROBIN Place Mado-Robin ✆ 02 47 94 55 01. *Ouvert toute l'année de 8h à 18h. La visite est gratuite.* Un émouvant petit musée dédié à la cantatrice à la voix la plus haute, née à Yzeures et morte en pleine gloire. Sa loge a été reconstituée avec ses principaux costumes de scène. Une bande sonore diffuse la voix immortelle de la diva.

LA PROMENADE 1, place du 11-Novembre ✆ 02 47 91 49 00. *Fax 02 47 94 46 12. Fermeture annuelle du 10 janvier au 14 février. Fermé le lundi et le mardi, sauf hôtel si réservation. 15 chambres de 42 € à 55 €. Menus de 20 € à 35 €. Petit déjeuner 7,50 €.* Face à l'église du village, sur une petite place bordée de tilleuls, une demeure du XVIIIe siècle entièrement rénovée. Les chambres (dont plusieurs familiales) sont charmantes et confortables. Cuisine de saison se renouvelant avec le marché : filet de bœuf Rossini foie gras maison, croustillant soufflé aux fruits de saison. Des vélos sont à la disposition des clients de tous les âges.

Loir-et-Cher

Floriane RAVARD

Romorantin-Lanthenay, passerelle du Musée de Sologne

Eure-et-Loir
Sarthe
Indre-et-Loire
St-Agil
Droué
la Chapelle-
Vicomtesse
Mondoubleau
Vers le Mans,
Nantes
Verdes
Forêt de
Fréteval
Vers Le Mans
N157
Épuisay
la Ville-
aux-Clercs
Morée
N157
Fréteval
Savigny-
sur-Braye
Pezou
Loir
Oucques
Marchenoir
Vendôme
Habitations
Troglodytiques
Château de
la Possonnière
le Pin
Loir
Montoire-
sur-le-Loir
Lavardin
le Plessis
Saint-Martin-
des-Bois
Saint-Amand
Longpré
la Chapelle
Vendômoise
N10
Authon
Gombergean
Menars
A10
Vers Tours
Herbault
BLOIS
Vers Tours, Poitiers
Santenay
Molineuf
Château de
Beauregard
Cellettes
Onzain
N152
Chaumont-
sur-Loire
Loire
Château de
Fougères-sur-Bièvre
Vers Tours
Sambin
Contres
Pontlevoy
Montrichard
Château du
Gué-Péan
Ruines
Romaines
Vers Tours
N76
Cher
Noyers-
sur-Cher
St-Aignan
0
10 km

LOIR-ET-CHER

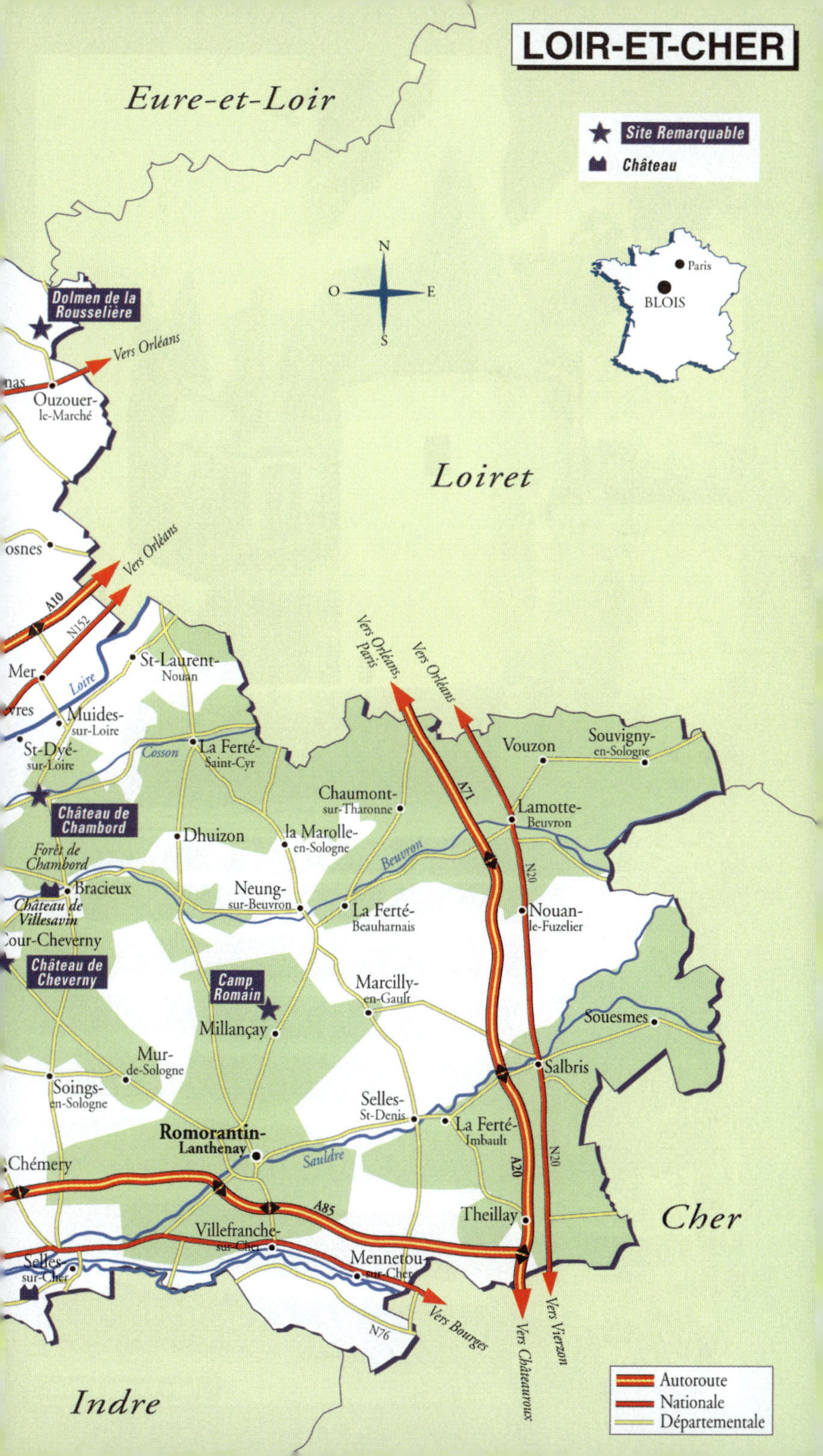

Eure-et-Loir
Site Remarquable
Château
Paris
BLOIS
N
O
E
S
Dolmen de la Rousselière
Vers Orléans
Ouzouer-le-Marché
Loiret
Vers Orléans
A10
N152
Mer
Loire
St-Laurent-Nouan
Muides-sur-Loire
St-Dyé-sur-Loire
Cosson
La Ferté-Saint-Cyr
Château de Chambord
Forêt de Chambord
Dhuizon
Bracieux
Château de Villesavin
Cour-Cheverny
Château de Cheverny
Vers Orléans, Paris
Vers Orléans
A71
Vouzon
Souvigny-en-Sologne
Chaumont-sur-Tharonne
Lamotte-Beuvron
la Marolle-en-Sologne
Beuvron
N20
Neung-sur-Beuvron
La Ferté-Beauharnais
Nouan-le-Fuzelier
Camp Romain
Marcilly-en-Gault
Millançay
Souesmes
Mur-de-Sologne
Salbris
Soings-en-Sologne
Selles-St-Denis
La Ferté-Imbault
Romorantin-Lanthenay
Sauldre
A20
N20
Chémery
A85
Theillay
Cher
Villefranche-sur-Cher
Selles-sur-Cher
Mennetou-sur-Cher
N76
Vers Bourges
Vers Châteauroux
Vers Vierzon
Indre
Autoroute
Nationale
Départementale

G. Tharel

Place Vauvert à Blois

LE PAYS DES CHATEAUX

Blois

Blois a, de tout temps, bénéficié, dans son développement, de sa position géographique. A proximité de la capitale, au centre de la France, au bord de son plus grand fleuve, sur un axe de liaison primordial. Même si son origine gallo-romaine ne fait pas de doute, il faut attendre le IXe siècle et les Carolingiens pour trouver trace d'une forteresse indiquant l'importance de la ville.

L'histoire commence réellement à s'écrire avec Jeanne d'Arc, qui s'apprête à délivrer Orléans, et en fait son quartier général avant l'attaque. Elle devient royale avec Louis XII et son épouse Anne de Bretagne. Le monarque fait du château sa résidence, que François Ier agrandira et renforcera. C'est dans les couloirs de ce château que se déroula l'un des épisodes les plus frappants et les plus importants de l'histoire de France : l'assassinat, l'avant-veille de Noël 1588, du duc de Guise et de son frère cardinal par les mignons d'Henri III, mettant un terme aux ambitions déclarées de la famille de Guise. Le commanditaire finira, un an plus tard, comme ses victimes, sous les coups de poignard, portés par un prêtre fanatique.

Un peu moins de sang et un peu plus d'amour dans un monde de brutes : c'est au château de Blois, qu'un jeune page fit la connaissance, le 21 avril 1545, lors d'une fête donnée par le roi, de la fille d'un marchand de Florence. Le coup de foudre qu'il y reçut allait le marquer toute sa vie ("Je la vis, j'en fus fou"). La jeune fille s'appelait Cassandre Salviati, le jeune page était Pierre de Ronsard.

La ville et son château seront marqués par les embellissements de deux architectes de grand renom : Mansart, qui apportera une aile au château en 1635, et Jacques Gabriel, qui donnera le pont qui porte aujourd'hui son nom, quelques décennies plus tard

Les grandes figures blésoises ne manquent pas : Denis Papin, le grand inventeur, mais aussi Robert Houdin, le fameux prestidigitateur, également connu pour ses automates, ou encore l'historien Augustin Thierry occupent le devant de la scène.

On comprendra aisément, sachant que le maire de Blois s'appellait Jack Lang, que la dimension culturelle de la ville est très importante, et que rien n'est laissé au hasard pour la mettre en valeur. Manifestations, embellissements ou réhabilitations de monuments, créations de salles et lieux de culture, le programme avance bien pour faire de Blois, déjà doté d'un riche passé, un centre d'intérêt privilégié de la région Centre. Un exemple fait le trait d'union entre l'histoire et l'actualité : chaque année au château royal, un son et lumière magnifique, "Ainsi Blois vous est conté" s'offre les voix de Robert Hossein, Pierre Arditi et Fabrice Luchini, entre autres, sur des textes d'Alain Decaux, pour illuminer un siècle d'histoire.

Fiche pratique

MAIRIE 9, place Saint-Louis ✆ 02 54 44 50 50

MAISON DU LOIR-ET-CHER 5, rue de la Voûte-du-Château - BP 149 CEDEX ✆ 02 54 57 00 41. *Site : www.tourismeloir-et-cher.com.*

OFFICE DE TOURISME Pavillon Anne-de-Bretagne - 3, avenue Jean-Laigret. *(Nouvelle adresse à partir du 1er avril : 23 place du château 02 54 90 41 41). E-mail : info@loiredeschateaux.com.*

Transports

GARE SNCF ✆ 02 54 55 31 03

Points d'intérêt

BASILIQUE NOTRE-DAME DE LA TRINITE ✆ 02 54 56 77 73. Un édifice contemporain conçu dans les années 30 et achevé après la guerre. A voir les vitraux et le Chemin de Croix de Lambert-Rucki ainsi que la crypte et sa mosaïque.

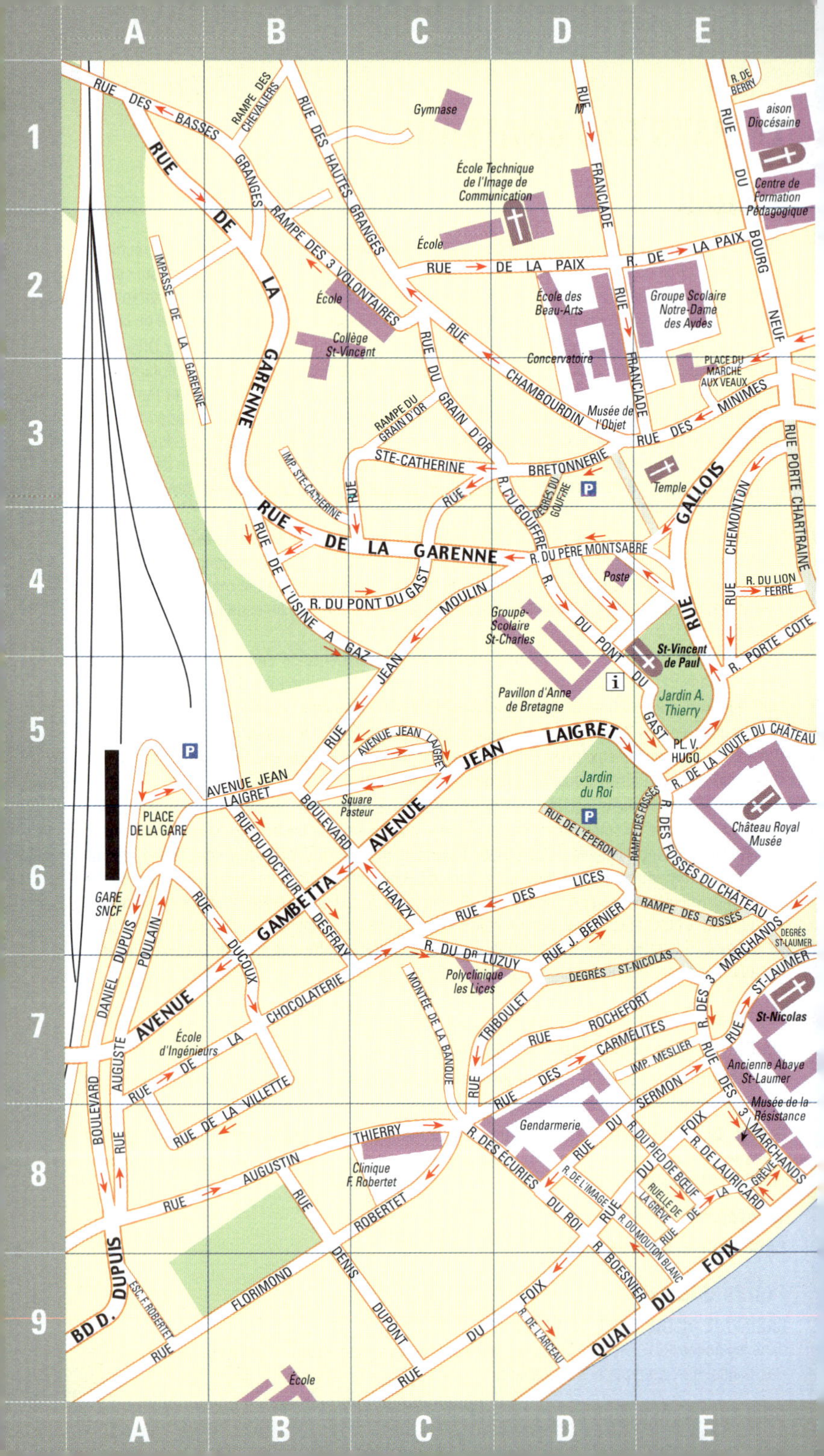

A
B
C
D
E
1
2
3
4
5
6
7
8
9
RUE DES BASSES
RAMPE DES CHEVALIERS
RUE DES HAUTES GRANGES
Gymnase
RUE FRANCIADE
R. DE BERRY
aison Diocésaine
École Technique de l'Image de Communication
RUE DU BOURG NEUF
Centre de Formation Pédagogique
RUE DE LA GARENNE
GRANGES
RAMPE DES 3 VOLONTAIRES
École
IMPASSE DE LA GARENNE
RUE DE LA PAIX
R. DE LA PAIX
École des Beau-Arts
Groupe Scolaire Notre-Dame des Aydes
Collège St-Vincent
RUE CHAMBOURDIN
Concervatoire
PLACE DU MARCHÉ AUX VEAUX
RUE DU GRAIN D'OR
RAMPE DU GRAIN D'OR
Musée de l'Objet
RUE DES MINIMES
RUE PORTE CHARTRAINE
STE-CATHERINE
BRETONNERIE
IMP. STE-CATHERINE
R. DU GOUFFRE
DEGRÉS DU GOUFFRE
Temple
RUE GALLOIS
CHEMONTON
R. DU PÈRE MONTSABRE
Poste
R. DU LION FERRÉ
RUE DE L'USINE A GAZ
R. DU PONT DU GAST
RUE JEAN MOULIN
Groupe-Scolaire St-Charles
R. DU PONT DU GAST
St-Vincent de Paul
R. PORTE COTE
Jardin A. Thierry
Pavillon d'Anne de Bretagne
AVENUE JEAN LAIGRET
PL. V. HUGO
R. DE LA VOUTE DU CHÂTEAU
Jardin du Roi
PLACE DE LA GARE
Square Pasteur
BOULEVARD CHANZY
RUE DE L'ÉPERON
RAMPE DES FOSSÉS
R. DES FOSSÉS DU CHÂTEAU
Château Royal Musée
RUE DU DOCTEUR DESFRAY
AVENUE GAMBETTA
GARE SNCF
RUE DES LICES
RUE J. BERNIER
RAMPE DES FOSSÉS
RUE DES 3 MARCHANDS
DEGRÉS ST-LAUMER
BOULEVARD DANIEL DUPUIS
RUE POULAIN
RUE DUCOUX
R. DU Dr LUZUY
DEGRÉS ST-NICOLAS
Polyclinique les Lices
CHOCOLATERIE
MONTÉE DE LA BANQUE
RUE ROCHEFORT
RUE ST-LAUMER
St-Nicolas
AVENUE AUGUSTE
École d'Ingénieurs
RUE DE LA VILLETTE
RUE TRIBOULET
RUE DES CARMÉLITES
IMP. MESLIER
SERMON
Ancienne Abaye St-Laumer
Musée de la Résistance
Gendarmerie
RUE AUGUSTIN THIERRY
R. DES ÉCURIES DU ROI
RUE DU FOIX
R. DU PIED DE BŒUF
R. DE LAURICARD
Clinique F. Robertet
RUE ROBERTET
R. DE L'IMAGE
RUELLE DE LA GRÈVE
RUE DE LA GRÈVE
R. DU MOUTON BLANC
R. BOESNIER
QUAI DU FOIX
BD D. DUPUIS
ESC. F. ROBERTET
RUE FLORIMOND
RUE DENIS DUPONT
R. DE L'ARCEAU
École

BLOIS
F
G
H
I
J
1
2
3
4
5
6
7
8
9
Groupe Scolaire Ste-Marie
Préfecture
Hôtel Départemental
R. DU 18 JUIN 1940
RUE D'ANGLETERRE
BOULEVARD EUGÈNE RIFFAULT
Bibliothèque
PLACE JEAN-JAURÈS
PL. TIEN AN MEN
Palais des Congrès
Square du 11 Novembre et du 8 mai 1945
Univ. Fr. Rabelais
R. CALENGE
PRÊCHE
BOURG
R. DU GRAND REMENIER
RUE DU HAUT
PL. DE LA RÉPUBLIQUE
Palais de Justice
RUE DU PÈRE BROTTIER
PL. FRANDRES DUNKERQUE
MAIL
CLOUZEAU
R. DES FOURNEAUX
ROUILLIS
R. COUVERTE
HAUT
CLOS
École
R. C. ROBIN
R. DES REMPARTS
RUE TROUSSARD
PLACE GUERRY
RUE DES CORDELIERS
R. J. COUDRAY
RUE P. RENOUARD
R. A. FRANCE
RUE PORTE
RUE DU PALAIS
PLACE ST-LOUIS
Cathédrale St-Louis
Hôtel de Ville
POURTOUR ST-LOUIS
PETITS DEGRÉS ST-LOUIS
Q. ST-JEAN
RUE DU BOURG ST-JEAN
R. DU MOUTON
QUAI SAINT-JEAN
RUE BEAUVOIR
Maison des Acrobates
GRANDS DEGRÉS ST-HONORÉ
Hôtel d'Alluye
RUE ST-HONORÉ
ESC. D. PAPIN
PETITS DEGRÉS ST-HONORÉ
R. PIERRE DE BLOIS
GDS DEGRÉS ST-LOUIS
RUE DES PAPEGAULTS
RUE DU PUITS CHATEL
Cour des Miracles
R. J. DE SAUSEUSE
RUE DE LA FOULERIE
R. DU GRENIER A SEL
PL. DU GRENIER A SEL
R. VAUVERT
RUE DENIS PAPIN
RUE HAUTE
R. DES JUIFS
PL. DU MARCHÉ NEUF
R. BASSE
R. PARDESSUS
R. REBROUSSE PENIL
RUE DES 3 CLEFS
RUE DENIS PAPIN
R. DU CHANT DES OISEAUX
R. DU POIDS DU ROI
PL. AVE MARIA
R. FONTAINE DES ÉLUS
R. JEANNE D'ARC
QUAI SAINT-JEAN
RUE DU COMMERCE
Maison de la Magie
R. DE LA VOUTE DU CHÂTEAU
PLACE DU CHÂTEAU
R. ST-MARTIN
R. DES ORFÈVRES
R. H. DRUSSY
PLACE DE LA RÉSISTANCE
PLACE LOUIS XII
RUE E. LAURENS
RUE DES VIOLETTES
RUE ST-LUBIN
PETITS DEGRÉS DU CHÂTEAU
PL. E. GAUDET
RUE ANNE DE BRETAGNE
PL. DU CEL V. DE LA VAYSSIÈRE
R. DU BOURG MOYEN
QUAI DE LA SAUSSAYE
PONT JACQUES GABRIEL
Université des Techniques de Gestion
RUE DES JACOBINS
Halles
RUE R. HOUDIN
Cloître des Jacobins
QUAI DE L'ABBÉ GRÉGOIRE
LA LOIRE
N
O
E
S
QUAI A. CONSTANT
R. DE LA CHAÎNE
Carrefour de la Libération
AV. WILSON
R. DES ALLIÉS
RUE DU 1ER SEPTEMBRE
MAREUIL
R. G. D'ORLÉANS
RUE DU POINT DU JOUR
RUELLE DU POINT DU JOUR
QUAI VILLEBOIS MAREUIL
CHALANS
St-Saturnin
RUE MUNIER
RUE CROIX BOISSÉE
RUE BERTHEAU
R. DU PRÉ ROCHERON
RUE DES CHALANS
R. DU MIN A BATTOIR
RUE DU POINSON RENVERSÉ
R. DU PUITS NEUF
Cloître St-Saturnin
R. CLÉRANCERIE
0 100 m
Reproduction interdite
Jean-Baptiste Nény
Novembre 2002

CHATEAU ROYAL DE BLOIS © **02 54 90 33 32.** *Ouvert du 2 novembre au 14 mars de 9h à 12h30 et de 14h à 17h30, du 15 mars au 30 juin et du 1er septembre au 1er novembre de 9h à 18h, du 1er juillet au 31 août de 9h à 19h30. Tarifs, adultes 6,50 €, de 6 ans à 11 ans 2 €, de 12 à 20 ans, étudiants, demandeurs d'emploi 4,50 €, gratuit moins de 6 ans.* Le château offre au visiteur un condensé de plusieurs siècles d'histoire et d'architecture. De Jeanne d'Arc à François Ier et Gaston d'Orléans, les grandes figures se succèdent, apportant, pour les souverains, une touche personnelle dans l'aménagement du château. Propriété des comtes de Blois jusqu'au XVe siècle, il passe aux mains de la famille d'Orléans à la fin du XIVe siècle. A l'avènement de Louis XII, natif de Blois, il devient résidence royale, sous la forme d'un bâtiment de pierre et de brique. Au début du XVIe siècle, et après la mort de Louis XII, son gendre François Ier y prend également résidence, en alternance avec Amboise, et fait rajouter une aile, qui comporte une des curiosités les plus remarquables : un grand escalier à claire-voie. C'est enfin le frère de Louis XIII, Gaston d'Orléans qui devient, en 1626, titulaire du comté de Blois. Il s'alloue les services de Mansart pour apporter au château un nouvel éclat. La ville deviendra propriétaire du château en 1810. Pour chaque étape de construction, il reste d'importants témoignages qui donnent à la visite un intérêt particulièrement vaste. Le billet permet également d'accéder aux quatre visites suivantes.

COUVENT DES JACOBINS. Du bâtiment original subsistent quelques vestiges (XVe siècle), mais l'ensemble a été entièrement rénové dans un style harmonieux. Il abrite deux musées.

LA HALLE AUX GRAINS Place de la République © **02 54 90 44 00.** A voir aujourd'hui pour la variété des manifestations culturelles qui s'y déroulent. Véritable vitrine de la ville, cet ancien bâtiment (XVIe siècle) a été somptueusement aménagé pour accueillir congrès, concerts et œuvres théâtrales (la salle est classée Scène nationale). L'espace inclut un auditorium de 700 places, des salles de capacité modulable, un restaurant, et de nombreux équipements ultra-modernes.

MUSEE ARCHEOLOGIQUE © **02 54 90 33 33.** *Ouvert toute l'année.* Consacré à la riche histoire locale, il recense le résultat de fouilles assidues, dans et à l'extérieur du château, et portant sur des époques diverses (préhistoire, antiquité romaine, Moyen Age). Les musées situés dans l'enceinte du château sont accessibles gratuitement avec le tarif entrée du château (musées archéologique, des beaux-arts, lapidaire).

MUSEE DES BEAUX-ARTS Château de Blois © **02 54 90 33 32.** *Ouvert toute l'année.* Outre ses collections artistiques (peintures, sculptures), on y trouve de belles tapisseries, et un original musée de la ferronnerie du Val-de-Loire, avec une collection de clefs.

MUSEE LAPIDAIRE. La ville a souffert, comme beaucoup, durant la Seconde Guerre mondiale. Ce musée rassemble des fragments sculptés, provenant de monuments détruits ou endommagés.

MUSEE DE L'OBJET 6, rue Franciade © **02 54 55 37 40.** *Ouvert du 16 septembre au 14 mai de 13h30 à 18h30, le week-end, du 15 mai au 15 septembre de 13h30 à 18h30 du mardi au dimanche. Fermé les 1er janvier, 1er et 8 mai, 1er et 11 novembre et 25 décembre.* Les amateurs d'art contemporain seront enchantés de ce musée récent, qui rassemble une centaine d'œuvres d'artistes qui se sont emparés d'objets du quotidien pour leur donner une nouvelle vie "artistique".

LE MUSEUM D'HISTOIRE NATURELLE Les jacobins - Rue Anne-de-Bretagne ✆ 02 54 90 21 00. *Ouvert du lundi au vendredi, de 9h à12h et de 14h à 18h. Plein tarif 2,50 €, tarif réduit 0,80 €, gratuit pour les moins de 12 ans.* A voir les collections de minéraux, de fossiles, d'animaux, concernant la région ligérienne, mais aussi la faune tropicale.

MUSEE D'ART RELIGIEUX Les jacobins - Rue Anne-de-Bretagne ✆ 02 54 78 17 14. *Ouvert toute l'année du mardi au samedi de 14h à 18h. Gratuit.* Des œuvres du Moyen Age à nos jours, consacrées à la religion et à la liturgie : peintures, sculptures, ornements.

MUSEE DE LA RESISTANCE, DE LA DEPORTATION ET DE LA LIBERATION 1, place de Grève ✆ 02 54 56 07 02. *Ouvert tous les jours sauf le samedi matin, le dimanche et les jours fériés de 9h à 12h et de 14h à 18h. Plein tarif 3 €, tarif réduit 1 €.* Comme son nom l'indique, c'est à une véritable immersion dans la Seconde Guerre mondiale que vous êtes convié, la situation du point de vue régionale étant bien entendu mise en exergue. Visites commentées et projections de vidéos sur rendez-vous.

TOUR BEAUVOIR Rue des Cordeliers ✆ 02 54 71 82 77. *Sur rendez-vous. Tarif 3 €.* Un des éléments encore debout des fortifications d'autrefois. Au sommet, on y découvre un magnifique panorama sur la ville, le château et la Loire.

Balade

Après avoir copieusement arpenté les couloirs du château, on en ressort du côté de l'office de tourisme, pour descendre dans l'agréable et fréquenté jardin Victor-Hugo. Pas très grand, mais bien placé et relaxant, sous le regard bienveillant d'Augustin Thierry, à qui la ville de Blois rend l'hommage d'un buste.

On poursuit par la **rue Chartraine**, piétonnière, qui monte jusqu'à la rue Gallois. Son nom vient du fait qu'elle donnait sur la porte de la ville par laquelle on entrait en venant de Chartres. On s'engouffre au hasard dans quelques vieilles rues, mais il faudra bien passer par la rue Beauvoir et ses maisons à colombages. Au croisement avec la rue Saint-Honoré, belle perspective sur la cathédrale. Dans cette rue Saint-Honoré, voir l'hôtel d'Alluye (XVIe siècle), édifié par Florimond Robertet, illustre conseiller de Charles VIII, Louis XII et François Ier, qui était le seigneur du château d'Alluyes, entre Illiers et Bonneval. Du haut des marches, Denis Papin et son bébé à vapeur, qu'il tient à ses côtés, regarde la ville qui l'a vu naître. En particulier, la rue qui lui est dédiée, que l'on suit des yeux jusqu'à la Loire.

On descend les marches pour s'engouffrer rue Haute, en poursuivant rue aux Juifs, où l'on trouve de très beaux hôtels particuliers. A gauche, la rue des Papegaults et ses hôtels XVe-XVIe siècle (hôtel Belot, hôtel Philippeaux). En face, le carroir Saint-Michel, une vieille maison à pans de bois. A droite, la très belle et très ancienne rue du Puits-Chatel débouche sur la terrasse de l'évêché, édifié par Jacques Gabriel au XVIIIe siècle, et qui abrite aujourd'hui l'hôtel de ville. Dans les jardins, on admire la roseraie et la statue de Jeanne d'Arc. Tout près, on aperçoit les quais de la Loire.

On fait le tour de la place pour prendre la **cathédrale Saint-Louis** (XIIe, XVIe et XVIIe siècle) à revers. Elle mérite qu'on l'examine sous toutes les coutures. Par la rue des Rouillis, on débouche sur la place de la République, avec, à gauche, le palais de justice, en face, la préfecture, et à droite, le superbe palais des Congrès et de la Culture, Scène nationale, installé dans une ancienne halle aux grains (XIXe siècle) classée Monument historique.

On revient par la place Guerry à la rue Pierre-de-Blois : voir, au carrefour, la maison des Acrobates et sa façade à colombages, et, plus loin, un hôtel du XVIe siècle avec sa porte sculptée. On retrouve le cœur de l'animation de la ville, et, notamment, l'incontournable rue des Trois-Clefs, que l'on aborde par ses cinémas.

Lorsqu'on a "fait" la rue des Trois-Clefs et la rue du Commerce par beau temps, si l'on n'a rencontré personne de connaissance, c'est que l'on n'est vraiment pas du coin. Faire le tour par la rue Basse pour domestiquer l'espace piétonnier.

Repartir de bon pied, par la **rue Saint-Martin**, sur la place Louis XII, peut-être la plus agréable, par sa dimension, sa lumière, son charme, une sorte de Piazza Navona à la mode du Loir-et-Cher, avec sa fontaine gothique, un des rares monuments du quartier à avoir échappé au bombardement de la dernière guerre. Les terrasses y sont particulièrement tentantes, notamment celle des Arcades.

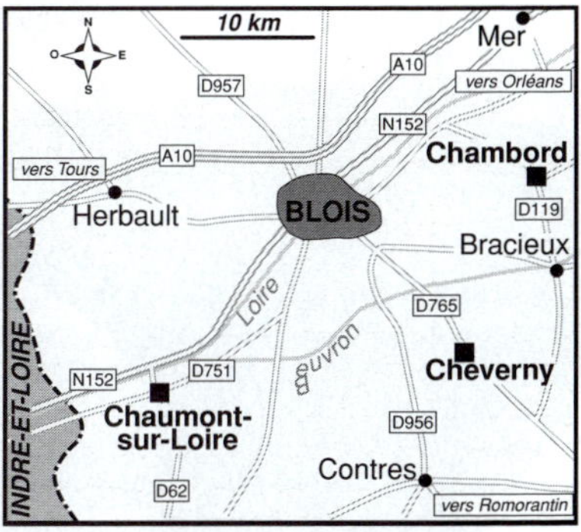

G. Tharel

Vue générale

Le pont Jacques Gabriel

On longe les parties basses du château avec une rue ancienne et pittoresque, la rue Saint-Lubin, avec ses maisons à pans de bois, et la statue de Saint-Lubin. Courte échappée par les degrés Saint-Nicolas pour jeter un œil avant de revenir rue des Trois-Marchands.

On passe devant la rue des Carmélites, la rue du Sermon, puis la rue du Foix. Pour continuer la visite, prendre la rue Saint-Laumer, à gauche, en face de la rue du Sermon.

L'**abbatiale Saint-Laumer-Saint-Nicolas** date du XIIIe siècle. On lui rend hommage avant de la contourner pour suivre la rue Anne-de-Bretagne. Si l'on descend la rue Robert-Houdin vers la Loire, on trouve, à droite, l'hôtel-Dieu (XVIIe siècle). On reprend rue Anne-de-Bretagne pour passer devant l'ancien couvent des jacobins (XVe, XVIe et XVIIe siècle), largement rénové, et qui abrite le Muséum d'histoire naturelle et le musée d'Art religieux.

La rue Anne-de-Bretagne rejoint la place Louis-XII pour un haut symbole royal.

Le passage sur l'autre rive, par le **pont Jacques-Gabriel** (XVIIIe siècle), par exemple, n'est pas inutile.

D'abord, parce que la vue sur la ville, depuis les quais de la rive gauche, est évidemment la plus belle : on englobe d'un seul regard les différentes richesses historiques, ensuite parce qu'il y a aussi à découvrir dans ces rues calmes et peu commerçantes. D'anciennes échoppes d'artisans, de belles maisons, et, en prenant la rue Munier, l'église Saint-Saturnin (XVe-XVIe siècle), et surtout le cloître (XVe siècle) attenant, avec son cimetière à galerie et son musée lapidaire. Flâner vers l'ancien port de la Creusille, qui rappelle le temps où le fleuve était navigable.

Le couvert

AU RENDEZ-VOUS DES PECHEURS Rue du Foix ✆ 02 54 74 67 48. *Fax 02 54 74 47 67. Fermeture annuelle trois semaines en août. Fermé le dimanche et le lundi midi. Menus de 24 € à 68 €.* Une petite épicerie de quartier, avec son comptoir à l'ancienne, a été joliment aménagée pour devenir l'un des endroits les plus courus de Blois. Ambiance de bistro de quartier très agréable et cuisine résolument axée vers le poisson, si possible de Loire. Ici on vise la qualité, en s'efforçant de ne pas faire gonfler les prix

LE BISTROT DU CUISINIER 20, quai Villebois-Mareuil ✆ 02 54 78 06 70. *Fermeture annuelle première et dernière semaine de l'année et du 1er au 10 septembre. Menus de 18 € à 24 €.* Sur les bords de Loire, de l'autre côté du pont par rapport à la ville, ce bistrot est tout simplement l'une des meilleures adresses de Blois. Cuisine alerte, inventive sur les bases du terroir, tarifs bien serrés grâce à un intelligent menu-carte et nombreuses bonnes idées d'association avec les vins de Loire bien choisies : pressé de foie gras et lapereau au vouvray, saumon poêlé à l'unilatéral, émulsion de poivrons rouges, rognons de veau en escalopes à la bière brune et spaetzle au beurre, trio de crèmes brûlées.

LE CASTELET 40, rue Saint Lubin ✆ 02 54 74 66 09. *Fermeture annuelle pendant les vacances scolaires de février, d'octobre, et la semaine de Noël. Fermé le mercredi et dimanche hors saison, mercredi midi et dimanche midi en juillet août. Menus de 14 € à 24,80 €. Carte 20 €.* Dans une demeure du XVIe siècle, à proximité du château de Blois, Le Castelet vous propose ses menus selon les saisons. Plats traditionnels et produits du terroir sont à l'honneur. Plusieurs formules (dont une végétarienne) vous feront découvrir les richesses culinaires de la région.

L'ESPERANCE 189, quai Ulysse-Besnard ✆ 02 54 78 09 01. *Fermeture annuelle la première semaine des vacances scolaires de février et début août. Fermé le dimanche soir et lundi. Menus de 16 € à 52 €.* Une salle de tradition, bien aménagée avec ses grandes baies vitrées offrant un large panorama sur la Loire. La carte est classique, mais les recettes du répertoire sont bien réalisées et parsemées de touches personnelles : pétales de Saint-Jacques en coquilles et ses filaments de légumes à la crème de morilles, pomme de ris de veau crémé et son crémeux de morilles, larme glacée à l'armagnac et pruneaux, beignets de chocolat à la noisette.

LE ROND DE SERVIETTE 18 rue Beauvoir ✆ 02 54 74 48 04. *Située dans le Vieux-Blois, cette pizzeria très sympathique offre un large choix avec des menus de 7 € à 10 € et des pizzas de 5 € à 8 €, à personnaliser soi-même.* L'accueil est souriant et chaleureux, la bonne humeur contagieuse. Le décor est fait de citations d'auteurs drôles, d'un plafond "surprise" et les pizzas ont leur intitulé qui confirme la volonté du patron, comme la pizza "Tu peux te brosser Martine". Un lieu de détente et de bien-être assaisonné d'origan.

Le gîte et le couvert

LE MEDICIS 2, allée François-Ier ✆ 02 54 43 94 04. *Fermeture annuelle janvier. Fermé le dimanche soir hors saison. 12 chambres de 86 € à 112 €. Menus de 22 € à 60 €. Petit déjeuner 11,50 €. Parking assuré.* Un établissement au confort douillet et à la décoration soignée. Les chambres sont très bien équipées, climatisées et insonorisées, 2 d'entre elles disposent même d'un bain bouillonnant. 3 salles de restaurant aux styles différents où vous attendent tartine de foie gras de canard et ses filets de rouget, suprême de bar en coque d'argile, filet de biche sauce cassis et soupe au lait au marc de café.

HOTEL MERCURE CENTRE 28, quai Saint-Jean © 02 54 56 66 66. *Fax 02 54 56 67 00. 96 chambres de 87 € à 108 €. Menus de 15 € à 21,50 €. Carte 32 €. Petit déjeuner 10,50 €. Garage privé.* Un hôtel appartenant à un groupe dont la réputation n'est plus à faire. Confort assuré, cuisine de bon aloi (rôti de lotte aux deux citrons, magret d'oie grillé au miel du lavardin…), belle salle de réceptions pouvant contenir jusqu'à 400 personnes.

HOTEL RESTAURANT BRASSERIE RENAISSANCE 1 rue de la Garenne © 02 54 78 02 63. Fax: 02 54 74 30 95. *Site : www.hotel-renaissance.com. E-mail : hotel.renaissance@wanadoo.fr. Hôtel deux étoiles. Ouvert toute l'année, de 7h à minuit. 20 chambres (de 1 à 4 personnes) de 31 € à 40 €, petit déjeuner à 5 €. Salle de bain, téléphone direct, TV. Les chiens sont admis. Le restaurant est ouvert de 12h à 14h30 et de 19h à 22h30. PMC : 10,50 €.* Situé en centre ville, à proximité du château et des commerces, l'hôtel-retaurant est accueillant et vous pourrez jouir de moments de calme avant de visiter le centre ville ou le Jardin du Roi. Une brasserie vient compléter le service d'une cuisine traditionnelle et vous pouvez disposer d'un parking privé, sur réservation.

LE MONARQUE 61, rue Porte-Chartraine © 02 54 78 02 35. *Fax 02 54 74 82 76. Fermeture annuelle de la deuzième quinzaine de décembre au 5 janvier. Fermé le lundi (pour le restaurant). 24 chambres de 48 € à 50 €. Menus de 18,40 € à 23 €. Petit déjeuner 5,80 €.* Un établissement de centre-ville, installé dans une maison ancienne rénovée, mais à la décoration résolument moderne. Le restaurant propose une cuisine traditionnelle : civet à la raboliot, coq au vin, filet de carpe.

Loisirs

ASTRESPACE - MUSEE INTERACTIF DES SCIENCES ET DE L'ASTRONOMIE 18, rue Dorgelès © 02 54 42 02 95. *Ouvert toute l'année de 15h à 18h. Plein tarif 3 €, gratuit pour les moins de 9 ans.* Pour découvrir ce qui se passe au-dessus de nos têtes.

COMITE DEPARTEMENTAL DU CYCLOTOURISME - MAISON DEPARTEMENTALE DES SPORTS 34, rue de Villebrême © 02 54 42 95 60. *Fax 02 54 42 17 07.* Les clubs et le comité proposent moult randonnées pour tous les niveaux. Le tour cyclo du Loir-et-Cher 02 54 74 04 75, randonnée en nord Touraine 02 54 55 58 53, les châteaux de Sologne 02 38 69 22 55, les vignobles du Centre 02 48 71 39 43, randonnée en pays de Sologne 02 38 69 22 55, les bruyères solognotes (réservée aux lienciés de la FFCT) 02 54 87 58 33.

COMITE DEPARTEMENTAL DE LA RANDONNEE PEDESTRE 2, rue du Limousin © 02 54 56 19 59. *Permanence le lundi après-midi. Une documentation est en vente : topo-guides, brochures, pochette de fiches-circuits par commune au 02 54 56 19 59 et dans les offices de tourisme. Gratuit : le calendrier des randonnées dominicales en Loir-et-Cher.* Une adresse incontournable pour ceux qui ont décidé de parcourir la région au rythme de leurs pas, et Dieu sait si les lieux de randonnées ou de promenades sont nombreux.

HARAS NATIONAL DE BLOIS - ASSOCIATION CHEVAL ET CULTURE 62, avenue Maunoury © 02 54 55 22 82. *Fermé le dimanche, sauf en juillet et août. De mi-mars au 31 mai et 1er au 31 octobre, visite guidée supplémentaire le samedi à 16 h, vacances de février et de Pâques (du début de la zone A à la fin de la zone C) : du lundi au samedi à 14h30 et 16h, en juin et septembre, du lundi au samedi à 14h30 et 16h, en juillet et août à 10h30, 14h30, 15h30 et 16h30 du lundi au samedi et à 10h30 et 15h le dimanche, jours fériés : à 15h00 sauf les 1er janvier, 1er novembre et 25décembre. Tarifs 6 €, lycéens 4 €, collégiens 3 €, primaire 2,50 €.* Une visite d'une durée de 1h30 vous emmène à la découverte du monde des équidés. Vous apprendrez successivement à connaître les différentes races présentes au haras, les techniques de reproduction, la mission des haras nationaux ainsi que les métiers qui s'y rapportent. Pour les animations, contacter l'association.

MAISON DE LA MAGIE ROBERT-HOUDIN Place du Château ✆ 02 54 55 26 26. *Ouvert du 27 mars au 6 juin de 10h à 12h30 et de 14h à 18h, fermé le lundi, sauf en avril et du 3 au 31 mai, du 1er juillet au 31 août, tous les jours de 10h à 18h30, du 1er au 26 septembre du mardi au dimanche de 10h à 12h30 et de 14h à 18h, vacances scolaires, Toussaint et Noël tous les jours de 10h à 12h30 et de 14h à 18h. Plein tarif 7,50 €, enfant de 6 à 17 ans 5 €, gratuit pour les moins de 6 ans.* La ville du grand magicien se devait d'avoir un musée à sa gloire. C'est chose faite depuis juin 1998 et vous pourrez vous plonger dans l'univers de l'illusion et assister à un véritable spectacle de magie.

iconotec.com / Pierre DELAGUERARD

Le château de Blois

Sorties

Les bars branchés se trouvent dans la rue Haute, qui démarre au bas de l'escalier Denis-Papin. Pour l'animation, tourner autour de la rue du Commerce. L'été, le bar-glacier le plus fréquenté est Le Palais, au bout de cette rue.

Emplettes

MAISON DU VIN 11, place du Château ✆ 02 54 74 76 66. *Ouvert toute l'année du lundi au vendredi de 9h à 12h et de 14h à 18h, en juillet et en août de 10h à 19h. Dégustation gratuite et vente.* L'endroit idéal pour s'initier (ou approfondir ses connaissances) aux vins du Loir-et-Cher : touraine, cheverny, cour-cheverny, coteaux du vendômois et côteaux du valençais.

PATISSERIE SAGUEZ 74, rue du Commerce ✆ 02 54 78 20 73. D'excellents gâteaux en petit format dans la rue la plus commerçante de la ville, les traditionnels pavés malice du loup, patelins et pavés du roi.

AU VIEUX FOUR 4, rue Gaston-d'Orléans ✆ 02 54 78 06 26. *Ouvert toute l'année, sauf janvier et février, le matin uniquement, sur rendez-vous.* Découverte de la "boulange" d'autrefois dans cette boulangerie-musée des années 20 : chauffe du four, pétrissage et façonnage des pains : 45 min incluant une dégustation, pour 5 €, visite + petit déjeuner 8 €.

▷ *Dans les environs*

La Chaussée Saint-Victor

CANOE DECOUVERTE Val-de-Loire ✆ 02 54 78 67 48. *Du 1er avril au 31 octobre, sur réservation.* Pour découvrir le Val-de-Loire sous un autre angle, cet organisme vous propose de louer différents modèles de canoës et de kayaks.

CENTRE EQUESTRE DE BLOIS Levée de la Loire ✆ 02 54 74 59 67. *Ouvert toute l'année, du lundi au samedi.* Des activités variées, pour des cavaliers débutants à confirmés : cours, stages, promenades, bains de Loire. Différents forfaits sont proposés.

LOIRE VALLEY AVIATION ✆ 02 54 56 16 12. *Toute l'année, sur réservation. Visites guidées aériennes au-dessus des châteaux de la Loire, photos aériennes.* Au départ de l'aérodrome de Blois-Le Breuil.

SITE NATUREL. *(Pour débutants et confirmés). Accès : depuis Blois, prendre la direction La Chaussée-Saint-Victor (N152 axe Blois/Orléans).* A la sortie de Blois, passer le pont puis tourner à droite juste après la station essence du supermarché. Le site se trouve au fond de la rue.

Herbault

AUBERGE DES TROIS MARCHANDS 34, place de l'Hôtel-de-Ville ✆ 02 54 46 12 18. *Fermeture annuelle janvier. Fermé le dimanche soir, lundi soir, mardi. Menus de 18,50 € à 35 €, une intéressante formule à 13,50 €.* Accueillante auberge de village, à proximité des grands châteaux, qui pratique une très honnête cuisine traditionnelle : sandre au beurre blanc, magret de canard aux poires et au gingembre, tarte Tatin dans une atmosphère familiale.

Molineuf

RESTAURANT DE LA POSTE 11, avenue de Blois ✆ 02 54 70 03 25. *Fax 02 54 70 12 46. Fermé le mercredi et le dimanche soir (sauf en juillet-août), et le mardi soir d'octobre à avril. Menus de 16 € à 28 €.* C'est un ancien relais de poste joliment transformé en restaurant. Avec une carte d'inspiration régionale, des préparations classiques et attendues pour des résultats très satisfaisants. Une belle salle à manger, climatisée et récemment redécorée.

Orchaise

PARC BOTANIQUE DU PRIEURE ✆ 02 54 70 01 02. *Ouvert de mars à octobre tous les jours, sauf vendredi, de 15h à 19h. Tarif 7 € pour les adultes, gratuit pour les enfants jusqu'à 12 ans.* Sur le site d'un ancien prieuré du XIe siècle, on peut admirer un remarquable jardin botanique sur 3 ha, avec plus de 2 500 espèces de toutes origines : rhododendrons, magnolias, sorbiers. Une très belle collection d'iris, de rosiers, de pivoines (200), auxquels est consacrée une fête le dernier dimanche d'avril. Un beau panorama sur la vallée de la Cisse.

Selles-Saint Denis

AUBERGE DU CHEVAL BLANC Place du Mail – SELLES-SAINT-DENIS ✆ 02 54 96 36 36.** *Fax : 02 54 96 13 96. Fermeture annuelle : 1 semaine à Noël, 1 semaine en août, 3 semaines en février. Fermé le mardi soir, mercredi et dimanche soir de novembre à mars. Chambres de 44,50 € à 69 €. Petit déjeuner : 6,40 €. Menu du jour (en semaine uniquement) : 16,50 €, menus de 22,50 € à 46 €. Plats à la carte (prix moyen : 50 €). Parking privé clos. Accès handicapés.* Dans le jardin sur la terrasse ou dans la salle à la chaleur du feu de cheminée, la cuisine gastronomique de Ludovic Poyau est appréciable et appréciée : lièvre à la Saint-Denis, ragoût de brochet et de Saint-Jacques, étuvée d'épinards à la cardamone ou soufflé chocolat et son capuccino glacé. Une salle de réception peut accueillir jusqu'à 50 personnes. Les 6 chambres de l'auberge du Cheval-Blanc sont toutes équipées d'un téléphone direct, d'une télévision satellite et d'un mini-bar. A noter : si les chiens sont acceptés à l'hôtel, ils ne sont pas les bienvenus au restaurant.

Villerbon

LESOURD-NOUVELLON ELISABETH 5, rue des Grèves - VILLEJAMBON ✆ 02 54 46 83 16. *Fax 02 54 46 83 16. 3 chambres à 45 €. Carte bancaire non acceptée.* Ancienne ferme de Beauce restaurée à l'ancienne, avec de nombreux meubles régionaux, au cœur du circuit touristique des châteaux de la Loire.Un coin cuisine est à la disposition des hôtes pour la confection des repas de vacances.

Chambord

Points d'intérêt

CHATEAU DE CHAMBORD ✆ 02 54 50 40 00/02 54 50 50 00 (Réservation). *Ouvert tous les jours sauf 1er janvier, 1er mai, 25 décembre. Du 1er avril au 30 septembre de 9h00 à 18h15, du 1er octobre au 31 mars de 9h00 à 17h15. Tarifs, adultes 7 €, réduit (familles nombreuses, jeunes de 18 ans à 26 ans), 4,5 €, groupes 5 €, gratuit enfants jusqu'à 17 ans, chômeurs, appelés du contingent, gratuit chaque 1er dimanche d'octobre à mars, carte Chambord, 20 € (accès gratuit illimité + avantages pendant un an).* Le château est le site le plus visité du département, plus de 700 000 personnes s'y pressent chaque année. Mafflu, costaud et néanmoins élégant avec ses rondeurs élancées, c'était le rendez-vous de chasse de François Ier, un peu comme lorsqu'on met une caravane devant son coin de pêche réservé. 156 m de large, 450 appartements et autant de cheminées qu'il y a de jours dans une année, tout cela est plutôt coquet. On rêve en se promenant dans les salons, devant les tableaux, les boiseries, les tapisseries, aux épisodes de l'histoire qui s'y sont déroulés. Louis XIV appréciait Chambord pour son faste, mais aussi pour sa giboyeuse forêt de 5 000 ha entièrement close, qui est encore aujourd'hui une réserve bien fournie en cerfs, sangliers, chevreuils. C'est à Chambord que fut donnée pour lui, en 1667, une représentation de Monsieur de Pourceaugnac, et, en 1670, Le Bourgeois gentilhomme par la compagnie de Molière. Châteaubriand en a dit "Tout y est fait pour les mystères de la guerre et de l'amour".

L'accès au château est sévèrement réglementé en saison. Les gendarmes veillent fréquemment, épaulant la signalisation pour que les nombreux visiteurs ne puissent pas échapper au parking : faire ne serait-ce qu'une petite photo de l'extérieur du château est du domaine de l'exploit.

Loisirs

LE CHEVAL ROI ✆ 02 54 20 31 01. *Fax 02 54 20 38 52. En mai, juin et septembre, spectacle à 11h45, également à 16h30 le week-end, en juillet et août, spectacle de 45 min, tous les jours à 11h45 et 16h30. Tarif, adulte 7,50 €, enfant 5 €.* Les écuries du maréchal de Saxe vous proposent un spectacle d'art équestre. Cavaliers en costume font revivre en musique des scènes allant de la Renaissance au XIXe. Il est par ailleurs possible de visiter le parc de Chambord en attelage. Tarif, 7,50 €, réduit 5 €.

DOMAINE NATIONAL DE CHAMBORD Rue Mairie ✆ 02 54 50 40 28. Un domaine où l'on peut admirer faune et flore en liberté, bien balisé, bien renseigné, prenant le touriste en main comme dans ces parcs de séjour à l'américaine. C'est joli et, en saison, complètement bondé : vous ne serez pas tenté de dépasser les draconiennes limitations de vitesse si vous êtes en automobile.

LES NOCTURNALES ✆ 02 54 50 40 00. *Fax 02 54 20 34 69.* Mise en lumière exceptionnelle du château, pendant 3h, toute l'année, dès la tombée de la nuit. A la hauteur du lieux… et gratuit.

▷ Dans les environs

Bracieux

Au seuil de la Sologne, sur le Beuvron, un joli village, très animé, à proximité de Chambord.

HOTEL DE LA BONNHEURE 9 bis, rue René-Masson ✆ 02 54 46 41 57. *Fax 02 54 46 05 90. Fermeture annuelle du début décembre à la mi-mars. 11 chambres de 40 € à 70 €. Petit déjeuner 8 €. Locations de vélos (dont le propriétaire est féru), sur place avec itinéraires.* Dans un hôtel typique de la Sologne, on trouve des chambres confortables, avec balcon ou terrasse donnant sur le jardin fleuri. 2 appartements et 1 studio sont également proposés. Si vous le souhaitez, votre petit déjeuner comprendra œuf en pot aux asperges, girolles aux fines herbes.

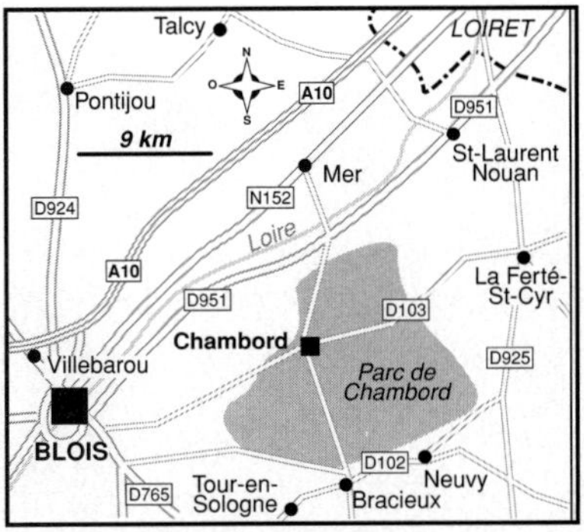

Rvard

En arrivant au château

iconotec.com / Pierre DELAGUERARD

Coucher de soleil sur le château

Floriane Ravard

Salamandre, emblème de François Ier

HOTEL-RESTAURANT DU CYGNE 5, rue René-Masson © 02 54 46 41 07. *Fax 02 54 46 04 87. Fermé dimanche soir et lundi. 14 chambres de 48 € à 64 €. Menus de 14 € à 30 €. Tarif moyen à la carte 30 €.* On trouvera ici une étape sans souci à proximité des châteaux de Chambord et de Cheverny. Une cuisine simple et correcte pour un tarif d'étape qui reste raisonnable.

La Ferté Saint Cyr

HOTEL DE LA DILIGENCE 13, rue du Bourg © 02 54 87 90 14. *Fax 02 54 87 95 17. 8 chambres de 30 € à 75 €. Menus de 10 € à 23 €. Petit déjeuner 6 €.* Façade en bois et vigne vierge caractérisent cet établissement doté d'une terrasse ombragée, de jeux pour enfants et d'un jardin calme. Des chambres avec télévision, d'autres plus simples. Au restaurant on dégustera : truite au bleu d'Auvergne, ravioles au parmesan, tagliatelles aux cèpes, gibier (en saison), tarte Tatin.

Mer

MUSEE DE LA CORBILLIERE 9, rue Nationale © 02 54 81 70 21. *Ouvert de juin à octobre. Entrée gratuite.* Le musée est consacré à l'histoire locale, à l'archéologie et aux Beaux-Arts. Voir aussi le jardin de Chantecaille.

LE CLOS 9, rue Dutems © 02 54 81 17 36. *Fax 02 54 81 70 19. Mme Mormiche. Fermeture annuelle du 15 au 30 novembre, du 20 au 31 décembre et quatre semaines en janvier. 5 chambres de 45 € à 65 €.* Dans cette grande et charmante demeure bourgeoise du XVIe siècle, 5 chambres (dont une suite familiale) agréables, aux tons pastel et décorées de tableaux. La maison comprend une petite galerie et un atelier d'encadrement. Jardin avec tables et transat. A 10 km, vous trouverez Chambord. Deux gîtes ruraux, pour 4 et 6 personnes, sont associés.

KARTING DE MER Route de Talcy © 02 54 81 39 02. *Fax 02 54 81 35 92. Ouvert toute l'année, du mercredi au dimanche, de 10h à 12h et de 14h à 19h.* Sur l'une des plus grandes pistes du monde (1 500 m sur 8,5 m), location de karts 4 temps, 200 cm^3 et 270 cm^3 : 10 € et 20 € les 10 min, karts animation 2 et 4 temps, 100 cm^3 et 390 cm^3 : 30 € et 25 € les 10 min. Et pour se remettre de ses sensations ou attendre plaisamment : bar, club house et terrasse.

Montlivault

LES SALAMANDRES 1, de Saint-Dyé © 02 54 20 69 55. *5 Chambres de 45 € à 78 €. Table d'hôtes sur réservation. Accès autoroute et SNCF (possibilité de venir vous chercher en gare de Blois ou de Mer).*Martine et Jean-Claude Parzy vous accueillent toute l'année dans des chambres de caractère, entre la Loire et Chambord. A 1h30 de Paris, ils proposent de nombreuses promenades à pied ou en vélo, mis à la disposition des hôtes, dans les forêts de Chambord et la campagne de Sologne. L'étape idéale pour visiter les châteaux de la Loire.

Muides-sur-Loire

CHATEAU DES COLLIERS © 02 54 87 50 75. *Fax 02 54 87 03 64. 4 chambres de 95 € à 120 € et une suite à 135 €.* Dominant la rive gauche de la Loire, cet élégant château a été construit au XVIIIe siècle par Jacques Gabriel, architecte du roi. Les 4 chambres sont confortables et dotées de cheminées. Elles ont vue sur la rivière (sauf une qui donne sur la cour d'entrée). Parc privé. Blois se trouve à 17 km.

Saint-Denis-sur-Loire

LA VILLA MEDICIS © 02 54 74 46 38. *Fax 02 54 78 20 27. Mme Muriel Cabin Saint-Marcel. 6 chambres de 68 € à 98 €, petit déjeuner inclus. Carte bancaire non acceptée, ni les animaux.* Aux portes de Blois, cette charmante maison du XIXe siècle aux fenêtres fleuries, bénéficie d'un cadre tout à fait séduisant. Un véritable enchantement de verdure à 400 m de la Loire ! Les coquettes chambres d'hôtes portent chacune un nom de fleur et certaines donnent sur le parc.

Saint-Dyé-sur-Loire

MAISON DE LA LOIRE ET DU LOIR-ET-CHER 73, rue de La Nationale © 02 54 81 68 07. *Ouvert du 3 février au 19 décembre, du mardi au vendredi de 10h à 12h et de 14h à 18h, les samedi, dimanche et lundi de 14h à 18h. Tarif, 2,50 €.* Le public est sensibilisé aux beautés et aux fragilités du fleuve. Se succèdent des expositions à thèmatique ligérienne : la marine de Loire, l'histoire de l'ancien port de Chambord...

LA BOURRICHE AUX APPETITS © 02 54 81 65 25. *Fax 02 54 81 64 65. La boutique est ouverte du mardi au samedi de 10h à 12h et de 16h à 19h et le diamanche de 10h à 12h. Le restaurant est ouvert le vendredi, samedi, dimanche et jours fériés midi et soir, menu à 24 € à 27 €.* Murielle et Gilles Quesneau aiment ce qu'ils font et savent faire partager leur passion. Dans la boutique, ils proposent leurs spécialités régionales en bocaux à base essentiellement de poissons (sandre, brochet, alose, écrevisses, anguilles), mais également de gibier qui cotoient des objets déco bien sélectionnés. Au restaurant, une cuisine régionale et originale est servie dans un cadre chaleureux.

LE MANOIR DE BEL-AIR © 02 54 81 60 10. *Fax 02 54 81 65 34. Fermeture annuelle du 20 janvier au 20 février. 40 chambres de 75 € à 89 €, petit déjeuner 7 €. Menus de 22 € à 43 €, carte.* Une halte confortable et calme, face à la Loire, dans un joli village qui s'étire le long du fleuve. A proximité, les loisirs susceptibles de vous retenir ne manquent pas : pêche, promenades en bord de Loire, VTT, chasse, piscine, tennis, karting...

Rilly-sur-Loire

FERME DU PLESSIS © 02 54 20 90 55. Bienvenue à la ferme, toute l'année, pour des activités variées enseignées par des moniteurs diplômés : tir à l'arc, location de canoës pour des descentes de Loire, accompagnées ou non, activités équestres. C'est aussi l'occasion d'une leçon de choses intéressante pour les enfants : les animeaux (races, soins), l'histoire de la ferme... prévoir 2h30 pour une visite libre ou guidée. Tarif, 5 €, enfants 4 €.

AUBERGE DES VOYAGEURS 17 rue Nationale © 02 54 33 90 11. Fax : 02 54 33 98 61. *Site : www.auberge-des-voyageurs41.com. E-mail : contact@auberge-des-voyageurs41.com. Fermée le mercredi en hors-saison (septembre à mai inclus). Congés annuels de Noël au jour de l'an. Auberge deux étoiles. 17 chambres, 45 € (double), 47 € (twin), 57 € (triple), 67 € (quadriple), petit déjeuner à 6 €. Salle de bain et toilette, téléphone direct, TV. Les chiens sont admis. Coté restaurant, le service est assuré de 12h à 13h30 et de 19h à 20h30. Menus à 13 €, 18 €, 25 €. PMC : 16 €.* Installée dans un village pittoresque, au coeur des châteaux de la Loire, cette auberge au charme extérieur rustique vous accueille dans un décor de poutres apparentes, briques rouges et couleurs chaudes. La cuisine régionale et ses produits du terroir égaieront vos papilles d'un saumon à l'aneth ou d'un canard braisé au vin rouge, selon la saison et des desserts faits maison. En été, vous pourrez bénéficier d'une terrasse et d'une piscine qui rendront votre séjour d'autant plus agréable. L'auberge possède aussi un bar convivial et un parking privé est à votre disposition. Enfin, vous aurez la possibilité de louer des vélos et de visiter la région, l'Auberge étant située à moins d'une heure des châteaux de la région.

Saint-Laurent Nouan

LE VERGER 14, rue du Port-Richard © 02 54 87 22 22. *Fax 02 54 87 22 82. 15 chambres à 55 €. Petit déjeuner 6 €. Parking privé gratuit surveillé.* A 8 km du château de Chambord, accueil plaisant dans une belle maison bourgeoise du XIXe siècle et ses dépendances. Les chambres sont grandes, insonorisées. Elles comprennent toilettes, salle de bains, télévision satellite et téléphone. Petit parc arboré, terrasse et jardin. Les non fumeurs sont appréciés.

Suevres

LE MOULIN DE CHOISEAUX 8, rue des Coiseaux-Diziers ✆ 02 54 87 85 01. *Fax 02 54 87 86 44. Mme Seguin Marie-Françoise. 5 chambres de 56 € à 78 €.* L'établissement est, comme son nom l'indique, un ancien moulin à eau restauré avec beaucoup de soin et de charme. Un grand jardin joliment fleuri et boisé partage la vedette, côté détente, avec une piscine. Les chambres sont vastes et chaleureusement décorées. La grande présence du bois avec les poutres ou les meubles, y est pour beaucoup.

Talcy

CHATEAU DE TALCY ✆ 02 54 81 03 01. *Ouvert du 2 mai au 4 septembre tous les jours de 9h30 à 12h30 et de 14h à 18h, les samedi et dimanche de Pâques, Pentecôte, de juillet et août de 9h30 à 18h, du 5 septembre au 30 avril tous les jours de 10h à 12h30 et de 14h à 17h. Fermé le 1er janvier, 1er mai, 1er et 11 novembre, 25 décembre. Entrée : adulte 3,96 €, tarif réduit 2,44 € et pour les 18 ans : gratuit.* Son château (XVe-XVIe siècle) est indissociable du nom de Ronsard, sa Cassandre, Cassandre Salviati, ayant été la fille de son propriétaire. Il inspirera un autre poète, Agrippa d'Aubigné. Le grand-père de Françoise d'Aubigné, Mme de Maintenon, y rencontrera en effet Diane de Salviati, petite-fille du même Salviati, et dont il tombera, comme Ronsard de la fille, vertigineusement amoureux. De style Renaissance, mais sans fioritures, le château comporte un donjon et une seule aile – il a perdu l'autre dans un incendie – des communs intacts avec pressoir et colombier, et un puits romantique. Son mobilier est absolument authentique. Les chambres dites de Catherine de Médicis et de Charles IX, gardent aussi le souvenir de cette "conférence de Talcy" qui réunit en 1562, et pour la première fois, réformés et catholiques. En 1932, le château fut vendu à l'Etat sous réserve que le mobilier de valeur qu'il contenait y restât à perpétuelle demeure.

Un festival littéraire s'y déroule en mai.

Les jardins méritent également une visite, notamment le verger-conservatoire qui comprend en particulier d'anciennes variétés de poiriers et de pommiers. Le droit d'entrée est inclus dans le billet du château.

Chaumont-sur-Loire

CHATEAU DE CHAUMONT ✆ 02 54 51 26 26. *Ouvert toute l'année, du 2 janvier au 14 mars et du 1er novembre au 31 décembre de 10h à 18h, du 15 mars au 31 octobre de 9h30 à 18h. Fermé 1er mai, 1er et 11 novembre et 25 décembre. Tarifs 6,10 €, étudiants, familles nombreuses, 18 à 25 ans, 4,10 €, moins de 18 ans : gratuit.* Un site attractif, dominant la Loire, et une affluence moindre que chez les voisins plus prestigieux : c'est la visite futée à ne pas manquer. Il s'agit d'un fier château du XVe siècle avec une multitude de grosses tours rondes à mâchicoulis, et un donjon de la même forme, gardé comme un château fort, entre Cheverny et Chenonceaux. Dominant la Loire du haut d'une falaise, Chaumont fut d'abord une forteresse que Louis XI démantela en 1465 et que la famille de Chaumont-Amboise reconstruisit jusqu'en 1510. Le château a en partie perdu son aspect militaire au XVIIIe siècle, avec la disparition du bâtiment fermant la cour intérieure du côté de la vallée. Il fut la résidence de Diane de Poitiers, en échange de Chenonceaux, qu'elle rendit à Catherine de Médicis. L'intérieur est d'ailleurs plus gracieux et féminin que son abord costaud ne le laisse supposer.

Tapisseries de Bruxelles et d'Aubusson, meubles des XVe et XVIIe siècles, et collection de médaillons en terre cuite sortis de la manufacture que Nini dirigea ici au XVIIIe siècle. Luxueuses écuries aménagées pour le prince de Broglie à la fin du XIXe siècle. Le parc à l'anglaise a été aménagé en 1884 par Henri Duchêne.

De la mi-juin à la mi-octobre se déroule le festival international des Jardins, l'occasion d'admirer des dizaines de nouveaux jardins réalisés par des paysagistes venus du monde entier. Des animations permanentes ou des week-ends spéciaux sont proposés aux visiteurs, pendant la durée du festival : visites guidées réalisées par des jardiniers paysagistes professionnels, jeux de pistes pour enfants, journée des enfants, fête des curiosités, formation pour amateur, restaurant, salon de thé et boutique sur place.

Renseignements au conservatoire des Parcs et Jardins et du Paysage. Ferme du château 02 54 20 99 22. Visite libre toute l'année de cette institution unique en Europe, du lundi au vendredi, de 9h à 12h et de 14h à 18h.

Le couvert

LA CHANCELIERE 1, rue Bellevue ✆ 02 54 20 96 95. *Fax 02 54 33 91 71. Fermeture annuelle un mois après le 11 novembre et un mois fin janvier. Fermé le mercredi et jeudi. Menus de 15 € à 33 €. Carte 20 €.* Une adresse sûre, pour les touristes comme pour les habitués, au pied du château. La carte suit la tradition avec fidélité, les menus sont bien étudiés, le service sans faille. Menus simples et directs, à l'image de la formule autour de 20 €, avec le feuilleté d'escargots et pleurotes, et la pintade farcie aux pommes tapées.

Loisirs

LES HORTENSIAS BLEUS 61, rue du Maréchal-de-Lattre-de-Tassigny ✆ 02 54 33 97 59. *Ouvert tous les jours sauf une semaine en juillet et les 1er janvier et 25 décembre, de 9h à la tombée de la nuit.* Brigitte Aubry, artiste graveur, et Pierre Breton, architecte peintre, accueillent leurs visiteurs toute l'année. Porte ouvert l'été, au coin du feu l'hiver.

▷ *Dans les environs*

Candé-sur-Beuvron

Davantage que les monuments, c'est l'environnement qui est la vedette touristique locale : rivières (le Cosson y rejoint le Beuvron), forêts, plaines verdoyantes, avec de très belles balades à faire aux alentours (notamment entre les Montils et Candé, par la D7). Les syndicats d'initiative de Candé, Cellettes et des Montils proposent plusieurs circuits balisés à travers cette jolie campagne. Sites gallo-romains à proximité. La Loire est à 2 km du village.

LA CAILLERE 36, route des Montils ✆ 02 54 44 03 08. *Fax 02 54 44 00 95. Fermeture annuelle janvier, février. Fermé le mercredi et jeudi midi pour le restaurant et le dimanche soir de la Tousaint à Pâques. 14 chambres de 59 € à 63 €. Menus de 17,85 € à 50,80 €. Petit déjeuner 10 €.* A 14 km de Blois, des chambres douillettes dans une bâtisse ancienne contiguë au restaurant où, dans un cadre chaleureux, on découvre entre autres plats riches en saveurs : tartare de langoustines à l'huile de homard, homard à la vanille de Tahiti, filet de veau au café et son gratin dauphinois, fine tarte aux pommes et sa glace aux épices.

CAMPING LA GRANDE TORTUE Route de Pontlevoy ✆ 02 54 44 15 20. *Fax 02 54 44 19 45.* 170 emplacements dans un vaste domaine ombragé, très agréable et bien équipé. Une douce atmosphère dans la proximité des châteaux, en face des champs de tournesols et tout près du village. Location de mobil-homes et de châlets.

FERME DE LA COURT AU JAY ✆ 02 54 44 03 13. *Fax 02 54 44 03 13. M. Louis et Mme Claudette Marsault. Fermeture annuelle du 25 au 31 décembre. 3 chambres de 38 € à 40 €, dont 2 chambres familiales. Carte bancaire non acceptée, mais chèques vacances.* La maison, située à la campagne, dans une ferme en activité, est confortablement aménagée. Les chambres donnent sur les prairies et leur décoration est harmonieuse. Un charmant jardin est propice aux instants de détente.

YVONNICK 29, route de Montrichard ✆ 02 54 79 40 03. *Un atelier de sculpture ouvert toute l'année sauf le 12 avril, tous les jours, de 14h à 20h.* L'artiste, qui sculpte le bois et la pierre, fait partager sa passion en une visite guidée gratuite d'une heure ou, plus longuement, au cours de stages d'initiation ou de perfectionnement.

Chitenay

AUBERGE DU CENTRE Place de l'Eglise ✆ 02 54 70 42 11. *Fax 02 54 70 35 03. 26 chambres de 61 € à 70 €. Menus de 19,50 € à 39 €. Petit déjeuner 7,50 €.* Au cœur d'un petit village calme, une belle maison avec un très beau jardin qui fait de cet établissement l'un des plus agréables du département. La cuisine suit le mouvement, à base de produits de qualité et de bonnes préparations.

Chouzy-sur-Cisse

ABBAYE DE GUICHE ✆ 02 54 20 47 23. *Ouvert du 1er juin au 30 septembre, dimanche et jours fériés de 14h30 à 18h30 et sur rendez-vous. Tarif 2,50 €, gratuit pour les moins de 12 ans.* Vous pourrez découvrir les vestiges de cette ancienne abbaye des XIIIe et XIVe siècles. Deux gisants témoignent de ce lieu de sépultures des comtes de Blois. L'abbaye abrita, jusqu'à la Révolution, un ordre franciscain. Joli parc. A proximité, le manoir de Laleu (XVe siècle) avec une jolie chapelle où, dit-on, passa Jeanne d'Arc.

HOSTELLERIE LES COURONNES - HOTEL DE LA CARTE Route Nationale ✆ 02 54 20 49 00. *Fax 02 54 20 43 78. Fermé le dimanche soir, lundi et mardi midi. 20 chambres à 75 €, petit déjeuner compris. Menus de 12 € à 25 €.* Dans un domaine de 80 ha avec un golf de 9 trous, cette ancienne ferme restaurée comprend 10 chambres doubles et 10 duplex tout confort, la plupart avec terrasse. Piscine extérieure. Le restaurant offre une cuisine traditionnelle.

Fougères-sur-Bièvre

CHATEAU DE FOUGERES ✆ 02 54 20 27 18. *Ouvert tous les jours du 2 janvier au 31 mars et du 1er octobre au 31 décembre, sauf le mardi, de 10h à 12h et de 14h à 16h30, du 1er avril au 30 septembre de 9h30à 12h00 et de 14h à 18h. Fermé le 1er mai, 1er et 11 novembre, 25 décembre. Plein tarif 4,60 €, réduit 3,10 €.* Un beau château du XVe siècle, méconnu, composé d'un donjon carré (XIVe siècle) et d'un corps de logis Renaissance. Fort élégant, malgré son allure de forteresse, avec sa puissante courtine et sa poterne défendue par deux tours, il possède une certaine grâce romane, et constitue, malgré les télescopages de styles (fronton gothique, galerie Louis XII, chapiteaux Renaissance), un ensemble harmonieux. On admire, une fois dans les lieux, la charpente, les escaliers à vis et les salles immenses.

AUBERGE DU CHATEAU 31, rue de l'Eglise ✆ 02 54 20 27 80. *Fax 02 54 20 27 12. 9 chambres de 19,82 € à 54,89 €. Menus de 13,42 € à 35,37 €. Petit déjeuner 4,50 €.* Des chambres calmes, de style ancien. Au restaurant : asperges et gibier en saison, rognons flambés, saumon frais sauce ciboulette, onglet de veau à la moutarde. Piscine, tennis et pêche à proximité, golf de Cheverny. Dans un rayon de 30 km, vous trouverez Cheverny, Chambord et Beauval.

Les Montils

C'est le fameux Thibault de Champagne qui fit édifier la forteresse qui devait symboliser sa puissance, et dont il ne reste que le porche, sous lequel les voitures passent aujourd'hui, une tour et quelques belles bribes d'enceinte. Durant quatre siècles, les plus puissants seigneurs y sont venus, parmi lesquels rois et reines (Louis XI, Louis XII, Anne de Bretagne).

On fréquente davantage le village pour son environnement forestier, la proximité de Blois et des châteaux de la Loire.

HERVE HENAUT 45, rue du Vieux-Porche ✆ 02 54 44 09 79. Ce sympahique potier vous recevra dans son atelier où vous pourrez découvrir l'étendue de son art du grès. Ses pièces sont exposées tout au long de l'année dans le magasin qui jouxte l'atelier : objets de poterie alimentaire où dominent les bleus canard, le celadon et le doré.

Mesland

CLOS CHATEAU-GAILLARD 1, route de Seillac ✆ 02 54 70 25 47. *Fax 02 54 70 28 70.* Vincent Girault vous fera découvrir une appellation moins connue, l'AOC Touraine-Mesland. Dégustation de vins biologiques.

Onzain

En face de Chaumont, un bourg calme qui, sur cette rive, et en l'absence de château (on trouve pourtant les vestiges d'une construction du XIIe siècle), offre une douceur naturelle et personnelle, avec sa vieille église (XIe-XIIe-XVe siècle).

A proximité, Mesland, qui donne son nom à l'appellation viticole Touraine-Mesland. On y trouve une jolie église romane (XIe siècle).

CHATEAU DES TERTRES 11, rue Meuves - Route de Monteaux © 02 54 20 83 88. *Fax 02 54 20 89 21. Fermeture annuelle du 1er octobre au 1er avril. 18 chambres de 72 € à 108 €. Petit déjeuner 8 €.* Une gracieuse demeure Napoléon III installée au milieu d'un superbe parc boisé de 5 ha aux nombreuses essences rares. Proximité de Blois, d'Amboise, de Chambord, de Cheverny...

DOMAINE DES HAUTS-DE-LOIRE Route de Herbault © 02 54 20 72 57. *Fax 02 54 20 77 32. Voir à la rubrique Grandes Tables de l'Invitation au voyage.*

FERME DE LA CABINETTE © 02 54 20 70 32. *Fermé le dimanche après-midi. M. et Mme Didier et Sylvie Ragot.* Ils vous invitent à venir découvrir leur production de fromages de chèvre, l'incontournable Sainte-Maure de Touraine en particulier, et une dizaine d'autres, qui ne saurait se déguster sans son indispensable verre de vin.

Rilly-sur-Loire

AUBERGE DES VOYAGEURS 17, rue Nationale © 02 54 33 90 11. *Fax 02 54 33 98 61. Ouvert tous les jours, sauf mercredi du 1er octobre au 30 avril. 16 chambres de 42 € à 65 €. Menus de 12 € à 23 €. Carte 20 €. Petit déjeuner 6 €.* Dans le cadre rustique d'un ancien relais de poste et à proximité des principaux sites touristiques de la vallée de la Loire, un établissement de bon confort (piscine, parking...). Jolies réalisations en cuisine sur le thème des recettes régionales.

Santenay

JEAN-LOUIS TERRIER La Borderie © 02 54 46 11 33. *Fax 02 54 46 11 33. 1 chambre à 39 €. Carte bancaire non acceptée.* A 20 km de Blois, vous pourrez découvrir cette ferme ancienne restaurée. On vous y proposera une chambre d'hôtes double avec salle de bains et toilettes privés. Jardin et terrasse pour la détente. Pour stationner, la cour de ferme et un garage sont à votre disposition.

Thésée-la-Romaine

Un site archéologique fameux, avec ses nombreux vestiges gallo-romains. Tasciaca-Thésée a connu un brillant développement au IIe siècle, sans doute grâce à ses fabriques de céramiques et aux facilités de communication par le cours du Cher. Les ruines de Maselles sont exceptionnelles, en particulier par la hauteur des murailles, dans un site aujourd'hui parfaitement mis en valeur.

BATEAU PROMENADE - LE VAL-DU-CHER 18, rue Nationale © 02 54 71 40 38/06 84 77 93 93. *Fax 02 54 71 08 81. D'avril au 15 octobre, les samedis, dimanches et jours fériés à 15h et 17h, en juillet et en août, tous les jours à 15h et 17h. Tarif 8,40 €, tarif réduit 4,60 €. Embarcadère quai J.-J. Delorme à Saint-Aignan.* Un autre exemple de promenade sur le Cher, de 1h30, avec les traditionnels passages d'écluse. Journée complète pour groupe sur demande.

MUSEE ARCHEOLOGIQUE Vaulx Saint-Georges © 02 54 71 00 88/02 54 71 40 20. *Fax 02 54 71 37 28. Ouvert de Pâques au 30 juin de 14h à 18h, les week-ends et jours fériés, en juillet et en août de 14h à 18h30 tous les jours sauf le mardi. Visites et conférences sur rendez-vous. Plein tarif 4 €, gratuit pour les moins de 10 ans.* Dans le parc de Vaulx Saint-Georges, présentation du site et des poteries trouvées sur place. La muséographie se veut attrayante et explicative : maquettes, reconstitution de toiture et d'une cuisine gallo-romaine font mieux approcher la vie de nos ancêtres. Le parc vaut également une promenade, parmi les séquoïas, les cèdres, hêtres pourpres, pins laricio… Les sportifs ne sont pas oubliés : un parcours leur est adressé.

En franchissant quelques siècles, admirer le vieux pressoir du XVIe siècle.

LE MOULIN DE LA RENNE 15, impasse des Varennes © 02 54 71 41 56. *Fax 02 54 71 75 09. Fermeture annuelle de la mi-janvier à la mi-mars. Fermé le dimanche soir et le lundi et mardi midi du 15 septembre au 15 avril. 15 chambres de 30 € à 50 €. Menus de 15,50 € à 38,50 €. Petit déjeuner 7,50 €.* Ce moulin de 1870 rénové récemment comprend 15 chambres équipées de toilettes, bains ou douche et téléphone. Terrasse, parc ombragé traversé par une petite rivière : la Renne qui ravira les pêcheurs, tandis que les enfants profiteront des jeux au jardin. Le restaurant propose une cuisine régionale et traditionnelle : rillons de Touraine, sandre au beurre blanc, andouillette au Vouvray, coq au vin.

HOTEL RESTAURANT LE MOULIN DE LA RENNE 15 impasse des Varennes © 02 54 71 41 56. Fax : 02 54 71 75 09.

Site : www.moulindelarenne.com. Hôtel-restaurant deux étoiles fermé du dimanche soir au mardi midi en hors-saison. 15 chambres à 26 # (simple) et 45 # (double), petit déjeuner à 7,50 #. Salle de bain, téléphone direct. Les chiens de petites tailles sont admis. Service restaurant de 12h30 à 14h et de 19h30 à 21h. Menu du jour en semaine : 15,50 #, menu du terroir à 21,50 # et menu gastronomique de 29 # à 38,50#. PMC : 23 #.

Situé dans la région de la Touraine, proche des châteaux de la Loire et en bordure de la Renne, cet hôtel restaurant traditionnel est une demeure confortable comportant un parc privé ombragé et un ancien moulin. La cuisine aux teintes régionales et gastronomiques est aussi à emporter (sur commande). En saison, vous pourrez goûter des gibiers qui raviront vos palais ou des poissons savoureux au beurre blanc. La demeure dispose également d'un parking privé et des jeux ont été prévus pour les enfants.

Cheverny

Points d'intérêt

CHATEAU DE CHEVERNY © 02 54 79 96 29. *Fax 02 54 79 25 38. Ouvert tous les jours, toute l'année. Tous les jours de 9h15 à 18h45 en juillet et août, de 9h15 à 18h15 d'avril à mai et de juin à septembre, de 9h à 12h et de 14h15 à 17h en janvier, février, novembre, décembre. Découverte insolite du parc et du canal en voiture et en bateau électrique : de mars à octobre de 9h30 à 12h et de 14h15 à 17h30. Tarifs : visite du château, adultes 5,90 €, enfants (de 7 ans à 14 ans) 2,80 €, groupes de plus de 20 personnes 3,40 €. Visite libre + exposition "les secrets de Moulinsart" : 10,10 €, 5,90 €, 6,80 €. Visite libre et découverte insolite du parc et du canal : 6,50 €, 5,70 €, 7,10 €. Ensemble des activités (d'avril à novembre) : 14,70 €, 8,80 €, 10,50 €.* C'est un splendide château achevé au XVIIe siècle, dans un style pur et classique, marqué en partie par son influence Renaissance. La richesse du mobilier et de somptueuses tapisseries, dont L'enlèvement de la Belle Hélène de la manufacture des Gobelins, caractérisent son intérieur splendide. Voir aussi la salle des trophées (2 000 bois de cerf, donnant une saisissante impression de film d'épouvante, comme s'ils avaient soudain poussé dans les murs).

Le château de Cheverny

L'église de Cheverny

Il est également possible de découvrir le canal et le parc du château, que ce soit en bateau ou en véhicule électrique. On visitera également l'exposition "Les secrets de Moulinsart" consacrée à Tintin. C'est en effet Cheverny qui a largement inspiré Hergé au moment de créer le château de Moulinsart, propriété du capitaine Haddock. A noter enfin le fonctionnement (d'avril à novembre) de "l'Aéro-cheverny", un ballon captif qui permettra à ses passagers de découvrir le château et ses environs depuis les hauteurs. L'accès est aussi compliqué que chez le voisin de Chambord. La rue est étroite, totalement engorgée en saison, et le parking est pour le coup indispensable. L'entrée du château est placée de telle façon que vous ne pouvez la deviner avant de l'avoir passée.

CHATEAU DE TROUSSAY ✆ 02 54 44 29 07. *Ouvert tous les jours de Pâques à la Toussaint, de 10h à 13h et de 14h à 18h, sans interruption en juillet et en août. Plein tarif 4,60 €, tarif réduit 3,10 €. Gratuit pour les moins de 7 ans.* Cette harmonieuse gentilhommière Renaissance, plus discrète et familiale que le précédent château, présente des mobiliers des XVIe, XVIIe et XVIIIe siècles, des peintures, et surtout d'intéressantes sculptures.

Plafonds peints, vitraux polychromes, carrelages et mobilier réjouissent l'œil du visiteur. A deux pas de la pièce maîtresse, dans les dépendances du beau parc, un musée régional nous parle de la vie solognote et domestique d'autrefois.

Le couvert

LA COUR AUX CREPES 5 rue Chêne des Dames ✆ 02 54 79 94 23. Fax : 02 54 79 92 60. *Ouverte tous les midis, service de 12h à 17h. Pas de menus, à la carte de 2,70 € à 6,70 €. PMC : 10 €.* Située à proximité du château de Cheverny, cette crêperie dispose d'un atout de taille aux beaux jours : une terrasse installée dans la cour intérieure de l'établissement. Aux côtés des grands classiques du genre, vous trouverez de délicieuses spécialités, telles que la crêpe Sologne (garnie de rillons et de fromage de chèvre) ou la Rustique (garnie de pommes de terre, andouillette et compote d'oignons). Elle dispose également d'une épicerie attenante agrémentée d'un self-service sandwicherie.

LE GRAND CHANCELIER 11, avenue du Chêne-des-Dames ✆ 02 54 79 22 57. *Fermé de janvier à début février. Fermeture hebdomadaire lundi soir, mardi et mercredi, hors saison uniquement. Menus de 20 € à 35 €. Carte 23 €.* A quelques mètres de l'entrée du château, au coin de la rue, une table touristique fréquentée, mais qui a su rester raisonnable en ce qui concerne les tarifs. Un bon choix de menus, des préparations simples et efficaces.

LE PICHET Place de l'Eglise ✆ 02 54 79 97 23. Fax : 02 54 79 26 03. *Site : www.lepichet.net. E-mail : info@lepichet.net. Fermé le dimanche soir en saison et vacances scolaires et en hors-saison le soir (dimanche, mardi, mercredi, jeudi) et lundi toute la journée. Congés annuels au mois de janvier. En saison, service de 12h à 15h30. Menu à 15 € ou 20 €, PMC : 20 € à 25 €. Hors-saison, service de 12h à 14h30. Menus à 20 €, 25 €, PMC : 36,80 €. Et un menu "solognot" en saison de chasse, à 23 €. Accessible aux handicapés.* Situé à 50 mètres de l'entrée du château, l'établissement possède deux terrasses ombragées et un parking réservé. Dans un décor de brocante, d'objets du début du siècle, Le Pichet propose des plats traditionnels et gastronomiques en hors-saison, des viandes mijotées en sauce comme le joué de bœuf ou le croustillant de canard aux cèpes. En saison, une restauration plus légère, vous pourrez manger salades et grillades. Une salle annexe de 50 couverts est à disposition, sur réservation.

RESTAURANT LA ROUSSELIERE Société nouvelle du golf du château de Cheverny ✆ 02 54 79 23 02. Fax : 02 54 79 25 52. *Site : www.golf-cheverny.com. E-mail : contact@golf-cheverny.com. Ouvert le midi toute l'année et le soir de juin à septembre. Menu Par à 22 €, menu Birdie à 25 €, menu du terroir à 29 €, menu Eagle à 31 €.* Le chef vous fera découvrir des saveurs de son inspiration, combinées aux produits frais de saison. Vous pourrez déguster le bavarois de homard et son coulis, la caille farcie au foie gras ou le Parfait glacé aux pruneaux et à l'armagnac. En période estivale, le service se fait aussi en terrasse, autour du barbecue, avec vue sur l'étang et le golf. Vous aurez également accès à tout un panel d'activités (golf, montgolfière, survol des châteaux en hélicoptère).

Le gîte

LE CHATEAU DU BREUIL Route de Fougères-sur-Bièvre © 02 54 44 20 20. *Fax 02 54 44 30 40. Fermeture annuelle du 1er janvier au 31 mars. 16 chambres de 83 € à 140 €. Petit déjeuner à 11 €. La restauration est toute nouvelle au château, avec un menu unique de terroir à 38 €.* A proximité des châteaux de Cheverny, Blois et Chambord, une demeure de la fin du XVIIIe siècle implantée au milieu d'un parc arboré de 30 ha. Les chambres sont meublées à l'ancienne.

Loisirs

ECURIES DE LA COLINIERE Rue Colin © 02 54 44 20 10. *Ouvert toute l'année.* Si vous avez toujours rêvé de vous balader en calèche, c'est à portée de main à présent. Pour la somme de 34 € l'heure, vous pourrez parcourir les contrées avoisinantes dans une calèche pouvant embarquer jusqu'à 5 personnes. Pour les cavaliers, le centre vous emmène en promenade à la découverte des châteaux : 50 € la journée, pour des groupes de 3 à 7 personnes.

Emplettes

DOMAINE DES HUARDS Les Huards © 02 54 79 97 90. *Fax 02 54 79 26 82. Ouvert tous les jours, sauf dimanche.* Un des très bons de l'appellation, régulièrement présent dans le Guide des Vins du Petit Futé. Le vignoble est conduit en bio-dynamie. 34 ha, dont 8 ha en cour-cheverny.

DOMAINE PHILIPPE TESSIER La Rue Colin © 02 54 44 23 82. *Ouvert mercredi, jeudi, samedi et sur rendez-vous.* Un accueil de qualité chez ce viticulteur qui vous initiera aux cheverny et cour-cheverny rouges et blancs. Dégustation et vente. Sélectionné dans le dernier Guide des Vins du Petit Futé avec deux produits dont la cuvée la charbonnerie 99.

LA FERME DE LA FAUBONNIERE Crèche frères - L'OUASSERIE © 02 54 71 81 77. *Ouverte tous les jours sauf le mercredi et le dimanche, excepté en décembre, où l'on accueille les clients 7 jours sur 7 !* Ici, c'est le royaume du foie gras, des rillettes de canard, des plats cuisinés. A 2 km de Cheverny dans la direction de Tours.

▷ Dans les environs

Cellettes

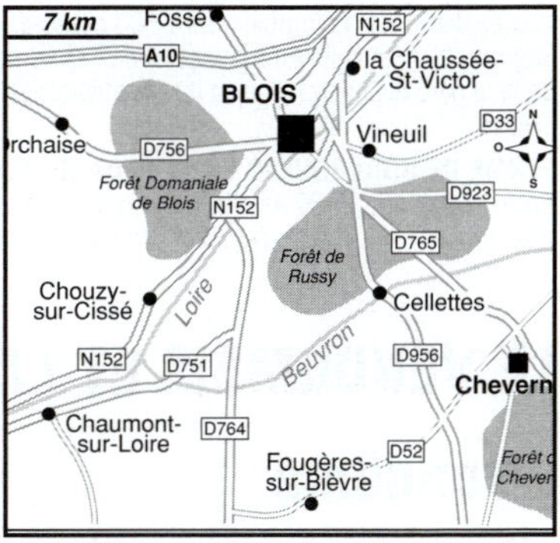

Le village doit son nom à un ermite venu installer sa cellule, cella, en bordure du Beuvron. Le prestige de la commune vient surtout du château de Beauregard.

CHATEAU DE BEAUREGARD © **02 54 70 40 05.** *Fax 02 54 70 36 74. Ouvert tous les jours sauf mercredi du 8 février au 31 mars de 9h30 à 12h et de 14h à 17h, du 1er avril au 30 septembre de 9h30 à 12h et de 14h à 18h30, en juillet et août de 9h30 à 18h30, du 1er octobre au 1er décembre tous les jours sauf mercredi de 9h30 à 12h et de 14h à 17h, du 20 décembre au 4 janvier de 9h30à 12h et de 14h à 17h. Entrée, adulte 6,50 €, de 8 ans à 25 ans 4,50 €. A 8 km au sud de Blois par la D956.* Un magnifique château (XVIe-XVIIe siècle), qui fut édifié pour servir de rendez-vous de chasse à François Ier. Celui-ci l'offrit ensuite à son oncle, le bâtard de Savoie. Beau mobilier, cuisine XVIe siècle, très belle galerie de portraits du XVIIe siècle (la "galerie des Illustres"), en douze panneaux, dans un fastueux décor lambrissé. A voir également pour le parc paysager avec ses 400 espèces de vivaces et 100 espèces de plantes grimpantes. Le jardin dit "des portraits" fait écho à la galerie de portraits du château. Dans le village, au bord du Beuvron, tout près de la forêt de Russy, faire une halte de détente et visiter l'église (XIIIe-XVe-XIXe siècle), ainsi que le coffret mérovingien qui contient les reliques de Saint-Mondry, fondateur du village.

Saint-Romain-sur-Cher

LE SAINT-ROMAIN 52, rue Principale © **02 54 71 71 10.** *Fax 02 54 71 72 89. Fermeture annuelle dernière semaine de septembre, première quinzaine d'octobre et 12 premiers jours de janvier. Fermé le dimanche soir et lundi sauf fériés et juillet août. 5 chambres de 28,20 € à 41,95 €. Menus de 14,64 € à 42 €. Carte 25 €. Petit déjeuner 5,35 €.* A proximité de Chambord et Cheverny, une bonne adresse pour une halte gastronomique. Quelques spécialités mettent en valeur la qualité des produits régionaux : chausson d'escargots, foie gras de canard à la confiture d'oignons, poivrade de biche panée aux noix et châtaignes ou une très belle poêlée de Saint-Jacques et julienne de légumes.

Tour-en-Sologne

CHATEAU DE VILLESAVIN © **02 54 46 42 88.** *Fax 02 54 46 09 49. Du 10 février au 31 mai, ouvert de 10h à 12h et de 14h à 19h, du 1er juin au 30 septembre, de 10h à 19h, du 1er octobre au 15 novembre, de 10h à 12h et de 14h à 18h, du 16 novembre au 31 décembre, les week-ends et pendant les vacances scolaires de 10h à 12h et de 14h à 18h. Tarif 5,80 €, tarif réduit 4,60 €.* Le majestueux château fut réalisé par un intendant des finances de François Ier, à la suite du château de Chambord, et par les mêmes maîtres d'œuvre. Il aligne les éléments comme un Lego Renaissance, avec un luxueux mobilier et notamment une vasque en marbre de Carrare.

Voir également le colombier aux 1 500 cases. Deux musées agrémentent la visite, celui des voitures hippomobiles et celui du mariage et de ses coutumes au XIXe siècle. Pour les enfants, un jeux rallye dans le parc les invite, sous la forme d'énigmes, à découvrir le fantôme qui hante le lieu depuis des siècles.

FERME DE BOULOGNE © **02 54 46 07 40.** *Ouvert toute l'anné sauf 1er janvier, tous les jours de 9h à 12h et de 17h30 à 19h30 sur rendez-vous. Prévoyez 2h pour faire le tour de la chèvrerie : présentation de la race, traite, dégustation, vente, promenades libres. Tarifs de 3,50 € à 5 €.*

LE VENDOMOIS ET LA VALLEE DU LOIR

Vendôme

La capitale du Vendômois se trouve reliée à Paris en 42 min par le TGV. Cette liaison providentielle n'a pas encore apporté la manne industrielle que la région attend, avec l'implantation espérée de firmes tentées par une délocalisation sans risque, mais c'est à coup sûr un atout important pour l'agglomération, qui montre déjà son dynamisme et sa jeunesse, comme en témoigne son importante animation. Vendôme sait aussi se montrer romantique, fournissant une atmosphère propice à la découverte des amoureux. N'est-ce pas là que Ronsard rencontra Cassandre, vers 1552, alors que le mari de cette dernière, Jean de Peigné, était parti à la reconquête de Metz, Toul et Verdun ? On prétend même que la petite Cassandre junior, fille unique du couple Peigné, serait sans doute née dans une rose…

Les Romains l'appelaient Vindocinum, la "montagne blanche". Guère de montagnes aux alentours, sauf celle des églises qui allaient s'élever vers le ciel un millénaire plus tard.

C'est un comte d'Anjou, du nom de Geoffroy Martel, qui aura, avec sa femme Agnès de Bourgogne, la première illumination. Trois étoiles tombées du ciel viennent marquer, dans une fontaine au pied du château, un endroit divin. Sur les conseils de l'évêque de Chartres, il y fonde l'abbaye bénédictine de la Trinité, qui deviendra, par décret papal la première et unique abbaye cardinalice, dont les abbés deviennent logiquement cardinaux.

L'abbaye marquera le point de départ du développement et du rayonnement de Vendôme. Les ducs de Vendôme deviendront de puissants seigneurs, et prendront une destinée nationale quand Jean de Bourbon épousera Catherine de Vendôme. La lignée des Bourbon-Vendôme donnera quelques rois à la France et à l'Espagne, parmi lesquels le Vert-Galant, Henri IV.

Fiche pratique

MAIRIE Parc Ronsard © **02 54 89 42 00**

OFFICE DE TOURISME Hôtel du Saillant - Parc Ronsard © **02 54 77 05 07.** *Fax 02 54 73 20 81. Site : www.tourisme.fr/vendome. E-mail : ot.vendome@wanadoo.fr.*

Transports

GARE SNCF 9, boulevard Tremault © **02 54 23 50 04**

Points d'intérêt

On entre dans la vieille ville, enlacée par les deux bras du Loir, par la rue du Faubourg-Chartrain qui donne rue du Change. A gauche, on aperçoit la tour de l'Islette. On ouvre le bal des vieilles pierres avec la chapelle Saint-Jacques (XVe siècle) qui propose régulièrement des expositions de peinture. Elle faisait partie du collège des Oratoriens, où Balzac fut pensionnaire pendant six ans, entre 1807 et 1813. On entre dans les jardins, saluant au passage un arbre qui affiche son quart de millénaire. On passe devant l'office de tourisme, installé dans l'hôtel du Bellay (XVe siècle), appelé hôtel du Saillant, et qui aurait servi de prison au turbulent collégien Balzac. Puis la bibliothèque, à gauche, pour parvenir à l'hôtel de ville, aménagée dans les anciens bâtiments du collège, qui devint entre-temps école militaire royale, puis lycée Ronsard jusqu'en 1974.

Pure sérénité, belles architectures, au cœur de la ville. En sortant de l'hôtel de ville, vers la rue Saint-Jacques, on trouve le buste de Ronsard, et une plaque posée en 1924 pour le quatre-cent-cinquantenaire du poète.

On trouve alors l'église de la Madeleine et son clocher de pierre. On remonte toute la rue de la Poterie jusqu'à la rue Saunerie, d'où l'on voit la porte Saint-Georges, qui marquait l'entrée sud de la ville. On passe par le marché couvert, et sa belle charpente métallique, pour atteindre la tour

Saint-Martin (XVIe siècle), dont on appréciera, à chaque heure, le carillon. En la contournant, on se retrouve place de la République, devant la maison du Grand Saint-Martin, et tout près de l'abbaye. On boit la bière à l'Ascot, place Saint-Martin, et un verre en terrasse au Central.

EGLISE ABBATIALE DE LA TRINITE © **02 54 77 05 07.** *Visite libre toute l'année.* Un superbe édifice, faisant partie de l'abbaye fondée par Geoffroy Martel. De la première construction romane du XIe siècle subsistent le transept et les piliers de sa croisée. Elle sera transformée au XIIIe siècle, dans le style gothique, d'abord le chœur, puis la nef, au siècle suivant. La fin des travaux n'interviendra qu'au XVe siècle, après la fin de la guerre de Cent Ans. Sa façade, achevée en 1506, et qui n'est pas sans rappeler celle de l'église Saint-Maclou à Rouen, est un des plus beaux exemples d'architecture gothique flamboyant. On admirera donc, en outre, la nef, les stalles sculptées, et les vitraux : ceux du chœur du XIIIe siècle sur le thème de la Trinité, celui représentant Geoffroy Martel offrant le reliquaire de la Sainte-Larme (la larme versée par Jésus sur la tombe de Lazare) à l'abbé de la Trinité (XIVe siècle), et celui de la Vierge de Vendôme (XIIe siècle), dans la chapelle d'axe. La salle capitulaire contient de remarquables fresques romanes. On y accède par le musée, dans la cour du cloître, en grande partie détruit. Le clocher date du XIIe siècle.

VESTIGES DU CHATEAU © **02 54 77 05 07.** Cet ancien château des Bourbon-Vendôme se compose de vestiges médiévaux, dont la tour de Poitiers, des XIIe et XVe siècles, le très beau parc à l'anglais du XIXe siècle offre un remarquable panorama sur la ville. Le site, en travaux de restauration, est fermé au public jusqu'aux alentours de juin ou juillet.

De mai à octobre, des guides-conférencières de l'office de tourisme proposent des visites guidées de la ville, sous le label "Ville d'art et d'histoire". En juillet et août, promenades nocturnes aux flambeaux au cœur de Vendôme les 17, 24 et 31 juillet et 7 et 14 août à 22h. Tarifs 3,90 €.

MUSEE MUNICIPAL Cloître de la Trinité © **02 54 77 26 13.** *Ouvert du 2 janvier au 31 décembre de 10h à 12h et de 14h à 18h, tous les jours sauf le mardi. Fermé le dimanche du 1er novembre au 31 mars. Fermé le 1er janvier, 1er mai, 25 décembre. Plein tarif 2,80 €, réduit 1,60 €, groupes à partir de 20 personnes 2,30 €, gratuit jusqu'à 16 ans.* Il abrite des collections de peintures, céramiques, mobilier, arts et traditions populaires. Vous admirerez notamment la harpe de Marie-Antoinette, le trésor en bronze de Fresnes, des œuvres du sculpteur contemporain Louis Leygue, et un logis vendômois du siècle dernier reconstitué. On revient par les rues piétonnes, rue du Bourg-Neuf, rue Parisienne pour rejoindre joliment la rue du Change en longeant le Loir, par la porte d'Eau. C'est de cet endroit que partent les promenades en barque. La rue du Change ramène au point de départ. Enfin, à voir aussi, dans le faubourg Saint-Lubin, les ruines du château, avec la porte de Beauce (XIVe siècle).

Le gîte et le couvert

HOTEL VENDOME - LA CLOCHE ROUGE 15, faubourg Chartrain © **02 54 77 02 88.** *Fax 02 54 73 90 71. 35 chambres de 53 € à 69 €. Petit déjeuner 8,50 €.* Au cœur de Vendôme, berceau de Henri IV et de Ronsard, un établissement qui servait autrefois de table d'hôtes pour les pèlerins de Saint-Jacques-de-Compostelle. L'architecture ancienne cache un hôtel à la décoration moderne et lumineuse, au confort assuré (ascenseur, parking privé…).

Loisirs

LE TRAIN TOURISTIQUE DE LA VALLEE DU LOIR © **02 54 72 80 82.** *Fax 02 54 72 73 38. Du 1er juin au 16 septembre, les samedis, dimanches et jours fériés, départ à 14h25, retour à 17h15, du 1er juillet au 31 août, départ supplémentaire le dimanche à 9h30, retour à 12h15, et à 17h30, retour à 20h15.* Le TTVL vous conduira de Thoré-la-Rochette, haut-lieu du vignoble vendômois, à Trôo la pittoresque cité troglodytique, en passant par Montoire. A l'arrivée, une dégustation des produits du terroir est proposée. Il est nécessaire de prévoir large, car le voyage dure 2h30. Depuis peu, en gare de Trôo, un parcours scénographique met en scène la vallée du Loir. Réservations à l'office du tourisme de Vendôme au 02 54 77 05 07.

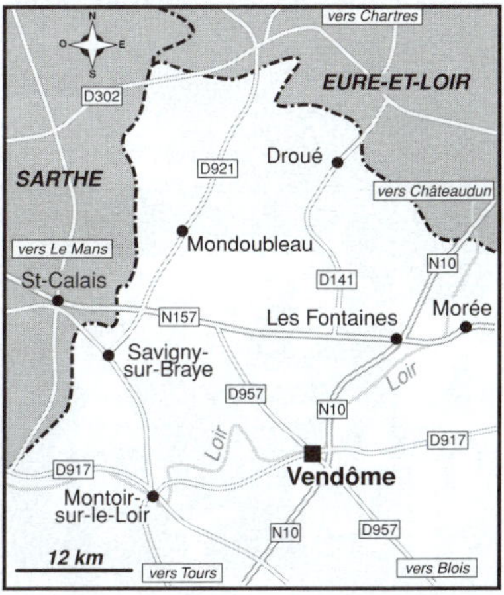

Ville de Vendôme

L'église de Vendôme

OT Vendôme

Vue de la ville

▷ Dans les environs

Areines

Une église remarquable pour ses fresques (XIIe siècle), caractéristiques de "l'Ecole du Val-de-Loir", à dominante ocre rouge.

Azé

Un joli village traversé par une petite rivière, le Boulon. L'église Saint-Pierre, dont la construction primitive remonte au XIe siècle et fut remaniée au XVe et au XVIe siècle, une tour carrée s'y accoste depuis le XVIIe siècle. A 3 km au sud d'Azé, de l'autre côté de la D957, le prieuré de Courtozé date également du XIe siècle. Ses vestiges sont maintenant classés Monument historique.

LA FERME DE CRISLAINE © **02 54 72 14 09.** *Fax 02 54 72 18 03. M. et Mme Guellier. 3 chambres à 40 € à 44 € dont une familiale et une suite. Menu à 16 € tout compris. Carte bancaire non acceptée.* La culture biologique est de rigueur dans cette ferme qui produit lait et céréales, on peut visiter l'exploitation, l'ânesse reçoit en principe l'hommage des petits comme des grands. Une salle avec coin cuisine est réservée aux hôtes, une mezzanine avec télévision et un coin jeu pour les enfants. Piscine, jardin avec salon et balançoires. Produits biologiques de la ferme ou de la région à la table d'hôtes (uniquement sur réservation, pas de repas le dimanche soir).

FERME DE GORGEAT © **02 54 72 04 16.** *Fax 02 54 72 04 94. Fermeture annuelle février. 6 chambres de 40 € à 49 € dont 2 familiales. Menu en table d'hôtes à 17 €. Carte bancaire non acceptée.* Accueil sympathique dans une maison ancienne restaurée au milieu d'un grand parc près d'une ferme en activité où l'agriculture biologique est à l'honneur (fromages de chèvre, confits, jus de fruits, œufs...). La détente est mise en avant : un tennis et un étang privé pour pêcher sont à la disposition des hôtes, ainsi qu'une piscine chauffée. Deux chambres disposent d'une baignoire balnéo. A table, les produits maison sont servis : potée aux deux choux, lapin à la menthe, volailles.

LES ECURIES DU VENDOMOIS Les Bellezèveries © **02 54 72 14 59.** *Fax 02 54 72 90 63.* Centre hippique toute l'année, les écuries proposent l'été promenades en forêt, stages de perfectionnement, mini-camps d'une semaine, en pension ou demi-pension, et des randonnées de 3h.

Chauvigny-du-Perche

LA SIROTIERE © **02 54 80 65 46.** *M. et Mme Jacky Dufournier. Ouvert toute l'année sur rendez-vous. Plein tarif individel 2,30 €, 3,81 € pour les groupes, enfant 1,52 €.* A une vingtaine de kilomètres au nord de Vendôme, se trouve un véritable élevage de bisons. Pour les groupes, la visite est commentée (possibilité de prendre des photos), et le verre de bienvenue offert, ainsi que la dégustation d'une terrine de bison. Sur rendez-vous.

Danzé

MANOIR DE LA BORDE La Borde © **02 54 80 68 42.** *Fax 02 54 80 63 68. 5 chambres de 41 € à 54 €. Carte bancaire non acceptée.* Une élégante bâtisse de style directoire reconstruite au XIXe siècle. Les chambres d'hôtes occupent tout le premier étage. Elles sont personnalisées et disposent de sanitaires privés. Possibilité de suite familiale. Grand parc arboré bordé par une rivière. La ville de Vendôme est à 15 km.

Fortan

Voir l'église Saint-Calais (XVe siècle) et l'ancien prieuré, aujourd'hui presbytère.

Fréteval

En amont de Vendôme. Un vilain pont en ferraille offrant une jolie vue sur la rivière marque l'entrée dans le village. En face, les ruines du château. Ce château féodal fut édifié pour protéger la forêt de Marchénoir au XIIe siècle. Il subsiste quelques vestiges de son donjon. Fréteval est aussi un site archéologique et donne son nom à une belle forêt, de l'autre côté de la N10.

La forêt de Fréteval est le site d'une défaite de Philippe-Auguste contre Richard Cœur de Lion.

A proximité, la remarquable tour d'origine gallo-romaine de Grisset, et les fermes fortifiées des Boulets et de Morville.

HOSTELLERIE DE ROCHEUX Château de Rocheux ✆ 02 54 23 29 74. *4 chambres de 56 € à 80 € (5 personnes) petit dejeuner compris.* Un beau château du XVIIIe siècle entouré de douves en eau et d'un parc boisé de 18 ha. Les pêcheurs seront comblés : une rivière anglaise poissonneuse est ouverte à la pêche, mais sert également de cadre à de belles promenades à pied ou à vélo. Les chambres possèdent des meubles d'essences différentes (chêne, merisier, noyer) ou peints.

Gué-du-Loir

Le manoir de Bonaventure est une élégante demeure (XVIe-XVIIe siècle), à l'origine un fief des Templiers, qui fut une sorte de rendez-vous de chasse des seigneurs de Vendôme. Antoine de Bourbon, duc de Vendôme et père du futur Henri IV, y donna de nombreuses fêtes, et, au cours de l'une d'elles, composa la fameuse chanson La Bonne aventure au Gué, dont le refrain a traversé les siècles, repris notamment par Molière dans Le Misanthrope. Il invita d'ailleurs Ronsard à l'une de ces réceptions. Ils se connaissaient bien, puisque le poète avait composé un épithalame pour le mariage du duc avec Jeanne d'Albret, en 1548. La fille de Cassandre Salviati eut plus tard pour fils Charles Musset, qui devint seigneur de Bonaventure, et dont l'un des descendants s'appela Alfred de Musset. Le futur soupirant de George Sand séjourna au manoir dans son enfance. Le manoir tomba petit à petit en décrépitude, et ne commença à être restauré qu'en 1969 par son actuel propriétaire, trois ans après qu'il eut été classé Monument historique.

La Ville-aux-Clercs

LE MANOIR DE LA FORET La Ville-aux-Clercs ✆ 02 54 80 62 83. *Fax : 02 54 80 66 03. E-mail : manoirdelaforêt@wanadoo.fr. Site: www.manoirdelaforêt.fr. Maryse et Guy Redon. Hôtel de 18 chambres toutes dotées d'une salle d'eau ou d'une salle de bains, d'un téléviseur et d'un téléphone. Petit déjeuner 9 €. Parking. Chiens admis. Restaurant fermé le dimanche soir et le lundi du 1er octobre 2004 au 1er avril 2005. Menus à 26 €, 35 € et 47 €. Cuisine gastronomique.* Le Manoir de la forêt, ancien pavillon de chasse du Duc de La Rochefoucault, trône au cœur de la forêt en surplombant un magnifique parc arboré et fleuri. L'hiver, on aime y profiter de l'immense cheminée, alors que dès le printemps on jouit avec bonheur des terrasses côté parc ou forêt. Le Manoir de la forêt bénéficie d'un cadre unique de vielles pierres et d'histoire où se mêlent convivialité, authenticité et nature. Au restaurant, vous aurez le plaisir de goûter une savoureuse souris d'agneau confite, un filet de sole aux agrumes, un croustillant de crabe et langoustine, ou encore un délicieux filet de bœuf à l'infusion de brisures de truffes. Lors de votre séjour vous pourrez admirer la porte de fort Girard quireste aujourd'hui le seul vestige du château renaissance à ce jour disparu. Cette dernière entièrement restaurée vous laissera imaginer la magnificence du château.

Mazangé

A voir pour son église Saint-Lubin (XIe-XVIe siècle) et ses boiseries.

DOMAINE DE LA FONTAINE 7, rue Fontaine ✆ 02 54 72 00 57. *Fax 02 54 72 19 90. Ouvert toute l'année, du lundi au samedi après-midi.* Une autre appellation à découvrir, les coteaux du vendômois blancs, rouges, gris, méthode traditionnelle, que Stéphane Guellier se fera un plaisir de vous faire déguster, qui plus est dans une magnifique cave en tuffeau.

Meslay

Le château fut dessiné par un neveu de Mansart. Balzac l'évoque dans l'une de ses œuvres. L'église (XVIIIe siècle) comporte quelques peintures murales réalisées par un artiste contemporain, Jean-Claude Ferron.

Oucques

HOTEL DU COMMERCE 9, rue Beaugency ✆ 02 54 23 20 41. *Fax 02 54 23 02 88. Fermeture annuelle du 20 décembre au 15 janvier. Fermé le dimanche soir et lundi. 11 chambres de 58 € à 62 €. Menus de 17 € à 54 €. Petit déjeuner 7,50 €.* Un intérieur contemporain et chaleureux, des chambres confortables et personnalisées. Pour les loisirs, vous trouverez à proximité : tennis, piscine, golf, forêt de Marchenoir. Au restaurant, joli menu intermédiaire à 32 € proposant notamment terrine d'avocat, saumon fumé crémeux de tourteau, noix de Saint-Jacques poêlées crème de potiron, canette bigarade et assiette et sorbets maison.

LA FERME DU MOULIN ✆ 02 54 23 21 48/06 62 15 21 48. *Visite libre et gratuite toute l'année, tous les jours sauf mercredi et dimanche après-midi sur rendez-vous.* Sur la terrasse on pourra goûter à la ferme sur fond de mirabelles, en boutique, on trouvera les produits de l'agriculture biologique, la mirabelle en confitures, eau de vie, sirop.

Pezou

AUBERGE DE LA SELLERIE 65, route de Châteaudun - Lieu dit Fontaine ✆ 02 54 23 41 43. *Fermeture annuelle 3 semaines en janvier. Fermé le dimanche soir, lundi et mercredi soir. Menus de 14,20 € à 43 €. Carte 35 €.* Une adresse chaleureuse dans cette grande salle avec cheminée où l'on dîne chaque soir aux chandelles. L'atmosphère est donc créée, Sandrine et Emmanuel Choplin se chargeant du reste, avec une vaillante carte de tradition : langoustines flambées au cognac, foie gras poêlé au caramel de monbazillac, carré d'agneau aux senteurs de Provence.

Saint-Ouen

AUBERGE DE LA VALLEE 34, rue Barré-de-Saint-Venan ✆ 02 54 77 29 93. *Fermeture annuelle 1re semaine de janvier, du 8 au 21 mars et 15 jours fin septembre. Fermé le lundi et mardi. Menus de 17 € à 30,50 €.* Bonne adresse bourgeoise en lisière de la ville, pour les familles, les groupes et les affaires. Ce qui n'exclut pas les repas intimes, autour d'une carte sage et bien maîtrisée, avec ses spécialités éprouvées : cassolette de pétoncles aux écrevisses aux aromates, magret d'oie du Périgord, farandole de fruits frais avec un sorbet passion.

Thoré-la-Rochette

HOTEL-RESTAURANT DU PONT 15, rue Maréchal-de-Rochambeau ✆ 02 54 72 80 62. *Fax 02 54 72 70 95. Fermeture annuelle du 20 janvier au 12 février et du 26 août au 3 septembre. Fermé le lundi et mardi soir. Menus de 15,50 € à 43 €.* A Thoré, on célèbre la vigne et Rochambeau, et dans cette maison, la convivialité et la simplicité. L'hôtellerie est pour le moment suspendue, mais la table traditionnelle, à base de produits simples et de vins du village, remplit toujours son office.

Villiers-sur-Loir

Son église se remarque pour ses peintures murales et sa table de communion (XVe siècle). Elle contient également un intéressant petit musée d'art sacré. Voir aussi le jacquemart, qui s'anime à chaque heure. Promenade et pique-nique sur le site du coteau Saint-André, aux environs de maisons troglodytes, avec un panorama sur le Loir.

PLAN D'EAU DE VILLIERS-SUR-LOIR. Un grand nombre d'activités proposées, des plaisirs nautiques sur planche à voile, dériveur, optimiste et catamaran en passant par la pêche et les jeux pour enfants.

Montoire-sur-Loir

Une petite cité tranquille, qui s'enorgueillit de sa chapelle Saint-Gilles (XIIe siècle), élevée sur le site d'un ancien prieuré fondé par Charlemagne, et ses remarquables peintures murales (XIe-XIVe siècle), dont un Christ en majesté, d'allure byzantine. Elle tire également sa gloire dans le fait que Ronsard en fut le prieur pendant quinze ans jusqu'à sa mort en 1585.

La cité s'anime autour de la place centrale, qui porte le nom de Clemenceau, une nouvelle célébrité lui fut pourtant acquise un sombre moment de 1940, avec la fameuse entrevue de Pétain et Hitler, les 24 et 26 octobre, à la gare. Promenade dans quelques jolis coins, avec les vieilles rues, comme la rue Saint-Oustrille (la rue de la Chapelle) et de belles maisons anciennes.

MUSIKENFETE ✆ 02 54 85 28 95. *Fax 02 54 72 60 88. Ouvert du 1er mars au 30 septembre tous les jours de 10h à 12h et de 14h à 18h, du 1er octobre au 30 décembre de 14h à 18h, fermé le lundi. Tarif 5,40 €, enfants jusqu'à 13 ans 3,80 €.* Abrité par un bâtiment du XVe, ce musée qui présente près de 500 instruments mis en scène pour faire revivre les coutumes musicales du monde entier, est le prolongement du prestigieux festival qui a lieu en août à Montoire-sur-le-Loir.

Le gîte et le couvert

LE CHEVAL ROUGE 1, place Maréchal-Foch ✆ 02 54 85 07 05. *Fax 02 54 85 17 42. Fermeture annuelle du 11 janvier au 5 février et du 14 novembre au 1er décembre inclus. Fermé le mardi soir et mercredi (sauf juillet et août) et le vendredi midi. 17 chambres de 40 € à 46,50 €. Menus de 15,90 € à 46,70 €. Petit déjeuner 5,50 €.* Un établissement du siècle dernier au charme rustique. Des chambres tout confort, d'autres plus simples (douche sur le palier). Au restaurant les produits régionaux sont à l'honneur : pannequets de saumon fumé aux queues de langoustines, dos de bar au fenouil et pâtes fraîches, mignon d'agneau à l'infusion d'herbes, pain perdu.

Loisirs

BASE DE LOISIRS DES RECLUSAGES - APIE 65, rue du Général-Leclerc ✆ 06 88 46 73 91. En été (juillet et août), possibilité de louer des canoës afin de profiter des joies du nautisme sur le Loir. Autres activités : beach volley, tir à l'arc, VTT, activités équestres.

Emplettes

JEAN-CLAUDE CULERIER 8, rue Saint-Denis ✆ 02 54 85 01 22. Un artisan charcutier qui propose de nombreux produits maison, toutes les spécialités de campagne, au premier rang desquelles les rillettes.

DOMAINE J. MARTELLIERE 46, rue de Fosse ✆ 02 54 85 16 91. Un domaine viticole spécialisé dans la production de l'AOC Jasnières, de coteaux du vendômois et du Loir. La visite se déroule dans une cave creusée à même le roc.

▷ *Dans les environs*

Artins

Une remarquable vieille église (des XIe et XIVe siècles) sur la route de Saint-Jacques-de-Compostelle. Elle fut édifiée à l'emplacement d'un ancien temple romain dédié à Jupiter. Remarquer le portail roman, avec son bénitier aux lépreux. Amadis Jamin fut curé de cette église.

Authon

LES JARDINS DU CHATEAU DU FRESNES ✆ 02 54 80 33 04. *Fax 02 54 80 34 41. Ouvert tous les jours du 15 juin au 15 septembre, de 14h30 à 17h30. Taris 5,35 €.* Symphonie en bleu des jardins, qui se déploient autour de la demeure du XVIIIe siècle, redessinés vers 1900 par le paysagiste Duchesne. Le Potager de Flore vient d'être restauré. Le parc arboré offre de belles perspectives.

Couture-sur-Loir

De très jolies maisons à l'intérieur du village, et une vieille église, Saint-Gervais-Saint-Protais, dont le clocher de pierre, élevé par le père de Ronsard, Loys, porte encore, sur les clochetons, les trois poissons, armes de la famille. Le poète y fut baptisé le mois de sa naissance, en septembre 1524. A partir du bâtiment initial, Loys Ronsard fit également ajouter la chapelle seigneuriale, et surélever le chœur. Les gisants du père et de la mère de Ronsard se trouvent à l'intérieur de l'église. Le socle porte les armes de la famille du papa (trois poissons), et celles de la famille de la maman, née Chaudrier (trois chaudrons). L'autel situé à gauche du chœur provient d'une ancienne chapelle du manoir familial.

On sort de l'église pour chercher l'île Verte, le deuxième lieu "ronsardien", "cette ïsle verte" qu'il a abondamment chantée et dont il voulait faire sa sépulture. Le site se trouve au-delà du cimetière, et on y accède par une passerelle sur le Loir : c'est le lieu de pique-nique le plus poétique du département. Une stèle y est dédiée au "prince des poètes".

Quelques siècles après Ronsard, vous serez ému comme lui par ce site magique : l'île posée sur le Loir, un site ombragé, agréablement aménagé pour le pique-nique et la détente. Et comme la vallée est moins fréquentée que la Côte d'Azur, on peut souvent jouir du lieu presqu'en privé. Le petit pont de bois, la verdure, l'eau qui danse, le soleil qui joue avec les feuilles : que du charme !

On revient jusqu'au cimetière pour reprendre le chemin de la maison natale du poète, le manoir de la Possonnière.

MANOIR DE LA POSSONNIERE © **02 54 72 40 05.** *Visites guidées : du 19 mars au 1er juillet et du 31 août au 15 novembre vendredi, samedi, dimanche et jours fériés de 14h à 18h, du 2 juillet au 30 août tous les jours de 10h à 19h. Tarif 6 €, gratuit pour les moins de 12 ans.* Une demeure que Loys Ronsard, s'étant couvert de gloire militaire sous les règnes successifs de Louis XII et François Ier, fit élever, sur les bases de la maison forte familiale, dans le style élégant de la Renaissance italienne. De nombreuses devises, frappées du sceau du bon sens et du devoir, sont gravées dans la pierre. Le petit Pierre, né en 1524 au manoir, y passa les neuf premières années de sa vie, marquées par les pieux préceptes de dévouement et de courage enseignés par son père.

A proximité, la forêt de Gastines, qu'il aimait tant, commença à être défrichée de son vivant, à son grand désespoir, et n'est plus aujourd'hui qu'un bois maigrichon…

Pourquoi entend-on parfois le nom de "manoir de la Poissonnière" ?

Simple déformation d'ignorant ? Pas seulement. Si le mot juste est bien "Possonnière", qui vient d'un mot ancien, le "poisson", qui désignait le lieu où se mesurait le volume du vin produit dans l'année, il y eut bien, avec la famille du poète, un risque légitime de confusion : les Ronsard s'appelaient en réalité les Roussard, et leurs armes étaient trois roussards, c'est-à-dire trois poissons.

PRIEURE DE CROIXVAL © **02 54 72 57 34.** *Sur rendez-vous.* C'est là que Ronsard séjourna le plus souvent durant les vingt dernières années de sa vie. Ce prieuré, qui lui avait été cédé par Amadis Jamin, son secrétaire, et plus tard son calligraphe, avait sa préférence, pour sa proximité avec le manoir natal de Couture, et il aimait y herboriser, en essayant de soigner sa goutte par les plantes. De la construction du XVe siècle subsistent la grange et la maison de ferme.

A voir à proximité le château Renaissance de Ternay

BASE DE LOISIRS Les 3 lacs © **02 54 72 47 59/06 11 29 74 78.** *Fax 02 54 72 53 31. Ouvert du 15 avril au 14 octobre tous les jours de 10h à 19h, du 15 octobre au 14 avril les week-ends et jours fériés de 10h à 19h.* Location de jets à bras et à selle, cours, stages. Des randonnées en quad de 1h à 3h, encadrées par un professionnel, séduiront les amateurs de sensations nouvelles.

Lavardin

Ce très joli village médiéval a des origines gallo-romaines (et même préhistoriques), et s'appelait à l'époque Lavarzinum ou Labricinum. On y a découvert des sarcophages mérovingiens, et les premiers témoignages religieux furent deux prieurés, Saint-Gildéric, devenu Saint-Martin, et Saint-Genest, devenu église paroissiale.

D'où viennent le nom et la fonction de garde des Sceaux ?

D'un épisode malheureux survenu à Philippe-Auguste. En 1194, le jeune roi, qui n'était encore qu'un godelureau pas encore trentenaire, et pas le guerrier qui allait tanner Otton IV, Jean sans Terre et le comte de Flandres à Bouvines vingt ans plus tard, devait se frotter à la légende vivante de l'Angleterre conquérante, Richard Cœur de Lion, frère de Jean sans Terre. Cet épisode malheureux pour la carrière de Philippe II, dit plus tard "Auguste", se déroula en forêt de Fréteval. Philippe, qui avait déjà entrepris dans son royaume un vaste travail de rangement au point de vue administratif et judiciaire – c'est lui, notamment, qui fut à l'origine de la création des baillis et des sénéchaux, premières attributions en matière de justice – allait batailler en gardant avec lui les archives du royaume. Il perdit la bataille et se fit prendre les précieuses archives. Cela lui donna l'idée de nommer un gardien pour tous ses documents importants : le garde des Sceaux était né.

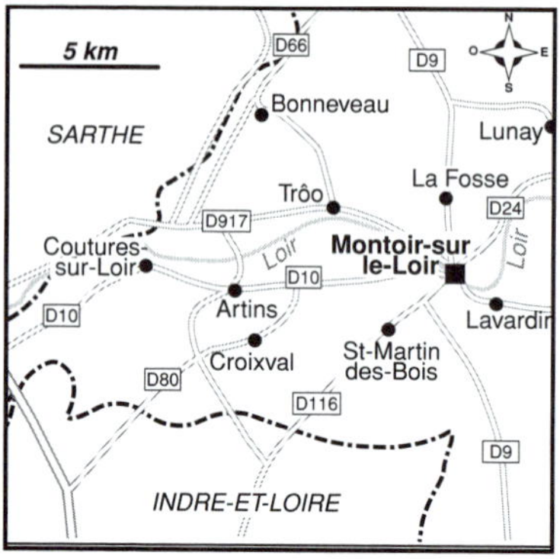

Mais si Lavardin est aujourd'hui classé parmi les plus beaux villages de France, c'est aux charmes réunis de ses ruines médiévales, notamment celles de son château, à ses maisons anciennes et au site dans son ensemble, entre bois et vallons, près de la vallée du Loir, qu'il le doit.

Lavardin est aussi la capitale de la chouine. Que l'on détrompe ceux qui pensent à quelque mystérieuse spécialité gastronomique : ce n'est ni une chouquette, ni un beignet, mais un jeu de cartes très local, dont les règles ne semblent pas si évidentes ("Il faut y avoir joué un ou deux coups pour comprendre", confie un Lavardinois prudent).

LE CHATEAU ✆ **02 54 85 07 74.** *Ouvert tous les week-ends de mai, le jeudi de l'Ascension, du 29 mai au 19 septembre tous les jours sauf lundi de 11h à 12h et de 15h à 18h. Plein tarif 3 €, enfants de moins de 14 ans 1 €.* Cette forteresse en ruines (XIe-XVIe siècle), avec son donjon originel, son châtelet et sa triple enceinte a encore belle allure sur son promontoire, et fut pendant longtemps la plus importante place forte du Vendômois. Elle accueillit notamment Charles VII et Agnès Sorel en 1448.

A voir dans le village, le pont gothique à étraves, et l'église Saint-Genest (XIIe-XVe siècle), aux remarquables peintures murales (Christ en majesté, Baptême du Christ, notamment), dans les tons pastel émeraude : dans la nef (XVe siècle), dans le chœur et dans les bas-côtés (des XIIe-XIIIe-XIVe siècles).

De nombreuses promenades à faire dans le village et aux alentours, dont celle, la plus pittoresque appelée "promenade des rottes aux biques", car le site est enchanteur, mélange harmonieux de solennité et de douceur. Un peu plus longue, la jolie balade des reclusages, qui se dirige vers le Loir à travers les frondaisons et rejoint Montoire.

Posez donc la voiture, le vélo ou le skate-board et partez, à l'aventure, dans les ruelles du passé. Au-dessus du château, vous remarquerez aussi le GR 35, qui conduit, à travers bois et plaines, le long du Loir, jusqu'à Troô.

Dans les caves troglodytes, on "élève" la charcuterie et le vin, selon la tradition régionale. On prend la petite route (rue des Vaux-Boyers), qui passe en dessous du château, pour longer le Loir par une adorable route forestière et pour se retrouver en face du pont qui mène à Montoire.

LE CAVEAU 10, rue Vaux-Boyers ✆ **02 54 85 31 11.** *Fermé le dimanche et lundi. Menu à 18 €.* Sympa comme tout, ce caveau à l'entrée du village, d'architecture troglodyte, avec sa jolie salle voûtée, sa petite terrasse et sa cuisine de franchise, dans la simplicité d'un menu unique : rillettes et terrine maison, gigot à la ficelle au feu de bois…

LE RELAIS D'ANTAN 6, place du Capitaine-Vigneau ✆ **02 54 86 61 33.** *Fax 02 54 85 06 46. Fermeture annuelle trois semaines en octobre et deux en février. Fermé le dimanche soir sauf l'été, lundi et le mardi. Menus de 25 € à 33 €.* Lavardin, considéré comme l'un des plus beaux villages de France, abrite ce restaurant où la carte-menu qui change chaque mois pourra vous proposer : lasagnes de langoustines au parmesan, sandre grillé au beurre blanc, rognons de veau au porto, croquant aux deux chocolats.

Lunay

Un village charmant, niché au creux de sa vallée, bordé par un petit ruisseau gazouillant, le Boële. Le clocher de l'église Saint-Martin est du XIIe siècle, le porche du XVIe siècle. On y remarque, à l'intérieur, une Vierge à l'Enfant et des peintures murales. Quelques maisons anciennes (XVe-XVIe siècle), dans le bourg ainsi qu'au hameau de Nonais.

EGLISE SAINT-MARTIN ✆ **02 54 72 04 79/02 54 77 05 07.** *Ouverte toute l'année, tous les jours, de 9h à 18h.*

Saint-Martin-des-Bois

L'église Saint-Martin date du XIe siècle pour ses parties les plus anciennes. En sortant du village vers Monthodon, on trouve, à gauche, une petite route qui mène à l'ancienne abbaye Saint-Georges des Bois, en ruines.

GUY CHEVEREAU Les Pignons © **02 54 72 57 43.** *Fax 02 54 72 57 39. 4 chambres à 39 €. Menu à 15 €. Carte bancaire non acceptée.* Les propriétaires du lieu ont transformé un ancien bâtiment de ferme et gardé la Ferme des Pignons en activité : on y élève des bœufs de race charolaise et on y cultive des céréales. Le bâtiment a gardé tous les charmes d'une ferme : poutres, grande salle commune, cheminée. La cuisine, traditionnelle, n'en manque pas moins de goût : gibelotte de bœuf, tarte à la rhubarbe. La chambre du rez-de-chaussée est accessible aux handicapés, ainsi qu'une chambre du gîte de groupe, d'une capacité de 12 personnes, qui s'ajoute aux chambres d'hôtes. Tout autour, les lieux de randonnée sont multiples.

Ternay

PARC DE ROC-EN-TUF Montoire-sur-le-Loire © **02 54 72 57 03.** *Fax 02 54 72 59 94. Ouvert le 1er dimanche du mois à 16h pour une visite guidée, et sur rendez-vous de Pâques à octobre. Tarif 7 €.* Dans la vallée de la Cendrine, chère à Ronsard, ce jardin extraordinaire vous invite à une promenade à l'orée des caves troglodytiques dont il tire son nom. Un jardin à la française, un jardin d'eau, un potager et des topiaires sont à visiter.

Trôo

Un village troglodytique sur quatre niveaux d'habitations, aux multiples richesses. Cette ancienne cité fortifiée (voir les remparts) possède surtout deux merveilles : un panorama splendide et une collégiale du XIIe siècle. On visite également la Grotte Pétrifiante, le Louvre et son donjon du XIIe siècle, le Puits qui parle, la Maladrerie (XIIe siècle) et la Croix de Pierre (XIVe siècle). Les chineurs s'empresseront de voir le château de la Voûte, dans la rue principale.

On emprunte les escaliers, ou on fait le grand tour en voiture, pour parvenir jusqu'au panorama tant attendu, et la collégiale qui en profite, avec le monument aux morts signé Bourdelle. En haut, calme et volupté au programme : on enfile les marches en colimaçon pour se retrouver dans le vent, devant la table d'orientation, scrutant l'horizon, pour reconnaître les villages, les châteaux, les curiosités, regardant le Loir serpenter jusqu'à l'infini visuel. En redescendant à pied, vers la route en contrebas, on rencontre les habitations troglodytiques et l'église romane Saint-Jacques-des-Guérets, aux remarquables fresques des XIe et XIIe siècles, et aux peintures murales du XVe siècle. L'église se trouvait sur le chemin des pèlerins vers Saint-Martin-de-Tours et Saint-Jacques-de-Compostelle.

LE PETIT RELAIS Place du Château © **02 54 72 57 92.** *Service de 12h30 à 14h30 et de 19h30 à 21h. Fermé le lundi midi. Menu du jour 20 €, dimanche 30 €. PMC : de 32 € à 38 €.* Etablissement situé face à la collégiale de Trôo et accessible aux handicapés. Derrière la sobriété de la façade extérieure se dissimule un coin charmant fait de pierres et poutres apparentes. Un site pittoresque joliment décoré où vous goûterez à l'ambiance chaleureuse mais aussi à la tradition régionale avec la terrine de canard aux figues, la côte de veau collégiale ou le coq à la bière, le tout agrémenté du crépitement de la cheminée si vous y passez en hiver.

LE PETIT RELAIS Place du Château © **02 54 72 57 92.** *Fermé le lundi midi. Menus de 20 € à 30 €. Carte 30 €.* Une table très attrayante, par sa simplicité et son emplacement, tout proche de la collégiale et d'un superbe panorama sur la vallée du Loir. La cuisine est simple et sincère, autour de la terrine de canard maison aux figues, du sandre au lard fumé et du pigeonneau en cocotte et l'incontournable gâteau des prélats.

LE CHEVAL BLANC Place de la Libération © **02 54 72 58 22.** *Fax 02 54 72 55 44. Fermeture annuelle novembre. Fermé le dimanche soir, lundi et mardi midi. 9 chambres de 40 € à 55 €. Menus de 20,50 € à 46 €. Carte 45,73 €. Petit déjeuner 6,50 €.* Honnête Logis de France dans un village de charme. Chambres récentes à la décoration soignée, avec vue sur le Loir et le jardin d'agrément. Cuisine traditionnelle déclinée dans de sympathiques menus, jolies spécialités sur les produits de prestige : foie gras poêlé aux navets confits et Saint-Jacques, pigeon au fumet de chinon et saveur de jus de truffes, soufflé glacé au gewurztraminer.

HOTEL RESTAURANT LE CHEVAL BLANC 47 place de la Libération © 02 54 72 58 22. Fax : 02 54 72 55 44. *Hôtel deux étoiles. Congés annuels au mois de novembre. 9 chambres, de 42 € à 46 €, petit déjeuner à 6,50 €. Salle de bain, téléphone direct, TV. Les chiens sont admis. Le restaurant est fermé du dimanche soir au mardi midi. Deux salles de restaurant. Service de 12h à 14h et de 19h30 à 21h.Menus à 22 € (uniquement en semaine), 27 €, 37 €, 46 €, + carte. PMC : 47 €.* A 200 km de Paris, dans la vallée du Loir, l'hôtel-restaurant charme tout d'abord par le site troglodytique qui l'accueille . Un parking est à votre disposition ainsi qu'une terrasse dans la cour intérieure et une cheminée. La cuisine gastronomique vous fera découvrir le vapeur de langoustines sur pousses d'épinard au miel d'orange, l'escalope de ris de veau au pineau des Charentes sur coulis de champignons sauvages ou encore l'étonnant soufflé, glaçé au marc de Gewurtztraminer. Le tout dans un décor chaleureux et traditionnel. Vous aurez aussi accès, pour votre détente, à une salle de balnéothérapie (bain bouillonnant).

CHATEAU DE LA VOUTE © 02 54 72 52 52. *Fax 02 54 72 52 52. M. et Mme Provezano. 5 chambres de 75 € à 120 €, petit déjeuner compris. Carte bancaire non acceptée.* Un château des XVIIe et XVIIIe siècles avec deux tours médiévales. Il domine en terrasse la vallée du Loir. Les chambres sont toutes décorées d'antiquités et elles bénéficient d'une très jolie vue.

CAVE-HABITATION DES AMIS DE TROO © 02 54 72 53 35. *Fax 02 54 72 53 10. Ouvert tous les jours, du 23 mars au 23 novembre de 10h30 à 19h30, hors saison, du lundi au vendredi de 14h à 19h, samedi, dimanche et jours fériés de 10h30 à 19h. Tarif 2,50 €.* La reconstitution d'une habitation d'autrefois, et depuis 2003 on visite aussi les "caforts", des souterrains-refuges.

LA CAVE YUCCAS © 06 81 94 38 37/06 61 83 53 26. *Ouverte du 1er avril au 30 juin et du 1er septembre au 11 novembre de 14h à 18h30 du lundi au vendredi, de 10h à 19h les week-ends, du 1er juillet au 31 août tous les jours de 10h à 19h. Tarif : 3 €.* Entièrement réhabilitée telle qu'elle était il y a un siècle, cette ancienne habitation troglodytique, composée de 6 pièces taillées dans le tuffeau, offre une vue exceptionnelle sur la vallée.

Villechauve

LA LUNE ET LES FEUX 11, rue Pasteur © 02 54 80 37 80. *3 chambres de 33 € à 40 €. Menu à 15 €. Tout compris. Carte bancaire non acceptée.* Le propriétaire des lieux a choisi d'installer sa chambre d'hôtes dans une ancienne école communale du XIXe siècle ! Deuxième originalité : un artiste a exécuté sur plus de 50 m² de plafond une œuvre représentant une Histoire de l'Humanité. Belles chambres, prix abordables, cuisine où sont rois les produits maison (spécialités du potager et du verger, agneau, fromage de chèvre de la propriété…).

restaurants et tables d'hôte — hôtels
hôtel-restaurant — campings
autres hébergements (auberge de jeunesse, chambre d'hôtes, B & B…)

MONDOUBLEAU, VALLEE DE LA BRAYE

Mondoubleau

Un chef-lieu de canton de 1 600 habitants, sur une colline dominant la vallée de la Grenne. Son nom vient de son fondateur, Hugues Doubleau (Xe siècle). Des anciennes fortifications, il subsiste quelques vestiges de remparts, de tours, et d'un donjon incliné. Voir l'église Saint-Denis (XVIe siècle), les maisons à pans de bois (XVe siècle), comme celle du gouverneur Courcillon, l'atelier d'un créateur de meubles contemporains et le musée du poids lourd et des véhicules anciens, installé dans une ancienne tannerie.

MAISON DU PERCHE VENDOMOIS Office du tourisme - 2, rue Bizieux ✆ 02 54 80 77 08

Le gîte

MME PEYRON GAUBERT Carrefour Ormeau ✆ 02 54 80 93 76. *4 chambres de 41 € à 46 €, petit déjeuner compris. Menu 20 €.* Goûtez le calme dans cette grande demeure de caractère du XVIIe siècle. Des chambres confortables dont une pour 6 personnes et une pour 5. Deux pianos n'attendent que leurs interprètes. A la cuisine : confitures maison, légumes biologiques, repas végétarien sur demande. Vendôme se trouve à 26 km.

Le gîte et le couvert

HOTEL-RESTAURANT LE GRAND MONARQUE 2, rue Chrétien ✆ 02 54 80 92 10. *Fax 02 54 80 77 40. Fermeture annuelle Toussaint et vacances d'hiver académie Orléans. Fermé le dimanche soir et lundi et le dimanche jusqu'à début mars. 12 chambres de 42,70 € à 45 €. Menus de 19,30 € à 37,50 €. Petit déjeuner 6 €. Parking privé.* Dans un ancien relais de poste du XVIIe siècle, des chambres agréables avec vue sur le parc ou les écuries. L'été, il est plaisant de prendre ses repas sous la glycine centenaire. La propriété comprend un parc de détente avec des jeux. Le restaurant propose une cuisine plaisante. Vendôme se trouve à 30 km.

Loisirs

CIRCUITS PEDESTRES AUTOUR DE SOUDAY. *Renseignements au syndicat d'initiative au 02 54 80 77 08.* Autour de la commune, on peut profiter de nombreux sentiers balisés qui permettront de découvrir les alentours. Vous aurez l'occasion de vous rendre auprès de différents châteaux mais aussi de profiter de la piscine de Mondoubleau ou de la base de loisirs de Plessis Dorin.

Emplettes

ATELIER GAUBERT Carrefour de l'Ormeau ✆ 02 54 80 85 63. *Visite toute l'année sur rendez-vous.* Alain Gaubert a passé la main à François Saradin, qui continue la création de mobilier contemporain et ergonomique en bois massif.

▷ Dans les environs

Arvillé

LA COMMANDERIE D'ARVILLE 2, rue Eglise ✆ 02 54 80 75 41. *Ouvert tous les jours, du 1er mars au 31 avril et du 1er octobre au 30 novembre de 14h à 18h, du 1er au 31 mai et du 1er au 31 septembre de 10h à 12h30 et de 13h30 à 18h, du 1er juin au 31 août de 10h à 12h30 et de 13h30 à 19h. Fermé du 1er décembre au 1er mars. Entrée adulte 4,50 €.* Une ancienne commanderie des Templiers (XIIe siècle) dont l'œuvre fut poursuivie par l'Ordre de Malte. Ce bel ensemble médiéval construit en pierre de roussard, ce grès roux traditionnellement utilisé dans les constructions du Perche, est l'un des domaines templiers les mieux conservés de France. Voir l'église (XIIe siècle), la porte fortifiée (XIIe-XVe siècle), la grange dîmière et le pigeonnier.

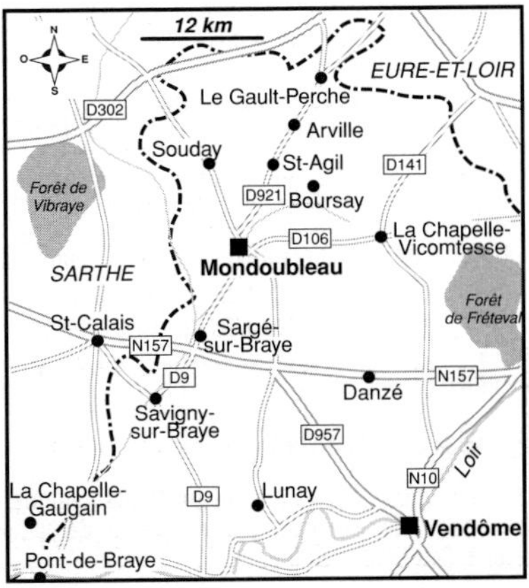

La visite guidée englobe la projection d'un spectaculaire diaporama, retraçant l'épopée des Templiers. Dans l'enceinte de la commanderie, le centre d'histoire des ordres de chevalerie fait revivre l'épopée des Templiers au temps des croisades. Tarif 6 €, réduit 4 €, centre + domaine : 9 € et 4 € pour les étudiants et les 10-15 ans.

Une nouveauté cette année, le jardin médiéval et le parcours botanique, qui présentent en quatre carrés thématiques des végétaux qui avaient cours au Moyen Age. Tarif 3 € pour ceux qui ne souhaiteraient pas (re)visiter le reste du domaine.

Boursay

Une exceptionnelle église, des XIIe et XVIe siècles, dédiée à Saint-Pierre. Voir ses lambris décorés d'arabesques, ses fresques et ses peintures murales du XIVe siècle représentant le paradis et l'enfer au 02 54 80 81 81/02 54 77 05 07.

La Chapelle-Gaugain

Un beau village au creux du vallon, bordé par le Tusson. Olivier Roussart, grand-père de Ronsard (c'est son père qui modifia le nom de la famille), était seigneur de la Chapelle. Il fit reconstruire le château et y habita. Son fils Loys, père de Pierre, fit élever l'église actuelle pour agrandir la chapelle du château. Quelques souvenirs évoquent la famille : un vitrail (XVIe siècle), classé et restauré, la clef de voûte de l'ancienne chapelle, aux armes des Roussart.

Pont-de-Braye

Au cœur du village, on verra l'église Saint-Julien (XVe siècle). Un peu plus loin, sur la route vers Poncé, on trouve à droite le château de la Flotte qui regarde fièrement le Loir dérouler ses anneaux. La présente construction a été restaurée au XIXe siècle, à partir des ruines d'un manoir de Jehan du Bellay.

Saint-Agil

Le château est un gracieux édifice Renaissance qui côtoie un manoir percheron primitif (XVe siècle). Tours en briques, chemin de ronde à mâchicoulis. On visite le château, dont certaines pièces conservent un mobilier d'époque et la glacière (XVe siècle).

Saint-Calais

C'est un ermite auvergnat du VIe siècle qui lui a donné son nom, et l'église manifeste, notamment avec sa façade Renaissance, sa construction du XVIe siècle (clocher du XVIIe siècle). Elle contient la châsse du saint. Jolie promenade sur les bords de l'Anille.

Sargé-sur-Braye

CHATEAU DES RADRETS © **02 54 72 73 10.** *Ouvert en avril et mai sur rendez-vous. Du 4 juin au 3 août, ouvert tous les jours sauf mardi de 14h à 20h, les 3 premiers week-ends de septembre, et du 1er avril au 3 juin sur rendez-vous. Entrée 4,50 €, gratuit jusqu'à 12 ans, 3 € pour les groupes à partir de 10 personnes.* Le château est bâti sur un quadrilatère de fossés et possède encore sur trois angles ses bastions d'origine (XVIe - XVIIe siècle). L'ensemble est relié par une passerelle à un manoir défensif du XVe siècle, dont on admire la grange dîmière. Il appartint à la petite fille du tragédien Racine.

Un joli village posé sur la rivière. On lui envie son église Saint-Cyr (XIe-XIIe siècle), avec son jacquemart et ses peintures murales du XIVe siècle. A voir aussi l'église Saint-Martin (XIe-XVe siècle). A proximité, voir aussi le château de Montmarin.

MARTINE ET CLAUDE ROUSSEAU La Vougrene © **02 54 72 78 24.** *Fax 02 54 72 75 96. 3 chambres à 38 €. Carte bancaire non acceptée.* Une maison récente avec jardin et piscine chauffée. Chambres très douillettes, au décor rustique. 4 VTT sont à la disposition des hôtes, et de nombreux chemins de randonnée sont accessibles depuis la ferme.

Savigny-sur-Braye

Sur les bords de la rivière, les pêcheurs jetteront leur fil, tandis que les promeneurs feront le tour du village, des vestiges, peu nombreux de l'ancienne forteresse (Xe-XIe siècle), et l'église Saint-Pierre (XIIe-XVIIe siècle).

CROSNIER HUGUETTE **Le Gros Chêne - Domaine de Villeaux © 02 54 23 71 49.** *Fax 02 54 23 71 49. Fermeture annuelle en janvier. 2 chambres à 40 € et 42 €. Chambre d'hôtes de bon confort (3 épis), avec terrasse, jardin avec barbecue et salon de jardin.* Les chambres regardent vers une jolie prairie. Petits déjeuners copieux, servis dans une salle rustique. Sur le même site, 3 gîtes autour de la ferme, pour une capacité totale de 32 personnes.

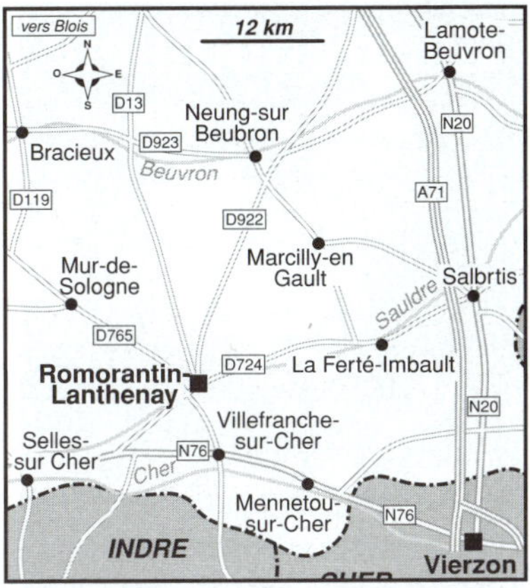

Souday

De l'église originelle du IXe siècle ne reste aujourd'hui que la crypte (remaniée au XIe). Mais s'y ajoute un chœur surélevé de 3 m, datant lui, du XVIe siècle. A voir également l'autel en bois doré ainsi que les vitraux du XVIe.

LA SOLOGNE

Lamotte-Beuvron

Points d'intérêt

Ce joli bourg est au cœur de maintes promenades solognotes, et possède sa propre forêt domaniale, qui s'étend jusqu'aux frontières du département, au nord-est, englobant la commune de Vouzon.

Promenades solognotes alentour : paysages sylvestres, charmants villages qui sentent les sous-bois et la chasse : Chaumon-sur-Tharonne, Vouzon, Chaon, Yvoy-le-Marron, Nouan-le-Fuzelier.

Stéphanie et Caroline Tatin, les deux princesses de la pâtisserie solognote, sont les deux sœurs qui mirent au point la célèbre tarte renversée aux pommes, que l'on attribue parfois, à tort, à d'autres régions. La foire à la Tatin a lieu au début du mois de septembre. Autres spécialités régionales : le miel et la porcelaine.

Le gîte et le couvert

HOTEL TATIN **5, avenue de Vierzon © 02 54 88 00 03.** *Fax 02 54 88 96 73. E-mail : hotel-tatin@wanadoo.fr. Hôtel deux étoiles et restaurant fermés le dimanche soir et le lundi. Congés annuels du 02/08/04 au 10/08/04. 14 chambres à 50 €, petit déjeuner à 9 €. Les chambres sont équipées de salle-de-bain, téléphone. Un parking privé est à disposition ainsi qu'un jardin ombragé. Le restaurant est ouvert de12h à 14h et de 19h30 à 21h. Menus à 25 €, 30 €, 38 € et à la carte, PMC : 35 €.* De type traditionnelle et gastronomique , la cuisine y est raffinée : terrine de caille au foie gras, pigeonneau du Vendômois au jus de truffes, ou encore le parfait à la cannelle au poivre de séchouan. A noter aussi que la tarte Tatin est née en ce lieu.

Emplettes

CHARCUTIER FRIZOT **54, avenue de l'Hôtel-de-Ville © 02 54 88 08 81.** *Fermé 3 semaines en février et 3 semaines après le 15 août.* Ici le sanglier est roi, et se décline en terrine, rillettes, saucissons, rillons et foie gras ne sont pas négligés.

▷ *Dans les environs*

Chaumont-sur-Tharonne

Porte de la Sologne, la commune s'étend sur 8 800 ha et ne compte pas moins de 63 km de chemins balisés à travers la forêt et entre les étangs solognots.

Voir l'église Saint-Etienne, classée, et la maison de l'Artisanat, qui expose notamment une tradition ancestrale en Sologne, la draperie, déjà réputée à l'époque gallo-romaine. Visiter ainsi l'atelier de la tisserande.

Louis Blériot habita Chaumont, au château de Bouchetault.

LA MAISON DE L'IMAGE 9 Place Robert Mottu ✆ 02 54 88 52 79. *Magasin familial (Famille Abescat) d'antiquités-brocante. Fermé le mardi et mercredi (possibilité d'ouverture sur rendez-vous) et le soir à 19h (19h30 le week-end).* Vente de meubles anciens de qualité, tableaux, bibelots insolites, expertises et successions. La maison projette également la vente de meubles exotiques.

LA GRENOUILLERE ✆ 02 54 88 50 71. Fax : 02 54 88 53 49. *Fermé le lundi et mardi. Service à 12h et 19h. Menu midi 21 € (sauf samedis, dimanches et jours fériés), menus 32 € et 42 € et sur réservation 49 €. PMC : 45 €.* Situé en pleine Sologne, ce restaurant à l'équipe jeune possède une belle terrasse d'été dans un jardin calme et une cheminée en hiver. La cuisine gastronomique vous fera découvrir son rôti de rougets croustillant piqué de saumon fumé, farci de lait caillé à la marjolaine poivrée et son fenouil à l'étouffée d'orange et badiane. Vous pourrez craquer aussi sur le croustillant de poires et de noix aux zestes d'oranges au miel, sorbet à l'orange cannelle et sa sauce caramel.

LA CROIX BLANCHE DE SOLOGNE 5, place de l'Eglise ✆ 02 54 88 55 12. *Fax 02 54 88 60 40. Fermé le mardi midi, mercredi midi et jeudi midi pour le restaurant. 18 chambres de 60 € à 105 €. Menus de 21 € à 70 €. Carte 50 €. Petit déjeuner 8 €.* Une maison réputée de longue date, où de nombreuses chefs (seules les femmes occupent les fourneaux depuis le XVIIIe siècle) ont enchanté les visiteurs de cet accueillant coin de Sologne. De jolies spécialités locales, avec les filets de carpe au gamay de Touraine, le lapin Albicoco (le cinéaste adapta Le Grand Meaulnes du solognot Alain Fournier), la mique, spécialité de rogons aux morilles. Belles chambres dans le style régional pour compléter un séjour authentique.

CenterParcs
Center Parcs, une pause détente en Sologne
CenterParcs
Du bon temps, toute l'année !
Au cœur d'une nature noble et sauvage, Le Domaine des Hauts de Bruyères est un point idéal pour découvrir les merveilles de la région.
Profitez du confort d'un cottage en pleine forêt, des plaisirs de l'eau turquoise de l'Aqua Mundo et d'une multitude d'activités : golf, tennis, tir à l'arc, équitation, remise en forme…
Vivez à votre rythme en famille ou entre amis !
Demandez vite la brochure, elle est gratuite !
0 825 802 804
(0,15 € TTC la minute)
www.centerparcs.fr
Center Parcs France SAS RCS Paris B 424 444 263 - Crédit photos : Center Parcs. PF 10/03

LA FARGE © **02 54 88 52 06.** *M. et Mme de Grangeneuve. 4 chambres de 60 € à 100 € pour 5. Carte bancaire non acceptée.* Une ancienne ferme solognote à colombages proche des châteaux de la Loire et du Cher. Jardin, piscine.

La Ferté-Beauharnais

Le beau village porte fièrement le nom de l'impératrice, dont le titre lui avait été donné par son premier mari, possesseur du fief. Le château est fort bien conservé, et s'entoure d'un joli parc.

Montrieux-en-Sologne

Le village possède un étang communal pour la détente, à quelques kilomètres du parc de Chambord.

Neung-sur-Beuvron

Un village typique aux nombreuses maisons solognotes, une situation de choix pour explorer la région. Deux rivières y coulent : le Beuvron bien sûr, mais aussi la Tharonne.

AUBERGE DE LA CROIX VERTE 1, rue du 8-Mai-1945 © **02 54 83 61 67.** *Fermeture annuelle 1re quinzaine d'octobre et 1re quinzaine de mars. Fermé le dimanche soir et jeudi. Menus de 11,50 € à 25,50 €, carte 15,50 €.* Au seuil de la Sologne, non loin de Chambord, une auberge accueillante, aux menus bien troussés sur les gibiers en saison, le sandre de Loire, le foie gras maison. Terrasse intérieure dans la cour.

Nouan-le-Fuzelier

LE DAHU 14, rue Henri-Chapron © **02 54 88 72 88.** *Fermeture annuelle du 2 janvier au 13 février. Fermé le mardi et mercredi. Menus de 21 € à 47 €.* Dans cette ferme centenaire, vous pourrez notamment goûter : chaud-froid de saumon aux baies roses et confiture d'oignons rouges, filet de bar aux asperges vertes et fond d'artichaut au beurre rouge, lièvre de Beauce cuit à l'étouffée et sauce au sang. Foie gras frais de canard maison à emporter (11 € les 100 g).

Souvigny-en-Sologne

Une très jolie place arborée, le buste de Labiche pour y veiller éternellement et une atmosphère de douceur qui fait de Souvigny l'un des rendez-vous incontournables du cœur solognot.

LA PERDRIX ROUGE **22, rue du Gâtinais © 02 54 88 41 05.** *Fax 02 54 88 05 56. Fermeture annuelle la première semaine de janvier du 20 février au 20 mars. Fermé le lundi et mardi. Menus de 30 € à 50 €. Carte 35 €.* Jean-Noël Beurienne aime travailler les poissons, qu'il réussit fort bien, les légumes de saison, les plats du marché. Pourtant cette jolie maison, au décor typique dans l'un des plus ravissants et pittoresques villages solognots, se prête magnifiquement à la dégustation du gibier. Vous en profiterez donc en saison, tandis que toute l'année, on applaudit la salade au foie gras chaud, le sandre au beurre blanc julienne de légumes, le pigeonneau à l'embeurrée de choux. Grande et belle cave, service de standing.

Saint-Viâtre

Un carrefour important au cœur même de la Sologne, avec sa Maison des Etangs et un petit musée rural qui parle bien de la région. Voir aussi l'église et son rare clocher "tors", un beau polyptique et une chaire sculptée, et le Chafaud, un édifice religieux destiné à recevoir la châsse contenant les reliques de saint Viâtre.

De nombreux chemins aux alentours pour découvrir la Sologne dans son élément, les arbres et l'eau, le gibier et les parfums d'humus. Un "Parcours des Etangs" permet de se guider à travers ce paradis écologique.

Vouzon

Un village agréable et bien tenu, propret, fleuri, bien arrangé. Pour se distraire, un étang communal pour la baignade des petits et des grands.

Yvoy- le-Marron

AUBERGE DU CHEVAL BLANC 1, place du cheval blanc © 02 54 94 00 00. Fax : 02 54 94 00 01. *Site : www.aubergeduchevalblanc.com. Hôtel trois étoiles. 15 chambres de 59 € à 85 €, petit déjeuner de 8 € à 10 €. Salle de bain, téléphone, TV, accès handicapés, chiens admis. Le restaurant est fermé le mardi et le mercredi midi. Service de 12h à 13h15 et de 19h à 21h. Menus à 26 € et 34 €, les midis, soirs et week-end. PMC : 35 €.* A 1h30 de Paris, au cœur de la Sologne, cette auberge typique de la région d'un point de vue architectural vous accueille chaleureusement à son bar ou autour de la cheminée. La cuisine traditionnelle du terroir vous sera servie, comme les spécialités du chef : la compotée de lapereau aux herbes ou le feuille à feuille de colvert. La cuisine fait également des plats à emporter.

La Ferté-Imbault

Si l'on traverse rapidement par l'axe Salbris-Romorantin, rien de bien curieux n'attire le regard et ne pousse à l'arrêt. Pourtant, la Ferté-Imbault possède un passé dense et important.

Edifiée à la fin du Xe siècle, sur un site occupé jadis par les Gaulois, par un seigneur du nom de Humbault le Tortu, la forteresse montra sa puissance jusqu'au début de la guerre de Cent Ans, puisqu'elle fut détruite l'année du désastre de Poitiers (1356). Un château fut à nouveau élevé qui, comme ailleurs, n'allait pas résister, pour sa part, aux guerres de Religion (destruction en 1562). Il fut reconstruit en 1627 par le marquis de la Ferté-Imbault, Jacques d'Etampes. De la forteresse de Humbault subsistent les fondations, les douves et la salle d'armes, et du premier château, la façade nord avec ses deux tours. La construction actuelle présente le pavillon central de l'édifice de 1627, les ailes ayant été rasées au XIXe siècle. Elle n'est malheureusement pas visitable.

Le coin le plus pittoresque du village est l'île Saint-Taurin, non loin du château en prenant la direction Saint-Viâtre. On y trouve la chapelle Saint-Taurin, classée, qui rappelle que la collégiale du même nom, à laquelle elle fut accotée par Jacques d'Etampes, connut un grand rayonnement du XIIe au XVIe siècle. Abandonnée par les moines, elle fut détruite en 1868, et on en conserva le porche qui fut placé à l'entrée de la chapelle, et qu'on peut aujourd'hui admirer, avec son mobilier et ses sculptures. Non loin de la chapelle, une belle maison solognote de briques et de pierre, appelée le Prieuré (parce qu'elle fut édifiée par un prieur de Saint-Taurin), et datant du XVIIe siècle.

Du château du maréchal d'Etampes subsistent le corps du bâtiment central, les pavillons d'angle et les écuries de la garnison.

Promenade en Sologne vers les étangs de Saint-Viâtre et de Marcilly-en-Gault. On compte environ 80 km de chemins communaux balisés autour de la Ferté.

Madeleine Vouillon naquit à la Ferté-Imbault. Ce nom ne vous dit rien ? Attendez, elle prit un pseudonyme, sans aller chercher très loin : elle choisit "Sologne". Madeleine Sologne, ah ! Cela va mieux. Cette grande comédienne fit une belle carrière, au théâtre comme au cinéma.

Autre célébrité, Mme Bordes, qui fit, dans les années 30, un fameux double mixte avec Jean Borotra.

Le couvert

A LA TETE DE LARD 13, place des Tilleuls ✆ 02 54 96 22 32. *Fax 02 54 96 06 22. Fermeture 5 janvier au 12 février. Fermé le dimanche soir, lundi et mardi midi sauf jours fériés. 11 chambres de 43 € à 72 €. Menus de 16 € à 46 €. Petit déjeuner 6,50 €.* Dans une auberge typiquement solognote, des chambres et des appartements (l'un d'eux est doté d'un bain jacuzzi) au très bon niveau de confort. Le restaurant, climatisé, vous donnera l'occasion de goûter des plats tels que terrine de poireaux aux cèpes, vrai magret de canard flambé aux myrtilles, filet de bar rôti sur sa peau au beurre de fenouil, crème brûlée au safran.

▷ Dans les environs

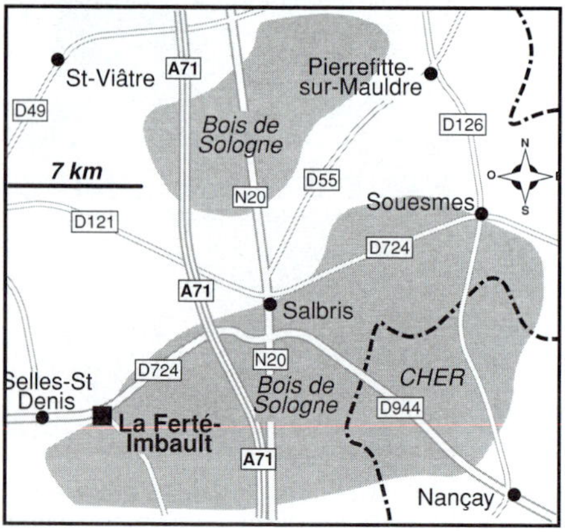

Pierrefitte-sur-Sauldre

Un site occupé au début de notre ère. Voir l'église Saint-Etienne, la fontaine, et découvrir au hasard des rues quelques vestiges du passé.

Salbris

Deuxième ville de Sologne après Romorantin, Salbris se veut la première pour la chasse. A voir pour son église Saint-Georges (XIIe-XVIIe siècle) et le château-golf de Rivaulde. Egalement un musée de l'Abeille et du Braconnage 02 54 97 29 28.

LES COPAINS D'ABORD 52, avenue d'Orléans ✆ 02 54 97 24 24. *Fermeture annuelle 15 premiers jours de janvier et 15 jours à la mi-août. Fermé le mardi et* *dimanche soir. Menus de 9,80 € à 21 €.* A la sortie de Salbris, un restaurant à l'atmosphère des bistrots des années 1900. Vous y goûterez rillettes de saumon frais et saumon fumé, lapin cocotte aux olives et au romarin, terrine de trois chocolats sur crème anglaise. Soirées musicales, chaque vendredi et samedi.

AU COIN DU FEU R.N.20 ✆ 02 54 97 37 00. Fax : 02 54 97 13 66. *Fermé le mercredi. Service de 12h à 14h et de 19h à 21h. Menu enfant à 7,50 €, Formule Terroir à 16,50 € et des formules rapides de 13 € à 18 €.* Le chef vous concoctera des plats traditionnels mais vous pouvez aussi vous laisser tenter par les spécialités de la maison : l'andouillette de Mennetou, la côte de bœuf charolaise ou le foie gras de canard maison mi-cuit. Les enfants ont leur espace et la présence d'un buffet ajoute de la convivialité et un esprit chaleureux, au coin du feu…

DOMAINE DE VALAUDRAN Rue Romorantin ✆ 02 54 97 20 00. *Fax 02 54 97 12 22. Fermeture annuelle du 1er au 8 mars. Le restaurant est fermé le dimanche soir en basse saison. 32 chambres de 69 € à 106 €. Menus de 30 €. Petit déjeuner 12 €.* C'est une gentilhommière du XIXe siècle, avec piscine extérieure chauffée et billard français, qui abrite ses chambres tout confort décorées dans un style anglais. Le chef sert un cuisine raffinée.

LE PARC 8, avenue d'Orléans ✆ 02 54 97 18 53. *Fax 02 54 97 24 34. Fermeture annuelle mi-décembre à début janvier. Fermé le dimanche soir et lundi de novembre à mars. 23 chambres de 42 € à 91 €. Menus de 23 € à 45,75 €. Carte 46 €. Petit déjeuner 7,20 €.* Une belle maison bourgeoise, chaudement décorée, très accueillante, avec ses chambres au confort classique, d'autres sont plus modernes, dans un parc de 800 m², aux portes de la Sologne. Jolie table actuelle, qui suit le marché et les tendances : crémeux de choux, escargots de Bourgogne, copeaux de tome de brebis, canard sauvageon chutney de pommes granit sauce aigretelle, gratin de mandarines, coulis de mûres.

LA SAULDRAIE 81, avenue d'Orléans ✆ 02 54 97 17 76. *Fax 02 54 97 29 67. Fermeture annuelle du 11 au 24 mars et du 14 au 23 septembre. Fermé le dimanche soir et le lundi en hiver, lundi midi l'été. 11 chambres de 43 € à 70 €. Menus de 20 € à 45 €. Carte 58 €. Petit déjeuner 8 €.* Au seuil de la Sologne, une maison de maître élégante, dans son parc de 4 ha. Chambres agréables au confort bourgeois, table dans l'esprit de la tradition, foie gras maison, gibiers bien préparés et chariot de desserts.

Romorantin

Fiche pratique

MAIRIE 18, faubourg Saint-Roch ✆ 02 54 94 41 00

OFFICE DE TOURISME 32, place de la Paix ✆ 02 54 76 43 89

Transports

BUS BLANC ARGENT Place de la Gare ✆ 02 54 76 02 72

GARE SNCF Boulevard Jean-Jaurès ✆ 02 54 76 06 51

TAXIS DEMADE 113, route Loreux ✆ 02 54 76 17 49

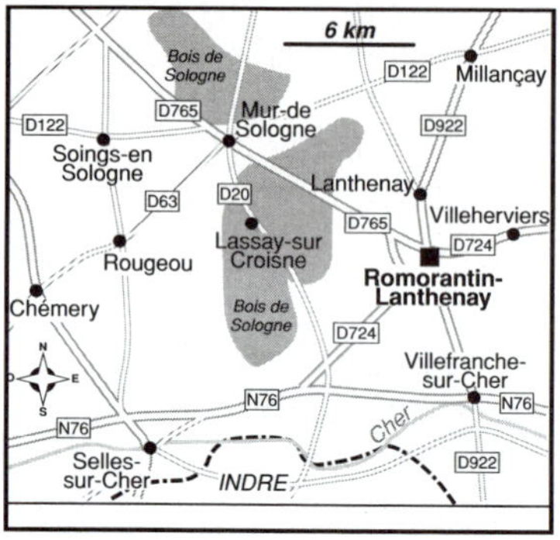

Points d'intérêt

Capitale de la Sologne, sur la Sauldre, elle fut la résidence de Louise de Savoie, mère de François d'Angoulême, futur François Ier. La première femme du vainqueur de Marignan, Claude de France, fille d'Anne de Bretagne et de Louis XII, est née en 1499 dans l'ancien château qui abrite aujourd'hui la sous-préfecture. Parmi les événements historiques figure d'ailleurs un accident survenu au futur François Ier, blessé à la mâchoire par un tison brûlant lancé par le capitaine Montgomery. La visite, c'est d'abord la promenade qu'on entreprend autour du plan d'eau, en entrant dans le parc Fernand-Buisson. Un grand tour qui vous emmène dans le vieux Romorantin, repaire de tranquillité où les pas résonnent sur les pavés.

Pour la dimension culturelle, les vestiges des fortifications, la porte Braud, par exemple, les maisons du Moyen Age, les églises Saint-Etienne et Saint-Aignan. Visites guidées et thématiques : se renseigner auprès de l'office de tourisme.

Les Journées gastronomiques de Sologne ont lieu à Romorantin le dernier week-end d'octobre.

ESPACE MATRA AUTOMOBILE 17, rue des Capucins © 02 54 94 55 55. *Fax 02 54 94 55 56. Ouvert tous les jours de 9h à 12h et de 14h à 18h. Fermé le mardi. Le week-end de 10h à 12h et de 14h à 18h. Entrée 4,57 €, réduit 3,05 €, billet commun avec le musée de Sologne : 7,62 €, 4,57 €.* Ce musée présente une importante collection de véhicules Matra, marque mythique qui remporta le titre "constructeurs" de Formule 1 en 1969 et trois fois les 24 Heures du Mans, en 1972, 73 et 74.

MUSEE MARCEL-DE-MARCHEVILLE Rue de la Résistance © 02 54 76 22 06. *Ouvert du 15 mai au 30 septembre tous les jours sauf jeudi et dimanche, du 1er janvier au 14 mai et du 1er octobre au 31 décembre sur rendez-vous. Plein tarif 2 €.* Ce musée archéologique est consacré à la préhistoire, à l'antiquité gallo-romaine mais également aux monnaies, aux serrures médiévales, aux seaux de justice. Egalement, des roches et des minéraux.

MUSEE DE SOLOGNE Moulin du Chapitre © 02 54 95 33 66. *Fax 02 54 95 33 60. Ouvert tous les jours sauf le mardi : du 1er juin au 31 août, de 10h à 18h, du 1er septembre au 31 mai, de 10h à 12h et de 14h à 18h, dimanche et jours fériés de 14h à 18h. Fermé le 1er et 25 décembre, 1er mai. Entrée 4,50 €, billet jumelé avec l'Espace Matra 7,62 €, réduit 4,57 €.* Une plongée dans l'histoire méconnue de la Sologne. Le musée est en fait triple puisqu'il est composé de trois bâtiments différents. On accède tout d'abord au moulin du chapitre qui présente les paysages de la Sologne, son histoire, sa société traditionnelle, l'évolution de son économie à travers les âges, et les différents types de chasse pratiqués par la population. Après avoir traversé la rivière par l'intermédiaire d'une charmante passerelle, on pénètre dans le moulin de la ville où l'on découvre les différentes manufactures de Romorantin. Enfin, l'on termine par la visite du plus ancien bâtiment de la ville, la tour Jacquemart où se déroulent les expositions temporaires.

Le couvert

LE COLOMBIER 18, place du Vieux-Marché. *Fermé de la mi-février à la mi-mars. Menus de 16,77 € à 28 €. Carte 45 € à 50 €.* En centre-ville, un restaurant qui propose une cuisine régionale intéressante et bien contrôlée. Cave bien pensée, notamment pour les vins de Loire.

Le gîte

CAMPING MUNICIPAL TOURNEFEUILLE 32, rue des Lices © 02 54 76 16 60. *Fax 02 54 76 00 34/02 54 76 54 90. Ouvert des Rameaux au 30 septembre.* Le long de la Sauldre et à proximité du centre-ville, un camping calme, en partie ombragé, qui vous permettra de profiter des activités nautiques, la piscine, ouverte en juillet et août, n'étant pas loin non plus.

Le gîte et le couvert

LE LION D'OR 69, rue Georges-Clemenceau © 02 54 94 15 15. *Fax 02 54 88 24 87.* *Voir à la rubrique Grandes Tables de l'Invitation au voyage page 86.*

▷ Dans les environs

Chaon

MAISON DU BRACONNAGE Rue de Vouzon ✆ 02 54 88 68 68/02 54 88 46 36 (Mairie). *Fax 02 54 88 14 44. Ouvert du 1er avril au 11 novembre mercredi, samedi, dimanche et jours fériés de 14h à 18h, du 15 juin au 15 septembre tous les jours sauf mardi de 14h à 18h. Tarif 4 €, enfants 2,50 €.* Un musée unique en Europe, consacré à la chasse clandestine, typique de la Sologne.

GITE ROLLET 18, place de la mairie ✆ 02 54 88 09 75. *Gîte deux étoiles. Madame Rollet vous accueille de 9h à 20h. Location pour 6 personnes : 200 €/week-end et 300 €/semaine. A 40km au sud d'Orléans, sortie d'autoroute A10 à 15km à Lamotte-Beuvron sur la RN 20.* Au centre d'un village solognot, cette maison à colombages dispose d'un grand séjour avec cheminée, coin cuisine et canapé convertible et d'un étage comptant trois lits d'une personne et une chambre de deux lits (un grand et un petit). Aux beaux jours, vous pourrez profiter aussi d'une petite cour extérieure avec salon de jardin et barbecue.

Chémery

CHATEAU DE CHEMERY ✆ 02 54 71 82 77. *Fax 02 54 71 71 34. Ouvert toute l'année, de 11h à 18h ou 19h, et en janvier/février sur rendez-vous. Visites libres, guidées, thématiques, animées et nocturnes sur rendez-vous (30 min). Plein tarif 5 €. Gratuit pour les moins de 7 ans. Possibilité de visite couplée avec la tour Beauvoir à Blois : 6,75 €.* Un joli château, dont les parties les plus anciennes, du Moyen Age, côtoient un corps Renaissance et des bâtiments de ferme. Entouré de ses douves, il est séparé de son colombier par la route. Assez bien préservé et aménagé, on y vend aujourd'hui, sur le domaine des produits locaux. On y trouve également un musée du Costume (180 gravures).

CHATEAU DE CHEMERY ✆ 02 54 71 82 77. *5 chambres d'hôtes pour vivre la vie de château, de 54 € à 68 €, petit déjeuner compris.* Un dîner, qui décline les spécialités locales, peut être servi sur demande.

FERME DE LA FAUBONNIERE ✆ 02 54 71 81 77. *Fax 02 54 71 71 42. La boutique est ouverte tous les jours sauf le mercredi et le dimanche de 9h30 à 12h30 et de 14h30 à 18h.* On y trouve toute la gamme des produits issus du canard : foie gras, rillettes, confits, cassoulet. Il est possible de visiter l'élevage sur rendez-vous.

Lanthenay

LE LANTHENAY 9, rue de Notre-Dame-du-Lieu ✆ 02 54 76 09 19. *Fax 02 54 76 72 91. Fermé le dimanche et le lundi. 10 chambres de 42 € à 50 €. Petit déjeuner 6,50 €. Menus de 21 € à 50 €. Carte 45 €.* A la périphérie de la ville, sortie nord, Le Lanthenay est une excellente adresse et déploie une cuisine de fort bonne tenue jouant principalement sur le répertoire classique : gibier en saison, produits de la région selon les saisons. On y trouvera le saumon mariné au poivre vert, la salade folle de légumes. Salle-véranda très agréable.

Lassay-sur-Croisne

CHATEAU DU MOULIN ✆ 02 54 83 83 51. *Ouvert d'avril à septembre, tous les jours sauf le mercredi de 10h à 12h30 et de 14h à 18h30. Plein tarif 6,50 €, tarif enfants 4 €.* On y accède après des passages répétés sur de sévères ralentisseurs. Il est fort beau, et dans un cadre naturel idyllique. Il fut édifié durant l'année colombienne, 1492, et a donc aussi fêté ses 500 ans en 1992. Seuls le donjon et les deux tours d'entrée auront eu droit à cet anniversaire, le reste des bâtiments étant postérieur. Le salon est remarquable par son plafond peint. Il doit son nom, non pas à la présence d'un moulin, mais à celui de son bâtisseur, Philippe du Moulin, conseiller de Charles VIII. François Ier et Léonard de Vinci y ont séjourné.

Voir également le jardin potager, redessiné au début du siècle, qui offre un intéressant exemple de l'environnement classique d'un château.

Saint-Viâtre

MAISON DES ETANGS Rue de la poste ✆ 02 54 88 23 00/02 54 88 93 20. *Fax (mairie) 02 54 88 58 80.* Les 2 800 étangs de Sologne ont leur vitrine dans cette demeure, où sont expliqués les maints aspects de cet écosystème très riche : histoire, entretien, implications économiques. C'est également le point de départ de circuits pédestres pour ceux qui désirent en juger sur nature.

Villefranche-sur-Cher

Quelques maisons du Moyen Age, un château (XIVe siècle) à voir de l'extérieur, et une église dont les parties les plus anciennes sont du XIIe siècle.

Villeherviers

Une église à voir, mais le centre d'intérêt principal est, depuis sa création en 1993, l'aquarium de Sologne.

ALIOTIS, L'AQUARIUM DE SOLOGNE ✆ **02 54 95 26 31.** *Fax 02 54 95 26 20. Ouvert en novembre, décembre, janvier et jusqu'aux vacances de février, mercredi, dimanche, et tous les jours pendant les vacances scolaires et les jours fériés, de 13h30 à 17h30. A partir du début des vacances de février et jusqu'au début des vacances de Pâques tous les jours de 13h30 à 17h30, du 10 avril au 30 juin et du 1er au 30 septembre de 10h à 18h, du 1er juillet au 31 août, de 10h30 à 19h30. Tarifs haute saison, adulte 10 €, enfant (3-14 ans) 7 €, basse-saison, adulte 9 €, enfant 6,20 €. En juillet et août, le parc est en accès gratuit de 12h à 19h.* Un équipement moderne, une architecture intelligente pour découvrir le monde aquatique. Une centaine d'aquariums, de 5 l à 600 000 l, une approche pédagogique, l'observation au microscope et de nombreuses raretés, comme le poisson tigre du Congo et sa mâchoire d'acier, ou un requin tigre naturalisé de 4 m. Tous les après-midi, nourrissage public des requins, des tortues de mer, des pieuvres et des murènes… Pour fêter les dix ans d'ouverture d'Aliotis, la visite est offerte pendant toute l'année 2004 aux enfants nées en 1994 (hors groupes).

PARC DE LOISIRS PRES D'ALIOTIS ✆ **02 54 32 05 21.** Divers jeux : animaux miniatures sur l'île aux enfants, chasse aux trésors, pédalo enfants, 3 courts de tennis, sorties accompagnées. Et pour les plus grands, bar-restaurant ouvert de mai à septembre. L'entrée du parc est gratuite, les activités payantes, environ 2 €.

LA VALLEE DU CHER

Bourré

Dans les galeries creusées pour extraire la pierre se sont installées au fil des âges des habitations troglodytiques et des champignonnières. Installé dans une belle maison ancienne, un musée évoque le champignon et la vigne.

CAVE DES ROCHES 40, route des Roches ✆ **02 54 32 95 33.** *Fax 02 54 32 42 99. Ouvert du 15 mars au 15 novembre, visites guidées à 10h, 11h, 14h, 15h, 16h, 17h, pendant les vacances de février : visite à 15h. Tarif plein pour 1 site 5,50 €, réduit 3,60 €, pour les 2 : 9,50 €.* Dans cette carrière de tuffeau, deux sites méritent la visite : la ville souterraine (80 km sur 7 étages, mais on ne visite pas tout !) ou la champignonière : l'univers facinant de la culture des champignons à 50 m sous terre, des champignons de Paris, pieds bleus, shii-také venus du Japon.

MAGNANERIE 4, chemin de la Croix-Bardin ✆ **02 54 32 63 91.** *Visites guidées du 10 avril au 31 août tous les jours sauf mardi, à 11h, 15h, 16h et 17h, du 1er septembre au 1er novembre à 15h, 16h et 17h. Tarifs 5,50 €, enfant 3 €.* Cette belle magnanerie du XVIIe siècle abrite, sur trois niveaux, un élevage de vers à soie et une maison paysanne troglodytique.

L'histoire du tuffeau

La pierre de tuffeau, que l'on appelle également la pierre de Bourré, servit, entre autres, à la construction de certains des châteaux de la Loire. Mais elle était déjà utilisée à l'époque romaine. La carrière de tuffeau permet de découvrir l'histoire de la pierre, des techniques d'extraction, et des métiers qui en découlent, le tout dans un cadre exceptionnel puisque cela se déroule au cœur de véritables galeries souterraines.

Châteauvieux

Voir l'église Saint-Hilaire du XIIIe siècle. De style gothique, elle comprend trois travées. Voir les sculptures décorant les clefs de voûte. Plus technique, ne pas manquer, sur le site Moulin Forêt (ancien moulin à tan) le balancier hydraulique, pratiquement unique, qui servait à puiser l'eau d'un puits pour la monter au château. Il a fonctionné pendant un siècle et est actuellement en cours de restauration.

CONSERVATOIRE DE LA VIGNE 1, rue des Déportés-du-2-mai-1944 ✆ **02 54 75 21 06.** *Fax 02 54 75 46 26. Ouvert toute l'année. Visites libres et visites guidées sur*

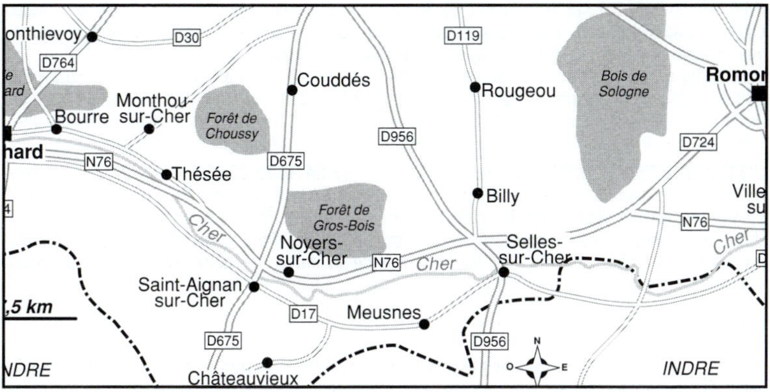

demande. Gratuit. Ce conservatoire, récemment labélisé "patrimoine rural", présente 52 cépages de la région, anciens et récents. Une loge de vigne complète le dispositif.

LA POUARDERIE © **02 54 75 32 23.** *Fax 02 54 75 06 53. M. et Mme Yves et Marie-Rose Venisse. 3 chambres à 42 €. Carte bancaire non acceptée. Ici, on parle anglais.* Au milieu des vignes, dans une maison de pays, des chambres spacieuses et confortables dont une accessible aux personnes à mobilité réduite. Décoration campagnarde et mobilier de pays. Coin cuisine et repas à disposition l'été dans une ancienne écurie restaurée. Petit déjeuner copieux comprenant confiture de vin, pâtisseries et confitures maison. Ici, on parle anglais. A 1 km, vous trouverez le zoo de Beauval.

Châtres-sur-Cher

BASE DE L'UNION SPORTIVE ET CULTURELLE DE CHATRES, LANGON, MENNETOU © **02 54 98 07 37 (juillet et août)/02 54 98 03 66 (hors saison).** *Fax 02 54 98 09 57.* Location de canoës-kayaks, planches à voile, dériveurs, pédalos, caravelles, optimists pour cette école de voile qui propose des promenades sur le Cher en canoë (14 km).

Chissay-en-Touraine

CHATEAU DE LA MENAUDIERE* BP 15** © **02 54 71 23 45** *Fax : 02 54 71 34 58. Site : www.chateaumenaudiere.com. 27 chambres de 96 € à 119 € selon la saison. Appartements de 119 € à 265 €. Petit déjeuner à 12 € ou 18 €. Possibilité de demi-pension. Hébergement Bed and Breakfast à partir de 62 Ê en basse saison et 70 € en haute saison. Menu à 23 € (au déjeuner hors week-end et jours fériés), Menu Gourmet à 38 €, Menu Dégustation à 43 € et 53 € et également un Menu enfant à 9,50 €. Bar avec terrasse, petit salon de détente, piscine extérieure chauffée, court de tennis, parc VTT, salle de séminaire et hélisurface.* Riche de son passé historique, le Château de la Menaudière vous accueille dans son parc au décor Renaissance. Cette demeure du XVIe siècle abrite une des tables les plus réputée du Val de Loire. Le chef vous proposera une carte variée où les produits du terroir sont cuisinés avec raffinement. Laissez vous tenter par le tournedos de rascasse grillée au basilic et tomates confites, à la symphonie d'agrumes en gelée au parfum menthe ou à l'escalope de loup de mer aux artichauts barigoule. Pour les sportifs, le Château suggère un forfait " Le Bon Swing " en partenariat avec le Golf du Château de cheverny ou le forfait " Golf à la carte " en accord avec le golf du Château de Cheverny, le Golf des Bordes et le Golf du Prieuré de Ganay. Pour vos activités de plein air, essayez le vol en hélicoptère ou celui en montgolfière. De nombreuses autres activités sont à pratiquer au sein du domaine. La direction se fera un plaisir de vous conseiller à ce sujet.

DISTILLERIE FRAISE D'OR 62, route de Tours ✆ 02 54 32 32 05. *Fax 02 54 32 76 26. Visite du mardi au dimanche de Pâques à septembre, de 15h à 18h. Tarif adulte 4 €.* Entre Chenonceaux et Montrichard, la visite de cette distillerie vous permettra de mieux connaître les différents produits maison : les liqueurs de fraise, cassis, mûre, framboise, rose rouge, ambacia, mandarine, menthe, noisette, les eaux de vie de prune et de poire, le marc et le coktail Chenonceau.

Contres

HOTEL DE FRANCE - RESTAURANT LES ROIS DE FRANCE 37-39, rue P.-H.-Mauger ✆ 02 54 79 50 14. *Fax 02 54 79 02 95. Fermeture du 19 janvier au 1er mars. 35 chambres et suites, de 65 € à 77 € hors saison pour 2 personnes, du 15 juin au 15 septembre, en demi-pension uniquement : de 63 € à 99 € par personne. Menus de 17 € à 44 €. Petit déjeuner 8,50 €. Parking et garage fermé payant.* De très belles prestations hôtelières, vastes chambres, piscine, tennis, pour ce bel établissement. Cuisine gastronomique au diapason et à prix bien ajustés. Les chiens sont acceptés : 8 €.

LA RABOUILLERE Chemin de Marçon ✆ 02 54 79 05 14. *Fax 02 54 79 59 39. 4 chambres de 58 € à 90 €.* A 6 km de Cheverny, une maison à colombages faite de briques et de bois. Les chambres sont confortables, décorées dans un style anglais, et donnant sur le parc. 1 suite et 1 appartement (130 € pour 4 personnes) sont également disponibles. Grand salon réservé aux hôtes. Blois et Chambord se trouvent à 20 km.

LA CHARMOISE Lieu-dit La Charmoise - SASSAY ✆ 02 54 79 55 15. *Fax 02 54 79 55 15. M. et Mme Foinard. 2 chambres de 22 € à 25 €. Petit déjeuner 3 €.* Une maison dans le plus pur style de la campagne solognote, située au cœur des châteaux de la Loire. Les amoureux de la nature seront comblés par la proximité de nombreux circuits de randonnée pédestre et vélo.

Fontaines-en-Sologne

AU GRE DES VENTS La Boulaie ✆ 02 54 46 42 40/06 81 58 10 09. *Fax 02 54 46 09 56. Tous les jours, du 12 janvier au 15 décembre, en fonction des conditions météo.* Vols en montgolfières à l'aube ou au crépuscule, au départ de différents châteaux. Champagne et diplôme à l'arrivée. Tarifs, 190 €, enfants 145 €.

Gièvres

AERO-CLUB DE SOLOGNE ✆ 02 54 96 35 07. *Fax 02 54 96 58 01.* Vols moteur et à voile, d'initiation ou de découverte. ULM au départ de l'aérodrome de Romorantin-Pruniers. Heure de vol en avion/ULM de 50,40 € à 126,30 €, heure de vol, en vol à voile : de 8 € à 38 €.

TEXAS EN SOLOGNE Domaine de la vallée du Cher - LA PECHERIE ✆ 02 54 98 65 49/06 32 15 47 06. *Fax 02 54 98 69 73. Ouvert toute l'année.* Un ranch texan en plein cœur de la Sologne où les animations ne manquent pas : balades et randonnées accompagnées vers les châteaux (à cheval ou en calèche), cours et stages pour débutants ou confirmés en équitation western. Sur demande, cours de line dance, soirées country. Dépaysement assuré.

Mennetou-sur-Cher

Jolie cité médiévale, ceinte de remparts du XIIIe siècles, au bord de la rivière : parmi les pierres du passé, une belle porte (XIIIe siècle), des hôtels particuliers, des maisons anciennes dans la Grande Rue, l'église Saint-Urbain (XIIIe-XVIe siècle). De nombreux artisans lui donnent encore davantage un caractère authentique. A proximité, à Châtres, le musée "des Deux Conflits" a été aménagé dans un bâtiment du XVIIe siècle.

Visite guidée de la ville médiévale sur rendez-vous 02 54 98 00 22/02 54 98 01 19. *Fax 02 54 98 12 29.* Pour un groupe constitué d'au moins 8 personnes, il est possible d'assister à une visite de la ville, et c'est gratuit. Visite animée et nocturne en juin, juillet et août sur rendez-vous : 5 €.

Meusnes

Voir l'église romane, et faire connaissance avec le silex de la vallée du Cher, dont la qualité reconnue a longtemps valu à la région, et à Meusnes en particulier, la primauté dans la fabrication des pierres à fusil. Aujourd'hui, c'est davantage sur la vigne que l'effet est recherché, les terres siliceuses apportant au sauvignon ces notes acidulées et métalliques appréciées des connaisseurs.

MUSEE DE LA PIERRE A FUSIL Place Marguerite-Jourdain © 02 54 71 00 57. *Fax 02 54 71 77 66. Ouvert toute l'année de 9h à 12h, sauf jours fériés. Plein tarif 1 €, gratuit pour les moins de 10 ans.* Le village fournissait autrefois plus de 25 millions de pierres à fusil chaque année aux armées napoléoniennes. Ce musée rappelle, projection vidéo à l'appui, le triste destin de ces caillouteurs.

Montrichard

Une belle petite ville sur le Cher, aux nombreux témoignages du passé : un château au fier donjon (XIe siècle), de nombreuses maisons anciennes (voir la maison du Passeur, sur la rivière), et un musée qui raconte l'histoire locale.

BATEAU PROMENADE "LEONARD DE VINCI" © 02 54 75 41 53. *Fax 02 54 75 35 54. D'avril à octobre, les samedis, dimanches et jours fériés, à 15h et 17h, en juillet et en août, tous les jours à 15h et 17h. Tarifs 9 €, enfants de 3 à 12 ans 5,50 €.* Embarcadère face à la plage. La balade d'une durée de 1h30 vous propose de découvrir les charmes de la vallée du Cher, des habitations troglodytiques au château des tourelles, en passant par le barrage à aiguilles et son écluse.

LES TUFFEAUX Place Barthélémy-Gilbert © 02 54 32 68 13. *Une brasserie-restaurant à la décoration chaleureuse, avec nappes écossaises et formules appétissantes : formules du marché à 12 € et 15,50 € et un menu plaisir à 23 €.* Grand choix de salades, tartines, poissons et viandes grillées, sans omettre les fruits de mer. L'adresse est vivante dans la salle comme en cuisine : sur l'ardoise, la suggestion du chef, qui change deux fois par semaine, annonce trois entrées, trois plats et trois desserts.

CAVES MONMOUSSEAU ET MUSEE DES CONFRERIES EUROPEENNES 71, route de Vierzon © 02 54 32 35 15. *Ouvert tous les jours, de 10h à 18h, du 16 novembre au 31 mars de 10h à 12h et de 14h à 17h. Tarif 2,74 €.* Pour ceux qui souhaitent découvrir les méthodes de fabrication des mousseux de Touraine, la société Monmousseau propose de visiter ses caves à vins, nichées au cœur de galeries souterraines, sans doute les plus grandes caves aménagées de Touraine. Vente de vins et dégustations figurent au programme. L'accueil est tout particulièrement soigné. Les personnes à mobilité réduite peuvent accéder à la boutique et, partiellement, à la visite des caves.

Noyers-sur-Cher

L'origine du nom de la commune est une raillerie des Saint-Aignanais, qui appelaient les "noyés" les malheureux habitants de ce faubourg, toujours menacés par les crues du Cher avant la construction du canal du Berry, qui forma une digue entre le Cher et le village.

Paul Boncourt, qui fut président de la Société des Nations, naquit à Noyers. En juillet 1944, le territoire de la commune fut le théâtre de l'attaque d'un train de munitions allemand, qui fut entièrement détruit par les Alliés. Voir l'église (XIIe siècle), la chapelle Saint-Lazare, le moulin à vent. Un circuit pédestre part de l'église, passe sur les bords du canal des Mariniers, avant de rejoindre le château des Guernettes, sur le Champ du Bois, avec un beau panorama sur Noyers et Saint-Aignan. Renseignement au syndicat d'initiative 02 54 75 57 01.

Promenade sur les bords du Cher et dans la forêt de Gros Bois, avec de jolis coins pour pique-niquer (à la croix de Méhers, par exemple).

LE MANOIR DES GRANDES VIGNES 16-18, rue du Général-De-Gaulle © 02 54 75 40 77. *Fax 02 54 75 40 77. Fermeture annuelle du 15 novembre au 15 mars. 7 chambres de 45 € à 70 €. Menus de 11 € à 38 €. Petit déjeuner 7 €.* Le lieu respire le calme et la douceur de vivre. La cuisine est régionale, dans la recherche constante de l'accord mets et vins. Au cœur des châteaux de la Loire et à proximité du Cher, la maison est entourée d'un parc d'un hectare et demi, qui servit autrefois à la culture des vignes. Piscine privée, décollage de montgolfière et d'hélicoptère depuis le manoir, promenade en calèche à la journée ou demi-journée.

Floraine Ravard

Le barrage à aiguilles à Montrichard

Vue de la ville de Montrichard depuis le donjon

Oisly

LE SAINT-VINCENT Le Bourg © 02 54 79 50 04. *Fax 02 54 79 50 04. Fermeture annuelle du 20 décembre au 15 janvier. Fermé mardi et mercredi, et lundi soir de la mi-novembre à Pâques. Menus de 22 € à 48 €. Carte 50 €.* Dans un fief vigneron, une table sympathique où un chef exprime un talent très sûr, avec des menus bien équilibrés, bien dosés. Car le patron aime les contrées lointaines et le voyage est dans l'assiette : sous-presse de lapin poché aux pruneaux chutney de betteraves rouges, colombo de joues de porc au gingembre, céréales aux herbes, vacherin glacé aux fruits rouges parfum de violette et coulis de fraises au basilic dans l'excellent menu à 28 €.

Pontlevoy

Voir l'abbaye bénédictine (XVe-XVIIIe siècle), fondée au XIe siècle. Elle a été très bien restaurée, et son corps principal, qui date de 1701, est impressionnant, avec ses 80 m de long, devant un jardin à la française. Dans les lieux, bel escalier monumental, et mobilier intéressant.

On y a aménagé le musée municipal, auquel on accède par un escalier (XVIIIe siècle). On y découvre tout d'abord une collection d'images publicitaires sur le thème du chocolat. A l'étage suivant, on s'envole avec des documents et des maquettes sur les débuts de l'aviation. On complète avec des photographies anciennes retraçant la vie locale dans la première partie du siècle.

Enfin, à l'extérieur, dans l'ancien manège, un musée du Poids lourd, avec une vingtaine de mastodontes du début au milieu du siècle.

GALLOUX JOSIANE Les Bordes - Route de Chaumont © 02 54 32 51 08. *Fax 02 54 32 64 43. Fermeture annuelle du 15 novembre au 1er mars. 6 chambres de 37 € à 57 €. Carte bancaire non acceptée.* A la Ferme des Bordes, les chambres d'hôtes sont situées dans une ancienne écurie rénovée, à côté de la maison d'habitation. Les hôtes peuvent profiter d'un vaste parc, qui leur est réservé, jouxtant la propriété. Les chambres sont joliment décorées de meubles rustiques. Châteaux de la Loire à proximité. Les chiens ne sont pas les bienvenus !

Saint-Aignan-sur-Cher

COLLEGIALE Office du tourisme © 02 54 75 22 85/02 54 71 22 22. *Ouvert toute l'année, de 9h à 18h, sauf pendant les offices. Visite audioguidée de l'église supérieure et de la crypte gratuite.* Cet édifice roman du XIIe siècle est d'un parfait équilibre : transept, chœur, remarquables chapiteaux, et crypte du XIe siècle aux belles peintures murales. Du clocher, vue panoramique sur le village et la région.

L'arrivée, par la rive gauche du Cher, en venant de Saint-Romain, permet de découvrir la ville dans toute sa beauté, avec ce château et ces vieilles maisons que l'on aperçoit déjà. Mais c'est à l'intérieur, en arpentant ses ruelles médiévales, que l'on appréhende davantage les charmes secrets d'une cité qui vit en communion avec l'histoire de ses murs épais et de ses bruits de carrosses disparus, dans la sérénité préservée des bords de Cher.

A voir également le château (non visitable) du XVIe siècle.

Il faut s'enfoncer dans les rues, mais aussi ne pas hésiter à gravir quelques escaliers pour trouver, au hasard du point de vue, ces magnifiques vieilles demeures en briques à pans de bois, comme celle qui abrita une ancienne fabrique de meubles, rue Ragot. Suivre la rue Rouget-de-Lisle, la rue Parmentier et sa belle maison à colombages, au coin, et la rue Championnerie.

GRAND HOTEL SAINT-AIGNAN 7 et 9, quai J.-J.-Dellorme ✆ 02 54 75 18 04. *Fax 02 54 75 12 59. Fermeture annuelle du 16 février au 8 mars et 2e quinzaine de novembre. Fermé le dimanche soir, lundi et mardi midi de novembre à fin mars. 20 chambres de 24 € à 59 €. Menus de 15 € à 34 €. Petit déjeuner 7,50 €.* Très belle demeure du XIXe siècle dont le cadre ne laisse, en général, pas indifférent : vue sur le Cher et l'île-plage, sur le château et la collégiale de Saint-Aignan. Les chambres possèdent le charme rustique des belles demeures bourgeoises de cette époque-là. Le salon, de la même veine, vous accueille autour d'un saumon fumé maison aux rouelles d'oignon, de rognons de veau braisés aux cèpes ou d'un craquant praliné sauce caramel.

BASE NAUTIQUE DES COUFLONS ✆ 02 54 75 44 90. *Fax 02 54 75 46 13. Ouvert tous les jours de juin à septembre de 9h à 20h.* 3 sites pour une même base : Noyers, Saint-Aignan et Seigy, à proximité du camping des Cochards et de nombreuses offres : initiation et perfectionnement sur optimistes, dériveurs, catamarans, canoës-kayaks en eaux calmes et en eaux vives. Sont également proposés des stages sportifs et des randonnées en bivouacs sur le Cher et la Sauldre.

ZOO PARC DE BEAUVAL ✆ 02 54 75 50 00. *Fax 02 54 75 50 01. Ouvert tous les jours, toute l'année, de mi-mars au 31 octobre de 9h à la tombée de la nuit, du 1er novembre) mi-mars de 10h à la tombée de la nuit. Tarif 14 €, pour les 3 ans à 10 ans 9 €.* Plus de 3 900 animaux sont hébergés dans un parc exceptionnellement fleuri et ombragé. Apprécié pour ses animaux rares, Beauval l'est également pour ses quatres serres tropicales, sa savane africaine, ses spectacles de rapaces en vol et d'otaries. Depuis 2003, un espace de 5 ha accueille 5 éléphants d'Afrique.

SYNDICAT DU CHER CANALISE Maison du tourisme ✆ 02 54 75 08 51. *La période de navigation va approximativement de mai à septembre. De 90 € à 135 € la journée.* Offrez-vous un séjour promenade au fil de l'eau : un autre regard, au rythme d'une navigation tranquille à bord d'un coche d'eau, bâteau habitable de 4 ou 6 couchettes. Pas de permis et deux cours d'eau : le canal du Berry et le Cher canalisé.

Selles-sur-Cher

C'est le coin des fromages de chèvre réputés dans toute la France. Si vous venez de Romorantin, passez d'abord à Billy, pour les fameux "petits Billy", avant de parvenir à Selles et son fameux "Cendré", en passant la Sauldre, puis le Cher en arrivant.

Avant de se régaler, on en profitera pour voir les deux châteaux du XVIIe siècle réunis par un mur d'arcades, réalisés par le frère de Sully. Celui-ci fit aménager, au milieu des vestiges de la forteresse du XIIIe siècle qui servit de site aux châteaux, un pavillon dans le style de la Renaissance italienne du plus bel effet. Intérieur intéressant, avec notamment une cheminée monumentale, une collection d'armes et d'équipements, la chambre de la reine.

Voir aussi le musée de la vallée du Cher.

En escapade dans l'Indre toute proche, pousser jusqu'à Chabris, autre centre névralgique du fromage de chèvre.

Loiret

OT MEUNG-SUR-LOIRE

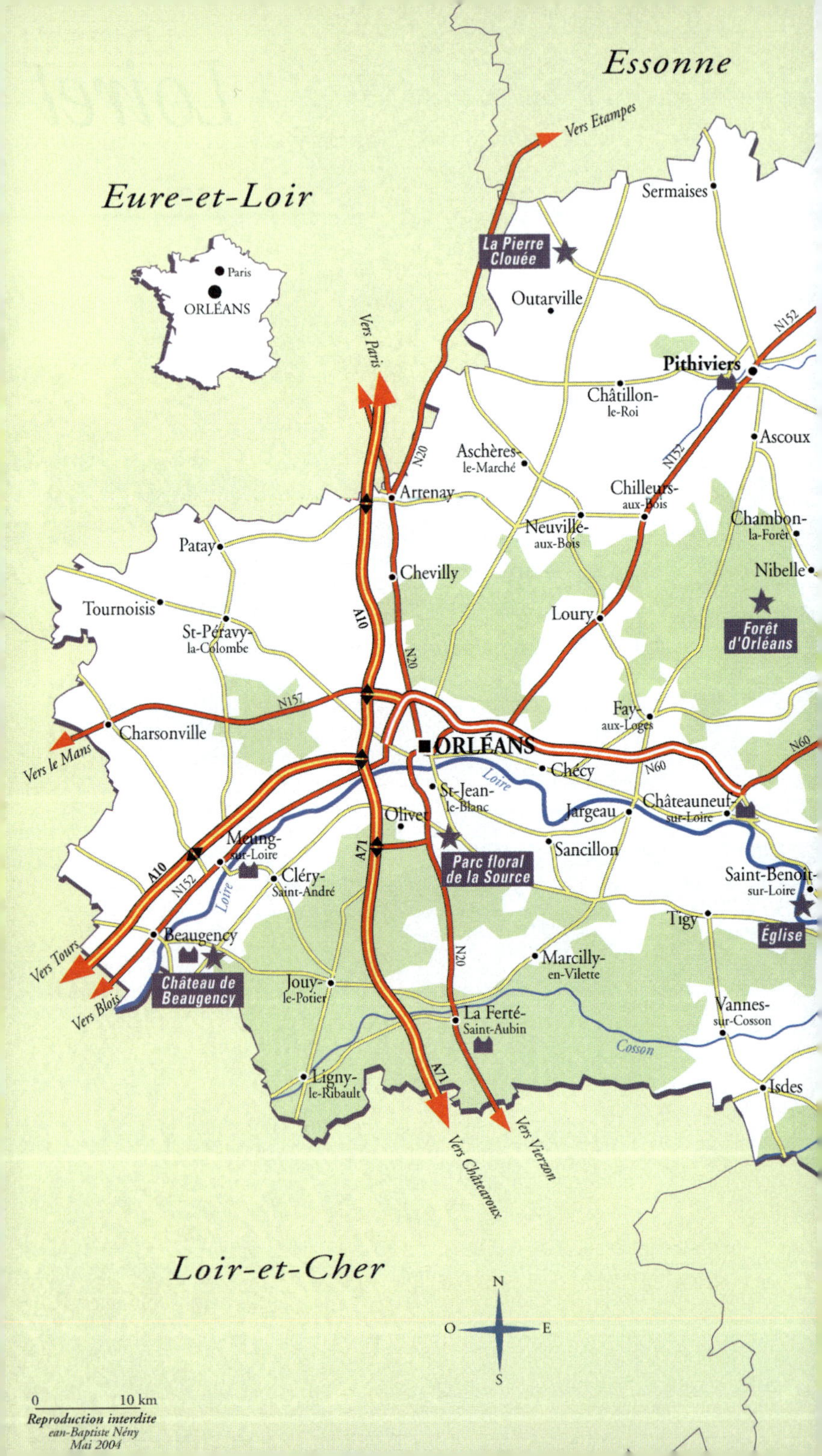
Essonne
Eure-et-Loir
Loir-et-Cher
Paris
ORLÉANS
Vers Etampes
Vers Paris
Vers le Mans
Vers Tours
Vers Blois
Vers Châteauroux
Vers Vierzon
La Pierre Clouée
Forêt d'Orléans
Parc floral de la Source
Château de Beaugency
Église
Sermaises
Outarville
Pithiviers
Châtillon-le-Roi
Aschères-le-Marché
Ascoux
Arrenay
Chilleurs-aux-Bois
Chambon-la-Forêt
Neuville-aux-Bois
Patay
Chevilly
Nibelle
Tournoisis
St-Péravy-la-Colombe
Loury
Charsonville
Fay-aux-Loges
ORLÉANS
Chécy
St-Jean-le-Blanc
Olivet
Jargeau
Châteauneuf-sur-Loire
Meung-sur-Loire
Sancillon
Cléry-Saint-André
Saint-Benoît-sur-Loire
Tigy
Beaugency
Marcilly-en-Vilette
Jouy-le-Potier
La Ferté-Saint-Aubin
Vannes-sur-Cosson
Ligny-le-Ribault
Isdes
Loire
Cosson
A10
A71
N20
N152
N157
N60
N
O
E
S
0
10 km

LOIRET
Seine-et-Marne
Malesherbes
Vers Fontainebleau
Vers Paris
Puiseaux
Essonne
Dordives
Château de Metz-le-Maréchal
A6
Vers Sens
Boynes
Ferrières-en-Gâtinais
Ervauville
Beaune-la-Rolande
Corbeilles
A77
Forêt de Montargis
Courtenay
N60
Ladon
Montargis
Chuelles
Vers Auxerre, Dijon
ellegarde
N60
Amilly
Montcorbon
Château-Renard
N7
Montcresson
Ruines Gallo-Romaines
Lorris
Varennes-Changy
St-Maurice-sur-Aveyron
Montbouy
Nogent-sur-Vernison
Châtillon-Coligny
les Bordes
A77
Arborétum des Barres
Ouzouer-sur-Loire
Sully-sur-Loire
Forêt de Sully
Loire
la Bussière
Yonne
St-Gondon
Gien
Ozouer-sur-Trézée
Cerdon
Briare
Pont-Canal
Châtillon-sur-Loire
Forêt de Brisson
A77
Vers Nevers
Site Remarquable
Château
Cher
Autoroute
Nationale
Départementale

Malesherbes

La cité, fondée à l'époque gallo-romaine, faubourg de l'ancienne paroisse de Soisy (elle s'appela longtemps Soisy-le-Bois-Malesherbes) est intimement liée à son château et à sa famille, qui reçut des monarques successifs. Son plus illustre représentant fut le défenseur de Louis XVI et Chateaubriand y résida. Le bon M. de Malesherbes a donné son nom à une importante rue parisienne qui vaut cher au Monopoly.

Fiche pratique

MAIRIE Place Hôtel-de-Ville ✆ 02 38 34 85 36

OFFICE DE TOURISME 2, rue Pilonne ✆ 02 38 34 81 94

Transports

TAXI DE MALESHERBES 59, rue Albert Camus ✆ 02 38 34 72 46

Points d'intérêt

CHATEAU ✆ 02 38 34 41 02. *Fax 02 38 34 41 03. Ouvert toute l'année les mercredis, samedis et dimanches de 15h à 18h sauf le 1er janvier, le 1er mai et à Noël. Plein tarif : 7 € et tarif réduit 5,5 €.* Au milieu d'un parc classé de 8 hectares et au bout d'une majestueuse allée arborée, une construction de style classique qui domine la vallée de l'Essonne. Forteresse médiévale au XIVe siècle, le château fut à plusieurs reprises remanié. On ne peut manquer d'admirer encore aujourd'hui les vestiges de son enceinte médiévale, trois puissantes tours surmontées par un toit en poivrière. Le reste du château aux lignes épurées date du XVIIe siècle et du XVIIIe siècle pour la façade de brique et de pierre. A l'intérieur, belles boiseries et mobilier du XVIIIe siècle. On le trouve à la sortie du bourg, sur la route de Pithiviers, mais il faut s'engager dans l'allée pour le découvrir.

CHATEAU DE ROUVILLE. Sur les bords de l'Essonne, on ne pourra manquer d'admirer cet édifice médiéval, restauré au XVIe siècle, un peu surchargé de tourelles et d'échauguettes. Juste à côté on aperçoit un ancien lavoir dans un cadre verdoyant. Du centre de Malesherbes, le château et le lavoir constituent un joli but de promenade au long de l'Essonne.

EGLISE SAINT-MARTIN. Construite au XIIe siècle, elle abrite quelques chefs-d'œuvre dont une Mise au tombeau, provenant du couvent des Cordeliers et réalisée au XVIe siècle, tout comme la statue de Notre-Dame-de-la-Pitié, une œuvre aujourd'hui classée. Un petit tour dans l'édifice vous permettra de découvrir les fonts baptismaux datant de la construction primitive (XIIe siècle), tout comme le clocher.

MAISON DE CHATEAUBRIAND. Elle fut bâtie en 1776, l'année de l'indépendance américaine. Mais on trouve sur le domaine des parties plus anciennes et remarquablement préservées : les granges dîmières (XIVe siècle) et une chapelle (XVe siècle). Autre curiosité du site, l'imposant

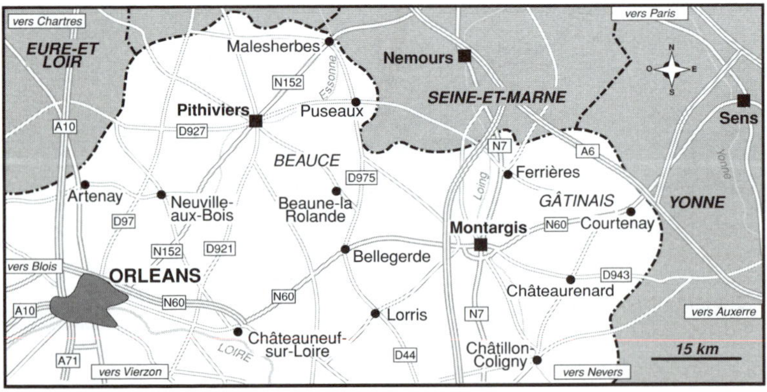

pigeonnier qui pouvait accueillir jusqu'à 1800 pigeons. Un spectacle son et lumière fait revivre, en saison, les riches heures des seigneurs du château et de l'Histoire de France.

Le gîte

CAMPING MUNICIPAL © 02 38 34 85 63. *90 emplacements. Ouvert toute l'année.* Un camping trois étoiles offrant des installations confortables et de bonne qualité. Places ombragées.

Le gîte et le couvert

L'ECU DE RANCE 10, place du Martroi © 02 38 34 87 25. *Fax 02 38 34 68 99. Pour le restaurant fermé le dimanche soir et le jeudi soir. 15 chambres de 48 € à 58 €. Menus de 18 € à 28 €. Petit-déjeuner 6,50 €.* Ancien relais de poste de 1624 où M. Grosmangin a su préserver le style rustique et chaleureux. Brasserie et restaurant gastronomique adapté aux spécialités du terroir.

▷ Dans les environs

Augerville-la-Rivière

GOLF DU CHATEAU Place du Château © 02 38 32 12 07. *Fax 02 38 32 12 15.* Un parcours de 18 trous dans le parc du château d'Augerville-la-Rivière, situé à moins de 6 kilomètres au sud de Malesherbes. Possibilité de forfaits semaine ou week-end.

Briarres-sur-Essonne

BERNARD COULON 481, Francorville © 02 38 39 13 59. *2 chambres de 40 € à 50 €. Carte bancaire non acceptée.* Un ancien moulin au bord d'une rivière. Les deux chambres donnent sur la cour ou la rivière. Un point de départ idéal pour partir à la découverte de la vallée, se balader le long de l'Essonne, pêcher. Fontainebleau est à 35 km, golf à 5 km.

Coudray

A près de 6 kilomètres du centre de Malesherbes par la N152, un village du nord du Gâtinais en pleine campagne. Il abrite une vieille église intéressante.

Echilleuses

FRANCINE HYAIS 3, cour du Château © 02 38 33 60 16. *2 chambres à 42 €, possibilité d'installer un convertible. Menu à 15 € sur demande. Carte bancaire non acceptée.* 2 grandes chambres bien équipées dans les anciens bâtiments d'exploitation. Cour fleurie avec salon de jardin particulièrement calme. A la table d'hôtes, vous découvrirez volailles, légumes du jardin et pâtisserie maison. Château-forteresse à 10 kilomètres, Barbizon et Moret-sur-Loing ne sont pas loin.

Marsainvilliers

LES DROLES D'OISEAUX 3, rue d'Oysonville - FRESNES © 02 38 30 12 21. *Fax 02 38 30 03 18. Fonctionne toute l'année selon les conditions météo.* Centre d'ULM situé à 15 kilomètres au sud-ouest de Malesherbes par la N152, Les Drôles d'Oiseaux organisent des baptêmes de l'air, des circuits à la carte ainsi que des vols photos. C'est aussi une école de pilotage où vous pourrez apprendre à manier ces drôles de machines. Promenade découverte ou photos à 72 € l'heure, baptême de l'air de 15 minutes, 20 €.

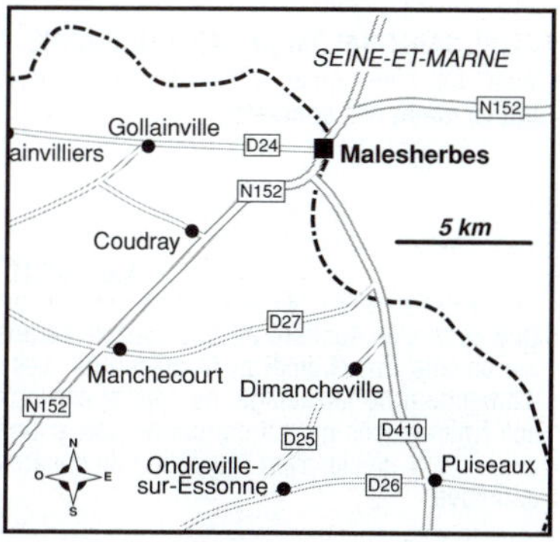

Puiseaux

Situé à 12 kilomètres au sud de Malesherbes par la D410 et la D948, ce village a quelques notes anciennes qui le rendent attrayant : les halles, les vestiges de ses remparts ainsi qu'une église dédiée à la Vierge.

EGLISE NOTRE-DAME. Erigée au cours du XIIIe siècle, elle possède un étonnant clocher octogonal surmonté d'un drôle de toit d'ardoise dont les nervures hélicoïdales donnent l'impression qu'il a été vissé dans le clocher. Remarquez son chevet plat. A l'intérieur, trois nefs bordées au sud par un bas-côté ouvrant sur une série de chapelles datant du XVe siècle. Dans l'une d'elles, on trouve une remarquable Mise au tombeau en pierre polychrome du XVIe siècle. On s'attardera un instant devant le grand portail et la Vierge à l'Enfant du XVIe siècle.

Pithiviers

On parvient à Pithiviers dans un paysage gâtinais presque parfaitement plat, qui donne davantage de relief à l'église surgie de terre, en oubliant, sur la gauche, la vision des immeubles de moindre finesse.

Un site ancien, sur lequel on a trouvé des vestiges gallo-romains (à Pithiviers-le-Vieil). Le développement de Pithiviers intervint au Moyen Age, la ville devenant un important centre commercial. Même si les Pithivériens n'aiment pas beaucoup que l'on rappelle cet épisode tragique, on n'oublie pas que Pithiviers, comme Beaune-la-Rolande eut le triste privilège d'accueillir un camp de rassemblement de prisonniers, notamment juifs, en instance de déportation.

Dans un domaine plus souriant, le nom de la ville plaît aux gourmands qui se voient immédiatement avec une couronne sur la tête en train d'absorber goulûment une galette des rois. Ceux qui ne raffolent pas de la pâte d'amande pourront se rabattre sur les deux autres spécialités de la ville : le miel et les alouettes.

Fiche pratique

MAIRIE 1, place Denis-Poisson ✆ 02 38 30 08 77

OFFICE DE TOURISME Mail-Ouest ✆ 02 38 30 50 02. *Fax 02 38 30 55 00.*

Transports

TAXI 2000 7, rue Bitry ✆ 02 38 30 70 22

Points d'intérêt

Le voyageur n'aura pas que du comestible à se mettre sous la dent : l'intérieur de la ville est plutôt mignon, en rayonnant à partir de la place des Halles, la rue Gourdon, la place du Martroi, la rue de la Couronne. Les amateurs se rendront plutôt au musée municipal pour sa collection canaque. Au sortir du musée, on pourra se rendre dans l'agréable jardin public, auquel on accède par la place Denis-Poisson.

EGLISE SAINT-SALOMON-SAINT-GREGOIRE. Construite au Moyen-Age, elle fut remaniée au XVIe siècle. Ce n'est qu'au XVIIIe siècle qu'elle s'enrichit d'orgues remarquables. On y donne régulièrement des concerts.

Le "vrai" pithiviers

Que cette ville sucrière ait pour spécialité une pâtisserie n'étonne personne. En revanche, les ingrédients ont évolué au fil du temps. Les deux caractéristiques les plus connues, la pâte d'amande et le feuilletage, ne sont apparues qu'après la version initiale. Il s'agit d'un fondant aux fruits glacés qui fut enrichi de pâte d'amande grâce aux échanges commerciaux. Ce n'est qu'au XVIIIe siècle, avec l'invention de la pâte feuilletée, que le pithiviers trouva sa composition définitive.

MUSEE MUNICIPAL 17, rue de la Couronne © 02 38 30 00 64. *Site : www.ville-pithiviers.fr. Fermé actuellement pour cause de restructuration. Il reste accessible ponctuellement, à l'occasion d'expositions temporaires.* Situé dans l'ancien hôtel-Dieu, il présente d'intéressantes collections ethnographiques (à voir absolument, la collection consacrée à la Nouvelle-Calédonie, plus particulièrement à la civilisation canaque, avec, entre autres, un fabuleux sarcophage) et picturales : parmi elles, une collection d'archéologie locale, de métiers anciens, de faïences anciennes, de poteries (exposition du plus vieux tour de potier de France) et d'objets d'art religieux (statues, peintures, etc.) dans l'ancienne chapelle de l'hôtel-Dieu qui date du XVIIIe siècle.

FORTERESSE MEDIEVALE. Elle fut édifiée par Dame Héloïse au Xe siècle. Sa construction est l'acte fondateur de la ville à son emplacement actuel. En effet, Pithiviers se trouvait, avant le Xe siècle, situé plus à l'est (Pithiviers-le-Vieil). Ses habitants l'abandonnèrent quand la forteresse garantissant leur sécurité fut élevée. Avec eux, ils emmenèrent leur travail et un bourg ne tarda pas à naître, avec pour centre la citadelle. Il en subsiste encore quelques vestiges : il fut en effet élevé une collégiale, dont la crypte put être mise à jour à l'occasion de fouilles.

Le gîte et le couvert

HOTEL LA CHAUMIERE 77, avenue de la République © 02 38 30 03 61. *Fax 02 38 30 69 13. 5 chambres de 38,11 € à 51,83 €.* Légèrement en retrait du centre de Pithiviers, au bout de l'avenue de la République, tout près du petit train touristique, un hôtel deux étoiles tout ce qu'il y a de pratique.

Loisirs

LE DECAU CHEMIN DE FER TOURISIQUE Office de Tourisme - Immeuble les Remparts - 1, mail ouest © 02 38 30 50 02. *Fax 02 38 30 55 00. Site : pithivier-tourisme@wanadoo.fr. Départ des trains : du 1er mai au 17 octobre : les dimanches et jours fériés de 14h30 à 17h30, du 10 au 22 juin : tous les jours pour groupes de 10h à 17h, en juillet et août : les samedis, départ à 14h30, 15h30,16h30 avec une traction diesel ; week-end de fête avec le festival vapeur et vélo les 26 et 27 juin ; ouvert durant les Journées du patrimoine.* Cette ligne de chemin de fer, ouverte en 1892 afin de relier les sucreries de Pithiviers et de Toury, est à nouveau exploitée dans un but touristique. Longue de 4 kilomètres, elle accueille d'authentiques locomotives à vapeur qui réalisent le trajet en 1h30 avec une escale au musée des Transports de Pithiviers : on pourra y voir une exposition de très anciennes locomotives, la plus âgée date de 1870, dont cinq d'entre elles sont classées monument historique. A voir également des wagons de voyageurs, des tramways, etc.

▷ *Dans les environs*

Artenay

Au sud-ouest de Pithiviers, une commune qui recèle quelques curiosités dont un moulin en pierre récemment restauré. A voir également, un musée archéologique (sur rendez-vous toute l'année, entrée gratuite) et surtout le musée du Théâtre forain.

MUSEE DU THEATRE FORAIN Quartier du Paradis © 02 38 80 09 73. *Ouverture : tous les jours sauf le mardi : du 1er juin au 30 septembre de 10h à 12h et de 14h à 18h, du 1er octobre au 31 mai de 14h à 17h30. Fermé les troisièmes week-ends de chaque mois, 1er janvier, 1er mai, 14 juillet, 15 août, 1er et 11 novembre et 25 décembre. Tarifs 3,10 €, 1,52 € pour les enfants.* Un surprenant musée ouvert depuis 1995 où l'on trouvera surtout exposé du matériel de théâtre forain, des décors, des costumes. Vous pourrez également vous plonger dans la lecture d'un des ouvrages de la bibliothèque foraine ou dans des archives (affiches, etc.). A voir aussi des maquettes ainsi que des boîtes à grimer.

Bondaroy

Une petite localité dont on appréciera le calme et quelques vestiges du passé dont un joli manoir des XIVe et XVe siècles, une église dédiée à Saint-Martin-le-Seul et la grotte de Saint-Grégoire. Plan d'eau, base de loisirs 02 38 30 09 08 (sur demande à la mairie).

Chaussy

CHATEAU DE CHAUSSY 2, place du Château ✆ 02 38 39 36 98. *Fax 01 43 59 69 27. Site : chateaudechaussy.com. 5 chambres de 43 € à 79 € (pour 4 personnes). Menu 19 €.* A la frontière des départements du Loiret et de l'Eure-et-Loir, une chambre d'hôte installée dans un authentique château du XVIIe siècle, à environ 17 kilomètres à l'est de Pithiviers. On logera au château (chambre spacieuse avec salle de bain et salon privatif) ou dans les dépendances offrant le même calme. Joli parc boisé et piscine.

Izy

MICHEL ANGLADE ROTOR MAINTENANCE 21, rue du Moulin ✆ 02 38 39 36 54. A 15 kilomètres à l'ouest de Pithiviers, Michel Anglade organise des baptêmes de l'air, des survols des châteaux de la Loire, des circuits à la carte. Dans sa ferme, vous pourrez également pratiquer VTT, tir à l'arc et goûter aux spécialités culinaires de la région.

Pithiviers-le-Vieil

Traversé par l'Essonne, Pithiviers-le-Vieil est installé à seulement 3 kilomètres de Pithiviers. Des fouilles archéologiques y furent organisées qui permirent de mettre en évidence les origines gauloises de l'actuelle Pithiviers.

A voir aussi l'église Saint-Gervais-Saint-Protais, dont une partie date du XIe siècle.

SITE GALLO-ROMAIN Mairie ✆ 02 38 30 25 12. *Musée ouvert les samedis et dimanches de juin à septembre, de 14h30 à 18h. Entrée 1 €. Le site est accessible toute l'année, gratuitement.* Avant la conquête de la Gaule par Jules César, la vallée était sous l'influence des Carnutes et des Sénons, des tribus gauloises qui y édifièrent un grand sanctuaire religieux. Après que la région eut été conquise par César, les lieux furent réoccupés. La localité s'agrandit très vite et s'embellit de nombreux monuments. On a retrouvé les fondations de plusieurs d'entre eux dont les thermes publics. Dans le petit musée, on pourra admirer des monnaies, des céramiques, des sculptures découvertes lors des campagnes de fouilles. Le site de Pithiviers-le-Vieil fut abandonné au Xe siècle au profit du site actuel.

Yèvre-le-Châtel

A environ 7 kilomètres à l'est de Pithiviers, sur les bords de la Rimarde, Yèvre-le-Châtel est un bourg au site remarquable, occupé dès l'époque gallo-romaine, dominé par les vestiges de sa forteresse féodale érigée aux XIIe et XIIIe siècles.

CHATEAU ✆ 02 38 34 26 66. *Site : www.cœur-de-France.com/yevrelechatel. Ouvert du 1er avril au 1er novembre de 14h à 18h, visites guidées sur rendez-vous. Entrées 3 €, 2 € pour les enfants.* Sa situation exceptionnelle, perchée au-dessus de la Rimarde, en fit une forteresse quasiment inexpugnable. Construite sous le règne de Philippe-Auguste, elle fut commandée au XVe siècle par Nicolas de Giresme, qui aida Jeanne d'Arc à bouter les Anglais hors du Val-de-Loire. Juste à côté, on remarquera les vestiges d'une église dédiée à Saint-Gault. Au XVe siècle, elle se trouvait encore rattachée à la forteresse. C'était en fait l'église du château.

EGLISE SAINT-LUBIN. Dans le village, on trouvera une autre église érigée aux XIIe et XIIIe siècles, dédiée cette fois-ci à Saint-Lubin. Elle fut probablement élevée à la même époque que le château. Le cimetière abrite encore les restes du saint.

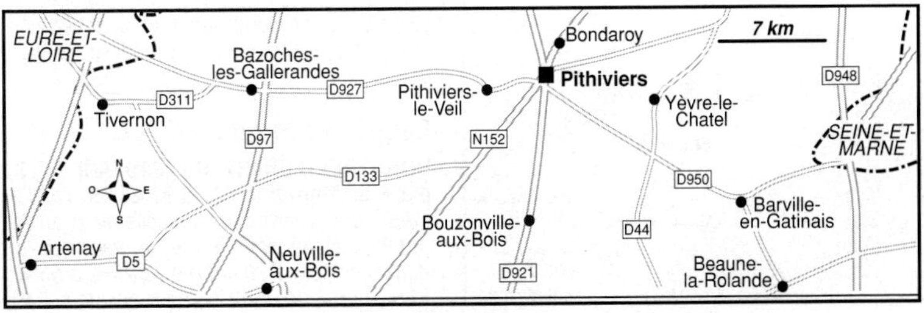

Lorris

Ville principale de la forêt d'Orléans, en Gâtinais, Lorris est située à 50 kilomètres de la préfecture du Loiret. Fondée sans doute à l'époque gallo-romaine, elle fut une place très importante, notamment au Moyen Age. La Charte des coutumes (voir Montargis) dont les habitants de Lorris furent parmi les premiers à bénéficier leur donnèrent des avantages -financiers en particulier- considérables. Lorris vit passer, à cette époque, de nombreux rois de France : Louis VI, auteur de la charte des Coutumes, Louis VII, Philippe-Auguste qui fit présent de la ville à son fils en l'armant chevalier, Louis VIII, Philippe le Hardi, fils de saint Louis, Philippe le Bel, Philippe V, Charles IV et Philippe VI de Valois, qui mit la ville dans la corbeille de mariage de sa future épouse Jeanne de Bourgogne. Occupée en 1870, puis en 1940, la ville sut se défendre avec âpreté. De nombreux Lorricois prirent le maquis en forêt d'Orléans pendant l'Occupation. La personnalité littéraire locale est Guillaume de Lorris, auteur de la première partie du Roman de la Rose.

Fiche pratique

MAIRIE 29, rue Grande ✆ 02 38 92 40 22

OFFICE DE TOURISME Rue des Halles ✆ 02 38 94 81 42. *Fax 02 38 94 88 00. Site : otsi.lorris@wanadoo.fr.* Il propose de nombreuses sorties en forêt d'Orléans.

Points d'intérêt

LES HALLES. Situées sur la place du Martroi, elles offrent aux visiteurs une très belle charpente apparente. La première construction est du XIIe siècle, mais, détruites au cours de la guerre de Cent Ans, elles furent reconstruites au milieu du XVe siècle après l'expulsion de l'envahisseur anglais. Le marché y a lieu le jeudi comme au Moyen Age.

HOTEL DE VILLE. Construit dans la deuxième moitié du XVe siècle, il affiche une jolie façade mêlant briques et pierres que percent des fenêtres à meneaux et un toit à la française agrémenté de lucarnes richement décorées. A l'arrière du bâtiment, on remarquera une tour octogonale masquant un escalier.

NOTRE-DAME DE LORRIS. Eglise des Xe, XIIe et XIIIe siècles, elle renferme un étonnant orgue du XVIe siècle, classé monument historique, situé non pas dans le chœur, mais fixé de façon assez impressionnante dans le mur en milieu de nef. Son buffet date du XVIe siècle et les jeux du XVIIe siècle. Inutilisé au cours des XIXe et XXe siècles, cette pièce splendide n'a été restaurée que dans les années 1970.

MUSEE DEPARTEMENTAL DE LA RESISTANCE ET DE LA DEPORTATION Esplanade Charles-de-Gaulle ✆ 02 38 94 84 19. *Télécopie 02 38 92 37 15. Ouverture du 2 janvier au 31 décembre, tous les jours de 10h à 12h et de 14h à 18h. Fermé le mardi et le dimanche matin et les 1er janvier, 1er mai et 25 décembre.* Inauguré en 1988, il est installé dans l'ancienne gare de Lorris qui a été complètement rénovée. La forêt d'Orléans, et principalement autour de Lorris, fut un foyer très actif de la Résistance, qui paya un lourd tribut en hommes lors des massacres d'août 1944 alors que les villes de Pithiviers, de Jargeau et de Beaune-la-Rolande accueillirent à l'initiative du gouvernement de Vichy, des centres d'internement, antichambres de Drancy, et des camps de concentration de l'Est de l'Europe. Le Musée fait appel à des techniques dynamiques (audio-visuel, reconstitution) pour accroître l'impact des documents et témoignages de ces événements. La guerre, l'Occupation, la Résistance, la Déportation et la Libération sont évoquées dans ce lieu moderne et bien conçu.

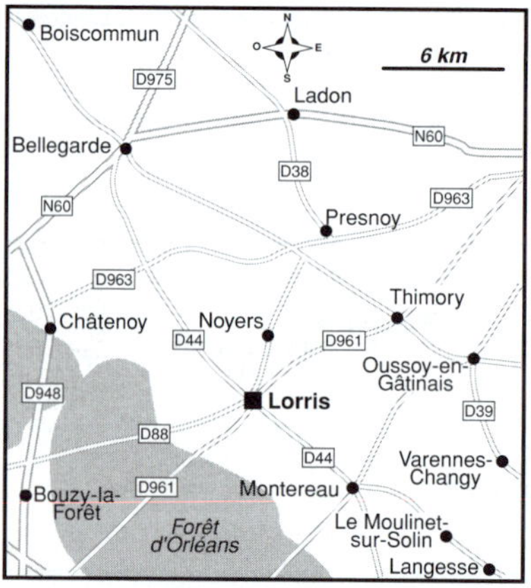

Le gîte et le couvert

HOTEL-RESTAURANT DU SAUVAGE 2, place du Martroi ✆ 02 38 92 43 79. *Fax 02 38 94 82 46. Fermeture annuelle du 1er au 20 octobre et février. Fermé le vendredi et dimanche soir. 8 chambres de 48 € à 65 €. Menus de 22 € à 42 €. Petit-déjeuner 7 €.*

Une bonne étape, sûre et valeureuse, sur la place de ce village calme proche de la forêt d'Orléans. Chambres confortables, espaces agréables autour du jardin fleuri égayé de bananiers, avec bassin et viviers de crustacés. On retrouve ces derniers à table, avec une carte de tradition : foie gras maison, coq au vin, escalopes de sandre au champagne, matelote d'anguilles.

▷ Dans les environs

Bellegarde

Sur la N60, à mi-chemin entre Montargis et Châteauneuf-sur-Loire, Bellegarde est une charmante étape avant d'aborder la forêt d'Orléans. Il abrite un château du XIVe siècle qu'il faut voir au bout de l'allée. On ne négligera pas pour autant l'église romane du XIIe siècle.

CHATEAU. Dans un cadre verdoyant, une belle demeure de brique et de pierre, construite à la fin du XIVe siècle pour Nicolas Braque, l'argentier de Charles V. Forteresse médiévale, elle fut remaniée au XVIIIe siècle par le duc d'Antin dont la mère était Madame de Montespan. Au donjon et au logis initial furent adjoints les pavillons à la Mansart tandis que les jardins étaient réaménagés. Le château deviendra d'ailleurs un rendez-vous artistique et littéraire très prisé, accueillant notamment Voltaire. Il est aussi possible de pêcher, les douves du château étant peuplé de poissons de la région.

Boiscommun

A 8 kilomètres au nord-ouest de Bellegarde, un village abritant une belle église des XIIIe et XIVe siècles dans le style gothique rayonnant. Elle présente une forme particulière, ses architectes ne l'ayant pas pourvu de transept, ainsi qu'un clocher carré. Elle est à voir pour ses proportions externes, mais aussi pour son décor et son mobilier : la tribune d'orgues est en soi un trésor, avec ses panneaux peints d'images religieuses.

On s'attardera un instant pour admirer le beau vitrail représentant une Vierge à l'enfant du XIIIe siècle.

Langesse

Une jolie place, avec ses vieilles maisons à pans de bois, son château et sa douceur.

Montereau

Village carrefour entouré de ruisseaux et d'étangs (celui du Gué l'Evêque, à l'entrée de la forêt d'Orléans, est très fréquenté par les promeneurs et les pêcheurs), Montereau doit sa fondation aux moines voisins de Saint-Benoît-sur-Loire qui en 855, par ordonnance royale de Charles le Chauve, en deviennent seigneurs et maîtres.

Le village appartint à nombre de seigneurs qui y construisirent leurs demeures, aujourd'hui toutes disparues. On peut cependant encore y voir une église dédiée à Saint-Pierre, dont la première construction romane remonte au XIIe siècle. Elle fut plusieurs fois remaniée : seule la nef date de la construction originelle.

Montliard

CHATEAU DE MONTLIARD 5, route de Nesploy © 02 38 33 71 40. *Fax 02 38 33 86 41. 4 chambres de 60 à 85 €. Carte bancaire non acceptée.* Découvrez ce château du XVIe siècle entouré de douves et d'un parc de 14 hectares. On remarque l'intérieur d'époque, ses boiseries et peintures murales. 4 chambres calmes et confortables. Promenades à pied ou à vélo en forêt, détente dans le parc et jeux sur place et à proximité : tennis, golf, équitation. Et tout autour, le Gâtinais à découvrir.

Le Moulinet-sur-Solin

Une église du XIIIe siècle à voir et, en sortant du village, un château en ruines, celui de la Reine Blanche.

OTSI Lorris

L'église de Lorris

OTSI Lorris

L'orgue de l'église de Lorris

OT Bourges

Scène de chasse

Noyers

A 3 kilomètres de Lorris, Noyers, un petit village traversé par un ruisseau, la Poterie, où furent découverts des vestiges d'une ancienne villa gallo-romaine du IIIe siècle.

Dans le centre, on visitera l'église dédiée à saint Pierre et à saint Genou dont la fondation remonte aux XIe et XIIe siècles. Plusieurs fois remaniée, elle arbore les styles roman et gothique. A l'intérieur on découvrira une intéressante abside en cul-de-four. Le héros local est Guillaume Mauduit, curé de Noyers de 1784 à 1792. Refusant d'adhérer à la nouvelle constitution républicaine, il fit partie de ces 109 prêtres massacrés en France, le 2 septembre 1792. Il a été béatifié en 1926.

A proximité, la fontaine Saint-Genou passait pour avoir des vertus curatives et fut longtemps l'objet d'un pèlerinage régulier.

Oussoy-en-Gâtinais

Des trois châteaux qui furent élevés sur la commune, subsiste au nord du village le château de Courtigis, reconstruit après une première destruction au XVIe siècle, vers Lombreuil. L'église actuelle, qui date de la fin du XIXe siècle, ressemble sans doute à la construction primitive, de style roman, mais fut édifiée seulement en 1681.

Presnoy

A 8 kilomètres au nord de Lorris, en bordure du canal d'Orléans, Presnoy appartint aux moines de Saint-Benoît-sur-Loire, comme beaucoup de villages du canton de Lorris au Moyen Age. Le village abrite les vestiges d'un château construit par les seigneurs de Chancy et détruit au XIXe siècle. Il n'en reste plus aujourd'hui qu'une tourelle d'angle. On fera également le détour par la jolie église Saint-Pierre-et-Saint-Paul avec son porche roman et sa caquetoire de bois et de pierre. Juste à côté, Chailly-en-Gâtinais et son église du XVIe siècle à clocher de bois. Il y eut jadis des seigneurs de Chailly et un château, mais c'est l'activité portuaire sur le canal qui occupa le village dès le XVIIIe siècle. L'histoire locale raconte qu'au port de Chailly, en 1847, deux péniches débordant de farine furent pillées par les habitants de Chailly et des communes avoisinantes.

Thimory

A 14 kilomètres de Montargis et à seulement 8 kilomètres de Lorris, Thimory est un village millénaire au bord du Limetin. Il connut une histoire mouvementée. Totalement abandonné au IXe siècle, certainement à cause des raids vikings dans la vallée de la Loire, il se reconstitua seulement au XIe siècle sur le territoire qu'il occupe aujourd'hui, autour du château de la Bruyère dont il ne reste plus qu'une unique tour carrée.

Au cœur du village, l'église Saint-Germain possède encore des parties de la construction originelle du XIIIe siècle, et fut remaniée (nef, clocher) à l'époque contemporaine.

A proximité, le château d'Ouchamp, qui fut restauré à la fin du XIXe siècle.

Varennes-Changy

Né de la fusion des communes de Varennes-en-Gâtinais et Changy-aux-Bois, le site aurait été occupé dès l'époque paléolithique (des outils provenant de ce site sont conservés au musée d'Orléans). L'église, remaniée à de nombreuses reprises, abrite un intéressant mobilier religieux, notamment des tableaux.

Vieilles-Maisons-sur-Joudry

LES TROIS ECLUSES 153, route de Grignon ✆ 02 38 92 42 54. *Fax 02 38 92 42 54. Site : ecluses@wanadoo.fr. Fermé le dimanche soir. 7 chambres de 26 € à 38 €. Menus de 18 € à 26 €. Carte 30 €. Petit-déjeuner 5 €.* Le long du Canal d'Orléans, cette bâtisse du XIXe à l'ombre des platanes, offre un décor de style impressionniste. L'ambiance y est bucolique et l'accueil chaleureux. Les chambres, confortables et fonctionnelles, donnent sur le canal. Côté cuisine, travers de porc au gingembre et miel d'acacia ou encore, tête de veau sauce ravigote.

CAMPING L'ETANG DES BOIS ✆ 02 38 92 32 00. *Ouvert du 1er avril au 1er novembre.* Un camping-caravaning trois étoiles sur les bords de l'Etang des Bois et à seulement 6 kilomètres du centre de Lorris. On profitera ici des nombreuses activités liées au plan d'eau, à commencer par la baignade. Egalement planche à voile, canoë et pêche, et une base aux nombreux loisirs liés au plan d'eau : pédalos, planche à voile, baignade et pêche.

Montargis

Si l'on connaît bien l'histoire de Montargis à partir du XIIe siècle, lorsque Pierre de Courtenay en devient le seigneur, ses origines sont plus floues. On sait, d'après le résultat des fouilles, que le site était occupé dans l'antiquité gallo-romaine, mais on n'en retrouve pas de citation, le nom de "cité des Closiers" lui ayant été attribué il y a moins d'un siècle pour désigner la ville jusqu'à la fin du premier millénaire. On sait qu'elle fut détruite vers le Ve siècle par les Bagaudes et les Huns, avant d'être, comme le reste du Gâtinais, reprise en main par Clovis et les Francs.

Pierre de Courtenay fait élever un château, affranchit les serfs et promulgue une sorte de table des lois connue sous le nom de "coutume de Lorris", qui donne davantage de prérogatives et de droits aux habitants des communes (créée à l'instigation de Louis VI, la charte des Coutumes fut confirmée et appliquée par Louis VII, puis Philippe-Auguste). A la suite de l'arbitrage royal dans un conflit de seigneurs, Philippe-Auguste fait définitivement entrer dans le domaine royal Montargis, baptisé pour la circonstance Montargis-le-Franc, et laissé par la suite, selon les libéralités royales, en apanage à l'un ou l'autre des favoris de la Couronne.

Résistant avec panache à l'agresseur anglais en 1427, la ville recevra du roi Charles VII une série de privilèges qui lui assureront importance et rayonnement durant plusieurs siècles.

Renée de France, fille de Louis XII et belle-sœur de François Ier, fondera le premier collège, Henri IV fera creuser le canal de Briare, suivi de ceux d'Orléans et du Loing, grâce à Philippe d'Orléans. L'industrie se développe alors, renforcée au XIXe siècle avec le chemin de fer.

Montargis, après avoir passé les affres des guerres franco-allemandes, occupée durant les trois conflits, se relèvera pour apparaître telle qu'aujourd'hui, agglomération dynamique d'environ 60 000 habitants, en regroupant ses proches voisines, Châlette-sur-Loing, Villemandeur et Amilly.

Deux figures célèbres, entre autres, originaires de Montargis :

- Une illuminée, Madame Guyon du Chesnoy, qui s'appelait Jeanne-Marie Bouvier de la Motte, et naquit à Montargis en 1648. Figure de proue en France, avec Fénelon, du mouvement quiétiste, une doctrine mystique instiguée par un prêtre espagnol, elle aura pour adversaire Bossuet et Madame de Maintenon, qui obtiendra de Louis XIV qu'il intercède auprès du pape pour que ce mouvement soit condamné.
- Le peintre Anne-Louis Girodet de Roucy, dit Girodet-Trioson, un des chantres du néo-classicisme au XIXe siècle, élève de David. La ville lui consacre un musée.

Fiche pratique

MAIRIE 6, rue Gambetta ✆ 02 38 95 10 00

OFFICE DE TOURISME Le Pâtis - Boulevard Paul-Baudin ✆ 02 38 98 00 87. *Fax 02 38 98 82 01. Site : OFFTOURISME-DISTRICTMONTARGIS@wanadoo.fr.*

Transports

ASSOCIATION MONTARGOISE DES TAXIS 40, rue Crowborough ✆ 02 38 85 35 35

BUS LES RAPIDES DU VAL DE LOIRE Place du Patis ✆ 02 38 98 94 04

GARE Avenue de la Gare ✆ 02 38 07 61 66

Points d'intérêt

LE CHATEAU. A l'emplacement même choisi par Clovis pour installer une tour de guet, Philippe de France, devenu Philippe Ier de Courtenay, fait édifier le château vers 1160. Durant les siècles suivants, il prospérera, malgré ou à cause des menaces extérieures. Fortifié un peu plus durant la guerre de Cent Ans, embelli par Charles V, il devient résidence royale.

Remanié au XVIe siècle par le fameux architecte Androuet du Cerceau, il passera aux mains de la famille d'Orléans, et notamment de "Monsieur", Philippe d'Orléans, frère de Louis XIV, jusqu'à la Révolution. Au cœur des troubles, il sera partiellement détruit, démembré et abandonné en ruine en 1830, après avoir été livré à la fameuse bande noire. Il fut reconstruit dans un style architectural classique du XIXe siècle. Il ne reste aujourd'hui que quelques vestiges (une tour, une poterne et la crypte) de ce qui fut un des plus importants domaines royaux (il possédait, au XVIe siècle, la plus vaste salle de réception d'Europe).

EGLISE DE LA MADELEINE. En partie ruinée en 1525, la construction actuelle date du XVIe siècle, conservant cependant une nef du XIIe siècle et un transept du XIVe siècle. Le chœur est d'inspiration Renaissance, et son Christ, signé Triqueti, est l'original de celui des Invalides. La flèche du clocher a été restaurée par Viollet-le-Duc. On remarquera les vitraux (XIXe siècle) et l'urne funéraire, dans l'une des chapelles, contenant le cœur du peintre Anne-Louis Girodet.

HOTEL DURZY. Le long du canal de Briare s'étend le domaine de l'hôtel de Durzy. Construit au cours du XIXe siècle, il abrita l'hôtel de ville avant que celui-ci ne s'installe dans l'ancien collège des Barnabites. Dans ses beaux jardins se trouve la fameuse statue du chien de Montargis, due à Gustave Debrie, qui évoque un épisode célèbre de l'histoire de la ville (voir encadré), ainsi qu'un pan d'arcades du XIIe siècle, appelé "arcades de Lorris" pour leur provenance d'un hôtel de cette ville.

MUSEE GIRODET 2, rue de la Chaussée ✆ 02 38 98 07 81. *Ouvert toute l'année, du mardi au dimanche de 13h30 à 17h30 (vendredi 17h).* Installé dans l'hôtel de Durzy depuis 1864, le musée Girodet est consacré au grand peintre. Il n'en porte le nom que depuis 1967, mais existe depuis le milieu du XIXe siècle, installé d'abord dans le théâtre, puis à son emplacement actuel en 1864. Deux collections principales, celle d'Anne-Louis Girodet lui-même, avec de nombreux tableaux et dessins, mais aussi une très importante collection de sculptures, bronzes et plâtres, produit d'un legs du sculpteur Triqueti. L'ensemble est complété par des tableaux de l'école du Nord, de l'école italienne et des œuvres d'élèves de Girodet.

MUSEE DU GATINAIS 7, rue du Château ✆ 02 38 93 45 63. *Ouvert les mercredi, samedi et dimanche de 9h à 12h et de 13h30 à 17h30. Entrée 3 €, réduit 2 €, billet combiné (2 musées 4,50 € et 2,30 €).* Installé dans une ancienne tannerie près du château dans un vieux quartier, carrefour Henri-Perruchot, au bord de la rivière du Puiseaux. Il présente une intéressante collection archéologique, provenant de fouilles réalisées près de Sceaux-du-Gâtinais, ancienne cité thermale romaine (Aquis Segeta), dans la vallée du Fusain, et sur le site de l'ancienne nécropole des Closiers, au sud de la ville. Dans les différentes salles sont exposés les objets découverts à l'occasion des différentes campagnes de fouilles (éléments d'architecture, monnaies en argent du IIIe siècle apr. J.-C.) des sites romains et gallo-romains et de la nécropole mérovingienne des Closiers (armes, bijoux, sarcophages, etc.). Les amateurs d'art égyptien seront comblés. Le musée abrite en effet deux sarcophages datant de 1000 av. J.-C.

LE CHIEN DE MONTARGIS. Au XIVe siècle, Aubry, seigneur de Montdidier ou de Montcresson selon les versions, est attaqué et tué près de Montargis par un brigand. Son chien reste à ses côtés des jours durant, avant qu'un soldat du roi, passant par hasard, ne découvre la scène. Il ramène le corps et le chien au château. Stupéfaction quand le chien, affaibli et presque mort de faim, se jette sur un gendarme du nom de Macaire. On les sépare avec peine, tandis que le soldat y voit un signe révélateur : il accuse Macaire d'être le meurtrier et demande l'arbitrage du roi. Charles V ne tergiverse pas : il ordonne un combat entre le gendarme, armé d'un gourdin, et le chien qui dispose de ses crocs et d'un tonneau vide pour se réfugier devant les coups. Le combat ne dure pas : le chien, déchaîné pour ne pas dire enragé, manque de peu d'égorger son adversaire. On le sauve de ce triste sort pour recueillir ses aveux et le pendre, ce qui est autrement plus enviable...

Balade

La balade s'organise principalement en flânerie autour du canal de Briare et des vieux quartiers. La ville ne compte pas moins de 127 ponts ou passerelles qui lui ont valu le nom de Venise du Gâtinais à découvrir à pied (se renseigner auprès de l'office de tourisme).

A ne pas manquer, le très ancien îlot des tanneurs en face du palais de justice, les vieux quartiers près du château avec musées et hôtels particuliers, notamment sur la belle place Jules-Ferry, ancienne place Sainte-Croix, avec l'hôtel Barthélemy-Prévost (XVIe siècle), occupé aujourd'hui par une banque, et l'hôtel Trélat (fin XVIIIe siècle).

Lorsqu'on passe le pont sur le Loing en venant de la place du Pâtis, les deux grandes curiosités touristiques sont diamétralement opposées, en suivant la rivière : le château et le musée du Gâtinais à droite à 300 mètres, le musée Girodet, avec la statue du Chien de Montargis, à gauche, à la même distance. On ne pourra pas manquer la rue commerçante, et néanmoins ouverte à la circulation, la rue Dorée. De chaque côté, quartiers anciens et rues piétonnes (le quartier de la Pêcherie, la rue des Lauriers...) permettent, grâce aux bras du Loing, d'apprécier la Venise du Gâtinais. A Montargis, on lit L'Eclaireur ou La République du Centre. Si vous ne faites que passer, arrêtez-vous au Glacier, place Victor-Hugo, pour vous rafraîchir et manger un morceau. Sa terrasse est très occupée en saison. Si vous changez d'avis, et désirez vous attarder un peu, la meilleure façon de visiter la ville, lorsqu'on arrive en automobile, est d'aller se garer place du Pâtis (la place de l'office de tourisme) : c'est vaste, gratuit et ombragé.

Le couvert

MADEMOISELLE BLANCHE 5, rue Loing ✆ 02 38 89 00 87. *Menus de 19 € à 30 €.* Une des adresses qui montent dans la ville. Une cuisine ensoleillée, de bonnes idées, des tarifs justes et une cave bien étudiée.

LE SAINT-AMOUR 11 bis, rue Girodet © 02 38 85 53 50. *Fax 02 38 93 93 68. Fermé le dimanche soir et le lundi. Menus 11,50 € à 24 €. Carte 24 €.* A proximité de la place du marché, une table qui propose une cuisine simple et gaie, pour des repas très conviviaux, entre France et Espagne. Le patron fait un rabais de 10% aux membres d'un club de 4 X 4.

Le gîte

CAMPING DE LA FORET Route de Paucourt © 02 38 98 00 20. *Télécopie 02 38 95 02 29. 100 emplacements de 15 m² chacun.* Un camping trois étoiles situé en forêt de Montargis. Agréables emplacements le long d'une allée très fleurie, avec l'agrément de sanitaires chauffés et d'une salle de télévision. Tennis et piscine gratuits à 200 mètres, centre-ville à 1 kilomètre, gare SNCF et commerces à 400 mètres.

Le gîte et le couvert

HOTEL DE LA GLOIRE 74, rue du Général-de-Gaulle © 02 38 85 04 69. *Fax 02 38 98 52 32. Fermé mardi et mercredi. 11 chambres de 42 € à 57 €. Menus de 36 € à 45 €. Carte 65 €.* Dans le centre de Montargis, à deux pas de la gare, un hôtel trois étoiles aux chambres confortables et arrangées avec goût. Le restaurant joue la carte de la tradition non sans une pointe d'originalité. Service gentil et efficace.

HOTEL IBIS - BRASSERIE DE LA POSTE 2, place Victor-Hugo © 02 38 98 00 68. *Fax 02 38 89 14 37. Fermeture annuelle pour la brasserie 24 et 25 décembre. 59 chambres de 43 € à 57 €. Menus de 11 € à 26 €. Carte 23 €. Petit-déjeuner 6 €.* Un ancien relais de poste situé en plein centre-ville, proche du canal et du lac. L'hôtel possède tout le confort calibré de la chaîne (climatisation, télévision satellite…). Cuisine de brasserie sans surprise : choucroute, côte de bœuf, steak tartare. Parking privé fermé payant 5 €.

LE COCHE DE BRIARE 72, place de la République © 02 38 85 30 75. *Fax 02 38 93 44 68. 10 chambres de 29 € à 43 €. Petit-déjeuner 5,50 €. Menus de 17,50 à 35 €.* Un Logis de France qui remplit son office, offrant un confort satisfaisant à prix avantageux. Même démarche au restaurant pour trouver du tradi bien calibré.

Loisirs

BOWLING D'AMILLY 335, rue du Vernisson-Amilly © 02 38 93 46 49. *Fax 02 38 93 39 95. Ouvert tous les jours de 15h à 1h du matin du lundi au vendredi, de 15h à 2h du matin les samedi et dimanche.* Ce bowling est équipé de 8 pistes mais aussi de billards américains et de pools. On trouva également à se restaurer à la brasserie ouverte jusqu'à minuit. Salle climatisée.

Pêche

On pêche sur les bords du Loing, notamment à Cepoy, avec la société de pêche La Carpe de Cepoy. Egalement à disposition, sur la même commune, un étang bien empoissonné.

• **Restauraurations et Hébergement**

- restaurants et tables d'hôte
- hôtel-restaurant
- hôtels
- autres hébergements (auberge de jeunesse, chambre d'hôtes, B & B…)
- campings

• **Sorties**

- casinos
- bars
- discothèques

• **Emplettes**

- caves, domaines viticoles
- emplettes alimentaires
- emplettes diverses

Randonnée

Balade dans la très belle forêt de plus de 4 000 hectares qui s'étend au nord-est de la ville. Hormis les chevreuils et les champignons, on y trouve quelques témoignages anciens, comme un menhir appelé affectueusement Pierre du Gros Vilain, ou les ruines d'un ancien château ayant connu saint Louis et Blanche de Castille, le château de la Salle, sur la commune de Paucourt.

Emplettes

CONFISERIE DOUCEURS 92, rue Dorée ✆ 02 38 85 09 76. *Télécopie 02 38 93 88 98.* Avec les Praslines Mazet, c'est l'autre grand confiseur de la ville. On vous propose ici des dragées, des pralines ainsi qu'une spécialité délicatement baptisée les Crottes du chien, référence au chien de Montargis et des chocolats issus du même fabricant.

ECOMUSEE DE L'APICULTURE Relais du Miel ✆ 02 38 85 32 02. *Après les travaux de rénovation du début de l'année, le musée rouvrira pour la saison 2004, tous les jours, de 10h à 19h.* C'est un musée, comme son nom l'indique, entièrement voué aux abeilles et au miel. On y vient pour observer le fascinant travail communautaire des abeilles (ruches vitrées) mais aussi pour l'exposition sur la vie des abeilles, sur l'apiculture ainsi que sur les ruches et le matériel lié à l'extraction du miel. Faites un petit tour par la boutique. Vous y trouverez de nombreuses variétés de miel, de la gelée royale ainsi que des produits régionaux.

▷ Dans les environs

Amilly

Ancien bourg romain, Amilly abrite de nombreux souvenirs anciens répartis sur le vaste territoire de la commune : château de Varennes, des Bourgoins, de la Ferté, moulin Charrier et moulin Bardin. A voir en particulier, l'église du XVIe siècle, pour son site exceptionnel dominant la vallée du Loing et sa Vierge à l'enfant polychrome (XVIIe siècle). On s'attardera plus longuement au musée de la Pailleterie.

MUSEE DE LA PAILLETERIE. Sur la commune, près du centre Leclerc, dans le parc du Château, le musée de la Pailleterie, consacré aux arts et traditions du Gâtinais. De beaux espaces aménagés dans d'anciennes granges exposent les outils des artisans, des bateliers et mariniers, des paysans, des maraîchers ou des forestiers de cette région essentiellement rurale, aux racines fortes et profondes. Remarquables objets en bois et en osier, mais aussi quelques témoignages du développement industriel du XIXe siècle : papeterie, verrerie, puis caoutchouc et engrais.

Châlette-sur-Loing

Banlieue la plus importante de Montargis, elle doit cette importance à son site, traversé par le Loing et le canal de Briare, et à l'implantation d'industries, comme les caoutchoucs Hutchinson. On pourra se balader le long du Loing, et visiter les pittoresques chapelles ukrainiennes, édifiées pour les ouvriers de la fabrique.

Conflans-sur-Loing

FOREST JUMP ✆ 02 38 94 66 26. *Site : www.forestjump.fr. Ouvert du 1er avril au 2 novembre.* Un concept nouveau qui vous permet de découvrir en famille, à votre rythme, bien sécurisés par cordes et baudriers, plus de 70 parcours aventure en forêt, comme des pros de la grimpette. Détenteur du prix spécial produit innovant au Trophées du tourisme 2000, il vous fera voler de la poutre équilibre au saut du diable, en passant par les tyroliennes montantes et descendantes et les passerelles oscillantes... décoiffant.

Pannes

Près du canal d'Orléans et bordé par le Solin, un village agréable où l'on admirera l'église (XVe siècle) et son aigu clocher.

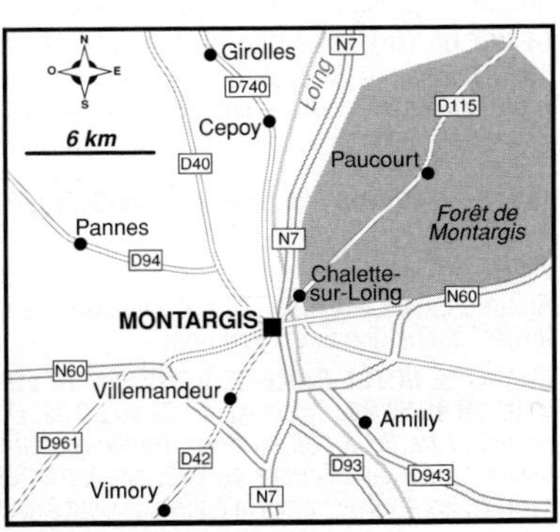

Paucourt

Au cœur de la forêt de Montargis (voir plus loin "randonnée").

EMMANUELLE ET ANTOINE DE JESSE CHARLEVAL 191, allée de Bel-Ebat ✆ 02 38 98 38 47. *Fax 02 38 85 66 43. Site : belebat@wanadoo.fr. 3 chambres à 120 €, une suite à 140 €. Menus 40 €, vin et apéritif compris.* Dans le village de Paucourt niché au cœur de la forêt de Montargis, une chambre d'hôte dans une belle maison de maître. Les chambres sont équipées de salles de bains et donnent sur le parc (3 hectares) où l'on pourra prendre son petit-déjeuner. Les écuries attenantes à la propriété abritent des chevaux.

Villemandeur

Presque faubourg de Montargis, elle est en fait une commune à part entière, avec un passé propre, illustré par son beau château du Vieux Bourg, ou par celui de Lisledon.

ALAIN MAURY Z.I - 3, rue des Frères-Lumière ✆ 02 38 98 49 49. Fabriquant de meubles mais aussi restaurateur, Alain Maury vous confectionnera le meuble de votre choix, en bois précieux si vous le souhaitez. Travailleur infatigable (vous pourrez peut-être l'observer à l'œuvre), il maîtrise particulièrement bien la marqueterie. Fabrication de meuble personnalisé ou copie d'anciens.

FERRIERES-EN-GATINAIS ET LE NORD-GATINAIS

Ferrières-en-Gâtinais

Il lui est attaché une forte tradition religieuse : au IIIe siècle, à la suite d'une illumination, trois saints en firent un lieu de pèlerinage, qui allait se concrétiser plus tard avec une première chapelle, Notre-Dame-de-Bethléem, qui deviendra plus tard sanctuaire grâce au duc Walbert.

Au VIe siècle y fut fondée, à l'initiative de Clovis, l'abbaye Saint-Pierre-et-Saint-Paul, dont le rayonnement s'accrut sous Charlemagne. Elle adopte la règle bénédictine et passe sous l'autorité d'hommes prestigieux : Alcuin, un de ses conseillers saxons, Aldric et Otto qui en font un des plus grands centres spirituels et artistiques de l'époque, enfin Loup Servat qui la dote d'une école d'orfèvrerie. Ainsi, Ferrières sera surnommée au IXe siècle "la nouvelle Athènes". On y vit notamment le couronnement de Carloman et de Louis III, fils de Louis le Bègue et arrière-arrière-petits-fils de Charlemagne. Enfin, la légende raconte que Pépin le Bref, père de Charlemagne, s'est battu dans les arènes, en combat singulier avec un lion.

Par les vicissitudes de l'histoire, l'abbaye fut largement mise à mal, notamment au cours des guerres de Religion et à la Révolution.

Fiche pratique

MAIRIE Rue cour Abbaye ✆ 02 38 96 52 90

OFFICE DE TOURISME DE FERRIERES ET DES QUATRE VALLEES 8 Place des Eglises ✆ 02 38 96 58 86. *Fax 02 38 96 60 39. Site : FERRIERES-EN-GATINAIS.TOURISME@wanadoo.fr. Ouvert toute l'année du lundi au vendredi, de 10h à 12h et de 15h à 18h. Tous les jours en juillet et août.*

Transports

TAXI DU GATINAIS 20, rue Fontaine-Bourgoin ✆ 02 38 96 65 84

Points d'intérêt

Au bord de la Cléry, une cité ancienne, dont le site fut occupé à l'époque gallo-romaine par des forges, qui lui donnèrent son nom.

CHAPELLE NOTRE-DAME-DE-BETHLEEM ET EGLISE ABBATIALE SAINT-PIERRE-ET-SAINT-PAUL ✆ 02 38 96 58 86. *Télécopie 02 38 96 60 39. Ouvert du 7 janvier au 20 décembre, de 10h à 19h en été et de 8h à 18h en hiver. Entrée gratuite.* C'est un modèle architectural, témoignage de diverses époques. Fondée en 636, elle fut en effet plusieurs fois incendiée notamment par les Vikings, les Anglais durant la guerre de Cent Ans et les Réformés au cours des guerres de Religion.

Elle affiche une remarquable tour clocher dont la partie basse est la plus ancienne de l'église (époque carolingienne). Au cours du XIIIe siècle, elle s'enrichit d'une coupole qui n'est pas sans rappeler celle de l'église du palais de Charlemagne à Aix-la-Chapelle. C'est l'abbé de Blanchefort, filleul de Louis XI, et dont l'église abrite le tombeau, qui apporta les retouches nécessaires au XVe siècle. A l'intérieur on remarquera la voûte du transept reposant sur huit colonnes, les stalles du chœur (XVIIe siècle), où l'on trouve le tombeau de Louis de Blanchefort, les vitraux de l'abside (XVIe siècle), ainsi que d'intéressantes sculptures dont deux statues représentant saint Pierre et saint Paul.

EGLISE NOTRE-DAME-DE-BETHLEEM. *Ouverte tous les jours de 8h à 19h en été et de 8h à 18h en hiver.* En ce lieu de pèlerinage voué à la Vierge, on vient rendre hommage à Notre Dame, dont la statue de bois se trouve dans le chœur. A voir aussi le clocher-mur à deux baies datant du IXe siècle. A l'intérieur, on admirera un retable sculpté du XVIIe siècle (1650) dû à Gilles Guérin.

Balade

A partir de la place des églises, où l'on peut contempler les deux édifices religieux principaux de la ville, ainsi que, à la place de l'ancien cloître, l'hôtel de ville, on passe, par la rue des Eglises, place du Martroi, en faisant un petit écart jusqu'à la place des Forges, pour revenir par la rue de la Pêcherie en passant par l'ancien lavoir.

Par la rue du Martroi et la rue du Four, on atteint la place du Four, puis la rue de Bourienne qui rejoint l'agréable place Saint-Fiacre. On retourne par la rue de la Triperie en passant devant l'ancienne église Saint-Fiacre. Quelques pas rue du Lion-d'Or, puis on continue pour rejoindre la Grande Rue, centre d'animation. On la longe jusqu'à la place Saint-Macé, d'où l'on revient, par la porte Saint-Macé, place du Couvent, avec la grange aux dîmes, en passant derrière l'hôtel de ville par l'aile Louis XIII de l'abbaye.

On parvient au site de l'ancien château, avec la porte Louis XIII, pour revenir place des Eglises.

Aux environs. Les jolies vallées de la Cléry, vers Corbelin (pont du XIIIe siècle), Griselles et La Selle-sur-le-Bied, et du Loing, avec ses étangs, vers Montargis.

Au nord, la même vallée du Loing vers Château-Landon et le château de Mez-le-Maréchal. Au nord-est, Le Bignon-Mirabeau, où trônent la statue du célèbre orateur, et son château. A Chevry-sur-le-Bignon, une remarquable église.

▷ Dans les environs

Château-Landon

Cette petite ville médiévale, autrefois fortifiée, est construite sur un éperon rocheux qui surplombe le Fusain. Elle a connu un destin remarquable grâce aux privilèges royaux dont elle était dotée et fut un bastion religieux important. On appréciera tout particulièrement l'ancienne abbaye Saint-Séverin (XIIe, XVe et XVIIe siècles), l'église Notre-Dame (Xe-XIVe siècle) mais aussi la tour-porche Saint-André, la tour Madeleine.

Courtenay

OFFICE DE TOURISME Place Honoré-Combe © 02 38 97 00 60. *Fax 02 38 97 39 12. Ouvert de 8h30 à 12h30 et de 14h à 18h du mardi au samedi. Le mercredi de 9h30 à 12h30 et de 14h à 18h.* En surplomb, à 160 mètres d'altitude, au-dessus de la vallée de la Cléry, une petite ville à la position stratégique, ancien carrefour gallo-romain, à l'extrême nord-est du département, ouvrant le chemin vers la Loire. La Cléry, régulièrement empoissonnée, est fortement appréciée par les pêcheurs pour la variété de sa faune (brochets, carpes, saumons, etc.). Le célèbre chansonnier Aristide Bruand y vit le jour en 1851.

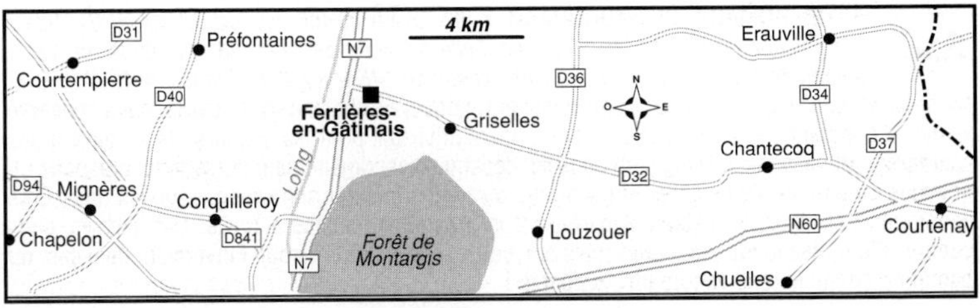

CHATEAU. Le premier château fut élevé au XIe siècle par Athon, un vassal de Renard, le fondateur de Château-Renard, comte de Sens. Un de ses descendants fonda le prieuré de Saint-Paul-et-Saint-Pierre de Courtenay, le plus ancien témoignage architectural encore visible. La famille de Courtenay descend directement d'Athon et est donc presque millénaire. Si elle s'éteignit, en France, à la fin du XVIIIe siècle, l'importante branche anglaise, qui vient de Renaud de Courtenay, lequel épousa en 1151 la petite-fille du roi Henri Ier, perdure aujourd'hui dans le comté de Devon. Le mouvement d'émigration vers les Etats-Unis, d'Irlande notamment, amena des Courtenay de l'autre côté de l'Atlantique.

On trouve aujourd'hui, dans les pays anglo-saxons, des Courtenay et des Courtney à profusion. Dans une autre direction, on en trouve aussi au Moyen-Orient, la famille ayant activement participé aux croisades. L'un des descendants fut Baudoin IV, roi de Jérusalem, surnommé le "Roi Lépreux".

EGLISE SAINT-PIERRE-ET-SAINT-PAUL. Sa construction originelle remonte à l'année 1132, mais ne fut consacrée que deux ans plus tard. Largement endommagée en 1358, durant la guerre de Cent Ans, il n'en subsiste aujourd'hui qu'une tour de style roman. L'édifice actuel date des XVe et XVIe siècles. De style gothique mais également Renaissance, il abrite entre autres, un beau retable. En son centre, on trouve un tableau classé du XVIIe siècle, le Mariage de la Vierge datant du XVIIe siècle, attribué à l'un des élèves de Jouvenel.

HALLE. Elle se compose de deux parties. L'une fut construite au milieu du XIXe siècle, l'autre, plus récente en 1925. Un des plus importants marchés de la région s'y tient le jeudi. Le 30 novembre a lieu une célèbre foire aux bestiaux, pour la Saint-André.

AUBERGE DE LA CLE DES CHAMPS Route de Joigny-les-Quatre-Croix © 02 38 97 42 68. *Fax 02 38 97 38 10. 7 chambres de 71 € à 128 €. Menus de 25 € à 100 €. Carte de 65 € à 95 €. Animaux acceptés.* A l'écart de Courtenay, dans un cadre champêtre, une auberge chaleureuse où l'on profitera à la belle saison du soleil et du calme des lieux près de la piscine chauffée découverte. Cuisine traditionnelle soignée, préparée à partir des produits du terroir. Belle carte des vins où sont présents les loires comme les bordeaux et les bourgognes...

LES PECHEURS DE LA CLERY. Ils travaillent toute l'année au bon empoissonnement de la Cléry, classée en première catégorie. Les amateurs pourront également pratiquer leur sport favori dans les étangs voisins.

Dordives

BASE DE DORDIVES D62 © 02 38 89 86 30. *Fax 02 38 92 78 38.* Une base de loisirs très bien équipée, avec une plage aménagée où la baignade est surveillée. On pourra également louer une planche à voile ou un pédalo pour profiter des charmes des lieux. Mini-golf, terrain de volley-ball, piste de bowling.

Ervauville

FERME DE CENANT © 02 38 87 20 24. Dans la ferme, Jack et Marie-Claude Delion produisent à partir de leurs fruits et fleurs sauvages des confitures, des sirops, des gelées et des pâtes de fruits. Vente à la ferme (téléphonez avant pour réserver). Les amateurs de pêche pourront s'adonner à leur sport favori dans l'étang de la propriété. Location de salles. Visite du colombier et du matériel agraire (sur rendez-vous).

Fontenay-sur-Loing

HOTEL DOMAINE DE VAUGOUARD © 02 38 89 79 00. *Fax 02 38 89 79 01. Site : www.vaugouard.com. Fermeture annuelle semaine de Noël. 48 chambres en basse saison de 115 € à 170 € et en haute saison de 145 € à 240 €. Menus de 40 € à 60 €. Carte 50 €. Petit-déjeuner 15 €.* Confortable et pratique, ce château XVIIIe siècle, qui a conservé le style d'époque dans sa décoration, est un havre privilégié pour les golfeurs. Ils y trouvent des chambres raffinées, dans le logis ou dans les dépendances, directement sur le parcours, dans un domaine de plus de 70 hectares. Il n'y a plus qu'à expérimenter son swing, dans les meilleures conditions possibles, le restaurant parfaisant la prestation, cuisine actuelle, bien pensée, sans complication. Beaucoup de nouveautés en cette saison 2004, dont l'inversion du sens du parcours, ce qui le rend encore plus agréable !

Châtillon-Coligny

Le nom de cette petite cité, jadis appelée Châtillon-sur-Loing, est associé à sa famille la plus célèbre, les Coligny, dont un des représentants, Gaspard, plus connu sous le nom d'amiral de Coligny, fut douloureusement impliqué dans les guerres de Religion. Chef des Réformés, il fut tué la nuit de la saint Barthélemy. On trouvera sur place son tombeau de marbre qui fut offert par une congrégation hollandaise.

La Réforme est d'ailleurs encore représentée par l'Enfer, une ancienne prévôté où se réunissaient les échevins et où se déroulèrent plus tard les réunions des protestants, tandis que le Paradis, ancienne grange aux dîmes, abritait les réunions des chanoines catholiques. La mairie actuelle se situe sur le site d'un ancien collège protestant, qui fut un haut lieu de la Réforme de 1562 à 1792, date à laquelle il fut séquestré comme bien national.

D'autres personnages historiques ont marqué l'histoire de la ville, de Renaud de Châtillon, qui fut une figure énergique des croisades et perdit la bataille, et malheureusement la vie, contre Saladin à Hattin en 1187, à Antoine Becquerel, premier d'une grande lignée de physiciens. Il découvrit la piézo-électricité en 1819, avant de transmettre son savoir à son fils Alexandre-Edmond qui mit au point la spectrographie et fut suivi par Henri, le plus célèbre des Becquerel, fils d'Alexandre et petit-fils d'Antoine, qui découvrit, avec les Curies, la radioactivité et devint prix Nobel en 1903.

C'est à Châtillon que Colette épousa Willy en 1893.

Points d'intérêt

Au-dessus de la ville et de la vallée du Milleron, on trouve des vestiges de fortifications, d'un château, avec son donjon et son puits, œuvre du sculpteur Jean Goujon, ainsi qu'une belle orangerie, sur l'une des trois terrasses. A voir aussi, dans le parc, embelli par Le Nôtre, le tombeau de l'amiral de Coligny. Le château, tombé aux mains de la bande noire fut détruit en 1799. Dans le centre, de nombreuses maisons anciennes, dont l'Enfer et le Paradis (voir plus haut), et le grenier à sel (XVIe siècle), mais aussi l'hôtel-Dieu.

EGLISE. Construite au cours des XVIe et XVIIe siècles, elle fut édifiée par le père de l'amiral de Coligny, en prenant comme support une des tours d'enceinte de la ville, son clocher ayant été rajouté ensuite. Elle prit le titre de collégiale, allouée au retour des croisades en 1209 à l'ancienne église qui se situait près du château. De l'enceinte elle-même subsistent deux autres tours, près du château, dont l'une d'elles, la tour Vauvert aurait suscité l'expression "aller au diable vauvert".

MUSEE. Il est installé dans l'ancien hôtel-Dieu de la ville, construit au XVe siècle. Il affiche un porche remarquable, restauré au XVIIe siècle par une illustre représentante des Montmorency-Luxembourg. Il présente le résultat des fouilles archéologiques, notamment celles de la tribu des Lètes provenant de Cortrat (voir ci-dessous), des statues religieuses, du mobilier et des tableaux représentant l'illustre famille des Montmorency-Luxembourg.

Loisirs

LES BATEAUX TOURISTIQUES Rue du Pont-Canal ✆ 02 38 37 12 75. *Fax 02 38 37 09 84. Croisières-promenades touristiques sur le canal de Briare avec repas sur le Loiret ou le Cœur de France : embarquement à 11h pour une croisière de 3h30, 33 € ; sans repas : départ 15h15, adultes 6,40 €, enfant jusqu'à 14 ans 4,20 €.* Une très agréable façon de découvrir les richesses et les paysages du Gâtinais. Promenades également sur route avec le petit-train touristique, pour 45 minutes au départ du pont-canal, 3,80 € et 2,60 €.

▷ *Dans les environs*

Château-Renard

La charmante vallée de l'Ouanne, le château, les maisons anciennes, la tradition gâtinaise du miel et du cidre, tout concourt à faire de cette petite cité au sud-est de Montargis un centre touristique attractif. D'autres témoignages historiques émaillent la visite, comme cette maison où Jeanne d'Arc passa la journée du 20 septembre 1429. Des outils polis et taillés prouvent l'ancienneté préhistorique de ce site romantique. Pour la balade, suivre le chemin de l'église, passer le pont sur l'Ouanne près du château, repérer les maisons à colombages et visiter la miellerie.

OFFICE DE TOURISME 32, place de la République ✆ 02 38 95 39 53

CHATEAU. La construction du château date du début du XVIIe siècle, lorsque Louise de Coligny le fit élever pour remplacer, entre les deux bras de la rivière, le précédent édifice de 1121, appelé à l'époque le Château de la Motte. Ce dernier avait succédé lui-même à une autre fortification élevée au cours du Xe siècle par le comte de Sens, un certain Renard, dont on dit qu'il aurait pu servir de modèle au goupil du Roman de Renart. Il eut un hôte célèbre en la personne de François Ier qui y résida quelques jours en 1539.

LA CASSINE (MUSEE VIVANT DE L'APICULTURE GATINAISE) Route de Chuelles ✆ 02 38 95 35 56. *Ouvert en avril, mai, juin et du 20 septembre au 11 novembre mercredi, samedi et dimanche de 10h à 18h ; du 1er juillet au 31 août tous les jours de 10h à 18h, tous les autres jours sur rendez-vous. Tarifs 4,25 € et 3 € pour les enfants.* Ce musée, qui est également une exploitation apicole, vous fera découvrir la vie des ruches à travers des démonstrations, des vidéos, des ruches vitrées et des expositions. En plus de la visite, vous pourrez aussi vous laisser tenter par une dégustation. Vente des produits sur place.

Cortrat

Un lieu passionnant pour les archéologues, qui y ont découvert un riche mobilier (des bijoux notamment, dont certains auraient appartenu à une prêtresse du culte du soleil) provenant d'une tribu barbare venue de Hongrie pour s'installer ici au Ve siècle, faisant suite à une tribu celte, les Lètes. Près de l'emplacement des fouilles, la petite église montre un joli portail roman.

Montbouy

Par la route qui longe le Loing, on accède à ce petit bourg, dont la principale curiosité est une église au très ancien portail roman. A la sortie du village, vers Montargis, des souvenirs gallo-romains, avec des vestiges d'un amphithéâtre et d'un temple du IIe siècle.

Nogent-sur-Vernisson

ARBORETUM NATIONAL DES BARRES Domaine des Barres ✆ 02 38 97 62 21. *Ouvert du 7 juillet au 23 août et, pour les groupes, toute l'année sur réservation.* Goûtez à l'ivresse des cimes en grimpant jusqu'à 40 mètres en haut de séquoias, chênes, pins. Des nuits dans les arbres, des découvertes sensorielles, dans le respect de la nature, sont proposées tout l'été, au cœur d'un paysage arboré de plus de 35 ha. Réservation obligatoire.

OFFICE DE TOURISME 102, rue Georges-Bannery ✆ 02 38 97 68 39. *Fax 02 38 97 61 51.*

GUY GIRAUD Les Grandes Bruyères ✆ 02 38 96 10 37. *2 chambres à 40 €. A environ 9 kilomètres à l'ouest de Châtillon-Coligny, à l'écart du centre de Nogent-sur-Vernisson, une chambre d'hôte à la ferme, à la lisière de la forêt d'Orléans.* Chambres confortables avec salle de bain privée. On pourra prendre le soir son repas avec les hôtes. La cuisine, traditionnelle, est préparée à partir des produits du terroir. Jardin, terrasse, étang de 2 hectares offrant les plaisirs de la baignade, de la pêche, des promenades en barque.

OFFICE DE TOURISME DE NOGENT-SUR-VERNISSON 102, rue Georges-Bannery ✆ 02 38 97 68 39. Un office de tourisme dynamique qui propose du lundi au samedi des VTT hommes et femmes pour découvrir à son rythme les vallées du Vernisson et du Loing. Plusieurs forfaits sont possibles : location à la demi-journée, journée, week-end de 2 ou 3 jours et semaine. Les prix sont vraiment très raisonnables et l'accueil toujours agréable.

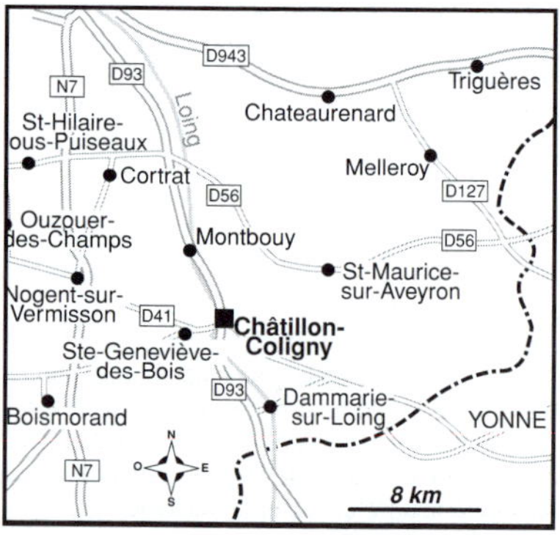

Ouzouer-des-Champs

Un premier oratoire fut élevé au Ve siècle : le nom d'Ouzouer en découle par déformation. A cet emplacement apparaît aujourd'hui l'église Saint-Martin, dont certains murs datent de la construction initiale du XIe siècle. Un château, où séjourna Philippe le Bel, existait au Moyen Age au lieu-dit Le Lieu des Champs et fut détruit pendant la guerre de Cent Ans.

Sainte-Geneviève-des-Bois

La banlieue de Châtillon-Coligny, à voir notamment pour son église (XIe-XIIe siècles) rénovée qui porte le nom de la sainte qui défendit Paris contre les hordes d'Attila et détient une partie de ses reliques. Sous un tumulus du début de notre ère, on a découvert une urne funéraire celte datée du Ve siècle. A proximité, on trouve les ruines d'un château ayant appartenu à un compagnon de Gaspard de Coligny, exécuté comme lui pendant la Saint-Barthélemy (1572).

Saint-Hilaire-sur-Puiseaux

Un ancien site gallo-romain où l'on a découvert des céramiques. Un des valets personnels de Louis XIV y posséda le château du Pont-Saint-Hilaire. On trouve, outre le château restauré, une église du XIe siècle et un moulin à eau en fonctionnement.

Saint-Maurice-sur-Aveyron

Pour parcourir la jolie vallée de l'Aveyron, affluent du Loing, homonyme de l'affluent du Tarn. On peut, par exemple, remonter la rivière de la Chapelle jusqu'aux ruines de la proche abbaye de Fontainejean, de l'ordre des cisterciens (XIIe siècle).

Triguères

Le bourg s'égrène autour de sa rue principale, l'axe Montargis-Joigny (D943). Cet ancien oppidum gaulois cité par César dans ses Commentaires est pourtant intéressant pour son site gallo-romain : on a repéré l'emplacement d'un ancien théâtre de 5 000 places vers la gare. On a également trouvé des thermes près des berges de l'Ouanne, un four à briques et des vestiges celtes et gaulois. La plupart des emplacements se trouvent aux abords immédiats du village.

EGLISE SAINT-MARTIN. Elle possède un portail dont la pierre portant l'inscription rendant hommage au fondateur de l'église, un certain Aimeridus, est classée. La tour du clocher, qui supporte une flèche de vingt mètres de haut, date du XIe siècle comme le portail. La grande nef est du XIIe siècle, les autres du XVIe siècle.

L'ORLEANAIS

Orléans

La capitale de la région Centre n'est pas la ville la plus peuplée, mais elle doit peut-être son titre, par rapport à Tours, à sa position plus centrale et à son prestige historique. La ville, fidèle à son passé, se tourne aussi vers l'avenir (parc technologique, université dynamique).

Orléans, qui s'appelait Genabum, fut d'abord une place gallo-romaine florissante au milieu des Carnutes. Devenue Aurellanis, elle subit l'attaque des Huns, qui sont repoussés en 451. Clovis y tient un important concile en 511. Orléans prend une importance considérable quand Hugues, le premier capétien, s'y fait sacrer en la cathédrale en 987. A partir du XIVe siècle, le duché d'Orléans devient traditionnellement propriété du deuxième fils du roi. Le titre de duc d'Orléans prend donc une importance considérable (c'est ainsi que Philippe II d'Orléans, fils de Philippe d'Orléans qui était le frère de Louis XIV, deviendra régent à la mort de ce dernier).

En 1429, Jeanne d'Arc fait d'Orléans le centre de la France. La libération de la ville marque un tournant dans la guerre de Cent Ans, annonçant la reconquête française, achevée un quart de siècle plus tard.

La ville ne sera pas épargnée par les guerres de religion, et Condé en fera un des fiefs de la Fronde.

Fortement marquée par la seconde guerre mondiale, elle présente aujourd'hui un visage d'harmonieuse reconstruction autour des monuments anciens subsistants.

Orléans possède plusieurs traditions industrielles et agro-alimentaire, en particulier la fabrication du vinaigre et le travail des étoffes.

La figure légendaire de la ville reste Jeanne d'Arc : elle n'a en fait jamais quitté la ville depuis qu'elle l'a délivrée, il y a plus de 500 ans. Son image est toujours partout présente. Nul ne peut prétendre connaître Orléans et les Orléanais s'il n'a, une fois au moins, vécu la traditionnelle épopée des fêtes johanniques, du 29 avril au 8 mai au soir. Elle pose, en statue équestre sur la place centrale de la ville, la place du Martroi, ancienne place du marché au blé.

A
B
C
D
E
F
G
1
2
3
Paris (R.N. 20)
PITHIVIER
Gare SNCF
Gares d'Orléans
Office de Tourisme
Antigna
Parc Pasteur
Lycée Benjamin Franklin
Lycée Pothier
Palais des Sports
PTT
Gendarmerie
Gymnase Claude Robert
Œuvre Jeanne d'Arc
Résidence Riobé
Eglise Néo-Apostolique
Ecole Marie Stuart
Ecole Cormier
Groupe Scolaire Pierre Segelle
Gymnase de la Gare
Centre Social
Prison
Eglise Ste-Jeanne d'Arc
Gare Routière
Muséum des Sciences Naturelles
Inspection Académique
Conseil Général du Loiret
Caserne Pompiers
EDF - GDF
Centre Commercial Place d'Arc
Poste
Eglise Saint-Paterne
Médiathèque
Ecole Primaire André Dessaux
Ecole Sainte-Croix
Chapelle Sainte-Croix
Ecole Maternelle René Thinat
Groupe Scolaire Marcel Proust
Clinique des Murlins
Cité Administrative Coligny
A.N.P.E.
ASSEDIC
Institut Serenne
Collège Départemental
Gymnase Daniel Denieu
Lycée Jean Zay
Eglise Saint-Vincent
boulevard de Châteaudun
boulevard de Québec
boulevard Victor Hugo
boulevard Marie Stuart
boulevard de Verdun
boulevard Rocheplatte
rue du Faubourg Bannier
rue du Faubourg Saint Vincent
rue de Coulmiers
rue des Murlins
rue de la Gare
rue Emile Zola
rue Eugène Vignat
rue Guy-Marie Riobé
rue Marcel Proust
rue Albert 1er
avenue de Paris
rue du Maréchal Foch
rue de l'Argonne
rue Bellebat
place Gambetta
place Dunois
place Albert 1er
Accès aux hôtels du centre (autos et autocars)

Châteaudun - Le Mans (R.N. 157)
Blois - Tours (R.N. 152)
Gien (D. 960)
Mairie
Espace Touristique
Cathédrale Ste-Croix
Centre Hospitalier Régional
République
De Gaulle
Royale Châtelet
Halles Châtelet
place du Martroi
rue Jeanne d'Arc
rue Royale
rue de Bourgogne
rue Dupanloup
boulevard Alexandre Martin
avenue Jean Zay
Fort Alleaume
quai Saint-Laurent
quai Barentin
quai Cypierre
quai du Châtelet
Joffre
Collège Jeanne d'Arc
Préfecture
Temple
Hôtel des Postes
Lycée Saint-Charles
Ecole Louis Guilloux
CRAM
Palais de Justice
Parc de la Motte Sanguin
Auberge de Jeunesse
Complexe Cinémas
Lycée St-Paul
Gymnase André Dessaux
© Scoop Communication
A
B
C
D
E
F
G
4
5
6
7

QQQ-RRR

SSS

TTT

VVV

WWW-XXX-YYY-ZZZ

Charles Péguy, né à Orléans, a été beaucoup inspiré par la quête johannique, ensuite par Dieu et la patrie, pour laquelle il mourra en 1914.

Louis Pasteur a séjourné près d'Orléans, où il étudia la fermentation du vinaigre. François Villon y fut emprisonné.

Fiche pratique

COMITE DEPARTEMENTAL DE TOURISME 8, rue d'Escures © 02 38 78 04 04. *Fax 02 38 77 04 12. Site : www.tourismeloiret.com.*

LOISIRS ACCUEIL LOIRET 8, rue d'Escures © 02 38 62 04 88. *Fax 02 38 62 98 37. Internet : www.tourismloiret.com.* Loisirs Accueil propose un grand nombre d'activités, de manifestations sportives et récréatives, ainsi que des formules d'hébergement.

MAIRIE Place Etape © 02 38 79 22 22

OFFICE DE TOURISME 6, Place Albert-Ier © 02 38 24 05 05. *Télécopie 02 38 54 49 84. Site : www.ville-orleans.fr.* Il organise des visites guidées de la ville. Durée : 2h30.

COMITE DEPARTEMENTAL DU TOURISME 8, rue d'Escures © 02 38 78 04 04. *Fax 02 38 77 04 12. Site : www.tourismeloiret.com.*

COMITE REGIONAL DU TOURISME ET DES LOISIRS DE LA REGION CENTRE 37, avenue de Paris © 02 38 79 95 00. *Fax 02 38 79 95 10. Site : www.visaloire.com.*

Transports

BUS PASS'REL Rue Blaise-Pascal © 02 38 70 95 05

GARE. *Informations vente 08 92 35 35 35/Informations horaires 08 91 67 68 69.*

AERODROME SAINT-DENIS-DE-L'HOTEL © 02 38 46 33 33

SEMTAO. *Société d'exploitation des transports de l'agglomération orléanaise) : espace transports 4, rue Hallebarde 0 800 01 2000.*

TAXI RADIO D'ORLEANS Rue Pierre-Ségelle © 02 38 53 11 11. *7 jours sur 7, 24h sur 24.*

LE PETIT TRAIN TOURISTIQUE Office du tourisme © 02 38 24 05 05. *Circule du 1er juillet au 31 août.* A l'initiative du conseil municipal des jeunes, l'idée du petit train est un très bon moyen pour découvrir l'histoire d'Orléans en restant assis. Pendant quarante-cinq minutes, on assiste à une visite guidée au grand air et on admire les monuments de la ville. Bien agréable pour le Petit Futé d'être à l'ombre quand le soleil s'acharne.

Points d'intérêt

Orléans possède encore un patrimoine important de maisons et de bâtiments anciens. Malheureusement, ce n'est qu'une partie infime du patrimoine initial : les restructurations du XVIIIe siècle et du XIXe siècle ont fait autant de torts que les bombardements de 1940. Au milieu du XVIIIe siècle, la décision fut prise de restructurer la ville. La rue Royale fut construite avec ses arcades et la place du Martroi redessinée. En 1840, c'est l'ouverture de la rue Jeanne-d'Arc et de la place Sainte-Croix qui dégagèrent la magnifique vue sur la cathédrale. Et dire que certains osent prétendre qu'Orléans manque de perspectives !

ABBAYE DE FLEURY © 02 38 35 72 43. Très célèbre basilique romane fondée vers 651 (trop peu connue des ligériens) où une communauté bénédictine s'est reformée depuis 1944.

CATHEDRALE SAINTE-CROIX Place Sainte-Croix. *Ouverte tous les jours de 9h15 à 12h et de 14h15 à 18h45 (en hiver à 17h). Entrée gratuite. Visite du sous-sol archéologique : renseignements 02 38 77 87 50. Visite des tours de la cathédrale : renseignements 02 38 24 05 05. Sous-sol et tours de la cathédrale ouverts du 1er mai au 30 septembre ; fermé le 8 mai et le 15 août.* Presque anéantie par les guerres de Religion, la première pierre de la reconstruction fut posée par Henri IV en 1601 et les 114 mètres de la flèche centrale furent achevés en 1858. C'est sans doute pourquoi, quand à Orléans on n'espère plus la fin de quelque chose on dit : "C'est long comme l'œuvre de Sainte-Croix". De nos jours, on continue à la restaurer.

Témoignage remarquable de l'art gothique, la majeure partie de l'édifice date du XVIIe siècle, avec quelques parties antérieures qui ont survécu à la destruction des guerres de Religion. Le lieu a néanmoins une histoire aussi ancienne que royale : c'est dans la cathédrale d'Orléans que fut couronné Hugues Capet en 987, ce qui marquait l'avènement de la dynastie capétienne après un siècle et demi de guerre d'influence entre les familles royales. Neuf ans plus tard, son fils Robert, Orléanais pure souche, lui succéda sous le nom de Robert II, dit le Pieux.

G. Tharel

Promenade des remparts

Couronné dans cette même cathédrale, il allait régner 35 ans sur le pays. On sera saisi par la majesté de la nef haute de 33 mètres, longue de 136 mètres et constituée de six travées sur croisées d'ogives, et par le chœur aux parfaites proportions. A visiter et à observer, les vitraux modernes qui datent des XVIIe et XIXe siècles, les tableaux de grands peintres, dont le maître espagnol Zurbaran, les tombeaux des évêques d'Orléans, le trésor (reliquaire de Saint-Aignan du XIIIe siècle, la croix-reliquaire du XVIIIe siècle contenant les fragments de la sainte Croix) ainsi qu'une pietà du XVIIe siècle, œuvre de Michel Bourdin. Le sous-sol lui aussi mérite votre attention. Fouillé depuis les années 30, il a révélé des vestiges des constructions primitives. Prenez le temps de monter dans les hauteurs de la cathédrale. La vue sur le vieil Orléans est superbe. A découvrir les hôtels particuliers, les toits des vieux quartiers, les ruelles étroites…

EGLISE SAINT-AIGNAN © 02 38 24 05 05. *Visite guidée en saison organisée par l'office de tourisme.* Elle a pour origine une abbaye fondée au VIe siècle sur le tombeau de l'évêque d'Orléans du même nom. Une église collégiale fut reconstruite en 1029 à l'initiative du roi Robert II le Pieux. La crypte date de cette époque. La crypte ouverte tous les jours du 1er juillet au 15 septembre de 12h à 18h (Ouverture : se renseigner auprès du service archéologique 02 38 62 70 56). Située dans la rue Neuve-Saint-Aignan, elle présente une remarquable tour clocher de forme octogonale construite au cours du XVe siècle. A voir également dans l'église, le chœur, l'abside et son déambulatoire sur lequel donnent cinq chapelles. On pourra terminer la visite par la belle crypte datant du XIe siècle. Elle représente le seul vestige de l'église originelle construite par le fils de Hugues Capet, Robert II le Pieux, roi de France de 996 à 1031. Elle abrite de beaux chapiteaux pré-romans sculptés dont un est encore recouvert de ses couleurs originelles. Pour visiter l'ensemble, demandez la clé auprès du presbytère installé au 10, rue des Gobelets.

EGLISE NOTRE-DAME DE RECOUVRANCE. Elle a été construite de 1513 à 1519 sur l'emplacement d'une chapelle du XIIIe siècle. Elle fut consacrée au souvenir de la délivrance d'Orléans en 1429 et fut restaurée en 1862. On admirera son élégante tour-clocher latérale.

LA COLLEGIALE DE SAINT-PIERRE-LE-PUELLIER © 02 38 79 24 85. *Ouvert du mardi au vendredi de 10h à 12h30 et de 13h30 à 18h. Ouvert le samedi et le dimanche de 14h à 18h. Fermé le lundi et les jours fériés. Entrée libre. Visite sur réservation.* C'est la plus ancienne église d'Orléans conservée. Elle a été construite du XIIe siècle au XVIe siècle. Incendiée en 989, elle est reconstruite au XIe siècle et devient collégiale, dotée par le roi de France Robert II le Pieux. Elle est sérieusement endommagée en 1562 au moment des guerres de Religion (la flèche de la tour occidentale est démolie et les sculptures des portails sont arasées). Les parties hautes de la grande nef ont également souffert. Aujourd'hui, elle sert de salle d'exposition pour de nombreux artistes.

Mais aussi : On peut encore citer les églises Saint-Euverte, Saint-Laurent, Saint-Etienne, Saint-Vincent et Saint-Paterne.

HOTEL GROSLOT Place de l'Etape © 02 38 79 22 30. *Du 1er octobre au 30 juin, ouvert de 10h à 12h et de 14h à 18h en semaine et le dimanche et fermé le samedi. Du 1er juillet au 30 septembre, de 9h à 19h en semaine et le dimanche et de 17h à 20h le samedi. Visites libres ou guidées. Fermé pendant les cérémonies officielles.* L'ancien hôtel particulier du bailli, Jacques Groslot, fut construit en 1550 par l'architecte Androuet du Cerceau. Abritant pendant plus de deux siècles l'hôtel de ville, il présente un riche intérieur, avec un mobilier et une décoration rappelant les grandes heures de la maison : c'est dans la salle des mariages que mourut le jeune roi François II, à seize ans, venu assister avec son épouse Marie Stuart aux Etats généraux en 1560. De Jeanne d'Arc à Henri IV, de nombreux objets, tableaux, meubles y ont été accumulés. On y célèbre toujours les mariages et on y reçoit les invités d'honneur.

MAISON DE JEANNE D'ARC 3, place du Général-de-Gaulle © 02 38 52 99 89. *Ouverte tous les jours sauf le lundi du 2 mai au 31 octobre de 10h à 12h et de 13h30 à 18h et du 1er novembre au 30 avril de 13h30 à 18h. Tarifs : 2 €, demi-tarif (étudiants de 16 à 25 ans, 65 ans et plus) gratuité jusqu'à 16 ans, groupes scolaires et chômeurs.* Des milliers de touristes la fréquentent tous les ans (24 861 en 2001) pour ses maquettes et ses reproductions de toutes sortes qui amusent beaucoup les enfants. Au rez-de-chaussée, une exposition temporaire renouvelée chaque année. A l'étage, un mini-spectacle son et lumière : dans la pénombre, des maquettes s'éclairent peu à peu et des voix racontent ce que fut le siège d'Orléans. Disponible à la demande en cinq langues. Au second, 5 maquettes retracent la vie trépidante de notre Pucelle. A voir aussi, des expositions temporaires sur des gravures, l'étendard de Jeanne d'Arc et une des armures ainsi que la cotte de mailles qui ont été réalisées pour le film de Luc Besson en 1998.

HOTEL DES CRENAUX 32, rue Sainte-Catherine ✆ 02 38 79 21 33. C'est l'ancien hôtel de ville d'Orléans, les Echevins s'y réunirent à partir de 1428 et l'achetèrent en 1443. Il fut rebâti entre 1503 et 1513 dans un style essentiellement Renaissance. En 1790, la municipalité transféra l'hôtel de ville à l'hôtel Groslot. Dans la cour, le beffroi, haute tour carrée, a été construit par le maître Macon Colin-Galier de 1445 à 1453.

HOTEL CABU Square Abbé-Desnoyers ✆ 02 38 79 25 60. Il fut construit en 1548 pour Phillippe Cabu, seigneur des Muys et de Villermain. Cet hôtel fut incendié en 1940 et il n'en reste que la façade d'époque Renaissance. Acheté par la ville en 1862 et restauré par l'architecte Lisch, il abrite à présent le musée archéologique et historique de l'Orléanais.

LE JARDIN DES PLANTES Avenue de Saint-Mesmin. *Ouvert de 7h30 à 20h en été, de 8h à 17h30 en hiver.* Le jardin des Plantes fut créé en 1640 par la Société des apothicaires, à l'origine installée au Ravelin Saint-Laurent et transféré en 1834 sur son site actuel. Situé à quelques pas du quartier Saint-Marceau, territoire des horticulteurs, des pépiniéristes et des maraîchers depuis le début du XVIe siècle. Ne manquez pas les festivités de saint Fiacre, patron des jardiniers, le 30 août.

MUSEE DES BEAUX-ARTS 1, rue Fernand-Rabier ✆ 02 38 79 21 55. *Ouvert tous les jours sauf le dimanche matin et le lundi, de 10h à 12h15 et de 13h30 à 18h. Le mercredi de 18h à 20h (pendant les expositions). Plein tarif donnant accès aux deux musées (collections permanentes) : 3 €. (Collections permanentes et expositions temporaires) 4 €. Demi-tarif : 1,50 € et 2,50 €. Gratuit pour les groupes scolaires, les jeunes jusqu'à 18 ans, les chômeurs).* Il figure parmi les 32 musées classés de France et le conservateur, Eric Monet, a su lui redonner la place qu'il méritait dans le cœur des Orléanais en organisant des stages, des expos, et des activités diverses qui l'ont dépoussiéré. Ce musée né de la Révolution française s'est installé depuis 1984 près de la cathédrale. Les peintures (françaises, flamandes, hollandaises, italiennes), sculptures, estampes, dessins et objets d'art rassemblés dans ce lieu, font partie d'une des plus belles collections de l'art en Europe du XVIe siècle à nos jours. Les salles du XXe siècle sont rouvertes au public au grand bonheur des passionnés ne se lassant pas d'admirer un éventail étendu de l'art de ce siècle. Les pastellistes du XVIIIe siècle sont à l'honneur dans un cabinet de dessins enchanteurs, l'un des plus riches de France. Une belle place est laissée à la sculpture avec des œuvres signées Pigalle, David d'Angers, Rodin, Maillol, Henri Gaudier-Brzeska et Malfray.

MUSEE HISTORIQUE ET ARCHEOLOGIQUE DE L'ORLEANAIS Hôtel Cabu - Square Abbé-Desnoyers ✆ 02 38 79 25 60. *Ouvert du 1er octobre au 30 avril, le mercredi, le samedi et le dimanche de 13h30 à 18h. En mai, juin et septembre du mardi au dimanche de 13h30 à 18h. En juillet et août tous les jours de 10h à 12h15 et de 13h30 à 18h. Gratuit tous les premiers dimanches du mois. Plein tarif : 3 €. Demi-tarif : 1,50 €.* Ce très bel édifice de la Renaissance, méconnu des Orléanais, abrite pourtant un trésor de bronze gallo-romain, de Neuvy-en-Sullias, qui nous révèle un style extrêmement moderne de l'art gaulois. Un premier étage est consacré à des sculptures du XVe et des tapisseries de l'époque de Jeanne d'Arc. Au second, sont exposées des pièces d'orfèvrerie et des images populaires orléanaises.

MUSEUM DES SCIENCES NATURELLES 2, rue Marcel-Proust ✆ 02 38 54 61 05. *Ouvert tous les jours de 14h à 18h, sauf les jours fériés. Plein tarif : 3 €. Demi-tarif : 1,50 €. Les groupes sont accueillis sur rendez-vous.* Aller au muséum des Sciences naturelles, c'est faire une plongée dans le temps, mais à l'envers. Au premier niveau, découverte des insectes, des coléoptères, des reptiles et des poissons. Au deuxième niveau, on dirait presque le train fantôme de la fête foraine : squelettes de singes, de lions… Plus loin, on se retrouve dans un petit coin, pas très rassurant, de la Sologne, cris d'animaux et jeux de lumière feront frémir (bravo les techniciens du musée !). Au troisième niveau, on aborde la préhistoire, période qui passionne souvent les enfants. La visite des deux serres, l'une consacrée aux espèces végétales méditerranéennes, l'autre aux espèces tropicales, fait découvrir un ensemble de la flore terrestre. Le muséum possède également un espace de conférences qui ne sont pas toujours scientifiques et ouvertes à tous.

LE PARC FLORAL DE LA SOURCE ✆ 02 38 49 30 00. *Exposition selon calendrier annuel, parc animalier, petit train, golf miniature, boutique, aire de pique-nique, salon de thé, etc. Ouverture du 29 mars au 11 novembre de 9h à 18h (fermeture des caisses à 18h et des portes à 19h) tous les jours, et du 12 novembre à la fin mars de 14h à 17h tous les jours sauf le 25 décembre et le 1er janvier. Visite de la serre aux papillons de 10h à 17h.* Un toboggan unique en France ravit les enfants et le théâtre du Guignol les fera rire aux éclats. Dans un nouvel espace, on retrouve nos amis les animaux pour le bonheur des petits et des grands. Visité par Voltaire, ce parc paysager a été remanié pour les Floralies internationales de 1967 qui accueillirent 2,5 millions de visiteurs en six mois. C'est le parc de tous les enchantements qui s'étend sur 35 hectares de nature.

LA PLACE DU MARTROI. C'est le cœur de la vieille ville d'Orléans. En son centre trône la statue équestre de Jeanne d'Arc, réalisée en 1855 par Foyatier. Cette place, redevenue piétonne depuis quelques années, se situe au débouché de la plupart des grandes rues de la ville : la rue Bannier, la rue Royale, et la rue de la République. On peut également admirer le fameux immeuble la chancellerie des ducs d'Orléans qui date du XVIIe siècle. En partant de la place juste sur la gauche de la chancellerie, en direction de la Loire, on peut suivre la rue Royale réalisée entre 1752 et 1760. Elle fut en grande partie détruite lors des bombardements de 1940 et reconstruite après la guerre.

Le couvert

LA CHANCELLERIE 27, place du Martroi © 02 38 53 57 54. *Fermeture annuelle une semaine en janvier. Fermé le dimanche et lundi. Menus de 22,87 € à 34 €. Carte 27,44 €. Petit-déjeuner 8,23 €.* Derrière la noble façade XVIIIe siècle, une table distinguée, un cadre élégant et chaleureux, avec boiseries et rideaux de velours. C'est la famille Lefevre qui officie dans cette institution qui n'a rien perdu de sa superbe. La cuisine s'inspire de la région avec volubilité et personnalité : anguilles au vert, dos de sandre au vin de Champigny, andouillette de Jargeau rôtie aux graines de moutarde, nougat glacé aux pralines d'Orléans, grand choix en huîtres et en fruits de mer. Jolie cave de propriétaires, propositions commentées de vins au verre.

EUGENE 24, rue Sainte-Anne © 02 38 53 82 64. *Fax 02 38 54 31 89. Fermeture annuelle la semaine du 15 août. Fermé les samedis, dimanches et lundis midi. Menus à 21,50 € à 30,50 €. Carte 46 €.* Située entre la place du Martroi et le boulevard Alexandre-Martin, un établissement au cadre agréable et à l'ambiance chaleureuse. Jolie salle à manger décorée dans des tons chauds, cuisine largement inspirée par la Provence. Onze ans d'existence pour cette table réputée où les gourmets viennent déguster une cuisine composée de mélanges subtils, de création et d'imagination, fleuron de la haute cuisine. Les clients se délectent de plats délicats : la poêlée de langoustines au cœur de céleri ou le filet de rouget barbet au pistou. On conclut sur une note sucrée : le cannelé accompagné de chocolat et de lavande glacée.

RESTAURANT L'ARCHANGE 66, rue du Faubourg-Madeleine © 02 38 88 64 20. *Fermeture annuelle trois semaines en août, la semaine entre Noël et le jour de l'an, dix jours pendant les vacances de pâques. Fermé le lundi, mardi soir, mercredi soir, jeudi soir et dimanche soir. Menus de 21 € à 45 €. Carte 37 €.* Une table sûre et traditionnelle à cinq minutes du centre-ville, où l'on cultive, dans un cadre bourgeois, le savoir-vivre et les plats d'école modernisés avec tact : persillé de ris de veau aux cèpes, salade à l'huile de pistache, paupiettes de soles soufflées au jus de langoustines ; filet de bœuf au jus de truffe et son gâteau, gratin de ris de veau à la crème et aux morilles. Le savoureux fondant au chocolat feuilleté praliné et ses truffes glacées se classe parmi un des chefs d'œuvre de l'artiste. Tarifs vigoureux.

Le gîte

HOTEL MERCURE 44, quai Barentin © 02 38 62 17 39. *Fax 02 38 53 95 34. Site : www.mercure.com. 109 chambres dont une suite, de 102 € à 113 €.* Dans le centre d'Orléans, un établissement sans surprise, classé trois étoiles, offrant des chambres disposant de tout le confort nécessaire (salle de bain, télévision, téléphone direct, Canal+). Une chambre aménagée pour personnes handicapées. 60 chambres familiales. 8 chambres communicantes. Les animaux sont admis l'hôtel est équipé d'une piscine et d'un restaurant. Parking.

HOTEL D'ORLEANS 6, rue Adolphe-Crespin © 02 38 53 35 34. *Fax 02 38 53 68 20. 18 chambres de 64 €.* En plein centre d'Orléans, à deux pas de la place du Martroi, un hôtel au cadre agréable offrant de bonnes prestations. Les chambres sont grandes, confortables et bien équipées. Service impeccable. Prix raisonnables. L'hôtel dispose d'un parking pratique pour circuler à son aise dans le centre-ville.

Emplettes

CHOCOLATERIE ROYALE 51, rue Royale © 02 38 53 93 43. *Ouvert tous les jours, sauf dimanche et lundi matin.* Une maison réputée à Orléans où se fabrique un chocolat récompensé par un prix international. C'est même le seul établissement de la région centre à fabriquer la matière première, puisque grâce à un nouvel équipement, il torréfie la fève de cacao. Les pâtisseries peuvent être savourées au salon de thé. Plus de 30 variétés de thé vous attendent.

PATISSERIE DE LA CATHEDRALE 3, rue Jeanne-d'Arc © 02 38 53 19 37. Une pâtisserie qui a fait ses preuves et est devenue une référence avec Dominique Martin aux commandes. On vient ici acheter les spécialités de la maison : le feuilleté de la cathédrale, directement inspiré de Lenôtre, et le cardinal, un macaron avec une crème praliné-noisette. Egalement en vente, des pains spéciaux et une belle gamme de chocolats maison.

Marchés

Ils sont omniprésents à Orléans. Tous les jours sauf lundi, un quartier de la ville accueille l'un d'entre eux. Le mardi, on n'en compte pas moins de quatre, le mercredi un seul, le jeudi cinq, le vendredi trois, le samedi cinq et enfin le dimanche trois également. On mettra l'accent sur celui de la place Dunois, le jeudi après-midi (de 15h à 19h30). Il a la particularité d'accueillir des producteurs régionaux de fruits et légumes, de fromages et autres produits typiques de l'Orléanais et du Loiret.

MARCHE DU QUARTIER MADELEINE. *Dimanches matin, allée Pierre-Chevallier et exclusivement de 7h30 à 12h30.* Un lieu vivant, convivial et bon enfant. Des petits producteurs de la région proposent au gré des saisons leurs fruits et légumes des plus avantageux. C'est ici que l'on achète la dernière passe crassane d'octobre ou la première asperge du printemps. Il y a aussi les fameux poulets rôtis, les œufs pondus du jour, etc., sans compter quelques stands de vêtements, maroquinerie ou quincaillerie.

▷ Dans les environs

Cercottes

AUBERGE DE LA FORET 68, RN20 ✆ 02 38 75 41 11. *Fermé le soir le mardi et le dimanche et le mercredi toute la journée. Menus de 19,50 € à 44,90 €. Menu enfant 13,20 €.* A dix minutes à peine d'Orléans, une halte fort appréciée des gourmets, le chef mariant harmonieusement tradition et invention. Dans un cadre rustique magnifiquement rénové, dédié à la chasse, une immense cheminée offre l'hiver une ambiance chaleureuse, relayée en été par le jardin privatif.

Fleury-les-Aubrais

Il était une fois, au début du siècle, un roi d'Espagne, Alphonse XIII, qui faisait un voyage officiel en France. Le 30 mai 1905, son train s'arrêta aux Aubrais, pour le plus grand orgueil de la petite ville de Fleury, dont la gare dépendait. Tout le conseil municipal était là pour l'accueillir en grande pompe. Las ! Tout se gâta lorsque Sa Majesté demanda : mais quel est le nom de cette charmante bourgade ? Fleury-aux-Choux, lui fut-t-il répondu. Alors, tout aristocratique qu'il fût, le roi éclata d'un rire irrépressible qui laissait penser que ce nom était… d'un ridicule achevé. Il va sans dire que nos notables en furent mortifiés. Et c'est ainsi que le 27 mai 1907, par décret municipal, et le 15 novembre 1907 par décret présidentiel, Fleury-aux-Choux devint Fleury-les-Aubrais, aujourd'hui commune limitrophe d'Orléans. Merci Alphonse !

La Chapelle-Saint-Mesmin

ORLEANS PARC HOTEL 55, route d'Orléans ✆ 02 38 43 26 26. *Fax 02 38 72 00 99. Fermeture annuelle du 22 décembre au 2 janvier. Fermé le vendredi soir de novembre à février inclus. 33 chambres de 58 € à 84 € ; 2 suites à 92 €. Petit-déjeuner 8 €.* A 3 kilomètres d'Orléans, un hôtel aux 33 chambres bien équipées : télévision, minibar, salle de bains et toilettes séparés. Ces chambres bénéficient d'une vue sur la Loire ou d'un parc ombragé de 3 hectares. Parking privé gratuit.

Marigny-les-Usages

MAISON PAYSANNE LES USSES MARIN KRIS ET JEAN-CLAUDE 145, rue du Courtasaule ✆ 02 38 75 14 77. *Fax 02 38 75 90 65. 3 chambres à 55 €. Carte bancaire non acceptée.* Qualité et confort sont au menu de votre halte dans ces chambres d'hôtes. Une ancienne ferme de 1780 rénovée entourée d'un parc clos et arboré de 4 000 m². Les chambres, indépendantes de la maison des propriétaires, sont décorées avec chaleur et avec goût (style Louis-Philippe, Louis XV ou anglais). Une ancienne grange sert de cadre champêtre aux petits-déjeuners. Des vélos sont à disposition des hôtes pour des promenades dans la forêt domaniale d'Orléans tout proche.

Saint-Jean-de-Braye

MUSEE CAMPANAIRE BOLLEE 156, faubourg de Bourgogne ✆ 02 38 86 29 47. *Fax 02 38 86 18 95. Ouvert du 1er février au 31 décembre vendredi, samedi et dimanche, de 14h à 18h, et tous les jours sur rendez-vous pour les groupes. Fermé les 1er janvier et 25 décembre. Entrée 3 €.* Ce musée retrace la fabrication complète d'une cloche. On y trouve des motifs de fondeurs anciens, appareils de contrôle musicaux, battants, outils. Attenant au musée, une fonderie toujours en activité dont la production vient embellir les clochers des églises et des abbayes de la région comme celle de Cléry-Saint-André.

LES ILES DE LA LOIRE. Elles furent données par Charlemagne et quelques rois de France au chapitre de Saint-Aignan. La structure de ce groupe d'îles fut profondément modifiée par les crues du XVIIIe siècle qui déplacèrent le lit majeur du fleuve. La Loire vint alors souder ensemble l'île aux Bœufs et l'île dite de Charlemagne. Après la Révolution, les îles furent juridiquement rattachées aux communes de Saint-Jean-de-Braye et d'Orléans. Achetées par Jean Lucet, puis rattachées à Saint-Jean-le-Blanc par la loi Fallières, les terres de l'île furent mises en vente comme bien national en 1911. A partir de 1950, elles deviennent gravières. En 1975, la ville d'Orléans les rachète. L'île Charlemagne est aujourd'hui une base de loisirs et de fêtes, ouverte toute l'année.

Saint-Jean-le-Blanc

CANOE-KAYAK CLUB D'ORLEANS Base de l'île Charlemagne © 02 38 66 14 80. *Ouvert sur réservation toute l'année, tous les jours en juillet et en août.* Un club de canoë-kayak pas tout à fait comme les autres, attaché à la pratique et à la diffusion de ce sport mais aussi à la nature, à la faune et à la flore de la Loire. Les sorties s'accompagnent d'observation du milieu naturel du dernier fleuve sauvage d'Europe.

BASE DE L'ILE CHARLEMAGNE. Jeux pour enfants, terrain de volley, et de foot, tables de ping-pong, terrains de pétanque, parcours de santé, de VTT, baignade surveillée et plage de sable fin. Les canoës et les kayaks sont admis. L'accès est libre du lever du soleil au coucher du soleil. Des cours de planche à voile pour adultes sont organisés. En été la ligne R de la Semtao dessert la base de loisirs toutes les heures.

La Forêt et le Canal

Points d'intérêt

LE CANAL D'ORLEANS. Il fut créé à la fin du XVIIe siècle à la demande du duc d'Orléans qui en fut le premier propriétaire. Les travaux durèrent onze ans. Il fut achevé et inauguré le 5 mars 1692. L'activité de transport ayant, faute de concurrence, beaucoup baissé après la guerre, il revint dans l'escarcelle des Eaux et Forêts pour qu'elles l'exploitent comme domaine de pêche et, en liaison avec les instances locales, comme domaine touristique et de loisirs. Ses abords sont aujourd'hui fort bien mis en valeur, grâce, notamment à la superbe forêt d'Orléans qu'il traverse.

Il se déroule sur un peu plus de 78 kilomètres en reliant la Loire à la Seine, via le Loing qu'il rejoint en bout de course. Il faut 10 écluses pour passer des 95 mètres de l'altitude de départ, à Combreux, jusqu'au point de partage des eaux, à 124 mètres, et 17 autres écluses pour accomplir le dénivelé de 41 mètres jusqu'à la jonction avec le canal du Loing.

En chemin, il est ravitaillé par 13 étangs d'une superficie totale de 276 hectares, formant un véritable paradis pour les pêcheurs. Deux de ces étangs, l'étang de la Vallée et l'étang des Bois, sont aménagés en base de loisirs nautiques et comportent un camping.

LA FORET D'ORLEANS. Avec ses 34 500 hectares, c'est la plus grande forêt domaniale de France. On peut y adjoindre les 10 000 hectares de bois particuliers pour avoir toute l'étendue du massif forestier : 45 000 hectares environ. Elle s'appela Leodica Sylva avant l'an 1000, forêt Legium, peu après, et enfin forêt des Loges, nom qu'elle porte encore parfois aujourd'hui.

Elle se décompose en trois massifs : massif d'Orléans, massif d'Ingrannes, et massif de Lorris, le plus vaste. Terrain de chasse et de promenade de la noblesse française pendant des siècles, elle fut aussi longtemps laissée en pâturage, ce qui hâta sa détérioration. Ce ne fut qu'au début du XIXe siècle qu'elle commença à être protégée et embellie avec les plantations de pins sylvestres, notamment dans le massif de Lorris.

On se balade aujourd'hui en voiture, sur les 200 kilomètres de routes forestières, à pied ou à bicyclette sur les 1 000 kilomètres de chemins, avec de nombreux itinéraires balisés, et à cheval sur les routes et chemins précisés.

De nombreux autres loisirs sont pratiqués dans la forêt, outre la marche et la promenade : pêche et joies nautiques sur les étangs et sur le canal d'Orléans, chasse (on peut voir des équipages de chasse à courre durant toute la saison), pique-nique sur les aires aménagées, visite de sites, comme l'Arboretum du Chêne à Deux Jambes, ou le carrefour de la Résistance, haut lieu de la dernière guerre.

la Famille d'Orléans

On parle plutôt de la maison d'Orléans, issue des Capétiens, et qui fut représentée par quatre familles princières, fournissant rois de France et personnages célèbres : le premier fait d'importance vient de Louis Ier, fils de Charles V, qui lui avait donné le duché d'Orléans, et dont l'assassinat en 1407 déclencha la guerre civile entre Armagnacs et Bourguignons. Charles, fils du précédent, qui deviendra un distingué poète, épousera Marie de Clèves à son retour de 25 ans de captivité en Angleterre. Son fils, Louis II, duc d'Orléans, deviendra roi de France en 1498 sous le nom de Louis XII et épousera Anne de Bretagne. Le personnage suivant de la galerie est Philippe d'Orléans, régent de France, de la mort de Louis XIV, son oncle, à sa propre mort en 1723, indissociable à jamais du terme et de l'époque Régence. Philippe Noiret l'a fort bien campé dans "Que la fête commence" de Tavernier. Son petit-fils, Louis-Philippe d'Orléans, dit Philippe Egalité, sera député de la noblesse aux Etats généraux de 1789, votera la mort de son cousin Louis XVI en janvier 1793, avant de passer lui-même à la guillotine en novembre. Louis-Philippe, son fils, sera roi de 1830 à 1848 et partage avec Helmut Kohl, le chancelier allemand, le privilège d'avoir été fréquemment caricaturé sous la forme d'une poire. Les héritiers actuels de la famille d'Orléans sont moins en vue. On peut suivre leurs exploits dans des revues spécialisées.

Le point culminant de la forêt se trouve dans le massif d'Ingrannes, à 174 mètres. On y trouve le belvédère des Caillettes, haut de 16 mètres, et qui permet de découvrir toute la région selon la clarté du jour.

CARREFOUR DE LA RESISTANCE. On accède à ce site, assez impressionnant parmi les chênes et les séquoias, depuis le village des Bordes, en prenant, 1 kilomètre après le village, au niveau du château d'eau, la route forestière à droite. Important foyer maquisard, le Loiret - et Lorris en particulier - connut une répression sanglante le 14 août 1944, à la veille du débarquement allié en Méditerranée, et alors que les villes du Centre étaient tour à tour libérées.

Une soixantaine de résistants furent arrêtés et fusillés en ce lieu aujourd'hui. La maison forestière dans laquelle les Allemands entassèrent les corps des victimes fut ensuite incendiée. Un monument rend hommage à ces résistants, alors que la maison brûlée est restée telle depuis l'événement.

Encadré de séquoias (ils furent plantés vers 1880), l'endroit est empreint de quiétude et de solennité. On rejoint Lorris en passant par l'étang du Gué-l'Evêque. On y trouve un musée de la Résistance et de la Déportation.

▷ *Dans les environs*

Chambon-la-Forêt

Le château est privé, mais on va se régénérer aux sources gallo-romaines de Montfras, réputées pour la qualité de l'eau, ou à la fontaine Sainte-Radegonde. Plus romantique, l'ancien lavoir, et plus technique, l'observatoire de géophysique.

Chécy

En bordure de Loire, à 10 kilomètres en amont d'Orléans, Chécy est un très vieux village anciennement occupé par les Carnutes, et plus tard au carrefour de deux voies romaines, sous le nom de Caciacum. Jeanne d'Arc y passa le 28 avril 1429, avant d'arriver à Orléans. Le village fut longtemps voué à la vigne, qui occupa pendant plusieurs siècles plus de la moitié de la terre cultivable. Son église dédiée à saint Pierre et saint Germain et son musée de la Tonnellerie méritent une visite.

EGLISE SAINT-PIERRE SAINT-GERMAIN. Elle fut initialement construite sous les Carolingiens (clocher-porche initial du IXe siècle) et prit sa forme actuelle au XIIIe siècle avec l'élévation du chœur et du transept, avant celle de la nef au XIVe siècle. Les guerres de Religion ne l'épargnèrent pas, puisqu'elle fut presque entièrement brûlée en 1562. Elle a été complètement restaurée au XIXe siècle. On y admire notamment aujourd'hui ses verrières (1880) qui racontent l'histoire du village.

MUSEE DE LA TONNELLERIE 7, place du Cloître ✆ 02 38 86 95 93. *Ouvert du 1er octobre au 1er novembre et du 1er avril au 1er juin uniquement les week-ends et jours fériés de 15h à 18h30. Tarif : 2 €, 1 € de 8 à 18 ans.* Ce musée rappelle la tradition viticole de Chécy. Situé dans le domaine du cloître, à côté de l'église, il se présente comme un bâtiment de vigneron du siècle dernier, avec les pièces de tonnellerie dont on se servait à l'époque pour fabriquer mais aussi restaurer les tonneaux. Complétant parfaitement ces collections d'anciens outils, une importante documentation ainsi que des photos relatant le développement et les techniques de l'activité.

Chilleurs-aux-Bois

CHATEAU DE CHAMEROLLES Chilleurs-aux-Bois ✆ 02 38 39 84 66. *Ouvert du 1er février au 31 mars et du 1er octobre au 31 décembre de 10h à 12h et de 14h à 17h ; du 1er avril au 30 septembre de 10h à 18h ; fermé à Noël et le mardi, sauf en juillet et août. Entrée 5 €, enfants 3,50 €.* Edifié au début du XVIe siècle par un certain Lancelot Ier du Lac, compagnon d'armes et chambellan du roi Louis XII, aujourd'hui entièrement restauré, il est ouvert au public depuis 1992. Entouré de douves, il dresse son élégante silhouette au-dessus de la plaine. Derrière le pont-levis, on accède à une cour permettant d'admirer les murs sculptés de briques et de pierre, ainsi que, sur la gauche, la fraîche galerie qui, par une porte dérobée, mène au jardin. La chapelle fut autrefois vouée au culte réformé : on y trouve encore des inscriptions, parmi les plus anciennes du genre. Il est depuis 1987 la propriété du conseil général du Loiret.

A l'intérieur il abrite une collection d'objets relatifs à la parfumerie, des flacons anciens notamment, et pour la boutique de l'entrée ornée de très jolies choses : savons parfumés, herbiers, affiches et lithos, petites fioles, vaisselle.

Son jardin Renaissance, œuvre de Lancelot II, reconstitué d'après des documents d'archives, autour d'un étang, est magnifique.

RESTAURANT LANCELOT 12, rue des Déportés ✆ 02 38 32 91 15. *Fax 02 38 32 92 11. Site : www.restaurant-le-lancelot.com. Fermé le dimanche et mercredi soir et lundi. Menus de 14,50 € à 61 €. Carte 44 €.* Atmosphère campagnarde dans cette fermette ancienne, de charme, à cinq minutes du château de Chamerolles. Une belle salle bourgeoise, une jolie carte sur fond de tradition, bien interprétée : cassolette d'escargots au beurre persillé, poêlée d'anguilles solognotes jus au safran du Gâtinais, escalope de foie gras chaud aux pommes jus périgourdin.

Combreux

Un village forestier où l'on retrouve le canal d'Orléans. L'environnement est bien joli, ce qui embellit le château (XVIe et XIXe siècles) néo-gothique un peu lourdaud, qui fut néanmoins un rendez-vous de chasse des rois de France.

AUBERGE DE LA CROIX BLANCHE 46, route du Gâtinais ✆ 02 38 59 47 62. *Fax 02 38 59 41 35. 7 chambres à 52 €. Menus de 18 € à 37 €. Petit-déjeuner 7 €.* Au cœur de la forêt d'Orléans, un ancien relais de poste recouvert par le lierre. Accueil convivial et souriant, cuisine simple mais attrayante : tête de veau à l'ancienne sauce ravigote, dégustation de nos trois foies gras, tarte fine aux pommes, beurre de miel glace crème brûlée. Quelques jolies chambres à disposition pour prolonger le séjour.

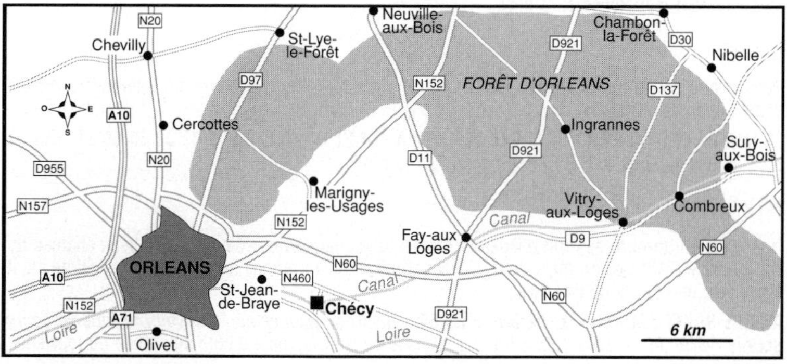

AUBERGE DE COMBREUX 36, route de Gâtinais ✆ 02 38 46 89 89. *Fax 02 38 56 36 19. Fermeture annuelle du 15 décembre au 20 janvier. 19 chambres de 53 à 79 €. Menus de 18 à 36 €. Petit-déjeuner 9 €.* Un ancien relais de poste du XIXe siècle au charme discret mais certain. Les chambres, aux décors traditionnels (meubles anciens), donnent sur le jardin, un parc de 1 hectare possédant piscine, espace fitness et tennis. Dans la salle à manger, chaleureuse, vous goûtez une cuisine traditionnelle de bonne facture, le chef travaillant les produits du terroir : tourteau en millefeuille, poêlée de rognons de veau aigre-doux, filet de perche grillé, crème d'épices et pistil de safran ou une brochette de fruits frais caramélisés.

CAMPING DE L'ETANG DE LA VALLEE* ✆ 02 38 59 35 77.** Base de loisirs, minigolf et baignade surveillée.

ETANG DE LA VALLEE - SYNDICAT MIXTE DU CANAL D'ORLEANS 61 bis, route de Nestin - FAY-AUX-LOGES. Cette base de loisirs propose de nombreuses activités à commencer par la baignade (aires de baignades aménagées et surveillées par des maîtres-nageurs diplômés). Egalement Canoë-kayak, planche à voile et pédalos. Location d'embarcations pour se promener sur les 70 hectares du plan d'eau.

Fay-aux-Loges

On y voit l'église Notre-Dame-et-Saint-Côme (XIe et XVIe siècles), avec son original clocher octogonal de près de 50 mètres de hauteur, et un vieux calvaire (XVIe siècle). Ponson du Terrail, le père de Rocambole, y occupa, au XIXe siècle le château de la Reynerie, et Henri IV séjourna à la ferme de la Queue. Un peu au nord de Fay, Sully-la-Chapelle possède un bel édifice XVIIe siècle, le château de Claireau.

LE PAYS D'ALENTOUR 37, route de Trainou ✆ 02 38 59 27 56. *Ouvert tous les jours sauf le lundi de 9h30 à 19h30.* Au nord de Fay-aux-Loges, Le Pays d'Alentour propose un grand choix de produits régionaux : des terrines, du foie gras, des confitures, du miel, des fromages et en saison du gibier. Les amateurs de produits artisanaux seront également comblés et pourront repartir avec des faïences, des poteries, ou encore des objets en bois, une somme d'articles fabriqués dans la région.

Ingrannes

On passe d'abord aux ruines de l'abbaye cistercienne de la Cour-Dieu avant d'arriver au village, avec son église qui conserve une partie du XIIe siècle.

ARBORETUM DES GRANDES BRUYERES ✆ 02 38 57 12 61. *Ouvert du dernier dimanche de mars au premier dimanche de novembre de 10h à 18h tous les dimanches et jours fériés ; entrée 8 € et 5 € ; tous les autres jours, sur rendez-vous, entrée 10 €.* Situé à proximité, d'Ingrannes, l'arboretum couvre au cœur de la forêt une superficie de 9 hectares plantés d'arbres, de magnolias, de bruyères et de roses. Au détour d'un des nombreux chemins reliant les jardins, on apercevra les vestiges du château de Centimaisons.

AUBERGE DU CHENE VERT Place de l'Eglise ✆ 02 38 57 11 97. Située en plein cœur de la forêt d'Orléans, cette auberge porte bien son nom, tant le vert est présent tout autour ! Côté cuisine, le traditionnel est à l'honneur, avec on s'en doute, du gibier lorsque la saison de la chasse pointe le bout de son fusil. Le chef se fait également une spécialité du poisson, et l'agrémente au fil de ses envies et de ses idées, nous faisant nous délecter de plats agréablement recherchés et raffinés.

Loury

Petit village sur la route Orléans-Pithiviers, on s'y arrête pour découvrir un intéressant musée dédié à la forêt d'Orléans.

LE MUSEE DES METIERS ET LEGENDES DE LA FORET D'ORLEANS ✆ 02 38 65 60 11. *Ouvert de Pâques à la Toussaint les week-ends et jours fériés.*

Nibelle

Un village en bordure de forêt d'Orléans abritant une charmante petite église, le beau château du Hallier privé (XVIe siècle), mais dont on peut admirer les anciennes fortifications, l'enceinte étant émaillée d'une douzaine de tours.

MUSEE SAINT-SAUVEUR ✆ 02 38 32 23 66. *Ouvert de pâques au 1er novembre tous les jours sauf le mardi de 14h30 à 18h.* Situé sur la place de Nibelle, juste à côté de l'office de tourisme, le musée Saint-Sauveur expose des mannequins et des vieux outils pour faire revivre l'artisanat ancien, notamment la poterie et les métiers liés à l'exploitation de la forêt d'Orléans. A voir également des documents sur les demeures remarquables du voisinage, comme le château du Hallier et le prieuré de Flottin.

RELAIS SAINT SAUVEUR 22, place Saint-Sauveur ✆ 02 38 32 23 45. *Fermé le mercredi. Menus de 16,50 € à 22,60 €.* Une jolie maison ancienne en lisière de la forêt d'Orléans au sympathique cadre rustique, à l'accueil délicieux de Nicole et Dominique Devaux, chef d'expérience. La simplicité en avant, des recettes éprouvées, méli-mélo de rognons et ris de veau, filet de sandre dieppois, mousse au chocolat maison.

Olivet

OFFICE DE TOURISME 236, rue Paul-Genain ✆ 02 38 63 49 68. *Télécopie 02 38 63 50 45.*

Une importante banlieue, et indiscutablement la cité la plus importante des bords du Loiret. Une ville dynamique qui concentre les activités de loisirs pour les Orléanais qui veulent s'échapper de la métropole.

Quelques souvenirs rappellent l'ancienneté d'Olivet, notamment le château de Poutyl, où séjourna entre autres Henri IV, ainsi que les nombreux moulins disséminés le long du Loiret : le moulin de Saint-Samson, de Saint-Julien (ne peut être visité), de la Mothe, des Béchets, du Bac, des Tancreniers et enfin celui de Saint-Santin. Le plus ancien est, semble-t-il, le moulin du Bac dont l'existence est attestée dès la fin du Xe siècle. Modernisé au fil du temps, il a connu de nombreux propriétaires et stoppa toute activité au début des années 1930.

RESTAURANT LA LAURENDIERE 68, avenue du Loiret ✆ 02 38 51 06 78. *Fermeture annuelle du 22 février au 10 mars et du 1er au 17 juillet. Fermé le lundi et mardi soir et mercredi. Menus de 21 € à 45 €. Carte 35 €.* Tout près d'Orléans, dans une banlieue réputée pour ses poires, une table agréable et déjà réputée, au cadre rétro et aux propositions toujours intéressantes, guidées par les saisons et renouvelées selon l'humeur du chef. Décor élégant, avec une mise de table raffinée, service empressé.

COMITE DEPARTEMENTAL DE RANDONNEE PEDESTRE Maison des Sports - Immeuble Pluton - Rue de la Bergeresse. Pour tout savoir des itinéraires de randonnées sillonnant le Loiret mais également du calendrier des manifestations départementales et régionales. Tout au long de l'année le comité départemental organise des marches pour tous les niveaux, de 6 à 20 kilomètres.

Sury-aux-Bois

Voilà un petit village typique du centre de la France, avec une vieille église, une jolie vue sur le canal en arrivant, et des pavillons récents qui témoignent au moins d'une activité au quotidien. Voir l'église Saint-Georges (XVe siècle) et le château de Chicamour (XVIIIe siècle) qui ne se visite pas.

Saint-Denis-en-Val

MONTJOIE CANOE Levée de la Loire ✆ 02 38 64 98 85. *Ouvert toute l'année. Réservation conseillée de canoë en haute saison.* Le club de Montjoie Canoë propose outre des canoës en location pour découvrir les bords de Loire, des circuits guidés avec accompagnateurs aux thèmes variés : circuit nature, sportif ou patrimoine. Si Saint-Denis-en-Val se trouve dans les terres, la base elle-même se situe sur les bords de Loire. A côté, on trouvera un gîte d'étape d'une capacité d'une quarantaine de lits.

CROISIERE A BORD DE L'OUSSANCE ✆ 02 38 46 82 91/06 08 61 61 28 (Secrétariat du Syndicat du Canal d'Orléans). *Fax 02 38 46 82 92.* A bord de l'Oussance, joli bateau d'une capacité de 100 places, on visite le canal d'Orléans entre Fay-aux-Loges et Combleux. Passages d'écluses, pique-nique le midi, et visites de sites remarquables l'après-midi font partie du programme classique. Pour la promenade de 2h30 avec passage d'écluse : adulte 7 €, enfants 2,80 €. Pour la promenade entre Chessy et Combleux 4 € et 2,30 €. Le bateau peut être mis à disposition pour toutes sortes de manifestations.

VALLEE DE LA LOIRE, DE JARGEAU A CHATILLON-SUR-LOIRE

Jargeau

Points d'intérêt

Sa position de ville-étape sur la route du sud-ouest la prédisposait à voir du passage : celui de Louis XIV allant convoler avec Marie-Thérèse d'Autriche qui, malgré son titre, était madrilène, et qu'il épousa à Saint-Jean-de-Luz. Egalement celui, plus durable, de Louis XI, qui y installa sa cour, peut-être en hommage à Jeanne d'Arc qui y avait été blessée en essayant de prendre la ville un demi-siècle auparavant. L'Histoire indique cependant qu'elle libéra la ville le 12 juin 1429. Enfin, Henri II et Henri IV y firent également un saut. C'est aujourd'hui une petite cité moderne et simple dont un des plaisirs est la dégustation d'andouille, une confrérie y tenant ses chapitres deux fois par an. La particularité de l'andouille de Jargeau est de ne pas être uniquement tripière, mais composée d'abats et de viande. On la trouve en vessie, en grand ou petit diamètre. Elle se consomme froide, en salade par exemple, ou chaude, pochée à l'eau, émincée puis frite.

EGLISE SAINT-ETIENNE. *Ouverte tous les jours de 9h à 18h.* La première construction de l'église Saint-Etienne remonte au IXe siècle. Ancienne collégiale, elle fut plusieurs fois remaniée. Une visite s'impose pour découvrir ses stalles du XVIIe siècle, la chaire en fer forgé, œuvre classée de Perdoux (1752) et ses fonts baptismaux en pierre sculptée, eux aussi du XVIIe siècle. A voir également à l'extérieur son portail de style Renaissance.

MAISON DE LA LOIRE. C'est un musée installé dans une belle villa ligérienne, la Chanterie, et qui célèbre le fleuve en exposant la vie quotidienne sous ses aspects historiques, économiques et touristiques. La maison loge également l'office de tourisme.

MUSEE OSCAR-ROTY 3, place du Petit-Cloître ✆ 02 38 59 80 13. *Ouvert en mai, juin, et jusqu'au 18 juillet, les samedis et dimanches après-midi de 14h à 18h. Entré 2 €.* A proximité de la maison de la Loire, il ravira les amateurs de médailles. Il est consacré à un graveur originaire de Jargeau universellement connu, non pas par son nom, mais par son œuvre la plus célèbre, La Semeuse, qui figure côté face des pièces de monnaie et sur les timbres poste. Des croquis du graveur et des moulages de cire font partie de l'exposition.

Le couvert

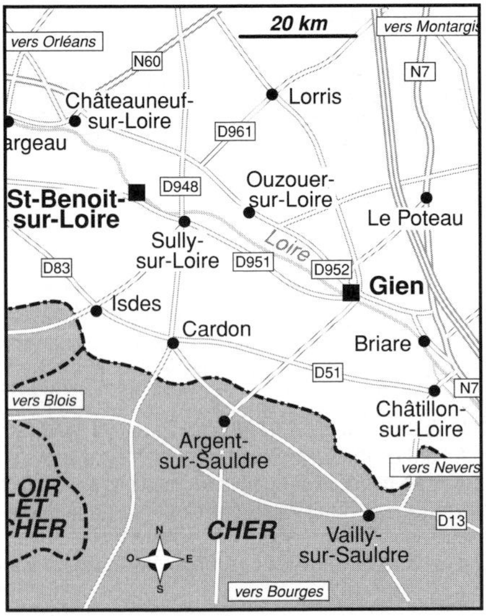

HOTEL DU CHEVAL BLANC 1, rue de Limousins ✆ 02 38 46 86 10. *Fax 02 38 46 12 69. Ouvert tous les jours du 1er avril au 31 octobre. Fermé le vendredi soir et le dimanche soir en hors saison. Menus de 9,50 € à 26 €. Parking, terrasse.* Entrer dans cet hôtel, c'est un peu comme entrer dans l'Histoire. En effet, cet édifice, situé aux frontières de la Sologne, a été reconstruit en 1908 et fait depuis partie intégrante de la ville de Jargeau. Les convives sont accueillis dans une petite salle en semaine, et dans une salle plus imposante le week-end. Dans la digne tradition ligérienne, ils sont conviés à découvrir le goût particulier du gibier durant la saison de la chasse : sanglier, chevreuil, faisan... même les champignons passent à la casserole. Les poissons de la Loire ont également leur place sur la carte et les visiteurs de passage dans notre région peuvent, en un tour de carte, se faire une idée de la faune et de la flore locales grâce à des plats savamment travaillés.

Le gîte

CAMPING DE L'ISLE AUX MOULINS Isle aux Moulins © 02 38 59 70 04. C'est un des campings les plus agréables des bords de Loire. Les emplacements sont bien délimités et ombragés. Bon niveau de confort. On trouvera ici calme et convivialité dans un cadre charmant. Nombreuses activités récréatives. Compter 8 € par jour pour deux personnes avec une tente.

▷ *Dans les environs*

Châteauneuf-sur-Loire

OFFICE DE TOURISME 3, place Aristide-Briand © 02 38 58 44 79. *Télécopie 02 38 58 52 83.* Il est situé juste en face du château.

CHAPELLE DE L'EPINOY. Une petite chapelle dans un cadre verdoyant. Erigée au XIe siècle, elle fut de nombreuses fois remaniée. Il ne reste plus de sa construction d'origine que le porche de style roman.

CHATEAU. Le château se prélasse au bord de la Loire, entouré de douves. La première construction date du XIe siècle, et l'édifice actuel du XVIIe siècle. Au cours de l'histoire, il fut occupé par les rois Capétiens, les Valois et la famille d'Orléans, qui appréciaient beaucoup les bords de Loire. Une riche famille, proche de Louis XIV, entreprit de faire de cette résidence royale un château aussi beau et luxueux que les grands châteaux de la Loire. Repris ensuite par Mme de Montespan et le propre petit-fils du Roi-Soleil, il connut un grand rayonnement jusqu'à la Révolution, durant laquelle ce symbole voyant d'une noblesse gaspilleuse subit les outrages de la République conquérante. Restauré par la suite, il revint à l'Etat en 1925 et abrite aujourd'hui, outre l'hôtel de ville, le musée de la Marine de Loire, dans les salles de garde. A voir aussi les anciennes écuries (XVIIe siècle), voûtées, dans un style à la Mansart, et qui loge la bibliothèque municipale, ainsi que l'orangerie (XVIIIe siècle). Dans le parc imaginé par Le Nôtre, et dont le tracé fut recréé à l'identique par un de ses disciples, Huillard d'Hérou, est rassemblée une collection de fleurs et d'arbustes exotiques exceptionnelle. Un véritable arboretum, qui concentre en particulier une remarquable variété de rhododendrons. C'est en juin, au plus fort de la floraison, que sa visite est la plus recommandée.

EGLISE SAINT-MARTIAL. Située de l'autre côté de la place, juste en face du château, l'église Saint-Martial abrite le mausolée du marquis de la Vrillière, bâtisseur de l'actuel château, à côté de la halle Saint-Pierre, qui servit jadis de gare à bateaux. Elle fut l'église paroissiale du hameau de la Ronce rattaché à Châteauneuf dès le Moyen Age.

MUSEE DE LA MARINE DE LOIRE Ecuries du Château © 02 38 46 84 46. *Ouvert tous les jours sauf le mardi, du 1er avril au 31 octobre de 10h à 18h, du 1er novembre au 31 mars, de 14h à 18h. Fermé au Jour de l'an, le 1er mai et à Noël.* Sur plusieurs étages, une collection unique de plus de 5 000 objets et de près de 16 000 documents : matériel de navigation, documents sur la vie quotidienne des mariniers, objets d'art local, les épisodes historiques de la vie du fleuve, appuyés par des maquettes (reproduction de 12 mètres d'un bateau du XIXe siècle), des gravures et des peintures, etc. Et un centre de documentation sur la marine de Loire.

HOTEL LAFONTAINE 80, Grande Rue © 02 38 58 62 91. *Ouvert tous les jours. 11 chambres de 27 € à 42 €. Petit-déjeuner 5 € (buffet).* En centre-ville, un hôtel bien tenu aux chambres fonctionnelles. La nouvelle propriétaire d'origine anglaise accueille chaleureusement les clients. Service prévenant et parking privé fermé.

L'OFFICE DE TOURISME propose quelques sentiers pédestres, comme le circuit des deux ponts qui suit la Loire jusqu'à Saint-Denis-de-l'Hôtel ou le circuit du Mesnil, qui passe par la promenade du Chastaing, conduisant à l'antique quartier de la Ronce (l'époque gallo-romaine de Châteauneuf) et qui mène à Germigny-des-Prés et son oratoire carolingien.

LE RUCHER DU PETIT POCHY 12, rue de la Blondelière © 02 38 46 21 76. Christian Prochasson vend au détail ses miels du Loiret : miels du gâtinais, toutes fleurs, de printemps, de forêt, d'acacia.

Donnery

CLOS DE CORNELLA AVRIL JACQUES 27, rue de Vennecy ✆ 02 38 59 26 74. *Fax 02 38 59 29 69. 3 chambres de 42 € à 48 €. Carte bancaire non acceptée.* Dans une ferme restaurée du XVIIIe siècle, 3 chambres confortables avec télévision : deux dotées de meubles rustiques, l'autre de meubles Louis XVI. Vous pourrez profiter du grand jardin avec salon et jeux pour enfants. Vous trouverez le canal d'Orléans à 900 mètres et la Loire à 4 kilomètres.

Germigny-des-Prés

Petit village installé près des bords de la Loire, entre Châteauneuf-sur-Loire et Saint-Benoît-sur-Loire, Germigny-des-Prés offre aux visiteurs calme et charme. Coincé entre deux méandres de la Loire il abrite un célèbre oratoire, monument dont la visite mérite assurément le détour.

ORATOIRE CAROLINGIEN ✆ 02 38 58 27 97. *Fax 02 38 58 24 12. Ouvert tous les jours du 1er janvier au 15 mars de 9h à 18h ; du 16 mars au 30 septembre de 8h30 à 19h et du 1er octobre au 31 décembre de 9h à 18h. Gratuit.* Magnifique vestige de la culture carolingienne, cet oratoire était la chapelle particulière d'un des principaux conseillers de l'empereur Charlemagne, Théodulfe. Il abrite une mosaïque composée de près de 130 000 pièces. On la trouvera dans l'abside en cul-de-four de l'église. Mosaïque carolingienne unique en France, elle met en scène l'Arche d'alliance qu'entourent des anges. A voir également une pietà en bois datant du XVIe siècle, une statue de la Vierge à l'enfant en bois du XIVe siècle. A côté de l'oratoire on trouvera un petit musée pour les passionnés d'émaux. Il renferme un très joli reliquaire en émail champlevé datant du XIVe siècle.

Saint-Benoît-sur-Loire

ABBAYE DE SAINT-BENOIT ✆ 02 38 35 79 00 (Syndicat d'initiative)/02 38 35 72 43. *Ouverte au public toute l'année de 8h à 21h (19h l'hiver) sauf pendant les offices, le dimanche matin et les jours de fêtes. Entrée gratuite.* Un petit tour jusqu'au port sur la Loire, puis retour au centre avec la remarquable atmosphère créée par l'abbaye bénédictine. Sur une place d'une absolue quiétude, à quelques dizaines de mètres du fleuve, on goûte la clarté et la sérénité, au pied de la basilique (XIe, XIIe et XIIIe siècles). Erigée apparemment en lieu et place d'un site religieux païen, c'est un des fleurons de l'art roman dans la région. Centre de pèlerinage, sa crypte renferme les reliques de saint Benoît ramenées du mont Cassin en 703. Sa tour-porche du XIe siècle abrite des chapiteaux richement sculptés de scènes bibliques. On s'attardera également dans le transept pour admirer sa voûte en coupole. Les chapiteaux de la nef sont eux aussi richement ornés de scènes de la vie de saint Benoît. L'abbaye fut fondée en 651 et connut un rayonnement intense autour des Xe et XIe siècles. L'ordre créé par saint Benoît, les bénédictins, s'est répandu dans le monde entier. Mis à la rue à la Révolution, ils ne revinrent dans leur abbaye mère qu'en 1944. L'abbaye porte aussi le nom d'abbaye de Fleury, le village ayant pour nom primitif Saint-Benoît-de-Fleury. L'abbatiale est illuminée le week-end, en été. Le poète Max Jacob, inspiré par la foi, séjourna à Saint-Benoît de 1921 à 1928 et y revint de 1936 à 1944. Arrêté par la Gestapo, il mourut au camp de Drancy.

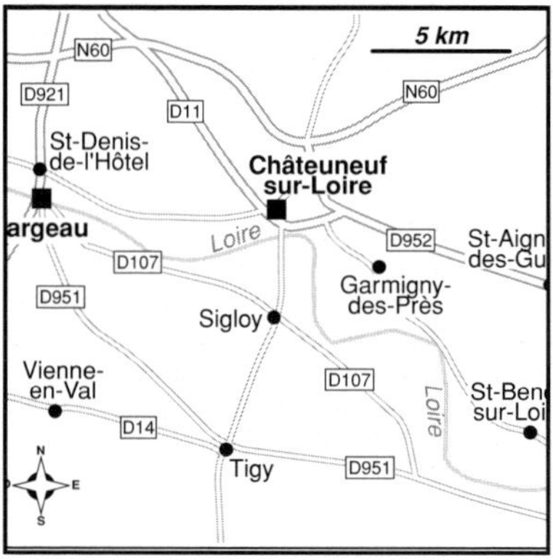

FERME DE LA BORDE 6, chemin de la Borde ✆ 02 38 35 70 53/06 85 56 63 19. *Fax 02 38 35 10 06. Mireille et Dominique Bouin. 6 chambres de 46 € à 53 € (dont une équipée pour recevoir les personnes handicapées). Menu à 18 €.* Une belle propriété tranquille, qui a le label handicap visuel et mental. Chambres spacieuses disposant du confort nécessaire. Table d'hôte suivant le rythme des saisons avec produits de la ferme et du terroir, légumes et fruits du jardin. A quelques kilomètres, vous pourrez découvrir la basilique de Saint-Benoit, l'oratoire carolingien de Germiny-des-Près et le château médiéval de Sully-sur-Loire.

LE LABRADOR ✆ 02 38 35 74 38. *Fax 02 38 35 72 99. 40 chambres de 47,30 € à 53,40 €. Petit-*

déjeuner 6 €. A 300 mètres des bords de Loire, en plein cœur de Saint-Benoît et à deux pas de la basilique, un hôtel deux étoiles agréable et au calme. Ses chambres sont confortables, bien équipées (télévision, téléphone direct) et certaines donnent sur la basilique romane. Parking pratique duquel on accédera directement aux chambres.

LES ATTELAGES DU MARAIS 37, route des Boutrons © 02 38 35 76 36. *Tous les jours, sauf lundi.* Cet établissement hippique est la seule école d'attelage du Loiret. Les personnes désireuses d'apprendre à mener, dans un but de loisir ou de compétition, s'y inscriront profitablement. On peut aussi, dans une limite de 6 à 10 personnes, prendre place dans une calèche tirée par une paire de cobs normands et découvrir ainsi les bords de Loire, l'abbaye de Saint-Benoit-sur-Loire ou l'église de Germigny-les-Prés.

RACING KART ORLEANAIS 8, route du Vieux Chemin © 02 38 35 73 78/02 38 35 76 46. *Fermeture annuelle 15 jours à Noël. Ouvert tous les jours, sauf mardi et le mercredi.* Un club qui propose des initiations au kart. Bar sur place.

ULM CLUB VAL DE LOIRE Routes des Places © 02 38 35 76 78. *Toute l'année.* Un centre d'ULM, instruction d'ULM pendulaire et ULM para-moteur (cours à l'heure ou au forfait) mais aussi pour découvrir depuis les airs les magnifiques paysages de la Loire et ses châteaux. Au programme circuits châteaux de la Loire et randonnées en Sologne. Durant le stage de découverte d'une heure (95 €), vous aurez la possibilité de piloter personnellement. Baptêmes de 25 € à 70 €.

Saint-Martin-d'Abbat

PELLETIER CHANTAL 83, route du Haut des Bordes © 02 38 58 22 09. *1 chambre de 38 € à 65 €. Carte bancaire non acceptée.* Entre Loire et forêt, dans un village dont vous remarquerez les boîtes à lettres originales, cette maison, à l'intérieur rustique, abrite une suite confortable. La propriété, située en bordure de rivière, comprend étang et grand jardin fleuri et boisé.

Saint-Martin-de-L'Orme

La ville est en fête pour les sorties de carnaval, les deux dimanches entourant Mardi gras. Un autre jour, une autre fête : le deuxième week-end de juin a lieu la foire aux andouilles (venez nombreux !), et le troisième dimanche d'octobre, la foire aux chataîgnes (foire aux châts) dont la tradition remonte au XIIe siècle.

Tigy

A la lisière de la Sologne, traversant la Loire au départ de Châteauneuf. Un village à la fois rural et forestier, réputé pour ces asperges qui abrite une intéressante église aux boiseries anciennes et un musée de l'Artisanat rural ancien.

MUSEE DE L'ARTISANAT RURAL ANCIEN. Situé à côté de la bibliothèque, il rassemble une collection impressionnante d'outils traditionnels des anciens métiers : maréchal-ferrant, bourrelier, tonnelier, sabotier, etc. Egalement les premières machines agricoles, les procédés ancestraux de fabrication du beurre, du fromage, du pain, et des collections de costumes et d'intérieur rural (cuisine, école...).

Vienne-en-Val

AUBERGE DE VIENNE 2, route d'Orléans © 02 38 58 85 47. *Fermeture annuelle du 19 janvier au 10 février et les 2 premières semaines de septembre. Fermé le dimanche soir, lundi et mardi. Menus de 26,50 € à 48,50 €, 17,50 € (le midi).* Cadre rustique et chaleureux pour savourer les spécialités maison comme le filet de sandre en croûte de sésame (cuit en croûte de sel avec des graines de sésame) ou, pour le dessert, la tarte aux poires flambées d'Olivet : une légère pâte feuilletée avec des morceaux de poire préalablement flambés... à l'eau-de-vie de poire d'Olivet, ce qui développe un arôme et un goût envoûtants. On essayera aussi la spécialité de la maison, le filet de bœuf cordon rouge. Originalité et classicisme sont les atouts majeurs de Dominique Salmon.

Sully-sur-Loire

La ville s'articule autour de l'activité de marine fluviale et du château qui, dès le Xe siècle, protège la ville contre l'agresseur et surveille le passage de la Loire. La cité sera fortifiée au début du XIVe siècle, avec d'épais remparts installés à la place des actuels boulevards. On en trouve quelques vestiges le long des douves du château. Le passage aux mains de la famille de Béthune-Sully assurera, par la fonction de l'illustre ministre d'Henri IV, une évidente prospérité à la ville.

A l'ouest, le quartier Saint-Germain, connu depuis longtemps pour son activité commerciale et fluviale, est l'un des plus anciens. Son port voyait partir vin, bois, charbon vers d'autres rives.

Si le château a résisté à la dernière guerre, la ville, dans son ensemble, a beaucoup souffert, et en porte encore les blessures.

L'histoire de Sully, c'est aussi celle de son pont, maintes fois détruit et maintes fois reconstruit : crues du fleuve, guerres, et même le froid, qui provoque, en 1985, l'écroulement du dernier pont suspendu, ont été d'actifs agents de rupture de liaison d'une rive à l'autre. La construction actuelle, en béton et acier, est donc très récente (1986).

Fiche pratique

MAIRIE 3, place Maurice-de-Sully ✆ 02 38 36 20 08

OFFICE DE TOURISME Place du Général-de-Gaulle ✆ 02 38 36 23 70. *Fax 02 38 36 32 21.* Un accueil souriant et un titre de gloire inscrit dans le livre Guiness des records : celui du plus grand nombre de personnes figurant sur une photographie de groupe (un peu plus de 2 000).

Transports

TAXI NOTTIN 31, chemin Chevessery ✆ 02 38 36 22 42

Points d'intérêt

CHATEAU ✆ 02 38 36 36 86. *Fax 02 38 36 45 02. Site : www.château.sully@cg45.fr. En travaux en début d'année, la château rouvre ses portes le 1er avril, jusqu'au 30 septembre de 10h à 18h ; du 1er octobre au 31 décembre de 10h à 12 h et de 14h à 17h, sauf le 25 décembre. Visites guidées (se renseigner pour les horaires).* Depuis le Xe siècle, date de sa première construction, il n'a connu que quatre propriétaires, dont la famille des ducs de la Trémoille, qui fit élever, au début du XVe siècle, cette vaste demeure appelée le donjon, entourée de ses quatre tours circulaires, puis le logis à la fin du XVe siècle. Il sera ensuite remanié et embelli par Maximilien de Béthune, duc de Sully et surintendant d'Henri IV, qui en devient acquéreur en 1602. On trouve d'ailleurs, dans l'oratoire, une réplique du mausolée de Sully et de son épouse. Dans ce château aux très belles proportions et aux remarquables tours surmontées de leurs toits en poivrière, Sully vint couler une douce retraite après l'assassinat d'Henri IV. Il y écrivit ses mémoires.

On admire la charpente du donjon, aujourd'hui éclairée, et on parcourt le chemin de ronde. Le château illuminé sur la Loire est une bien jolie vision vespérale. On le visite de mars à novembre, et on en profite pour se balader dans le parc, agréable et balisé. A l'intérieur on découvrira dans l'ancienne chambre de Sully transformée en salon, un remarquable plafond à caissons. Egalement à ne pas manquer, la tenture de Psyché, ensemble de 6 tapisseries du XVIIe siècle racontant l'histoire de la belle Psyché dont la beauté dépassait celle de Vénus. Chaque année au mois de juin, il accueille le festival de Sully-sur-Loire, un festival international de musique classique et de jazz.

Depuis 1962, le château de Sully-sur-Loire est propriété du conseil général du Loiret.

Balade

La promenade le long de la Loire, face au château, en suivant les douves, est indispensable. L'eau n'est pas d'une extrême limpidité, mais le point de vue sur toutes les coutures du bâtiment, comme le calme de ce sentier riverain sont appréciables. Aux heures de visite du château, flânerie dans le très beau parc.

Le couvert

COTES ET JARDINS 8, rue du Grand-Sully ✆ 02 38 36 35 89. *Fermé le dimanche soir, mardi soir et mercredi. Menus de 11,50 € à 28 €.* Au cœur de la ville, une bonne table soignée, recettes traditionnelles actualisées en finesse : pain perdu aux escargots, pavé de bœuf d'angus, omelette de fruits. La salle est agréable, le service souriant et les tarifs toujours aussi engageants.

LA FERME DES CHATAIGNIERS Chemin des Châtaigniers ✆ 02 38 36 51 98. *Fermeture* *annuelle du 21 au 28 avril du 18 août au 3 septembre et fin décembre. Fermé le mardi soir et dimanche soir et mercredi. Menus de 19 € à 45 €.* Une ancienne fermette rénovée, dans un agréable style rustique, avec sa jolie salle à mezzanine, poutres et cheminée. Les menus présentent la cuisine habile de Jean-François Coelho, personnalisée à partir des produis frais du terroir. Excellent accueil.

Le gîte

CAMPING MUNICIPAL DE SULLY-SUR-LOIRE D948 - Chemin de la Salle-Verte ✆ 02 38 36 23 93. *205 emplacements.* Sur les bords de la Loire, juste en face du château, un camping deux étoiles. Dans un environnement de choix, on profitera du calme et des équipements. Baignade, jeux divers.

Le gîte et le couvert

RESTAURANT HOTEL DE LA POSTE 11, rue du Faubourg-Saint-Germain ✆ 02 38 36 26 22. *Fax 02 38 36 39 35. 24 chambres à 46 €. Menus de 15 € à 40 €. Petit-déjeuner 6 €.* Près du château, en centre ville, des chambres tout confort. Chambres pour non-fumeurs sur demande. Vaste cour avec garage couvert et fermé. Cuisine traditionnelle aux saveurs du terroir.

Emplettes

AUX TROIS FUTS 27, boulevard Jeanne-d'Arc ✆ 02 38 36 09 09. Sur la place du Marché, au coin avec le boulevard Jeanne-d'Arc, un caviste connaisseur qui ne choisit souvent qu'un vigneron par appellation, mais qui le choisit bien, en particulier en vins de Loire (cheverny, saumur, chinon, touraine-amboise...). En bouteille et en vrac. Egalement une cinquantaine de whisky et des bières de spécialité, essentiellement belges.

BOULANGERIE-PATISSERIE MARTEAU 4, rue Porte-de-Sologne ✆ 02 38 36 22 59. Face à l'office de tourisme de l'autre côté de la place, Patrick Marteau propose un grand choix de pains, de la flûte à l'ancienne au pain solognot (graines de lin, sésame et tournesol) en passant par le pain de seigle de l'océan à base de sel de Guérande. En pâtisserie, on goûtera aux spécialités de la maison : le pavé solognot (biscuit au miel et noisettes) et au Sully-Noix à base de caramel et de noix nappé de chocolat.

▷ *Dans les environs*

Bouzy-la-Forêt

LE RELAIS DU BRIOU 141, route du Briou ✆ 02 38 58 37 17. *Ouvert toute l'année.* Le Relais du Briou propose des circuits équestres variés d'un à 5 jours déclinant plusieurs thèmes : les châteaux de la Loire sur demande, mais surtout la forêt d'Orléans, etc. Egalement au programme des sorties de nuit, des excursions thématiques d'une journée. Pour les petits, à partir de 6 ans, quelques poneys. Le Relais du Briou est également un gîte d'étape pouvant accueillir 12 personnes et qui ne refuse personne, randonneurs, cyclotouristes ou cavaliers.

• Restaurauration et Hébergement

restaurants et tables d'hôte

hôtel-restaurant

hôtels

autres hébergements (auberge de jeunesse, chambre d'hôtes, B & B...)

campings

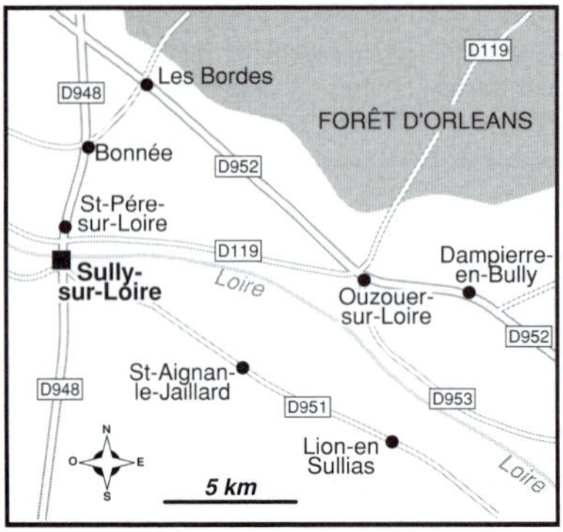

Dampierre-en-Burly

La première impression est laissée par l'histoire, dans un site coquet, au bord d'un étang. Des vestiges de fortifications en bon état, une église rénovée et un bourg animé, qui doit son développement à ce qui fait aujourd'hui la principale attraction de la commune : sa centrale nucléaire, au bord de la Loire. On la rejoint en prenant à droite dans le village, vers le fleuve, et l'arrivée, en levant le nez face à ces monuments de béton, est assez impressionnante.

Vous ne verrez peut-être pas les quatre cheminées fonctionner simultanément. Leur utilisation est presque saisonnière, liée aux besoins en énergie, qui sont inférieurs à la moyenne de l'année de mai à octobre. Ne vous demandez donc pas si la quatrième est en panne, tout est normal. On mesure d'ailleurs l'extrême confiance de l'environnement, à l'image des vaches qui broutent sans arrière-pensée l'herbe des champs voisins, puisque au pied des tours, on trouve une pépinière et diverses cultures.

L'étrange parfum, entre détergent et désodorisant, qui peut, çà et là, flotter dans l'air, est plutôt dû aux produits d'épandage utilisés sur ces cultures qu'à des émanations provenant de la centrale...

MUSEE DU CIRQUE ET DE L'ILLUSION La Croix Saint-Jacques - D952 ✆ 02 38 35 64 25. *Télécopie 02 38 35 62 86.* Unique en France, ce musée est une nouveauté 2004 (ouverture à Pâques). Dans un décor féerique où effets d'optique créent l'illusion sont présentés des objets et des costumes ayant appartenu à des artistes. Le sujet est traité de façon pédagogique et interactive, puisqu'en saison, en plus des projections, une attraction sera offerte chaque jour aux visiteurs ; trois fois par jour, un artiste différent présentera un numéro de magie, de clown ou d'équilibriste. Les amateurs comme les professionnels trouveront à la boutique du matériel de cirque et de magie.

Les Bordes

A proximité de Sully, une curiosité, un moulin-pivot bien préservé et restauré, privé, et qui fonctionne les dimanches et jours fériés, avec visite commentée par le meunier.

Saint-Père-sur-Loire

BASE DE LOISIRS DE SAINT-PERE-SUR-LOIRE ✆ 02 38 36 35 94. *Ouvert tous les jours du 1er avril au 31 octobre de 9h à 21h.* Minigolf, tennis et tennis de table. Les enfants trouveront à se divertir autour d'une aire de jeux et les adultes sur le parcours santé. La base met à la disposition des visiteurs une aire de pique-nique.

Viglain

GOLF-CLUB DE SULLY-SUR-LOIRE Domaine de l'Ousseau ✆ 02 38 36 52 08. *Fax 02 38 36 39 88. Site : GOLF.SULLY@wanadoo.fr. Ouvert tous les jours de 8h30 à 19h.* Au sud-ouest de Sully-sur-Loire, un vaste domaine équipé de trois parcours de 9 trous. Sur place un restaurant (fermé le mardi), l'Albatros.

Gien

Un bourg tout en longueur, étendu au long du fleuve, et qui s'anime autour de deux rues principales qui lui sont parallèles, et dont l'une prend le nom de celui qui a provoqué la célébrité historique de la ville : Bernard Palissy, natif d'Agen mais père de cette faïencerie dont Gien s'est fait une spécialité de renommée mondiale.

Fiche pratique

MAIRIE Chemin Montfort ✆ 02 38 29 80 00

OFFICE DE TOURISME Place Jean Jaurès ✆ 02 38 67 88 88

Transports

BUS RAPIDES DU VAL DE LOIRE ✆ 02 38 27 00 50

GARE Place de la Gare ✆ 02 38 67 64 03

TAXI DENHAUT 26, avenue du Président-Wilson ✆ 02 38 67 52 86

Points d'intérêt

Une place réputée pour ses faïences (musée de la Faïencerie, manufacture de Gien) et son joli pont traversant la Loire en 12 arches, qui a vu sa première construction au XVe siècle.

LE CHATEAU. Il fut construit en 1484 pour Anne de Beaujeu, alors comtesse de Gien, à l'emplacement d'un rendez-vous de chasse du IXe siècle. Jolie construction de briques s'inspirant largement de l'art gothique mais où l'on devine déjà le style Renaissance, elle accueillit Jeanne d'Arc en 1429. Le château actuel vit séjourner Henri II, Catherine de Médicis et Charles IX, avant Louis XIV et Anne d'Autriche, qui s'y mirent au vert pendant la Fronde. Il appartient aux rois de France dès le XIVe siècle. Devenu bien de l'Etat à la Révolution, il accueillit alors la sous-préfecture, le tribunal et la prison. Possession du département depuis 1823, il abrite aujourd'hui le musée international de la Chasse.

MUSEE DE LA FAIENCERIE DE GIEN 78, place de la Victoire ✆ 02 38 67 00 05. *Ouvert du 1er juin au 30 septembre, tous les jours, de 10h à 18h30 ; du 1er octobre au 31 décembre et de février au 31 mai, du lundi au samedi, de 14h à 18h, et le dimanche, de 10h à 12h30 et de 14h à 18h.* Créé en 1994, il retrace les 160 ans d'histoire des Emaux de Briare, avec des documents d'archives et une collection de pièces représentatives des différentes productions du site. Il se trouve dans la cave d'une ancienne fabrique, et expose une grande variété de pièces rares. Il retrace également l'histoire de la faïencerie giennoise et ses influences, sa production originale, son style et son inventivité, pour les assiettes et les services armoriés comme pour les pièces monumentales.

Un magasin d'usine vient également d'ouvrir ses portes au 1, boulevard Loreau - BRIARE. Renseignements : www.emauxdebriare.com ou au 02 38 31 22 01.

MUSEE INTERNATIONAL DE LA CHASSE Place du Château ✆ 02 38 67 69 69. *Fax 02 38 38 07 32. Site : museedelachasse@wanadoo.fr. Ouvert toute l'année sauf Noël et janvier du 1er février au 31 mai et du 1er octobre au 31 décembre de 9h à 12h et de 14h à 18h sauf le mardi ; du 1er juin au 30 septembre de 9h à 18h. Tarifs 5,60 €, réduit 4 €, enfants 1,20 €.* Installé dans l'enceinte du château, il occupe près de 12 salles dont une monumentale à l'admirable charpente. Il contient des collections de peintures (principalement de Desportes), tapisseries, armes, accessoires (une collection de 4 000 boutons de vénerie) et trophées de chasse. Il a reçu dernièrement le renfort d'une importante collection, celle de François de Grossouvre.

Le gîte

HOTEL SANOTEL 21, quai de Sully ✆ 02 38 67 61 46. *Fax 02 38 67 13 01. Site : www.sanotel.fr. 60 chambres de 37 € à 43 €. Petit-déjeuner 6 €.* Un bel hôtel de centre-ville où tout a été pensé pour le confort des touristes (téléphone, télévision satellite, climatisation, ascenseur…). Selon la chambre qui vous est accordée, vous avez vue sur la Loire et le château ou sur le jardin paysager et la terrasse de l'hôtel. Une annexe de l'hôtel (12 chambres) est installée dans le jardin.

Le gîte et le couvert

LA POULARDE 13, quai de Nice ✆ 02 38 67 36 05. *Fax 02 38 38 18 78. Fermeture annuelle 15 jours en janvier. Fermé le dimanche soir et lundi midi. 9 chambres de 44,50 € à 57 €. Menus de 18,50 € à 53 €. Carte 37 €. Petit-déjeuner 6,50 €.* Une bonne table classique en bord de Loire, face à un grand parc. Des salles élégantes, une bonne carte régionale, avec les spécialités qui s'imposent, le suprême de sandre au vin de Chinon et les gibiers en saison, comme les noisettes de biche aux poires épicées. Menus bien étagés, service efficace. En complément, une hôtellerie de bon niveau, chambres bien équipées (TPS), certaines avec vue sur le fleuve.

CAMPING SUNELIA Les Bois du Bardelet - Route de Bourges - POILLY-LES-GIEN ✆ 02 38 67 47 39. Vous n'aurez même pas besoin d'apporter votre hébergement, vous le trouverez sur place, sous forme de mobil-homes et de chalets. Et il n'est pas sûr que vous ayez le temps de goûter à toutes les activités : piscine, tennis, vélos, ping-pong, pêche, minigolf… le tout dans un environnement vert.

Loisirs

HELI ESPACE Z.I - LES MONTOIRES ✆ 02 38 38 29 00. *Fax 02 38 67 06 30.* Un moyen original pour découvrir à partir de Briare la vallée de la Loire et ses châteaux. Vous aurez le choix entre un baptême de l'air, un simple survol et le circuit de votre choix comprenant, selon le prix, des arrêts pour visiter et une escale gastronomique.

▷ *Dans les environs*

Breteau

Une église (XVIe siècle) à remarquer et, à proximité (2 kilomètres par la D47), le château du Muguet (style classique, XIXe siècle), qui fut le théâtre d'une rencontre historique, en juin 1940, entre Pétain, de Gaulle et Churchill.

Briare

OFFICE DE TOURISME Place du Général-de-Gaulle ✆ 02 38 31 24 51. *Fax 02 38 37 15 16.* Vous trouverez facilement la place du Général-de-Gaulle, c'est celle de la mairie.

Sur les bords de Loire, cette petite ville est célèbre pour son pont-canal, le plus long du monde avec 663 mètres. La ville concentre de nombreuses activités liées au fleuve et à l'eau : port de plaisance, pêche, promenade en bateau-mouche. Outre le pont-canal, Briare abrite quelques monuments intéressants comme l'ancien château du XVIIe siècle des seigneurs du canal qui abrite aujourd'hui l'hôtel de ville, ou encore l'église Saint-Etienne. A proximité, on pourra visiter le château de Trousse-Barrière, propriété familiale au XIXe siècle des Bapterosse, transformé en centre municipal d'exposition. Chaque année, Briare accueille au mois de mai la Fête de la marine de Loire, suivie en juin par la Fête de la pêche.

EGLISE SAINT-ETIENNE. D'allure byzantine, sa construction ne remonte pourtant qu'à la fin du XIXe siècle. Inaugurée en 1895, elle est aujourd'hui inscrite à l'inventaire des monuments historiques. Elle doit cette distinction à ses mosaïques d'émaux de Briare. La plus belle représentant saint Etienne se trouve sur la façade. Sur la place devançant l'édifice, on remarquera la statue de Félix de Bapterosse, à l'origine des émaux de Briare.

MUSEE DE LA MOSAIQUE ET DES EMAUX 1, boulevard Loreau ✆ 02 38 31 20 51. *Ouvert du 1er juin au 30 septembre, tous les jours, de 10h à 18h30 ; du 1er octobre au 31 décembre et de février au 31 mai, du lundi au samedi, de 14h à 18h, et le dimanche, de 10h à 12h30 et de 14h à 18h.* Les amateurs trouveront là une belle collection de mosaïques et d'émaux de Briare fabriqués dans la manufacture de la famille Bapterosse. Ce musée, créé en 1994, retrace les 160 ans d'histoire des émaux de Briare, avec des documents d'archives et une collection de pièces représentatives des différentes productions du site. Il reçoit quelque 15 000 visiteurs chaque année, ce qui le place au sixième rang des musées du Loiret (le vingtième de la région Centre). Un magasin d'usine vient également d'ouvrir ses portes au 1, boulevard Loreau - BRIARE. Renseignements : www.emauxdebriare.com ou au 02 38 31 22 01.

PONT-CANAL. Enjambant la Loire, il offre une belle perspective. Si l'idée d'une telle entreprise vint à l'esprit de nombre d'architectes au cours des XVIIe et XVIIIe siècles, ce n'est qu'en 1890 que l'Etat décide sa construction afin de relier la Seine à la Loire. Il engage deux maîtres d'œuvre, un pour la structure de pierre de l'édifice, un autre pour la partie métallique, nommé Gustave Eiffel. Rompu à cette technique (viaduc de Garabit et sa célèbre tour terminée, à l'époque, depuis un an seulement), Eiffel se lance dans les travaux qui dureront au total près de sept ans. Le pont-canal inauguré en 1897 accueille toujours aujourd'hui des péniches mais aussi des bateaux de plaisance (base de Briare). De chaque côté de la voie d'eau, des trottoirs permettent également aux piétons de traverser la Loire.

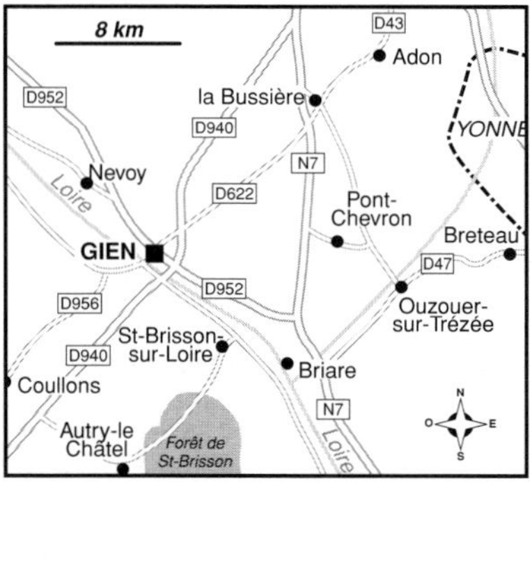

CHARMES NAUTIQUES Port du Pont-Canal ✆ 02 38 31 28 73. *Fax 02 38 37 11 26. Site : www.charmes-nautiques.com. Ouvert de mi-*

mars à mi-novembre. Au départ de Briare, embarquez sur un petit bateau sans permis pouvant accueillir jusqu'à 12 personnes. Une très bonne initiation au tourisme fluvial à prix sage, de 805 € pour 2 personnes à 1595 € pour 12 la semaine, en période intermédiaire. Possibilité d'aller en aller simple à Moret-sur-Loir.

STATION LOCATION LOISIRS Quai du Baraban © 06 20 81 56 13. *Site : stationlocation@aol.com. Ouvert d'avril à octobre, selon les conditions météo.* Pour les petits comme pour les plus grands, toutes sortes d'engins pour s'amuser et découvrir le canal : de 6 € à 16 € la demi-heure, quadricycles, bateaux électriques (6 et 7 places), vélos d'eau biplaces, canoë et toute une gamme d'engins d'animation, tels les float skis. Egalement des bi-clowns (un vélo… un peu désarticulé), le tandem inversé (à tester prudemment sur route), et le mono roue pour les initiés. Le spectacle est parmi le public, ne pas oublier les appareils photos.

Coullons

A la lisière de la Sologne et près du département du Cher, une petite station vouée aux loisirs, avec ses étangs, la Huttière, sur la route d'Autry, paradis des pêcheurs dans un bel environnement, la Plancherotte, sur la route de Cerdon, aménagé en 1979, sur 6 hectares, doté d'un camping grand confort, et les Landes, sur la route de Saint-Gondon, où l'on pratique la planche à voile, le pédalo, etc.

A voir dans le bourg, l'église Saint-Etienne, détruite et reconstruite à travers les âges, la partie principale datant du XVIe siècle, mais la flèche du XIXe siècle.

La Bussière

CHATEAU DE LA BUSSIERE © 02 38 35 93 35. *Ouvert du 28 mars au 15 novembre.* Situé à 10 kilomètres au nord de Briare, le château de la Bussière est l'un des plus beaux châteaux du département. Il jouit d'un très joli cadre naturel, bordé par un étang et entouré d'un parc, avec des jardins dessinés par Le Nôtre. En forme de U, sa première construction remonte au XIVe siècle (on remarquera la puissante tour carrée protégeant l'entrée du château, vestige de sa construction originelle). Il fut plusieurs fois remanié comme l'atteste sa belle façade de brique ouverte de fenêtres en pierre de taille. Outre son architecture, on s'intéressera à sa collection de peintures et de céramiques. A voir également le mobilier et divers accessoires originaux, ainsi qu'une collection consacrée à la pêche et aux poissons (on y trouve un cœlacanthe, poisson préhistorique). Les tilleuls au bord de l'étang datent de Louis XIV et le potager a été aménagé récemment. Jouxtant presque le château, une grange dîmière affiche de belles façades en briques losangées.

HOTEL NUAGE 95 bis, rue de Briare © 02 38 35 90 73. *Fax 02 38 35 90 62. Fermeture annuelle de la veille de Noël au 2 janvier. 15 chambres de 45 € à 51 €. Menus de 15 à 26 €. Petit-déjeuner 6 €.* Un lieu de détente privilégié. A la sortie du village, un établissement aux briques rouges et aux chambres équipées donnant sur la campagne environnante. Salle de billard et club santé avec sauna ; hammam, jacuzzi, vélo d'appartement et banc de musculation. Généreuse cuisine traditionnelle : galette à la ciboulette fourrée à la faisselle, sabayon de Saint-Jacques, médaillon de porc mariné à l'ail doux.

Ouzouer-sur-Trézée

Une église (XIIIe siècle) et des maisons anciennes à colombages.

Ouzouer-sur-Loire

MUSEE DES COQUILLAGES © 02 38 27 05 18. *Fax 02 38 25 05 19. Ouvert tous les après midis, du mardi au dimanche de 14h à 18h et toute la journée, sur rendez-vous, pour les groupes.* Voyage au pays des fossiles, coraux, coquillages aquatiques et terrestres.

AUBERGE L'ABRICOTIER 106, rue de Gien © 02 38 35 07 11. *Fermeture annuelle deuxième quinzaine d'août, une semaine à Noël. Fermé le dimanche soir, lundi, mercredi soir. Menus de 16 € à 36 €.* Table accueillante, bon compromis entre un décor soigné et une cuisine bien maîtrisée, élaborée selon les saisons et le marché dans une inspiration sans cesse renouvelée. Joli menu découverte à 22 €, toujours à découvrir puisqu'il change sans cesse.

Poilly-lez-Gien

LA VILLA HOTEL Z.A. Clair Ruisseau ✆ 02 38 27 03 30. *Fax 02 38 27 03 43. 24 chambres à 31 €. Menus de 11 € à 13 €. Petit-déjeuner 5 €.* Dans un cadre de verdure, cet établissement offre une vue panoramique sur Gien et son château. Des chambres agréables de catégorie 2 étoiles. Stationnement devant les chambres (elles sont situées en rez-de-chaussée). Le restaurant propose une cuisine familiale et traditionnelle.

Pont-Chevron

CHATEAU ✆ 02 38 31 92 02. *Ouvert du 1er mai au 15 septembre, de 14h à 18h ; pour les groupes toute l'année sur réservation.* Situé à environ 7 kilomètres au nord de Briare entre la N7 et le canal de Briare, un beau et riche château au style néo-classique. Edifié au début du siècle dans un bel environnement, il présente un jardin à la française qui abrite de rares mosaïques gallo-romaines datant du IIe siècle et découvertes sur le site du village. On visite dans la foulée le château, le parc et les mosaïques.

Saint-Brisson-sur-Loire

CHATEAU ✆ 02 38 36 71 29. *Fax 02 38 36 77 29. Ouvert dès le 1er samedi d'avril au 15 novembre.* Une forteresse médiévale du XIIe siècle dominant la vallée de la Loire, reconstruite sur les plans initiaux, avec sa forme hexagonale pour parer aux attaques. Louis VI, dit le Gros, y séjourna en 1135, puis Philippe-Auguste en 1181. Il contient un musée exposant, dans les douves, des machines de guerre du Moyen Age, avec démonstration de tir le dimanche après-midi. Dans la galerie du château, des expositions sont régulièrement programmées. Depuis 1987 il appartient à la commune de Saint-Brisson-sur-Loire. Après la visite de la forteresse, on prendra le temps de flâner dans le village garni de maisons du Moyen Age. A voir également les vestiges du Prieuré.

DEMONSTRATIONS DE TIRS DE MACHINES DE GUERRE. *Du 22 juin au 21 septembre.* Vous suivrez pendant 30 minutes, des démonstrations de catapultes, artillerie de jet et à poudre, frondes géantes. Détonnant.

Châtillon-sur-Loire

Fiche pratique

MAIRIE Rue de l'Hôtel-de-Ville ✆ 02 38 31 40 54

OFFICE DU TOURISME Place des Près ✆ 02 38 31 42 88. *Site : otsi.chatillonsurloire@wanadoo.fr.*

Transports

GARE ✆ 02 38 31 44 55/08 92 35 35 35

TAXI NADINE 8, rue Stade ✆ 02 38 31 08 56

Points d'intérêt

De l'ancien canal latéral, subsiste encore une gare fluviale. On trouve aussi un port de plaisance et d'anciennes écluses. Celle de Mantelot constitue un site classé, sur le bassin de Mantelot, avec sa maison éclusière. On visitera son église dédiée à saint Maurice. Construite au XIXe siècle dans un style néo-gothique, elle mérite une visite pour ses vitraux et sa Vierge polychrome. Au hasard des rues, des maisons anciennes, certaines à pans de bois et les ruines d'un château Gaillard dont il subsiste une tour.

CAMPING MUNICIPAL LES COMBES Le Pont de Loire ✆ 02 38 31 42 92. *Ouvert du 15 mars au dernier lundi d'octobre. 66 emplacements.* A l'écart de Châtillon-sur-Loire, un camping deux étoiles installé sur les bords de Loire, près du canal Vieux ou canal des Combes. Au milieu des pins (le site est classé), vous profiterez d'emplacements ombragés. Jeux pour enfants, terrain de boules.

NICOLE ET GILBERT LEFRANC 13, rue du Port - LA GILOUTIERE ✆ 02 38 31 10 61. *2 chambres de 36 € à 57 €.* A deux pas du port de Châtillon-sur-Loire et du canal de Briare, une chambre d'hôte dans une grande maison de caractère. L'une des chambres est pour une personne, l'autre pour deux (salle de bain privée). Egalement à louer, un appartement duplex avec chambre, salle de bain, coin cuisine et un parking privé à 190 € la semaine.

FERME DE MAISON NEUVE Route de Beaulieu-Chanoy ✆ 02 38 31 03 45. A la Ferme de Maison Neuve sont proposés à la vente, tous les samedis et dimanches matins de 9 à 11 h, des fromages de brebis au lait cru et autres produits dérivés du troupeau. On pourra en profiter pour visiter les installations et participer à une dégustation.

▷ *Dans les environs*

Beaulieu-sur-Loire

A 15 kilomètres au sud-est de Briare, Beaulieu-sur-Loire est un joli bourg avec de nombreux souvenirs anciens, et une mémoire bien conservée. La mairie se trouve dans un beau bâtiment (XIVe-XVe siècles) à colombages, qui appartenait aux chanoines de Bourges et abritant également la Maison de pays : belle architecture intérieure, poutres, cheminée, escalier à vis dans le colombier attenant. Son style n'est pas sans évoquer les manoirs anglo-saxons, ce qui n'a rien d'étonnant, puisqu'elle fut bâtie à l'époque où les archers écossais de Charles VII s'installaient dans la région.

A proximité, entre Beaulieu et Châtilllon, on trouve la forteresse d'Assay (XIVe siècle), qui conserve des restes de fortifications et où vécut une famille de la noblesse écossaise du nom de Stutt.

EGLISE SAINT-ETIENNE. Elle fut érigée au XIe siècle. Plusieurs fois remaniée, elle ne conserve de la construction originelle que la nef (romane). On admire son retable baroque (XVIIIe siècle) et quelques peintures remarquables, l'ensemble église et mobilier étant classé. A ses côtés, les vestiges d'un ancien château fort des XIIIe et XVIe siècles, avec une tour-châtelet à mâchicoulis.

LA FERME DES MEDARDS Les Médards ✆ 02 38 35 89 51. *Fax 02 38 35 18 40. Site : www.domainedesmedards.com. Menus de 20 € à 27 €, menus particuliers sur demande.* Une ancienne ferme de la fin du XIXe siècle joliment réaménagée en un charmant restaurant. Le service est assuré en costumes berrichons et la vaste cheminée au fond de la salle sert à cuire la viande. Le domaine offre également 3 chambres d'hôtes, de 20 € à 45 €, plus un charmant dortoir en mezzanine pour 10 personnes. Sur la route de Sancerre, une jolie halte en pleine campagne.

L'ECURIE Les Rousseaux ✆ 02 38 35 87 44. *Ouvert tous les jours, toute l'année, sauf lorsque le propriétaire est en compétition.* Un centre équestre bien équipé où règne une ambiance pour le moins conviviale, idéal pour découvrir au rythme de sa monture les beaux paysages de cette partie de Loire. L'été, sorties d'une heure pour les débutants, de deux à trois pour les confirmés. Jolies promenades le long du canal latéral à la Loire.

MORIN ET FLEURY Les Doucets ✆ 02 38 35 86 07. *Fermé mercredi et dimanche après-midi.* A 12 kilomètres de Briare, un élevage de bovins et de chèvres que l'on pourra visiter sur rendez-vous uniquement. En vente sur place, des fromages de chèvres, des crottins ainsi que du beurre de chèvre. Au programme de la visite, une dégustation de tous les produits de la ferme.

Bonny-sur-Loire

MAISON DE PAYS 29, rue Grande ✆ 02 38 31 57 71. *Site : maisonpays.bonny@wanadoo.fr.*

De l'autre côté de la Loire, en face de Beaulieu, à 10 kilomètres de Briare, un village médiéval, dont on trouve des origines au VIIIe siècle et qui, à cause de sa situation en surplomb du fleuve, connut quelques épisodes guerriers. Charles VII l'assiégea lorsque les Anglais, battus par Jeanne d'Arc à Patay, s'y réfugièrent. Les guerres de Religion la mirent à feu et à sang et elle fut le théâtre d'une insurrection lors du coup d'Etat du futur Napoléon III en décembre 1851. Aujourd'hui emplie de douceur, la cité garde quelques souvenirs de son époque de développement.

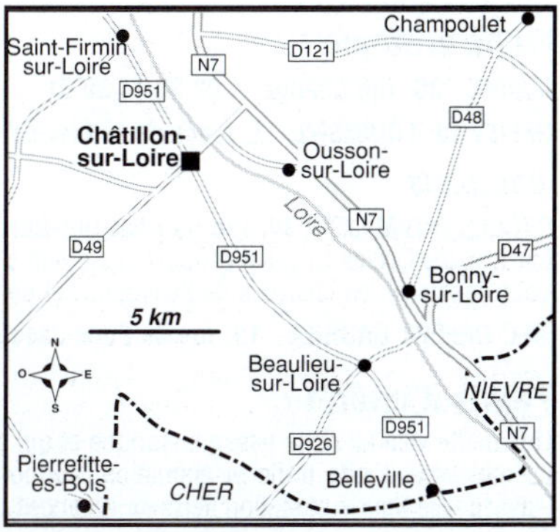

EGLISE SAINT-AIGNAN. *Ouverte tous les jours.* Si l'abbaye fondée par des moines de Cluny a été détruite au milieu du XIXe siècle, il subsiste néanmoins une église Saint-Aignan. Sa première construction remonte au XIIe siècle, mais fut fortement endommagée durant la guerre de Cent Ans. Le conflit terminé (1453), une nouvelle église fut érigée (deuxième moitié du XVe siècle) reconstruite au XVe siècle après la guerre de Cent Ans. Elle conserve de sa construction originelle un chœur et une tour clocher. A la Renaissance elle fut une nouvelle fois remaniée. Le portail sud date de cette époque. On pourra y admirer au-dessus des deux portes, des enfants jouant avec une corne d'abondance.

La romantique promenade du pont aux Sœurs vous attend. Elle passe sur la Cheuille, bordant les fortifications. A voir dans les environs le château de la Sablonnière.

CAMPING S. I DU VAL Le Val ✆ 02 38 31 57 71. *Ouvert du dimanche des Rameaux à la mi-septembre. 33 emplacements.* Un établissement (une étoile) sans prétention mais qui offre de bons équipements. Installé sur les bords de la Loire, il offre calme et ambiance conviviale. Propice aux vacances en famille.

HOTEL DES VOYAGEURS 10, Grande Rue ✆ 02 38 27 01 45. *Fax 02 38 27 01 46. L'hôtel est fermé le dimanche soir, le restaurant le dimanche soir, lundi et mardi midi. 6 chambres de 33 € à 46 €. Menus de 16,50 € à 40 €. Carte 35 €.* Sur la route d'Auxerre, un établissement rénové qui offre des chambres agréables et bien équipées : télévision, téléphone, salle de bain privée. Au restaurant, on savourera une cuisine traditionnelle de bonne composition.

Champoulet

Un site agréable, avec son étang et un centre équestre à proximité. Le château ne se visite pas, mais la ferme abrite un musée de l'Outil (sortie du village en direction de Breteau). L'église (XVIe siècle) renferme la pierre tombale du fondateur du canal Henri IV, Hugues Cosnier.

Pierrefite-Les-Bois

Pour le cadre agréable de son étang, et l'église (XIIe et XIIIe siècles).

Saint-Firmin-sur-Loire

Le bourg se trouve de l'autre côté du fleuve par rapport à Briare, auquel il est relié par le pont-canal. C'est un but de promenade agréable pour ceux désirant parcourir cet ouvrage. A voir l'église Saint-Firmin (XVe siècle) et le colombier.

LA SOLOGNE

Beaugency

Fiche pratique

MAIRIE 20, rue Change ✆ 02 38 44 50 01

OFFICE DE TOURISME 3, place de l'Hôtel-de-Ville ✆ 02 38 44 54 42. *Fax 02 38 46 45 31.*

Transports

CYCLES DUVALLET 30, rue du Chat-Qui-Dort ✆ 02 38 44 52 72. A deux pas de la place du Martroi, les Cycles Duvallet proposent en plus d'un service de réparation, des vélos à la location pour découvrir les charmes de Beaugency et des richesses qui l'entourent.

TAXI DEFERT GABRIEL 19, rue du Puits-Jacob ✆ 02 38 44 13 76

Points d'intérêt

Une petite ville au riche passé historique et qui s'apparente aujourd'hui à un simple bourg rural. La nationale donne trafic et animation, surtout pour le voyageur de passage. Beaugency est classée ville fleurie et station verte de vacances. Les visiteurs de passage ne la quittent pas sans avoir goûté à ses spécialités gourmandes : les chatons de Beaugency, des bonbons feuilletés, et les deniers du roi Raoul. Pour la petite histoire, le nom de Beaugency vient d'un domaine gallo-romain, Balgentiacus (les habitants de Beaugency sont les Balgentiens). Son histoire est également liée à Jeanne d'Arc. Beaugency fut en effet, la dernière place forte sur la Loire libérée de l'occupation anglaise par la Pucelle (17 juin 1429).

CHATEAU DUNOIS 2, place Dunois. Il porte le nom de Jean de Dunois, le bâtard d'Orléans, fils naturel du duc d'Orléans, frère du roi Charles VI, qui le fit édifier au début du XVe siècle sur le site d'une première forteresse et l'occupa entre 1440 et 1460. Ses descendants s'attachèrent à conserver et embellir l'édifice. Vendu à la Révolution comme bien national, il fut acquis par le département au XIXe siècle. Il abrite le musée des Arts et Traditions populaires.

EGLISE ABBATIALE NOTRE-DAME. *Ouverte tous les jours de 9h à 18h.* Eglise de style roman, elle fut construite dans la deuxième moitié du XIe siècle. Consacrée par le pape Innocent II en 1139, elle fut érigée selon un plan cruciforme. Plusieurs fois détruite notamment durant les guerres de Religion, elle présente encore des vestiges de sa construction originelle. On remarquera tout particulièrement son portail central surmonté d'un arc en plein cintre. C'est dans cette église que se tint, le 11 mars 1152, le concile annulant le mariage d'Aliénor d'Aquitaine avec le roi de France Louis VII, divorce qui allait entraîner l'alliance d'Aliénor avec Henri Plantagenêt et précipiter le pays dans la guerre de Cent Ans. Le tombeau d'Aliénor d'Aquitaine se trouve à l'abbaye de Fontevraud dans le Maine-et-Loire.

HOTEL DE VILLE. Construit dans le style Renaissance, il présente une jolie façade ouvragée. Au milieu de celle-ci, on remarquera une suite d'écussons dont un représentant une salamandre, symbole de François Ier. Veillant sur l'hôtel de ville, la tour de l'Horloge, érigée au XIIe siècle. Elle gardait l'une des portes de la ville au Moyen Age. A l'intérieur, la mairie abrite des tentures brodées du XVIIe siècle. Elles décoraient initialement l'intérieur de l'église abbatiale Notre-Dame.

MUSEE REGIONAL DES ARTS ET TRADITIONS POPULAIRES DE L'ORLEANAIS ✆ 02 38 44 55 23. *Fermé en 2004 pour travaux.* Le Musée comprend une salle d'archéologie consacrée à l'occupation du site depuis le Moustérien (50000 ans avant J.-C.), une autre à la vie sur les bords de Loire et à l'importance du pont de Beaugency. On y trouve également une collection d'art sacré et une belle et importante bibliothèque. A voir encore, le mobilier ancien (salle Louis XIII, salle XVIIIe siècle), et la reconstitution d'un intérieur paysan.

PONT SUR LA LOIRE. Long de 400 mètres, ce pont fait suite à une première construction du XIIe siècle. Ses parties les plus anciennes sont du XIVe siècle et l'essentiel de l'ouvrage est postérieur à la grande crue de la Loire en 1608 au cours de laquelle le Petit Pont, qui rejoignait la rive gauche, fut emporté.

TOUR CESAR. C'est en fait un donjon carré datant du XIe siècle. Elle a résisté à un incendie durant les guerres de Religion en 1567 et à l'effondrement de ses étages au XVIIIe siècle. Au XVIe siècle, les seigneurs de Beaugency firent les travaux nécessaires pour le rendre habitable. Les fenêtres romanes firent place alors à des fenêtres à meneaux. Installée sur une élévation artificielle, ses dimensions restent impressionnantes avec 36 mètres de hauteur et des murs de plus de 3,5 mètres d'épaisseur à la base !

Balade

On ne manquera pas de se promener dans la vieille ville aux ruelles pavées derrière la grande place du Martroi. Des ruelles calmes (rue de l'Ours, rue des Chevaliers, rue du Puits-de-l'Ange), bordées de belles maisons anciennes. On poussera du côté de la Porte-Tavers du XIIe siècle de laquelle on a une belle vue sur la Loire et les mails. Flânez également du côté de la rue de l'Evêché ou encore de la rue du Rû, étonnante ruelle pavée au milieu de laquelle coule un ruisseau.

Un festival médiéval enveloppe la ville durant deux week-ends en saison, fin juin et début juillet, lui restituant un air de fête comme à ses plus belles heures. Une foire aux vins a lieu en septembre.

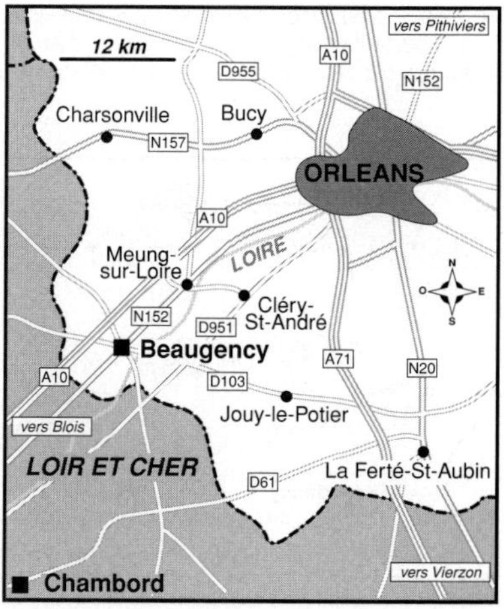

Le couvert

HOSTELLERIE DE L'ECU DE BRETAGNE Place du Martroi ✆ 02 38 44 67 60. *Menus de 18 € à 27,50 € Parking fermé.* La bâtisse située au cœur de la ville nous rappelle les haltes des seigneurs d'autrefois avec son porche, ses fenêtres arrondies à petits carreaux. On respire un bel air de province, à l'Hostellerie, et on y goûte une cuisine raffinée. Le chef manie avec subtilité les produits du terroir. En voici un aperçu : galette de pieds de porc et veau et sa ravigote de légumes ; pièce de bœuf sauce anchois tatin d'échalotes ; quenelles de brochet maison au beurre blanc. Le gourmet ne résiste pas à l'appel du fenouil confit, glace vanille et biscuit craquant au chocolat. On apprécie le calme et le service soigné de la maison, dans la tradition des enseignes Logis de France.

LE RELAIS DU CHATEAU 8, rue du Pont ✆ 02 38 44 55 10. *Télécopie 02 38 44 11 02. Fermeture annuelle vacances scolaires de la Toussaint et de février. Fermé le mercredi et mardi soir de septembre à juin. Menus de 13 € à 30 €.* Au pied du château, dans une ambiance conviviale, découvrez une cuisine agréable basée sur les produits frais et qui se renouvelle à chaque saison.

Le gîte et le couvert

AUBERGE MAILLE D'OR 3, avenue de Blois ✆ 02 38 46 43 43. *Fax 02 38 44 55 58. Site : mailledor@wanadoo.fr. Fermé le vendredi soir, dimanche soir du 15 octobre au 15 avril. 30 chambres de 28 € à 50 €. Menus de 11 € à 26 €. Petit-déjeuner 6,10 €.* Un établissement avec jardin et parking privé. Des chambres au bon niveau de confort (douche, toilettes, téléphone et télévision). Côté restaurant, cette grosse entreprise de la restauration (150 couverts en terrasse, multiplication des formules, brasserie…) se distingue pourtant par son artisanat culinaire. La maison fait son foie gras, ses terrines, fume le saumon et se fait une spécialité de la bisque de crustacés. Elle prépare ses pizzas et en propose une végétarienne (œuf facultatif, pour les purs et durs). En été, le jardin offre un cadre idéal à celui qui aime autant goûter la quiétude que le raffinement de la cuisine.

Emplettes

PASCAL LARISTAN 2, rue du Pont ✆ 02 38 44 92 02. *Ouvert tous les jours de 9h à 19h.* Situé à deux pas du pont de Beaugency, un céramiste de renom, spécialiste du grès qu'il tourne à la main. Nature ou peints, vous trouverez là un grand choix d'objets pour décorer votre intérieur ou votre table.

▷ *Dans les environs*

Chaingy

Une station verte à quelques minutes du centre d'Orléans. On suit à pied les berges de la Loire. Un coin pique-nique est aménagé aux Fourneaux. On pourra aller goûter le fameux cotignac de M. Gouchaud à Saint-Ay, à 5 kilomètres.

En balade, aller jusqu'à Huisseau-sur-Mauves, à 5 kilomètres, pour son château, vestige d'une très importante construction (où Jeanne d'Arc fit étape le 18 juin 1429), et dont la destruction fut ordonnée par Robespierre. A faire, l'agréable promenade sur les bords de Mauves.

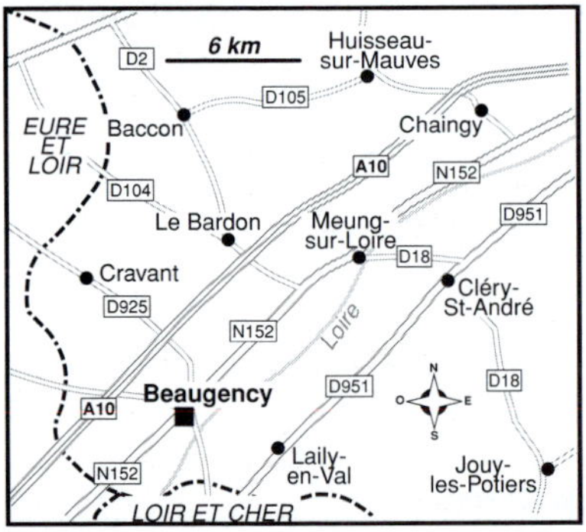

MOUTON URSULA 18, rue de la Grolle ✆ 02 38 80 65 68. *Fermeture annuelle du 1er novembre au 1er avril. 3 Chambres à 45 €. Carte bancaire non acceptée.* Au cœur de la Sologne, une maison typique du Val de Loire, datant en partie du XVIe siècle. A l'intérieur, tout est chaleureux et rustique : meubles anciens, tableaux, fleurs séchées… rien n'est laissé au hasard. Accès aux personnes à mobilité réduite. La maison n'accepte pas les animaux.

Cléry-Saint-André

BASILIQUE NOTRE-DAME 1, rue du Cloître ✆ 02 38 45 70 05/06 08 63 13 64. *Fax 02 38 45 98 01. Ouverte toute l'année de 9h à 18h. Entrée gratuite.* Construite au Moyen Age, elle fut agrandie par Philippe le Bel puis détruite par les Anglais dans la première moitié du XVe siècle. La paix revenue dans la vallée de la Loire, l'édifice est restauré à l'initiative de Charles VII et le comte de Dunois, puis, dans le style gothique flamboyant, par Louis XI. De plan cruciforme, la basilique Notre-Dame contient entre autres le tombeau de Louis XI et de son épouse Charlotte de Savoie située à l'entrée de la nef et réalisé par Michel Bourdin (XVIIe siècle). On pourra poursuivre la visite par la chapelle sépulcrale de Longueville, dans le bas-côté droit. Elle aussi de style gothique flamboyant, elle abrite les restes des familles Dunois et Longueville (XVe siècle). La chapelle Saint-Jacques doit son nom à la célèbre coquille qui apparaît dans l'ornementation de la chapelle, la basilique se trouvant sur l'un des chemins menant au tombeau du saint à Compostelle. Outre ses chapelles funéraires, la basilique Notre-Dame referme des stalles en bois données par le roi Henri II et le vitrail représentant le roi Henri III. Dans la sacristie, on remarquera un escalier en colimaçon du XVe siècle. Une messe est dite tous les dimanches et fêtes à 10h30.

CLERY RACONTE DUNOIS, COMPAGNON DE JEANNE D'ARC ✆ 02 38 45 94 06. *Fax 02 38 46 98 99. Du 18 juillet au 2 août.* Son et lumière théâtral racontant la vie de Jean, Bâtard d'Orléans, en 19 scènes et 180 figurants.

Lailly-en-Val

LA FERME DE FLUX Route de la Vallée-des-Rois ✆ 02 38 44 74 27. Maryse et Philippe Legout accueillent les visiteurs dans leur ferme à mi-chemin entre Orléans et Blois : on part à la découverte des productions céréalières et spécialisées (pivoines et légumes), on visite le bâti de la ferme (grange des XIVe et XVIIIe siècles, meurtrières, une description du château détruit au XVIIIe siècle). On finit la journée en beauté avec un petit tour du côté de l'atelier d'art floral… Toute une journée pour découvrir une exploitation au cœur de la nature du Val de Loire.

Meung-sur-Loire

Ses vieux quartiers méritent qu'on les visite. Allez flâner quelques instants dans la rue du Pont Branlant ou encore vers la porte d'Amont entourée de jolies maisons dont la construction remonte au Moyen Age. On pourra suivre ensuite les bords de Loire pour une balade romantique. Au bord des Mauves, on retrouvera le souvenir de la tradition du tannage, avec les moulins et on verra la belle halle, bien restaurée. La cité a pour célébrité Jehan de Meung, qui écrivit, à la suite de Guillaume de Lorris, la deuxième partie du Roman de la Rose et François Villon, qui, prisonnier, fut gardé au château.

OFFICE DE TOURISME 42, rue Jehan-de-Meung ✆ 02 38 44 32 28. *Fax 02 38 44 72 22.*

ARBORETUM DES PRES DES CULANDS Conservatoire d'Ilex "Houx" ✆ 02 38 63 10 49. *Ouvert du 1er avril au 30 septembre.* A faire, la jolie balade botanique du conservatoire d'Ilex "Houx" pour admirer cette collection nationale qui se compose de plus de 180 variétés de plantes, d'arbres et d'arbustes au bord de la rivière.

CHATEAU 16, place du Martroi ✆ 02 38 44 36 47. *Fax 02 38 44 29 37. Ouvert tous les jours de 10h à 12h et de 14h à 19h, jusqu'au 30 novembre y compris les jours fériés ; du 1er décembre au 16 février, les samedi et les dimanches après-midi de 14h à 18h.* Le beau château médiéval, ancienne résidence des évêques d'Orléans, dut apparaître bien austère à François Villon, lorsqu'il fut incarcéré dans sa prison. On en visite d'ailleurs les souterrains, en frissonnant devant la salle de torture. On admire les tours fortes et la décoration intérieure. Occupé par les Anglais, il fut libéré par Jeanne d'Arc. Remarquez les grandes ouvertures verticales en façade sur l'une des tours rondes : au Moyen Age, elles laissaient passer les chaînes qui permettaient de relever ou d'abaisser le pont-levis qui enjambait alors les douves. Des animations font vivre le château l'été.

COLLEGIALE SAINT-LIPHARD. *Ouverte de 9h à 19h30.* La première collégiale Saint-Liphard fut construite au XIe siècle, selon un plan cruciforme sur les fondations d'une antique chapelle élevée sur le tombeau du saint. Plusieurs fois remaniée, elle affiche encore un étonnant et massif clocher de pierre du XIe siècle, surmonté d'une flèche octogonale. A côté du clocher, on remarquera un puissant donjon. A l'intérieur, sa nef gothique nous conduit à un chœur à double travée. A voir, la Vierge à l'enfant en marbre datant du XIVe siècle. Elle abrite également les reliquaires de saint Liphard ainsi que ceux de saint Baudèle et des compagnons de saint Denys. Jolis vitraux datant du XIXe siècle représentant des grandes figures de l'histoire locale et nationale (Jeanne d'Arc, saint Liphard).

MME BECHU 30, route de la Batissière - LA NIVELLE ✆ 02 38 44 34 38. *Fax 02 38 44 34 38. 4 chambres de 35 € à 45 €, avec un tarif dégressif dès la deuxième nuit. Carte bancaire non acceptée.* A 17 kilomètres d'Orléans, 4 chambres, dotées de meubles anciens et décorées avec soin, avec salle d'eau ou salle de bains attenante à chaque chambre. Grand jardin arboré. Important choix de confitures maison et produits régionaux à la table d'hôtes.

Tavers

LE CLOS DE PONTPIERRE 115, rue des Eaux Bleues ✆ 02 38 44 56 85. *Fax 02 38 44 58 94. M. et Mme Fournier. 4 chambres à 53 €. Menu à 18 €. Carte bancaire non acceptée.* Le repos et le bien-être des hôtes semblent être les priorités des époux Fournier. L'établissement est idéalement situé au cœur du Val de Loire, de ses châteaux, vous faîtes étape dans une ancienne ferme rénovée du XVIIIe siècle, entourée d'un parc de 4 000 m^2 boisé et fleuri. Les chambres sont spacieuses, meublées de style ancien. Une piscine est à votre disposition. Sur réservation, vous pouvez également profiter de la cuisine, traditionnelle, du chef : terrine de lapin, confit de canard, volaille fermière, pâtisseries maison.

LA TONNELLERIE 12, rue des Eaux-Bleues ✆ 02 38 44 68 15. *Fax 02 38 44 10 01. Fermeture annuelle janvier et février. Fermé le lundi et samedi midi. 16 chambres de 90 € à 200 €. Menus de 25 € à 45 €. Petit-déjeuner 12 €.* Dans une élégante maison fin XIXe, des chambres superbes, qui marient harmonieusement décor moderne et meubles de style. Beaucoup de calme grâce au jardin et une cuisine élégante.

La Ferté Saint-Aubin

La Ferté Saint-Aubin est la porte de la Sologne en venant d'Orléans. Une forêt, la lande, la campagne, des domaines secrets ou parfois juste une bicoque posée sur un petit terrain de bord de route : la Sologne exerce son attrait et son dépaysement sur tous et l'on rêve de cette chlorophylle en allant se promener au bord des étangs au petit matin, surprendre le canard sauvage dans ses premiers ébrouements. Vous verrez peu de belles maisons de près car elles se trouvent généralement au bout d'allées ou de chemins forestiers privés, cachés à des kilomètres de la route dans un domaine de plusieurs dizaines d'hectares.

Fiche pratique

MAIRIE Place Charles-de-Gaulle ✆ 02 38 64 83 81

OFFICE DE TOURISME Rue des Jardins ✆ 02 38 64 67 93

Transports

TAXI ANDESQUARD 191, rue Général-Leclerc ✆ 02 38 64 84 84

Points d'intérêt

A un peu plus de 20 kilomètres au sud d'Orléans par la N20, capitale de la Sologne du Loiret, La Ferté-Saint-Aubin fut très longtemps une place stratégique de tout premier plan en Sologne. Au XIXe siècle, elle ne fut pas épargnée par la révolution industrielle. Vinrent s'installer en effet des fonderies, des briqueteries, des scieries, à l'origine de sa prospérité.

La Ferté-Saint-Aubin est aujourd'hui une ville tranquille abritant quelques curiosités touristiques dont un château, une église et quelques maisons à colombages remontant au XVIIIe siècle. C'est également un point de départ idéal pour partir à la découverte des villages et des paysages de la Sologne.

CHATEAU ✆ 02 38 76 52 72. *Ouvert tous les jours de 10h à 19h, du 15 février au 15 novembre. Plein tarif : 7 €, 4,50 €/enfant. Gratuit pour les enfants de moins de 7 ans. Visite guidée toute les demi-heures.* A l'emplacement d'une première construction du XIe siècle, un beau château du XVIIe siècle bordé par les eaux du Cosson. C'est un imposant ensemble de brique, d'aspect un peu austère, avec son parc de 40 hectares, dont un joli parc à l'anglaise du XIXe siècle. Le château en lui-même se compose de 25 pièces visitables, du grenier au sous-sol. On retiendra surtout de la visite l'appartement des enfants, reconstitution d'une chambre du XVIIIe siècle, la collection de jouets du début du siècle, ainsi que la vaste cuisine récemment restaurée aux équipements anciens et pour certains, d'époque (cheminée avec le tournebroche), mais toujours fonctionnels (voir "Produits du terroir"). Il a appartenu au fameux maréchal de Lwendal, puis au fils de Masséna. Chaque année, au début mois de septembre, le château accueille la Fête du cheval.

EGLISE SAINT-MICHEL. On ne pourra pas la manquer, située à proximité du château. Erigée dans le courant du XIIe siècle, elle fut plusieurs fois remaniée notamment après les guerres de Religion où elle eut à subir la fureur des Réformés. De sa construction originelle ne subsiste que le chevet. La nef date du XVe siècle. A l'intérieur on admirera une statue en bois de saint Michel du XVe siècle également.

Le couvert

AUBERGE DU COSSON 2, avenue de Lowendal © 02 38 76 53 30. *Fermé le dimanche, le lundi et le mardi, soir, sauf sur demande. Menus de 10 € à 28 €.* Un peu à l'écart du centre ville, l'Auberge du Cosson n'en est que plus agréable. C'est une typique maison solognote qui nous accueille, les briques rouges et les poutres apparentes, la rendent chaleureuse et intime. On se régale de pâtes, de pizzas ou d'assiettes repas.

L'OREE DES CHENES Route de Marcilly-en-Villette © 02 38 64 84 00. *Ouvert tous les jours. Menus découverte de 24,50 à 32 €. Carte : 35 €.* L'Orée des Chênes, c'est aussi un hôtel 3 étoiles. Vous apprécierez de vous réveiller dans ce lieu privilégié, cerné par la nature. Aux beaux jours, la piscine prolonge ces agréables moments de détente.

LA SAUVAGINE 53, rue du Général-Leclerc © 02 38 76 62 23. *Fermé le dimanche soir et le lundi. Menus de 16 € à 29,88 €.* Cet établissement, en plein centre-ville, vous accueille avec une grande amabilité, dans un décor de chasse où le canard est roi. Cuisine toute en finesse et de qualité. Au menu : de délicieuses cuisses de grenouilles à la crème d'ail, du médaillon de biche sauce grand veneur ou noisette de chevreuil sauce poivrade...

Le gîte

FERNANDE CHERRIEZ-DUCROCQ Ferme du Ruth - Chemin de Tremblevis © 02 38 63 43 65. *2 chambres à 45 € à 43 € (plusieurs nuits). Carte bancaire non acceptée.* Dans un parc verdoyant avec étang, cette ferme rénovée comprend 2 chambres confortables. Salon privé avec télévision pour les hôtes. Réfrigérateur, barbecue et tables à l'extérieur pour les pique-niques.

LA VIEILLE FORET Route de Jouy-le-Potier © 02 38 76 57 20. *Fax 02 38 64 82 80. M et Mme Ravenel. Fermeture annuelle février. 2 chambres de 38 € à 54 €. Carte bancaire non acceptée.* En pleine nature, à 25 kilomètres d'Orléans, une maison en brique typique de l'architecture rurale de la fin du XIXe siècle. Chaque chambre dispose d'une entrée indépendante.Cuisine à disposition des hôtes, salon de jardin. Promenades et pêche vous attendent sur place.

Loisirs

FETES DE LA CHASSE ET DU CHEVAL Château © 02 38 76 52 72. *Chaque année en septembre dans le cadre du château de La Ferté-Saint-Aubin.*

GOLF DES AISSES Domaine des Aisses © 02 38 64 80 87. *Fermé le mercredi de novembre à début mars.* Le golf de la Ferté est en bonne place parmi les huit autres golfs du Loiret. Le tracé est harmonieusement dessiné autour d'un corps de ferme entièrement restauré pour accueillir joueurs et hôtes d'un soir.

GOLF DE SOLOGNE Route de Jouy-le-Potier © 02 38 76 57 33. Sur un domaine de 300 hectares, ce parcours sillonne bois, rivières et étangs. Un golf écologique où les premiers spectateurs sont chevreuils, biches et cerfs. Le touriste appréciera le club-house, le restaurant et surtout l'hébergement dans des maisons typiquement solognotes. Environnement idéal pour se lancer dans d'autres sports locaux telles que la chasse, la pêche ou la découverte de la faune de la forêt de Sologne.

▷ *Dans les environs*

Ardon

LES BALNEADES 275, allée des Quatre-Vents © 02 38 69 73 73. *Ouvert 7 jours sur 7.* Au sud d'Orléans, aux portes de la Sologne, sur le site d'un golf 18 trous et d'un hôtel de 240 chambres, un centre de balnéothérapie qui propose 3 concepts : l'espace aquavitalité, l'espace balnéoesthétique, l'espace fitness. Forfaits commençant par des minicures de 2 ou 3 jours. Cure anti-stresse de 3 jours à partir de 378 €.

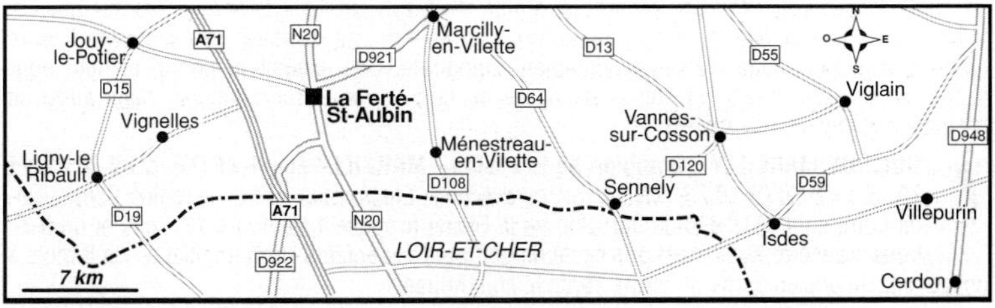

Cerdon

Situé à moins de 20 kilomètres au sud de Sully-sur-Loire (D948), Cerdon est un petit village cerné de sources et de ruisseaux auxquels il doit d'ailleurs son nom. En effet, Cerdon où Serdon comme il peut également s'orthographier, était appelé sordonum par les Romains, qui veut dire littéralement "lieu des sources". Le village est calme et abrite une charmante église.

EGLISE PAROISSIALE. Elle fut fondée au cours du XIIe siècle à l'initiative des moines bénédictins de l'abbaye voisine de Saint-Benoît-sur-Loire, appelée encore à l'époque Fleury-sur-Loire. Comme beaucoup d'autres édifices religieux, elle eut à souffrir des guerres de Religion. Reconstruite, elle fut à nouveau ravagée dans la première moitié du XVIIe siècle par un incendie. Les travaux furent pris en charge par Anne d'Autriche, femme de Louis XIII et régente du royaume durant la minorité de Louis XIV.

Jouy-le-Potier

A mi-chemin entre Cléry-Saint-André et La Ferté-Saint-Aubin, Jouy-le-Potier est un village paisible, au carrefour des départementales 15, 18 et 103. Il est fréquenté par les Romains puis les Gallo-romains pour son argile dont on se servait pour fabriquer tuiles et poteries. Au Moyen Age, cette argile, que l'on extrayait dans les forêts qui entourent encore aujourd'hui le village, était utilisé essentiellement par des briqueteries.

De son passé, Jouy-le-Potier n'a conservé que quelques monuments, une église du XIIe siècle affichant un beau portail roman et des maisons à colombages dont certaines datent du XVIIIe siècle. Les hameaux et forêts des alentours abritent nombre de jolis châteaux et manoirs, mais ils ne se visitent malheureusement pas à l'exception de celui du Lude (début XVIe siècle) dont on ne peut cependant admirer que les extérieurs.

JACQUES ET CHRISTIANE BECCHI 778, rue de Chevenelle ✆ 02 38 45 83 07. *Fax 02 38 45 83 07. Une chambre familiale pouvant accueillir de une à 5 personnes, de 37 € à 96 €. Menu à 17 € sur demande. Carte bancaire non acceptée.* La maison, de style solognot, est au centre d'un vaste jardin ombragé. Les chambres aux fenêtres donnant sur le jardin, sont fonctionnelles et agréablement décorées. La cuisine est familiale, à base de produits frais provenant des fermes voisines.

Ligny-le-Ribault

Jeanne d'Arc y aurait fait étape le 28 avril 1429. Ligny-le-Ribault est située à la frontière du Loiret et du Loir-et-Cher, à environ 14 kilomètres au sud-ouest de La Ferté-Saint-Aubin sur le Cosson. On peut y voir quelques éléments architecturaux d'un certain intérêt, comme son église paroissiale, ainsi que quelques maisons du bourg qui ont conservé leur cachet avec briques et colombages. A voir également l'écomusée qui se penche sur les vieux métiers du Loiret, ainsi que l'étonnante maison du Cerf. Installée dans une jolie demeure typique de l'habitat solognot, elle rappelle le fort attachement du département à la chasse. Mais la principale curiosité de Ligny-le-Ribault réside dans sa tuilerie, seule modèle subsistant des centaines d'exemplaires que comptait la Sologne.

EGLISE PAROISSIALE. Dédiée à Saint-Martin, l'édifice actuel ne remonte qu'à la deuxième moitié du XVIIIe siècle. A l'intérieur, les amateurs d'art religieux verront un tableau mettant en scène la Vierge (XIXe siècle) et un surprenant tabernacle non pas en pierre mais en chêne, datant du XVIIIe siècle. Jolis vitraux installés à la fin des années 80.

LA MAISON DU CERF 91, rue du Général-Leclerc ✆ 02 38 45 45 44. *Ouvert les mercredis, samedis, dimanches, jours fériés et pendant les vacances scolaires de 15h à 19h du 1er juin au 31 août, de 14h30 à 18h30 de septembre à mai. Visites de groupes tous les jours sur rendez-vous et vacances scolaires.* Le roi de nos forêts auréolé de ses mystères se découvrira à votre grand plaisir dans cette maison typiquement solognote. Une exposition photo, un film pour découvrir et vivre toutes les étapes de la vie du cerf : brame, reproduction, mais aussi sa naissance et la vie de sa famille.

GOLF DE MARCILLY Domaine de la Plaine - MARCILLY-EN-VILLETTE ✆ 02 38 76 11 73. *Fax 02 38 76 18 73. Site : www.marcilly.com.* Elu premier golf de la région Centre-Val-de-Loire en 1993-1994, le domaine de la Plaine propose 1 parcours 18 trous et un 9+9. Vous trouverez également une école de golf pour les enfants (forfait initiation de 3 mois à petit prix). Un ancien corps de ferme abrite le club house.

JEAN-YVES DE BAUDUS **Tuilerie de la Bretèche** © **02 38 45 43 88.** *Site : www.tuilerie-de-la-breteche.fr. Visite lors des journées du patrimoine et, en juin et juillet, sur rendez-vous le samedi en fin de matinée.* Jean-Yves de Baudus compte sans aucun doute parmi les fabricants de brique les plus doués de France. Il est ainsi l'un des rares à être sollicité par les monuments historiques qui font régulièrement appel à son talent pour rénover des bâtiments.

Ménestreau-en-Villette

A 7 kilomètres de La Ferté-Saint-Aubin. Entourée d'étangs et de forêts, elle recèle quelques curiosités touristiques, notamment le domaine de Ciran. A voir également l'église Notre-Dame construite au XIIe siècle et remaniée aux XVe et XIXe siècles, ainsi que l'église Saint-Michel située près du château, d'anciennes maisons du XVIIIe siècle, à pans de bois et colombages, la Halle de1869, la tour Saint-Aubin. A la sortie sud de la ville. Comme l'église Saint-Michel, elle a été ravagée pendant les guerres de Religion. Seule la tour-clocher date du XVe, le reste ayant été reconstruit au XIXe.

Belle promenade sur les bords du Cosson, en face du château. Pelouse, jeux pour les enfants, piscine découverte, pêche.

LE CHATEAU © **02 38 76 52 72.** *Ouvert tous les jours de 10h à 19h, du 15 février au 15 novembre.* Le bel ensemble architectural datant pour l'essentiel du XVIIe siècle, est ouvert à la visite depuis 1987 par son propriétaire Jacques Guyot qui le restaure progressivement. Les nombreuses pièces qui le composent sont toutes meublées et décorées. Des mannequins costumés évoquent la vie du château aux différentes époques de son passé. Depuis 1995, une attraction fait revivre les cuisines à l'ancienne où se déroulent des démonstrations de pâtisseries que l'on peut déguster sur place et acheter. Les écuries sont également à visiter, avec l'une des plus belles selleries de France. Le parc aménagé propose une promenade au milieu d'une mini ferme et de ses animaux familiers. Une île aux enfants invite ces derniers dans un univers peuplé des petites filles modèles, du château fort de Lancelot, de la mère Lustucru et autres personnages enchanteurs. A voir aussi : l'appartement des enfants du XVIIIe siècle : chambre à baldaquin, salle à manger et cuisine à l'échelle d'un enfant de dix ans. Un village reconstitué nous invite à découvrir ses boutiques, son école, etc.

AUBERGE DU CIRAN **Domaine du Ciran** © **02 38 76 96 02.** *Fermé le mardi. Fermeture annuelle en janvier. Menus de 12,96 € à 42 €.* Cette auberge charme ceux qui recherchent le calme et la convivialité. Dans une belle salle à manger typique, la carte est alléchante, la cuisine de Gérard Membré promet : panaché de terrine et sa confiture d'oignon, poêlée de noix de Saint-Jacques à la Bertranaise ; filet de kangourou à l'aigre-doux ; filet de sandre au beurre blanc, tarte tatin maison. Le menu à 42 € (apéritif, vins compris) est pantagruélique. Il offre un choix d'entrées et de plats incroyables. On peut même danser et faire la fête jusqu'à 4 heures du matin.

DOMAINE DE CIRAN - CONCERVATOIRE DE LA FAUNE SAUVAGE DE SOLOGNE **Route de Marcilly** © **02 38 76 90 93.** *Ouvert tous les jours de 10h à 12h et de 14h à 17h, sauf le mardi du 1er octobre au 31 mars.* Un domaine de 300 hectares qui rassemble à l'intérieur du château différentes collections pour présenter la Sologne sous les aspects les plus divers : artisanat, culture, métiers de la forêt et des champs. Un animateur est disponible pour faire découvrir les aspects caractéristiques de la région. Un parcours fléché de 5 kilomètres permet de découvrir faune et flore caractéristique de la Sologne.

Sennely

Carrefour routier à la frontière du Loiret et du Loir-et-Cher, un gentil village solognot à 17 kilomètres au sud-est de La Ferté-Saint-Aubin, en bordure de la forêt de Lamotte-Beuvron. Il abrite une petite église dédiée à Saint-Jean-Baptiste, qui date du XIIe siècle et a été restaurée au XXe siècle. C'était la première étape du pèlerinage de saint Benoît à Saint-Jacques de Compostelle. Jolies maisons de briques typiques et une accueillante auberge, l'Auberge des Cotrets. A 1 km du village, l'étang de Villechaume constitue un joli coin de promenade. Il est alimenté par les eaux de la Canne, petit affluent du Cosson.

EGLISE SAINT-JEAN-BAPTISTE. *Ouverte le dimanche toute la journée de la fin mars à la fin du mois d'octobre.* Sa première construction remonte au XIIIe siècle. De cette époque elle n'a conservé que peu de choses. Son clocher et son transept datent des XIVe et XVe siècles. De Saint-Benoît-sur-Loire, les pèlerins en partance pour Saint-Jacques-de-Compostelle avaient, au Moyen Age, coutume de s'y arrêter.

La région pratique

Se rendre en région Centre

Argenton-sur-Creuse

PAR LA ROUTE

Quelques services pour rouler futé

CENTRE D'INFORMATIONS ROUTIERES © 08 26 02 20 22 (0,15 € la minute)

INFORMATIONS AUTOROUTIERES © 01 47 05 90 01

METEO FRANCE © 08 92 68 02 45 un seul numéro pour la météo de vos loisirs (0,34 € la minute)

AUDIOTEL (seulement sur le réseau routier) © 08 92 68 10 77 (0,34 € la minute)

COFIROUTE © 08 92 70 26 34.

MINITEL : 3615 BISON FUTÉ OU ROUTE. *Informations routières 24h/24.* Conditions nationales et régionales de circulation sur les grands axes et informations saisonnières.

MINITEL : 3615 AUTOROUTE.

Bien préparer son itinéraire

3615 ITI, 3615 KM et 3615 PARTIR. Pour éviter des détours inutiles ou établir un budget de voyage, ces services par Minitel vous permettent de définir un itinéraire et de calculer son coût : itinéraire direct, sans péage, par étape et selon votre véhicule (caravane ou non). Ces services donnent également des informations sur le trafic, utiles pour les week-ends chargés.

Covoiturage ou auto-stop

3615 ALLOSTOP, 3617 OTOSTOP, 3615 POUCE.

Sites Internet

www.viamichelin.com, www.pcb.ecritel.fr/allost, www.ecotrajet.com, www.covoiturage.com. Pour payer moins cher : **www.eurolines.fr**. L'alternative aux voyages en train ou en avion : le car. **www.mappy.fr** pour définir à coup sûr votre itinéraire.

EN AVION

La région centre dispose de trois aéroports : Tours dans l'Indre-et-Loire, Bourges dans le Cher, Châteauroux-Déols dans l'Indre.

AEROPORT INTERNATIONAL TOURS - VAL-DE-LOIRE 4, rue de l'Aérogare - 37100 TOURS © 02 47 49 37 00. *Fax : 02 47 41 23 23. Avions taxi 02 47 42 52 00. L'aéroport est opérationnel 24h/24 et 7j/7. Internet : www.tours-aeroport.com. E-mail : information.aeroport@wanadoo.dfr.*

AEROPORT DE BOURGES Route d'Issoudun - 18000 BOURGES (Information à la Chambre de Commerce et d'Industrie) © 02 48 67 80 80. *Fax : 02 48 67 80 99.*

AEROPORT "MARCEL DASSAULT" RN20 - 36130 CHATEAUROUX-DEOLS © 02 54 60 53 53. *Fax : 02 54 60 53 54. Internet : www.chateauroux-airport.com.*

EN TRAIN

Pour obtenir des informations, organiser et réserver votre voyage, consultez le site Internet : **www.sncf.com**. Vous pouvez également joindre la ligne vocale permanente : **08 91 67 68 69** (0,30 €/minute) ou la ligne directe : **08 92 35 35 35** (0,46 €/minute), cette dernière permettant de réserver et de régler son voyage. Il existe aussi un service minitel : **3615 ou 3616 SNCF** (0,20 €/minute).

Attention ! les indications fournies ici sont générales. Le nombre de trains par jour change et peut augmenter, notamment pendant les week-ends ou les grandes vacances. Le prix des billets est donné à titre indicatif, pour un aller simple adulte plein tarif en période normale. Pour les jeunes, pensez à la **carte jeune 12-25 ans**, au tarif de 48 € ! Elle permet des réductions allant jusqu'à 50 %. Sans oublier les 26 - 59 ans : la **carte Escapade** leur donne droit à une réduction garantie de 25 %. Pour un abonnement de 99 € !

- **Le service bagages** sur un simple coup de fil. Ils prennent en charge nos valises où nous le souhaitons et ils les livrent là où on veut. On peut acheter cette prestation dans les gares, les boutiques SNCF ou au 08 25 84 58 45, service disponible de 7h à 22h.

- **Train+location de voiture** dans près de 200 gares de France, dès la descente du train, une voiture de location Avis, à des prix très attractifs. On peut réserver cette prestation dans tous les points de vente SNCF et les agences de voyage agréées en même temps que l'achat du billet

Depuis Paris

	km	Durée	Péage
Chartres	85 km	0h52	4,90 €
Orléans	132 km	1h26	8,30 €
Blois	182 km	1h50	13,10 €
Bourges	239 km	2h10	18,60 €
Tours	238 km	2h16	19,10 €
Châteauroux	261 km	2h20	15,80 €

Depuis Bordeaux

	km	Durée	Péage
Châteauroux	340 km	3h50	
Tours	345 km	3h01	26,50 €
Blois	406 km	3h34	31,40 €
Bourges	410 km	4h47	
Orléans	457 km	4h02	36,00 €
Chartres	480 km	4h56	27,30 €

Depuis Lyon

	km	Durée	Péage
Bourges	377 km	3h20	20,60 €
Châteauroux	391 km	3h49	17,69 €
Orléans	483 km	4h14	28,50 €
Tours	527 km	4h47	27,10 €
Chartres	507 km	4h25	31,40 €
Blois	536 km	4h39	33,80 €

- **Train+hôtel**. La SNCF et Accor se sont associés pour offrir un choix de près de 850 hôtels (Sofitel, Novotel, Mercure, Ibis) vers plus de 200 destinations en France et en Europe. Grâce à ce partenariat, on bénéficie aussi de tarifs préférentiels sur le prix de la chambre d'hôtel. On peut réserver la chambre en même temps que le billet de train aux guichets des gares, dans les boutiques SNCF ou par téléphone en appelant le 08 92 35 35 35.

GARE DE BLOIS Place de la Gare ✆ 02 54 55 31 03

GARE DE BOURGES Place du Général-Leclerc ✆ 02 48 48 51 58

GARE DE CHARTRES 8, place Pierre Sémard ✆ 02 37 84 61 66

GARE DE CHATEAUROUX 14, rue Bourdillon ✆ 02 54 60 30 84

GARE D'ORLEANS Rue Pierre-Segelle ✆ 02 38 52 45 45

GARE DE TOURS 3, rue Edouard-Vaillant ✆ 02 47 32 18 29

Pour se rendre à Blois

Au départ de Paris/Austerlitz, une quinzaine de trains assurent tous les jours le trajet, comptez environ 1h30 de trajet. Coût d'un billet 20,80 € en plein tarif.

Au départ de Bordeaux, neuf départs quotidiens, mais le trajet n'est pas direct et dure 3h30. Coût d'un billet 41 € en plein tarif.

Au départ de Lyon, une douzaine de départs par jour, le temps de trajet varie entre 4h et 6h, en fonction du changement fait à Paris ou à Saint-Pierre-des-Corps. Coût du billet 60,20 € en plein tarif.

Maison dite de Denis à Blois

Pour se rendre à Bourges

Au départ de Paris/Austerlitz, une dizaine de trains assurent tous les jours le trajet, prévoir environ 1h50 de trajet. Coût d'un billet 25,60 € en plein tarif.

Au départ de Bordeaux, une dizaine de trains par jour, changement à Saint-Pierre-des-Corps, prévoir 4h30 à 5h de trajet. Coût d'un billet 47,50 € en plein tarif.

Au départ de Lyon, une douzaine de trains par jour, prévoir 3h30 à 4h de trajet. Si vous optez pour un changement à Nevers, il faut prévoir environ six heures de trajet. Coût d'un billet 32,30 € en plein tarif.

Pour se rendre à Chartres

Au départ de Paris/Montparnasse, une trentaine de liaisons quotidiennes. Comptez un peu plus d'une heure de trajet pour un coût de 11,80 € en plein tarif.

Au départ de Bordeaux, une douzaine de trains par jour, prévoir un changement à Paris, durée du trajet entre 5 et 6h, pour un coût de 66,50 € en plein tarif.

Au départ de Lyon, une douzaine de trains par jour, prévoir un changement à Paris, durée du trajet entre 4h et 5h30 pour un coût de 77,30 € en plein tarif.

Pour se rendre à Châteauroux

Au départ de Paris/Austerlitz, une quinzaine de départs assurés chaque jour. Comptez environ deux heures pour un coût de 28,20 € en plein tarif. De nombreux trains au départ d'Orléans-Les Aubrais.

Au départ de Bordeaux, cinq liaisons quotidiennes via Limoges ou Périgueux, dans ce cas prévoir 4h30 de trajet pour un coût de 36,20 € en plein tarif.

Au départ de Lyon, neuf liaisons quotidiennes, à choisir via Paris/Gare-de-Lyon, ensuite Gare de Paris/Austerlitz au total de 5h à 6h de voyage ou via gare de Vierzon, le temps de trajet reste le même, pour un coût de 39,20 € en plein tarif.

Pour se rendre à Orléans

Au départ de Paris/Austerlitz, une vingtaine de départs sont assurés chaque jour. Prévoir une heure, vous serez à destination pour 15,50 € en plein tarif.

Au départ de Bordeaux, sept trains partent chaque jour. Avec un changement, le temps de trajet est de 4h30 environ et l'achat du billet vous revient à 45,40 € en plein tarif.

Au départ de Lyon, une douzaine de trains se rendent quotidiennement à Orléans. Le temps de trajet oscille entre 5h et 7h en fonction des changements. Comptez 79,50 € pour l'achat d'un billet plein tarif.

Pour se rendre à Tours

Au départ de Paris/Montparnasse et Austerlitz, une vingtaine de départs sont assurés chaque jour. Vous ne mettrez qu'une heure en TGV ! sinon prévoir un peu plus de deux heures. Le prix du billet plein tarif est de 35,80 €.

Au départ de Bordeaux, treize trains directs vous amènent à destination chaque jour en 2h30. Prévoir 37,90 € pour l'achat du billet plein tarif.

Au départ de Lyon, treize trains ou TGV partent chaque jour. Prévoir 3h si vous prenez le TGV et 86,10 € pour l'achat du billet plein tarif.

faire du ciel le plus bel endroit de la terre
AIR FRANCE
Tarifs Tempo.
Envolez-vous à prix légers.
www.airfrance.com
Membre de SKYTEAM

Circuler dans la région

Château de Châteaubrun

EN VOITURE

	Blois	Bourges	Chartres	Châteauroux	Orléans	Tours
Paris	183	227	89	253	117	235
Calais	492	521	398	559	423	542
Hendaye	606	619	682	554	656	543
Le Havre	347	392	218	423	287	304
Lille	393	446	308	469	333	452
Nice	863	757	1 024	844	916	904
Strasbourg	671	577	577	741	596	715

Afin de préparer au mieux vos escapades, pensez à vous renseigner auprès du centre régional d'information et de coordination routières.

CRICR ILE-DE-France-CENTRE 79, avenue du Maréchal-de-Lattre-de-Tassigny - 94002 CRETEIL ✆ 08 26 02 20 22

EN TRAIN

Il existe une très grande quantité de TER dans la région Centre et de nombreuses liaisons sont assurées quotidiennement. Renseignez-vous dans les gares SNCF pour bénéficier des meilleurs tarifs. Pour plus de renseignements, consultez le site Internet : **www.ter-sncf.com** ou **3615 TER** (0,15 € la minute).

EN BATEAU

Avec ses nombreuses rivières et la Loire, le tourisme fluvial dans la région centre permet de s'échapper du chaos de la ville et de découvrir toutes les merveilles des bords de Loire. Les voies navigables et les canaux sont nombreux. Le Loiret possède un important domaine navigable : canal d'Orléans, canal de Briare, canal du Loing, canal latéral à la Loire.

De nombreuses agences louent des bateaux ou proposent leurs prestations. Pour plus d'informations, vous pouvez également vous renseigner auprès de :

SYNDICAT INTERCOMMUNAL DU CHER CANALISE 60, rue Constant - 41110 SAINT-AIGNANT ✆ 02 54 75 08 50/06 09 73 19 44 (le week-end). *Fax : 02 54 75 20 96.*

SYNDICAT MIXTE DE GESTION DU CANAL D'ORLEANS 61bis, route de Nestin - 45450 FAY-AUX-LOGES ✆ 02 38 46 82 90. Vous obtiendrez des brochures détaillées sur les balades et les bases de loisirs qui jalonnent le canal.

COMITE DEPARTEMANTAL DE TOURISME DU LOIRET ✆ 02 38 78 04 04

LOISIRS ACCUEIL LOIRET. *Locations individuelles de bateaux : Pont de Briare : 02 38 37 12 75.*

OFFICE DE TOURISME DE BRIARE **1, place Charles-de-Gaulle ✆ 02 38 31 24 51**

SYNDICAT DU CANAL D'ORLEANS **"L'Oussance" - 46, rue Abbé-Thomas - 45450 FAY-AUX-LOGES ✆ 02 38 57 04 74.** D'autres informations sur le site Internet : www.charmes-nautiques.com.

RANDONNEES NAUTIQUES - CANOE, DECOUVERTE DU VAL DE CREUSE **Ile d'Avant - LE BLANC ✆ 02 54 37 77 99**

CIRCUITS TOURISTIQUES

Découverte des châteaux et vignobles

Sur le canal latéral à la Loire à bord d'une péniche avec le passage du pont-canal du Guétin. Que l'on opte pour une journée ou une semaine, le dépaysement est à la hauteur de nos espérances. Vivre au rythme de l'eau, sans contrainte, la sérénité est au rendez-vous et les magnifiques paysages font le reste.

Bateau

ALPHONSIA MARIA **18320 Marseille-les-Aubigny ✆ 02 48 76 14 41.** *Internet : www.peniche-alphonsia.com.*

A cheval

La région centre offre un site idéal pour le tourisme équestre. Ses vallées bordées de châteaux, ses forêts et ses vignobles séduiront les amoureux de l'équitation. Des parcours variés permettent de découvrir les merveilles de la région de manière originale. Le parc de La Brenne, la Beauce et la Sologne offrent des balades nature sur des sites particulièrement bien protégés.

ASSOCIATION REGIONALE DE TOURISME EQUESTRE DU CENTRE-VAL-DE-LOIRE **4, rue de Villebrême - BP50 - 41914 BLOIS ✆ 02 54 42 95 60.** *Fax : 02 54 78 90 18.*

Randonnées à cheval et découverte de la Brenne en attelage

COMITE DEPARTEMENTAL DE TOURISME EQUESTRE ✆ 02 54 36 16 25

RANDONNEES EQUESTRE EN BEAUCE ✆ 02 37 84 01 03

La route des jardins secrets en Berry

Ce circuit touristique nous invite à la rencontre de cinq jardins remarquables du Berry : **les jardins du prieuré de Notre-Dame-d'Orsan à Maisonnais : 02 48 56 27 50 • le Conservatoire des Plantes tinctoriales et aromatiques au prieuré de Saint-Laurent-de-Manzay à Limeux : 02 48 57 13 08 • le jardin romantique du château de Villiers à Chassy : 02 48 77 53 20 • les jardins clos à thème dans le parc du château d'Ainay-le-Vieil : 02 48 63 36 14** et enfin **les jardins artistiques de Drulon à Loye-sur-Arnon : 02 48 56 65 96.** Renseignements :

ASSOCIATIONS PARCS ET JARDINS **14, boulevard Rocheplatte - ORLEANS ✆ 02 38 77 10 64.** *Internet : www.jardins-de-france.com*

La route de la Porcelaine

Un circuit à la découverte de l'or blanc qui invite à visiter des musées, des ateliers d'artisans, des boutiques et des magasins d'usines, de Salbris à Couleuvre en passant par Mehun, Berry-Bouy, Foecy, Vierzon…

En voiture, les bons conseils de la sécurité routière !

10 REGLES ET 10 REFLEXES...

REGLE N°1 • Voyager bien préparé, c'est partir en vacances d'un bon pied...
La veille du départ, vérifiez le bon état de votre véhicule : système de freinage, direction, pneus, niveau d'eau, d'huile et de liquide de frein. Roue de secours, trousse à pharmacie et outils doivent rester facilement accessibles. " Qui veut voyager bien, ménage sa monture "...
Prenez le temps de charger les bagages en les répartissant correctement, les objets lourds en dessous pour équilibrer au mieux la voiture. Chargez le coffre au maximum. Evitez de mettre des objets sur la plage arrière. Une simple poupée peut se transformer en dangereux projectile en cas de freinage brutal !

REGLE N°2 • Voyager bien ceinturé, c'est garantir sa sécurité et préserver ceux que vous aimez...
Attacher sa ceinture à l'avant comme à l'arrière doit devenir un automatisme dès que l'on monte en voiture !.
Pour les plus petits, veillez au choix des dispositifs de retenue. Pour qu'un enfant soit au maximum protégé, son siège doit être homologué, adapté à son poids et à sa taille, correctement fixé, convenablement utilisé. Veillez au cours du voyage à ce qu'il ne se détache pas... les bonnes habitudes doivent se prendre très tôt.

REGLE N°3 • Voyager bien reposé : optez pour une conduite apaisée.
Prenez la route en forme, bien reposé (surtout pas après une journée de travail en prévoyant de faire le trajet de nuit !). Sur la route, dès que vous ressentez les premiers signes de stress ou de fatigue (raideurs musculaires, picotements des yeux, bâillements, douleurs dorsales...), arrêtez vous !. Si vous le pouvez, relayez-vous au volant et de toute façon il est conseillé de faire toutes les deux heures, une pause d'environ 1/4 d'heure !
A l'heure du déjeuner, évitez les repas copieux lourds à digérer qui amènent la somnolence et des... lourdeurs digestives peu propices à la conduite ! Avant de repartir, munissez-vous d'une nouvelle bouteille d'eau.
Prévoyez de quoi occuper les plus jeunes, histoire de ne pas subir leurs lamentations ou leurs cris, sources d'énervement.

REGLE N°4 • Garder ses distances et respecter les limitations de vitesse : deux bonnes résolutions pour rouler en toute sécurité.
On ne le répétera jamais assez : respectez les limitations de vitesse. Si elles sont ainsi imposées, ce n'est pas juste pour vous embêter ou vous retarder ! Respectez aussi les distances de sécurité, pour vous permettre d'anticiper en cas de freinage brutal.

Sur autoroute, laissez au moins 90 mètres entre le véhicule qui vous précède et le vôtre, soit l'équivalent de deux lignes d'espacement d'une bande d'arrêt d'urgence.

Sur route, "2 secondes" entre son véhicule et celui qui le précède sont nécessaires pour avoir le temps de réagir en cas de freinage brusque ou de déviation de trajectoire. Pour les calculer, il suffit de repérer un point de passage du véhicule qui vous précède (arbre, panneau...) et de vous imposer un minimum de "..1...2 se-condes" avant d'atteindre ce même point. (ou répétez deux fois "cro-co-di-le").

REGLE N°5 • Bien voir, pour conduire efficacement et en toute sécurité.
Contrôler sa vue et éventuellement porter ses verres correcteurs, c'est indispensable, tout comme de porter des lunettes de soleil adaptées à la conduite si la luminosité est importante. Mais ça ne suffit pas : les feux du véhicule doivent aussi parfaitement fonctionner et être propres. Il faut aussi qu'aucun bagage, aucune saleté n'altère la visibilité du conducteur. Pensez aux rétroviseurs, au pare-brise et à la lunette arrière.
Il est aussi prudent de vérifier le niveau du produit de lave-glace et les essuie-glaces.

REGLE N°6 • Celui qui conduit, c'est celui qui ne boit pas...

On en a beaucoup parlé, on en parle toujours et on continuera d'en parler, tant que l'alcool au volant continuera de tuer ! Le seuil maximum du taux d'alcoolémie autorisé par la loi est de 0,5g/l dans le sang. C'est dès le premier verre que l'alcool provoque : mauvaise estimation des distances, réduction du champs de vision, trouble de la coordination et de la synchronisation des gestes, allongement du temps de réaction... Faites attention à la prise de certains médicaments qui en augmentent les effets.

Au cours d'une visite de cave, de la découverte “d'un petit vin de propriété”, d'un déjeûner ou d'un dîner un peu “arrosé” dans un restaurant sympathique, adoptez le principe du conducteur désigné et passez le volant... pour continuer en toute sécurité. “Celui qui conduit, c'est celui qui ne boit pas”.

REGLE N°7 • Téléphoner ou conduire... il faut choisir.

Le téléphone portable peut rendre bien des services sur la route, pour prévenir les secours en cas d'accidents, rechercher un dépanneur, réserver une chambre d'hôtel, un restaurant, prévenir un ami...... Mais mal utilisé, il devient un vrai danger. L'idéal, c'est de l'éteindre quand vous êtes au volant. S'il sonne, laissez faire votre messagerie, vous rappellerez plus tard... Et si vous devez joindre quelqu'un, stationnez votre véhicule à un emplacement sécurisé avant de composer le numéro !

Le kit main libre ne résout pas le problème de la sécurité, car le conducteur reste distrait par la conversation.

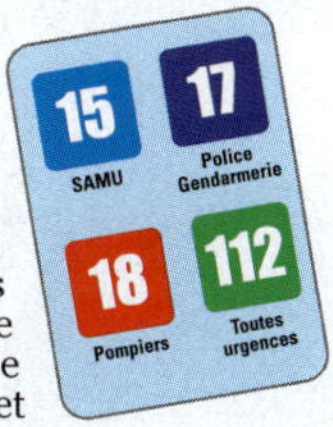

REGLE N°8 • Que faire en cas de panne ?

Le moyen le plus sûr reste le recours à un spécialiste du dépannage. Si vous êtes sur l'autoroute, essayez de vous arrêter sur une aire de repos ou de sortir au péage le plus proche. Si ce n'est pas possible, garez-vous le plus à droite possible sur la bande d'arrêt d'urgence et allumez vos feux de détresse. Ne sortez pas du véhicule du côté de la circulation et restez de l'autre côté de la barrière de sécurité si vous marchez jusqu'à la prochaine borne d'appel d'urgence.

REGLE N°9 • Témoin d'un accident, que faire ?

Sur la route, allumez vos feux de détresse immédiatement pour prévenir les véhicules qui suivent et garez-vous prudemment. Mettez les passagers à l'abri, à l'extérieur des véhicules accidentés... et ne fumez pas à proximité.

Prévenez les secours au plus vite (depuis un portable, composez le 112), et attendez-les avec les victimes.

Sur autoroute, appelez d'une borne d'appel d'urgence. C'est le seul moyen d'être immédiatement localisé.

REGLE N°10 • En résumé ne jamais oublier les 10 réflexes

1 - Préparer son itinéraire en suivant les conseils de Bison Futé.
2 - Respecter le confort de tous les passagers, notamment celui des enfants.
3 - Vérifier que chaque passager a bien bouclé sa ceinture, à l'avant comme à l'arrière.
4 - Contrôler sa vitesse et maintenir les distances de sécurité sur tout le trajet.
5 - Faire une pause d'au moins un quart d'heure toutes les deux heures.
6 - Ne pas boire d'alcool avant, ni pendant le voyage.
7 - Ne pas prendre de médicaments déconseillés pour la vigilance.
8 - Ne pas faire de repas copieux pour éviter tout risque de somnolence.
9 - Ne pas utiliser son téléphone portable au volant.
10 - S'arrêter de conduire dès les premiers signes de fatigue o

Bonne route...

Liberté • Égalité • Fraternité
RÉPUBLIQUE FRANÇAISE
sécurité routière

POUR PERDRE 6 POINTS SUR SON PERMIS
IL SUFFIT DE 2 VERRES D'ALCOOL* ET D'UN VEHICULE

Porcelainiers et décorateurs de la région

BOUTIQUE CHENE SAINT-LOUIS 3, place Gordaine - BOURGES 02 48 66 68 55 • PORCELAINES AVIGNON Route de Noirlac - BRUERE-ALLICHAMPS 02 48 62 03 77 • NOUVELLE MANUFACTURE DE PORCELAINE D'ART DE COULEUVRE "La Fabrique" - COULEUVRE 04 70 66 11 30 • PORCELAINE PHILIPPE DESHOULIERES 39, rue Louis-Grandjean - FOECY 02 48 53 04 55 • AGNES SOREL BOUTIQUE 188, rue Jeanne-d'Arc - MEHUN-SUR-YEVRE 02 48 57 14 62 • PILLIVUYT Avenue de la Manufacture - MEHUN-SUR-YEVRE 02 48 67 31 63 • PORCELAINE JACQUES-CŒUR MASSE SURGET Route de Foëcy - MEHUN-SUR-YEVRE 02 48 57 30 56 • PORCELAINES DU GROS ORMES 21, avenue Raoul-Aladenize - MEHUN-SUR-YEVRE 02 48 57 10 04 • JEAN PENET ET ROSELINE BOULOT 27, rue Jean-Pétrin - VALLON-EN-SULLY 04 70 06 58 41 • PORCELAINE MONIQUE ROBERT Chemin de la Bercetterie - VIERZON 02 48 71 78 43 • ANNIE PORCELAINE RN76 - GIGNOUX-SUR-BARANGEON 02 48 51 56 04.

La route de la Vallée du Cher

Indre-et-Loire, Loir-et-Cher, Indre, Cher, Auvergne. Villandry, Savonnières, Plessis-lès-Tours, Tours, Leugny, Nitray, Chenonceau, Montrichard, Gué-Péan, Selles-sur-Cher, Brinay, Mehun-sur-Yèvre, Bourges, Meillant, La Celle, l'abbaye de Noirlac, Saint-Amand-Montrond, Ainay-le-Vieil.

La route des vignobles du Cœur de France

Cette route se prolonge sur 170 kilomètres au pays des vignes, et nous emmène à la rencontre des caves du Centre-Loire et de leurs 5 appellations d'origine contrôlée : sancerre, menetou-salon, reuilly, quincy, les coteaux du Giennois, et enfin le vignoble de Châteaumeillant. L'itinéraire privilégie les petites routes sympathiques et invite à se promener dans les vergers de Saint-Martin, dans les vallonnements du pays Fort et le long des vallées de l'Yèvre et de l'Arnon avec un maximum de points de vue sur les vignobles. Une route qui se prolonge jusqu'à la Bourgogne et la route des vignobles du Val-de-Loire qui va de l'Atlantique à la Touraine.

La route du Grès Rose

Cette route d'une une vingtaine de kilomètres, permet de relier les différents lieux de Saulzais-le-Potier où le grès est abondant. La route est signalée par des panneaux de couleur marron. Départ de la place du Marché de Saulzais-le-Potier.

La route historique de George Sand dans l'Indre

C'est une balade empreinte de George Sand qui vous emmène de Nohant, à Saint-Chartier, en passant par Sarzay, La Châtre, Sainte-Sévère… Renseignements :

OFFICE DE TOURISME "Le Pigeonnier" - GARGILESSE-DAMPIERRE ✆ 02 54 47 85 06/02 54 47 83 11 (hors saison)

Le Pays des Châteaux à vélo

A seulement 200 kilomètres de Paris, le pays des Châteaux est une parfaite alternative bien-être. Grâce à ses 300 kilomètres d'itinéraires cyclables, balisés et sécurisés, les amateurs de deux roues partagent des moments de convivialité et de détente. Voici quelques adresses :

OFFICE DE TOURISME DE BLOIS 5, avenue Jean-Laigret 02 54 90 41 41 • AGENCE DE VOYAGES LOIRE VALLEY TRAVEL 2, rue Jean-Moulin - BLOIS 02 54 78 62 52. *Sites Internet : www.chateauxvelo.com - www.loiredeschateaux.com - www.visaloire.com.*

Le Comité Régional du Tourisme (CRT) de la région Centre a créé l'association :

"VELOTEL-VELOCAMP-VELOGITE" 37, avenue de Paris - ORLEANS 02 38 79 95 00

La pêche dans l'Indre

La Brenne est le pays des mille étangs et la pêche en étang est très prisée, beaucoup de possibilités sont offertes sur les étangs communaux principalement pour des pêches à la journée.

ETANG COMMUNAL CHAZELET • ETANG COMMUNAL DE LA ROCHE-CHEVREUX Lignac 02 54 25 74 75 • ETANG DE DURIS Luant 02 54 36 18 06 • ETANG COMMUNAL DE LUZERET 02 54 25 04 99 • ETANG DE BELLEBOUCHE Mezières-en-Brenne 02 54 38 32 36 • ETANG MOUTON MIGNÉ 02 54 37 86 10 • ETANG COMMUNAL Oulches 02 54 37 95 10 • ETANG COMMUNAL DE PAULNAY 02 54 38 02 25 • ETANG DE LA ROCHE La Pérouille 02 54 36 12 60 • ETANG COMMUNAL DE RIVARENNES 02 54 47 04 69 • ETANG DU RIANVERT Rosnay 02 54 37 80 87.

Organiser son séjour

La Vienne

VOYAGISTES SPECIALISES

Dans chaque département, des agences locales et organisateurs de voyages proposent des circuits régionaux ou séjours à thèmes.

Indre-et-Loire

AUTREPART 34, rue de la Paix - 37000 TOURS ✆ 02 47 64 05 93. *Fax : 02 47 64 06 39. Internet : Voyageurs@autredepart.net.* Spécialiste du voyage sur mesure, l'agence vous propose également de découvrir le Val de Loire de manière insolite avec des programmes actifs, culturels, festifs, gastronomiques...

LOISIRS ACCUEIL TOURAINE-VAL-DE-LOIRE 38, rue Augustin-Fresnel - BP139 - 34171 CHAMBRAY-LES-TOURS CEDEX ✆ 02 47 48 37 27. *Fax : 02 47 48 13 39. E-mail : sejours@loisirsaccueil-touraine.com.* L'équipe tourangelle d'une fédération nationale.

PRIVILEGES DE FRANCE 36, rue Bernard-Palissy - 37000 TOURS ✆ 02 47 05 19 19. *Fax : 02 47 61 18 18. E-mail : tours@franceincentive.com.* Avec des formules luxe en château, des dîners gastronomiques, des déjeuners campagnards, vous visiterez les châteaux royaux et demeures historiques privées. La formule chasse au trésor vous conduira à la découverte de vignobles et villages, en randonnée pédestre, en VTT, en canoë, et même en montgolfière !

LES VOYAGEURS RABELAISIENS 8, rue du Docteur-Gendron - 37500 CHINON ✆ 02 47 93 09 79. *Fax : 02 47 93 46 02. Internet : Voyageurs@mond.net.* Circuits au départ de Chinon, à pied ou en VTT, également randonnées multisports. Découvrez aussi les dîners rabelaisiens dans les caves !

Loir-et-Cher

AVENTURES ET CIE 1, rue Dufort-de-Duras - 41600 LA MOTHE-BEUVRON ✆ 02 54 83 08 00. *Fax : 02 54 83 08 01. Internet : www.aventures-et-cie.com. E-mail : info@aventures-et-cie.com.* Le tour-opérator spécialisé dans les randonnées moto et 4X4. Leur camp de base est situé au Domaine d'Huizon sur un site de 170 hectares de bois et d'étangs, à environ 10 kilomètres du château de Chambord et en plein cœur de la campagne solognote. Outre les circuits, les séjours, le site vous accueille pour des activités de pleine nature, (accrobranche, labyrinthe souterrain, tir à l'arc, quad, jet-ski...) encadré par des professionnels. Aventures et Cie aime la Sologne et ses activités privilégient la région.

BIENVENUE AU PAYS DES CHATEAUX 7, boulevard Munier - 41700 COUR-CHEVERNY ✆ 02 54 79 24 35. *Fax : 02 54 79 27 78. E-mail : otsi-chateaux@wanadoo.fr.* Bien des offres alléchantes pour vous retenir dans la région : de la magie du passé aux plaisirs solognots, en passant par des invitations autour des 5 sens ou entre nature et patrimoine.

CHASSE TRADITION VOYAGES Rue de Fresnes - 41600 VOUZON ✆ 02 54 88 47 59. *Fax : 02 54 88 25 92.* Les amateurs de chasse verront leurs séjours parfaitement organisés pour des chasses en Sologne comprenant forfait de chasse en battue ou devant soi, petit et grand gibier.

LOIRE VALLEE TRAVEL 2, rue Jean-Moulin - 41000 BLOIS ✆ 02 54 78 62 52. *Fax : 02 54 78 42 19. E-mail : loire.vallee.travel@wanadoo.fr.* L'agence propose une manière originale de visiter les châteaux de la Loire, avec un circuit vélo découverte région autour des châteaux de la Loire. Pour les groupes, c'est à la carte.

OFFICE DE TOURISME DE BLOIS Service Réservation - 3, avenue Jean-Laigret - BP199 - 14006 BLOIS CEDEX ✆ 02 54 91 41 42. *Fax : 02 54 90 41 49. Internet : www.loiredeschateaux.com.* Une sélection de séjours clé en main en vallée de la Loire, les services de guides interprètes.

VAL DE LOIRE PRESTIGE 2, rue de la Jacquière - 41150 CHAUMONT-SUR-LOIRE ✆ 02 54 33 95 95. *Fax : 02 54 33 95 96. Internet : www.val-de-loire-prestige.com.* Des séjours à thèmes, accompagnés ou en toute liberté, des programmes sur mesure. Les formules sont luxueuses. On a le choix entre : un cours de cuisine en Val de Loire en compagnie de grands chefs, la culture et l'histoire en vallée de la Loire, la découverte des vins de Loire, l'école de chasse du sanglier à Chambord, ou pourquoi pas une ou plusieurs journées de pêche avec un homme de Loire. Les propositions sont nombreuses et exceptionnelles, rien n'est laissé au hasard.

Loiret

DUNOIS VOYAGES 14, rue Charles-Sanglier - 45000 ORLEANS ✆ 02 38 62 78 03. *Internet : www.dunois-voyages.com.* Voici une enseigne connue et reconnue dans la région, qui sait vous offrir des services sérieux et attrayants. Qu'on opte pour un séjour individuel ou en groupe, une équipe accueillante et dynamique vous proposera une sortie sur le canal de Briare, des balades dans le Sancerrois, l'Anjou, le Berry, les châteaux giennois, Chambord... Les suggestions sont nombreuses. De nombreuses agences dans la région sont à votre disposition à Châteauroux, Chartres, Blois...

LOISIRS ACCUEIL LOIRET 8, rue d'Escures - 45000 ORLEANS ✆ 02 38 62 04 88. *Fax : 02 38 77 04 12. Internet : www.tourismeloiret.com. E-mail : info@tourismeloiret.com.* Des séjours groupe ou individuel à la carte vous sont proposés, à vous de choisir entre les différents thèmes celui qui vous convient le mieux : séjour musique, descente de la Loire en kayak, survol de la région en montgolfière ou en hélicoptère, détente, balnéothérapie ou golf, location de bateaux sans permis sur les canaux, séjours créatifs... A pied, à cheval ou à vélo, de très nombreuses formules sont proposées et les réservations de séjours peuvent être effectuées.

Cher

LOISIRS ACCUEIL CHER 5, rue de Séraucourt - 18000 BOURGES ✆ 02 48 48 00 18. *Fax : 02 48 48 00 28. Internet : www.resinfrance.com.* La région vous réserve de belles escapades : au pays de Sancerre, rencontres au pays de Raboliot, week-end foie gras, plaisirs de la Route Jacques Cœur. Les sportifs peuvent profiter d'un séjour : Loire sauvage en canoë, A bicyclette au cœur du Berry ou bien VTT en Sancerrois. Découvrez les 72 idées d'R.T.T. par l'intermédiaire de Loisirs accueil.

Indre

LOISIRS ACCUEIL INDRE 7bis, rue Bourdillon - CHATEAUROUX ✆ 02 54 27 70 49. *Fax : 02 54 27 60 00. E-mail : commercial.sla36@wanadoo.fr.* Des balades, des séjours à la carte, qui sont bien organisés et vous entraînent tantôt dans l'univers des festivals en pays de George Sand, tantôt à foire aux potirons ou dans les tables gourmandes du Berry. Pourquoi pas un week-end romantique chez George Sang ou une confirmation de mariage à Saint-Valentin ? Les découvertes sont variées et attractives (consultez le guide des 72 idées d'R.T.T).

OFFICE DE TOURISME D'EGUZON 2, rue Jules-Ferry - 36270 EGUZON-CHANTOME ✆ 02 54 47 43 69. *Fax : 02 54 47 35 60.* Des formules "clés en mains" sont proposées : Randonnées en Val de Creuse, Séjours rando-châtaignes...

Eure-et-Loir

DUNOIS VOYAGES 10, rue Volaille - 28000 CHARTRES ✆ 02 37 21 22 06. Voir de plus amples explications dans le Loiret.

LOISIRS ACCUEIL EURE-ET-LOIR 10, rue du Docteur-Maunoury - 28002 CHARTRES ✆ 02 37 84 01 01. *Fax : 02 37 21 47 99. Internet : www.tourisme28.com. E-mail : loisirs-accueil28@tourisme28.com.* Entre une soirée d'exception au Grand-Monarque, un stage de vitrail au Centre International du Vitrail à Chartres ou une initiation à l'art de la Broderie à l'atelier d'Enniji à Villampuy ou encore la Route du Blé qui vous propose des circuits à thèmes en pays de Beauce, rien ne manque pour vous distraire sur cette chaleureuse terre.

STRUCTURES POUR PREVOIR SON HEBERGEMENT

Gîtes de France

Internet : www.gites-de-france.fr Gîtes de France Centre Val de Loire. Prix du guide des gîtes de France 4,50 €. Réservation sur Internet de votre séjour ou de votre hébergement : www.resinfrance.com.

GITES DE FRANCE TOURAINE 38, rue Saint-Augustin-Fresnel - BP139 - 37171 CHAMBRAY-LES-TOURS © 02 47 48 13 39. *Fax : 02 47 48 37 13.*

GITES DE FRANCE LOIR-ET-CHER 5, rue de la Voûte-du-Château - BP249 - 41001 BLOIS CEDEX © 02 54 58 81 64. *Fax : 02 54 56 04 13.*

GITES DE FRANCE LOIRET 8, rue d'Escures - 45000 ORLEANS © 02 38 78 04 00. *Fax : 02 38 77 04 12.*

LOISIRS ACCUEIL CHER 5, rue Séraucourt - 18000 BOURGES © 02 48 48 00 18. *Internet : www.berrylecher.com. E-mail : loisirsaccueil@cdt18.tv.*

LOISIRS ACCUEIL EURE-ET-LOIR 10, rue du Docteur-Maunoury - 28000 CHARTRES © 02 37 84 01 02. *Fax : 02 37 21 47 99.*

LOISIRS ACCUEIL INDRE 7bis, rue Bourdillon - 36000 CHATEAUROUX © 02 54 27 58 61. *Fax : 02 54 27 60 00. Internet : www.gitesdefranc36.com. E-mail : resa.sla36@wanadoo.fr.*

Auberges de jeunesse

FEDERATION UNIE DES AUBERGES DE JEUNESSE 27, rue Pajol - 75018 PARIS © 01 44 89 87 27. *Internet : www.fuaj.org.*

AUBERGE DE JEUNESSE DE BEAUGENCY-SUR-LOIRE 152, route de Châteaudun - 45190 BEAUGENCY © 02 38 44 61 31. *Fax : 02 38 44 14 73. E-mail : beaugency@fuaj.org. Ouvert du 1er février au 30 novembre.* La structure d'accueil est grande, avec 130 lits et possibilité de planter sa tente. Il est possible d'y faire ses repas. Accès handicapés.

AUBERGE DE JEUNESSE DE BLOIS LES GROUËT 18, rue de l'Hôtel-Pasquier - 41000 BLOIS © 02 54 78 27 21. *Fax : 02 54 78 27 21. E-mail : blois@fuaj.org. Ouvert du 1er mars au 15 novembre.* L'auberge a une structure d'accueil de 48 couchages, offre la possibilité de faire sa cuisine et de prendre ses repas.

AUBERGE DE JEUNESSE DE BLOIS MONTLIVAULT Levée de la Loire - Montlivault - 41350 VINEUIL CEDEX 181 © 02 54 78 27 21. *Fax : 02 54 78 27 21 Ouvert du 1er juillet au 31 août sur réservation.* La structure d'accueil est de 30 lits, avec possibilité de planter sa tente et de faire sa cuisine.

AUBERGE DE JEUNESSE JACQUES-CŒUR 22, rue Henri-Sellier - 18000 BOURGES © 02 48 24 58 09. *Fax : 02 48 65 51 46. E-mail : bourges@fuaj.org. Ouvert du 12 janvier au 17 décembre.* La structure d'accueil est de 81 lits. Parking. Petit déjeuner. Repas pour groupes sur réservation. L'auberge est située en plein centre-ville, au cœur d'un espace tranquille au bord de l'Auron.

AUBERGE DE JEUNESSE DE CEPOY-MONTARGIS 25, quai du Port - 45120 CEPOY © 02 38 93 25 45. *Fax : 02 38 93 11 29. E-mail : cepoy@fuaj.org.* La structure d'accueil est de 115 couchages, avec possibilité de planter sa tente, de faire sa cuisine et de prendre ses repas, location de vélos.

AUBERGE DE JEUNESSE 10, rue du Moulin-Borgnon - 36400 LA CHATRE © 02 54 06 00 55. *Fax : 02 54 48 17 03. Ouvert du 1er mars au 31 décembre. Parking voiture et bus. La capacité d'accueil est de 60 lits.* A 30 kilomètres de Châteauroux, La Châtre, petite ville au charme discret et champêtre séduit. L'auberge est installée dans l'ancienne grange à blé du Moulin Borgnon, rénovée, cela va de soi.

AUBERGE DE JEUNESSE DU VIEUX TOURS 5, rue Bretonneau - 37000 TOURS © 02 47 37 81 58. *Fax : 02 47 37 96 11. Ouvert toute l'année.* La structure d'accueil est de 140 lits, possibilité de planter sa tente, de faire sa cuisine et prendre ses repas.

Campings

N'hésitez pas à prendre des renseignements sur internet. Voici l'adresse de quelques sites très complets.

www.abccamping.com • www.les-campings.com • www.decouverte-france.com/camping-france.html • www.wdirect.fr • www.campingfrance.com • www.camping.fr • www.camping-France.com

McCann Governance - © GETTYIMAGES

S'informer sur la région

Jardin du château de la Chatonnière à Azay-le-Rideau

BIBLIOGRAPHIE

Gastronomie

"Patrimoine gastronomique en pays de la Loire", Martine Denoueix, Editions. Rive Reines, 1992. Une belle façon d'ancrer les plaisirs de la table dans l'histoire d'une région.

"Aimer la cuisine du Val de Loire" (9 €). *"Meilleures recettes d'Anjou"* (5 €). *"La cuisine des châteaux de la Loire"* (15 €), Editions Ouest-France. 3 titres qui font le tour du patrimoine gastronomique par un éditeur régional.

"La cuisine de l'Anjou", Editions Bonneton (15 €). Voyage aux sources des saveurs locales, par un groupe d'ethnologues.

"La cuisine des Châteaux de la Loire" Gilles et Bleuzen de Pontavice Editions Ouest-France. C'est toute l'histoire des châteaux et leur patrimoine gastronomique qu'on découvre grâce aux propriétaires de châteaux de la vallée de la Loire qui ont livré leurs recettes de famille. De belles photos des châteaux s'harmonisent avec les recettes.

"Recettes solognotes de nos grands-mères, tradition et cuisine de Sologne" Gérard Bardon Editions Reflets de Terroir CPE. Si on a eu une gentille grand-mère qui savait nous mitonner de bons petits plats, dans cette cuisine de terroir on retrouve tous nos souvenirs.

"Sologne-Berry, la bonne cuisine des régions de France". Sylvie Gérard Editions France-Loisirs. La cuisine de terroir authentique, images et recettes.

Géographie

"La Loire : 1 000 kilomètres de bonheur", de Jean-Marie Laclavetine, Broché, 2002. Dans cet ouvrage, vous vivrez avec passion les beautés de ce fleuve et ses méfaits.

"La Loire : vallée et vals du grand fleuve sauvage", sous la direction de Christian Bouchardy, Delachaux et Niestle, 2002. Un ouvrage fait par des experts, qui décrit les inestimables richesses du plus long fleuve de France.

"L'Indre aujourd'hui". Les milieux, les hommes, les activités. Châteauroux. CD.D.P. de L'Indre 1990.

"Qu'est-ce qu'une région ?" Le Cas de la Région Centre CRDP de la Région Centre 1999. Un ouvrage technique qui permet de mieux comprendre la région.

Histoire

"Les Châteaux de la Loire", Pierre Miquel et Jean-Baptiste Leroux, Editions. Chêne, 1999. Une nouvelle étude des châteaux de la Loire qui ne se contente pas des plus prestigieux, abordant ceux méconnus du grand public.

"Les Châteaux de la Loire", Ivan Cloulas, Editions. Hachettes, 1999. L'histoire de leur construction et leur vie quotidienne.

"Blois, une étrange douceur", Editions. Autrement, 1998. Une plongée dans l'histoire de la capitale du Loir-et-Cher.

"Histoire de la Touraine", Pierre Leveel, Editions. CLD, 1988. Un ouvrage complet sur la Touraine à travers les âges. Un ouvrage de référence de près de 1 000 pages.

"Bourges et la route Jacques-Cœur", éditions Hermé. Pour tout savoir sur cette pittoresque route touristique et en découvrir les remarquables monuments.

"Découvrir le Cher", Patrick Martinat et Raymond Kot, éditions Horvath. Sont répertoriés tous les plus beaux sites et villages du département, avec des photos illustrées de quelques mots d'histoire.

"Le Cher à tire-d'aile", Michel Berger et Bernard Stéphan, éditions Photélico. Ce magnifique ouvrage est un voyage au cœur du département comme vous aurez peu l'occasion de le faire. Il s'agit d'un circuit aérien qui présente de beaux clichés des sites, villes et villages, vus de haut. Des notes apportent des infos pratiques et une présentation générale des lieux.

"Le canal du Berry", René Chambareau et Christelle Jamot Robert, éditions associées de France. Un ouvrage qui fait le tour complet de cet élément méconnu du patrimoine local qu'est le canal du Berry, en évoquant son passé mais aussi son avenir.

"Le Berry Antique" - Atlas 2000. Tours. 21e supplément à la Revue archéologique du Centre de la France.

"Le guide de Chartres", Jean Villette La Manufacture 1988. Un livre particulièrement bien écrit et très agréable à lire. Jean Villette a raconté l'histoire d'une façon précise.

"Histoire de la forêt d'Orléans" Jacques-Henry Bauchey Editions Dossiers de l'histoire. De l'époque Carnute à aujourd'hui, un livre bien écrit avec le souci du détail et de la recherche. On apprend tout sur la forêt d'Orléans.

"Notre-dame de Chartres" Emile Male, Pierre Devinoy Champs Flammarion. Une belle approche de la cathédrale de Chartres.

Littérature

"Balzac et la Touraine", Philippe Renault, Editions Tallandier, 1999. Balzac a fait de la Touraine une terre d'inspiration pour nombre de ses romans.

"Balzac en son pays", Paul Métadier, Editions. CLD, 1993. Cet ouvrage étudie l'influence de la Touraine natale de Balzac sur l'ensemble de son œuvre.

"Le Grand Meaulnes", Alain Fournier, Editions Fayard, 1986. Le Livre de Poche, 1971. Un romantique voyage littéraire en Sologne.

"Anthologie de la poésie française du XVIe siècle", Editions Poésie Gallimard 2002. Pour découvrir et aimer les poètes de la Pléiade.

Société

"Les Tourangeaux sous l'Occupation", Froger et Watiez, Editions. CLD, 1997. Cet ouvrage ambitieux aborde sous de nombreux aspects la vie des Tourangeaux durant l'occupation allemande : leurs difficultés, la résistance, la collaboration...

"Les Vignerons en Anjou dans la première moitié du XXe siècle", Editions l'Harmattan, 1990. Une étude sur la condition des vignerons angevins à travers des témoignages d'époque, des récits authentiques de vie de vignerons et de leurs proches.

"Paysans du Berry", Daniel Bernard, Roanne, Editions Horvath, 1982. Toute l'histoire attachante des habitants de cette région mystérieuse.

"Paysans de Sologne le travail de la terre au XIXe siècle" Christian Poitou, Editions Les racines de Terroir. Un livre rigoureusement authentique écrit avec simplicité qui évoque un siècle de l'histoire des habitants d'une région.

CARTOGRAPHIE

IGN 107, rue de la Boétie - 75008 PARIS ✆ 01 43 98 80 00. Tout pour la cartographie de vos itinéraires, qu'ils soient routiers ou pédestres.

Dans la collection Loisirs de plein air, vous trouverez six **cartes Loiret Randonnée**, au 1/50 000, référence, 82032, 82036, 82033, 82037, 82038, 82034, au prix unitaire de 7,95 €, dans lesquelles vous sont proposées différentes idées d'activités de plein air et de découvertes...

Pour des informations pratiques afin de mieux découvrir la région, vous trouverez dans la collection découverte des départements de France, la **carte Loir-et-Cher** au 1/25 000, référence 81027 ; la **carte du Loiret** au 1/10 000, référence 81009 ; dans la collection Découverte des régions de France, la **carte des Pays de la Loire** au 1/250 000, référence 810812 ; et la **carte de la région Centre**, référence 81018 ; toutes au prix unitaire de 5 €.

Pratique et indispensable pour la route, les **cartes de la collection Série départementale**, de chaque département, Loir-et-Cher, Loiret, Indre-et-Loire, Indre, Cher, Eure-et-Loir au 1/125 000 et au prix de 5 €. Il existe également des cartes Michelin au 1/15 000, au prix de 5 € : référence 323 groupant le Cher et l'Indre, références 311 pour l'Eure-et-Loir, référence 318 groupant le Loiret et le Loir-et-Cher, référence 317 groupant Indre-et-Loire et le Maine-et-Loire.

Pour ne pas se perdre en ville, vous trouverez dans la collection Plan des villes, la **ville d'Orléans** au 1/12 500, (avec livret) référence 72222, la **ville de Tours** au 1/12 500, (avec livret) référence 72209, la **ville de Chartres** au 1/10 000 référence 72323 (sans livret) la **ville de Blois** au 1/10 000 (sans livret) référence 72325 au prix de 4,50 € avec livret et 3,50 € sans livret.

Les cartes des parcs naturels régionaux : **Parc Régional du Perche** au 1/60 000, référence 83037-61, **Parc Naturel de la Brenne** au 1/80 000, référence 83016-36 au prix de 7 €.

TOPOGUIDES

FEDERATION FRANÇAISE DE RANDONNEE PEDESTRE 14, rue Riquet - 75019 PARIS ✆ 01 44 89 93 93. *Fax : 01 40 35 95 67.* Pour les aventuriers et sportifs, vous trouverez dans la collection de la Fédération française de randonnée pédestre, des idées de balades et randonnées. La Touraine à pied, Le Loiret à pied, Tours à pied, La Haute Vallée du Loir/Beauce, L'Eure-et-Loir carte et guide touristique du Comité Départemental du Tourisme de Chartres. Edition 2004. Guides des randonnées pédestres, des circuits VTT du Comité Départemental du Tourisme de Chartres. L'Eure-et-Loir à pied. Fédération Française de la Randonnée pédestre aux prix de 14,40 €. La Haute Vallée du Loire et de la Beauce à pied. Fédération Française de la Randonnée pédestre. Les Routes tranquilles du Perche - SIAP Syndicat Intercommunal pour l'Aménagement et le développement du Perche d'Eure-et-Loir/SIDTP (Syndicat Intercommunal pour le Développement du Tourisme dans le Perche Ornais). Bienvenue à la Ferme en Région Centre Edition 2003/2004. Maison de la Beauce - Orgères-en-Beauce.

MEDIAS

Presse

Quotidiens

A noter deux grands quotidiens présents dans la région centre. Mais les moins importants ne sont pas moins dignes d'intérêt.

LA NOUVELLE REPUBLIQUE DU CENTRE-OUEST 1, place Jean-Jaurès - 41000 BLOIS ✆ 02 54 57 29 29 • 232, avenue de Grammont - 37048 TOURS CEDEX 02 47 31 70 00 • Place Planchat - 18000 BOURGES 02 48 27 21 21 • 86, rue Nationale - CHATEAUROUX 02 54 61 15 15. Créée le 1er septembre 1944 par Jean Meunier, la Nouvelle République est issue de la Résistance. Ce régional est le sixième de France par le tirage, avec 76 000 lecteurs. Il couvre sept départements : Cher, Indre, Indre-et-Loire, Loir-et-Cher, Maine-et-Loire, Deux-Sèvres, Vienne. Depuis une quinzaine d'années, la Nouvelle République a développé de nouveaux moyens de communication comme la télévision par le Net, pour offrir à ses lecteurs et aux habitants de sa région une information complète et des services adoptés.

LA REPUBLIQUE DU CENTRE 31, rue de la République - 45000 ORLEANS ✆ 02 38 78 73 00/02 38 78 73 34. *Fax : 02 38 78 79 20. E-mail : agence.orleans@larep.com.* Le quotidien se veut un journal de proximité : pari réussi sur toute la ligne. Les pages locales côtoient les départementales et celles de la grande banlieue. On y trouve de tout : les informations locales, nationales et internationales. La plus belle part est toujours laissée à ce qui touche vraiment les habitants au quotidien. Des suppléments sport, économie, sorties, etc. viennent étayer le journal avec efficacité.

LE BERRY REPUBLICAIN 1-3, place du Berry - 18000 BOURGES ✆ 02 48 27 63 63. *Internet : berry.republicain@wanadoo.fr.* Le Berry Républicain est le 1er quotidien du Cher. Les petits potins des hauts lieux berrichons, les faits divers, les manifestations culturelles, les animations de quartiers, les festivals, rien ne lui échappe. Les informations internationales ne sont pas négligées. Chaque jour dans votre quotidien, des pages magazines présentent un sujet : sport, économie, cinéma, vie des clubs sportifs, passion Berry, week-end. Le Berry du dimanche groupe les nouvelles de l'Indre et Cher.

CENTRE FRANCE LE BERRY 10, rue Saint-Luc - CHATEAUROUX ✆ 02 54 60 91 00. Le Berry est bien berrichon, mais il est quand même un peu plus berrichon du Cher que de l'Indre, exception faite d'Issoudun et Reuilly qui n'est pas oubliée en semaine. En revanche, le dimanche c'est le seul canard des nouvelles du coin. Cette édition du Berry dimanche est très lue dans l'Indre. On apprécie les articles d'histoire, d'actualité culturelle et de tourisme, la bonne recette du jour ou l'actualité sportive.

Hebdomadaires

LE COURRIER FRANÇAIS DE TOURAINE 38, rue Parmentier - BP1325 - 37013 TOURS CEDEX ✆ 02 47 05 68 72. *Fax : 02 47 64 96 27. E-mail : Jeanyvesbonin@free.fr.* Dans le sillage de "La Croix", cet hebdomadaire chrétien traite l'information nationale et locale : politique, sociale, culturelle, religieuse... Il est présent dans une trentaine de départements français et son siège est à Bordeaux. Il paraît chaque vendredi en kiosque et dans les paroisses.

L'ECHO DU BERRY 3, rue Ajasson-de-Grandsagne - CHATEAUROUX ✆ 02 54 06 11 99. *Parution hebdomadaire le jeudi.* C'est vraiment, et de très loin, l'ancêtre de la presse du département. Il s'affiche comme "Journal de La Châtre et du Boischaut-Sud", mais il est lu dans tout le département. Débordant même dans la Creuse (rubrique Boussac) et dans le Cher (pour Lignières, Châteaumeillant et Le Châtelet). Sainte-Sévère, Aigurande, Neuvy-Saint-Sépulchre et Eguzon, ne sont pas oubliés.

Mensuels

ORLEANS LOISIRS TRAMWAY 34, rue Royale - 45000 ORLEANS ✆ 02 38 65 48 53. Ce magazine donne un compte rendu exhaustif des loisirs en Orléanais. Renseignements, horaires, dates et tarifs... on sait tout sur les prochains spectacles du Zénith, les expositions, les conférences, les bonnes tables et tant d'autres choses... C'est le magazine indispensable.

QUOI DE NEUF ? 7, rue du Puits-Chatel - 41000 BLOIS ✆ 02 54 56 87 77. Un autre regard sur l'actualité du département, avec une portée économique, sans oublier la culture.

Trimestriels

BERRY MAGAZINE 8e, enclos des Jacobins - 18000 BOURGES ✆ 02 48 69 09 82. Un groupe d'historiens locaux a concocté dans l'Indre le premier numéro de ce magazine au printemps 1987. Les articles mettent en valeur tout le Berry : histoire, littérature, tourisme, enquêtes sur les industries de pointe, quelques bonnes tables, une pincée de parler berrichon, une page actualité, critique et actualité littéraire. Ses numéros spéciaux et hors-série s'offrent comme de véritables cadeaux : "La Route Jacques-Cœur", "La Chasse", "Les Beaux Villages", "1900", "Les Métiers d'art en Berry", "Balade en Berry".

LE MAGAZINE DE LA TOURAINE 12, rue de la Tuilerie - SAINT-AVERTIN ✆ 02 47 28 41 42. *Fax 02 47 28 41 43.* Un magazine au goût du terroir... Cette revue reste ancrée sur un territoire affectif qui a pour nom la Touraine. Les Tourangeaux y retrouvent chaque saison leur pays dans sa diversité et son authenticité. Une vraie Touraine, celle de derrière les grands châteaux !

LE JOURNAL DE LA SOLOGNE 563, rue de la Juine - 45000 OLIVET ✆ 02 38 63 90 00. Ce trimestriel, pionnier des magazines dits de terroir, continue sur sa lancée depuis bientôt trente ans. Un magazine haut en couleurs qui parle sur tous les tons de la Sologne d'hier et d'aujourd'hui, documents anciens, photos de haute qualité à l'appui. Nature, gastronomie, ressources, villages, patrimoine, histoire et calendrier des manifestations de la région, on trouve tout sur la Sologne, dans un esprit de sérieux et de découverte.

LA BOUINOTTE 1, rue de Provence - 36000 CHATEAUROUX ✆ 02 54 60 08 06. Tous les Berrichons sensibles au pays y trouvent dans un style à part, le Berry d'hier et d'aujourd'hui. Histoire, tourisme, cuisine, nouvelles du pays, dossiers très diversifiés (tziganes, braconniers, théâtre, moulins, industrie en Berry...) et des infos. La Bouinotte édite aussi avec succès des ouvrages d'auteurs locaux.

C'EST EN TOURAINE Hôtel du Département - Place de la Préfecture - 37000 TOURS ✆ 02 47 31 47 31. Magazine édité par le conseil régional d'Indre-et-Loire, il paraît tous les trimestres. Distribuée gratuitement, cette parution traite des sujets économiques, sociaux, culturels, éducatifs et touristiques.

INDRE UNION Place de la Victoire-et-des-Alliés - 36000 CHATEAUROUX ✆ 02 54 27 34 36. Ce trimestriel en couleurs est le magazine gratuit du Conseil général de l'Indre. Il fait le point sur les actions en cours dans tous les domaines qui sont de la compétence de cette collectivité : aménagement des routes, agriculture, collèges, sports, culture. Il présente aussi régulièrement des associations, et même des recettes de cuisine.

Radio

EUROPE 2 1, rue Emile-Deschamps - 18000 BOURGES ✆ 02 48 27 20 21. Emission sur 99,6 MHz. Europe 2 vous donne les infos locales le matin, à 6h30, 7h30 et 8h30. Et bien entendu, du 100 % local entre 13h et 17h. Europe 2 se veut une radio de proximité, avec ses auditeurs du Berry : on la retrouve donc sur deux fréquences (Bourges 99.6 et Châteauroux 96.6).

FRANCE BLEU. France Bleu ou la radio de proximité par excellence avec ses reportages et ses émissions qui parlent vraiment des gens d'ici. Très présente sur les lieux où il se passe quelque chose, tant sur le plan culturel que sportif, elle fait la part belle dans sa programmation musicale à la variété française.

FRANCE BLEU ORLEANS. *100.9 FM à Orléans, 93.9 FM à Blois.*

FRANCE BLEU TOURAINE. *105 FM.*

RCF (Radios Chrétiennes en France) EN BERRY 21, rue Nicolas-Leblanc - 18000 BOURGES ✆ 02 48 65 61 77. RCF émet sur la fréquence 91 MHz. RCF, ce sont près de 50 radios diocésaines reliées par satellite et fédérées par un même projet pastoral. RCF en Berry dessert la population du Cher et de l'Indre.

Télévision

FRANCE 3 BOURGES 41, rue Moyenne - 18000 BOURGES ✆ 02 48 70 41 46. C'est la station télé qui dans sa programmation régionale, n'oublie pas le Berry ! C'est aussi le 12h/14h qui débute avec les informations locales et régionales ; de 18h50 à 19h les événements locaux dans tous les domaines. On peut même savoir ce qui se passe chez nos voisins castelroussins, blésois, tourangeaux et orléanais suivi du journal complet de 19h à 20h40.

FRANCE 3 CENTRE 2, place Anatole France - 45000 ORLEANS ✆ 02 38 69 56 00. *Fax : 02 38 69 56 41. Internet : www.france3.fr.* Difficile de faire mieux en matière d'information de proximité ! France 3, participe activement au ciment d'une région en mal d'identité, en rapprochant un peu plus les hommes par le truchement de reportages qui mettent en valeur les gens d'ici. Deux journaux : le 12h-14h dont l'audience ne cesse de grimper et le 19h-20h.

FRANCE 3 TELE BERRY DEOLS-CHATEAUROUX Zone Aéroportuaire - 36000 DEOLS-CHATEAUROUX ✆ 02 54 35 53 33. Les Castelroussins sont devenus maintenant parfaitement accros à la recette de l'édition Berry leur journal local. Sept minutes rien que pour eux à 18h50 et une rediffusion à 20h37. On n'oublie pas pour autant les infos régionales (le 19h-20h), car France 3 permet de garder un œil ouvert sur la vie de toute la région Centre, de Dreux à Sancerre.

FRANCE 3 TOURS BP3201 - 370032 TOURS ✆ 02 47 38 53 23. *Fax : 02 47 38 51 96.* Chaque soir du lundi au vendredi à 18h50 et 20h40, l'édition locale diffuse un journal tout en images sur Tours et le département de l'Indre-et-Loire.

TLC (Télévision Locale de Châteauroux) 34, place Voltaire - 36000 CHATEAUROUX ✆ 02 54 61 06 17. *E-mail : tlc.media@wanadoo.fr.* Ce média autonome informe et surtout fait partager aux téléspectateurs câblés les réalités de la vie de la cité. Elle propose une émission hebdomadaire de 45 minutes : actualités et rubriques : cinéma, sport, culture, musique, agenda et associations. Pour la recevoir il faut se brancher sur la chaîne Mosaïque du câble. Diffusion tous les jours à 12h30 et 19h30.

Editeurs régionalistes

EDITIONS ALAIN SUTON 21, avenue de la République - 37000 JOUE-LES-TOURS ✆ 02 47 73 78 00. *Fax : 02 47 53 72 07.* Un éditeur très attaché à la région Centre Val de Loire et à son histoire, et en particulier à celle de cantons et villages. Agrémentés de nombreuses photos et cartes postales, ces ouvrages évoquent la vie quotidienne à la fin du XIXe siècle des campagnes du canton de Salbris (Loir-et-Cher), de la Ferté-Saint-Aubin (Loiret) ou encore de Saint-Jean-le-Blanc.

EDITIONS CLD 42, avenue des Platanes - BP203 - 37172 CHAMBRAY ✆ 02 47 28 20 68. Les dynamiques Editions CLD possèdent un important catalogue d'ouvrages aux thèmes divers sur les régions Centre Val de Loire et pays de la Loire : histoire, art, littérature avec une préférence pour Balzac, les récits et témoignages des campagnes d'hier.

LA REGION VUE D'AILLEURS

Sites Internet

www.francebalade.com. Avec une orientation historique, ce site vous donne de très bonnes informations pour visiter les châteaux.

www.musees.regioncentre.fr. Grâce à l'association des Conservateurs des Musées de la région Centre, plus de 50 musées, dans 34 villes et 6 départements vous proposent une approche ludique et interactive de leurs collections.

www.jardins-de-france.com. Parcs et jardins au fil de la Loire entre Berry et Indre.

www.cœur-de-france.com. Un site spécialisé sur la région qui vous propose de nombreuses activités afin de mieux préparer son séjour.

www.loirevalley-tours.com. Ce site vous propose une visite virtuelle du pays des châteaux : une bonne approche avant de partir ! En anglais.

www.royalement-votre.com. Un site original et très bien fait qui retrace l'histoire de la vallée de la Loire depuis l'Antiquité. Très intéressant et enrichissant !

www.valdeloire.org. Un sésame pour mieux comprendre ce patrimoine mondial inscrit sur la liste de l'Unesco.

www.parcfloral-lasource.com. Pour tout connaître sur l'histoire la vie et la visite du parc floral du Loiret.

www.unpf.fr/45. Toute l'information pour pêcher dans la région : la réglementation, les adresses utiles…

www.fnp-halios.com. Les amoureux de la pêche ne manquent pas d'être attirés par la région centre : rivières limpides, poissons en abondance et nature intacte.

www.vignerons-orleans.com. Pour tout savoir sur les vignobles du Loiret.

www.boulevard-des-gourmets.com/vin/loire.html. Les vignobles de France passés au crible.

www.vins-valdeloire.com. Voyage au cœur des vignobles ligériens

www.sologne-france.com. Pour se ressourcer et découvrir des paysages, une faune et une flore d'exception. La Sologne se partage sur trois départements.

www.parc-naturel-brenne.fr. Le parc naturel de la Brenne, mille étangs, mille et une découvertes.

www.parc-loire-anjou-touraine.fr. Dans des myriades de paysages, des milieux naturels remarquables.

www.berrypassion.com. A la découverte d'une région.

www.sancerre.net . Vous avez le choix pour découvrir Sancerre et ses environs.

Les villes les plus importantes ont leur propre site officiel, pour se connecter il suffit d'indiquer le nom de la ville de votre choix :

www.ville-blois.fr • www.ville-bourges.fr • www.ville-chartres.fr • www.mairie-chateauroux.fr • www.la-chatre.com • www.ville-orleans.fr • www.ville-tours.fr • www.ville-vierzon.fr

Souvent, les offices de tourisme et les comités régionaux du tourisme possèdent des sites Internet très complets donnant une grande quantité d'information, n'hésitez pas à les consulter !

Offices de Tourisme

OFFICE DE TOURISME VAL D'AMBOISE Quai du Général-de-Gaulle - BP233 - 37402 AMBOISE CEDEX © 02 47 57 09 28. *Fax : 02 47 57 14 35. Internet : www.amboise-valdeloire.com. E-mail : tourisme-amboise@wanadoo.fr.*

OFFICE DE TOURISME DE BLOIS 23, place du Château - 41000 BLOIS © 02 54 90 41 41. *Fax : 02 54 90 41 42. Site : www.loiredeschateaux.com. E-mail : info@loiredeschateaux.com.*

OFFICE DE TOURISME DE BOURGES 21, rue Victor-Hugo - 18000 BOURGES © 02 48 23 02 60. *Fax : 02 48 23 02 69. Internet : www.ville-bourges.fr. E-mail : tourisme@ville-bourges.fr.*

OFFICE DE TOURISME DE CHARTRES Place de la Cathédrale - CHARTRES © 02 37 18 26 26. *Fax : 02 37 21 51 91. E-mail : info@otchartres.fr.*

OFFICE DE TOURISME DE CHATEAUROUX 1, place de la Gare - 36000 CHATEAUROUX ✆ 02 54 34 10 74. *Fax : 02 54 27 57 97. Internet : www.ville-chateauroux.fr. E-mail : tourisme-chateauroux@wanadoo.fr.*

OFFICE DE TOURISME DE CHINON 37500 Chinon ✆ 02 47 93 17 85. *Fax : 02 47 93 93 05. Internet : www.chinon.com.*

OFFICE DE TOURISME D'EGUZON 2, rue Jules Ferry - 36270 EGUZON-CHANTOME ✆ 02 54 47 43 69. *Fax : 02 54 47 35 60. Site : www.eguzonlaccreuse.com. E-mail : otsi.eguzon@wanadoo.fr.*

OFFICE DE TOURISME DE LE BLANC Place de la Libération - 36300 LE BLANC ✆ 02 54 37 05 13. *Fax : 02 54 37 31 93.*

OFFICE DE TOURISME DE MEZIERES-EN-BRENNE "Le Moulin" - 1, rue du Nord - 36290 MEZIERES-EN-BRENNE ✆ 02 54 38 12 24. *Fax : 02 54 38 13 76.*

OFFICE DE TOURISME D'ORLEANS Place Albert-Ier - 45000 ORLEANS ✆ 02 38 24 05 05. *Fax : 02 38 54 49 84. Internet : www.orleans.fr. E-mail : infos@tourisme-orleans.com.*

OFFICE DE TOURISME DE TOURS 78-82, rue Bernard-Palissy - 37042 TOURS CEDEX 1 ✆ 02 47 70 37 37. *Fax : 02 47 61 14 22. Internet : www.ligeris.com. E-mail : info@ligeris.com.*

OFFICE DE TOURISME DE VENDOME Hôtel du Saillant - 47-49, rue Poterie - 41100 VENDOME ✆ 02 54 77 05 07. *Fax : 02 54 73 20 81. Internet : www.tourisme.fr/vendome. E-mail : ot.vendome@wanadoo.fr.*

Comités de Tourisme

COMITE REGIONAL DU TOURISME CENTRE VAL DE LOIRE 37, avenue de Paris - 45000 ORLEANS ✆ 02 38 79 95 00. *Fax : 02 38 79 95 10. Internet : www.visaloire.com. E-mail : crtl.centre@crtlcentre.com.*

COMITE DEPARTEMENTAL DE TOURISME DU CHER 5, rue de Séraucourt - 18000 BOURGES ✆ 02 48 48 00 10. *Fax : 02 48 48 00 20. Internet : www.berrylecher.com. E-mail : tourisme.berry@cdt18.tv.*

COMITE DEPARTEMENTAL DU TOURISME D'EURE-ET-LOIR 10, rue du Docteur-Maunoury - 28002 CHARTRES ✆ 02 37 84 01 00. *Fax : 02 37 36 36 39. Internet : www.tourisme28.com. E-mail : infos@tourisme28.com.*

COMITE DEPARTEMENTAL DE TOURISME DE L'INDRE 1, rue Saint-Martin - 36003 CHATEAUROUX ✆ 02 54 07 36 36. *Fax : 02 54 22 31 21. Internet : www.tourisme.cyberindre.org. E-mail : tourisme@cyberindre.org.*

COMITE DEPARTEMENTAL DU TOURISME DE TOURAINE 9, rue Buffon - BP3217 - 37032 TOURS CEDEX ✆ 02 47 31 47 48. *Fax : 02 47 31 42 76. Internet : www.tourism-touraine.com. E-mail : info@tourism-touraine.com.*

COMITE DEPARTEMENTAL DU TOURISME DU LOIR-ET-CHER 5, rue de la Voûte-du-Château - BP149 - 41005 BLOIS CEDEX ✆ 02 54 57 00 41. *Fax : 02 54 57 00 47. Internet : www.tourismeloir-et-cher.com. E-mail : infos@cdt41.com.*

COMITE DEPARTEMENTAL DU TOURISME DU LOIRET 8, rue d'Escures - 45000 ORLEANS ✆ 02 38 78 04 04. *Fax : 02 38 77 04 12. Internet : www.tourismeloiret.com. E-mail : info@tourismeloirt.com.*

Index général

QQQ

RRR

SSS

TTT

UUU

VVV

YYY

LE PETIT FUTE

Centre 2004

Dépôt légal : 2e trimestre 2003
La Petit Futé a été fondé
par Dominique Auzias.
Il est édité par les
Nouvelles Editions de l'Université,
18, rue des Volontaires 75015 Paris
✆ 01 53 69 70 00 Fax 01 42 73 15 24
SARL au capital de 600 000 €
RC Paris B 309769966

AUTEURS ET DIRECTEURS DE COLLECTIONS
Dominique Auzias
et Jean-Paul Labourdette

EDITION
Morgane Orrière, Jean-Yves Berger, Vincent Philips, jean-Luc Quéméner, Florence Porcher

REDACTION
Denise Staub avec Claire Delbos, Fabien Barbier, Anne Guyot-Deloche, Madeleine Racat, Gilles Lordet

REGIE NATIONALE ✆ 01 53 69 70 00
Stanislas Leblanc Bontemps, Caroline de Yrigoyen, Stéphane Bouby et Caroline Gentelet

DIFFUSION
Christophe Didierlaurent, Jocelyn Bodé, Carla de Sousa et Maud Ghisolfi

FABRICATION/MAQUETTE
Direction du studio
Guillaume Duserre,
assisté de Jacky Lagrave
Création maquette et montage
Anne Bert et Scoop

SITE INTERNET
Stephan Szeremeta, Damien Galtier

RELATIONS PRESSE
Jean-Mary Marchal

Impression : Oberthur Graphique à Rennes

CREDITS PHOTOGRAPHIQUES

COUVERTURE

Vue aérienne sur le château

iconotec.com / Pierre DELAGUERARD

INTERIEUR

AM STROCK NATURE 2,8,10,73,75,187,188

CDT LOIR ET CHER 56,59,69

CDT EURE-ET-LOIR 27,56,59,69,213,220

CDT LOIRE ET CHER 19

CRTL CENTRE-VAL DE LOIRE 22

ICONOTEC.COM / ALAMER 129

ICONOTEC.COM / JAUNEAUD, MARC 11,06

ICONOTEC.COM /

DELAGUERARD, PIERRE 12,78,387,412,

....426,461,464,472

ICONOTEC.COM / PEPEIRA, TOM 38,129

IREN, F. 281

LABOURDETTE, JEAN-PAUL 370,472

OT BOURGES 11,29,40,115,129,370,516

OT GUERCHE-SUR-L'AUBOIS 196

OT MEUNG-SUR-LOIRE 505

OT MEHUN-SUR-YEVRE 31,148

OT VENDÔME 478

OTSI LORRIS 516

PÉCHINOT 2,4,8,12,13,24,31,49,61,

...................................69,88,390,396,398,418

PINHEIRA, C. 281

RAVARD, FLORIANE 45447,464,505

SM EGUZON 11,21,380

SAVIGNARD, STÉPHANE 31,227

THAREL, G. 534

VILLE DE CHATEAUROUX 61

VILLE DE VENDOME 60,478